D1674390

Präve

Lebensversicherung

Alphabetische Schnellübersicht

Lebensversicherung

Kommentar zu den
Allgemeinen Bedingungen der Lebens-
und der Rentenversicherung

Herausgegeben von

Dr. Peter Präve
Syndikus im Gesamtverband der Deutschen Versicherungswirtschaft e. V.

Bearbeitet von

Manuel Baroch Castellví, Bonn; *Bianca Hövelmann,* Köln;
Patric Leins, München; *Katrin Nawratil,* Hamburg; *Dr. Peter Präve,* Berlin;
Harald Rehberg, Düsseldorf; *Mechtild Rosensträter,* Aachen;
Doris Schwenke, Koblenz; *Dr. Claudia Seifert,* Stuttgart;
Ulrike Taube, Wiesbaden; *Dr. Carsten Zeides,* Hamburg

2016

C.H.BECK

Hinweis des Verlags: Der Abdruck der Musterbedingungstexte erfolgt mit freundlicher Genehmigung des Gesamtverbandes der Deutschen Versicherungswirtschaft e. V. (GDV).

Die Musterbedingungen sind für die Versicherer **unverbindlich;** ihre Verwendung ist rein fakultativ. Abweichende Bedingungen können vereinbart werden.

Die Musterbedingungen können in der jeweils aktuellen Fassung abgerufen werden unter **www.gdv.de.**

www.beck.de

ISBN 978 3 406 66849 4

Wilhelmstraße 9, 80801 München
Druck: Beltz Bad Langensalza GmbH
Neustädter Straße 1–4, 99947 Bad Langensalza

Satz: Jung Crossmedia Publishing GmbH
Gewerbestraße 17, 35633 Lahnau

Umschlaggestaltung: Druckerei C. H. Beck Nördlingen

Gedruckt auf säurefreiem, alterungsbeständigem Papier
(hergestellt aus chlorfrei gebleichtem Zellstoff)

Vorwort

Die Arbeit an Versicherungsbedingungen ist eine große Herausforderung. Das gilt in besonderem Maße in Bezug auf die Bedingungen für die Lebensversicherung, die sich seit geraumer Zeit einem steten Wandel des regulatorischen Umfelds und immer wieder auch des lebhaften Einspruchs von Verbraucherschutzseite gegenübersieht. In diesem Umfeld sind die unverbindlichen Musterbedingungen des Gesamtverbandes der Deutschen Versicherungswirtschaft e.V. (GDV) stetem Anpassungsbedarf ausgesetzt, der letztlich den Zeitläufen geschuldet ist. Da Lebensversicherungsprodukte relativ komplex sind, ist der Fokus in besonderem Maße auf die Transparenz der Bedingungen ausgerichtet. Die Erwartungshaltung ist dabei sehr hoch.

Diese Hintergründe haben in den vergangenen Jahren zu vielfältigen Überarbeitungen des Bedingungswerks geführt, auch unter Einbeziehung sprachwissenschaftlichen Sachverstands. Dabei sind die unverbindlichen Muster des Versicherungsverbandes eine Orientierungshilfe, nachdem mit der Deregulierung der Versicherungsmärkte 1994 der Grundsatz der Markttransparenz, der auf standardisierte und damit für den Interessenten vergleichbare Produkte abzielte, aufgegeben werden musste.

Dieser Befund steht ein wenig im Kontrast mit der Literaturlage. Im Hinblick auf die Bedeutung der Lebensversicherung ist die Zahl der Kommentare vergleichsweise übersichtlich. So finden sich einzelne Erläuterungen der Lebensversicherungsbedingungen in Kommentaren zum VVG sowie im ALB-Kommentar von *Benkel/Hirschberg*. Vorliegend wird – hiervon abgesetzt – eine umfassende Erläuterung von acht Bedingungswerken vorgenommen, die gegenwärtig von zentraler Bedeutung sind. Ausgangswerk des Kommentars sind die Bedingungen für die Rentenversicherung mit aufgeschobener Rentenzahlung (ARB). Alle weiteren Bedingungswerke sind auch von ihrer Entstehungsgeschichte her so aufgebaut, dass sie dem eben genannten Bedingungstext folgen, soweit hier nicht Abweichungen und Ergänzungen angebracht sind. Die Kommentierung folgt dieser Grundkonzeption.

Verfasser des Kommentars sind oder waren Mitglieder der beim GDV eingerichteten Kommission für Rechtsfragen der Lebensversicherung bzw. stammen aus Unternehmen, die dieser Kommission angehören. Das erläuterte Bedingungswerk befindet sich auf dem Stand von Mai 2013. Spätere (kleinere) Änderungen des Bedingungswerks konnten wegen längerer Bearbeitungszeiten und der Verfahrensabläufe im Verlag nicht mehr berücksichtig werden. Auf relevante Änderungen des rechtlichen Umfelds wird allerdings hiervon unberührt an geeigneten Stellen eingegangen. Die Erläuterung erfolgt insofern aus „erster Hand". Das vorliegende Buch bemüht sich, die Hintergründe der Bedingungen für die Lebensversicherung zu erhellen und ihr Verständnis zu fördern. Die Kommentierung zielt auf eine rechtlich abgesicherte Bestandsaufnahme. Im Zuge der Kommentierung ergaben sich einzelne Korrekturen am Bedingungswerk, so dass die Arbeit insofern bereits unmittelbaren Nutzen hatte. Mögen sie auch darüber hinaus wirken.

Berlin, im August 2015 *Dr. Peter Präve*

Bearbeiterverzeichnis

Es haben bearbeitet:

Manuel Baroch Castellví Rechtsanwalt, Syndikus, Zurich Gruppe Deutschland, Bonn	§§ 12, 13 ARB, § 9 ARB-S, §§ 16, 17 ARB-F, §§ 10–12, 14 ARR, §§ 13–15, 17 AFR, §§ 9, 10 ABR, § 13 ARV, §§ 12–13 ALB
Bianca Hövelmann Rechtsanwältin, Abteilungsleiterin, Gothaer Lebensversicherung AG, Köln	§§ 4, 5 ARB, §§ 5, 6 ARB-F, §§ 4, 5 ARV, §§ 4, 5 ALB
Patric Leins Rechtsanwalt, Syndikus, Versicherungskammer Bayern Versicherungsanstalt des öffentlichen Rechts, München	§ 1 ARB, § 1 ARB-S, §§ 1, 2 ARB-F, § 1 ARR, §§ 1, 2 AFR, § 1 ABR, § 1 ARV, § 1 ALB
Katrin Nawratil Rechtsanwältin, Syndikus, ERGO Versicherungsgruppe AG, Hamburg	§ 14 ARB, §§ 18, 19 ARB-F, § 13 ARR, § 16 AFR, § 11 ABR, §§ 10, 14 ARV, § 14 ALB
Dr. Peter Präve Rechtsanwalt, Syndikus, Gesamtverband der Deutschen Versicherungswirtschaft e. V., Berlin	Einl., §§ 15–18 ARB, §§ 10–12 ARB-S, §§ 21–24 ARB-F, §§ 15–19 ARR, §§ 18–22 AFR, §§ 12–15 ABR, §§ 15–18 ARV, §§ 15–18 ALB
Harald Rehberg Rechtsanwalt, Syndikus, ERGO Versicherungsgruppe AG, Düsseldorf	§§ 3, 10, 11 ARB, §§ 3, 7, 8 ARB-S, §§ 4, 12, 13 ARB-F, §§ 3, 7–9 ARR, §§ 4, 8-10 AFR, §§ 3, 7, 8 ABR, §§ 3, 11, 12 ARV, §§ 3, 10, 11 ALB
Mechtild Rosensträter Assessorin iur., AachenMünchener Lebensversicherung AG, Aachen	§§ 7–9 ARB, §§ 4–6 ARB-S, §§ 8-10 ARB-F, §§ 5, 6 ARR, §§ 6, 7 AFR, §§ 5, 6 ABR, §§ 7–9 ARV, §§ 7–9 ALB
Doris Schwenke Rechtsanwältin, Syndikusanwältin, Debeka Lebensversicherungsverein aG, Koblenz	§ 2 ARB, § 2 ARB-S, § 3 ARB-F, § 2 ARR, § 3 AFR, § 2 ABR, § 2 ARV, § 2 ALB (jeweils gemeinsam mit *Taube*)
Dr. Claudia Seifert Rechtsanwältin, Syndikus, Allianz Lebensversicherungs-AG, Stuttgart	§ 6 ARB, § 7 ARB-F, § 4 ARR, § 5 AFR, § 4 ABR, § 6 ARV, § 6 ALB
Ulrike Taube Dipl.-Wirtsch.-Math., Aktuarin (DAV), Bereichsleiterin Lebensversicherung Privatkunden, R+V Lebensversicherung AG, Wiesbaden	§ 2 ARB, § 2 ARB-S, § 3 ARB-F, § 2 ARR, § 3 AFR, § 2 ABR, § 2 ARV, § 2 ALB (jeweils gemeinsam mit *Schwenke*)

Dr. Carsten Zeides Rechtsanwalt, Abteilungsleiter Recht – Personenversicherung, Generali Versicherungen, Hamburg	§§ 11, 14, 15, 20 ARB-F, §§ 11, 12 AFR

Inhaltsübersicht

Inhaltsverzeichnis

Seite

3 **Teil 3. Allgemeine Bedingungen für die Rentenversicherung mit sofort beginnender Rentenzahlung (ARB-S)**

4 **Teil 4. Allgemeine Bedingungen für die fondsgebundene Rentenversicherung (ARB-F)**

Seite

5 Teil 5. Allgemeine Bedingungen für eine Rentenversicherung mit Auszahlung des Deckungskapitals bei Tod als Altersvorsorgevertrag im Sinne des Altersvorsorgeverträge-Zertifizierungsgesetzes (AltZertG) (ARR)

6 Teil 6. Allgemeine Bedingungen für eine fondsgebundene Rentenversicherung mit Auszahlung des Deckungskapitals bei Tod als Altersvorsorgevertrag im Sinne des Altersvorsorgeverträge-Zertifizierungsgesetzes (AltZertG) (AFR)

Abkürzungsverzeichnis

aA	andere Ansicht
abgedr.	abgedruckt
Abk.	Abkommen
Abs.	Absatz
ABR	Allgemeine Bedingungen für die Rentenversicherung gemäß § 10 Absatz 1 Nr 2 Buchstabe b EStG (Basisrente)
aF	alte Fassung
AFR	Allgemeine Bedingungen für eine fondsgebundene Rentenversicherung mit Auszahlung des Deckungskapitals bei Tod als Altersvorsorgevertrag im Sinne des Altersvorsorgeverträge-Zertifizierungsgesetzes (AltZertG)
aG	auf Gegenseitigkeit
AG	Aktiengesellschaft, Amtsgericht
AGB	Allgemeine Geschäftsbedingungen
AGBG	Gesetz zur Regelung des Rechts der Allgemeinen Geschäftsbedingungen
ALB	Allgemeine Bedingungen für die kapitalbildende Lebensversicherung
allg.	allgemein
allgM	allgemeine Meinung
Alt.	Alternative
AltEinkG	Alterseinkünftegesetz
AltvPIBV	Altersvorsorge-Produktinformationblattverordnung
AltVVerbG	Altersvorsorge-Verbesserungsgesetz
AltZertG	Altersvorsorgeverträge-Zertifizierungsgesetz
aM	andere(r) Meinung
Anm.	Anmerkung
ARB	Allgemeine Bedingungen für die Rentenversicherung mit aufgeschobener Rentenzahlung
ARB-F	Allgemeine Bedingungen für die fondsgebundene Rentenversicherung
ArbG	Arbeitsgericht
ARB-S	Allgemeine Bedingungen für die Rentenversicherung mit sofort beginnender Rentenzahlung
ARR	Allgemeine Bedingungen für eine Rentenversicherung mit Auszahlung des Deckungskapitals bei Tod als Altersvorsorgevertrag im Sinne des Altersvorsorgeverträge-Zertifizierungsgesetzes (AltZertG)
ARV	Allgemeine Bedingungen für die Risikolebensversicherung
ausf.	ausführlich
AVB	Allgemeine Versicherungsbedingungen
AVB-BU	Allgemeine Versicherungsbedingungen für die Berufsunfähigkeitsversicherung
AVB-BUZ	Allgemeine Versicherungsbedingungen für die Berufsunfähigkeitszusatzversicherung
BaFin	Bundesanstalt für Finanzdienstleistungsaufsicht

BaFinJournal . . . . . BaFin Journal – Mitteilungen der Bundesanstalt für Finanzdienstleistungsaufsicht
bAV . . . . betriebliche Altersvorsorge
BB . . . . Betriebs-Berater
BeckRS . . . . Beck-Rechtsprechung (Beck-online)
Begr. . . . . Begründung
Beil. . . . . Beilage
Beschl. . . . . Beschluss
BetrAV . . . . Betriebliche Altersvorsorge (Zeitschrift)
BetrAVG . . . . Gesetz zur Verbesserung der betrieblichen Altersvorsorge
BFH . . . . Bundesfinanzhof
BGB . . . . Bürgerliches Gesetzbuch
BGH . . . . Bundesgerichtshof
BKR . . . . Zeitschrift für Bank- und Kapitalmarktrecht
BMF . . . . Bundesministerium der Finanzen
BR-Drs. . . . . Bundesratsdrucksache
BReg . . . . Bundesregierung
BT-Drs. . . . . Bundestagsdrucksache
Buchst. . . . . Buchstabe
BUZaktuell . . . . . . BUZ aktuell – Newsletter der GenRe Business School zur Berufsunfähigkeits-Zusatzversicherung
bzgl. . . . . bezüglich
bzw. . . . . beziehungsweise

CLAB . . . . Europäische Datenbank missbräuchlicher Klauseln
CR . . . . Computer und Recht

DB . . . . Der Betrieb
DeckRV . . . . Deckungsrückstellungsverordnung
DZWiR . . . . Deutsche Zeitschrift für Wirtschafts- und Insolvenzrecht

EFTA . . . . Europäische Freihandelsassoziation
EGVVG . . . . Einführungsgesetz zum Versicherungsvertragsgesetz
EStG . . . . Einkommensteuergesetz
EStR . . . . Einkommensteuerrichtlinien
etc . . . . et cetera
EU . . . . Europäische Union
EuG . . . . Gericht der Europäischen Union
EuZW . . . . Europäische Zeitschrift für Wirtschaftsrecht
EWR . . . . Europäischer Wirtschaftsraum

f., ff. . . . . folgende
FamRZ . . . . Zeitschrift für das gesamte Familienrecht
FG . . . . Finanzgericht; Festgabe
FinDAG . . . . Finanzdienstleistungsaufsichtsgesetz
FS . . . . Festschrift

GB . . . . Geschäftsbericht
GB-BAV . . . . Geschäftsbericht des Bundesaufsichtsamt für das Versicherungswesen
GDV . . . . Gesamtverband der Deutschen Versicherungswirtschaft

Gesetzesbegr. . . . . . Gesetzesbegründung
ggf. . . . . gegebenenfalls
grds. . . . . grundsätzlich

hA . . . . herrschende Ansicht
HGB . . . . Handelsgesetzbuch
hM . . . . herrschende Meinung
hrsg. . . . . herausgegeben
Hs. . . . . Halbsatz

idF . . . . in der Fassung
iE . . . . im Einzelnen; im Ergebnis
iHv . . . . in Höhe von
iSv . . . . im Sinne von
iVm . . . . in Verbindung mit

JurisPR-BKR . . . . . Juris Praxis-Report Bank- und Kapitalmarktrecht
JuS . . . . Juristische Schulung
JZ . . . . Juristenzeitung

KAGB . . . . Kapitalanlagegesetzbuch
krit. . . . . kritisch
KrWaffG . . . . Kriegswaffenkontrollgesetz

LAG . . . . Landesarbeitsgericht
LG . . . . Landgericht
LM . . . . Nachschlagewerk des Bundesgerichtshofs, hrsg. von *Lindenmaier, Möhring ua*
LMK . . . . Lindenmaier-Möhring – Kommentierte BGH-Rechtsprechung, jetzt: Beck-Fachdienst Zivilrecht (Beck-Online)
LVRG . . . . Lebensversicherungsreformgesetz vom 1.8.2014 (BGBl. I, S. 1330)

mAnm . . . . mit Anmerkung
maW . . . . mit anderen Worten
MDR . . . . Monatsschrift für Deutsches Recht
MindZV . . . . Mindestzuführungsverordnung
mwN . . . . mit weiteren Nachweisen

nF . . . . neue Fassung
NJOZ . . . . Neue Juristische Online-Zeitschrift
NJW . . . . Neue Juristische Wochenschrift
NJWE-VHR . . . . . NJW-Entscheidungsdienst Versicherungs- und Haftungsrecht
NJW-RR . . . . NJW-Rechtsprechungsreport
NJW-Spezial . . . . . . NJW-Spezial: Die wichtigsten Informationen zu speziellen Rechtsgebieten
Nr. . . . . Nummer
nrkr . . . . nicht rechtskräftig
nv . . . . nicht veröffentlicht
NVersZ . . . . Neue Zeitschrift für Versicherung und Recht
NZA . . . . Neue Zeitschrift für Arbeitsrecht

NZI . . . . Neue Zeitschrift für Insolvenz- und Sanierungsrecht

OGH . . . . Oberster Gerichtshof (Österreich)
oJ . . . . ohne Jahresangabe
OLG . . . . Oberlandesgericht

RDG . . . . Rechtsdienstleistungsgesetz
RegE . . . . Regierungsentwurf
RfB . . . . Rückstellung für Beitragsrückerstattung
RfBV . . . . Verordnung über den kollektiven Teil der Rückstellung für Beitragsrückerstattung
RL . . . . Richtlinie
Rn. . . . . Randnummer
Rom I-VO . . . . . . Verordnung (EG) Nr. 593/2008 des Europäischen Parlaments und des Rates vom 17. Juni 2008 über das auf vertragliche Schuldverhältnisse anzuwendende Recht (Rom I-Verordnung)
r+s . . . . Recht und Schaden
Rspr. . . . . Rechtsprechung

S. . . . . Satz; Seite
SEPA . . . . Einheitlicher Euro-Zahlungsverkehrsraum
SGB VI . . . . Sozialgesetzbuch – Viertes Buch
StGB . . . . Strafgesetzbuch
stv. . . . . stellvertretend/e/er

ua . . . . und andere; unter anderem
UKlaG . . . . Unterlassungsklagengesetz
Unterabs. . . . . Unterabsatz
Urt. . . . . Urteil
uU . . . . unter Umständen
UWG . . . . Gesetz gegen den unlauteren Wettbewerb

va . . . . vor allem
VAG . . . . Versicherungsaufsichtsgesetz
VerBAV . . . . Veröffentlichungen des Bundesaufsichtsamtes für das Versicherungswesen
VersAusglG . . . . . . Versorgungsausgleichsgesetz
VerBaFin . . . . Veröffentlichungen der Bundesanstalt für Finanzdienstleistungsaufsicht
VersR . . . . Versicherungsrecht
VersWissStud . . . . . Versicherungswissenschaftliche Studien
VO . . . . Verordnung
VOB . . . . Vergabe- und Vertragsordnung für Bauleistungen
VP . . . . Die Versicherungs-Praxis
VR . . . . Versicherer
VuR . . . . Verbraucher und Recht
VVaG . . . . Versicherungsverein auf Gegenseitigkeit
VVG . . . . Versicherungsvertragsgesetz
VVG-InfoV . . . . . . VVG-Informationspflichtenverordnung
VW . . . . Versicherungswirtschaft

WM . . . . Wertpapier-Mitteilungen
WRP . . . . Wettbewerb in Recht und Praxis

ZEuP . . . . Zeitschrift für Europäisches Privatrecht
ZEV . . . . Zeitschrift für Erbrecht und Vermögensnachfolge
ZfIR . . . . Zeitschrift für Immobilienrecht
ZfS . . . . Zeitschrift für Schadenrecht
ZfV . . . . Zeitschrift für Versicherungswesen
ZinsO . . . . Zeitschrift für das gesamte Insolvenzrecht
ZPO . . . . Zivilprozessordnung
zT . . . . zum Teil
zutr. . . . . zutreffend
ZVglRWiss . . . . . . Zeitschrift für vergleichende Rechtswissenschaft

Literaturverzeichnis

Armbrüster . . . . *Armbrüster,* Privatversicherungsrecht, 2013

Bach/Moser . . . . . . *Bach/Moser,* Private Krankenversicherung, 4. Aufl. 2009

Baumbach/Lauterbach/ Albers/Hartmann . . . . *Baumbach/Lauterbach/Albers/Hartmann,* Zivilprozessordnung, 73. Aufl. 2015

Beckmann/ Matusche-Beckmann *Beckmann/Matusche-Beckmann,* Versicherungsrechts-Handbuch, 2. Aufl. 2009

BeckOK BGB . . . . . Beck'scher Online-Kommentar Bürgerliches Gesetzbuch (Beck-Online) (Stand: 1.5.2015)

Benkel/Hirschberg . . . *Benkel/Hirschberg,* Lebens- und Berufsunfähigkeitsversicherung, 2. Aufl. 2011

BK . . . . *Honsell,* Berliner Kommentar zum Versicherungsvertragsgesetz, 1999

Bruck/Möller . . . . . *Bruck/Möller,* VVG, 9. Aufl. 2008 ff.; 8. Aufl. 1961 ff.

FAKomm-VersR . . . *Staudinger/Halm/Wendt,* Fachanwalts-Kommentar Versicherungsrecht, 2013

FKBP . . . . *Fahr/Kaulbach/Bähr/Pohlmann,* Versicherungsaufsichtsgesetz 5. Aufl. 2012

Führer/Grimmer . . . . *Führer/Grimmer,* Einführung in die Lebensversicherungsmathematik, 2. Aufl. 2010

Gessner . . . . *Gessner,* Überschusskraft und Gewinnbeteiligung in der Lebensversicherung (Schriftenreihe Angewandte Versicherungsmathematik, Heft 7), 1978

Grimm . . . . *Grimm,* Unfallversicherung, 5. Aufl. 2013

HEK . . . . *Halm/Engelbrecht/Krahe,* Handbuch des Fachanwalts Versicherungsrecht, 4. Aufl. 2011

HK-BGB . . . . *Schulze ua,* Bürgerliches Gesetzbuch – Handkommentar, 8. Aufl. 2014

Langheid/Wandt . . . *Langheid/Wandt,* Münchener Kommentar zum Versicherungsvertragsgesetz, 2009 ff.

Leitlinien . . . . Leitlinien zur Anwendbarkeit von Artikel 101 des Vertrags über die Arbeitsweise der Europäischen Union Vereinbarungen über horizontale Zusammenarbeit (ABl. EU 2011 C 11, 1)

Looschelders/ Pohlmann . . . . *Looschelders/Pohlmann,* Versicherungsvertragsgesetz, 2. Aufl. 2011

MAH VersR . . . . . . *Terbille/Höra,* Münchener Anwaltshandbuch Versicherungsrecht, 3. Aufl. 2013

Marlow/Spuhl . . . . . *Marlow/Spuhl,* Das Neue Versicherungsvertragsgesetz kompakt, 4. Aufl. 2010

Meixner/Steinbeck . . . *Meixner/Steinbeck,* Allgemeines Versicherungsvertragsrecht, 2. Aufl. 2011

Motive zum VVG . .	Motive zum VVG, 1908 (Nachdruck 1963)
MüKo-BGB	Münchener Kommentar zum Bürgerlichen Gesetzbuch, 6. Aufl. 2012ff.
MüKo-HGB	Münchener Kommentar zum Handelsgesetzbuch, 3. Aufl. 2010ff.
MüKo-ZPO	Münchener Kommentar zur Zivilprozessordnung, 4. Aufl. 2012f.
NK-BGB	*Dauner-Lieb/Langen,* Nomos-Kommentar Bürgerliches Gesetzbuch, Bd. 2., 2. Aufl. 2012
Palandt	*Palandt,* Bürgerliches Gesetzbuch, 74. Aufl. 2015
Prölss	*Prölss,* Versicherungsaufsichtsgesetz, 12. Aufl. 2005
Prölss/Martin	*Prölss/Martin,* Versicherungsvertragsgesetz, 29. Aufl. 2015; 28. Aufl. 2010; 27. Aufl. 2004
Römer/Langheid . . .	*Römer/Langheid,* Versicherungsvertragsgesetz, 4. Aufl. 2014
Rüffer/Halbach/ Schimikowski	*Rüffer/Halbach/Schimikowski,* Versicherungsvertragsgesetz, 2. Aufl. 2011
Schimansky/ Lwowski/Bunte . . .	*Schimansky/Lwowski/Bunte,* Bankrechts-Handbuch, 4. Aufl. 2011
Schimikowski	*Schimikowski,* Versicherungsvertragsrecht, 5. Aufl. 2014
Schwintowski/ Brömmelmeyer	*Schwintowski/Brömmelmeyer,* Praxiskommentar zum Versicherungsvertragsrecht, 2. Aufl. 2011
Staudinger	*Staudinger,* BGB, 1993ff.
Ulmer/Brandner/ Hensen	*Ulmer/Brandner/Hensen,* AGB-Recht, 11. Aufl. 2011
van Bühren	*van Bühren/Plote,* Handbuch Versicherungsrecht, 5. Aufl. 2012
Veith/Gräfe	*Veith/Gräfe,* Der Versicherungsprozess, 2. Aufl. 2010
Wandt	*Wandt,* Versicherungsrecht, 4. Aufl. 2009
v. Westphalen/ Thüsing	*v. Westphalen/Thüsing,* Vertragsrecht und AGB-Klauselwerke, Loseblatt, Stand: Februar 2014 (zitiert nach Stichwort)
Wolf/Lindacher/ Pfeiffer	*Wolf/Lindacher/Pfeiffer,* AGB-Recht, 6. Aufl. 2013

Teil 1. Einleitung

Übersicht

Schrifttum: *Bähr,* Das Generalklausel- und Aufsichtssystem des VAG im Strukturwandel, 2000; *Bettermann,* Über Flughafengebühren – Von der Erfüllung öffentlicher Aufgaben in Privatrechtsformen und von der zivilgerichtlichen Kontrolle der Benutzungsordnungen öffentlicher Anstalten, FS Reimers, 1979, S. 415 ff.; *Brömmelmeyer,* Der Verantwortliche Aktuar in der Lebensversicherung, 2000; *Bürgi,* Allgemeine Versicherungsbedingungen im Lichte der neuesten

Entwicklung auf dem Gebiet der Allgemeinen Geschäftsbedingungen, 1985; *Bundschuh/Estel,* Die Überprüfung von Allgemeinen Versicherungsbedingungen durch die höchstrichterliche Rechtsprechung, in: Die Entwicklung des Verbraucherschutzes bei Versicherungsverträgen – Symposion AGBG und AVB, 1993, S. 3ff.; *Choi,* Kontrolle von Leistungsbeschreibungen in Allgemeinen Versicherungsbedingungen, 1995; *Dreher,* Die Versicherung als Rechtsprodukt, 1991; *ders.,* Die Konkretisierung der Mißstandsaufsicht nach § 81 VAG, 1997; *Dreher,* Wirtschaftsrecht und Wirtschaftsaufsicht, FG 50 Jahre BGH, 2000, S. 713ff.; *Drexl,* Die wirtschaftliche Selbstbestimmung des Verbrauchers, 1998; *Dylla-Krebs,* Schranken der Inhaltskontrolle Allgemeiner Geschäftsbedingungen, 1990; *Eberhardt,* Die Mißbrauchsaufsicht des Bundesaufsichtsamtes für das Versicherungswesen, 1997; *Ebers,* Die Überschussbeteiligung in der Lebensversicherung, 2001; *Eilfort,* Der Verbraucherschutzgedanke in der deutschen privaten Krankenversicherung nach der Dritten Richt-linie Schadenversicherung, 1999; *Evermann,* Die Anforderungen des Transparenzgebots an die Gestaltung von Allgemeinen Versicherungsbedingungen, 2002; *Flick,* Die Schranken der Inhaltskontrolle Allgemeiner Versicherungsbedingungen nach § 8 AGB-Gesetz, 1984; *Freund,* Die Änderung Allgemeiner Geschäftsbedingungen in bestehenden Verträgen, 1998; *Gardette,* Die Behandlung der „unangemessenen" Klauseln nach dem französischen „AGB"-Gesetz, 2005; *Gessner,* Überschusskraft und Gewinnbeteiligung in der Lebensversicherung (Schriftenreihe Angewandte Versicherungsmathematik, Heft 7), 1978; *Göbelsmann,* Zur Parallelität von Kontrolle und Kontrollmaßstäben bei AVB, 1988; *Gozzo,* Das Transparenzprinzip und missbräuchliche Klauseln in Verbraucherverträgen, 1995; *Haas,* Haftungsfreizeichnungsklauseln in Allgemeinen Geschäftsbedingungen, 1991; *Hoeren/Nielen/Strack,* Versicherungswirtschaft im Internet, 2001; *Hohlfeld,* Auswirkungen der Deregulierung aus auf-sichtsbehördlicher Sicht, 1996; *ders.,* Was bleibt von der materiellen Staatsaufsicht nach Vollendung des Binnenmarktes?, 1992; *Hondius,* Diskussionsbeitrag, in: Das Recht der Allgemeinen Geschäftsbedingungen nach der Umsetzung der EG-Richtlinie über missbräuchliche Klauseln in Verbraucherverträgen, 1998, S. 99ff.; *Honsel,* Entwicklung: Besonderheiten der AGB-Kontrolle bei Versicherungen aus der Sicht des Praktikers, in: Die Entwicklung des Verbraucherschutzes bei Versicherungsverträgen – Symposion AGBG und AVB, 1993, S. 115ff.; *Horn,* Die richterliche Kontrolle von Entgeltklauseln nach dem AGB-Gesetz am Beispiel der Kreditwirtschaft, Beil. zu WM-Heft 11/1997, S. 1ff.; *v. Hoyningen-Huene,* Die Inhaltskontrolle nach § 9 AGB-Gesetz, 1991; *Hübner,* Allgemeine Versicherungsbedingungen und AGB-Gesetz, 5. Aufl. 1997; *Ihle,* Der Informationsschutz des Versicherungsnehmers, 2006; *Iversen,* Diskussionsbeitrag, in: Das Recht der Allgemeinen Geschäftsbedingungen nach der Umsetzung der EG-Richtlinie über missbräuchliche Klauseln in Verbraucherverträgen, 1998, S. 115ff.; *Korinek,* Rechtsaufsicht über Versicherungsunternehmen, 2000; *Kreienbaum,* Transparenz und AGB-Gesetz, 1998; *Kupper,* Die allgemeinen Versicherungsbedingungen, 1969; *Leschke,* Vertretungsmacht von Versicherungsvertretern und Wissenszurechnung, 1998; *Löbbert,* Zillmerung in der betrieblichen Altersversorgung, 2012; *Locher,* Das Recht der Allgemeinen Geschäftsbedingungen, 3. Aufl. 1997; *Mattern,* Das Informationsmodell im VVG unter Berücksichtigung der Auswirkungen auf die AGB-Kontrolle, 2011; *Meyer,* Der Rückkaufswert in der Lebensversicherung, 1989; *Miersch,* Versicherungsaufsicht nach den Dritten Richtlinien, 1996; *B. Müller,* Verbraucherschutz durch das Bundesaufsichtsamt für das Versicherungswesen, 1998; *H. Müller,* Versicherungsbinnenmarkt, 1995; *H. Müller,* Auswirkungen des Europäischen Binnenmarktes auf das deutsche Aufsichtsrecht, in: „Toezien of toekijken?" – Verzekeringskamer 75 jaer, 1998, S. 145ff.); *Münkel,* Die gesetzliche Empfangsvollmacht des Versicherungsvertreters und ihre Beschränkung, 2003; *Niebling,* Die Schranken der Inhaltskontrolle nach § 8 AGB-Gesetz, 1988; *Niedenführ,* Informationsgebote des AGB-Gesetzes, 1986; *Nitschke,* Maßstäbe für die Transparenz Allgemeiner Versicherungsbedingungen, 2002; *Osing,* Informationspflichten des Versicherers und Abschluss des Versicherungsvertrages, 1996; *Pfeiffer,* Die Belange der Versicherer als Kriterium bei der Auslegung von AVB, FS Schwebler, 1986, S. 399ff.; *Pilz,* Missverständliche AGB, 2010; *Präve,* Versicherungsbedingungen und AGB-Gesetz, 1998; *Prölss,* Die Unklarheitenregel unter besonderer Berücksichtigung ihrer Anwendung auf AVB, FS Egon Lorenz, 2004, S. 533ff.; *Rehberg,* Der Versicherungsabschluss als Informationsproblem, 2003; *Römer,* Allgemeine Versicherungsbedingungen als Grundlage der Rechtsprechung, in: 8./9. Symposium der ARGE Versicherungsrecht im DAV, 2005, S. 45ff.; *ders.*, Die Umsetzung der EG-Richtlinien im Versicherungsrecht, FG 50 Jahre BGH, 2000, S. 375ff.; *ders.*, Zu den Grenzen des Transparenzgebots im Versicherungsrecht, FS Egon Lorenz, 2004, S. 615ff.; *ders.*, Schranken der Inhaltskontrolle von Versicherungsbedingungen in der Rechtsprechung nach § 8 AGB-Gesetz, FS Egon Lorenz, 1994, S. 449ff.; *ders.*, Der Prüfungsmaßstab bei der Mißstandsaufsicht nach § 81 VAG und der AVB-Kontrolle nach § 9 AGBG, 1996; *Schäfer*, Das Transparenzgebot im Recht der Allgemeinen Geschäftsbedingungen, 1992; *Scherer*, Sprachwissenschaft und Lebenspraxis – Ein Fallbeispiel, in: Raasch/Bühler, Angewandte Linguistik und Sprachlehrforschung – entdecken, erfahren, erleben, 1999, S. 189ff.; *Scherpe*, Das Prinzip der Gefahrengemeinschaft im Privatversicherungsrecht, 2011; *Schilling*, Die Allgemeinen Bestimmungen der Allgemeinen Bedingungen für die Rechtsschutzversicherung (ARB) und das AGB-Gesetz, 1987; *Schirmer*, Aktuelle Fragen bei der Anwendung des AGB-Gesetzes auf AVB, in: Die Entwicklung des Verbraucherschutzes bei Versicherungsverträgen – Symposion AGBG und AVB, 1992, S. 61ff.; *ders.*, Die Auswirkungen des AGBG auf Ausarbeitung und Verwendung von AVB, in: Symposion „80 Jahre VVG“, 1988, S. 268ff.; *Schlappa*, Die Kontrolle der Allgemeinen Versicherungsbedingungen im deutschen Versicherungsaufsichtsrecht und der freie Dienstleistungsverkehr im EG-Recht, 1987; *R. Schmidt*, Weitere Überlegungen aus Anlass einer Reform des Versicherungsvertragsgesetzes, 1999; *Schumacher*, Der Rückkaufswert von Lebensversicherungen, 2012; *Seiffert*, Neuere Entscheidungen des IV. Zivilsenats des Bundesgerichtshofs zur Lebensversicherung und Anmerkungen zu „Nichtentscheidungen“, in: Homburger Tage 2009, 2009, S. 35ff.; *Sonnenberg*, Vertriebskostentransparenz bei Versicherungsprodukten, 2013; *Stoffels*, Gesetzlich nicht geregelte Schuldverhältnisse, 2001; *Stoffels*, AGB-Recht, 2. Auflage, 2009; *Stürner/Bruns*, Die Umsetzung der Verbraucherschutzrichtlinien und ihre Auswirkungen im nationalen Recht, in: Heusel, Neues europäisches Vertragsrecht und Verbraucherschutz, 1998, S. 81ff.; *Tenbieg*, Produktgestaltung durch Allgemeine Versicherungsbedingungen, in: 8./9. Symposium der ARGE Versicherungsrecht im DAV, 2005, S. 11ff.; *Ulmer*, Das AGB-Gesetz nach der Umsetzung der EG-Richtlinie über missbräuchliche Klauseln in Verbraucherverträgen, in: Das Recht der Allgemeinen Geschäftsbedingungen nach der Umsetzung der EG-Richtlinie über missbräuchliche Klauseln in Verbraucherverträgen, 1998, S. 9ff.; *van de Loo*, Die Angemessenheit Allgemeiner Versicherungsbedingungen nach dem AGB-Gesetz, 1987; *J. Wagner*, Die Anwendbarkeit des AGB-Gesetzes auf Benutzungsregelungen kommunaler Einrichtungen, 1982; *Wandt*, Änderungsklauseln in Versicherungsverträgen, 2000; *Wendt*, Zum Widerruf im Versicherungsvertragsrecht, 2013; *v. Westphalen*, Zur Rechtmäßigkeit der Tarifreform der Deutschen Telekom AG, Beil. zu BB 11/1996; *Wördemann*, International zwingende Normen im internationalen Privatrecht des europäischen Versicherungsvertrages, 1997; *Wolf*, Vertragsfreiheit und Vertragsrecht im Lichte der AGB-Rechtsprechung des Bundesgerichtshofs, FG 50 Jahre BGH, Bd. 1, 2000, 111ff.; *Wolf*, Bedeutung und Funktion des AGB-Rechts und der AGB in einem neuen Umfeld, in: Egon Lorenz, Schuldrechtsmodernisierung – Karlsruher Forum 2002, 2003, S. 101ff.; *Zischka*, Bundesversicherungsaufsichtsamt, 1997.

I. Bedeutung der unverbindlichen Musterbedingungen für die Lebensversicherung

1. Entstehung

1 Die unverbindlichen Musterbedingungen für die Lebensversicherung gehen auf die Zeit des Wegfalls der versicherungsaufsichtsbehördlichen AVB-Genehmigungspflicht im Jahre 1994 durch das Dritte Durchführungsgesetz/EWG zum VAG[1] zu-

[1] BGBl. 1994 I S. 1630.

rück. Seitdem haben der Verband der Lebensversicherungs-Unternehmen e.V. bzw. (seit 1996) der Gesamtverband der Deutschen Versicherungswirtschaft e.V. (nach Fusion des Lebensversicherungsverbandes mit letzterem Verband[2]) entsprechende Empfehlungen herausgegeben, die sich ihrerseits im Kern auf die früheren genehmigten Musterversicherungsbedingungen zurückführen lassen.[3] Mit den Musterbedingungen des GDV, die kontinuierlich aktualisiert werden[4] und unter www.gdv.de in ihrer jeweils aktuell gültigen Fassung abrufbar sind, soll ein **Orientierungsrahmen** für AVB in der Lebensversicherung gesetzt werden, der eine gewisse, wenn auch nur beschränkte Kompensation für den Wegfall der Markttransparenz durch die Abschaffung der AVB-Genehmigungspflicht darstellen soll. Der maßgebliche materielle Rechtsrahmen wird vor allem durch das VVG gesetzt, das 2008 umfassend novelliert und neu gefasst worden ist.[5] Hinzu treten aufsichtsrechtliche Regulierungen, die sich namentlich auf die Überschussbeteiligung beziehen. Die Musterbedingungen sind des Weiteren von sprachwissenschaftlichen Erkenntnissen geprägt. So ist bei der Erarbeitung der jüngsten Bedingungsfassung, die Gegenstand dieser Veröffentlichung ist, sprachwissenschaftlicher Rat[6] eingeholt und auch berücksichtigt worden. Damit soll die Transparenz gestärkt werden. Erreicht wird dies insbesondere durch kürzere Sätze, zusätzliche Erläuterungen und die Aufnahme von Begriffsdefinitionen und Beispielen, ohne dass hierdurch die Rechtssicherheit beeinträchtigt wird. Die Musterbedingungen im Bereich der Lebensversicherung sind nicht allumfassend konzipiert. Vielmehr bedürfen diese Bedingungen unternehmensindividueller Ergänzung insbesondere bezüglich der Leistungsbeschreibungen, die im Wesentlichen beispielhaft gemeint sind, sowie der Überschussbeteiligung, die Festlegungen des einzelnen Versicherers erforderlich machen. Im Bedingungswerk wird dies durch entsprechende Hinweise in Fußnoten ausgedrückt, die an die Versicherer gerichtet sind.

Das **Bedingungswerk,** das Gegenstand dieses Werks ist, umfasst die Rentenversicherung mit aufgeschobener Rentenzahlung (ARB), die Rentenversicherung mit sofort beginnender Rentenzahlung (ARB-S), die fondsgebundene Rentenversicherung (ARB-F), die Rentenversicherung als Altersvorsorgevertrag im Sinne des AltZertG (sog. Riesterverträge, ARR), die fondsgebundene Rentenversicherung als Altersvorsorgevertrag im Sinne des AltZertG (sog. fondsgebundene Riesterverträge, AFR), die Basisrentenversicherung (sog. Rürup-Verträge, ABR), die Risikoversicherung (ARV) und die kapitalbildende Lebensversicherung (ALB). Der Schwerpunkt liegt damit auf den Rentenversicherungsprodukten, die heute den Standard in der Lebensversicherung bilden. Daher ist diese Kommentierung in besonderer Weise auf diese Produkte ausgerichtet, wobei die Hauptkommentierung den ARB gilt. In den übrigen Bedingungswerken finden sich oftmals wortgleiche Regelungen wieder, so dass bei der Kommentierung auf die entsprechenden Erläuterungen zu den ARB verwiesen werden kann. Die jeweiligen Leistungsbeschrei-

[2] *Ehler,* Die Verbandszusammenschlüsse in der privaten Lebensversicherung, 2003, S. 490; *Koch,* Geschichte der Versicherungswirtschaft in Deutschland, 2012, S. 503.

[3] Übersicht bei *Benkel/Hirschberg* ALB 1986 Vorb. Rn. 1 ff. Die letzten Fassungen aufsichtsbehördlich genehmigter Musterversicherungsbedingungen finden sich für die sog. Großlebensversicherung in VerBAV 1986, 209 ff. (mit Kommentierung auf S. 247 ff.) und für die Rentenversicherung in VerBAV 1987, 303 ff.

[4] Vgl. etwa *Präve* VW 2001, 232 ff.

[5] BGBl. 2007 I S. 2631.

[6] S. nur *Zimmermann/Kalinowski* VW 2012, 1528 f.

bungen sind je nach Produkt unterschiedlich ausgestaltet, so dass insbesondere in dieser Hinsicht eine gesonderte Kommentierung zu dem jeweiligen Einzelbedingungswerk geboten ist. Das gilt für die fondsgebundenen Versicherungen auch hinsichtlich der Spezialbestimmungen zur Fondsanlage, die sich nur hier finden. Die Kommentierung folgt mit dieser Vorgehensweise der Genese des Bedingungswerks. Auch hier bietet die Erarbeitung der ARB die **„Folie"** für alle weiteren Bedingungswerke.

Der vorliegende Kommentar weicht damit von der Verfahrensweise bisheriger Kommentierungen von Bedingungswerken in der Lebensversicherung (etwa in *Prölss/Martin* und in *Benkel/Hirschberg*) ab. Damit wird dem Bedeutungswandel Rechnung getragen, den die Lebensversicherungsprodukte in der jüngsten Zeit durchlaufen haben. Dieser Wandel lässt sich an entsprechendem Zahlenmaterial ablesen.[7] Insgesamt bestanden im Jahre 2012 gut 93 Mio. Lebensversicherungsverträge. Die Bruttobeiträge beliefen sich auf gut 87 Mrd. Euro. Auf Rentenprodukte entfielen dabei 2012 fast 36% der Beiträge, während es im Jahre 2001 nur gut 22% gewesen waren. Über die Jahre hinweg ist der Anteil dabei kontinuierlich gewachsen. Hingegen ist der Beitragsanteil von Kapitalversicherungen über diesen Zeitrahmen ständig gesunken, nämlich von gut 55 (im Jahre 2001) auf 29% (im Jahre 2012). Der entsprechende Anteil fondsgebundener Produkte ist in dieser Zeit wiederum von gut 5 auf fast 15% gewachsen, wobei mittlerweile nahezu nur noch fondsgebundene Rentenversicherungen abgeschlossen werden. So sind 2012 gut 1,35 Mio. Renten- und Pensionsversicherungsverträge zustande gekommen, aber nur noch gut 520000 Kapitalversicherungsverträge. Der Anteil fondsgebundener Rentenversicherungen beläuft sich auf gut 780000 Verträge. Der Wandel des Marktes ist auch an dem Bestand von sog. Riester-und Basisrentenverträgen zu erkennen. Im Jahre 2012 existierten knapp 10,9 Mio. Riesterverträge und gut 1,6 Mio. Basisrentenverträge. Demgemäß widmet sich die vorliegende Kommentierung auch in besonderer Weise diesen Produkten.

2. Kartellrechtlicher Rahmen

2 Für die unverbindlichen Musterbedingungen ist der kartellrechtliche Rahmen entscheidend. Insofern werden europäische Vorgaben bedeutsam. Zwar ist die entsprechende Gruppenfreistellungsverordnung der EU-Kommission vom 27.2.2003[8] mittlerweile aufgehoben worden. An ihre Stelle sind Leitlinien der EU-Kommission zur Anwendung von Art. 101 AEUV auf Vereinbarungen über horizontale Zusammenarbeit getreten.[9] Danach ist entscheidend, dass diese Bedingungen nicht verbindlich und uneingeschränkt zugänglich sind.[10] Derartige Bedingungen, so heisst es in den Leitlinien, „haben somit (in der Annahme, dass sie sich nicht auf den Preis auswirken) in der Regel keine wettbewerbsbeschränkenden Auswirkungen".[11] Zu beachten ist aber, dass die Bedingungen auch nicht de facto Innovation und Produktvielfalt einschränken, also den Wettbewerb beschränken.[12] Daneben ist in kartell-

---

[7] Alle folgenden Zahlenangaben beruhen auf dem vom GDV herausgegebenen Statistischen Taschenbuch 2013.

[8] VO (EG) Nr. 358/2003, ABl. 2003 L 53, 8.

[9] ABl. 2011 C 11, 1, dort Rn. 300–307.

[10] Leitlinien Rn. 301.

[11] Leitlinien Rn. 302.

[12] Leitlinien Rn. 303–305, 307; *Thunnissen* ZVersWiss 2012, 643 (652).

rechtlicher Hinsicht jedenfalls für den möglichen Fall einer Einzelfreistellung nach Art. 101 Abs. 3 AEUV auf eine hinreichende Ausgewogenheit der Musterbedingungen zu achten. Orientierungshilfe bietet hierfür wiederum die außer Kraft getretene Gruppenfreistellungsverordnung.[13] Bedeutsam ist hierfür namentlich die Liste mit elf sogenannten schwarzen Klauseln. Danach duften Muster-AVB keine der dort genannten Klauseln[14] enthalten. Die sogenannten **schwarzen Klauseln** stimmen dabei partiell mit den AVB überein, die in der EU-Richtlinie über mißbräuchliche Klauseln in Verbraucherverträgen[15] (mit Vorbehalt) als missbräuchlich bewertet werden, wie dies namentlich bei bestimmten AVB- und Prämienanpassungsklauseln der Fall ist[16] sowie bei Klauseln, die eine stillschweigende Vertragsverlängerung für mehr als jeweils ein Jahr beinhalten.[17] Zu den schwarzen Klauseln gehören ferner Bestimmungen, die keine direkte Entsprechung in der eben genannten Richtlinie finden.[18] Auch dürfen Empfehlungen nicht bestimmte Personen vom Versicherungsschutz ausschließen.[19] Mag insoweit auch ein Eingriff in die Interessensphäre der Verbände und Unternehmen der Versicherungswirtschaft gegeben sein,[20] so ist auf Grund entgegenstehender, überwiegender Rechte auf Versicherungsnehmerseite auch dem zuletzt genannten Ausschlussgrund eine Berechtigung kaum abzusprechen. Dabei ist auch zu berücksichtigen, dass die Geschäftspolitik des einzelnen Versicherungsunternehmens von der Regelung nicht unmittelbar berührt wird.

AVB einzelner Versicherungsunternehmen unterliegen einer kartellbehördlichen Prüfung, wenn sie von **marktbeherrschenden Unternehmen** festgesetzt werden (§ 19 Abs. 1 und 4, § 32 GWB). Dabei erfolgt aber keine allgemeine Verhaltenskontrolle. Auch ist es nicht vorrangige Aufgabe der Kartellbehörden, wirksamen Verbraucherschutz gegenüber einzelnen AVB zu betreiben.[21] Für die Beurteilung eines Verhaltens marktbeherrschender Unternehmen als missbräuchlich bildet das AGB-Recht einen Bezugspunkt.

Die kartellrechtliche Bewertung lässt versicherungsaufsichtsbehördliche Maßnahmen gegen Versicherungsunternehmen, die entsprechende Bedingungen bzw. Bedingungswerke verwenden, unberührt, da sie keine Bindungswirkung gegenüber der **Versicherungsaufsicht** begründet. Aufgrund eines anderen Prüfungsmaßstabes präjudiziert die kartellrechtliche Wertung auch nicht das Ergebnis einer aufsichtsrechtlichen Überprüfung, was aufgrund der unterschiedlichen Zielsetzung auch umgekehrt gilt.

3. Funktion von AVB

3 In der Privatversicherung werden Versicherungsverträge regelmäßig auf der Grundlage von AVB, den AGB der Versicherer, abgeschlossen. Das hängt zum einen mit dem anders kaum zu bewältigenden Massengeschäft zusammen, wie es das Ver-

---

[13] *Thunnissen* ZVersWiss 2012, 643 (651–653).

[14] Art. 7 Abs. 1 VO (EG) Nr. 358/2003.

[15] RL 93/13/EWG, ABl. EG 1993 L 95, 29.

[16] Art. 6 Abs. 1 Buchst. d und e VO (EG) Nr. 358/2003; Anhang Nr. 1 Buchst. j bis l RL 93/13/EWG.

[17] Art. 6 Abs. 1 Buchst. g VO (EG) Nr. 358/2003; Anhang Nr. 1 Buchst. h RL 93/13/EWG.

[18] Art. 6 Abs. 1 Buchst. f VO (EG) Nr. 358/2003.

[19] Art. 6 Abs. 3 VO (EG) Nr. 358/2003.

[20] Vgl. *Bunte* WuW 1992, 893 (901).

[21] *Schultz* VW 1994, 1597 (1599).

sicherungsgeschäft darstellt. Insoweit erfüllen AVB, wie sie seit dem 19. Jahrhundert anzutreffen sind,[22] eine Rationalisierungsfunktion.[23] Zum anderen ist der Versicherer rechtlich zur Gleichbehandlung seiner Versicherungsnehmer verpflichtet, sei dies wegen spezieller gesetzlicher Vorgaben, wie sie in der Lebensversicherung (§ 11 Abs. 2 VAG) und bei Versicherungsvereinen auf Gegenseitigkeit hinsichtlich dessen Mitgliedern (§ 21 Abs. 1 VAG) bestehen, sei es, um einen Verstoß gegen das aufsichtsbehördliche Begünstigungsverbot[24] zu vermeiden.[25] Auch dies zwingt ihn zum Einsatz von AGB. Hierauf baut schließlich die Prämienkalkulation des Versicherers auf, die die Gleichheit einer Vielzahl versicherter Risiken voraussetzt,[26] um den Zufall „in eine geregelte Erscheinung" verwandeln zu können.[27] Insofern stellen die AVB eine unerlässliche Grundlage der Versicherungstechnik dar[28], auch wenn dies in den Bestimmungen der AGB selber nicht unmittelbar zum Ausdruck kommt.[29] Demgemäß geht auch der Gesetzgeber von der Existenz von AVB aus.[30] Vertragsrechtliche und gesetzliche Regelungen bedingen sich so gegenseitig. AVB erfüllen aber nicht nur diese Funktionen, sondern dienen zugleich der Konstituierung des Produkts Versicherung, das erst durch die Ausgestaltung in den Bedingungen zum Produkt wird.[31] Die AVB „halten eine rechtliche Rahmenordnung für den Versicherungsvertrag bereit".[32] Mit den AVB erfolgt namentlich auch die Festlegung der vertraglich vereinbarten Leistungen[33], weshalb sie mitunter als Marktdisposition des Versicherers verstanden werden.[34] Die AGB der Versicherer erfüllen damit eine **Informationsfunktion,**[35] was in Zeiten deregulierter Versicherungsmärkte insbesondere für die Lebensversicherung von besonderer Wichtigkeit ist.

4. Vorrang der Individualabrede

4 Der Vorrang der Individualabrede (§ 305b BGB) gilt unabhängig davon, zu wessen Gunsten sich der Vorrang auswirkt. Individualvereinbarungen genießen stets den Vorrang vor AVB. Eine **Individualabrede** liegt vor, wenn und soweit keine vorformulierten Bedingungen, also keine AVB verwendet werden. Die Individualabrede genießt Vorrang nicht nur vor entgegengesetzten AVB, sondern auch vor

---

[22] *Sieg* ZVersWiss 1975, 161 ff.; *Dreher,* Die Versicherung als Rechtsprodukt, S. 21.

[23] *Dreher,* Die Versicherung als Rechtsprodukt, S. 162f.; *Bürgi* S. 7f. und 75; *Locher* S. 6; *Schlappa* S. 8; *Bunte/Honsel* S. 6; *Evermann* S. 24.

[24] Nachweise und nähere Hintergründe bei *Präve* VersWissStud 4 (1996), 85 (96f.); relativierend *Dreher* VersR 1997, 1 (5ff.); *Lorenz* in 25 Jahre Karlsruher Forum, 1983, 162 (168).

[25] Zu dem Ganzen auch *Jannott,* FS E. Lorenz, 1994, 341 (355ff.); *Präve* VW 1994, 800 (806f).

[26] *Martin* VersR 1984, 1107 (1108); *Schlappa* S. 8f.,11f.

[27] *Looschelders* VersR 1996, 529 (530).

[28] *Bürgi* S. 75; *Kupper* S. 29; *Eilfort* S. 17f.; *Reiff* in Wolf/Lindacher/Pfeiffer Klauseln Rn. V 65.

[29] *Tenbieg* in: 8./9. Syposium der Arge Versicherungsrecht im DAV, 2005, S. 11 (12f.).

[30] Vgl. *Dreher,* Die Versicherung als Rechtsprodukt, S. 71.

[31] Dreher, Die Versicherung als Rechtsprodukt, S. 49, 147f.; *Bürgi* S. 78, 146; *Freund* S. 37; *Wördemann* S. 3 und 282f.; *Schlappa* S. 5, 11 und 172; *Eilfort* S. 18; *Evermann* S. 25; *Rehberg* S. 34; *Römer,* FS E. Lorenz, 2004, 615.

[32] *Dreher,* Die Versicherung als Rechtsprodukt, S. 162.

[33] *Tenbieg* in: 8./9. Syposium der Versicherungsrecht im DAV, 2005, S. 11 (21).

[34] *Heyers* ZVersWiss 2010, 349 (350).

[35] *Evermann* S. 28f.; *Sonnenberg* S. 46f.; *Präve* VW 1995, 90.

AVB, die einer entsprechenden Abrede ihren Sinn nehmen.[36] Das gilt auch, wenn AVB den Funktionsbereich der Individualabrede erweiternd oder einengend tangieren.[37] Allerdings ist zu beachten, dass AVB auch individualvertragskonform ausgelegt werden können. Demgegenüber verbietet es sich, Individualabreden ihrerseits AVB-konform auszulegen, da dies dem Vorrang der Individualvereinbarung zuwiderlaufen würde.[38]

Der Vorrang der Individualabrede erfährt im Versicherungsbereich allerdings eine nicht unbedeutende Durchbrechung. Macht der Versicherer den Versicherungsnehmer nach Maßgabe von **§ 5 VVG** auf Abweichungen von getroffenen Vereinbarungen bei Aushändigung des Versicherungsscheins aufmerksam, dann verliert die früher getroffene Individualabrede ihre Bedeutung, wenn der Versicherungsnehmer nicht innerhalb eines Monats nach Empfang des Versicherungsscheins widerspricht.

Ob die Vereinbarung schriftlich oder mündlich getroffen worden ist, ist unerheblich.[39] Die Individualvereinbarung kann auch stillschweigend oder schlüssig geschlossen werden.[40] Im Falle **mündlicher** Abreden ist zu beachten, dass der Versicherungsagent, auch wenn er über keine Abschlussvollmacht verfügt, zur Entgegennahme mündlicher Erklärungen befugt bleibt, da er dem Antragsteller bildlich gesprochen als das Auge und Ohr des Versicherers gegenübertritt.[41] Auch können Belehrungen, die der Versicherungsagent dem Versicherungsnehmer erteilt, für die Annahme einer von den AVB und deren Auslegung abweichenden Individualvereinbarung von Bedeutung sein.[42]

Unmaßgeblich ist, zu welchem **Zeitpunkt** die Individualabrede getroffen worden ist, also ob sie vor, bei oder nach dem Vertragsschluss unter Zugrundelegung der AVB erfolgt ist.

Wird ein bestimmtes Datum als Versicherungsbeginn vereinbart, kann sich der Versicherer nicht mit Erfolg auf eine AVB-Bestimmung berufen, wonach Versicherungsschutz erst ab dem Zeitpunkt des Vertragsschlusses besteht.[43] In der **Lebensversicherung** ist die Festlegung eines datumsmäßigen Versicherungsbeginns mit dem Beginn des Versicherungsschutzes gleichzusetzen, es sei denn, der Versicherer hat dem Versicherungsnehmer Abweichendes erklärt. Der Verweis auf eine Festlegung in den AVB, dass Versicherungsschutz erst mit Zahlung des Erstbeitrags beginne, genügt für sich genommen nicht. Sie tritt vor jeder anderweitigen individualvertraglichen Festlegung des Versicherungsbeginns zurück.[44] Anderes gilt für formularmäßig vorgesehene Wartezeiten, die auch durch die Vereinbarung eines konkreten Datums für den Versicherungsbeginn nicht hinfällig werden.[45]

---

[36] *Lindacher* in Wolf/Lindacher/Pfeiffer BGB § 305b Rn. 9.
[37] *v. Westphalen* DB 1977, 1685.
[38] AA *Lindacher* in Wolf/Lindacher/Pfeiffer BGB § 305b Rn. 10.
[39] BGH NJW 2006, 138 (139); NJW 1986, 1807.
[40] BGH VersR 1983, 850.
[41] BGH VersR 1992, 217; VersR 1988, 234 (237).
[42] BGH VersR 1983, 850; *van de Loo* S. 34f.
[43] BGHZ 84, 268 (274f.).
[44] OLG Köln VersR 1997, 51 (52).
[45] OLG Hamm VersR 1989, 506f.

II. Aufsichtsrechtlicher Rahmen

1. Mindestinhalt von AVB

5 § 10 VAG enthält gesetzliche Vorgaben für einen Mindestinhalt von AVB.[46] Im Falle ergänzender Bedingungen genügt es allerdings, wenn das Hauptbedingungswerk den notwendigen Mindestinhalt aufweist, was in der Lebensversicherung Bedeutung für Zusatzversicherungsbedingungen wie namentlich die BUZ und die UZV hat. Nicht erfasst werden solche Vertragsbedingungen, die zwischen Versicherer und Versicherungsnehmer im Einzelnen ausgehandelt sind (§ 305 Abs. 1 S. 3 BGB). Den Versicherern steht es frei, über § 10 VAG hinaus noch **weitere Angaben** in ihre AVB aufzunehmen. Der Mindestinhalt, den § 10 Abs. 1 VAG umschreibt, ist seit Erlass des Dritten Durchführungsgesetzes/EWG zum VAG zwingend. Dieses Gesetz wandelte die vormalige Soll-Vorschrift zur Stärkung der Informationsfunktion von AVB in eine Muss-Vorschrift um.[47] Mit Umsetzung der EU-Solvency-II-Richtlinie in deutsches Recht ist eine Streichung von § 10 VAG geplant.[48] De lege lata ist die aufsichtsrechtliche Vorgabe auch für die unverbindlichen Musterbedingungen relevant, da sie die Grundlage für die unternehmensindividuellen AVB bilden können. Das bedeutet im Einzelnen Folgendes:

6 Die AVB haben die **Leistungstatbestände** aufzuführen (§ 10 Abs. 1 Nr. 1 VAG). Hierzu sind die versicherten Risiken zu nennen und, sofern gegeben, diesbezügliche Ausschlusstatbestände. Das Gebot erzwingt allerdings nicht eine umfassende Festlegung der Leistungs- und Ausschlusstatbestände in einem einzigen Regelwerk. Die Versicherer sind namentlich nicht gehindert, ihre AVB um Ausschlüsse in besonderen Bedingungen zu ergänzen. Hinsichtlich der vertragsrechtlichen Wirksamkeit ist allerdings vor allem darauf zu achten, dass auch diese Bedingungen in den Vertrag einbezogen werden (§ 305 Abs. 2, 3 BGB) und die Regelungen ihrerseits hinreichend transparent bleiben (§ 307 Abs. 1 S. 2 BGB).

Art, Umfang und Fälligkeit der **Leistung** sind aufzuführen (§ 10 Abs. 1 Nr. 2 VAG).

Neben Bestimmungen zur Prämienfälligkeit sind auch die Rechtsfolgen eines Prämienverzugs darzustellen (§ 10 Abs. 1 Nr. 3 VAG). Dabei ist den Vorschriften der §§ 38, 39 VVG folgend zwischen dem Erst- und dem Folgebeitrag zu unterscheiden und auf Besonderheiten des Lastschriftverfahrens einzugehen. Bei diesem genügt es, wenn der Beitrag zu dem im Versicherungsschein angegebenen Fälligkeitstag eingezogen werden kann und der Versicherungsnehmer einer berechtigten Einziehung nicht widerspricht.

Die AVB haben ferner Regelungen zu den vertraglichen Gestaltungsrechten, den Obliegenheiten und den Anzeigepflichten zu enthalten (§ 10 Abs. 1 Nr. 4 VAG). Unter **Gestaltungsrechten** versteht man einseitige Rechte auf unmittelbare Rechtsänderung. Sie können sich auf Erwerb, Änderung oder Aufhebung einer Rechtsstellung richten und ergeben sich entweder aus dem Gesetz oder werden vertraglich eingeräumt. Die Verpflichtung des § 10 VAG bezieht sich ausschließlich auf vertragliche und nicht auf gesetzliche Gestaltungsrechte, erfasst aber sowohl Gestaltungsrechte des Versicherungsnehmers als auch des Versicherers. Inso-

---

[46] Zum Anwendungsbereich der Vorschrift vgl. *Präve* in Prölss § 10 Rn. 23.

[47] Vgl. Gesetzesbegr. BR-Drs. 23/94, 162.

[48] Vgl. Gesetzentwurf der Bundesregierung BT-Drs. 17/9342, 184 (Tabelle: § 10 „entfällt").

fern bringt die Vorschrift aber nur etwas Selbstverständliches zum Ausdruck, da vertragliche Gestaltungsrechte ohne eine vertragliche Verankerung gar nicht denkbar sind. Die Information über **Obliegenheiten** bezieht sich auf Verhaltensregeln des Versicherungsnehmers. Diesem wird mit einer Obliegenheit ein Tun oder ein Unterlassen auferlegt, dessen Nichtbefolgung zum Verlust des Versicherungsschutzes führen kann. Über derartige Regeln ist in den AVB umfassend zu informieren. Das gilt, anders als bei den Gestaltungsrechten, sowohl für die gesetzlichen als auch die vertraglichen Vorgaben. Daneben sind auch **Anzeigepflichten** in den AVB zu nennen, auch wenn es sich bei ihnen nicht um Obliegenheiten handelt. Für die Lebensversicherung relevant sind damit die Vorschriften von § 13 (Änderung von Anschrift und Name), § 19 (vorvertragliche Anzeigepflicht), § 23 Abs. 2 und 3 (Anzeige einer Gefahrerhöhung), § 30 (Anzeige des Versicherungsfalls) sowie § 34 VVG (Auskunftspflicht)

Die Information über den Verlust des Anspruchs aus dem Versicherungsvertrag, wenn Fristen versäumt werden (§ 10 Abs. 1 Nr. 5 VAG), erzwingt Angaben über die **Verjährung** (§ 12 Abs. 1 und 2 VVG). Das gilt freilich nur insoweit, als sich der Versicherer entsprechende Rechte vorbehalten will.

Angaben über die inländischen **Gerichtsstände** (§ 10 Abs. 1 Nr. 6 VAG) müssen sich sowohl auf Klagen des Versicherten als auch auf Klagen des Versicherers beziehen. Hiermit soll für den Versicherten Klarheit geschaffen werden, zumal sich die maßgeblichen Rechtsvorschriften in unterschiedlichen Gesetzen wiederfinden.[49] Zu nennen sind die Gerichtsstände der § 17 ZPO (Allgemeiner Gerichtsstand juristischer Personen), § 21 ZPO (Besonderer Gerichtsstand der Niederlassung) und § 215 VVG (Gerichtsstand des Wohnsitzes des Versicherungsnehmers).

Angaben über Grundsätze und Maßstäbe, wonach die Versicherten an den **Überschüssen** teilnehmen (§ 10 Abs. 1 Nr. 7 VAG), gewinnen dann Bedeutung, wenn eine Überschussbeteiligung nicht vertraglich insgesamt ausgeschlossen wird (§ 153 Abs. 1 Hs. 2 VVG). Für die Lebensversicherung gibt es eine korrespondierende Vorgabe für die Versicherteninformation nach § 2 Abs. 1 Nr. 3 VVG-InfoV, wobei diese ausdrücklich auch entsprechende Angaben bezüglich der Überschussermittlung umfasst. Diese Vorgaben sind allerdings nicht dahingehend zu verstehen, dass Doppelinformationen gegeben werden müssen. So kann es sich empfehlen, die Grundsätze und Maßstäbe für die Überschussbeteiligung in ihrem Kern in den AVB niederzulegen, weitergehende Erläuterungen und Angaben zur Überschussermittlung in einer ergänzenden Versicherteninformation abzubilden.[50] Bei der Beschreibung der Überschussbeteiligung in den AVB ist im Kern gegen zutreffende Verweise auf einschlägige Gesetze (etwa das VAG, das HGB und einschlägige Rechtsverordnungen) nichts einzuwenden.[51] Spielräume, die sich für unternehmerische Entscheidungen daraus ergeben, müssen nicht expressis verbis dargelegt werden, weitergehende Erläuterungen zu den gesetzlichen Vorschriften sind ebenso nicht zwingend.[52] Auch müssen die Versicherer nicht die Maßstäbe dergestalt konkretisieren, dass schon bei Vertragsschluss bestimmte Prozentsätze für die Überschussbeteiligung genannt werden.[53] Schließlich ginge es zu weit, wenn verlangt würde, dass die Angaben jeden Versicherungsnehmer befähigen sollten, einen be-

---

[49] Vgl. Gesetzesbegr. BT-Drs. 23/94, 162.

[50] So bereits zum früheren Recht *Präve* VW 2001, 232 (233).

[51] BGH VersR 2001, 841 (845).

[52] BGH VersR 2001, 841 (845).

[53] BGH VersR 2001, 841 (845).

stimmten, jährlich nachprüfbaren Anspruch festzustellen.[54] Insofern ist auch von einem Gleichklang zwischen §§ 10 VAG auf der einen Seite und § 2 Abs. 1 Nr. 3 VVG-InfoV sowie den sich aus dem Transparenzgebot des § 307 Abs. 1 S. 2 BGB ergebenden Anforderungen auf der anderen Seite auszugehen.

7 § 10 Abs. 1 VAG verpflichtet bereits seinem Wortlaut nach zu vollständigen Angaben.[55] Das bezieht sich allerdings nur auf die in § 10 Abs. 1 Nr. 1–7 genannten Regelungsgegenstände. Insoweit harmoniert § 10 VAG mit dem **Vollständigkeitsgebot,** das Ausfluss des AGB-rechtlichen Transparenzgebots ist. Das Vollständigkeitsgebot ist nicht dahingehend zu verstehen, dass auch konkrete, einzelvertragliche Angaben in den AVB ihren Niederschlag finden müssen.[56] Derartige Inhalte können im Bedingungswerk auch gar nicht abgebildet werden, da dieses regelmäßig für eine Vielzahl von Verträgen konzipiert ist.

Bei VVaG und öffentlich-rechtlichen Versicherungsunternehmen dürfen die in § 10 Abs. 1 VAG genannten Regelungsinhalte statt in den AVB auch in der **Satzung** enthalten sein (§ 10 Abs. 2 VAG). Wird von dieser Möglichkeit Gebrauch gemacht, ergeben sich materiell-rechtlich keine abweichenden Anforderungen als im Falle der Aufnahme der Bestimmungen in die Bedingungswerke. Aufsichtsrechtlich gilt, dass auch insofern keine Genehmigungserfordernisse bestehen. Weder die AVB noch die Satzungen, soweit sie sich auf AVB beziehen (vgl. § 5 Abs. 3 Nr. 1 VAG), gehören zum genehmigungspflichtigen Geschäftsplan.[57] Im Übrigen finden auf die Bestimmungen die allgemeinen Gesetze Anwendung, namentlich die AGB-rechtlichen Vorschriften des BGB. Das gilt selbst dann, wenn Bestimmungen (wie etwa Änderungsvorbehalten) auch eine mitgliedschaftliche Komponente innewohnt.[58] Die Schutzbedürftigkeit des Versicherungsnehmers besteht nämlich unabhängig davon, ob eine entsprechende Bestimmung in der Satzung oder in den AVB getroffen wird.

8 Die Diskussion um Reichweite und Bedeutung von aufsichtsrechtlichen Vorschriften, die das Rechtsverhältnis zwischen Versicherer und Versicherungsnehmer zum Gegenstand haben, hat sich vornehmlich an § 10a VAG aF entzündet. Aber auch zu § 10 VAG besteht diesbezüglich Klarstellungsbedarf. § 10 VAG ist als gewerberechtliche Ordnungsvorschrift konzipiert, der zunächst einmal **aufsichtsrechtliche Bedeutung** zukommt. Soweit AVB noch genehmigungspflichtig (wie bei regulierten Pensions- und Sterbekassen; vgl. § 5 Abs. 3 Nr. 2 Hs. 2, § 118b Abs. 3 S. 4 VAG) sind, ist die Vorschrift zulassungsrelevant. Ansonsten gilt, dass die Aufsicht die Unternehmen zur Einhaltung von § 10 VAG nach § 81 Abs. 2 iVm Abs. 1 S. 4 VAG anhalten kann. Die gewerberechtliche Bedeutung der Vorschrift schließt nicht von vornherein auch eine **privatrechtliche Relevanz** aus. Vielmehr wird der Vorschrift, da sie sich auf das Rechtsverhältnis zwischen Versicherer und Versicherungsnehmer bezieht, ausdrücklich auch der Charakter einer zivilrechtlichen Ordnungsvorschrift zugebilligt.[59] Die Auffassung, zivilrechtliche Sanktionen bestünden bei einem Verstoß gegen § 10 VAG nicht,[60] ist allerdings so nicht haltbar. Eine Nichtbeachtung von § 10 VAG führt allerdings nicht zur Nichtigkeit nach

---

[54] BGH VersR 2001, 841 (845).

[55] S. auch Gesetzesbegr. BR-Drs. 23/94, 162.

[56] In diese Richtung gehend aber OLG Stuttgart VersR 1999, 832 (836).

[57] *Präve* in Prölss § 5 Rn. 15; *Kaulbach* in FKBP § 5 Rn. 31.

[58] BGH VersR 1997, 1517 (1518f.); OLG Celle VersR 1996, 1133 (1134); LG Hannover VersR 1996, 314 (315).

[59] *Kaulbach* in FKBP § 10 Rn. 1.

[60] *Kaulbach* in FKBP § 10 Rn. 1 VAG.

§ 134 BGB, da es sich bei der Vorschrift nicht um ein gesetzliches Verbot handelt. Zu sehen ist aber der Kontext zum AGB-rechtlichen Transparenzgebot (§ 307 Abs. 1 S. 2 BGB). Diesem ist ein Vollständigkeitsgebot immanent, das mit § 10 VAG eine Entsprechung findet.[61] In Betracht können ferner Schadenersatzansprüche aus den Rechtsgründen der culpa in contrahendo bzw. der positiven Forderungsverletzung kommen. Voraussetzung ist allerdings der Nachweis eines Schadens durch die unterbliebene Information. Ein deliktsrechtlicher Schadensersatzanspruch lässt sich aus einem Verstoß gegen § 10 VAG nicht ableiten, da diese Bestimmung kein Schutzgesetz im Sinne von § 823 Abs. 2 BGB darstellt.

2. Regulierung der Überschussbeteiligung

9 Für die Lebensversicherung bestehen neben vertragsrechtlichen Vorgaben (§ 153 VVG) auch aufsichtsrechtliche Maßgaben für die Überschussbeteiligung. Von besonderer Bedeutung ist die auf § 81c Abs. 3 VAG fußende Mindestzuführungsverordnung (MindZV), die Mindestvorgaben für die Beteiligung der Versicherten an den Kapitalerträgen, dem Risiko- und dem übrigen Ergebnis vorsieht (§ 4 Abs. 3–5 MindZV). Diese Regelungen sind Reflex der aufsichtsrechtlichen Vorgabe einer vorsichtigen Prämienkalkulation (§ 11 Abs. 1 VAG)[62], die zwangsläufig zu Überschüssen führen muss. Aus Gerechtigkeitsgründen ist demgemäß auch eine Beteiligung der Versicherten an den Überschüssen geboten.[63] Dies ist auch verfassungsrechtlich fundiert. Danach ist von „Eigentum im Werden" auszugehen und demgemäß eine angemessene Überschussbeteiligung sicherzustellen.[64]

3. Eingriffsrecht

10 Schließlich ist in Bezug auf die Ausgestaltung von AVB auch auf das diesbezügliche aufsichtsrechtliche Eingriffsrecht hinzuweisen. Dabei besteht zwischen der aufsichtsbehördlichen Generalklausel des § 81 VAG und dem Erlaubnisverweigerungstatbestand des § 8 Abs. 1 S. 1 Nr. 3 VAG einerseits sowie der Vorschrift des § 307 BGB andererseits, der zufolge Allgemeine Geschäftsbedingungen, die den Vertragspartner entgegen den Geboten von Treu und Glauben unangemessen benachteiligen, unwirksam sind, eine unmittelbare **Parallele.**[65] In beiden Fällen sollen unangemessene Benachteiligungen abgewehrt werden, im Rahmen des AGB-Rechts zunächst einmal mit zivilrechtlichen Mitteln, insbesondere dem Verbandsklageverfahren nach §§ 1, 3 UKlaG, im Rahmen des VAG mit aufsichtsrechtlichen Maßnahmen, namentlich mit Untersagungsverfügungen nach § 81 Abs. 2 S. 1 VAG. Damit kann wiederum die zu § 307 BGB bestehende umfangreiche Rechtsprechung einen unmittelbaren Bezugspunkt auch für die aufsichtsbehördliche Kontrolle darstellen.[66] Das hat allerdings zur Konsequenz, dass nicht jedwede Be-

---

[61] *Präve* in Prölss § 10 Rn. 20; *Grote* in Langheid/Wandt AufsR Rn. 169.

[62] *Armbrüster* ZVersWiss 2003, 745 (748); *Knappmann* NJW 2005, 2892; *Präve* in Prölss § 11 Rn. 7.

[63] Vgl. Gesetzesbegr., BR-Drs. 23/94, 251 f.; *Brömmelmeyer* VersR 2003, 939 (944).

[64] BVerfG VersR 2005, 1127 (1131); 2005, 1109 (1118 f.); *Heiss* in Albrecht/Bartels/Heiss, Das Urteil des Bundesverfassungsgerichts vom 26. Juli 2005 (1 BvR 80/95), 2006, S. 7, 11.

[65] Vgl. BVerwG VersR 1981, 221 (223); *Präve* in Prölss § 8 Rn. 15; *Rittner* VersR 1982, 205 ff.; *Göbelsmann* S. 71; *Zischka* Rn. 488 und 492; anders *Eberhardt* S. 74 ff.

[66] *Römer,* Der Prüfungsmaßstab bei der Mißstandsaufsicht nach § 81 VAG und der AVB-Kontrolle nach § 9 AGBG, S. 20; kritisch *Bähr* S. 119, 148 ff., 156 ff.

nachteiligung der Versicherungsnehmer die Aufsicht zum Eingreifen ermächtigt.[67] Vielmehr ist eine umfassende Abwägung der Interessen aller Beteiligten, also auch der Versicherer, vorzunehmen. Ein Eingriff dürfte nur zu rechtfertigen sein, wenn eine Benachteiligung von einigem Gewicht vorliegt. Geringfügige und unwesentliche Benachteiligungen sind vom Versicherungsnehmer und damit auch von der Versicherungsaufsicht hinzunehmen. Allerdings kann der Schutz der Versichertengemeinschaft Maßnahmen in Fällen rechtfertigen, in denen der einzelne Versicherungsnehmer für sich genommen nicht sehr erheblich belastet wird.

11 Ein die aufsichtsbehördliche Praxis vormals bestimmender Grundsatz, nämlich der Grundsatz der **Markttransparenz,** bildet dementsprechend keinen Bezugspunkt für aufsichtsbehördliches Tätigwerden mehr. Wenngleich dieser Grundsatz, der auf standardisierte und damit für den Verbraucher vergleichbare Produkte abzielte, aus Verbrauchersicht – trotz gelegentlicher kritischer Einwände – positiv zu bewerten sein dürfte, kann er nach der gesetzlichen Ausgestaltung keine Maßnahmen der Versicherungsaufsicht mehr rechtfertigen.[68] Mangelnde Markttransparenz stellt nämlich für sich genommen noch keinen Missstand dar, sondern ist gewollte Folge der den Versicherungsmarkt beherrschenden Anbieterfreiheiten.

12 Die Aufsicht wird ausschließlich im öffentlichen Interesse tätig (vgl. § 81 Abs. 1 S. 3 VAG), zielt folglich nur in diesem Rahmen auf den **Individualrechtsschutz.** Verkürzt wird dies zunehmend als kollektiver Verbraucherschutz bezeichnet.[69] Mit der Kontrolltätigkeit wird freilich auch den Interessen vieler einzelner Versicherungsnehmer Rechnung getragen. Dies darf aber nicht mit der Kontrolle zugunsten des einzelnen Versicherungsnehmers verwechselt werden, dem – wie auch jedem anderen Verbraucher – im Streitfall der Zivilrechtsweg offen steht.[70] Unterstützung erhält er hierbei von Verbraucherverbänden, die im Rahmen sogenannter Verbandsklageverfahren eine Überprüfung von AVB erreichen können. Hiervon unberührt bleibt, dass die Aufsicht, sofern sie als Genehmigungsbehörde (etwa bei Bestandsübertragungen) agiert, zur Wahrung der Grundrechte der Versicherten verpflichtet ist[71], weshalb insoweit (seit dem 1.1.2008[72]) ein abweichender Prüfungs- und Genehmigungsmaßstab gilt (§ 14 Abs. 1 S. 2, Abs. 3 und 4 VAG).

13 Derartige zivilrechtliche Verfahren sind wiederum mit aufsichtsbehördlichen Verfahren verzahnt. Gemäß § 8 Abs. 2 Nr. 1 UKlaG ist die Aufsichtsbehörde von dem mit einer Verbandsklage befassten Zivilgericht zu hören. Seit Mitte 1994 besteht dieses **Anhörungsrecht der Aufsicht** nicht nur im Falle genehmigter AVB, sondern auch bei frei festgesetzten AVB, so dass die Behörde ihren Sachverstand und ihre Auffassung in das zivilgerichtliche Verfahren einbringen kann. Soweit mit Verbandsklageverfahren eine höchstrichterliche Klärung einer streitigen Zivilrechtsfrage herbeigeführt wird, spricht im Übrigen viel dafür, dass die Aufsicht vor einem Tätigwerden den Ausgang des Rechtsstreits abwartet. Anders liegt der Fall hingegen insbesondere dann, wenn eine solche Überprüfung unterbleibt und der Rechtsprechung bzw. einer gefestigten Literaturmeinung die Unzulässigkeit einer entsprechenden Bedingungsgestaltung zu entnehmen ist.

---

[67] Vgl. nur BGH VersR 1986, 257 (258).
[68] Vgl. *H. Müller* S. 291f.; *Präve* SVZ 1995, 297 (298f., 301); *Zischka* Rn. 235.
[69] Vgl. nur BaFin-Journal März 2013, 9f.
[70] *Barbey* VersR 1985, 101 (105f.); s. auch BVerfG VersR 2005, 1127 (1133).
[71] BVerfG VersR 2005, 1109 (1120f.).
[72] Vgl. Art. 1 Nr. 7 und Art. 3 des Gesetzes v. 23.12.2007, BGBl. I S. 3248.

14 Von Bedeutung ist insofern – unbeschadet aufsichtspolitischer Prioriätensetzung –[73] die Frage nach der Zulässigkeit aufsichtsbehördlicher **Bedingungskontrolle.** Wenn diese mitunter unter Hinweis auf europarechtliche Regelungen für unzulässig angesehen worden ist,[74] ist dem entgegenzuhalten, dass das Europarecht ein entsprechendes Verbot nicht enthält.[75] Der deutsche Gesetzgeber hat vielmehr mit Recht nur die europarechtlich unzulässige präventive Bedingungskontrolle abgeschafft.[76] Das bedeutet, es wurden die entsprechenden Genehmigungsvorbehalte beseitigt. Gleichzeitig hat der Gesetzgeber der Aufsicht unverändert auferlegt, die Einhaltung von Gesetzen zu überwachen. Zu diesen Gesetzen zählt auch das BGB einschließlich seiner AGB-rechtlichen Vorschriften.[77] Befürchtungen, hierdurch könne es zu einer Vereinheitlichung der Produkte und insofern auch zu Wettbewerbsbeschränkungen kommen, da die Versicherer nun doch mit ihren AVB weiterhin durch das aufsichtsbehördliche „Nadelöhr" schlüpfen müssten,[78] sind grundlos. Das würde voraussetzen, dass das AGB-Recht, das von den Versicherern ohnehin einzuhalten ist, selber entsprechende Restriktionen enthält, wovon keine Rede sein kann. Die Auffassung, die Bestimmungen der EU-Solvency-II-Richtlinie dienten der Förderung des freien Wettbewerbs, lässt unerwähnt, dass gleichberechtigt daneben das Bestreben des Richtliniengebers steht, eine wirksame Aufsicht zu erhalten. Hätte der europäische „Gesetzgeber" eine Nachkontrolle von AVB durch die Aufsichtsbehörden unterbinden wollen, hätte er dies durch die Aufnahme einer entsprechenden Bestimmung ohne weiteres tun können. Er hat aber nichts dergleichen getan, sondern ausdrücklich den Aufsichtsbehörden vorschreiben lassen, dass sie „präventive wie korrigierende Maßnahmen" ergreifen dürfen, „um sicherzustellen, dass Versicherungsunternehmen ... die Rechts- und Verwaltungsvorschriften einhalten".[79]

---

[73] *H. Müller* VP 1999, 115 (118); *ders.* ZVersWiss 1999, 297 (316); s. aber auch BAV-Mitteilung VerBAV 1999, 310.

[74] *Römer,* Der Prüfungsmaßstab bei der Mißstandsaufsicht nach § 81 VAG und der AVB-Kontrolle nach § 9 AGBG, S. 18ff.; *Gärtner* VuR 1997, 371 (377f.); *Freund* S. 236f.; *Eberhardt* S. 177; unklar *Kieninger* VersR 1998, 1071 (1076).

[75] *Hohlfeld,* Auswirkungen der Deregulierung aus aufsichtsbehördlicher Sicht, S. 29f.; *ders.,* Was bleibt von der materiellen Staatsaufsicht nach Vollendung des Binnenmarkts?, S. 13f.; *Fahr* VersR 1992, 1033 (1038); *Schirmer* ZVersWiss 1992, 381 (382f.); *Reiff* in Wolf/Lindacher/Pfeiffer Klauseln Rn. V 210; *Stoffels,* AGB-Recht, Rn. 403; *B Müller* S. 200, 202; *Korinek* S. 43, 107f.; *Präve* NVersZ 1998, 49 (53); so wohl auch *Schmidt-Salzer* VersR 1995, 1261 (1268)

[76] BVerwG VersR 1998, 1137 (1138); *Präve* VersR 1998, 1141f.

[77] Gesetzesbegr. BR-Drs. 23/94, 244; BVerwG VersR 1998, 1137 (1138); BAV-Beschlusskammer VerBAV 1996, 259 (263f.); *H. Müller* in „Toezien of toekijen?" – Verzeringskamer 75 jaer, 1998, S. 145 (146); *Roth* NJW 1993, 3028 (3031); *Miersch* S. 73 und 94f.; *Donath* VuR 1997, 339 (343); *Zischka* Rn. 267f.; *Beckmann* NVersZ 1998, 19f.; *ders.* ZEuP 1999, 809 (813); *Groepper* NVersZ 1998, 103 (105); *A. Fuchs* in Ulmer/Brandner/Hensen Vorb. v. § 307 BGB Rn. 97; *Wandt* Versicherungsrecht Rn. 185; anders *Winter* VersR 2000, 1453 (1463).

[78] So *Römer,* Der Prüfungsmaßstab bei der Mißstandsaufsicht nach § 81 VAG und der AVB-Kontrolle nach § 9 AGBG, S. 18; s. auch *Dreher,* Die Versicherung als Rechtsprodukt, S. 223.

[79] So Art. 34 Abs. 1, s. auch Art. 27 RL 2009/138/EG (Solvency II), ABl. 2009 L 335, 1; zum vormaligen Recht siehe die Bestimmungen von Art. 19 Abs. 3 Buchst. b RL 73/239/EWG (Erste Richtlinie Schadenversicherung) und Art. 13 Abs. 3 Buchst. RL 92/96/EWG (Dritte Richtlinie Lebensversicherung); hierzu BVerwG VersR 1998, 1137 (1138); *Präve* ZfV 1994, 199 (205); *Pearson* VR 1993, 45 (49).

Soweit derartige Einwände mit dem Hinweis begründet werden, § 81 VAG begegne auf Grund seiner Unbestimmtheit verfassungsrechtlichen Bedenken,[80] kann auch dies nicht überzeugen. So enthält die Vorschrift eine **Legaldefinition des Missstands.** Die dabei verwendeten unbestimmten Rechtsbegriffe, allen voran die „ausreichende Wahrung der Belange der Versicherten", sind einer Generalklausel immanent[81] und für die Führung einer wirksamen und umfassenden Aufsicht unverzichtbar.[82]

Dass eine aufsichtsbehördliche Anordnung zur Beseitigung eines Verstoßes gegen AGB-rechtliche Vorschriften **ungeeignet** sein soll, ist ebenfalls nicht ersichtlich. Mit Rechtskraft einer entsprechenden Untersagungsverfügung der Aufsicht ist Versicherern die Verwendung der fraglichen AVB verwehrt. Die Aufsicht wird sich allerdings eines Tätigwerdens in den Fällen zu enthalten haben, in denen sie über keine gesicherte gesetzliche Grundlage verfügt, also namentlich in den Fällen, in denen das Verhalten eines beaufsichtigten Unternehmens rechtlich noch vertretbar ist.[83] So kann es nicht Aufgabe der Aufsicht sein, jeden Zweifel, der an der Wirksamkeit einzelner AVB bestehen mag, geltend zu machen und den Unternehmen eine Weiterverwendung entsprechender Bestimmungen zu untersagen. Ist allerdings auf Grund von Rechtsprechung,[84] einer beachtlichen Schrifttumsmeinung oder in Ermangelung derselben auf Grund einer eindeutigen Gesetzesauslegung[85] ein Verhalten nicht mehr zu rechtfertigen, wird die Aufsicht tätig werden müssen.

Schließlich gibt es auch keinen Grund dafür, der Aufsichtsbehörde bei AGB-rechtlichen Verstößen nur unter weiteren einschränkenden Voraussetzungen ein Eingriffsrecht zugestehen zu wollen. Ein sogenanntes **Subsidiaritätsprinzip,** das dies gebieten soll,[86] besteht nicht. Auch ist nicht die tatsächliche Handhabung der AVB durch die Versicherer entscheidend, wenn den AVB selber eine unangemessene Benachteiligung des Versicherungsnehmers zu entnehmen ist. Die gegenteilige Auffassung[87] kann bereits auf Grund des vorgegebenen einheitlichen Kontrollmaßstabs nicht überzeugen.

Soweit die Versicherungsaufsicht eine Nachkontrolle von AVB vornimmt, ist für sie wie im Falle des Verbandsklageverfahrens nach §§ 1, 3 UKlaG der Grundsatz der kundenfeindlichen Auslegung maßgeblich.[88] **Individuelle Vertragsumstände,** wie sie im zivilrechtlichen Individualprozess zu berücksichtigen sind, scheiden bei

---

[80] *Dreher* VersR 1993, 1443 (1452); Römer, Der Prüfungsmaßstab bei der Mißstandsaufsicht nach § 81 VAG und der AVB-Kontrolle nach § 9 AGBG, S. 7; *Vespermann/Niewerth* VersR 1996, 1186 (1191f.).

[81] *Bähr* S. 227f.

[82] *Präve* ZfV 1994, 199 (209).

[83] Zu korrespondierenden Überlegungen bei der erstmaligen Herausnahme von AVB aus dem genehmigungspflichtigen Geschäftsplan in den siebziger Jahren s. *Friehe* VersR 1984, 410 (412f.).

[84] So auch *Römer,* Der Prüfungsmaßstab bei der Mißstandsaufsicht nach § 81 VAG und der AVB-Kontrolle nach § 9 AGBG, S. 20.

[85] Vgl. *Hohlfeld,* Auswirkungen der Deregulierung aus aufsichtsbehördlicher Sicht, S. 30 unter Bezugnahme auf neue gesetzliche Vorschriften; *Dreher,* Die Konkretisierung der Mißstandsaufsicht nach § 81 VAG, S. 22; *Korinek* S. 112; s. ferner BVerwG VersR 1998, 1137 (1138).

[86] *Bähr* S. 158f.; *Winter* VersR 2000, 1453 (1463).

[87] *Nies* NVersZ 1999, 241 (243 und 247).

[88] AA *Römer,* Der Prüfungsmaßstab bei der Mißstandsaufsicht nach § 81 VAG und der AVB-Kontrolle nach § 9 AGBG, S. 25f.

der abstrakten Prüfung im aufsichtsbehördlichen Verfahren wie auch im Verbandsklageverfahren aus. Der Gleichklang eines aufsichtsbehördlichen Verfahrens mit dem Verbandsklageverfahren zielt auf die Vermeidung anderenfalls möglicherweise entstehender Divergenzen, die im Ergebnis nur darauf zurückzuführen wären, welche Stelle (eine staatliche oder eine nicht-staatliche Stelle) gegen unwirksame AVB einschreiten würde.

15 Im Ergebnis ist damit von einer **Doppelspurigkeit** der Verbandskontrolle und der aufsichtsbehördlichen Kontrolle auszugehen,[89] wobei auf Grund der Parallelität der entsprechenden Vorschriften des BGB und des VAG Wertungswidersprüche nicht entstehen dürften. Auswirkungen bestehen allerdings in Bezug auf die unterschiedlichen Rechtswege. So ist für Verbandsklageverfahren nach §§ 1, 3 UKlaG – mit dem jeweils örtlich zuständigen Landgericht (§ 6 UKlaG) – der Zivilrechtsweg eröffnet, während für Anfechtungs- und Verpflichtungsklagen gegen entsprechende aufsichtsbehördliche Anordnungen – mit dem VG Frankfurt a. M. (§ 1 Abs. 3 FinDAG) – der Verwaltungsrechtsweg gegeben ist, obwohl auch in diesem Fall vorrangig eine zivilrechtliche Frage zur Klärung ansteht. Der Gesetzgeber hat Vorschläge namentlich für eine Zuweisung der gerichtlichen Überprüfung aufsichtsbehördlicher Maßnahmen an die Zivilgerichte[90] bzw. die Einführung eines eigenständigen aufsichtsbehördlichen Klagerechts vor den Zivilgerichten[91] nicht aufgegriffen. Es ist daher davon auszugehen, dass der Gesetzgeber die Doppelspurigkeit bewusst gewählt hat, wenn er – ausweislich des Wortlauts von § 81 Abs. 1 S. 4 VAG („Einhaltung [...] der das Versicherungsverhältnis betreffenden und aller sonstigen die Versicherten betreffenden Vorschriften") und der Gesetzesbegründung zum Dritten Durchführungsgesetz/EWG zum VAG – der Aufsicht namentlich auch die Einhaltung der AGB-rechtlichen Vorschriften[92] überantwortet hat, ohne gleichzeitig etwas an den gerichtlichen Zuständigkeiten zu ändern.[93] Daran wird sich auch nach Umsetzung der sog EU-Solvency-II-Richtlinie nichts ändern.[94]

Die dargestellten Grundsätze gelten auch für den Fall eines Versicherungsunternehmens, das seinen Sitz im **EWR-Ausland** hat und Geschäfte in Deutschland tätigt, namentlich AVB verwendet, die den §§ 305ff. BGB zuwiderlaufen. Ein solches Unternehmen unterliegt neben der umfassenden Aufsicht durch die Sitzlandbehörde auch der Rechtsaufsicht der BaFin.[95] Allerdings darf die BaFin im Falle eines Missstandes Maßnahmen nur nach Maßgabe von § 111b Abs. 1 VAG treffen, was namentlich grundsätzlich eine vorherige Beteiligung der Sitzlandbehörde notwendig macht.[96] Dabei gilt, dass im Falle von Verstößen gegen europaweit harmoni-

---

[89] *R. Schmidt* S. 45; *Göbelsmann* S. 79; *H. Müller* in „Toezien of toekijen?" – Verzeringskamer 75 jaer, 1998, S. 145 (146); *Korinek* S. 96; *Dreher,* FS 50 Jahre BGH, Bd. 2, 2000, S. 713 (721, 730); *Reiff* in Wolf/Lindacher/Pfeiffer Klauseln Rn. V 211; *Beckmann* in Bruck/Möller Einl. C Rn. 19.

[90] S. *Präve* NJW 1993, 970 (972).

[91] *Hohlfeld* VersR 1993, 144 (147); *Präve* NJW 1993, 970 (971f.); *Schirmer* DAR 1993, 321 (333); *Reich* VuR 1993, 10 (25); ablehnend *Sieg* VersR 1993, 1305 (1308f.); *Rieger* VW 1993, 974 (976); *Eberhardt* S. 175ff.; *B. Müller* S. 200.

[92] Vgl. BR-Drs. 23/94, 244.

[93] BVerwG VersR 1998, 1137 (1138); zweifelnd *Lorenz* VersR 1998, 1144 (1145f.).

[94] Vgl. Art. 34 Abs. 1 RL 2009/138/EG (Solvency II), ABl. 2009 L 335, 1 (hier wird auf die Einhaltung der „Rechts- und Verwaltungsvorschriften" durch die Unternehmen abgestellt).

[95] § 110a Abs. 4 Nr. 3 VAG.

[96] Hierzu im Einzelnen *Präve* VersWissStud 4 (1996), 85 (95ff.); *ders.* ZfV 1995, 258ff.

sierte Vorschriften des AGB-Rechts diese unmittelbar anzuwenden sind,[97] soweit dies nicht der Fall ist, dürfen die Regelungen den EWR-ausländischen Unternehmen als Rechtsvorschriften des Allgemeininteresses entgegengehalten werden,[98] nach abweichender Meinung auch ohne dass es darauf ankommt.[99]

16 Gemäß § 8 Abs. 2 Nr. 1 UKlaG hat das Zivilgericht in Verbandsklageprozessen nach §§ 1, 3 UKlaG die Versicherungsaufsichtsbehörde anzuhören, wenn gegen AVB vorgegangen wird. Das erfasst Verfahren, in denen über die Wirksamkeit von AVB zu entscheiden ist, hingegen nicht Verfahren, in denen ausschließlich über eine Wiederholungsgefahr für das Verwenden unwirksamer Klauseln zu befinden ist.[100] Anzuhören ist die jeweils zuständige Behörde, also bei den unter Bundesaufsicht stehenden Unternehmen die **BaFin** (Graurheindorfer Straße 108, 53117 Bonn) und bei den der Landesaufsicht unterliegenden Gesellschaften die jeweilige Landesaufsichtsbehörde. Die Zuständigkeiten sind zwischen Bundes- und Landesaufsicht nach Maßgabe der Vorschriften der §§ 146ff. VAG verteilt.

Die **Anhörungspflicht für das Gericht**[101] gilt seit Mitte 1994 nicht nur für den Fall, in dem die Aufsichtsbehörde die AVB genehmigt hat. Mit Abschaffung der generellen Genehmigungserfordernisse für AVB erstreckt sich die Pflicht auf alle Fälle von AVB, also auch auf frei festgesetzte AVB.[102] Die vormals mitunter vertretene Auffassung, die Anhörungspflicht diene vornehmlich der Rechtfertigung der Genehmigung, darf damit als gegenstandslos angesehen werden. Nur noch im Falle genehmigter AVB mag diesem Gesichtspunkt eine gewisse Bedeutung zukommen. Allerdings wird auch hier zu beachten sein, dass die Anhörung der Aufsicht keineswegs nur dazu dienen kann, die für die vormalige Genehmigung maßgeblichen Gesichtspunkte in Erfahrung zu bringen, sondern die Anhörung von der Aufsicht auch dazu genutzt werden kann, im Falle einer seit der Genehmigung eingetretenen Rechtsänderung eine allfällige Neubewertung vorzunehmen.

Mit der Anhörung der Aufsichtsbehörde wird eine weitere Verzahnung von behördlichem und gerichtlichem Verbraucherschutz hergestellt. Die Anhörung dient dabei vor allem dazu, die besondere **Sachkenntnis der Behörde** in das Verfahren einzubringen.[103] Die Aufsicht verfügt nämlich über eine große Markt- und Problemnähe, wobei die damit einhergehenden Kenntnisse zwar nach Beseitigung der präventiven Bedingungskontrolle nicht mehr so umfassend wie vormals sind. Sie sind aber auf Grund vielfältiger **Erkenntnisquellen** nach wie vor von nicht zu unterschätzender Bedeutung. Zu nennen sind Wahrnehmungen während örtlicher Prüfungen von Versicherungsunternehmen, Angaben von Beschwerdeführern so-

---

[97] Einer Berufung auf das Allgemeininteresse bedarf es hier nicht, vgl. nur Mitteilung der EU-Kommission, ABl. 1997 C 209, 6, 15f.; *Mitteregger* VR 1996, 43 (45).

[98] Vgl. BAV-Verlautbarung VerBAV 1996, 51; GB BAV 1991, 56; *Präve* VW 1992, 8 (12f.); *Reich* VuR 1993, 10 (15).

[99] *Prölss/Armbrüster* DZWir 1993, 449 (455f.); *Gärtner* EWS 1994, 114 (120f.); kritisch hierzu *Lorenz* VR 1995, 8 (12f., 19); *Roth* VersR 1993, 129 (133f., 136); *Drabbe* VW 1994, 550 (554); *Miersch* S. 75f.

[100] OLG Karlsruhe VersR 2003, 889 (890).

[101] Vgl. *Göbelsmann* S. 82f.

[102] Vgl. Art. 10 des Dritten Durchführungsgesetzes/EWG zum VAG v. 21.7.1994, BGBl. I S. 1630; Gesetzesbegr. BR-Drs. 23/94, 336.

[103] *Lindacher* in Wolf/Lindacher/Pfeiffer UKlaG § 8 Rn. 11; *Hensen* in Ulmer/Brandner/Hensen UKlaG § 8 Rn. 7; *van de Loo* S. 147, s. auch GB BAV 1996 A S. 18f.

wie Hinweise von anderen Marktteilnehmern (Vermittler, Konkurrenten) und -beobachtern.[104]

III. Vertragsrechtlicher Rahmen

1. Stellenwert des VVG

17 Das Leitmotiv des VVG ist, den „Bedürfnissen eines modernen Verbraucherschutzes" Rechnung zu tragen[105]. In Bezug auf die Lebensversicherung wird hieran anknüpfend eine **Produktregulierung** vorgenommen. So werden namentlich Leistungen des Versicherers in Gestalt von garantierten Rückkaufswerten (§ 169 Abs. 3 S. 1 Hs. 1 VVG: „Deckungskapital") und von sog Mindestrückkaufswerten (§ 169 Abs. 3 S. 1 Hs. 2 VVG: „der Betrag des Deckungskapitals, das sich bei gleichmäßiger Verteilung der angesetzten Abschluss- und Vertriebskosten auf die ersten fünf Vertragsjahre ergibt") vorgegeben und die Überschussbeteiligung auch vertragsrechtlich fixiert (§ 153 VVG). Diese Vorgaben finden demgemäß auch ihren Niederschlag in den AVB.

In Bezug auf die **Mindestrückkaufswerte** ließ sich dabei noch im Jahre 2001 auf der Basis höchstrichterlicher Rechtsprechung[106] die gut abgesicherte Auffassung vertreten, entscheidend seien hier ausschließlich klare und verständliche Regelungen. Das bedeutete im Wesentlichen die Erfüllung folgender Maßgaben: In den AVB ist auf nachteilige Auswirkungen der praktizierten Verrechnung von Abschlusskosten hinzuweisen. Die Rückkaufswerttabellen haben aussagekräftige, umfassende Angaben zu enthalten, etwa für die Anfangsjahre der Versicherung ggf. der Ausweis eines Nullwerts. Schließlich sind die Versicherungsbedingungen mit diesen zusätzlichen Informationen zu verzahnen. Diese Ansicht ist mittlerweile überholt. Diese Anforderungen sind durch die VVG-Regulierungen und bedingt durch entsprechende Rechtsprechung[107] nur noch Teil der Problemlösung. Geändert haben sich somit die Bewertungsmaßstäbe. Sie sind strenger geworden. Wurde der Versicherungsnehmer vormals nur insofern als schützenswert angesehen, als er die notwendigen Informationen ohne Abstriche erhält, wurde bereits im unmittelbaren Vorfeld der im Jahre 2008 vollzogenen VVG-Novellierung auch ein Schutz der Versicherten vor möglichen Benachteiligungen für unabweisbar angesehen. Der BGH hat hierzu ausgeführt, dass nicht außer Acht gelassen werden könne, dass ein erheblicher Teil der Verträge vorzeitig beendet werde. Das Gericht verweist auf Veröffentlichungen, die diese Quote mit etwa 50% ansetzen[108]. Die gefundene Lösung, nämlich eine Verteilung der Abschluss- und Vertriebskosten auf die ersten fünf Vertragsjahre zur Sicherstellung eines Mindestrückkaufswertes, kann insofern als Spiegelbild dieses Befunds und als Reaktion auf eine von größerer Mobilität geprägten Gesellschaft verstanden werden.

18 Ein Spannungsfeld wird mit der Einräumung neuer Rechte für den einzelnen Versicherungsnehmer in der Lebensversicherung insofern eröffnet, als die kollek-

---

[104] Zu weiteren Einzelheiten der Anhörung vgl. *Präve* in v. Westphalen/Thüsing Stichwort: Allgemeine Versicherungsbedingungen Rn. 379ff.

[105] Gesetzentwurf der Bundesregierung v. 11.10.2006, BR-Drs. 707/06, 118.

[106] BGH VersR 2001, 839 (841); VersR 841 (844f.).

[107] S. zuletzt auch BGH VersR 2012, 1149 (1153f.).

[108] BGH VersR 2005, 1565 (1571).

tive Ausrichtung von Versicherung hiervon berührt wird.[109] Dabei ist das **Kollektive** ein tragendes, konstituierendes Element der Privatversicherung. Von Versicherung wird gesprochen, wenn gegen Entgelt für den Fall eines ungewissen Ereignisses bestimmte Leistungen übernommen werden, wobei das übernommene Risiko auf eine Vielzahl durch die gleiche Gefahr bedrohter Personen verteilt wird und der Risikoübernahme eine auf dem Gesetz der großen Zahl beruhende Kalkulation zugrunde liegt.[110] Die Transformation des individuellen Risikos in eine kollektive Größe ist also der Versicherung immanent. So hat das BVerfG im Zusammenhang mit seiner Entscheidung zur Überschussbeteiligung in der Lebensversicherung den Erhalt des Grundgedankens einer Risikogemeinschaft und „damit des Ausgleichs der verschiedenen, weder im Zeitablauf noch hinsichtlich des Gegenstands stets identischen Interessen der Beteiligten" betont.[111]

19 Hiermit verbunden ist die Problematik der **Produktgestaltunggestaltungsfreiheit.** Die europarechtlich angestrebte Stärkung der Produktvielfalt wird berührt, wenn über die Verpflichtung auf eine hinreichende Information der Versicherten hinaus Regulierungen geschaffen werden, die sich als nicht erforderlich erweisen. Das VVG hat in Bezug auf die Lebensversicherung allerdings einen Spagat zwischen verfassungs- und europarechtlichen Anforderungen zu vollziehen. Auf der einen Seite steht etwa das vom Bundesverfassungsgericht formulierte Gebot, dass bei einer vorzeitigen Beendigung eines Lebensversicherungsvertrags ein Rückkaufswert gewährt wird, der auch unter Berücksichtigung in Rechnung gestellter Abschlusskosten sowie des Risiko- und Verwaltungskostenanteils in einem angemessenen Verhältnis zu den bis zu diesem Zeitpunkt gezahlten Prämien steht.[112] Ferner hat das Gericht den Gesetzgeber verpflichtet, hinreichende rechtliche Vorkehrungen dafür zu treffen, dass bei der Schlussüberschussbeteiligung die Vermögenswerte angemessen berücksichtigt werden, die durch die Prämienzahlungen der Versicherten bei kapitalbildenden Lebensversicherungen mit Überschussbeteiligung geschaffen worden sind.[113] Auf der anderen Seite besteht das aus dem europäischen Richtlinienrecht abzuleitende Ziel, die Produktvielfalt zu unterstützen und, hier wiederum in Anknüpfung an die Rechtsprechung des EuGH, va auf Information an Stelle von Produktregulierung zu setzen.

2. Weitere gesetzliche Vorgaben

20 Unmittelbar produktregulierende Vorgaben bestehen für Altersvorsorge- und Basisrentenverträge. Der Hintergrund ist die besondere steuerliche Förderung, die von einer vorherigen Zertifizierung dieser Produkte durch das Bundeszentralamt für Steuern (BZSt; früher zuständig BaFin bzw. BAV) abhängig ist. Die im AltZertG und im EStG enthaltenen Vorgaben zielen auf den Produktinhalt und auch auf zusätzliche Informationspflichten, die die Anbieter erfüllen müssen. Obwohl sie in öffentlich-rechtlichen Normen verankert sind, sind sie im Kern vertragsrechtlicher Natur. Sie heben die Produktgestaltungsfreiheit der Unternehmen bzgl. der Produktinhalte in diesem Segment quasi auf, was seine Rechtfertigung in der vom

---

[109] S. hierzu im Einzelnen *Präve* VersR 2012, 657 (658ff.); 2006, 1190 (1192f.).

[110] *Präve* in Prölss § 1 Rn. 35ff.; *Kaulbach* in FKBP § 1 Rn. 9ff.

[111] BVerfG VersR 2005, 1127 (1134).

[112] BVerfG VersR 2006, 489 (493).

[113] BVerfG VersR 2005, 1127 (1130).

Staat gewährten Förderung der privaten Altersvorsorge findet.[114] Für Versicherungsprodukte gelten dabei in der Regel zusätzlich die Anforderungen des VVG, was im Ergebnis eine engmaschige gesetzliche Regulierung bedeutet, zu der noch die erwähnte öffentlich-rechtliche Zertifizierungspflichtigkeit tritt.

3. Einwirkung auf die AVB

21 In den AVB werden die gesetzlichen Vorgaben nachvollzogen. Das Spannungsverhältnis zwischen Produktgestaltungsfreiheit und Verbraucherschutzanliegen kann in den Versicherungsbedingungen anders nicht aufgelöst werden. Dabei ist zusätzlich zu beachten, dass auch das AGB-Recht, namentlich das Transparenzgebot noch weitergehende Anforderungen enthält, die der Versicherer ebenso zu beachten hat. So kann etwa das zuletzt genannte Gebot dazu führen, dass dem Versicherungsnehmer über die Darstellung der Gesetzeslage hinaus weiterführende Informationen zu geben sind.[115]

IV. Bedeutung und Geltungsumfang des AGB-Rechts

22 Neben dem VAG und dem VVG erweisen sich die AGB-rechtlichen Vorschriften des BGB (§§ 305 ff. BGB) als das zentrale Regelwerk, das **Versicherungsnehmerschutz** verbürgt. Versicherungsnehmerschutz und AGB-Recht sind dabei zwei Seiten ein- und derselben Medaille. So wie ein jeder Vertragspartner, dessen Gegenüber sich bei Vertragsschlüssen AGB bedient, eines Schutzes bedarf, so ist der Versicherungsnehmer, der sich mit AVB konfrontiert sieht, in besonderem Maße auf einen Schutz durch das AGB-Recht angewiesen. Dabei sind auch berechtigte Interessen der Wirtschaft zu berücksichtigen.

Die §§ 305 ff. BGB, die im Wesentlichen eine Kodifizierung der vorherigen Rechtsprechung darstellen, erfassen AVB vollumfänglich. Bereichsausnahmen, wie sie in den siebziger Jahren vor der Verabschiedung des Gesetzes diskutiert worden sind,[116] hat der Gesetzgeber eine klare Absage erteilt. Demgemäß ergab sich für die damaligen aufsichtsbehördlich genehmigten AVB umfassender Änderungsbedarf, der auch noch weit in die achtziger Jahre hineinwirkte.[117] Die in den letzten Jahren zu beobachtende Intensivierung der gerichtlichen Inhaltskontrolle wird nach mittlerweile vollzogener Deregulierung des Aufsichtsrechts eher noch an Geschwindigkeit zunehmen, so dass sich **Anpassungsbedarf bei AVB** immer von neuem ergeben dürfte.[118]

Die Notwendigkeit eines Versicherungsnehmerschutzes durch das AGB-Recht erhellt die Tatsache, dass es sich bei dem bedingungsgemäß geschuldeten Versicherungsschutz um kein mit den Händen zu greifendes Produkt handelt, der Versiche-

---

[114] Zu den Hintergründen vgl. *Präve* in Prölss § 10a Rn. 61 und § 11 Rn. 20 ff.

[115] BGH VersR 2001, 841 (845 f.).

[116] Vgl. *Sieg* VersR 1977, 489; *Angerer* ZVersWiss 1975, 197 (209); s. hierzu auch *Tigges*, Geschichte und Entwicklung der Versicherungsaufsicht, 1985, S. 127 f.; *Bauer* BB 1978, 476 f.

[117] Vgl. BAV-Verlautbarungen VerBAV 1978, 80 f.; VerBAV 1978, 205 f.; VerBAV 1978, 230 ff.; VerBAV 1979, 261 f.; VerBAV 1984, 389 ff.; VerBAV 1986, 100 ff.; VerBAV 1991, 352 f.; GB BAV 1977, 31; GB BAV 1982, 39 f.

[118] *Brandner* VersWissStud 2 (1995), 67 (68 f.); *Römer* NVersZ 1999, 97 (103); *ders.* ZfS 1999, 321; *Beckmann* ZEuP 1999, 809 (814).

rungsnehmer es vielmehr mit einem **„unsichtbaren Produkt“** zu tun hat.[119] Aus diesem Grunde sieht auch der Europäische Gerichtshof den Versicherungssektor als einen „besonders sensiblen Bereich“ an. Der Versicherungsnehmer, so das Gericht, könne „im Allgemeinen nur äußerst schwer beurteilen“, ob insbesondere die Versicherungsbedingungen „eine ausreichende Garantie dafür bieten, dass er im Versicherungsfall entschädigt wird“.[120] Umso wichtiger ist, dass dem Versicherungsnehmer der notwendige Schutz mittels des AGB-Rechts zuteil wird, wobei dieses weitgehend auf europäischem Recht fußt.

23 Für die Überprüfung von AVB stellt sich dabei das Problem, dass anders als in vielen anderen Wirtschaftsbereichen die AGB der Versicherer stets auch Beschreibungen der **Hauptleistung** enthalten.[121] Das hängt damit zusammen, dass sich, wie schon erwähnt, der Inhalt des Produkts Versicherung erst aus dem Bedingungswerk ergibt.[122] Für die Inhaltskontrolle von AVB stellt sich damit verschärft die Frage nach der Abgrenzung zwischen kontrollfreiem und kontrollfähigem Inhalt. Zur Bestimmung des der Inhaltskontrolle entzogenen Kernbereichs von Bestimmungen gibt es die unterschiedlichsten Ansichten. Als allgemeine Tendenz darf jedoch auch vor dem Hintergrund der Annahme einer generellen Schutzbedürftigkeit des Versicherungsnehmers festgehalten werden, dass gemäß § 307 Abs. 3 S. 1 BGB nur ein sehr kleiner Kreis von vertraglichen Festlegungen der Kontrolle entzogen ist.

Dabei ist nach der gesetzlichen Ausgestaltung nur partiell zwischen unternehmerischem und nicht-unternehmerischem Verkehr zu differenzieren. So bestehen Sondervorschriften, die nur für Verbraucherverträge gelten (§ 310 Abs. 3 BGB). Darüber hinaus finden beim Einsatz von AGB gegenüber Unternehmern bestimmte Vorschriften des Gesetzes keine Anwendung (§ 310 Abs. 1 BGB). Ferner sind bei der Inhaltskontrolle nach § 307 BGB im **unternehmerischen Verkehr** Handelsbräuche zu berücksichtigen.

24 Das AGB-Recht ist als Teil des Privatrechts in besonderer Weise in die europäischen Entwicklungen eingebunden. An vorderster Stelle stehen die EU-Grundfreiheiten, bezogen auf den Versicherungssektor die Niederlassungs- und Dienstleistungsfreiheit nach Art. 49, 56 **AEUV.** Maßnahmen, die geeignet sind, diese Grundfreiheiten einzuschränken, sind nur zulässig, wenn sie mit zwingenden Gründen des Allgemeininteresses gerechtfertigt werden können. Zum Allgemeininteresse gehört dabei auch der Schutz der Verbraucher.[123] Eine Maßnahme, die im Allgemeininteresse liegt, hat allerdings nur dann Bestand, wenn sie nicht diskriminierend, sachlich geboten und im Hinblick auf das verfolgte Ziel verhältnismäßig ist.[124]

25 Für Verbraucherverträge, also auch für Versicherungsverträge, die der Versicherungsnehmer in seiner Eigenschaft als Verbraucher, also nicht im Zusammenhang mit einer gewerblichen oder selbstständigen Tätigkeit abschließt,[125] ist das Recht der Allgemeinen Geschäftsbedingungen (AGB) durch die **EU-Richtlinie über**

---

[119] *Martin* VersR 1984, 1107 (1108); *Dreher,* Die Versicherung als Rechtsprodukt, S. 3, 148; *Angerer* in Symposion „80 Jahre VVG“, 1988, S. 40, 42; *Osing* S. 3; *Schimikowski* r+s 1998, 353; s. auch *R. Schmidt* Deregulierung S. 591; *Kieninger* AcP 199 (1999), 191 (208f.).

[120] EuGH VersR 1986, 1225 (1228).

[121] Vgl. *Martin* VersR 1984, 1107 (1108); *R. Schmidt* ZVersWiss 1973, 529 (539f.); *Farny* ZVersWiss 1975, 169 (182).

[122] *Schmidt-Salzer* VersR 1995, 1261 (1263).

[123] EuGH NJW 1993, 3187; VersR 1986, 1225 (1228).

[124] S. nur EuGH NJW 1991, 2693f.

[125] Vgl. EuGH NJW 2002, 205.

mißbräuchliche Klauseln in Verbraucherverträgen[126] harmonisiert worden.[127] Anders als die AGB-rechtlichen Vorschriften, die generellen Schutz vor der Gefahr einer Vertragsimparität gewähren, die beim Einsatz von AGB in besonderer Weise besteht,[128] beschränkt sich die Richtlinie auf den Verbraucherschutz.[129] Ausgangspunkt ist dabei, dass der Verbraucher sich gegenüber dem Gewerbetreibenden in einer schwächeren Verhandlungsposition befindet und einen geringeren Informationsstand besitzt, was dazu führt, dass er den vom Gewerbetreibenden vorformulierten Bedingungen zustimmt, ohne auf deren Inhalt Einfluss nehmen zu können.[130] Die Richtlinie enthält Vorschriften zur Inhaltskontrolle sowie zur Auslegung von AGB, normiert hingegen nicht die Voraussetzungen für eine Einbeziehung von AGB in einen Vertrag sowie den Vorrang der Individualabrede vor AGB und enthält auch keine spezielle Vorschrift über die Unwirksamkeit überraschender Klauseln.[131] Von diesen Abweichungen abgesehen ist in inhaltlicher Hinsicht eine große Entsprechung zwischen der Richtlinie und dem deutschen Recht festzustellen.

Die Umsetzung der Richtlinie in deutsches Recht ist mit Gesetz vom 19.7.1996 erfolgt, das am 25.7.1996 in Kraft getreten ist.[132] Das AGB-Recht ist dabei nur marginal geändert worden.[133] Zusätzlich in das Gesetz aufgenommen wurde eine Sondervorschrift für Verbraucherverträge.[134] Erst mit dem Gesetz zur Schuldrechtsmodernisierung vom 26.11.2001[135] wurde das sich aus der Richtlinie ergebende **Transparenzgebot** ausdrücklich im Gesetz festgeschrieben. Damit hat der deutsche Gesetzgeber auch auf eine Vorgabe des EuGH reagiert, wonach die Richtlinienumsetzung in klarer und eindeutiger Form zu erfolgen hat.[136] Hingegen ist die Liste von Klauseln, die für missbräuchlich erklärt werden können und die der Richtlinie als **Anhang** beigefügt ist, in Deutschland expressis verbis nicht in nationales Recht umgesetzt worden. Die Liste hat Beispielcharakter und dient insofern als Anhaltspunkt bei einer Inhaltskontrolle.[137] Eine in der Liste aufgeführte Klausel muss aber nicht zwingend missbräuchlich sein.[138] Der EuGH fordert dessen ungeachtet auch hier eine Umsetzung, die hinreichende Sicherheit dafür bietet, dass von der Liste allgemein Kenntnis genommen werden kann. Eine Aufnahme in die Materialien eines Gesetzes genügt hierfür,[139] ist in Deutschland aber unterblieben. In-

---

[126] ABl. 1993 L 95, 29.

[127] Zur Vorgeschichte der Richtlinie s. *Brandner/Ulmer* BB 1991, 701ff.; *Brandner* ZIP 1992, 1590f.; *Eckert* WM 1993, 1070 (1072); *Heinrichs* NJW 1993, 1817; *Hommelhoff/Wiedenmann* ZIP 1993, 562 (563f.).

[128] *Dreher,* Die Versicherung als Rechtsprodukt, S. 99.

[129] *H. Müller* S. 49; *Heinrichs* NJW 1993, 1817 (1818); *Michalski* DB 1994, 665 (666); *Tonner* JZ 1996, 533 (539f.).

[130] EuGH NJW 2013, 987; 2000, 2571 (2572).

[131] Vgl. *Schmidt-Salzer* NJW 1995, 1641 (1642f.).

[132] BGBl. 1996 I S. 1013.

[133] *v. Westphalen* BB 1996, 2101 (2105).

[134] Vgl. Gesetzesbegr. BT-Drs. 13/2713, 4ff.; 13/4699, 6; *Eckert* ZIP 1995, 1460.

[135] BGBl. 2001 I S. 3138.

[136] EuGH NJW 2001, 2244f. Vgl. hierzu *Leible* EuZW 2001, 438, 439; Bericht des BT-Rechtsausschusses BT-Drs. 14/7052, 188.

[137] EuGH NJW 2009, 2367 (2368); *Markwardt* ZIP 2005, 152 (154); *A. Fuchs* in Ulmer/Brandner/Hensen Vorb. v. § 307 BGB Rn. 21.

[138] EuGH ZIP 2012, 2020 (2021); NJW 2004, 1647; EuZW 2002, 465 (466).

[139] EuGH EuZW 2002, 465 (466).

sofern besteht also unverändert Nachbesserungsbedarf.[140] Schließlich ist für Verbraucherverträge, die im Fernabsatz geschlossen werden, die Regelung des Art. 15 der EG-Richtlinie über den Fernabsatz von Finanzdienstleistungen an Verbraucher zu berücksichtigen. Danach gilt eine AGB als missbräuchlich, die die Beweislast für die Übermittlung von AGB und bestimmten Informationen dem Verbraucher auferlegt. Diesem Grundsatz wird durch § 309 Nr. 12 BGB Rechnung getragen.

26 Im Umfang der Richtlinienvorgaben ist das AGB-Recht als **harmonisiertes Recht** anzusehen. Die AGB-rechtlichen Vorschriften des BGB sind demgemäß im Zweifel richtlinienkonform auszulegen.[141] Dem nationalen Gesetzgeber ist es zudem verwehrt, die Gewährung des Schutzes, den die Richtlinie gewährt, übermäßig zu erschweren, etwa durch die Statuierung von Ausschlussfristen, nach deren Ablauf ein Rechtsverstoß nicht mehr geltend gemacht werden kann.[142] Es ist maW ein effektiver Rechtsschutz sicherzustellen. Ziel ist dabei die Unterbindung missbräuchlicher AGB.[143] Das deutsche Recht stellt dies nicht zuletzt durch § 1 UKlaG sicher.

Die Richtlinie vollzieht nur eine **Mindestharmonisierung,** so dass strengere Vorschriften zulässig bleiben.[144] So ist es unbedenklich, dass die Richtlinie nur Verbraucherverträge erfasst, während das deutsche AGB-Recht auch für alle sonstigen auf AGB-Basis geschlossenen Verträge gilt.[145] Ergibt sich bei Anwendung der §§ 305ff. BGB eine Unwirksamkeit einzelner AGB, stellt sich das Problem der Vereinbarkeit dieser Wertung mit der Richtlinie nicht. Nur im umgekehrten Fall, nämlich bei Annahme der Wirksamkeit einer AGB, ist zusätzlich zu prüfen, ob diese Wertung mit der Richtlinie in Einklang steht.

27 Allerdings sind auch die Wertungen des EU-Primärrechts zu berücksichtigen. So kann eine extensive Auslegung der AGB-rechtlichen Vorschriften zu Wertungswidersprüchen mit den Grundfreiheiten des EG-Vertrags führen. Schon deshalb ist hinsichtlich des Bewertungsmaßstabs in Anknüpfung an die Rechtsprechung des Europäischen Gerichtshofs grundsätzlich nicht der flüchtig lesende und unkritische, sondern der **verständige Verbraucher** entscheidend,[146] was allerdings nicht mit dem Verständnis von Mitbewerbern am Markt gleichgesetzt werden kann.[147] Dieser vor allem im Wettbewerbsrecht maßgebende Bezugspunkt[148] ist auch im Geltungs-

---

[140] *Pfeiffer* EuZW 2002, 467 (468); *v. Westphalen* ZIP 2005, 51.

[141] Vgl. EuGH NJW 2000, 2571 (2572f.); *Bunte* DB 1996, 1389 (1393); *Heinrichs* NJW 1998, 1447 (1454); 1996, 2190 (2195f.); *Eckert* ZIP 1996, 1238 (1241); *Schmidt-Salzer* VersR 1995, 1261f.; *ders.* BB 1995, 733 (735); *Nassall* JZ 1995, 689f.; *Remien* ZEuP 1994, 34 (58); *Drygala* ZIP 1997, 968; *Basedow* LM AGBG § 8 Nr. 30 (Bl. 4, 5); *Brandner* MDR 1999, 6 (7); s. auch EuGH ZIP 2000, 1165 (1167).

[142] EuGH NJW 2003, 275 (276f.).

[143] *Rott* EuZW 2003, 5 (7).

[144] Art. 8 und Erwägungsgründe der Richtlinie; hierzu EuGH ZIP 2012, 2022 (2024); NJW 2010, 2265 (2267); *Tonner* JZ 1996, 533, 538; *v. Westphalen* NJW 2005, 1987 (1988).

[145] *Gardette* S. 65f.

[146] Vgl. nur EuGH NJW 1998, 3183 (3184); 1995, 3243 (3244); hierzu und zu weiterer Rechtsprechung des EuGH mwN *Bürkle* EuZW 2006, 685 (686f.); *Dreher* JZ 1997, 167 (170ff.); *Dauses* EuZW 1995, 425 (429f.); *Fezer* WRP 1995, 671 (672, 674); *Lenz* ZEuP 1994, 624 (641); *Reich* VuR 1993, 254 (257); *Meyer* WRP 1993, 215 (224); *Keßler* WRP 1993, 571 (577); *Steindorff* WRP 1993, 139 (144); *Heermann* WRP 1993, 578 (593); *Leible* EuZW 1998, 528f.; 1992, 599 (601); *Leisner* EuZW 1991, 498 (502); *Eilfort* S. 71.

[147] Unklar *Herrmann* DSWR 1998, 312 (314).

[148] *Köhler* NJW 2004, 2121 (2123).

bereich der Richtlinie über mißbräuchliche Klauseln maßgebend.[149] Insoweit besteht im Wesentlichen auch Übereinstimmung mit der von der höchstrichterlichen Rechtsprechung in Deutschland praktizierten Inhaltskontrolle von AGB. Nur in unterinstanzlicher Rechtsprechung findet man gelegentlich, auch bei der Überprüfung von AVB, noch Abweichendes.

Aufgrund des durch das Richtlinienrecht europäisch geprägten AGB-Rechts kann das Vorabentscheidungsverfahren des **EuGH** nach Art. 19 Abs. 3 Buchst. b EUV, Art. 267 AEUV Bedeutung erlangen. Danach entscheidet der EuGH über Fragen der Auslegung des Gemeinschaftsrechts. Gegenstand eines gerichtlichen Auslegungsersuchens können alle das Gemeinschaftsrecht bildenden Rechtssätze sein, also neben dem primären Gemeinschaftsrecht auch das sogenannte sekundäre Gemeinschaftsrecht einschließlich Richtlinienrecht und damit namentlich die Bestimmungen der Richtlinie über mißbräuchliche Klauseln in Verbraucherverträgen.[150] Zur Vorlage berechtigt ist jedes nationale Gericht; zur Vorlage – auch verfassungsrechtlich[151] – verpflichtet ist jedes nationale Gericht, dessen Entscheidung mit Rechtsmitteln des innerstaatlichen Rechts nicht mehr angegriffen werden kann.

28 Dabei ist davon auszugehen, dass der von Art. 3 Abs. 1 der EU-Richtlinie über mißbräuchliche Klauseln in Verbraucherverträgen für die Inhaltskontrolle von AGB vorgegebene **Prüfungsmaßstab,** der in § 307 Abs. 1 BGB seine Entsprechung in deutschem Recht findet,[152] ein europäischer und nicht mehr wie zuvor ein nationaler ist.[153] § 307 Abs. 2 Nr. 1 BGB begründet freilich eine Verwobenheit mit rein nationalem Recht in Gestalt der sogenannten gesetzlichen Leitbilder. Insoweit ist § 307 BGB auch Einbruchstelle für nationale Wertungen. Das ändert aber nichts daran, dass der europäische Richtliniengeber eine allgemeine Wertung vorgegeben hat, so dass sich im Falle der Verneinung einer unangemessenen Benachteiligung im Sinne von § 307 Abs. 1 BGB die Frage der Vereinbarkeit mit europäischem Recht stellt,[154] im Falle gesetzlicher Leitbilder allerdings nur, wenn diese sich aus europäischen Vorschriften ergeben.[155] Dasselbe gilt in Bezug auf § 307 Abs. 3 S. 1 BGB, wenn Kontrollfreiheit für AGB reklamiert wird.[156]

---

[149] *Heinrichs* NJW 1996, 2190 (2197); *Herrmann* VersR 2003, 1333 (1337); zu korrespondierenden verbraucherpolitischen Einschätzungen vgl. *Reisch* VuR 2003, 405 (407); aM *v. Westphalen* NJW 2003, 1635 (1637).

[150] EuGH ZIP 2000, 1165; *Heinrichs* NJW 1996, 2190 (2196f.); *Canaris* EuZW 1994, 417; *Nassall* JZ 1995, 689.; *ders.* WM 1994, 1645; *Ulmer* in Das Recht der Allgemeinen Geschäftsbedingungen nach der Umsetzung der EG-Richtlinie über mißbräuchliche Klauseln, 1998, S. 9 (38ff.); *Basedow* LM 1998 AGBG § 8 Nr. 30 (Bl. 5f.); *Brandner* MDR 1999, 6 (7f.); *Wolf,* FG 50 Jahre BGH, Bd. 1, 2000, S. 125; *Stürner/Bruns* in Heusel, Neues europäisches Vertragsrecht und Verbraucherschutz, 1998, S. 81 (83).

[151] BVerfG NJW 2001, 1267 (1268).

[152] EuGH ZIP 2013, 676 (678).

[153] *Remin* ZEuP 1994, 34 (58f.); *Nassall* JZ 1995, 689 (690); *ders.* WM 1994, 1645 (1650f.); *Hasselbach* ZIP 1996, 1457 (1459); *Grundmann* NJW 2000, 14 (20).

[154] *Nassall* WM 1994, 1645 (1648 und 1652); s. auch *Basedow* NVersZ 1999, 349; *v. Westphalen* NJW 2005, 1987 (1988).

[155] *Heiderhoff* WM 2003, 509 (511).

[156] *Brandner* MDR 1999, 6f.; *Ulmer* BB 1998, 1865f.; a. M. BGH BB 1998, 1864 (1865).

Allerdings obliegt dem EuGH nicht die Anwendung des Gemeinschaftsrechts auf den konkreten Fall.[157] Wegen der möglichen Bedingtheit des Ergebnisses der Inhaltskontrolle durch das Gemeinschaftsrecht können sich aber **Fragen zur Auslegung** desselben stellen, so dass insoweit auch eine Zuständigkeit des EuGH nach Art. 267 AEUV besteht.[158]

Eine Übersicht über AGB, die in Europa auf ihre Missbräuchlichkeit hin überprüft worden sind, ist über die europäische Datenbank **CLAB Europa** abrufbar.[159]

29 Die AGB-rechtlichen Vorschriften des BGB finden auf Versicherungsverträge, die deutschem Recht unterliegen, uneingeschränkt Anwendung. Darüber hinaus gilt das Gesetz unter bestimmten Voraussetzungen auch für Versicherungsverträge, denen ausländisches Recht zugrunde liegt. Im Bereich der **Massenrisiken,** also in der Jedermann-Versicherung, ist grundsätzlich deutsches Recht anzuwenden. Insofern kommt es jedenfalls innerhalb des EWR[160] nämlich auf die Belegenheit des Risikos an.[161] Im Bereich der **Großrisiken** besteht hingegen eine weit reichende Rechtswahlfreiheit.[162] Bedeutung kann hier im Einzelfall bei Geltung ausländischen Rechts der Ordre-public-Vorbehalt des Art. 6 EGBGB erlangen.[163]

V. Begriff der AVB

1. Definition

30 Die Anwendbarkeit der §§ 305–310 BGB erstreckt sich auf alle **AGB** im Sinne von § 305 Abs. 1 BGB. Danach handelt es sich bei AGB um Vertragsbedingungen, die eine Vertragspartei (Verwender) der anderen Vertragspartei bei Abschluss eines Vertrages stellt, es sei denn, sie sind im Einzelnen ausgehandelt worden (§ 305 Abs. 1 S. 3 BGB). Dass diese Bedingungen für eine Vielzahl von Verträgen vorformuliert worden sind, was die Absicht des AGB-Verwenders zur Mehrfachverwendung im Zeitpunkt des Vertragsschlusses voraussetzt[164] – eine dreimalige Verwendung,[165] auch gegenüber nur einem Vertragspartner,[166] genügt hierfür –, ist bei **Verbraucherverträgen** keine zwingende Voraussetzung für die Annahme von AGB.[167] Verbraucherverträge sind gemäß § 310 Abs. 3 BGB Verträge, die ein Unternehmer mit einer natürlichen Person schließt, vorausgesetzt dieser Vertragsschluss ist weder der gewerblichen noch einer selbstständigen beruflichen Tätigkeit

---

[157] EuGH NJW 2004, 1647; 2000, 2571 (2572f.); *Heinrichs* NJW 1996, 2190 (2196); *Nassall* JZ 1995, 689 (690); *Dreher* VersR 1995, 1 (3); *Borges* NJW 2001, 2061 (2062); *Gardette* S. 318 und 320.

[158] Zu möglichen Fragen im Rahmen einer derartigen Vorlage siehe *Nassall* WM 1994, 1645 (1652f.) und *Röthel* ZeuP 2005, 418 (426f.).

[159] CLAB Europa ist unter europa.eu.int/clab/index.htm einzusehen. Zum Nutzen der Datenbank vgl. *Micklitz/Radeideh* ZEuP 2003, 85, 9ff.

[160] Art. 7 Abs. 1 S. 1 Hs. 2 Rom I-VO („im Gebiet der Mitgliedstaaten belegen").

[161] Art. 7 Abs. 3 Rom I-VO.

[162] Art. 7 Abs. 2 Rom I-VO.

[163] Zu Art. 7 Rom I-VO s. im Einzelnen *Armbrüster* in Staudinger Rom I-VO Art. 7 Rn. 1ff. und *Thorn* in Palandt Rom I Art. 7 Rn. 1ff.

[164] BGH ZIP 2001, 1921; 2000, 1535 (1537).

[165] BGH NJW 2002, 138 (139).

[166] BGH ZIP 2004, 315 (316).

[167] *Heinrichs* NJW 1993, 1817 (1818); *Ulmer* EuZW 1993, 337 (343).

zuzurechnen. Unter diesen Voraussetzungen finden § 305c Abs. 2, §§ 306 und 307–309 BGB und damit die AGB-rechtlichen Kernvorschriften auch auf vorformulierte Bedingungen Anwendung, wenn diese nur zur einmaligen Verwendung bestimmt sind und die andere Vertragspartei auf Grund der Vorformulierung auf ihren Inhalt keinen Einfluss nehmen konnte.[168]

31 Voraussetzung bleibt allerdings grundsätzlich, dass die Bedingungen dem Vertragspartner **vom Verwender** der AGB **gestellt** werden. Mitunter war dies unter Hinweis auf die EU-Richtlinie über mißbräuchliche Klauseln in Verbraucherverträgen in Abrede gestellt worden, weil die Richtlinie dieses Merkmal nicht enthalte.[169] Dem ist entgegenzuhalten, dass der deutsche Gesetzgeber bei der Umsetzung der Richtlinie befugt war, von einer diesbezüglichen generellen Änderung des AGB-Rechts Abstand zu nehmen[170] und lediglich in § 310 Abs. 3 BGB (vormals: § 24a AGBG) auszusprechen, dass auch von neutraler Seite vorformulierte Bedingungen für einen Verbrauchervertrag vom AGB-Recht erfasst werden,[171] ebenso wie alle anderen in einem solchen Vertrag vorformulierten Bestimmungen.[172] Der Gesetzgeber fingiert in diesem Fall das Merkmal des „Stellens“, so dass kein Widerspruch zu der Richtlinie entsteht.[173]

32 Im Versicherungsbereich werden die Bedingungen regelmäßig vom Versicherer für eine Vielzahl von Verträgen vorformuliert, so dass die praktische Relevanz dieser Regelung als gering zu veranschlagen ist.[174] So werden von der neuen wie von der alten Definition der AGB regelmäßig die **AVB** erfasst,[175] also die Vertragsbedingungen, die der Versicherer dem Versicherungsnehmer beim Abschluss von Versicherungsverträgen stellt. Die AVB für die Lebensversicherung stellen stets AGB in diesem Sinne dar; die Bedingungen von **Pensionsfonds** zur planmäßigen Leistungserbringung im Versorgungsfall stehen AVB gleich.[176] Bitten und Empfehlungen können AGB darstellen. Das ist dann anzunehmen, wenn nach deren Wortlaut bei dem durchschnittlichen Versicherungsnehmer der Eindruck entsteht, es solle damit der Inhalt des Versicherungsverhältnisses festgelegt werden.[177] Bloße Absichtserklärungen, die lediglich die Einführung bestimmter Tarife oder AVB in Aussicht stellen, sind selber keine AGB, da ihnen kein unmittelbarer Regelungsgehalt innewohnt.[178] Dasselbe gilt für interne Unternehmensrichtlinien sowie für Kundenanschreiben, mit denen lediglich Rechtsauffassungen des Unternehmens mitgeteilt werden.[179] Zu beachten

---

[168] Vgl. *Eckert* ZIP 1995, 1460 (1461f.); *ders.* ZIP 1994, 1986 (1987f.); *Heinrichs* NJW 1996, 2190 (2191); *Borges* DZWir 1997, 402 (404).

[169] *Heinrichs* NJW 1995, 153 (157f.); *ders.* NJW 1993, 1817 (1818f.); *Kappus* NJW 1994, 1847 (1848).

[170] Vgl. *Ulmer* EuZW 1993, 337 (342); *Eckert* WM 1993, 1070 (1073).

[171] Vgl. Gesetzesbegr. BT-Drs. 13/2713, 7; *Eckert* ZIP 1996, 1238 (1239); 1995, 1460 (1461); *Borges* DZWir 1997, 402 (405).

[172] BGH VersR 1999, 741 (742).

[173] S. auch BGH ZIP 1995, 1091 (1093).

[174] Vgl. *Schmidt-Salzer* VersR 1995, 1261; *Beckmann* ZEuP 1999, 809 (826).

[175] BGH VersR 2000, 1090 (1091); VerBAV 1984, 463; *Dreher*, Die Versicherung als Rechtsprodukt, S. 157; *Römer* NVersZ 1999, 97; *Staudinger* VersR 1999, 401.

[176] Vgl. *Eilert* BetrAV 2001, 624 (625); s. auch *Doetsch* BetrAV 2003, 48 (49).

[177] *E. Wolf* WM-Beil. Heft 47/1998, 14; *v. Westphalen* BB 1999, 1131.

[178] OLG Celle VersR 2000, 47f.

[179] BGH NJW 2005, 1645 (1646); OLG Köln VersR 2005, 80 (81); *Borges* ZIP 2005, 185 (187f.).

ist jedoch das Umgehungsverbot des § 306 a BGB.[180] Danach unterliegt eine interne Richtlinie der Inhaltskontrolle, wenn diese eine als AGB unwirksame Gestaltung mit dem Ziel herbeiführt, dem gesetzlichen Verbot zu entgehen.[181]

33 Werden Versicherungsbedingungen ausnahmsweise vom **Versicherungsmakler** entworfen, handelt es sich grundsätzlich um keine AGB, da davon auszugehen ist, dass die fraglichen Bedingungen zwischen dem Makler als Vertreter des Versicherungsnehmers und dem Versicherer nach § 305 Abs. 1 Satz 3 BGB ausgehandelt worden sind.[182] Wenn der Makler mehr oder weniger die AVB des Versicherers in seinen Entwurf aufnimmt, kann jedoch von einer Individualabrede nicht die Rede sein. Es wäre mit dem Schutzzweck der AGB-rechtlichen Vorschriften nicht vereinbar, wenn der Versicherer sich auf diese Weise einer Kontrolle seiner AGB entziehen könnte.[183] In diesem Fall greift für Verbraucherverträge auch die Vorschrift des § 310 Abs. 3 Nr. 1 BGB ein, wonach die AGB als vom Unternehmer gestellt anzusehen sind.[184]

34 AGB im Sinne des Gesetzes stellen auch sogenannte **deklaratorische Klauseln** dar, die lediglich Rechtsvorschriften wiedergeben. Mitunter wird zwar die Auffassung vertreten, in Ermangelung eines einseitigen Auferlegens durch den Versicherer lägen in diesen Fällen keine AGB vor, so dass die AGB-rechtlichen Vorschriften nicht eingreifen könnten.[185] Dem steht jedoch § 307 Abs. 3 S. 1 BGB entgegen, wonach Bestimmungen, die gesetzliche Vorschriften zwingender oder dispositiver Natur referieren, nicht der Inhaltskontrolle unterliegen.[186] Diese Bestimmung belegt, dass deklaratorische Klauseln grundsätzlich unter den Begriff der AGB zu fassen sind.[187] Die EU-Richtlinie über mißbräuchliche Klauseln in Verbraucherverträgen schließt zwar Vertragsklauseln aus ihrem Geltungsbereich aus, die auf „bindenden Rechtsvorschriften" beruhen, wobei hierunter auch dispositives Gesetzesrecht verstanden wird.[188] Das hindert aber nicht, in ihnen AGB im Sinne der §§ 305 ff. BGB zu sehen, da die Richtlinie nur einen Mindestschutz für Verbraucher verbürgt.[189]

35 Ist im Einzelfall zweifelhaft, ob es sich um AGB handelt, ist vorrangig auf den mit dem AGB-Recht verfolgten Zweck abzustellen. Danach soll der Vertragspartner, im Versicherungsbereich also der Versicherungsnehmer bzw. -interessent, vor einer Gefährdung des Vertragsgleichgewichts durch eine einseitige Ausnutzung der Vertragsgestaltungsfreiheit des anderen Vertragspartners, also des Versicherers, ge-

[180] *Borges* ZIP 2005, 185 (187 f. und 190).

[181] BGH NJW 2005, 1645 (1646 f.); zurückhaltender BGH ZIP 1990, 1348 (1352).

[182] BGH VersR 2009, 1477; *Prölss* VersR 2000, 1441 (1442); *Sieg* VersR 1993, 1305 (1306); aA offenbar BGH VersR 1988, 463; *van de Loo* S. 11; differenzierend *Thiel* r+s 2011, 1 (8), wonach darauf abzustellen ist, ob der Versicherer stets die reale Möglichkeit zur Einflussnahme hatte.

[183] *Reiff* in Wolf/Lindacher/Pfeiffer Klauseln Rn. V 70; *Thiel* r+s 2011, 1 (8).

[184] Vgl. *Eckert* ZIP 1996, 1238 (1239).

[185] *Niebling* WM 1992, 845 (848 f).

[186] Vgl. *Schirmer* DAR 1993, 321 (327); *Hansen* VersR 1988, 1110 (1112).

[187] Vgl. BGH NJW 1988, 2951.

[188] Art. 1 Abs. 2 iVm Erwägungsgrund 13 RL 93/13/EWG, ABl. 1993 L 95, 29; vgl. *Heinrichs* NJW 1995, 153 (155).

[189] Vgl. Art. 8 RL 93/13/EWG.

schützt werden.[190] Dabei ist von der fehlenden **Richtigkeitsgewähr** von Bedingungen auszugehen, die nicht ausgehandelt worden sind.[191]

2. Kasuistik

36 Nicht entscheidend für die Annahme von AGB sind die vom Versicherer gewählten Bezeichnungen und der Ort der Bedingungen. Namentlich kommt es nicht darauf an, ob er sie als „Allgemeine" oder „Besondere Versicherungsbedingungen" ausgibt. Diese noch aus Zeiten umfassender aufsichtsbehördlicher Bedingungsgenehmigung stammenden Bezeichnungen hindern namentlich nicht die Annahme von AGB, soweit **„Besondere Versicherungsbedingungen"** in Rede stehen.[192] Dasselbe gilt hinsichtlich von „Sonderbedingungen"[193] oder „Zusatzbedingungen",[194] wie etwa die Bedingungen für die BUZ und die UZV. Auch sogenannte „Klauseln" stellen regelmäßig AGB dar.[195]

37 Neben den Allgemeinen und Besonderen Versicherungsbedingungen erfassen die §§ 305 ff. BGB auch bestimmte **einseitige Rechtsgeschäfte,** sofern diese vorformuliert und nicht ausgehandelt worden sind. Auch hier ist sicherzustellen, dass die Interessen des anderen Vertragsteils, also des Versicherungsnehmers, angemessen berücksichtigt werden. Das AGB-Recht, das sich unmittelbar nur auf zweiseitige Rechtsgeschäfte bezieht, ist insofern ebenfalls – aus Gründen des Schutzes der anderen Vertragspartei – anzuwenden, obwohl § 305 Abs. 1 S. 1 BGB nur von „Vertragsbedingungen" spricht.[196] Das gilt auch dann, wenn der Kunde einseitige Erklärungen gesondert unterschrieben[197] oder die Wahl zwischen vorgegebenen Alternativen hat.[198] Hieran vermag auch die Zuordnung des AGB-Rechts zum Recht der Schuldverhältnisse nichts zu ändern, da diese Integration in das BGB insoweit von keinen inhaltlichen Änderungen begleitet worden ist.[199]

38 Im Versicherungsbereich sind somit namentlich die Schweigepflichtentbindungserklärung des Versicherten, die **Einwilligungsklausel** nach dem Bundesdatenschutzgesetz[200] und die **Widerrufsbelehrung**[201] an den AGB-rechtlichen Vor-

---

[190] Vgl. EuGH NJW 2009, 2367 f.; BGH ZIP 2004, 315 (316).

[191] *Ulmer* in Ulmer/Brandner/Hensen BGB § 305 Rn. 6; *Dreher,* Die Versicherung als Rechtsprodukt, S. 99; *Locher* S. 18; differenzierend *Heinrichs* NJW 1996, 2190 (2194); *Knops* VuR 1998, 107 (108); s. auch EuGH ZIP 2000, 1165 (1166).

[192] Vgl. LG Kiel VersR 1986, 538; *Niebling* S. 178; *Meyer-Kahlen* VP 1977, 81; *M. Müller* VersR 2003, 933 (934).

[193] Vgl. BAV-Verlautbarung VerBAV 1990, 275 ff.; VerBAV 1992, 9.

[194] *Schlappa* S. 6.

[195] *Niebling* S. 178; *van de Loo* S. 6.

[196] BGH VersR 1999, 971 (972); WM 1999, 841 (842); NJW 1987, 2011; 1986, 2428 f.; OLG Frankfurt a. M. VuR 1998, 283 (284); OLG Hamm NJW-RR 1988, 944; *Wolf/Ungeheuer* JZ 1995, 77 (78); *Imping* MDR 1999, 857; *Niebling* S. 53 f.; *ders.* WM 1992, 845 (850); differenzierend *Reiff* VersR 1998, 976.

[197] BGH VersR 1999, 971 (972).

[198] BGH VersR 2001, 315 (316); ZIP 2000, 1113 (1115).

[199] Offen gelassen von *Pick* ZIP 2001, 1173 (1181).

[200] OLG Hamburg VersR 1994, 1170; *Hollmann* NJW 1978, 2332; *ders.* NJW 1979, 1923; *Borchert* NVersZ 2001, 1 (3 f.); *Eberhardt/Kerst* VersR 2004, 896 (897); *Weichert* NJW 2004, 1695 (1698); dies voraussetzend *Schwintowski* VuR 2004, 245.

[201] BGH VersR 2010, 1498 (1499); *Dammann* in Wolf/Lindacher/Pfeiffer Klauseln Rn. W 57.

schriften zu messen. Dasselbe gilt für Klauseln zum Verzicht auf Beratung und vorherige Information nach § 6 Abs. 3, § 7 Abs. 1 S. 3 Hs. 2, § 61 Abs. 2 VVG[202] sowie für Klauseln, die dem Versicherungsnehmer das Einverständnis mit einer telefonischen Beratung[203] bzw. eine sonstige Verwendung seiner Daten zu Werbezwecken abverlangen[204] oder die Empfangsvollmacht des Versicherungsagenten beschränken sollen. Im Schrifttum ist dies mitunter in Frage gestellt worden, da derartige Erklärungen keine rechtsgeschäftlichen Willenserklärungen darstellten[205] bzw. dem privatautonomen Bereich des Versicherers zuzuordnen wären.[206] Dieser Auffassung ist entgegenzuhalten, dass die Klauseln vorformulierte Bedingungen darstellen, durch die Rechte und Pflichten konkretisiert und begründet werden sollen. Der Versicherer greift mit derartigen Klauseln in gleicher Weise in die Rechtsposition der Versicherungsnehmer ein wie beim einseitigen Stellen anderer Vertragsbedingungen. Die Bestimmungen der § 308 Nr. 1 und § 309 Nr. 12 BGB zeigen zudem, dass auch einseitige Erklärungen in den Schutzbereich des AGB-Rechts einbezogen sind. Zu den AVB können auch Erklärungen und Feststellungen zählen, die im Versicherungsschein oder in entsprechenden Anlagen zum Versicherungsschein enthalten sind.[207] Das gilt sowohl für konstitutive Angaben als auch für rein deklaratorische Bestandteile des Versicherungsscheins.

39 Nicht maßgeblich für die Annahme von AGB sind formale Kriterien wie die Form, der Umfang und die Schriftart der AVB, wie § 305 Abs. 1 S. 2 BGB ausdrücklich klarstellt. Eine gesonderte Unterschrift des Kunden unter eine AGB berührt deren Charakter nicht.[208] Auch **im Gedächtnis** des Verwenders bzw. seiner Hilfspersonen **gespeicherte** Bedingungen können genügen, um von vorformulierten Bestimmungen auszugehen.[209] Dabei ist es unerheblich, ob der AGB-Verwender die Absicht hat, in allen Verträgen entsprechend zu verfahren oder ob eine generelle Anweisung an Hilfspersonen besteht, dies zu tun.[210] Der BGH[211] hat diesen Umstand in Verbandsklageverfahren nach §§ 1, 3 UKlaG mitunter unberück-

---

202 *Blankenburg* VersR 2008, 1446 (1448); *Brömmelmeyer* VersR 2009, 584 (588) – in Bezug auf den Informationsverzicht allerdings mit der Einschränkung, dass keine AGB vorliegen soll, wenn der Informationsverzicht auf Initiative des Versicherungsnehmers erfolgt, was zu der Merkwürdigkeit führen würde, dass über den AGB-Charakter subjektive Momente entscheiden würden; aA *Küster* VersR 2010, 730 (734).

203 BGH VersR 2001, 315 (316); 2000, 864 (865); 1999, 710 (713); 1999, 971 (972); WM 1999, 841 (842); OLG Hamburg VersR 1998, 627 (630); LG Hamburg VuR 1997, 167 (174); s. auch OLG Frankfurt a. M. VuR 1998, 283 (284); *Fricke* NVersZ 1999, 407 (408); *Möllers* JZ 1999, 1122; aA *Lettl* NJW 2001, 42 (43).

204 *Schmitz/Eckhardt* CR 2006, 533 (535).

205 *Schütte* NJW 1979, 592.

206 *Münkel* S. 336 f., 343, 348.

207 BGH VersR 1989, 395 (396); aA *Dreher,* Die Versicherung als Rechtsprodukt, S. 158.

208 BGH WM 1999, 841 (842).

209 BGH VersR 1999, 741 f.; ZIP 1998, 336 (338 f.); NJW 2005, 2543 (2544); 1988, 410; OLG Dresden VuR 1998, 382 f.; OLG Stuttgart VuR 1994, 327 f.; OLG Köln VersR 1999, 985 (986); 1995, 647 f.; OLG Düsseldorf VuR 1996, 88 (89); LG Köln WM 2000, 1895 (1896); AG Hamburg VuR 1997, 358 (359); *Ulmer* in Ulmer/Brandner/Hensen BGB § 305 Rn. 36; *Pfeiffer* in Wolf/Lindacher/Pfeiffer BGB § 305 Rn. 14; *Heinrichs* NJW 1998, 1447; *v. Westphalen* DAR 1999, 295 (298); *Bender* WRP 1998, 580 (582 f.); *Borges* ZIP 2005, 185 (186); *Gottschalk* NJW 2005, 2493 (2494).

210 BGH VersR 1999, 741 (742); WM 1988, 28 (29).

211 BGH VersR 1996, 485 (486); 741 (742).

sichtigt gelassen, was nicht konsequent ist, da von einer einheitlichen AGB-Definition auszugehen ist.[212] Selbst mündlich akzeptierte Formulierungen können AGB-Charakter haben.[213]

40 Standardisierte Vertragstexte sind auch dann AGB, wenn sie in der äußeren Form einer Individualabrede ausgefertigt sind.[214] Handschriftliche **Zusätze** werden von den AGB-rechtlichen Vorschriften erfasst, wenn sie von dem Versicherer bzw. den von ihm mit der Vermittlung von Versicherungsverträgen betrauten Personen aufgenommen werden, ohne dass sie mit dem Versicherungsnehmer ausgehandelt worden sind.[215] Unselbstständige Ergänzungen von vorformulierten Klauseln nehmen diesen nicht den AGB-Charakter.[216]

41 Ergänzungsbedürftige Klauseln, die erst durch Ausfüllung im Einzelfall einen eigenen Regelungsgehalt erlangen, unterliegen einer AGB-rechtlichen Kontrolle dann, wenn der Versicherungsnehmer nur die **Wahl** zwischen bestimmten, vom Verwender vorgegebenen Möglichkeiten hat[217] und nicht wirklich ausweichen kann.[218] Dabei genügt es auch, wenn diese Vorgaben nicht schriftlich vorformuliert, sondern von den mit der Vertragsvermittlung vom Versicherer beauftragten Personen handschriftlich eingetragen werden.[219]

42 Auch bei vorgedruckten Teilen von **Versicherungsanträgen** kann es sich um AGB handeln.[220] Weder der Standort noch die Form der entsprechenden Bestimmung sagen etwas über die AGB-Eigenschaft aus. Die im Versicherungsantrag gestellten Gesundheitsfragen stellen hingegen keine AGB dar, da es sich bei ihnen um keine Bestimmungen im Sinne von § 305 Abs. 1 BGB handelt. Die Fragen sollen den Versicherer lediglich befähigen, in der Personenversicherung die zur Risikobeurteilung maßgeblichen Umstände in Erfahrung zu bringen.[221] Hingegen kann eine **Versicherteninformation** nach §§ 1 ff. VVG-InfoV eine AGB sein. Voraussetzung ist, dass sie unmittelbar den Vertragsgegenstand beschreibt.[222] Informationen, die keinen den Vertragsgegenstand regelnden Charakter haben, stellen keine AGB dar. Es ist jedoch unzutreffend, einer Versicherteninformation generell die Qualität von AGB abzusprechen und sie allenfalls zur Interpretation der (sonstigen) Vertragsbedingungen heranzuziehen.[223]

---

[212] *Wandt* VersR 1999, 917 (920); s. auch BGH VersR 1999, 741 (742).

[213] BGH VuR 2001, 411 (413); WM 1988, 28 (29).

[214] LG München I ZIP 1998, 1956 (1958).

[215] *Ulmer* in Ulmer/Brandner/Hensen BGB § 305 Rn. 34, 56 und 63a.

[216] Vgl. BGH ZIP 1999, 1712 (1713); 1996, 506 (507); NJW 1993, 1651 (1652).

[217] BGH WM 1992, 50 (51); 1986, 388 (389); OLG Hamm VersR 1994, 329 (330 f.); *Heinrichs* NJW 1998, 1447 f.; *Bach/Geiger* VersR 1993, 659 (663); *Wille* VersR 1992, 1172 (1177 f.); *Präve* ZfV 1992, 62 (67 f.); zurückhaltender BGH ZIP 1998, 336 (338).

[218] Vgl. BGH VersR 2000, 864 (865); ZIP 1998, 2097 (2098); OLG Frankfurt a. M. VuR 1998, 283 (284).

[219] BGH ZIP 1998, 336 (338 f.); 1996, 506 (507); s. auch OLG Düsseldorf VuR 1996, 88 (89).

[220] OLG Frankfurt a. M. VersR 1990, 1103; BAV-Verlautbarung GB BAV 1994 A 41; *Dreher*, Die Versicherung als Rechtsprodukt, S. 157 f.; *Römer* NVersZ 1999, 97.

[221] OLG Bremen VersR 1996, 314; *Reiff* in Wolf/Lindacher/Pfeiffer Klauseln Rn. V 76 ff.; *Heinemann* VersR 1992, 1319 (1321); *Römer* in 8./9. Symposium der ARGE Versicherungsrecht im DAV, 2005, S. 45 (51); offen gelassen von *Weiberle* VuR 2008, 170 (172); aA offenbar OLG Frankfurt a. M. VersR 1990, 1103.

[222] *Biagosch/Scherer* VW 1995, 370 f.

[223] So aber BGH VersR 2012, 1237 (1240) zu einer speziellen Fallkonstellation.

43 Unmaßgeblich ist die Rechtsform des AGB-Verwenders. So sind Aktiengesellschaften, VVaG und öffentlich-rechtliche Versicherer gleichermaßen in den Anwendungsbereich der AGB-rechtlichen Vorschriften einbezogen. Die versicherungsrechtlichen Beziehungen zwischen einem **VVaG** und seinen Mitgliedern unterliegen dem AGB-Recht auch dann, wenn diese in Satzungen ausgestaltet werden, was zulässig ist.[224] Die Schutzbedürftigkeit besteht nämlich unabhängig davon, ob eine entsprechende Bestimmung in der Satzung oder in den AVB getroffen wird.[225] Bedeutung erlangt dies hinsichtlich der in den Satzungen von VVaG enthaltenen AVB-Änderungsvorbehalten. So reicht bei VVaG ein in der Satzung enthaltener Vorbehalt aus, um AVB bei bestehenden Versicherungsverhältnissen von Vereinsmitgliedern zu ändern, wie dies § 41 Abs. 3 S. 2 VAG klarstellt. Die Vorschrift des § 41 VAG schafft allerdings keinen Freiraum für eine Kontrolle nach den AGB-rechtlichen Vorschriften. Sie eröffnet dem VVaG lediglich die Möglichkeit, den Versicherungsverhältnissen der Mitglieder kraft Satzung gleiche Bedingungen zugrunde zu legen (§ 21 Abs. 1 VAG). Insoweit liegt der Regelung auch eine mitgliedschaftliche Komponente zugrunde. Der Vorschrift kann aber nicht entnommen werden, dass ein auf ihr beruhender Änderungsvorbehalt nicht den allgemeinen Bestimmungen (und damit auch dem AGB-Recht) unterworfen sein soll.[226]

Auch auf **öffentlich-rechtliche Unternehmen,** die ihre Rechtsbeziehungen zum Versicherungsnehmer privatrechtlich ausgestalten, findet das AGB-Recht Anwendung.[227] Das gilt insbesondere für Zusatzversorgungsanstalten des öffentlichen Dienstes zur Alters-, Invaliditäts- und Hinterbliebenenversorgung,[228] namentlich für die Versorgungsanstalt des Bundes und der Länder, auch wenn diese das Versicherungsverhältnis durch Satzung regelt.[229] Bei **öffentlich-rechtlicher Ausgestaltung** des Versicherungsverhältnisses, die wiederum gesetzlicher Ermächtigung bedarf, findet das AGB-Recht unmittelbar keine Anwendung. In Betracht kommt in diesen Fällen eine an den AGB-rechtlichen Vorschriften orientierte Inhaltskontrolle, um den Versicherungsnehmer vor missbräuchlichen Klauseln zu schützen.[230] Öffentlich-rechtliche Versicherer könnten anderenfalls die Wahlmöglichkeit zwi-

---

[224] Vgl. BGH VersR 1997, 1517 (1518); 1995, 77 (78); OLG Saarbrücken VersR 2003, 1115 (1116); OLG Celle VersR 1996, 1133 (1134); *Sieg* VersR 1977, 489; *Helm* NJW 1978, 129; *Hübner,* Allgemeine Versicherungsbedingungen und AGB-Gesetz, S. 7 und 10f.; *Niebling* S. 179; *van de Loo* S. 8ff.; *Freund* S. 222f.; *Gardette* S. 98.

[225] *Reiff* in Wolf/Lindacher/Pfeiffer Klauseln Rn. V 81; s. im Einzelnen *Präve* r+s 1996, 249 (251).

[226] BGH VersR 1997, 1517 (1518f.); OLG Celle VersR 1996, 1133 (1134); LG Hannover VersR 1996, 314 (315); *Kaulbach* in FKBP § 41 Rn. 4; *Präve* ZfV 1994, 255 (260); in diese Richtung gehend bereits BGH VersR 1995, 77 (78); OLG Hamm VersR 1987, 145 (146); modifizierend Fricke VersR 1996, 1449 (1450 und 1455f.); aA Lorenz VersR 1996, 1206 (1207); *Weigel* in Prölss § 41 Rn. 15.

[227] BGH VersR 2003, 1386 (1387); VersR 1990, 1115f.; *Hübner,* Allgemeine Versicherungsbedingungen und AGB-Gesetz, S. 9f.; *van de Loo* S. 10; *J. Wagner* S. 44ff.; *v. Hoyningen-Huene* Rn. 53.

[228] BGH VersR 2006, 638 (639); VersR 2006, 639 (640); VersR 2006, 684; VersR 2003, 1161 (1162); VersR 1999, 210 (211f.); VersR 1967, 780f.; OLG Hamm VersR 1996, 392; s. ferner *Präve* VW 1994, 1058 (1060) mwN; offen gelassen von OLG Karlsruhe VersR 2008, 910.

[229] BGH VersR 2010, 656 (658); VersR 2010, 1168 (1169); VersR 2005, 1228 (1229); VersR 2004, 499; VersR 2004, 453 (455); VersR 2004, 319 (320); VersR 2003, 719 (720); VersR 2003, 720 (721); VersR 1999, 1390; OLG Karlsruhe VersR 2005, 636; ebenso für eine kirchliche Zusatzversorgungskasse BGH VersR 2005, 1270 (1271).

[230] AG Frankfurt a. M. VersR 2005, 1522 (1523).

schen einer privatrechtlichen und öffentlich-rechtlichen Gestaltung des Versicherungsverhältnisses zur Flucht vor den Anforderungen des AGB-Rechts nutzen, was nicht hinnehmbar wäre.[231] Insoweit wird teilweise nicht ganz zu Unrecht von einer entsprechenden Anwendbarkeit der AGB-rechtlichen Vorschriften gesprochen.[232]

44 Soweit AVB der aufsichtsbehördlichen **Genehmigung** unterliegen, ändert dies nichts an der Anwendbarkeit der AGB-rechtlichen Vorschriften. So sind auch die AVB der regulierten Pensions- und Sterbekassen, die von der Aufsichtsbehörde genehmigt werden (§ 5 Abs. 3 Nr. 2 Hs. 2, § 118b Abs. 3 S. 4 VAG) am AGB-Recht zu messen. Dasselbe gilt für die übrigen von der Aufsichtsbehörde bis zum 30.6.1994, dem Zeitpunkt des Wegfalls des umfassenden AVB-Genehmigungserfordernisses, genehmigten AVB. Die Rechtsprechung war bis in die siebziger Jahre hinein von einer gewissen Zurückhaltung bei der Kontrolle genehmigter AGB gekennzeichnet.[233] Diese Zurückhaltung ist in den achtziger Jahren aufgegeben worden, als noch ein umfassendes AVB-Genehmigungserfordernis bestanden hat.[234] Nur vereinzelt ist im Schrifttum die Meinung vertreten worden, die behördliche Genehmigung habe auch Bedeutung für die Kontrolle nach dem AGB-Recht.[235] Diese Auffassung findet keine Entsprechung in den gesetzlichen Vorgaben.[236]

45 Bei **Altersvorsorge- und Basisrentenverträgen** steht der AGB-rechtlichen Kontrolle auch nicht entgegen, dass das BZSt (vormals die BaFin bzw. das BAV) entsprechende Bedingungen nach Maßgabe des AltZertG zertifiziert hat, denn der Zertifizierungsstelle prüft dabei nicht, ob die Vertragsbedingungen zivilrechtlich wirksam sind.[237] Zudem hindert auch diese behördliche Kontrolle nicht die zivilgerichtliche Überprüfung.

46 Das AGB-Recht erfasst auch **Individualklauseln** in Verbraucherverträgen, sofern diese nicht im Einzelnen ausgehandelt werden. So findet das Gesetz nach Maßgabe von § 310 Abs. 3 Nr. 2 BGB auch auf Klauseln Anwendung, die nur einem einzigen Verbrauchervertrag zugrundegelegt werden. Für diese Klauseln gelten § 305c Abs. 2, §§ 306, 307–309 BGB.[238] Im Versicherungsbereich wird diese Regelung keine größere Bedeutung erlangen, denn hier werden die Bedingungen regelmäßig für eine Vielzahl von Verträgen vorformuliert.[239]

3. Ausgehandelte Bedingungen

47 Gemäß § 305 Abs. 1 S. 3 BGB wird die Definition von AGB dahingehend eingeschränkt, dass keine AGB und damit auch keine AVB gegeben sind, soweit diese zwischen den Parteien im Einzelnen ausgehandelt sind.[240] Die EU-Richtlinie über

---

[231] *Schirmer* in Symposion „80 Jahre VVG", 1988, S. 268 (276); *Stober* DÖV 1977, 398 (399); *J. Wagner* S. 192ff.

[232] *Helm* NJW 1978, 129; *Niebling* S. 181; *van de Loo* S. 10f.; undeutlich *Sieg* VersR 1977, 489, der offenbar die AGB-rechtlichen Vorschriften für unmittelbar anwendbar hält.

[233] BGHZ 52, 86 (92); BGH MDR 1973, 999 (1000).

[234] BGH NJW 1983, 1322 zu den Beförderungsbedingungen der Lufthansa; *Trittel* BB 1980, 497 (501); *v. Hoyningen-Huene* Rn. 59f., 232; *Meyer-Kahlen* VP 1977, 81 (82).

[235] *Bettermann,* FS Reimers, 1979, 415 (438ff.).

[236] *Haertlein/Thümmler* ZIP 2009, 1197 (1201); LG Heilbronn ZIP 2009, 609 (611).

[237] § 3 Abs. 3 AltZertG.

[238] *Eckert* WM ZIP 1995, 1460 (1461f.).

[239] Vgl. *Schmidt-Salzer* VersR 1995, 1261.

[240] Die Festschreibung in § 305 BGB vermag dabei nichts an der vormaligen Dogmatik zu ändern, die auf § 1 AGBG fußte; vgl. *v. Westphalen* NJW 2002, 12 (13).

mißbräuchliche Klauseln in Verbraucherverträgen enthält einen entsprechenden Ausnahmetatbestand,[241] der allerdings nicht von allen Staaten der Gemeinschaft in nationales Recht übernommen worden ist. Für das **Aushandeln** kommt es darauf an, dass der andere Vertragspartner, im Versicherungsbereich also der Versicherungsnehmer, über eine Einflussmöglichkeit auf die vertragliche Ausgestaltung verfügt, also auch die Gelegenheit erhält, eigene Textvorschläge einzubringen.[242] Die Vorformulierung von Vertragsbedingungen schließt per se noch nicht eine derartige Einflussmöglichkeit aus. Sie dürfte jedoch Anhaltspunkt für eine mangelnde Einflussmöglichkeit sein. Jedenfalls reicht es nicht aus, wenn der Versicherer dem Versicherungsnehmer lediglich die Möglichkeit eröffnet, den Vertrag entweder unter Zugrundelegung der AVB oder gar nicht abzuschließen.[243]

48 Das Fehlen einer **Einflussmöglichkeit** kann sich auch aus dem Umstand ergeben, dass der andere Vertragspartner dem Verwender der AGB wirtschaftlich und intellektuell unterlegen ist, so dass von einem wirklichen Aushandeln keine Rede sein kann. Dabei ist auf den Einzelfall abzustellen.[244] Tendenziell wird im Versicherungsbereich für das Massenrisikogeschäft die fehlende Einflussmöglichkeit eher anzunehmen sein als für das Großrisikogeschäft,[245] wo dem Versicherer meistens ein wirtschaftlich und intellektuell gleichwertiger Versicherungsnehmer gegenübersteht. Auch hier ist aber – wenngleich mit gewissen Einschränkungen[246] – entscheidend, ob für den Versicherungsnehmer (auch wenn dieser Kaufmann ist)[247] tatsächlich die Möglichkeit der Einflussnahme auf die Vertragsgestaltung besteht.[248] Das ist regelmäßig anzunehmen, wenn es zu individuellen Änderungen der AVB kommt, was allerdings keine dabei nicht, ob die Vertragsbedingungen zivilrechtlich wirksam sind (§ 3 Abs. 3 AltZertG). Zudem hindert auch diese behördliche Kontrolle nicht die zivilgerichtliche Überprüfung.

49 Das AGB-Recht erfasst auch **Individualklauseln** in Verbraucherverträgen, sofern diese nicht im Einzelnen ausgehandelt werden. So findet das Gesetz nach Maßgabe von § 310 Abs. 3 Nr. 2 BGB auch auf Klauseln Anwendung, die nur einem einzigen Verbrauchervertrag zugrundegelegt werden. Für diese Klauseln gelten § 305c Abs. 2, §§ 306, 307–309 BGB.[249] Im Versicherungsbereich wird diese Regelung keine größere Bedeutung erlangen, denn hier werden die Bedingungen regelmäßig für eine Vielzahl von Verträgen vorformuliert.[250]

Gemäß § 305 Abs. 1 S. 3 BGB wird die Definition von AGB dahingehend eingeschränkt, dass keine AGB und damit auch keine AVB gegeben sind, soweit diese

---

241 Art. 3 Abs. 1 RL 93/13/EWG.

242 Vgl. BGH VersR 2010, 1036 (1038).

243 BGH NJW 2005, 2543 (2544).

244 *Schmidt-Salzer* BB 1995, 1493 (1498).

245 Vgl. § 210 Abs. 2 VVG. S. auch *Berger/Kleine* BB 2007, 2137 (2140) mit weitergehenden, alle Wirtschaftsbereiche umfassenden Überlegungen.

246 *Wolf,* FG 50 Jahre BGH, Bd. 1, 2000, S. 111 (120ff.); *Michel/Hilpert* DB 2000, 2513 (2515f.).

247 *Wolf,* FG 50 Jahre BGH, Bd. 1, 2000, S. 111 (120ff.) mit Relativierungen; aA *Berger* NJW 2001, 2152 (2153f.); *ders.* ZIP 2006, 2149 (2152f.); *Lischek/Mahnken* ZIP 2007, 158 (160f. mwN).

248 BGH NJW 2005, 2543 (2544) mwN; LG Heilbronn ZIP 2009, 609 (610); kritisch *Berger* ZIP 2006, 2149 (2152f.); *Lische/Mahnken* ZIP 2007, 158 (160f.).

249 *Eckert* WM ZIP 1995, 1460 (1461f.).

250 Vgl. *Schmidt-Salzer* VersR 1995, 1261.

zwischen den Parteien im Einzelnen ausgehandelt sind.[251] Die EU-Richtlinie über missbräuchliche Klauseln in Verbraucherverträgen enthält einen entsprechenden Ausnahmetatbestand,[252] der allerdings nicht von allen Staaten der Gemeinschaft in nationales Recht übernommen worden ist. Für das **Aushandeln** kommt es darauf an, dass der andere Vertragspartner, im Versicherungsbereich also der Versicherungsnehmer, über eine Einflussmöglichkeit auf die vertragliche Ausgestaltung verfügt, also auch die Gelegenheit erhält, eigene Textvorschläge einzubringen.[253] Die Vorformulierung von Vertragsbedingungen schließt per se noch nicht eine derartige Einflussmöglichkeit aus. Sie dürfte jedoch Anhaltspunkt für eine mangelnde Einflussmöglichkeit sein. Jedenfalls reicht es nicht aus, wenn der Versicherer dem Versicherungsnehmer lediglich die Möglichkeit eröffnet, den Vertrag entweder unter Zugrundelegung der AVB oder gar nicht abzuschließen.[254]

50 Das Fehlen einer **Einflussmöglichkeit** kann sich auch aus dem Umstand ergeben, dass der andere Vertragspartner dem Verwender der AGB wirtschaftlich und intellektuell unterlegen ist, so dass von einem wirklichen Aushandeln keine Rede sein kann. Dabei ist auf den Einzelfall abzustellen.[255] Tendenziell wird im Versicherungsbereich für das Massenrisikogeschäft die fehlende Einflussmöglichkeit eher anzunehmen sein als für das Großrisikogeschäft,[256] wo dem Versicherer meistens ein wirtschaftlich und intellektuell gleichwertiger Versicherungsnehmer gegenübersteht. Auch hier ist aber – wenngleich mit gewissen Einschränkungen[257] – entscheidend, ob für den Versicherungsnehmer (auch wenn dieser Kaufmann ist)[258] tatsächlich die Möglichkeit der Einflussnahme auf die Vertragsgestaltung besteht.[259] Das ist regelmäßig anzunehmen, wenn es zu individuellen Änderungen der AVB kommt, was allerdings keine zwingende Voraussetzung für die Annahme des Aushandelns ist.[260] Es reicht auch eine Einzelerörterung der AVB und denkbarer Alternativen aus, vorausgesetzt dem Versicherungsnehmer wird dabei der Sinn der Regelung deutlich, was etwa im Falle einer entsprechenden Belehrung anzunehmen ist.[261] Die bloße Mitteilung der ernsthaften Verhandlungsbereitschaft durch den Versicherer reicht allerdings nicht, wenn es dann nicht zu konkreten Verhandlungen kommt.[262] An

---

[251] Die Festschreibung in § 305 BGB vermag dabei nichts an der vormaligen Dogmatik zu ändern, die auf § 1 AGBG fußte; vgl. *v. Westphalen* NJW 2002, 12 (13).

[252] Art. 3 Abs. 1 RL 93/13/EWG.

[253] Vgl. BGH VersR 2010, 1036 (1038).

[254] BGH NJW 2005, 2543 (2544).

[255] *Schmidt-Salzer* BB 1995, 1493 (1498).

[256] Vgl. § 210 Abs. 2 VVG. S. auch *Berger/Kleine* BB 2007, 2137 (2140) mit weitergehenden, alle Wirtschaftsbereiche umfassenden Überlegungen.

[257] *Wolf,* FG 50 Jahre BGH, Bd. 1, 2000, S. 111 (120ff.); *Michel/Hilpert* DB 2000, 2513 (2515f.).

[258] *Wolf,* FG 50 Jahre BGH, Bd. 1, 2000, S. 111 (120ff.) mit Relativierungen; aA *Berger* NJW 2001, 2152 (2153f.); *ders.* ZIP 2006, 2149 (2152f.); *Lischek/Mahnken* ZIP 2007, 158 (160f. mwN).

[259] BGH NJW 2005, 2543 (2544 mwN); LG Heilbronn ZIP 2009, 609 (610); kritisch *Berger* ZIP 2006, 2149 (2152f.); *Lische/Mahnken* ZIP 2007, 158 (160f.).

[260] *v. Westphalen* DAR 1999, 295 (298); *Michel/Hilpert* DB 2000, 2513 (2514).

[261] BGH NJW 2005, 2543 (2544); kritisch *Gottschalk* NJW 2005, 2493 (2495).

[262] BGH NJW 1991, 1678 (1679); NJW 1992, 1107 (1108); anders noch BGH NJW 1977, 624 (625); NJW 1983, 385 (386); *Ulmer* in Ulmer/Brandner/Hensen BGB § 305 Rn. 50 mwN.

der Verhandlungsbereitschaft dürfte es oftmals ohnehin fehlen, weil Versicherer grundsätzlich nur zu ihren AVB abzuschließen bereit sind.[263]

Nicht ausreichend ist eine vom Versicherungsnehmer unterschriebene vorformulierte Erklärung, dass die AVB mit ihm ausgehandelt sind und seinen Wünschen entsprechen. Durch eine solche **Bestätigung** wird auch keine zulässige Umkehr der Beweislast bewirkt (§ 309 Nr. 12 Buchst. b BGB).[264] Unzureichend ist ferner eine bloße Unterschrift des Kunden unter eine bestimmte AGB.[265] Ebenfalls genügt der bloße Hinweis des Versicherers auf eine bestimmte, für den Vertrag regelmäßig vorgesehene AVB nicht. In der widerspruchslosen Hinnahme einer solchen Bestimmung kann daher auch noch keine individualvertragliche Abrede gesehen werden.[266]

Ein **teilweise erfolgtes Aushandeln** ist gegeben, wenn der Versicherer dem Versicherungsnehmer für bestimmte problematische Klauseln, an denen der Versicherer ein besonderes berechtigtes Interesse hat, die reale Möglichkeit des Aushandelns eröffnet. Die Einräumung eines Wahlrechts zwischen unterschiedlichen Klauseln bei verschiedenen Prämien genügt aber nicht.[267] Werden einzelne Klauseln ausgehandelt, so finden die AGB-rechtlichen Vorschriften nur insoweit keine Anwendung.[268]

51 Ergänzungsbedürftige Formulare lassen den AGB-Charakter der entsprechenden Vertragsabreden unberührt, es sei denn, es handelt sich um selbstständige Ergänzungen, die den sachlichen Gehalt der Regelung beeinflussen. Das gilt im Grundsatz auch für Vertragsalternativen mit unterschiedlichen Entgeltregelungen.[269] Nicht ausreichend ist die bloße Möglichkeit zur Streichung einzelner Klauseln oder die Eröffnung von **Wahlmöglichkeiten** zwischen vorgegebenen Alternativen, ohne dass der Versicherungsnehmer wirklich ausweichen kann.[270] Unzureichend ist der bloße **Austausch** einer einzelnen, vom Versicherungsnehmer beanstandeten Klausel durch eine andere. Nicht genügend ist es ferner, wenn der Versicherungsnehmer die AVB als ausgehandelt akzeptiert, weil ihm der Versicherer besonders günstigen Versicherungsschutz anbietet.[271]

52 **Kollektiv ausgehandelte AVB** sind ebenfalls an den AGB-rechtlichen Vorschriften zu messen,[272] auch wenn sie von Vertretern der Versicherungswirtschaft und Verbraucherorganisationen gemeinsam erarbeitet werden. Maßgeblich für das Aushandeln ist stets die Ebene der vertragsschließenden Parteien. Allerdings ist fest-

---

[263] Vgl. *Pauly* VersR 1996, 287.

[264] s. OLG Düsseldorf VuR 1996, 88 (90).

[265] BGH WM 1999, 841 (842).

[266] Anders OLG Köln VersR 1999, 225 (226).

[267] *v. Hoyningen-Huene* Rn. 182.

[268] *Ulmer* in Ulmer/Brandner/Hensen BGB § 305 Rn. 51, 55; aA *Michalski/Römermann* ZIP 1993, 1434 (1442); *Michel/Hilpert* DB 2000, 2513 (2514); unklar LG Kassel VersR 1997, 1474 bezüglich einer Diabetes-Klausel.

[269] BGH ZIP 2003, 407 (408).

[270] BGH ZIP 2003, 407 (408); 2000, 1113 (1115); LG München I VuR 2001, 229 (231); *Ulmer* in Ulmer/Brandner/Hensen BGB § 305 Rn. 53; *v. Westphalen* NJW 2003, 1635 f.; s. aber auch OLG Frankfurt a. M. VuR 1998, 283 (284); problematisch OLG München VersR 1998, 93 f. (hierzu *Klimke* VersR 1998, 94); relativierend *Blankenburg* VersR 2008, 1446 (1448 f.) in Bezug auf Klauseln zum Verzicht auf Beratung und vorherige Information.

[271] *Ulmer* in Ulmer/Brandner/Hensen BGB § 305 Rn. 54.

[272] Vgl. *Hansen* VersR 1988, 1110 (1111); *Meyer-Kahlen* VP 1977, 81 (82).

zustellen, dass die Rechtsprechung bei unter Mitwirkung aller beteiligten Wirtschaftskreise zustande gekommenen AGB eine modifizierte Inhaltskontrolle vornimmt und demgemäß selten zur Feststellung einer Unwirksamkeit gelangt.[273] Eine bloße Mitwirkung von Tarifvertragsparteien an AGB nimmt diesen aber nicht ihren AGB-Charakter.[274] Die unverbindlichen Musterbedingungen für die Lebensversicherung stellen keine kollektiv ausgehandelten AVB dar, da sie vom GDV als Interessenvertretung der Versicherungswirtschaft verfasst und nicht mit Verbraucherorganisationen ausgehandelt worden sind.

VI. Einbeziehung in den Vertrag

53 Die Einbeziehung von AVB in den Vertrag setzt gemäß **§ 305 Abs. 2 BGB** einen Hinweis des Versicherers auf die AVB, die Möglichkeit zumutbarer Kenntnisnahme des (späteren) Versicherungsnehmers und dessen Einverständnis voraus. Im unternehmerischen Verkehr gilt Abweichendes.

1. Hinweis, Kenntnisnahmemöglichkeit, Einverständnis

54 **a) Hinweis.** Erste Voraussetzung einer wirksamen Einbeziehung von AVB in einen Versicherungsvertrag ist der Hinweis des Versicherers auf die Bedingungen. Dieser Hinweis muss für die gesamten AVB und nicht nur für Teile von ihnen gegeben werden. Er muss so beschaffen sein, dass ein Durchschnittskunde ihn selbst bei nur flüchtiger Betrachtung und durchschnittlicher Aufmerksamkeit nicht übersehen darf.[275] Nicht ausreichend ist es, wenn der Hinweis in Kleindruck gegeben oder senkrecht zur Leserichtung aufgedruckt wird.[276] Der Hinweis muss außerhalb der AVB gegeben werden, weil er anderenfalls völlig sinnlos wäre. Das bedeutet, dass der Hinweis regelmäßig in das **Antragsformular** aufzunehmen sein dürfte. Nur dann umfasst das Angebot des Antragstellers die Erklärung, den Vertrag mit den entsprechenden AVB abschließen zu wollen.[277] Der Hinweis ist in der Verhandlungssprache abzufassen, ansonsten in der Sprache des (späteren) Versicherungsnehmers. Ausreichend ist es, wenn der Hinweis über der Datums- und Unterschriftenzeile in gut lesbarem Fettdruck gegeben wird.[278] Findet der Hinweis unterhalb der Unterschriftenzeile Aufnahme in das Antragsformular, so ist eine besonders auffällige und unübersehbare Form für den Text zu wählen. Der bloße Abdruck der AVB auf der Rückseite des Antragsformulars genügt nicht. Erforderlich ist stets ein ausdrücklicher und deutlich sichtbarer Hinweis auf der Vorderseite.[279] Werden die AVB dem Antrag als Anlage beigefügt, bedarf es ebenfalls eines zusätzlichen Hinweises im Antragsformular.

Der ausdrückliche Hinweis ist zwingend erforderlich, da im Versicherungsbereich ein **Aushang** am Ort des Vertragsschlusses grundsätzlich nicht in Betracht kommt. Der in § 305 Abs. 2 Nr. 1 BGB enthaltene Ausnahmetatbestand des Aus-

---

273 Vgl. nur BGH VersR 1995, 604 (605); VersR 1995, 1212.
274 BGH VersR 1999, 1390 (1391).
275 BGH NJW-RR 1987, 112 (114).
276 OLG Düsseldorf BB 1983, 84 (85).
277 *Präve* VW 1994, 556 (558).
278 BGH NJW 1986, 1608.
279 BGH NJW-RR 1987, 112 (114); OLG Nürnberg WM 1990, 1370 (1371).

hangs hat im wesentlichen Bedeutung nur für Massengeschäfte des täglichen Lebens ohne besonderen wirtschaftlichen Wert.

b) Kenntnisnahmemöglichkeit. Zweites Erfordernis einer wirksamen Einbeziehung von AVB ist die Möglichkeit zumutbarer Kenntnisnahme, die der Versicherer dem Versicherungsnehmer verschaffen muss. Das impliziert, dass für den Versicherungsnehmer die AVB bei und grundsätzlich auch nach Vertragsschluss verfügbar sein müssen. Die AVB müssen hierzu **ausgehändigt** werden.[280] Die Notwendigkeit einer entsprechenden Informationsverschaffung ergibt sich auch aus § 7 Abs. 1 S. 1 VVG iVm § 1 Abs. 1 Nr. 6 Buchst. a VVG-InfoV, wonach dem Versicherungsnehmer die AVB rechtzeitig vor Abgabe von dessen Vertragserklärung zu geben sind. Die bloße Unterrichtung darüber, welche AVB gelten sollen, reicht nicht aus. Dies lässt sich bereits mit dem Wortlaut der Vorschriften nicht in Übereinstimmung bringen. Auch der Schutzzweck von § 7 VVG und § 1 Abs. 1 Nr. 6 Buchst. a VVG-InfoV, die auf eine insoweit vollständige Unterrichtung des Versicherungsnehmers abzielen, steht dem entgegen. § 305 Abs. 2 und § 7 Abs. 1 VVG sowie § 1 VVG-InfoV stellen insofern kommunizierende Röhren dar. Sie verbürgen letztlich denselben Schutz, so dass die Frage der Einbeziehung der AVB nicht ohne Rückgriff auf § 7 Abs. 1 VVG und § 1 Abs. 1 Nr. 6 Buchst. a VVG-InfoV gesehen werden kann.[281] Schließlich ist Art. 5 der EU-Richtlinie über den Fernabsatz von Finanzdienstleistungen an Verbraucher zu berücksichtigen, demzufolge die AVB selber übermittelt werden müssen. Der deutsche Gesetzgeber hat diese Anforderungen auf alle Vertriebswege erstrecken und zudem nicht auf Verbraucherverträge beschränken wollen.[282] Das bedeutet, dass der Versicherer insbesondere Vorsorge zu treffen hat, damit eine Übermittlung zu dem genannten Zeitpunkt sichergestellt ist. **55**

Der Versicherer muss dem Interessenten die AVB und die sonstige Versicherteninformation in **Textform** (§ 126b BGB) zur Verfügung stellen (vgl. § 7 Abs. 1 S. 1 VVG), also per Post oder Fax, auf Diskette, CD-Rom oder via E-Mail übermitteln.[283] Voraussetzung ist allerdings, dass der Versicherungsinteressent seinerseits durch Mitteilung seiner Fax-Nummer bzw. seiner E-Mail-Anschrift oder in sonstiger Weise sein Einverständnis zu einer entsprechenden Übermittlung gegeben hat.[284] Zu beachten sind darüber hinaus die sich aus § 312g Abs. 1 S. 1 Nr. 4 BGB ergebenden Anforderungen für Verträge im elektronischen Geschäftsverkehr,[285] auch wenn sich die Einbeziehung der AGB in den Vertrag nach § 305 Abs. 2 BGB richtet. Nicht gehindert ist der Versicherer an einer Übermittlung in Schriftform

---

[280] *Ebers* in Schwintowski/Brömmelmeyer § 7 Rn. 26 und 51; *Armbrüster* in Langheid/Wandt § 7 Rn. 89 („aktiv übermitteln"); *Schirmer* DAR 1993, 321 (324); *ders./Höhne* DAR 1996, 477 (480); *Präve* VW 1992, 596; 1994, 556 (558); s. auch BGH VersR 1986, 672 (673); OLG München NJW-RR 1992, 350; LG Frankfurt a. M. NJW-RR 1992, 442; aA *Bach/Geiger* VersR 1993, 659 (664); *Meyer-Kahlen* VP 1977, 81 (84); *Hoppmann/Moos* NVersZ 1999, 197 (199).

[281] AA *Beckmann* in Bruck/Möller Einl. C Rn. 56, 78.

[282] Vgl. Gesetzesbegr. BT-Drs. 16/3945, 59 (zu § 7 VVG).

[283] *Hoeren/Nielen/Strack* Rn. 124; *Leverenz* VersR 2002, 1318 (1323); so wohl auch *Micklitz/Ebers* VersR 2002, 641 (658).

[284] *Mehrings* BB 1998, 2373 (2379); *Borges* ZIP 1999, 130 (135); *Gruber* BB 1999, 1437 (1438f.); *Waldenberger* EuZW 1999, 296 (300); *Spindler* MRR-Beil. 7/2000, 4 (11f.); *Micklitz/Ebers* VersR 2002, 641 (646).

[285] *Leverenz* VersR 2003, 698 (704).

oder elektronischer Form. Ausgeschlossen ist hingegen eine mündliche oder fernmündliche Übermittlung.[286]

56 Die Möglichkeit zumutbarer Kenntnisnahme setzt voraus, dass der AVB-Inhalt **klar und verständlich** ist (vgl. § 7 Abs. 1 S. 2 VVG).[287] An der Lesbarkeit fehlt es, wenn ein übermäßiger Kleindruck, eine ungewöhnliche Schriftart oder eine allgemein unübersichtliche Darstellung gewählt wird.[288] Die Verständlichkeit ist nicht gegeben bei Verwendung technischer Fachausdrücke oder juristischer Formulierungen, die nur der entsprechend Vorgebildete verstehen kann.[289] Das gilt aber nur für die Fälle, in denen diese nach dem Verständnis des durchschnittlichen Versicherungsnehmers den Regelungsgehalt der AVB verschleiern. Dabei ist zu berücksichtigen, dass AVB oftmals eine komplizierte Materie zum Gegenstand haben, so dass auf Fachterminologie nicht immer verzichtet werden kann.[290] Die Grenze der mangelnden Verständlichkeit wird überschritten, wenn die AVB auf Grund einer Verweisung auf andere Klauseln oder auch Rechtsvorschriften nicht mehr aus sich heraus verständlich sind[291] oder auf Grund des Gebrauchs einer salvatorischen Klausel wie „soweit gesetzlich zulässig" auf eine Festlegung verzichten.[292]

Soweit **Verweise** auf gesetzliche Vorschriften, namentlich solche des VVG, in AVB gewählt werden, was zulässig ist,[293] sind – sofern dies für das Verständnis erforderlich ist – die entsprechenden Vorschriften im Wortlaut und in unmittelbarem Zusammenhang mit den AVB abzudrucken und dem Versicherungsnehmer hierdurch die Möglichkeit der Kenntnisnahme zu verschaffen.[294] Keine Bedenken bestehen grundsätzlich gegen Bezugnahmen auf andere, im Einzelnen bezeichnete „Erläuterungen" des Versicherers, soweit diese ihrerseits verständlich und dem Versicherungsnehmer zur Verfügung gestellt worden sind.[295] Die Verständlichkeit setzt grundsätzlich eine Abfassung der AVB in der jeweiligen Verhandlungs**sprache** der Vertragsparteien voraus.[296] Dies bedeutet die Abfassung in Deutsch oder in der Muttersprache des Versicherungsnehmers. Im Falle einer juristischen Person als Versicherungsnehmer können die AVB auch in einer hiervon abweichenden Verhandlungssprache wiedergegeben werden. Darüber hinausgehende Hinweispflichten im Falle ausländischer Versicherungsnehmer bestehen im Hinblick auf § 305 Abs. 2 BGB nicht.[297]

---

[286] *Schimikowski* r+s 1999, 485 (489).

[287] S. ferner *Pfeiffer* in Wolf/Lindacher/Pfeiffer BGB § 305 Rn. 88; *Präve* VersR 2000, 138f.; OLG Schleswig NJW 1995, 2858 (2859).

[288] Vgl. BGH NJW 1983, 2772 (2773); OLG Brandenburg NJW-RR 2001, 488 (489); OLG Hamburg BB 1987, 1703f.; OLG Hamm NJW-RR 1988, 944; LG München I VuR 1996, 36; *Schimikowski* r+s 1998, 353 (358); *Mehrings* BB 1998, 2373 (2377).

[289] *Mehrings* BB 1998, 2373 (2377).

[290] S. auch *Römer,* Der Prüfungsmaßstab bei der Mißstandsaufsicht nach § 81 VAG und der AVB-Kontrolle nach § 9 AGBG, S. 25.

[291] LG Karlsruhe NJW-RR 1986, 152f.; *Niedenführ* S. 40f.

[292] Vgl. BGH VersR 1996, 651 (653); *v. Westphalen* WM 1983, 974 (984f.); *Roth* WM 1991, 2085 (2087).

[293] OLG Nürnberg VersR 2000, 713 (714).

[294] S. auch OLG Hamm NJW-RR 1987, 311 (313); OLG Schleswig NJW 1995, 2858 (2859); *Kreienbaum* S. 86; *Kuhn* VP 1996, 37 (38); *Mehrings* BB 1998, 2373 (2377); *Evermann* S. 284f.; aA LG Nürnberg VersR 1999, 1092 (1094).

[295] LG Hamburg VersR 1998, 877 (879).

[296] Vgl. *Rott* ZVglRWiss 1999, 382 (389f.).

[297] Vgl. *Schmidt-Salzer* VersR 1995, 1261 (1265); kritisch *v. Westphalen* NJW 2002, 12 (13f.).

57 Nicht notwendig ist die tatsächliche Kenntnisnahme des Versicherungsnehmers. Ausreichend ist die Verschaffung einer entsprechenden **Kenntnisnahmemöglichkeit.** Diese muss der Versicherer als AVB-Verwender verschaffen. Der Versicherer wird der Anforderung gerecht, wenn er die AVB aushändigt bzw. sie auf elektronischem Wege zur Verfügung stellt. Die Aushändigung bzw. elektronische Übermittlung hat vor dem Zeitpunkt zu erfolgen, in dem der Versicherungsnehmer die für ihn bindende Willenserklärung abgibt.[298] Das ist bei Stellung eines Antrags auf Abschluss eines Versicherungsvertrags gegeben.

58 Einzelne AVB können ausnahmsweise[299] allerdings auch dadurch Bestandteil des Versicherungsvertrags werden, dass der Versicherer sie erst mit dem Versicherungsschein übersendet. Voraussetzung ist, dass der Versicherer den Versicherungsnehmer nach Maßgabe von **§ 5 VVG** bei der Übersendung des Versicherungsscheins auf die entsprechenden AVB hinweist und belehrt und dieser nicht innerhalb eines Monats nach Empfang des Versicherungsscheins schriftlich widerspricht.[300] Der Hinweis kann in einem dem Versicherungsschein angehefteten Beiblatt erfolgen, wenn der Versicherungsschein einen entsprechenden Verweis enthält.[301]

Wird die genannte Voraussetzung der Kenntnisnahmemöglichkeit erst nach Vertragsschluss oder gar nicht erfüllt, so werden die AVB Vertragsbestandteil, falls eine nachträgliche Änderung vereinbart wird. Der Versicherer kann im Übrigen wegen culpa in contrahendo oder positiver Forderungsverletzung verpflichtet sein, den Versicherungsnehmer so zu stellen, als ob die günstigen AVB Vertragsbestandteil geworden wären.[302] In jedem Fall kann sich der Versicherungsnehmer trotz fehlender Einbeziehung auf für ihn **günstige AVB** berufen, sofern der Versicherer hiermit geworben hat, durch sein Verhalten bei Vertragsschluss aber die Einbeziehungsvoraussetzungen vereitelt hat (venire contra factum proprium).[303]

59 Besonderheiten bestehen für den Fall, dass der Versicherungsnehmer **körperlich behindert** ist oder eine vorläufige Deckung gewährt wird. § 305 Abs. 2 Nr. 2 BGB enthält zur ersten Fallkonstellation eine klarstellende Ergänzung, wenn die andere Vertragspartei auf Grund einer derartigen Behinderung in ihrer Wahrnehmungsfähigkeit beeinträchtigt ist. Das ist insbesondere für Menschen mit einer Sehbehinderung gegeben, die trotz ausdrücklichen Hinweises auf die Geltung der AGB und ihrer Aushändigung unter Umständen nicht die Möglichkeit haben, von deren Inhalt in zumutbarer Weise Kenntnis zu nehmen. Sie bedürfen dann weiterer Hilfsmittel, also der Übergabe der AGB in einer Form, die ihnen die Kenntnisnahme vor Vertragsschluss ermöglicht. Dies kann im Einzelfall etwa durch Übergabe in elektronischer oder akustischer Form oder auch in Braille-Schrift erfolgen.[304] Der Versicherer ist allerdings nicht gehalten, AVB stets auch in Blindenschrift vorzuhalten.[305] Ein zusätzliches Tätigwerden des Versicherers ist im Übrigen nur notwendig, wenn die Behinderung für ihn auch erkennbar war.[306] Darüber hinaus ist kein Raum für

[298] Vgl. *Baumann* VersR 1996, 1 (2f.).
[299] *Schimikowski* r+s 2007, 309 (311).
[300] Vgl. BGH VersR 1989, 395 (396).
[301] OLG Hamm VersR 1996, 829 (830).
[302] BGH NJW 1982, 926.
[303] *Pfeiffer* in Wolf/Lindacher/Pfeiffer BGB § 305 Rn. 110.
[304] Vgl. Gesetzesbegr. BT-Drs. 14/6040, 150.
[305] *Koch* WM 2002, 2173 (2174).
[306] *v. Westphalen* NJW 2002, 12 (13).

eine Berücksichtigung der konkreten mentalen Erkenntnismöglichkeiten des Einzelnen.[307]

60 Schließlich besteht die Möglichkeit, dass der Versicherungsnehmer auf eine vorherige Übermittlung der AVB **verzichtet.** Das ist nicht nur für den bereits erwähnten Fall eines telefonischen Vertragsschlusses auf Verlangen des Versicherungsnehmers möglich (§ 7 Abs. 1 S. 3 Hs. 1 VVG), sondern auch darüber hinaus (§ 7 Abs. 1 S. 3 Hs. 2 VVG).[308] Diese im Gesetz ausdrücklich eingeräumte Verzichtsmöglichkeit kommt allerdings nur in Ausnahmefällen zum Zuge. Mit ihr soll dem Umstand Rechnung getragen werden, dass sich niemand „gegen seinen Willen ... informieren lassen“ muss.[309] Im Ergebnis bedeutet dies, dass sich der Versicherungsnehmer diesbezüglich selber klar erklären muss. Diese Erklärung ist gesondert und schriftlich abzugeben und vom Versicherungsnehmer zu unterschreiben.[310] Der Hinweis in der Gesetzesbegründung, der Verzicht dürfe nicht formularmäßig vereinbart werden[311], zeigt, dass insofern stets auf den Einzelfall abzustellen ist. Allerdings wird eine Vorformulierung nicht völlig auszuschließen sein, da für den Fall, dass sich der Versicherungsnehmer von sich aus entsprechend erklärt, die Formulierung entweder von ihm selber übernommen werden kann oder, wie dies der Versicherungsnehmer auch erwarten dürfte, vom Versicherer bzw. dem Vermittler. Im Falle eines Verzichts genügt eine Übermittlung der AVB unverzüglich mit Übersendung der Police und der sonstigen Versicherteninformation, um eine Einbeziehung in den Vertrag zu erreichen.

61 Für aufsichtsbehördlich **genehmigte AVB** bestehen keine Besonderheiten mehr. Nach der früheren Regelung des § 23 Abs. 3 AGBG wurden derartige Bedingungen auch dann Vertragsbestandteil, wenn kein ausdrücklicher Hinweis und keine Möglichkeit zu zumutbarer Kenntnisnahme gegeben war.[312] Diese Ausnahme wurde für AVB mit dem Schuldrechtsmodernisierungsgesetz aufgehoben und findet in § 305a Nr. 1 BGB keine Verankerung.[313] Auch genehmigte AVB müssen daher die genannten Voraussetzungen erfüllen. Zur Begründung wird angeführt, dass die Genehmigungspflicht für AVB generell entfallen sei,[314] was allerdings in Bezug auf die Sterbe- und regulierten Pensionskassen unzutreffend ist (vgl. § 5 Abs. 3 Nr. 2 Hs. 2, § 13 Abs. 1, § 118b Abs. 1 S. 2 VAG).[315] Dessen ungeachtet verbleibt auf Grund der klaren gesetzgeberischen Entscheidung kein Raum für anderweitige Wertungen.

Besonderheiten bestanden noch für Versicherungsverträge, die bis zum 31.12.2007 geschlossen wurden. **§ 5a VVG aF** modifizierte insofern die sich aus § 305 Abs. 2 BGB ergebenden Einbeziehungsvoraussetzungen.[316]

62 **c) Einverständnis.** Das dritte Erfordernis einer wirksamen Einbeziehung von AVB in den Versicherungsvertrag ist das Einverständnis des Versicherungsnehmers.

---

[307] Vgl. Gesetzesbegr. BT-Drs. 14/6040, 151; *Evermann* S. 16f.
[308] Im Ergebnis ebenso *Beckmann* in Bruck/Möller Einf. C Rn. 91.
[309] Vgl. Gesetzesbegr. BT-Drs. 16/3945, 60 (zu § 7 Abs. 1 VVG).
[310] Vgl. Gesetzesbegr. BT-Drs. 16/3945, 60 (zu § 7 Abs. 1 VVG).
[311] Vgl. Gesetzesbegr. BT-Drs. 16/3945, 60 (zu § 7 Abs. 1 VVG).
[312] Vgl. im Einzelnen *Präve* Rn. 212ff.
[313] *Däubler-Gmelin* NJW 2001, 2281 (2285f.).
[314] Gesetzesbegr. BT-Drs. 14/6040, 151.
[315] Hierzu *Präve* NVersZ 2001, 5.
[316] Vgl. hierzu *Präve* in v. Westphalen/Thüsing Stichwort: Allgemeine Versicherungsbedingungen Rn. 301.

Ausreichend ist es, wenn dieses Einverständnis global auf die **AVB insgesamt** ausgerichtet ist. Ein derart erklärtes Einverständnis lässt sich ohne weiteres auf die einzelnen Klauseln beziehen. Es kann ausdrücklich oder konkludent gegeben werden.[317]

63 **d) Anwendungsbereich.** § 305 Abs. 2 BGB findet im Geschäftsverkehr gegenüber Unternehmern generell keine Anwendung (§ 310 Abs. 1 BGB). Auch gegenüber juristischen Personen des öffentlichen Rechts gilt diese Vorschrift nicht (§ 310 Abs. 1 BGB). Dass die Voraussetzungen von § 305 Abs. 2 BGB nicht erfüllt zu werden brauchen, erklärt sich zum einen aus dem geringeren Schutzbedürfnis dieses Personenkreises und zum anderen aus den hiermit im Zusammenhang stehenden Bedürfnissen des Geschäftsverkehrs, denen der Gesetzgeber Rechnung tragen wollte.[318] Soweit kein Großrisiko im Sinne von § 210 Abs. 2 VVG gegeben ist, finden allerdings die Vorschriften des § 7 VVG und der VVG-InfoV Anwendung. Danach sind die AVB mit der übrigen Versicherteninformation dem Versicherungsnehmer vor Abgabe von dessen Vertragserklärung zu geben.

2. Rechtsfolgen

64 Für den Fall, dass die AVB nicht wirksam in den Vertrag einbezogen, namentlich dem Versicherungsnehmer nicht rechtzeitig übermittelt worden sind, gebietet **§ 306 BGB,** dass die AVB nicht Bestandteil des Vertrags geworden sind.[319] Als zwingende Schutzvorschrift ist § 306 BGB grundsätzlich **nicht abdingbar,** weder formularmäßig noch durch Individualabrede.[320] Das ergibt sich aus § 306 Abs. 3 BGB, der eine Unwirksamkeit des Vertrags nur im Fall einer unzumutbaren Härte zulässt.[321] Insofern ist es auch unzulässig, durch Individualabreden die Vertragsgeltung davon abhängig zu machen, dass bestimmte AVB Bestand haben. Werden AVB nicht oder nicht in vollem Umfang in den genannten Fällen Vertragsbestandteil, findet gemäß § 306 Abs. 2 BGB dispositives Recht als Ersatzregelung Anwendung. Für Versicherungsverträge finden sich allerdings – auch nach der umfassenden Reform des VVG zum 1.1.2008 – nur rudimentär gesetzliche Regelungen. Abzustellen ist insofern ergänzend auf von der Rechtsprechung anerkannte Rechtsinstitute und Rechtssätze.[322]

Wo es an geeignetem dispositivem Recht fehlt, sind entstandene Lücken durch **ergänzende Vertragsauslegung** zu schließen.[323] Zu den gesetzlichen Vorschriften im Sinne von § 306 Abs. 2 BGB gehört nämlich das Institut der ergänzenden Vertragsauslegung,[324] ohne dass dies einer ausdrücklichen Erwähnung in § 306 Abs. 2 BGB bedurft hätte.[325] Die ergänzende Vertragsauslegung darf allerdings nicht zu einer Erweiterung des Vertragsgegenstandes führen. Sie muss sich als zwingende,

---

[317] OLG Köln VersR 1998, 725.

[318] Vgl. Gesetzesbegr. BT-Drs 7/3919, 43.

[319] *Präve* ZfV 1994, 374 (380).

[320] *Lindacher/Hau* in Wolf/Lindacher/Pfeiffer BGB § 306 Rn. 13.

[321] Zur Problematik dieses Kriteriums s. *Eckert* ZIP 1996, 1238 (1241).

[322] *Lindacher/Hau* in Wolf/Lindacher/Pfeiffer BGB § 306 Rn. 14.

[323] BGH VersR 2005, 1565 (1568f.); NJW 1985, 621 (622); NJW 1985, 2585 (2587); NJW 1990, 115 (116); BGHZ 90, 69 (75); OLG Nürnberg VersR 2000, 1363 (1364f.); *Ulmer* NJW 1981, 2025 (2030f.); *Lindacher* BB 1983, 154 (158); *Bunte* NJW 1984, 1145 (1146).

[324] BGHZ 90, 69 (75f.).

[325] *Lindacher/Hau* in Wolf/Lindacher/Pfeiffer BGB § 306 Rn. 15.

selbstverständliche Folge des vertraglich Vereinbarten darstellen.[326] Im Verbandsprozess gemäß §§ 1, 3 UKlaG kommt eine ergänzende Vertragsauslegung von vornherein nicht in Betracht.[327] Im Individualprozess kann eine ergänzende Vertragsauslegung an ihre Grenzen stoßen, wenn verschiedene Gestaltungsmöglichkeiten bestehen, letztlich aber offen bleibt, welche Regelung die Parteien getroffen hätten. Hier dürfte regelmäßig eine Vertragsauslegung ausscheiden.[328]

Deckt eine der sich bei einer ergänzenden Vertragsauslegung ergebenden Alternativen die streitentscheidende Rechtsfolge, wird jene mitunter für maßgeblich gehalten.[329] Dem ist jedoch entgegenzuhalten, dass nicht begründet werden kann, weshalb andere Alternativen, die nicht weniger geeignet sind, ausscheiden sollten. Zur ergänzenden Vertragsauslegung können im Übrigen nicht die von Versichererverbänden empfohlenen unverbindlichen **Musterbedingungen** wie die in dieser Veröffentlichung kommentierten herangezogen werden. Diese Empfehlungen sind das Ergebnis einseitiger Interessenwahrnehmung und daher nicht geeignet, ohne weiteres eine den Interessen von Versicherern und Versicherungsnehmern gerecht werdende Regelung darzustellen.[330]

65 Eine **Gesamtnichtigkeit** des Versicherungsvertrags ist nur im Falle von § 306 Abs. 3 BGB anzunehmen. Sie ist nicht gegeben, wenn es sich bei dem Vertrag um einen Verbrauchervertrag handelt und dieser auch ohne die fraglichen Klauseln bestehen kann. Diese, dem Art. 6 Abs. 1 der EG-Richtlinie über mißbräuchliche Klauseln in Verbraucherverträgen zu entnehmende Regelung ist bei einer Anwendung von § 306 Abs. 3 BGB, der unter bestimmten Voraussetzungen eine Gesamtnichtigkeit vorsieht, zu berücksichtigen.[331] Anzunehmen wäre hingegen eine Gesamtnichtigkeit bei einer krassen Äquivalenzstörung. Dass der Versicherer den Vertrag lieber gar nicht als zu den Bedingungen des dispositiven Rechts abgeschlossen hätte, reicht für sich genommen nicht. Maßgeblicher Zeitpunkt für die Beurteilung, ob eine unzumutbare Härte im Sinne von § 306 Abs. 3 BGB vorliegt, ist derjenige der Geltendmachung von Rechten aus dem Vertrag, nicht der Zeitpunkt des Vertragsschlusses. Dies folgt bereits aus dem Gesetzeswortlaut („Festhalten").

3. Nichteinbeziehung überraschender AVB

66 Die Einbeziehung von AVB in den Vertrag reicht nur soweit, wie es sich nicht um überraschende Klauseln handelt. Derartige Klauseln werden gemäß § 305c Abs. 1 BGB nicht Bestandteil des Vertrags. § 305c Abs. 1 BGB ist insofern der Inhaltskontrolle nach §§ 307ff. BGB vorgeschaltet.[332] Geschützt wird durch § 305c Abs. 1 BGB das Vertrauen in die **Redlichkeit** des Geschäftsverkehrs mit AGB.[333] Dabei ist hinsichtlich der Schutzbedürftigkeit des Versicherungsnehmers eine Diffe-

---

[326] BGHZ 77, 301, 304; OLG Saarbrücken VersR 2001, 318 (319).

[327] *H. Schmidt* in Ulmer/Brandner/Hensen BGB § 306 Rn. 36; *Bunte* NJW 1984, 1145 (1146).

[328] BGH NJW 1984, 1177 (1179 mwN); OLG Saarbrücken VersR 2001, 318 (319); *Römer* VersR 1994, 125f.

[329] *Lindacher/Hau* in Wolf/Lindacher/Pfeiffer BGB § 306 Rn. 21.

[330] S. auch *Lindacher/Hau* in Wolf/Lindacher/Pfeiffer BGB § 306 Rn. 19.

[331] Vgl. *Eckert* ZIP 1996, 1238 (1241); *ders.* WM 1993, 1070 (1077); *Ulmer* in: Das Recht der Allgemeinen Geschäftsbedingungen nach der Umsetzung der EG-Richtlinie über mißbräuchliche Klauseln in Verbraucherverträgen, 1998, S. 9 (36f.).

[332] *v. Westphalen* NJW 2003, 1635 (1636).

[333] *Ulmer* in Ulmer/Brandner/Hensen BGB § 305c Rn. 2.

renzierung zwischen Unternehmern und Verbrauchern nahe liegend. Gegenüber Unternehmern kann ein Mehr an Geschäftserfahrung vorausgesetzt werden, so dass eine für Verbraucher überraschende Klausel unter Umständen für Unternehmer nicht ungewöhnlich ist.[334]

Eine Klausel wird gemäß § 305c Abs. 1 BGB dann nicht Vertragsbestandteil, wenn sie aus Sicht der Verkehrskreise nach den Gesamtumständen ungewöhnlich und für den Versicherungsnehmer überraschend ist, so dass dieser mit ihr nicht zu rechnen braucht. Die Ungewöhnlichkeit ist gegeben, wenn die betroffenen Verkehrskreise typischerweise oder auf Grund des Marktverhaltens des Versicherers von dem Klauselinhalt abweichende **Erwartungen** mit dem Produkt verknüpfen.[335] Ob die Klausel unbillig ist, ist hierfür irrelevant.[336] Für den zusätzlich notwendigen Überraschungseffekt sind die konkreten Vertragsumstände einzubeziehen, auch wenn grundsätzlich zunächst auf den typischerweise zu erwartenden Versicherungsnehmerkreis und seine Bewertung der AVB-Ausgestaltung abzustellen ist.[337] Eine Klausel ist allerdings nicht bereits dann überraschend, wenn sie lediglich von einem Unternehmen verwendet wird und Mitwettbewerber auch keine vergleichbaren Klauseln in ihre Bedingungswerke aufgenommen haben.[338] Die zu Informationspflichten des BGB vertretene Auffassung, der Kunde brauche nicht mit Klauseln zu rechnen, über die er pflichtwidrig nicht informiert werde[339], ist fraglich und in dieser Form jedenfalls nicht auf den Versicherungsbereich zu übertragen. Eine fehlende Information begründet nämlich für sich genommen noch nicht eine entsprechend abweichende Erwartungshaltung. Für die Versicherteninformation nach der VVG-InfoV ist zudem auch eine in den AVB enthaltene Information ausreichend, da diese Verordnung – mit Ausnahme des Produktinformationsblatts – keine gesonderte Information erforderlich macht.[340]

AVB enthalten regelmäßig Bestimmungen über die Begrenzung und den **Ausschluss bestimmter Risiken.** Die Existenz derartiger Regelungen rechtfertigt für sich genommen noch nicht den Rekurs auf § 305c Abs. 1 BGB.[341] Keine ungewöhnliche Klausel ist ferner anzunehmen, wenn dieselbe wegen ihrer tatsächlichen Verbreitung üblich ist.

67 Allerdings ist im Falle einer brancheneinheitlichen Verwendung von AVB in Übereinstimmung mit den unverbindlichen **Musterbedingungen** der Versichererverbände nicht von vornherein eine Ungewöhnlichkeit zu verneinen[342] wie ebenso wenig eine Ungewöhnlichkeit zu bejahen ist, wenn einzelne Versicherer an-

---

[334] Vgl. allgemein hierzu *Ulmer* in Ulmer/Brandner/Hensen BGB § 305c Rn. 54; OLG Frankfurt a. M. DB 1981, 1459; OLG Hamburg ZIP 1982, 1421 (1423).

[335] S. nur BGH VersR 2013, 305 (306).

[336] Vgl. *Ulmer* in Ulmer/Brandner/Hensen BGB § 305c Rn. 12; *Wagner* ZVersWiss 1977, 119 (121); zu den fließenden Grenzen zwischen einer Inhaltskontrolle nach § 307 BGB und einer mangelnden Einbeziehung nach § 305c Abs. 1 BGB s. nur BGH NJW 1985, 971 f.

[337] Vgl. *Ulmer* in Ulmer/Brandner/Hensen § 305c BGB Rn. 13 und 13a; BGH NJW 1988, 558 (560).

[338] BGH VersR 2001, 752 (754).

[339] *J. Hoffmann* ZIP 2005, 829 (836).

[340] *Präve* VersR 2008, 151 (152).

[341] BGH VersR 2004, 1035 (1036); 2006, 497 (498); OLG Köln VersR 2003, 899 (900); NVersZ 2000, 23; *Ulmer* in Ulmer/Brandner/Hensen BGB § 305c Rn. 27 und 44; s. auch *Römer* VersR 1998, 131 (1317f., 1321); *Lehmann* r+s 2009, 89.

[342] *Ulmer* in Ulmer/Brandner/Hensen BGB § 305c Rn. 14.

derweitige Bestimmungen vorsehen.[343] Entscheidend ist nämlich, ob die jeweils umworbenen Versicherungsnehmer mit einem entsprechenden Klauselinhalt rechnen müssen. Dabei ist namentlich das äußere Erscheinungsbild zu berücksichtigen, dass der Versicherer seinem Produkt gibt. Außerdem kommt es auf die AVB-Gestaltung einschließlich eventueller Überschriften und der Platzierung einzelner Klauseln sowie auf die Umstände der Antragsaufnahme an.[344] Namentlich dürfen AVB keine Bestimmungen enthalten, mit denen nach dem äußeren Erscheinungsbild des Antragsdruckstücks nicht gerechnet zu werden braucht. Zu berücksichtigen ist zudem, ob der Versicherer dem Versicherungsnehmer bei Antragstellung Anlass gegeben hat, mit einer derartigen Klausel nicht rechnen zu müssen,[345] beispielsweise auf Grund eines entsprechenden Werbeschreibens.[346] Der Versicherungsnehmer muss sich darauf verlassen können, dass eine Klausel nicht in einem systematischen Zusammenhang steht, in dem diese nicht zu erwarten ist.[347] Er hat allerdings namentlich im Falle einer Kündigung die gesamten diesbezüglichen Regelungen zur Kenntnis zu nehmen.[348]

Überraschende Klauseln in AVB werden gemäß § 305c Abs. 1 BGB nicht Vertragsbestandteil. Die sich daraus ergebenden Rechtsfolgen richten sich nach **§ 306 BGB,** wonach der Vertrag grundsätzlich im Übrigen wirksam bleibt.

68 § 305c Abs. 1 BGB greift nicht ein, wenn der Versicherungsnehmer auf eine ungewöhnliche Klausel ausdrücklich hingewiesen worden ist. Dann ist die Klausel für den Versicherungsnehmer nicht mehr überraschend.[349] Der **Hinweis** muss die Gewähr dafür bieten, dass sich der Versicherungsnehmer der Tragweite der Klausel bewusst wird.[350] Das ist beispielsweise anzunehmen, wenn die fragliche Bestimmung in dem Antragsformular mehrfach deutlich herausgestellt und aus sich heraus für den durchschnittlichen Versicherungsnehmer ohne weiteres verständlich ist.[351] Eine mögliche Unwirksamkeit gemäß §§ 307–309 BGB bleibt hiervon unberührt.

Sofern Versicherer von bisher verwendeten AVB Abstand nehmen und Klauseln **neu gestalten,** kann sich zur Vermeidung der Rechtsfolge des § 305c Abs. 1 BGB die Notwendigkeit eines Hinweises an den Versicherungsnehmer ergeben.[352] Der Hinweis auf eine ungewöhnliche Klausel muss eindeutig gestaltet sein, etwa durch eine bestimmte Schriftgestaltung oder -größe. Nicht ausreichend ist eine im Antragsdruckstück enthaltene allgemeine Erklärung des Versicherungsnehmers, die AVB gelesen und verstanden zu haben.[353] Eines Hinweises bedarf es nicht, wenn die Ungewöhnlichkeit in einem den Versicherungsnehmer begünstigenden Klauselinhalt begründet liegt. Dann kommt § 305c Abs. 1 BGB als kundenschutzorientierte Vorschrift nicht zum Zuge.[354]

---

[343] OLG Jena NVersZ 2001, 31f.
[344] *Ulmer* in Ulmer/Brandner/Hensen BGB § 305c Rn. 19.
[345] Vgl. BGH NJW 1987, 2011f.; LG Berlin NJW-RR 1989, 990.
[346] LG Wiesbaden VersR 1991, 210f.
[347] BGH VersR 2013, 305 (306).
[348] BGH VersR 2013, 305 (306).
[349] Vgl. OLG Hamm VersR 1989, 506 (507).
[350] *Ulmer* in Ulmer/Brandner/Hensen BGB § 305c Rn. 23f.; BGH NJW 1996, 191 (192).
[351] OLG Düsseldorf VersR 1997, 1134 (1135).
[352] Vgl. Ulmer in Ulmer/Brandner/Hensen BGB § 305c Rn. 20, 23f.
[353] BGH WM 1978, 723 (725).
[354] *Ulmer* in Ulmer/Brandner/Hensen BGB § 305c Rn. 21.

Soweit AVB aufsichtsbehördlich **genehmigt** worden sind, namentlich bei Sterbekassen und regulierten Pensionskassen, für die unverändert ein entsprechendes Genehmigungserfordernis besteht (§ 5 Abs. 3 Nr. 2 Hs. 2, § 13 Abs. 1, § 118b Abs. 3 S. 4 VAG), ist bei der Anwendung von § 305c Abs. BGB von keinem anderen Maßstab auszugehen als bei nicht genehmigten AVB.[355] Auch für die von Versichererverbänden empfohlenen unverbindlichen AVB gilt nichts Abweichendes. Soweit AVB Gegenstand einer kartellbehördlichen Prüfung gewesen sind, bleibt es dabei, dass derartige Klauseln in vollem Umfang an § 305c Abs. 1 BGB zu messen sind. Eine kartellrechtliche Prüfung vermag nämlich nur sehr eingeschränkt Gesichtspunkte des AGB-Rechts zu berücksichtigen.[356]

Nur soweit Musterbedingungen der Versichererverbände eine gewisse **Verbreitung** aufzuweisen haben, können die in ihnen enthaltenen Klauseln unter Umständen Bedeutung für den Gesichtspunkt der Üblichkeit gewinnen. Hierüber lässt sich aber nichts Allgemeingültiges sagen, da die Akzeptanz, die diese unverbindlichen Musterbedingungen bei den Versicherern finden, unterschiedlich stark ausgeprägt ist. Bereits wegen der Unverbindlichkeit der Musterbedingungen schulden Versicherer bei einer Abweichung von den Mustern auch keine zusätzliche Aufklärung, wie dies mitunter gefordert wird. Auf einem deregulierten Markt kann nämlich nicht erwartet werden, dass sich Vielfalt als solche zu erkennen gibt. Hier ist vielmehr die Verantwortlichkeit und Umsichtigkeit des Versicherungsnehmers gefragt, der sich auf einen gewissen Standard nicht mehr verlassen kann.[357]

69 Die **Rechtsprechung** hat AVB bisher in unterschiedlichem Umfang an § 305c Abs. 1 BGB (früher § 3 AGBG) gemessen. So hat speziell die Lebensversicherung bisher nur sehr vereinzelt Anlass zu Prüfungen geboten. Das bedingungsgemäß vorgesehene Anzeigeerfordernis für Abtretungen von Versicherungsansprüchen oder Benennung von Bezugsberechtigten in der Lebensversicherung ist demnach nicht überraschend. Es entspricht vielmehr den berechtigten Interessen beider Vertragspartner an klaren und nachweisbaren Verfügungen über Rechte dritter Personen an einem Versicherungsvertrag. Mit einer solchen Regelung hat der verständige Versicherungsnehmer daher auch zu rechnen.[358] Auch eine Umstellungsklausel in der Lebensversicherung, nach der die Mitversicherung einer Berufsunfähigkeitsrente mit der Vollendung des 30. Lebensjahres automatisch wegfällt, wenn der Versicherungsnehmer nichts anderes verlangt, ist nicht überraschend, sofern die Bestimmung nur hinreichend deutlich abgefasst ist.[359] Gegen ein bedingungsgemäß vorgesehenes Erlöschen des Rechts auf planmäßige Erhöhung der Beiträge und Leistungen ohne erneute Gesundheitsprüfung in der Lebensversicherung ist unter dem Gesichtspunkt des § 305c Abs. 1 BGB nichts einzuwenden, auch wenn eine Berufsunfähigkeits-Zusatzversicherung eingeschlossen ist und der Versicherte berufsunfähig geworden ist.[360] Der Ausschluss des Kündigungsrechts in der Rentenversicherung mit sofort beginnender Rentenzahlung gegen Einmalzahlung der Prämie ist nicht über-

---

[355] *Ulmer* in Ulmer/Bandner/Hensen BGB § 305c Rn. 7; aA *Helm* NJW 1978, 129 (132); *Bruckner* WM 1987, 449 (456); mit Vorbehalten OLG Hamburg VersR 1979, 154 (155); s. auch BGH NJW 1985, 971f.

[356] *Schulz* VW 1994, 1597 (1599); *Schumm* VersWiss Stud 2 (1995), 75 (84).

[357] *Präve* VersR 1999, 168 (169).

[358] OLG Hamm NJWE-VHR 1996, 138.

[359] BGH VersR 2001, 752 (754).

[360] OLG Koblenz VersR 1999, 876 (877).

raschend.[361] In einer Restschuldlebensversicherung muss der Versicherungsnehmer redlicherweise mit einer Klausel rechnen, die die Leistungspflicht für die bei Versicherungsbeginn bestehenden Krankheiten und deren Folgen ausschließt. Eine entsprechende Haftungsausschlussklausel ist schon deshalb nicht überraschend, weil es dem Grundgedanken einer Versicherung entspricht, nur Schutz gegenüber zukünftigen ungewissen Ereignissen zu bieten.[362]

VII. Auslegung von AVB

1. Grundsätze

70 Die Auslegung von AVB bestimmt den Prüfungsgegenstand der Inhaltskontrolle. Sie geht daher der Inhaltskontrolle voraus.[363] Die Auslegung erfolgt im Versicherungssektor wie bei allen AGB auf Grund ihrer generellen Regelungsfunktion grundsätzlich **objektiv,** dh unter Verzicht auf besondere Umstände des Einzelfalls.[364] Dies gilt sowohl für den Individual- als auch für den Verbandsprozess. Die objektive Auslegung ist für den unternehmerischen ebenso wie für den nicht-unternehmerischen Geschäftsverkehr vorzunehmen.[365] Dabei ist vom Wortlaut und der systematischen Stellung der Klausel im Bedingungswerk auszugehen und der Sinn und Zweck der Klausel zu klären. Zugrundezulegen ist ein standardisierter Maßstab, der auf den jeweils betroffenen Verkehrskreis abzustellen hat.[366] Bei AVB ist dabei das Verständnis des durchschnittlichen Versicherungsnehmers ohne versicherungsrechtliche Spezialkenntnisse heranzuziehen. Maßgeblich ist, wie ein solcher Versicherungsnehmer die jeweilige Bestimmung bei verständiger Würdigung, aufmerksamer Durchsicht und Berücksichtigung des erkennbaren Sinnzusammenhangs verstehen muss,[367] wobei die Verständnismöglichkeiten zum Zeitpunkt des Vertragsschlusses ausschlaggebend sind.[368] Auf das tatsächliche Verständnis des einzelnen Versicherungsnehmers kommt es nicht an.[369] Insofern ist es auch richtig,

[361] OLG Koblenz VersR 2007, 1640.

[362] OLG Düsseldorf VersR 1992, 948; OLG Hamm VersR 1991, 798 (799); OLG Nürnberg VersR 1991, 799; OLG Köln VersR 1990, 369 (381); einschränkend LG Berlin VersR 1991, 577 (578).

[363] BGH VersR 2004, 1039; VersR 2002, 1546 (1547); VersR 2000, 709; VersR 1999, 745 (746); VersR 1993, 957 (958); NJW 1990, 2388; OLG Hamburg VersR 2001, 849; OLG Köln VersR 2001, 851 (852); OLG Karlsruhe VersR 1999, 1147f.; VersR 1997, 1001 (1002f.); LG Berlin VersR 2003, 722 (723).

[364] Vgl. nur *Ulmer* in Ulmer/Brandner/Hensen BGB § 305c Rn. 73 und 75 mwN.

[365] Vgl. *Roth* WM 1991, 2125.

[366] BGH NJW-RR 2004, 1248 (1249); VersR 2004, 225 (226).

[367] BGH VersR 2011, 1257; VersR 2010, 1025 (1026); VersR 2010, 757 (758); VersR 2009, 623 (624); VersR 2007, 1690; VersR 2004, 1035f. (1039); VersR 2003, 641 (642); VersR 2003, 581 (584); VersR 2010, 454 (455); VersR 2002, 1547 (1548); VersR 2002, 1503 (1504); VersR 2002, 1089 (1090); VersR 2001, 489 (490); VersR 2001, 1502 (1503); VersR 2000, 709; VersR 2000, 1090 (1091); VersR 1999, 745 (746); VersR 1999, 748 (749); VersR 1999, 877 (878); VersR 1996, 743 (744); VersR 1993, 957 (958); NJW-RR 2005, 32 (33); OLG Koblenz VersR 2005, 549 (550); OLG Karlsruhe VersR 2003, 1436 (1437); OLG Hamm VersR 2001, 709; VersR 2000, 750 (751); kritisch *Prölss* VersR 2000, 1441 (1443f.).

[368] BGH VersR 2009, 1617.

[369] BGH VersR 1988, 282 (283); 1983, 850; *Schmidt-Salzer* JZ 1995, 223 (224 und 228).

wenn gesagt wird, der durchschnittliche Versicherungsnehmer sei ein solcher, der sich der Einbindung in das Versichertenkollektiv bewusst sei und die versicherungstechnische Grundlage in seiner Laiensphäre als solche akzeptiere.[370] Nur auf dieser Basis lässt auch sich sicherstellen, dass das auf kollektiver Basis ausgerichtete Versicherungsgeschäft überhaupt funktionsfähig ist.[371] Das kann freilich nicht so weit reichen, dass der einzelne Versicherungsnehmer mehr oder weniger ausgeblendet bleibt und nur noch eine kollektive Betrachtungsweise indiziert ist. Richtigerweise sollte aber unter Anknüpfung an die bisherige gerichtliche Auslegungspraxis jedes danach gefundene Ergebnis noch einmal daraufhin überprüft werden, welche Auswirkungen es für die übrigen Versicherten und damit für das Versichertenkollektiv oder wesentlicher Teile dieses Kollektivs hat. Ergibt die Bewertung, dass das Kollektiv nicht oder nur unwesentlich berührt ist, ist eine Relativierung des gefundenen Ergebnisses nicht geboten. Würde die Auslegung jedoch zu einer unverhältnismäßigen Beeinträchtigung des Kollektivs und damit der Funktionsweise der Versicherung führen, ist das Ergebnis dahingehend zu korrigieren, dass lediglich eine noch vertretbare Belastung verbleibt.[372] Wird eine AVB von Versicherer und Versicherungsnehmer übereinstimmend in einem bestimmten Sinn verstanden, ist allerdings dieses Verständnis maßgeblich.[373] Im Falle einer Gruppenversicherung ist auf das Verständnis der betroffenen Versicherten abzustellen.[374]

71 Entscheidend sind die durch die AVB selbst eröffneten Verständnismöglichkeiten. Auszugehen ist dabei vom **Wortlaut** der Klausel;[375] der unmissverständliche Wortlaut bildet zugleich die Grenze der Auslegung.[376] Zu berücksichtigen sind aber auch die Verkehrssitte[377] und insbesondere die Erwartungen, die ein durchschnittlicher Versicherungsnehmer vom Versicherungsschutz billigerweise verlangen kann,[378] so dass ein derart am Sinnzusammenhang orientiertes Verständnis mitunter zu anderen Auslegungsergebnissen führen kann.[379] Dabei ist von einer Würdigung vor Vertragsschluss auszugehen und nicht von einer Bewertung zum Zeitpunkt des Eintritts des Versicherungsfalls.[380] Theoretisch denkbare, praktisch aber völlig fern liegende Auslegungsmöglichkeiten bleiben unberücksichtigt.[381] Bei AVB, die Risiken vom Versicherungsschutz ausschließen oder diese begrenzen, bildet der erkennbare Sinn unter Berücksichtigung des wirtschaftlichen Zwecks der jeweiligen Klausel und der gewählten Ausdrucksweise die Auslegungsgrenze,[382] ohne dass dies

---

[370] *Scherpe* S. 293.

[371] So jedenfalls im Grundansatz zutreffend *Heyers* ZVersWiss 2010, 349 (356f.).

[372] *Präve* VersR 2012, 657 (662); *Scherpe* S. 298 spricht insofern davon, dass „die Einstandspflicht des Versicherers nicht zu Lasten aller überstrapaziert" werden darf.

[373] BGH VersR 2012, 1237 (1241); NJW 2002, 2102 (2103).

[374] BGH VersR 2005, 976 (978); VersR 2003, 719 (720); VersR 720 (721).

[375] BGH VersR 2009, 623 (624); VersR 2000, 709; VersR 1993, 957; OLG Saarbrücken VersR 2002, 837 (838).

[376] Vgl. BGH NJW 1990, 2388.

[377] BGH NJW-RR 2004, 1248 (1249) zu VOB.

[378] BGH VersR 1992, 47; 1981, 173 (174).

[379] Vgl. BGH NJW-RR 1996, 537.

[380] *Prölss,* FS E. Lorenz, 2004, 533 (535).

[381] BGH VersR 2002, 1546 (1547).

[382] BGH VersR 2009, 1617; VersR 2008, 64f.; VersR 2005, 976 (978); VersR 2003, 454 (455); VersR 2003 187 (188); VersR 1999, 748 (749); VersR 1995, 162 (163); VersR 1994, 1058 (1059); VersR 1978, 267 (268); VersR 1975, 1093 (1094); NJW-RR 2005, 32 (33); ZIP 2003, 1945 (1946); OLG Karlsruhe VersR 1999, 1147; 1997, 1001 (1002); *Römer* in 8./9. Sym-

wegen der im Ergebnis sich ergebenden engen Auslegung als Ausfluss des Restriktionsprinzips verstanden werden könnte.[383] So lassen sich die gebräuchlichen Kriegsausschlussklauseln – auch vor dem Hintergrund einer weltweit erhöhten Gefahrenlagen infolge der Terroranschläge vom 11. 9. 2001 –[384] nicht dahingehend auslegen, dass sie auch per se derartige Terrorakte erfassen.[385] Werden Versicherungsverträge typischerweise mit einem Personenkreis mit Vorkenntnissen geschlossen, so ist deren Verständnis maßgeblich.[386]

72 Besonderheiten können sich im Individualprozess, also außerhalb des Verbandsklageverfahrens, ergeben, nicht zuletzt wegen Art. 4 der EU-Richtlinie über mißbräuchliche Klauseln in Verbraucherverträgen. Hier ist **Sonderwissen** von Versicherungsnehmern bei der Auslegung von AVB zu berücksichtigen.[387] Das ist beispielsweise der Fall, wenn ein Versicherungsvertrag mit einem Prokuristen oder Vorstandsmitglied eines Versicherungsunternehmens als Versicherungsnehmer geschlossen wird. Weitere individuelle Vertragsumstände können bei der Auslegung von AVB eine Rolle spielen.[388] So kann einschlägige Werbung des Versicherers auslegungsrelevant werden, bei großem Verbreitungsgrad auch im Verbandsklageverfahren. Auch ein dem Versicherungsnehmer mit den Vertragsunterlagen überreichtes Merkblatt[389] oder das Produktinformationsblatt gemäß § 4 VVG-InfoV[390] können für die Auslegung Bedeutung erlangen. Ferner können Erläuterungen der Versicherungsvertreter relevant werden, derer sich der Versicherer bei Vertragsschluss bedient. Es spielt dabei keine Rolle, ob der Vermittler mit Abschlussvollmacht oder nur mit Vermittlungsvollmacht ausgestattet ist.[391] Der Versicherer muss AVB so gegen sich gelten lassen, wie sie der Versicherungsnehmer nach den Erläuterungen des Vermittlers verstehen durfte.[392] Der Versicherer erfüllt nämlich mit den Auskünften des Vermittlungsagenten die auf Grund des sich aus den Vertragsverhandlungen begründeten Vertrauensverhältnisses geschuldeten Auskünfte, von denen er sich nicht freizeichnen kann. Auch wenn der Vermittler einer atypischen Auslegung des Versicherungsnehmers nicht entgegentritt, hat der Versicherer diese Auslegung gegen sich gelten zu lassen.[393] Dem Versicherungsunternehmen sind ferner dem Agenten bekanntgewordene örtliche Besonderheiten zuzurechnen.[394] Gegen diese Grundsätze lässt sich auch nicht einwenden, sie würden die Leistungsfähigkeit des Versichertenkollektivs beeinträchtigen.[395] Richtig ist zwar, dass Versicherungsverträge hierdurch konstituiert werden, m.a.W. ein Risikoausgleich nur auf dieser Basis funktionieren kann. Eine Beeinträchtigung dieser Grundlage ist je-

---

posium der ARGE Versicherungsrecht im DAV, 2005, S. 45 (58); abweichend *Prölss* NVersZ 1998, 17 (18); *ders.* r+s 2005, 225.

[383] Zur Problematik des Restriktionsprinzips s. nur *Sambuc* NJW 1981, 313 (315 f.).

[384] Vgl. *Fricke* VersR 2002, 6 (11); *Ehlers* r+s 2002, 133 (136).

[385] *Dahlke* VersR 2003, 25 (30 f.); *Armbrüster* KritV 2005, 318 (338).

[386] Vgl. *Roth* WM 1991, 212 (2129).

[387] *Evermann* S. 113 f.

[388] Sehr restriktiv *Pauly* VersR 2008, 1326 (1327).

[389] OLG Brandenburg NJWE-VHR 1996, 129 (130 f.).

[390] *Pohlmann/Schäfers* in Looschelders/Pohlmann VVG-InfoV § 4 Rn. 35.

[391] Vgl. nur *van de Loo* S. 34 f.; aA *Reiff* in Wolf/Lindacher/Pfeiffer Klauseln Rn. V 134 f.

[392] Vgl. *Roth* WM 1991, 2085 (2087 f.).

[393] Vgl. BGH VersR 1963, 768 (769).

[394] Vgl. OLG Nürnberg r+s 1991, 349 f.

[395] So aber *Heyers* ZVersWiss 2010, 349 (356 f., 361).

doch von vornherein nicht ersichtlich, wenn in Einzelfällen aufgrund von Besonderheiten abweichende Bewertungen bereits aus Gerechtigkeitserwägungen indiziert sind.

73 Keine Bedeutung spielt bei der Auslegung grundsätzlich die **Entstehungsgeschichte** einer AVB,[396] weil diese lediglich dem Versicherer, nicht aber dem Versicherungsnehmer, auf dessen Verständnismöglichkeiten abzustellen ist, bekannt ist. Sofern AVB aufsichtsbehördlich genehmigt worden sind, gilt auf Grund der behördlichen Einbindung, die mit der Wahrung der Belange der Versicherten korrespondiert, dass die Entstehungsgeschichte nicht von vornherein irrelevant ist.[397] Allerdings wird auch hier zu berücksichtigen sein, dass die behördliche Beteiligung nichts an der Tatsache zu ändern vermag, dass der einzelne Versicherungsnehmer die Umstände der Entstehungsgeschichte nicht kennt. Es wird daher die Entstehungsgeschichte nur ergänzend und nur insoweit herangezogen werden können, als sie hinsichtlich des Ergebnisses in der jeweiligen AVB ihren Ausdruck gefunden hat.

Etwas anderes muss aber gelten, wenn die Entstehungsgeschichte zu einem für den Versicherungsnehmer **günstigen Ergebnis** führt.[398] Die Überlegung, den Versicherungsnehmer vor einem Auslegungsergebnis zu schützen, das für ihn nicht unmittelbar nachvollziehbar ist, greift dann nicht mehr ein, wenn das Ergebnis für den Versicherungsnehmer streitet. In diesem Fall würde der erkennbare Schutz, dem die herrschende Auslegungsmethode verschrieben ist, in ihr Gegenteil verkehrt. Schutzzwecküberlegungen, denen das AGB-Recht verschrieben ist, sind daher auch bei der Auslegung zu berücksichtigen. Das Verständnis des durchschnittlichen Versicherungsnehmers bleibt insoweit allgemeine Messlatte. Sie bedarf der Modifizierung allerdings dort, wo eine unzweifelhaft feststellbare Entstehungsgeschichte ein anderes, für den Versicherungsnehmer günstiges Ergebnis erzwingt.[399] Die Rechtssicherheit wird hierdurch nicht tangiert.[400] Die bloße Vermutung eines Motivs des Versicherers genügt freilich nicht,[401] ebenso wenig eine mögliche Vorstellung bzw. Absicht des Versicherers.[402]

Bei der Auslegung unberücksichtigt müssen **andere Bedingungswerke** des Versicherers bleiben, da diese der Versicherungsnehmer regelmäßig nicht kennt. Gegenstand der Auslegung können daher nur die jeweils vereinbarten AVB sein.[403] Hingegen kann einem AVB-Inhaltsverzeichnis Bedeutung zuwachsen, etwa wenn

---

[396] BGH VersR 2012, 1253 (1254); VersR 2009, 623 (624); VersR 2000, 1090 (1091f.); VersR 1992, 349 (350); VersR 1986, 177 (178); r+s 1996, 169 (170); OLG Karlsruhe VersR 2003, 1436; VersR 1999, 1147; VersR 1997, 1001 (1002); OLG Köln VersR 2001, 851 (852); *Roth* WM 1991, 2125, 2128; *Pfeiffer,* FS Schwebler, 1986, 399 (408f.).

[397] So jedenfalls noch BGH VersR 1983, 677 (678); VersR 1981, 173 (176); BGHZ 25, 34 (44); s. auch BGH VersR 1990, 487 (488).

[398] *Beckmann* in Bruck/Möller Einf. C Rn. 169; *Pilz* VersR 2010, 1289 (1292f., 1295) – soweit vom Wille des Versicherers getragen; s. auch *Pilz* S. 51 und 58f.; aA BGH VersR 2012, 1253 (1254); VersR 2002, 1503 (1504); VersR 2000, 1090 (1091f.); *Reiff* in Wolf/Lindacher/Pfeiffer Klauseln Rn. V 129; *Wendt* r+s 2012, 211 (222).

[399] OLG Nürnberg VersR 2002, 605f.; *Lorenz* VersR 2000, 1092, 1093; *Baumann* r+s 2005, 313 (316f.).

[400] AA *Reiff* in Wolf/Lindacher/Pfeiffer Klauseln Rn. V 129.

[401] BGH VersR 2009, 623 (624).

[402] BGH VersR 2012, 1253 (1254).

[403] BGH VersR 1987, 68 (69); OLG Koblenz VersR 1998, 1146 (1147).

dieses ein Auffinden von Klauseln erschwert.[404] Nicht zu berücksichtigen sind Klauseln, die ggf. zusätzlich vereinbart werden können; jede Klausel ist grundsätzlich vielmehr aus sich heraus auszulegen.[405]

74 Werden in AVB juristische oder andere **Fachbegriffe** verwendet, gilt, dass die Fachbedeutung maßgeblich ist, wenn die Rechtspraxis mit dem verwendeten Begriff einen fest umrissenen Begriff verbindet.[406] Hat der Begriff auch im allgemeinen Sprachgebrauch keine andere Bedeutung,[407] gibt es zu einer derartigen Auslegung ohnehin keine Alternative. Weicht das allgemeine Sprachverständnis von der Rechtssprache in einem Randbereich deutlich ab oder ergibt der Sinnzusammenhang der Bedingungen etwas anderes, kann der Grundsatz allerdings nicht ausnahmslos gelten. In solchen Fällen sind AVB in dem von der Fachbedeutung abweichenden Sinne zu verstehen[408] Ferner ist zu beachten, dass eine Einbeziehung unverständlicher Bestimmungen an § 305 Abs. 2 BGB scheitern kann.[409] Geben AVB lediglich dispositives Gesetzesrecht wieder, sind die Bestimmungen wie Gesetze auszulegen.[410] Unterscheiden sich allgemeiner Sprachgebrauch und fachspezifische Bedeutung, liegt eine Unklarheit vor, die nach Maßgabe von § 305c Abs. 2 BGB zu bewerten ist. Danach ist die dem Versicherungsnehmer günstigere Bedeutungsalternative zugrundezulegen.

2. Auslegung mehrdeutiger AVB

75 Gemäß § 305c Abs. 2 BGB gehen Zweifel bei der Auslegung von AVB zu Lasten des Verwenders, wie dies auch Art. 5 S. 2 der EU-Richtlinie über mißbräuchliche Klauseln in Verbraucherverträgen vorgibt. Hiermit wird dem Versicherer als AGB-Verwender das Auslegungsrisiko für mehrdeutige AVB aufgebürdet, was folgerichtig ist, da der Versicherungsnehmer als Vertragspartner regelmäßig keinen Einfluss auf die inhaltliche Vertragsgestaltung nehmen kann. Dadurch wird im Interesse des Vertragspartners, hier also des Versicherungsnehmers, erreicht, dass die zivilrechtlich ansonsten maßgeblichen Rechtsfolgen eines **Dissenses,** namentlich die des Nichtzustandekommens des Vertrags, grundsätzlich nicht zum Zuge kommen.[411]

Die Anwendung dieser als Unklarheitenregel bezeichneten Regelung setzt voraus, dass die fragliche Bestimmung nach erfolgter objektiver Auslegung mehrdeutig ist; die **objektive Auslegung** von AVB geht also der Anwendung von § 305c Abs. 2 BGB voraus.[412] Es genügt folglich nicht, dass bloßer Streit über die Auslegung besteht. Vielmehr muss nach Ausschöpfung der in Betracht kommenden Auslegungsmethoden ein nicht behebbarer Zweifel bleiben und wenigstens zwei Ausle-

---

[404] OLG Hamm VersR 2008, 811 (812).

[405] BGH VersR 2008, 816 (817).

[406] BGH VersR 2000, 709; 1999, VersR 877 (878f.); VersR 2001, 1502 (1503); VersR 1995, 951 (952); VersR 1992, 606 (607); VersR 1978, 267 (268); VersR 1952, 198; NJW 1998, 2449; OLG Hamm NJW-RR 1996, 1432; OLG Karlsruhe VersR 1994, 1459; OLG Düsseldorf VersR 1994, 207; OLG Stuttgart VersR 1983, 745; differenzierend *Prölss,* FS E. Lorenz 2004, 535f.; aA *Roth* WM 1991, 2125 (2129f.).

[407] Zu einem solchen Fall siehe nur OLG Saarbrücken VersR 1996, 1356 (1358).

[408] Vgl. BGH VersR 1995, 951 (952); VersR 1992, 606 (607); VersR 1986, 537 (538).

[409] *Roth* WM 1991, 2125 (2130).

[410] *Ulmer* in Ulmer/Brandner/Hensen BGB § 305c Rn. 83.

[411] S. auch *Roth* WM 1991, 2085.

[412] *Roth* WM 1991, 2085 (2086).

gungsmöglichkeiten rechtlich vertretbar sein.[413]. Auf gesteigerte Verständnismöglichkeiten von Unternehmern ist Rücksicht zu nehmen.[414] Bei der Auslegung von Rechtsbegriffen in AVB liegt eine Unklarheit vor, wenn es vertretbare unterschiedliche Auffassungen in Rechtsprechung und Schrifttum gibt.[415]

Theoretische oder abstrakte **Auslegungszweifel** bleiben außer Betracht.[416] Dasselbe gilt für Zweifel an der inhaltlichen Angemessenheit, die ausschließlich bei der Inhaltskontrolle nach §§ 307ff. BGB zu bewerten sind und zur Unwirksamkeit der jeweiligen Bedingung führen können, also zu einer Rechtsfolge, die bei Anwendung von § 305c Abs. 2 BGB nicht in Betracht kommt.[417] Auch Zweifel an der „rechtlichen Handhabung" einer Klausel sind insofern nach § 305c Abs. 2 BGB unbeachtlich.[418] Sind AVB unverständlich, werden die entsprechenden Bestimmungen wegen § 305 Abs. 2 Nr. 2 BGB nicht Vertragsbestandteil. Verletzen AVB das das Verständlichkeitsgebot umfassende Transparenzgebot ist bei einer unangemessenen Benachteiligung des Versicherungsnehmers Unwirksamkeit gemäß § 307 Abs. 1 S. 1 BGB anzunehmen.

Auch aufsichtsbehördlich **genehmigte AVB**[419] sind bei objektiver Mehrdeutigkeit an § 305c Abs. 2 BGB zu messen.

76 Bei der Anwendung der Unklarheitenregel ist zwischen dem Individual- und dem Verbandsprozess zu unterscheiden. Im **Individualprozess** ist grundsätzlich einer objektiv mehrdeutigen AVB der Bedeutungsgehalt zuzumessen, der sich typischerweise am stärksten zugunsten des Versicherungsnehmers auswirkt. Zu beachten ist, dass nicht der einzelne Versicherungsnehmer maßgeblich ist, so dass in Sonderfällen bei Anwendung des § 305c Abs. 2 BGB nicht ausgeschlossen werden kann, dass die kundenfreundliche Auslegung einzelne Versicherungsnehmer auch nachteilig treffen kann.[420]

Im Einzelnen gilt Folgendes: Bei der Auslegung unklarer Klauseln ist zuvorderst zu klären, ob die jeweilige Klausel bei **kundenfeindlicher Auslegung** nach §§ 307ff. BGB Bestand hat. Verneinendenfalls bleibt es bei der Unwirksamkeit der Klausel, ohne dass § 305c Abs. 2 BGB zuvor angewandt wird. Ergibt sich, dass mehrere Auslegungsvarianten bei der vorgezogenen Prüfung nach §§ 307ff. BGB Bestand hätten, ist die kundenfreundlichste Version maßgebend.[421] Außer Betracht bleibt, ob die im Falle einer möglichen kundenfeindlichen Auslegung sich ergebende Rechtsfolge der Unwirksamkeit mit anschließender Vertragslückenergänzung für den Versicherungsnehmer noch günstiger wäre als die Zugrundelegung der kundenfreundlichsten Auslegungsvariante.[422] Diese Ansicht würde den grund-

---

[413] BGH ZIP 2012, 2064 (2065); VersR 2004, 1039; VersR 1999, 877 (879); VersR 1996, 622; OLG Hamm VersR 2000, 750 (751); *v. Westphalen* NJW 2003, 1635 (1637).

[414] *Ulmer* in Ulmer/Brandner/Hensen § 305c BGB Rn. 83; *Roth* WM 1991, 2085 (2089).

[415] *Prölss,* FS E. Lorenz, 2004, 533 (540f., 545).

[416] BGH ZIP 2012, 1224 (1225); ZIP 2064 (2065); *Ulmer* in Ulmer/Brandner/Hensen BGB § 305c Rn. 86.

[417] BGH VersR 2004, 1039f.; *Sambuc* NJW 1981, 313 (314).

[418] BGH VersR 2004, 1039 (1040).

[419] S. nur BGH VersR 1984, 677 (678f.).

[420] *Ulmer* in Ulmer/Brandner/Hensen BGB § 305c Rn. 92a; *Roth* WM 1991, 2130 (2135); OLG Hamm NJW 1986, 2888 (2890).

[421] Vgl. *Ulmer* in Ulmer/Brandner/Hensen BGB § 305c Rn. 91; *Staudinger/Schlosser* ZIP 1985, 449 (457f.); *Horn* WM 1984, 449 (451); s. auch BGH NJW 1992, 1097 (1099).

[422] *Roth* WM 1991, 2085 (2088).

sätzlichen Vorrang der Auslegung vor der Inhaltskontrolle missachten. Eine vorgezogene, hypothetische Inhaltskontrolle lässt sich insofern nur in dem eben genannten Umfang rechtfertigen, weil hierdurch sowohl der Anwendungsbereich der §§ 307 ff. sowie des § 305 c Abs. 2 BGB hinreichend gewahrt wird, ohne den einen zu Lasten des anderen zu verkürzen. Gleichzeitig wird hierdurch die sich anderenfalls ergebende Diskrepanz in der Anwendung von § 305 c Abs. 2 BGB im Individualprozess einerseits und im Verbandsprozess abgebaut, die mittlerweile auch von der Rechtsprechung problematisiert worden ist.[423] Dies gebietet aber im Individualprozess keine allgemeine Umkehr des Gebots der kundenfreundlichen Auslegung in den der kundenfeindlichen Auslegung.

Im **Verbandsprozess** gilt bei der Auslegung mehrdeutiger Klauseln ausnahmslos der Grundsatz der kundenfeindlichen Auslegung.[424] Dass hier nicht die für den Verbraucher günstigste Auslegung maßgebend sein kann, steht im Zusammenhang mit dem Zweck des Verbandsklageverfahrens, der auf eine effektive, abstrakte Inhaltskontrolle zielt. Folgerichtig macht Art. 5 S. 3 der EU-Richtlinie über mißbräuchliche Klauseln in Verbraucherverträgen insofern für Verbraucherverträge eine Ausnahme von dem Grundsatz der kundenfreundlichen Auslegung. Entfernt liegende und von keiner Vertragspartei redlicherweise gewollte Auslegungsergebnisse bleiben aber auch hier außer Betracht.[425] Die kundenfreundliche Auslegung kommt im Verbandsprozess zum Zuge, wenn objektiv mehrdeutige Klauseln auch bei kundenfeindlicher Auslegung der Inhaltskontrolle standhalten.[426]

77 Weisen Bedingungswerke Vertragslücken auf, können die Lücken durch **ergänzende Vertragsauslegung** geschlossen werden. Bei einer durch mangelnde Einbeziehung oder durch Unwirksamkeit einzelner Klauseln entstandenen Lücke ist § 306 Abs. 2 BGB zu beachten, der eine vorrangige Lückenschließung durch dispositives Gesetzesrecht vorschreibt. § 305 c Abs. 2 BGB steht dem nicht entgegen, weil diese Bestimmung nur im Falle objektiver Mehrdeutigkeit eingreift, die im Falle einer Vertragslücke nicht anzunehmen ist.[427] Im Verbandsprozess scheidet allerdings eine ergänzende Vertragsauslegung aus, weil diese auf das von den jeweiligen Vertragsparteien redlicherweise Gewollte abzielt, was nur einzelfallbezogen festgestellt werden kann.

VIII. Inhaltskontrolle von AVB

1. Funktion und Reichweite

78 **a) Zweck.** Die Inhaltskontrolle von AVB richtet sich nach §§ 307–309 BGB. Danach sind Bestimmungen unwirksam, die den Versicherungsnehmer entgegen den Geboten von Treu und Glauben unangemessen benachteiligen. Während die Vorschriften der §§ 308, 309 BGB spezielle Klauselverbote enthalten, erfasst § 307

[423] BGH VersR 1993, 957; NJW 1992, 1097 (1099).

[424] BGH ZIP 2012, 2064 (2065); ZIP 2000, 16 (17); NJW 1991, 1886 (1887); *Ulmer* in Ulmer/Brandner/Hensen BGB § 305 c Rn. 93; modifizierend *Roth* WM 1991, 2085 (2089); s. auch BGH VersR 1993, 957; *Römer,* Der Prüfungsmaßstab bei der Mißstandsaufsicht nach § 81 VAG und der AVB-Kontrolle nach § 9 AGBG, S. 25 f.

[425] Problematisch insoweit OLG Düsseldorf VersR 1997, 1272 (1273) und wohl auch *Micklitz* ZIP 1998, 937, (938 f.).

[426] *Roth* WM 1991, 2085 (2089).

[427] Vgl. *Roth* WM 1991, 2125 (2130).

BGB als Auffangvorschrift alle weiteren, in §§ 308, 309 BGB nicht geregelten Fälle einer unangemessenen Benachteiligung.[428] § 307 BGB stellt insofern eine **lückenlose Inhaltskontrolle** auch in den Fällen sicher, in denen §§ 308, 309 BGB wegen der Vorschrift des § 310 Abs. 1 S. 1 BGB nicht zum Zuge kommen.

Die Inhaltskontrolle kompensiert die für den Vertragspartner fehlende Möglichkeit der inhaltlichen Einflussnahme auf die AGB,[429] sei es, weil der Vertragspartner hiermit überfordert bzw. (im unternehmerischen Geschäftsverkehr) der hierfür erforderliche Aufwand unverhältnismäßig wäre.[430] Die Vertragsfreiheit des anderen Vertragsteils reduziert sich hier nämlich regelmäßig auf die Abschlussfreiheit. Dadurch verliert die Vermutung der materiellen **Ausgewogenheit** privatautonom ausgehandelter Verträge beim Einsatz von AGB ihre Berechtigung.[431] Die Inhaltskontrolle verhilft insofern der Privatautonomie zur Wirksamkeit,[432] indem sie ein Marktversagen[433] ausgleicht. Vor diesem Hintergrund wird verständlich, dass die Inhaltskontrolle von AVB als Beitrag zur Vertragsgerechtigkeit[434] bzw. zur Wahrung allgemeiner marktwirtschaftlicher Belange[435] und auch als ein notwendiges Instrument des Verbraucherschutzes angesehen wird.[436]

Die Inhaltskontrolle zielt auf den **Schutz** des anderen Vertragsteils (einschl. mitversicherter Personen[437]) **vor Übervorteilung,** da sich dieser grundsätzlich in einer schwächeren Verhandlungsposition befindet und zudem einen geringeren Informationsstand besitzt.[438] Daher darf sich nur dieser auf eine mögliche Unwirksamkeit berufen; dem Verwender ist dies hingegen verwehrt.[439] Eine Berufung des anderen Vertragsteils auf die Unwirksamkeit scheidet allerdings aus, wenn dies, namentlich unter Berücksichtigung vorangegangenen Tuns, rechtsmissbräuchlich wäre.[440] Die mehrfache Erläuterung einer entsprechenden Klausel vor Vertragsschluss durch den Verwender bzw. dessen Hilfspersonen nimmt dem anderen Vertragsteil aber noch nicht die Schutzmöglichkeit.[441]

79 Genügt eine AVB der Inhaltskontrolle, kann die Berufung auf dieselbe im Einzelfall dessen ungeachtet unzulässig sein. Dies ist anzunehmen, wenn auf Grund einer außergewöhnlich gelagerten Fallkonstellation eine Berücksichtigung in den AVB unterblieben ist und eine solche auch nicht verlangt werden kann.[442] Dem Versicherer ist dann eine entsprechende Rechtsausübung nach § 242 BGB ver-

---

[428] *v. Hoyningen-Huene* Rn. 16.

[429] S. BVerfG NJW 2011, 1339 (1341); *v. Hoyningen-Huene* Rn. 22.

[430] *Drygala* JZ 2012, 983 (984).

[431] Vgl. EuGH EuZW 2013, 465 (466); ZIP 2012, 2020 (2021 f.); ZIP 2012, 2022 (2023); NJW 2012, 2257 (2258); NJW 2009, 2367 (2368); *v. Hoyningen-Huene* Rn. 21; *Limbach* JuS 1985, 10 (11); *Gardette* S. 31 f.

[432] EuGH NJW 2013, 2579 (2580 f.); 2012, 1781 f.; BVerfG NJW 2011, 1339 (1341).

[433] *Drygala* JZ 2012, 983 (984 f.).

[434] *A. Fuchs* in Ulmer/Brandner/Hensen Vorb. v. § 307 BGB Rn. 27; *Uffmann* NJW 2012, 2225 (2230).

[435] *A. Fuchs* in Ulmer/Brandner/Hensen Vorb. v. § 307 BGB Rn. 76.

[436] EuGH NJW 2013, 987; ZIP 2013, 676 (678); *Terno* r+s 2004, 45; *Gardette* S. 69 f.

[437] Vgl. BGH VersR 2008, 64.

[438] EuGH EuZW 2013, 461 (462); 2013, 465 (466); ZIP 2013, 676 (678); 2013, 2022 (2023); 2012, 2020 (2021); NJW 2012, 2257 (2258, 2260); NJW 1781 f.; 2009, 2367.

[439] *v. Hoyningen-Huene,* Rn. 23; *A. Fuchs* in Ulmer/Brandner/Hensen BGB § 307 Rn. 108.

[440] *Pfeiffer* in Wolf/Lindacher/Pfeiffer BGB § 307 Rn. 31; *v. Hoyningen-Huene* Rn. 110.

[441] BGH NJW 1988, 410 (411).

[442] S. auch *Roth* WM 1991, 2125 (2134).

wehrt, vorausgesetzt die Berufung auf die Regelung würde in diesem Einzelfall unbillig sein.[443] So darf sich beispielsweise der Lebensversicherer nicht auf die sogenannte Inhaberklausel berufen, wenn er bei Auskehr der Leistungen die mangelnde Berechtigung des Policeninhabers kennt.[444] Diese sogenannte **Ausübungskontrolle**[445] ist nur im Individualprozess möglich, da sich lediglich hier die Beurteilung eines derart gelagerten Falls stellen kann.

80 Das Fehlen einer an sich erforderlichen versicherungsaufsichtsbehördlichen **Genehmigung** berührt die Wirksamkeit von AVB nicht.[446] Auch hier kommt es für die Inhaltskontrolle nur darauf an, ob die AVB mit den AGB-rechtlichen Vorschriften übereinstimmen. Hat der Versicherer eine aufsichtsbehördlich vorgeschriebene Genehmigung, namentlich für eine bestimmte Versicherungssparte oder gar die Erlaubnis zum Geschäftsbetrieb als solche nicht eingeholt, hat dies aufsichts- und strafrechtliche Folgen. Die Wirksamkeit geschlossener Verträge nach dem AGB-Recht steht nicht zur Rede. Die gerichtliche Inhaltskontrolle findet im Übrigen unabhängig und neben der behördlichen Kontrolle statt. Das gilt namentlich für diejenigen AGB, die nach wie vor der Genehmigung unterliegen[447] oder die auf einer Empfehlung der Aufsichtsbehörde beruhen.[448] Mit Recht wird insofern von einer Doppelspurigkeit der Kontrolle gesprochen.[449] Dasselbe gilt hinsichtlich einer nachträglichen aufsichtsbehördlichen Kontrolle von nicht der Genehmigung unterliegenden AVB.[450] Keine Parallele lässt sich insofern zu Klauseln ziehen, die Bestandteil eines von der Regulierungsbehörde für Telekommunikation und Post (jetzt Bundesnetzagentur) genehmigten Tarifwerks sind und die deshalb nicht der AGB-rechtlichen Inhaltskontrolle unterliegen.[451] Zwar verfügt auch die Versicherungsaufsichtsbehörde über besonderes Sachwissen. In Genehmigungsverfahren ist aber – anders als in Verfahren vor der Regulierungsbehörde[452] – die Geltendmachung gegenläufiger Interessen nicht zu erwarten. Zudem kann hier auch keine Rede von einer Beseitigung des privatautonomen Spielraums der Unternehmen sein.[453]

81 Im Falle **kollektiv ausgehandelter AGB** neigt die Rechtsprechung zu einer modifizierten Inhaltskontrolle. Namentlich werden entsprechende AGB nicht isoliert am Gerechtigkeitsgehalt einer einzelnen Norm des dispositiven Rechts gemessen, so dass eine Unwirksamkeit nur höchst selten festgestellt wird.[454] Überzeugen

---

[443] Vgl. BGH VersR 2006, 641 (643); VersR 2006, 643 (644); NJW 1997, 3022 (3024); VersR 1979, 173 (174f.); *Pfeiffer* in Wolf/Lindacher/Pfeiffer BGB § 307 Rn. 30; *A. Fuchs* in Ulmer/Brandner/Hensen Vorb. v. § 307 BGB Rn. 63ff.; *v. Bernuth* BB 1999, 1284 (1286).

[444] BGH VersR 2000, 709 (711); VersR 1999, 700 (701) weitergehend OLG München VuR 1999, 205f.

[445] Vgl. BGH VersR 2004, 1035 (1037); *Bunte* NJW 1987, 921 (915f.).

[446] *v. Hoyningen-Huene* Rn. 60; *Kupper* S. 64; s. auch BGH VersR 1967, 247 (248).

[447] BGH WM 2011, 263 (264) bzgl. Bausparkassen; *Kupper* S. 65; *A. Fuchs* in Ulmer/Brandner/Hensen Vorb. v. § 307 BGB Rn. 96.

[448] OLG Düsseldorf VersR 2001, 46 (47). Auch hier bestehen insofern keine abweichenden Anforderungen, anders offenbar *Pieroth/Hartmann* WM 2009, 677 (683) zu Bausparkassen-AGB.

[449] *Horn* WM 1984, 449 (450); *Göbelsmann* S. 79.

[450] *A. Fuchs* in Ulmer/Brandner/Hensen Vorb. v. § 307 BGB Rn. 97.

[451] BGH WM 2007, 1623 (1624).

[452] *Lindacher* EWiR § 8 AGBG 1/07, 577 (578).

[453] S. auch LG Heilbronn ZIP 2009, 609 (611) zu Bausparbedingungen.

[454] BGH VersR 1995, 604 (605); 1995, 1212.

kann dies nicht, da die Inhaltskontrolle unteilbar ist und die Tatsache eines kollektiven Aushandelns nicht den Leitbildcharakter dispositiver Rechtsvorschriften auszuschalten in der Lage ist. Anderenfalls müsste hingenommen werden, dass an die Stelle gesetzlicher Leitbilder die Wertungen der unterschiedlichsten, demokratisch nicht legitimierten Vertragsparteien treten. Allerdings indiziert ein kollektives Aushandeln unterschiedlich ausgeprägter Interessengruppen, wie es für AGB von Verbraucherverträgen bisher nennenswert nur im Ausland anzutreffen ist,[455] eine höhere Wahrscheinlichkeit, dass die AGB der Inhaltskontrolle genügen könnten, da diese bereits von ihrer Konzeption her nicht auf die Durchsetzung einseitiger Interessen des AGB-Verwenders abzielen.

82 **b) Abgrenzung kontrollfreier von kontrollfähigen AVB.** Eine Inhaltskontrolle von AVB nach den §§ 307–309 BGB darf gemäß § 307 Abs. 3 S. 1 BGB nur vorgenommen werden, soweit AVB von Rechtsvorschriften abweichende oder diese ergänzende Regelungen enthalten. Die Beschränkung des Umfangs der Inhaltskontrolle ist Ausfluss des Grundsatzes der **Vertragsfreiheit.** Der Grundsatz gebietet, dass Unternehmen und ihre Vertragspartner in der Festlegung ihrer jeweiligen Leistungen frei von gerichtlicher Kontrolle sein sollen.[456] Die EU-Richtlinie über mißbräuchliche Klauseln in Verbraucherverträgen enthält eine entsprechende Regelung.[457] Eine Ausnahme ist hiervon gemäß § 307 Abs. 3 S. 2 BGB hinsichtlich des Transparenzgebots zu machen, das vollumfänglich für sämtliche Festlegungen in AVB zum Zuge kommt.[458] Im Bereich der betrieblichen Altersversorgung sind vertragliche Abreden ebenfalls kontrollfähig; das gilt allerdings nicht für Tarifverträge sowie für Betriebs- und Dienstvereinbarungen.[459]

83 Bestimmungen, die den **Hauptgegenstand** des Versicherungsvertrages festlegen, unterliegen – hiervon abgesehen – grundsätzlich keiner Inhaltskontrolle nach dem AGB-Recht. Gemäß höchstrichterlicher Rechtsprechung[460] bleiben bloße Leistungsbeschreibungen kontrollfrei.[461]. Solche Beschreibungen legen Art, Umfang und Güte der geschuldeten Leistungen fest, lassen aber die für die Leistungen geltenden gesetzlichen Vorschriften unberührt. Klauseln, die das Hauptleistungsversprechen einschränken, verändern, ausgestalten oder modifizieren, sind hingegen inhaltlich zu kontrollieren. Damit bleibt für die der Überprüfung entzogene Leistungsbeschreibung nur der enge Bereich der Leistungsbezeichnungen, ohne deren Vorliegen mangels Bestimmtheit oder Bestimmbarkeit des wesentlichen Vertragsinhalts ein wirksamer Vertrag nicht mehr angenommen werden kann.[462] Diese Wertung ist – bezogen auf den Versicherungssektor – im Hinblick auf die Schutzbedürf-

---

[455] Vgl. *Hondius* S. 102f.; *Iversen* S. 116f.

[456] *Römer* in: 8./9. Symposium der ARGE Versicherungsrecht im DAV, 2005, S. 45 (62).

[457] Vgl. Art. 4 Abs. 2 RL 93/13/EWG; hierzu *Heinrichs* NJW 1993, 1817, 1818 (1821); *Ulmer* EuZW 1993, 337 (344); *Reiff* AnwBl 1997, 3 (13); zur Vorgeschichte *Brandner/Ulmer* BB 1991, 701 (705). Zweifel an der Kongruenz von Richtlinie und § 307 Abs. 3 BGB (vormals: § 8 AGBG) meldet *Brandner* MDR 1999, 6 (8) an, ohne diese allerdings näher zu begründen.

[458] Vgl. nur Gesetzesbegr. BT-Drs. 14/7052, 188.

[459] Vgl. § 310 Abs. 4 S. 1 BGB; hierzu *Schlewing*, FS Höfer, 2011, S. 243f.

[460] BGH VersR 1993, 830; 1993, 957.

[461] S. hierzu auch *Langheid/Müller-Frank* NJW 1994, 2652.

[462] BGH VersR 2007, 1690 (1691); VersR 2004, 319 (320); VersR 2004, 1037 (1038); VersR 2001, 184 (185); VersR 2001, 714 (715); VersR 2001, 752 (753); VersR 2001, 841 (843); VersR 1999, 710 (711); VersR 1999, 745 (747); VersR 1999, 1390 (1391); VersR 1998, 175; VersR 1993, 830; VersR 1998, 957.

tigkeit des Versicherungsnehmers konsequent. Nach dem weitgehenden Wegfall der versicherungsaufsichtsbehördlichen Bedingungsgenehmigung im Jahre 1994 kommt einer entsprechenden umfassenden Kontrolle ein zusätzlicher Stellenwert zur Sicherung eines sachgerechten Interessenausgleichs zu. Dabei ist zu berücksichtigen, dass die aufsichtsbehördliche Vorkontrolle „außerordentlich wirksam" war, so dass sich die Rechtsprechung auf ein Minimum von Eingriffen beschränken konnte.[463] Der Wegfall der präventiven Wirkung der Bedingungsgenehmigung hat nichts an der Schutzbedürftigkeit des Versicherungsnehmers geändert. Der Grundsatz der Vertragsfreiheit steht diesem Verständnis von § 307 Abs. 3 S. 1 BGB nicht entgegen. Die Vertragsfreiheit besteht nämlich nicht schrankenlos. Sie findet dort ihre Grenze, wo entweder gesetzliche Vorschriften ihr in zulässiger Weise Schranken auferlegen oder die Ausgestaltung der AVB dazu dient, die Erreichung des Vertragszwecks zu gefährden, also ein Missbrauch der Vertragsfreiheit vorliegt.[464] Insoweit ist von einer Wechselwirkung zwischen § 307 Abs. 1 und 2 BGB und § 307 Abs. 3 BGB auszugehen,[465] m. a. W. § 307 Abs. 3 BGB ist im Lichte von § 307 Abs. 1 und 2 BGB auszulegen. Auch verfassungsrechtlich bestehen hiergegen keine durchgreifenden Bedenken.[466] Unberührt von der Kontrollfreiheit bestimmter AVB nach § 307 Abs. 3 BGB bleibt deren Bewertung nach § 305 c Abs. 1 BGB.[467]Für den Umfang der Inhaltskontrolle bedeutet dies im Einzelnen folgendes:

84 **aa) Deklaratorische Klausel.** Nicht kontrollfähig sind sogenannte deklaratorische Klauseln, die lediglich den Inhalt von Rechtsvorschriften wiedergeben,[468] vorausgesetzt diese laufen nicht ihrerseits höherrangigem Recht zuwider.[469] Einen entsprechenden Ausnahmetatbestand für derartige deklaratorischen Klauseln enthält Art. 1 Abs. 2 der EU-Richtlinie über mißbräuchliche Klauseln in Verbraucherverträgen, der der Sache nach § 307 Abs. 3 S. 1 BGB entspricht. Solche Klauseln sind daher auch nicht am Transparenzgebot zu messen.[470] Bedeutung erlangt dies für Klauseln, die lediglich die gesetzlichen Vorschriften nennen, nach denen in der Lebensversicherung die Überschussermittlung und -beteiligung erfolgt[471] oder die

[463] So ausdrücklich *Römer,* Der Prüfungsmaßstab bei der Mißstandsaufsicht nach § 81 VAG und der AVB-Kontrolle nach § 9 AGBG, S. 17f.

[464] S. hierzu *Römer,* FS Lorenz, 1994, 449 (468); *Kieninger* VersR 1998, 1071 (1072f.); *Schlappa* S. 195f.

[465] *Römer* NVersZ 1999, 97 (98); *Stoffels* JZ 2001, 843 (848).

[466] *van de Loo* S. 50f.; LG Hamburg VersR 1998, 877 (878).

[467] *Ulmer* in Ulmer/Brandner/Hensen BGB § 305 c Rn. 5; *Lindacher/Hau* in Wolf/Lindacher/Pfeiffer § 305 c Rn. 7.

[468] BGH WM 1999, 425 (426); LG Hamburg VersR 1998, 877 (878); LG Stuttgart VersR 1998, 1406 (1407f.); *A. Fuchs* in Ulmer/Brandner/Hensen Vorb. v. § 307 BGB Rn. 41, BGB § 307 Rn. 6 und 17; *Pfeiffer* in Wolf/Lindacher/Pfeiffer BGB § 307 Rn. 331; *van de Loo* S. 41; *Niebling* S. 24f.; *ders.* BB 1984, 1713; *Dylla-Krebs* S. 82f.; *Junge* ZVersWiss 1975, 211 (215); *Stoffels,* Gesetzlich nicht geregelte Schuldverhätltnisse, S. 402f.

[469] BGH WM 1999, 425 (426); BGHZ 105, 160 (164).

[470] *Römer* NVersZ 1999, 97 (99); *Präve* VersR 2000, 138 (139); aA offenbar *Schwintowski* VuR 1999, 165 (166); *Ebers* S. 327f., 331; s. auch OLG Nürnberg VersR 2000, 713 (714); OLG Stuttgart VersR 1999, 832 (833).

[471] OLG Nürnberg VersR 2000, 713 (715); LG Nürnberg VersR 1999, 1092 (1093f.); LG Hamburg VersR 1998, 877 (881f.); LG Stuttgart VersR 1998, 1406 (1408); mit Einschränkungen OLG Stuttgart VersR 1999, 832 (835f.); *Brömmelmeyer* S. 222f.; *ders.* VuR 1999, 320 (322f.); offen gelassen bei BGH VersR 2001, 841 (845).

dem Versicherungsnehmer aufgeben, alle ihm bekannten Gefahrumstände, die für die Übernahme der Gefahr erheblich sind, dem Versicherer bis zur Annahme des Antrags anzuzeigen.[472] Die Kontrolle derartiger Klauseln scheidet schon deshalb aus, weil die Regelungen ihrem Inhalt nach auch ohne vertragliche Abrede von Gesetzes wegen gelten würden.[473] Das gilt auch für in AVB enthaltene dispositive Rechtsvorschriften.[474] AVB unterliegen einer Inhaltskontrolle allerdings dann, wenn sie von Rechtsvorschriften abweichende oder ergänzende Regelungen enthalten[475], wie dies etwa für bedingungsmäßige Bestimmungen über die Rückkaufswerte und Abschlusskosten in der Lebensversicherung angenommen wird.[476]

85 Für die Annahme einer Kontrollfreiheit von AVB, die zugunsten des Versicherungsnehmers von dispositivem Recht abweichen,[477] findet sich allerdings weder in der Richtlinie noch im BGB eine Stütze. Derartige Klauseln dürften freilich regelmäßig der Inhaltskontrolle standhalten. Eine Kontrollfähigkeit wird darüber hinaus bejaht bei Klauseln, die gesetzliche Regelungen referieren, wenn ein über die gesetzlichen Regelungen hinausgehendes **Bedürfnis** des Versicherungsnehmers **nach** weitergehender **Unterrichtung** besteht. Das ist höchstrichterlich angenommen worden bei Bestimmungen über die Beitragsfreistellung und Kündigung von Lebensversicherungsverträgen.[478] Keine deklaratorischen Klauseln stellen hingegen grundsätzlich AVB-Bestimmungen dar, die auf gesetzlich geregelte Gestaltungsbefugnisse zurückgehen,[479] es sei denn, der Gesetzgeber hat Abweichendes verfügt. Auch unterliegen Klauseln, die wörtlich Klauselverbote der §§ 308, 309 BGB übernehmen, einer Inhaltskontrolle. Nicht an §§ 307–309 BGB zu messen sind rein **tatsächliche Erklärungen** ohne Regelungsgehalt.[480]

86 **bb) Bestimmungen zum Hauptgegenstand des Vertrages.** Bestimmungen, die den Hauptgegenstand des Versicherungsvertrages festlegen, unterliegen auch dann keiner Inhaltskontrolle, wenn sie in AGB enthalten sind.[481] Kontrollfrei bleiben namentlich die Prämienhöhe[482] (einschl. einer Rabattklausel, die die Prämienhöhe unmittelbar bestimmt[483]) und die Versicherungssumme,[484] es sei denn, es bestehen insoweit gesetzliche Vorgaben. Dabei ist zu berücksichtigen, dass ein Verstoß gegen derart zwingende oder halbzwingende Rechtsvorschriften zwar bereits nach § 134 BGB zur Nichtigkeit führt, eine Inhaltskontrolle aber daneben besteht. Kontrollfrei ist auch die Festlegung von Risikozu- und -abschlägen, soweit nicht eine gesetzliche Vorschrift eine solche ohnehin ausschließt. Sofern die Prämie in einzelne Bestandteile aufgegliedert wird, gilt für jedes derartige Prämienbestand-

---

[472] S. hierzu auch *Schwintowski* VuR 1999, 16f.

[473] BGH VersR 2001, 839 (840); 2001, 841 (843); *Wolf/Ungeheuer* JZ 1995, 176; *Stoffels,* Gesetzlich nicht geregelte Schuldverhältnisse, S. 639.

[474] Vgl. *Choi* S. 100f.; differenzierend *Dylla-Krebs* S. 68f.

[475] BGH ZIP 2012, 1224 (1225).

[476] BGH VersR 2001, 839 (840); VersR 2001, 841 (843f.).

[477] So *Dylla-Krebs* S. 86f.

[478] BGH VersR 2001, 839 (840); VersR 2001 841 (843); *Terno* r+s 2004, 45 (47).

[479] Vgl. *v. Hoyningen-Huene* Rn. 125.

[480] *Pfeiffer* in Wolf/Lindacher/Pfeiffer BGB § 307 Rn. 329; *Choi* S. 101f.

[481] Vgl. BGH ZIP 2001, 463 (465).

[482] *Helm* NJW 1978, 129 (132); *Schünemann* VersR 2000, 144 (148); *Niebling* S. 191; s. auch BGH WM 1998, 3188 (3192) und OLG München NJW 1997, 3246 (3248).

[483] BGH VersR 2005, 1417 (1418).

[484] *Flick* S. 101; *van de Loo* S. 46.

teil, dass es nicht der Inhaltskontrolle unterliegt.[485] Unberührt bleibt hiervon die Anwendung des Transparenzgebots (§ 307 Abs. 3 S. 2 iVm Abs. 1 S. 2 BGB), das auf Rechts- und Preisklarheit und nicht auf eine Kontrolle der Angemessenheit der Leistung abzielt.[486] Diese Ausnahme korrespondiert mit Art. 4 Abs. 2 der EU-Richtlinie über mißbräuchliche Klauseln in Verbraucherverträgen, der ausdrücklich eine Inhaltskontrolle des Hauptleistungsversprechens unter dem Gesichtspunkt der Transparenz anordnet.[487]

Das Verhältnis zwischen Prämie und Versicherungsleistung entzieht sich, sieht man von dieser Ausnahme einmal ab, generell einer Kontrolle nach dem AGB-Recht.[488] Es ist Sache des Wettbewerbs, das richtige **Prämien-Leistungsverhältnis** herzustellen.[489] Dieses Verständnis findet eine Entsprechung in Art. 4 Abs. 2 der EU-Richtlinie über mißbräuchliche Klauseln in Verbraucherverträgen. Danach ist im Anwendungsbereich der Richtlinie die Angemessenheit zwischen dem Preis und der Gegenleistung grundsätzlich einer Kontrolle entzogen, auch wenn Mitgliedstaaten europarechtlich grundsätzlich nicht gehindert sind, auch insofern eine Kontrolle vorzusehen.[490]

87 Eine Kontrolle der Prämienabrede erfolgt nur hinsichtlich von Preisnebenabreden und sogenannter **Prämienanpassungsklauseln,** die die Voraussetzungen für eine Prämienänderung für bestehende Verträge enthalten.[491] Die Kontrollfähigkeit der zuletzt genannten Klauseln folgt bereits aus der Existenz von § 309 Nr. 1 BGB, wonach kurzfristige Preisanpassungen grundsätzlich unwirksam sind. Der Kontrollfähigkeit derartiger Anpassungsklauseln steht auch nicht die EU-Richtlinie über missbräuchliche Klauseln in Verbraucherverträgen entgegen. Deren Art. 4 Abs. 2 schließt von der Inhaltskontrolle denselben Kreis von Regelungen wie § 307 Abs. 3 BGB aus.[492] Auch § 40 VVG hindert eine derartige Kontrolle nicht. Für Klauseln, die Anpassungen des Zinssatzes bei Policendarlehen gestatten, gilt Entsprechendes.[493] Auch Klauseln, die eine Anpassung der versprochenen Versicherungsleistungen gestatten, werden hiervon erfasst.[494] Nicht kontrollfähig sind An-

---

[485] Vgl. *Horn* WM-Beil. 11/1997, 1 (9f.) und BGH ZIP 1998, 2097 (2098f.) zum Fall einer „Wildschadenspauschale" in einem Jagderlaubnisvertrag.

[486] Vgl. BGH VersR 1999, 710 (711); OLG Hamm VersR 2000, 750 (752); OLG Stuttgart VersR 1999, 832 (833); *Schmidt-Salzer* BB 1995, 1493 (1494); *A. Fuchs* in Ulmer/Brandner/Hensen Vorb. v. § 307 BGB Rn. 40, BGB § 307 Rn. 11; *Brandner* VersWissStud 2 (1995), 67 (72); *Römer* NVersZ 1999, 97 (98); *Schwintowski* NVersZ 1998, 97 (102); *Krüger* WM 1999, 1402 (1411); *Basedow* VersR 1999, 1045 (1048); *Prölss* VersR 2000, 1441 (1450); *Stoffels* JZ 2001, 843 (846).

[487] Kritisch *Pfeiffer* VuR 2001, 95 (97f.).

[488] *Helm* NJW 1978, 129 (132); *Canaris* NJW 1987, 609 (613); *Käppler* DZWir 1994, 33 (35f.); *Schmidt-Salzer.* BB 1995, 1493 (1494 und 1496).

[489] Vgl. *van de Loo* S. 44; *v. Westphalen* BB-Beil. 11/1996, 1 (10); *Römer* NVersZ 1999, 97 (98).

[490] EuGH NJW 2010, 2265 (2267).

[491] *Armbrüster* r+s 2012, 365 (367); *Beckmann* S. 29f.; *A. Fuchs* in Ulmer/Brandner/Hensen BGB § 307 BGB Rn. 76; *Niebling* WM 1992, 845 (851); BGH VersR 1992, 1211 (1212); 1988, 1281 (1283); AG Langen VersR 1998, 970 (971); ablehnend *Frenz* VersR 1979, 394 (397); s. auch BGH ZIP 2007, 914 (915).

[492] Vgl. nur *Schmidt-Salzer* BB 1995, 1493.

[493] Vgl. LG Dortmund WM 2000, 2095.

[494] BGH VersR 2003, 1161 (1162).

passungsklauseln, die lediglich die in der Lebensversicherung bestehenden gesetzlichen Anpassungsregelungen wiedergeben (§§ 163, 164 VVG).

cc) Leistungsbeschreibungen. Ob auch reine Leistungsbeschreibungen der Inhaltskontrolle unterliegen, ist streitig. Der historischen Gesetzesbegründung[495] ist zu entnehmen, dass Leistungsbeschreibungen nicht vom Gesetz erfasst werden sollten. Das ist im Gesetz allerdings nicht hinreichend klar zum Ausdruck gekommen, da insoweit als kontrollfähig alle Abweichungen und Ergänzungen von Rechtsvorschriften erklärt werden. Der gesetzlichen Vorschrift ist nach zutreffender Ansicht daher nur zu entnehmen, dass der enge Kern der Leistungsbeschreibung der Kontrolle entzogen ist, da für diesen keine gesetzliche Vorgaben bestehen, die Maßstab einer Inhaltskontrolle bilden könnten. Hingegen sind solche Klauseln kontrollfähig, die die Erreichung des Vertragszwecks gefährden. Nicht entscheidend ist danach die äußere Form der Leistungsbeschreibung, also ob namentlich primäre, sekundäre oder tertiäre Leistungsbeschreibungen vorliegen. Dies kann schon deshalb für die Frage nach der Kontrollfähigkeit nicht entscheidend sein, weil es anderenfalls der Versicherer in der Hand hätte, sich durch entsprechende Gestaltungen der AGB-Kontrolle zu entziehen.[496] Dabei ist auch der mit dem AGB-Recht beabsichtigte Zweck zu berücksichtigen, eine Gefährdung des Vertragsgleichgewichts durch nicht im Einzelnen ausgehandelte AGB wirksam zu verhindern.[497] Hieran vermag der lediglich ein Schutzminimum[498] verkörpernde Art. 4 Abs. 2 der EU-Richtlinie über missbräuchliche Klauseln in Verbraucherverträgen nichts zu ändern, der das Hauptleistungsversprechen und das Äquivalenzverhältnis von der Inhaltskontrolle ausnimmt. Die Regelung bringt im Wesentlichen nichts anderes als § 307 Abs. 3 BGB zum Ausdruck,[499] weshalb der deutsche Gesetzgeber mit Recht von einer Änderung dieser Vorschrift im Zuge der Richtlinienumsetzung abgesehen hat.[500] Die Auffassung, dem genannten Artikel lasse sich auch entnehmen, dass erst eine festgestellte Intransparenz eine Klausel kontrollfähig mache und eine Unangemessenheitskontrolle eröffne,[501] blendet zu stark die Zielsetzung der Richtlinie und insbesondere deren Art. 3 Abs. 1 aus, der eine umfassende Missbrauchskontrolle anordnet. Auch der Anhang der Richtlinie, der eine beispielhafte Auflistung möglicher missbräuchlicher Klauseln enthält, belegt, dass es auf die Intransparenz als Kriterium der Kontrollfähigkeit nicht ankommt.[502] Der Verweis auf andere Schutzmechanismen wie die Informations- und Beratungspflichten gemäß §§ 6,7 VVG[503] überzeugt nicht, da diese Vorschriften lediglich zusätzliche Anforderungen enthalten und den Anwendungsbereich der AGB-rechtlichen Regelungen für sich genommen unberührt lassen.

88

---

[495] BT-Drs. 7/3919, 22.

[496] *Römer* NVersZ 1999, 97 (100); *Bach/Geiger* VersR 1993, 659 (668).

[497] *A. Fuchs* in Ulmer/Brandner/Hensen Vorb. v. § 307 BGB Rn. 26; *Pfeiffer* in Wolf/Lindacher/Pfeiffer Einl. Rn. 15.

[498] BGH VersR 2006, 641 (642); VersR 2006, 643; VersR 2001, 752 (753); *Terno* r+s 2004, 45 (49).

[499] *Schmidt-Salzer* BB 1995, 1494 (1496f.); aA *Reinhard* VersR 1996, 497 (498) und wohl auch *Grundmann* NJW 2000, 14 (20).

[500] Vgl. nur *Ulmer* EuZW 1993, 337 (340 und 344).

[501] *Langheid* NVersZ 2000, 63 (65 und 67).

[502] Ablehnend auch *Reiff* in Wolf/Lindacher/Pfeiffer Klauseln Rn. V 160f.; *Prölss* VersR 2000, 1441 (1450); *Sonnenberg* S. 68; s. ferner BGH VersR 2001, 184 (185().

[503] *Mattern* S. 429f., 439f.

89 Kontrollfähig sind hierauf fußend **Risikoausschlussklauseln,** da diese den vom Versicherungsnehmer erworbenen Versicherungsschutz einschränken und daher die Frage der Gefährdung des Vertragszwecks aufwerfen.[504] So sind Klauseln, die in der Personenversicherung Vorerkrankungen vom Versicherungsschutz ausschließen, an §§ 307 ff. BGB zu messen.[505] Kontrollfähigkeit ist auch gegeben bei einer Klausel, die die vorläufige Deckung in der Lebensversicherung für Versicherungsfälle ausschließt, deren Ursachen vor Unterzeichnung des Antrags erkennbar geworden sind.[506]

90 AVB, die **Obliegenheiten** hinsichtlich ihrer Voraussetzungen bzw. Rechtsfolgen regeln, sind ebenfalls kontrollfähig.[507] Keine Zustimmung verdienen danach Auffassungen, nur die Rechtsfolgen[508] bzw. nur die Obliegenheiten nach Eintritt des Versicherungsfalls einer Inhaltskontrolle zu unterziehen. Dabei sind Bestimmungen, die Sanktionen (namentlich Leistungsfreiheit) in Fällen von Obliegenheitsverletzungen vorsehen, insbesondere im Hinblick auf ihre Vereinbarkeit mit § 28 VVG im Rahmen der Inhaltskontrolle zu überprüfen. Aber auch bei Übereinstimmung mit § 28 VVG ist eine Inhaltskontrolle zur Abwehr unangemessener Benachteiligung vorzunehmen,[509] da halbzwingende Vorschriften wie § 28 VVG und § 307 BGB insoweit unabhängig nebeneinander stehen. Die Übereinstimmung mit einer derart halbzwingenden Vorschrift führt nämlich noch nicht zwingend zur Verneinung einer unangemessenen Benachteiligung.[510]

91 Klauseln zur Regelung der **Überschussbeteiligung** in der Lebensversicherung gehören nicht zum engen Bereich der Leistungsbeschreibung, ohne deren Vorliegen ein wirksamer Vertrag nicht angenommen werden kann. Derartige AVB gestalten regelmäßig die Überschussbeteiligung näher aus und gehen damit über die bloße Bestimmung der Leistung hinaus.[511] Namentlich unterliegt auch eine AVB, die im Falle der Kündigung eines Lebensversicherungsvertrags dem Versicherungsnehmer Anspruch auf einen bestimmten Rückkaufswert zubilligt, der Kontrolle nach §§ 307 ff. BGB;[512] für die ab dem 1.1.f1995 geschlossenen Verträge[513] stellen entsprechende Klauseln ergänzende Regelungen zu § 169 VVG bzw. § 176 VVG aF dar. Dasselbe gilt für eine Umstellungsklausel in einer Lebensversicherung mit Unfallzusatzversicherung, nach der die Mitversicherung einer Berufsunfähigkeitsrente mit der Vollendung des 30. Lebensjahres automatisch wegfällt, wenn der Versicherungsnehmer nichts anderes verlangt.[514]

---

504 *A. Fuchs* in Ulmer/Brandner/Hensen BGB § 307 Rn. 58; aA *Reinhard* VersR 1996, 497 (499).

505 Zur Lebensversicherung: OLG Köln VersR 1990, 369; 1990, 1381; 1986, 1186 (1187); OLG Nürnberg VersR 1991, 799; OLG Hamm VersR 1991, 798f.; OLG Düsseldorf VersR 1992, 948; *Büsken* VersR 1991, 534.

506 BGH VersR 2001, 489 (490).

507 BGH VersR 1989, 1250 (1251).

508 So *Bauer* BB 1978, 476 (480).

509 Vgl. BGH VersR 1970, 26f.; 1970, 337;613; 1970, 732.

510 *Martin* VersR 1984, 1107 (1111); *Hüffer* VersR 1974, 617 (622f.).

511 BGH VersR 1995, 77 (78); OLG Hamburg VersR 1990, 475 (476); LG Darmstadt VersR 1992, 219 (220); *Donath* VuR 1997, 339 (345f.).

512 AA OLG Düsseldorf VersR 1993, 556.

513 Vgl. Art. 16 § 6 Gesetz v. 21.7.1994, BGBl. 1994 I S. 1630.

514 BGH VersR 2001, 752 (753).

92 Kontrollfähig sind alle **Nebenabreden** des Vertrags, da diese nicht die Hauptleistung festlegen. Das gilt namentlich für die Bestimmung des Orts und des Zeitpunkts der jeweiligen Leistung, die Fälligkeits- und Verzugsregelungen sowie Bestimmungen über den Abschluss und die Beendigung des Vertrags sowie die Beweislastregelungen, soweit es sich nicht um rein deklaratorische Klauseln handelt.[515] Einer Inhaltskontrolle unterliegen ferner die AVB über den vorläufigen Versicherungsschutz in der Lebensversicherung, soweit diese die Gewährung vorläufiger Deckung in zeitlicher Hinsicht begrenzen.[516] Das gilt auch für Klauseln über Nebengebühren und -kosten, bei denen es sich um Preisnebenabreden handelt,[517] sowie für Klauseln, die zwingend die Erteilung einer Lastschriftermächtigung vorschreiben.[518] Vollmachtsklauseln unterliegen als Nebenabreden der Inhaltskontrolle. Das gilt namentlich für Klauseln, denenzufolge in der Restschuldlebensversicherung der Versicherungsnehmer den Kreditgeber bevollmächtigt, für ihn Erklärungen des Versicherers entgegenzunehmen.[519] Eine AVB-Regelung, derzufolge der Lebensversicherer nach dem Tod des Versicherungsnehmers den Begünstigten bzw. den Inhaber der Police als bevollmächtigt zur Empfangnahme von Willenserklärungen ansieht, stellt eine kontrollfähige Klausel dar, da sie die Vorschriften der §§ 164, 167, 168 BGB ergänzt.[520] Ebenfalls an §§ 307 ff. BGB zu messen ist eine Klausel, die dem Versicherer das Recht zugesteht, an den Überbringer oder Übersender von ordnungsgemäßen Nachweisen zu leisten.[521]

2. Unangemessene Benachteiligung

93 Kernvorschrift der Inhaltskontrolle ist § 307 Abs. 1 S. 1 BGB. Danach sind Bestimmungen in AGB unwirksam, wenn sie den Vertragspartner entgegen den Geboten von Treu und Glauben unangemessen benachteiligen. Das bedeutet, dass nicht jede Benachteiligung, d. h. Verschlechterung der Rechtsposition des Vertragspartners durch AGB, zur Unwirksamkeit entsprechender Klauseln führt. Die Benachteiligung muss vielmehr entgegen den Geboten von Treu und Glauben unangemessen sein. Was Unangemessenheit in diesem Sinne meint, wird im Gesetz nicht weiter definiert. Das hat den Vorzug, dass die Rechtsprechung den jeweiligen Erfordernissen ausreichend Rechnung tragen kann und das Gesetz insoweit vor Überalterung geschützt bleibt.[522] Allerdings begünstigt dies mitunter auch eine aus-

---

[515] Vgl. *Niebling* WM 1992, 845 (851); *Hansen* VersR 1988, 1110.

[516] BGH VersR 1996, 743 (744 f.).

[517] BGH VersR 2010, 950 (951); VersR 2000, 1377 f.; NJW 1998, 309 (310); NJW 1997, 2752; NJW-RR 1993, 430 (431); ZIP 1998, 2097 (2098); ZIP 1997, 2151 (2152); ZIP 1997, 2153; ZIP 1996, 1079 (1080); ZIP 1994, 21 f.; ZIP 2011, 1299 (1300); WM 2001, 563; WM 2000, 2307 (2308); BGHZ 124, 254 (256); BGHZ 93, 358 (364 f.); *Nobbe* WM 2008, 185 f.; *Drygala* DZWir 1994, 383 (384); *Niebling* BB 1978, 1713 (1717); *Köndgen* NJW 1996, 558 (562 f.); *Derleder/Metz* ZIP 1996, 573 (578); *Hasselbach* ZIP 1996, 1457 (1459); *Brandner* MDR 1999, 6 (7); *Krüger* MDR 1999, 1402 (1410 f.); *ders./Bütter* WM 2005, 673 f.; zu zwei Ausnahmefällen BGH NJW 1998, 383 f.; OLG Celle WM 1998, 651 (652).

[518] Vgl. BGH ZIP 2003, 350 (351); WM 1996, 335 (336).

[519] KG VersR 1993, 557 (558); OLG Hamm VersR 1989, 1181 (1182); OLG Köln VersR 1986, 1186 (1187).

[520] BGH VersR 1982, 746 (747); *Rassow* VersR 1983, 893 (898 f.).

[521] Vgl. *Choi* S. 51; hierzu AG Hamburg VersR 1987, 456 (457); LG Stuttgart VersR 1978, 1132; *Hübner* VersR 1987, 457.

[522] *Medicus* NJW 2000, 2921 (2926 f.).

ufernde Anwendung der Generalklausel.[523] Ebenso wie bei der aufsichtsbehördlichen Generalklausel des § 81 VAG, derzufolge die Aufsicht auf die ausreichende Wahrung der Belange der Versicherten zu achten und insofern ebenfalls unangemessene Benachteiligungen abzuwehren hat,[524] stellt sich insofern die Frage nach der Reichweite der Kontrolle. Dabei ist zu beachten, dass die jeweils verwendeten unbestimmten Rechtsbegriffe der vollen gerichtlichen Überprüfung unterliegen. Aufgrund einer sehr umfangreichen Rechtsprechung der Zivilgerichte hat die Unangemessenheit im Sinne von § 307 Abs. 1 Satz 1 BGB eine weitgehende Konkretisierung erfahren, die auch für die behördliche Kontrolle fruchtbar gemacht werden kann.[525] Dabei sind für Verbraucherverträge auch die Wertungen der EU-Richtlinie über missbräuchliche Klauseln in Verbraucherverträgen, namentlich der Anhang der Richtlinie mit seiner beispielhaften Auflistung von Klauseln, die missbräuchlich sein können, zu berücksichtigen,[526] wenngleich auf Grund deren Unverbindlichkeit[527] der deutsche Gesetzgeber davon abgesehen hat, die Liste ausdrücklich in das Gesetz aufzunehmen.[528] Dass eine Klausel im Anhang der Richtlinie aufgeführt ist, führt für sich genommen noch nicht zwangsläufig zur Annahme der Unwirksamkeit.[529] Diese muss vielmehr erst definitiv festgestellt werden.

94 Es ist eine umfassende **Interessenabwägung** vorzunehmen,[530] wobei die mit einer Inhaltskontrolle intendierte Sicherstellung und Förderung von Vertragsgerechtigkeit mit dem Interesse des AGB-Verwenders an einer unkomplizierten Vertragsgestaltung und -abwicklung in Einklang zu bringen ist.[531] Zu berücksichtigen sind alle rechtlich anerkennenswerten Interessen, namentlich Gesichtspunkte eines kollektiven Risikoausgleichs[532] bzw. kollektive Gesamtinteressen[533] und das Gleichbehandlungsgebot, das im Versicherungsrecht spezielle Ausprägungen gefunden hat.[534] Für private Versicherungsunternehmen tritt über § 307 BGB eine Drittwirkung der Grundrechte ein.[535] Entsprechendes gilt in Bezug auf europarechtliche

---

[523] *Littbarski* NJW 2001, 3315 (3317).

[524] Zu den korrespondierenden Anforderungen s. BVerwG VersR 1981, 221 (223); *Römer,* Der Prüfungsmaßstab bei der Mißstandsaufsicht nach § 81 VAG und der AVB-Kontrolle nach § 9 AGBG, S. 9ff.

[525] Vgl. *Römer,* Der Prüfungsmaßstab bei der Mißstandsaufsicht nach § 81 VAG und der AVB-Kontrolle nach § 9 AGBG, S. 21f.

[526] EuGH ZIP 2000, 1165 (1166); *Heinrichs* NJW 1998, 1447 (1454f.); 1996, 2190 (2196f.); *A. Fuchs* in Ulmer/Brandner/Hensen BGB § 307 Rn. 399.

[527] *Ulmer* EuZW 1993, 337 (345); *Heinrichs* NJW 1993, 1817 (1821); *Eckert* WM 1993, 1070 (1076); *Nassall* JZ 1995, 689 (691); s. auch *Guillen* VuR 1996, 309 (322).

[528] Zur Notwendigkeit einer Umsetzung vgl. EuGH EuZW 2002, 465 (466); *Pfeiffer* EuZW 2002, 467 (468).

[529] EuGH EuZW 2002, 465 (466).

[530] *Römer,* Der Prüfungsmaßstab bei der Mißstandsaufsicht nach § 81 VAG und der AVB-Kontrolle nach § 9 AGBG, S. 21; *Brors* ZIP 1998, 1663 (1664).

[531] *v. Hoyningen-Huene* Rn. 188.

[532] *A. Fuchs* in Ulmer/Brandner/Hensen BGB § 307 Rn. 135 und 137; *Pfeiffer* in Wolf/Lindacher/Pfeiffer BGB § 307 Rn. 171; *Scherpe* S. 362.

[533] BGH WM 2011, 263 (268.) bzgl. Bausparkassen; *Bruns* in Langheid/Wandt Vor §§ 307–309 BGB Rn. 77; *Löbbert* S. 136, 143f. und 153; *Präve* VersR 2012, 657 (663f.); s. auch *Scherpe* S. 307f.

[534] Vgl. § 11 Abs. 2, §§ 11d, 12 Abs. 4 und 5, §§ 21, 81 Abs. 2 S. 4 VAG sowie § 19 Abs. 1 Nr. 2, § 20 Abs. 2 und § 33 Abs. 5 AGG.

[535] *Pfeiffer* in Wolf/Lindacher/Pfeiffer BGB § 307 Rn. 176.

Normen[536]. Die Vorschrift ist damit auch Einfallstor für die Rechtsprechung des Bundesverfassungsgerichts zur Vertragsparität. Besondere Berücksichtigung bedarf danach die grundrechtliche Gewährleistung der Privatautonomie in Art. 2 Abs. 1 GG, die einem Vertrag entgegensteht, der einen der beiden Vertragspartner ungewöhnlich stark belastet und das Ergebnis strukturell ungleicher Verhandlungsstärke ist.[537] Die Grundrechte bleiben danach Richtlinie, die mittelbar eine Korrektur von Verträgen erzwingt, die als Mittel der Fremdbestimmung dienen. In dieser Zielrichtung finden sie eine Entsprechung nicht nur in §§ 138, 242 BGB, sondern auch in § 307 BGB, da auch diese Vorschrift auf Vertragsgerechtigkeit abzielt. Dabei können auch Gesichtspunkte der Gleichbehandlung im Rahmen von Art. 3 Abs. 1 GG Bedeutung erlangen, wobei zu berücksichtigen ist, dass eine gewisse Typisierung und Generalisierung notwendig sein kann.[538] Schließlich kann auch die Unlauterkeit einer Geschäftspraxis einen Anhaltspunkt für eine unangemessene Benachteiligung bieten, wenngleich diese AGB-rechtlich keine zwingende Voraussetzung darstellt.[539]

95 Eine unangemessene Benachteiligung ist gegeben, wenn die Benachteiligung des Vertragspartners nicht durch berechtigte Interessen des Verwenders gerechtfertigt ist oder durch gleichwertige Vorteile ausgeglichen wird.[540] Die bloße Erleichterung der Geschäftsabwicklung vermag eine unangemessene Benachteiligung nicht zu rechtfertigen.[541] Auch genügt der Hinweis nicht, eine Regelung sei Ausdruck des Versicherungsprinzips im Sinne einer Äquivalenz zwischen Beitrags- und Versicherungsleistung[542] bzw. eine aufgrund einer möglichen Unwirksamkeit notwendige Neukalkulation des Versicherers wirke sich auf das Versichertenkollektiv aus.[543] Rechtlich ist aber im Grundsatz das Interesse des Versicherers an einer Begrenzung des Kostenrisikos sowie das Interesse der Gesamtheit der Versicherten an bezahlbaren Prämien beachtlich.[544] Zur Begründung einer Unwirksamkeit ist eine Benachteiligung von einigem Gewicht zu fordern.[545] Geringfügige und unwesentliche Benachteiligungen sind vom Vertragspartner hinzunehmen.[546] So stellt nicht jede Schmälerung des Versicherungsschutzes bereits eine unangemessene Benachteiligung dar.[547] Dass eine Klausel alleine dem Interesse des Versicherers dient, begrün-

---

[536] BGH VersR 2005, 1228 (1229); 2005, 1270 (1272).

[537] Vgl. BVerfG VersR 2005, 1109 (1117); 2005, 1127 (1131); NJW 1994, 36 (38f.); s. hierzu ferner *Bäuerle* VuR 2005, 401 (402f.); *Mülbert* WM 2007, 1149 (1158f.); *Singer* JZ 1995, 1133 (1138); *Kiethe/Groeschke* BB 1994, 2291 (2293); *Spieß* DVBl 1994, 1222 (1227f.); *Knops* VuR 1998, 107 (110ff.); kritisch *Adomeit* NJW 1994, 2467f.; *Rittner* NJW 1994, 3330f.; *Eschenbach/Niebaum* NVwZ 1994, 1079 (1080f.); s. auch LG Hamburg VersR 1998, 225 (226) und sehr weitgehend *v. Hippel* BB 1998, 1606 (1607).

[538] BGH VersR 2004, 183 (184).

[539] EuGH ZIP 2012, 2022 (2025).

[540] *Wolf* in Wolf/Lindacher/Pfeiffer BGB § 307 Rn. 75.

[541] BGH VersR 1993, 313 (314f.).

[542] In diese Richtung gehend allerdings BGH VersR 1999, 710 (712).

[543] *Scherpe* S. 306.

[544] BGH VersR 2004, 1037 (1038f.); 2004, 1039 (1040); 1999, 710 (712).

[545] BGH VersR 2001, 576 (577); 1996, 322 (323); *A. Fuchs* in Ulmer/Brandner/Hensen BGB § 307 Rn. 128; *v. Hoyningen-Huene* Rn. 143; *Römer* NVersZ 1999, 97 (102).

[546] *Pfeiffer* in Wolf/Lindacher/Pfeiffer BGB § 307 Rn. 177; s. auch BGH VersR 2000, 709 (710f.); NJW 1994, 318 (319).

[547] BGH VersR 1996, 322 (323); VersR 1991, 175 (176).

det für sich genommen das Verdikt der Unwirksamkeit ebenso wenig.[548] Die Inhaltskontrolle zielt nämlich **nicht** auf eine vom Standpunkt des Versicherungsnehmers **optimale Gestaltung** der AGB.[549] Insofern kommt es nur darauf an, dass der Versicherer nicht einseitig eigene Interessen auf Kosten des Versicherungsnehmers durchzusetzen versucht, ohne von vornherein auch dessen Belange hinreichend zu berücksichtigen.[550] Ein Spielraum für Pauschalierungen muss dem Versicherer zugestanden werden.[551] Der Schutz des Rechtsverkehrs kann allerdings eine Unwirksamkeit von Klauseln auch dann gebieten, wenn sie den einzelnen Kunden des AGB-Verwenders nicht sehr erheblich belasten.[552]

96 Auszugehen ist von einer **überindividuellen-generalisierenden** und typisierenden Betrachtungsweise.[553] Diese eröffnet auch die Möglichkeit, das Interesse des Versichertenkollektivs in die Bewertung mit einzubeziehen.[554] Damit mag das oftmals gleichlaufende Interesse des Versicherers verstärkt werden, was aber nicht zwingend ist, da das Kollektiv erst einmal unabhängig von dem Versicherer und seiner Interessenlage zu sehen ist. Eine Berücksichtigung sollte dabei sinnvollerweise bei der notwendigen Feststellung der für eine Klausel streitenden Interessen und ihrer Gewichtung erfolgen. Per se ist hierfür nicht, wie dies mitunter in der Literatur[555] vertreten wird, „ein deutliches und nachweisbares Interesse der Versichertengemeinschaft" Voraussetzung. Vielmehr ist jedwedes Interesse, sofern eine Erheblichkeit gegeben ist, in den Blickwinkel zu nehmen. Bei der Gewichtung der regelmäßig unterschiedlichen Interessen ist sodann eine Bewertung vorzunehmen, die letztlich das Unwirksamkeitsverdikt begründen oder ausschließen mag. Dabei ist auch zu prüfen, ob die Nachteile einzelner Versicherungsnehmer so schwerwiegend sind, dass dem Aspekt des Kollektivs keine ausschlaggebende Bedeutung beigemessen werden kann.[556] Das bleibt Abwägungsfrage ebenso wie etwa die Hinnahme einer unmaßgeblichen Beeinträchtigung der Interessen einzelner Versicherungsnehmer zugunsten der übrigen Versicherungsnehmer. Hingegen besteht kein Grund, (erst) wenn die Unwirksamkeit indiziert ist, eine zusätzliche Berücksichtigung der Kollektivinteressen zu erwägen.[557] Dagegen spricht bereits, dass die Kollektivinteressen in ihrer Wertigkeit nicht von den übrigen berücksichtigungswürdigen Interessen zu trennen sind, also weder als vor- noch als nachgelagert erscheinen. Insofern kann auch nicht davon gesprochen werden, dass für die Inhaltskontrolle von AVB ein abweichender Maßstab gelten würde.[558] Die Berücksichtigung aller relevanten Interessen entspricht vielmehr dem Gebot der Vertragsgerechtigkeit, dessen Ausfluss die AGB-rechtlichen Vorschriften generell sind. Es lässt sich auch nicht feststellen, dass dies, wie ebenfalls vertreten wird, zu einer „weniger streng" zu handhabenden Inhalts-

---

[548] BGH VersR 2004, 1037 (1038); VersR 2000, 709 (710).
[549] BGH VersR 1986, 257 (258).
[550] BGH VersR 2004, 1037 (1038).
[551] BGH VersR 1999, 710 (712f.).
[552] Vgl. BGH ZIP 1994, 21 (23); *A. Fuchs* in Ulmer/Brandner/Hensen BGB § 307 BGB Rn. 129 und 131; *Römer* NVersZ 1999, 97 (102).
[553] BGHZ 105, 24 (31).
[554] *Bruns* in Langheid/Wandt Vor §§ 307–309 BGB Rn. 77.
[555] *Scherpe* S. 307.
[556] *Scherpe* S. 308.
[557] So allerdings *Scherpe* S. 307.
[558] *Scherpe* S. 328f.

kontrolle[559] und zu einer „Relativierung“ von Individualinteressen „zu Gunsten des kollektiven Leitbildes“ führen würde.[560] Die Einbeziehung der kollektiven Ebene kann vielmehr genauso gut zur Bekräftigung der Individualpositionen der einzelnen Versicherten führen wie zu einer anderen Gewichtung, nämlich zu einer Begrenzung der Abdeckung des Risikos des einzelnen Versicherten zu Gunsten des Interesses an einer funktionierenden Versichertengemeinschaft.[561]

97 Zu berücksichtigen sind auch **individuelle** Umstände des konkreten Einzelfalls, namentlich die Gewährung zusätzlicher Informationen bei Vertragsschluss[562] wie etwa das Produktinformationsblatt gemäß § 4 VVG-InfoV[563], aber auch ein erkennbar abweichender Erfahrungs- oder Erkenntishorizont des Versicherungsnehmers.[564] Soweit es sich um Verbraucherverträge handelt, wird ein entsprechender Prüfungsmaßstab durch § 310 Abs. 3 Nr. 3 BGB vorgegeben.[565] Dies kommt freilich nur im Individualprozess in Betracht[566] und bedeutet hier weder zwingend eine Abschwächung noch eine Verschärfung der Inhaltskontrolle.[567] Unmaßgeblich ist allerdings, ob die Umstände beim Vertragsschluss für oder gegen den Versicherungsnehmer streiten. Weder dem BGB noch der insoweit maßgeblichen EU-Richtlinie über missbräuchliche Klauseln in Verbraucherverträgen ist ein anderes Verständnis zu entnehmen. Im Verbandsprozess müssen auf Grund dessen überindividueller Ausrichtung tatsächliche Umstände außerhalb der AVB grundsätzlich außer Betracht bleiben.[568] Nicht entscheidend ist ferner die tatsächliche Handhabung von AVB durch den Versicherer, wenn den AVB selber eine unangemessene Benachteiligung des Versicherungsnehmers zu entnehmen ist.[569]

98 Maßgeblich für die Beurteilung, ob eine Unwirksamkeit nach § 307 BGB gegeben ist, ist der **Zeitpunkt** des Vertragsschlusses, was für Verbraucherverträge in Art. 4 Abs. 1 der EU-Richtlinie über mißbräuchliche Klauseln in Verbraucherverträgen ausdrücklich festgelegt ist, aber auch darüber hinaus gilt. Das schließt bei Feststellung eines bereits früher vollzogenen Wandels der Beurteilung eine „Rückwirkung“ von Rechtsprechung nicht aus.

Die Bewertung ist **für jede einzelne Klausel** vorzunehmen, wenngleich deren Einbettung in den Gesamtvertrag zu berücksichtigen ist.[570] So kann eine für sich genommen noch hinnehmbare Klausel unwirksam sein, wenn sie durch eine an-

---

559 So aber *Bruns* in Langheid/Wandt Vor §§ 307–309 BGB Rn. 77; *Scherpe* S. 329f.

560 So aber *Scherpe* S. 329f.

561 Treffend *Scherpe* S. 317.

562 *Wolf/Ungeheuer* JZ 1995, 176 (178); *Schmidt-Salzer* VersR 1995, 1261 (1263); *Römer* NVersZ 1999, 97 (104); *Beckmann* ZEuP 1999, 809 (826); *Rehberg* S. 88.

563 *Pohlmann/Schäfers* in Looschelders/Pohlmann VVG-InfoV § 4 Rn. 35.

564 *Evermann* S. 113.

565 Kritisch hierzu *Drexl* S. 355f.

566 Vgl. *Pfeiffer* in Wolf/Lindacher/Pfeiffer BGB § 307 Rn. 79; *Eckert* ZIP 1996, 1238 (1240); *Heinrichs* NJW 1996, 2190 (2194); noch abweichend zur alten Rechtslage BGH ZIP 1997, 1957 (1960).

567 *A. Fuchs* in Ulmer/Brandner/Hensen BGB § 307 Rn. 410; aA *Eilfort* S. 69; *Börner* JZ 1997, 595 (599ff.) unter Hinweis auf vom AGB-Verwender gewiesene Ausweichmöglichkeiten für den Verbraucher.

568 BGH VersR 1999, 741 (742); problematisch BGH VersR 1996, 485 (486); 1996, 741 (742), der dies in zwei Fällen zu Unrecht auch auf die Bestimmung der AGB-Eigenschaft selber erstreckt hat.

569 Anders *Nies* NVersZ 1999, 241 (243, 247).

570 EuGH NJW 2013, 987 (989); BGH NJW-RR 1990, 1075.

dere derart verstärkt wird, dass beide als unwirksam zu betrachten sind. Hinsichtlich der Verwendung von AVB gegenüber Unternehmern ist zu beachten, dass die Wertungen der insoweit nicht anwendbaren §§ 308, 309 BGB (vgl. § 310 Abs. 1 S. 1 BGB) Eingang in die Inhaltskontrolle nach § 307 BGB finden können.[571]

99 Nachteile einer Klausel oder des Gesamtvertrags können unter bestimmten Voraussetzungen **kompensiert** werden, indem der AGB-Verwender dem anderen Vertragsteil rechtliche Vorteile einräumt.[572] Eine derartige Kompensation macht eine entsprechende Klausel allerdings nur dann wirksam, wenn es sich um sachlich zusammengehörende Regelungen handelt, die zueinander in einem Wechselverhältnis stehen. Nur in diesem Fall ist gewährleistet, dass einer unangemessen benachteiligenden Klausel ihre rechtliche Wirkung genommen wird.[573] Ein hinreichender Ausgleich ist namentlich gegeben, wenn in den AGB „Waffengleichheit" hergestellt wird.[574] Im Falle kollektiv ausgehandelter AGB soll auch darüber hinaus ein Ausgleich von Nachteilen in Betracht kommen.[575]

Nicht relevant sind **Wahlmöglichkeiten,** die sich dem Versicherungsinteressenten auf Grund der Wettbewerbssituation bieten, namentlich wenn der unangemessenen Klausel eines bestimmten Versicherers angemessene Klauseln bei anderen Versicherungsunternehmen gegenüberstehen. Maßgeblich ist allein das Bedingungswerk des jeweiligen Versicherers. Die Möglichkeit des Ausweichens auf andere Versicherer dürfte für den Betreffenden hinsichtlich einzelner Klauseln ohnehin nicht transparent sein.[576] Zudem kann der Wettbewerb selber keinen hinreichenden Verbraucherschutz gewährleisten.[577]

100 Bei der Beurteilung der Angemessenheit wird dem Interesse der **Versichertengemeinschaft** Bedeutung auch bei der Frage der Kompensation beizumessen sein. Klauseln, die sich vorrangig mit diesem Interesse rechtfertigen lassen, bedürfen einer Kompensation ungleich weniger als Klauseln, die einseitig Verwenderinteressen entsprechen.[578] Kein maßgeblicher Umstand ist der Hinweis auf die Prämienkalkulation des Versicherers. Auch wenn hierdurch die Versichertengemeinschaft als Ganzes berührt ist, so kann dies nicht einer aus anderen Gründen gegebenen Unwirksamkeit mit Erfolg entgegengehalten werden, da der Versicherer seine Prämien stets so zu kalkulieren hat, dass sie nicht in Widerspruch zu Treu und Glauben geraten.[579]

101 Ob und in welchem Umfang der **Prämienhöhe** Bedeutung bei der Frage nach einer angemessenen Kompensation zukommt, kann, soweit es sich um Verbraucherverträge handelt, nicht ohne Rückgriff auf die EU-Richtlinie über missbräuchliche Klauseln entschieden werden. Gemäß Erwägungsgrund 19 der Richt-

---

[571] Vgl. *A. Fuchs* in Ulmer/Brandner/Hensen BGB § 307 Rn. 382 ff.; kritisch *Wolf*, FG 50 Jahre BGH, Bd. 1, 2000, 111 (122).

[572] Vgl. BGH NJW 1991, 1886 (1888); 2414 (2415); *Niebling* BB 1992, 717 (719 f.); *Wolf* in Wolf//Lindacher/Pfeiffer BGB § 307 Rn. 215.

[573] *A. Fuchs* in Ulmer/Brandner/Hensen BGB § 307 Rn. 151; *Pfeiffer* in Wolf//Lindacher/Pfeiffer BGB § 307 Rn. 212, 219; aA *v. Hoyningen-Huene* Rn. 172 ff.

[574] *Pfeiffer* in Wolf/Lindacher/Pfeiffer BGB § 307 Rn. 222.

[575] Vgl. *Heinrichs* NJW 1993, 1817 (1820 mwN).

[576] Vgl. *v. Hoyningen-Huene* Rn. 178; relativierend *Börner* JZ 1997, 595 (600).

[577] *Bunte* BB 1980, 325 (330); *Adams* BB 1989, 781 (786 ff.).

[578] Vgl. *v. Hoyningen-Huene* Rn. 221; relativierend *Börner* JZ 1997, 595 (600).

[579] BGH VersR 1982, 482 (484); OLG Frankfurt a. M. VersR 1995, 449 (452); LG Hamburg VuR 1997, 167 (172).

linie sollen Klauseln nicht als missbräuchlich beurteilt werden, in denen das versicherte Risiko und die Verpflichtung des Versicherers deutlich festgelegt oder abgegrenzt wird, sofern diese Einschränkungen bei der Berechnung der Prämie Berücksichtigung finden. Im Rahmen einer gemeinschafts- und damit richtlinienkonformen Auslegung wird dieser Erwägungsgrund in die Beurteilung einzufließen haben. Eine gesetzliche Ausprägung hat dieser Gedanke bei § 8 Abs. 3 VVG aF gefunden, wonach für bestimmte (Alt-) Verträge eine langfristige Vertragsbindung durch einen Prämienrabatt ausgeglichen wird. Es entspricht bisherigem Verständnis von Rechtsprechung und Literatur, dass ein geringerer Preis unbeschadet dessen keine Rechtfertigung für unangemessene AGB sein kann. Der Preis hat danach grundsätzlich außer Betracht bei der Frage der Angemessenheit der AGB zu bleiben.[580] AGB müssen folglich unabhängig vom Preis mit Treu und Glauben vereinbar sein.[581] Auch für Versicherungsverträge gilt insofern nichts grundsätzlich anderes. Daran vermag auch der zitierte Erwägungsgrund nichts zu ändern.[582]

102 Die **Interessen Dritter** werden durch § 307 BGB nicht geschützt. Daher haben sie bei der Inhaltskontrolle grundsätzlich außer Betracht zu bleiben.[583] Als Dritte sind dabei diejenigen Personen anzusehen, die keine Rechte aus dem Vertrag ableiten können. Dazu zählt namentlich der Erbe des Versicherungsnehmers in der Lebensversicherung, soweit dieser im Gegensatz zu dem Bezugsberechtigten bzw. Inhaber des Versicherungsscheins nicht unmittelbar aus dem Vertrag berechtigt ist.[584] Versicherte Personen sind keine Dritte, wenn auch sie aus dem Vertrag Rechte herleiten können oder durch diesen unmittelbar berechtigt sind.[585] Deren Interessen sind daher unter der genannten Voraussetzung zu berücksichtigen.

103 Keine grundsätzlichen Bedenken bestehen unter Gesichtspunkten des § 307 BGB gegen die formularmäßig dem Versicherungsnehmer abverlangte Erklärung über die **Entbindung von der Schweigepflicht.**[586] Die Entbindung von der Schweigepflicht soll der Überprüfung der Risikoverhältnisse vor Vertragsschluss sowie der Prüfung der Leistungspflicht des Versicherers dienen.[587] Diesen berechtigten Interessen des Versicherers stehen keine Nachteile des Versicherungsnehmers gegenüber, die das Verdikt der Unangemessenheit rechtfertigen könnten. Bei der Abfassung der entsprechenden Klauseln werden allerdings die datenschutzrechtlichen Vorschriften unter Einbeziehung von § 213 VVG zu beachten sein, deren Verletzung eine Unwirksamkeit nach § 307 Abs. 2 Nr. 2 BGB indiziert. Darüber hinaus ist auf den informationellen Selbstschutz der Versicherten Rücksicht zu nehmen,

---

[580] S. nur BGH VersR 1993, 312 (314f.); OLG München NJW-RR 1996, 434 (435); *Schwintowski* VuR 2001, 334 (335).

[581] BGH VersR 1982, 482 (484); *Pfeiffer* in Wolf/Lindacher/Pfeiffer BGB § 307 Rn. 224; *A. Fuchs* in Ulmer/Brandner/Hensen BGB § 307 Rn. 145; *v. Hoyningen-Huene* Rn. 179f.

[582] Vgl. *Remien* ZEuP 1994, 34 (64); aM *Fausten* VersR 1999, 413 (416ff.); offen gelassen bei *Beckmann* ZEuP 1999, 809 (827f.).

[583] OLG München VersR 1999, 960 (961); *v. Hoyningen-Huene* Rn. 148; *A. Fuchs* in Ulmer/Brandner/Hensen BGB § 307 Rn. 133.

[584] BGH VersR 1982, 746 (747); s. auch OLG Celle NJW 1998, 82 (84); VersR 1986, 1186 (1187).

[585] BGH VersR 2008, 1524 (1525); BGH VersR 2003, 1161 (1162); 2001, 714 (715); 1999, 1390 (1391); *Reinecke* RdA 2005, 129 (142) zur betrieblichen Altersversorgung.

[586] OLG Celle VersR 2004, 317 (318f.); OLG Hamburg VersR 1994, 1170; *Eberhardt/Kerst* VersR 2004, 896 (897f.).

[587] Vgl. VerBAV 1989, 345; VerBAV 1992, 298.

indem dem Versicherungsnehmer alternative, ggf. gebührenpflichtige Vorgehensweisen freigestellt werden.[588]

104 Für die sogenannte **Einwilligungsklausel** nach dem Bundesdatenschutzgesetz gilt nichts anderes. Sie befähigt den Versicherer, die Vertragsverhältnisse korrekt, schnell und wirtschaftlich abzuwickeln. Gleichzeitig ermöglicht sie dem Versicherer zur Risikobeurteilung, aber auch zur Verhinderung von Versicherungsmissbrauch Nachfrage bei zentralen Verbandsdateien zu halten.[589] Sofern datenschutzrechtliche Vorschriften einschl. § 213 VVG beachtet werden, begegnet der Einsatz derartiger Klauseln keinen Einwänden unter dem Gesichtspunkt von § 307 BGB.[590]

105 Der Versicherer kann sich vom Versicherungsnehmer nicht bedingungsgemäß das **Einverständnis zu telefonischer Information** und Beratung geben lassen. Hierzu bedarf es des ausdrücklichen Einverständnisses des Betroffenen, soweit es sich bei diesem um einen Verbraucher handelt (§ 7 Abs. 2 Nr. 2 UWG).[591] Dies ist auf Grund der besonders schwerwiegenden Beeinträchtigung der verfassungsrechtlich geschützten Privatsphäre des Angerufenen gerechtfertigt. Dass die Einverständniserklärung frei widerruflich ausgestaltet ist, ändert nichts an dieser Wertung.[592] Zu achten ist dabei auf eine ausreichende Konkretisierung, auf welche Werbeinhalte sich die Einwilligung beziehen und wer zur Werbung ermächtigt werden soll.[593]

106 Die in AVB enthaltene Klausel, die Versicherungsnehmer müssten für den Prämieneinzug eine **Lastschriftermächtigung** erteilen, stellt ebenfalls keine unangemessene Benachteiligung dar. Für den Versicherer hat das Lastschriftverfahren Rationalisierungsvorteile, denen auf Seiten des Versicherungsnehmers keine Nachteile gegenüberstehen, die eine Unvereinbarkeit mit § 307 BGB begründen können.[594] Zu den Vorteilen für den Versicherer gehört, dass er den Einzug in den Händen hält und auf diese Weise selber für einen rechtzeitigen Zahlungseingang Sorge tragen kann, was auch für die Versicherungsnehmer insofern vorteilhaft sein kann, als dass Zahlungsverzug wegen versehentlich unterbliebener Zahlung nicht eintreten kann. Dass der Versicherungsnehmer verpflichtet wird, ein Bankkonto zu unterhalten, ist angesichts der entsprechenden, allgemein verbreiteten Übung keine Beschwer.[595] Dass der Kontoinhaber für ausreichende Deckung zu sorgen hat, beschwert denselben jedenfalls im Rahmen eines regelmäßig zu zahlenden Betrags wie im Falle der Versicherungsprämie ebenso wenig.[596] Dass der Versicherungsnehmer im Falle der Einzugsermächtigung das Insolvenzrisiko des Versicherers trägt, sofern dieser unbe-

---

[588] BVerfG VersR 2006, 1669 (1672); hierzu *Wallrabenstein/Przygoda* VuR 2007, 190 (191); *Egger* VersR 2007, 905 (910); s. ferner einerseits *Schwintowski* VuR 2004, 242 (243 ff.); *Borchert* NVersZ 2001, 1 (3 f.) und andererseits *Eberhardt/Kerst* VersR 2004, 896 (897 f.).

[589] Vgl. VerBAV 1990, 75.

[590] OLG Celle VersR 2004, 317 (318 f.); *Hoeren* VersR 2005, 1014 (1020 f.).

[591] S. ferner BGH ZIP 2000, 1113 (1115); WM 1999, 841 (843); VersR 2001, 315 (316); VersR 1999, 710 (713); VersR 1999, 971 (972); VersR 1995, 1095 f.; VersR 1990, 634 (635); *Möllers* JZ 1999, 1122 (1123); *ders.* JZ 2001, 102 (103); s. auch LG München I VuR 2001, 229 (230 f.).

[592] So bereits BGH VersR 2000, 864 (866); VersR 1999, 710 (713); VersR 1999, 971 (973); WM 1999, 841 (843); so auch LG München I VuR 2001, 229 (231); s. ferner LG Stuttgart VersR 1999, 179 (180).

[593] BGH ZIP 2012, 2064 (2071) zu AGB von Energieversorgungsunternehmen.

[594] Vgl. BGH WM 1996, 335 (336 ff.); aA OLG Koblenz NJW-RR 1994, 689 (691 f.).

[595] Vgl. BGH WM 1996, 335 (336 f.).

[596] Vgl. BGH WM 1996, 335 (338).

rechtigt Forderungen einzieht und dann zahlungsunfähig wird, ist kein Umstand, der eine anderweitige Bewertung rechtfertigt.[597] Die Versicherungsunternehmen unterliegen einer umfassenden Aufsicht, die sowohl der Abwehr unberechtigter Forderungen der Versicherer als auch vornehmlich der Verhinderung von Insolvenzen dient.[598] Bereits dieser Umstand rechtfertigt es, die genannten Risiken als derart minimal anzusehen, dass ihnen kein entscheidendes Gewicht zukommen kann.

107 Die bedingungsgemäß vorgesehene **Vollmacht** des Bezugsberechtigten bzw. des Inhabers des Versicherungsscheins, nach dem Tod des Versicherungsnehmers in der Lebensversicherung Willenserklärungen des Versicherers entgegenzunehmen, begegnet keinen Bedenken. Eine derartige Bestimmung dient dem Vertragszweck und entspricht damit den Interessen des Versicherers und des Versicherungsnehmers gleichermaßen. Beide Vertragspartner müssen nämlich ein besonderes Interesse daran haben, dass geklärt ist, wer nach dem Tod des Versicherungsnehmers der legitimierte Erklärungsempfänger ist.[599]

108 Eine sogenannte **Inhaberklausel,** die vorsieht, dass der Versicherer den Policeninhaber als berechtigt ansehen kann, über die Rechte aus dem Versicherungsvertrag zu verfügen, insbesondere Leistungen in Empfang zu nehmen, benachteiligt den Versicherungsnehmer nicht unangemessen. Dabei ist zu berücksichtigen, dass es zu Leistungen des Versicherers bzw. zu Verfügungen des Policeninhabers nur kommen kann, wenn der Versicherungsnehmer selber den Versicherungsschein weitergegeben hat. Kennt der Versicherer die mangelnde Verfügungsberechtigung des Policeninhabers, greift die Legitimationswirkung der Urkunde zudem nicht ein.[600] Klauseln, die den Versicherten nach Eintritt des Versicherungsfalls zu **Auskünften** und zur Vorlage von Belegen verpflichten, sind als Ausfluss der Regelung des § 34 VVG unbedenklich.[601]

109 Das sogenannte **Zillmerverfahren** in der Lebensversicherung begegnet – unter bestimmten Prämissen – hinsichtlich seiner vertragsrechtlichen Auswirkungen keinen Bedenken. Bei diesem Verfahren werden die ersten Beiträge zur Tilgung von Abschlusskosten herangezogen. Der zu tilgende Betrag ist dabei auf 4% der während der Laufzeit des Vertrages zu zahlenden Beiträge beschränkt. Das Verfahren hat zur Folge, dass in der Anfangszeit nur ein geringer Rückkaufswert und nur eine geringe beitragsfreie Versicherungssumme vorhanden sind, worin eine unangemessene Benachteiligung gesehen wird, wenn nicht ein Mindestwert berücksichtigt wird.[602] Sofern der Versicherer den Versicherungsnehmer – dies beachtend – über diese Folge mit geeigneten Unterlagen aufklärt, kann dies aber nicht beanstandet werden,[603] zumal die Zillmerung aufsichtsrechtlich anerkannt ist.[604] Entsprechendes ist auch für den Bereich der betrieblichen Altersversorgung anzunehmen[605]. Überlagert wird dies für Versicherungsverträge, die seit dem 1. Januar 2008 geschlossen worden sind, von § 169 Abs. 3 S. 1 VVG, der einen Mindestrückkaufswert auf der

---

[597] AA OLG Koblenz NJW-RR 1994, 689 (691f.).

[598] Vgl. nur *H. Müller* ZVersWiss 1999, 297 (315); VerBAV 1998, 136; ZfV 1998, 371.

[599] BGH VersR 1982, 746 (747).

[600] BGH VersR 2000, 709 (710f.).

[601] AG Recklinghausen VersR 2002, 52 (53).

[602] BGH VersR 2013, 213 (216f.); 2012, 1149 (1153f.).

[603] BGH VersR 2001, 841 (844f.); *Brömmelmeyer* S. 197f.; *Präve* VersR 2001, 846 (847f.); 2000, 694 (695); s. auch *Reiff* ZIP 2001, 1059f.

[604] Vgl. § 65 Abs. 1 S. 1 Nr. 2 VAG und § 4 DeckRV.

[605] BAG VersR 2010, 1473 (1478); *Löbbert* VersR 2011, 583 (587f.); *Hopfner* DB 2007, 1810 (1815); *Jaeger* VersR 2006, 1033 (1037); *Hessling* BetrAV 2006, 318 (321f.); *Hartsoe* BetrAV

Basis der Verteilung der Abschluss- und Vertriebskosten auf fünf Jahre vorsieht. Für die seit Mitte/Ende 1994 bis Jahresende 2007 geschlossenen Versicherungsverträge ist auf der Basis höchstrichterlicher Rechtsprechung ebenso von einem Mindestwert auszugehen, der sich auf 50% des ungezillmerten Deckungskapitals[606] bzw. Fondsguthabens[607] beläuft. Entsprechendes gilt für Zillmerabreden in der betrieblichen Altersversorgung.[608] Bei zertifizierten **Altersvorsorgeverträgen** ist gegen eine Klausel, die eine Verteilung der Abschluss- und Vertriebskosten auf die ersten fünf Vertragsjahre vorsieht, auch AGB-rechtlich nichts einzuwenden. Die Regelung entspricht der Vorschrift des § 1 Abs. 1 S. 1 Nr. 8 AltZertG, die insoweit auch Leitbildfunktion für die Ausgestaltung der AGB hat.[609] Der Ausschluss des **Kündigungsrecht**s in der Rentenversicherung mit sofort beginnender Rentenzahlung gegen Einmalzahlung der Prämie stellt keine unangemessene Benachteiligung dar (arg. § 168 Abs. 2 VVG).[610] Eine Klausel, die die schlichte Einbehaltung von Kleinstbeträgen vorsieht, ist jedoch unzulässig.[611]

3. Transparenzgebot

110 AGB haben dem Transparenzgebot nach § 307 Abs. 1 S. 2 BGB zu entsprechen.[612] Das gilt auch im unternehmerischen Verkehr.[613] Die Verpflichtung zur Gestaltung transparenter AGB ergibt sich – auch nach der ausdrücklichen Fixierung in § 307 BGB.[614] – aus weiteren Vorschriften des BGB (§ 305 Abs. 2, § 305c Abs. 1 und 2, § 308 Nr. 1–3 BGB),[615] so dass Überschneidungen nicht auszuschließen sind.[616] Die Transparenz auf der Ebene der Einbeziehung von AGB (§ 305 Abs. 2 BGB) bezieht sich dabei vornehmlich auf die AGB in ihrer **Gesamtheit.** Die Vorschrift des § 305c Abs. 1 BGB hält den AGB-Verwender zur Gestaltung überraschungsfreier AGB an, was ebenso als Ausprägung des Transparenzgebots verstanden werden kann. Ein weiteres Einfallstor zur Herstellung von Transparenz stellt die Unklarheitenregel des § 305c Abs. 2 BGB dar[617].

2006, 323 (331); *Kollroß/Frank* DB 2007, 1146 (1147); aA LAG München DB 2007, 1143 (1145); ArbG Stuttgart VuR 2005, 348 (349); *Reinecke* DB 2006, 555 (562f.); *ders.* RdA 2005, 129 (142); *Rüffert/Schwintowski* VuR 2005, 349 (350); *Schwintowski* VuR 2003, 327 (331f. und 333); differenzierend *Deist/Lange* BetrAV 2008, 26 (32).

[606] BGH VersR 2005, 1565 (1571f.); 2013, 1429 (1431f.).

[607] BGH VersR 2007, 1547 (1548).

[608] *Löbbert* S. 152f., 155ff.

[609] BGH VersR 2013, 88 (89f.).

[610] OLG Koblenz VersR 2007, 1640 (1641) auf der Basis des früheren Rechts.

[611] So BGH VersR 2012, 1149 (1157f.) in Bezug auf Lebensversicherungsverträge.

[612] BGH NJW 1991, 1889; NJW 1992, 179; NJW 1992, 1097 (1098f.); BGHZ 115, 185; *Wolf,* FG 50 Jahre BGH, Bd. 1, 2000, 111 (117); *ders./Ungeheuer* JZ 1995, 176 (180f.) offen gelassen bei BGH WM 2000, 2307 (2308)

[613] *v. Westphalen* NJW 2003, 1635 (1640).

[614] *v. Westphalen* NJW 2002, 12 (17).

[615] S. hierzu nur *Wagner-Wieduwilt* WM 1989, 37 (42); *Schimikowski* r+s 1998, 353 (355ff.); *Nitschke* S. 23ff.

[616] *Pfeiffer* in Wolf/Lindacher/Pfeiffer BGB § 307 Rn. 239; *A. Fuchs* in Ulmer/Brandner/Hensen BGB § 307 Rn. 327; *Köndgen* NJW 1989, 943 (949). Zu einer möglichen Abgrenzung von Unklarheitenregel und Transparenzgebot vgl. *Pilz* ZVersWiss Supplement Jahrestagung 2006, 234 (236f., 245).

[617] Dies stellt besonders *Prölss* r+s 2005, 225 (226) heraus.

111 Die Auffassung, das Transparenzgebot sei nicht **Gegenstand der Inhaltskontrolle,**[618] ist bereits auf dem Boden des früheren AGB-Gesetzes nicht zu halten gewesen, da einer intransparenten AGB unter den noch darzustellenden Voraussetzungen eine unangemessene Benachteiligung nicht abgesprochen werden kann.[619] Mit der ausdrücklichen Fixierung des Gebots in § 307 BGB ist diese Ansicht als endgültig widerlegt anzusehen. Die Generalklausel ist insoweit in Übereinstimmung mit der EU-Richtlinie über missbräuchliche Klauseln in Verbraucherverträgen[620] der richtige Anknüpfungspunkt. Ziel ist die Ermöglichung selbstbestimmter Entscheidungen,[621] weshalb das Transparenzgebot vollumfänglich sowohl im Individual- als auch im Verbandsprozess zum Zuge kommt.[622] Daran vermögen auch Art. 5 S. 2 und der korrespondierende Erwägungsgrund der Richtlinie nichts zu ändern, die Unklarheiten von Klauseln auch zum Gegenstand der Auslegung machen. Es genügt nämlich grundsätzlich nicht, lediglich eine bloße Auslegung nach Maßgabe der Unklarheitenregel vorzunehmen. Der in der fehlenden Transparenz einer Klausel liegenden Gefahr, dass sich AGB-Verwender im Geschäftsverkehr Unklarheiten zunutze machen, lässt sich wirksam nur begegnen, wenn die Betreffenden angehalten werden können, an die Stelle unklarer oder unverständlicher Formulierungen klare und verständliche Regelungen zu setzen. Letztlich wird erst hiermit der Richtlinie zu praktischer Wirksamkeit verholfen. Die Klarheit und Überschaubarkeit in den AGB ist zum einen auf die Information des Kunden über seine Rechte und Pflichten und zum anderen auf die Preisinformation zur Beurteilung des Preis-Leistungsverhältnisses bezogen.

Das Transparenzgebot gilt auch dann, wenn AGB **nicht schriftlich formuliert** sind. Zwar enthält Art. 5 Abs. 1 der EG-Richtlinie über mißbräuchliche Klauseln in Verbraucherverträgen ein Transparenzerfordernis ausdrücklich nur für schriftlich niedergelegte Klauseln. Diese Regelung ist allerdings weit auszulegen, so dass sie auch elektronisch (etwa via Internet) übermittelte Bedingungen erfasst. Unbeschadet dessen lässt sich aus § 307 Abs. 1 S. 2 BGB keine wie auch immer gestaltete Beschränkung in dieser Hinsicht ableiten, was auch unproblematisch ist, da das Gemeinschaftsrecht insoweit nur Mindestanforderungen enthält.[623]

---

[618] *Herrmann* DZWir 1994, 95 (97 f., 101); *Pflug* AG 1992, 1 (14 ff.); *Hansen* WM 1990, 1521 (1524); *Lorenz* VersR 1998, 1086 f.

[619] Vgl. *Wolf/Ungeheuer* JZ 1995, 176 (180); *A. Fuchs* in Ulmer/Brandner/Hensen BGB § 307 Rn. 327; *Schäfer* Transparenzgebot S. 165; *Haas* S. 278 ff.; *Gozzo* S. 74 f.; *Freund* S. 147 f.; *Schimikowski* r+s 1998, 353 (357); *Kreienbaum* S. 250; *Drexl* S. 357, 362, 461; *Boock* ZVglRWiss 2000, 29 (34 ff.).

[620] Art. 4 Abs. 2 und Art. 5 RL 93/13/EWG; vgl. Begründung des entsprechenden Umsetzungsgesetzes BT-Drs. 13/2713, 6; *Micklitz* VuR 1996, 75 (78); *Michalski* DB 1994, 665 (667); *Habersack/Kleindiek/Wiedenmann* ZIP 1993, 1670 (1674); *Sieg* VersR 1993, 1305 (1307 f.); *Ulmer* in: Das Recht der Allgemeinen Geschäftsbedingungen nach der Umsetzung der EG-Richtlinie über mißbräuchliche Klauseln in Verbraucherverträgen, 1998, S. 35; *Drexl* S. 363.

[621] Vgl. *Boock* ZVglRWiss 2000, 29 (31 ff.). Das Transparenzgebot wird insofern auch als „Vorläufer des … vom EuGH beim Verbraucherschutz zu Grunde gelegten Informationsmodells" verstanden, vgl. *Wolf* in: E. Lorenz, Schuldrechtsmodernisierung – Karlsruher Forum 2002, 2003, S. 101 (106 f.).

[622] Vgl. *Schäfer* S. 172 f.; *Drexl* S. 357, 362; so selbst *Hansen* WM 1990, 1521 (1526 f.).

[623] Vgl. Erwägungsgründe der EU-Richtlinie über mißbräuchliche Klauseln in Verbraucherverträgen.

Die ausdrückliche Fixierung des Transparenzgebots steht im Zusammenhang mit der Rechtsprechung des **EuGH,** derzufolge eine bloße Spruchpraxis der Gerichte keine hinreichende Umsetzung der Richtlinie darstellt.[624] Der Gesetzgeber hat hieran anknüpfend das Transparenzgebot als einen möglichen Fall einer unangemessenen Benachteiligung ausgestaltet.[625]

112 Auf AVB findet das Transparenzgebot **in vollem Umfang** Anwendung[626] und hat hier große Bedeutung.[627] Die Verwendung von Fachterminologie und unbestimmten Rechtsbegriffen in AVB wird aber nicht immer zu vermeiden sein, was im Hinblick auf das Transparenzgebot nicht zu beanstanden ist, da dieses nur im Rahmen des Möglichen gilt.[628] Auch lässt sich nicht von vornherein ausschließen, dass der – verständige[629] – Versicherungsnehmer den Bedingungstext ggf. zu interpretieren hat[630] und dabei den Rat eines Fachmanns einholen muss. Das Transparenzgebot zielt ohnehin nicht auf die Sicherstellung von Höchststandards in der AGB-Gestaltung.[631]

Das Gebot gilt nach § 307 Abs. 3 S. 2 BGB auch, soweit AVB Bestimmungen zum **Hauptleistungsversprechen** enthalten, die ansonsten der Inhaltskontrolle entzogen sind.[632] Da es um Rechts- und Preisklarheit geht und nicht um eine Kontrolle der Angemessenheit der Leistung, kommt § 307 Abs. 3 Satz 1 BGB bereits nach dem Sinn und Zweck der Vorschrift nicht zum Zuge.[633] Die Festschreibung in § 307 Abs. 3 S. 2 BGB ist Ausfluss der entsprechenden Richtlinienvorgabe.[634] Auch sog Kostenausgleichsvereinbarungen unterliegen daher grundsätzlich der Transparenzkontrolle.[635]

---

[624] EuGH NJW 2001, 2244 (2245); s. auch *Leible* EuZW 2001, 438 (439); *Staudinger* WM 1999, 1546 (1550ff.).

[625] Vgl. Bericht des BT-Rechtsausschusses BT-Drs. 14/7052, 188.

[626] *Römer,* Der Prüfungsmaßstab bei der Mißstandsaufsicht nach § 81 VAG und der AVB-Kontrolle nach § 9 AGBG, S. 23; BGH VersR 1997, 1517 (1519); BVerwG VersR 1998, 1137 (1140f.); OLG Frankfurt a. M. NJW-RR 1995, 283 (284); OLG Stuttgart VersR 1992, 1080 (1082).

[627] Vgl. nur BGH VersR 1999, 710 (711f.); 1997, 1517 (1519); BVerwG VersR 1998, 1137 (1140); *Schwintowski* VuR 1999, 186 (187); *ders.* VuR1999, 207; *Koch* WM 2002, 2173 (2175); *Präve* VersR 1999, 755 (757).

[628] BGH VersR 2001, 841 (846); NJW 1998, 3114 (3116 mwN); BGHZ 112, 115 (118); *Römer* NVersZ 1999, 97 (104); *Kretschmer* VersR 2004, 1376 (1387); *A. Fuchs* in Ulmer/Brandner/HensenBGB § 307 Rn. 348f.; *Präve* VersR 2000, 138 (143); *ders.* ZfV 2000, 549f.

[629] *Rosenow/Schaffelhuber* ZIP 2001, 2211 (2215).

[630] AA offenbar OLG Hamburg VersR 1999, 1482 (1483).

[631] *Ihle* S. 103f.

[632] Vgl. Art. 4 Abs. 2 RL 93/13/EWG; *A. Fuchs* in Ulmer/Brandner/Hensen Vorb. v. § 307 BGB Rn. 40, BGB § 307 Rn. 11; *Koch* WM 2002, 2173 (2175); *Terno* r+s 2004, 45 (49); *Römer* NVersZ 2002, 532 (536).

[633] *Horn* WM-Beil. 11/1997, 18f.; *Eckert* WM 1993, 1070 (1076); *Brandner* VersWissStud 2 (1995), 67 (72); *Schmidt-Salzer* BB 1995, 1493 (1494); *Heinrichs* NJW 1993, 1817 (1821); *Habersack/Kleindiek/Wiedenmann* ZIP 1993, 1670 (1674); *Schwintowski* NVersZ 1998, 97 (102); s. auch *Köndgen* NJW 1989, 943 (948); *Meder* NJW 1996, 1849 (1853f.); insoweit unzuzutreffend die Erwägung von LG Hamburg NJW-RR 1995, 1078; für Preisnebenabreden in einem weiten Sinn BGHZ 112, 115 (118f.).

[634] Vgl. Bericht des BT-Rechtsausschusses BT-Drs. 14/7052, 188.

[635] LG Berlin VersR 2013, 705 (706f.).

Deklaratorische Klauseln sind allerdings grundsätzlich nicht am Transparenzgebot zu messen,[636] auch nicht, wenn – wie dies bei AGB fast immer gegeben ist – Gesetzesinhalte mit eigenen Worten (korrekt) wiedergegeben werden.[637] Etwas anderes gilt, wenn es sich hierbei um ergänzungsbedürftige Regelungen handelt. Dann unterliegen diese Ergänzungen auch der Transparenzkontrolle.[638]

113 Das Transparenzgebot bezweckt keine Markttransparenz im Sinne einer besseren Vergleichbarkeit unterschiedlicher Produkte.[639] Es statuiert für sich genommen auch keine zusätzliche Informations- und **Belehrungspflichten** des Versicherers.[640] Namentlich verpflichtet es grundsätzlich auch nicht zur Offenbarung interner Kalkulationsgrundlagen.[641] und der Vermittlervergütung.[642] Das Transparenzgebot kann aber den Versicherer im Kontext mit AGB-Bestimmungen zu ergänzenden Erläuterungen veranlassen, wie etwa in der Lebensversicherung, wo – auch nach der durch eine Verteilung der Abschluss- und Vertriebskosten über fünf Jahre verbürgten Mindestrückkaufswerte nach § 169 Abs. 3 S. 1 Hs. 2 VVG – über mögliche Nachteile einer vorzeitigen Vertragsbeendigung aufzuklären ist.[643] Hiervon unberührt ist bereits aus verfassungsrechtlichen Gründen aus Sicht des BGH[644] stets, d. h. auch in Verträgen, die vor dem 1. 1. 2008, also vor dem Inkrafttreten von § 169 VVG, geschlossen worden sind, ein Mindestrückkaufswert vorzusehen, der die Zillmerung in vertragsrechtlicher Hinsicht abfedert. Besonders herauszustellen hat der Lebensversicherer mögliche Vorbehaltsregelungen bzgl. eigentlich garantierter Leistungen.[645] Eine Klausel, die dem Versicherungsnehmer einen ihn treffenden Nachteil ausreichend veranschaulicht, ist jedenfalls mit dem Transparenzgebot vereinbar.[646] Hiervon unberührt bleiben regelmäßig die Inhalte der Vertragsabreden, so dass das Transparenzgebot auch als milderes Mittel einer Inhaltskontrolle angesehen werden kann.[647]

---

[636] Vgl. Art. 4 Abs. 2 iVm Art. 1 Abs. 2 RL 93/13/EWG; OLG Stuttgart VersR 1999, 832 (833); *Römer* NVersZ 1999, 97 (99); *Evermann* S. 77, 82f.; aA *Schwintowski* VuR 1999, 165 (166); *Ebers* S. 327f., 331; *Kappus* NJW 2003, 322; *Rehberg* S. 226f.; *Nitschke* S. 38, 40; *Dörner* LM AGBG § 8 Nr. 47 Bl. 7 und offenbar auch *Koch* WM 2002, 2173 (2175).

[637] AA *Pfeiffer* in Wolf/Lindacher/Pfeiffer § 307 Rn. 333.

[638] BGH VersR 2001, 839 (840); 2001, 841 (843 und 844f.); *Römer,* FS E. Lorenz, 2004, 615 (627f., 629); *A. Fuchs* in Ulmer/Brandner/Hensen BGB § 307 Rn. 36.

[639] BGH WM 2011, 263 (265) bzgl. Bausparkassen.

[640] *Koch* WM 2002, 2173 (2176); *Römer,* FS E. Lorenz, 2004, 615 (621); *Armbrüster* ZVersWiss 2003, 745, (762, 764f., 778); *ders.* VW 2003, 768, 770; *Pfeiffer* NJW 2011, 1 (7).

[641] BGH WM 2011, 263 (265) (bzgl. Bausparkassen).

[642] AA *Sonnenberg* S. 65.

[643] BGH VersR 2001, 839, 841; 841, 844f.; *Römer,* FS E. Lorenz, 2004, 615 (622f.).

[644] BGH VersR 2012, 1149 (1153f.).

[645] Problematisch allerdings BaFin-Verlautbarung VerBaFin 1/2006, 3, die in diesen Fällen stets eine Regelung am Anfang der AVB verlangt. Das greift einerseits zu weit, denn eine derartige Platzierung sprengt regelmäßig den Aufbau der AVB und dürfte der Verständlichkeit der Regelungen eher abträglich sein. Das greift andererseits uU zu kurz, da hiermit für sich genommen noch keine hinreichende Aufklärung verbürgt ist. Geeigneter erscheint insofern eine entsprechende kurze Information auf dem Produktinformationsblatt gemäß § 4 VVG-InfoV.

[646] BGH VersR 2012, 48 (50) zur Berufsunfähigkeitsversicherung.

[647] *Römer* NVersZ 2002, 532 (535); *Terno* r+s 2004, 45 (51); *Armbrüster* NJW 2012, 3001 (3003); *Präve* VersR 2001, 846 (848).

114 Zur Beurteilung, ob das Transparenzgebot verletzt ist, ist auf das Verständnis des **typischen Durchschnittsversicherungsnehmers** abzustellen.[648] Auch europarechtlich ist kein anderer Bezugspunkt geboten, da der typische Durchschnittsversicherungsnehmer nicht der flüchtig lesende und unkritische, sondern der verständige Versicherungsnehmer ist.[649] Nicht maßgebend ist das Verständnis anderer, am Vertrag nicht unmittelbar Beteiligter.[650] Entfernt liegende und von keiner Vertragspartei redlicherweise gewollte Bedeutungen von AVB bleiben außer Betracht.[651] Außerhalb der AVB liegende Umstände, dürften – auch unter Berücksichtigung von § 310 Abs. 3 Nr. 3 BGB und des entsprechenden europäischen Richtlinienrechts – nur ausnahmsweise Bedeutung erlangen[652], etwa im Falle ergänzender Zusatzinformation.[653] Ist Versicherungsnehmer ein Unternehmer, ist dessen besonderer Kenntnisstand zu berücksichtigen.[654] Im Versicherungsbereich werden sich hieraus allenfalls in Ausnahmefällen, und auch dann nur in Usancen, Unterschiede in der Beurteilung ergeben. Bedeutung kann ein AVB-Inhaltsverzeichnis erlangen, wenn dieses etwa dem Versicherungsnehmer den Zugang zu Klauseln erschwert.[655] Eine Berücksichtigung der Erkenntnismöglichkeiten eines europäischen Durchschnittskunden, wie dies mitunter unter Hinweis auf das dem AGB-Recht zugrundeliegende Richtlinienrecht gefordert wird,[656] ist nicht geboten.[657] Aufgrund der in Europa unterschiedlich ausgestalteten Versicherungsvertragsrechte bleibt jedenfalls das Versicherungsgeschäft in einem hohen Maße durch nationales Recht bestimmt, weshalb der maßgebliche Durchschnittskunde nur der jeweilige nationale und nicht der „europäische" Versicherungsnehmer sein kann.

115 Es kommt darauf an, dass die AVB für den – bei dem jeweiligen Versicherungsvertrag zu erwartenden[658] – durchschnittlichen Versicherungsnehmer **verständlich** sind, der Sinn und die Tragweite von AVB also für diesen Versicherungsnehmer zu durchschauen ist, namentlich deren wirtschaftlichen Folgen einschließlich möglicher Belastungen und Nachteile.[659] Anhaltspunkte für hinreichende Transparenz bieten der allgemeine Sprachgebrauch, aber auch die Gesetzessprache.[660] Dass ein

---

[648] Vgl. BGHZ 106, 42; OLG München VuR 1999, 205; aA offenbar *Schwintowski* VuR 1997, 265 (266); *ders.* NVersZ 1998, 97 (98ff.).

[649] Vgl. BGH VersR 1993, 957; OLG Nürnberg VersR 2002, 967; *Römer* NVersZ 1999, 97 (104); *Evermann* S. 130; *Mattern* S. 107.

[650] AA offenbar *Schwintowski* VuR 1998, 414 (415) in Bezug auf Hinterbliebene eines Versicherungsnehmers.

[651] Problematisch insoweit OLG Düsseldorf ZIP 1997, 1845 (1846f.).

[652] *Römer* NVersZ 1999, 97 (104); weitergehend *Staudinger* WM 1999, 1546 (1551); zu einem Anwendungsfall s. etwa OLG Saarbrücken VersR 2008, 621 (624).

[653] OLG Stuttgart VersR 2008, 909f.

[654] BGHZ 112, 115, 118f.; *Köndgen* NJW 1989, 943 (952); *Bruchner* WM 1988, 1873 (1876); *Schäfer* S. 187; *Koch* WM 2002, 2173 (2177).

[655] OLG Hamm VersR 2008, 811 (812); s. aber auch OLG Köln VersR 2009, 1484f.

[656] *Nassall* JZ 1995, 689 (693); *ders.* WM 1994, 1645 (1649); in diese Richtung auch *Herrmann* DSWR 1998, 312, 313f.

[657] *Evermann* S. 126.

[658] Vgl. OLG Frankfurt a. M. VersR 1995, 449 (451).

[659] BGH VersR 2013, 305 (307); VersR 2012, 302 (303); VersR 2009, 1659 (1661); VersR 2008, 816 (817); VersR 2006, 1066 (1068); VersR 2005, 64 (66); VersR 2005, 639; VersR 2005, 976 (977); VersR 2004, 1039 (1040); VersR 2001, 839 (841); VersR 2001, 841 (843ff.).

[660] BGH ZIP 2012, 2064 (2069) zu AGB von Energieversorgungsunternehmen.

jeder Versicherungsnehmer die AVB versteht, ist nicht notwendig.[661] Bei einem Gruppenversicherungsvertrag ist auch auf das Verständnis und die Interessen der Gruppe der Versicherten abzustellen.[662] Unzulässig sind von vornherein salvatorische Klauseln, wie „soweit gesetzlich zulässig", da einem derartigen Zusatz auch nicht ansatzweise eine für den Versicherungsnehmer verständliche Regelung zu entnehmen ist.[663] Gegen die Verwendung von Zahlen ist per se nichts einzuwenden.[664] Auf Fremdworte und für den durchschnittlichen Versicherungsnehmer sprachlich unverständliche Fachausdrücke sollte hingegen verzichtet werden.[665] Medizinische Überlegungen und Wertungen können dem Versicherungsnehmer nicht abverlangt werden[666], einfaches Rechnen hingegen schon,[667] mathematische Formeln können wiederum grenzwertig sein.[668] Der Einsatz von **Fachterminologie** – das umfasst auch „Kunstbegriffe" aus der Versicherungssprache[669] – wird freilich nicht gänzlich zu vermeiden sein.[670] Im Einzelfall mag der Versicherungsnehmer dann ggf. auf die Einholung fachmännischen Rats verwiesen werden, vorausgesetzt dem Versicherer ist eine verständlichere Abfassung seiner AVB nicht möglich.[671] Nicht jede Unverständlichkeit rechtfertigt insofern das Verdikt der Unwirksamkeit.[672] Die Verwendung der gesetzlichen Terminologie kann nicht beanstandet werden, wenn sie für den durchschnittlichen Versicherungsnehmer verständlich ist. Namentlich begegnet es unter Transparenzgesichtspunkten keinen Bedenken, wenn der Versicherer in seinen AVB in Übereinstimmung mit § 19 VVG von „bekannten" vorvertraglichen Gesundheitsstörungen spricht. Dass es sich insoweit stets um Umstände handeln muss, die dem Versicherungsnehmer noch bewusst sind[673], liegt auf der Hand und bedarf keiner Klarstellung.[674] Allein in der Verwendung von Begriffen, die eine wertende Betrachtung erfordern, liegt kein Transparenzdefizit, jedenfalls solange – wie hier – die Rechtslage zutreffend wiedergegeben wird.[675] Hingegen ist das Abstellen auf „ernstliche Erkrankungen oder Unfallfolgen" in einer Ausschlussklausel bedenklich, wenn hierzu nur beispielhafte Erläuterungen gegeben werden,[676] insbe-

---

661 Anders offenbar *Schwintowski* NVersZ 1998, 97 (98ff.).

662 BGH VersR 2005, 976 (977).

663 BGH VersR 1996, 651 (653); BGHZ 93, 29 (48); BGH NJW 1991, 2630 (2632).

664 AA *Rehberg* S. 219.

665 Vgl. *Schäfer* S. 11.

666 BGH VersR 2009, 1659 (1661).

667 *Pfeiffer* NJW 2011, 1 (6).

668 *Armbrüster* r+s 2012, 365 (367): „sie könnten ihn – den Versicherungsnehmer – eher verwirren als aufklären".

669 Grundsätzliche Vorbehalte meldet hier allerdings *K. Maier* r+s 2006, 94 (96ff.) an.

670 OLG Nürnberg VersR 2000, 713 (714f.); LG Hamburg VersR 1998, 877 (880); LG Stuttgart VersR 1998, 1406 (1408); LG Nürnberg VersR 1999, 1092 (1094f.); *Römer* NVersZ 1999, 97 (104); *Prölss* VersR 2000, 1441 (1451); *Rehberg* S. 220; aA offenbar *Schwintowski* NVersZ 1998, 97 (98f.).

671 *Römer* NVersZ 1999, 97 (104) 2002, 532 (536); *Terno* r+s 2004, 45 (52); *Evermann* S. 179; *Schimikowski* r+s 2005, 445 (450); aM *Nitschke* S. 69.

672 BGH VersR 2001, 841 (845f.); *Wandt* Änderung S. 38; *Littbarski* EWiR VAG § 10a 1/2000, 1173 (1174); *Prölss* r+s 2005, 225 (226).

673 OLG Oldenburg VersR 1992, 434 (435).

674 AA LG Düsseldorf VuR 1998, 413 (414); *Schwintowski* VuR 1998, 414 (415).

675 BGH ZIP 2012, 2064 (2070) zu AGB von Energieversorgungsunternehmen.

676 OLG Brandenburg VersR 2007, 1071 (1072f.).

sondere da letztere fraglichen, zusätzlichen Wertungen Raum bieten können.[677] Dasselbe gilt in Bezug auf „gefahrerhebliche Erkrankungen".[678] Der Versicherer ist allerdings nicht verpflichtet, bloße theoretische Zweifel, etwa aus Sicht der juristischen Dogmatik, auszuräumen.[679] Die Wirkungen einer Klausel braucht der Versicherer, wenn es eine parallel gesetzliche Wertung gibt, grundsätzlich nicht weitergehend zu erläutern, als dies der Gesetzgeber für angebracht gehalten hat.[680] Will der Versicherer in zulässiger Weise von gesetzlichen Leitbildern abweichende Regelungen treffen, ist in besonderem Maße auf Verständlichkeit zu achten.[681]

116 Die Verwendung entsprechender Fachworte begegnet Bedenken, wenn hierdurch bestimmte Regelungen undurchschaubar gemacht werden, um den Versicherungsnehmer namentlich von der Geltendmachung von Rechten abzuhalten. Soweit in AVB auf Rechtsvorschriften, namentlich solche des VVG oder des VAG, Bezug genommen wird, was zulässig ist,[682] gebietet es das Transparenzgebot, diese im Wortlaut wiederzugeben, sofern das für das Verständnis der AVB notwendig ist. Es kann nämlich nicht davon ausgegangen werden, dass dem durchschnittlichen Versicherungsnehmer Regelungen dieser Gesetze bekannt sind.[683] Allerdings ist der Versicherer nicht verpflichtet, derartige Gesetze mit näheren **Erläuterungen** zu versehen oder sie ihrerseits in eine allgemeinverständliche Form zu überführen. Die Anforderungen des Transparenzgebots gehen nämlich nicht über die Sorgfalt hinaus, die dem Gesetzgeber abverlangt wird. Anderenfalls würde der AGB-Verwender zu einer den Gesetzgeber korrigierenden Instanz mutieren.[684] Daher muss der Versicherer komplexe Regelungen, die als solche einen notwendigen Bestandteil von AVB bilden, nicht „verständlicher" machen, wenn sich die Regelungen der Verstehensmöglichkeiten eines durchschnittlichen Versicherungsnehmers ohnehin entziehen.[685] Zur Darstellung höchstrichterlicher Rechtsprechung ist der Versicherer ebenso wenig aufgerufen.[686] Lediglich wenn ausnahmsweise ein besonderes Bedürfnis des Versicherungsnehmers nach umfassender Unterrichtung besteht, gilt Abweichendes.[687] Bei der Wiedergabe gesetzlicher Vorschriften im Bedingungswerk ist auf eine inhaltliche Entsprechung zu achten.[688]

117 Für den Bereich der Lebensversicherung bedeutet dies im Einzelnen, dass es in Bezug auf die **Überschussbeteiligung** nicht zu beanstanden ist, wenn der Versicherer die ihm vom Gesetz eingeräumten Bilanzierungsspielräume nutzt. Auch ist der Versicherer nicht gehalten, die Bilanzierungsgrundsätze im Einzelnen darzulegen. Es reicht aus, wenn der Versicherer in den Versicherungsbedingungen selber auf die Anwendung dieser Gesetze hinweist. Auch muss der Versicherer für die

---

[677] BGH ZIP 2012, 2064 (2069) zu AGB von Energieversorgungsunternehmen.

[678] OLG Saarbrücken VersR 2008, 621 (624).

[679] AA offenbar *Schwintowski* VuR 1998, 414 (415) etwa unter Hinweis auf die Äquivalenz- und die Adäquanztheorie.

[680] BGH VersR 2000, 709 (711).

[681] OLG Brandenburg VersR 2007, 1071 (1072).

[682] OLG Nürnberg VersR 2000, 713 (714).

[683] S. auch OLG Schleswig NJW 1995, 2858 (2859); OLG Hamm NJW-RR 1987, 311 (313); *Schäfer* S. 12f.

[684] AA *Schwintowski* VuR 1999, 165 (166); *Rehberg* S. 227f.

[685] *Römer,* FS E. Lorenz 2004, 615 (619).

[686] Unklar OLG München VuR 1999, 205.

[687] BGH VersR 2001, 841 (845f.).

[688] Vgl. BaFin-Verlautbarung VerBaFin 1/2006, 3, 4 (zu § 172 VVG aF).

Überschussbeteiligung keine bestimmten Prozentsätze nennen. Schließlich braucht der Versicherer nicht die komplizierten Regelungen der §§ 81 c VAG und der auf ihr beruhenden Rechtsverordnung im Einzelnen zu erläutern. Diese Regelungen sind so komplex, dass sie einem durchschnittlichen Versicherungsnehmer nicht weiter erklärt werden können.[689] Dabei ist zu berücksichtigen, dass das Transparenzgebot dem Versicherer nichts Unmögliches abverlangt.[690] Zudem besteht grundsätzlich ohnehin keine Pflicht zur Erläuterung gesetzlicher Regelungen, sofern diese ihrerseits nicht verfälscht wiedergegeben werden.[691] Hinsichtlich der Regelungen über die **Rückkaufswerte,** die Verrechnung von Abschlusskosten sowie die Kündigung und Beitragsfreistellung hat der Versicherungsnehmer hingegen ein besonderes Bedürfnis nach umfassender Unterrichtung. Zwar muss nicht im Einzelnen mitgeteilt werden, welche mathematische Methode etwa der Berechnung von Rückkaufswerten zugrunde gelegt wird. Der Versicherer kann das Ergebnis der Berechnung auch in Form einer Tabelle darstellen. Diese Tabelle muss aber wirtschaftliche Nachteile, die dem Versicherungsnehmer ggf. bei einer vorzeitigen Vertragsbeendigung erwachsen, hinreichend deutlich machen. Zudem muss auf diese Tabelle in den AVB selber ausdrücklich verwiesen werden. Auch die wirtschaftlichen Konsequenzen müssen bereits in den Bedingungen selber dargelegt werden.[692] Dass bei sog **Basisrentenverträgen** eine Kündigung nur zur Beitragsfreistellung führt, ist klarzustellen.[693]

118 In AVB muss basierend auf dem Verständlichkeitsgebot auch die Reichweite von **Haftungsausschlussklauseln** hinreichend erkennbar sein,[694] was sich bei der gleichzeitigen Verwendung von Allgemeinen und Besonderen Bedingungen sowie Sonderbedingungen als problematisch erweisen kann.[695] Allerdings ist eine **Verweisung** in AVB auf andere Regelwerke grundsätzlich zulässig.[696] Das gilt auch für dynamische Verweisungen.[697] Nicht zu beanstanden ist eine Umstellungsklausel in der Lebensversicherung, nach der die Mitversicherung einer Berufsunfähigkeitsrente mit der Vollendung des 30. Lebensjahres wegfällt.[698]

Die **Auflistung** von verschiedenen, unzusammenhängenden Regelungen ohne jegliche Systematik verletzt das Verständlichkeitsgebot.[699] Zur Wahrung der Verständlichkeit dürfte daher bei umfangreicheren Bedingungswerken eine klare und

---

[689] BGH VersR 2001, 841 (845 f.); OLG Stuttgart VersR 2005, 634 (635); *A. Fuchs* in Ulmer/Brandner/Hensen BGB § 307 Rn. 350.

[690] BGH VersR 2001, 841 (846); OLG Saarbrücken VersR 2012, 1298 (1299); *Präve* VersR 2000, 138 (143).

[691] *Pfeiffer* NJW 2011, 1 (7).

[692] BGH VersR 2001, 839 (841); 2001, 841 (843); LG Hamburg VersR 2002, 738 (739 f.); LG Köln VersR 2002, 741 (742); LG Aachen VersR 2003, 716 f.; teilw. aA OLG Stuttgart VersR 2008, 909 (910): Hinweis auf Tabelle entbehrlich, ebenso Angabe über wirtschaftliche Nachteile in den AVB; kritisch zu dem Ansatzpunkt der Rechtsprechung *Engeländer* VersR 2005, 1031 (1033); *Armbrüster* ZVersWiss 2007, 125 (127); zu den Konsequenzen mangelnder Transparenz in derartigen Fällen vgl. BGH VersR 2008, 244; 2005, 1565 (1569 ff.).

[693] BGH VersR 2012, 302 (303).

[694] Vgl. BGH VersR 2001, 184, 185 f.; VersR 1996, 651 (652).

[695] Vgl. OLG Frankfurt a. M. NJW-RR 1995, 283 (284).

[696] Vgl. BGH VersR 2006, 497 (498); 2005, 64 (66); 1995, 77 (79); OLG Köln VersR 2003, 899 (900); *A. Fuchs* in Ulmer/Brandner/Hensen BGB § 307 Rn. 337.

[697] BGH JZ 2002, 354 (356); *Oetker* JZ 2002, 337 (340 ff.).

[698] BGH VersR 2001, 752 (754).

[699] BGH VersR 2012, 1237 (1240); 2005, 639; kritisch *Börner* VersR 2012, 1471 (1473).

übersichtliche Gliederung geboten sein.[700] Dabei sollte auch an Abschnitts- und Klauselüberschriften gedacht werden, die den Abschnitts- bzw. Klauselinhalt schlagwortartig verkürzt wiedergeben.[701] Es ist darauf zu achten, dass sich Überschrift und Abschnitts- bzw. Klauselinhalt jeweils entsprechen.

119 Für eine möglichst verständliche Abfassung von AVB hat die **Sprachwissenschaft** ihre Dienste angeboten.[702] In Amerika werden deren Erkenntnisse mitunter zur Beurteilung von AVB mit herangezogen.[703]In die mit dieser Veröffentlichung erfolgende Fassung unverbindlicher Musterbedingungen sind ebenfalls korrespondierende Hinweise eingegangen. So sehr der sprachwissenschaftliche Ansatz richtig ist, die Verstehbarkeit der AVB zur Herstellung von Sicherheit und Vertrauen der Kundschaft weiter zu erhöhen[704] so ist es aber ebenso treffend, wenn von anderer Seite herausgestellt wird, dass „ein schöner und wichtiger AVB-Satz ... noch längst nicht transparent ist".[705] Es ist daher vor einer zu hohen Erwartungshaltung an die Sprachwissenschaft zu warnen[706] da, wie auch von dort richtig erkannt, die inhaltliche Seite von juristischen Wertungen abhängt, sie also letztlich der juristischen Prüfung und Korrektur vorbehalten bleiben muss.[707] Bereits vor diesem Hintergrund kann der Ansicht[708] nicht beigepflichtet werden, ein sprachwissenschaftlicher Standardtest sei bei der Abfassung von AGB zwingend, um einer sonst gebotenen (widerleglichen) Vermutung der Intransparenz entgegenzuwirken.

120 Die AVB müssen allerdings nicht nur verständlich sein. Sie müssen als Ausprägung des Transparenzgebots auch **hinreichend bestimmt** abgefasst sein. Die tatbestandlichen Voraussetzungen und die Rechtsfolgen sind danach so genau zu beschreiben, dass sich für den Versicherer keine ungerechtfertigten Beurteilungsspielräume ergeben.[709] So ist die Bezugnahme auf ein aufsichtsrechtlich geregeltes Verfahren nicht hinreichend bestimmt, wenn es mehrere derartiger Verfahren gibt.[710] Dasselbe gilt für den Leistungsausschluss beim vorläufigen Versicherungsschutz in der Lebensversicherung für Versicherungsfälle auf Grund von Ursachen, die vor Unterzeichnung des Antrags erkennbar geworden sind, auch wenn diese im Antrag angegeben wurden.[711] Die Regelungen müssen umso genauer sein, je schärfer die Sanktionen bzw. Nachteile sind, die sich aus der Anwendung für den Versi-

---

[700] Vgl. OLG Hamm VersR 2008, 811 (812); BGH NJW 1969, 230; s. auch *Rehberg* S. 220f.

[701] Vgl. *Schäfer* S. 10; *Nitschke* S. 83.

[702] Vgl. *Zimmermann/Kalinowski* VW 2012, 1528f.; *Scherer* in Raasch/Bühler, Angewandte Lingusitik und Sprachlehrforschung, 1999, S. 189 (196ff.); *Nitschke* S. 92ff.; *Basedow* VersR 1999, 1045 (1052f.); *Rehberg* S. 217f.

[703] Vgl. *Basedow* VersR 1999, 1045 (1053).

[704] *Scherer* S. 211.

[705] *Lorenz* VersR 1998, 1086 (1087).

[706] Kritisch auch *Evermann* S. 182; *Rehberg* S. 229 (Fn. 1753).

[707] *Scherer* S. 211; *Ihle* S. 92f.

[708] *Schwintowski* VuR 2010, 361 (362).

[709] OLG Düsseldorf VersR 2000, 1093 (1094); *Pfeiffer* in Wolf/Lindacher/Pfeiffer BGB § 307 Rn. 258; *Wandt*, Änderungsklauseln in Versicherungsverträgen, 2000, S. 34f. Die besondere Bedeutung des Bestimmtheitsgebots betont *Wandt* VR 2006, 159 (165) und weist ihm im Zweifelfall den Vorrang vor dem Verständlichkeitsgebot zu.

[710] OLG Stuttgart VersR 1999, 832 (835); *Brömmelmeyer* S. 198; s. auch BGH VersR 2001, 841 (845) problematisch insoweit LG Hamburg VersR 1998, 877 (880f.); LG Stuttgart VersR 1998, 1406 jeweils zu den Rechnungsgrundlagen in der Lebensversicherung.

[711] OLG Saarbrücken VersR 2002, 41 (42f.).

cherungsnehmer ergeben.[712] Unzulässig ist die Vereinbarung eines Stornoabzugs in der Lebensversicherung, die im Falle einer Kündigung des Versicherungsnehmers eine Kürzung des Rückkaufswerts nach Ermessen des Versicherers vorsieht.[713] Hingegen ist eine Ausschlussklausel in der Lebensversicherung unbedenklich, der zufolge keine oder nur eine beschränkte Leistung erbracht, wenn der Versicherungsfall durch den vorsätzlichen Einsatz von ABC-Waffen verursacht worden ist, sofern dieser Einsatz darauf gerichtet ist, das Leben oder die Gesundheit einer Vielzahl von Personen zu gefährden. Zwar bleibt danach unbestimmt, wann von einer Vielzahl von Personen auszugehen ist.[714] Eine weitergehende Konkretisierung, etwa zahlenmäßig, kann vom Versicherer aber redlicherweise nicht erwartet werden. Entscheidend ist vielmehr der mit der Klausel erkennbar werdende Sinn, wonach der Ausschlusstatbestand nur dann eingreift, wenn durch den Versicherungsfall – etwa als Ausprägung des weltweit agierenden Terrorismus – die dauernde Erfüllbarkeit der Verpflichtungen infrage gestellt ist.

Die Verwendung **unbestimmter Rechtsbegriffe** ist zu vermeiden, wenn eine Konkretisierung ohne weiteres möglich ist. Allerdings wird in AVB ein tendenziell höherer Abstraktionsgrad kaum zu umgehen sein.[715] Mitunter wird in diesem Zusammenhang von einer „naturgesetzlichen" Intransparenz der AVB gesprochen.[716] Mit dem Bestimmtheitsgebot nicht zu vereinbaren sind grundsätzlich Zusätze wie „soweit gesetzlich zulässig", da mit diesen eine klare Festlegung gerade vermieden wird.[717]

121 Ferner müssen AVB **vollständig**e Vertragsangaben enthalten. Dabei ist allerdings zu beachten, dass ein übertriebenes Maß an Erläuterung und Offenlegung zwangsläufig umfangreiche und schwer verständliche Bedingungstexte hervorbringen würde, was das Transparenzanliegen ad absurdum führt[718], weshalb das Vollständigkeitsgebot eher restriktiv zu interpretieren ist.[719] Dieses Gebot ist allerdings nicht dahingehend zu verstehen, dass auch die nach der VVG-InfoV zu erteilende Versicherteninformation ihren Niederschlag in den Bedingungswerken finden muss.[720] Soweit nach dieser Rechtsverordnung konkrete einzelvertragliche Regelungen notwendig sind (beispielsweise bzgl. der Angabe der konkreten Rückkaufswerte in der Lebensversicherung), kann dies im Bedingungswerk selber gar nicht geleistet werden.[721] Deshalb schreibt die VVG-InfoV auch nicht fest, auf welche Weise die Information zu erteilen ist. Entscheidend ist lediglich, dass sie gegeben wird.[722] In der Lebensversicherung bedarf es bei der sogenannten Inhaberklausel keines ausdrücklichen Hinweises in den AVB, dass der Versicherer nicht rechtsmiss-

---

712 Vgl. *Wolf/Ungeheuer* JZ 1995, 176 (180).

713 BGH VersR 2012, 1237 (1242f.); OLG Stuttgart NJW-RR 2012, 1117.

714 *Franke* VW 2004, 393f.

715 Vgl. *Prölss* VersR 2000, 1441 (1451); LG München I VersR 2001, 504 (505).

716 *Evermann* S. 30.

717 Vgl. *Wolf/Ungeheuer* JZ 1995, 176 (181).

718 Vgl. BGH NJW 1993, 2052 (2054); LG Nürnberg-Fürth VersR 1999, 1092 (1094f.); *Römer,* FS E. Lorenz, 2004, 615 (620); *Präve* VersR 1998, 138 (143).

719 Vgl. *Ihle* S. 95.

720 In diese Richtung gehend aber (zum alten Recht) OLG Stuttgart VersR 1999, 832, 836; kritisch hierzu *Präve* VersR 2000, 138, 141f.; *Evermann* S. 100f.; *Ihle* S. 95.

721 OLG Nürnberg VersR 2000, 713 (715).

722 *Präve* VersR 2008, 151 (152).

bräuchlich an den Inhaber des Versicherungsscheins leisten darf, da dies auch für den durchschnittlichen Versicherungsnehmer selbstverständlich ist.[723]

122 Schließlich haben AVB auch einem **Richtigkeitsgebot** zu genügen. Damit sollen unrichtige oder irreführende Klauseln unterbunden werden.[724]

123 Allerdings führt nicht jede Intransparenz zur Unwirksamkeit der entsprechenden AVB. Das ist nur dann der Fall, wenn sich aus der mangelnden Transparenz eine **unangemessene Benachteiligung** des Versicherungsnehmers ergibt,[725] was beispielsweise bei einer rein optisch unbefriedigenden Gestaltung von AGB nicht ohne weiteres anzunehmen ist.[726] Die gegenteilige Ansicht, die in einer bloßen Intransparenz bereits eine unangemessene Benachteiligung sieht,[727] ist spätestens durch die gesetzliche Regelung in § 307 Abs. 1 S. 2 BGB widerlegt, derzufolge mangelnde Transparenz eine unangemessene Benachteiligung darstellen kann, aber nicht muss.[728] Voraussetzung ist danach stets, dass eine unangemessene Benachteiligung infolge mangelnder Transparenz tatsächlich festgestellt wird.[729] Das ist auch angesichts der mehrfachen Verankerung des Transparenzgebots im BGB sachgerecht und ergibt sich im Übrigen auch aus dem Kontext der insoweit maßgeblichen EU-Richtlinie über mißbräuchliche Klauseln in Verbraucherverträgen, derzufolge lediglich missbräuchliche Klauseln unterbunden werden sollen.[730] Insofern begegnet auch einer zunehmenden Tendenz in der Rechtsprechung Bedenken, die – vor der ausdrücklichen gesetzlichen Fixierung des Transparenzgebots – faktisch von dem Erfordernis einer unangemessenen Benachteiligung abgerückt ist.[731] Ob insofern berechtigte Interessen des Versicherers gegeben sind, ist vor diesem Hinter-

---

[723] BGH VersR 2000, 709 (711); aA OLG München VuR 1999, 205f.

[724] *Pfeiffer* in Wolf/Lindacher/Pfeiffer BGB § 307 Rn. 267; *Ebers* S. 294.

[725] BGH VersR 2013, 344 (345); 1996, 651 (652); 1995, 77 (79); OLG Nürnberg VersR 2000, 714 (715); OLG München NVersZ 2000, 74 (76); VuR 1999, 205 (206); LG Hamburg VersR 1998, 877 (880); LG Stuttgart VersR 1998, 1406 (1407); *Wolf*, FG 50 Jahre BGH, Bd. 1, 2000, 111 (118); *Wolf* in E. Lorenz, Schuldrechtsmodernisierung – Karlsruher Forum 2002, 2003, S. 101 (107f.); *Schäfer* Transparenzgebot S. 165f., 196; *Basedow* NVersZ 1999, 349 (350); *ders.* VersR 1999, 1045 (1049ff.); *v. Westphalen* NJW 2002, 12 (17); *Schimansky* WM 2001, 1169 (1171); *Benedict* NJW 2000, 190f.; *Armbrüster* ZVersWiss 2003, 745 (753); *Schumacher* S. 25f.; *Präve* VersR 2000, 138 (142f.); *ders.* VW 2000, 450 (451f.); in diese Richtung gehend ebenso *A. Fuchs* in Ulmer/Brandner/Hensen BGB § 307 Rn. 330ff. und 364f.; weitergehend *Langheid* NVersZ 2000, 63 (67). *Prölss* sieht dies nur bei kompakten Konkretisierungsschwierigkeiten als gegeben an, vgl. *ders.* r+s 2005, 225 (226).

[726] OLG Brandenburg NJW-RR 2001, 488 (489f.).

[727] *Terno* r+s 2004, 45 (51); *Schwintowski* NVersZ 1998, 97 (98ff.); *ders.* VuR 1999, 207; *Ebers* S. 312; *Evermann* S. 67; *Borges* DB 2006, 1199 (1204); *Pilz* S. 210; differenzierend *Prölss* VersR 2000, 1441 (1445, 1451f.); *Römer*, FS E. Lorenz, 2004, 615 (624).

[728] Dem Bericht des insoweit entscheidenden BT-Rechtsausschusses ist zu entnehmen, dass das Transparenzgebot als „möglicher Fall" einer unangemessenen Benachteiligung verstanden wird. Vgl. BT-Drs. 14/7052, 188; *v. Westphalen* NJW 2002, 12 (17); *Kappus* NJW 2003, 322; anders *Rehberg* S. 233.

[729] Vgl. *Pfeiffer* in Wolf/Lindacher/Pfeiffer BGB § 307 Rn. 250; *Koch* WM 2002, 2173 (2175).

[730] AA *Schwintowski* VuR 1999, 207; *Herrmann* ZEuP 1999, 663 (668 und 681); *Kappus* NJW 2003, 322.

[731] OLG Stuttgart VersR 1999, 832 (835f.); OLG Düsseldorf VersR 2001, 46 (47); s. auch BGH VersR 2001, 184 (185f.); 1999, 710 (711); *Präve* VersR 1999, 755 (757); 1999, 837f.; *Basedow* NVersZ 1999, 349 (350).

grund sekundär. Jedenfalls kann alleine in der Ermangelung derartiger Interessen noch nicht zwingend auf eine unangemessene Benachteiligung geschlossen werden.[732]

124 So ist in der bloßen **Bezugnahme** von AVB **auf** aufsichtsbehördlich genehmigte **Geschäftspläne** noch keine unangemessene Benachteiligung zu erblicken, selbst wenn dem Versicherungsnehmer diese Regelungen nicht bekannt sind und auch nicht bekanntgemacht werden. Dem steht bereits die mit der aufsichtsbehördlichen Kontrolle verbundene Einflussnahme entgegen, die auf eine ausreichende Wahrung der Belange der Versicherten zielt.[733] Derartige Bezugnahmen in den AVB sind nach vollzogener Deregulierung des Aufsichtsrechts im Jahre 1994 allerdings nur noch zulässig, soweit entsprechende AVB- und Tarifgenehmigungserfordernisse aufrechterhalten geblieben sind, nämlich bei den regulierten Pensions- und Sterbekassen (§ 5 Abs. 3 Nr. 2 Hs. 2, § 118b Abs. 3 S. 4 VAG) sowie bei den Altverträgen in der Lebensversicherung.[734]

125 Von einer unangemessenen Benachteiligung durch intransparente AVB ist auszugehen, wenn der Versicherungsnehmer von der Geltendmachung seiner Rechte abgehalten wird,[735] ferner wenn sich der Versicherer Gestaltungsmöglichkeiten vorbehält, deren Auswirkungen nicht erkennbar sind.[736] Schließlich greift § 307 Abs. 1 S. 2 BGB ein, wenn die Intransparenz den Versicherungsnehmer von der Wahrnehmung von Marktchancen oder Verhandlungsmöglichkeiten abhält, namentlich dadurch, dass ihm wirtschaftliche Nachteile verschleiert werden.[737] Wird die **kundenbelastende Wirkung** einer Klausel mehr verschleiert als offengelegt, ist ebenfalls von einer Unwirksamkeit auszugehen.

126 Hat der Versicherer dem Versicherungsnehmer zum Zeitpunkt des Vertragsschlusses allerdings individuell über die Bedeutung einer intransparenten Klausel **unterrichtet,** kann sich dieser nicht mit Erfolg auf die fehlende Transparenz berufen. Der Versicherungsnehmer würde nach § 242 BGB rechtsmissbräuchlich handeln, wenn er trotz individueller Unterrichtung die Intransparenz geltend macht.[738] Eine mangelnde Transparenz kann zudem ausnahmsweise auch durch zusätzliche Erläuterungen in der Versicherteninformation beseitigt werden,[739] vorausgesetzt es

---

[732] So aber *Koch* WM 2002, 2173 (2175).

[733] Vgl. BGH VersR 1995, 77 (79); OLG Frankfurt a. M. VersR 1999, 1097 (1098f.); AG Bad Schwalbach VersR 1997, 606f.; s. auch BGH VersR 1999, 877, 878; BGHZ 111, 388 (390f.); speziell zu Bestimmungen über die Überschussbeteiligung in der Lebensversicherung: *Lorenz* ZVersWiss1993, 283 (313f.); *Präve* ZfV 1992, 334 (340f.); aA *Basedow* ZVersWiss 1992, 419 (445); *v. Hippel* NJW 1995, 566 (567); *Ebers* VuR 1997, 379 (381f.).

[734] § 11c VAG, Art. 16 § 2 S. 2 Drittes Durchführungsgesetz/EWG zum VAG; vgl. *Renger* VersR 1995, 866 (868f.).

[735] Vgl. BGH VersR 2013, 344 (345); VersR 2003, 323 (325); BVerwG VersR 1998, 1137 (1140); OLG Düsseldorf VersR 2001, 46 (47); LG Köln ZIP 2000, 65 (66); *Pfeiffer* in Wolf/Lindacher/Pfeiffer BGB § 307 Rn. 250; *Schäfer* S. 32f., 168f.; *Haas* S. 279f.; s. auch LG München I VersR 2001, 55 (57).

[736] Vgl. BGH NJW 1999, 635 (637); *Schäfer* S. 170f.; zu pauschal in Bezug auf Bestimmungen über die Überschussbeteiligung in der Lebensversicherung *Schwintowski* VuR 1998, 219 (226f.); *Donath* VuR 1997, 339 (346) und *Adams* ZIP 1997, 1857 (1865f.).

[737] Vgl. *Köndgen* NJW 1989, 943 (950).

[738] Vgl. OLG Frankfurt a. M. VersR 1995, 449 (451); *A. Fuchs* in Ulmer/Brandner/Hensen BGB § 307 Rn. 346; *v. Hoyningen-Huene* Rn. 203; aA *Köndgen* NJW 1989, 943 (951).

[739] BGH VersR 2012, 1237 (1241): dies im vorliegenden Fall allerdings verneinend.

besteht insofern eine für den Versicherungsnehmer ohne weiteres erkennbare Verknüpfung zwischen den AVB und der Versicherteninformation. Im Verbandsklageverfahren kommt es auf den Umstand der individuellen Unterrichtung allerdings nicht an."

127 Bei Versicherungsverträgen besteht wegen ihrer häufig längeren Laufzeiten für den Versicherer ein besonderes Bedürfnis, Prämien und Vertragsbedingungen an veränderte Umstände **anpassen** zu können.[740] Das gilt in besonderem Maße für Verträge, bei denen das Kündigungsrecht des Versicherers ausgeschlossen ist. Der Versicherer kann sich dementsprechend eine Änderung der Prämien und Bedingungen für bestehende Verträge in den AVB vorbehalten.[741] Das gilt für sämtliche Versicherungsverträge und ist nicht auf die Lebens- und Krankenversicherung beschränkt. Für letztere bestehen vielmehr mit den §§ 163, 164, 203 VVG gesetzliche Anpassungsregelungen. Diesen Unternehmen, also auch Lebensversicherern ist es unter bestimmten Voraussetzungen gestattet, Prämien und Bedingungen bei bestehenden Verträgen zu ändern, ohne dass entsprechende Bestimmungen an den AGB-rechtlichen Vorschriften zu messen wären.[742] In der – gesamten – Lebensversicherung können unwirksame Klauseln durch neue Bestimmungen ersetzt werden, wenn dies zur Durchführung des Vertrags notwendig ist. Damit wird § 306 Abs. 2 BGB verdrängt, der im Falle der Unwirksamkeit von AGB ansonsten eine Lückenschließung durch die maßgeblichen gesetzlichen Vorschriften einschließlich ergänzender Vertragsauslegung gebieten würde. Allerdings ist zu beachten, dass in dem (eher seltenen) Fall einer den Gegenstand der unwirksamen Klausel konkret regelnden gesetzlichen Vorschrift eine Notwendigkeit zur Ergänzung des Vertrags nach den Vorschriften des VVG nicht besteht.

128 Die Vorschriften der §§ 163, 164 und 203 VVG enthalten **gesetzliche Anpassungsregelungen,** die einen vertraglichen Anpassungsvorbehalt nicht zwingend voraussetzen. Soweit diese Regelungen Eingang in die AVB finden, dürfen diese keine von den Regelungen der §§ 163, 164 und 203 VVG abweichenden, den Versicherungsnehmer benachteiligenden Bestimmungen enthalten (§ 307 Abs. 2 Nr. 1 BGB iVm §§ 163, 164, 203 VVG).[743] Für Lebensversicherungsverträge, die bis Jahresende 1994 unter Verwendung genehmigter AVB abgeschlossen worden sind, bleibt es hingegen bei dem Erfordernis der Genehmigung von Änderungen durch die Aufsichtsbehörde.[744] Soweit in der Personenversicherung eine gesetzliche Anpassungsregelung nicht besteht, ist es dem Versicherer grundsätzlich nicht verwehrt, entsprechende vertragliche Bestimmungen zu schaffen.[745] Diese Klauseln sind aber, anders als Klauseln, die lediglich den Inhalt von §§ 163, 164 und 203 VVG wiedergeben, am BGB zu messen.

---

[740] Vgl. *Honsel* in Die Entwicklung des Verbraucherschutzes bei Versicherungsverträgen – Symposium AGBG und AVB, 1993, S. 134; *Fricke* VersR 1996, 1449.

[741] BGH VersR 1999, 697 (698); *Schöne* WM 2004, 262 (263).

[742] Grundlegend *v. Fürstenwerth* r+s 2009, 221 (225 f.); zum früheren Recht: *Römer* VersR 1994, 125 (127); s. ferner *Renger* VersR 1994, 753 (755); *Präve* VersR 1995, 733 (736 f.); *ders.* ZfV 1994, 255 (259); 1997, 354 (355); *Brendle* VW 1993, 1498; kritisch *Schwintowski* VersR 1994, 646 (650 f.); *Wriede* VersR 1994, 251 (253 f.); *Reifner* VuR 1994, 145 (150 f.).

[743] Hierzu BGH VersR 2008, 482 (483) und *Präve* ZfV 1997, 354 (355); jeweils bezogen auf das frühere Recht.

[744] Art. 16 § 2 S. 2 Drittes Durchführungsgesetz/EWG zum VAG.

[745] *Wedler* VW 1996, 369 (371 ff.); *Römer* VersR 1994, 125 (127); *Präve* ZfV 1994, 255 (259 f.).

129 Eine weitere gesetzliche Anpassungsregelung stellt **Art. 1 Abs. 3 EGVVG** dar. Danach durften Versicherer die AVB der bis zum Jahresende 2007 geschlossenen Versicherungsverträge mit Wirkung zum 1.1.2009 ändern, um die AVB den dann maßgeblichen neuen Vorschriften des VVG anzupassen. Art. 1 Abs. 3 VVG gestattete eine Änderung der AVB dabei nur in Bezug auf das geänderte VVG. Dem Versicherungsnehmer waren hierzu die geänderten AVB samt Erläuterung zuzuleiten; eine weitere Mitwirkung der Versicherungsnehmer sieht Art. 1 Abs. 3 EGVVG nicht vor. Art. 1 Abs. 3 EGVVG enthält eine gesetzliche Anpassungsregelung, die allerdings nur eingreift, wenn der Versicherer von ihr auch Gebrauch gemacht hat. Ein unmittelbarer Rekurs auf die Vorschrift ist dem Versicherer verwehrt, wenn er die nach dieser Vorschrift notwendigen Voraussetzungen nicht erfüllt hat.[746] Das bedeutet, der Versicherer hatte sich auf die nach VVG 2008 notwendigen Änderungen zu beschränken und er musste innerhalb der in Art. 1 Abs. 3 EGVVG genannten Monatsfrist den Versicherungsnehmer entsprechend unterrichten. Dabei waren die Unterschiede kenntlich zu machen, was eventuell eine synoptische Gegenüberstellung der bisherigen mit den geänderten AVB erforderlich machte. Es genügt den gesetzlichen Anforderungen nicht, in einem Begleitschreiben allgemein auf die Änderungen, die mit dem neuen Recht verbunden sind, hinzuweisen und im Übrigen lediglich die neuen AVB ohne weitere Kenntlichmachung beizufügen. Zulässig war aber, die notwendigen Änderungen in Form von Zusatzbedingungen in die bestehenden Verträge einzufügen und diese mit entsprechenden Erläuterungen im Hinblick auf die bisherige Rechtslage zu versehen.[747]

4. Gesetzliches Leitbild

130 § 307 Abs. 2 BGB enthält **Regelbeispiele,** in denen eine Unangemessenheit von AGB angenommen werden kann. Dabei handelt es sich zum einen um den Verstoß gegen wesentliche Grundgedanken einer gesetzlichen Regelung und zum anderen um die Gefährdung der Erreichung des Vertragszwecks. Beim Vorliegen der entsprechenden tatbestandlichen Voraussetzung besteht eine widerlegbare Vermutung für eine Unwirksamkeit der jeweiligen Bestimmung.[748] Eine unangemessene Benachteiligung kann hier ebenso wie im Falle von § 307 Abs. 1 BGB insbesondere durch die Einräumung entsprechender anderer rechtlicher Vorteile kompensiert werden.[749] Die Rechtsprechung zeichnet sich allerdings durch eine große Zurückhaltung aus, Kompensationen insoweit für maßgeblich zu erachten.[750] Eine Rechtfertigung durch den bloßen Hinweis auf die Üblichkeit entsprechender Bestimmungen[751] oder ein Rationalisierungsinteresse des Versicherers als AGB-Verwender[752] scheidet von vornherein aus.

131 Die Unvereinbarkeit mit wesentlichen Grundgedanken einer gesetzlichen Regelung indiziert eine unangemessene Benachteiligung (§ 307 Abs. 2 Nr. 1 BGB).[753]

---

[746] Zu den Rechtsfolgen bei unterbliebener Anpassung der AVB vgl. BGH VersR 2011, 1550.

[747] *v. Fürstenwerth* r+s 2009, 221 (224f.).

[748] Vgl. nur BGH ZIP 1996, 1079 (1081); NJW 1991, 2414 (2415).

[749] Vgl. *Wolf/Ungeheuer* JZ 1995, 176 (179); s. BGH NJW 1991, 2414 (2415).

[750] Vgl. BGH VersR 1996, 322 (323); VersR 1993, 314f.; VersR 1990, 1115 (1116); VersR 1983, 848 (849); VersR 1982, 482 (484).

[751] Vgl. BGH NJW 1991, 2414 (2416).

[752] Vgl. BGH VersR 1993, 312 (314); NJW 1991, 1886 (1888); NJW 1991, 2414 (2415f.).

[753] S. nur BGH ZIP 2000, 16 (18).

Gesetzliche Regelungen umfassen dabei alle formellen, aber auch alle materiellen Gesetze wie Rechtsverordnungen.[754] Zu den Gesetzen zählen AGB-rechtliche Vorschriften, namentlich § 305 Abs. 2, 3[755], §§ 305b, 305c Abs. 1[756] und 2,[757] auch § 306 BGB,[758] nicht aber §§ 308, 309 BGB, da diese unmittelbar anzuwenden sind.[759] Ob es sich um dispositives, halbzwingendes oder zwingendes Gesetzesrecht handelt, ist unmaßgeblich.[760] So gewinnen Vorschriften des dispositiven Rechts (auch außerhalb des Schuldrechts[761]) als **gesetzliche Leitbilder** über § 307 Abs. 2 Nr. 1 BGB zwingenden Rechtscharakter. Über § 307 BGB sind darüber hinaus halbzwingende[762] und zwingende Rechtsvorschriften anzuwenden, so dass in diesen Fällen – unbeschadet spezieller gesetzlicher Bestimmungen in den einzelnen Gesetzen – zusätzlich eine Inhaltskontrolle nach AGB-rechtlichen Vorschriften greift.[763] Das gilt selbst für wettbewerbliche Verstöße.[764] Entsprechende Verstöße können dementsprechend auch in Verbandsklageverfahren nach §§ 1, 3 UKlaG geltend gemacht werden. Das ist insbesondere beim Verstoß gegen zwingende oder halbzwingende Rechtsvorschriften von Bedeutung, auch wenn hier bereits nach § 134 BGB Nichtigkeit eintritt. Gerade bei derart schwerwiegenden Rechtsverstößen eine Inhaltskontrolle und damit auch ein Verbandsklageverfahren auszuschließen, ist nicht angängig.[765] Der Gesetzgeber hat vielmehr mit § 307 Abs. 2 Nr. 1 BGB zum Ausdruck gebracht, dass Maßstab der Inhaltskontrolle Grundgedanken jeglicher gesetzlicher Regelung bilden.[766] Dass das VVG zum 1.1.2008 umfassend novelliert worden ist, steht der Einbeziehung halbzwingender Vorschriften des VVG in die Inhaltskontrolle per se nicht entgegen.[767] Es kann nämlich nicht davon ausgegangen werden, dass der Gesetzgeber mit der Novellierung einen derart umfassenden Ausschluss der AGB-Kontrolle intendiert hat. Freilich sind neue Wertungen des VVG bei der Inhaltskontrolle insgesamt zu berücksichtigen. Keine Bedeutung als gesetzliche Vorschriften im Sinne von § 307 Abs. 2 Nr. 1 BGB haben sozialgesetzliche Vorschriften, die wegen ihrer Andersartigkeit keinen geeigneten Maßstab für die Privatversicherung bilden.[768]

---

[754] Vgl. *v. Hoyningen-Huene* Rn. 247f.

[755] AA *A. Fuchs* in Ulmer/Brandner/Hensen BGB § 307 Rn. 210.

[756] BGH VersR 1996, 651 (653); NJW 1983, 1853f.; OLG Nürnberg VersR 2000, 713, 714 (zu § 305 BGB bzw. § 2 AGBG); aA *v. Hoyningen-Huene* Rn. 256f.

[757] BGH VersR 1999, 697 (699); *Abrams* NVersZ 2000, 249 (255).

[758] BGH VersR 1999, 697 (698); LG Düsseldorf VersR 1996, 874; *Abrams* NVersZ 2000, 249 (253, 255); aA *A. Fuchs* in Ulmer/Brandner/Hensen BGB § 307 Rn. 210.

[759] Vgl. *v. Hoyningen-Huene* Rn. 257.

[760] Widersprüchlich *A. Fuchs* in Ulmer/Brandner/Hensen Vorb. v. § 307 BGB Rn. 56f. versus BGB § 307 Rn. 208 und 210 (gegen Einbeziehung zwingender Gesetzesvorschriften).

[761] *Wolf* in: E. Lorenz, Schuldrechtsmodernisierung – Karlsruher Forum 2002, 2003, S. 101 (103).

[762] BGH VersR 2009, 769.

[763] Vgl. BGH ZIP 2000, 1113 (1115); NJW 1983, 1320 (1322); NJW 1986, 46 (47); aA *v. Hoyningen-Huene* Rn. 252.

[764] BGH VersR 2000, 864 (865); *Stillner* VuR 2000, 292 (293).

[765] *Pfeiffer* in Wolf/Lindacher/Pfeiffer BGB § 307 Rn. 12ff., 111.

[766] Vgl. BGH NJW 1983, 1320 (1322); 1986, 46 (47); abweichend hiervon BGH NJW 1980, 1625 (1626).

[767] AA *Werber* VersR 2010, 1253 (1257f.).

[768] BGH VersR 2009, 623 (624); VersR 2009, 533 (534); VersR 2006, 497 (498f.); VersR 2005, 976 (977); VersR 1999, 710 (711f.); OLG Koblenz VersR 2009, 626 (627); OLG Celle VersR 2005, 105 (107); *Lehmann* r+s 2009, 89 (91).

132 Über § 307 Abs. 2 Nr. 1 BGB erlangen ferner Rechtssätze Bedeutung, die von der Rechtsprechung und der Rechtslehre aus den gesetzlichen Vorschriften hergeleitet werden.[769] Auch **allgemeine Rechtsgrundsätze** und vertragstypische Grundgedanken, die aus der gesamten Rechtsordnung abzuleiten sind, können den Maßstab für eine Inhaltskontrolle nach § 307 Abs. 2 Nr. 1 BGB bilden.[770] Hierzu zählt namentlich das Prinzip der Äquivalenz von Leistung und Gegenleistung, dh der synallagmatische Pflichtenbestand.[771] Keinen selbstständigen Maßstab der Inhaltskontrolle bilden die Verkehrssitte und der Handelsbrauch,[772] jedenfalls soweit diese nicht in der jeweiligen gesetzlichen Vorschrift in Bezug genommen werden.

133 Eine Abweichung von einer gesetzlichen Bestimmung und damit ein nach § 307 Abs. 2 Nr. 1 BGB relevanter Verstoß gegen eine gesetzliche Regelung liegt nur vor, wenn es sich bei der betreffenden Bestimmung nicht um eine Randbestimmung handelt.[773] Vielmehr muss von einem **wesentlichen Grundgedanken** einer gesetzlichen Vorschrift abgewichen werden. Das ist nur der Fall, wenn die – dispositive – gesetzliche Regelung nicht auf reinen Zweckmäßigkeitserwägungen beruht, sondern eine Ausprägung des Gerechtigkeitsgebots darstellt.[774] Entscheidende Voraussetzung ist zugleich, dass die jeweilige Vorschrift Interessen des Vertragspartners betrifft.[775] Nur unter diesen Voraussetzungen erlangen dispositive Rechtsvorschriften über § 307 Abs. 2 Nr. 1 BGB (halb-)zwingenden Rechtscharakter mit der Folge, dass zu Lasten des Versicherungsnehmers nicht von ihnen abgewichen werden darf.[776] Voraussetzung ist allerdings stets, dass auch eine unangemessene Benachteiligung gegeben ist, was eine umfassende Abwägung der berechtigten Interessen aller Beteiligten erfordert.[777]

Mit **Abweichung** ist dabei jede inhaltliche Änderung, sinnverwandelnde Weglassung bzw. Hinzufügung, vollständige Abbedingung oder Ersetzung der jeweiligen Vorschrift durch eine andere Bestimmung gemeint.[778]

Für AVB sind vorrangig die Bestimmungen des **VVG** Maßstab bei der Inhaltskontrolle.[779] Die Rechtsprechung hat in einer Vielzahl von Fällen eine entsprechende Überprüfung vorgenommen, wobei eine Übereinstimmung namentlich mit den Vorschriften des VVG noch nicht zwingend bedeuten muss, dass keine unangemessene Benachteiligung gegeben ist, wenn bedingungsgemäß so verfahren wird.[780]

134 Einer sogenannten **Inhaberklausel,** die vorsieht, dass der Versicherer den Policeninhaber als berechtigt ansehen kann, über die Rechte aus dem Versicherungs-

---

[769] BGH VersR 1993, 830 (831); NJW 1983, 1671 (1672); LG München I VersR 2001, 55 (57).

[770] BGH NJW 1999, 635 (636); AG Berlin-Neukölln VersR 2003, 504 (505); *Wolf* in Wolf/Lindacher/Pfeiffer BGB § 307 Rn. 112; *Wolf/Ungeheuer* JZ 1995, 176 (179); *Nobbe* WM 2008, 185 (186); kritisch *A. Fuchs* in Ulmer/Brandner/Hensen BGB § 307 Rn. 212.

[771] Vgl. nur BGH VuR 2001, 411 (415).

[772] *A. Fuchs* in Ulmer/Brandner/Hensen BGB § 307 Rn. 207.

[773] Vgl. *v. Hoyningen-Huene* Rn. 262.

[774] BGHZ 115, 38 (42) mwN.

[775] Vgl. *Pfeiffer* in Wolf/Lindacher/Pfeiffer BGB § 307 Rn. 115.

[776] Martin VersR 1984, 1107 (1109 f.).

[777] BGH ZIP 2003, 617 (619).

[778] Vgl. *v. Hoyningen-Huene* Rn. 263.

[779] Übersicht bei *Präve* VW 2009, 98 ff.

[780] S. nur BGH VersR 2012, 1149 (1152); LG Hamburg VuR 2003, 455 (458).

vertrag zu verfügen, insbesondere Leistungen in Empfang zu nehmen, stehen nicht die Regelungen von § 4 VVG, § 808 BGB entgegen. Diese Bestimmungen wollen lediglich die Ausgestaltung des Versicherungsscheins als reines Inhaberpapier unterbinden.[781] Es bleibt dem Versicherer damit namentlich unbenommen, den Versicherungsschein zu einem qualifizierten Legitimationspapier im Sinne von § 808 BGB zu machen.

135 Im Falle **vorläufigen Versicherungsschutz**es in der Lebensversicherung ist es unter Rekurs auf §§ 19ff. VVG unzulässig, die Leistungspflicht für Versicherungsfälle auszuschließen, zu deren Eintritt gefahrerhebliche Erkrankungen mitursächlich beigetragen haben. Damit wird eine Risikoverteilung zu Lasten des Versicherungsnehmers vollzogen, die mit weiteren Nachteilen für den Versicherungsnehmer gegenüber der gesetzlichen Ausgestaltung der vorvertraglichen Anzeigepflicht verbunden ist.[782] Unbeschadet dessen ist zu beachten, dass trotz der Unwirksamkeit einer anderslautenden Klausel eine Haftung des Versicherers jedenfalls dann nicht eintritt, wenn beide Vertragsparteien vor Antragstellung Kenntnis vom Eintritt des Versicherungsfalls hatten. Eine derartige Rückwärtsversicherung wäre nämlich sittenwidrig.[783]

136 Die bedingungsmäßige Ausweitung von § 38 Abs. 2 VVG auf die Gegenleistung für Vorauszahlungen des Versicherers im Rahmen eines **Policendarlehens,** belastet den Versicherungsnehmer so erheblich, dass sie unangemessen ist.[784]

137 Gegen das in der Lebensversicherung bedingungsgemäß bestehende Schriftformerfordernis für **Abtretungen** von Versicherungsansprüchen bestehen unter dem Gesichtspunkt des § 307 Abs. 2 Nr. 1 BGB keine Bedenken. Entgegenstehende gesetzliche Vorschriften bestehen nämlich nicht.[785] Auch entspricht eine derartige Regelung den berechtigten Interessen beider Vertragsparteien an klaren und nachweisbaren Verfügungen über Rechte dritter Personen an Versicherungsverträgen.[786] Dasselbe gilt für Verfügungen über **Bezugsberechtigungen.**

138 Bereits nach § 309 Nr. 13 BGB sind AVB unwirksam, die für Anzeigen oder Erklärungen des Versicherungsnehmers gegenüber dem Versicherer oder Dritten **zusätzliche formale Anforderungen** vorsehen, die über die einfache Schriftform[787] hinausgehen. Das gilt für das Erfordernis des eingeschriebenen Briefes, die obligatorische Abgabe von Erklärungen auf bestimmten Formularen sowie das Abhängigmachen der Wirksamkeit von Erklärungen vom Zugang bei einer bestimmten Stelle des Unternehmens, beispielsweise der Geschäftsstelle oder dem Vorstand.[788] Dasselbe gilt für die Bezeichnung eines vor Tagesende liegenden Zeitpunkts für einen rechtzeitigen Zugang von Erklärungen.[789]

139 Die Vorschriften der **§§ 163, 164 VVG** enthalten ein gesetzliches Leitbild für Vertragsanpassungsregelungen in der Personenversicherung, von denen nicht zum Nachteil des Versicherungsnehmers abgewichen werden darf.

---

[781] BGH VersR 2000, 709 (710f.); aA OLG München VuR 1999, 205 (206f.); *Schwintowski* VuR 1999, 207.

[782] OLG Saaarbrücken VersR 2008, 621 (622f.).

[783] OLG Hamm VersR 1999, 840; s. auch BGH VersR 1990, 618 (619).

[784] BGH VersR 1999, 433 (434).

[785] S. auch OLG Hamm NJWE-VHR 1996, 138.

[786] BGH VersR 1991, 89 (90); *Kühl* S. 52.

[787] Vgl. hierzu nur § 171 S. 2 VVG.

[788] *Hensen* in Ulmer/Brandner BGB § 309 Nr. 13 Rn. 8.

[789] *Hensen* in Ulmer/Brandner BGB § 309 Nr. 13 Rn. 8.

140 Über das VVG hinausgehend können auch andere, allgemeine gesetzliche Vorschriften für eine Inhaltskontrolle Bedeutung erlangen. So ist eine AGB, die eine **Datenübermittlung** gestattet bzw. Ärzte von ihrer Schweigepflicht gegenüber Versicherungsunternehmen befreit, an den Vorschriften des Bundesdatenschutzgesetzes, namentlich an §§ 4, 4a BDSG zu messen, wonach in derartigen Fällen eine Einwilligung des Betroffenen erforderlich ist.[790] Auch weitere Vorschriften des BDSG können bedeutsam sein.[791]

141 Eine Klausel, derzufolge eine **Abtretung** von Versicherungsansprüchen nur und erst dann wirksam ist, wenn sie der Versicherungsnehmer dem Versicherer schriftlich angezeigt hat, weicht zwar von der Vorschrift des § 398 BGB ab. Die Abweichung begegnet wegen § 399 BGB aber keinen Bedenken, da sie hiernach zulässig ist.[792]

142 **Gerichtsstandsvereinbarungen** sind nach Maßgabe von § 307 Abs. 2 Nr. 1 BGB an den Vorschriften der §§ 29, 38, 40 ZPO zu messen.[793] Zu berücksichtigen ist dabei auch Nr. 1 Buchst. q der Richtlinie über mißbräuchliche Klauseln in Verbraucherverträgen,[794] ferner § 215 VVG.

143 § 7 Abs. 2 Nr. 2 UWG (vormals § 1 UWG aF[795]) steht einer Klausel entgegen, mit der sich der AGB-Verwender von seinem Kunden, sofern dieser ein Verbraucher ist, das Einverständnis zu **telefonischer Information** und Beratung geben lässt. Dieser Rechtsverstoß führt auch zur Unwirksamkeit nach § 307 Abs. 2 Nr. 1 BGB.[796]

5. Aushöhlungsverbot

144 Eine unangemessene Benachteiligung wird indiziert, wenn die Erreichung des Vertragszwecks durch eine Einschränkung wesentlicher Rechte oder Pflichten, die sich aus der Natur des Vertrages ergeben, gefährdet ist (§ 307 Abs. 2 Nr. 2 BGB). Das ist anzunehmen, wenn sogenannte **Kardinalpflichten** verletzt werden. Dabei handelt es sich um Pflichten des Versicherers, die den zentralen Leistungserwartungen des Versicherungsnehmers entsprechen.[797] Entsprechendes gilt für wesentliche Rechte des Versicherungsnehmers, auch wenn sie nicht mit Pflichten des Versicherers korrespondieren, wie namentlich Gestaltungsrechte. Maßstab bilden somit die vertraglichen Hauptrechte des Versicherungsnehmers sowie die Haupt- und Nebenpflichten des Versicherers, letztere allerdings nur soweit es sich um vertragswesentliche Pflichten handelt.[798] In diesem Umfang können vertragstypische Gerech-

---

[790] Bzgl. der Datenübermittlung BGH VersR 2010, 1498 (1499); *Schwintowski* VuR 2004, 242 (245); bzgl. der Schweigepflichtentbindung *Weichert* NJW 2004, 1695 (1697 f.).

[791] LG München I VuR 2001, 229 (232).

[792] OLG Hamm NJWE-VHR 1996, 138.

[793] BGH NJW 1983, 1320 (1322); ZIP 1987, 1185 (1186); OLG Düsseldorf NJW-RR 1989, 1330 (1332); LG Karlsruhe JZ 1990, 690 (692 und 694 f.); *Wolf* JZ 1989, 695 (696); *Schiller* NJW 1979, 636 (637). Zu Gerichtsstandsklauseln s. auch EuGH NJW 2009, 2367 (2369); ZIP 2000, 1165 (1166).

[794] *Pfeiffer* ZEuP 2003, 141 (151 ff.).

[795] Zur Übereinstimmung der früheren Rechtsprechung mit § 7 UWG s. nur *Köhler* NJW 2004, 2121 (2125).

[796] BGH VersR 2000, 864 (865).

[797] Vgl. *v. Hoyningen-Huene* Rn. 277.

[798] *Pfeiffer* in Wolf/Lindacher/Pfeiffer BGB § 307 Rn. 143 f.; *A. Fuchs* in Ulmer/Brandner/Hensen BGB § 307 Rn. 248 f.

tigkeitserwartungen bei der Inhaltskontrolle Berücksichtigung finden.[799] Der Vertrag soll auf diese Weise vor einer Sinnentleerung bewahrt bleiben, also davor, dass der Vertrag in Bezug auf das zu versichernde Risiko zwecklos wird.[800] Nicht zu berücksichtigen sind hierbei unverbindliche Musterbedingungen.[801] § 307 Abs. 2 Nr. 2 BGB greift allerdings nur ein, wenn die Erzielung des angestrebten vertraglichen Erfolgs mehr als nur geringfügig in Frage gestellt wird.[802] Nicht jede Leistungsbegrenzung bzw. Schmälerung des Versicherungsschutzes bedeutet daher für sich genommen bereits eine Gefährdung des Vertragszwecks.[803] Grundsätzlich obliegt die Festlegung einer Leistungsbegrenzung der freien unternehmerischen Verantwortung des Versicherers, soweit er nicht mit der Beschreibung der Hauptleistung beim Versicherungsnehmer falsche Vorstellungen erweckt.[804] Der Versicherer kann sich allerdings nicht dem von ihm zu tragenden Finanzierungsrisiko für die vertraglich zugesprochene Leistung gänzlich entziehen.[805] Für Versicherungsverträge erlangt § 307 Abs. 2 Nr. 2 BGB Bedeutung, soweit es an gesetzlichen „Leitbildern" im Sinne von § 307 Abs. 2 Nr. 1 BGB fehlt, was nicht selten festzustellen ist.[806] Als überholt darf die Ansicht angesehen werden, dass in Ermangelung gesetzlicher Vorgaben eine Inhaltskontrolle zu unterbleiben hat,[807] da den AGB-rechtlichen Vorschriften, wie § 307 Abs. 2 Nr. 2 BGB belegt, eine entsprechende Beschränkung nicht zu entnehmen ist.

145 Klauseln, welche das Risiko ausschließen sowie Klauseln, die das Leistungsversprechen näher ausgestalten, werfen die Frage der Gefährdung des Vertragszwecks in besonderer Weise auf. Die Bestimmung, dass die **vorläufige Deckung** in der **Lebensversicherung** ausgeschlossen sei für Versicherungsfälle auf Grund von Ursachen, die vor Unterzeichnung des Antrags erkennbar geworden sind, auch wenn diese im Antrag angegeben wurden, ist unwirksam. Danach würde Leistungsfreiheit selbst dann eintreten, wenn ein Umstand für den Eintritt des Versicherungsfalls bloß mitursächlich geworden ist, und das selbst dann, wenn der Versicherungsnehmer einen solchen Ursachenzusammenhang nicht vorhersehen kann. Damit aber würde die Vertragsabrede ausgehöhlt.[808]

146 Eine Kürzung der gesetzlichen Renten verpflichtet die Zusatzversorgungsanstalten des öffentlichen Dienstes, namentlich die Versorgungsanstalt des Bundes und der Länder, nicht per se zu einer Erhöhung der **Zusatzrente.** Von der Zusatzversorgung kann nämlich nicht erwartet werden, jede Kürzung der gesetzlichen Rente aus eigenen Mitteln auszugleichen. Insofern begegnen Satzungsregelungen, die keinen derartigen Ausgleich sicherstellen, auch keinen AGB-rechtlichen Bedenken.[809]

---

799 *v. Hoyningen-Huene* Rn. 285f.

800 BGH VersR 2009, 623 (624).

801 OLG Frankfurt a. M. VersR 2001, 853 (854).

802 Vgl. *v. Hoyningen-Huene* Rn. 293.

803 BGH VersR 2006, 497 (499); VersR 2006, 641 (642); VersR 2006, 643 (644); VersR 2004, 1035 (1036); VersR 2004, 1037 (1038); VersR 2004, 1039 (1040); VersR 2001, 576 (577); NJW-RR 2005, 32 (33).

804 BGH VersR 2012, 48 (50); VersR 2011, 1257 (1258); VersR 2008, 533 (534).

805 Vgl. BaFin-Verlautbarung 1/2006, 3f.

806 *Rehberg* S. 87; *Terno* r+s 2004, 45 (49).

807 So *Wagner* ZVersWiss 1977, 119 (142); *Schäfer* VersR 1978, 7 (11).

808 BGH VersR 2001, 489 (490f.); OLG Saarbrücken VersR 2008, 621 (624).

809 BGH VersR 2003, 719 (720); VersR 2003, 720 (722).

147 Beim Ausschluss von **Terror-Risiken** ist Sorge dafür zu tragen, dass dieser den Versicherungsschutz – gerade in Zeiten einer besonderen allgemeinen Bedrohungslage, wie sie sich nach den Terroranschlägen in den USA vom 11.9.2001 darstellt – nicht grundsätzlich entwertet. Ein vollständiger Ausschluss solcher Risiken dürfte unzulässig sein.[810] Der Ausschluss von Risiken, die die dauernde Erfüllbarkeit der Versicherungsverträge insgesamt in Frage stellen, ist jedoch zulässig. Das ist etwa beim Einsatz von ABC-Waffen mit einem entsprechenden Gefährdungsgrad gegeben. Auch kommen in vertretbarem Rahmen Selbstbeteiligungsregelungen in Betracht.[811]

148 In der Lebensversicherung ist nichts gegen ein bedingungsgemäß vorgesehenes Erlöschen des Rechts auf planmäßige **Erhöhung der Beiträge** und Leistungen ohne erneute Gesundheitsprüfung einzuwenden, wenn eine Berufsunfähigkeitszusatzversicherung eingeschlossen ist und der Versicherte berufsunfähig geworden ist.[812]

149 Die Ausgestaltung des **Versicherungsscheins** als Urkunde im Sinne von § 808 BGB begründet ebenfalls keine Gefährdung des Vertragszwecks.[813] Auch das in der sogenannten Inhaberklausel darüber hinaus angesprochene Verfügungsrecht des Policeninhabers bezüglich der Rechte aus dem Versicherungsvertrag ist unbedenklich.[814]

6. Klauselverbote

150 Die Klauselverbote der §§ 308, 309 BGB können auch für Versicherungsverträge Bedeutung erlangen. Bei den Regelungen des § 308 BGB handelt es sich um Verbote mit **Wertungsmöglichkeit,** bei denen des § 309 BGB um solche ohne Wertungsmöglichkeit. Im Rahmen von § 308 BGB ist somit Raum für eine Interessenabwägung, während § 309 BGB eine solche nicht erfordert. Die Vorschriften der §§ 308, 309 BGB sind dabei nebeneinander anzuwenden.[815]

Auch wenn den Vorschriften der §§ 308, 309 BGB Genüge getan worden ist, kann sich die Unwirksamkeit einer entsprechenden AGB noch aus **§ 307 BGB** ergeben, da mit dieser Vorschrift eine umfassende Inhaltskontrolle festgeschrieben worden ist. § 307 BGB vermag daher selbst dann im Einzelfall einzugreifen, wenn Klauseln wörtlich mit den Klauselverboten der §§ 308, 309 BGB übereinstimmen.[816] Die Inhaltskontrolle nach § 307 BGB darf jedoch nicht zu einer Umgehung der in den Klauselverboten zum Ausdruck kommenden Regelungsabsicht des Gesetzgebers führen.[817] Das wäre anzunehmen, wenn auf Grund allgemeiner Überlegungen, die sich nicht aus den Besonderheiten des Einzelfalls ergeben, die Absicht des Gesetzgebers geradezu auf den Kopf gestellt würde.[818]

Zu beachten ist, dass AVB, die sich im Rahmen der Vorschriften des **VVG** halten, nicht erneut an §§ 308, 309 BGB zu messen sind. Die spezielleren Vorschriften

---

[810] *Bruns* JZ 2005, 13 (19).
[811] *Bruns* JZ 2005, 13 (20).
[812] OLG Koblenz VersR 1999, 876 (877).
[813] BGH VersR 2000, 709 (710).
[814] BGH VersR 2000, 709 (710f.).
[815] *Dammann* in Wolf/Lindacher/Pfeiffer Vor §§ 308, 309 Rn. 10ff.
[816] Vgl. *Dammann* in Wolf/Lindacher/Pfeiffer Vor §§ 308, 309 Rn. 10ff.
[817] *A. Fuchs* in Ulmer/Brandner/Hensen Vorb. v. § 307 BGB Rn. 9.
[818] BGH JZ 1997, 1007 (1008); kritisch *v. Hippel* JZ 1997, 1009.

des VVG lassen die §§ 308, 309 BGB insoweit zurücktreten. Entsprechende AVB sind unbeschadet dessen in Ausnahmefällen allerdings an § 307 BGB zu messen.[819] Soweit vereinzelt eine Anwendung von § 308 BGB auf derartige AVB befürwortet wird,[820] ist dem entgegenzuhalten, dass die mit §§ 308, 309 BGB zum Ausdruck kommenden Wertungen hinsichtlich bestimmter Klauselgestaltungen allgemeiner Natur sind und nicht wie die Vorschriften des VVG die speziell gelagerten Verhältnisse von Versicherungsverträgen berücksichtigen, wenngleich § 308 (anders als § 309) BGB wenigstens eine richterliche Wertungsmöglichkeit belässt. Das kann für sich genommen aber nichts an dem Umstand ändern, dass es sich um allgemeine Wertungen des Gesetzgebers handelt, die von den speziellen Anforderungen des VVG überlagert werden. Unberührt hiervon bleibt hingegen vor dem Hintergrund der konkreten Vertragsausgestaltung namentlich die Frage, ob sich aus der Natur des Vertrages zusätzliche Anforderungen ergeben.

151 **§ 308 Nr. 1 BGB,** demzufolge eine unangemessen lange Annahme- oder Leistungsfrist unwirksam ist, steht der sechswöchigen **Antragsbindefrist** in der Lebensversicherung nicht entgegen.[821] Dabei ist zu berücksichtigen, dass dieser Zeitraum von dem Versicherer für die notwendige Risikoprüfung, die namentlich ärztliche Auskünfte einschließt, benötigt wird. Dass in der Feuerversicherung eine zweiwöchige Bindefrist gilt, wie dies § 81 Abs. 1 S. 1 VVG festschreibt, rechtfertigt keine abweichende Bewertung, da die Verhältnisse hier anders liegen.

152 Eine **Umstellungsklausel** in einer Lebensversicherung mit Unfallzusatzversicherung, mit der die Mitversicherung einer Berufsunfähigkeitsrente mit der Vollendung des 30. Lebensjahres automatisch wegfällt, verstößt nicht gegen **§ 308 Nr. 5 BGB.** Vereinbaren Versicherer und Versicherungsnehmer eine derartige Bestimmung, sind damit sämtliche Erklärungen abgegeben, so dass für § 308 Nr. 5 BGB kein Raum mehr bleibt.[822]

153 **§ 308 Nr. 6 BGB,** demgemäß Zugangsfiktionen in AGB unwirksam sind, wird partiell überlagert von § 13 VVG, wonach es für eine Willenserklärung des Versicherers gegenüber dem Versicherungsnehmer im Falle einer geänderten, dem Versicherer aber nicht mitgeteilten Wohnanschrift genügt, dass sich der Versicherer mit eingeschriebenem Brief an die letzte ihm bekannte Adresse wendet. § 308 Nr. 6 VVG kommt wieder zum Zuge, wenn der Versicherer über § 13 VVG hinausgehend auch die Absendung einfacher Briefe für ausreichend erklärt. In diesem Fall wird grundsätzlich von einem Verstoß gegen § 308 Nr. 6 BGB auszugehen sein.[823]AVB, die für den Nachweis einer Mahnung oder Kündigung einen **Aktenvermerk** ausreichen lassen, verstoßen gegen § 308 Nr. 6 BGB.[824]

154 **§ 308 Nr. 7 BGB** sieht vor, dass im Falle einer Vertragsabwicklung keine unangemessen hohe Vergütung und kein unangemessen hoher Aufwendungsersatz ver-

---

[819] *Reiff* in Wolf/Lindacher/Pfeiffer Klauseln Rn. V 195; *Römer* in 8./9. Symposium der ARGE Versicherungsrecht im DAV, 2005, S. 45 (52).

[820] *Hansen* VersR 1988, 1110 (1111).

[821] OLG Hamm VersR 1986, 82 (83); OLG Frankfurt a. M. VersR 1983, 528 (529); *H. Schmidt* in Ulmer/Brandner/Hensen BGB § 308 Nr. 1 Rn. 6; *Stoffels,* AGB-Recht, Rn. 700; *Präve* VW 1995, 90 (94); *Hansen* VersR 1988, 1110 (1117); s. auch LG Köln MDR 1987, 676.

[822] BGH VersR 2001, 752 (753 f).

[823] Vgl. OLG Hamburg VersR 1980, 38 (39); *Bauer* BB 1978, 476 (479); *Hansen* VersR 1988, 1110 (1117).

[824] OLG Hamburg VersR 1981, 125 (126).

langt werden darf. Zu beachten ist, dass das VVG, soweit es spezielle Vorschriften für entsprechende Fälle vorsieht, diese Bestimmung teilweise überlagert. Namentlich im Falle des Rückkaufswerts in der Lebensversicherung ist danach grundsätzlich kein Raum mehr für eine Überprüfung nach § 308 Nr. 7 BGB, da das VVG den Rückkaufswert (als Deckungskapital, § 169 Abs. 3 S. 1 VVG, bzw. Zeitwert der Versicherung, § 169 Abs. 4 S. 1 VVG;[825]) definiert.[826] Soweit der Versicherer berechtigt ist, einen **Stornoabzug** vorzunehmen, richtet sich deren Zulässigkeit nach § 169 Abs. 5 VVG, also insbes. nach deren Angemessenheit. Diese Vorschrift ist dabei als abschließende Spezialregelung zu verstehen. Hingegen ist der Rechtsgedanke des § 308 Nr. 7 BGB im Falle sog **Wechselkosten** bei Altersvorsorgeverträgen heranzuziehen. Die Erhebung derartiger Kosten bei einem Wechsel des Anlageprodukts oder des Anbieters ist grundsätzlich zulässig, wie sich aus § 2a Nr. 2 AltZertG ergibt. Die Höhe der Kosten darf jedoch nicht unangemessen sein. Unangemessenheit ist gegeben, wenn der nach der Klausel geschuldete Aufwendungsersatz wesentlich über das typischerweise Geschuldete hinausgeht. Dabei handelt es sich um die mit einem Wechsel des Produkts bzw. des Anbieters verbundenen Verwaltungskosten.[827] Bezüglich deren Angemessenheit greift zwar § 308 Nr. 7 BGB nicht unmittelbar ein, da diese Vorschrift lediglich die Fälle des Rücktritts und der Kündigung erfasst. Der Wechsel eines Altersvorsorgevertrags steht allerdings der Kündigung gleich, da die Folge des Wechsels die Begründung eines neuen Vertrags und damit auch die Beendigung eines bestehenden Vertrags zur Folge hat. § 308 Nr. 7 BGB ist daher über § 307 BGB entsprechend heranzuziehen.

155 **§ 309 Nr. 4 BGB,** der dem AGB-Verwender verbietet, sich von der Obliegenheit zur Mahnung freizustellen, wird verletzt, wenn sich ein Versicherer in AVB Rechte ausbedingt, die ihm erst nach einer Mahnung zustehen, namentlich wenn er Kosten der Beitreibung bereits im Falle der Nichtzahlung der Prämie verlangt.[828]

156 **§ 309 Nr. 5 BGB,** der unter bestimmten Voraussetzungen eine Pauschalierung von Schadensersatzansprüchen verbietet, kommt nicht zum Zuge im Falle einer bedingungsgemäß vorgesehenen Leistungsfreiheit des Versicherers für Obliegenheitsverletzungen des Versicherungsnehmers. Bei der Leistungsfreiheit handelt es sich um keinen pauschalierten Schadens- oder Wertminderungsersatz im Sinne der Vorschrift.[829] Soweit der Versicherer beim **Rückkaufswert** in der Lebensversicherung Abzüge vornimmt, beurteilt sich deren Zulässigkeit nach § 169 Abs. 5 VVG. § 309 Nr. 5 BGB findet aufgrund des abschließenden Charakters der Regelung des § 169

---

[825] § 176 Abs. 3 S. 1 VVG aF (für Versicherungsverträge, die bis zum 31.12.2007 geschlossen worden sind, vgl. Art. 4 Abs. 2 EGVVG).

[826] AA BGH VersR 2012, 1149 (1157) unter alternativer Bezugnahme auf § 309 Nr. 5 BGB; *Ortmann* in Schwintowski/Brömmelmeyer § 169 Rn. 95; so auch zum früheren Recht (§ 176 Abs. 4 VVG aF) *H. Schmidt* in Ulmer/Brandner/Hensen Anh. § 310 BGB Rn. 916; offen gelassen noch von BGH VersR 2005, 1565 (1569).

[827] Ausstehende Abschlusskosten dürfen nicht in Abzug gebracht werden (vgl. § 1 Abs. 1 S. 1 Nr. 8 AltZertG). Auch ein Stornoabschlag ist unzulässig, da § 1 Abs. 5 AltZertG ausdrücklich vorsieht, dass als gebildetes Kapital das Deckungskapital zuzüglich der Überschussbeteiligung auszukehren ist und ein weiterer Abzug insofern nicht vorgesehen ist. Insofern greift § 1 Abs. 5 S. 2 AltZertG ein, der ausdrücklich nicht im AltZertG vorgesehene Abzüge für unzulässig erklärt.

[828] Vgl. *Hensen* in Ulmer/Brandner/Hensen BGB § 309 Nr. 4 Rn. 4; LG Hamburg VuR 1997, 167 (173).

[829] *Hansen* VersR 1988, 1110 (1113); LG Freiburg VersR 1987, 399 (400).

Abs. 5 VVG keine Anwendung.[830] Eine Klausel, nach der Beträge unter 10 EUR Euro nicht erstattet werden, ist von vornherein unzulässig.[831] An § 309 Nr. 5 BGB sind allerdings **Mahnkostenpauschalierungen** zu messen, die sich Versicherer mitunter ausbedingen.[832]

157 AVB, die für Obliegenheitsverletzungen des Versicherungsnehmers **Leistungsfreiheit** des Versicherers vorsehen, verletzen nicht **§ 309 Nr. 6 BGB.** Die Vorschrift erfasst nämlich nicht Vertragsstrafen wegen Obliegenheitsverletzungen.[833] Im Übrigen findet § 309 BGB ohnehin keine Anwendung, soweit entsprechende AVB Leistungsfreiheit in Übereinstimmung mit den entsprechenden Vorschriften des VVG vorsehen.

158 **§ 309 Nr. 12 BGB,** der eine Beweislastumkehr zum Nachteil des Vertragspartners des AGB-Verwenders verbietet, ist von größerer Bedeutung auch für AVB. Dabei ist für Verbraucherverträge, die im Fernabsatz geschlossen werden, die Regelung des Art. 15 der EU-Richtlinie über den Fernabsatz von Finanzdienstleistungen an Verbraucher zu berücksichtigen. Danach gilt eine AGB als missbräuchlich, die die Beweislast für die Übermittlung von AGB und bestimmten Informationen dem Verbraucher auferlegt. Zu beachten ist des Weiteren der Vorrang namentlich von §§ 13, 28 VVG. Soweit diese Vorschriften Bestimmungen der Beweislastumkehr enthalten, tritt § 309 BGB zurück; § 307 BGB bleibt unberührt.[834] Enthalten AVB allerdings in Abweichung von Vorschriften des VVG Bestimmungen zur Beweislastumkehr, sind diese wiederum an § 309 Nr. 12 BGB zu messen. So ist es nach § 309 Nr. 12 BGB unzulässig, im Falle von § 13 VVG anstelle eines eingeschriebenen Briefs einen einfachen Brief für ausreichend zu erklären.[835] Eine Klausel, derzufolge zum Nachweis einer Mahnung oder Kündigung ein Aktenvermerk genügt, widerspricht nicht nur § 308 Nr. 6 BGB, sondern auch dem daneben anwendbaren § 309 Nr. 12 BGB.[836] Dass im Falle einer Mahnung die Nichtzahlung der Prämie im Verantwortungsbereich des Versicherungsnehmers liegt, steht der Anwendung von § 309 Nr. 12 BGB nicht entgegen, da diese Vorschrift eine derartige Beweislaständerung generell für unwirksam erklärt und mit den Buchstaben a (hier beschränkt auf Umstände, die im Verantwortungsbereich des Verwenders liegen) und b nur typische Varianten beweislaständernder Klauseln bezeichnet.[837]

159 Soweit Versicherer dem Versicherungsnehmer Tatsachenbestätigungen bedingungsgemäß abverlangen, ist von deren Unwirksamkeit gemäß **§ 309 Nr. 12 Buchst. b BGB** auszugehen.[838] Das ist beispielsweise bei der Bestätigung des **Er-**

---

[830] *Schumacher* S. 225f.; *Meyer* S. 152f.; differenzierend *Bruns* in Langheid/Wandt BGB § 309 Rn. 6; aA BGH VersR 2012, 1149 (1157) unter alternativer Bezugnahme auf § 308 Nr. 7 BGB; *Ortmann* in Schwintowski/Brömmelmeyer § 169 Rn. 95; *Seiffert* in Hornburger Tage 2009, 2009, S. 35 und offenbar auch *Jaeger* VersR 2002, 133 (141); noch offen gelassen von BGH VersR 2005, 1565 (1569).

[831] BGH VersR 2012, 1149 (1157f.).

[832] Vgl. *Hansen* VersR 1988, 1110 (1113).

[833] *Hansen* VersR 1988, 1110 (1114); LG Freiburg VersR 1987, 399 (400).

[834] *Hansen* VersR 1988, 1110 (1114).

[835] OLG Hamburg VersR 1980, 38 (39); *Hansen* VersR 1988, 1110 (1115).

[836] *Bauer* BB 1978, 476 (479); *Hansen* VersR 1988, 1110 (1115); aA *Voosen* VersR 1977, 895 (898).

[837] *Hansen* VersR 1988, 1110 (1115).

[838] *Hensen* in Ulmer/Brandner/Hensen BGB § 309 Nr. 12 Rn. 18; *Hansen* VersR 1988, 1110 (1116).

halts von Vertragsunterlagen[839] – namentlich auch von Versicherungsbedingungen –[840] und bei formularmäßig abgegebenen Erklärungen über den Gesundheitszustand versicherter Personen[841] anzunehmen. Allerdings ist zu beachten, dass keine derartigen Bedenken gegen gesondert unterschriebene bzw. gesondert qualifiziert elektronisch signierte Empfangsbekenntnisse bestehen. Diese dürfen aber keine rechtlichen Wertungen enthalten[842] und müssen so gestaltet sein, dass die Unterschrift sich erkennbar nur auf das Empfangsbekenntnis bezieht. Den Erhalt „maßgebender" Vertragsunterlagen kann sich der Versicherer daher auch mit gesondertem Empfangsbekenntnis nicht bestätigen lassen, da die Maßgeblichkeit von Unterlagen von rechtlichen Bewertungen abhängt.[843]

160 **§ 309 Nr. 13 BGB,** der besondere Zugangs- und Formerfordernisse für Anzeigen und Erklärungen des Versicherungsnehmers für unwirksam erklärt, greift ein bei Klauseln, die die Wirksamkeit von Anzeigen oder Erklärungen vom Zugang bei einer bestimmten Stelle des Versicherungsunternehmens abhängig machen, namentlich dem Vorstand oder einer bestimmten Geschäftsstelle.[844] Ein Verstoß gegen § 309 Nr. 13 BGB ist ferner gegeben, wenn AVB ein Einschreiben[845] oder die Benutzung bestimmter Formulare verlangen.[846] Auch derartige zusätzliche Erfordernisse sind mit § 309 Nr. 13 BGB nicht zu vereinbaren. Sofern AVB lediglich Sollvorschriften enthalten, die dem Versicherungsnehmer eine bestimmte Verfahrensweise lediglich nahelegen, bestehen keine Bedenken. Allerdings muss durch die Wortwahl klar zum Ausdruck kommen, dass entsprechende Erfordernisse nicht die Wirksamkeit der Anzeige oder Erklärung als solcher berühren.[847]

7. Rechtsfolgen

161 Die Rechtsfolgen bei Unwirksamkeit von AVB ergeben sich aus § 306 BGB bzw. ggf. aus §§ 164, 203 VVG. Die Unwirksamkeit einer Klausel begründet hingegen für sich genommen **kein Widerrufsrecht** nach **§ 8 VVG.**[848] Das ergibt sich bereits aus dem Wortlaut von § 8 VVG, wonach nur das Unterlassen einer Verbraucherinformation bzw. die fehlende Übergabe der AVB entsprechende Rechte be-

---

[839] OLG Köln VersR 2000, 169f.; OLG Oldenburg VersR 1996, 400 (401f.); LG Stuttgart VersR 1999, 179 (180f.); LG Hannover VersR 1998, 619 (620); *Rott* VuR 1998, 343 (344).

[840] AG Tettnang VersR 2010, 1076 (1077).

[841] LG Stuttgart VersR 1999, 179 (180); s. auch BGH NJW-RR 1989, 817f.

[842] BGH VersR 1990, 91 (94); OLG Köln VersR 2000, 169 (170).

[843] OLG Köln VersR 2000, 169 (170).

[844] *Hensen* in Ulmer/Brandner/Hensen BGB § 309 Nr. 13 Rn. 8; *Hansen* VersR 1988, 1110 (1116); offen gelassen von BGH VersR 1999, 565 (567).

[845] *Hansen* VersR 1988, 1110 (1116).

[846] *Hensen* in Ulmer/Brandner/Hensen BGB § 309 Nr. 13 Rn. 5; *Hansen* VersR 1988, 1110 (1116).

[847] *Hansen* VersR 1988, 1110 (1118); aA *Schilling* S. 129; *Leschke* S. 235f.

[848] *Wendt* S. 85; *Eberhardt* in Langheid/Wandt § 8 Rn. 32; *Looschelders/Heinig* in Looschelders/Pohlmann § 8 Rn. 43; so auch bereits zum früheren Recht (§ 5a VVG aF) BGH VersR 2007, 1547 (1548); 2005, 1565 (1570); OLG Celle VersR 2003, 1113f.; OLG München VersR 2003, 1024 (1026); OLG Nürnberg VersR 2004, 182; LG Berlin VersR 2004, 1544; *Wandt,* Ersetzung unwirksamer AVB der Lebensversicherung im Treuhänderverfahren gemäß § 172 VVG, 2001, S. 46f.; *Werber* VersR 2003, 148 (151f.); *Armbrüster* ZVersWiss 2003, 745 (775f., 779); *ders.* VW 2003, 768 (769); *Herrmann* DZWiR 2004, 45 (53); aA *Schwintowski* NVersZ 2001, 337 (339); *Schünemann* JZ 2002, 134 (137).

gründet. Auch der Sinn und Zweck von § 8 VVG spricht dagegen, die Vorschrift unmittelbar oder analog auf diesen Fall zu erstrecken. Die Vorschrift zielt nämlich nicht auf eine Sanktionierung von Verstößen gegen AGB-rechtliche Vorschriften. Für diesen Fall bestimmt § 306 BGB die notwendigen Rechtsfolgen. Danach richtet sich der Inhalt des Vertrags nach den gesetzlichen Vorschriften bzw. nach einer ergänzenden Vertragsauslegung. Im Falle der Lebens- und Krankenversicherung eröffnen die §§ 164, 203 VVG dem Versicherer ausdrücklich die Möglichkeit einer einheitlichen Vertragsergänzung. Diese Vorschriften sind insofern abschließend zu verstehen. Ihnen lässt sich gerade nicht entnehmen, dass eine Vertragspartei wegen der Unwirksamkeit einzelner Bestimmungen, auch nicht wegen deren mangelnder Transparenz,[849] ein Lösungsrecht hat. Vielmehr ist das Gegenteil der Fall. Der Vertrag bleibt, wie § 306 BGB ausdrücklich bestimmt, im Übrigen wirksam.[850] Den §§ 164, 203 VVG lässt sich ebenfalls entnehmen, dass der Fortbestand des Vertrags außer Rede steht. Diese Wertung ist auch unter verfassungsrechtlichen Gesichtspunkten sachgerecht, da sie – basierend auf dem redlichen Willen beider Vertragsparteien – den notwendigen Interessenausgleich verbürgt. Gründe für einen Verfassungsverstoß bzw. eine einschränkende verfassungskonforme Auslegung der Vorschriften[851] sind daher per se nicht gegeben. Ebenso wenig bestehen Schadenersatzansprüche etwa nach § 311 BGB (culpa in contrahendo) oder aus Gründen der Prospekthaftung.

162 Eine Rückführung zu weit gefasster oder nicht hinreichend differenzierter Klauseln auf einen nach dem AGB-Recht zulässigen Regelungsinhalt wird allgemein als unzulässig angesehen.[852] Dieses sogenannte **Verbot der geltungserhaltenden Reduktion** wird vorrangig mit dem Präventions- und dem Transparenzgesichtspunkt gerechtfertigt. Der AGB-Verwender soll danach nicht zur Verwendung überzogener Klauseln animiert, sondern zur rechtskonformen Gestaltung seiner AGB angehalten werden; die Gefahr, dass Kunden infolge ihrer Rechtsunkenntnis entsprechend überzogene Klauseln akzeptieren und der Verwender im Streitfall die partielle Geltung der Klausel erhalten kann, soll unterbunden werden. Auch der EuGH hat den Präventionsgedanken besonders herausgestellt.[853] Zugleich soll mit dem Verbot erreicht werden, dass AGB klare, für den Kunden verständliche Regelungen enthalten. Dem Verbot der geltungserhaltenden Reduktion wird insofern eine grundsätzliche Berechtigung nicht abzusprechen sein. Das Verbot kann jedoch nicht ausnahmslos gelten, da der Prävention und der Transparenz nicht in allen Fallkonstellationen Bedeutung zukommt. Das Verbot ist daher mit nicht unbedeutenden Relativierungen zu versehen.[854] Dazu gehört namentlich, dass das Verbot erst

---

[849] AA *Rosenow/Schaffelhuber* ZIP 2001, 2211 (2223) zum früheren Recht (§§ 172, 178g VVG aF).

[850] Lediglich im Ausnahmefall gilt Abweichendes, nämlich dann, wenn das Festhalten an dem Vertrag für eine Vertragspartei eine unzumutbare Härte darstellt. Dies ist im Wege einer Interessenabwägung zu ermitteln, vgl. BGH ZIP 2002, 1252 (1253).

[851] Zum früheren Recht: *Bäuerle* VersWissStud 25 (2004), 37 (42 und 44).

[852] BGHZ 92, 312 (314f.); BGHZ 84, 109 (115ff.); OLG Nürnberg VersR 2000, 1363 (1364); *H. Schmidt* in Ulmer/Brandner/Hensen BGB § 306 BGB Rn. 14f.; *Seybold* VersR 1989, 784f.; *Bach/Geiger* VersR 1993, 659 (675); *Pauly* VersR 1996, 287 (290); *v. Hoyningen-Huene* Rn. 69; aA für den Individualprozess *Johannson* DB 1981, 732 (733).

[853] EuGH NJW 2012, 2257 (2260).

[854] Vgl. *Hager* JZ 1996, 175; *Merschmeyer/Präve* VersR 2005, 1670 (1671); s. auch BGH VersR 1995, 1212.

relevant wird, wenn die Vertragslücke nicht durch den Rückgriff auf gesetzliche Regelungen geschlossen werden kann, sondern durch eine ergänzende Vertragsauslegung.[855]

163 Bestrebungen, für **AVB** generelle Ausnahmen vom Verbot zuzulassen, kann allerdings nicht beigepflichtet werden. Insbesondere kann keine Ausnahme zugelassen werden unter Hinweis auf fehlende Vorschriften des dispositiven Rechts, die im Falle der Unwirksamkeit ansonsten nach § 306 Abs. 2 BGB an die Stelle der unwirksamen AVB treten würden.[856] Diese rechtsfolgeorientierte Betrachtungsweise lässt die dem Verbot zugrundeliegenden maßgeblichen Gesichtspunkte der Transparenz und der Prävention außer Acht, wenngleich zu konzedieren ist, dass mit fehlendem Gesetzesrecht der Beweggrund für eine (allerdings aus anderen Gründen notwendige) Relativierung bezeichnet wird. Auch in den AVB-Genehmigungserfordernissen, die noch für regulierte Pensions- und Sterbekassen bestehen (vgl. § 5 Abs. 3 Nr. 2 Hs. 2, § 118b Abs. 3 S. 4 VAG), kann ein hinreichender Ersatz zur Sicherstellung der Transparenz und zur Gewährleistung der Prävention alleine nicht gesehen werden, da das behördliche Genehmigungsverfahren nicht die insoweit einzig maßgebliche gerichtliche Überprüfung obsolet macht.[857]

164 Setzt sich der Versicherer bewusst über die gesetzlichen Regelungen hinweg, ist nach dem Gesagten von einer **Totalnichtigkeit** der AVB auszugehen.[858] Dem steht der Fall gleich, wenn der Versicherer nicht von der ihm gemäß Art. 1 Abs. 3 EGVVG eingeräumten Anpassungsmöglichkeit in Bezug auf das zum 1. 1. 2008 geänderte VVG Gebrauch gemacht hat.[859] Hat der Versicherer – hiervon einmal abgesehen – nach sorgfältiger Prüfung der Sach- und Rechtslage die in den AVB getroffene Regelung für wirksam erachten dürfen, lässt sich eine Totalnichtigkeit grundsätzlich nicht begründen.[860] Der Gedanke der Prävention kann hier ersichtlich nicht eingreifen.[861] Auch würde es eine Überbeanspruchung des Transparenzgesichtspunktes bedeuten, wenn sich ein AGB-Verwender nach der zum Zeitpunkt der Abfassung der AGB maßgeblichen Rechtslage um die Schaffung transparenter Regelungen bemüht hat, ihm zu einem späteren Zeitpunkt aber auf Grund gewandelter Rechtsansicht, namentlich der Rechtsprechung,[862] ein Verstoß gegen das AGB-Recht mit der Folge der Totalnichtigkeit der entsprechenden AVB vorgehal-

---

[855] BGH NJW 2012, 2501 (2503).

[856] *Pauly* VersR 1996, 287 (290); s. aber auch *Martin* VersR 1984, 1107 (1116ff.); *Schirmer* in Die Entwicklung des Verbraucherschutzes bei Versicherungsverträgen – Symposion AGBG und AVB, 1992, S. 61ff. (107f.); *Seybold* VersR 1989, 784 (785f.).

[857] S. relativierend *Schirmer* in Die Entwicklung des Verbraucherschutzes bei Versicherungsverträgen – Symposion AGBG und AVB, 1992, S. 107; vormals *ders.* ZVersWiss 1986, 509 (571).

[858] *Roth* JZ 1989, 411 (418).

[859] BGH VersR 2011, 1550 (1551ff.); *Maier* VW 2008, 986 (987f.); *Wagner* VersR 2008, 1190 (1193f.); *v. Fürstenwerth* r+s 2009, 221 (223f.); aA *Armbrüster* VersR 2012, 9 (12ff.); *Pohlmann* NJW 2012, 188 (191, 193); *Hövelmann* VersR 2008, 612 (615f.); *Schnepp/Segger* VW 2008, 907 (909f.); *Weidner* r+s 2008, 368 (370f.) jeweils mwN.

[860] *v. Hippel* BB 1985, 1629 (1631f.); *Medicus* NJW 1995, 2577 (2580); *Weber* WM 1996, 49 (50f., 53); AG Hamburg VersR 1987, 456f.; s. auch *Hübner* VersR 1987, 457f.

[861] Vgl. *Medicus* NJW 1995, 2577 (2583).

[862] Vgl. nur BGH ZIP 1996, 456 (458f.); zur Problematik der Rückwirkung der Rechtsprechung s. im Einzelnen *Hirsch* VersR 2012, 929 (931f.); *Neuhof* ZIP 1995, 883; *Hensen* ZIP 1995, 1139; *Lecheler* WM 1994, 2049 (2050ff.); *Weber* WM 1996, 49; *Medicus* NJW 1995, 2577 (2582ff.); *ders.* WM 1997, 2333 (2337f.); *Löwe* BB 1995, 1810f.; *Aden* DWiR 1992, 353 (359); *Schimansky* WM 2001, 1889 (1890).

ten wird. Insoweit bietet sich eine gedankliche Parallele zu der Problematik der Verträge an, die vor Erlass des AGBG geschlossen worden sind und für die das Gesetz auch nicht vollumfänglich gegolten hat.[863]

165 Unzulässig sind jedoch **salvatorische Klauseln,** wie „soweit gesetzlich zulässig", da einem derartigen Zusatz auch nicht ansatzweise eine für den Versicherungsnehmer verständliche Regelung zu entnehmen ist.[864] Mit derart völlig unbestimmten Klauseln lässt sich auch nicht erreichen, dass eine Unklarheit, die nach dem Stand der Rechtsprechung und des Schrifttums zurzeit der Abfassung der AGB bestanden haben mag, beseitigt wird.[865]

166 Teilweise aufrechterhalten können AVB werden, die nach der äußeren Gestaltung sich als eine Bestimmung darstellen, aber differenziertere Regelungen enthalten.[866] Werden mehrere **selbstständige Regelungen** in einer AVB getroffen, darf sich dies nicht zu Lasten des AVB-Verwenders auswirken. Insoweit besteht nämlich kein Unterschied zu AVB-Regelungen in äußerlich getrennten Klauseln, die teils zu beanstanden, teils als unbedenklich zu bewerten sind. Das gilt auch für den Fall, dass AVB nach Tatbestandsgruppen auf der Rechtsfolgenseite differenzieren.[867]

167 Ausnahmen von der Totalnichtigkeit einer Klausel sind zu machen, wenn die Nichtigkeitsfolge den Versicherungsnehmer beschwert. Der den AGB-rechtlichen Vorschriften zugrundeliegende **Schutzzweck,** der nicht auf den AGB-Verwender, sondern dessen Kunden abzielt, gebietet hier eine entsprechende Bewertung.[868] Auch § 242 BGB dürfte dem Versicherer in diesen Fällen die Berufung auf die Nichtigkeit einer entsprechenden Klausel verwehren. Dasselbe hat zu gelten, wenn eine AVB den Versicherungsnehmer aus anderen Gründen begünstigt.[869] Schließlich wird dies bei kollektiv ausgehandelten Vertragswerken angenommen, da hier die Gefahr der Durchsetzung einseitiger Verwenderinteressen nicht in demselben Maß wie bei anderen AGB besteht.[870]

168 Wenngleich das Verbot geltungserhaltender Reduktion für den Versicherungsbereich grundsätzlich von Bedeutung bleibt, werden die mit ihm einhergehenden Folgen nicht nur durch entsprechende – wirksame – Änderungsvorbehalte in den AVB deutlich abgemildert, sondern auch durch die Möglichkeit einer ergänzenden Vertragsauslegung.[871] Auch im Falle der Unwirksamkeit einer Klausel ist nämlich eine **ergänzende Vertragsauslegung** zulässig,[872] da § 306 Abs. 2 BGB einen der-

---

[863] Vgl. BGH NJW 1984, 2404.

[864] BGH VersR 1996, 651 (653); BGHZ 93, 29 (48); BGH NJW 1991, 2630 (2632); aA *Thümmel/Oldenburg* BB 1979, 1067 (1070).

[865] Vgl. *v. Westphalen* WM 1983, 974 (984f.).

[866] *Lindacher* in Wolf/Lindacher/Pfeiffer BGB § 306 Rn. 40f.; *Götz* NJW 1978, 2223 (2227); *Seybold* VersR 1989, 784 (785); BGH NJW 1992, 896f.; BGHZ 107, 185 (190f.); OLG Düsseldorf VuR 2000, 321 (325); aA *Ulmer* NJW 1981, 2025 (2027ff., 2032); *Pauly* VersR 1996, 287 (289).

[867] Vgl. *Lindacher/Hau* in Wolf/Lindacher/Pfeiffer BGB § 306 Rn. 41.

[868] *H. Schmidt* in Ulmer/Brandner/Hensen BGB § 306 Rn. 16.

[869] Vgl. *Canaris* NJW 1988, 1243 (1244).

[870] Vgl. BGH VersR 1995, 1212f.; ablehnend *Löwe* ZIP 1995, 1273f.

[871] So mit Recht *Schirmer* in Die Entwicklung des Verbraucherschutzes bei Versicherungsverträgen – Symposion AGBG und AVB, 1992, S. 61 (108). Stark einschränkend *Schünemann* VuR 2002, 85 (87, 90); 2002, 103 (104).

[872] BGH VersR 1999, 210 (212); VersR 1992, 477 (478f.); VersR 1992, 479 (481); OLG Saarbrücken VersR 2002, 837 (838); OLG Nürnberg VersR 2000, 1363 (1364f.); OLG Köln

artigen richterlichen Eingriff in Verträge nicht ausschließt,[873] vielmehr die in dieser Vorschrift enthaltene Bezugnahme auf die gesetzlichen Vorschriften die für die Vertragsauslegung maßgeblichen Bestimmungen der §§ 133, 157 BGB umfasst.[874] Eine Beschränkung der ergänzenden Vertragsauslegung auf die Fälle von Individualabreden[875] ist diesen Vorschriften nicht zu entnehmen.[876] Allerdings kommt eine derartige Vertragskorrektur nur im Individualprozess in Betracht, hier allerdings bei Massengeschäften, wie sie Versicherungsverträge darstellen, mit entsprechender Breitenwirkung, wenn sie höchstrichterlich erfolgt.[877] Im Verbandsprozess scheidet eine solche Möglichkeit in Ermangelung einer konkreten Vertragsbeziehung aus.[878]

169 Einer ergänzenden Vertragsauslegung steht auch nicht das Urteil des **EuGH** vom 14.6.2012 zur Unzulässigkeit einer gerichtlichen Vertragsanpassung entgegen.[879] Der EuGH hat eine gesetzliche Regelung in Spanien verworfen, die eine gerichtliche Vertragsanpassung gestattete, wenn die Nichtigkeit einer entsprechenden Klausel festgestellt worden ist. Der EUGH sieht in einer derartigen Regelung einen Verstoß gegen Art. 6 Abs. 1 der EU-Richtlinie über mißbräuchliche Klauseln in Verbraucherverträgen. Zur Begründung führt der EuGH aus, dass anderenfalls die Gefahr einer Verwendung missbräuchlicher Klauseln bestünde, da das Interesse des Gewerbetreibenden durch eine Reparatur und Ergänzung des Vertrags ohnehin gewahrt würde.[880] Damit hat das Gericht den Präventionsgedanken herausgestellt, der dem Verbot der geltungserhaltenden Reduktion innewohnt.[881] Allerdings verweist das Gericht zugleich darauf, dass der unvollständige Vertrag so grundsätzlich fortbestehe müsse, „soweit dies nach den Vorschriften des innerstaatlichen Rechts rechtlich möglich ist."[882]. Dieser Vorbehalt trägt wohl dem Umstand Rechnung, dass das nationale materielle Recht Regelungen enthalten mag, deren Geltung auch in einem solchen Fall nicht ausgeschlossen bleiben kann. Bedeutung können aber auch darüber hinausgehende Gerechtigkeitserwägungen erlangen, soweit es an gesetzlichen Regelungen fehlt. Zielsetzung sind dabei die Wiederherstellung materieller Vertragsgerechtigkeit[883] sowie die Gewährleistung der notwendigen Transpa-

---

VersR 1996, 1399 (1400); OLG Frankfurt a. M. VersR 1996, 885 (887); OLG Hamm VersR 1995, 649 (650); *Bundschuh/Estel* in Die Entwicklung des Verbraucherschutzes bei Versicherungsverträgen – Symposion AGBG und AVB, 1992, S. 3 (13); *H. Schmidt* in Ulmer/Brandner/Hensen BGB § 306 Rn. 34ff.; *Seybold* VersR 1989, 784 (787f.); *Körcher* DB 1996, 1269 (1270); *Wandt* Änderung S. 108; kritisch *Dehner* NJW 1993, 2961 (2963ff.); *Matusche-Beckmann* NJW 1998, 112 (113).

[873] *H. Schmidt* in Ulmer/Brandner/Hensen BGB § 306 Rn. 34.

[874] BGH NJW 1984, 1177 (1178); 1985, 480 (481); im Ergebnis ebenso BGH VersR 2005, 1565 (1568).

[875] Vgl. *Rüßmann* BB 1987, 843 (845f.); *E. Schmidt* ZIP 1987, 1505 (1508); *Trinkner* BB 1984, 490 (492); *Löwe* BB 1984, 492 (493f.).

[876] BGH NJW 1985, 480 (482); *Bunte* NJW 1984, 1145 (1148); *Lindacher* BB 1983, 154 (158); *Bechtold* BB 1983, 1636 (1638f.); *Pauly* VersR 1996, 287 (289).

[877] S. etwa BGH VersR 2008, 628 (631); 2007, 1547 (1548); 2005, 1565 (1570).

[878] BGH ZIP 2007, 914 (918); *H. Schmidt* in Ulmer/Brandner/Hensen BGB § 306 Rn. 36; *Bunte* NJW 1984, 1145 (1146); *Evermann* S. 32.

[879] EuGH NJW 2012, 2257.

[880] EuGH NJW 2012, 2257 (2260).

[881] Ähnlich EuGH NJW 2013, 2579 (2582).

[882] EuGH NJW 2012, 2257 (2260).

[883] Vgl. hierzu nur *Uffmann* NJW 2012, 2225 (2230).

renz. Einer ergänzenden Vertragsauslegung ist daher der Boden nicht entzogen, soweit sie diesem Vorbehalt Rechnung trägt.[884]

170 Zu beachten ist hierauf basierend stets der Vorrang der Lückenfüllung durch **dispositives Recht,** soweit das Gesetz (hier namentlich das VVG[885]) oder der Vertrag nicht ohnehin für diesen Fall spezielle Vorschriften enthalten, ohne dass dem per se das Verbot geltungserhaltender Reduktion entgegensteht.[886] Unverbindliche Musterbedingungen können nicht herangezogen werden, da hiermit von sich aus kein beidseitiger Interessenausgleich gewährleistet ist. Besteht auch kein dispositives Gesetzesrecht, wie dies im Versicherungsbereich oftmals festzustellen sein dürfte, ist der Weg über eine ergänzende Vertragsauslegung frei.[887] Dem stehen auch nicht die Vorschriften der §§ 316, 315 Abs. 1 BGB entgegen.[888]

171 Folgendes ist allerdings zusätzlich zu bedenken: Erstens muss das Festhalten an dem lückenhaften Vertrag für den Versicherer **unzumutbar** sein,[889] was jedenfalls gegeben ist, wenn der Wegfall einer unwirksamen Klausel zu einem Ergebnis führt, das den beidseitigen Interessen nicht mehr in vertretbarer Weise Rechnung trägt, sondern das Vertragsgefüge zugunsten des Versicherungsnehmers einseitig verschiebt.[890] Besonders bei Dauerschuldverhältnissen, wie sie Versicherungsverträge darstellen, ist darauf zu achten, dass das Verhältnis von Leistung und Gegenleistung über die gesamte Vertragsdauer im Gleichgewicht gehalten wird.[891] Unklarheiten, die über längere Zeiträume bestehen, würden hier insofern ebenso bedenklich sein. Bei einer durch die Unwirksamkeit einer Ausschlussklausel begründeten Haftungsausweitung des Versicherers ist dies aber nicht per se anzunehmen,[892] aber auch nicht von vornherein auszuschließen. Macht der Versicherer von einer ihm gesetzlich eingeräumten Anpassungsmöglichkeit für AVB keinen Gebrauch, ist er grundsätzlich an dieser Entscheidung festzuhalten, jedenfalls dann, wenn das Gesetz Auffangregelungen enthält, die verhindern, dass das Vertragsgleichgewicht grundlegend gestört wird.[893] Die etwaige Vorteilhaftigkeit der Nichtigerklärung des gesamten Vertrags für den einzelnen Versicherungsnehmer ist hingegen nicht relevant.[894] Auch erlaubt die Feststellung einer Unlauterkeit einer bestimmten Geschäftspraxis unter Einbeziehung der Wertungen von Art. 6 Abs. 1 der EU-Richtlinie über mißbräuchliche Klauseln in Verbraucherverträgen noch keinen zwingenden Schluss auf die Unwirksamkeit des gesamten Vertrags.[895] Zweitens muss der ergänzte Vertrag auch für den Versicherungsnehmer typischerweise von Interesse sein,[896] weil nur so sicherge-

---

[884] BGH NJW 2013, 991 (993f.); in diese Richtung gehend auch *Thüsing/Fütterer* VersR 2013, 552 (555).

[885] BGH NJW 2012, 2501 (2503).

[886] BGH VersR 2011, 1524 (1525f.).

[887] *Stoffels,* AGB-Recht, S. 529, 637.

[888] BGH VersR 2010, 1187 (1188).

[889] Vgl. aber auch *v. Westphalen* NJW 2012, 1770 (1772), der Vorbehalte gegen dieses Kriterium geltend macht.

[890] BGH NJW 2009, 578 (589) zu Erdgassonderverträgen.

[891] BGH NJW 2012, 1865 (1866f.).

[892] S. hierzu OLG Frankfurt a. M. VersR 1995, 449 (452); OLG Saarbrücken VersR 2002, 41 (43).

[893] BGH VersR 2011, 1550 (1553) zu Art. 1 Abs. 3 EGVVG.

[894] EuGH NJW 2012, 1781 (1782).

[895] EuGH NJW 2012, 1781 (1783).

[896] Vgl. BGH VersR 1992, 477 (479); OLG Oldenburg VersR 1996, 1400 (1401).

stellt wird, dass eine Vertragsergänzung nicht dem beabsichtigten Schutz des Kunden zuwiderläuft. Das schließt aber nicht aus, dass die ergänzende Vertragsauslegung etwa im Falle eines Verstoßes gegen das Transparenzgebot zu einer Regelung führt, die inhaltlich der der unwirksamen AGB entspricht.[897] Die Auffassung, eine inhaltsgleiche Ersetzung einer Klausel unterlaufe auch in diesem Fall die gesetzliche Sanktion der Unwirksamkeit[898], erweist sich im Falle einer bloßen Intransparenz als fragwürdig, solange mit einer derartigen Neuregelung die Interessensphäre der Versicherten nicht nachteilig tangiert wird. In einem solchen Fall wäre der Schutzzweck der AGB-rechtlichen Vorschriften nämlich von vornherein nicht berührt.[899] Drittens darf die ergänzende Vertragsauslegung grundsätzlich nicht zu einer Erweiterung des Vertragsgegenstands führen.[900] Bei Entgeltumwandlung im Bereich der betrieblichen Altersversorgung kann eine Unwirksamkeit ggf. zu einer höheren Versorgungsanwartschaft führen, jedoch nicht zu einem „Wiederaufleben" der umgewandelten Entgeltansprüche.[901]

172 Das Verbot der geltungserhaltenden Reduktion hindert nicht, eine für beide Vertragsteile gleichermaßen geltende AGB nur insoweit für nicht bindend anzusehen, als sie eine den Versicherungsnehmer unangemessen benachteiligenden Teil aufweist. Der den AGB-Verwender belastende Teil bleibt somit von der Inhaltskontrolle unberührt, was bedeutet, dass sich ein AGB-Verwender insoweit an den eigenen Regelungen festhalten lassen muss.[902] Diese sogenannte **personale Teilunwirksamkeit** steht auch in Übereinstimmung mit dem Schutzzweck der AGB-rechtlichen Vorschriften, die den Vertragspartner vor der einseitigen Ausnutzung der Vertragsgestaltungsfreiheit durch Einführung von AGB in den Vertrag schützen sollen. Hingegen bezweckt das AGB-Recht keinen Selbstschutz des AGB-Verwenders,[903] was nicht damit verwechselt werden darf, dass das Gesetz nur vor unangemessenen Benachteiligungen schützen will.[904]

---

[897] *Baroch Castellví* NVersZ 2001, 529 (533f.); aA LG Berlin VersR 2013, 705 (707).

[898] BGH VersR 2005, 1565 (1570); *A. Fuchs* in Ulmer/Brandner/Hensen BGB § 307 Rn. 363 und 366.

[899] *Merschmeyer/Präve* VersR 2005, 1670 (1671); zu Besonderheiten im zugrundeliegenden Fall s. zudem *Fiala/Schramm* VW 2006, 116 (119).

[900] BGH VersR 1992, 477 (479); OLG Koblenz VersR 2000, 1008 (1009).

[901] BAG VersR 2010, 1473 (1478).

[902] BGH BB 1998, 915 (916); *H. Schmidt* in Ulmer/Brandner/Hensen BGB § 306 Rn. 16; aA *v. Bernuth* BB 1999, 1284 (1285f.).

[903] *H. Schmidt* in Ulmer/Brandner/Hensen BGB § 306 Rn. 16.

[904] So aber *v. Bernuth* BB 1999, 1284 (1285).

Teil 2. Allgemeine Bedingungen für die Rentenversicherung mit aufgeschobener Rentenzahlung (ARB)

Musterbedingungen des GDV

Stand: 7. Mai 2013

Diese Bedingungen sind für die Versicherer unverbindlich; ihre Verwendung ist rein fakultativ. Abweichende Bedingungen können vereinbart werden.

Sehr geehrte Kundin, sehr geehrter Kunde,

mit diesen Versicherungsbedingungen wenden wir uns an Sie als unseren Versicherungsnehmer und Vertragspartner.

§ 1 Welche Leistungen erbringen wir?

Unsere Leistung ab Rentenzahlungsbeginn

(1) Wenn die versicherte Person *(das ist die Person, auf deren Leben die Versicherung abgeschlossen ist)* den vereinbarten Rentenzahlungsbeginn erlebt, zahlen wir die vereinbarte Rente, solange die versicherte Person lebt. Wir zahlen die Rente je nach Vereinbarung jährlich, halbjährlich, vierteljährlich oder monatlich an den vereinbarten Fälligkeitstagen.

(2) Sie können verlangen, dass wir statt der Renten eine einmalige Leistung (Kapitalabfindung) zum Fälligkeitstag der ersten Rente zahlen. Dazu muss die versicherte Person diesen Termin erleben. Ihr Antrag auf Kapitalabfindung muss uns spätestens [...] vor dem Fälligkeitstag der ersten Rente vorliegen. Mit Zahlung der Kapitalabfindung endet der Vertrag.

Unsere Leistung bei Tod der versicherten Person

(3) Wenn die versicherte Person **vor** dem vereinbarten Rentenzahlungsbeginn stirbt, zahlen wir [...]

(4) Wenn Sie mit uns eine Rentengarantiezeit vereinbart haben und die versicherte Person **nach** dem Rentenzahlungsbeginn stirbt, gilt Folgendes: Wir zahlen die vereinbarte Rente auch bei Tod der versicherten Person bis zum Ende der Rentengarantiezeit. *(Beispiel: Haben Sie eine Rentengarantiezeit von zehn Jahren vereinbart und die versicherte Person stirbt drei Jahre nach Rentenzahlungsbeginn, zahlen wir noch sieben Jahre lang die vereinbarte Rente.)* Wenn Sie mit uns keine Rentengarantiezeit vereinbart haben oder die versicherte Person nach Ablauf der Rentengarantiezeit stirbt, erbringen wir bei Tod der versicherten Person keine Leistung und der Vertrag endet.

Unsere Leistung aus der Überschussbeteiligung

(5) Wir beteiligen Sie an den Überschüssen und an den Bewertungsreserven (s. § 2).

Übersicht

I. Gesetzliche Grundlagen

1. Gesetzliche Grundlagen

1 Die versprochene Versicherungsleistung wird nach § 1 VVG durch die **vertragliche Vereinbarung** zwischen Versicherungsunternehmen und Versicherungsnehmer bestimmt. Ergänzend legen § 7 Abs. 1 und Abs. 2 Nr. 1, 2 und 3 VVG den Umfang der hierüber vorvertraglich zu erteilenden Informationen fest. Nähere Regelungen hierzu enthalten die §§ 1 Abs. 1 Satz 1 Nr. 6 VVG-InfoV, 2 Abs. 1 Satz 1 Nr. 4 bis 6 VVG-InfoV sowie § 2 Abs. 3 VVG-InfoV. Zusätzlich legt das Aufsichtsrecht in § 10 Abs. 1 Nr. 2 VAG einen Mindestinhalt der Versicherungsbedingungen fest.

Für die Lebensversicherung enthalten die §§ 154, 155, 163, 169 Abs. 5 VVG weitergehende **gesetzliche Vorgaben,** insbes. hinsichtlich dem Versicherungsnehmer vorvertraglich und – angesichts der langen Vertragslaufzeiten und der hohen Bedeutung der Altersversorgung für den Versicherungsnehmer – auch während der Vertragslaufzeit zu gebenden Informationen über die zu erwartenden Leistungen.

Der Begriff der Lebens- und Rentenversicherung sowie die versicherbaren Leistungen werden zusätzlich stark von den **steuerlichen Rahmenbedingungen** geprägt. Für die steuerliche Anerkennung als Versicherung setzen die §§ 20 Abs. 1 Nr. 6 EStG, 22 Nr. 1 Satz 3 Buchstabe a bb EStG, 22a EStG, § 55 Abs. 2 EStDV sowie § 8 KStG einen umfassenden Rahmen, da die einkommensteuerliche Behandlung von Beiträgen und Leistungen erheblich von der Vertragsgestaltung abhängt. Regelungen zu der ggf. im Leistungsfall abzuführenden Kapitalertragsteuer enthält § 43 EStG.

2. Im Einzelnen

2 **a) Leistungsbeschreibung.** Die Leistungsbeschreibung ist **zwingender Bestandteil** der Versicherungsbedingungen (→ Einl. Rn. 6). Zu beschreiben sind Art, Umfang und Fälligkeit der versicherten Leistungen (§ 10 Abs. 1 Nr. 2 VAG).

3 Vertragsrechtlich verpflichtet sich der Versicherer mit dem Versicherungsvertrag, ein bestimmtes Risiko des Versicherungsnehmers oder eines Dritten durch eine Leistung abzusichern, die er bei Eintritt des vereinbarten Versicherungsfalles zu erbringen hat (§ 1 VVG). Die **Verpflichtung** wird mittels der Leistungsbeschreibung in den Versicherungsbedingungen nach Art und Fälligkeit abstrakt sowie im Versicherungsschein der Höhe nach **näher definiert.** Die **Leistungsbeschreibung** ist zentrales Element des Versicherungsvertrages und **bestimmt** zusammen mit dem Versicherungsschein **die Ansprüche des Versicherungsnehmers.**

4 Ergänzend muss der Versicherer nach § 7 Abs. 1 VVG dem Versicherungsnehmer rechtzeitig vor Abgabe von dessen Vertragserklärung die Vertragsbestimmungen einschließlich der Allgemeinen Versicherungsbedingungen sowie weitere in der VVG-InfoV näher bestimmte Informationen **in Textform übermitteln** (§ 7 Abs. 2 Nr. 1 und 2 und 3 VVG) in den allgemeinen und besonderen Versicherteninformationen sowie dem Produktinformationsblatt, **insbesondere Einzelheiten zur angebotenen Leistung und die zu erwartenden Leistungen** (§ 1 Abs. 1 S. 1 Nr. 6, § 2 Abs. 1 S. 1 Nr. 4–6, § 4 Abs. 2 S. 1 Nr. 2 und 4 VVG-InfoV).

5 **b) Leistungshöhe.** Entsprechend der zentralen Bedeutung der versicherten Leistungen und des Anspruchs auf Überschussbeteiligung für die Altersvorsorge des Versicherungsnehmers erlegt der Gesetzgeber bei kapitalbildenden Lebens- und Rentenversicherungen, dem Versicherungsunternehmen bei Abschluss und während der Vertragslaufzeit **weitere Informationspflichten** auf. Umfasst das Leistungsverprechen mehr als die garantierten Leistungen ist dem Versicherungsnehmer eine **Modellrechnung** zu übermitteln (§ 154 VVG), bei der die Ablaufleistung mit unterschiedlichen durch Verordnung bestimmten Zinssätzen dargestellt wird (§ 2 Abs. 3 VVG-InfoV). Bei Versicherungen mit Überschussbeteiligung ist der Versicherungehmer zusätzlich **jährlich über die Entwicklung seiner Ansprüche** einschließlich Überschussbeteiligung zu unterrichten (§ 155 VVG). Dabei ist der Kunde **auf Abweichungen** von den Angaben bei Vertragsabschluss, insbesondere der Modellrechung, hinzuweisen.

6 **c) Musterbedingungen des GDV im Wandel des gesetzlichen Umfelds.** Bis zur sog. Deregulierung in Folge der Dritten Lebensversicherungsrichtlinie unterlagen die Versicherungsbedingungen der Genehmigung durch die Aufsichtbe-

hörden.[1] **Versicherungsbedingungen** waren bis dahin **weitgehend identisch** und unterschieden sich im Wesentlichen in den Einzelheiten der Leistungsversprechen, da nicht jeder Anbieter alle Leistungsarten anbot. Die Leistungen waren damals weitghend vergleichbar, da auch die Geschäftspläne der Genehmigung unterlagen.

7 **aa) Deregulierung.** Mit der Deregulierung hat sich der Markt zunächst wenig weiter entwickelt. Erst seit der Jahrtausendwende hat sich unter dem Druck der Finanzmarktkrisen und der Solvency Richtlinien eine größere Vielfalt an Versicherungsprodukten und Leistungsarten entwickelt.[2] In jüngster Zeit wird diese Entwicklung durch innovative Produkte mit unterschiedlichsten Kalkulationsansätzen und unterschiedlichsten Mechanismen zur Garantieerzeugung verstärkt. Mit Inkrafttreten von Solvency II dürften die veränderten Eigenkapitalanforderungen sowie die anhaltende Niedrigzinsphase zu einer Verstärkung dieses Trends führen. Insbesondere ist mit neuartigen und anpassungsfähigen Garantien, einschließlich Abschnittsgarantien zu rechnen.

8 **bb) Massiver Einfluss des Steuerrechts.** Anlässlich der Deregulierung und dem damit verbundenen Wegfall der aufsichtbehördlichen Genehmigung der Versicherungsbedingungen überarbeitete der GDV die Muster-Versicherungsbedingungen. Aufgesetzt wurde dabei auf die aufsichtsbehördlich genehmigten Muster, da sich Produktinnovationen noch nicht abzeichneten.

9 Mit dem **Altersvermögengesetz 2002** hielt erstmals das Steuerrecht in die Musterbedingungswerke Einzug.[3] Mit dem Gesetz wurde ein neues steuerlich förderfähiges Produkt, die sog. Riester-Rente geschaffen. Damit trat neben die traditionelle Lebens- und Rentenversicherung der Schicht 3 eine neue Produktkategorie (Schicht 2). Die erforderliche Zertifizierung und die Notwendigkeit das Produkt förderfähig zu gestalten, führten dazu, dass teilweise steuerrechtliche Vorgaben in den Vertragsbedingungen verankert werden mussten.Diese Entwicklung wurde durch das **Alterseinkünftegesetz** zum 1.1.2005 verstärkt[4]. Dieses brachte neben einer neuen steuerlichen Behandlung der traditionellen Versicherungsprodukte der Schicht 3 eine weitere neue Produktkategorie, die sog. Basis-Rente (Schicht 1).

10 Anlässlich der **VVG-Reform 2008** wurden diese Bedingungswerke erneut grundlegend überarbeitet und an das neue Versicherungsvertragsrecht angepasst.[5] Auch wenn versucht wurde die schwierige Materie verständlich darzustellen, erga-

---

[1] Dritte Richtlinie 92/96/EWG des Rates zur Koordinierung der Rechts- und Verwaltungsvorschriften für die Direktversicherung (Lebensversicherung) und zur Erleichterung der tatsächlichen Ausübung des freien Dienstleistungsverkehrs sowie zur Änderung der Richtlinien 79/267/EWG (Erste Lebensversicherungs-Richtlinie) und 90/619/EWG (Zweite Lebensversicherungs-Richtlinie), ABl. L 360, 1.

[2] Richtlinie 2002/12/EG des Europäischen Parlaments und des Rates zur Änderung der Richtlinie 79/267/EWG (Erste Lebensversicherungs-Richtlinie) des Rates hinsichtlich der Bestimmungen über die Solvabilitätsspanne für Lebensversicherungsunternehmen; ABl. L 77, 11. Solvabilitätsrichtlinie Lebensversicherung → aufgehoben durch Richtlinie 2002/83/EG (Konsolidierte Richtlinie Lebensversicherung) Europäischen Parlaments und des Rates betreffend die Aufnahme und Ausübung der Versicherungs- und Rückversicherungstätigkeit (Solvabilität II); ABl. L 335, 1155 (Versicherungsaufsichts-Richtlinie).

[3] BGBl. 2007 I S. 2631.

[4] BGBl. 2004 I S. 1427.

[5] BGBl. 2007 I S. 2631.

ben sich keine wesentlichen Änderungen an Struktur und Inhalt der Musterbedingungen.

11 Mit dem Jahressteuergesetz 2009 wurde die BasisRente zertifizierungspflichtig; die Neuregelung galt für Bestand wie Neugeschäft.[6] Die zusätzlichen steuerlichen Anforderungen mussten in die Musterbedingungen implementiert warden.

12 **cc) Transparente Versicherungsbedingungen.** 2008 wurden die Musterbedingungen des GDV im Hinblick auf die gesetzlichen Neuregelungen aufgrund der Novellierung des VVG überarbeitet, ohne wesentliche Änderungen an Struktur und Inhalt vorzunehmen. Eine **grundlegende Überarbeitung** erfolgte erst im Rahmen der Transparenzoffensive des GDV. Ab 2011 wurden die Musterbedginungen des GDV grundlegend überarbeitet. Hier kam es erstmals zu wesentlichen Änderungen an Struktur und Duktus. Besonderer Schwerpunkt der Überarbeitung waren Verständlichkeit und Transparenz bei gleichzeitiger Rechtssicherheit. Zu diesem Zweck wurde das Grundmuster mit einem Sprachwissenschaftler diskutiert; ebenso wurden Aufbau und Inhalt mit Verbraucherschützern erörtert.

13 **dd) Selbstbeschränkung.** Aufgrund der Vielfalt der von den Versicherungsunternehmen angebotenen Produkte und Leistungsversprechen sowie unter kartellrechtlichen Aspekten (→ Einl. Rn. 2) gibt die Leistungsbeschreibung in den Musterversicherungsbedingungen nur einen **kleinen Ausschnitt des Marktes** wieder und beschränkt sich auf die zwingenden Kernleistungen der jeweiligen Versicherungsart.

3. Steuerrechtliche Grundlagen

14 Eine **Versicherung** im steuerlichen wie im aufsichtsrechtlichen Sinn unterscheidet sich von einer Vermögensanlage ohne Versicherungscharakter dadurch, dass ein mindestens ein wirtschaftliches Risiko abgedeckt wird, das aus der Unsicherheit und Unberechenbarkeit des menschlichen Lebens erwächst, wie zB der Zeitpunkt des Todes oder die ungewisse Lebensdauer einer Person **(Absicherung eines biometrischen Risikos).**[7] Kein biometrisches Risiko liegt vor, wenn nur eine Leistung in Höhe der angesammelten und verzinsten Sparanteile zuzüglich einer Überschussbeteiligung vereinbart ist.[8]

15 Mit einer Rentenversicherung wird grundsätzlich das **Risiko der Langlebigkeit des Versicherten** abgesichert.[9] Die Versicherungsleistung besteht in der Regel in der Zahlung einer garantierten lebenslangen Altersrente für den Fall, dass die versicherte Person den vereinbarten Rentenzahlungsbeginn erlebt. Eine Rentenleistung setzt voraus, dass gleich bleibende oder steigende wiederkehrende Bezüge zeitlich unbeschränkt für die Lebenszeit der versicherten Person **(lebenslange Leibrente)** gezahlt werden. Es kann auch vereinbart werden, dass die Leibrente nicht lebenslang gezahlt wird, sondern, soweit sie nicht schon vorher durch Tod endet, nach einer vorher vereinbarten Zeit beendet wird **(abgekürzte Leibrente).**[10]

16 Die Finanzverwaltung hat die Anforderungen an das Langlebigkeitsrisiko näher konkretisiert.[11] Demnach ist die Übernahme des Langlebigkeitsrisikos bei einer

---

[6] BGBl. 2008 I S. 2794.

[7] BMF-Schreiben v. 1.10.2009 (BStBl. I S. 1172 Rz. 2).

[8] BMF-Schreiben v. 1.10.2009 (BStBl. I S. 1172 Rz. 3).

[9] BMF-Schreiben v. 1.10.2009 (BStBl. I S. 1172 Rz. 2).

[10] BMF-Schreiben v. 1.10.2009 (BStBl. I S. 1172 Rz. 20).

[11] BMF-Schreiben v. 1.10.2009 (BStBl. I S. 1172 Rz. 3a–3c).

Rentenversicherung nur dann gegeben, wenn bereits bei Vertragsabschluss die Höhe der garantierten **Leibrente in Form eines konkreten Geldbetrages** festgelegt wird. Bei **fondsgebundenen Rentenversicherungen** genügt es, wenn bei Vertragsabschluss ein konkret bezifferter Faktor garantiert wird, mit dem die Höhe der garantierten Leibrente durch Multiplikation mit dem am Ende der Anspar- bzw. Aufschubphase vorhandenen (Fonds)Vermögen errechnet wird **(garantierter Rentenfaktor).** Für einzelne Vermögensteile (zB eventuelle über die gezahlten Beiträge erheblich hinausgehende Wertsteigerungen) können auch unterschiedliche Rentenfaktoren garantiert werden. Bei **Beitragserhöhungen** muss der konkrete Geldbetrag oder der Rentenfaktor spätestens im Erhöhungszeitpunkt garantiert werden. Eine vereinbarte Anpassung des Beitrags oder der Leistung gemäß § 163 VVG ist unschädlich.[12]

17 Bei **aufgeschobenen Rentenversicherungen mit Vertragsabschluss ab dem 1.7.2010** muss zusätzlich der Rentenbeginn die mittlere Lebenserwartung der versicherten Person wesentlich unterschreiten.[13] Maßgebend ist dabei die dem Vertrag zu Grunde gelegte Sterbetafel.

18 **Keine Versicherung** mit steuerlichen Sinn sind sog. Vermögensverwaltende Versicherungsverträge nach § 20 Abs. 1 Nr. 6 S. 5 EStG.[14] Das hat zur Folge, dass die Erträge aus dem Versicherungsmantel entsprechend der tatsächlichen Anlageform beim wirtschaftlich berechtigten Versicherungsnehmer bzw. beim unwiderruflich Bezugsberechtigten laufend jährlich versteuert werden. Das bedeutet, dass die Erträge der einzelnen Anlagen, die im Versicherungsmantel gebündelt sind, jedes Jahr ermittelt werden und jährlich als Einzelanlagen versteuert werden. Eine einmalige Besteuerung der Leistung bei Rückkauf bzw. im Erlebensfall wie bei steuerlich anerkannten Lebens- und Rentenversicherungen ist nicht möglich.

19 Ein **vermögensverwaltender Versicherungsvertrag** nach § 20 Abs. 1 Nr. 6 S. 5 EStG liegt vor, wenn die **folgenden Voraussetzungen kumulativ** erfüllt sind:

- In dem Versicherungsvertrag ist eine gesonderte Vermögensverwaltung von speziell für diesen Vertrag zusammengestellten Kapitalanlagen vereinbart und
- die zusammengestellten Kapitalanlagen sind nicht auf öffentlich vertriebene Investmentfondsanteile oder Anlagen, die die Entwicklung eines veröffentlichten Indexes abbilden, beschränkt und
- der wirtschaftlich Berechtigte kann über den Verkauf der Vermögensgegenstände und die Wiederanlage der Erlöse selbst bestimmen (Dispositionsmöglichkeit).

20 **a) Besteuerung von Erlebensfall-Leistungen aus Rentenversicherungen.** Bei der steuerlichen Behandlung von Versicherungsleistungen der Schicht 3 ist zwischen **Kapitalleistungen** nach § 20 Abs. 1 Nr. 6 EStG und **Rentenleistungen** als sonstigen Einkünften nach § 22 Nr. 1 EStG zu unterscheiden, wenn der Vertrag **nach dem 31.12.2004 abgeschlossen** wurde.

Lebens- und Rentenversicherungen, die **vor dem 1.1.2005** abgeschlossen wurden, werden hinsichtlich der Versteuerung ihrer Erträge grundsätzlich nach dem bis zum 31.12.2004 geltenden Einkommensteuerrecht („altes Steuerrecht") behandelt (§ 52 Abs. 28 S. 5 EStG; → ALB § 1 Rn. 10).[15]

---

[12] BMF-Schreiben v. 1.10.2009 (BStBl. I S. 1172, Rz. 3a).

[13] BMF-Schreiben v. 1.10.2009 (BStBl. I S. 1172, Rz. 3c).

[14] BMF-Schreiben v. 1.10.2009 (BStBl. I S. 1172, Rz. 34a–34m).

[15] BMF-Schreiben v. 1.10.2009 (BStBl. I S. 1172, Rz. 88).

aa) Besteuerung von Kapitalleistungen. Einzelheiten zur Besteuerung von Kapitalleistungen aus Lebens- und Rentenversicherungen werden bei der Kapitallebensversicherung beschrieben (→ ALB § 1 Rn. 9ff.). Der Besteuerung nach § 20 Abs. 1 Nr. 6 EStG unterliegen Erträge in Erlebensfallleistungen aus **Kapitalversicherungen** und **Rentenversicherungen mit Kapitalwahlrecht,** soweit das Kapital gewählt wird.[16] Zur Besteuerung → ALB § 1 Rn. 8ff. 21

Zu versteuern **als Kapitalertrag** ist bei Versicherungen im Privatvermögen grundsätzlich der Unterschiedsbetrag zwischen der Versicherungsleistung und der Summe der auf sie entrichteten Beiträge (§ 20 Abs. 1 Nr. 6 S. 1 EStG). 22

Allerdings wird nur die Hälfte des Unterschiedsbetrags als Ertrag besteuert (sog. **Hälftebesteuerung**), wenn folgende Voraussetzungen **kumulativ** erfüllt sind:[17] 23

- Ausreichender Mindesttodesfallschutz: Diese Anforderung gilt jedoch nur für Kapitallebensversicherungen, die nach dem 31.3.2009 abgeschlossen werden oder bei denen die erste Beitragszahlung nach dem 31.3.2009 erfolgt. Bei Rentenversicherungen mit Kapitalwahlrecht ist der Mindesttodesfallschutz nicht erforderlich, auch dann nicht, wenn später das Kapital gewählt wird (§ 20 Abs. 1 Nr. 6 S. 6 EStG iVm § 52 Abs. 28 S. 8 EStG). Konkretisierungen enthält das BMF-Schreiben vom 1.10.2009 (BStBl. I S. 1172, Rz. 78a ff.).
- Mindestvertragsdauer von 12 Jahren.
- Auszahlung der Kapitalleistung nach Vollendung des 60. Lebensjahres – bei nach dem 31.12.2011 abgeschlossenen Versicherungsverträgen nach Vollendung des 62. Lebensjahres.[18]

Fehlt auch nur eine dieser Voraussetzungen, ist die Hälftebesteuerung nach § 20 Abs. 1 Nr. 6 S. 2 EStG nicht möglich; der Ertrag ist dann immer in voller Höhe zu versteuern. 24

Versicherungsleistung ist grundsätzlich der **Gesamtbetrag der zugeflossenen Geldleistungen** (zur Übertragungsoption bei fondsgebundenen Lebensversicherungen → ARB-F § 2 Rn. 98ff.)[19] In der Versicherungsleistung enthalten sind die angesammelten Sparanteile, die garantierte Verzinsung der Sparanteile und Überschüsse aus dem Kapitalanlage-, dem Risiko- und dem Kostenergebnis. Auszusondern sind Überschüsse und sonstige Leistungen aus Nebenrisiken, zB aus einer eingeschlossenen Berufsunfähigkeits-Zusatzversicherung.[20] 25

Seit 1.1.2009 unterliegen die steuerpflichtigen Kapitalerträge grundsätzlich der **Abgeltungsteuer** (§ 43 Abs. 5 S. 1 EStG; → ALB § 1 Rn. 37). 26

Gehört die Versicherung jedoch zum **Betriebsvermögen,** sind die allgemeinen Gewinnermittlungsvorschriften anzuwenden. 27

Die Regeln über den Kapitalertragsteuerabzug gelten sowohl für Versicherungen im Privat- als auch Betriebsvermögen.[21] Das Versicherungsunternehmen nimmt daher auch bei steuerpflichtigen Kapitalleistungen aus betrieblichen Versicherungen einen Kapitalertragsteuerabzug vor (§ 8 Abs. 1 S. 1 KStG iVm §§ 43 Abs. 4 und Abs. 1 S. 1 Nr. 4 EStG iVm § 20 Abs. 1 Nr. 6 EStG). 28

---

[16] BMF-Schreiben v. 1.10.2009 (BStBl. I S. 1172, Rz. 1, 19).
[17] BMF-Schreiben v. 1.10.2009 (BStBl. I S. 1172, Rz. 65f.).
[18] BMF-Schreiben v. 1.10.2009 (BStBl. I S. 1172, Rz. 65).
[19] BMF-Schreiben v. 1.10.2009 (BStBl. I S. 1172, Rz. 55).
[20] BMF-Schreiben v. 1.10.2009 (BStBl. I S. 1172, Rz. 55).
[21] BMF-Schreiben v. 1.10.2009 (BStBl. I S. 1172, Rz. 54, 84–87).

29 **bb) Besteuerung von Rentenleistungen.** Die Abgrenzung, ob eine **Rentenleistung im steuerlichen Sinn** vorliegt oder nicht → Rn. 33, ist deshalb so entscheidend, weil davon die Art der Besteuerung abhängt. Rentenleistungen der Schicht 3 werden als sonstige Einkünfte nach § 22 Nr. 1 S. 1 a bb EStG mit dem Ertragsanteil besteuert. Sind die Leistungen nicht als Rentenzahlung, sondern zB als Teilkapitalauszahlung zu werten, erfolgt die Besteuerung als Einkünfte aus Kapitalvermögen nach § 20 Abs. 1 Nr. 6 oder Nr. 7 EStG.[22] Von diesen Kapitalleistungen erfolgt – im Gegensatz zu Rentenleistungen – ein Abzug von Kapitalertragsteuer, Solidaritätszuschlag und ggf. Kirchensteuer.[23]

30 Wird eine Versicherungsleistung in Form einer Rente auf Lebenszeit **(Leibrente)** der Schicht 3 gezahlt, unterliegt nur der in der Rente enthaltene verhältnismäßig geringe **„Ertragsanteil"** nach § 22 Nr. 1 S. 3 Buchst. a bb EStG der Einkommensteuer. Die Versteuerung erfolgt im Rahmen der Veranlagung zur Einkommensteuer. **Für lebenslange Leibrenten** ist der Ertragsanteil im Einzelfall aus der **Ertragsanteiltabelle nach § 22 EStG** zu ersehen; die Ertragsanteiltabelle für **abgekürzte Leibrenten ist in § 55 Abs. 2 EStDV** zu finden. Der sich nach dem Alter bei Rentenbeginn des Rentenberechtigten ergebende Ertragsanteil **bleibt während der gesamten Rentenzahlungsdauer gleich.**

31 **Zeitrenten,** dh Renten, die für einen festen Zeitraum unabhängig vom Erleben durch die versicherte Person, gezahlt werden, sind wie Kapitalauszahlungen nach § 20 Abs. 1 Nr. 6 EStG zu versteuern.[24]

32 Werden **Überschussanteile** im Zusammenhang mit einer lebenslangen Leibrente oder einer abgekürzte Leibrente gezahlt, unterliegen diese wie die garantierte Rente nur mit dem bei Rentenbeginn ermittelten Ertragsanteil der Einkommensteuer.[25] Eine Aufteilung in garantierte Rente und Überschussrente ist nicht vorzunehmen. Die Gesamtrente (bestehend aus der garantierten Rente und aus der Überschussrente) wird mit einem einheitlichen Ertragsanteil erfasst. Dieser Grundsatz gilt für alle Formen der Überschussbeteiligung mit einer Ausnahme. Ist vereinbart, dass die **Überschüsse sofort mit den Beiträgen verrechnet** werden, werden für die Besteuerung der Rentenleistung diese bereits verrechneten Überschüsse nicht mehr berücksichtigt.

33 **Nicht steuerlich als Renten anerkannt** werden insbesondere folgende Versicherungsleistungen aus einer Rentenversicherung:[26]

- eine Kapitalauszahlung, wenn bei einer Rentenversicherung ein eingeschlossenes Kapitalwahlrecht ausgeübt wird,
- wiederkehrende Bezüge, die nicht auf die Lebenszeit, sondern auf eine festgelegte Dauer zu entrichten sind (Zeitrenten)
- die Abgeltung eines laufenden Rentenzahlungsanspruchs durch eine Abfindung und
- die ausgezahlte Kapitalleistung im Falle einer Teilverrentung.

Dies gilt auch dann, wenn vereinbart ist, dass lediglich die Beiträge als Kapitalleistung ausgezahlt werden sollen und das verbleibende Vertragsvermögen verrentet wird.

34 Seit 2005 gibt es ein **Melde- und Kontrollverfahren über Rentenbezüge** gemäß § 22a EStG. Danach ist gesetzlich vorgeschrieben, dass die Rentendaten vom

---

[22] BMF-Schreiben v. 1.10.2009 (BStBl. I S. 1172, Rz. 42, 61–62).
[23] BMF-Schreiben v. 1.10.2009 (BStBl. I S. 1172, Rz. 84f.).
[24] BMF-Schreiben v. 1.10.2009 (BStBl. I S. 1172, Rz. 20).
[25] BMF-Schreiben v. 1.10.2009 (BStBl. I S. 1172, Rz. 13–18).
[26] BMF-Schreiben v. 1.10.2009 (BStBl. I S. 1172, Rz. 19–20).

Anbieter an die zentrale Zulagenstelle für Altersvermögen (ZfA) übermittelt werden (sogenannte **Rentenbezugsmitteilung**).[27] Nicht in das Rentenbezugsmitteilungsverfahren einbezogen werden Renten, Teile von Renten oder andere (Teil-)Leistungen, die steuerfrei sind oder nicht der Besteuerung nach dem EStG unterliegen. Eine Rentenbezugsmitteilung erfolgt nicht, wenn die Rentenansprüche ruhen und daher im gesamten Kalenderjahr keine Rentenzahlungen erfolgt sind oder die gewährten Rentenleistungen im selben Kalenderjahr auch zurückgezahlt wurden. Das Finanzamt erhält somit von allen Leistungen aus privaten Lebens- und Rentenversicherungen Kenntnis: bei Kapitalleistungen in Form des Kapital ertragsteuerabzugs und bei Rentenleistungen über die Rentenbezugsmitteilung.

35 **b) Besteuerung von Leistungen bei Tod Rentenversicherungen. aa) Besteuerung von Kapitalleistungen.** Kapitalleistungen, die aufgrund des Todes der versicherten Person ausgezahlt werden **(Todesfallleistung),** enthalten keine steuerpflichtigen Kapitalerträge. Es handelt sich um Kapitalleistungen aufgrund des Eintritts des versicherten Risikos; diese sind **einkommensteuerfrei.**[28]

36 **bb) Besteuerung von Rentenleistungen.** Wird eine **Rentengarantie** vereinbart, ist nach dem Tod der versicherten Person und dem Übergang der Rentenzahlungen auf den Bezugsberechtigten für dessen Rentenbesteuerung ebenfalls der prozentuale Ertragsanteil maßgeblich, der sich aus dem Alter der ursprünglich versicherten Person bei Rentenbeginn ergeben hat.[29] Bei Rentenversicherungen mit Rentengarantie ist zu beachten, dass die **vereinbarte Rentengarantiezeit nicht länger** sein darf als die voraussichtlich **zu erwartende durchschnittliche Lebenserwartung** der versicherten Person bei Rentenbeginn.[30] Das heißt, dass die durchschnittliche Lebenserwartung der versicherten Person bei Rentenbeginn gemäß der zum Zeitpunkt des Vertragsabschlusses aktuellen Sterbetafel nicht kürzer sein darf als die vereinbarte Rentengarantiezeit.

37 Bei einer Rentengarantiezeit, die länger ist als die durchschnittliche Lebenserwartung, besteht die Gefahr, dass die Renten als so genannte „Zeitrenten" wie Kapitalauszahlungen nach § 20 Abs. 1 Nr. 6 EStG versteuert werden müssen (→ Rn. 31).[31]

38 Bei **Rentenleistungen aus einer Hinterbliebenenrenten-Zusatzversicherung** berechnet sich der Ertragsanteil der Hinterbliebenenrente nicht nach dem Alter des Rentenempfängers aus der Hauptversicherung bei Rentenbeginn. Entscheidend ist das Alter des jeweiligen begünstigten Hinterbliebenen aus der Zusatzversicherung bei dessen erstem Rentenbezug.[32]

39 Sieht die Tarifgestaltung der Rentenversicherung vor, dass bei **Tod während der Aufschubzeit** oder nach Rentenzahlungsbeginn eine Beitragsrückgewähr erfolgt, ist diese Zahlung einkommensteuerfrei.[33]

40 **cc) Rückkauf.** Wird hingegen bei einer **Rentenversicherung ohne Kapitalwahlrecht** gegen Einmalbeitrag auf Grund besonderer Vereinbarung oder in Folge einer Kündigung zu Lebzeiten der versicherten Person der (anteilige) Einmalbeitrag

---

[27] BMF-Schreiben v. 7.12.2011 (BStBl. I S. 1223).
[28] BMF-Schreiben v. 1.10.2009 (BStBl. I S. 1172, Rz. 22).
[29] BMF-Schreiben v. 1.10.2009 (BStBl. I S. 1172, Rz. 20).
[30] BMF-Schreiben v. 1.10.2009 (BStBl. I S. 1172, Rz. 20).
[31] BMF-Schreiben v. 1.10.2009 (BStBl. I S. 1172, Rz. 20).
[32] BMF-Schreiben v. 1.10.2009 (BStBl. I S. 1172, Rz. 20).
[33] BMF-Schreiben v. 1.10.2009 (BStBl. I S. 1172, Rz. 22).

zuzüglich erwirtschafteter Zinsen nicht als Rentenzahlung, sondern als einmaliger Kapitalbetrag zurückgezahlt, sind die Zinsen einkommen steuerpflichtig.[34]

II. Kommentierung der Klauselbestimmungen

41 Hauptleistung einer Rentenversicherung (→ Rn. 43) ist die versicherte Rente; alternativ kann der Kunde bei Rentenbeginn die einmalige Auszahlung eines Kapitals verlangen (→ Rn. 84). Daneben kann der Vertrag eine Leistung bei Tod (→ Rn. 100) vor und nach Rentenbeginn vorsehen (→ Rn. 119). Zusätzlich hat der Versicherungsnehmer Anspruch auf Leistungen aus der Überschussbeteiligung (→ Rn. 137).

1. Hauptleistung: Rente

42 Zur Finanzierung der Rente zahlt der Versicherungsnehmer während der Aufschubzeit Beiträge, die, nach Abzug der Kosten des Vertrages sowie der Beiträge für die Deckung der biometrischen Risiken, mit einem vertraglichen Zinssatz (sog. **Garantiezins**) verzinst werden.

43 **a) Leibrente. aa) Hauptleistung: garantierte Leibrente.** Hauptleistung ist eine **lebenslang zu zahlende garantierte Leibrente auf das Leben der versicherten Person** (→ Rn. 15). Die Höhe der garantierten Rente und ihre Fälligkeit wird im Versicherungsschein vereinbart Die Rente wird je nach Vereinbarung jährlich, halbjährlich, vierteljährlich oder monatlich gezahlt.

44 **bb) Rechnungsgrundlagen der Garantie.** Zur Berechnung der garantierten Leibrente werden regelmäßig ab Vertragsbeginn Rechnungsgrundlagen oder Rentenfaktoren garantiert. Diese **Rechnungsgrundlagen der Beitragskalkulation** bestehen im Wesentlichen aus der verwendeten Sterbetafel, dem sog. Garantiezins und den Kostenparametern. Bisher waren der für die Berechnung der Deckungsrückstellung verwendete Rechnungszins und der vertragliche Garantiezins – mit dem das aus den Sparanteilen entstandene Vertragsguthaben während der Aufschubzeit verzinst wird – üblicherweise identisch.

45 Wurden bisher **abweichende Rechnungsgrundlagen** regelmäßig nur auf die nicht garantierten Teile des Vertragsguthabens angewendet, ist zwischenzeitlich im Markt Bewegung entstanden. Die Gründe sind einserseits in der anhaltenden Niedrigzinsphase und den Kapitalanforderungen durch Solvency II zu sehen, da es immer schwerer wird Garantien über ein Jahrzehnt darzustellen. Andererseits führen die hohen Garantien zu einer risikoarmen allerdings auch chancenarmen Kapitalanlage, wodurch die zusätzlichen Ertragschancen für die Versicherungsnehmer zusätzlich sinken. Um höhere Erträge für die Versicherungsnehmer aus deren Beiträgen generieren zu können, erscheint es notwendig, das Garantieniveau abzusenken.

46 **cc) Marktentwicklungen.** Die **Höhe und der Umfang der Garantien variiert** dementsprechend zunehmend; Rechnungszins und Garantiezins sind nicht mehr zwingend identisch. Es erfolgt neuerdings eine Trennung der Rechnungsgrundlagen für die Aufschubzeit und für den Rentenbezug. Auch für unterschiedliche Teile des Vertragsguthabens werden unterschiedliche Rechnungsgrundlagen vereinbart. Zunehmend wird statt einer traditionellen Garantie lediglich der Bei-

[34] BMF-Schreiben v. 1.10.2009 (BStBl. I S. 1172, Rz. 48).

tragserhalt ganz oder teilweise garantiert und mit einem garantierten Rentenfaktor verbunden. Innovative und kapitaleffiziente Produkte werden hier eine weitere Relativierung der Garantien bringen, die mit höheren Ertragschancen für die Versicherungsnehmer einhergehen dürften.

47 Diese Entwicklung dürfte ihre **Grenze** dort finden, wo der Charakter als Versicherung berührt wird. Die bestehenden steuerrechtlichen und aufsichtrechtlichen Anforderungen bilden hier ein wesentliches Regulativ, das eine reine Kapitalanlage ohne Garantien ausschließt.

48 **b) Ermittlung der Rente bei Rentenübergang.** Versprochene **Hauptleistung** einer Rentenversicherung ist in der Regel eine **Leibrente.** Zusätzlich kommt eine Rente aus der Überschussbeteiligung (→ Rn. 137) oder bei fondsgebundener Überschussbeteiligung und fondsgebundenen Versicherungen (→ ARB-F) einem vorhandenen Fondsguthaben zur Auszahlung. Aus dem gesamten vorhandenen Vertragsguthaben wird deshalb **bei Rentenübergang** eine **erhöhte ab Rentenbeginn garantierte Rente ermittelt.**

49 Dabei wird die Rente je nach vertraglicher Vereinbarung insgesamt oder nach unterschiedlichen Teilen des Vertragsguthabens mit den Rechnungsgrundlagen der Beitragskalkulation oder den für Neuabschlüssen gleichartiger Versicherungen geltenden Rechnungsgrundlagen vereinbart. Die bei Vertragsbeginn garantierte Rente darf dabei nicht unterschritten werden. Wesentlich für die Wirksamkeit der entsprechenden Klauseln ist, dass der Berechnungsmodus der Rente klar und eindeutig beschrieben ist. Wird das Gesamtguthaben mit neuen Rechnungsgrundlagen verrentet, liegt darin keine unzulässige Nutzung der Überschussbeteiligung zur Stützung der Garantien, da die Neuberechnung lediglich der Festsetzung einer gegenüber der bei Vertragsbeginn garantierten Rente erhöhten Renten dient, wenn dies den getroffenen vertraglichen Vereinbarungen entspricht.[35] Die Überschussbeteiligung bleibt bei Wahl der Kapitalleistung schließlich in voller Höhe erhalten und kommt zur Auszahlung.

50 **c) Alternative Rentenformen.** Die langen Vertragsdauern aufgeschobener Rentenversicherungen haben dazu geführt, dass Bedarf nach von der Lebenssituation abhängigen und flexiblen vorzeitigen Leistungen entstanden ist. Die Versicherungsnehmer scheuen die lange Bindung und Festlegung auf eine einzige Leistungsart. Entsprechend dieser Nachfrage warden am Markt Rentenversicherungen angeboten, die neben der Leibrente andere Rentenformen und Leistungsbausteine vorsehen:

51 **aa) Abgekürzte Leibrente.** Es kann auch vereinbart werden, dass die Leibrente nicht lebenslang gezahlt wird, sondern, soweit sie nicht schon vorher durch Tod endet, nach einer vorher vereinbarten Zeit beendet wird (**abgekürzte Leibrente;** → Rn. 15).

52 **Beispiel:** „Wenn Sie eine Rente temporär abgeschlossen haben, zahlen wir die temporäre Garantierente solange die versicherte Person lebt, längstens für die vereinbarte Rentenzahlungsdauer."

53 **bb) Zeitrente.** Es kann auch vereinbart werden, dass die Leibrente nicht lebenslang gezahlt wird, sondern, unabhängig vom Erleben durch die versicherte

---

[35] Auslegungsentscheidung der BaFin „Allgemeine Versicherungsbedingungen (AVB) und in diesem Zusammenhang auftretende Probleme bei der Überschussverwendung in der Rentenversicherung" v. 10.11.2006 (www.bafin.de\SharedDocs\Veröffentlichungen\DE\Auslegungsentscheidung\ae_051110_avb_va) Ziff. II. 2.

Person, nach für einen fest vereinbarten Zeitraum gezahlt wird **(Zeitrente).** Es handelt sich in diesem Fall nicht um die Auszahlung einer Rente im steuerrechtlichen Sinne (→ Rn. 31).

54 **cc) Rentenfaktoren.** Es kann – statt einer garantierten Rente – auch ein garantierter Rentenfaktor vereinbart werden. Ein Rentenfaktor gibt an, **mit welchem konkret bezifferten Faktor** das am Ende der Anspar- bzw. Aufschubphase vorhandene Vertragsguthaben multipliziert werden muss, um die Höhe der garantierten Rente zu errechnen. Für einzelne Teile des Vertragsguthabens (zB Überschussbeteiligung oder Fondsguthaben) können auch unterschiedliche Rentenfaktoren garantiert werden (→ Rn. 16).

55 Rentenfaktoren können unter vertraglich zu vereinbarenden Voraussetzungen angepasst werden. Dies gilt nicht für den Rentenfaktor der steuerrechtlich und aufsichtsrechtlich erforderlichen garantierten Mindestrente (→ Rn. 16).

Die vereinbarten Rentenfaktoren sind im Versicherungsschein auszuweisen.

56 **Beispiel – Rentenfaktor:** „Der Berechnung der garantierten Rentenleistungen liegt ein Rentenfaktor (Rente pro 10.000 EUR erreichtem Deckungskapital) zugrunde. Dieser basiert derzeit auf einem Rechnungszins von x % p. a. und einer aus der DAV Sterbetafel 2004 R hergeleiteten vom Geschlecht unabhängigen Sterbetafel.

Wir behalten uns vor, den Rentenfaktor vor Rentenbeginn anzupassen, wenn

aufsichtsrechtlich bestimmt wird, für neu abzuschließende Rentenversicherungen eine andere Sterbetafel als die Sterbetafel DAV 2004 R zur Berechnung der Deckungsrückstellung zu verwenden,

nach offizieller Verlautbarung der DAV mit einer anderen Lebenserwartung gerechnet werden muss als der hier eingerechneten Sterbetafel zugrunde liegt oder

der für neu abzuschließende Rentenversicherungen festgelegte Höchstrechnungszins zur Berechnung der Deckungsrückstellung geändert wird.

Wir garantieren den Rentenfaktor bei Rentenbeginn."

57 **dd) Fondsgebundene Rentenoption.** Zunehmend werden am Markt auch kapitalmarktorientierte Rentenphasen mit oder ohne Garantiefonds angeboten. Diese wird regelmäßig als Wahlrecht zum vereinbarten Rentenbeginn vereinbart. Hier wird regelmäßig **eine reduzierte Mindestrente** vereinbart. Die Kapitalanlage erfolgt dann während des Rentenbezugs ganz oder teilweise investmentorientiert. Dabei wird ein Teil des bei Rentenübergang vorhandenen Kapitals konventionell angelegt und mit einer garantierten Mindestrente unterlegt. Ein weiterer Teil des bei Rentenbeginn vorhandenen Kapitals wird einer Fondsanlage zugeführt, um die Renditechancen während des Rentenbezugs zu erhöhen.

58 Die **Höhe** der Gesamtrente ist in diesem Fall abhängig von Wertentwicklung eines Fonds. Durch die Vereinbarung einer garantierten Mindestrente wird ein mögliches Absinken der Rente während des Rentenbezugs begrenzt.

59 Als zusätzliche Sicherung wird vereinzelt eine Anlage des ins Risiko gestellten Kapitals in einem **Garantie- oder Wertsicherungsfonds** angeboten.

60 **Beispiel:** „Bei Rentenbeginn können Sie zwischen der konventionellen Verrentung und der fondsgebundenen Verrentung wählen. Bis dahin gilt die konventionelle Verrentung als vereinbart. Wird kein Wahlrecht ausgeübt, gilt weiterhin die konventionelle Verrentung mit dem garantierten Rentenfaktor als vereinbart.

[…]

Bei der fondsgebundenen Verrentung wird ein Teil des Gesamt-Guthabens in das aus der Beitragszahlung abgeleitete konventionelle Deckungskapital investiert. Der restliche Teil wird in den (Wertsicherungs-)Fonds- angelegt. Durch die Anlage in den (Wertsicherungs-)Fonds nimmt die Altersrente, die sich aus der versicherten Mindestrente und der Überschuss-Rente zusammensetzt, weiter an den Renditechancen am Aktienmarkt teil. Demgegenüber tragen Sie bei Kursrückgängen das Risiko der Wertminderung des Wertsicherungsfonds. Ihre nicht garantierte Überschuss-Rente wird jährlich zu Beginn des Versicherungsjahres auf Basis des dann vorhandenen Gesamt-Guthabens neu bestimmt. Im ungünstigsten Fall kann die Altersrente wegen der darin enthaltenen Überschussrente um jeweils 3% geringer als die Vorjahresrente sein, jedoch nicht geringer als die bei Rentenbeginn versicherte Mindestrente. Die Mindestrente ist ab Rentenbeginn lebenslang garantiert und wird aus dem zu Rentenbeginn vorhandenen Gesamt-Guthaben ermittelt. Wir werden Ihnen die Höhe der versicherten Mindestrente zum Rentenbeginn mitteilen, wenn Sie sich für eine fondsgebundene Verrentung entscheiden."

ee) Leistungen bei Pflegebedürftigkeit. Zunehmend werden im Rahmen von Rentenversicherungen besondere Leistungen oder Leistungserhöhungen für den Fall der Pflegebedürftigkeit angeboten. Ein Marktstandard hat sich hier noch nicht herausgebildet, so dass es **zahlreiche Varianten** der Pflegeleistungen gibt. **61**

Neben reinen Pflegerentenversicherungen und entsprechenden Zusatzversicherungen, die Pflegeversicherungsschutz bei Pflegebedürftigkeit vorsehen gibt es auch sogenannte **Pflegeoptionen.** Diese sehen unterschiedliche Leistungserweiterungen vor, bspw.: **62**

- **Einschluss** einer Pflegerentenversicherung oder eines Pflegekapitals bei Rentenübergang – ggf. auch bei Vorliegen von Pflegebedürftigkeit;
- **Erhöhung der Altersrente** bei Pflegebedürftigkeit zum Zeitpunkt des Rentenübergangs und/oder während des Rentenbezugs;
- **Kapitalleistung** bei Pflegebedürftigkeit während der Aufschubzeit.

Tritt Pflegebedürftigkeit ein, kann die Todesfallleistung und das Recht Teilkapitalauszahlungen zu verlangen, entfallen. Der versicherungsvertragliche Pflegebegriff entspricht nicht dem sozialversicherungsrechtlichen Pflegebegriff, so dass es hier teilweise erhebliche Unterschiede in den Leistungsvoraussetzungen gibt. **63**

Beispiel – Pflegeversicherungsoption zum Rentenbeginn: „(1) Sie haben die Möglichkeit, zum Rentenbeginn Versicherungsschutz bei Eintritt von Pflegebedürftigkeit einzuschließen, sofern die unten stehenden Voraussetzungen erfüllt sind. Bis spätestens drei Monate vor Ihrem gewünschten Rentenbeginn können Sie uns mitteilen, dass Sie diese Pflegeversicherungsoption zum Rentenbeginn ausüben möchten. **64**
(2) Das Ausüben der Pflegeversicherungsoption bedeutet folgendes:
Ab Beginn der Altersrente gewähren wir Versicherungsschutz bei Eintritt der Pflegebedürftigkeit der versicherten Person in Form einer Pflegerente, dadurch verringert sich die Altersrente. Bitte beachten Sie, dass hierbei die Altersrente die garantierte Mindestrente unterschreiten kann. Wann Pflegebedürftigkeit vorliegt, wird im Anhang II dieser Bedingungen beschrieben. Solange die Pflegebedürftigkeit besteht, zahlen wir zusätzlich zur Altersrente die versicherte Pflegerente, erstmals nach Ablauf des Monats, in dem die Pflegebedürftigkeit eingetreten ist, bis zum Tod der versicherten Person. [...]
(3) Die Pflegeversicherungsoption ist an die folgenden Voraussetzungen gebunden:
- [...]
- [...]"

Beispiel – Pflegeversicherungsoption zum Rentenbeginn oder während der Rentenbezugszeit „(1) Ist die versicherte Person zum Rentenbeginn oder während der Rentenbezugszeit pflegebedürftig, so können Sie eine Erhöhung der Rente beantragen (Pflegeoption). Ob und in welchem Umfang sich die Rente erhöht, hängt vom Zeitpunkt der Beantragung und von den dann gültigen Rechnungsgrundlagen für Pflegebedürftige ab. Eine rückwirkende Ausübung der Pflegeoption ist ausgeschlossen. Je später die Pflegeoption ausgeübt wird, umso geringer fällt die Rentenerhöhung aus. **65**

Spätestens ab dem Zeitpunkt, ab dem keine Todesfallleistung mehr fällig wird, findet keine Erhöhung mehr statt. Ab dem Zeitpunkt der Rentenerhöhung ist keine Todesfallleistung mehr versichert. In den „Informationen zur Pflegeoption" finden Sie eine beispielhafte Modellrechnung zur Pflegeoption, die die Abhängigkeit der Rentenerhöhung vom Termin der Ausübung der Pflegeoption veranschaulicht.
(2) Die erhöhte Rente gemäß Absatz 1 ist ab dem Zeitpunkt der Erhöhung garantiert und vermindert sich auch dann nicht, wenn sich der Gesundheitszustand der versicherten Person verbessern sollte.
(3) [...]

Kapitalauszahlung bei Pflegebedürftigkeit während der Aufschubzeit:
Wird die versicherte Person vor Beginn der Rentenzahlung pflegebedürftig, kann innerhalb einer Frist von 6 Monaten eine Kapitalauszahlung verlangt werden. Durch die Auszahlung erlischt die Versicherung."

66 **ff) Flexibler Rentenbeginn.** Nahezu marktüblich ist heute der flexible Rentenbeginn. Dies beinhaltet die Möglichkeit, die Versicherungsleistungen vorzeitig abzurufen, aber auch die Möglichkeit, den Leistungszeitpnkt mit oder ohne weitere Beitragszahlung hinauszuschieben. Ein vorzeitiger Abruf führt zu verringerten Leistungen, ein Hinausschieben zu erhöhten Leistungen, gegenüber dem vereinbarten Fälligkeitszeitpunkt. Bei Verlängerung der Versicherungsdauer entfallen regelmässig die Zusatzversicherungen.

67 **Beispiel – Der Beginn der Rentenzahlung ist flexibel: „Voraussichtlicher Beginn der Rentenzahlung**
Im Versicherungsschein nennen wir Ihnen den vereinbarten voraussichtlichen Rentenbeginn. Voraussetzung für den Beginn der Rentenzahlung zu diesem Termin ist, dass uns der Antrag hierzu spätestens einen Monat vor dem voraussichtlichen Rentenbeginn vorliegt. Anderenfalls beginnt automatisch die Verlängerungsphase.

Frühestmöglicher Beginn der Rentenzahlung
Sie können jedoch bereits während der Abrufphase zu Beginn jedes Monats vorzeitig die Rentenzahlung abrufen. In diesem Fall zahlen wir die verminderte garantierte Rente erstmals zum Abruftermin, wenn die versicherte Person diesen Termin erlebt.
Voraussetzung für den Abruf der vorzeitigen Rentenzahlung ist, dass uns der Antrag hierzu spätestens einen Monat vor dem gewünschten Termin vorliegt. Anderenfalls beginnt die Rentenzahlung erst am nächstfolgenden Monatsersten.
Die Abrufphase dauert höchstens fünf Jahre. Beginn und Ende der Abrufphase sowie die zu den Jahrestagen garantierten Renten können Sie dem Versicherungsschein entnehmen. Die Höhe der Renten zu den monatlichen Abrufterminen zwischen den Jahrestagen ermitteln wir nach versicherungsmathematischen Grundsätzen.
Wenn Sie die Rentenzahlung vorzeitig abrufen, enden zum Abruftermin noch eingeschlossene Zusatzversicherungen. Dies gilt nicht für eine Hinterbliebenenrenten-Zusatzversicherung.

Spätestmöglicher Beginn der Rentenzahlung
Wenn Sie die Rentenzahlung nicht zum voraussichtlichen Rentenbeginn abgerufen haben, verlängert sich automatisch die Aufschubdauer bis zum Ende der Verlängerungsphase. Ist bei Ihrem Vertrag eine laufende Beitragszahlung bis zum voraussichtlichen Rentenbeginn vereinbart, verlängert sich entsprechend auch die Beitragszahlungsdauer.
Wenn Sie bei Ihrem Vertrag den Tarif AR vereinbart und eine Hinterbliebenenrenten-Zusatzversicherung eingeschlossen haben, besteht keine Verlängerungsphase. In diesem Fall beginnt die Rentenzahlung spätestens am voraussichtlichen Rentenbeginn.
Sie können während der Verlängerungsphase zu Beginn jedes Monats die Rentenzahlung abrufen. In diesem Fall zahlen wir die hinausgeschobene Rente erstmals zum Abruftermin, wenn die versicherte Person diesen Termin erlebt.

Voraussetzung für den Abruf der hinausgeschobenen Rentenzahlung ist, dass uns der Antrag hierzu spätestens einen Monat vor dem gewünschten Termin vorliegt. Anderenfalls beginnt die hinausgeschobene Rentenzahlung erst am nächstfolgenden Monatsersten.
Die Verlängerungsphase dauert längstens bis zum 85. Geburtstag der versicherten Person. Beginn und Ende der Verlängerungsphase sowie die zu den Jahrestagen garantierten Renten können [...] sowie dem Versicherungsschein entnehmen.
Spätestens zum voraussichtlichen Rentenbeginn enden eingeschlossene Zusatzversicherungen mit Ausnahme einer Hinterbliebenenrenten-Zusatzversicherung. Dies gilt auch, wenn Sie den Rentenbeginn in die Verlängerungsphase hinausschieben. Die Beiträge für zum voraussichtlichen Rentenbeginn endende Zusatzversicherungen entfallen."

gg) Garantierte Rentensteigerung-Leistungsdynamik. Die Rente steigt während des Rentenbezugs nach einem festen Schlüssel, erstmals mit Beginn des zweiten Rentenjahres (→ Rn. 69). 68

Beispiel: „Wenn Sie eine Steigerung der Renten nach Beginn der Rentenzahlung vereinbart haben, erhöht sich die jeweils erreichte garantierte Rente jährlich um den vereinbarten Prozentsatz. Die erste Erhöhung erfolgt zu Beginn des zweiten Jahres der Rentenzahlung." 69

hh) Persönliche Anpassungsrechte. Häufig enthalten Rentenversicherungsverträge das Recht, unter bestimmten, vertraglich vereinbarten, Voraussetzungen, die vereinbarten Beiträge und Versicherungsleistungen ohne erneute Gesundheitsprüfung zu erhöhen (persönliche Anpassungsrechte). Das Erhöhungsrecht wird dann durch **vorab definierte Ereignisse oder Anlässe** ausgelöst und ist in der Regel summenmäßig und zeitlich begrenzt. 70

Beispiel – Erhöhung des Versicherungsschutzes (persönliches Anpassungsrecht) – gilt nicht für die betriebliche Altersversorgung: „(1) Sie können den Versicherungsschutz Ihres Vertrags ohne erneute Prüfung der Gesundheits- und sonstigen Risikoverhältnisse (Gesundheitsprüfung) erhöhen. Die Erhöhung ist nach Eintritt folgender Lebensereignisse bei der versicherten Person möglich: 71

- Heirat bzw. Begründung einer eingetragenen Lebenspartnerschaft,
- Ehescheidung bzw. Aufhebung einer eingetragenen Lebenspartnerschaft,
- Geburt eines Kindes oder Adoption eines minderjährigen Kindes,
- Aufnahme einer beruflichen Tätigkeit nach Abschluss einer staatlich anerkannten beruflichen oder akademischen Ausbildung,
- Wechsel in eine selbständige Tätigkeit als Hauptberuf,
- Wegfall der Versicherungspflicht in der gesetzlichen Rentenversicherung bei Handwerkern und Selbständigen,
- erstmalige Überschreitung der Beitragsbemessungsgrenze in der allgemeinen Rentenversicherung durch das Bruttojahresarbeitseinkommen aus nichtselbständiger Tätigkeit,
- Erhöhung des Bruttojahresarbeitseinkommens aus nichtselbständiger Tätigkeit um mindestens 10 Prozent innerhalb eines Jahres,
- bei Selbständigen eine nachhaltige Steigerung des Gewinns vor Steuern um mindestens 10 Prozent jährlich in den letzten drei Jahren,
- Aufnahme eines Darlehens zur Finanzierung einer selbst bewohnten Immobilie (Kaufpreis mindestens 50.000,00 Euro),
- Kürzung der gesetzlichen Rentenanwartschaften durch Gesetz,
- Wegfall oder Kürzung einer berufsbedingten, insbesondere berufsständischen oder betrieblichen Altersversorgung.

Sie müssen die Erhöhung innerhalb von drei Monaten nach Eintritt des Ereignisses unter Vorlage eines entsprechenden Nachweises in Schriftform beantragen. Ansonsten ist gegebenenfalls eine Gesundheitsprüfung erforderlich.

Wenn mehrere Verträge mit persönlichem Anpassungsrecht auf das Leben der versicherten Person bestehen, können Sie nur einen Vertrag erhöhen. Diesen müssen Sie bei der ersten Erhöhung benennen. Die übrigen Verträge können Sie dann nicht erhöhen.

[…]

(5) Das Recht auf Erhöhung endet, wenn
– die versicherte Person das 50. Lebensjahr vollendet hat,
– die restliche Aufschubdauer des ursprünglichen Vertrags 12 Jahre unterschreitet,
– der ursprüngliche Vertrag beitragsfrei gestellt wird oder
– bei dem ursprünglichen Vertrag mit vereinbarter Berufsunfähigkeits- bzw. Erwerbsunfähigkeits-Zusatzversicherung Berufs- bzw. Erwerbsunfähigkeit eingetreten ist. Nach Eintritt der Berufs- bzw. Erwerbsunfähigkeit noch durchgeführte Erhöhungen entfallen rückwirkend."

72 **ii) Beitrags-Dynamik.** Bei Vereinbarung einer dynamischen Erhöhnung von Beitrag und Leistung (Dynamik) **zu vorab festgelegten Zeitpunkten** und nach bei Vertragsabschluss vereinbarten festen Kriterien, erhöhen sich die Leistungen üblicherweise jährlich. Der Kunde erhält zum vereinbarten Erhöhungszeitpunkt einen aktualisierten Versicherungsschein und kann der Erhöhung widersprechen. Erfolgt kein Widerspruch, ist ab dem vereinbarten Erhöhnungstermin ein erhöhter Beitrag zu bei ab diesem Zeitpunkt erhöhten Versicherungsleistungen zu bezahlen.

73 Die **Bezugsgrößen** für eine Dynamik sind am Markt vielfältig. Üblich sind Bezugsgrößen aus der Sozialversicherung oder steuerliche Bezugsgrößen, die sich an einem steuerrechtlichen Förderrahmen orientieren. Häufig sind aber auch regelmäßige Erhöhungen zu einem vorab vereinbarten festen Prozentsatz des Beitrags.

74 Eine Vereinbarung der Dynamik kommt **nur bei laufender Beitragszahlung** in Betracht.

75 **Beispiel:** „Die laufenden Beiträge für Ihren Vertrag erhöhen wir jährlich jeweils
– im gleichen Verhältnis wie der Höchstbeitrag (West) in der Allgemeinen Rentenversicherung erhöht wird, mindestens jedoch um jährlich fünf Prozent des jeweiligen Vorjahresbeitrags oder
– um einen bei Vertragsabschluss vereinbarten Prozentsatz.

Mit der Erhöhung werden auch die Beiträge für etwaig eingeschlossene Zusatzversicherungen erhöht. Die Beiträge für eine eingeschlossene Risiko-Zusatzversicherung mit fallender Versicherungssumme werden jedoch nicht erhöht.
Die Erhöhung berechnen wir immer vom jeweiligen Vorjahresbeitrag.
Den vereinbarten Erhöhungsmaßstab nennen wir im Versicherungsschein.
Die Beitragserhöhung führt zu einer Erhöhung der Leistungen ohne erneute Gesundheitsprüfung."

76 **jj) Leistungserhöhung aufgrund Zuzahlungen.** Rentenversicherungen sehen bei laufender Beitragszahlung oft das Recht vor, bei Vertragsbeginn und/oder während der Vertragslaufzeit **zusätzliche Beitragszahlungen** zu leisten (Zuzahlung). Zuzahlungen führen in Abhängigkeit von der geleisteten Zahlung zu einer Erhöhung der Versicherungsleistungen.

77 Das Zuzahlungsrecht während der Vertragslaufzeit kann **anlassbezogen oder anlassunabhängig** ausgestaltet sein. Zudem kann das Recht der Höhe nach und zeitlich begrenzt sein. Die genaue Ausgestaltung, die Voraussetzungen und Grenzen sowie der Berechnungsschlüssel für die Leistungserhöhung sind in den Versicherungsbedingungen zu regeln.

78 **Beispiel:** „Bei Verträgen gegen laufende Beitragszahlung können Sie einmalig zum Versicherungsbeginn und während der vereinbarten Beitragszahlungsdauer weitere Beiträge (Zuzahlungen) zahlen. Zuzahlungen sind bis zum Beginn der Abrufphase möglich. Eine Zuzahlung darf die im Anhang genannten Mindest- und Höchstbeträge nicht unter- bzw. überschreiten.

Zuzahlungen zu anderen Zeitpunkten oder außerhalb der genannten Beträge bedürfen einer gesonderten Vereinbarung mit uns.
Eine Zuzahlung erhöht die Leistungen Ihres Vertrags. Wenn Sie eine Hinterbliebenenrenten-Zusatzversicherung eingeschlossen haben, erhöhen sich deren Leistungen entsprechend. Dies gilt nicht für die Leistungen aus anderen eingeschlossenen Zusatzversicherungen.
Die Erhöhung der Leistungen erfolgt zum Ersten des Monats, der auf den Eingang der Zuzahlung bei uns folgt. Sie errechnet sich nach anerkannten Regeln der Versicherungsmathematik unter Berücksichtigung Ihres zum Erhöhungszeitpunkt erreichten rechnungsmäßigen Alters, der ausstehenden Dauer bis zum voraussichtlichen Altersrentenbeginn und den bei Abschluss des Vertrags gültigen Tarifen."

kk) Enhanced Annuities. Wird die Rentenhöhe vom **individuellen Gesundheitszustand** der versicherten Person abhängig gemacht, spricht man von „enhanced annuities". Nach einer Einschätzung des individuellen Gesundheitszustandes wir die Rente auf Antrag mit den vertraglichen Rechnungsgrundlagen mit Ausnahme der Sterblichkeit berechnet. An deren Stelle tritt die individuelle statistische Lebenserwartung der vesicherten Person, wie sie sich nach der Überprüfung des Gesundheitszustandes ergibt. 79

ll) Policen-Darlehen. Möglich ist auch die Vereinbarung eines Versicherungsschein-Darlehens (Policendarlehen) mit und ohne Rechtsanspruch des Versicherungsnehmers. Hier wird eine **verzinsliche Vorauszahlung** auf die Versicherungsleistung geleistet; als Sicherheit wird die Versicherungsleistung an das Versicherungsunternehmen verpfändet. Das Darlehen wird entweder vor Fälligkeit der Versicherungsleistung einschließlich Darlehenszinsen zurückgezahlt oder bei Fälligkeit der Versicherungsleistung mit dieser verrechnet. 80

Die Ausreichung eines Policendarlehens bedarf eines **gesonderten Darlehensvertrages,** der dem Verbraucherkreditrecht unterliegt. 81

Beispiel: „Wir können Ihnen bis zur Höhe des Rückkaufswertes ein zu verzinsendes Darlehen auf die Versicherungsleistung gewähren. Ein Rechtsanspruch hierauf besteht jedoch nicht. 82
Ein Darlehen werden wir mit der fälligen Kapitalabfindung, mit der Todesfallleistung bzw. bei fälligen Rentenleistungen sowie im Fall der Umwandlung in eine beitragsfreie Versicherung unter entsprechender Herabsetzung der Rente oder bei Kündigung mit der Deckungsrückstellung verrechnen; vorher werden wir es nicht zurückfordern. Sie hingegen können das Darlehen jederzeit zurückzahlen."

2. Ersatzleistung: Kapitalabfindung

Die langen Vertragsdauern aufgeschobener Rentenversicherungen haben dazu geführt, dass Bedarf nach von der Lebenssituation abhängigen und **flexiblen vorzeitigen Leistungen** entstanden ist. Die Versicherungsnehmer scheuen die lange Bindung und Festlegung auf eine einzige Leistungsart. Entsprechend dieser Nachfrage warden am Markt Rentenversicherungen angeboten, die neben der Leibrente Kapitalleistungen mit und ohne vorangehendem biometrischen Ereignis vorsehen: 83

a) Kapitalabfindung. Zum Fälligkeitstag der ersten Rente kann der Versicherungsnehmer eine einmalige Kapitalzahlung (Kapitalabfindung) verlangen, wenn die versicherte Person diesen Termin erlebt. Bei Wahl der Kapitalabfindung **erlischt mit deren Auszahlung** der Vertrag. Weitere Leistungen sind dann ausgeschlossen. 84

Die Kapitalabfindung ist frist- und formgerecht zu beantragen. 85

86 **b) Alternative Kapitalleistungen.** Aufgrund der von den Versicherungsnehmern geforderten Flexibilität der Rentenversicherungen, gibt es am Markt neben der Kapitalabfindung zahlreiche **weitere Kapitalleistungen,** die teilweise von biometrischen Ereignissen abhängig sind, teilweise aber nur ein Verlangen des Kunden voraussetzen, falls die vereinbarten Voraussetzungen für die Ausübung des entsprechenden Wahlrechts vorliegen.

87 **aa) Teilkapitalauszahlung bei Rentenbeginn.** Statt der vollständigen Kapitalabfindung besteht häufig bei Rentenbeginn das Recht, die teilweise Auszahlung einer Kapitalbfindung zu verlangen. Wird dieses Recht ausgeübt, kommt nur noch eine **reduzierte Rente** zur Auszahlung. Die Rentenkürzung erfolgt regelmäßig nach versicherungsmathematischen Grundsätzen; darauf ist in den Versicherungsbedingungen hinzuweisen. Ebenso sind betragsmäßige Grenzen des Rechts zu definieren sowie die Höhe einer bei Ausübung des Rechts mindestens erforderlichen verbleibenden Rente.

88 **Beispiel:** „Sie können zum Beginn der Rentenzahlung eine teilweise Kapitalabfindung (Teilkapitalauszahlung) verlangen, wenn die versicherte Person diesen Termin erlebt. Voraussetzung für die Teilkapitalauszahlung ist, dass uns der Antrag hierzu spätestens zwei Monate vor dem Beginn der Rentenzahlung vorliegt.
Die Teilkapitalauszahlung erfolgt aus dem Deckungskapital. Nach einer Teilkapitalauszahlung setzen wir die garantierte Rente nach anerkannten Regeln der Versicherungsmathematik herab. Über die Höhe der herabgesetzten Rente informieren wir Sie."

89 **bb) Teilkapitalentnahme vor Rentenbeginn – Verfügungsoption.** Viele Versicherer räumen dem Versicherungsnehmer eine sogenannte Verfügungsoption ein. Dabei handelt es sich um das Recht, die Auszahlung eines **Teils des vorhandenen Deckungskapitals** des Versicherungsvertrages ohne Abzug nach § 169 Abs. 5 VVG zu verlangen. In den Bedingungen sind die Voraussetzungen und Folgen, sowie die betragsmäßigen Grenzen dieser Option zu beschreiben. Wesentliche Folge ist eine Herabsetzung der versicherten Leistungen bei gleichbleibenden Beiträgen.

90 Hiervon zu unterscheiden ist ein **Teil-Rückkauf.** Bei diesem wird ggf. ein Abzug nach § 169 Abs. 5 VVG vorgenommen. Zudem kommt es regelmäßig zu einer Reduzierung der künftigen Beiträge.

91 **Beispiel:** „Sie können vor Beginn der Rentenzahlung zum Ersten eines Monats eine Teilkapitalentnahme verlangen, wenn die versicherte Person diesen Termin erlebt.
Voraussetzung für die Teilkapitalentnahme ist, dass uns der Antrag hierzu spätestens einen Monat vor dem Auszahlungstermin vorliegt. Anderenfalls erfolgt die Teilkapitalentnahme zum nächstfolgenden Monatsersten.
Im Falle einer Teilkapitalentnahme setzen wir die Rente und die Kapitalabfindung nach § x Absatz x und x nach anerkannten Regeln der Versicherungsmathematik herab. Die Höhe der zu zahlenden Beiträge ändert sich nicht.
Sie können eine Teilkapitalentnahme nur bis zur Höhe des Rückkaufswerts ohne Berücksichtigung eines Abzugs verlangen. Außerdem müssen sowohl die Teilkapitalentnahme als auch die herabgesetzten Leistungen jeweils den Mindestbetrag nach unseren ... (*Anhang über tarifmäßige Grenzen)* erreichen.
Nach einer Teilkapitalentnahme informieren wir Sie über die Höhe der herabgesetzten Leistungen in einem Nachtrag zum Versicherungsschein."

92 **cc) Dread-Disease-Option.** Ist eine Dread-Disease-Option vereinbart, kann eine **schwere Erkrankung** des Versicherungsnehmers eine steuerfreie Versicherungsleistung auslösen, Erleidet die versicherte Person vor Beginn der Rentenzahlung eine schwere Krankheit im Sinne der Versicherungsbedingungen kann der

Versicherungsnehmer eine vorzeitige Kapitalabfindung in Höhe des vorhandenen Deckungskapitals des Vertrages verlangen. Mit der Auszahlung der Dread-Disease-Leistung endet der Versicherungsvertrag und es warden keine weiteren Leistungen mehr fällig.

93 Voraussetzungen des Anspruchs, Modalitäten der Geltendmachung und vom Versicherungsnehmer zu erbringende Nachweise sind zwingend in den Versicherungsbedingungen zu regeln.

94 **Beispiel:** „Bei Eintritt einer schweren Krankheit der versicherten Person während der Aufschubdauer können Sie vor Beginn der Rentenzahlung zum Schluss einer Versicherungsperiode eine Kapitalleistung in Höhe des nach anerkannten Regeln der Versicherungsmathematik mit den Rechnungsgrundlagen der Beitragskalkulation berechneten Deckungskapitals verlangen.
Der Antrag auf die Leistung muss uns zusammen mit dem Nachweis der schweren Krankheit spätestens am Tag vor dem gewünschten Auszahlungstermin vorliegen. Der Auszahlungstermin darf nicht später als zwei Jahre nach Eintritt der schweren Krankheit liegen.
Mit Zahlung der Kapitalleistung endet der Vertrag.
Schwere Erkrankungen im Sinne dieser Bedingungen, die auf Ihre Kosten fachärztlich nachgewiesen werden müssen, sind:
[…]“

95 **dd) Pflege-Option.** Der Wunsch der Versicherungsnehmer nach weiteren bedarfsgerechten und flexiblen Leistungsbausteinen hat auch zu unterschiedlich ausgestalteten Pflegeleistungs-Bausteinen geführt (→ Rn. 61 ff. mit Beispielen). Zu nennen sind hier insbesondere einmalige Kapitalzahlungen bei Pflegebedürftigkeit und oder der Einschluss eines Pflegekapitals vor Rentenbeginn oder bei Rentenübergang.

96 Bei **Auszahlung des Pflegekapitals** kann, falls entsprechend vereinbart, die Todesfallleistung oder das Recht auf Teilkapitalentnahme entfallen. Auch hier gilt nicht der sozialversicherungsrechtliche Pflegebegriff, so dass es hier erhebliche Unterschiede zu den Leistungsvoraussetzungen der Sozialversicherung gibt.

97 **ee) Teilkapitalauszahlung nach Rentenbeginn.** Manche Versicherungsunternehmen sehen in Ihren Versicherungsbedingungen auch Teilkapitalauszahlungen nach Rentenbeginn vor. Dies ermöglicht dem Kunden in **Notlagen** flexible zu disponieren. Aus Kalkulationsgründen und um eine Spekulatoin gegen das Kollektiv zu vermeiden ist eine solche Teilkapitalauszahlung in der Regel auf das vorhandene Deckungskapital oder die Todesfallleistung begrenzt.

98 Die Rentenleistung wird bei Ausübung der Auszahlungsoption **neu berechnet,** die Todesfallleistung um den Auszahlungsbetrag gekürzt. Die verbleibende Garantierente muss die vertragliche Mindestrente erreichen. Andernfalls wird das verbleibende Deckungskapital ausgezahlt und die Versicherung erlischt.

99 **Beispiel:** „Sie können zu einem beliebigen Rentenzahlungstermin die Auszahlung eines Kapitals anstelle einer Rente verlangen. Das ausgezahlte Kapital darf zum Auszahlungszeitpunkt weder die Kapitalzahlung bei Tod noch das auf den Auszahlungszeitpunkt berechnete Deckungskapital überschreiten. Die Rentenversicherung wird nach der Kapitalzahlung fortgeführt, sofern die verbleibende Garantierente jährlich mindestens x EUR beträgt. Andernfalls erlischt die Versicherung und ein Deckungskapital wird – soweit vorhanden – ausgezahlt. Die Leistung für den Todesfall wird um den Betrag des ausgezahlten Kapitals reduziert. Die Garantierente vermindert sich nach den hierfür geltenden Tarifregelungen.“

3. (Neben-)Leistung bei Tod vor Rentenbeginn

100 Die Musterbedingungen des GDV bleiben im Hinblick auf die Vielfalt des Marktes hinsichtlich des Leistungsrahmens bei Tod vor Rentenbeginn offen. Hier kommen unterschiedlichste Leistungs-Bausteine und Leistungsvoraussetzungen sowie deren Kombinationen in Betracht.

101 **a) Beitragsrückgewähr.** Ist eine Beitragsrückgewähr bei Tod während der Aufschubzeit, dh vor Rentenbeginn, vereinbart, warden die bis zum Todestag gezahlten Beiträge als Todesfallleistung ausgezahlt (Beitragsrückgewähr). Wurde die Beitragsrückgewähr erst während der Aufschubzeit eingeschlossen, werden nur die seit dem Einschluss gezahlten Beiträge berücksichtigt.

102 Sofern während der Aufschubzeit sonstige Versicherungsleistungen, bspw. eine Teilkapitalentnahme (→ Rn. 89), in Anspruch genommen wurden, **reduziert sich der Auszahlungsbetrag** um diese Leistung, sofern nicht die Versicherung aufgrund der Leistungserbringung erloschen ist, zB Dread-Disease-Option (→ Rn. 92).

103 **Beispiel:** „Bei Tod der versicherten Person während der Aufschubdauer zahlen wir, falls vereinbart, eine Todesfallleistung in Höhe der ab dem vertraglichen Einschluss der Todesfallleistung bis zum Todestag für diesen Tarif fällig gewordenen Beiträge."

104 **b) Deckungskapital.** Ist für den Fall des Todes vor Rentenbeginn die Auszahlung des vorhandenen Deckungskapitals vereinbart und der Vertrag ist noch nicht aus anderen Gründen erloschen, gelangt dieses zur Auszahlung. Falls während der Aufschubzeit bereits Versicherungsleistungen zur Auszahlung kamen, ist die hieraus resultierende Minderung der Todesfallleistung bereits berücksichtigt, da nur das vorhandene Deckungskapital zur Auszahlung kommt. Weitere Kürzungen erfolgen deshalb nicht.

105 **Beispiel:** „Wenn die versicherte Person vor Beginn der Rentenzahlung stirbt, zahlen wir das bei Tod vorhandene Deckungskapital."

106 **c) Deckungskapital, mindestens Beitragsrückgewähr.** Es handelt sich um eine **Kombination** der unter a) und b) (→ Rn. 101 ff., 104 ff.) genannten Todesfallleistungen. Hintergrund der Regelung ist, dass aufgrund der Kostenbelastung bei Tod in der Anfangszeit des Vertrages, das Deckungskapital regelmäßig geringer ist, als die bis zum Tod bezahlten Beiträge. Dies wird zu Gunsten des Kunden durch eine Aufstockung der Todesfallleistung auf die Summe der gezahlten Beiträge korrigiert.

107 **Beispiel:** „Stirbt die versicherte Person vor Rentenbeginn, wird das Deckungskapital, mindestens jedoch die Summe der gezahlten Beiträge fällig. Wir berechnen das Deckungskapital zum Ende des Monats, in dem der Todestag der versicherten Person liegt."

108 **d) Garantierte Todesfallsumme.** Manche Tarife sehen vor, dass für den Fall des Todes vor Rentenbeginn eine konkrete Todesfallsumme vereinbart wird. Dies kann, falls keine sonstige Todesfallleistung vereinbart ist, im Rahmen der Hauptversicherung oder über eine Zusatzversicherung erfolgen. Die Vereinbarung kann als Summe in Euro oder als Vielfaches der jährlichen Rente erfolgen. Die Einzelheiten sind jeweils in den Versicherungsbedingungen zu vereinbaren.

109 **Beispiel:** „Wenn die versicherte Person vor Beginn der Rentenzahlung stirbt, zahlen wir die garantierte Todesfallsumme."

110 **e) Hinterbliebenenrente.** Schließt die Rentenversicherung eine Hinterbliebenenrente ein, liegt dieser üblicherweise eine **Zusatzversicherung** zu Grunde.

Versicherte Person dieser Zusatzversicherung kann die potentielle Witwe, eine potentielle Waise oder eine sonstige Person sein; jedenfalls ist – soweit es sich nicht um eine kollektive Witwen- und/oder Waisenrente handelt (→ Rn. 115 ff.) – eine konkrete versicherte Person **mitversichert.** Im Falle einer kollektiven Witwen und/oder Waisenversorgung ist jede beliebige Witwe oder Waise mitversichert, die nach den maßgeblichen Versicherungsbedingungen vom vereinbarten Versicherungsschutz umfasst ist.

111 Die **Höhe** der Hinterbliebenenrenten bemisst sich in der Regel als fester Prozentsatz der Altersrente aus der Hauptversicherung. Besteht im Rahmen der Hinterbliebenenrente Versicherungsschutz in Höhe der Altersrente aus der Hauptversicherung, spricht man auch von einer Rentenversicherung auf verbundene Leben (→ Rn. 113).

112 **Beispiel:** „Wenn die mitversicherte Person zum Zeitpunkt des Todes der versicherten Person noch lebt, zahlen wir die garantierte Hinterbliebenenrente.
Wir zahlen die Hinterbliebenenrente, solange die mitversicherte Person lebt. Wir zahlen die Hinterbliebenenrente an den gleichen Fälligkeitstagen, die für die Zahlung der Rente aus der Hauptversicherung vereinbart waren (s. § x Allgemeine Bedingungen der Hauptversicherung), erstmals an dem Fälligkeitstag, der auf den Tod der versicherten Person folgt.
Wenn Ihre Hauptversicherung eine Rentenversicherung mit aufgeschobener Rentenzahlung ist und die versicherte Person vor Beginn der Rentenzahlung aus der Hauptversicherung stirbt, ist abweichend von Absatz 1 der auf den Tod folgende Monatserste der erste Fälligkeitstag für die Zahlung der Hinterbliebenenrente.
Wenn die versicherte Person nach Beginn der Rentenzahlung aus der Hauptversicherung stirbt, und für diese eine Rentengarantiezeit vereinbart ist, gilt Folgendes: Wir zahlen die Hinterbliebenenrente erst nach Ablauf der Rentengarantiezeit.“

113 **f) Rentenversicherung auf verbundenen Leben.** Besteht im Rahmen der Hinterbliebenenrente Versicherungsschutz in Höhe der Altersrente aus der Hauptversicherung, spricht man auch von einer Rentenversicherung auf verbundene Leben. Es gilt das unter e) ausgeführte (→ Rn. 110).

114 **Beispiel:** „Nach dem Tod der versicherten Person zahlen wir eine lebenslange Hinterbliebenenrente, wenn die mitversicherte Person am jeweiligen Fälligkeitstag lebt.“

Bei **Tod der versicherten Person** während der Aufschubzeit beginnt ab dem nächsten Monatsersten die Zahlung der Hinterbliebenenrente. Die erste Hinterbliebenenrente wird abhängig von Todeszeitpunkt und Rentenzahlungsweise gegebenenfalls anteilig gezahlt. Bei Tod der versicherten Person während der Rentenbezugszeit zahlen wir die Hinterbliebenenrente ab dem nächsten Fälligkeitstermin.

Stirbt die mitversicherte Person während der Aufschubzeit und lebt die versicherte Person bei Rentenbeginn, wird das Deckungskapital für die Hinterbliebenenrente im Rentenbezug zur Erhöhung der Rente verwendet. Dieses Deckungskapital steht bei Rentenbeginn in der Höhe zur Verfügung, wie es unter der Annahme, dass beide Versicherten zu diesem Zeitpunkt leben, benötigt wird. Das Deckungskapital und die Erhöhung der Rente werden mit den in § x beschriebenen Rechnungsgrundlagen berechnet. Der Versicherungsschutz aus der Hinterbliebenenrente erlischt.

115 **g) Kollektive Witwen- und/oder Waisenrente.** Insbesondere im Rahmen einer **betrieblichen Altersversorgung** gibt es ein Angebot kollektiver Witwen- und/oder Waisenrenten. Diese unterscheiden sich von einer Hinterbliebenen-Zusatzversicherunge (→ Rn. 110) dadurch, dass es keine konkrete versicherte Person gibt und die Prämie kollektiv kalkuliert ist. Dabei werden eine gewisse Altersdifferenz, eine Ehe-Wahrscheinlichkeit sowie eine Wahrscheinlichkeit, dass waisenbereichtigte Kinder vorhanden sind, und deren Anzahl unterstellt.

116 **Beispiel:** „Wenn eine mitversicherte Person zum Zeitpunkt des Todes der versicherten Person – das ist die Person, auf deren Leben die Hauptversicherung abgeschlossen ist – noch lebt, zahlen wir die garantierte Hinterbliebenenrente.

Mitversicherte Personen sind die zum Todeszeitpunkt der versicherten Person jeweils lebenden Hinterbliebenen. Hinterbliebener muss

bei einer Witwen-/Witwerrente alternativ

- der Ehegatte oder
- der nach dem Lebenspartnerschaftsgesetz mit der versicherten Person in gültiger Lebenspartnerschaft lebende Lebenspartner

oder

der mit Namen, Geburtsdatum und Anschrift benannte, mit der versicherten Person in eheähnlicher Gemeinschaft lebende nichteheliche Lebensgefährte

und bei einer Waisenrente

die leiblichen und ihnen gleichgestellten Kinder der versicherten Person

sein.

Witwen-/Witwerrente

Wir zahlen die vereinbarte Hinterbliebenenrente als Witwen-/Witwerrente, solange die mitversicherte Person lebt.

Wenn der rentenberechtigte Hinterbliebene bei einer Witwen-/Witwerrente mehr als 10 Jahre jünger als die versicherte Person ist, kürzen wir dessen Hinterbliebenenrente für jedes Jahr des Altersunterschiedes um 2 Prozent, höchstens jedoch um 50 Prozent. Als Altersdifferenz gilt die Differenz der Geburtsjahre der versicherten Person und des rentenberechtigten Hinterbliebenen.

Wenn der Tod der versicherten Person innerhalb von 12 Monaten nach der Heirat, dem Eintrag der Lebenspartnerschaft oder der Begründung der eheähnlichen Gemeinschaft eingetreten ist besteht kein Anspruch auf Hinterbliebenenrente.

Dies gilt nicht, wenn der Tod infolge eines Unfalls eingetreten ist. Ein Unfall liegt vor, wenn die versicherte Person durch ein plötzlich von außen auf ihren Körper wirkendes Ereignis (Unfallereignis) unfreiwillig eine Gesundheitsbeschädigung erleidet, die innerhalb eines Zeitraums von 12 Monaten nach dem Unfallereignis zum Tode führt.

Waisenrente

Wir zahlen die Hinterbliebenenrente als Waisenrente für die leiblichen und ihnen gesetzlich gleichgestellten Kinder, die

- das 18. Lebensjahr noch nicht vollendet haben,
- in der Schul- oder Berufsausbildung stehen und das 25. Lebensjahr noch nicht vollendet haben oder
- wegen körperlicher, geistiger oder seelischer Behinderung außerstande sind, sich selbst zu unterhalten und diese Behinderung vor Vollendung des 25. Lebensjahres eingetreten ist.

Die Waisenrente zahlen wir solange die genannten Voraussetzungen erfüllt sind, längstens jedoch bis zum vollendeten 25. Lebensjahr des Kindes. Der Anspruch auf Waisenrente erlischt mit dem Tod der mitversicherten Person.

Alle Hinterbliebenenrenten zusammengerechnet (Rente) dürfen die zur Hauptversicherung vereinbarte Rente nicht übersteigen. Ansonsten kürzen wir die Rentenansprüche der Waisen anteilig und zwar bei allen Waisenrentenempfängern im gleichen Verhältnis. Beim Ausscheiden eines Hinterbliebenen verbleiben die Renten der übrigen Hinterbliebenen in der bei Leistungsbeginn bestimmten Höhe.

Wir zahlen die Hinterbliebenenrente während der Rentenbezugsdauer an den gleichen Fälligkeitstagen, die für die Zahlung der Rente aus der Hauptversicherung vereinbart waren (s. § 1

Abs. 1 Allgemeine Bedingungen der Hauptversicherung), erstmals an dem Fälligkeitstag, der auf den Tod der versicherten Person folgt.
Veränderungen der Anspruchsvoraussetzungen für die Hinterbliebenenrenten müssen uns unverzüglich angezeigt werden."

h) Keine Todesfallleistung. Es werden auch Rentenversicherungen angeboten, die für den Tod vor Rentenbeginn keine Versicherungsleistung vorsehen. In diesem Fall sind, falls nicht eine Hinterbliebenen-Zusatzversicherung eingeschlossen ist, **keine garantierten Leistungen** vereinbart. Auszuzahlen sind in Abhängigkeit von der vereinbarten Überschussverwendung allerdings bereits unwiderruflich zugeteilte Teile der Überschussbeteiligung (→ Rn. 137 f.). 117

Beispiel: „Wenn die versicherte Person vor dem voraussichtlichen Rentenbeginn stirbt, erbringen wir keine Leistung und der Vertrag endet. Dies gilt nicht, wenn bei Tod der versicherten Person eine Hinterbliebenenrenten-Zusatzversicherung besteht." 118

4. (Neben-)Leistung bei Tod nach Rentenbeginn

Die Musterbedingungen des GDV sind auch bezüglich der Leistungen bei Tod nach Rentenbeginn hinsichtlich der Leistungsdefinition sehr zurückhaltend und beschränken sich auf die Leistungsbeschreibung der Rentengarantie. Die Definition weiterer Arten der Todesfalleistung wird den Mitgliedsunternehmen überlassen. 119

a) Rentengarantie. Stirbt die versicherte Person nach Rentenbeginn und ist eine Rentengarantiezeit vereinbart, wird die Zahlung der zum Rentenbeginn ermittelten und ab diesem Zeitpunkt garantierten Rente bis zum Ende der vereinbarten Rentengarantiezeit in der bisher garantierten Höhe fortgesetzt, falls die Rentengarantiezeit bei Tod noch nicht abgelaufen ist. Die **Rentengarantiezeit** beginnt mit der ersten Zahlung der Altersrente und endet mit Ablauf der vereinbarten Dauer der Rentengarantiezeit. Bei Tod nach Ablauf der Rentengarantiezeit gibt es keine Rentenzahlung mehr und der Vertrag endet. 120

Die komplexe Klausel wird dem Versicherungsnehmer durch ein **Beispiel** erläutert. Dies erscheint aus Transparenzgesichtspunkten sinnvoll. 121

Eine zusätzliche Rente aus der Überschussbeteiligung kann sich reduzieren, da sich bei Tod das Deckungskapital und damit die Bemessungsgrundlage für die Überschussbeteiligung reduziert (→ Rn. 48, 137). 122

Alternativ zur Zahlung der Renten wärend einer vereinbarten Rentengarantiezeit nach Tod der versicherten Person, wir häufig eine **Kapitalabfindung der verbleibenden Renten** vereinbart. Diese entspricht regelmäßig der Auszahlung des aufgrund des Todes neu berechneten Deckungskapitals. 123

b) Alternative Leistungen bei Tod nach Rentenbeginn. Neben der Rentengarantie bieten die Versicherungsunternehmen einige weitere Leistungsbausteine an. 124

aa) Restkapitalauszahlung. Bei Tod der versicherten Person nach Rentenbeginn wird das Restkapital ausgezahlt. Hierbei handelt es sich um das Deckungskapital abzüglich der gezahlten bei Rentenbeginn neu ermittelten garantierten Renten. 125

Beispiel: „Wenn die versicherte Person nach Beginn der Rentenzahlung stirbt, zahlen wir das Restkapital aus. Das Restkapital ist das Deckungskapital zum Beginn der Rentenzahlung abzüglich der bis zum Tod gezahlten, bei Beginn der Rentenzahlung ermittelten Renten." 126

127 **bb) Restkapitalverrentung.** Statt einer Restkapitalauszahlung (→ Rn. 125) sehen manche Versicherungsbedingungen eine Restkapitalverrentung vor. Dabei wird das bei Tod vorhandene Restkapital mit den Rechnungsgrundlagen der Beitragskalkulation oder den für das Neugeschäft verwendeten Rechnungsgrundlagen verrentet. Grundlage der Berechnung der Hinterbliebenenrente sind die persönlichen Daten der neu zu versicherenden für den Todesfall bezugsberechtigten Person der Rentenversicherung.

128 Statt der Rente kann üblicherweise auch eine **Kapitalabfindung in Höhe des Restkapitals** verlangt werden.

129 **Beispiel:** „Wenn sie mit uns eine Hinterbliebenenrente aus dem Restkapital vereinbart haben und die versicherte Person nach Beginn der Altersrentenzahlung stirbt, zahlen wir eine aus dem Restkapital gebildete Hinterbliebenenrente. Das Restkapital ist das Deckungskapital zum Beginn der Altersrentenzahlung abzüglich der bis zum Tod gezahlten, bei Beginn der Altersrentenzahlung ermittelten Altersrenten.
Das Restkapital wird hierbei in eine Rente auf das Leben und zugunsten des bezugsberechtigten Hinterbliebenen umgerechnet. Die Hinterbliebenenrente aus dem Restkapital errechnet sich aus den jeweils hierfür zur Verfügung stehenden Beträgen nach anerkannten Regeln der Versicherungsmathematik unter Berücksichtigung des dann erreichten rechnungsmäßigen Alters der zu versichernden Person(en) sowie dem dann für Neuverträge gültigen Tarif. Die Hinterbliebenenrentenzahlung beginnt am Ersten des übernächsten Monats, nach dem die nach § x erforderlichen Unterlagen bei uns eingegangen sind.
Der jeweilige Hinterbliebene kann bis zum Beginn der Hinterbliebenenrentenzahlung anstelle der Hinterbliebenenrente eine Kapitalabfindung verlangen."

130 **cc) Keine Todesfallleistung.** Ist keine Todesfalleistung vereinbart, erlischt die Versicherung.

131 **Beispiel:** „Wenn die versicherte Person nach Beginn der Rentenzahlung stirbt, und keine Leistung bei ihrem Tod vereinbart ist, erbringen wir keine Leistung und der Vertrag endet."

132 **dd) Hinterbliebenenrente.** Schließt die Rentenversicherung eine Hinterbliebenenrente ein, liegt dieser üblicherweise eine **Zusatzversicherung** zu Grunde. Versicherte Person dieser Zusatzversicherung kann die potentielle Witwe, eine potentielle Waise oder eine sonstige Person sein; jedenfalls ist – soweite es sich nicht um eine kollektive Witwen- und/oder Waisenrente handelt (→ Rn. 115) – eine konkrete vesicherte Person **mitversichert.** Im Falle einer kollektiven Witwen und/oder Waisenversorgung ist jede beliebige Witwe oder Waise mitversichert, die nach den maßgeblichen Versicherungsbedingungen vom vereinbarten Versicherungsschutz umfasst ist.

133 Die **Höhe** der Hinterbliebenenrenten bemisst sich in der Regel als fester Prozentsatz der Altersrente aus der Hauptversicherung. Besteht im Rahmen der Hinterbliebenenrente Versicherungsschutz in Höhe der Altersrente aus der Haupotversicherung, spricht man auch von einer Rentenversicherung auf verbundene Leben.

134 Eine Witwen- und/oder Waisenrente kann auch **kollektiv kalkuliert** sein, dh der Versicherungsschutz ohne eine konkrete versicherte Person bestehen.

135 Einzelheiten → Rn. 115.

5. Fälligkeit und Zahlweise der Leistung

136 Je nach Vereinbarung werden die Renten jährlich, halbjährlich, vierteljährlich oder monatlich an den vereinbarten Fälligkeitstagen gezahlt. Die Fälligkeitstage und die Zahlweise der Rente werden im **Versicherungsschein** ausgewiesen.

6. (Zusatz-)Leistung aus der Überschussbeteiligung

137 Der Versicherungsnehmer hat nach § 153 VVG dem Grunde nach einen Anspruch auf Überschussbeteiligung, es sei denn die Überschussbeteiligung wird im Vertrag ausdrücklich und insgesamt ausgeschlossen. Die Überschussbeteiligung setzt sich aus den Überschüssen und den Bewertungsreserven zusammen. Einzelheiten (→ § 2 ARB).

138 Ist eine Überschussbeteiligung vereinbart, sind alle zum jeweiligen Leistungszeitpunkt oder bei Vertragsende unwiderruflich zugeteilten oder zu diesem Zeitpunkt nach den vertraglichen Vereinbarungen zuzuteilenden Teile der Überschussbeteiligung auszuzahlen oder zur Erhöhung der Leistung zu verwenden. Dies gilt für laufende Überschüsse, Schlussüberschüsse und Bewertungsreserven.

III. Wirksamkeit der Bestimmung

139 Bisher gibt es **keine grundsätzliche höchstrichterliche Rechtsprechung** zur Unwirksamkeit einzelner Leistungsbeschreibungen.

140 Grundsätzlich ist hier eine **klare, verständliche Beschreibung** der vertraglichen Leistungen erforderlich. Dem Versicherungsnehmer müssen die Leistungen und deren Grenzen transparent werden.

141 Auch die Auswirkungen von mit der Leistung verbundenen **Wahlrechten** müssen so beschrieben sein, dass sich der Kunde ein zutreffendes Bild über die Auswirkungen von mit Leistungen verbundenen Wahlrechten machen kann. Unklarheiten in der Leistungsbeschreibung gehen grundsätzlich zu Lasten des Versicherungsunternehmens.

§ 2 Wie erfolgt die Überschussbeteiligung?

(1) Sie erhalten gemäß § 153 des Versicherungsvertragsgesetzes (VVG) eine Überschussbeteiligung. Diese umfasst eine Beteiligung an den Überschüssen und an den Bewertungsreserven. Die Überschüsse und die Bewertungsreserven ermitteln wir nach den Vorschriften des Handelsgesetzbuches (HGB) und veröffentlichen sie jährlich im Geschäftsbericht.

Wir erläutern Ihnen,
- wie die Überschussbeteiligung der Versicherungsnehmer insgesamt erfolgt (Absatz 2)
- wie die Überschussbeteiligung Ihres konkreten Vertrags erfolgt (Absatz 3) und
- warum wir die Höhe der Überschussbeteiligung nicht garantieren können (Absatz 4).

(2) Wie erfolgt die Überschussbeteiligung der Versicherungsnehmer insgesamt?

Dazu erklären wir Ihnen
- aus welchen Quellen die Überschüsse stammen (a),
- wie wir mit diesen Überschüssen verfahren (b) und
- wie Bewertungsreserven entstehen und wir diese zuordnen (c).

(a) Überschüsse können aus drei verschiedenen Quellen entstehen:
- den Kapitalerträgen (aa),
- dem Risikoergebnis (bb) und
- dem übrigen Ergebnis (cc).

Wir beteiligen unsere Versicherungsnehmer an diesen Überschüssen; dabei beachten wir die Verordnung über die Mindestbeitragsrückerstattung in der Lebensversicherung (Mindestzuführungsverordnung) in der jeweils geltenden Fassung.

(aa) Kapitalerträge

Von den Nettoerträgen der nach dieser Verordnung maßgeblichen Kapitalanlagen erhalten die Versicherungsnehmer insgesamt mindestens den dort genannten prozentualen Anteil. In der derzeitigen Fassung der Mindestzuführungsverordnung sind grundsätzlich 90% vorgeschrieben. Aus diesem Betrag werden zunächst die Mittel entnommen, die für die garantierten Leistungen benötigt werden. Die verbleibenden Mittel verwenden wir für die Überschussbeteiligung der Versicherungsnehmer.

(bb) Risikoergebnis

Weitere Überschüsse entstehen insbesondere, wenn die tatsächliche Lebensdauer der Versicherten kürzer ist als die bei der Tarifkalkulation zugrunde gelegte. In diesem Fall müssen wir weniger Renten als ursprünglich angenommen zahlen und können daher die Versicherungsnehmer an dem entstehenden Risikoergebnis beteiligen. An diesen Überschüssen werden die Versicherungsnehmer nach der derzeitigen Fassung der Mindestzuführungsverordnung grundsätzlich zu mindestens 75% beteiligt.

(cc) Übriges Ergebnis

Am übrigen Ergebnis werden die Versicherungsnehmer nach der derzeitigen Fassung der Mindestzuführungsverordnung grundsätzlich zu mindestens 50% beteiligt. Überschüsse aus dem übrigen Ergebnis können beispielsweise entstehen, wenn
- die Kosten niedriger sind als bei der Tarifkalkulation angenommen,
- wir andere Einnahmen als aus dem Versicherungsgeschäft haben, z. B. Erträge aus Dienstleistungen, die wir für andere Unternehmen erbringen,
- [...]

(b) Die auf die Versicherungsnehmer entfallenden Überschüsse führen wir der Rückstellung für Beitragsrückerstattung zu oder schreiben sie unmittelbar den überschussberechtigten Versicherungsverträgen gut (Direktgutschrift).

Die Rückstellung für Beitragsrückerstattung dient dazu, Schwankungen der Überschüsse auszugleichen. Sie darf grundsätzlich nur für die Überschussbeteiligung der Versicherungsnehmer verwendet werden. Nur in Ausnahmefällen und mit Zustimmung der Aufsichtsbehörde können wir hiervon nach § 56b des Versicherungsaufsichtsgesetzes (VAG) abweichen. Dies dürfen wir, soweit die Rückstellung für Beitragsrückerstattung nicht auf bereits festgelegte Überschussanteile entfällt. Nach der derzeitigen Fassung des § 56b VAG können wir im Interesse der Versicherten die Rückstellung für Beitragsrückerstattung heranziehen, um:
- einen drohenden Notstand abzuwenden,
- unvorhersehbare Verluste aus den überschussberechtigten Verträgen auszugleichen, die auf allgemeine Änderungen der Verhältnisse zurückzuführen sind, oder
- die Deckungsrückstellung zu erhöhen, wenn die Rechnungsgrundlagen auf Grund einer unvorhersehbaren und nicht nur vorübergehenden Änderung der Verhältnisse angepasst werden müssen. *(Eine Deckungsrückstellung bilden wir, um zu jedem Zeitpunkt den Versicherungsschutz gewährleisten zu können. Die Deckungsrückstellung wird nach § 65 VAG und § 341e und § 341f HGB sowie den dazu erlassenen Rechtsverordnungen berechnet.)*

Wenn wir die Rückstellung für Beitragsrückerstattung zum Verlustausgleich oder zur Erhöhung der Deckungsrückstellung heranziehen, belasten wir die Versichertenbestände verursachungsorientiert.

(c) Bewertungsreserven entstehen, wenn der Marktwert der Kapitalanlagen über dem Wert liegt, mit dem die Kapitalanlagen im Geschäftsbericht ausgewiesen sind. Die Bewertungsreserven, die nach gesetzlichen und aufsichtsrechtlichen Vorschriften für die Beteiligung der Verträge zu berücksichtigen sind, ordnen wir den Verträgen nach einem verursachungsorientierten Verfahren anteilig rechnerisch zu.

Die Höhe der Bewertungsreserven ermitteln wir jährlich neu, zusätzlich auch
- für den Zeitpunkt der Beendigung eines Vertrages vor Rentenzahlungsbeginn,
- für den Beginn einer Rentenzahlung sowie
- während der Rentenzahlung jeweils für das Ende eines Versicherungsjahres.

(3) Wie erfolgt die Überschussbeteiligung Ihres Vertrages?

(a) Wir haben gleichartige Versicherungen (z. B. Rentenversicherung, Risikoversicherung) zu Gewinngruppen zusammengefasst. Gewinngruppen bilden wir, um die Unterschiede bei den versicherten Risiken zu berücksichtigen. Die Überschüsse verteilen wir auf die einzelnen Gewinngruppen nach einem verursachungsorientierten Verfahren und zwar in dem Maß, wie die Gewinngruppen zur Entstehung von Überschüssen beigetragen haben.

Ihr Vertrag erhält Anteile an den Überschüssen derjenigen Gewinngruppe, die in Ihrem Versicherungsschein genannt ist. Die Mittel für die Überschussanteile werden bei der Direktgutschrift zu Lasten des Ergebnisses des Geschäftsjahres finanziert, ansonsten der Rückstellung für Beitragsrückerstattung entnommen. Die Höhe der Überschussanteilsätze legen wir jedes Jahr fest. Wir veröffentlichen die Überschussanteilsätze in unserem Geschäftsbericht. Diesen können Sie bei uns anfordern.

(b) Bei Beendigung der Ansparphase (durch Tod, Kündigung oder Erleben des vereinbarten Rentenzahlungsbeginns) gilt Folgendes: Wir teilen Ihrem Vertrag dann den für diesen Zeitpunkt zugeordneten Anteil an den Bewertungsreserven gemäß der jeweils geltenden gesetzlichen Regelung zu; derzeit sieht § 153 Abs. 3 VVG eine Beteiligung in Höhe der Hälfte der zugeordneten Bewertungsreserven vor. Auch während des Rentenbezuges werden wir Sie entsprechend an den Bewertungsreserven beteiligen. Aufsichtsrechtliche Regelungen können dazu führen, dass die Beteiligung an den Bewertungsreserven ganz oder teilweise entfällt.

(c) Die für die Überschussbeteiligung geltenden Berechnungsgrundsätze sind in den als Anlage beigefügten „Bestimmungen zur Überschussbeteiligung für die Rentenversicherung mit aufgeschobener Rentenzahlung" enthalten. Diese Bestimmungen sind Bestandteil dieser Versicherungsbedingungen.

(4) Warum können wir die Höhe der Überschussbeteiligung nicht garantieren?

Die Höhe der Überschussbeteiligung hängt von vielen Einflüssen ab, die nicht vorhersehbar und von uns nur begrenzt beeinflussbar sind. Wichtigster Einflussfaktor ist die Entwicklung des Kapitalmarkts. Aber auch die Entwicklung des versicherten Risikos und der Kosten ist von Bedeutung. Die Höhe der künftigen Überschussbeteiligung kann also nicht garantiert werden. Über die Entwicklung Ihrer Überschussbeteiligung werden wir Sie jährlich unterrichten.

Übersicht

I. Gesetzliche Grundlagen

1 Gesetzliche Grundlagen für die Überschussbeteiligung sind § 153 VVG, Vorschriften des HGB, die Verordnung über die Rechnungslegung von Versicherungsunternehmen (Versicherungsunternehmens-Rechnungslegungsverordnung – RechVersV), die Verordnung über die Mindestbeitragsrückerstattung in der Lebensversicherung (Mindestzuführungsverordnung – MindZV) und Vorschriften des VAG.

Erst durch eine ganzheitliche Sicht dieser unterschiedlichen Normen und der Regelungen in den Bedingungswerken ergibt sich der Anspruch auf Überschussbeteiligung.[1]

Auf wesentliche Vorschriften wird in § 2 an unterschiedlichen Stellen verwiesen. Zentrale Vorschrift ist § 153 VVG.[2]

1a Durch das am 7.8.2014 bzw. am 1.1.2015 in Kraft getretene Gesetz zur Absicherung stabiler und fairer Leistungen für Lebensversicherte **(Lebensversicherungsreformgesetz – LVRG)** sind Änderungen insbes. in der MindZV (→ Rn. 10) und im VAG (→ Rn. 16a) erfolgt.

Diese Änderungen haben in den hier kommentierten Muster-AVB noch keinen Eingang gefunden. In den aktuellen Muster-AVB sind die Änderungen bereits berücksichtigt.

1. § 153 VVG

2 In § 153 Abs. 1 VVG ist seit Anfang 2008 – in Umsetzung der Vorgaben des BVerfG[3] (→ Rn. 21) ein – **gesetzlicher Anspruch des Versicherungsnehmers** auf Überschussbeteiligung geregelt. Auf diese Vorschrift verweist § 2 Abs. 1 und definiert den Begriff der Überschussbeteiligung entsprechend § 153 Abs. 1 VVG (→ Rn. 30).

3 Gemäß § 153 Abs. 2 S. 1 Hs. 1 VVG hat der Versicherer die Beteiligung an dem Überschuss nach einem **verursachungsorientierten Verfahren** durchzuführen (→ Rn. 43).[4] Alternativ kann er mit seinen Versicherungsnehmern auch andere

---

[1] *Winter* in Bruck/Möller § 153 Rn. 5.
[2] *Winter* in Bruck/Möller § 153 Rn. 5.
[3] BVerfG NJW 2005, 2376 mit Verweis auf die in NJW 2005, 2363 abgedruckten Entscheidungen des BVerfG.
[4] *Heiss* in Langheid/Wandt § 153 Rn. 4.

vergleichbare **angemessene Verteilungsgrundsätze** vereinbaren (§ 153 Abs. 2 S. 1 Hs. 2 VVG). In beiden Fällen muss die konkrete Ausgestaltung der Überschussbeteiligung **vertraglich vereinbart** werden.[5] Dabei muss das Versicherungsunternehmen das Beteiligungsverfahren nur im Prinzip, nicht aber im Einzelnen erläutern.[6] Wird ein anderes vergleichbares Verteilungsprinzip vereinbart, muss die vertragliche Regelung den Erfordernissen der Transparenz genügen und insbesondere den Eindruck vermeiden, als überraschende Klausel gemäß § 305 c BGB angesehen werden zu können.[7] In § 2 wird die – im Allgemeinen übliche[8] – verursachungsorientierte Verteilung dargestellt.

4 Außerdem müssen Versicherungsunternehmen gemäß § 2 Abs. 1 Nr. 3 VVG-InfoV vor Vertragsabschluss Angaben über die für die Überschussermittlung und -beteiligung geltenden **Berechnungsgrundsätze und -maßstäbe** machen. Auch diesem Zweck kann die Bedingung dienen. Dies ist der Fall, wenn in der Bedingung selbst oder in dem Anhang (→ Rn. 56) die Berechnungsgrundsätze und -maßstäbe aufgeführt sind. Diese können allerdings auch in anderen Vertragsunterlagen wie Antrag und Police geregelt sein.

5 Die Überschussbeteiligung kann vertraglich auch insgesamt **ausgeschlossen** werden (§ 153 Abs. 1 S. 1 Hs. 2 VVG).[9] Bei den kapitalbildenden Lebens- oder Rentenversicherungen dürfte dies – bereits aus Gründen des Wettbewerbs zwischen den Versicherungsunternehmen – praktisch nicht vorkommen.[10] In der Literatur wird teilweise auch angenommen, dass bei langlaufenden (gemischten) Kapitallebensversicherungen ein **Missstand iSd §§ 81 c, 81 Abs. 2 VAG** vorliegt, wenn Lebensversicherungsunternehmen die Effekte der aufsichtsrechtlich vorgeschriebenen vorsichtigen Beitragskalkulation nicht durch eine angemessene Überschussbeteiligung wieder ausgleichen.[11] Weder im Gesetz noch in der Gesetzesbegründung wird allerdings eine Differenzierung zwischen unterschiedlichen Arten von Lebensversicherungen vorgenommen. Im Gegenteil weist *Brambach*[12] zu Recht darauf hin, dass der Gesetzgeber eine ausdrückliche Vereinbarung insbesondere dann verlangt, wenn es sich um einen Vertragstyp handelt, bei dem sonst allgemein eine Überschussbeteiligung eingeräumt wird.[13] Daraus ergibt sich, dass auch bei der (gemischten) Kapitallebensversicherung die Überschussbeteiligung insgesamt ausgeschlossen werden darf. Hinzu kommt, dass der Hinweis darauf, dass „die Überschussbeteiligung nur insgesamt ausgeschlossen werden kann", lediglich bezweckt hat, einen einseitigen Ausschluss der verfassungsrechtlich geforderten Beteiligung an den Bewertungsreserven zu verhindern.[14] Unstreitig dürfte indes sein, dass jedenfalls bei reinen Risikoversicherungen, beispielsweise der Risiko-Lebensversicherung oder der Berufsunfä-

---

[5] *Ortmann* in Schwintowski/Brömmelmeyer § 153 Rn. 8; *Winter* in Bruck/Möller § 153 Rn. 13.

[6] *Benkel/Hirschberg* ALB 2008 § 2 Rn. 3.

[7] *Römer* in Römer/Langheid § 153 Rn. 31.

[8] *Römer* in Römer/Langheid § 153 Rn. 31.

[9] *Benkel/Hirschberg* ALB 2008 § 2 Rn. 2; *Heiss* in Langheid/Wandt § 153 Rn. 8.

[10] *Benkel/Hirschberg* ALB 2008 § 2 Rn. 2 mwN; *Reiff* in Prölss/Martin § 153 Rn. 13 mwN.

[11] *Brömmelmeyer* in Beckmann/Matusche-Beckmann § 42 Rn. 278; aA *Präve* VersR 2008, 153.

[12] *Brambach* in Rüffer/Halbach/Schimikowski § 153 Rn. 44.

[13] *Brambach* in Rüffer/Halbach/Schimikowski § 153 Rn. 3 und 44; Begründung Regierungsentwurf, BT-Drs. 16/3945, 96.

[14] Beschlussempfehlung und Bericht des Rechtsausschusses, BT-Drs. 16/5862, 99.

higkeitsversicherung, die Überschussbeteiligung insgesamt ausgeschlossen werden darf.[15] Hinzu kommt, dass für den Versicherungsnehmer, der lediglich das Risiko des Eintritts eines bestimmten Versicherungsfalls (beispielsweise Berufsunfähigkeit oder Tod) absichern möchte, eine Gewinnbeteiligung idR nicht maßgeblich ist und eine solche auch nicht erwartet wird.

Der vollständige Ausschluss der Überschussbeteiligung muss **ausdrücklich vereinbart** werden.[16] Die Vereinbarung muss klar und transparent sein.[17]

6 In § 153 Abs. 3 VVG werden Grundsätze für die **Beteiligung an den Bewertungsreserven** gesetzlich geregelt. Für den Zuteilungszeitpunkt der Bewertungsreserven für Rentenversicherungen legt § 153 Abs. 4 VVG die Beendigung der Ansparphase fest.

2. HGB

7 Die Ermittlung des **Jahresüberschusses** erfolgt nach handelsrechtlichen Vorschriften im Jahresabschluss,[18] der die jährlich aufzustellende Gewinn- und Verlustrechnung[19] mit dem Rohüberschuss enthält.[20]

Die **Bewertungsreserven** werden ebenfalls nach handelsrechtlichen Vorschriften ermittelt und sind gemäß § 54 Verordnung über die Rechnungslegung von Versicherungsunternehmen (Versicherungsunternehmens-Rechnungslegungsverordnung – RechVersV) in einem Anhang zum Jahresabschluss auszuweisen. Die Zeitwerte sind gemäß §§ 55 und 56 RechVersV zu ermitteln.

8 Darauf, dass die Überschüsse und die Bewertungsreserven nach handelsrechtlichen Vorschriften ermittelt werden, wird in § 2 Abs. 1 hingewiesen. Da die Art der Ermittlung gesetzlich vorgeschrieben ist, handelt es sich bei diesem Hinweis um eine **rein deklaratorische Regelung.** Dass einzelne Paragrafen des HGB in § 2 nicht genannt werden, steht einer Wirksamkeit der Bedingung daher auch nicht entgegen. Versicherungsunternehmen müssen sich bei der Erstellung des Jahresabschlusses an die zum Zeitpunkt der Erstellung maßgeblichen rechtlichen Vorschriften halten, und zwar unabhängig davon, ob und wenn ja welche Regelungen das Versicherungsunternehmen in seinen AVB dargestellt hat. Die zukünftig für die Erstellung des Jahresabschlusses geltenden rechtlichen Vorschriften können dem Versicherungsnehmer im Rahmen der AVB logischerweise nicht im Vorhinein benannt werden. Ein pauschaler Hinweis auf die Geltung handelsrechtlicher Vorschriften reicht daher aus.

3. Mindestzuführungsverordnung

9 Rechtliche Grundlage für die Aufteilung der Überschüsse zwischen dem Versicherungsunternehmen und dem Kollektiv der Versicherungsnehmer in seiner Gesamtheit ist die Verordnung über die Mindestbeitragsrückerstattung in der Lebens-

[15] *Reiff* in Prölss/Martin § 153 Rn. 13 zur Risiko-Lebensversicherung; *Römer* in Römer/Langheid § 153 Rn. 18.

[16] *Reiff* in Prölss/Martin VVG § 153 Rn. 13; *Brambach* in Rüffer/Halbach/Schimikowski § 153 Rn. 44; Begr. Regierungsentwurf, BT-Drs. 16/3945, 95.

[17] *Reiff* in Prölss/Martin VVG § 153 Rn. 13; *Römer* in Römer/Langheid VVG § 153 Rn. 13.

[18] *Römer* in Römer/Langheid § 153 Rn. 2.

[19] *Ortmann* in Schwintowski/Brömmelmeyer, VVG § 153 Rn. 11.

[20] *Brambach* in Rüffer/Halbach/Schimikowski § 153 Rn. 15; Begr. Regierungsentwurf, BT-Drs. 16/3945, 96 mwN.

versicherung (Mindestzuführungsverordnung – MindZV), die ihrerseits auf **§ 81c Abs. 3 VAG** beruht.

In der Mindestzuführungsverordnung ist die Mindestzuführung zur Rückstellung für Beitragsrückerstattung (RfB) geregelt. Zentrale Vorschrift der MindZV ist § 4. Nach Absatz 1 dieser Vorschrift müssen Lebensversicherungsunternehmen zur Sicherstellung einer ausreichenden Mindestzuführung zur RfB die überschussberechtigten Versicherungsverträge angemessen am Kapitalanlageergebnis, Risikoergebnis und übrigen Ergebnis beteiligen.

10 Die Mindestzuführung in Abhängigkeit von den **Kapitalerträgen** beträgt in der aktuellen Fassung 90% der nach § 3 MindZV anzurechnenden Kapitalerträge abzüglich der rechnungsmäßigen Zinsen ohne die anteilig auf die überschussberechtigten Versicherungsverträge entfallenden Zinsen auf die Pensionsrückstellungen (§ 4 Abs. 3 MindZV).

Die Mindestzuführung in Abhängigkeit vom **Risikoergebnis** beträgt seit dem 7.8.2014 (§ 12 MindZV) 90% des auf die überschussberechtigten Versicherungsverträge entfallenden Risikoergebnisses (§ 4 Abs. 4 MindZV). Die Erhöhung des in Absatz 2(a)(bb) genannten Prozentsatzes (75%) auf 90% ist durch das Inkrafttreten des LVRG erfolgt (→ Rn. 1a, 16a).

Die Mindestzuführung in Abhängigkeit vom **übrigen Ergebnis** beträgt 50% des auf die überschussberechtigten Versicherungsverträge entfallenden übrigen Ergebnisses (§ 4 Abs. 5 MindZV).

11 Von der Summe dieser drei Beträge werden, getrennt nach Alt- und Neubestand, die auf die überschussberechtigten Versicherungsverträge entfallende **Direktgutschrift** (→ Rn. 44) und die Schlusszahlungen aufgrund der Beteiligung der Versicherungsnehmer an den **Bewertungsreserven,** soweit diese in Form einer Direktgutschrift ausgeschüttet werden, abgezogen (§ 4 Abs. 6 MindZV).

Für **Pensionskassen** sieht die MindZV teilweise Besonderheiten vor.

12 Das **System der Mindestzuführungen** wird in § 2 Abs. 2 ARB in verständlicher und damit zwangsweise vereinfachter, ggf. auch pauschalierter Weise erläutert. Dabei wird eingangs des Absatzes 2 die MindZV als Rechtsgrundlage benannt.

4. VAG

13 Für die Festlegung der Überschussbeteiligung gelten darüber hinaus aufsichtsrechtliche Regelungen, die grundsätzlich im vertraglichen Verhältnis zwischen Versicherungsunternehmen und Versicherungsnehmer keine Rolle spielen. Es ist daher vertretbar, dass § 2 nicht allgemein auf die aufsichtsrechtlichen Vorschriften verweist. Es wäre allerdings auch nicht zu beanstanden, wenn für den vertraglichen Anspruch die aufsichtsrechtlichen Regelungen vertraglich als Mindestmaßstab vereinbart würden.[21]

Unabhängig davon wird auf **§ 56b VAG** in § 2 Abs. 2 (b) S. 4 ARB ausdrücklich hingewiesen. Dieser Hinweis ist als **Warnhinweis** zu verstehen. Er warnt davor, dass in bestimmten Fällen eine Reduktion der dem Versichertenkollektiv zugewiesenen Überschüsse erfolgen kann. Die Darstellung der aktuellen Rechtslage ist aus Transparenzgründen begrüßenswert, aber nicht erforderlich. Denn entscheidend dafür, welche Möglichkeiten dem Versicherungsunternehmen beispielsweise im Falle eines Notstandes zustehen, ist immer das dann maßgebliche Aufsichtsrecht, sodass eine endgültige Regelung im Rahmen des Versicherungsverhältnisses von vorneherein ausscheidet.

[21] *Reiff* in Prölss/Martin ALB 2012 § 2 Rn. 5.

14 Eine weitere wesentliche aufsichtsrechtliche Regelung, die Grundlage für die Überschussbeteiligung ist und – auch ohne Erwähnung in den Bedingungen – gilt, ist **§ 81c VAG,** auf dessen Grundlage die Verordnung über die Mindestbeitragsrückerstattung in der Lebensversicherung (Mindestzuführungsverordnung; → Rn. 9) erlassen wurde. Im Sinne des § 81 Abs. 2 VAG liegt ein **Missstand** vor, wenn durch den Versicherer bei überschussberechtigten Versicherungen keine angemessene Zuführung zur Beitragsrückerstattung vorgesehen wird[22] (Hierbei handelt es sich um die Zuführung an das Kollektiv der Versicherungsnehmer, nicht jedoch die endgültige individuelle Zuteilung zum einzelnen Vertrag.)

15 Auf der anderen Seite darf die Überschussbeteiligung, insbesondere die Beteiligung an den Bewertungsreserven nicht dazu führen, dass die generell vorrangige **dauernde Erfüllbarkeit der Verträge** gefährdet wird; ggf. ist die Beteiligung an den Bewertungsreserven zu kürzen.[23] Dies ergibt sich aus **§ 11a VAG.** Gemäß § 11a Abs. 3 Nr. 4 VAG hat der Verantwortliche Aktuar dem Vorstand für Verträge mit Anspruch auf Überschussbeteiligung Vorschläge für eine angemessene Beteiligung am Überschuss vorzulegen; dabei hat er die dauernde Erfüllbarkeit der sich aus den Versicherungsverträgen ergebenden Verpflichtungen des Unternehmens zu berücksichtigen. Für die Beteiligung an den Bewertungsreserven wird dieser Zusammenhang in § 153 Abs. 3 VVG erwähnt, indem der Paragraf die aufsichtsrechtlichen Regelungen zur Kapitalausstattung unberührt lässt.[24]

16 § 11a Abs. 3 Nr. 4 und Abs. 4 Nr. 3 VAG sind Grundlage für die **Deklaration der Überschussanteile,** die letztlich zur Zuteilung der Überschussanteile zu den einzelnen Verträgen führt.

Durch das LVRG (→ Rn. 1a, 16a) ist ua die Beteiligung an den Bewertungsreserven → Rn. 45 ff. geändert worden.

5. LVRG

16a Mit dem LVRG wurden **Maßnahmen zum Schutz der Versicherten** ergriffen. Vorrangiges Ziel war es, ökonomisch ungerechtfertigte Mittelabflüsse aus dem Vermögen der Lebensversicherer zu unterbinden und so sicherzustellen, dass die Mittel weiterhin zur Erfüllung der Ansprüche der Versicherungsnehmer zur Verfügung stehen. Im Wesentlichen handelte es sich um folgende Maßnahmen:

- Gemäß § 56a Abs. 3 VAG wird zur Sicherstellung der Erfüllbarkeit der Verpflichtungen des Versicherungsunternehmens ein **Betrag in Höhe des Sicherungsbedarfs** aus den Versicherungsverträgen mit Zinsgarantie von der Beteiligung an den Bewertungsreserven ausgenommen. Dieser Sicherungsbedarf darf allerdings nur von den Bewertungsreserven aus festverzinslichen Wertpapieren und Zinsabsicherungsgeschäften abgezogen werden.
- Gemäß § 56a Abs. 2 VAG dürfen Aktiengesellschaften **Dividendenauszahlungen** nur vornehmen, soweit der Bilanzgewinn den Sicherungsbedarf übersteigt.

---

[22] *Winter* in Bruck/Möller VVG § 153 Rn. 175.

[23] *Brömmelmeyer* in Beckmann/Matusche-Beckmann, Versicherungsrechts-Handbuch Rn. 298 – bezogen allein auf die Beteiligung an den Bewertungsreserven –, Beschlussempfehlung und Bericht des Rechtsausschusses; BT-Drs. 16/5862, 99; *Römer* in Römer/Langheid VVG § 153 Rn. 47 – mit weiteren Fragestellungen.

[24] *Brömmelmeyer* in Beckmann/Matusche-Beckmann § 42 Rn. 298; *Brambach* in Rüffer/Halbach/Schimikowski VVG § 153 Rn. 71.

- Die **MindZV** wurde dahingehend geändert, dass statt 75% der Risikoüberschüsse 90% an die Rückstellung für Beitragsrückerstattung zu übertragen sind.
- Im **Produktinformationsblatt** für kapitalbildende Versicherungen sind ab 1.1.2015 die Effektivkosten bis zum Beginn der Auszahlungsphase anzugeben.
- Die **gezillmerten Abschlusskosten** wurden für das Neugeschäft auf 25 Promille gedeckelt.

II. Rechtsprechung

17 Grundlegendes Recht zur Überschussbeteiligung hat der BGH mit seiner Entscheidung vom 9.5.2001[25] zu den Transparenzanforderungen diesbezüglicher Versicherungsbedingungen und das BVerfG in seinen Entscheidungen zu der Beteiligung der Versicherungsnehmer an den Bewertungsreserven gesprochen. Aus letzter Zeit ist noch das Urteil des OLG Stuttgart vom 23.1.2014[26] zu erwähnen.

1. BGH

18 In seinem Urteil vom 9.5.2001 führt der BGH bezogen auf eine der damaligen Musterbedingung zur Überschussbeteiligung entsprechenden Klausel aus, dass diese – entgegen der Ansicht des OLG Stuttgart[27] – nicht unwirksam sei. Die Bedingung stelle keine unangemessene Benachteiligung des Versicherungsnehmers dar. Dies wäre allerdings dann der Fall, wenn dem Versicherungsnehmer gegenüber mit der Regelung über die Überschussermittlung der Eindruck erweckt würde, durch die Anwendung bestimmter Gesetze käme es notwendigerweise zu einer Überschussermittlung, die nicht variieren könne.[28] Der BGH stellt weiterhin fest, dass nicht verlangt werden könne, dass die Angaben zur Ermittlung der Überschussbeteiligung so konkret und ausführlich dargestellt seien, dass jeder Versicherungsnehmer einen bestimmten, jährlich nachprüfbaren Anspruch feststellen könne[29]. Weiterhin stellt der BGH fest, dass der Versicherer bei Abschluss eines über viele Jahre laufenden Lebensversicherungsvertrages nicht schon bei Vertragsschluss abstrakt festlegen könne, unter **welchen Umständen er in welcher Weise die Bilanzierungsspielräume ausfüllen werde**[30] Im Übrigen könnten einem durchschnittlichen Versicherungsnehmer die Grundsätze zur Bilanzierung nach dem Versicherungsaufsichtsgesetz und dem Handelsgesetzbuch nicht in verständlicher Weise dargelegt werden.[31] Es reiche daher aus, wenn der Versicherer in den Versicherungsbedingungen auf die Anwendung der maßgeblichen Gesetze hinweist.[32]

19 Das Transparenzgebot verlangt eine dem Versicherungsnehmer **verständliche Darstellung nur soweit, wie dies nach den Umständen gefordert werden kann**[33]. Der BGH führt dazu noch folgendes aus: „Die Regelungen des § 81c VAG

---

[25] OLG Stuttgart BeckRS 2014, 05600.
[26] BGH r+s 2001, 386.
[27] OLG Stuttgart VersR 1999, 832.
[28] BGH r+s 2001, 386.
[29] BGH r+s 2001, 386.
[30] BGH r+s 2001, 386.
[31] BGH r+s 2001, 386.
[32] BGH r+s 2001, 386.
[33] BGH r+s 2001, 386.

und dazu ergangenen Rechtsverordnung sind indessen so komplex und kompliziert, dass sie einem durchschnittlichen Versicherungsnehmer nicht weiter erklärt werden können."[34] Entgegen der Auffassung des BGH erwartet das **BVerfG** in seinen Entscheidungen vom 26.7.2005[35] allerdings offensichtlich, dass Einzelheiten der Überschussbildung und das Verfahren der Überschussbeteiligung näher geregelt und den Versicherungsnehmern bekannt gemacht werden müssen.[36] **Einzelheiten zu den Anforderungen** ergeben sich aus diesen Entscheidungen des BVerfG indes nicht. Aufgrund der **Komplexität der Materie** erscheinen übertriebene Anforderungen an die Darstellung des Überschussbeteiligungssystems weiterhin nicht angemessen. Insbesondere kann nicht verlangt werden, dass Versicherungsunternehmen bereits bei Vertragsschluss **bestimmte Prozentsätze für die Überschussbeteiligung** festlegen.[37] „Eine Festlegung auf feste Maßstäbe zur Überschussbeteiligung verbietet sich auch mit Blick auf die dem Versicherungsunternehmen durch § 56a S. 5 VAG eingeräumte Berechtigung, mit Zustimmung der Aufsichtsbehörde in Ausnahmefällen die Rückstellung für Beitragsrückerstattung, soweit sie nicht auf bereits festgelegte Überschussanteile entfällt, im Interesse der Versicherten zur Abwendung eines Notstands heranzuziehen ....“[38] Die hier zitierte Notstandsregelung in § 56a VAG wurde inzwischen (mit geringfügigen Änderungen) in § 56b Abs. 1 S. 2 VAG überführt. Die Mindestzuführung zur Rückstellung für Betragsrückerstattung ist in der MindZV festgelegt (→ Rn. 9ff.). Diese regelt die Verteilung zwischen dem Versicherungsunternehmen und dem Versichertenkollektiv, keineswegs aber die tatsächliche Zuteilung an den einzelnen Versicherungsnehmer. Diese erfolgt erst in einer zweiten Stufe durch die Anwendung eines verursachungsorientierten Verfahrens mit anschließender **Festlegung (Deklaration) der Überschussanteile** für die unterschiedlichen Gewinngruppen (→ Rn. 51). Letztendlich sieht dies auch das BVerfG so. Es weist darauf hin, dass der Versicherte über einen sich **im Laufe der Vertragszeit** stufenweise konkretisierenden Anspruch auf Beteiligung am Überschuss des Lebensversicherungsunternehmens verfügt.[39]

20 Die **konkrete Zuteilung** zum Versicherungsvertrag hängt von den Umständen zum **Zeitpunkt der – sich idR jährlich wiederholenden – Festlegung des Überschussanteilssatze**s ab. Zum Zeitpunkt des Vertragsabschlusses kann daher nur das allgemeine Verfahren dargestellt werden. Wird diese Darstellung zu detailliert (damit aber versicherungsmathematisch und handelsrechtlich genau), leidet darunter die Transparenz. Entsprechend hat auch das AG Bonn die Auffassung vertreten, dass eine zu detaillierte Darstellung sogar zur Intransparenz – im Sinne von Unübersichtlichkeit und Komplexität – führen würde.[40]

2. BVerfG

21 Durch die grundlegenden Entscheidungen des BVerfG vom 26.7.2005[41] ist das System der Überschussbeteiligung um eine weitere Komponente, nämlich die Betei-

---

[34] BGH r+s 2001, 386.
[35] BVerfG NJW 2005, 2376.
[36] BVerfG NJW 2005, 2376.
[37] *Benkel/Hirschberg* § 2 Rn. 3 mit Hinweis auf BGH r+s 2001, 386.
[38] *Benkel/Hirschberg* § 2 Rn. 3 mit Hinweis auf BGH r+s 2001, 386.
[39] BVerfG NJW 2005, 2363.
[40] AG Bonn Beck RS 2011, 22289.
[41] BVerfG BeckRS 2005, 28070; BVerfG r+s 2005 472; BVerfG NJW 2005, 2363.

ligung an den Bewertungsreserven, ergänzt worden. In zwei Entscheidungen ging es um Ansprüche der Versicherten bei Übertragungen des Bestands von Lebensversicherungen auf ein anderes Unternehmen.[42] Hier hat das BVerfG erstmals festgestellt, dass bei der Bestandübertragung **rechtlich geschützte Positionen** konkreter Versicherter, darunter eigentumsrechtlich erhebliche, vorlägen.[43] Mit seiner dritten Entscheidung vom 26.7.2005 hat das BVerfG den Gesetzgeber aufgefordert, im Bereich der kapitalbildenden Lebensversicherung mit Überschussbeteiligung dafür zu sorgen, dass die durch die Prämienzahlungen im Rahmen der unternehmerischen Entscheidungen des Versicherers geschaffenen Vermögenswerte als Grundlage einer **Schlussüberschussbeteiligung** einsetzbar sind, soweit sie nicht durch vertragsgemäße Dispositionen, etwa für die Verrechnung mit Abschluss- und laufenden Verwaltungskosten und die Erbringung der vereinbarten Versicherungsleistungen, verbraucht worden sind.[44] Insbesondere fehlten nach Ansicht des BVerfG zum damaligen Zeitpunkt Vorkehrungen dafür, dass stille Reserven bei Vermögenswerten, die mit Hilfe der Prämienzahlungen der Versicherungsnehmer gebildet worden sind, bei der Berechnung des Rohüberschusses berücksichtigt und dass Querverrechnungen von Kosten, soweit sie den Schlussüberschuss verringern, begrenzt werden.[45] Gleichzeitig hat das BVerfG darauf hingewiesen, dass die Feststellung des Schlussüberschusses nicht ausschließlich am Interesse des oder eines einzelnen Versicherten oder gar an dem Interesse eines aus dem Versicherungsverhältnis Ausscheidenden an der Optimierung der an ihn auszukehrenden Leistungen ausgerichtet werden dürfe:[46] „Dies widerspräche dem für das Versicherungsrecht typischen Grundgedanken einer Risikogemeinschaft und damit des Ausgleichs der verschiedenen, weder im Zeitablauf noch hinsichtlich des Gegenstands stets identischen Interessen der Beteiligten."[47]

22 Als Folge dieser Rechtsprechung ist mit der VVG-Reform 2008 ua **§ 153 VVG** (→ Rn. 2) neu eingeführt und in den Absätzen 1 und 3 ausdrücklich die **Beteiligung an den Bewertungsreserven** geregelt worden.

3. OLG Stuttgart

23 Das OLG Stuttgart[48] hat am 23.1.2014 in einem Einzelfall festgestellt, dass die vom Versicherer für seine Riester-Rentenversicherung verwendete Bedingung zur Überschussbeteiligung **intransparent und damit unwirksam** sei. Das Versicherungsunternehmen hatte im Rahmen der Festlegung der Überschussanteilssätze gemäß §§ 56a Abs. 1, 11 Abs. 3 Nr. 4 VAG, 28 Abs. 8 Nr. 2 RechVersV ua eine Untergrenze (Garantiekapital von 40.000 EUR) für die Zuteilung eines bestimmten (Kosten-)Überschussanteils festgesetzt. Obwohl die hier betroffene Regelung sich in der jährlich vom Vorstand auf Vorschlag des Verantwortlichen Aktuars zu erstellenden Deklaration (Festlegung der Überschussanteilsätze) des Unternehmens befand – wiedergegeben im Geschäftsbericht, auf den die Versicherungsklausel verwies – hat das OLG Stuttgart[49] die Versicherungsbedingung als solche für unwirk-

[42] BVerfG r+s 2005,472; BVerfG NJW 2005, 2363.
[43] BVerfG r+s 2005, 472; BVerfG NJW 2005, 2363.
[44] BVerfG NJW 2005, 2376.
[45] BVerfG NJW 2005, 2376.
[46] BVerfG NJW 2005, 2376.
[47] BVerfG NJW 2005, 2376, Rn. 94.
[48] OLG Stuttgart BeckRS 2014, 05600.
[49] OLG Stuttgart BeckRS 2014, 05600.

sam erklärt. Das Gericht kommt zu dem Ergebnis, dass eine Versicherungsbedingung nach Treu und Glauben die wirtschaftlichen Nachteile und Belastungen so weit erkennen lassen müsse, wie dies nach den Umständen gefordert werden könne.[50] Da die Bedingung nach der Frage in der Überschrift „Was sind die rechtlichen Grundlagen der Überschussbeteiligung?" mit dem Passus „ Wir beteiligen Sie nach § 153 Versicherungsvertragsgesetz (VVG) an den Überschüssen und Bewertungsreserven [...]" eingeleitet worden sei und im Anschluss daran die Mindestzuführung an das Versichertenkollektiv gemäß MindZV mit zahlenmäßiger Darstellung der dort aufgeführten Prozentsätze erfolgt sei, würde im Versicherungsnehmer die Erwartung genährt, dass er an Überschüssen beteiligt würde.[51] Dass gewisse Vertragskategorien aus der Kostenüberschussbeteiligung bei Riester-Rentenversicherungen gänzlich herausfielen und an diesem beworbenen Vorteil dieser Anlageform überhaupt nicht teilhaben würden, wäre nirgends ersichtlich, vielmehr würde die selbst geweckte Erwartungshaltung aufrechterhalten und Anlegern mit einer geringen Garantiekapitalsumme verschwiegen, dass sie ausgegrenzt würden von dieser Vorteilsteilhabe.[52]

24 Die Entscheidung des OLG Stuttgart **verkennt das Prinzip der Versicherung** (es handelt sich nicht, wie dort angenommen, um eine Anlageform, sondern um Versicherungsschutz für den Erlebensfall; es wird eine lebenslange Rente gezahlt) **und die Systematik der Überschussbeteiligung.** In der vom Gericht überprüften Versicherungsklausel ist in übersichtlicher Form und in logischer Folge das auf die Überschussbeteiligung anzuwendende System erläutert. Zunächst sind Garantieleistungen und anderweitige Verbindlichkeiten aufgrund gesetzlicher Vorschriften (beispielsweise Rückstellungen für Solvenzanforderungen etc) zu erfüllen. Der verbleibende Überschuss wird den Versicherungsnehmern als Kollektiv – entsprechend der Anforderungen der MindZV – durch Zuweisung an die RfB zur Verfügung gestellt. Ein konkreter Anspruch des Versicherungsnehmers entsteht aber erst durch die Festlegung der Überschussanteilssätze in der jährlichen Deklaration (Festlegung der Überschussanteilsätze für die jeweiligen Gewinngruppen). Die Zuteilungen entsprechend der Deklaration sind ua abhängig von der Zugehörigkeit zu einer bestimmten Gewinngruppe und dem vom Versicherer angewandten verursachungsorientierten Verfahren. Hierbei wird in einem pauschalierten Verfahren ermittelt, inwieweit die einzelnen Gruppen zur Bildung der Überschussbeteiligung beigetragen haben. Dies wiederum ist davon abhängig, welche Kosten für die gesamte Gruppe in die Beiträge einkalkuliert wurden, wie der Verlauf der eingetretenen Risiken in der einzelnen Gruppe war und mit welchen Beträgen die Gruppe pauschaliert am Zinsergebnis beteiligt war. All dies ist in der dem Urteil zugrundeliegenden Bedingung dargestellt. Dass dies auch dazu führen kann, dass eine Gruppe und damit der einzelne Versicherungsnehmer überhaupt keine Überschussbeteiligung (zugeteilt) erhält, ergibt sich ebenfalls aus der Bedingung. Es wird ausdrücklich erklärt, dass die Höhe der Überschussbeteiligung nicht garantiert werden kann. Aber auch dadurch, dass im Versicherungsantrag die „Garantierente" einerseits und die eine prognostizierte Überschussbeteiligung enthaltende „Gesamtrente" andererseits dargestellt wurden[53], war dem Versicherungsnehmer vom Vertragsabschluss an bekannt, dass er möglicherweise überhaupt keine Überschussbeteiligung erhält. Der dem Versicherungsnehmer dem

[50] OLG Stuttgart BeckRS 2014, 05600.
[51] OLG Stuttgart BeckRS 2014, 05600 Rn. 12.
[52] OLG Stuttgart BeckRS 2014, 05600 Rn. 13.
[53] OLG Stuttgart BeckRS 2014, 05600 Rn. 4.

Grunde nach zustehende Anspruch auf Überschussbeteiligung kann sich im Einzelfall der Höhe nach auf Null reduzieren.

25 Es muss der weitgehend **unternehmerischen Entscheidung des Versicherers** überlassen bleiben, in welcher Höhe er ermittelte Überschüsse in den jeweiligen Geschäftsjahren zuteilt.[54] „Diese Notwendigkeit ergibt sich vor dem Hintergrund, dass der Versicherer die spätere **Erfüllbarkeit der Verbindlichkeiten zu gewährleisten** hat (vgl. zur Lebensversicherung § 11 a Abs. 3 Nr. 4, Abs. 4 Nr. 3 VAG).[55] Diesem obersten, im Interesse aller Beteiligten liegenden Gebot widerspräche es, dem einzelnen Versicherten einen konkreten Anspruch auf Gutschrift einer bestimmten Überschussbeteiligung zuzubilligen, denn dies könnte zu Lasten der wirtschaftlichen Substanz der Beklagten oder zu Lasten der Überschussbeteiligung anderer Versicherter gehen.[56] Diese Grundgedanken liegen bereits den Urteilen des BGH vom 9.5.2001[57] und des BVerfG vom 26.7.2005[58] zugrunde.[59]

III. Beteiligung an den Überschüssen

26 Private Lebens- und Rentenversicherungen erstrecken sich über einen sehr langen, teilweise mehrere Jahrzehnte umfassenden Zeitraum. Der Versicherer ist an die garantierten Beiträge und garantierten Leistungen über die gesamte Vertragslaufzeit gebunden. Weil diese unter Umständen mehrere Jahrzehnte umfasst, müssen die gegebenen Garantien ein ausreichendes Sicherheitsniveau berücksichtigen. Das Vorsichtsprinzip des VAG (siehe insbesondere § 11 VAG) zwingt die Lebensversicherer deshalb, die Beiträge mit erheblichen **Sicherheitsreserven** zu kalkulieren. Die Bundesanstalt für Finanzdienstleistungsaufsicht (BaFin) wacht darüber, dass Versicherer die gesetzlichen Vorschriften beachten und im Vergleich zu den tatsächlichen garantierten Leistungen sehr vorsichtig bestimmte Beiträge erheben. Die Prämien fallen durch die Verwendung von Rechnungsgrundlagen erster Ordnung[60] in der Regel höher aus, als es dem tatsächlichen Bedarf für Versicherungsleistungen entspricht.[61] In der Folge entstehen bei Lebensversicherungsunternehmen jährlich Überschüsse, an denen die Versicherungsnehmer zu wesentlichen Teilen zu beteiligen sind[62], sofern die Überschussbeteiligung nicht vertraglich insgesamt ausgeschlossen wurde (→ Rn. 5). Die Überschussbeteiligung ist eine Zusatzleistung, die dem Grunde nach geregelt, deren Höhe jedoch ungewiss ist.

27 Die Musterbedingung ist aufgrund der Komplexität des geregelten Inhalts **sehr lang.** Es dient daher ihrer Verständlichkeit, dass sie thematisch in Unterabschnitte

[54] BGH BeckRS 2010, 11849 Rn. 20.

[55] BGH BeckRS 2010, 11849 Rn. 20.

[56] BGH BeckRS 2010, 11849 Rn. 20 unter Bezugnahme auf die in der Entscheidung strittigen „Bonuspunkte" statt „einer bestimmten Überschussbeteiligung".

[57] BGH NJW 2001, 2014.

[58] BVerfG NJW 2005, 2376.

[59] LG Bonn BeckRS 2010, 11849.

[60] Rechnungsgrundlagen 1. Ordnung sind diejenigen Rechnungsgrundlagen, die dem Vorsichtsprinzip entsprechen und mathematisch hergeleitete Sicherheitszuschläge enthalten. Im Gegensatz zu den „vorsichtig" gewählten Rechnungsgrundlagen 1. Ordnung, benennt man realitätsnahe Rechnungsgrundlagen als 2. Ordnung. Die tatsächlichen Beobachtungen werden auch als Rechnungsgrundlagen 3. Ordnung bezeichnet.

[61] *Krause* in Looschelders/Pohlmann § 153 Rn. 1.

[62] *Führer/Grimmer* S. 137.

aufgeteilt ist und dabei einem logischen Aufbau folgt. In Absatz 2 der Bedingung wird deshalb zunächst erläutert, wie die Überschussbeteiligung des Kollektivs in seiner Gesamtheit erfolgt, während in Absatz 3 das Verfahren geregelt ist, wie die Überschüsse den einzelnen Verträgen konkret zugeordnet werden. In Absatz 4 wird darauf hingewiesen, dass und weshalb die Überschussbeteiligung nicht garantiert werden kann.

1. Definition der Überschussbeteiligung (Abs. 1)

28 Absatz 1 der Bedingung ist als Einleitung zu verstehen. Der Absatz gesteht dem Versicherungsnehmer einen Anspruch auf Überschussbeteiligung zu, definiert die Überschussbeteiligung, verweist auf deren Ermittlung nach den Vorschriften des HGB sowie die Veröffentlichung im Geschäftsbericht und gibt abschließend einen Überblick über den nachfolgenden Aufbau der Bedingung.

29 In **Satz 1** wird auf § 153 VVG, die zentrale Vorschrift zur Überschussbeteiligung (→ Rn. 1 ff.), verwiesen. Damit wird dem Versicherungsnehmer ausdrücklich ein **Anspruch** auf Überschussbeteiligung zugestanden. Denn gemäß § 153 Abs. 1 S. 1 Hs. 2 könnte die Überschussbeteiligung durch ausdrückliche Vereinbarung auch insgesamt ausgeschlossen werden. Läge allerdings kein ausdrücklicher Ausschluss der Überschussbeteiligung vor, würde § 153 VVG unabhängig von seiner Erwähnung in der Bedingung gelten. Insoweit handelt es sich um einen deklaratorischen Verweis. Die Anwendung von § 153 VVG ist gemäß § 171 VVG zugunsten des Versicherungsnehmers zwingend.[63]

30 In **Satz 2** wird die **Überschussbeteiligung** entsprechend § 153 Abs. 1 VVG als Beteiligung an den Überschüssen und an den Bewertungsreserven **definiert.**

Nachfolgend wird erläutert, dass das Versicherungsunternehmen Überschüsse und Bewertungsreserven nach den **Vorschriften des Handelsgesetzbuches** ermittelt und sie jährlich im Geschäftsbericht veröffentlicht. Zu dieser Verfahrensweise ist jedes Unternehmen gesetzlich verpflichtet. Die Erläuterung dient der Transparenz für den Versicherungsnehmer. Der Versicherungsnehmer erfährt auf diese Weise auch, dass es einen **Geschäftsbericht** gibt, in dem er sich über die Höhe der Überschüsse und die Bewertungsreserven des Unternehmens erkundigen kann.

Was **Überschuss** ist, ergibt sich aus dem Jahresabschluss nach den allgemeinen Vorschriften des HGB.

31 Der **zweite Abschnitt** des Absatzes 1 veranschaulicht den **Aufbau der Bedingung.** Einerseits dient er damit dem Zweck einer Inhaltsübersicht über die nachfolgenden Absätze, andererseits illustriert er in Kurzform die Systematik der Überschussbeteiligung. Der Versicherungsnehmer erfährt auf diese Weise bereits einleitend, dass zwischen der Überschussbeteiligung der Versicherungsnehmer als Kollektiv in seiner Gesamtheit und der dem einzelnen Versicherungsvertrag zuzuordnenden Überschussbeteiligung unterschieden werden muss.[64] Gleichermaßen erhält der Versicherungsnehmer mit dem Hinweis auf Absatz 4 auch bereits am Anfang der Bedingung einen **Warnhinweis** darauf, dass die Überschussbeteiligung nicht garantiert werden kann. Insgesamt erhöht dieser Abschnitt die Transparenz der gesamten Bedingung.

[63] *Reiff* in Prölss/Martin VVG § 153 Rn. 11.
[64] *Heiss* in Langheid/Wandt § 153 Rn. 28.

2. Überschussbeteiligung im versicherten Kollektiv (Abs. 2)

32 In die Musterbedingungen des GDV sind die Vorgaben der **Mindestzuführungsverordnung** (§ 4 Abs. 3 bis 5 MindZV) inhaltlich übernommen worden. Die Vereinbarungen in § 2 Abs. 2 (a) ARB erläutern und konkretisieren diese Vorgaben. Den Versicherungsunternehmen steht frei, unternehmensindividuell höhere Mindestvorgaben einzuführen.

33 *Krause*[65] erläutert detailliert die kollektive Entstehung des Überschusses auf Basis des Jahresabschlusses und gibt Hinweise zum Rohüberschuss. Außer Betracht bleibt bei *Krause* allerdings die sog. **„Gewinnabführung"** auf Basis eines Ergebnisabführungsvertrages. Diese ist in großen Unternehmensgruppen auf Grund steuerlicher Organschaft häufig anzutreffen.

Die **Höhe** der gewährten Überschussbeteiligung ist ein wesentlicher Faktor im Wettbewerb der Anbieter. Gleichzeitig sind die Belange der Versicherten im Zeitablauf sicherzustellen, dh insbesondere Sicherstellung der vertraglich vereinbarten garantierten Leistungen bis Vertragsablauf. Bereits festgestellte, aber noch nicht ausgeschüttete Leistungen haben Eigenmittelcharakter.[66]

34 Streng zu trennen sind die **kollektive Entstehung** sowie die **vertragsindividuelle Zuteilung** der Überschussbeteiligung. In der Regel stimmen schon die Zeitpunkte für die kollektive Entstehung (Geschäftsjahr) nicht mit den Zeitpunkten der vertragsindividuellen Zuteilung (Versicherungsjahr) überein. Darüber hinaus sind insbesondere die Verwaltungskosten für den Einzelvertrag nur näherungsweise ermittelbar.

35 Krause legt die Abfolge der einzelnen Schritte von der Entstehung bis zur individuellen Zuteilung zutreffend dar.[67] Der Prozess insgesamt bedarf starker Erläuterung. Dies können die Musterbedingungen nur bedingt leisten. Die Unternehmen sind aufgerufen, weitere Ausführungen und Hinweise an die Versicherungsnehmer zu geben.

36 **a) Quellen der Überschussbeteiligung (Buchst. a).** Wer eine Versicherung abschließt, schließt sich einem Kollektiv, einer Risikogemeinschaft an. Der Überschuss entsteht aus der Gemeinschaft und kann zum Zeitpunkt der Entstehung nicht dem einzelnen Vertrag zugerechnet werden. Dies resultiert insbesondere aus
- der kollektiven Kapitalanlage,
- der biometrischen Risikogemeinschaft und
- der gemeinsamen Verwaltung.

Die Mindestzuführungsverordnung schreibt vor, dass vom gesamten, kollektiv entstandenen Überschuss eines Jahres **mindestens die in § 2 Abs. 2 (a) ARB genannten Beträge** für die zukünftige (nicht notwendigerweise zeitgleiche) Überschusszuteilung zur Verfügung stehen müssen.

Die in der MindZV festgelegten Größen betreffen allein den **Zeitpunkt der Entstehung** der Überschüsse für das Kollektiv in seiner Gesamtheit. Sind die für die Versicherungsnehmer zuzuteilenden Überschüsse festgestellt, werden diese idR zunächst in die Rückstellung für Beitragsrückerstattung eingestellt.[68] Im Rahmen

[65] *Krause* in Looschelders/Pohlmann § 153 Rn. 10.
[66] *Krause* in Looschelders/Pohlmann § 153 Rn. 3.
[67] *Krause* in Looschelders/Pohlmann § 153 Rn. 29.
[68] Auf die Erläuterung des Verfahrens „Direktgutschrift" wird an dieser Stelle verzichtet (→ Rn. 44).

der internen Rechnungslegung erfolgt die verursachungsorientierte Zuordnung zu einzelnen Gewinngruppen und Überschussverbänden (→ Rn. 51).

Buchstabe a übernimmt die Regelungen des Gesetzes und spricht hierbei den Versicherungsnehmer explizit an.

37 Der Wert der einzelnen Überschussquellen hängt vom **Geschäftsmix** des Versicherers ab. Betreibt ein Unternehmen vorwiegend Risikoversicherungen oder fondsgebundene Versicherungen, nimmt das Risikoergebnis den größten Raum ein. Der Rohüberschuss wird hingegen bei Verträgen mit Sparprozess in der Regel vom Kapitalanlageergebnis dominiert.

Eine **Querverrechnung** zwischen den einzelnen Überschussquellen ist nach § 4 Abs. 1 S. 2 MindZV nicht möglich. Sollte eine Überschussquelle negativ sein, so ist die Beteiligung an dieser Quelle Null. Dies heißt aber auch, dass auftretende Verluste vom Versicherer direkt zu decken sind (in der Regel aus seinem verbleibenden Anteil am Rohüberschuss oder aus dem Eigenkapital).

Eine Querverrechnung **negativer Kapitalerträge** wurde mit dem Lebensversicherungsreformgesetz eingeführt und ist erstmals für das Geschäftsjahr ab dem 7.8.2014 anwendbar.[69]

38 **aa) Kapitalerträge (Buchst. aa).** Der kollektive Sparprozess in der Lebensversicherung hat den **Ausgleich der Kapitalanlagerisiken** zum Ziel. Die vom Versicherungsunternehmen gekauften Kapitalanlagetitel „matchen" nicht den einzelnen Vertrag, dh stimmen in der Regel weder von der Höhe noch von der Laufzeit mit dem einzelnen Lebensversicherungsvertrag überein, sondern orientieren sich am Volumen und der Struktur der Risikogemeinschaft. Das Versicherungsunternehmen hat dabei die Grundsätze der **Mischung und Streuung** zu beachten (§ 54 VAG).

Die nach der MindZV maßgeblichen Kapitalanlagen beinhalten die auf die Versicherungsnehmer entfallenden Kapitalanlagen (insbesondere ohne Eigenkapital und Kapitalanlagen für Rechnung und Risiko von Versicherungsnehmern). Im Wege der Überschussbeteiligung stehen **den Versicherungsnehmern 90% der anzurechnenden Erträge** auf diese Kapitalanlagen vermindert um die Mittel für die garantierten Leistungen zur Verfügung.

Die Musterbedingung erklärt die gesetzlichen Vorschriften vereinfachend so, dass der durchschnittliche Versicherungsnehmer diese verstehen kann. Hierbei wird klargestellt, dass die Versicherungsnehmer **als Gemeinschaft** den Anspruch auf den in der MindZV genannten Anteil an den Kapitalerträgen haben. Satz 3 stellt klar, dass zunächst die für die garantierten Leistungen benötigten Mittel abgezogen werden.

Hierdurch wird aber auch deutlich, dass **für den einzelnen Vertrag kein Anspruch auf 90%** der Kapitalerträge bestehen kann. In einem Niedrigzinsumfeld liegen die benötigten Mittel für Verträge mit Garantiezinsen von z. B. 4% **höchstens auf dem Niveau der erwirtschafteten Erträge,** sodass kein oder nur ein geringer Ergebnisbeitrag diesen Gewinngruppen zugeordnet werden kann. Die Beteiligung an dieser Überschussquelle ist Null.

39 **bb) Risikoergebnis (Buchst. bb).** Die Versicherungsprämie für eine Rentenversicherung setzt sich aus Sparbeitrag, Risikobeitrag und Kostenanteil zusammen. Als **Risikobeitrag** bezeichnet man den Teil der Prämie, der kalkulatorisch für die

[69] Gesetz zur Absicherung stabiler und fairer Leistungen für Lebensversicherte (LVRG), Art. 9, in Kraft seit 7.8.2014.

Finanzierung der Versicherungsleistungen vorgesehen ist, die der Versicherer für vorzeitige Todesfälle oder Rentenzahlungen erbringen muss. Er dient zur Deckung der versicherten Gefahr und ist damit Gegenleistung für die Gefahrtragung des Versicherers.[70]

Die Versicherungsmathematiker können auf Basis des mathematischen Gesetzes der großen Zahlen schätzen, wie viele Mitglieder durch Tod oder Kündigung aus dem Kollektiv ausscheiden, jedoch nicht welche. Für alle Verträge im Bestand sind die kalkulierten Risikobeiträge den tatsächlichen Aufwendungen eines Jahres für Tod, Berufsunfähigkeit, Renten etc. gegenüberzustellen. Neben den gesetzlich vorgeschriebenen Sicherheitszuschlägen in den Sterbetafeln führt auch die Risikoprüfung bei Vertragsabschluss dazu, dass die Sterblichkeit in Versicherungsbeständen nicht mit derer in der Gesamtbevölkerung übereinstimmt.

Buchstabe bb erläutert den Gesetzestext der MindZV in verständlicher Sprache.

Mit dem Lebensversicherungsreformgesetz wurde die Mindestzuführung beim Risikoergebnis auf 90 von 100 erhöht (→ Rn. 10).

cc) Übriges Ergebnis (Buchst. cc). Analog zu den Kapitalerträgen und dem Risikoergebnis ist mit den sonstigen Überschüssen (im Wesentlichen aus **Kosten**) zu verfahren. Die Verwaltung der Versicherungsverträge erfolgt effektiv und effizient über eine gemeinsame IT-Plattform, in einer gemeinsamen Vertragsverwaltung etc. Jedoch sind insbesondere die Verwaltungskosten für den Einzelvertrag nur näherungsweise ermittelbar. Diese sogenannten **Gemeinkosten** spiegeln allgemeine Ressourcen wider, die für die Gewährung des Versicherungsschutzes benötigt werden. Dazu gehören beispielsweise Löhne und Gehälter oder die Kosten für Raumheizung und Beleuchtung oder gewinnunabhängige Steuern (z. B. Grundsteuer). **40**

Buchstabe cc listet auf, wie sonstige Überschüsse entstehen können. Die Aufzählung kann in den ARB der einzelnen Lebensversicherungsunternehmen ergänzt und konkretisiert werden.

b) Zuführung der Überschüsse (Buchst. b). Buchstabe b regelt die Art und Weise, wie die entstandenen Überschüsse dem Versichertenkollektiv zugutekommen, nämlich über die **Rückstellung für Beitragsrückerstattung (RfB)** oder im Wege der Direktgutschrift **(Satz 1).** **41**

42 Der gesamte Überschussbetrag eines Jahres wird im Rahmen des Jahresabschlusses (HGB) ermittelt und **kollektiv** in die Rückstellung für Beitragsrückerstattung eingestellt. Auf die Aufgabe der RfB kann an dieser Stelle nicht näher eingegangen werden.[71] Trotz der natürlichen jährlichen Schwankung der Rohüberschüsse ermöglichen die Instrumente der RfB und der Direktgutschrift eine gewisse Stabilität bei der Zuteilung an die Versicherungsnehmer.[72]

43 Alle der RfB kollektiv zugewiesenen Überschüsse gehören unwiderruflich dem **Versichertenkollektiv,** jedoch ohne dass hieraus bereits vertragsindividuelle Ansprüche bestehen. Buchstabe b **Satz 2 und** 3 folgen dem § 56b VAG Abs. 1. Ausnahmen bedürfen der Genehmigung der BaFin.

Sätze 4–6 einschließlich der Aufzählung übernehmen die Ausnahmen in Anlehnung an § 56b VAG, ohne dass inhaltliche Änderungen vorgenommen werden. Hier ist der Gesetzestext des VAG widergegeben.

---

[70] *Balleer/Claßen* S. 11.

[71] Vgl. auch *Führer/Grimmer* S. 153ff.

[72] *Führer/Grimmer,* S. 153 sowie *Krause* in Looschelders/Pohlmann § 153 Rn. 17.

Sollte die RfB zum **Verlustausgleich oder zur Erhöhung der Deckungsrückstellung** verwendet werden, sind die Gewinngruppen (→ Rn. 51) verursachungsorientiert zu belasten. Diese Forderung resultiert aus dem Gleichbehandlungsgrundsatz nach § 11 Abs. 2 VAG. Die Sicherstellung obliegt dem Verantwortlichen Aktuar. Die BaFin überwacht die Einhaltung.

Das Gesetz gibt **keine Definition des Begriffs „verursachungsorientiert".** In der Gesetzesbegründung wird jedoch der Unterschied zwischen „verursachungsgerecht" (bezogen auf den einzelnen Vertrag) und „verursachungsorientiert" deutlich. Dort heißt es[73]: „Daher ist in Absatz 2 nicht eine verursachungsgerechte Verteilung, sondern nur ein verursachungsorientiertes Verfahren vorgeschrieben. Der Versicherer erfüllt diese Verpflichtung schon dann, wenn er ein Verteilungssystem entwickelt und widerspruchsfrei praktiziert, das die Verträge unter dem Gesichtspunkt der Überschussbeteiligung sachgerecht zu Gruppen zusammenfasst, den zur Verteilung bestimmten Betrag nach den Kriterien der Überschussverursachung einer Gruppe zuordnet und dem einzelnen Vertrag dessen rechnerischen Anteil an dem Betrag der Gruppe zuschreibt."[74] Die Zuordnung zu Gewinngruppen ist trotz risikogerechter Kalkulation notwendig, um den Ausgleich im Kollektiv und über die Zeit sicherzustellen.

44 Eine besondere Form der Überschussverwendung nimmt die **Direktgutschrift** ein. Hierbei wird ein Teil des Rohüberschusses den Versicherungsnehmern direkt im laufenden Jahr und nicht über den Weg der RfB gutgeschrieben. Die Grundsätze für die vertragsindividuelle Zuteilung sind zu beachten. Die Direktgutschrift hat im Niedrigzinsumfeld eine geringere Bedeutung.

45 **c) Beteiligung an den Bewertungsreserven (Buchst. c).** Bewertungsreserven entstehen nur bei Tarifen mit klassischer Kapitalanlage. In dem seit 1.1.2008 gültigen VVG wurde erstmals eine **explizite Beteiligung der Versicherungsnehmer an den aktuellen positiven Bewertungsreserven** festgeschrieben. Der Gesetzgeber folgte damit den Forderungen des BVerfG in dessen Urteil vom 26.7.2005[75] (→ Rn. 21). Eine Beteiligung an den stillen Lasten erfolgt nicht.

Die Versicherungsnehmer sind nach § 153 Abs. 3 VVG an dem ihrem Vertrag zuzuordnenden Anteil **zu 50 % zu beteiligen.** Die Beteiligung erfolgt zunächst **nur rechnerisch** und wird dem einzelnen Vertrag erst bei dessen Beendigung zugewiesen. Nach Ansicht von *Höra/Filzau*[76] ist die Vereinbarung eines früheren Termins möglich. Dies kann jedoch im Unternehmensalltag ausgeschlossen werden und wurde deshalb in die Musterbedingungen nicht übernommen.

46 Zunächst bleibt festzuhalten: Die Versicherungsnehmer werden regelmäßig an den Bewertungsreserven beteiligt, und zwar im **Aktien- und Immobilienbereich** über die normalen Erlöse im Zuge von Verkaufstransaktionen. Bewertungsreserven im Zinsbereich stellen jedoch nur eine Momentaufnahme dar. Sie lösen sich regelmäßig im Zeitablauf im Gleichklang mit den Kuponzahlungen auf. Kupon bezeichnet hierbei die regelmäßigen Nominalzinszahlungen einer Anleihe. Da Anleihen den größten Teil der Kapitalanlagen von Lebensversicherungsunternehmen einnehmen, stellen Bewertungsreserven auf Zinspapiere im Niedrigzinsumfeld den stärksten Anteil der Bewertungsreserven dar.

---

[73] Regierungsbegründung, BT-Drucks. 16/3945 S. 96 (2. Sp.).

[74] Vgl. auch *Krause* in Looschelders/Pohlmann § 153 Rn. 35.

[75] BVerfG NJW 2005, 2363; dazu *Schenke* VersR 2006, 871 und *Baumann* r+s 2005, 401.

[76] Vgl. *Höra/Filzau* in MAH VersR § 25 Rn. 233.

Die **Einbeziehung der Bewertungsreserven auf festverzinsliche** Wertpapiere war im Gesetzgebungsverfahren zum neuen VVG stark umstritten.[77] Lebensversicherer kaufen festverzinsliche Wertpapiere nicht, um damit an der Börse spekulativen Handel zu betreiben oder auf ein sich änderndes Zinsumfeld zu wetten. Mit den Zinsen der Kapitalanlagen werden die von den Lebensversicherern garantierten Leistungen für die Versicherten finanziert. Darüber hinaus gehende Erträge werden für die Überschussbeteiligung eingesetzt. Deswegen werden festverzinsliche Anlagen auch in der Regel bis zur Ende der Laufzeit im Bestand der Kapitalanlagen gehalten. 2012 unternahm der Gesetzgeber im Rahmen der VAG-Novelle einen ersten Anlauf, den Fehler im Gesetz zu bereinigen. Die Neuregelung im Lebensversicherungsreformgesetz stellt sicher, dass an Versicherungsnehmer nur die Bewertungsreserven ausgeschüttet werden, die ökonomisch tatsächlich vorhanden sind. Die Versichertengemeinschaft profitiert insgesamt: Nicht nur durch eine gerechtere Verteilung, sondern auch durch die Stärkung der Risikotragfähigkeit der deutschen Lebensversicherung. Da es sich um aufsichtsrechtliche Regelungen handelt, ist eine Änderung der Muster-AVB nicht notwendig.[78]

47 Grundsätzlich **verändern sich Bewertungsreserven börsentäglich.** Eine börsentägliche Ermittlung und Zuweisung zu den abgehenden Verträgen ist im Unternehmensalltag nicht möglich. Das Gesetz fordert hier zumindest die jährliche Ermittlung im Rahmen des Jahresabschlusses. § 2 Abs. 2 (c) greift diese Forderung auf und ergänzt um weitere Zeitpunkte zu Rentenbeginn und zum Versicherungsjahrestag bei laufenden Renten. Unternehmensindividuell sind jedoch auch kürzere Zeiträume, beispielsweise monatlich, möglich und im Alltag bei einer Vielzahl von Versicherern anzutreffen. Die Musterbedingungen geben in einer Fußnote hierzu den expliziten Hinweis an die Unternehmen: „Ggf. unternehmensindividuellen anderen Zeitpunkt verwenden".

48 *Grote* vertritt die Ansicht, dass sich eine **Beteiligung an den Bewertungsreserven während der Rentenbezugszeit** nicht zwingend aus dem Gesetzestext ergebe.[79] Da die BaFin und die herrschende Meinung in der Literatur[80] eine andere Auffassung vertreten, wurde die explizite Beteiligung in die Musterbedingungen § 2 Abs. 2 (c), dritter Spiegelstrich, aufgenommen. Dieses Verfahren entspricht dem von der BaFin veröffentlichten Mustergeschäftsplan für die Überschussbeteiligung des Altbestandes.[81]

3. Überschussbeteiligung beim einzelnen Vertrag (Abs. 3)

49 Die Überschusszuteilung erfolgt **vertragsindividuell** und verursachungsorientiert als sogenannte laufende Überschussbeteiligung sowie zum Zeitpunkt der Beendigung eines Vertrags bzw. Rentenzahlungsbeginn (sogenannte Schlussüberschussbeteiligung). Der Vorstand legt auf Basis des Vorschlags des Verantwortlichen Aktuars die Überschussanteilsätze pro Gewinngruppe (und damit für den einzelnen Vertrag) fest.

Dabei ist wesentlich, dass die kollektiv ermittelte Überschussbeteiligung nicht 1:1 auf den Einzelvertrag übertragbar ist. Für den einzelnen Versicherungsnehmer

---

[77] *Krause* in Looschelders/Pohlmann § 153 Rn. 24 Fn. 52.

[78] Gesetz zur Absicherung stabiler und fairer Leistungen für Lebensversicherte (LVRG), Artikel 1 in Kraft seit 7.8.2014.

[79] *Grote* in Marlow/Spuhl Rn. 1023.

[80] Vgl. *Reiff* in Prölss/Martin § 153 Rn. 30 sowie *Höra/Fitzau* in MAH VersR § 25 Rn. 235.

[81] S. hierzu auch *Krause* in Looschelders/Pohlmann § 153 Rn. 42 und 46ff.

ist also die Beteiligung an den einzelnen Überschussquellen der Vorjahre **nicht unmittelbar nachvollziehbar.**

50 Bei kapitalbildenden Lebensversicherungen besteht die individuelle Überschusszuteilung regelmäßig aus der sog. **laufenden Überschusszuteilung und der Schlussüberschusszuteilung.** Die laufenden Überschüsse erhöhen mit ihrer Zuteilung die Garantie. Es sind je nach Vertragsart und Vereinbarung in den ARB verschiedene Bezugsformen[82] denkbar.[83] Während die verzinsliche Ansammlung in der Vergangenheit die größte Rolle spielte, wählen die meisten Kunden heutzutage den Bonus, mit dem die Versicherungsleistung erhöht wird. Eine Verrechnung der Überschüsse mit den Beiträgen ist fast ausschließlich im Bereich der Risiko- und Zusatzversicherungen zu finden.

Die Schlussüberschussbeteiligung bleibt in ihrer Höhe bis zum Ablauf nicht versprochen. Nach § 2 Abs. 4 ARB werden die Versicherungsnehmer jährlich über den Stand der Überschussbeteiligung unterrichtet. Die Vereinbarung in der Musterbedingung folgt hierbei § 6 Abs. 1 Nr. 3 VVG-InfoV.

51 **a) Bildung von Gewinngruppen (Buchst. a Satz 1, 2).** Gewinngruppen oder auch Abrechnungsverbände untergliedern das Versichertenkollektiv in Untergruppen für Zwecke der verursachungsorientierten Überschussbeteiligung. Die verschiedenen **Versicherungsarten** tragen unterschiedlich zum Überschuss bei. Gleichartige Versicherungen werden deshalb in Gewinngruppen zusammengefasst. Die Verteilung des Überschusses für die Versicherungsnehmer auf die einzelnen Gewinngruppen orientiert sich daran, in welchem Umfang sie zu seiner Entstehung beigetragen haben (auch → Rn. 43).

Alle Überschüsse einer Gewinngruppe werden in der RfB dieser Gewinngruppe „angesammelt“ und stehen für die zukünftige individuelle Vertragszuteilung zur Verfügung.[84] Der für das Gesamtunternehmen kollektiv ermittelte Rohüberschuss wird auf die Gewinngruppen entsprechend ihrer Verursachung aufgeteilt.[85] Für die Zerlegung des Kapitalanlageergebnisses spielen insbesondere die Höhe des Deckungskapitals sowie der Rechnungszins für die Frage nach der Verursachung die entscheidende Rolle. Verträge mit niedrigerem Rechnungszins haben einen größeren Anteil.[86]

52 Satz 1 und 2 können um unternehmensindividuelle Informationen über Gewinngruppen bzw. Untergruppen und deren Modalitäten ergänzt werden; die Begriffe sind an die unternehmensindividuellen Gegebenheiten anzupassen.

53 **b) Einzelvertragliche Zuordnung der Überschüsse (Buchst. a S. 3–7).** Die Bestimmung der spezifischen Überschusszuteilung auf den einzelnen Vertrag geschieht unter Beachtung des **Gleichbehandlungsgrundsatzes** nach § 11 Abs. 2 VAG.[87] Für die individuelle Überschusszuteilung steht die RfB der Gewinngruppe zur Verfügung, die mit Überschüssen aus den Vorjahren gespeist ist. Die Bezugsgröße für die Gewährung der Überschusszuteilung ist in den ARB des einzelnen

[82] Zu Details *Kurzendörfer* S. 165 ff. und *Führer/Grimmer* S. 151 ff.

[83] *Krause* in Looschelders/Pohlmann § 153 Rn. 20, 21.

[84] Unternehmens- oder gewinngruppenindividuell auch Direktgutschrift möglich.

[85] Vgl. auch *Grote* in Marlow/Spuhl Rn. 1005 f.

[86] Kriterien für die Einrichtung von Abrechnungsverbänden bzw. Gewinngruppen liefern *Balleer/Claßen* S. 25 f.

[87] *Führer/Grimmer* S. 151.

Vertrages festgelegt. Anteilig erhalten alle Verträge einer Gewinngruppe denselben Anteilsatz.

Dabei spielen die im Rahmen des Jahresabschlusses kollektiv ermittelten Überschüsse eine untergeordnete Rolle. Vielmehr kann die **Puffer- und Glättungsfunktion der RfB** dazu führen, dass der einzelne Vertrag für sein Versicherungsjahr eine Überschusszuteilung erhält, während im Gesamtkollektiv zeitgleich gar keine Überschüsse entstanden sind oder umgekehrt – die individuelle Überschusszuteilung für den Vertrag kann Null betragen, obwohl das Gesamtkollektiv Überschüsse erwirtschaftet hat. Im letzten Fall könnte einerseits der für die Gewinngruppe geltende Anteilsatz mit Null deklariert sein oder aber die festgelegte Bezugsgröße des Einzelvertrages nimmt keinen positiven Wert an.

Sollten bestimmte **Verträge aus dem „Anteilsverfahren" ausgenommen** sein, ist dies nach neuerer Rechtsprechung bereits transparent in den ARB darzustellen (→ Rn. 23 ff.)[88]. Dabei wird auf die Frage der Verursachungsorientiertheit nicht eingegangen.

Bereits sehr früh hat sich *Gessner* mit Idealmodellen einer verursachungsgerechten Überschusszuteilung beschäftigt.[89] Eine verursachungsgerechte Überschusszuteilung würde die unrealistische Annahme des Wissens der Rechnungsgrundlagen für die gesamte Vertragsdauer voraussetzen.[90]

54 In **Satz 5** wird auf die **Direktgutschrift** verwiesen. Aus Sicht des Versicherers können die für die Ausschüttung vorgesehenen Beträge direkt ausgeschüttet und an einzelne Versicherungsnehmer zugeteilt werden, ohne dass sie vorher in der RfB zurückgelegt wurden. Handelsrechtlich gehen diese Ausschüttungen direkt zu Lasten des Geschäftsjahres der Ausschüttung und werden auf die Überschussbeteiligung dieses Jahres angerechnet.[91]

Der Vorstand legt auf Basis des Vorschlags des Verantwortlichen Aktuars die Überschussanteilsätze fest. Die Festlegung erfolgt in der Regel jährlich zum Ende des Vorjahres. Die Musterbedingungen enthalten in Satz 6 diesen Regelfall. In der Unternehmenspraxis sind jedoch auch abweichende Festlegungszeitpunkte und -intervalle (unterjährig oder auch mehrjährig) möglich und zu beobachten.

55 **c) Einzelvertragliche Zuordnung der Bewertungsreserven (Buchst. b).** Die für die Überschussbeteiligung angewendeten **verursachungsorientierten Verfahren gelten analog** für die vertragsindividuelle Beteiligung der Versicherungsnehmer an den Bewertungsreserven.

Generell gilt, dass für die Zuteilung **keine taggenaue Bewertung** auf den Zeitpunkt der Vertragsbeendigung bzw. der Ansparphase erfolgt. Maßgebend ist nach § 153 Abs. 3 VVG der Wert, den der Versicherer **zuletzt deklariert** hat.[92] Eine börsentägliche Bewertung und Zuordnung ist im Unternehmensalltag nicht leistbar.

Die im letzten Satz des Absatzes genannten aufsichtsrechtlichen Regelungen berücksichtigen § 153 Abs. 3 S. 3 VVG. Eine Beteiligung an den Bewertungsreserven ist nur in dem Rahmen möglich, in dem aufsichtsrechtliche Regelungen zur Kapitalausstattung der Versicherungsunternehmen nicht berührt werden.

---

[88] OLG Stuttgart BeckRS 2014, 05600.

[89] *Gessner* S. 12 ff.

[90] *Gessner* S. 16.

[91] Vgl. *Reiff in* Prölss/Martin § 153 Rn. 18.

[92] *Höra/Fitzau* in Terbille/Höra § 25 Rn. 234.

56 **d) Verweis auf weiterführende Unterlagen (Buchst. c).** In der in Buchst. c erwähnten Anlage zu den Versicherungsbedingungen („Bestimmungen zur Überschussbeteiligung für die Rentenversicherung mit aufgeschobener Rentenzahlung") werden **Einzelheiten zur Überschussbeteiligung** und das dabei angewandte Verfahren dargestellt. Diese Angaben können aber auch an anderer Stelle in den Versicherungsbedingungen oder in anderen Vertragsunterlagen gemacht werden.

Im Einzelnen handelt es sich idR um folgende unternehmensindividuelle Angaben zur Überschussbeteiligung und das dabei angewandte Verfahren:

57 – Voraussetzungen für die **Fälligkeit** der Überschussanteile: Beispiele sind eine eventuelle Wartezeit oder ein Stichtag für die Zuteilung der Überschussanteile.

58 – **Form und Verwendung** der Überschussanteile: Zu unterscheiden ist zwischen laufenden Überschussanteilen (diese werden periodisch wiederkehrend gezahlt, üblich bei Zinsüberschussanteilen), Schlussüberschussanteilen (diese werden idR zu Beginn der Rentenphase, anteilig aber auch bereits bei Kündigung oder Tod vor der Rentenphase fällig), Bonus (dabei werden die Überschussanteile für die Bildung einer neuen ergänzenden Versicherungsleistung in Form einer versicherten Rente genutzt), Ansammlung (die Überschussanteile addieren sich, idR verzinslich), Verrechnung (die Überschussanteile werden beispielsweise mit der Prämie verrechnet) und Barauszahlung (die Überschussanteile werden bar ausgezahlt).

59 – **Bemessungsgrößen** für die Überschussanteile: Bemessungsgrößen sind üblicherweise das Deckungskapital, das gebildete Kapital oder die Beiträge.

60 – Die **Rechnungsgrundlagen** für die Ermittlung der Beiträge: Der Beitrag wird in Abhängigkeit von der versicherten Leistung unter Berücksichtigung der Sterbewahrscheinlichkeit, der für die gesamte Dauer des Vertrages einzukalkulierenden Kosten (Abschluss-, Verwaltungs- und sonstige Kosten) und des vereinbarten Rechnungszinses berechnet.

4. Keine Garantie (Abs. 4)

61 Absatz 4 enthält – eingeleitet bereits durch die Frage in der Überschrift – einen **Warnhinweis** für den Versicherungsnehmer, dass die Höhe der Überschussbeteiligung nicht garantiert werden kann. Dies wird zwar ausdrücklich erst in **Satz 3** ausgeführt, durch den Hinweis in der Überschrift, auf die bereits in Absatz 1 verwiesen wird (→ Rn. 31), ist der Warnhinweis aber nicht zu übersehen. Außerdem erläutert Absatz 4 die **Gründe** dafür, weshalb eine Überschussbeteiligung **nicht garantiert** werden kann.

Schließlich wird darauf verwiesen, dass die Versicherungsnehmer jährlich über die Entwicklung ihrer Überschussbeteiligung **unterrichtet** werden. Hierbei handelt es sich um einen deklaratorischen Verweis. Denn die Verpflichtung zur jährlichen Unterrichtung der Versicherungsnehmer ist in § 155 S. 1 VVG geregelt. Der Hinweis dient der Transparenz für den Versicherungsnehmer.

IV. Darlegungs- und Beweislast

62 Da weder das Versicherungsvertragsrecht noch das Zivilprozessrecht für den Anspruch auf Überschussbeteiligung besondere Beweislastvorschriften vorsehen, gelten die **allgemeinen Grundsätze** des Zivilprozessrechts. Der Anspruchsteller muss daher darlegen, dass und in welcher Höhe ihm ein Anspruch auf Überschussbeteiligung zusteht.

Dagegen muss das Versicherungsunternehmen darlegen und nachweisen, dass die Überschussbeteiligung durch ausdrückliche Vereinbarung insgesamt ausgeschlossen wurde.[93]

63 Der **Versicherungsnehmer** muss nachweisen, dass er aufgrund der vertraglichen Vereinbarung einen höheren Anspruch hat als der ihm ausgezahlte Betrag oder dass die vertragliche Vereinbarung nicht den Vorgaben an ein verursachungsorientiertes Verfahren genügt und ihm bei Anwendung eines wirksam vereinbarten verursachungsorientierten Verfahrens ein höherer Anspruch zustünde.[94]

Den **Versicherer** trifft aber ggf. eine sekundäre Darlegungslast.[95] Das heißt, dass er darlegen muss, weshalb das von ihm gewählte verursachungsorientierte Verfahren den Anforderungen des Gesetzes genügt.[96] Im Rahmen dieser Darlegungspflicht ist jedoch das **Geheimhaltungsinteresse** des Versicherers berührt.[97] Deshalb sollte zunächst von den Angaben im Jahresabschluss und der dazu gehörigen Anlage auszugehen sein.[98] Für konkrete, ungewöhnliche Umstände, die Anlass zu Zweifeln an der Bilanz bieten, ist der den Anspruch stellende Versicherungsnehmer beweisbelastet.[99] In diesem Rahmen stehen dem Versicherungsnehmer **Auskunftsansprüche** gegenüber dem Versicherungsunternehmen zu.[100] Dem Geheimhaltungsinteresse des Versicherers könnte durch Beauftragung von zur Geheimhaltung verpflichteten Sachverständigen[101] und dem Ausschluss der Öffentlichkeit nach den §§ 172–174 GVG entsprochen werden.[102]

V. Wirksamkeit der Bestimmung

64 Nach der Rechtsprechung des BGH[103] ist für die Wirksamkeit der Bestimmung **nicht erforderlich,** dass der Versicherungsnehmer **konkret nachvollziehen kann, wie hoch sein Anspruch** auf Überschussbeteiligung ist. Der individuelle Anspruch des Versicherungsnehmers kann auch nicht bereits bei Vertragsabschluss dargelegt werden, da dieser abhängig ist von den wirtschaftlichen Ergebnissen des Versicherers in der Zukunft. Deshalb kann er weder garantiert noch bei Vertragsabschluss konkret berechnet werden. Andererseits soll der Versicherungsnehmer allgemein verstehen, in welchen Fällen für ihn ein konkreter Anspruch entstehen kann. Auch die Ausführungen des BVerfG[104] muss man in dem Sinne verstehen, dass dem Versicherungsnehmer, wenn er einen effektiven Anspruch auf Überschussbeteili-

---

[93] *Reiff* in Prölss/Martin § 153 Rn. 32; *Brambach* in Rüffer/Halbach/Schimikowski § 153 Rn. 73; *Römer* in Römer/Langheid § 153 Rn. 54.

[94] *Reiff* in Prölss/Martin § 153 Rn. 32.

[95] *Reiff* in Prölss/Martin § 153 Rn. 32; mit Einschränkungen *Brambach* in Rüffer/Halbach/Schimikowski § 153 Rn. 75.

[96] *Reiff* in Prölss/Martin § 153 Rn. 32; *Ortmann* in Schwintowski/Brömmelmeyer § 153 Rn. 99.

[97] *Reiff* in Prölss/Martin § 153 Rn. 32; *Brambach* in Rüffer/Halbach/Schimikowski § 153 Rn. 75.

[98] *Römer* in Römer/Langheid § 153 Rn. 55.

[99] *Römer* in Römer/Langheid § 153 Rn. 55.

[100] Weitergehend *Römer* in Römer/Langheid § 153 Rn. 56.

[101] *Römer* in Römer/Langheid § 153 Rn. 57.

[102] *Reiff* in Prölss/Martin § 153 Rn. 32 mit Hinweis auf BVerfG VersR 2000, 214.

[103] BGH NJW 2001, 2014; BeckRS 2010, 11849.

[104] BVerfG NJW 2005, 2376.

gung haben soll, **nachvollziehbar dargelegt** werden muss, **woraus sich sein Anspruch ergibt und wie dieser ermittelt wird.** Sinnvoll ist es daher, die Schritte darzustellen, die zum konkreten Anspruch hinführen[105]. Entsprechend müssen Versicherungsunternehmen gemäß § 2 Abs. 1 Nr. 3 VVG-Info V vor Vertragsabschluss Angaben über die für die Überschussermittlung und -beteiligung geltenden Berechnungsgrundsätze und -maßstäbe machen.

65 In Abs. 4 und in der Überschrift hierzu wird ausdrücklich darauf hingewiesen, dass die Überschussbeteiligung nicht garantiert werden kann.

Nach einem die Systematik der Bedingung und der Überschussbeteiligung einleitenden Absatz 1 (→ Rn. 28–31) werden die einzelnen Schritte – und Stufen – der Überschussbeteiligung in den Bedingungen nachvollziehbar dargestellt.

In Abs. 1 und 2 werden außerdem die wesentlichen rechtlichen Grundlagen für die Überschussbeteiligung genannt, ohne sich darauf zu beschränken. Der Versicherungsnehmer erfährt schließlich, dass er sich über die jährlichen Informationen gemäß § 155 S. 1 VVG hinaus auch aus dem Geschäftsbericht über die Überschussbeteiligung informieren kann.

Insgesamt handelt es sich daher um eine – unter Berücksichtigung der Komplexität der Materie – **transparente Regelung,** die keinen Wirksamkeitsbedenken begegnet. Dass die Komplexität des zu regelnden Gegenstandes bei der Bewertung der Wirksamkeit einer Bedingung im Hinblick auf deren Transparenz mit zu berücksichtigen ist, ergibt sich aus Entscheidungen des BGH[106], des OLG Stuttgart[107] und des AG Bonn.[108] Das Transparenzgebot kann sogar dazu führen, dass komplexe versicherungsmathematische Modelle nicht in allen ihren Verästelungen darzustellen sind, weil das Ergebnis statt erstrebter Transparenz sonst Verwirrung sein könnte.[109]

66 Lediglich dann, wenn bereits bei Vertragsabschluss absehbar ist, dass eine **bestimmte Gewinngruppe** aufgrund ihrer Besonderheit voraussichtlich keine oder kaum Überschussbeteiligung erhalten kann, könnte die Nichtdarstellung dieses Umstandes eine Unwirksamkeit der Bedingung zur Folge haben (→ Rn. 23 ff.)[110]

§ 3 Wann beginnt Ihr Versicherungsschutz?

Ihr Versicherungsschutz beginnt, wenn Sie den Vertrag mit uns abgeschlossen haben. Jedoch besteht vor dem im Versicherungsschein angegebenen Versicherungsbeginn kein Versicherungsschutz. Allerdings kann unsere Leistungspflicht entfallen, wenn Sie den Beitrag nicht rechtzeitig zahlen (s. § 10 Absätze 2 und 3 und § 11).

Übersicht

---

[105] AG Bonn BeckRS 2011, 22289.
[106] BGH NJW 2001, 2014.
[107] OLG Stuttgart BeckRS 2014, 05600.
[108] AG Bonn BeckRS 2011, 22289.
[109] OLG Stuttgart Beck RS 2014, 05600, S. 14.
[110] OLG Stuttgart Beck RS 2014, 05600.

Schrifttum: *Armbrüster,* Aktuelle Rechtsfragen der Beratungspflichten von Versicherern und Vermittlern, Münsteraner Reihe Bd. 110, 2009; *ders.,* Beratungspflichten des Versicherers nach § 6 VVG nF: Grundlagen, Reichweite, Rechtsfolgen, ZVersWiss 2008, 425; *ders.,* Das allgemeine Widerrufsrecht im neuen VVG, r+s 2008, 493; *ders.,* Informations- und Beratungspflichten bei bestehendem Versicherungsverhältnis, FS Schirmer, 2005, S. 1; *Baroch Castellvì,* VVG-Informationspflichtenverordnung, 2012; *ders.,* Der Kostenausweis in der kapitalbildenden Versicherung nach der VVG-InfoV – Versuch einer ersten Annäherung, r+s 2009, 1; *Baumann,* Es gibt den dritten Weg – Ein zusätzliches Vertragsmodell für das neue VVG, VW 2007, 1955; *Blankenburg,* Verzicht auf Beratung und Informationsrecht nach dem neuen VVG, VersR 2008, 1446; *Brömmelmeyer,* Vorvertragliche Informationspflichten des Versicherers – insbesondere in der Lebensversicherung, VersR 2009, 584; *Dörner/Staudinger,* Kritische Bemerkungen zum Referentenentwurf eines Gesetzes zur Reform des Versicherungsvertragsrechts, WM 2006, 1710; *Franz,* Das Versicherungsrecht im neuen Gewand – die Neuregelungen und ausgewählte Probleme, VersR 2008, 298; *Funck,* Ausgewählte Fragen aus dem Allgemeinen Teil zum neuen VVG aus der Sicht einer Rechtsabteilung, VersR 2008, 163; *Gaul,* Zum Abschluss des Versicherungsvertrags – Alternativen zum Antragsmodell?, VersR 2007, 21; *Grote/Schneider,* VVG 2008: Das neue Versicherungsvertragsrecht, BB 2007, 2689; *Honsel,* Vertreterdirekteingabe nach Abschaffung des Policenmodells – Fortführung des Verfahrens auch nach neuem Recht?, VW 2007, 359; *Langheid,* Die Reform des Versicherungsvertragsgesetzes, NJW 2007, 3665; *Leverenz,* Vertragsschluss nach der VVG-Reform, 2008; *ders.,* Wann ist die Vertragsinformation „rechtzeitig"? – Am Beispiel der Lebensversicherung, VW 2008, 392; *Niederleithinger,* Auf dem Weg zu einer VVG-Reform – Zum Referentenentwurf eines Gesetzes zur Reform des Versicherungsvertragsrechts, VersR 2006, 437; *ders.,* Das neue VVG, 2007; *Pohlmann,* Viel Lärm um nichts – Beratungspflichten nach § 6 VVG und das Verhältnis zwischen Beratungsaufwand und Prämie, VersR 2009, 327; *Präve,* Die VVG-Informationspflichtenverordnung, VersR 2008, 151; *Römer,* Die kapitalbildende Lebensversicherung nach dem neuen Versicherungsvertragsgesetz, DB 2007, 2523; *ders.,* Zu ausgewählten Problemen der VVG-Reform nach dem Referentenentwurf vom 13. März 2006 (Teil I), VersR 2006, 740; *ders.,* Zu den Informationspflichten nach dem neuen VVG – Ein Vorblatt zu den AVB oder: weniger ist mehr, VersR 2007, 618; *Schimikowski,* Abschluss des Versicherungsvertrags nach neuem Recht, r+s 2006, 441; *ders.,* Vertragsabschluss nach der Invitatio-Lösung und das neue VVG, VW 2007, 715; *ders.,* VVG-Reform: Die vorvertraglichen Informationspflichten des Versicherers und das Rechtzeitigkeitserfordernis r+s 2007, 133; *Schirmer/Sandkühler,* VVG-Reform: Vertragsabschlussmodelle und ihre Bedeutung für das Maklergeschäft, ZfV 2007, 771; *Schneider,* Keine Musterbelehrungen in Sicht, VW 2008, 1168; *Schwintowski,* Erste Erfahrungen mit Kostentransparenz und Produktinformationsblatt nach der VVG-InfoV, VuR 2008, 250; *Staudinger,* Versicherungsmordernisierung – Kritikpunkte aus nationalem und europäischem Blickwinkel, Münsteraner Reihe Bd. 105, 1; *Stöbener,* Informations- und Beratungspflichten des Versicherers nach der VVG-Reform, ZVersWiss 2007, 465; *Stockmeier,* Das Vertragsabschlussverfahren nach neuem VVG, VersR 2008, 717; *ders.,* Anforderungen an den Fernabsatz von Versicherungsverträgen nach VVG, UWG und BDSG, VersR 2010, 856; *Wandt/Ganster,* Die Rechtsfolgen des Widerrufs eines Versicherungsvertrags gem. § 9 VVG, VersR 2008, 425; *Weidner,* Nachfrage- und Beratungspflichten nach Abschluss des Versicherungsvertrages (§ 6 Abs. 4 VVG), FS Wälder, 2009, 82; *Werber,* § 6 VVG 2008 und die Haftung des Versicherers für Fehlberatung durch Vermittler, VersR 2008, 285.

I. Gesetzliche Grundlagen

1 Nach **§ 10 VVG** beginnt die Versicherung, sofern die Versicherung nach Tagen, Wochen, Monaten oder einem mehrere Monate umfassenden Zeitraum bestimmt ist, mit Beginn des Tages, an dem der Vertrag geschlossen wird (sog. **Mitternachtsregelung**). Die Regelung in § 10 VVG hat die Regelung in § 7 Abs. 1 VVG aF abgelöst, nach der grundsätzlich der Mittag des Tages für den Beginn maßgeblich war, wenn keine abweichende Vereinbarung getroffen wurde.[1] Mit Beginn der Versicherung ist der materielle Versicherungsbeginn, also der Beginn des Haftungszeitraums gemeint.[2] Der Vertrag endet mit Ablauf des letzten Tages der Vertragslaufzeit. Die Vorschrift stellt eine **Auslegungsregel** dar, die nur greift, sofern die Parteien keine andere Vereinbarung getroffen haben. Auch konkludent getroffene Vereinbarungen sind insoweit vorrangig zu beachten.[3]

2 Die Vorschrift des § 10 VVG legt nicht nur die Uhrzeit fest, sondern auch den **Tag, ab dem der Versicherungsschutz bestehen soll.** Insoweit ist § 10 VVG *lex specialis* zu § 271 Abs. 1 VVG.[4] Die Vorschrift findet entsprechende Anwendung, wenn die Parteien einen anderen Tag für den Versicherungsbeginn festgelegt haben, aber keine Regelung hinsichtlich der Uhrzeit des Versicherungsbeginns getroffen haben.[5]

3 Das VVG enthält keine Regelungen für den eigentlichen **Vertragsschluss.** Dieser richtet sich vielmehr nach den allgemeinen zivilrechtlichen Regelungen, insbesondere nach § 311 und §§ 145ff. BGB.[6] Der Versicherungsvertrag kommt daher, wie andere Verträge auch, in dem Zeitpunkt zustande, in dem die Annahmeerklärung der anderen Vertragspartei zugeht.[7] Formerfordernisse für den Vertrags-

---

[1] Zu den Motiven vgl. Begr. des RegE zur VVG-Reform BT-Drs. 16/3945, 62.
[2] *C. Schneider* in Looschelders/Pohlmann § 10 Rn. 1.
[3] BGH VersR 1991, 1397 (1398).
[4] *C. Schneider* in Looschelders/Pohlmann § 10 Rn. 1.
[5] *Rixecker* in Römer/Langheid § 10 Rn. 2.
[6] *Brömmelmeyer* in Beckmann/Matusche-Beckmann § 42 Rn. 34.
[7] *Wandt* Rn. 434.

abschluss selbst bestehen nicht, der eigentliche Vertragsschluss eines Versicherungsvertrages ist daher auch mündlich möglich.[8] Formerfordernisse können aber hinsichtlich bestimmter Nebenerklärungen bestehen, so hinsichtlich einer datenschutzrechtlichen Einwilligung (vgl. § 4a Abs. 1 S. 3 BDSG) oder hinsichtlich des SEPA Mandates (→ § 10 Rn. 23).

4 Die allgemeinen zivilrechtlichen Regelungen zum Vertragsschluss werden ergänzt durch einige Sonderegelungen im VVG, die einen höheren Verbraucherschutz gewährleisten sollen. Diese betreffen insbesondere den Fall, dass der Versicherungsschein von dem Antrag abweichende Regelungen enthält (§ 5 VVG), die Beratungs- und Dokumentationspflichten (§§ 6, 61 VVG), die vorvertraglichen Informationspflichten (§ 7 VVG) und das Widerrufsrecht (§§ 8 und 9 VVG). Ein besonderes Erfordernis besteht für Lebens- und Rentenversicherungen nach § 150 VVG hinsichtlich der Einwilligung der versicherten Person.

1. Abweichender Versicherungsschein

5 Nach § 5 Abs. 1 VVG werden Abweichungen im Versicherungsschein vom Antrag Vertragsinhalt, wenn der Versicherungsnehmer nicht innerhalb eines Monats nach Zugang des Versicherungsscheins widersprochen hat. Voraussetzung ist, dass der Versicherer über die **Genehmigungsfiktion** sowie über jede Änderung und die damit verbundenen Rechtsfolgen belehrt hat (§ 5 Abs. 2 VVG). Es handelt sich hier also um eine Ausnahme von dem zivilrechtlichen Grundsatz, dass Schweigen außerhalb des kaufmännischen Verkehrs keine Zustimmung bedeutet.[9] Hat der Versicherer nicht bzw. nicht ausreichend auf die Abweichungen hingewiesen oder über die Genehmigungsfiktion belehrt, gilt der Vertrag als mit dem Inhalt des Antrags des Versicherungsnehmers geschlossen (§ 5 Abs. 3 VVG). Der Vertrag kommt also trotz fehlender übereinstimmender Willenserklärungen (Dissens) zustande.[10] Die Regelungen dienen der Rechtssicherheit und -klarheit. Es soll verhindert werden, dass der geänderte Versicherungsschein nach den allgemeinen zivilrechtlichen Regeln als Ablehnung verbunden mit einem neuen Antrag aufzufassen ist mit der Folge, dass der Versicherungsnehmer bis zur Annahme des erneuten Antrages ohne Versicherungsschutz wäre.[11]

6 Die Billigungsklausel findet auch auf den Fall Anwendung, dass der **Versicherungsvertrag bereits vor Übersendung des Versicherungsscheins zustande gekommen** ist, etwa bei einem telefonischen Vertragsabschluss oder durch Zusendung einer Annahmeerklärung. Übersendet im Anschluss an einen solchen Vertragsschluss einen Versicherungsschein, der von den getroffenen Vereinbarungen abweicht, so stellt dies einen Antrag auf Abänderung des Vertrages dar. Dieser gilt als angenommen, wenn der Versicherungsnehmer nicht innerhalb eines Monats nach Erhalt des Versicherungsscheins widerspricht.[12]

7 Die Regelung des § 5 VVG geht davon aus, dass der Versicherungsnehmer den Antrag stellt und dieser durch Zusendung des Versicherungsscheins angenommen wird, dh dass der Vertragsschluss nach dem Antragsmodell erfolgt. Erfolgt der Vertragsschluss nach dem sog. **Invitatio-Modell** (→ Rn. 76), ist für die Genehmi-

[8] *Armbrüster* in Prölss/Martin § 1 Rn. 29.
[9] *Schimikowski* Rn. 48.
[10] *Schimikowski* Rn. 48.
[11] *Armbrüster* in Langheid/Wandt § 5 Rn. 2.
[12] *Schimikowski* Rn. 51.

gungsfiktion des § 5 Abs. 1 VVG kein Raum.[13] Der Versicherungsnehmer muss entscheiden, ob er das Angebot annimmt. Weicht der Versicherungsschein (dh das Angebot des Versicherers) von der Anfrage ab, muss der Versicherer aber in entsprechender Anwendung des § 5 Abs. 2 VVG auf die Abweichungen hinweisen.[14] Unterbleibt ein solcher Hinweis, so kann der Versicherer sich nicht auf die Abweichungen berufen.[15]

8 Die Regelung des § 5 VVG unterscheidet nicht zwischen für den Versicherungsnehmer **günstigen und ungünstigen Abweichungen.** Handelt es sich um eine für den Versicherungsnehmer günstige Abweichung, so bedarf es einer Belehrung nach § 5 Abs. 2 VVG nicht. Die für ihn günstige Regelung wird auch dann Vertragsinhalt, wenn der Versicherer nicht auf die Abweichungen aufmerksam gemacht oder über das Widerspruchsrecht belehrt hat.[16] Handelt es sich um zum Teil günstige, zum Teil ungünstige Abweichungen, so muss der Versicherer auf die ungünstigen Abweichungen hinweisen, andernfalls ist nach § 5 Abs. 3 VVG der Antrag für den Inhalt des Vertrages maßgeblich.[17]

9 Voraussetzungen für eine Anwendung des § 5 VVG ist, dass der Vertrag im Übrigen zivilrechtlich wirksam zustande gekommen ist.[18] Daher findet § 5 VVG keine Anwendung, wenn der Versicherer den **Antrag verspätet annimmt.** In diesem Fall greifen die allgemeinen zivilrechtlichen Regelungen, dh der Versicherungsschein gilt nach §§ 147 Abs. 2, 148 BGB als neuer Antrag, so dass es einer erneuten Annahme durch den Versicherer bedarf. Dieses gilt entsprechend, wenn der Versicherer in dem Antragsformular eine Antragsbindungsfrist vorgesehen hat und die Frist bereits abgelaufen ist.[19] Die Bemessung einer angemessenen Annahmefrist hängt von den tatsächlichen Umständen ab. Zu berücksichtigen sind dabei der Zeitablauf zwischen Abgabe des Antrags und Eingang des Antrags, eine Überlegungs- und Bearbeitungsfrist sowie der erforderliche Zeitraum für die Übermittlung der Annahme. Bei einer Lebensversicherung, jedenfalls sofern eine Gesundheitsprüfung erforderlich ist, dürfte eine Annahme innerhalb von vier Wochen noch als rechtzeitig gelten.[20] Der Versicherer ist auch befugt, die Annahmefrist voll auszuschöpfen. Er kann den Antrag im letzten Augenblick annehmen oder ablehnen, er kann auch jede Äußerung unterlassen. Etwas anderes gilt nur dann, wenn eine besondere Eilbedürftigkeit für den Versicherer erkennbar ist.[21]

10 Auch bei einer verspäteten Annahme muss der Versicherer auf eventuelle **Abweichungen** vom Antrag hinweisen. Hat der Versicherer nicht auf die Abweichungen

---

[13] *Armbrüster* in Langheid/Wandt § 5 Rn. 7; *Brömmelmeyer* in Schwintowski/Brömmelmeyer § 5 Rn. 4; *Knops* in Bruck/Möller § 5 Rn. 4; *Rudy* in Prölss/Martin § 5 Rn. 1.

[14] *Brömmelmeyer* in Rüffer/Halbach/Schimikowski § 5 Rn. 4; *Armbrüster* in Langheid/Wandt § 5 Rn. 7.

[15] *Klimke* VersR 2011, 1244 (1248).

[16] BGH VersR 1995, 648; 1990, 887; 1989, 395; OLG Hamm VersR 2011, 469 (476f.); aA *C. Schneider* in Looschelders/Pohlmann § 5 Rn. 16 und *Rudy* in Prölss/Martin § 5 Rn 7, die die Genehmigungswirkung ausschließlich bei Vorliegen einer Belehrung gem. § 5 Abs. 2 VVG zum Zuge kommen lassen möchten und bei fehlender Belehrung von der Geltung der allgemeinen Regelungen der §§ 145ff. BGB ausgehen.

[17] *Rudy* in Prölss/Martin § 5 Rn. 8.

[18] *Rudy* in Prölss/Martin § 5 Rn. 2.

[19] BGH r+s 1987, 28.

[20] AG Pfaffenhofen VersR 2007, 1113.

[21] BGH VersR 78, 1134.

hingewiesen und nimmt der Versicherungsnehmer den Vertrag konkludent durch Zahlung des Beitrages an, so kommt der Vertrag in analoger Anwendung des §5 Abs. 3 VVG mit dem Inhalt des ursprünglichen Antrages zustande.[22] Auf das durch die Verspätung bedingte Erfordernis einer erneuten Annahme muss der Versicherer ebenfalls hinweisen. Unterbleibt dies, so können sich aus §6 Abs. 5 VVG Schadensersatzansprüche ergeben.

11 Die Regelung des §5 Abs. 1 VVG setzt weiter voraus, dass der Versicherungsschein inhaltlich von dem Antrag abweicht, nicht nur hinsichtlich der Formulierung. Es ist daher zunächst durch Auslegung (§§ 130, 157 BGB) zu ermitteln, ob eine sachliche Abweichung vorliegt.[23] Kein Raum für §5 VVG besteht dann, wenn es sich um einen Fall der **falsa demonstratio** handelt, dh Antrag und Versicherungsschein von ihrem Wortlaut unterscheiden, aber das gleiche gewollt ist. In diesem Fall ist der wahre Wille der Erklärenden maßgeblich.[24]

12 Der Antrag muss **hinreichend bestimmt** sein, dh es muss sich um einen Antrag iSd §145 BGB handeln. Der Antrag muss also die vertragswesentlichen Bestandteile (sog. *essentialia negotii*) enthalten, allerdings noch nicht alle Einzelheiten des späteren Vertrages.[25] Sofern der spätere Versicherungsschein Regelungen vorsieht, die in dem Antrag noch nicht enthalten waren, soll §150 Abs. 2 BGB gelten.[26] Unerheblich ist, ob der Antrag mündlich oder schriftlich gestellt wurde.

2. Beratungs- und Dokumentationspflichten im Zusammenhang mit dem Abschluss des Versicherungsvertrages

13 Nach §6 Abs. 1 VVG hat der Versicherer den Versicherungsnehmer vor Abschluss des Vertrages nach seinen **Wünschen und Bedürfnissen** zu befragen und zu beraten. Für den Versicherungsvermittler (Makler und Versicherungsvertreter) ergibt sich diese Verpflichtung aus §61 Abs. 1 VVG. Bedient sich der Versicherers eines Versicherungsvertreters, so ist die Beratungspflicht aus §§6 Abs. 1 und 61 Abs. 1 VVG nur einmal zu erfüllen. Es genügt, wenn der Versicherungsvermittler der Beratungspflicht nachkommt; damit erfüllt auch der Versicherer seine Verpflichtung aus §6 Abs. 1 VVG.[27] Der Versicherungsvermittler und der Versicherer schulden die Beratung grundsätzlich als Gesamtschuldner.[28] Wird der Vertrag durch einen Makler vermittelt, ist der Versicherer nach §6 Abs. 6 von seiner Beratungs- und Dokumentationspflicht befreit. In diesem Fall schuldet also nur der Makler eine Beratung.

14 Die Beratungspflicht besteht nur, soweit hierfür ein erkennbarer **Anlass** besteht.[29] Eine allgemeine Beratungs- und Belehrungspflicht, insbesondere eine Pflicht zu umfassender Vermögens- und Anlageberatung, trifft den Versicherer nicht.[30] Auch

---

[22] Wie hier *Rudy* in Prölss/Martin §5 Rn. 2; für eine Hinweispflicht aus §6 VVG mit der Folge von Schadensersatz bei unterbliebenem Hinweis *Brömmelmeyer* in Rüffer/Halbach/Schimikowski §5 Rn. 5; *Rixecker* in Römer/Langheid §5 Rn. 2; *Armbrüster* in Langheid/Wandt §5 Rn. 6.

[23] *C. Schneider* in Looschelders/Pohlmann §5 Rn. 14.

[24] BGH VersR 1995, 48; *Rixecker* in Römer/Langheid §5 Rn. 2.

[25] *C. Schneider* in Looschelders/Pohlmann §5 Rn. 15.

[26] *Armbrüster* in Langheid/Wandt §5 Rn. 19; *Rudy* in Prölss/Martin §5 Rn. 4.

[27] Langheid NJW 2007, 3665 (3666).

[28] *Werber* VersR 2008, 285.

[29] *Rixecker* in Römer/Langheid §6 Rn. 5; *Pohlmann* in Looschelders/Pohlmann §6 Rn. 52.

[30] *Münkel* in Rüffer/Halbach/Schimikowski §6 Rn. 9.

eine allgemeine Risikoanalyse ist nicht geschuldet.[31] Die Beratungs- und vorgehende Befragungspflicht ist vielmehr auf den vom Versicherungsnehmer durch dessen konkrete Anfrage umschriebenen Versicherungsbedarf beschränkt.[32]

15 Von einem Beratungsanlass ist auszugehen, wenn der Versicherungsnehmer den Versicherer um Unterstützung bittet oder der Versicherer irrige Vorstellungen des Versicherungsnehmers bemerkt oder auf Unklarheiten der Beurteilung stößt.[33] Das Gesetz nennt in § 6 Abs. 1 S. 1 VVG (beispielhaft) zwei Fälle, die eine Beratung auslösen können: zum einen die Schwierigkeit, die angebotene Versicherung zu beurteilen, also die Komplexität der betreffenden Versicherung **(produktbezogener Beratungsanlass),** zum anderen in der Person sowie der Situation des Versicherungsnehmers liegende Umstände **(personenbezogener Beratungsanlass).** Erteilt der Versicherer Ratschläge oder Empfehlungen, ohne dass hierzu ein Anlass bestand, müssen diese ebenfalls richtig sein. Ist dies nicht der Fall, so macht er sich ggf. schadensersatzpflichtig.[34]

16 Von einem produktbezogenen Beratungsanlass ist auszugehen, wenn es sich um ein **komplexes, schwierig zu beurteilendes Produkt,** nicht um ein einfaches Standardprodukt handelt.[35] Zwar mag es sich bei reinen Risikolebensversicherungen noch um Standardprodukte von geringer Komplexität handeln, Bei Lebens- und Rentenversicherungen, die der Altersvorsorge bzw. dem Vermögensaufbau und der Vermögensanlage dienen, ist aufgrund der Komplexität der Produkte und der größeren wirtschaftlichen Bedeutung (Prämienhöhe, langfristige Bindung, Absicherungszweck) regelmäßig von einem produktspezifischen Beratungsanlass auszugehen.[36] Auch in der Gesetzesbegründung wird die Lebensversicherung als Beispiel für ein komplexes Produkt genannt.[37]

17 Der Versicherer muss, sofern ein Beratungsanlass besteht, nach § 6 Abs. 1 S. 1 VVG den Versicherungsnehmer **nach seinen Wünschen und Bedürfnissen fragen** und hat diesen, unter Berücksichtigung eines angemessenen Verhältnisses zwischen Beratungsaufwand und Prämien, zu **beraten** sowie die **Gründe** für jeden zu einer bestimmten Versicherung erteilten Rat anzugeben.[38] Dabei hat der Versicherer den Versicherungsnehmer so über den Inhalt der angebotenen Versicherung zu informieren und aufzuklären, dass dieser selbst beurteilen kann, ob es das passende Produkt ist. Dazu hat der Versicherer **überblicksmäßig** (ggf. anhand des Produktinformationsblatts) die wesentlichen Eigenschaften des Produkts zu erläutern und muss komplizierte vertragliche Regelungen erklären.[39] Im Rahmen des Abschlusses einer Lebens- oder Rentenversicherung muss der Versicherer den Versicherungsnehmer über alle für den Anlageentschluss des Versicherungsnehmers bedeutsamen Umstände aufklären und darf die Risiken der Anlage nicht verharmlosen oder gar verschweigen. Die Daten, mit denen der Versicherer wirbt, zB Vergangenheitsrenditen, müssen zutreffen und die Umstände, die die

---

[31] Vgl. Begr. RegE Vermittlergesetz BT-Drs. 16/1935, 24.

[32] *Niederleithinger* VersR 2006, 437.

[33] *Rixecker* in Römer/Langheid § 6 Rn. 5.

[34] *Münkel* in Rüffer/Halbach/Schimikowski § 6 Rn. 11.

[35] *Münkel* in Rüffer/Halbach/Schimikowski § 6 Rn. 14.

[36] *Rixecker* in Römer/Langheid § 6 Rn. 11; *Armbrüster* in Langheid/Wandt § 6 Rn. 39.

[37] Begr. RegE BT-Drs. 16/1935, 24.

[38] Zum Verhältnis zwischen Beratungsaufwand und Prämie vgl. *Pohlmann* VersR 2009, 327.

[39] *Armbrüster* in Langheid/Wandt § 6 Rn. 101.

Wertentwicklung einer Anlage beeinflussen können, müssen transparent dargestellt werden.[40]

18 Hat der Versicherer mehrere Produkte im Angebot, die in Betracht kommen, so darf er sich nicht bei der Beratung auf ein Produkt beschränken, sondern er muss die verschiedenen Produkt und Tarifgestaltungen erläutern und das passende Produkte empfehlen. Dabei muss er auch auf prämiegünstigere Produkte oder Gestaltungsmöglichkeiten hinweisen.[41] Allerdings findet die Beratungspflicht dort ihre Grenzen, wo sie den legitimen wirtschaftlichen Eigeninteressen des Versicherers zuwiderlaufen würde. Der Versicherer muss also nicht auf passenderen oder günstigeren Versicherungsschutz von Wettbewerbern oder versicherungsfremden Anbietern hinweisen.[42]

19 Der Versicherer muss die ermittelten Wünsche und Bedürfnisse sowie die hierauf basierenden Empfehlungen und deren Gründe **dokumentieren** (§ 6 Abs. 1 S. 2 VVG). Dabei kann sich der Versicherer entsprechender Vordrucke bedienen.[43] Die Beratungsdokumentation muss nicht die gesamte Beratung in allen Einzelheiten wiedergeben. Sie kann sich vielmehr auf die stichwortartige Wiedergabe der Fragen beschränken.[44] Ebenso ist es möglich und kann auch sinnvoll sein, wenn der Vermittler die Beratungsdokumentation mit Hilfe von Beratungssoftware vorbereitet. Dies entlastet den Vermittler in dem Verkaufsgespräch und erleichtert dem Versicherer die Einhaltung eines hohen Qualitätsstandards bei der Beratungsdokumentation.[45] Dabei ist darauf zu achten, dass genügend Raum für Freitext gegeben wird, um der Individualität des konkreten Beratungsgesprächs Rechnung zu tragen.

20 Der Versicherer muss dem Versicherungsnehmer die Beratungsdokumentation **vor Abschluss** des Vertrages übermitteln (§ 6 Abs. 2 S. 1 VVG). Dabei soll es nach der hM nicht ausreichen, wenn im Antragsverfahren der Versicherer dem Versicherungsnehmer die Beratungsdokumentation mit dem Versicherungsschein zukommen lässt.[46] Diese Ansicht ist abzulehnen. Aus Sicht des Versicherungsnehmers genügt es, dass er die Beratungsdokumentation mit dem Versicherungsschein erhält. Sollte er bei Durchsicht der Beratungsdokumentation erkennen, dass das empfohlene Produkt doch nicht seinen Wünschen und Bedürfnissen entspricht, so hat er mit dem Widerrufsrecht nach § 7 VVG hinreichend Zeit, sich von dem Vertrag zu lösen. Insbesondere in Fällen, in denen der Vermittler die Beratungsdokumentation mit der Angebotssoftware erfasst und der Versand aus dem technischen System des Versicherers heraus erfolgt, wäre es eine unnötige Formalie, wenn dem Kunden zunächst ein Brief mit der Beratungsdokumentation geschickt werden muss und erst nachgelagert die Zusendung des Versicherungsscheins erfolgen kann.

21 Als **Form** wird für die Beratungsdokumentation nach § 6 Abs. 2 S. 1 VVG die Textform (§ 126b BGB) verlangt. Diese ist gewahrt, wenn dem Versicherungsnehmer die Beratungsdokumentation als CD-Rom, USB-Stick oder per E-Mail zur Verfügung gestellt wird.[47] Es ist also weder die Unterschrift des Vermittlers noch

---

[40] BGH NJW 2012, 3647 (3651 f.); vgl. hierzu auch *Rixecker* in Römer/Langheid § 6 Rn. 11 mwN.

[41] *Armbrüster* in Langheid/Wandt § 6 Rn. 102; *Rudy* in Prölss/Martin § 6 Rn. 18.

[42] *Armbrüster* ZVersWiss. 2008, 425 (430).

[43] *Armbrüster* in Langheid/Wandt § 6 Rn. 122.

[44] *Rudy* in Prölss/Martin § 6 Rn. 36.

[45] *Honsel* VW 2007, 359 (360).

[46] *Rixecker* in Römer/Langheid § 6 Rn. 22; *Armbrüster* in Langheid/Wandt § 6 Rn. 136.

[47] *Armbrüster* in Langheid/Wandt § 6 Rn. 135.

die Unterschrift des Kunden erforderlich. Allerdings sollte der Versicherungsnehmer sich mit der Überlassung der Beratungsdokumentation in dem jeweiligen Medium einverstanden sein.

22 Der Versicherungsnehmer kann auf die Beratung und/oder die Beratungsdokumentation verzichten (§ 6 Abs. 3 VVG). Voraussetzung für die Wirksamkeit des **Verzichts** ist, dass der Versicherer den Versicherungsnehmer ausdrücklich darauf hinweist, dass sich ein Verzicht nachteilig auf seine Möglichkeiten auswirken kann, gegen den Versicherer einen Schadensersatzanspruch geltend zu machen. Der Verzicht muss durch eine gesonderte schriftliche Erklärung erfolgen. Mit dem Erfordernis der „gesonderten" Erklärung wird kein eigenes, von dem Antragsformular oder der Beratungsdokumentation getrenntes Druckstück gefordert, wohl aber eine gestalterisch abgesetzte Erklärung, die vom Versicherungsnehmer gesondert unterzeichnet werden muss.[48] Der Verzicht kann auch vom Versicherungsunternehmen vorformuliert werden, dh es können entsprechende Vordrucke verwendet werden.[49] Der vom Gesetzgeber verlangte Hinweis auf die nachteiligen Rechtsfolgen wäre ohne die Mitwirkung des Versicherers bei der Abfassung der Verzichtserklärung überhaupt nicht möglich. Zwar soll nach der Gesetzesbegründung das Erfordernis der „gesonderten schriftlichen Erklärung" dem Schutz gegen einen formularmäßig vereinbarten Verzicht dienen.[50] Der Hinweis auf die gesonderte Erklärung ist dahingehend zu verstehen, dass dadurch allein verhindert werden sollte, dass der Verzicht in die AVB aufgenommen und damit faktisch jedem Vertrag zugrunde gelegt wird.[51] Dennoch sind Versicherer gut beraten, wenn sie bei sensiblen Versicherungsprodukten wie Lebens- und Rentenversicherungen durch ihren Vertrieb veranlasste Verzichtserklärungen der Versicherungsnehmer nicht akzeptieren[52] oder Hürden vorsieht, wie etwa eine Pflicht zur Begründung des Verzichts.

23 Die Beratungsdokumentation ist keine Wirksamkeitsvoraussetzung für den Abschluss des Vertrages. Verstößt der Versicherer gegen seine Beratungspflichten, so macht er sich **schadensersatzpflichtig,** § 6 Abs. 5 S. 1VVG. Es handelt sich bei dieser Regelung um eine spezialgesetzliche Ausprägung eines Anspruchs aus Verschulden bei Vertragsschluss.[53] Keine Schadensersatzpflicht besteht, wenn der Versicherer die Pflichtverletzung nicht zu vertreten hat, § 6 Abs. 5 S. 2VVG. Insoweit hat der Versicherer die Darlegungs- und Beweislast. Hinsichtlich des Vertretenmüssens gelten die §§ 276, 278 BGB. Zu vertreten hat der Versicherer die Beratungspflichtverletzung demnach bei eigenem Verschulden (Vorsatz und Fahrlässigkeit) und bei solchem seiner Erfüllungsgehilfen. Hierunter fallen Mitarbeiter im Innen- und Außendienst ebenso wie Versicherungsvertreter.[54]

[48] *Rixecker* in Römer/Langheid § 6 Rn. 24; *Armbrüster* in Langheid/Wandt § 6 Rn. 178.

[49] *Blankenburg* VersR 2008, 1446 (1449); *Armbrüster* in Langheid/Wandt § 6 Rn. 168ff., im Ergebnis auch *Rudy* in Prölss/Martin § 6 Rn. 40, der in einer unterschriebenen vorgedruckten Erklärung einen individuellen Verzicht sieht; aA *Rixecker* in Römer/Langheid § 6 Rn. 25.

[50] Begr. zum VVG-RegE BT-Drs. 16/3945, 151.

[51] *Blankenburg* VersR 2008, 1446 (1449).

[52] So bereits *Römer* VersR 2006, 740.

[53] *Dörner/Staudinger* WM 2006, 1710.

[54] *Armbrüster* in Langheid/Wandt § 6 Rn. 302.

3. Die vorvertraglichen Informationspflichten

a) Anwendungsbereich. Nach **§ 7 VVG** muss der Versicherer dem Versicherungsnehmer vor Abgabe von dessen Vertragserklärung die Vertragsbestimmungen einschließlich der Allgemeinen Versicherungsbestimmungen sowie die in der aufgrund der Ermächtigung in § 7 Abs. 2 VVG erlassenen VVG-Informationspflichtenverordnung (VVG-InfoV)[55] bestimmten Informationen mitteilen. Die Erteilung der Informationen ist keine Wirksamkeitsvoraussetzung für den Vertragsschluss, allerdings beginnt die Widerrufsfrist nach § 8 Abs. 2 S. 1 Nr. 1 VVG erst zu laufen, wenn dem Versicherungsnehmer die Informationen zugegangen sind. Die Vorschrift dient der Umsetzung der in § 7 Abs. 2 S. 2 VVG genannten Richtlinien, also der Dritten Richtlinie Schaden (92/49/EWG), der Richtlinie Leben (2002/83/EG) sowie der Richtlinie über der den Fernabsatz von Finanzdienstleistungen (2002/65EG). Bei den Informationspflichten wird dabei nicht danach differenziert, ob der Vertrag im Fernabsatz zustande gekommen ist. Die in der Richtlinie über den Fernabsatz von Finanzdienstleistungen vorgesehenen Informationspflichten werden also auf **alle Verträge** ausgedehnt, unabhängig davon, ob ein Vertragsschluss über ein Fernkommunikationsmittel erfolgt oder nicht. Damit soll dem Umstand Rechnung getragen werden, dass die nach der Richtlinie über den Fernabsatz von Finanzdienstleistungen zu erteilenden Informationen für alle Versicherungsnehmer von Bedeutung sind.[56] Der Versicherungsnehmer, soll in die Lage versetzt werden, sich vor Abschluss eines Versicherungsvertrages einen umfassenden Überblick über seinen möglichen Vertragspartner sowie über den Inhalt, die wesentlichen Rechte und Pflichten sowie die auf ihn zukommenden Kosten zu verschaffen, um einen seinen Bedürfnissen entsprechenden Vertrag auswählen zu können.[57] Dieses Bedürfnis besteht unabhängig davon, auf welche Weise der Vertrag zustande gekommen ist. 24

Die Informationspflichten bestehen grundsätzlich **gegenüber allen Versicherungsnehmern,** unabhängig davon, ob es sich um Verbraucher oder um sonstige Versicherungsnehmer handelt. Ausgenommen vom Anwendungsbereich sind nur Versicherungsverträge über Großrisiken im Sinne des § 210 Abs. 2 VVG, zu denen Lebens- und Rentenversicherungen per se nicht zählen. Die Verpflichtung nach § 4 VVG-InfoV, dem Versicherungsnehmer ein Produktinformationsblatt auszuhändigen, besteht allerdings nur gegenüber Verbrauchern. 25

b) Rechtzeitigkeit der Informationserteilung. Die Informationserteilung muss **rechtzeitig vor der Vertragserklärung** des Versicherungsnehmers erfolgen. Eine Informationsübermittlung nach Vertragsschluss ist nur zulässig, wenn der Vertrag auf Verlangen des Versicherungsnehmers unter Verwendung eines Kommunikationsmittels geschlossen wird, das die Information in Textform vor der Vertragserklärung des Versicherungsnehmers nicht gestattet (§ 7 Abs. 1 S. 3 Alt. 1 VVG) oder wenn der Versicherungsnehmer durch gesonderte schriftliche Erklärung auf eine Information vor Abgabe seiner Vertragserklärung ausdrücklich verzichtet (§ 7 Abs. 1 S. 3 Alt. 2 VVG). 26

Dem Merkmal der „Rechtzeitigkeit" kommt im Rahmen des § 7 VVG nach der wohl überwiegenden Auffassung im Schrifttum **keine eigenständige Bedeutung** 27

---

[55] BGBl. 2007 I S. 3004; Text und Begründung abgedruckt in VersR 2008, 183. Vgl. zur Verordnung *Präve* VersR 2008, 151.

[56] *Wandt* Rn. 278.

[57] *Pohlmann* in Looschelders/Pohlmann § 7 Rn. 5.

zu.[58] Ausreichend ist es daher, wenn der Versicherungsnehmer in die Lage versetzt wird, die Informationen vor Abgabe seiner Vertragserklärung zur Kenntnis zu nehmen und Nachfragen zu stellen. Die Erwähnung des Wortes „rechtzeitig" soll lediglich den Sinn und Zweck der Norm verdeutlichen, die es dem Versicherungsnehmer ermöglichen soll, eine informierte Entscheidung für oder gegen die Abgabe einer ihn bindenden Vertragserklärung auf den Abschluss einer Versicherung zu treffen. Die Gegenauffassungen, nach denen entweder eine starre Frist (mindestens drei Tage)[59] zwischen Informationserteilung und Vertragserklärung liegen muss oder ein Zeitraum, der wiederum abhängig von der Komplexität des beantragten Produktes sein soll,[60] sind abzulehnen. Das Erfordernis einer **Mindestfrist** würde eine Bevormundung des Versicherungsnehmers bedeuten, da dieser nicht mehr selbst entscheiden könnte, wann er den Antrag unterzeichnet. Dies würde dem Ziel, den Versicherungsnehmer in seiner Eigenverantwortung zu stärken, widersprechen und eine Entmündigung des Verbrauchers bedeuten.[61] Auch würde die Annahme einer von der Komplexität des Produktes abhängigen Mindestfrist zu Rechtsunsicherheiten führen. Die Annahme einer starren Frist ist bereits deshalb abzulehnen, weil es hierfür an einer gesetzlichen Grundlage fehlt.[62]

28 **c) Textform.** Die Informationen sind dem Versicherungsnehmer in Textform zu übermitteln. Nach § 126b BGB erfordert dies eine **lesbare Erklärung, die auf einem dauerhaften Datenträger abgegeben** wurde. Ein dauerhafter Datenträger ist jedes Medium, das es dem Empfänger ermöglicht, eine auf dem Datenträger befindliche, an ihn persönlich gerichtete Erklärung so aufzubewahren oder zu speichern, dass sie ihm während eines für ihren Zweck angemessenen Zeitraums zugänglich ist, und geeignet ist, die Erklärung unverändert wiederzugeben. In Betracht kommt insoweit die Übermittlung der Informationen als Papierdokument, auf CD-ROM, USB-Stick oder vergleichbaren Speichermedien sowie die Übermittlung per E-Mail.[63] Erforderlich ist allerdings, dass der Versicherungsnehmer sein Einverständnis mit der jeweiligen Übermittlungsart erteilt hat (etwa durch Angabe seiner E-Mail-Adresse).[64] Es muss auch sichergestellt sein, dass der Versicherungsnehmer die Informationen lesbar machen kann. Der Datenträger muss daher ein gebräuchliches Format haben (etwa PDF-, HTML- oder Word-Format), so dass der Versicherungsnehmer auch die Möglichkeit der Kenntnisnahme hat.[65]

29 Bei der Frage, ob das Bereitstellen der Informationen auf der Webseite des Versicherers das Erfordernis der Textform erfüllt, ist wie folgt zu unterscheiden: Die bloße Abrufbarkeit einer Widerrufsbelehrung auf einer **gewöhnlichen Webseite** („ordinary website") des Unternehmers reicht für die Wahrung der Textform nicht aus, weil die Informationen auf diese Weise nicht in einer unveränderlichen textlich verkörperten Gestalt in den Machtbereich des Versicherungsnehmers gelangen. Er-

---

[58] *Armbrüster* in Langheid/Wandt § 7 Rn. 62 ff.; *Brömmelmeyer* VersR 2009, 584 (587); *Funck* VersR 2008, 163; *Grote* BB 2007, 2689; *Stadler* VW 2006, 1339.

[59] *Micklitz* in Micklitz/Reich, Die Fernabsatzrichtlinie im deutschen Recht, 1998, S. 21.

[60] *Schimikowski* r+s 2007, 133; *Pohlmann* in Looschelders/Pohlmann § 7 Rn. 21; *Leverenz* VW 392 (393).

[61] *Armbrüster* in Langheid/Wandt § 7 Rn. 63.

[62] *Armbrüster* in Langheid/Wandt § 7 Rn. 58.

[63] *Ellenberger* in Palandt § 126b Rn. 6.

[64] *Stockmeier* VersR 2008, 717 (718).

[65] *F. Baumann/Beenken,* Das neue Versicherungsvertragsrecht in der Praxis, 2. Aufl. 2008, S. 44.

forderlich ist in diesem Falle vielmehr, dass der Versicherungsnehmer die Informationen per Briefpost oder E-Mail erhält oder auf seinem Computer abspeichert oder selbst ausdruckt.[66] Problematisch ist es auch, wenn der Versicherer sich den Ausdruck oder Download der Informationen im Rahmen des Online-Abschlusses durch den Versicherungsnehmer bestätigen lässt. Der BGH hatte für die Mitteilung der Widerrufsbelehrung in Textform nach § 355 Abs. 2 Satz 1 und Abs. 3 Satz 1, § 126b BGB entschieden, dass eine vom Unternehmer in einem Online-Anmeldeformular vorgegebene, vom Kunden (Verbraucher) bei der Anmeldung zwingend durch Anklicken mit einem Häkchen im Kontrollkasten zu versehende Bestätigung des Ausdrucks oder Abspeicherns der Belehrung nach § 309 Nr. 12 Buchst. b BGB unwirksam ist. Außerdem sah der BGH in einer solchen Bestätigung eine Abweichung von den verbraucherschützenden Regelungen in §§ 355 Abs. 2 und 3, § 360 Abs. 1 BGB zum Nachteil des Verbrauchers.[67]

30 Dagegen ist die Textform bei Verbraucherinformationen, die über eine **fortgeschrittene Webseite** („sophisticated website") bereitgestellt werden, gewahrt, wenn die Webseite Elemente enthält, die den Verbraucher mit an Sicherheit grenzender Wahrscheinlichkeit dazu anhalten, die Informationen in Papierform zu sichern oder auf einem anderen dauerhaften Datenträger zu speichern.[68] Die Webseite muss also einen „Zwangsdownload" vorsehen, d. h. die Informationen müssen in den Machtbereich des Verbrauchers gelangen, ohne dass dieser erst freiwillige Aktivitäten entfalten muss, die er aus Laxheit oder Unkenntnis unterlassen könnte.[69] Eine weitere Möglichkeit besteht darin, die Verbraucherinformationen auf Datenträgerwebseiten (also auf Kundenportalen) bereitzustellen, die einen sicheren Speicherbereich für den einzelnen Versicherungsnehmer vorsehen, auf welchen nur dieser mittels Eingabe von Benutzernamen und Passwort zugreifen kann, so dass der Unternehmer keine Möglichkeit hat, die dort einmal eingestellten Informationen zu ändern. Diese Art von Speicher ist mit der eigenen Festplatte des Nutzers vergleichbar, da auch hier die Informationen in den Machtbereich des Versicherungsnehmers gelangen. Der einzige Unterschied besteht darin, dass der Versicherungsnehmer die Informationen aus der Ferne über das Internet abrufen kann.

31 **d) Klarheit und Verständlichkeit.** Die Mitteilungen müssen nach § 7 Abs. 1 S. 2 VVG in einer dem eingesetzten Kommunikationsmittel entsprechenden Weise klar und verständlich abgefasst sein. Die Anforderungen an die Verständlichkeit und Klarheit können dabei in Abhängigkeit des für die Informationserteilung eingesetzten **Kommunikationsmittels** divergieren.[70] So sind insbesondere bei einer elektronischen Übermittlung die jeweiligen Besonderheiten des Kommunikationsmittels zu berücksichtigen.

32 Das Erfordernis nach Klarheit und Verständlichkeit entspricht weitestgehend dem **Transparenzgebot** des § 307 Abs. 1 S. 2 BGB. Es bezieht sich aber nicht nur

---

[66] Vgl. BGH BeckRS 2010, 25398 und BeckRS 2014, 11169 zur Widerrufsbelehrung in Textform nach §§ 355, 126b BGB sowie EuGH BeckRS 2012, 81358 zur Verbraucherinformation nach Artikel 5 Abs. 1 der Richtlinie 97/7/EG des Europäischen Parlaments und des Rates vom 20. 5. 1997 über den Verbraucherschutz bei Vertragsabschlüssen im Fernabsatz.

[67] BGH BeckRS 2014, 11169.

[68] *Reiff* VersR 2011,540 (542); EFTA-Gerichtshof VersR 2010, 793 (797); offengelassen vom BGH in BeckRS 2014, 11169.

[69] *Reiff* VersR 2014, 838 (844).

[70] *Pohlmann* in Looschelders/Pohlmann § 7 Rn. 37.

auf die Allgemeinen Versicherungsbedingungen, sondern auch auf die weiteren nach § 7 Abs. 1 S. 1 VVG iVm der VVG-InfoV zu erteilenden Informationen.[71] Für das Produktinformationsblatt wird in § 4 Abs. 5 S. 2 VVG-InfoV ergänzend bestimmt, dass die Informationen „in übersichtlicher und verständlicher Form knapp dargestellt" werden sollen. Hier kommt also neben dem Transparenzgebot als zusätzliches Erfordernis hinzu, dass die Informationen „knapp" dargestellt werden müssen. Damit wird dem Umstand Rechnung getragen, dass das Produktinformationsblatt dem Versicherungsnehmer nur einen Überblick über die wesentlichen Bestimmungen des Vertrages liefern soll.[72]

33 Maßstab für die Klarheit und Verständlichkeit ist die **Verständnismöglichkeit eines durchschnittlichen Vertreters des konkret angesprochenen Personenkreises.** Insoweit gelten hier die gleichen Anforderungen wie bei dem Transparenzgebot des § 307 Abs. 1 S. 2 BGB.[73] Für die Beurteilung der Verständlichkeit werden inzwischen auch technische Hilfsmittel eingesetzt. Solche Software-Tools messen die Verständlichkeit von Texten anhand verschiedener Lesbarkeitsformeln sowie weiterer Verständlichkeitsfaktoren (zB Nominalisierungsgrad, Abstraktheitsgrad, inhaltliche Dichte, Vokabellast).[74] Die Ergebnisse einer solchen technischen Verständlichkeitsanalyse liefern Anhaltspunkte für die Verständlichkeit, allerdings bedeuten gute Verständlichkeitswerte nicht notwendigerweise, dass der Text für einen durchschnittlichen Versicherungsnehmer auch verständlich ist. Umgekehrt dürften aber schlechte Verständlichkeitswerte ein Indiz dafür sein, dass die die Informationen nicht klar und verständlich sind.

34 **e) Verzicht auf Information.** Nach § 7 Abs. 1 S. 3 Hs. 2 VVG hat der Versicherungsnehmer die Möglichkeit, auf die Information vor Abgabe seiner Vertragserklärung zu verzichten. Der mündige Verbraucher soll die Möglichkeit haben, sich für den Abschluss des Versicherungsvertrages schon vor der Überlassung sämtlicher Informationsunterlagen zu entscheiden. Dies kann der Fall sein, wenn der Versicherungsnehmer möglichst umgehend Versicherungsschutz erhalten möchte oder wenn der angestrebte Versicherungsvertrag und dessen Konsequenzen für ihn überschaubar sind.[75] Übt der Versicherungsnehmer einen solchen Verzicht aus, so muss der VR die Information nach Vertragsschluss unverzüglich nachholen. Der Versicherungsnehmer kann also nicht auf die Informationserteilung insgesamt, sondern nur darauf verzichten, dass ihm die Informationen vor seiner Vertragserklärung zur Verfügung gestellt werden.

35 Der Verzicht muss in einem gesonderten vom Versicherungsnehmer unterschriebenen Schriftstück erklärt werden.[76] Die in § 7 Abs. 1 S. 3 VVG vorausgesetzte **„gesonderte schriftliche Erklärung"** des Versicherungsnehmer über einen Verzicht auf Vertragsinformationen verlangt eine von sonstigen Erklärungen getrennte Urkunde; dies hat der BGH mittlerweile in seiner Entscheidung zur Belehrung nach § 28 Abs. 4 VVG klargestellt.[77] Der Verzicht muss daher auf einem „Extrablatt" erklärt werden.

---

[71] *Pohlmann* in Looschelders/Pohlmann § 7 Rn. 38.

[72] Vgl. dazu *Römer* VersR 2007, 618 ff.

[73] *Pohlmann* in Looschelders/Pohlmann § 7 Rn. 38.

[74] So wird etwa der von der Universität Hohenheim entwickelte „Hohenheimer Verständlichkeitsindex" gemessen.

[75] BT-Drs. 16/3945, 60.

[76] Amtl. Begr. BT-Drs. 16/3945, 60.

[77] BGH VersR 2013, 297 (299); idS *Marlow/Spuhl,* S. 20; *Pohlmann* in Looschelders/Pohlmann § 7 Rn. 45; *Schimikowski* in Rüffer/Halbach/Schimikowski § 7 Rn. 19; *Funck* VersR 2008, 163 (166); *Stockmeier* VersR 2008, 717 (723); offen gelassen von *Gaul* VersR 2007, 21

36 Möglich ist, dass der Versicherer die Verzichtserklärung **formularmäßig vorformuliert.**[78] Die Gegenauffassung beruft sich in erster Linie auf die amtliche Begründung. Danach dient das Erfordernis der gesonderten Verzichtserklärung der Vermeidung einer formularmäßig vereinbarten Verzichtserklärung.[79] Hieraus wird der Schluss gezogen, dass § 7 Abs. 1 S. 3 VVG teleologisch dahingehend zu reduzieren sei, dass nur ein individualvertraglicher Verzicht zulässig sei.[80] Diese Ansicht findet jedoch im Wortlaut der Regelung keine Stütze. Aus der Verwendung der Formulierung „gesonderte schriftliche Erklärung" kann nicht der Schluss gefolgert werden, dass diese nicht vorformuliert werden darf. Auch aus dem Sinn und Zweck der Vorschrift lässt sich nicht herleiten, dass diese nicht vorformiert werden darf. Der Versicherungsnehmer soll davor geschützt werden, dass ihm Verzichtserklärungen versteckt untergeschoben werden. Hierfür reicht es aus, dass die Verzichtserklärung gesondert unterzeichnet wird. Eine Einschränkung dahingehend, dass der Verzicht nicht vorformuliert werden darf, ist insoweit nicht erforderlich.[81]

37 Teilweise wird in diesem Zusammenhang vertreten, dass zwar grundsätzlich ein Verzicht vorformuliert werden kann, die **massenhafte Verwendung** von vorformulierten Verzichtserklärungen aber einen Verstoß gegen den gesetzlichen Grundgedanken und damit eine unangemessene Benachteiligung gem. § 307 Abs. 2 Nr. 1 BGB darstellt.[82] Diese Auffassung ist abzulehnen. Die Systematik der §§ 307 ff. BGB spricht gegen die Annahme, dass eine an sich zulässige Klausel durch eine massenhafte Verwendung unzulässig wird.[83] Ob eine Klausel den einzelnen Versicherungsnehmer benachteiligt, kann nicht davon abhängen, wie oft der Versicherer die entsprechende Klausel insgesamt verwendet.[84] Die Verzichtsmöglichkeit ist allerdings vom Gesetzgeber als **Ausnahmeregelung** konzipiert.[85] In der Verzichtsmöglichkeit liegt daher kein weiteres Abschlussmodell. Ein standardisiertes Verzichtsmodell würde bedeuten, dass dem Versicherungsnehmer die Vertragsinformationen erst nach Vertragsschluss zugehen. Dies steht nicht in Einklang mit der Intention des Gesetzgebers, das Policenmodell abzuschaffen. Ein standardisiertes Verzichtsmodell kann daher einen aufsichtsrechtlichen Missstand iSd § 81 VVG begründen.[86]

---

(23); aA *Armbrüster* in Langheid/Wandt § 7 Rn. 80; *Rudy* in Prölss/Martin § 7 Rn. 17; *Leverenz* VersR 2008, 709 ff.

[78] *Pohlmann* in Looschelders/Pohlmann § 7 Rn. 46; *Armbrüster* in Langheid/Wandt § 7 Rn. 81; *Gaul* VersR 2007, 21 (23); *Franz* VersR 2008, 298 (301); *Blankenburg* VersR 2008; *Grote/Schneider* BB 2007, 2689 (2691); *Mauntel* in Schwintowski/Brömmelmeyer § 1 VVG-InfoV Rn. 16; *Langheid* in Römer/Langheid § 7 Rn. 30; aA *Schimikowski* in Rüffer/Halbach/Schimikowski § 7 Rn. 18; *ders.,* Rn. 44; *ders.* r+s 2007, 133 (136).

[79] BT-Drs. 16/3945, 60.

[80] *Meixner/Steinbeck,* Das neue Versicherungsvertragsrecht, 2008, Rn. 71; *Prölss* in Prölss/Martin § 7 Rn. 18.

[81] Ebenso *Pohlmann* in Looschelders/Pohlmann § 7 Rn. 46; *Blankenburg* VersR 2008, 1446 (1449).

[82] *Schimikowski/Höra,* Das neue VVG 2008, S. 115 f., 112; *Schimikowski* r+s 2007, 133, 136; *Franz* VersR 2008, 298 (301).

[83] *Blankenburg* VersR 2008, 1446 (1449).

[84] *Blankenburg* VersR 2008, 1446 (1450); *Pohlmann* in Looschelders/Pohlmann § 7 Rn. 47.

[85] *Schimikowski* in Rüffer/Halbach/Schimikowski § 7 Rn. 21; *Langheid* VersR 2007, 3565 (3566).

[86] *Schimikowski* in Rüffer/Halbach/Schimikowski § 7 Rn. 21; *Römer* VersR 2006, 740 (741); *Schirmer/Sandkühler* ZfV 2007, 771 (772).

38 Nach wohl überwiegender Auffassung im Schrifttum[87] soll die Verzichtsmöglichkeit in § 7 Abs. 1 S. 3 Hs. 2 VVG im Bereich des Fernabsatzes und im Bereich der Lebensversicherung gegen die **europarechtlichen Vorgaben** der Finanzdienstleistungs-Fernabsatzrichtlinie[88] und der Lebensversicherungsrichtlinie[89] verstoßen. Diese Ansicht stützt sich insbesondere Art. 12 Abs. 1 der Finanzdienstleistungs-Fernabsatzrichtlinie, wonach der Verbraucher auf die Rechte, die ihm durch diese Richtlinie eingeräumt werden, nicht verzichten kann, und Art. 36 der Lebensversicherungsrichtlinie, der die Informationspflichten bei Lebensversicherungsverträgen regelt und dem Verbraucher keine Dispositionsmöglichkeit einräumt. Demgegenüber soll sich nach Ansicht der Bundesregierung Art. 12 Abs. 1 der Finanzdienstleistungs-Fernabsatzrichtlinie nicht auf den Verzicht der Information beziehen.[90] Nach wohl zutreffender Ansicht ist insoweit zwischen dem Verzicht auf das Informationsrecht, also auf den Anspruch, die Informationen zu erhalten, und dem Verzicht auf die Information als solche zu unterscheiden. Während ein Verzicht auf das Informationsrecht wohl nicht mit Art. 12 Abs. 2 der Finanzdienstleistungs-Fernabsatzrichtlinie in Einklang zu bringen wäre, erscheint ein Verzicht auf die Informationserteilung selbst dagegen möglich.[91] Der Lebensversicherungsrichtlinie lässt sich ohnehin nicht entnehmen, dass ein Verzicht ausgeschlossen. Eine Regelung wie in Art. 12 Abs. 1 der Finanzdienstleistungs-Fernabsatzrichtlinie ist in der Lebensversicherungsrichtlinie nicht enthalten. Zwar sieht die Lebensversicherungsrichtlinie in Art. 36 Abs. 1 vor, dass „mindestens" die mindestens die unter Buchstabe A des Anhang III der Richtlinie aufgeführten Angaben mitzuteilen sind. Dies bedeutet aber nur, dass die nationalen Vorschriften nicht hinter den aufgeführten Informationsanforderungen zurück bleiben dürfen. Eine Verzichtsmöglichkeit des Verbrauchers wird hierdurch nicht ausgeschlossen.

39 **f) Umfang der Informationspflichten.** Nach § 7 Abs. 1 S. 1 VVG umfassen die Informationspflichten die **Vertragsbestimmungen** des Versicherers einschließlich der Allgemeinen Versicherungsbedingungen sowie die in der Verordnung über Informationspflichten bei Versicherungsverträgen (VVG-InfoV) bestimmten Informationen. Der notwendige Inhalt der Allgemeinen Versicherungsbedingungen ergibt sich aus § 10 VAG, der im Einzelnen vorgibt, welche vollständigen Angaben die Allgemeinen Versicherungsbedingungen enthalten müssen.[92] Auch wenn Klauseln in den Allgemeinen Versicherungsbedingungen wegen fehlender Transparenz unwirksam sind, sind die Informationen insoweit erteilt.[93]

40 Bei den nach der VVG-InfoV zu erteilenden Informationen ist zwischen den **allgemeinen Produktinformationen,** die nach § 1 VVG-InfoV für alle Versi-

[87] *Armbrüster* in Langheid/Wandt § 7 Rn. 83; *Schimikowski* r+s 2007, 133 (135); *Pohlmann* in Looschelders/Pohlmann § 7 Rn. 48; aA *Brömmelmeyer* VersR 2009, 584 (587); *Mauntel* in Schwintowski/Brömmelmeyer § 1 VVG-InfoV Rn. 16.

[88] Richtlinie 2002/65/EG des Europäischen Parlamentes und des Rates vom 23 September 2002 über den Fernabsatz von Finanzdienstleistungen an Verbraucher und zur Änderung der Richtlinie 90/619/EWG des Rates und der Richtlinien 97/7/EG und 98/27/EG, ABl. L 271, 16.

[89] Richtlinie 2002/83/EG des Europäischen Parlaments und des Rates vom 5. November 2002 über Lebensversicherungen, ABl. L 345, 1.

[90] BT-Drs. 16/3945, 60.

[91] Iin diesem Sinne *Brömmelmeyer* VersR 2009, 584 (587).

[92] *Steinbeck/Terno* in MAH VersR § 2 Rn. 59.

[93] *Armbrüster* r+s 2008, 493 (495); *Prölss* in Prölss/Martin § 7 Rn. 24.

cherungssparten gelten, und den **besonderen Produktinformationen,** die in § 2 VVG-InfoV für Lebensversicherungen, Berufsunfähigkeitsversicherungen und Unfallversicherungen mit Prämienrückgewähr sowie in § 3 VVG-InfoV für die substitutive Krankenversicherung geregelt sind, zu unterscheiden.

41 Zu den allgemeinen Informationen, die für sämtliche Versicherungszweige zu erteilen sind, gehören Informationen zum Versicherer (§ 1 Nr. 1 bis 5 VVG-InfoV), zur angebotenen Leistung (§ 1 Nr. 6 bis 11 VVG-InfoV), zum Vertrag (§ 1 Nr. 12 bis 18 VVG-InfoV) und zu den Rechtsschutz- bzw. Beschwerdemöglichkeiten (§ 1 Nr. 19 und 20 VVG-InfoV). Bei Lebensversicherungen sind zusätzlich Abgaben zu machen zur Höhe der in die Prämie einkalkulierten Kosten und zu möglichen sonstigen Kosten (§ 2 Abs. 1 Nr. 1 und 2 VVG-InfoV),[94] über die für die Überschussermittlung und Überschussbeteiligung geltenden Berechnungsgrundsätze und Maßstäbe (§ 2 Abs. 1 Nr. 3 VVG-InfoV), der Rückkaufswerte und zu den Leistungen bei Prämienfreiheit bzw. -reduktion (§ 2 Abs. 1 Nr. 4 bis 6 VVG-InfoV) sowie zu den einschlägigen steuerlichen Regelungen (§ 2 Abs. 1 Nr. 8 VVG-InfoV).[95] Bei fondsgebundenen Versicherungen sind ergänzend Angaben über die der Versicherung zugrunde liegenden Fonds erforderlich (§ 2 Abs. 1 Nr. 7 VVG-InfoV).

42 Nach § 4 VVG-InfoV ist der Versicherer schließlich verpflichtet, Verbrauchern ein **Produktinformationsblatt** zur Verfügung zu stellen, dem die wesentlichen Grundinformationen zum Inhalt des Versicherungsvertrages möglichst „auf einen Blick" zu entnehmen sein sollen.[96] Dieses Produktinformationsblatt soll diejenigen Informationen enthalten, die für den Abschluss oder die Erfüllung des Versicherungsvertrages von besonderer Bedeutung sind. Das Produktinformationsblatt ist als solches zu bezeichnen und den anderen Informationen voranzustellen (§ 4 Abs. 5 S. 1 VVG-InfoV). Der Versicherungsnehmer ist dabei darauf hinzuweisen, dass die Informationen nicht abschließend sind (§ 4 Abs. 5 S. 2 Hs. 2 VVG-InfoV).

4. Das Widerrufsrecht

43 **a) Voraussetzungen des Widerrufsrechts.** Nach § 8 VVG steht dem Versicherungsnehmer grundsätzlich ein Widerrufsrecht zu. Für Lebens- und Rentenversicherungen wird dieses durch die Regelung des § 152 VVG modifiziert. Nach § 152 Abs. 1 VVG beträgt die Widerrufsfrist abweichend von § 8 Abs. 1 S. 1 VVG **30 Tage.** Das Widerrufsrecht besteht unabhängig davon, wie und mit wem der Vertrag zustande gekommen ist. Es ist also weder auf Fernabsatzverträge noch auf Verträge mit Verbrauchern beschränkt.[97] Der Widerruf muss mindestens in **Textform** erklärt werden; eine Begründung muss der Widerruf nicht enthalten (vgl. § 8 Abs. 1 S. 2 Hs. 1 VVG). Solange das Widerrufsrecht nicht ausgeübt wurde, ist der Vertrag (schwebend) wirksam.[98] Die Widerrufsmöglichkeit ändert also nichts daran, dass der Vertrag zunächst wirksam zustande gekommen ist.

44 Die **Widerrufsfrist beginnt** erst dann, wenn dem Versicherungsnehmer die in § 8 Abs. 2 VVG genannten Unterlagen in Textform vorliegen. Hierzu gehören der

---

[94] Zum Kostenausweis in der Lebensversicherung eingehend *Baroch Castellvi* r+s 2009, 1; kritisch zur Umsetzung in der Praxis *Schwintowski* VuR 2008, 250.

[95] Zu den Informationspflichten bei Lebensversicherungsverträgen eingehend *Präve* VersR 2008, 151.

[96] Das Produktinformaionsblatt basiert auf einen Vorschlag von *Römer* VersR 2007, 618.

[97] *Rixecker* in Römer/Langheid § 8 Rn. 3; *Langheid* in Römer/Langheid § 152 Rn. 1.

[98] *Armbrüster* in Prölss/Martin § 8 Rn. 9.

Versicherungsschein, die Vertragsbestimmungen einschließlich der Allgemeinen Versicherungsbedingungen, die nach § 7 Abs. 1 und 2 VVG iVm der VVG-InfoV zu erteilenden Informationen sowie eine deutlich gestaltete Belehrung über das Widerrufsrecht. Der Umstand, dass einzelne Klauseln in den Versicherungsbedingungen unwirksam sind, hindert nicht den Beginn der Widerrufsfrist.[99] Anders ist es aber, wenn einzelne der nach § 7 VVG iVm der VVG-InfoV zu erteilenden Informationen unvollständig oder unrichtig sind.[100]

45 Die **formalen Anforderungen an die Belehrung** über das Widerrufsrecht sind recht hoch. Die Belehrung muss Angaben über die Rechtsfolgen des Widerrufs, die dem Versicherungsnehmer seine Rechte entsprechend den Erfordernissen des eingesetzten Kommunikationsmittels deutlich macht, die Namen und die ladungsfähige Anschrift desjenigen, gegenüber dem der Widerruf zu erklären ist, sowie einen Hinweis auf den Fristbeginn und auf die Regelungen des § 8 Abs. 1 S. 2 VVG enthalten.

46 § 8 Abs. 5 VVG sieht allerdings vor, dass die Belehrung diesen Abforderungen genügt, wenn die in der Anlage zum VVG abgedruckte Musterbelehrung verwendet wird. Es handelt sich hierbei um eine **gesetzliche Fiktion**[101]. Es dürfen Zusätze wie die Firma oder ein Kennzeichen des Versicherers ergänzt werden, ansonsten sind Abweichungen nur hinsichtlich der Formatierung und der Schriftgröße zulässig (vgl. § 8 Abs. 5 S. 2 VVG). Allerdings darf hierdurch dir drucktechnische Hervorhebung und die deutliche Gestaltung der Widerrufsbelehrung nicht beeinträchtigt werden. Werden Formate oder Schriftgrößen gewählt, die diesen Anforderungen nicht entsprechen, genügt die Belehrung auch dann nicht den gesetzlichen Anforderungen, wenn sie im Übrigen den Vorgaben des Musters entspricht.[102] Weicht der Versicherer inhaltlich von den Vorgaben der Musterbelehrung ab, so verliert er ebenfalls den Schutz, den die Regelung des § 8 Abs. 5 VVG bietet, dh die gesetzliche Fiktion, dass die Belehrung den Anforderungen des § 8 Abs. 1 S. 2 Nr. 2 VVG entspricht, greift nicht mehr. Daher ist der Versicherer gut beraten, wenn er sich an die Vorgaben der Musterbelehrung hält.[103]

47 Kommt der Vertrag im Wege des **Invitatio-Modells** zustande, so ist zu berücksichtigen, dass der Vertragsschluss nicht bereits mit Übersendung des Versicherungsscheins, sondern erst mit Rücksendung der Annahmeerklärung durch den Versicherungsnehmer zustande kommt. Die Widerrufsfrist beginnt daher auch erst mit Zugang der Annahmeerklärung bei dem Versicherer.[104] Im Rahmen der Belehrung über das Widerrufsrecht ist der Versicherungsnehmer auch über diesen abweichenden Fristbeginn zu informieren.[105]

48 Hat der Versicherer nicht die erforderlichen Informationen ausgehändigt bzw. nicht in einer den Vorgaben des § 8 Abs. 1 S. 2 Nr. 2 VVG entsprechenden Weise über das Widerrufsrecht belehrt, so beginnt die Widerrufsfrist nicht zu laufen. Der Versicherungsnehmer hat dann grundsätzlich ein **„ewiges“ Widerrufsrecht.**[106] Es

---

[99] *Armbrüster* in Prölss/Martin § 8 Rn. 12; *Eberhardt* in Langheid/Wandt § 8 Rn. 32; *Armbrüster* r+s 2008, 493 (495); BGH VersR 2007, 1547 zu § 5a VVG aF.

[100] *Rixecker* in Römer/Langheid § 8 Rn. 6.

[101] BT-Drs. 16/11643, 146.

[102] BT-Drs. 16/11643, 146.

[103] *Eberhardt* in Langheid/Wandt § 8 Rn. 50.

[104] *Eberhardt* in Langheid/Wandt, § 8 Rn. 29.

[105] *Rixecker* in Römer/Langheid § 8 Rn. 13.

[106] *Rixecker* in Römer/Langheid § 8 Rn. 5.

gibt weder eine Ausschlussfrist (wie etwa bei § 5a Abs. 2 S. 2 VVG aF[107]) noch ist eine Verjährung möglich, da es sich um ein Gestaltungsrecht handelt. Allerdings kann die Ausübung des Widerspruchsrechts verwirkt sein, wenn der Versicherungsnehmer über viele Jahre hinweg Prämien gezahlt oder gar Versicherungsleistungen entgegengenommen und dadurch seinen Bindungswillen bewiesen hat.[108]

49 **b) Die Rechtsfolgen des Widerrufs.** Die Rechtsfolgen bei Ausübung des Widerrufsrechts ergeben sich aus **§ 9 VVG.** Nach § 9 S. 1 VVG muss grundsätzlich der Versicherer, wenn der Versicherungsschutz vor Ablauf der Widerrufsfrist beginnt, nur den auf die Zeit nach Zugang des Widerrufs entfallenden Teil der Prämien erstatten. Diese Regelung wäre bei Versicherungen mit Sparanteilen nicht sachgerecht, da der Versicherer den auf die Zeit bis zum Zugang des Widerrufs entfallenden Prämienanteil behalten könnte.[109] Daher wird die Regelung des § 9 Abs. 1 S. 1 VVG für Lebens- und private Rentenversicherungen durch § 152 Abs. 2 S. 1 VVG dahingehend modifiziert, dass der Versicherer im Falle des Widerrufs den Rückkaufswert einschließlich der Überschussanteile nach § 169 VVG zu zahlen hat.

50 Bei der **Berechnung des Rückkaufswertes** im Fall des Widerrufs können die Abschluss- und Vertriebskosten und ein Stornoabzug nicht in Ansatz gebracht werden. Es handelt sich um den Rückkaufswert, wie er sich unter Ausklammerung der Abschluss- und Vertriebskosten (ungezillmertes Deckungskapital) errechnet.[110] Handelt es sich um eine Einmalprämie, so ist diese in zwei Teile zu zerlegen. Für den Teil bis zum Zugang des Widerrufs ist der Rückkaufswert zu bilden; der Teil, der auf die Zeit nach Zugang des Rückkaufswertes entfällt, ist dem Versicherungsnehmer zurückzuerstatten.[111]

51 Voraussetzung für diese Rechtsfolge ist nach § 9 S. 1 VVG eine **ordnungsgemäße Belehrung** darüber. Der Versicherer muss den Versicherungsnehmer in der gemäß § 8 Abs. 2 S. 1 Nr. 2 zu erteilenden Widerrufsbelehrung auf sein Widerrufsrecht, die Rechtsfolgenden des Widerrufs und den zu zahlenden Betrag hinweisen.[112] Ist dies nicht der Fall, so hat der Versicherer nach § 9 S. 2 zusätzlich die für das erste Jahr des Versicherungsschutzes gezahlten Prämien zu erstatten, es sei denn, der Versicherungsnehmer hat bereits Leistungen aus dem Vertrag in Anspruch genommen. Für die Lebensversicherung wird dem Versicherungsnehmer für diesen Fall nach § 152 Abs. 2 S. 2 VVG ein Wahlrecht eingeräumt. Der Versicherer hat entweder den Rückkaufswert einschließlich der Überschussanteile oder, wenn dies für den Versicherungsnehmer günstiger ist, die für das erste Jahr gezahlten Prämien zu erstatten. Insoweit muss der Versicherer also eine Vergleichsberechnung anstellen und den höheren Betrag dem Versicherungsnehmer auszahlen.[113]

---

107 Vgl. zur Europarechtswidrigkeit EuG, NJW 2014, 452.

108 *Rixecker* in Römer/Langheid § 8 Rn. 18.

109 *Langheid* in Römer/Langheid § 152 Rn. 11.

110 BT-Drs. 16/3945, 95; *Heiss* in Langheid/Wandt § 152 Rn. 13; *Langheid* in Römer/Langheid § 152 Rn. 12.

111 *Heiss* in Langheid/Wandt § 152 Rn. 14.

112 Vgl. hierzu auch *Wandt* VersR 2008, 425.

113 *Heiss* in Langheid/Wandt, § 152 Rn. 17.

5. Der Vertragsschluss im Fernabsatz

52 Für Verträge, die im Fernabsatz im Sinne des § 312b Abs. 1 und 2 BGB geschlossen werden, findet nach § 6 Abs. 6 VVG die **Beratungspflicht** des Versicherers keine Anwendung. Allerdings enthält die Regelung des § 61 VVG, der die Beratungs- und Dokumentationspflicht des Versicherungsvermittlers normiert, keine vergleichbare Ausnahmeregelung. Teilweise wird insoweit angenommen, dass § 6 Abs. 6 VVG analog anzuwenden sei, wenn die Verträge unter Einschaltung eines Vermittlers im Fernabsatz zustande kommen.[114] Gegen eine analoge Anwendung werden jedoch europarechtliche Bedenken erhoben, da die EU-Vermittlerrichtlinie keine Ausnahme von der Dokumentationspflicht kennt.[115] Daher ist zu empfehlen, dass auch dann eine Beratungsdokumentation erfolgt, wenn der Vertrag über einen Vermittler im Fernabsatz geschlossen wird. Dies gilt jedenfalls dann, wenn es sich um einen telefonischen Vertragsschluss handelt, bei dem eine individuelle Beratung möglich ist. Anders sieht es aus, wenn es sich Online-Abschlüsse über einen Vermittler (zB Vergleichsportale mit Abschlussmöglichkeit) handelt. Hier ist aufgrund des fehlenden persönlichen Kontakts eine individuelle Beratung ohnehin nicht möglich und kann daher auch nicht geschuldet sein.

53 Auch bei Fernabsatzverträgen müssen dem Versicherungsnehmer grundsätzlich die Vertragsbestimmungen einschließlich der Allgemeinen Versicherungsbedingungen sowie die nach der VVG-InfoV zu erteilenden Informationen mitgeteilt werden. Eine Erleichterung hinsichtlich der **Informationspflichten** ist in § 7 Abs. 1 S. 3 VVG enthalten. Danach muss die Information unverzüglich nach Vertragsschluss nachgeholt werden, wenn der Vertrag auf Verlangen des Versicherungsnehmers telefonisch oder unter Verwendung eines anderen Kommunikationsmittels geschlossen wird, das die Information in Textform vor der Vertragserklärung des Versicherungsnehmers nicht gestattet. Diese Erleichterung gilt also nicht für alle Fernkommunikationsmittel, sondern nur für solche, bei denen eine Übermittlung der Informationen in Textform technisch nicht möglich ist, insbesondere also für den telefonischen Vertragsschluss.[116] Bei Mailingaktionen oder Vertragsabschlüssen über das Internet ist dagegen eine Informationserteilung in Textform möglich.[117] Was „unverzüglich" ist, richtet sich nach § 121 BGB. Unverzüglich bedeutet nach der Legaldefinition „ohne schuldhaftes Zögern". Es gibt insoweit also keine feste Frist, sondern es richtet sich nach den Umständen des Einzelfalles, ob die Informationserteilung unverzüglich nachgeholt wurde. Ein Versenden innerhalb von drei Werktagen dürfte in diesem Zusammenhang noch als unverzüglich anzusehen sein.

54 Nicht erforderlich ist in diesem Zusammenhang, dass der Versicherungsnehmer den Versicherer angerufen hat, um den Vertrag abzuschließen. Dem Erfordernis, dass der Vertrag **„auf Verlangen des Versicherungsnehmers"** telefonisch geschlossen wird, ist auch dann Rechnung getragen, wenn der Versicherungsnehmer sich in einem Telefonat, dass von dem Versicherer ausgegangen ist, dazu entscheidet, den Vertrag mündlich abzuschließen.[118] Andernfalls würde die Regelung in § 7

---

[114] *Reiff* in Langheid/Wandt § 61 Rn. 38.

[115] *Grote/Schneider* BB 2007, 2689 (2690); *Rixecker* in Römer/Langheid § 61 Rn. 6.

[116] Neben der Telefonie kommen hier etwa die SMS sowie als Sonderform der Telefonie die Internet-Telefonie in Betracht, vgl. *Pohlmann* in Looschelders/Pohlmann § 7 Rn. 41.

[117] *Funck* VersR 2008, 163 (164).

[118] *Leverenz*, Vertragsschluss nach der VVG Reform, 2008, S. 74; aA *Pohlmann* in Looschelders/Pohlmann § 7 Rn. 42.

Abs. 2 S. 1 Nr. 4 VVG iVm § 5 Abs. 1 VVG-InfoV und auch die Regelung in Art. 3 Abs. 3 der Finanzdienstleistungs-Fernabsatzrichtlinie leer laufen. Danach muss der Versicherer seine Identität und den geschäftlichen Zweck des Kontakts bereits zu Beginn eines jeden Gesprächs ausdrücklich offenlegen, wenn er mit dem Versicherungsnehmer telefonischen Kontakt aufnimmt. Der Gesetzgeber geht hier offensichtlich selbst davon aus, dass der Vertragsabschluss durch einen vom Versicherer initiierten Anruf erfolgen kann.

55 Voraussetzung für die Erleichterungen ist nach dem Wortlaut des § 7 Abs. 1 Satz 3 VVG-InfoV, dass der Vertragsschluss **telefonisch** erfolgt. Dies ist der Fall, wenn beide Willenserklärungen telefonisch abgegeben werden. Wird lediglich der Antrag des Kunden telefonisch entgegengenommen und erfolgt die Annahme durch Übersendung des Versicherungsscheins, so kommt der Vertrag nicht telefonisch zustande. In einem solchen Fall gebietet sich aber eine analoge Anwendung der Regelung.[119] Der Versicherer muss in diesem Fall die Informationen spätestens mit dem Versicherungsschein bzw. der Annahmeerklärung zusenden.

56 Es genügt – anders als es die Formulierung in § 7 Abs. 1 Satz 3 VVG vermuten lässt – nicht, dass der Versicherer dem Versicherungsnehmer die Informationen nach dem Vertragsschluss in Textform zukommen lässt. Vielmehr sind einige Informationen bereits **in dem Telefongespräch selbst** (also fernmündlich) zu erteilen. Welche dies sind, ergibt sich aus § 5 VVG-InfoV. Danach hat der Versicherer bei Telefongesprächen dem Versicherungsnehmer aus diesem Anlass „nur" die Informationen nach § 1 Abs. 1 Nr. 1 bis 3, 6 Buchstabe b, Nr. 7 bis 10 und 12 bis 14 der VVG-InfoV mitzuteilen. Dies soll nur gelten, wenn der Versicherer den Versicherungsnehmer darüber informiert hat, dass auf Wunsch weitere Informationen mitgeteilt werden können und welcher Art diese Informationen sind, und der Versicherungsnehmer ausdrücklich auf die Mitteilung der weiteren Informationen zu diesem Zeitpunkt verzichtet (§ 5 Abs. 2 S. 2 VVG-InfoV). Der VR muss also nicht nur die in § 5 Abs. 2 Satz 1 VVG-InfoV genannten Informationen erteilen, sondern auch darüber informieren, dass auf Wunsch weitere Informationen mitgeteilt werden können, und deren Art zumindest grob skizzieren. Dies betrifft nicht nur die Informationen nach § 1 VVG-InfoV, sondern auch für die Informationen nach §§ 2, 3 und 4 VVG-InfoV.[120]

57 Geht die Kontaktaufnahme vom Versicherer aus, so hat dieser weiterhin § 5 Abs. 1 VVG-InfoV zu beachten. Der Versicherer muss in diesem Fall zusätzlich seine **Identität und den geschäftlichen Zweck des Kontakts** bereits zu Beginn eines jeden Gesprächs ausdrücklich offenlegen. Der Anruf selbst setzt nach § 7 Abs. 2 Nr. 2 UWG eine wirksame Einwilligung (Anruferlaubnis) voraus.[121] Bei Anrufen gegenüber Verbrauchern ist eine ausdrückliche Einwilligung erforderlich. Eine konkludente Einwilligung genügt, anders als bei Anrufen gegenüber sonstigen Marktteilnehmern, nicht. Dies folgt aus dem eindeutigen Wortlauts des Abs. 2 Nr. 2 Alt. 1 sowie dem Umkehrschluss aus Abs. 2 Nr. 2 Alt. 2 (arg. e contrario), wonach gegenüber sonstigen Marktteilnehmern eine mutmaßliche Einwilligung ausdrücklich ausreicht.[122] Nicht ausreichend ist auch eine in einer vorformulierten Einwilligungserklärung enthaltene „Opt-out-Klausel".[123]

---

[119] Vgl. hierzu *Schimikowski* in Rüffer/Halbach/Schimikowski § 7 Rn. 18.

[120] *Baroch Castellvi* VVG-InfoV § 5 Rn. 14.

[121] Vgl. hierzu *Stockmeier* VersR 2010, 857 (858ff.).

[122] *Menebröcker* in Götting/Nordemann, UWG, 2010, § 7 Rn. 72.

[123] BGH NJW 2008, 3055 (3057) „Payback-Urteil").

58 Insgesamt bestehen also durch § 5 VVG-InfoV, der Umsetzung des Art. 3 Abs. 3 der Finanzdienstleistungs-Fernabsatzrichtlinie (2002/65/EG) dient, sehr weitgehende Restriktionen für den Telefonverkauf, die auf erhebliche praktische Schwierigkeiten bei der Umsetzung stoßen und sowohl für den Versicherer als auch für den Versicherungsnehmer die Grenzen des Zumutbaren nicht selten überschreiten dürften.

6. Vorläufige Deckung

59 **a) Begriff.** Soll der Versicherungsschutz bereits vor dem formellen Vertragsschluss beginnen, so bedarf es einer entsprechenden Zusage des Versicherers über die vorläufige Deckung. Diese ist in den §§ 49 bis 52 VVG geregelt. Bei der vorläufigen Deckung soll den Versicherungsnehmer in der Zeit bis zur Entscheidung über den Abschluss des endgültigen Versicherungsvertrages, dh während der Vertragsverhandlungen oder während einer für die Entschließung des Versicherers über den Hauptvertrag erforderlichen Risikoprüfung, abgesichert werden.[124] Die vorläufige Deckung bietet dem Versicherungsnehmer die Möglichkeit, Versicherungsschutz für die Zeit vor Abschluss des Versicherungsvertrages zu erhalten. Bei der Vereinbarung[125] über die vorläufige Deckung handelt es sich um ein **eigenständiges Rechtsverhältnis,** dessen Schicksal losgelöst von der Hauptversicherung zu beurteilen ist.[126] Der Versicherungsschutz hängt bei der vorläufigen Deckung nicht davon ab, dass der Hauptvertrag zustande kommt.[127] In der Regel sehen die Bedingungen für den vorläufigen Versicherungsschutz einen unterzeichneten Versicherungsantrag des Versicherungsnehmers voraus, dh, der Versicherungsnehmer muss sich bereits an seinen Antrag gebunden halten. Ein (vom Versicherungsnehmer nicht angenommenes) Angebot des Versicherers gewährt hingegen keinen vorläufigen Versicherungsschutz.[128]

60 **b) Beginn und Ende der vorläufigen Deckung.** Bei der vorläufigen Deckung handelt es sich nicht um eine einseitige Erklärung, sondern um eine Vereinbarung, die durch Antrag und Annahme zustande kommt. Ist das Angebot in den Antragsunterlagen des Versicherers enthalten oder sind die allgemeinen Versicherungsbedingungen für den vorläufigen Versicherungsschutz dem Antragsformular beigefügt, so kommt der Vertrag über die vorläufige Deckung dadurch zustande, dass der Versicherungsnehmer den Antrag unterzeichnet und damit auch das Angebot zur vorläufigen Deckung annimmt.[129]

61 **c) Ende der vorläufigen Deckung.** Die Beendigung des Vertrages über die vorläufige Deckung ist in § 52 VVG geregelt. Nach § 52 Abs. 1 S. 1 VVG endet der Vertrag über die vorläufige Deckung spätestens zu dem Zeitpunkt, zu dem nach einem vom Versicherungsnehmer geschlossenen Hauptvertrag oder einem weiteren Vertrag über vorläufige Deckung ein gleichartiger Versicherungsschutz beginnt. Mit **Zustandekommen des Hauptvertrages** endet also der Vertrag über die vorläufige Deckung. Dies gilt nach § 52 Abs. 2 VVG auch für den Fall, dass der Haupt-

[124] *Klimke* in Prölss/Martin, Vor § 49 Rn. 2.
[125] *Schimikowski* Rn. 91.
[126] BGH VersR 1996, 743.
[127] *Herrmanns* in Beckmann/Matusche-Beckmann § 7 Rn. 5.
[128] LG Köln VersR 1988, 688.
[129] BGH VersR 1958, 173, 1999, 1274; OLG Saarbrücken VersR 2002, 41.

vertrag oder ein weiterer Vertrag über eine vorläufige Deckung mit einem anderen Versicherer zustande kommt. Hierüber muss der Versicherungsnehmer den Versicherer informieren.

62 Ist der Versicherungsvertrag wirksam zustande gekommen und der Vertrag über die vorläufige Deckung nach § 52 Abs. 1 S. 1 VVG damit beendet, so lässt ein **späterer rückwirkender Wegfall** des Vertrages durch Anfechtung oder der Rücktritt des Versicherers die vorläufige Deckung nicht wieder aufleben.[130] Gleiches gilt, wenn die Verletzung der vorvertraglichen Anzeigeobliegenheit nach § 19 Abs. 4 S. 2 VVG rückwirkend zu einer Vertragsänderung des Hauptvertrages führt und somit kein gleichartiger Versicherungsschutz mehr besteht. Auch in einem solchen Fall hatte ein gleichartiger Versicherungsschutz zunächst einmal tatsächlich begonnen, sodass für ein Wiederaufleben der vorläufigen Deckung kein Raum ist.[131]

63 Ist der Beginn des Versicherungsschutzes nach dem Hauptvertrag oder dem weiteren Vertrag über vorläufige Deckung von der Zahlung der Prämie durch den Versicherungsnehmer abhängig (sog. **erweiterte Einlöseklausel**), so endet der Vertrag über vorläufige Deckung nach § 52 Abs. 1 S. 2 VVG bereits dann, wenn der Versicherungsnehmer mit der Zahlung der Prämien für den Hauptvertrag in Verzug ist. Diese Regelung soll verhindern, dass der Versicherungsnehmer die Beendigung des in der Regel unentgeltlichen Versicherungsschutzes durch vorläufige Deckung dadurch hinauszögert, dass er die die Prämie für den Hauptvertrag nicht zahlt.[132] Voraussetzung ist, dass der Versicherer den Versicherungsnehmer durch gesonderte Mitteilung in Textform oder durch einen auffälligen Hinweis im Versicherungsschein auf diese Rechtsfolge aufmerksam gemacht hat.

64 Der Vertrag über die vorläufige Deckung endet nach § 52 Abs. 3 VVG weiterhin dann, wenn der Versicherungsnehmer seine Vertragserklärung zu dem Hauptvertrag nach § 8 VVG **widerruft** oder nach § 5 Abs. 1 und 2 **widerspricht.** Da der Hauptvertrag offensichtlich gescheitert ist, soll dann auch der Vertrag über vorläufige Deckung spätestens mit dem Wirksamwerden des Widerrufs oder Widerspruchs enden. Eine zusätzliche Erklärung des Versicherungsnehmers über den Widerruf oder Widerspruch hinaus ist nicht erforderlich.[133]

65 Die Regelung des § 52 Abs. 3 VVG ist analog anzuwenden auf Fälle, in denen das Zustandekommen des Hauptvertrages **auf Grund einer autonomen Entscheidung** des Versicherungsnehmers aus anderen Gründen endgültig scheitert und dieses Scheitern eindeutig zeitlich bestimmbar ist.[134] Dies ist der Fall, wenn der Versicherungsnehmer seinen Antrag zurücknimmt (was in der Regel bereits ohnehin als Widerruf zu werten sein dürfte), einen Antrag des Versicherers ausdrücklich zurückweist (auch im Fall, dass eine verspätete Annahme des Versicherers nach § 150 BGB als neues Angebot gilt), bei einvernehmlicher Vertragsaufhebung oder im Falle der Anfechtung des Vertrages durch den Versicherungsnehmer. Auch in diesen Fällen endet der Vertrag über die vorläufige Deckung mit Zugang der entsprechenden Erklärung.[135] Keine analoge Anwendung kommt hingegen in Betracht, wenn das Scheitern des Zustandekommens des Hauptvertrages nicht zeitlich eindeutig bestimmbar ist, etwa wenn der Versicherungsnehmer auf ein nach Ablauf

---

130 BT-Drs. 16/3945, 75.

131 *Rixecker* in Langheid/Wandt § 52 Rn. 21.

132 *Klimke* in Prölss/Martin § 52 Rn. 19; *Rixecker* in Römer/Langheid § 52 Rn. 5.

133 BT-Drs. 16/3945, S. 75.

134 *Rixecker* in Prölss/Martin § 52 Rn. 31.

135 *Rixecker* in Römer/Langheid § 52 Rn. 11.

der Bindung an seine Vertragserklärung erfolgendes neues Angebot des Versicherers, vor allem eine verspätete Annahmeerklärung, gar nicht reagiert.[136]

66 Ist das Vertragsverhältnis zur vorläufigen Deckung auf unbestimmte Zeit eingegangen, kann nach § 52 Abs. 4 S. 1 VVG jede Vertragspartei das Vertragsverhältnis ohne Einhaltung einer Frist kündigen. Da die **Kündigung** nach § 52 Abs. 4 S. 2 VVG jedoch erst zwei Wochen nach Zugang wirksam wird, besteht faktisch eine Kündigungsfrist von zwei Wochen, die vertraglich nicht verkürzt werden kann, da die Regelungen des § 52 VVG nach § 52 Abs. 5 VVG halbzwingend sind, dh nicht zu Lasten des Versicherungsnehmers von ihnen abgewichen werden darf.

67 Nicht gesetzlich geregelt ist die Möglichkeit, die vorläufige Deckung **zeitlich zu befristen.** Zwar ist diese Möglichkeit nicht ausgeschlossen. Eine Klausel in den Allgemeinen Versicherungsbedingungen für den vorläufigen Versicherungsschutz, nach der vorläufiger Versicherungsschutz spätestens zwei Monate nach Unterzeichnung des Versicherungsantrags endet, verstößt jedoch gegen § 9 AGBG und ist deshalb unwirksam.[137]

7. Einwilligung der versicherten Person

68 Eine weitere Besonderheit für den Vertragsschluss bei Lebens- und Rentenversicherungen ergibt sich aus § 150 VVG. Nach § 150 Abs. 1 VVG kann die Lebensversicherung auch auf die Person des Versicherungsnehmers oder eines anderen genommen werden. Ist dies der Fall, so ist unter den Voraussetzungen des § 150 Abs. 2 VVG aber die **schriftliche Zustimmung** der versicherten Person erforderlich. Diese Regelung soll jeder Möglichkeit eines Spiels mit dem Leben oder der Gesundheit eines anderen vorbeugen und die Spekulationen mit dem Leben eines anderen unterbinden.[138] Diese Vorschrift findet nicht nur bei Risiko- und gemischten Kapitallebensversicherungen Anwendung, sondern auch auf aufgeschobene Rentenversicherungen, sofern in dem Tarif vorgesehen ist, dass bei Tod des Versicherten vor Rentenbeginn die Beiträge zurückgewährt werden.[139] Ausgenommen sind lediglich Kollektivlebensversicherungen im Bereich der betrieblichen Altersversorgung.

69 Die Einwilligung ist **Voraussetzung für die Wirksamkeit** des Vertrages.[140] Nach wohl überwiegender Ansicht muss die Einwilligung auch bereits Vertragsschluss vorliegen. Eine nachträgliche Einwilligung ist nicht möglich.[141] Die Einwilligung muss dabei schriftlich erfolgen. Dies erfordert die Schriftform im Sinne des § 126 BGB. Eine Textform genügt nicht.[142]

70 Die Regelung des § 150 Abs. 2 VVG ist analog anzuwenden, wenn die versicherte Person zwar Versicherungsnehmer, am Vertragsschluss aber nicht unmittel-

---

[136] Rixecker in Langheid/Wandt § 52 Rn. 20.

[137] BGH VersR 1996, 743.

[138] *Langheid* in Römer/Langheid § 150 Rn. 4.

[139] BGH VersR 1996, 357.

[140] *Langheid* in Römer/Langheid § 150 Rn. 6.

[141] *Schneider* in Prölss/Martin § 150 Rn. 10; *Fitzau* in Terbille/Höra § 25 Rn. 52; *Ortmann* in Schwintowski/Brömmelmeyer § 150 Rn. 11; *Brömmelmeyer* in Beckmann/Matusche-Beckmann § 42 Rn. 47; aA *Langheid* in Römer/Langheid § 150 Rn. 8.

[142] Strittig ist, ob die elektronische Form nach § 126a BGB ausreicht. Dafür: *Ortmann* in Schwintowski/Brömmelmeyer § 150 Rn. 10; dagegen: *Schneider* in Prölss/Martin § 150 Rn. 10; *Langheid* in Römer/Langheid § 150 Rn. 9.

bar beteiligt ist oder wenn der Versicherungsnehmer den Versicherungsantrag blanko unterschreibt, die Ausfüllung des Antrags jedoch anderen überlässt.[143] Darüber hinaus ist § 150 Abs. 2 VVG analog auf den Fall anzuwenden, dass der Bezugsberechtigte als Vertreter des Versicherungsnehmers, dessen Leben versichert werden soll, den Vertrag abschließt.[144]

71 Nehmen die Eltern oder ein Elternteil die Lebensversicherung auf den Tod eines minderjährigen Kindes, so bedarf es der Einwilligung des Kindes nur, wenn der Versicherer auch bei Eintritt des Todes vor Vollendung des 7. Lebensjahres zur Leistung verpflichtet sein soll und wenn die für diesen Fall vereinbarte Leistung die gewöhnlichen Beerdigungskosten übersteigt (§ 150 Abs. 3 VVG). Verträge mit Minderjährigen als Versicherungsnehmer regelt § 150 dagegen nicht. Für diese sind die Regelungen des allgemeinen Zivilrechts maßgeblich (§§ 107f. BGB).[145]

II. Rechtsprechung

72 Rechtsprechung zu § 3 selbst liegt nicht vor.

III. Kommentierung der Klauselbestimmungen

Die Vorschrift des § 3 regelt den Beginn des Versicherungsschutzes, also des materiellen Versicherungsbeginns.[146] Dieser soll mit dem Abschluss des Vertrages beginnen (Satz 1), aber nicht vor dem vereinbarten Versicherungsbeginn (Satz 2). Der Versicherungsbeginn ist nicht von der Zahlung des Erstbeitrages abhängig.[147] Insoweit unterscheidet sich die Regelung des § 3 von älteren Bedingungswirkungen. Allerdings kann sich aus § 11 Abs. 2 Satz 1 die Leistungsfreiheit bei Nichtzahlung des Erst- oder Einmalbeitrages ergeben (vgl. insoweit die Erläuterungen zu § 11).

1. Der Abschluss des Versicherungsvertrages (Satz 1)

73 Nach Satz 1 beginnt der Versicherungsschutz grundsätzlich mit dem Vertragsschluss, also mit dem **formellen Versicherungsbeginn.** Es handelt sich um einen rein deklaratorischen Hinweis auf den Umstand, dass ein wirksamer Vertragsschluss Voraussetzung für die Gewährung des Versicherungsschutzes ist. Hiermit soll dem Laien verdeutlicht werden, dass der Versicherungsschutz nicht etwa bereits mit Antragsstellung gewährt wird.

74 Der Versicherungsvertrag kommt, wie jeder andere zivilrechtliche Vertrag auch, durch zwei korrespondierende Willenserklärungen (Antrag und Annahme) zustande. Das VVG schreibt nicht vor, welche der Vertragsparteien den Antrag zu stellen und wer im Gegenzug die Annahme zu erklären hat. Abhängig davon, von welcher Seite der Antrag und von welcher die Annahmeerklärung ausgeht, wird zwischen den verschiedenen **Abschlussmodellen** unterschieden.

---

[143] BGH VersR 1999, 347.
[144] BGH VersR 1989, 465 (466).
[145] *Langheid* in Römer/Langheid § 150 Rn. 17.
[146] *Reiff/Schneider* in Prölss/Martin ALB 2012 § 3 Rn. 1.
[147] *Reiff/Schneider* in Prölss/Martin ALB 2012 § 3 Rn. 2.

75 Bei dem **Antragsmodell** stellt der Kunde den Antrag. In der Praxis wird dieser regelmäßig von dem Vermittler ausgefüllt und vom Kunden gegengezeichnet. Die Vertragsannahme erfolgt durch den Versicherer, und zwar in der Regel durch Übersendung des Versicherungsscheins. Mit Zugang des Versicherungsscheins ist der Vertrag zustande gekommen. Unerheblich ist in diesem Zusammenhang, dass dem Kunden noch das Widerrufrecht nach § 8 VVG (→ Rn. 42 ff.) zusteht. Bis zur Ausübung des Widerrufsrechts, ist der Vertrag (auflösend bedingt) wirksam.[148] Denkbar ist auch, dass die Annahme durch eine gesonderte Annahmeerklärung erfolgt oder konkludent durch den Versicherer erklärt wird, indem dieser die Beiträge im Wege des Lastschriftverfahrens vom Konto des Versicherungsnehmers einzieht.

76 Bei dem **Invitatio-Modell** (auch als „Anfrage-Modell" bezeichnet) stellt der Kunde zunächst eine rechtlich unverbindliche Anfrage.[149] Hierfür füllt er ein Anfrageformular aus, ohne die Informationen nach § 7 VVG (→ Rn. 24 ff.) erhalten zu haben. Die in dem Anfrageformular enthaltenen Fragen, Erklärungen und Belehrungen entsprechen inhaltlich weitestgehend den Formulierungen auf dem Antragsformular. Der Versicherungsnehmer stellt jedoch keinen Antrag im Rechtssinne, sondern fordert den Versicherer auf, ihm ein Angebot zu unterbreiten (invitatio ad offerendum).[150] Nach Prüfung der Anfrage übersendet der Versicherer dem Kunden den Versicherungsschein zusammen mit sämtlichen nach § 7 VVG zu erteilenden Informationen und einer vorausgefüllten Annahmeerklärung. Diese muss der Kunde gegenzeichnen und zurücksenden. Erst mit Zugang der Annahmeerklärung bei dem Versicherer kommt der Vertrag zustande.[151]

77 Bis zur VVG-Reform bestand die Möglichkeit, Verträge im sog. **Policenmodell** nach § 5 a VVG aF abzuschließen. Bei dem Policenmodell erhielt der Kunde die AVB und die weiteren nach § 10 a VAG aF zu erteilenden Informationen mit der Police zugesandt. Nach § 5 a Abs. 1 S. 1 VVG aF galt der Versicherungsvertrag auf dieser Basis als abgeschlossen, wenn der Versicherungsnehmer nicht innerhalb der Widerrufsfrist (bei Lebensversicherungsverträgen 30 Tage) nach Überlassung der Unterlagen in Textform widersprach. Über dieses Widerspruchsrecht musste der Versicherer den Versicherungsnehmer belehren. Bei fehlerhafter oder unvollständiger Informationsgabe bzw. Belehrung, galt der Vertrag dennoch spätestens 1 Jahr nach Zahlung der Erstprämie als geschlossen (vgl. § 5 a Abs. 2 S. 4 VVG aF).[152] Das Policenmodell war in der rechtspolitischen Diskussion zur VVG-Reform umstritten. Während die Befürworter des Policenmodells dieses als praxisgerechtes Verfahren ansahen, hielten die Gegner die Regelung aus Gründen des Verbraucherschutzes für bedenklich. Im Ergebnis hat sich der Gesetzgeber, auch vor dem Hintergrund der bestehenden europarechtlichen Bedenken, dazu entschieden, das Policenmodell abzuschaffen.[153] Mit der Regelung des 7 Abs. 1 S. 1 VVG ist der Versicherer nun verpflichtet, die In-

---

[148] *Rixecker* in Römer/Langheid § 9 Rn. 8.

[149] Zu diesem Modell *Schimikowski* r+s 2006, 441 (443 f.).

[150] Vgl. *Stockmeier* VersR 2008, 717 (719); *Gaul* VersR 2007, 21.

[151] *Marlow/Spuhl* S. 11.

[152] Am 19.12.2013 hatte der EuGH (VersR 2014, 225) aufgrund einer Vorlage des BGH entschieden, dass die in § 5 a Abs. 2 S. 4 VVG aF verankerte Ausschlussfrist von einem Jahr mit dem europäischen Richtlinienrecht nicht in Übereinstimmung zu bringen ist. Der EuGH begründete seine Entscheidung im Wesentlichen damit, dass die Regelung in § 5 a Abs. 2 S. 4 VVG aF der Verwirklichung eines grundlegenden Ziels der europäischen Lebensversicherungsrichtlinien und damit deren praktischer Wirksamkeit zuwider laufe.

[153] Vgl. BT-Drs. 16/3945, S. 60.

formationen dem Versicherungsnehmer rechtzeitig vor Abgabe von dessen Vertragserklärung mitzuteilen. Damit ist ausgeschlossen, dass die vorgeschriebenen Informationen erst mit Übersendung des Versicherungsscheins erteilt werden können.

78 Vor dem Hintergrund der gesetzespolitischen Entscheidung, das Policenmodell abzuschaffen, wäre es auch bedenklich, wenn der Versicherer mit **Fiktionsklauseln** arbeiten würde, nach denen ein Angebot des Versicherers nach Ablauf einer Frist als angenommen gilt, wenn der Kunde nicht widerspricht. Solche Fiktionsklauseln sind AGB-rechtlich zwar grundsätzlich möglich, sofern die in § 308 Nr. 5 BGB statuierten Voraussetzungen eingehalten werden.[154] Die Verwendung von Fiktionsklauseln stellt sich aus Sicht des Versicherungsnehmers allerdings wie das Policenmodell dar. Der Versicherungsnehmer erhält die Allgemeinen Versicherungsbedingungen und weiteren Vertragsinformationen mit dem Versicherungsschein und muss aktiv widersprechen, wenn der Vertrag auf Basis dieser Unterlagen nicht zustande kommen soll. Durch die Formulierung in § 7 Abs. 1 S. 1 hat der Gesetzgeber gerade klarstellen wollen, dass die vorgeschriebenen Informationen nicht erst bei Vertragsschluss, also mit dem Versicherungsschein übersandt werden; diese sollen dem Versicherungsnehmer bereits bei seiner Vertragerklärung, in der Regel also bei Antragsstellung, vorliegen.[155] Die Verwendung einer Fiktionsklausel würde im Ergebnis das Policenmodell „durch die Hintertür" bedeuten. Es gehört zu den wesentlichen Grundgedanken der Regelung in § 7 Abs. 1 VVG, das der Versicherungsnehmer nicht aktiv tätig werden muss, um nach späterer Information eine vertragliche Bindung zu verhindern. Im Ergebnis dürften daher solche Fiktionsklauseln gegen § 307 Abs. 2 S. 1 verstoßen.[156]

79 Soll bereits ab Antragsstellung Versicherungsschutz bestehen **(vorläufige Deckung),** bedarf es einer gesonderten Zusage des Versicherers. Für die Vereinbarung über die vorläufige Deckung sind die §§ 49 bis 52 VVG maßgeblich (→ Rn. 59 ff.).[157] Angeboten wird der vorläufige Versicherungsschutz bei Rentenversicherungen auf der Grundlage besonderer Versicherungsbedingungen. Der Vertrag über den vorläufigen Versicherungsschutz ist ein rechtlich selbständiger Vertrag. Der vorläufige Versicherungsschutz wird unabhängig davon gewährt, ob der beantragte Hauptvertrag zustande kommt.[158]

2. Der materielle Versicherungsbeginn (Satz 2)

80 Nach § 3 S. 2 beginnt der Versicherungsschutz nicht vor dem im Versicherungsschein genannten Termin. Grundsätzlich obliegt es den Parteien, den **Beginn des materiellen Versicherungsschutzes** festzulegen. Insoweit hat die Regelung lediglich klarstellende Bedeutung. Relevanz hat dieser Termin bei einer aufgeschobenen Rentenversicherung insbesondere hinsichtlich der Todesfallleistung, sofern eine vereinbart wurde. Für die Rentenleistung selbst ist nicht der materielle Versicherungsbeginn, sondern der Rentenzahlungsbeginn maßgeblich.

81 Denkbar ist, dass der im Versicherungsschein genannte **Termin von dem beantragten Termin abweicht.** Welcher Termin für den Versicherungsschutz in diesem Fall maßgeblich ist, richtet sich dann nach § 5 VVG (→ Rn. 5 ff.). Hat der

---

[154] *Schimikoswski* VW 2007, 715 (718), *ders.* r+s 1997, 89 ff.
[155] BT-Drs. 16/3945, S. 60.
[156] *Marlow/Spuhl* S. 11.
[157] *Reiff/Schneider* in Prölss/Martin ALB 2012 § 1 Rn. 3.
[158] BGH VersR 2001, 489.

Versicherer nach § 5 Abs. 2 VVG auf die Abweichung hingewiesen und darüber belehrt, dass die Abweichung als genehmigt gilt, wenn der Versicherungsnehmer nicht innerhalb eines Monats widerspricht, so ist bei unterbliebenem Widerspruch das im Versicherungsschein genannte Beginndatum maßgeblich. Ist die Belehrung unterblieben oder unzureichend, richtet sich der Beginn nach dem im Antrag genannten Datum.

82 Die Regelung in § 3 S. 2 geht implizit davon aus, dass das der vereinbarte Versicherungsbeginn nach dem Vertragsschluss, also dem formellen Versicherungsbeginn liegt.[159] Möglich ist jedoch auch, dass der im Versicherungsschein genannte Termin vor dem formellen Vertragsschluss liegt. In diesem Fall ist durch Auslegung zu ermitteln, ob es sich um einen Fall der **Rückwärtsversicherung** im Sinne des § 2 VVG oder um eine bloße **Vorverlagerung des technischen Versicherungsbeginns** handelt.[160] Eine Rückwärtsversicherung liegt nach der Legaldefinition des § 2 Abs. 1 VVG vor, wenn der Versicherungsschutz vor dem Zeitpunkt des Vertragsschlusses beginnt. Es soll also ein gegebenenfalls vor Vertragsschluss eingetretener Versicherungsfall in den Deckungsumfang des Versicherungsvertrages einbezogen werden.[161] Demgegenüber wird bei der Vorverlegung des technischen Versicherungsbeginns lediglich der Zeitpunkt, für den Prämien zu entrichten sind, vorverlagert, ohne dass für diesen Zeitraum materieller Versicherungsschutz bestehen soll.

83 Bei einer Rentenversicherung ist insoweit zu unterscheiden, ob der vereinbarte Beginn zeitlich **vor der Antragsstellung** liegen soll oder ob der Versicherungsbeginn bei Antragsstellung noch in der Zukunft liegt. Schließt der Versicherungsnehmer eine Rentenversicherung ab, bei der er selbst versicherte Person ist, und nennt im Versicherungsantrag einen vor der Antragstellung liegenden Zeitpunkt für den Versicherungsbeginn, ist eine Rückwärtsversicherung auf den im Antrag genannten Zeitpunkt bereits begrifflich nicht möglich.[162] In diesem Fall liegt also regelmäßig eine bloße Vorverlegung des technischen Versicherungsbeginns vor.[163] Diese kann verschiedene Gründe haben. So ist etwa denkbar, dass der Versicherungsnehmer bei seinem Alter andernfalls nicht versicherbar gewesen wäre[164] oder dass der frühe Versicherungsbeginn zu einer niedrigeren Altersstufe des Versicherten und damit zu einer geringeren Prämie für das gesamte Versicherungsverhältnis führt.[165]

84 Liegt der vereinbarte Versicherungsbeginn **nach der Antragsstellung,** aber zeitlich vor dem Abschluss des Versicherungsvertrages, so ist damit im Zweifel der Beginn der Haftung, also der materielle Versicherungsbeginn gemeint.[166] Es ist in diesem Fall von einer Rückwärtsversicherung auszugehen.[167] Der Versicherungsnehmer wird und darf davon ausgehen, dass er grundsätzlich ab dem als Versicherungsbeginn bezeichneten Termin Versicherungsschutz hat. Der Versicherer hat es selbst in der Hand, solche Risiken nicht einzugehen. Es ist ausschließlich seine eigene Entscheidung, ob er den Versicherungsschutz auch für einen zurückliegenden

[159] *Reiff/Schneider* in Prölss/Martin ALB 2012 § 3 Rn. 4.
[160] *Rixecker* in Römer/Langheid § 2 Rn 4.
[161] *C. Schneider* in Looschelders/Pohlmann § 2 Rn. 11.
[162] BGH VersR 82, 841 (843).
[163] *C. Schneider* in Looschelders/Pohlmann § 2 Rn. 21.
[164] BGH VersR 1990, 729 (730).
[165] BGH NJW-RR 1991, 797.
[166] *Rixecker* in Römer/Langheid § 2 Rn 4.
[167] OLG Düsseldorf r+s 1999, 52 (53).

Zeitraum oder nur ab Zustandekommen des Vertrages gewähren will. Entschließt er sich für eine Rückwirkung, muss er sich daran festhalten lassen.[168]

3. Hinweis auf die Verzugsfolgen (Satz 3)

85 Satz 3 enthält einen Hinweis auf die Regelungen in § 10 Abs. 2 und 3 und in § 11. Anders als in früheren Bedingungswerken (vgl. § 2 ALB 1994 und § 1 ALB 1986) ist der Beginn des materiellen Versicherungsschutzes nicht mehr ausschließlich davon abhängig, dass der Erstbeitrag gezahlt worden ist. Nach § 11 Abs. 2, der der Regelung des § 37 Abs. 2 VVG entspricht, ist der Versicherer zwar nicht zur Leistung verpflichtet, wenn der Versicherungsnehmer den ersten Beitrag noch nicht gezahlt hat. Dies gilt allerdings nur, sofern der Versicherer den Versicherungsnehmer durch einen auffälligen Hinweis auf diese Rechtsfolge aufmerksam gemacht hat. Insoweit ist das sog. Einlöseprinzip also eingeschränkt. Daher ist ein Hinweis auf die Rechtsfolgen bei Verzug mit der Erstprämie sachgerecht. Vgl. im Übrigen hierzu die Erläuterungen zu §§ 10 und 11.

IV. Darlegungs- und Beweislast

86 Soweit gesetzliche oder vertragliche Beweislastregeln nicht eingreifen, muss nach den allgemeinen Regelungen der Beweislastverteilung jede Partei – ungeachtet ihrer Parteirolle – die Voraussetzungen der für sie günstigen Norm beweisen.[169] Demgemäß muss derjenige, der Rechte aus einem **Versicherungsvertrag** herleitet, nachweisen, dass ein Vertrag mit dem von ihm behaupteten Inhalt **zustande gekommen** ist.[170] Entsprechend trägt der Versicherungsnehmer auch die Beweislast für eine den schriftlichen Antrag ergänzende mündliche Erklärung.[171] Wenn ein Versicherer dem Versicherungsnehmer allerdings den Beweis für die Echtheit seiner Unterschrift auf dem Versicherungsantrag dadurch unmöglich macht, dass er die Originale der Versicherungsanträge nach dem Einscannen vernichtet, so trifft den Versicherer die Beweislast für die Fälschung der Unterschrift.[172]

87 Weicht der Versicherungsschein von dem Antrag ab, so trägt der Versicherer die Beweislast dafür, dass er nach § 5 Abs. 2 VVG auf die **Abweichungen** hingewiesen und den Versicherungsnehmer über die Wirkung des unterbliebenen Widerspruchs belehrt hat, wenn er sich auf die Genehmigungsfiktion des § 5 Abs. 1 VVG berufen möchte.[173] Ebenso muss er den Zeitpunkt des Zugangs des Versicherungsscheins nachweisen.[174] Für den fristgemäßen Zugangs des Widerspruchs ist hingegen der Versicherungsnehmer beweispflichtig.[175] Ebenso trägt der Versicherungsnehmer die Beweislast dafür, dass der Versicherungsschein von dem ggf. mündlich gestellten oder erweiterten Antrag abweicht. Dies gilt auch dann, wenn der Versicherungs-

---

168 OLG Düsseldorf VersR 1997, 51.

169 *Saenger*, ZPO, 5. Aufl. 2013, § 286 Rn. 58.

170 BGH VersR 2002, 1089 (1090).

171 BGH VersR 2002, 1089 (1090).

172 Für den Fall der Vernichtung nach Mikroverfilmung BGH VersR 2000, 1133.

173 *Prölss* in Prölss/Martin § 5 Rn. 21.

174 BGH VersR 1991, 910; *Rixecker* in Römer/Langheid § 5 Rn. 14.

175 *Brömmelmeyer* in Rüffer/Halbach/Schimikowski § 5 Rn. 43; aA *Rixecker* in Römer/Langheid § 5 Rn. 14.

nehmer seinen Antrag auf einem Vordruck gestellt hat, den der Agent des Versicherers anhand der Angaben des Antragstellers ausgefüllt hat.[176]

88 Die Beweislast dafür, dass der Versicherungsnehmer **die Widerrufserklärung** nach § 8 VVG rechtzeitig auf den Weg gebracht wurde, trägt der Versicherungsnehmer. Gleiches gilt für den Zugang der Widerrufserklärung beim Versicherer.[177] Der Versicherer muss allerdings beweisen, dass der Zugang der Widerrufserklärung außerhalb der Widerrufsfrist liegt.[178] Die Darlegungs- und Beweispflicht hinsichtlich der Erfüllung der vorvertraglichen Informationspflichten, soweit die Erfüllung dieser Pflicht Voraussetzung für den Beginn der Widerrufsfrist ist, trägt nach § 8 Abs. 2 S. 2 VVG der Versicherer.[179] Er muss den Nachweis führen, dass er die Vertragsbestimmungen einschließlich der AVB sowie die nach der VVG-InfoV zu erteilenden Informationen in Textform ausgehändigt hat und den Versicherungsnehmer über sein Widerspruchsrecht belehrt hat. Allerdings kann eine Vermutung für den Zugang des Versicherungsscheins, der AVB sowie der anderen notwendigen Informationsunterlagen in Betracht kommen, wenn der Versicherungsnehmer bereits mehrfach die Prämie bezahlt hat und erst danach den Widerruf mit der Behauptung erklärt, die Unterlagen seien ihm nicht zugegangen.[180] Weiterhin trägt der Versicherer die Beweislast dafür, dass der Versicherungsnehmer auf die Informationserteilung vor Vertragsabschluss verzichtet hat bzw. dass der Vertrag auf Verlangen des Versicherungsnehmers telefonisch geschlossen wurde, wenn er sich darauf beruft, dass lediglich eine nachvertragliche Übermittlung geschuldet war.[181]

89 Bezüglich der **Beratungspflicht** bei Abschluss des Vertrages muss der Versicherungsnehmer beweisen, dass ein Beratungsanlass vorgelegen hat. Der Versicherer muss sodann vortragen, ob und auf welche Weise er notwendige Informationen zu erheben versucht und mit welchem Ratschlag er auf ihre Erteilung reagiert hat.[182] Der Versicherungsnehmer muss wiederum die unterlassene oder fehlerhafte Beratung beweisen. Ist keine oder keine vollständige Beratungsdokumentation erfolgt, besteht eine widerlegliche Vermutung bzw. ein Anscheinsbeweis dafür, dass eine Beratung auch nicht erfolgt ist. Der Versicherer muss diese Vermutung entkräften und den vollen Beweis für die geschuldete Beratung erbringen.[183]

V. Wirksamkeit der Klausel

90 Angesichts des Umstandes, dass § 3 keinen eigenen Regelungsinhalt, sondern einen **rein deklaratorischen Charakter** hat, bestehen an der Wirksamkeit der Klausel keine Zweifel. Rein deklaratorische Klauseln, die lediglich den Inhalt von Rechtsvorschriften wiedergeben, sind also solche nicht kontrollfähig.[184] Etwas anderes würde nur dann gelten, wenn ein Verstoß gegen höherrangiges Recht vorläge; dieser ist hier aber nicht ersichtlich.

---

[176] BGH VersR 2002, 1089 (1090).
[177] *Schimikowski* in Rüffer/Halbach/Schimikowski § 8 Rn. 10.
[178] LG Dortmund NJW-RR 2011, 769.
[179] *Prölss* in Prölss/Martin § 7 Rn. 42.
[180] Begr. RegE BT-Drs. 16/3945, 62.
[181] *Prölss* in Prölss/Martin § 7 Rn. 42.
[182] *Rixecker* in Prölss/Martin § 6 Rn. 33.
[183] *Münkel* in Rüffer/Halbach/Schimikowski § 6 Rn. 47.
[184] *Präve* in v. Westphalen/Thüsing AVB Rn. 15.

§ 4 Was gilt bei Polizei- oder Wehrdienst, Unruhen, Krieg oder Einsatz bzw. Freisetzen von ABC-Waffen/-Stoffen?

(1) Grundsätzlich leisten wir unabhängig davon, auf welcher Ursache der Versicherungsfall beruht. Wir leisten auch dann, wenn die versicherte Person *(das ist die Person, auf deren Leben die Versicherung abgeschlossen ist)* in Ausübung des Polizei- oder Wehrdienstes oder bei inneren Unruhen gestorben ist.

(2) Stirbt die versicherte Person in unmittelbarem oder mittelbarem Zusammenhang mit kriegerischen Ereignissen, ist unsere Leistung eingeschränkt. In diesem Fall vermindert sich eine für den Todesfall vereinbarte Kapitalleistung auf den für den Todestag berechneten Rückkaufswert (siehe § 12 Absätze 3 bis 5), ohne den dort vorgesehenen Abzug. Eine für den Todesfall vereinbarte Rentenleistung vermindert sich auf den Betrag, den wir aus dem für den Todestag berechneten Rückkaufswert erbringen können. Unsere Leistungen vermindern sich nicht, wenn die versicherte Person in unmittelbarem oder mittelbarem Zusammenhang mit kriegerischen Ereignissen stirbt, denen sie während eines Aufenthaltes außerhalb der Bundesrepublik Deutschland ausgesetzt und an denen sie nicht aktiv beteiligt war.

(3) In folgenden Fällen vermindern sich unsere Leistungen auf die in Absatz 2 Satz 2 und 3 genannten Leistungen: Die versicherte Person stirbt in unmittelbarem oder mittelbarem Zusammenhang mit

- dem vorsätzlichen Einsatz von atomaren, biologischen oder chemischen Waffen oder
- dem vorsätzlichen Einsatz oder der vorsätzlichen Freisetzung von radioaktiven, biologischen oder chemischen Stoffen.

Der Einsatz bzw. das Freisetzen muss dabei darauf gerichtet gewesen sein, das Leben einer Vielzahl von Personen zu gefährden. Unsere Leistungen vermindern sich nicht, wenn die versicherte Person in unmittelbarem oder mittelbarem Zusammenhang mit kriegerischen Ereignissen stirbt, denen sie während eines Aufenthaltes außerhalb der Bundesrepublik Deutschland ausgesetzt und an denen sie nicht aktiv beteiligt war.

Übersicht

Schrifttum: *Ehlers,* Krieg, Kriegsereignisse, terroristische und politische Gewalthandlungen, Beschlagnahme, Eingriffe von hoher Hand, r+s 2002, 133 ff.; *Fricke,* Rechtliche Probleme des Ausschlusses von Kriegsrisiken in AVB, VersR 1991, 1098 ff.; *ders.,* Rechtliche Probleme des Ausschlusses von Kriegsrisiken in AVB – II. Folge –, VersR 2002, 6 ff.; *Krahe,* Der Begriff „Kriegsereignis" in der Sachversicherung, VersR 1991, 634 ff.; *Langheid/Rupietta,* Versicherung gegen Terrorschäden, NJW 2005, 3233 ff.

I. Gesetzliche Grundlagen

1 Bei § 4 ARB handelt es sich um eine **Risikoausschlussklausel.** Eine Risikoausschlussklausel zeichnet sich dadurch aus, dass der Versicherungsschutz für definierte, anhand objektiver Kriterien festgestellte Konstellationen eingeschränkt wird. Dies unterscheidet einen Risikoausschluss von einer Obliegenheitsverletzung, bei der der Versicherungsschutz dann wegfallen kann, wenn der Versicherungsnehmer durch sein subjektives Verhalten gegen eine vertragliche oder gesetzliche Pflicht verstößt.[1] Dementsprechend spielen auch Fragen des Verschuldens des Versicherungsnehmers bei Risikoausschlussklauseln keine Rolle.[2]

Im Gegensatz zum Risikoausschluss bei Selbsttötung (§ 161 VVG; → ARB § 5) ist der Risikoausschluss in Fällen des Kriegs bzw. des ABC-Waffen-Einsatzes nicht gesondert im VVG geregelt. § 4 ARB stellt eine Einschränkung der Leistungspflicht des Versicherers im Todesfall dar, die in Gestalt Allgemeiner Versicherungsbedingungen im Rahmen der Vertragsfreiheit zwischen Versicherer und Versicherungsnehmer vereinbart werden kann.

II. Regelungen zum Kriegsfall und zum Einsatz/Freisetzen von ABC-Waffen und -Stoffen

2 Eine so genannte Kriegsklausel, die die Leistungspflicht des Versicherers im Falle von kriegerischen Ereignissen modifiziert, wird seit über 100 Jahren in den Versicherungsbedingungen von Lebensversicherungsverträgen verwendet. Sinn und Zweck der Klausel war und ist es, nicht beherrschbare und nicht versicherungsmathematisch kalkulierbare Risiken vom Versicherungsschutz auszunehmen.[3] Sie hat über diese Zeitstrecke diverse Modifikationen erfahren.[4]

Die im Zusammenhang mit der Kriegsklausel diskutierten Fragestellungen waren und sind beeinflusst von politischen Entwicklungen. Während in der ersten Hälfte des 20. Jahrhunderts die beiden Weltkriege und damit der Kriegsbegriff im klassischen völkerrechtlichen Sinne prägend waren, sind zum Ausgang des 20. Jahrhunderts neue Fragestellungen durch bisher in dieser Form nicht gekannte Terrorgefahren hinzu gekommen.[5]

1. Leistungspflicht bei Polizei- und Wehrdienst, innere Unruhen (Abs. 1)

3 § 4 Abs. 1 S. 1 ARB stellt klar, dass es für die Leistungspflicht des Versicherers **gleichgültig** ist, auf Grund **welcher Ursache** es zum Versicherungsfall gekommen ist. Dies ergibt sich bereits aus dem VVG[6] sowie aus § 1 Abs. 3 ARB, wird je-

---

[1] *Teslau* in Nomos-Kommentar BGB, 2. Aufl. 2012, Anh. zu §§ 328–335 Rn. 72.

[2] *Höra/Fitzau* in Terbille, MAH VersR, 2. Aufl. 2008, § 25 Rn. 179.

[3] *Benkel/Hirschberg* ALB 2008 § 4 Rn. 14; *Brömmelmeyer* in Beckmann/Matusche-Beckmann § 42 Rn. 246; *Gebert/Schnepp* in Veith/Gräfe § 10 Rn. 343.

[4] *Benkel/Hirschberg* ALB 2008 § 4 Rn. 1–6.

[5] *Fricke* VersR 1991, 1098, *Fricke* VersR 2002, 6.

[6] *Gebert/Schnepp* in Veith/Gräfe § 10 Rn. 337.

doch zur Erhöhung der Transparenz und zum besseren Verständnis der sich in § 4 ARB anschließenden Ausschlusstatbestände nochmals wiederholt.

4 § 4 Abs. 1 S. 2 ARB konkretisiert des Weiteren, dass eine Leistungspflicht auch dann gegeben ist, wenn die versicherte Person bei Ausübung des **Polizei- oder Wehrdienstes** oder bei **inneren Unruhen** gestorben ist. Auch dies ergibt sich bereits aus der originären Leistungsbeschreibung in § 1 ARB und dient somit der Klarstellung.[7] Insbesondere da in anderen Versicherungssparten ein Versicherungsschutz bei inneren Unruhen häufig ausgeschlossen ist,[8] ist es im Sinne der Transparenz für den Versicherungsnehmer hilfreich, explizit nachlesen zu können, dass in der Lebensversicherung grundsätzlich Versicherungsschutz in den genannten Fällen besteht.

5 Die explizite Erwähnung des Polizei- und Wehrdienstes bedeutet nicht im Umkehrschluss, dass eine Leistung bei **vergleichbaren Diensten** ausgeschlossen ist. Es besteht grundsätzlich auch dann die Leistungspflicht des Versicherers, wenn die versicherte Person bei Ausübung ihres Dienstes in Spezialverbänden (zB KSK, GSG 9)[9] oder bei humanitären Einsätzen in Krisengebieten ums Leben kommt.

6 Versicherungsschutz besteht auch dann, wenn die versicherte Person bei **inneren Unruhen** ums Leben gekommen ist. Insofern ist von Bedeutung, wie sich der Begriff der „inneren Unruhen" von dem des „kriegerischen Ereignisses" abgrenzt.

Der Begriff der „inneren Unruhen" findet seine Entstehung im Begriff des **„Aufruhrs"** und ist eng verbunden mit Begriffen wie Aufständen oder Landfriedensbruch.[10] Entscheidend ist, ob ein das Gesamtgeschehen überblickender objektiver Beobachter zu der Überzeugung gelangt, es habe sich eine Menschenmenge zusammengerottet, die mit vereinten Kräften Gewalttätigkeiten gegen Personen oder Sachen verübt und bei denen daher davon ausgegangen werden kann, dass das Rechtsbewusstsein der Teilnehmer so erschüttert war, dass daraus die gemeinsam begangenen Gewalttaten hervorgegangen sind.[11]

Innere Unruhen stellen somit primär einen gewaltsamen **Konflikt zwischen einer Gruppe von Menschen und der Staatsgewalt** dar. Der Konflikt ist im Gegensatz zum Krieg vor allem konzentriert auf die innere Ordnung eines Staates[12], wohingegen ein Krieg staatsübergreifende Elemente aufweist. Innerstaatliche Auseinandersetzungen unterfallen daher erst dann dem Kriegsbegriff, wenn sich ausländische Staaten in die innerstaatlichen Konflikte einschalten.[13]

2. Leistungseinschränkung bei kriegerischen Ereignissen (Abs. 2)

7 **a) Leistungseinschränkung. § 4 Abs. 2 S. 1 ARB** schränkt die Versicherungsleistung ein, wenn die versicherte Person in unmittelbarem oder mittelbarem Zusammenhang mit kriegerischen Ereignissen stirbt. Es wird nicht danach differenziert, ob und wie die versicherte Person an den kriegerischen Ereignissen beteiligt war. Diese weitgehende Einschränkung des Versicherungsschutzes bezieht sich jedoch nur auf kriegerische Ereignisse **innerhalb der Bundesrepublik Deutschland.** Diese territoriale Einschränkung ergibt sich aus § 4 Abs. 2 S. 4 ARB, welcher

---

[7] *Reiff/Schneider* in Prölss/Martin ALB 86 § 7 Rn. 1

[8] *Reiff/Schneider* in Prölss/Martin ALB 86 § 7 Rn. 1; *Benkel/Hirschberg* ALB 2008 § 4 Rn. 13.

[9] *Benkel/Hirschberg* ALB 2008 § 4 Rn. 20.

[10] *Benkel/Hirschberg* ALB 2008 § 4 Rn. 23.

[11] BGH NJW 1975, 308 (308).

[12] *Mertens* in Rüffer/Halbach/Schimikowski BB-BUZ § 3 Rn. 14.

[13] *Ehlers* r+s 2002, 133 (135).

festlegt, dass die Leistungspflicht sich nicht vermindert, wenn die versicherte Person im Zusammenhang mit kriegerischen Ereignissen stirbt, denen sie während eines Auslandsaufenthalts ausgesetzt und an denen sie nicht aktiv beteiligt war. Es wird somit differenziert zwischen dem Tod auf Grund eines Krieges auf dem Staatsgebiet der Bundesrepublik Deutschland und einem Geschehen im Ausland. Ihre Begründung findet diese Differenzierung im Sinn und Zweck der Kriegsklausel: dem Schutz des Versicherers und der Versichertengemeinschaft vor Kumulrisiken. Im Falle eines Krieges auf dem Staatsgebiet der Bundesrepublik Deutschland kommt es zu einem massiven Anstieg der Todesfälle sowohl unter den Kombattanten als auch unter der Zivilbevölkerung. Eine Einschränkung nach Art der Beteiligung, wie sie § 4 Abs. 2 S. 4 für Todesfälle im Ausland vorsieht, würde bei einem Krieg in der Bundesrepublik Deutschalnd auf Grund der breiten Betroffenheit der gesamen Bevölkerung dazu führen, dass der Versicherer für eine Vielzahl von Versicherungsfällen leistungspflichtig wäre, die er nicht in der Kalkulation berücksichtigen konnte. Der Bestand des Versicherers und somit die Absicherung der Versichertengemeinschaft wären gefährdet.

8 § 4 Abs. 2 S. 1 ARB stellt den Kernbestandteil des Risikoausschlusses in Kriegsfällen dar. Hintergrund dieses Ausschlusses ist, dass der mit einem Krieg verbundene **sprunghafte Anstieg von Todesfällen** in der Kalkulation von Versicherungsprodukten nicht berücksichtigt ist und nicht sinnvoll berücksichtigt werden kann. Die Kalkulation beruht auf statistischen Annahmen, die beispielsweise in Sterbetafeln abgebildet sind. Würde man im Rahmen einer vorsichtigen Kalkulation Sterbetafeln verwenden, die die deutlich erhöhten Sterbewahrscheinlichkeiten im Kriegsfall berücksichtigen, würde dies in Friedenszeiten – und somit in Deutschland seit knapp 70 Jahren – zu deutlich höheren Prämien für den Todesfallschutz führen. Zudem würde sich die Frage stellen, welche statistischen Daten man für Sterbewahrscheinlichkeiten unter Berücksichtigung eines zukünftigen Kriegsfalls überhaupt anwenden solle. Somit ist es sowohl im Interesse der Versicherer, der Versichertengemeinschaft als auch der einzelnen Versicherungsnehmer, das Kriegsrisiko auszuschließen. Dem Versicherungsnehmer wäre mit einer vom Kriegsfall ausgehenden Kalkulation nicht gedient. Die Versicherungswirtschaft hingegen würde in ihrer Existenz gefährdet und die Erfüllbarkeit sämtlicher Versicherungsverträge damit in Frage gestellt, wenn es zu einen Krieg kommt und dieser nicht in der Kalkulation berücksichtigt wurde.[14]

9 **b) Kriegerisches Ereignis.** Zentraler Begriff von § 4 Abs. 2 S. 1 ARB ist der des **„kriegerischen Ereignisses".** Während vor dem ersten Weltkrieg noch die Meinung vertreten wrude, dass der in den Versicherungsbedingungen verwendete Begriff inhaltlich übereinstimmend sei mit dem völkerrechtlichen Kriegsbegriff,[15] hat sich inzwischen fast durchgängig die Auffassung durchgesetzt, dass der Begriff des „kriegerischen Ereignisses" aus dem Kontext des Versicherungsvertrages heraus zu definieren ist.[16] Vereinzelt wird sowohl die Anwendung des völkerrechtlichen als auch des versicherungsvertragsrechtlichen Kriegsbegriffs mit dem Argument abge-

---

[14] *Benkel/Hirschberg* ALB 2008 § 4 Rn 14; *Mertens* in Rüffer/Halbach/Schimikowski BB-BUZ § 3 Rn. 12; *Brömmelmeyer* in Beckmann/Matusche-Beckmann § 42 Rn. 246; *Gebert/Schnepp* in Veith/Gräfe § 10 Rn. 343.

[15] *Fricke* VersR 1991, 1098 (1099).

[16] *Rixecker* in Beckmann/Matusche-Beckmann § 46 Rn. 194; *Krahe* VersR 1991, 634 (634); *Fricke* VersR 2002, 6 (7).

lehnt, es komme allein darauf an, was der durchschnittliche Versicherungsnehmer ohne spezifische Rechtskenntnisse unter Krieg versteht.[17] Die praktischen Auswirkungen dieses Meinungsstreits dürften gering sein, da auch der durchschnittliche Versicherungsnehmer den in den Versicherungsbedingungen verwendeten Kriegsbegriff nicht losgelöst vom Versicherungsvertrag betrachten dürfte.

10 Von größerer praktischer Relevanz ist die Frage, welche Ereignisse vom Kriegsbegriff erfasst werden. Der Begriff umfasst unstreitig den **Krieg im völkerrechtlichen Sinn** und somit eine mit Waffengewalt und/oder Streitkräften geführte Auseinandersetzung zwischen mehreren Staaten.[18]

11 Mit der **Veränderung der Art der Konflikte** sowie mit zuvor in diesem Ausmaß nicht gekannten Terrorakten hat die Definition des versicherungsvertraglichen Kriegsbegriffs in den letzten Jahrzehnten an Aktualität gewonnen. Leitgedanke bei der Beantwortung der Frage, ob bestimmte Geschehnisse als kriegerisches Ereignis im Sinne der Versicherungsbedingungen zu verstehen sind, sollte stets der Sinn und Zweck der Kriegsklausel sein.

12 Mit den Anschlägen vom 11. September 2001 ist die Diskussion aufgekommen, ob **Terroranschläge** als kriegerisches Ereignis anzusehen sind. Eine pauschale Antwort greift hier zu kurz. Klar sein dürfte, dass nicht jeder vereinzelte Terroranschlag ein kriegerisches Ereignis dastellt. Im Wesentlichen sind zwei Ausprägungen denkbar, unter denen ein Terroranschlag ein kriegerisches Ereignis darstellt.

Zum einen liegt ein kriegerisches Ereignis vor, wenn der **Terroranschlag im Zusammenhang mit einem Krieg** verübt wird. Dies gilt nicht nur, wenn der Anschlag in einem Kriegsgebiet im herkömmlichen Sinne verübt wird, sondern auch, wenn der Anschlag über eine große Entfernung vom Kriegsgebiet hinweg verübt wird und somit gleichsam als Mittel der Kriegsführung eingesetzt wird.[19] Es muss jedoch ein Zusammenhang mit einer kriegerischen Auseinandersetzung bestehen. Dies ist beispielsweise gegeben, wenn Anschläge im Auftrage eines Staates gegen einen anderen Staat im Rahmen eines bestehenden militärischen Konfliktes durchgeführt werden. Schwieriger wird die Beurteilung, wenn Anschläge durch Gruppierungen durchgeführt werden, die zwar in einem größeren Zusammenhang mit einer Konfliktsituation stehen, aber – beispielsweise auf Grund ihrer Eigenständigkeit – nicht unmittelbar einer Konfliktpartei zugeordnet werden können.[20] Der erforderliche Zusammenhang zwischen einem kriegerischen Ereignis und einem Terrorakt ist jedenfalls dann nicht mehr gegeben, wenn unbeteiligte Dritte aus eigener, vom Krieg unabhängiger Motivation einen Anschlag verüben.[21] Solche Anschläge unabhängiger Dritter stellen sowohl in Kriegs- als auch in Friedenszeiten ein allgemeines Lebensrisiko dar, welches kein Kumulrisiko darstellt und daher keine Einschränkung des Versicherungsschutzes rechtfertigt.

Zum anderen stellen Terrorakte ein kriegerisches Ereignis dar, wenn sie durch den gleichen Aggressor verübt **in einer Häufigkeit, zeitlichen Nähe und Intensität auftreten, dass sie einem Kriegsangriff** gleichkommen. Die Anschläge von Al Qaida am 9. September 2001 und danach waren sowohl zeitlich als auch

---

[17] *Schwintowski* in Tamm/Tonner § 23 Rn. 449.

[18] *Benkel/Hirschberg* ALB 2008 § 4 Rn. 26; *Reiff/Schneider* in Prölss/Martin ALB 2008 § 4 Rn. 2; *Mertens* in Rüffer/Halbach/Schimikowski BB-BUZ § 3 Rn. 13; *Gebert/Schnepp* in Veith/Gräfe § 10 Rn. 344.

[19] *Benkel/Hirschberg* ALB 2008 § 4 Rn. 27.

[20] *Fricke* VersR 2002, 6 (9).

[21] *Fricke* VersR 1991, 1098 (1101).

räumlich zu verstreut, als dass sie als Krieg angesehen werden konnten.[22] Etwas anderes ergibt sich auch nicht aus dem Sinn und Zweck der Kriegsklausel. Auch wenn die Anschläge in der politischen Diskussion oftmals als Krieg bezeichnet wurden und in breiten Teilen der Welt zu Erschrecken und Angst führten, so stellten sie doch kein einem Krieg vergleichbares Kumulrisiko für Versicherer dar.[23]

Unter dem Eindruck der Anschläge vom 9. September 2001 hat *Fricke* folgende Definition eines Krieges in die Diskussion gebracht: „Krieg ist jeder mit physischer Gewalt vorgetragene Angriff auf einen Staat, eine Gesellschaft, nicht individualisierte Teile der Bevölkerung oder dessen/deren Eigentum, Repräsentanten, Willensbildungsorgane, Symbole oder organisatorische oder wirtschaftliche Grundlagen, sofern er sich nicht in einem einmaligen Ereignis von lokal beschränkter Wirkung und untergeordneter Bedeutung erschöpft.".[24] Diese Definition wird von Teilen der Literatur als den Hinterbliebenenschutz aushebelnd und Rechtsunsicherheit schaffend kritisiert.[25] Dem ist zuzustimmen. Die Definition ist zu weitgehend. Sie umfasst beispielsweise auch die Auseinandersetzungen unterhalb der Schwelle eines Bürgerkrieges wie die zwischen Regierung und Opposition in Thailand Ende 2013/Anfang 2014. Ein Kumulrisiko für den Versicherer ist bei dieser Art von, in ihren Ausmaßen begrenzter, physischer Gewalt nicht zu erkennen, so dass die Einschränkung des Versicherungsschutzes nicht sachgerecht wäre.

13 Fraglich ist, ob ein Bürgerkrieg ein kriegerisches Ereignis im Sinne von § 4 Abs. 2 S. 1 ARB ist. Hiergegen könnte sprechen, dass ein **Bürgerkrieg** sich innerhalb eines Staatsgebietes abspielt und keinen Konflikt darstellt, in dem mehrere Staaten involviert sind. Da der versicherungsvertragsrechtliche Kriegsbegriff losgelöst zu betrachten ist von einem völkerrechtlichen Kriegsbegriff, ist ein staatsübergreifendes Element nicht unbedingte Voraussetzung für ein Vorliegen eines Krieges im Sinne von § 4 Abs. 2 S. 1 ARB. Wird ein Konflikt zwischen rivalisierenden Bevölkerungsgruppen innerhalb eines Staates mit Waffengewalt ausgetragen, so führt dieser Zustand ebenso wie ein staatsübergreifender Krieg zu einem drastischen Anstieg an Todesfällen. Vor dem Hintergrund des Regelungszwecks der Kriegsklausel ist daher ein Bürgerkrieg ein kriegerisches Ereignis im Sinne von § 4 Abs. 2 S. 1 ARB.[26]

14 **c) Unmittelbarer oder mittelbarer Zusammenhang.** Die Versicherungsleistung ist nur dann eingeschränkt, wenn die versicherte Person in **unmittelbarem oder mittelbarem Zusammenhang** mit einem kriegerischen Ereignis stirbt. Es muss somit eine Kausalität bestehen zwischen dem kriegerischen Ereignis und dem Tod.[27] Dem zur Folge ist der Versicherungsschutz nicht eingeschränkt, wenn der Tod der versicherten Person in gleicher Weise in Friedenszeiten eingetreten wäre. Zur Beurteilung der Kausalität des kriegerischen Ereignisses für den Tod wird allgemein auf die Adäquanztheorie abgestellt.[28] Maßgeblich ist somit, ob das

---

[22] *Fricke* VersR 2002, 6 (8); *Ehlers* r+s 2002, 133 (138).

[23] *Rixecker* in Beckmann/Matusche-Beckmann § 46 Rn. 196.

[24] *Fricke* VersR 2002, 6 (10).

[25] *Brömmelmeyer* in Beckmann/Matusche-Beckmann § 42 Rn. 248.

[26] *Benkel/Hirschberg* ALB 2008 § 4 Rn. 26; *Brömmelmeyer* in Beckmann/Matusche-Beckmann § 42 Rn. 247; *Mertens* in Rüffer/Halbach/Schimikowski BB BUZ § 3 Rn. 13; aA *Schwintowski* in Tamm/Tonner Verbraucherrecht, 2012, § 23 Rn. 449.

[27] *Gebert/Schnepp* in Veith/Gräfe § 10 Rn. 344.

[28] BGH NJW 1951, 884 (885); *Benkel/Hirschberg* ALB 2008 § 4 Rn. 29; *Fricke* VersR 1991, 1098 (1100); *Ehlers* r+s 2002, 133 (136); *Krahe* VersR 1991, 634 (636).

kriegerische Ereignis adäquat kausal für den Tod der versicherten Person war. Zwischen dem kriegerischen Ereignis und dem Tod der versicherten Person muss ein Ursachenzusammenhang bestehen, in Folge dessen das kriegerische Ereignis im Regelfall und nicht nur unter besonderen und vom regelmäßigen Verlauf abweichenden Umständen zur Herbeiführung des Todes der versicherten Person geeignet war.

15 Weitgehend unproblematisch ist die Kausalität zu bejahen, wenn die versicherte Person in **unmittelbarem Zusammenhang** mit einem kriegerischen Ereignis stirbt. Dies ist beispielsweise der Fall, wenn sie bei Bombenangriffen ums Leben kommt.

16 Schwieriger kann im Einzelfall die Beurteilung sein, ob der Tod in **mittelbarem Zusammenhang** mit dem kriegerischen Ereignis steht. Leitfrage sollte hierbei sein, ob der Krieg und die aus ihm resultierenden Gegebenheiten für den Tod ursächlich oder mitursächlich waren. Für eine Abgrenzung von Bedeutung ist, ob durch den Krieg eine deutliche Gefahrerhöhung vorliegt und diese Gefahrerhöhung mitursächlich für den Todesfall war.[29] So hat der BGH einen Zusammenhang mit einem Kriegsereignis – dem II. Weltkrieg – im Falle eines Brandschadens angenommen, wobei mitursächlich für den Schaden das auf Grund des Zusammenbruchs Deutschlands nicht voll funktionsfähige Feuermeldewesen und die eingeschränkte Feuerlöschwasserversorgung war.[30] Unmittelbar nach dem II. Weltkrieg wurde die Kriegsklausel von der Rechtsprechung auch in Fällen angewendet, in denen der Schaden durch Straftaten, beispielsweise Brandstiftung, durch Besatzer, Soldaten oder Zwangsarbeiter eintrat.[31] Gleiches galt damals für Schäden, die durch liegengebliebenes Kriegsgerät verursacht wurden.[32] Gerade in letzterem Fall dürfte sich die Beurteilung mit zunehmenden zeitlichen Abstand zum Krieg ändern. Kommt jemand heute durch einen Blindgänger ums Leben, so ist die Anwendung der Kriegsklausel nicht gerechtfertigt. Zwar besteht ein mittelbarer Zusammenhang mit dem II. Weltkrieg. Jedoch sind die durch Hinterlassenschaften des Krieges heute verursachten Todesfälle von derart geringer Zahl, dass nicht von einer erhöhten Gefahr gesprochen werden kann, die nicht in den Kalkulationen der Versicherer berücksichtigt werden kann.

17 **d) Rechtsfolgen.** Stirbt die versicherte Person in unmittelbarem oder mittelbarem Zusammenhang mit einem kriegerischen Ereignis, so vermindert sich gemäß **§ 4 Abs. 2 S. 2 ARB** eine für den Todesfall vereinbarte Kapitalleistung auf den für den Todestag berechneten **Rückkaufswert,** jedoch ohne Abzug des Stornoabschlags. Gemäß § 169 Abs. 3 VVG ist der Rückkaufswert das nach anerkannten Regeln der Versicherungsmathematik mit den Rechnungsgrundlagen der Prämienkalkulation zum Schluss der laufenden Versicherungsperiode berechnete Deckungskapital der Versicherung. Insofern entspricht § 4 Abs. 2 S. 2 ARB inhaltlich den vor 2008 verwendeten Regelungen, in denen unmittelbar auf das Deckungskapital abgestellt wurde.

18 Eine **über § 4 Abs. 2 S. 2 ARB hinausgehende Einschränkung der Leistung** des Versicherers dürfte nicht sachgerecht sein. Sinn und Zweck der Kriegsklausel ist es, den Versicherer vor Kumulrisiken zu schützen und den Fortbestand

---

[29] *Fricke* VersR 1991, 1098 (1100).
[30] BGH NJW 1951, 884 (885).
[31] *Fricke* VersR 1991, 1098 (1100).
[32] *Fricke* VersR 1991, 1098 (1100).

des Versicherers – auch im Interesse der Versichertengemeinschaft – zu sichern. Die hieraus resultierende Einschränkung der Leistungspflicht des Versicherers darf aber nicht dazu führen, dass der Versicherer einen Vorteil aus dem Vorliegen eines kriegerischen Ereignisses zieht. Daher ist es sachgerecht, dass der Versicherer eine Todesfallleistung erbringt, die dem Deckungskapital des jeweiligen Vertrags entspricht. Unter Deckungskapital versteht man die Summe der verzinslich angesammelten Sparanteile eines konkreten Vertrages.[33] Die Summe der Deckungskapitale aller Verträge entspricht ungefähr der bilanziellen Deckungsrückstellung gemäß § 341 f. HGB, § 65 VAG.[34] Würde ein Versicherer seine Leistung gänzlich ausschließen und die Deckungskapitale der betroffenen Verträge einbehalten, so führte dies zu einer nicht gerechtfertigten Bevorteilung des Versicherers. Schließlich hätte er die Deckungskapitale bei regulärem Vertragsverlauf eingesetzt, um die Versicherungsleistung (zB eine Altersrente) erbringen zu können.

19 § 4 Abs. 2 S. 2 ARB verweist auf die Regelungen zum Rückkaufswert in **§ 12 Abs. 3–5 ARB.** Hieraus folgt, dass bei der **Berechnung des Rückkaufswerts** die Verteilung der angesetzten Abschluss- und Vertriebskosten auf die ersten fünf Vertragsjahre erfolgt. Dies geht über die gesetzlichen Anforderungen hinaus. Nach § 169 Abs. 3 VVG muss die Verteilung der Abschlusskosten nur im Falle einer Kündigung erfolgen.

20 Der auszuzahlende Rückkaufswert wird nicht um den **Stornoabzug** vermindert. Insoweit besteht eine Parallele zu den Regelungen bei Selbsttötung der versicherten Person (→ § 5 ARB). Dies ist sachgerecht. Eine Übertragung des Stornoabzugs für Fälle der Kündigung auf die Leistungseinschränkung bei kriegerischen Ereignissen wäre zudem Bedenken hinsichtlich der Wirksamkeit ausgesetzt. Ein Stornoabzug ist nur dann wirksam, wenn er angemessen, das heißt sachlich gerechtfertigt ist. Für die sachliche Rechtfertigung in den Fällen von Kündigung und Beitragsfreistellung werden hierzu zumeist Aspekte wie Antiselektion und zusätzliche Verwaltungskosten angeführt.[35] Die für den Stornoabzug in den Fällen der Kündigung und Beitragsfreistellung zutreffenden sachlichen Gründe können nicht eins zu eins auf Todesfälle durch kriegerische Ereignisse übertragen werden. Ist beispielsweise der Aspekt der Antiselektion bei einer Kündigung nachvollziehbar, so trifft er im Anwendungsbereich der Kriegsklausel nicht zu.

21 **§ 4 Abs. 2 S. 3 ARB** überträgt die Regelung, die in Satz 2 für eine Kapitalleistung im Todesfall getroffen wird, auf die Fälle, in denen für den Todesfall eine Rentenleistung vereinbart wurde. Die Rentenleistung vermindert sich in diesem Fällen auf den Betrag, den der Versicherer aus dem für den Todestag berechneten Rückkaufswert erbringen kann.

22 **e) Ausnahme von der Leistungseinschränkung.** In **§ 4 Abs. 2 S. 4 ARB** wird die in § 4 Abs. 2 S. 1 ARB geregelte Leistungseinschränkung für einen bestimmten Fall wieder aufgehoben. Die vom Versicherer zu erbringenden Leistungen vermindern sich dann nicht, wenn die versicherte Person zwar in unmittelbarem oder mittelbarem Zusammenhang mit kriegerischen Ereignissen stirbt, sie diesen Ereignissen jedoch außerhalb der Bundesrepublik Deutschland ausgesetzt war und an den kriegerischen Ereignissen nicht aktiv beteiligt war.

---

[33] *Reiff* in Prölss/Martin § 169 Rn. 31.
[34] *Reiff* in Prölss/Martin § 169 Rn. 31.
[35] *Reiff* in Prölss/Martin § 169 Rn. 59.

23 Diese Ausnahmeregelung hat **über die Jahrzehnte diverse Modifikationen** erfahren.[36] So war die Ausnahme in der Kriegsklausel in der Fassung VerBAV 1991, 142 beschränkt auf beruflich bedingte Auslandsaufenthalte, mit der Folge, dass sich die Todesfallleistung reduzierte, wenn die versicherte Person während ihres Urlaubes durch kriegerische Ereignisse getötet wurde, ohne am Krieg aktiv beteiligt zu sein. Die damalige Differenzierung zwischen beruflich und privat bedingten Auslandaufenthalten erscheint vor dem Sinn und Zweck der Kriegsklausel als nicht sachgerecht. Zwar mag die versicherte Person beispielsweise hinsichtlich der Auswahl ihres Urlaubsortes eine größere persönliche Wahlfreiheit haben als bei der Entscheidung über beruflich bedingte Auslandsaufenthalte. Jedoch soll § 4 Abs. 2 ARB nicht die Entscheidung der versicherten Person für gefahrenträchtige private Reisen sanktionieren, sondern ein für den Versicherer nicht mehr tragbares Kumulrisiko vermeiden. Ein solches Risiko vermag ebenso wenig durch private als durch berufliche Auslandsaufenthalte zu entstehen. Folgerichtig wurde 1993 die Einschränkung auf berufliche Auslandsaufenthalte aus der Klausel herausgenommen.[37]

24 Zentraler Begriff des § 4 Abs. 2 S. 4 ARB ist die **aktive Beteiligung** an kriegerischen Ereignissen. Eine aktive Beteiligung an einem kriegerischen Ereignis ist dann gegeben, wenn die versicherte Person auf Seiten einer der Kriegsparteien am Krieg teilnimmt. Die aktive Beteiligung beschränkt sich nicht auf Kampfhandlungen, sondern umfasst beispielsweise auch Tätigkeiten im Bereich der Logistik oder Organisation des Krieges. Nicht ausreichend für eine aktive Beteiligung dürfte ein bloßes Dulden sein, beispielsweise das Dulden von Soldaten, die auf dem Grund und Boden der versicherten Person übernachten. Schwieriger ist eine Abgrenzung bei einer Förderung, beispielsweise wenn die versicherte Person Kombattanten verpflegt und ihnen aktiv Unterschlupf anbietet. Ein aktives Handeln ist in diesen Fällen gegeben. Es ist jedoch fraglich, ob bereits von einer Beteiligung an kriegerischen Ereignissen gesprochen werden kann. Dies wird im Einzelfall anhand des Ausmaßes und der Bedeutung der fördernden Handlung zu beurteilen sein.

25 Ausgeschlossen ist eine aktive Beteiligung in den Fällen, in denen die versicherte Person zwar in einem Kriegsgebiet im Ausland aufhält, jedoch für keine der Kriegsparteien beruflich oder in sonstiger Weise tätig ist. Wird die versicherte Person in dieser Situation von Kombattanten angegriffen und verteidigt sie sich – auch mit Waffengewalt – gegen einen solchen Angriff auf ihre Person, so erwächst hieraus keine aktive Beteiligung an den kriegerischen Ereignissen.[38] Gleiches gilt, wenn die versicherte Person zur Abwehr einer Gefahr für eine andere Person oder für seine oder fremde Güter im Rahmen von **Notwehr oder Nothilfe** handelt.

26 Eine aktive Beteiligung an kriegerischen Ereignissen ist außerdem nicht gegeben, wenn die versicherte Person als Soldat an humanitären oder friedenssichernden Missionen im Ausland teilnimmt.[39] Die Differenzierung zwischen **„passivem" und „aktivem" Kriegsrisiko** wurde im Anschluss an den ersten Golfkrieg von den deutschen Lebensversicherungsunternehmen und dem Bundesministerium der Verteidigung entwickelt und ermöglichte so den Versicherungsschutz bei den humanitären und friedenssichernden Einsätzen der Bundeswehr.[40] Das „passive Kriegsrisiko" erfasst hiernach Situationen, in denen Soldaten in ihrem Einsatzgebiet

[36] *Benkel/Hirschberg* ALB 2008 § 4 Rn. 33 ff.
[37] VerBAV 1993, 109.
[38] *Benkel/Hirschberg* ALB 2008 § 4 Rn. 37.
[39] *Benkel/Hirschberg* ALB 2008 § 4 Rn. 37.
[40] Pressemitteilung des GDV v. 16.7.2009.

ohne sich aktiv in kriegerische Handlungen einzuschalten, in Gefahr begeben. Als Beispiele werden genannt: Ein Soldat verunglückt bei einer Patrouille/Deutsche Soldaten bewachen ein Materialnachschublager, eine Schule, ein Krankenhaus und werden angegriffen/Ein Bus der Bundeswehr transportiert Soldaten vom Lager zum Flughafen und der Bus überfährt eine Miene.[41] Ein aktives Kriegsrisiko ist gegeben, wenn Soldaten auf Grund eines Befehls Gegner nicht nur zu Verteidigungszwecken angreifen müssen.[42] Eine seit vielen Jahren vereinbarte Regelung und Aufgabenteilung zwischen Bundeswehr und Versicherungswirtschaft gewährleistet, dass für den Soldaten und seine Angehörigen keine Versorgungslücke entsteht.[43] Beruft sich ein Versicherer bei Tod eines Soldaten in Folge des aktiven Kriegsrisikos auf die Kriegsklausel, so ersetzt die Bundesrepublik Deutschland dem Soldaten bzw. seinen Angehörigen den daraus resultierenden Schaden.[44]

3. Leistungseinschränkungen bei Einsatz/Freisetzen von ABC-Waffen und -Stoffen (Abs. 3)

27 § 4 Abs. 3 ARB überträgt die in § 4 Abs. 2 ARB normierten Rechtfolgen auf Todesfälle in unmittelbarem oder mittelbarem Zusammenhang mit dem vorsätzlichen Einsatz von atomaren, biologischen oder chemischen Waffen sowie dem vorsätzliche Einsatz oder der vorsätzlichen Freisetzung von radioaktiven, biologischen oder chemischen Stoffen.

28 **Sinn und Zweck** von § 4 Abs. 3 ARB ist es – ebenso wie von § 4 Abs. 2 ARB – nicht beherrschbare und nicht kalkulierbare Ereignisse vom Versicherungsschutz auszuschließen, um so den Versicherer und die Versichertengemeinschaft vor Kumulrisiken zu schützen.

29 **§ 4 Abs. 3 S. 1 ARB** bedient sich somit des im internationalen Völkerrecht gebräuchlichen Begriffs der **ABC-Waffen.**[45] Eine detaillierte Definition des Begriffs der ABC-Waffen findet sich in der Anlage des Gesetzes über die Kontrolle von Kriegswaffen. Unter Atomwaffen werden verstanden: (1) Waffen aller Art, die Kernbrennstoffe oder radioaktive Isotope enthalten oder eigens dazu bestimmt sind, solche aufzunehmen oder zu verwenden, und Massenzerstörungen, Massenschäden oder Massenvergiftungen hervorrufen können sowie (2) Teile, Vorrichtungen, Baugruppen oder Substanzen, die eigens für eine unter (1) genannte Waffe bestimmt sind oder die für sie wesentlich sind, soweit keine atomrechtlichen Genehmigungen erteilt sind (Teil A der Anl. zum KrWaffG). Biologische Waffen sind beispielsweise biologische Kampfmittel wie Mikroorganismen, Viren, Pilze oder Bakterien sowie Einrichtungen oder Geräte, die dazu geeignet sind, diese Kampfmittel zu verbreiten (Teil A der Anl. zum KrWaffG). Chemische Waffen sind toxische Chemikalien und Ausgangsstoffe sowie Einrichtungen oder Geräte, die dazu geeignet sind, diese Chemikalien zu verbreiten (Teil A der Anl. zum KrWaffG).

30 Neben ABC-Waffen erfasst § 4 Abs. 3 S. 1 ARB **atomare, biologische und chemische Stoffe.** Es handelt sich hierbei um alle atomaren, biologischen und chemischen Stoffe, die nicht dem Begriff der Waffe unterfallen. Von der Begriffsbe-

---

[41] Pressemittung des GDV v. 16.7.2009.

[42] Pressemitteilung des GDV v. 16.7.2009.

[43] Pressemitteilung des GDV v. 16.7.2009.

[44] Bundesministerium der Verteidigung, Wichtige Hinweise zur finanziellen und sozialen Absicherung bei besonderen Auslandseinsätzen, 5. Aufl., September 2012, S. 56f.

[45] Zum Beispiel in Art. 3 Zwei-Plus-Vier-Vertrag v. 12.9.990 (BGBl. 1990 II S. 1317).

stimmung der Waffen ausgenommen sind alle Vorrichtungen, Teile, Geräte, Einrichtungen, Substanzen und Organismen, die zivilen Zwecken oder der wissenschaftlichen, medizinischen oder industriellen Forschung auf den Gebieten der reinen und angewandten Wissenschaft dienen(Teil A der Anl. zum KrWaffG).

31 Der Einsatz der Waffen bzw. der Einsatz oder das Freisetzen der Stoffe muss **vorsätzlich** erfolgt sein. Für § 4 Abs. 3 S. 1 ARB ist es unerheblich, ob der Einsatz im Rahmen eines Krieges erfolgte. Daher erfasst die Regelung auch Todesfälle durch ABC-Waffen oder -Stoffe die beispielsweise im Rahmen von Terroranschlägen eingesetzt wurden.[46] Nicht zu einem Leistungsausschluss führen Unfälle mit ABC-Waffen oder -Stoffen, da es hierbei an einem vorsätzlichen Einsatz fehlt.

32 Voraussetzung für eine Einschränkung der Versicherungsleistung ist weiterhin, dass die versicherte Person in **unmittelbarem oder mittelbarem Zusammenhang** mit dem Einsatz von ABC-Waffen bzw. dem Freisetzen von ABC-Stoffen stirbt. Analog zur Regelung in § 4 Abs. 2 ARB muss somit eine Kausalität bestehen zwischen dem Einsatz bzw. dem Freisetzen der ABC-Waffen bzw. Stoffe und dem Tod der versicherten Person. (→ Rn. 14–16)

33 Der Einsatz bzw. das Freisetzen von ABC-Waffen bzw. –Stoffen führt nur dann zu Reduktion der Versicherungsleistung, wenn er **darauf gerichtet** war, das **Leben einer Vielzahl von Personen zu gefährden, § 4 Abs. 3 S. 2 ARB.** Maßgeblich ist somit nicht, ob tatsächlich eine Vielzahl von Personen getötet wurde. Entscheidend ist vielmehr, ob die Art und Weise des Einsatzes objektiv geeignet war, eine Vielzahl von Personen zu gefährden und ob subjektiv eine solche Gefährdung beabsichtigt war.

34 Vor dem Hintergrund des Sinn und Zwecks von § 4 Abs. 3 ARB, der Vermeidung von Kumulrisiken, kommt dem Begriff **„Vielzahl"** eine zentrale Bedeutung zu. Von einer Vielzahl von betroffenen Personen ist immer dann auszugehen, wenn die mögliche Anzahl der Todesfälle und der hiermit verbundenen Versicherungsfälle derart über der durchschnittlichen Anzahl der Todesfälle liegt, dass eine kalkulatorische Berücksichtigung in Versicherungsprodukten nicht erfolgen konnte und durch die Abweichung zwischen kalkulierten und möglichen tatsächlichen Todesfällen die Existenz des Versicherers gefährdet werden kann.

35 **§ 4 Abs. 3 S. 3 ARB** regelt, dass sich die Versicherungsleistungen nicht vermindern, wenn die versicherte Person durch den Einsatz von ABC-Waffen oder –Stoffe in unmittelbarem oder mittebarem Zusammenhang mit kriegerischen Ereignissen stirbt, denen sie während eines Aufenthalts außerhalb der Bundesrepublik Deutschland ausgesetzt und an denen sie nicht aktiv beteiligt war. § 4 Abs. 3 S. 3 ARB berücksichtigt und regelt somit Konstellationen, in denen sowohl § 4 Abs. 2 ARB als auch § 4 Abs. 3 ARB Anwendung finden.

III. Darlegungs- und Beweislast

36 Nach den allgemeinen Beweislastregeln muss der Versicherer **beweisen,** dass der Tod der versicherten Person in Zusammenhang mit kriegerischen Ereignissen bzw. dem Einsatz von atomaren, biologischen oder chemischen Waffen bzw. Stoffen erfolgte. Dem Versicherer obliegt somit sowohl der Beweis des Vorliegens eines kriegerischen Ereignisses bzw. dem Einsatz von atomaren, biologischen oder chemischen Waffen bzw. Stoffen als auch der Kausalität dieses Ereignisses für den

[46] *Reiff/Schneider* in Prölss/Martin ALB 2008 § 4 Rn. 3.

Tod.[47] Der Rechtsnachfolger der versicherten Person bzw. der Bezugsberechtigte ist beweispflichtig dafür, dass die versicherte Person während eines Aufenthalts außerhalb der Bundesrepublik Deutschland starb und sie nicht an den kriegerischen Ereignissen aktiv beteiligt war.

IV. Wirksamkeit der Bestimmung

37 In weiten Teilen der Literatur wird die Frage der Wirksamkeit der Kriegsklausel nicht thematisiert. Auch hatte die Rechtsprechung bislang erfreulicherweise keinen Anlass, sich mit der Wirksamkeit von § 4 ARB auseinanderzusetzen.

Vereinzelt wird vertreten, die Klausel verstoße zumindest in Teilen gegen das Transparenzgebot. So seien insbesondere die Begriff des „mittelbaren Zusammenhangs" sowie der „inneren Unruhen" nicht hinreichend klar.[48]

Das in § 307 Abs. 1 S. 2 BGB normierte **Transparenzgebot** enthält das Gebot, den Inhalt einer Allgemeinen Geschäftsbedingung möglichst weitgehend zu konkretisieren, so dass der Vertragspartner seine Rechte und Pflichten dem Vertragstext mit größtmöglicher Bestimmtheit entnehmen kann.[49] Maßstab ist hierbei der verständige, rechtlich nicht vorgebildete Durchschnittskunde.[50] Die in § 4 ARB verwendeten Begriffe sind Bezeichnungen, die durchaus im Alltagssprachgebrauch Verwendung finden. So dürfte in aller Regel jeder Versicherungsnehmer eine Vorstellung davon haben, was innere Unruhen sind oder was ein mittelbarer Zusammenhang ist. Eine noch weiter gehende Konkretisierung der Begrifflichkeiten würde zudem an Grenzen stoßen. Gerade die Ereignisse am 11. September 2001 haben gezeigt, dass eine Klausel, die kriegerische Ereignisse und den Einsatz von Waffen und gefährlichen Stoffen zum Gegenstand hat, stets in Zusammenhang steht mit aktuellen politischen Entwicklungen. Daher muss sie so gestaltet sein, dass sie den politischen Entwicklungen und neuartigen Bedrohungen wie beispielsweise bestimmte Ausprägungen des Terrorismus, gerecht wird.

38 Auch stellt § 4 ARB **keine unangemessene Benachteiligung** des Versicherungsnehmers dar.[51] Eine unangemessene Benachteiligung gemäß § 307 Abs. 1 S. 1 BGB liegt dann vor, wenn der Verwender der Allgemeinen Geschäftsbedingung durch einseitige Vertragsgestaltung missbräuchlich eigene Interessen auf Kosten seines Vertragspartners durchzusetzen versucht, ohne von vornherein auch dessen Belange hinreichend zu berücksichtigen.[52] Der Ausschluss von Kumulrisiken stellt keine einseitige Vertragsgestaltung zu Gunsten des Versicherers dar. Zum einen dient die Kriegsklausel nicht nur dem Versicherer sondern auch der Versichertengemeinschaft, die Interesse am Fortbestand ihres Versicherungsschutzes haben. Zum anderen kann der Versicherer als Vertragspartner nicht verpflichtet werden, Risiken einzugehen, die seine eigene Existenz gefährden.

---

[47] *Benkel/Hirschberg* ALB 2008 § 4 Rn. 29; *Fricke* VersR 1991, 1098 (1101).
[48] *Schwintowski* in Tamm/Tonner § 23 Rn. 450, 452.
[49] BGH NJW 2004, 1598 (1600).
[50] BGH NJW 2006, 996 (998).
[51] Voit/Neuhaus, Berufsunfähigkeitsversicherung, 3. Aufl. 2014, N Rn. 53.
[52] BGH NJW 2003, 886 (887).

§5 Was gilt bei Selbsttötung der versicherten Person?

(1) Bei vorsätzlicher Selbsttötung erbringen wir eine für den Todesfall vereinbarte Leistung, wenn seit Abschluss des Vertrages **drei Jahre vergangen** sind.

(2) Bei vorsätzlicher Selbsttötung **vor** Ablauf der Dreijahresfrist besteht kein Versicherungsschutz. In diesem Fall zahlen wir den für den Todestag berechneten Rückkaufswert Ihres Vertrages (s. § 12 Absätze 3 bis 6)
- ohne den dort vorgesehenen Abzug,
- allerdings nicht mehr als eine für den Todesfall vereinbarte Kapitalleistung.

Wenn für den Todesfall eine **Rentenleistung** vereinbart wurde, vermindern sich diese Rentenleistungen auf den Betrag, den wir aus dem für den Todestag berechneten Rückkaufswert erbringen können.

Wenn uns nachgewiesen wird, dass sich die versicherte Person *(das ist die Person, auf deren Leben die Versicherung abgeschlossen ist)* in einem die freie Willensbestimmung ausschließenden Zustand krankhafter Störung der Geistestätigkeit selbst getötet hat, besteht Versicherungsschutz.

(3) Wenn unsere Leistungspflicht durch eine Änderung des Vertrages erweitert wird oder der Vertrag wiederhergestellt wird, beginnt die Dreijahresfrist bezüglich des geänderten oder wiederhergestellten Teils neu.

Übersicht

I. Gesetzliche Grundlagen

1 **Gesetzliche Grundlage** von § 5 ARB ist **§ 161 VVG.** Nach dieser Norm ist der Versicherer nicht zur Leistung verpflichtet, wenn sich die versicherte Person vor Ablauf von drei Jahren nach Abschluss des Versicherungsvertrags vorsätzlich selbst getötet hat, es sei denn, die Tat wurde in einem die freie Willensbestimmung ausschließenden Zustand krankhafter Störung der Geistestätigkeit begangen.

2 **Sinn und Zweck** von § 161 VVG ist ein Ausgleich der Interessen von Versicherer und Hinterbliebenen. Einerseits soll die Regelung den Versicherer davor schützen, dass ein Versicherter auf Kosten des Versicherers mit seinem Leben spekuliert,[1] in dem er in der Absicht, sich zu töten, einen Versicherungsvertrag abschließt, um die Leistungspflicht des Versicherers herbeizuführen. Andererseits tragen die zeitliche Begrenzung der Leistungsfreiheit sowie die auf den Geisteszustand bezogene Einschränkung den Interessen der Hinterbliebenen Rechnung.[2] Diesen soll die Versicherungsleistung in den Fällen zu Gute kommen, in denen sich die versicherte Person zwar selbst getötet hat, jedoch die Suizidabsicht in aller Regel nicht bei Abschluss des Versicherungsvertrags vorgelegen hat.

3 Die gesetzliche Regelung zur Selbsttötung der versicherten Person wurde im Zuge der **VVG-Reform** zum **1.1.2008** leicht modifiziert. Während § 169 VVG aF noch den Begriff des Selbstmords enthielt, stellt § 161 VVG auf die vorsätzliche Selbsttötung ab und ist somit juristisch präziser. Zudem wurde die, schon vor der VVG-Reform in der Praxis im Rahmen der Versicherungsbedingungen verbreitete Ausschlussfrist von drei Jahren gesetzlich verankert.[3] Um dem Versicherer Handlungsspielraum in Sonderfällern mit sehr hohen Versicherungssummen zu erhalten, kann diese Ausschlussfrist durch Einzelvereinbarung – und somit nicht durch Allgemeine Versicherungsbedingungen – verlängert werden.[4]

4 Abzugrenzen ist § 161 VVG von § 162 VVG. § 161 VVG trifft Regelungen für den Fall, dass die versicherte Person sich selbst tötet. Ob die versicherte Person oder ein Dritter Versicherungsnehmer ist, ist nicht maßgeblich. **§ 162 VVG** regelt den Fall, dass der Versicherungsnehmer, der nicht versicherte Person ist, oder ein Bezugsberechtigter die versicherte Person vorsätzlich durch eine widerrechtliche Handlung tötet.

5 Gemäß dem Wortlaut ist der **Anwendungsbereich** von § 161 VVG beschränkt auf Versicherungen für den Todesfall. Eine solche ist dann gegeben, wenn der Versicherungsvertrag das biometrische Risiko Tod absichert. Es ist nicht erforderlich, dass das Todesfallrisiko das einzige im Versicherungsvertrag abgesicherte Risiko ist. Vielmehr reicht es aus, wenn der Versicherer – neben anderen Versicherungsleistungen – auch im Todesfall eine Leistung erbringen muss, die höher ist als der Rückkaufswert.[5] So ist § 161 VVG beispielsweise auf Renten- oder Kapitalversicherungen mit zusätzlichem Todesfallschutz anwendbar. Gleiches dürfte für eine in Dread-Disease-Versicherungen enthaltene Todesfallleistung gelten.

6 Auf das biometrische Risiko der **Berufsunfähigkeit** ist § 161 VVG nicht anwendbar. Zwar gelten die §§ 150–170 VVG gemäß § 176 VVG grundsätzlich auch für Berufsunfähigkeitsversicherungen. Dies gilt jedoch nur, soweit Besonderheiten der Berufsunfähigkeitsversicherung nicht entgegenstehen. Die Versicherungsleistung im Fall der Berufsunfähigkeit kommt idR der Gefahrperson zu Gute. Ein Hinterbliebenenschutz, wie ihn § 161 VVG bezweckt, passt somit systematisch nicht zu einer Absicherung gegen Berufsunfähigkeit. Bei einer Berufsunfähigkeitsversicherung kann daher die Leistungspflicht des Versicherers bei vorsätzlich began-

---

[1] BGH NJW 1991, 1357 (1358).

[2] Gesetzesbegründung zu § 161 VVG BT-Drs. 16/3945, 99; *Mönnich* in Langheid/Wandt § 161 Rn. 1.

[3] Gesetzesbegr. zu § 161 VVG BT-Drs. 16/3945, 99.

[4] Gesetzesbegr. zu § 161 VVG BT-Drs. 16/3945, 99.

[5] Gesetzesbegr. zu § 161 VVG BT-Drs. 16/3945, 99; *Brambach* in Rüffer/Halbach/Schimikowski § 161 Rn. 3; *Brömmelmeyer* in Beckmann/Matusche-Beckmann § 42 Rn. 251.

genem Verbrechen oder Vergehen auch über die Beschränkungen des § 161 VVG hinaus, ausgeschossen werden.[6]

7 Ebenso zu beurteilen ist die Versicherungsleistung bei Eintritt einer **schweren Krankheit** bei Dread-Disease-Versicherungen. Zwar handelt es sich bei Dread-Disease-Versicherungen um Lebensversicherungen. Die Versicherungsleistung kommt jedoch wie bei der Berufsunfähigkeitsversicherung idR der versicherten Person und nicht Hinterbliebenen zu Gute. Daher kann der Versicherer auch bei Dread-Disease-Versicherungen die Leistung bei Eintritt einer schweren Krankheit über die Restriktionen des § 161 VVG hinaus einschränken.

8 Im Rahmen der **betrieblichen Altersversorgung** kann der Arbeitgeber seine Leistungspflicht im Todesfall des Versorgungsberechtigten grundsätzlich analog der Regelung des § 161 VVG einschränken.[7] Zumindest im Bereich der Entgeltumwandlung ist die Interessenlage des Arbeitgebers vergleichbar der eines Versicherers. Der Arbeitnehmer könnte die Entgeltumwandlungsvereinbarung abschließen, um in Folge einer Selbsttötung seinen Hinterbliebenen die Todesfallleistung zukommen zu lassen. Zweifelhaft erscheint die Übertragbarkeit auf die arbeitgeberfinanzierte bAV, die der Arbeitgeber allen Mitarbeitern zusagt. Anders als bei § 161 VVG müsste in diesen Fällen der Versorgungsberechtigte nicht einen Versicherungsvertrag in der Absicht abschließen, durch Selbsttötung die Versicherungsleistung zu erlangen, sondern ein neues Arbeitsverhältnis eingehen. Beide Fälle erscheinen in der praktischen Ausführung nur eingeschränkt vergleichbar.[8]

§ 161 VVG findet auf die arbeitsrechtliche bAV-Zusage nicht unmittelbar Anwendung. Daher empfiehlt es sich – sofern der Arbeitgeber seine Leistungspflicht bei Selbsttötung einschränken möchte – § 161 VVG in der Versorgungsordnung nachzubilden bzw. bei versicherungsförmigen Durchführungswegen auf die AVB bspw. der Direktversicherung zu verweisen.

II. Regelungen für den Fall der Selbsttötung der versicherten Person

9 § 5 ARB basiert auf der gesetzlichen Regelung in § 161 VVG. Abweichungen zu Lasten des Versicherungsnehmers enthält § 5 ARB nicht. Auf Grund von § 171 VVG wäre dies nicht zulässig. § 5 ARB erläutert die Regelung teilweise ausführlicher als das Gesetz und enthält **Präzisierungen,** um ein höheres Maß an Transparenz und Verständlichkeit für den Versicherungsnehmer zu erreichen.

In § 5 Abs. 1 ARB wird zunächst der Regelfall beschrieben: Der Versicherer ist bei vorsätzlicher Selbsttötung leistungspflichtig, wenn seit Vertragsabschluss drei Jahre vergangen sind. § 5 Abs. 2 ARB regelt sodann die Ausnahme: Der Versicherungsnehmer bzw. seine Hinterbliebenen haben keinen Anspruch auf die Versicherungssumme, wenn die vorsätzliche Selbsttötung innerhalb der ersten drei Vertragsjahre erfolgt. Zudem enthält Absatz 2 eine Regelung, dass der Versicherer in diesen Fällen eine auf den Rückkaufswert beschränkte Auszahlung leistet. Weiterhin regelt § 5 Abs. 2 ARB gleichsam als Ausnahme von der Ausnahme, dass die Leistungs-

---

[6] BGH NJW 1991, 1357 (1358); *Brambach* in Rüffer/Halbach/Schimikowski § 161 Rn. 4; *Mönnich* in Langheid/Wandt § 161 Rn. 3.

[7] *Rolfs* in Blomeyer/Rolfs/Otto, Gesetz zur Verbesserung der betrieblichen Altersversorgung, 5. Aufl. 2010, Anh. § 1 Rn. 190; *Mönnich* in Langheid/Wandt § 161 Rn. 3.

[8] *Brambach* in Rüffer/Halbach/Schimikowski § 161 Rn. 5.

pflicht des Versicherers erhalten bleibt, wenn sich die versicherte Person in einem die freie Willensbestimmung ausschließenden Zustand krankhafter Störung der Geistestätigkeit getötet hat. § 5 Abs. 3 ARB betrifft Vertragsänderungen.

1. Leistungspflicht bei Selbsttötung nach Ablauf der Drei-Jahres-Frist (Abs. 1)

10 **a) Vorsätzliche Selbsttötung.** § 5 Abs. 1 ARB regelt den Grundsatz, dass der Versicherer auch bei vorsätzlicher Selbsttötung der versicherten Person die Todesfallleistung erbringt, es sei denn, die Selbsttötung erfolgt innerhalb der ersten drei Jahre nach Abschluss des Versicherungsvertrags.

11 Erforderlich ist, dass die versicherte Person sich selbst tötet. Eine **Selbsttötung** liegt nach einhelliger Meinung vor, wenn der Tod herbeigeführt wird durch eine Handlung des zivilrechtlich verantwortlichen Versicherten, die in der Absicht ausgeführt wird, sich den Tod zu geben.[9]

12 Ob eine Selbsttötung auch dann vorliegt, wenn die **Tötungshandlung durch einen Dritten** erfolgt, die versicherte Person den Dritten jedoch zu der Handlung aufgefordert hat, ist umstritten.[10] Der Wortlaut von § 161 VVG und § 5 ARB deuten darauf hin, dass die finale Tötungshandlung durch die versicherte Person selber ausgeführt werden muss. Betrachtet man jedoch den Zweck der Vorschrift, so erscheint diese strenge Auslegung zu restriktiv. Der Leistungsausschluss dient dazu, den Versicherer davor zu schützen, dass der Versicherungsfall im zeitlichen Zusammenhang mit dem Abschluss des Versicherungsvertrags herbeigeführt wird und somit der Versicherungsnehmer wissentlich den Versicherungsfall auslöst. Für die hiermit verbundene Schädigung des Versicherers ist nicht relevant, ob die versicherte Person die Tötung eigenhändig vornimmt oder auf einen Dritten so maßgeblichen Einfluss nimmt, dass der Dritte für die versicherte Person die finale Handlung durchführt. Die versicherte Person muss den Dritten zur Tötungshandlung bestimmt haben. Dies ist beispielsweise in Fällen der aktiven Sterbehilfe gegeben, in denen ein Dritter die versicherte Person auf deren ausdrückliches Verlangen hin tötet.

Gleiches gilt, wenn mehrere Personen sich gemeinsam töten, die Tötungshandlungen jedoch von einer oder einigen Personen der **Gruppe** vorgenommen werden. Auch hier ist die höchstpersönliche Ausführung der finalen Tötungshandlung nicht erforderlich, wenn der gemeinsame Beschluss zu sterben von alle Personen der Gruppe getragen wird.[11]

Ein bloßes **Dulden der Tötung durch einen Dritten** dürfte auf Grund des Sinn und Zwecks von § 161 VVG und § 5 ARB nicht ausreichen.

13 Die Selbsttötung muss **vorsätzlich** erfolgen. Unter Vorsatz wird das Wissen und Wollen aller objektiven Tatbestandsmerkmale verstanden.[12] Ob sich das Wissen und Wollen der versicherten Person neben seiner eigenen Tötung auch auf weitere Ziele erstreckt, ist nicht maßgeblich. So liegt auch bei einem Selbstmordattentäter,

---

[9] *Schneider* in Prölss/Martin § 161 Rn. 3; *Brömmelmeyer* in Beckmann/Matusche-Beckmann § 42 Rn. 256; *Mönnich* in Langheid/Wandt § 161 Rn. 5.

[10] Eine Selbsttötung bejahen *Mönnich* in Langheid/Wandt § 161 Rn. 11; *Schneider* in Prölss/Martin § 161 Rn. 3; Eine Selbsttötung verneint *Schwintowski* in BK § 169 Rn. 5.

[11] *Mönnich* in Langheid/Wandt § 161 Rn. 11; *Brambach* in Rüffer/Halbach/Schimikowski § 161 Rn. 8.

[12] *Grundmann* in MüKo-BGB, § 276 Rn. 154; *Dauner-Lieb* in Nomos-Kommentar BGB, 2. Aufl. 2012, § 276 Rn. 10.

dessen Ziel es ist, durch seine Handlung andere Personen zu töten, eine vorsätzliche Selbsttötung vor.[13]

14 Ein **fahrlässiges Handeln** der versicherten Person reicht für den Leistungsausschluss des Versicherers keinesfalls aus. Dies ergibt sich sowohl aus dem Wortlaut von § 5 ARB als auch aus § 161 VVG.

15 Ob **bedingter Vorsatz** ausreichend ist, ist umstritten.[14] Die versicherte Person handelt bedingt vorsätzlich, wenn sie ihren Tod als Folge ihres Handelns für möglich hält und ihren Tod billigend in Kauf nimmt. Für den bedingten Vorsatz ist es nicht erforderlich, dass sie ihren Tod beabsichtigt oder wünscht.[15]

Gemäß dem Wortlaut von § 5 ARB reicht jede Form des Vorsatzes – auch ein bedingter Vorsatz – aus. Die Wortwahl ist identisch mit den in § 161 VVG verwendeten Begrifflichkeiten. Dies spricht dafür, dass die Allgemeinen Versicherungsbedingungen die gesetzliche Regelung widerspiegeln und keine von § 161 VVG abweichende und somit § 161 VVG einschränkende Vereinbarung getroffen wird.

§ 161 VVG spricht – wie auch § 5 ARB – eindeutig von „vorsätzliche Selbsttötung". Der Wortlaut der Vorschrift bietet insofern keinen Ansatzpunkt für eine einschränkende Auslegung. Ob eine teleologische Reduktion von § 161 VVG gerechtfertigt ist, erscheint zweifelhaft. Die Gesetzesbegründung zu § 161 VVG gibt keinen Hinweis darauf, dass nicht alle Vorsatzformen erfasst werden sollen.[16] Eine Einschränkung von § 161 VVG auf Grund des Sinn und Zwecks der Vorschrift scheint nicht zwingend geboten. § 161 VVG schützt den Versicherer davor, dass Versicherte den Versicherungsfall willentlich herbeiführen, ihre Hinterbliebenen die Versicherungssumme erhalten und es somit zu einer Schädigung des Versicherers kommt. Eine solche Schädigung des Versicherers liegt sowohl vor, wenn die versicherte Person die Tötungshandlung mit der Absicht, sich zu töten, durchgeführt hat, als auch, wenn die versicherte Person ihren Tod billigend in Kauf genommen hat. Raum für eine teleologische Reduktion erscheint daher nicht gegeben.

16 **b) Drei-Jahres-Frist.** Der Versicherer ist bei vorsätzlicher Selbsttötung leistungspflichtig, wenn seit Abschluss des Versicherungsvertrags drei Jahre vergangen sind. Diese **Drei-Jahres-Frist** ist sowohl hinsichtlich Dauer als auch Beginn identisch mit der Frist in § 161 VVG.

Hintergrund der Drei-Jahres-Frist ist die Annahme, dass eine Person, die sich mit dem Gedanken trägt, sich selbst zu töten, dieses Vorhaben relativ zeitnah umsetzen wird. Es kann als eher unwahrscheinlich angesehen werden, dass jemand einen Versicherungsvertrag abschließt, bereits die Selbsttötungsabsicht hat und sodann etliche Jahre verstreichen lässt, bevor er die Selbsttötung vollzieht. Im Rahmen der § 5 ARB zu Grunde liegenden Abwägung zwischen den Interessen des Versicherers und denen der Hinterbliebenen erscheint ein Schutz des Versicherers nach Ablauf der Drei-Jahres-Frist entbehrlich.[17]

---

[13] *Mönnich* in Langheid/Wandt § 161 Rn. 9.

[14] Bedingter Vorsatz genügt *Brambach* in Rüffer/Halbach/Schimikowski § 161 Rn. 6; bedingter Vorsatz genügt nicht, *Schneider* in Prölss/Martin § 161 Rn. 3; *Mönnich* in Langheid/Wandt § 161 Rn. 8; *Höra/Fitzau* in Terbille, MAH VersR, 2. Aufl. 2008, § 25 Rn. 183; offen lassend: *Brömmelmeyer* in Beckmann/Matusche-Beckmann § 42 Rn. 256.

[15] *Dauner-Lieb* in Nomos-Kommentar BGB, 2. Aufl. 2012, § 276 Rn. 10.

[16] Gesetzesbegr. zu § 161 BT-Drs. 16/3945, 99.

[17] *Reiff/Schneider* in Prölss/Martin ALB 86 § 8 Rn. 2.

Die Frist **beginnt** mit Abschluss des Versicherungsvertrags. Beim Antragsmodell erfolgt dieser durch Zugang der Annahmeerklärung des Versicherers (idR: Versicherungspolice) beim Versicherungsnehmer. Im Falle eines Abschlusses im Wege des Invitatio-Modells beginnt die Frist mit Eingang der Annahmeerklärung des Versicherungsnehmers beim Versicherer.

17 Zum Neubeginn der Frist bei Vertragsänderungen → Rn 26ff.

2. Leistungseinschränkung bei Selbsttötung vor Ablauf der Drei-Jahres-Frist (Abs. 2)

18 Korrespondierend zu § 5 Abs. 1 ARB wird in § 5 Abs. 2 S. 1 ARB geregelt, dass bei vorsätzlicher Selbsttötung vor Ablauf der Drei-Jahres-Frist kein Versicherungsschutz besteht. Diese Regelung gibt § 161 Abs. 1 S. 1 VVG wieder.

19 **a) Rechtsfolgen.** Ist der Versicherer wegen der Selbsttötung der versicherten Person von der Leistung frei, so ist er gemäß § 5 Abs. 2 S. 2 ARB verpflichtet, den **Rückkaufswert** zu zahlen. Die Regelung in den ARB gibt insofern § 161 Abs. 3 VVG wieder.

20 § 5 Abs. 2 S. 2 ARB stellt des Weiteren klar, dass der Versicherer in den Fällen der Selbsttötung nicht berechtigt ist, von dem Rückkaufswert einen **Stornoabzug** zu nehmen. Ob § 5 Abs. 2 S. 2 ARB insofern lediglich die gesetzliche Regelung wiedergibt oder sie zu Lasten des Versicherers einschränkt, ist fraglich. In der Literatur wird die Ansicht vertreten, die Höhe des Anspruchs aus § 161 Abs. 3 VVG ergebe sich aus § 169 Abs. 3–7 VVG.[18] Dies würde bedeuten, dass § 169 Abs. 5 VVG auch in den Fällen der Selbsttötung Anwendung finden kann und somit die Regelung in den ARB einen Verzicht auf einen nach dem Gesetz erlaubten Abzug darstellt. Hiergegen spricht jedoch zum einen, dass § 161 Abs. 3 VVG explizit regelt, dass der Rückkaufswert zu zahlen ist. Der Rückkaufswert muss somit gleich dem Auszahlungsbetrag sein, so dass nach dem strengen Wortlaut von § 161 Abs. 3 VVG kein Raum für einen Stornoabzug bleibt. Dieses Verständnis des Wortlauts von § 161 Abs. 3 VVG wird gestärkt durch die Rechtsprechung des BGH zu Rückkaufswertklauseln, bei der der BGH ausdrücklich zwischen Stornoabzug, Rückkaufswert und Auszahlungsbetrag differenziert hat.[19] Zum anderen ist ein Stornoabzug nur dann wirksam, wenn er angemessen, das heißt sachlich gerechtfertigt ist.[20] Für die sachliche Rechtfertigung in den Fällen von Kündigung und Beitragsfreistellung werden hierzu zumeist Aspekte wie Antiselektion und zusätzliche Verwaltungskosten angeführt.[21] Die für den Stornoabzug in den Fällen der Kündigung und Beitragsfreistellung zutreffenden sachlichen Gründe können idR nicht eins zu eins auf den Fall der vorsätzlichen Selbsttötung übertragen werden. Ist beispielsweise der Aspekt der Antiselektion bei einer Kündigung nachvollziehbar, erscheint er bei einer vorsätzlichen Selbsttötung nicht in gleichem Maße gegeben. Somit wäre es – unabhängig vom Verständnis des Wortlautes von § 161 VVG – als kritisch anzusehen, wenn ein Versicherer in seinen Allgemeinen Versicherungsbedingungen den Stornoabzug für die Fälle von Kündigung und Beitragsfreistellung ohne Differenzierung auf Fälle der vorsätzlichen Selbsttötung übertragen würde.

[18] *Reiff* in Prölss/Martin § 169 Rn. 19.
[19] BGH NJW 2012, 3023.
[20] *Reiff* in Prölss/Martin § 169 Rn. 59.
[21] *Reiff* in Prölss/Martin § 169 Rn. 59.

21 §5 Abs. 2 S. 2 ARB legt des Weiteren fest, dass die Auszahlung des Rückkaufswertes im Falle einer Selbsttötung vor Ablauf der Drei-Jahres-Frist **begrenzt ist durch die Höhe der für den Todesfall vereinbarten Kapitalleistung.** Hintergrund dieser Regelung ist, dass die Hinterbliebenen bzw. der Bezugsberechtigte im Falle der vorsätzlichen Selbsttötung der versicherten Person innerhalb der Frist keinesfalls mehr erhalten sollen, als bei Eintritt der Leistungspflicht des Versicherers. Der Sinn und Zweck des §5 ARB würde konterkariert, wenn der im Falle einer vorsätzlichen Selbsttötung zur Auszahlung kommende Betrag anstatt geringer höher wäre als die Versicherungssumme für den Todesfall.

22 §5 Abs. 2 S. 3 ARB überträgt den in §5 Abs. 2 S. 2 ARB geregelten Anspruch auf Zahlung des Rückkaufswerts auf die Vertragskonstellationen, in denen für den Todesfall die Zahlung einer **Rentenleistung** vereinbart wurde. In diesen Fällen vermindert sich bei vorsätzlicher Selbsttötung vor Ablauf der Drei-Jahres-Frist die Rentenleistung auf den Betrag, der aus dem für den Todestag berechneten Rückkaufswert erbracht werden kann.

23 **b) Bestehen von Versicherungsschutz.** Erfolgte die Selbsttötung in einem die **freie Willensbildung ausschließenden Zustand krankhafter Störung der Geistestätigkeit,** so besteht auch vor Ablauf der Drei-Jahres-Frist Versicherungsschutz. §5 Abs. 2 S. 4 ARB gibt §161 Abs. 1 S. 2 VVG wieder.

24 **aa) Ausschluss der freien Willensbestimmung.** Maßgeblich ist somit die Frage, wann ein die **freie Willensbestimmung ausschließender Zustand** krankhafter Störung der Geistestätigkeit vorliegt. Die Formulierungen in §5 Abs. 2 S. 4 ARB und §161 Abs. 1 S. 2 VVG stimmen überein mit der in §104 Ziff. 2 BGB verwendeten Begrifflichkeit. Es kommt vornehmlich darauf an, ob die versicherte Person imstande war, ihren Willen frei und unbeeinflusst von der vorliegenden Störung zu bilden, ob ihr also eine freie Willensentscheidung möglich war oder ob umgekehrt von einer freien Willensbildung nicht mehr gesprochen werden kann, etwa weil die Willensbestimmung von unkontrollierbaren Trieben und Vorstellungen gesteuert worden ist.[22] Für den Ausschluss einer freien Willensbildung spricht, wenn keine rationalen und nachvollziehbaren Motive für die Handlung existieren.[23] Dies ist bei einem so genannten **Bilanzselbstmord** nach einhelliger Meinung gerade nicht der Fall.[24] Ein Bilanzselbstmord zeichnet sich dadurch aus, dass der Betroffene seine aktuelle oder zukünftige Lebenssituation bewertet und hieraus resultierend den Entschluss fasst, seinem Leben ein Ende zu setzen. Der Selbsttötung geht in diesen Fällen eine Abwägung des Für und Wider voraus, die kennzeichnend ist für eine freie Willensbildung.

Eine freie Willensbestimmung liegt dann nicht vor, wenn jemand das Für und Wider einer Entscheidung nicht unter Betrachtung der in Frage kommenden Gesichtspunkte sachlich prüfen kann oder infolge einer Geistesstörung der Wille übermäßig von den Einflüssen dritter Personen beherrscht wird.[25]

---

[22] BGH NJW-RR 1994, 219 (220).

[23] *Schmitt* in MüKo-BGB §104 Rn. 14; *Brambach* in Rüffer/Halbach/Schimikowski §161 Rn. 14; *Schneider* in Prölss/Martin §161 Rn. 11.

[24] *Brambach* in Rüffer/Halbach/Schmikowski §161 Rn. 14; *Schneider* in Prölss/Martin §161 Rn. 15.

[25] *Schneider* in Prölss/Martin §161 Rn. 11; BGH NJW 1996, 918 (919); OLG Stuttgart VersR 1989, 794.

25 **bb) Krankhafte Störung der Geistestätigkeit.** Eine **krankhafte Störung der Geistestätigkeit** setzt eine geistige Anomalie voraus. Hierbei kommt es weniger auf die Intensität der geistigen Störung an, als vielmehr auf die Beeinträchtigung der Freiheit der Willensentschließung.[26] Der Begriff der krankhaften Störung der Geistestätigkeit umfasst sowohl die Geisteskrankheit als auch die Geistesschwäche.[27] Es muss keine „echte" Geisteskrankheit vorliegen.[28]

Die Störung muss zum Zeitpunkt der Selbsttötung vorliegen.[29]

3. Drei-Jahres-Frist bei Vertragsänderungen (Abs. 3)

26 Umstritten war, ob und wie § 161 VVG anzuwenden ist, wenn ein bereits bestehender Vertrag geändert wird. § 5 Abs. 3 ARB enthält hierzu eine Klarstellung, die der herrschenden Meinung entsprechen dürfte.[30]

27 Auch im Falle einer **Vertragsänderung** liegt ein Vertragsschluss vor, der zweier Willenserklärungen bedarf. Daher stellt § 5 Abs. 3 ARB klar, dass die Drei-Jahres-Frist bezüglich des geänderten/wiederhergestellten Vertragsteils neu beginnt, wenn die Leistungspflicht des Versicherers durch eine Vertragsänderung erweitert/wiederhergestellt wird. Dieser Regelung steht § 161 VVG nicht entgegen, da dem Gesetz keine Einschränkung auf Neuabschlüsse zu entnehmen ist. Eine Vertragsänderung ist nicht gegeben, wenn der Versicherungsnehmer einseitige Rechte und Optionen ausübt, die ihm auf Grund von Gesetz oder AVB zustehen (zB Dynamikerhöhungen, Erhöhungsoptionen).

Ein Neubeginn der Frist erstreckt sich nur auf Vertragsänderungen, die die Versicherungsleistung erweitern oder erhöhen. Dies trägt dem Sinn und Zweck der Regelung Rechnung, den Versicherer vor den Auswirkungen eines „Moral Hazard" zu schützen. So dürfte beispielsweise eine Änderung der Zahlweise idR nicht zu einem Neubeginn der Frist führen.

28 Die neu beginnende Frist erstreckt sich ausschließlich auf den **geänderten Teil** des Versicherungsvertrags. Sind seit Neuabschluss des Vertrags bereits drei Jahre vergangen, so ist der Versicherer im Falle einer vorsätzlichen Selbsttötung von der Leistungspflicht nur hinsichtlich des später geänderten Teils frei, sofern diesbezüglich die Drei-Jahres-Frist noch nicht abgelaufen ist. Dies bedeutet bspw. für den Fall einer beitragsfrei gestellten Versicherung, die im Einvernehmen zwischen Versicherungsnehmer und Versicherer wieder hergestellt wurde, dass sich bei Selbsttötung innerhalb von drei Jahren nach Wiederherstellung die Leistungsfreiheit auf den wiederhergestellten Teil des Vertrags (Differenz zwischen voller Versicherungssumme und prämienfreier Versicherungssumme) bezieht.[31] Die gleichen Erwägungen gelten für Vertragsverlängerungen und Erhöhungen. Auch hier beginnt die Frist für den geänderten Vertragsteil neu zu laufen.[32]

---

[26] *Schmitt* in MüKo-BGB § 104 Rn. 10.

[27] *Schmitt* in MüKo-BGB § 104 Rn. 11.

[28] BGH NJW-RR 1994, 219 (220).

[29] *Schneider* in Prölss/Martin § 161 Rn. 11.

[30] *Brambach* in Rüffer/Halbach/Schimikowski § 161 Rn. 10ff.; *Schneider* in Prölss/Martin § 161 Rn. 6; *Brömmelmeyer* in Beckmann/Matusche-Beckmann § 161 Rn. 253.

[31] BGH NJW 1954, 1115.

[32] *Benkel/Hirschberg* ALB 1986 § 6 Rn. 33, aA zur alten Rechtslage OLG Saarbrücken NJW-RR 2008, 275ff.

Wird ein bestehender Vertrag gekündigt und eine neue Versicherung abgeschlossen **(Novation),** so gilt die Drei-Jahres-Frist für den gesamten neuen Vertrag. Ob eine solcher Neuabschluss oder eine Vertragsänderung vorliegt, ist im Einzelfall durch Auslegung zu ermitteln. Maßgeblich ist der Wille der Parteien.[33] **29**

Initiiert durch ein Urteil des OLG Saarbrücken[34] wird in der Literatur diskutiert, ob der Versicherer den Versicherungsnehmer im Falle einer Novation darüber **beraten** muss, dass auf Grund des Neuabschlusses die Drei-Jahres-Frist für den gesamten Vertrag erneut zu laufen beginnt. Das **OLG Saarbrücken**[35] hat eine Beratungspflicht des Versicherers bejaht. Begründet hat es dies damit, dass ein durchschnittlicher Versicherungsnehmer die rechtlichen Fragestellungen im Zusammenhang mit einer Vertragsverlängerung durch einen Neuabschluss nicht überblickt und ihm nicht bewusst ist, dass ein solches Vorgehen Auswirkungen auf den Versicherungsschutz hat. Auf Grund des komplizierten Sachverhalts sei der Versicherungsnehmer über die Frist zu belehren und umfassend zu beraten. **30**

Maßstab für eine Beratungspflicht des Versicherers ist seit der VVG-Reform **§ 6 VVG.** Hiernach hat die Beratung in Abhängigkeit von der Person des Versicherungsnehmers, dem Versicherungsprodukt und der jeweiligen Situation zu erfolgen.[36] Ob eine explizite Beratung hinsichtlich des Neubeginns der Drei-Jahres-Frist erforderlich ist, hängt von den Umständen des Einzelfalles ab. Ausschlaggebend ist insbesondere, ob für den Versicherungsnehmer deutlich erkennbar war, dass es sich um einen Neuabschluss und nicht um eine Vertragsänderung handelt. Es dürfte der Beratungspflicht genügen, wenn der Versicherungsnehmer deutlich darauf hingewiesen wird, dass der alte Vertrag beendet und ein neuer Vertrags geschlossen wird,[37] für den neuen Vertrag aktuelle Versicherungsbedingungen gelten und alle Fristen (neben Drei-Jahres-Frist zB auch bei Widerruf, Zahlung Erstbeitrag, Verletzung vorvertragliche Anzeigepflichten) auf Grund der Novation neu beginnen. Eine explizite Beratung zu der Drei-Jahres-Frist im Falle einer vorsätzlichen Selbsttötung dürfte idR nicht erforderlich sein.[38]

III. Darlegungs- und Beweislast

§ 5 ARB modifiziert die Beweislastverteilung, die sich aus § 161 VVG ergibt, nicht. Nach den allgemeinen Beweislastregeln muss der Versicherer beweisen, dass sich die versicherte Person vor Ablauf der Drei-Jahres-Frist vorsätzlich selbst getötet hat. Der Person, die den Anspruch auf die Versicherungsleistung geltend macht (idR Erbe oder der Bezugsberechtigte), obliegt der Beweis hinsichtlich eines die freie Willensbestimmung ausschließenden Zustands krankhafter Störung der Geistestätigkeit.[39] **31**

---

[33] OLG Saarbrücken, NJW-RR 2008, 275.

[34] OLG Saarbrücken, NJW-RR 2008, 275.

[35] OLG Saarbrücken, NJW-RR 2008, 275.

[36] Im Detail *Prölss* in Prölss/Martin § 6 Rn. 2ff.

[37] *Brambach* in Rüffer/Halbach/Schimikowski § 161 Rn. 10.

[38] Anderer Ansicht *Mönnich* in Langheid/Wandt § 161 Rn. 254; offen lassend *Schneider* in Prölss/Martin § 161 Rn. 6.

[39] BGH NJW-RR 1992, 982; 1991, 982; *Mönnich* in Langheid/Wandt § 161 Rn. 20, 33; *Höra/Fitzau* in Terbille, 2. Aufl. 2008, § 25 Rn. 187; *Brömmelmeyer* in Beckmann/Matusche-

1. Beweisarten

32 Umstritten ist, ob stets ein Strengbeweis erforderlich ist, oder ob ggf. ein **Anscheinsbeweis** ausreichen könnte. Voraussetzung für die Anwendung eines Anscheinsbeweises ist ein typischer Geschehensablauf. Ein solcher liegt vor, wenn es sich um einen aus der Lebenserfahrung bestätigten gleichförmigen Vorgang handelt, durch dessen Typizität es sich erübrigt, die tatsächlichen Einzelumstände eines bestimmten historischen Geschehens nachzuweisen.[40] Im Gegensatz zum Strengbeweis wird somit ein Erfahrungssatz zur Beweiswürdigung herangezogen ohne dass die Einzelheiten des konkreten Tatgeschehens feststehen müssen.[41]

33 Ob ein Beweis des ersten Anscheins für einen Freitod möglich ist, ist in der Rechtsprechung nicht ganz einheitlich beurteilt worden. Anfänglich hielt der BGH einen Anscheinsbeweis für möglich.[42] Inzwischen hält der BGH die Anwendung des Anscheinsbeweises bei Selbsttötungen für problematisch und lehnt daher die Anwendung ab.[43] Er begründet dies damit, dass der Freitod eines Menschen meist so sehr von seinen besonderen Lebensumständen, seiner Persönlichkeitsstruktur und seiner augenblicklichen Gemütslage, insbesondere aber auch von seiner subjektiven Sicht seiner Situation, die wiederum von irrationalen Momenten beeinflusst sein kann, abhängig ist, dass von einem typischen Geschehensablauf nicht gesprochen werden kann.[44]

Dem ist zuzustimmen. Ob bei einer Selbsttötung von einem gleichförmigen und typischen Vorgang gesprochen werden kann, erscheint sehr zweifelhaft. Die Selbsttötung stellt eine derartige Ausnahmesituation für den jeweiligen Menschen dar, dass eine Typisierung abzulehnen ist. Die gesamten Umstände, die zu einer Selbsttötung führen können, sind so mannigfaltig und unterschiedlich, dass eine Einzelfallbetrachtung angezeigt ist. Eine „typische" oder „übliche" Selbsttötung ist schwer vorstellbar. Zu sehr spielen beispielsweise unterschiedliche Persönlichkeiten, Erkrankungen, familiäre und berufliche Hintergründe eine Rolle. Ein Anscheinsbeweis scheidet daher in der Beweisführung aus.[45]

34 Die Beweisführung muss somit entsprechend den Anforderungen eines Strengbeweises erfolgen. Im Rahmen des **Strengbeweises** muss eine Tatsache nicht mit unumstößlicher Gewissheit feststehen. Es reicht ein für das praktische Leben brauchbarer Grad von Gewissheit, der den Zweifeln Schweigen gebietet, ohne sie völlig auszuschließen.[46] Maßgeblich ist die aus einer Gesamtwürdigung sämtlicher

---

Beckmann § 42 Rn. 253; *Schneider* in Prölss/Martin § 161 Rn. 24; *Benkel/Hirschberg* ALB 1986 § 8 Rn. 9; *Brambach* in Rüffer/Halbach/Schimikowski § 161 Rn. 17.

[40] *Prütting* in MüKo-ZPO § 286 Rn. 48.

[41] *Prütting* in MüKo-ZPO § 286 Rn. 64.

[42] BGH VersR 1955, 99.

[43] BGH NJW 1987, 1944.

[44] BGH NJW 1987, 1944.

[45] BGH NJW-RR 1992, 982 (983); BGH NJW 1987, 1944; *Schneider* in Prölss/Martin § 161 Rn. 17; *Brömmelmeyer* in Beckmann/Matusche-Beckmann § 42 Rn. 259; *Mönnich* in Langheid/Wandt § 161 Rn. 20; *Höra/Fitzau* in MAH VersR, 2. Aufl. 2008 § 25 Rn. 187; *Brambach* in Rüffer/Halbach/Schimikowski § 161 Rn. 18; offen lassend *Benkel/Hirschberg* ALB 1986 § 8 Rn. 11.

[46] BGH VersR 1987, 503; BGH NJW 1987, 1944; *Brambach* in Rüffer/Halbach/Schimikowski § 161 Rn. 18; *Benkel/Hirschberg* ALB 1986 § 8 Rn. 11; *Schneider* in Prölss/Martin § 161 Rn. 17; *Brömmelmeyer* in Beckmann/Matusche-Beckmann § 42 Rn. 253; *Mönnich* in Langheid/Wandt § 161 Rn. 20.

Umstände gewonnene Überzeugung. Dieser steht auch nicht entgegen, dass lediglich eine theoretische Möglichkeit der Drittverletzung offenbleibt.[47]

2. Obduktion und Exhumierung

35 Die beweisbelastete Partei kann sich grundsätzlich aller geeigneten Beweismittel bedienen (zB Polizeiliche Ermittlungsakte, Zeugen, Sachverständigengutachten). Die Frage, ob ein Versicherer eine **Obduktion** und ggf. **Exhumierung** des Leichnams verlangen kann bzw. welche Rechtfolgen eine Verweigerung der Obduktion hat, wird in Literatur und Rechtsprechung seit langem erörtert.[48]

36 Ob im Rahmen einer **AVB-Klausel** die **Obliegenheit** aufgegeben werden kann, einer **Obduktion** und ggf. einer zusätzlichen Exhumierung der versicherten Person zuzustimmen, ist von der Rechtsprechung bislang offen gelassen worden.[49] In der Literatur wird die Wirksamkeit einer solchen Klausel zum Teil bejaht.[50] Dies erscheint zumindest in den Fällen zweifelhaft, in denen Versicherungsnehmer und versicherte Person nicht personenidentisch sind, da nicht davon ausgegangen werden kann, dass die versicherte Person die Allgemeinen Versicherungsbedingungen erhält und sie somit ggf. keine Kenntnis von einer solchen AVB-Regelung erhält. Alternativ könnte eine Zustimmung im Versicherungsantrag integriert werden, den die versicherte Person auf Grund von § 150 Abs. 2 VVG idR unterzeichnet. Eine solche Zustimmung sehen die Antragsformulare der Versicherer derzeit in aller Regel nicht vor.

Die Frage der Wirksamkeit einer AVB-Regelung, die eine Zustimmung zur Obduktion und Exhumierung beinhaltet, kann jedoch letztlich dahinstehen, da die Allgemeinen Versicherungsbedingungen der Lebensversicherung idR keine solche Klausel enthalten. Auch § 7 ARB („Was ist zu beachten, wenn eine Leistung verlangt wird?") enthält keine implizite Zustimmung zu einer Obduktion oder Exhumierung. Eine solche Zustimmung müsste zumindest ausdrücklich in den Allgemeinen Versicherungsbedingungen enthalten sein.

37 Eine Obduktion auf Wunsch des Versicherers kommt grundsätzlich nur dann in Betracht, wenn die Obduktion einem vom Versicherer zu beweisenden Umstand dient, nicht jedoch, wenn die Obduktion der Klärung einer vom Anspruchsteller zu beweisenden Tatsache dient.[51] Gelingt dem Anspruchsteller der Beweis nicht, so ist der Versicherer leistungsfrei. Die Leistungsfreiheit resultiert nicht aus der fehlenden Zustimmung zur Obduktion sondern daraus, dass der Anspruchsteller den Beweis nicht zu erbringen vermochte.

38 Neben dem Erfordernis, dass die Obduktion und ggf. Exhumierung auf Verlangen des Versicherers dem Beweis eines Umstands, für den der Versicherer beweisbelastet ist, dienen muss, muss der Versicherer des Weiteren auf die Obduktion oder Exhumierung angewiesen sein. Dies ist der Fall, wenn die Maßnahme zu einem entscheidungserheblichen Beweisergebnis führen kann und mit ihr das letzte noch

---

[47] OLG Oldenburg VersR 1991, 985.

[48] BGH NJW-RR 1992, 982 (983); *Brambach* in Rüffer/Halbach/Schimikowski § 161 Rn. 23ff.; *Schneider* in Prölss/Martin § 161 Rn. 17; *v. Rintelen* in Beckmann/Matusche-Beckmann § 23 Rn. 300; *Mönnich* in Langheid/Wandt § 161 Rn. 21.

[49] BGH NJW-RR 1992, 219; BGH NJW-RR 1992, 982 (983).

[50] *Brambach* in Rüffer/Halbach/Schimikowski § 161 Rn. 25.

[51] BGH NJW-RR 1992, 219.

fehlende Glied in einem vom Versicherer zu führenden Beweis geliefert werden soll.[52] Zudem bedarf eine Obduktion bzw. Exhumierung stets der – vor Eintritt des Versicherungsfalls erteilten – Zustimmung der versicherten Person oder der Zustimmung der zur Totensorge berechtigten Angehörigen.[53]

39 Fraglich ist, ob der Versicherer die Leistung verweigern kann, wenn die Zustimmung der versicherten Person nicht vorliegt und die Angehörigen die **Zustimmung zur Obduktion verweigern.** Ist Anspruchsberechtigter und zur Totensorge berechtigter Angehöriger personenidentisch, so darf sich die verweigerte Zustimmung zur Obduktion nicht zum Nachteil des Versicherers auswirken.[54] In diesen Fällen führt die fehlende Zustimmung – sofern die weiteren Voraussetzungen für ein Verlangen der Obduktion seitens des Versicherers gegeben sind – zur Leistungsfreiheit des Versicherers. Dies wird zum Teil mit einer Obliegenheitsverletzung durch den Anspruchsberechtigten begründet.[55] Der BGH hat die Begründung bislang offen gelassen.[56]

Sind Anspruchsteller und zur Totensorge berechtigter Angehöriger nicht identisch, so dürfte den Anspruchsteller zumindest die Pflicht treffen, alles ihm Mögliche zu unternehmen, um die Zustimmung vom berechtigten Angehörigen zu erhalten. Den Anspruchsteller trifft insoweit eine **Mitwirkungspflicht.**[57] Wird die Zustimmung nicht erteilt, obwohl der Anspruchsteller seiner Mitwirkungspflicht nachgekommen ist, so stellt sich die Frage, ob das Fehlen der Zustimmung zu Lasten des Versicherers oder des Anspruchstellers geht. Der Anspruchsberechtigte kann im Rahmen der Obliegenheiten nur zu Maßnahmen verpflichtet werden, die ihm auch möglich sind. Der Umstand, dass er selber die Zustimmung nicht erteilen kann, darf nicht per se zu einer Obliegenheitsverletzung führen. Insofern muss eine Mitwirkungsobliegenheit des Anspruchsberechtigten als erfüllt angesehen werden, wenn er alles ihm mögliche unternommen hat, um die Zustimmung der Angehörigen zu erhalten. Die fehlende Exhumierung geht insofern dann zu Lasten des für die Selbsttötung beweisbelasteten Versicherers. Die fehlende Zustimmung zur Obduktion führt nicht zu erleichterten Anforderungen an die Beweisführung durch den Versicherer.[58]

3. Beweis des Geisteszustands

40 Der Beweis, dass sich die versicherte Person in einem die freie Willensbestimmung ausschließendem Zustand **krankhafter Störung der Geistestätigkeit** befunden hat, obliegt dem Anspruchsteller.[59] Dies wird in § 5 Abs. 2 ARB durch die Formulierung „Wenn uns nachgewiesen wird […]“ verdeutlicht. Diese Formulierung dient der Transparenz. Sie macht den, idR nicht mit den allgemeinen Beweis-

---

[52] BGH NJW-RR 1992, 982 (983).

[53] BGH NJW-RR 1991, 982 (983); BGH NJW 1990, 2313 (2314); *Brambach* in Rüffer/Halbach/Schimikowski § 161 Rn. 23; *Mönnich* in Langheid/Wandt § 161 Rn. 21; bzgl. der Zustimmung der Angehörigen krit. *Schneider* in Prölss/Martin § 161 Rn. 17.

[54] BGH NJW-RR 1992, 219.

[55] *Brambach* in Rüffer/Halbach/Schimikowski § 161 Rn. 24; offen lassend *Schneider* in Prölss/Martin § 161 Rn. 17; *Mönnich* in Langheid/Wandt § 161 Rn. 21.

[56] BGH NJW-RR 1992, 219.

[57] *Brambach* in Rüffer/Halbach/Schimikowski § 161 Rn. 24.

[58] BGH NJW-RR 1992, 982 (983).

[59] OLG Nürnberg VersR 1994, 295.

lastregeln vertrauten, Anspruchsteller und Leser der Allgemeinen Versicherungsbedingungen darauf aufmerksam, das bezüglich des genannten Umstands ein Nachweis gegenüber dem Versicherer erbracht werden muss. § 5 ARB modifiziert die Beweislast gegenüber § 161 VVG nicht. In Rechtsprechung und Literatur wird nach ganz herrschender Meinung der Anspruchsteller als beweisbelastet für den, die freie Willensbestimmung ausschließenden Zustand krankhafter Störung der Geistestätigkeit angesehen.[60]

41 Zumeist wird der Beweis nur anhand von **Indizien** erbraucht werden könnten.[61] Werden die behaupteten Indizientatsachen bestritten, so muss über sie Beweis erhoben werden und ggf. eine Bewertung im Rahmen eines Sachverständigengutachtens erfolgen. Eine bloß unbefangene Betrachtungsweise ohne sachverständige Unterstützung reicht zur Prüfung der Indiztatsachen zumeist nicht aus.[62]

In der Praxis wird sich oft eines oder mehrerer Sachverständiger bedient.

Im Falle sich widersprechender Gutachten hat das Gericht weitere Aufklärungsmöglichkeiten zu nutzen, sofern sie sich anbieten und Aussicht auf Erfolg versprechen. Dies gilt sowohl für gerichtliche als auch für private Gutachten. Weitere Aufklärungsmöglichkeiten sind beispielsweise die mündliche Anhörung der Sachverständigen oder die Einholung eines weiteren Gutachtens. Das Gericht darf bei sich widersprechenden Gutachten nicht einem Gutachten den Vorzug geben, ohne den Vorzug einleuchtend und logisch nachvollziehbar zu begründen.[63]

IV. Rechtsprechung

42 Die Rechtsprechung zu § 5 ARB und § 161 VVG ist geprägt durch eine stark **an den Umständen des Einzelfalls orientierte Kasuistik.** Im Fokus der einzelnen Verfahren steht idR entweder die Frage, ob eine Selbsttötung gegeben ist, oder ob die versicherte Person in einem die freie Willensbildung ausschließenden Zustand krankhafter Störung der Geistestätigkeit gehandelt hat.

1. Selbsttötung

43 Eine Selbsttötung wurde von der Rechtsprechung in den folgenden Fällen **bejaht.**

Der Versicherte prallte mit seinem **Fahrzeug** zur Mittagszeit auf einer Bundesstraße gegen eine an der linken Straßenseite stehende **Stützmauer,** ohne dass konkrete Hinweise für einen technischen Defekt ersichtlich waren. Er hinterließ einen Abschiedsbrief, der für die Entscheidung, eine Selbsttötung zu bejahen, bedeutsam war.[64]

Eine Selbsttötung wurde angenommen bei einem Berufskraftfahrer, der in **geschlossener Garage** den **Motor** angelassen hat, das Seitenfenster neben dem Fah-

---

[60] BGH NJW-RR 1994, 219; *Brambach* in Rüffer/Halbach/Schimikowski § 161 Rn. 17; *Benkel/Hirschberg* ALB 1986 § 8 Rn. 20; *Schneider* in Prölss/Martin § 161 Rn. 24; *Brömmelmeyer* in Beckmann/Matusche-Beckmann § 42 Rn. 267; *Mönnich* in Langheid/Wandt § 161 Rn. 33; krit. *Harrer/Mitterauer* VersR 2007, 579.

[61] *Mönnich* in Langheid/Wandt § 161 Rn. 34.

[62] BGH NJW-RR 1997, 664.

[63] BGH NJW-RR 1994, 219 (220).

[64] OLG Köln r+s 1992, 33.

rersitz öffnete und die Lehne des Fahrersitzes heruntergedreht und sich auf den Liegesitz gelegt hat.[65]

Wird der Versicherte 500 m vom Bahnhof und 200 m von jeder Straße entfernt auf gerade verlaufender **Gleisstrecke** nachts nach 3 Uhr von einem Zug überfahren, so sprechen die äußeren Umstände für eine freiwillige Selbsttötung des Versicherten. Dass dieser keinen Abschiedsbrief hinterlassen hat, ist kein Indiz für eine unfreiwillig erlittene Gesundheitsschädigung.[66]

Lag die versicherte Person mit einer Halsseite unmittelbar auf einem **Gleisstrang** auf und wurde sie vom Zug überrollt, so weist dies auf einen Freitod hin.[67]

Stürzt der Versicherte bei abendlicher Dämmerung von der Mitte einer 130 m hohen **Autobahnbrücke** in die Tiefe, nachdem er sich auf die unterste, ca. 40 cm hohe Querstrebe des insgesamt 1,20 m hohen Brückengeländers gestellt hatte, so ist dieses Verhalten und der Zeitpunkt wesentliches Indiz für eine Selbsttötung. In der Gesamtschau ist ferner nicht außer Acht zu lassen, dass der Versicherte ohne plausiblen Grund ca. 1,5 Stunden zu dieser Brücke fuhr, von der – wie bekannt – schon viele Personen (ca. 300) in die Tiefe gesprungen waren.[68]

Ein 1,64 m großer Versicherter stürzte aus einem geöffneten **Speicherfenster** aus 7,50 m Höhe, wobei der Schwerpunkt des Versicherten noch an der inneren Kante der Fensterbrüstung lag, so dass der Versicherte mindestens auf die Fensterbrüstung geklettert sein muss. Er wies schwere Kopfverletzungen und geringfügige Hautabschürfungen an der Hand auf, die dafür sprechen, dass der Versicherte den Sturz nicht mit der Hand aufzufangen versuchte.[69]

Tötet sich die versicherte Person durch **Erhängen,** so liegt der Schluss auf Selbsttötung besonders nahe, da idR wegen eines schnellen Todeseintritts mit einem Eingreifen Dritter nicht zu rechnen ist.[70]

Kam die versicherte Person durch einen **Kopfschuss** aus einer ihr gehörenden Waffe zu Tode und kommt eine Dritte Person als Täter nicht in Frage, so ist von einer Selbsttötung auszugehen.[71]

Eine Selbsttötung lag vor bei einem mit Waffen erfahrener Jäger, der sich in einer finanziell schwierigen Situation befand und sich durch einen **Kopfschuss** tötete.[72]

Die Einnahme großer Mengen **Schlaftabletten** sowie erheblicher **Alkoholmengen** unmittelbar vor dem Tod deuten auf eine Selbsttötung hin (weitere Beweiserhebung war in diesem Verfahren erforderlich).[73]

Eine Selbsttötung wurde bejaht bei einer **langjährig schwerkranken versicherten Person,** die am Morgen in ihrem Bett aufgefunden wurde und am Vorabend im Wohnzimmer **Alkohol** in erheblicher Menge zu sich genommen hat und sich dort leere Verpackungen von 70 **Tabletten** eines in dieser Dosis tödlich wirkenden Medikaments fanden.[74]

---

65 OLG Hamm r+s 1986, 294.
66 OLG Koblenz r+s 2009, 290.
67 OLG Hamm r+s 1994, 435.
68 OLG Saarbrücken r+s 2005, 120.
69 OLG Koblenz r+s 1992, 430.
70 OLG Hamm r+s 2000, 435.
71 OLG Celle VersR 1985, 1134.
72 OLG Celle VersR 1985, 1134.
73 BGH r+s 1991, 321.
74 OLG Düsseldorf r+s 1999, 344.

Die versicherte Person kam beim **Brand** eines Gartenhauses (Entzündung Benzin-Luft-Gemisch, Vorhandensein brennbarer Materialien wie Zeitungspapier) ums Leben, hat zuvor Selbsttötungsabsichten geäußert und befand sich in einer finanziell angespannten Lage.[75]

Selbsttötung wurde bejaht bei einer versicherten Person, die beruflich Erfahrung mit Elektroanlagen hatte und durch das Berühren einer **Hochspannungsleitung** mit beiden Händen ums Leben kam.[76]

44 Eine Selbsttötung wurde von der Rechtsprechung in den folgenden Fällen **verneint.**

Eine Selbsttötung lang nicht vor bei einem Versicherten, der mit seinem Pkw bei einem **Verkehrsunfall** auf regennasser Straße ins Schleudern geraten und tödlich verunglückt war.[77]

Ein **Motorradunfall** bei hoher Geschwindigkeit, bei dem der Fahrer – ohne Helm fahrend – ungebremst bei trockener Fahrbahn und ohne Anzeichen eines Fremdverschuldens auf ein Hindernis aufprallt, reicht allein zur Feststellung einer Selbsttötung nicht aus.[78]

Als Indiz für die Selbsttötung reichte es nicht, dass die versicherte Person morgens in ihrem Wagen in der verschlossenen, unbeheizten **Garage** ihres Freundes bei **laufendem Motor** und geöffnetem Autofenster aufgefunden wurde. Um auszuschließen, dass sie nicht nur auf ihren Freund gewartet hatte, ist von Bedeutung, ob sie mit der Rückkehr ihres Freundes in der frühen Morgenstunde rechnen konnte, wann sie in die Garage eingefahren war und wie lange der Motor gelaufen ist.[79]

Wird die Versicherte Person, die sich von einer Wandergruppe entfernt hatte, in der Dunkelheit von einem **Triebwagen** erfasst, so spricht das allein nicht für eine Selbsttötung. Er könnte beim Überqueren der Gleise den Triebwagen nicht bemerkt haben. Zudem könnte seine Reaktionsgeschwindigkeit auf Grund eines BAK von 1,18‰ eingeschränkt gewesen sein.[80]

Eine fehlgeschlagene und tödliche verlaufene **Selbsttötungsdemonstration** ist keine vorsätzliche Herbeiführung des eigenen Todes.[81]

2. Freie Willensbestimmung ausschließender Zustand krankhafter Störung der Geistestätigkeit

45 Das Vorliegen eines die freie Willensbestimmung ausschließenden Zustands krankhafter Störung der Geistestätigkeit wurde von der Rechtsprechung in folgenden Fällen **bejaht.**

Bei einem **Blutalkoholgehalt von 2,94‰** im Zeitpunkt der Selbsttötung ist von einem Zustand des Vollrausches und von einem die freie Willensbestimmung ausschließenden Zustand auszugehen. Dagegen spricht nicht, dass die Person alkoholgewöhnt war und ca. eine halbe Stunde vor der Tat einen sehr klar gefassten Abschiedsbrief geschrieben hat.[82]

---

[75] OLG Frankfurt BeckRS 2008, 08873.
[76] OLG Hamburg VersR 1986, 1201.
[77] OLG Saarbrücken r+s 2006, 385.
[78] Versicherungs-Ombudsmann r+s 2004, 515.
[79] BGH r+s 1993, 36.
[80] OLG Köln r+s 1990, 68.
[81] OLG Hamm NJW-RR 1989, 493.
[82] OLG Düsseldorf r+s 2001, 520.

Die versicherte Person befand sich in einer tiefgreifenden, durch Umstände und Persönlichkeitsstruktur hervorgerufenen **geistigen Verwirrung,** die sich zB äußerte in planlosem Hin- und Herfahren und einer kurz vor dem Tod angefertigten Notiz mit – für die Person untypischen – gravierenden Rechtschreibfehlern.

Der verstorbenen versicherten Person wurde von einem Sachverständigen eine **schwere ausgeprägte depressive Episode** attestiert, die zu einem die freie Willensbildung ausschließenden Zustand führte. Die Erkrankung zeigte sich unter anderem dadurch, dass die versicherte Person vor ihrem Tod nach dem Wechsel der Arbeitsstelle über Rückenschmerzen und Schlafstörungen klagte und sich über die Arbeit in der neuen Dienststelle beklagte. Zudem zog sie sich von Freizeitaktivitäten zurück und litt unter allgemeiner Freud- und Interesselosigkeit. Der Verstorbene ließ sich nicht mehr ablenken, sondern blieb in seinem Grübelzwang verfangen.[83]

Bei der versicherten Person wurde gutachterlich eine **krankhafte endogene Depression** festgestellt. Zudem ging der Gutachter von einem Ausschluss der freien Willensbestimmung zum Tatzeitpunkt aus, wobei das Gutachten sich auf die Schilderung der versicherten Person stützt. Diese trug vor, sie sei plötzlich vom Tisch ganz automatisch aufgestanden, „ihre Beine seien mit ihr zum geöffneten Fenster gelaufen, sie habe das nur beobachtet und keinen Einfluss darauf gehabt".[84]

46 Das Vorliegen eines die freie Willensbestimmung ausschließenden Zustands krankhafter Störung der Geistestätigkeit wurde von der Rechtsprechung in folgenden Fällen **verneint.**

Der Beweis des die freie Willensbestimmung ausschließenden Zustands konnte bei einem schwerkranken Versicherungsnehmer, der **Alkohol** in erheblicher Menge zu sich genommen hatte und neben dem leere Verpackungen von **70 Tabletten** eines in dieser Dosis tödlich wirkenden Medikaments gefunden wurden, nicht erbracht werden.[85]

Bei einer **Blutalkoholkonzentration unter 3‰** kann nicht von einem die freie Willensbestimmung ausschließenden Vollrausch ausgegangen werden.[86]

Eine **Blutalkoholkonzentration von 2,2‰** rechtfertigt für sich genommen noch nicht die Annahme, der Versicherte habe den Suizid in einem die freie Willensausübung ausschließenden Zustand krankhafter Störung der Geistestätigkeit verübt.[87]

Allein das Vorliegen eines allgemeinen, sich verstärkenden Lebensüberdrusses, gepaart mit Alkoholmissbrauch und **vielfältigen depressiven Grundstimmungen,** Versagensängsten und befürchtete Krankheiten etc. kann nicht auf einen die freie Willensbestimmung ausschließenden Zustand krankhafter Störung der Geistestätigkeit geschlossen werden, zumal der Versicherte unstreitig in der Lage war, seinen Beruf ohne Beeinträchtigungen auszuüben und jedenfalls nach außen ein durchaus unauffälliges Leben zu führen.[88]

Bloße **depressive Verstimmungen** schließen die Möglichkeit der freien Willensbestimmung nicht aus. Der Anspruchserhebende muss vielmehr nachweisen, dass eine schwere – endogene oder psychogene – Depression vorliegt und der Ver-

---

[83] LG Saarbrücken BeckRS 2009, 88398.
[84] OLG Frankfurt NJW-RR 1986, 1035.
[85] OLG Düsseldorf NVersZ 1999, 321.
[86] OLG Hamm r+s 1986, 294.
[87] OLG Köln r+s 2002, 345.
[88] OLG Köln r+s 2002, 345.

sicherungsnehmer den Selbstmord in einer akuten depressiven Phase begangen hat.[89]

Die versicherte Person war eine in hohem Maße psychopathische Persönlichkeit. Bevor sie sich selber tötete, **brauchte sie Frau und Kinder um.** Zudem litt sie unter **Spielsucht,** was auf erhebliche psychische Störungen schließen ließ. Aus der Tat selbst und dem Verhalten der versicherten Person unmittelbar vor seinem Tod konnte man deshalb mit Sicherheit auf **erhebliche psychische Störungen** des Verstorbenen schließen. Sein Verhalten erlaubte jedoch keine sicheren Schlüsse darauf, dass er sich das Leben genommen hat im Zustand einer krankheitsbedingten Willensstörung, die ihm eine freie Willensentscheidung unmöglich gemacht hat. Allein die Tatsache, dass ein Selbstmörder „nicht normal" ist, reicht für den Nachweis der Unzurechnungsfähigkeit nicht aus. Es lässt sich nicht von vorneherein sagen, dass jeder, der sich das Leben nimmt, geisteskrank gewesen sein muss.[90]

Hat der an einer schweren Depression leidende Versicherungsnehmer Selbstmord begangen und lässt sich nicht mehr aufklären, ob der Selbstmord sich als **Symptom der Depression** darstellt **oder** als **Reaktion auf eine schwere eheliche Beziehungskrise** erfolgt ist, so ist nicht bewiesen, dass die Tat in einem die freie Willensbestimmung ausschließenden Zustand krankhafter Störung der Geistestätigkeit begangen ist.[91]

Tötet sich der Versicherte in einer **emotional bedingten Überreaktion** auf bestehende Eheprobleme (Untreue des Ehemanns), so lässt dies allein noch nicht auf eine die freie Willensbestimmung ausschließende krankhafte Störung der Geistestätigkeit schließen.[92]

Bestand beim Versicherten eine latent vorhandene Selbstmordgefahr aufgrund seiner Lebenssituation (berufliche Probleme, früherer Alkoholismus), zu deren Umsetzung in die Tat es nur eines relativ geringen Auslösers bedarf **(Bilanzselbstmord),** so ist dessen Entscheidung noch von einem Abwägen des „Für und Wider" geprägt, dh die freie Willensbestimmung nicht ausgeschlossen. Auch die mit den Begleitumständen verbundene **emotional bedingte Überreaktion** ist noch keine krankhafte Störung der Geistestätigkeit.[93]

Lag bei der Versicherten Person eine **narzisstische Persönlichkeitsstörung** mit Impulskontrollverlusten vor, so lässt das noch nicht den Schluss zu, dass dieser sein von einem Zustand emotionaler Anspannung geprägtes Handeln nicht mehr von vernünftigen Erwägungen abhängig machen konnte.[94]

Werden gegen den Chefarzt eines Krankenhauses **staatsanwaltschaftliche Ermittlungen** aufgenommen, die von einer **Pressekampagne** in den Lokalzeitungen begleitet werden, so dass der Chefarzt „keine Chance mehr sieht", ist die Selbsttötung des Chefarztes nachfühlbar.[95]

Die nach langer, mit **erheblichen Schmerzen** verbundener Erkrankung vor der Selbsttötung verfasste Nachricht „Ich kann meine Schmerzen nicht mehr ertragen. Bitte um Verzeihung" belegt ein nachfühlbares Motiv und lässt grundsätzlich

---

[89] OLG Nürnberg VersR 1994, 295.
[90] OLG Stuttgart BeckRS 2008, 03447.
[91] LG Hamburg r+s 1998, 259.
[92] OLG Karlsruhe r+s 1995, 79.
[93] KG Berlin r+s 2000, 475.
[94] OLG Jena r+s 2002, 169.
[95] OLG Düsseldorf NJW-RR 2003, 1468.

nicht mehr die Feststellung einer Tatbegehung in einem die freie Willensbestimmung ausschließenden Zustand krankhafter Störung der Geistestätigkeit zu.[96]

Wird die Versicherte Person tot aufgefunden und ist sie die **bis auf Socken und Schuhe unbekleidet,** so reicht dies nicht aus für den Nachweis einer die freie Willensbildung ausschließenden Störung der Geistestätigkeit.[97]

V. Wirksamkeit der Bestimmung

47 Soweit ersichtlich wird in der Literatur der Wirksamkeit von § 5 ARB nicht angezweifelt.[98] Dies mag zum einen an der gesetzlichen Grundlage in § 161 VVG liegen, auf der § 5 ARB aufbaut. Zum anderen sind keine Ansatzpunkte für die Annahme einer unangemessenen Benachteiligung im Sinne von § 307 BGB erkennbar. Die Regelung ist klar und verständlich. Sie berücksichtigt zudem in einem ausgewogenen Verhältnis die Interessen des Versicherers und die der Hinterbliebenen. Eine Gefährdung des Vertragszwecks durch § 5 ARB ist nicht erkennbar.

§ 6 Was bedeutet die vorvertragliche Anzeigepflicht und welche Folgen hat ihre Verletzung?

Vorvertragliche Anzeigepflicht

(1) Sie sind bis zur Abgabe Ihrer Vertragserklärung verpflichtet, alle Ihnen bekannten gefahrerheblichen Umstände, nach denen wir in Textform *(z. B. Papierform oder E-Mail)* gefragt haben, wahrheitsgemäß und vollständig anzuzeigen. Gefahrerheblich sind die Umstände, die für unsere Entscheidung, den Vertrag überhaupt oder mit dem vereinbarten Inhalt zu schließen, erheblich sind.

Diese Anzeigepflicht gilt auch für Fragen nach gefahrerheblichen Umständen, die wir Ihnen nach Ihrer Vertragserklärung, aber vor Vertragsannahme, in Textform stellen.

(2) Soll das Leben einer anderen Person versichert werden, ist auch diese – neben Ihnen – zu wahrheitsgemäßer und vollständiger Beantwortung der Fragen verpflichtet.

(3) Wenn eine andere Person die Fragen nach gefahrerheblichen Umständen für Sie beantwortet und wenn diese Person den gefahrerheblichen Umstand kennt oder arglistig handelt, werden Sie behandelt, als hätten Sie selbst davon Kenntnis gehabt oder arglistig gehandelt.

Rechtsfolgen der Anzeigepflichtverletzung

(4) Nachfolgend informieren wir Sie, unter welchen Voraussetzungen wir bei einer Verletzung der Anzeigepflicht

- vom Vertrag zurücktreten,
- den Vertrag kündigen,
- den Vertrag ändern oder
- den Vertrag wegen arglistiger Täuschung anfechten

können.

Rücktritt

(5) Wenn die vorvertragliche Anzeigepflicht verletzt wird, können wir vom Vertrag zurücktreten. Das Rücktrittsrecht besteht nicht, wenn weder eine vorsätzliche noch

---

[96] OLG Stuttgart NVersZ 2000, 22.

[97] LG Bonn r+s 2006, 121.

[98] *Benkel/Hirschberg* ALB 1986 § 8 Rn. 5.

eine grob fahrlässige Anzeigepflichtverletzung vorliegt. Selbst wenn die Anzeigepflicht grob fahrlässig verletzt wird, haben wir trotzdem kein Rücktrittsrecht, falls wir den Vertrag – möglicherweise zu anderen Bedingungen *(z. B. höherer Beitrag oder eingeschränkter Versicherungsschutz)* – auch bei Kenntnis der nicht angezeigten gefahrerheblichen Umstände geschlossen hätten.

(6) Im Fall des Rücktritts haben Sie keinen Versicherungsschutz. Wenn wir nach Eintritt des Versicherungsfalles zurücktreten, bleibt unsere Leistungspflicht unter folgender Voraussetzung trotzdem bestehen: Die Verletzung der Anzeigepflicht bezieht sich auf einen gefahrerheblichen Umstand, der

- weder für den Eintritt oder die Feststellung des Versicherungsfalles
- noch für die Feststellung oder den Umfang unserer Leistungspflicht ursächlich

war.

Unsere Leistungspflicht entfällt jedoch auch im vorstehend genannten Fall, wenn die Anzeigepflicht arglistig verletzt worden ist.

(7) Wenn der Vertrag durch Rücktritt aufgehoben wird, zahlen wir den Rückkaufswert gemäß § 12 Absätze 3 bis 5; die Regelung des § 12 Absatz 3 Satz 2 bis 4 gilt nicht. Die Rückzahlung der Beiträge können Sie nicht verlangen.

Kündigung

(8) Wenn unser Rücktrittsrecht ausgeschlossen ist, weil die Verletzung der Anzeigepflicht weder vorsätzlich noch grob fahrlässig erfolgt ist, können wir den Vertrag unter Einhaltung einer Frist von einem Monat kündigen.

(9) Unser Kündigungsrecht ist ausgeschlossen, wenn wir den Vertrag – möglicherweise zu anderen Bedingungen *(z. B. höherer Beitrag oder eingeschränkter Versicherungsschutz)* – auch bei Kenntnis der nicht angezeigten gefahrerheblichen Umstände geschlossen hätten.

(10) Wenn wir den Vertrag kündigen, wandelt er sich in einen beitragsfreien Vertrag um (siehe § 13).

Vertragsänderung

(11) Können wir nicht zurücktreten oder kündigen, weil wir den Vertrag – möglicherweise zu anderen Bedingungen *(z. B. höherer Beitrag oder eingeschränkter Versicherungsschutz)* – auch bei Kenntnis der nicht angezeigten gefahrerheblichen Umstände geschlossen hätten (Absatz 5 Satz 3 und Absatz 9), werden die anderen Bedingungen auf unser Verlangen rückwirkend Vertragsbestandteil. Haben Sie die Anzeigepflichtverletzung nicht zu vertreten, werden die anderen Bedingungen erst ab der laufenden Versicherungsperiode (siehe § 10 Absatz 2 Satz 3) Vertragsbestandteil.

(12) Sie können den Vertrag innerhalb eines Monats, nachdem Sie unsere Mitteilung über die Vertragsänderung erhalten haben, fristlos kündigen, wenn

- wir im Rahmen einer Vertragsänderung den Beitrag um mehr als 10% erhöhen oder
- wir die Gefahrabsicherung für einen nicht angezeigten Umstand ausschließen.

Auf dieses Recht werden wir Sie in der Mitteilung über die Vertragsänderung hinweisen.

Voraussetzungen für die Ausübung unserer Rechte

(13) Unsere Rechte zum Rücktritt, zur Kündigung oder zur Vertragsänderung stehen uns nur zu, wenn wir Sie durch gesonderte Mitteilung in Textform auf die Folgen einer Anzeigepflichtverletzung hingewiesen haben.

(14) Wir haben kein Recht zum Rücktritt, zur Kündigung oder zur Vertragsänderung, wenn wir den nicht angezeigten Umstand oder die Unrichtigkeit der Anzeige kannten.

(15) Wir können unsere Rechte zum Rücktritt, zur Kündigung oder zur Vertragsänderung nur innerhalb eines Monats geltend machen. Die Frist beginnt mit dem Zeit-

punkt, zu dem wir von der Verletzung der Anzeigepflicht, die das von uns geltend gemachte Recht begründet, Kenntnis erlangen. Bei Ausübung unserer Rechte müssen wir die Umstände angeben, auf die wir unsere Erklärung stützen. Zur Begründung können wir nachträglich weitere Umstände angeben, wenn für diese die Frist nach Satz 1 nicht verstrichen ist.

(16) Nach Ablauf von fünf Jahren seit Vertragsschluss erlöschen unsere Rechte zum Rücktritt, zur Kündigung oder zur Vertragsänderung. Ist der Versicherungsfall vor Ablauf dieser Frist eingetreten, können wir die Rechte auch nach Ablauf der Frist geltend machen. Ist die Anzeigepflicht vorsätzlich oder arglistig verletzt worden, beträgt die Frist zehn Jahre.

Anfechtung

(17) Wir können den Vertrag auch anfechten, falls unsere Entscheidung zur Annahme des Vertrages durch unrichtige oder unvollständige Angaben bewusst und gewollt beeinflusst worden ist. Handelt es sich um Angaben der **versicherten Person** *(das ist die Person, auf deren Leben die Versicherung abgeschlossen ist),* können wir **Ihnen** gegenüber die Anfechtung erklären, auch wenn Sie von der Verletzung der vorvertraglichen Anzeigepflicht keine Kenntnis hatten. Absatz 7 gilt entsprechend.

Leistungserweiterung/Wiederherstellung des Vertrages

(18) Die Absätze 1 bis 17 gelten entsprechend, wenn der Versicherungsschutz nachträglich erweitert oder wiederhergestellt wird und deshalb eine erneute Risikoprüfung vorgenommen wird. Die Fristen nach Absatz 16 beginnen mit der Änderung oder Wiederherstellung des Vertrages bezüglich des geänderten oder wiederhergestellten Teils neu.

Erklärungsempfänger

(19) Wir üben unsere Rechte durch eine schriftliche Erklärung aus, die wir Ihnen gegenüber abgeben. Sofern Sie uns keine andere Person als Bevollmächtigten benannt haben, gilt nach Ihrem Tod ein Bezugsberechtigter als bevollmächtigt, diese Erklärung entgegenzunehmen. Ist kein Bezugsberechtigter vorhanden oder kann sein Aufenthalt nicht ermittelt werden, können wir den Inhaber des Versicherungsscheins als bevollmächtigt ansehen, die Erklärung entgegenzunehmen.

Übersicht

Schrifttum: *Brand,* Grenzen der vorvertraglichen Anzeigepflichten des Versicherungsnehmers, VersR 2009, 715ff.; *Felsch,* Die Rechtsprechung des Bundesgerichtshofes zur Transportversicherung, r+s 2012, 223ff.; *Franz,* Das Versicherungsvertragsgesetz in neuem Gewand – Die Neuregelungen und ausgewählte Probleme, VersR 2008, 298ff.; *Grote/Schneider,* VVG 2008: Das neue Versicherungsvertragsgesetz, BB 2007, 2689ff.; *Karczewski,* Vorvertragliche Anzeigepflichten, §§ 19ff. VVG nF, §§ 16ff. VVG aF, r+s 2012, 521ff.; *Knappmann,* Rechtliche Stellung des arglistigen Versicherungsnehmers, VersR 2011, 724ff.; *Lange,* Die vorvertragliche Anzeigepflicht nach der VVG-Reform, r+s 2008, 56ff.; *Langheid,* Die Reform des Versicherungsvertragsgesetzes, NJW 2007, 3665ff.; *ders.,* Erste Rechtsprechung zum reformierten

VVG NJW 2011, 3265ff.; *Looschelders,* Aktuelle Probleme der vorvertraglichen Anzeigepflicht des Versicherungsnehmers, VersR 2011, 697ff.; *Lücke,* Versicherungsbetrug in der Sachversicherung, VersR 1996, 785ff.; *Marlow* in Marlow/Spuhl Rn. 152ff.; *ders.,* Anmerkung zu LG Dortmund, VersR 2010, 465ff.; *Neuhaus,* Aktuelle Probleme in der Personenversicherung – unter Berücksichtigung der Berufsunfähigkeitsversicherung, r+s 2009, 309ff.; *ders.,* Die vorvertragliche Anzeigepflichtverletzung im neuen VVG, r+s 2008, 45ff.; *ders.,* Vorvertragliche Anzeigepflicht – die „eigene" Frage des Versicherers nach § 19 Abs. 1 VVG, VersR 2014, 432ff.; *Reusch,* Die vorvertraglichen Anzeigepflichten im neuen VVG 2008, VersR 2007, 1313ff.; *Rokas,* Die schuldhafte Herbeiführung des Versicherungsfalls nach altem und neuen VVG, VersR 2008, 1457ff.; *Schimikowski,* Die vorvertragliche Anzeigepflicht – Ausgewählte Themen, r+s 2009, 353ff.; *ders.,* Vorvertragliche Informationspflichten des Versicherers und des Versicherungsnehmers – Ausgewählte Fragen, r+s-Sonderheft 2011, 96ff.; *Tschersich,* Rechtsfragen der vorvertraglichen Anzeigepflichtverletzung und der vertraglichen Obliegenheiten, r+s 2012, 53ff.; *Veith,* Das quotale Leistungskürzungsrecht des Versicherers gem. §§ 26 Abs. 1 S. 2, 28 Abs. 2 S. 2, 81 Abs. 2 VVG 2008, VersR 2008, 1580ff.; *Voit* in Berliner Kommentar § 16 Rn. 1ff.

I. Gesetzliche Grundlagen

1 § 6 regelt die Rechte des Versicherers bei der Verletzung vorvertraglicher Anzeigepflichten. Die in §§ 19ff. VVG normierten Rechte **Rücktritt, Kündigung** und **Vertragsänderung** sowie das in § 22 VVG, § 123 BGB geregelte Recht der **Anfechtung wegen arglistiger Täuschung** werden **kundenfreundlich** dargestellt. Abweichungen zu Lasten des Versicherungsnehmers wären nach § 32 S. 1 VVG auch nicht zulässig.[1] Ein Hinweis des Versicherers auf die in den Bedingungen normierten Rechte Rücktritt, Kündigung und Vertragsänderung genügt jedoch nicht; er muss gemäß § 19 Abs. 5 S. 1 VVG durch gesonderte Mitteilung in Textform auf die Folgen einer Anzeigepflichtverletzung hinweisen (→ Rn. 53ff.)[2] Bei einer Lebensversicherung auf die Person eines anderen ist nach § 156 VVG auch deren Kenntnis und Verhalten zu berücksichtigen, soweit dies von rechtlicher Bedeutung ist.[3]

II. Rechtsprechung

2 Bislang liegt speziell zu § 6 keine Rechtsprechung vor. Zu § 19ff. VVG gibt es jedoch eine Vielzahl von Entscheidungen, insbesondere der Instanzgerichte.

III. Kommentierung der Klauselbestimmungen

1. Vorvertragliche Anzeigepflicht der gefahrerheblichen Umstände (Abs. 1)

3 Der Versicherungsnehmer hat bis zur Abgabe seiner Vertragserklärung die ihm bekannten gefahrerheblichen Umstände wahrheitsgemäß und vollständig anzuzeigen, nach denen der Versicherer in Textform gefragt hat. Dies gilt auch für Fragen,

---

[1] *Reiff/Schneider* in Prölss/Martin ALB 2012 § 6 Rn. 1.

[2] *Reiff/Schneider* in Prölss/Martin ALB 2012 § 6 Rn. 1.

[3] Bei einer Berufsunfähigkeitszusatzversicherung gem. § 176 iVm § 156 VVG.

die der Versicherer nach der Vertragserklärung des Versicherungsnehmers, aber vor Vertragsannahme, in Textform stellt.

a) Fragepflicht des Versicherers. Der Versicherungsnehmer muss alle gefahrerheblichen Umstände, nach denen der Versicherer **in Textform gefragt** hat, wahrheitsgemäß und vollständig anzeigen. Das Risiko einer Fehleinschätzung, ob ein Umstand gefahrerheblich ist, liegt also – anders als bei der bis Ende 2007 geltenden Rechtslage – nicht mehr beim Versicherungsnehmer, sondern wird dem Versicherer aufgebürdet und dient somit der Rechtssicherheit.[4] Gefahrerhebliche Umstände, nach denen der Versicherer **nicht** oder **nur mündlich** gefragt hat, muss der Versicherungsnehmer dagegen nicht anzeigen[5], zur spontanen Anzeigepflicht (→ Rn. 13). 4

aa) Zulässige Fragen. Die Gesundheitsfragen des Versicherers im Antragsformular unterliegen nicht der AGB-Kontrolle.[6] Der Versicherer muss seine Fragen **möglichst weit fassen,** um dem Einwand vorzubeugen, dass er nach einem vertragserheblichen Umstand nicht gefragt hat.[7] Daher müssen auch noch nach der VVG-Reform **sog weite Fragen** zulässig sein.[8] Darunter sind Fragen zu verstehen, die nicht konkret auf bestimmte Umstände abzielen, sondern vom Versicherungsnehmer eine **Wertung** erfordern.[9] In der Praxis gehen jedoch Unklarheiten bei der Auslegung der Fragen zu Lasten des Versicherers.[10] 5

Grenzen zulässiger Fragen ergeben sich aus dem **AGG.**[11] Aus dem absoluten Diskriminierungsverbot des § 20 Abs. 2 S. 1 AGG folgt ein gesetzliches Verbot von Fragen, die auf eine bestehende Schwangerschaft oder Mutterschaft abzielen.[12] Fragen nach dem **Alter, dem Geschlecht** oder **etwaiger Behinderungen** des Versicherungsnehmers sind zulässig.[13] Auch nach der Test-Achat-Entscheidung des EuGH können noch Fragen nach **geschlechtsspezifischen Risiken,** zB nach Brustkrebs, gestellt werden.[14] 6

---

[4] Begr. RegE VVG BT-Drs. 16/3945, 64 (zu § 19 Abs. 1); *Benkel/Hirschberg* ALB 2008 § 6 Rn. 3; *Langheid* in Römer/Langheid § 19 Rn. 18; zum alten Recht zB *Voit* in Berliner Kommentar § 16 Rn. 2.

[5] OLG Düsseldorf r+s 2010, 326 (328); *Härle* in Schwintowski/Brömmelmeyer § 19 Rn. 21; *Schimikowski* r+s-Beilage 2011, 96 (101).

[6] OLG Saarbrücken VersR 2006, 1482 (1483); OLG Bremen VersR 1996, 314; *Reiff/Schneider* in Prölss/Martin ALB 2012 § 6 Rn. 3; aM offenbar OLG Frankfurt a. M. VersR 1990, 1103 (1103).

[7] *Benkel/Hirschberg* ALB 2008 § 6 Rn. 3; *Lange* r+s 2008, 56 (57).

[8] OLG Frankfurt a. M. Urt. v. 19.1.2011 – 7 U 77/10; *Armbrüster* in Prölss/Martin § 19 Rn. 38; *Langheid* in Römer/Langheid § 19 Rn. 24; *Marlow* in Marlow/Spuhl Rn. 161; *Looschelders* VersR 2011, 697 (698); aM *Franz* VersR 2008, 298 (306); *Reusch* VersR 2007, 1313 (1314).

[9] *Brand* VersR 2009, 715 (717); zB „Hatten Sie Krankheiten, Beschwerden und Gesundheitsstörungen in den letzten fünf Jahren?".

[10] *Looschelders* VersR 2011, 697 (698); *Armbrüster* in Prölss/Martin § 19 Rn. 41.

[11] *Brand* VersR 2009, 715 (717f.).

[12] OLG Hamm VersR 2011, 514; *Brand* VersR 2009, 715 (718); *Karczewski* r+s 2012, 521 (524); *Looschelders* VersR 2011, 697 (699); unzutr. insoweit AG Hannover VersR 2009, 348, das bei Abschluss einer Krankenversicherung den Leistungsausschluss für eine bestehende Schwangerschaft für zulässig erachtet.

[13] *Brand* VersR 2009, 715 (718); *Karczewski* r+s 2012, 521 (524).

[14] Nach dem Urt. des EuGH NJW 2011, 907 – Test Achat ist bei Neuverträgen ab dem 21.12.2012 eine geschlechtsspezifische Kalkulation nicht mehr zulässig.

7 **bb) Textform.** Eine wichtige Neuerung gegenüber dem VVG aF ist darin zu sehen, dass der Versicherungsnehmer nur solche ihm bekannten Umstände anzeigen muss, nach denen der Versicherer **in Textform**[15] gefragt hat.[16] Es ist daher nicht ausreichend, wenn der Vermittler ein Notebook mitführt, die Gesundheitsfragen vorliest und die Antworten des Versicherungsnehmers in das Notebook eingibt.[17] Auch bei der praktischen Möglichkeit des Versicherungsnehmers, die Fragen mitzulesen, ist die Informations- und Dokumentationsfunktion der Textform nicht gewahrt.[18] Dem Versicherungsnehmer müssen die Fragen vor Unterzeichnung seines Antrags dauerhaft in lesbarer Form – als Papierdokument oder als elektronisches Dokument – zur Verfügung gestellt werden.[19]

Aufgrund der Warnfunktion muss der Versicherungsnehmer auch die Belehrung über die Folgen der Anzeigepflichtverletzung (→ Rn. 53ff.) in Textform spätestens vor der Unterzeichnung seines Antrags mit der Gelegenheit erhalten, die Richtigkeit seiner Angaben zu prüfen. Ein Zugang der Belehrung in Textform erst nach Unterzeichnung des Antrags reicht nicht aus. In diesem Fall wäre weder die Informations- noch die Dokumentationsfunktion der Textform gewahrt.[20]

8 Der **Versicherungsnehmer** muss die Fragen nicht in einer bestimmten Form beantworten.[21] Die Anzeigepflicht kann er auch mündlich gegenüber dem **Versicherungsvertreter**[22] oder einem vom Versicherer mit dem Ausfüllen des Fragebogens beauftragten **Arzt**[23] erfüllen. Nach §§ 69 Abs. 1 Nr. 1 und Nr. 2, 70 VVG ist dem Versicherer das Wissen des Versicherungsvertreters zuzurechnen. In der Regel kann die Anzeigepflicht jedoch nicht gegenüber einem **Versicherungsmakler** erfüllt werden, da dieser „im Lager" des Versicherungsnehmers steht.[24] Das Wissen eines Maklers ist dem Versicherer nur zuzurechnen, wenn er vom Versicherer ausnahmsweise zu Entgegennahme von Erklärungen bevollmächtigt ist. Nicht ausreichend ist hierfür, dass der Versicherer dem Makler lediglich Antragsformulare zur

---

[15] Gemäß § 126b BGB ist für die Einhaltung der Textform erforderlich, dass eine lesbare Erklärung, in der die Person des Erklärenden genannt ist, auf einem dauerhaften Datenträger abgeben ist. Er muss es ermöglichen, dass der Empfänger die an ihn gerichtete Erklärung so aufbewahren und speichern kann, dass sie ihm während des für ihren Zweck angemessenen Zeitraums zugänglich ist. Derzeit erfüllen insbes. Papier, Vorrichtungen zur Speicherung digitaler Daten (USB-Stick, CD-ROM, Speicherkarten, Festplatten) und auch E-Mails diese Voraussetzungen, vgl. Begr. RegE BT-Drs. 17/12637, 44 (zu § 126b BGB); *Ellenberger* in Palandt § 126b Rn. 3f. Bei Texten, die in das Internet eingestellt, dem Empfänger aber nicht übermittelt worden sind, ist § 126b BGB nur gewahrt, wenn es tatsächlich zu einem Download kommt. Die Erklärung muss nicht nur vom Erklärenden in Textform abgegeben werden, sondern dem Empfänger auch in Textform zugehen.

[16] *Brand* VersR 2009, 715 (716); *Armbrüster* in Prölss/Martin § 19 Rn. 31ff.

[17] So aber *Langheid* in Römer/Langheid § 19 Rn. 56.

[18] LG Berlin r+s 2014, 7 und *Marlow* in Marlow/Spuhl Rn. 159 halten dies für ausreichend.

[19] KG Berlin VersR 2014, 1357 (1359f.); *Schimikowski* r+s 2009, 353 (353f.); *Härle* in Schwintowski/Brömmelmeyer § 19 Rn. 25; *Armbrüster* in Prölss/Martin § 19 Rn. 55.

[20] KG Berlin VersR 2014, 1357 (1360).

[21] *Reiff/Schneider* in Prölss/Martin ALB 2012 § 6 Rn. 2.

[22] Zur Auge-und-Ohr-Rspr. BGH VersR 1988, 234 (236f.); 1999, 1481; 1993, 1089 (1090); 1989, 833 (834); *Reiff/Schneider* in Prölss/Martin ALB 2012 § 6 Rn. 2.

[23] BGH VersR 2009, 529; 1990, 77.

[24] BGH VersR 1999, 1481; *Reiff/Schneider* in Prölss/Martin ALB 2012 § 6 Rn. 2.

Verfügung stellt, dieser auf dem Antrag als „Betreuer" genannt wird[25] oder eine Provision durch den Versicherer erhält.[26]

9 **cc) Gefahrerhebliche Umstände.** Gefahrerheblich sind alle Umstände, die für die Entscheidung des Versicherers, den Vertrag überhaupt oder mit dem vereinbarten Inhalt zu schließen, erheblich sind. Dazu gehören alle **objektiven und subjektiven Umstände,** die unter Berücksichtigung der jeweiligen **Annahmepraxis** des Versicherers für die Risikobeurteilung von Bedeutung sein können.[27] Die Gefahrerheblichkeit ist jedoch nur ausnahmsweise, zB bei der Frage nach offenkundig belanglosen, alsbald vergehenden Gesundheitsbeeinträchtigungen oder Nachfragen, die sich auf einen sehr lange zurückliegenden Zeitraum beziehen[28], zu verneinen.[29] Falschangaben führen in diesen Fällen nicht zu einer Anzeigepflichtverletzung.[30]

10 Der Versicherungsnehmer muss nur die ihm **bekannten Umstände** anzeigen. Dies setzt positives Wissen von dem anzeigepflichtigen Umstand voraus. Daher genügen weder ein Kennenmüssen noch eine grob fahrlässige Unkenntnis in Bezug auf den Gefahrumstand.[31] Kenntnis von der Gefahrerheblichkeit ist für die Anzeigepflicht nicht erforderlich; der Versicherungsnehmer muss die in Textform gestellten Fragen zutreffend beantworten, auch wenn er deren Gefahrerheblichkeit nicht kennt.[32]

11 **dd) Fragebogen eines Maklers.** Bei einem **Fragenkatalog eines Maklers** handelt es sich grds. um keine Fragen des Versicherers.[33] Eine Gleichstellung mit den Fragen des Versicherers liefe letztendlich auf die Wiedereinführung der spontanen Anzeigepflicht (→ Rn. 13) des Versicherungsnehmers hinaus.[34] Fragen des Versicherers liegen ausnahmsweise nur dann vor, wenn der **Versicherer** sich die Fragen des Maklers **zu Eigen gemacht** hat.[35] Hierfür ist es nicht ausreichend, dass ein Maklerbogen verwendet wird[36] oder dass es ein Rahmenabkommen zwischen Versicherer und Makler gibt, in welchem der Gegenstand und der Umfang der Risikoerfassung festgelegt werden.[37] Für den **Versicherungsnehmer** muss aus der Zielrichtung der Fragen und aus dem Inhalt des Antragsformulars **erkennbar sein,** dass es sich um **Fragen des Versicherers** handelt.[38]

---

[25] BGH VersR 1999, 1481; *Reiff/Schneider* in Prölss/Martin ALB 2012 § 6 Rn. 20.

[26] BGH VersR 2001, 1498 (1499); *Reiff/Schneider* in Prölss/Martin ALB 2012 § 6 Rn. 20.

[27] *Langheid* in Römer/Langheid § 19 Rn. 27; *ders.* in Langheid/Wandt § 19 Rn. 64; *Looschelders* in Looschelders/Pohlmann § 19 Rn. 24f.

[28] Begr. RegE VVG BT-Drs. 16/3945, 64 (zu § 19 Abs. 1).

[29] BGH VersR 1994, 711 (713); *Reiff/Schneider* in Prölss/Martin ALB 2012 § 6 Rn. 3f. mwN auch zu Einzelfällen; *Looschelders* in Looschelders/Pohlmann § 19 Rn. 31f.

[30] *Marlow* in Marlow/Spuhl Rn. 163.

[31] BGH VersR 1994, 711; *Armbrüster* in Prölss/Martin § 19 Rn. 26; *Langheid* in Langheid/Wandt § 19 Rn. 56ff.

[32] BGH VersR 2007, 821 Rn. 18; *Langheid* in Langheid/Wandt § 19 Rn. 57 und 61; *Armbrüster* in Prölss/Martin § 19 Rn. 30.

[33] OLG Hamm VersR 2011, 469, krit. hierzu *Langheid* NJW 2011, 3265 (3265f.); LG Dortmund r+s 2012, 426; LG Hagen r+s 2010, 276 (277).

[34] LG Dortmund r+s 2012, 426 (427).

[35] OLG Hamm VersR 2011, 469; LG Dortmund r+s 2012, 426.

[36] OLG Hamm VersR 2011, 469; LG Dortmund r+s 2012, 426.

[37] LG Dortmund r+s 2012, 426 (427); aM *Schimikowski* r+s-Beilage 2011, 96 (101).

[38] OLG Köln VersR 2015, 477; 2013, 745; KG VersR 2014, 1315; aM LG Dortmund r+s 2013, 324 (324); 2012, 426 (427), der Versicherer als Verfasser der Fragen muss zum Zeitpunkt

12 **b) Zeitliche Grenzen der Anzeigepflicht.** Nach Abgabe der Vertragserklärung besteht eine Anzeigepflicht nur dann, wenn der Versicherer in Textform beim Versicherungsnehmer nachfragt. Eine Belehrung im Antragsformular, wonach auch noch nach Antragstellung bis zum Vertragsschluss bekannt werdende Änderungen unverzüglich nach zu melden sind, genügt nicht und geht daher ins Leere.[39]

Beim **sog. Antragsmodell** gibt der Versicherungsnehmer mit seinem Antrag auf Abschluss des Versicherungsvertrages seine Vertragserklärung ab.[40] Anders dagegen beim **sog. Invitatio-Modell.** Hier stellt der Versicherungsnehmer dem Versicherer zunächst auf einem Fragebogen Daten zur Verfügung und bittet unverbindlich um ein Angebot. Der Versicherer unterbreitet nach Prüfung der Anfrage ein Angebot, das der Versicherungsnehmer dann annehmen kann.[41] Nach einer in der Lit. vertretenen Auffassung soll in diesem Fall bereits die Anfrage des Versicherungsnehmers als Vertragserklärung anzusehen sein.[42] Dieser Auffassung steht jedoch der klare Wortlaut des § 19 Abs. 1 S. 1 VVG entgegen.[43] Auch beim **Invitatio-Modell** ist die **Annahmeerklärung** der maßgebliche Zeitpunkt.[44] Der Versicherungsnehmer darf jedoch idR davon ausgehen, dass er seine Anzeigepflicht schon bei seiner Anfrage an den Versicherer erfüllt, so dass ihm allenfalls eine leicht fahrlässige Anzeigepflichtverletzung vorzuwerfen sein dürfte, sofern der Versicherer nicht mit der Übersendung des Antrags, der die spätere Police darstellt, darauf hinweist, dass zwischenzeitlich bekannt gewordene Umstände nachzumelden sind.[45]

13 **c) Spontane Anzeigepflicht.** Der Versicherungsnehmer muss nur diejenigen gefahrerheblichen Umstände anzeigen, nach denen der Versicherer in Textform gefragt hat. Es besteht – anders als bei der bis Ende 2007 geltenden Rechtslage – keine Verpflichtung des Versicherungsnehmers mehr, alle gefahrerheblichen Umstände auch ungefragt anzuzeigen.[46] Eine spontane Anzeigepflicht entfällt jedoch nur für die Gestaltungsrechte Rücktritt, Vertragsänderung und Kündigung. Das **Anfechtungsrecht** des Versicherers wegen **arglistiger Täuschung** gemäß § 22 VVG, § 123 BGB bleibt hiervon **unberührt.**[47] Die Gesetzesbegründung sieht ausdrück-

---

der Beantwortung offengelegt und dokumentiert werden, in diese Richtung wohl auch OLG Hamm VersR 2011, 469 (470): „zugleich … Erklärung der Versicherers vorläge." *Neuhaus* VersR 2014, 432ff. kommt zu dem Ergebnis, dass es sich in der Praxis immer um Fragen des Versicherers handelt.

[39] Begr. RegE VVG BT-Drs. 16/3945, 65 (zu § 19 Abs. 1); *Langheid* in Römer/Langheid § 19 Rn. 49.

[40] *Brand* VersR 2009, 715 (719).

[41] *Brand* VersR 2009, 715 (719).

[42] *Härle* in Schwintowski/Brömmelmeyer § 19 Rn. 100; *Armbrüster* in Prölss/Martin § 19 Rn. 100; *Brand* VersR 2009, 715 (720).

[43] Begr. RegE VVG BT-Drs. 16/3945, 65 (zu § 19 Abs. 1).

[44] *Langheid* in Römer/Langheid § 19 Rn. 48; *Schimikowski* in Rüffer/Halbach/Schimikowski § 19 Rn. 21; *ders.* r+s 2009, 353 (354).

[45] *Langheid* in Römer/Langheid § 19 Rn. 48, dieser auch zum Meinungsstand; *Schimikowski* r+s 2009, 353 (354).

[46] Beg. RegE VVG BT-Drs. 16/3945, 64 (zu § 19 Abs. 1); *Armbrüster* in Prölss/Martin § 19 Rn. 31; *Rolfs* in Bruck/Möller § 19 Rn. 26.

[47] Begr. RegE VVG BT-Drs. 16/3945, 64 (zu § 19 Abs. 1); so die hA: *Benkel/Hirschberg* ALB 2008 § 6 Rn. 5; *Langheid* in Langheid/Wandt § 19 Rn. 54; *ders.* in Römer/Langheid § 22 Rn. 2; *Armbrüster* in Prölss/Martin § 22 Rn. 3; *Grote/Schneider* BB 2007, 2689 (2693); *Reusch* VersR 2008, 1179 (1180ff.); aA *Marlow* in Marlow/Spuhl Rn. 168, der Versicherer muss zmnds.

lich vor, dass auch das Verschweigen gefahrerheblicher Umstände, nach denen der Versicherer nicht oder nur mündlich gefragt hat, ein Anfechtungsrecht des Versicherers nach § 123 BGB weiterhin begründen kann.[48] Dies ergibt sich aus den allgemeinen Wertungen des bürgerlichen Rechts, das Aufklärungspflichten als Rechtspflichten nach § 241 Abs. 2 BGB behandelt.[49]

2. Adressat der vorvertraglichen Anzeigepflicht (Abs. 2)

14 Wird die Versicherung auf das Leben einer anderen Person abgeschlossen, ist diese neben dem Versicherungsnehmer zur vollständigen und wahrheitsgemäßen Beantwortung der Fragen verpflichtet.

15 Die Anzeigepflicht trifft grundsätzlich den **Versicherungsnehmer** als Adressat der Versicherungsbedingungen. Bei einer Versicherung auf die Person eines anderen richtet sich nach Abs. 2 die Anzeigepflicht auch an die **versicherte Person.** Abs. 2 geht daher über die gesetzliche Regelung des § 156 VVG hinaus, die keine eigene Anzeigepflicht der versicherten Person, sondern die Gleichstellung der Kenntnis und des Verhaltens des Versicherungsnehmers und der versicherten Person vorsieht[50], zur Wirksamkeit der Bestimmung (→ Rn. 105).

Die Anzeigepflicht der versicherten Person bezieht sich in erster Linie auf **Fragen zu den Gesundheitsverhältnissen,** die idR nur die versicherte Person beantworten kann und von denen nach dem Willen der versicherten Person in bestimmten Fällen der Versicherungsnehmer – zB im Fall des Abschlusses eines Vertrages iRd betrieblichen Altersversorgung der Arbeitgeber – auch keine Kenntnis haben soll.

3. Zurechnung der Kenntnis und der Arglist eines Vertreters (Abs. 3)

16 Beantwortet eine andere Person die Fragen für den Versicherungsnehmer, ist auch deren Kenntnis und arglistiges Verhalten dem Versicherungsnehmer zuzurechnen.

17 **a) Rechte Rücktritt, Kündigung und Vertragsänderung.** Wird ein Vertreter für den Vertretenen tätig, stellt § 166 Abs. 1 BGB bei der Kenntnis gewisser Umstände allein auf die Person des Vertreters ab. Die Kenntnis des Vertretenen ist nur dann relevant, wenn der Vertreter nach dessen Weisungen gehandelt hat (§ 166 Abs. 2 BGB).[51] Nach § 20 S. 1 VVG ist dagegen daneben immer auch die Kenntnis und die Arglist des **Versicherungsnehmers** zu berücksichtigen. Dahinter steht die Erwägung, dass die anzeigepflichtigen Umstände oft nur dem Versicherungsnehmer, nicht aber dem Vertreter bekannt sind, was nicht zu Lasten des Versicherers gehen darf.[52] § 20 VVG erfasst – anders als noch § 19 VVG aF – nicht mehr nur

---

mündlich nach dem gefahrerheblichen Umstand gefragt haben. *Brand* VersR 2009, 715 (721) hält eine Arglistanfechtung nur bei stark individualisierten Verträgen, zB in der Industrieversicherung, für möglich.

[48] Begr. RegE VVG BT-Drs. 16/3945, 64 (zu § 19 Abs. 1).

[49] Zutr. insoweit *Brand* VersR 2009, 715 (721).

[50] *Reiff/Schneider* in Prölss/Martin § 156 Rn. 1. Bei der Berufsunfähigkeitszusatzversicherung § 176 iVm § 156 VVG.

[51] *Looschelders* in Looschelders/Pohlmann § 20 Rn. 5.

[52] *Looschelders* in Looschelders/Pohlmann § 20 Rn. 5; *Rolfs* in Bruck/Möller § 20 Rn. 3; *Härle* in Schwintowski/Brömmelmeyer § 20 Rn. 1.

den Bevollmächtigten oder den Vertreter ohne Vertretungsmacht, sondern stellt allgemein auf den Vertreter des Versicherungsnehmers ab. Demnach wird nicht nur der rechtsgeschäftliche, sondern auch der **gesetzliche Vertreter** von § 20 VVG[53] und somit auch von Abs. 3 erfasst.

Die **Arglist** des Vertreters oder des Versicherungsnehmers führt dazu, dass im Fall des **Rücktritts** auch keine Eintrittspflicht für nicht kausale Versicherungsfälle besteht (→ Rn. 35) und die absoluten Fristen für die Ausübung der Gestaltungsrechte verlängert werden (→ Rn. 75 f.).

Ein **Versicherungsvertreter** ist dagegen nur dann ein Vertreter iSd Abs. 3, wenn er dem Versicherer als rechtsgeschäftlicher Vertreter des Versicherungsnehmers gegenüber tritt und daher im Lager des Versicherungsnehmers und nicht des Versicherers steht.[54]

18 Abs. 3 bzw. § 20 VVG erfasst auch einen **Vertreter ohne Vertretungsmacht.** Die Wirksamkeit des Vertrages hängt in diesem Fall jedoch von der Genehmigung des Versicherungsnehmers ab. Ohne eine Genehmigung fehlt es bereits an einem Vertragsabschluss, so dass eine Zurechnung bereits aus diesem Grund nicht in Betracht kommt.[55] Genehmigt der Versicherungsnehmer den Vertrag, muss er dem Versicherer spätestens zu diesem Zeitpunkt auch diejenigen Gefahrumstände mitteilen, von denen (nur) er Kenntnis hatte.[56] Im Gegenzug wird man dem Versicherer das Recht einräumen müssen, sich vom Vertrag zu lösen, wenn er erst jetzt von einem erhöhten Risiko Kenntnis erlangt.[57]

19 **b) Arglistanfechtung.** § 20 VVG ist für die Arglistanfechtung (→ Rn. 77 ff.) nicht anwendbar.[58] Die Wissens- und Arglistzurechnung richtet sich nach den allgemeinen Vorschriften des BGB.[59] Nach § 123 Abs. 2 S. 1 BGB berechtigt eine Täuschung durch Dritte nur zur Anfechtung, wenn der Anfechtungsgegner die Täuschung kannte oder kennen musste. Ein Vertreter des Versicherungsnehmers ist jedoch kein Dritter iSd § 123 Abs. 2 S. 1 BGB, dies gilt auch dann, wenn er ohne Vertretungsmacht aufgetreten ist und der Vertrag vom Versicherungsnehmer genehmigt wurde.[60] Die für die Arglist erforderliche Kenntnis wird von § 166 Abs. 1 BGB umfasst.[61] Die Täuschung eines „Nicht-Dritten" wirkt wie eine eigene Täuschung des Versicherungsnehmers[62], so dass auch bei der Arglistanfechtung die arglistige Täuschung des Vertreters und des Versicherungsnehmers zu berücksichtigen sind.

---

[53] *Muschner* in Langheid/Wandt § 20 Rn. 3; *Härle* in Schwintowski/Brömmelmeyer § 20 Rn. 4; *Langheid* in Römer/Langheid § 20 Rn. 1; aM *Looschelders* in Looschelders/Pohlmann § 20 Rn. 1; *Rolfs* in Bruck/Möller § 20 Rn. 8; *Armbrüster* in Prölss/Martin § 20 Rn. 1 f., die davon ausgehen, dass sich § 20 VVG nur auf den rechtsgeschäftlichen Vertreter bezieht, da der Gesetzgeber mit der Neufassung des § 20 VVG keine Änderung der Vorschrift bezweckt habe. Beim gesetzlichen Vertreter sei weiterhin § 166 Abs. 1 BGB einschlägig.

[54] BGH VersR 2001, 1498; *Muschner* in Langheid/Wandt § 20 Rn. 3.

[55] *Looschelders* in Looschelders/Pohlmann § 20 Rn. 2; *Muschner* in Langheid/Wandt § 20 Rn. 5.

[56] *Muschner* in Langheid/Wandt § 20 Rn. 5; *Rolfs* in Bruck/Möller § 20 Rn. 9.

[57] *Rolfs* in Bruck/Möller § 20 Rn. 9.

[58] Begr. RegE VVG BT-Drs. 16/3945, 66 (zu § 20); *Langheid* in Römer/Langheid § 20 Rn. 3; *Armbrüster* in Prölss/Martin § 20 Rn. 4; *Looschelders* in Looschelders/Pohlmann § 20 Rn. 4.

[59] *Looschelders* in Looschelders/Pohlmann § 20 Rn. 4.

[60] *Müller-Frank* in Langheid/Wandt § 22 Rn. 33; *Rolfs* in Bruck/Möller § 22 Rn. 18.

[61] *Müller-Frank* in Langheid/Wandt § 22 Rn. 33.

[62] *Müller-Frank* in Langheid/Wandt § 22 Rn. 32; *Rolfs* in Bruck/Möller § 22 Rn. 18.

4. Rechte des Versicherers im Fall der Anzeigepflichtverletzung (Abs. 4)

20 Der Versicherungsnehmer wird in Abs. 4 zusammenfassend darüber informiert, welche Rechte dem Versicherer im Fall der Anzeigepflichtverletzung zustehen und dass die Voraussetzungen der einzelnen Rechte in den nachfolgenden Absätzen dargestellt werden.

5. Voraussetzungen der Ausübung des Rücktrittsrechts (Abs. 5)

21 Verletzt der Versicherungsnehmer seine vorvertragliche Anzeigepflicht, kann der Versicherer vom Vertrag zurücktreten. Das Rücktrittsrecht ist jedoch ausgeschlossen, wenn weder eine vorsätzliche noch eine grob fahrlässige Anzeigepflichtverletzung vorliegt. Auch im Fall der grob fahrlässigen Anzeigepflichtverletzung besteht kein Rücktrittsrecht, wenn der Versicherer den Vertrag auch bei Kenntnis der nicht angezeigten Umstände, wenn auch zu anderen Bedingungen, geschlossen hätte.

22 **a) Erklärung des Rücktritts.** Bei der Rücktrittserklärung des Versicherers handelt es sich um eine einseitige, empfangsbedürftige und rechtsgestaltende Willenserklärung; es gelten die allgemeinen Regeln zur Auslegung von Willenserklärungen (§§ 133, 157 BGB).[63] An den **Inhalt einer Rücktrittserklärung** werden erhebliche Anforderungen gestellt. So stellt bspw. eine **bloße Leistungsablehnung** noch keinen Rücktritt dar.[64] Für den Versicherungsnehmer muss klar zum Ausdruck kommen, dass der Versicherer sich rückwirkend vom Vertrag lösen möchte.[65]

23 Eine **unberechtigte Rücktrittserklärung** des Versicherers kann in eine **Kündigung umgedeutet** werden, da die unterschiedlichen rechtlichen Wirkungen bei der Kündigung nicht weiter reichen als beim Rücktritt, sondern dahinter zurückbleiben[66] (→ Rn. 38, 40). Durch die Umdeutung ändert sich die Beweislast nicht nachteilig für den Versicherungsnehmer, da er beim Rücktritt ohnehin beweisen muss, dass Vorsatz oder grobe Fahrlässigkeit nicht vorliegen (→ Rn. 97). Auch besteht aus Empfängersicht eine weitgehende Identität, da der Versicherungsnehmer bei beiden Erklärungen weiß, dass der Versicherer sich so schnell wie möglich vom Vertrag lösen möchte.[67]

24 Dagegen ist die **Umdeutung** (§ 140 BGB) einer **Anfechtungserklärung** in eine **Rücktrittserklärung** aufgrund der Unterschiedlichkeit der Regelungen nicht möglich.[68] So liegt insbesondere im Fall der Anfechtung wegen arglistiger Täuschung die Beweislast beim Versicherer (→ Rn. 94), beim Rücktritt dagegen beim Versicherungsnehmer (→ Rn. 96ff). Auch wäre der Versicherungsnehmer unangemessen benachteiligt, wenn er nicht nur seine arglistige Täuschung bestreiten, sondern uU mit umfangreichen Gutachten die fehlende Kausalität zwischen

---

[63] *Reiff/Schneider* in Prölss/Martin ALB 2012 § 6 Rn. 8; *Rolfs* in Bruck/Möller § 21 Rn. 13.

[64] BGH VersR 1984, 630 (631); *Rolfs* in Bruck/Möller § 21 Rn. 13.

[65] BGH VersR 1984, 630 (631); *Reiff/Schneider* in Prölss/Martin ALB 2012 § 6 Rn. 8.

[66] KG r+s 2000, 122 (125); *Muschner* in Langheid/Wandt § 21 Rn. 31; *Armbrüster* in Prölss/Martin § 21 Rn. 9.

[67] *Muschner* in Langheid/Wandt § 21 Rn. 31; *Neuhaus* r+s 2008, 45 (51).

[68] OLG Köln VersR 1993, 297; 1990, 769 (771); *Rolfs* in Bruck/Möller § 21 Rn. 13; *Langheid* in Römer/Langheid § 22 Rn. 27; aM *Armbrüster* in Prölss/Martin § 21 Rn. 6, der die Umdeutung für zulässig hält.

der Anzeigepflichtverletzung und der Leistungspflicht des Versicherers beweisen müsste[69] (→ Rn. 98). Für eine Umdeutung besteht auch kein Bedürfnis, da der Versicherer neben der Anfechtung **hilfsweise** auch den Rücktritt erklären kann, was insbes. dann zu empfehlen ist, wenn der Verschuldensgrad (→ Rn. 69) nicht eindeutig geklärt ist.[70]

Zur **Form** (→ Rn. 88). Zur **Frist** (→ Rn. 67 ff.).

25 **b) Vorsätzliche Anzeigepflichtverletzung.** Der Versicherer ist immer zum Rücktritt berechtigt, wenn der Versicherungsnehmer vorsätzlich seine Anzeigepflicht verletzt hat.[71] Daneben kommt ebenfalls eine Anfechtung wegen arglistiger Täuschung (→ Rn. 77 ff.) in Betracht.[72]

26 **Vorsatz** liegt vor, wenn der Versicherungsnehmer den tatbestandlichen Erfolg mit **Wissen und Wollen** verwirklicht hat.[73] Wissen setzt **positive Kenntnis** voraus, dh der Versicherungsnehmer muss die maßgeblichen Tatsachen gekannt haben, aus denen sich der Verstoß gegen die ihn treffende Verhaltensnorm ergibt.[74] Nicht ausreichend hierfür ist, dass der Versicherungsnehmer die maßgeblichen Tatsachen hätte kennen müssen.[75] Auch muss der Versicherungsnehmer den tatbestandsmäßigen Erfolg willentlich verwirklicht haben, wobei es ausreichend ist, dass er den Eintritt dieses Erfolgs für möglich gehalten und für diesen Fall billigend in Kauf genommen hat (dolus eventualis).[76]

27 **c) Grob fahrlässige Anzeigepflichtverletzung.** Der Begriff der **groben Fahrlässigkeit** ist wie im allgemeinen Zivilrecht zu definieren.[77] Grob fahrlässig handelt, wer die im Verkehr erforderliche Sorgfalt nach den gesamten Umständen **in ungewöhnlich hohem Maß** verletzt und unbeachtet lässt, was im gegebenen Fall jedem hätte einleuchten müssen. Im Gegensatz zur einfachen Fahrlässigkeit muss es sich bei einem grob fahrlässigen Verhalten um ein auch in **subjektiver Hinsicht** unentschuldbares Fehlverhalten handeln, das ein gewöhnliches Maß erheblich übersteigt.[78]

28 Im Fall des Vorliegens von grober Fahrlässigkeit ist der Versicherer nur dann zum Rücktritt berechtigt, wenn sich die vorvertragliche Anzeigepflicht auf einen sog **vertragshindernden Umstand** bezieht. Handelt es sich dagegen um einen sog **vertragsändernden Umstand,** ist der Rücktritt ausgeschlossen, es besteht in die-

---

[69] OLG Köln VersR 1993, 297; 1990, 769 (771); *Rolfs* in Bruck/Möller § 21 Rn. 13.

[70] OLG Köln VersR 1993, 297; 1990, 769 (771); *Rolfs* in Bruck/Möller § 21 Rn. 13; ausführlich zu den einzelnen Fallgestaltungen: *Reusch* VersR 2007, 1313 (1316 f.); *Neuhaus* r+s 2008, 45 (51 f.).

[71] Begr. RegE VVG BT-Drs. 16/3945, 65 (zu § 19 Abs. 3); *Langheid* in Römer/Langheid § 19 Rn. 85 f.; *Neuhaus* r+s 2008, 45 (49).

[72] *Neuhaus* r+s 2008, 45 (49).

[73] BGH NJW 1965, 962 (963); *Grüneberg* in Palandt § 276 Rn. 10.

[74] BGH VersR 2008, 905 Rn. 18 f.; *Benkel/Hirschberg* ALB 2008 § 6 Rn. 11; *Veith* VersR 2008, 1580 (1582).

[75] BGH VersR 2008, 905 Rn. 18; *Veith* VersR 2008, 1580 (1582).

[76] BGH VersR 1998, 1011 (1011); 1980, 164 (165); *Benkel/Hirschberg* ALB 2008 § 6 Rn. 11; *Veith* VersR 2008, 1580 (1582).

[77] St. Rspr. zB BGH r+s 2003, 144 (145); *Benkel/Hirschberg* ALB 2008 § 6 Rn. 12; *Rokas* VersR 2008, 1457 (1459).

[78] St. Rspr. zB BGH r+s 2003, 144 (145); BGHZ 10, 14 (16 f.); *Grüneberg* in Palandt § 277 Rn. 5.

sem Fall ein Vertragsänderungsrecht des Versicherers[79] (→ Rn. 41 ff.). Maßgebend für diese Abgrenzung sind die Versicherungsbedingungen und allgemeinen Geschäftsgrundsätze des Versicherers **bei Vertragsschluss.**[80]

aa) Vertragshindernde Umstände. Vertragshindernd sind solche Gefahrumstände, bei deren Kenntnis der Versicherer den Vertrag nicht abgeschlossen, den Antrag also zB wegen erheblicher Vorerkrankungen abgelehnt hätte.[81]

bb) Vertragsändernde Umstände. Hätte der Versicherer bei Kenntnis der vom Versicherungsnehmer grob fahrlässig nicht angezeigten Gefahrumstände nach seinen Risikogrundsätzen den Vertrag **zu anderen Bedingungen** abgeschlossen, so ist das Rücktrittsrecht ausgeschlossen.[82] In Abs. 5 S. 3 ist hierfür bspw. ein höherer Beitrag (Zuschlag) oder ein eingeschränkter Versicherungsschutz (Ausschlussklausel) genannt.[83] Der Versicherer hat in diesem Fall lediglich das Recht der rückwirkenden Vertragsänderung[84] (→ Rn. 41 ff.).

6. Rechtsfolgen des Rücktritts (Abs. 6)

29 Im Fall des Rücktritts entfällt der Versicherungsschutz. Bei einem Rücktritt nach Eintritt des Versicherungsfalles bleibt die Leistungspflicht jedoch bestehen, wenn sich die Anzeigepflichtverletzung auf einen gefahrerheblichen Umstand bezieht, der weder für den Eintritt oder die Feststellung des Versicherungsfalles noch für die Feststellung oder den Umfang der Leistungspflicht ursächlich war. Auch in diesen Fällen entfällt jedoch die Leistungspflicht, wenn die Anzeigepflicht arglistig verletzt worden ist.

30 **a) Wirkung des Rücktritts.** Durch den Rücktritt, der gemäß § 349 BGB gegenüber dem Versicherungsnehmer zu erklären ist, wird der Vertrag ex tunc, also **rückwirkend,** beseitigt. Die Wirkungen des Rücktritts ergeben sich aus § 346 BGB, dh durch den Rücktritt entsteht ein Rückgewährschuldverhältnis.[85] Der Versicherungsnehmer kann jedoch nach Abs. 7 die Rückzahlung der Prämien nicht verlangen; der Versicherer hat den Rückkaufswert zu zahlen (→ Rn. 36). Zu den Rechtsfolgen des Rücktritts nach Eintritt des Versicherungsfalles (→ Rn. 31 ff.).

31 **b) Rücktritt nach Eintritt des Versicherungsfalles.** Ist der Versicherer **vor Eintritt des Versicherungsfalles** zurückgetreten, ist er ohne weiteres **leistungsfrei.**[86] **Nach Eintritt des Versicherungsfalles** entfällt durch den Rücktritt die Leistungspflicht des Versicherers, wenn der nicht angezeigte Umstand entweder für den Eintritt oder die Feststellung des Versicherungsfalles bzw. für die Feststellung oder den Umfang der Leistungspflicht **ursächlich** war. Auch bei einem **sog ge-**

---

[79] *Langheid* in Römer/Langheid § 19 Rn. 104 ff.; *Marlow* in Marlow/Spuhl Rn. 176.
[80] *Marlow* in Marlow/Spuhl Rn. 176; *Reusch* VersR 2007, 1313 (1315).
[81] *Reusch* VersR 2007, 1313 (1315).
[82] *Reusch* VersR 2007, 1313 (1315); *Langheid* in Römer/Langheid § 19 Rn. 104 ff.; *Rolfs* in Bruck/Möller § 19 Rn. 110.
[83] Vgl. *Reusch* VersR 2007, 1313 (1314).
[84] *Langheid* in Römer/Langheid § 19 Rn. 108.
[85] Begr. RegE VVG BT-Drs. 16/3945, 65 (zu § 19 Abs. 2); *Rolfs* in Bruck/Möller § 21 Rn. 31.
[86] BGH VersR 2001, 1014; *Rolfs* in Bruck/Möller § 21 Rn. 33; *Langheid* in Römer/Langheid § 21 Rn. 22.

dehnten Versicherungsfall entfällt die Leistungspflicht des Versicherers nur dann, wenn diese kausale Verknüpfung besteht.[87] Ein gedehnter Versicherungsfall liegt vor, wenn der bei seinem Eintritt geschaffene Zustand über einen mehr oder weniger langen Zeitraum fortdauert und die Fortdauer den Umfang der Leistung des Versicherers bestimmt. Dies ist bspw. in der **Berufsunfähigkeitszusatzversicherung** der Fall, in der Rentenleistungen für den Fall und die Dauer der näher umschriebenen Berufsunfähigkeit zugesagt sind.[88]

32 Es kommt nicht darauf an, ob der Versicherer den Vertrag nicht oder nicht zu gleichen Bedingungen abgeschlossen hätte, wenn er den anzeigepflichtigen Umstand gekannt hätte.[89] Diese Abgrenzung ist bereits Voraussetzung für den Rücktritt.[90] Hätte der Versicherer den Vertrag zu anderen Bedingungen abgeschlossen, ist er nur zu einer Vertragsänderung berechtigt (→ Rn. 41 ff.).

33 **aa) Kausalität des nicht angezeigten Umstands für den Eintritt oder die Feststellung des Versicherungsfalles.** Die Kausalität zwischen einem nicht angezeigten gefahrerheblichen Umstand und dem Eintritt des Versicherungsfalles ist dann zu bejahen, wenn der nicht angezeigte Umstand nach der Lebenserfahrung die objektive Möglichkeit des Eintritts des Versicherungsfalles **nicht unerheblich erhöht hat.**[91] Hierfür ist ausreichend, wenn der Umstand zumindest **mitursächlich** war.[92] Werden sog. **subjektive Risikoumstände** wie zB Vorversicherungen oder Vorschäden, abgelehnte Versicherungsanträge und anderweitig bestehende Versicherungen verschwiegen, ist die Kausalität zu verneinen, weil die nicht angegebenen Umstände auf den Eintritt des Versicherungsfalles keinen Einfluss haben können.[93] Allerdings kann in diesem Fall eine Anfechtung wegen arglistiger Täuschung in Betracht kommen.[94]

34 **bb) Kausalität des nicht angezeigten Umstands für die Feststellung oder den Umfang der Leistungspflicht.** Hinsichtlich des Umfangs der Leistungspflicht ist dann von einer Kausalität auszugehen, wenn der nicht angezeigte Umstand den Schaden erhöhen oder aber den Versicherer von weiteren Ermittlungen abhalten kann.[95] Dieses Kriterium spielt in der Lebens- und Berufsunfähigkeitszu-

---

[87] BGH VersR 1971, 810; *Rolfs* in Bruck/Möller § 19 Rn. 142 und § 21 Rn. 33; *Langheid* in Römer/Langheid § 21 Rn. 24; *Muschner* in Langheid/Wandt § 21 Rn. 52; aM *Armbrüster* in Prölss/Martin § 21 Rn. 43, über den Zeitraum des Rücktritts hinaus wird keine Leistungspflicht mehr begründet.

[88] BGH VersR 1989, 588 (588); *Rolfs* in Bruck/Möller § 19 Rn. 142.

[89] BGH VersR 1985, 154 (155); OLG Hamm r+s 1989, 1; *Armbrüster* in Prölss/Martin § 21 Rn. 34; *Langheid* in Römer/Langheid § 21 Rn. 26; *Rolfs* in Bruck/Möller § 21 Rn. 34.

[90] *Langheid* in Römer/Langheid § 21 Rn. 26; *Rolfs* in Bruck/Möller § 21 Rn. 34; *Armbrüster* in Prölss/Martin § 21 Rn. 34.

[91] OLG Hamm VersR 1992, 1206; *Muschner* in Langheid/Wandt § 21 Rn. 53; *Langheid* in Römer/Langheid § 21 Rn. 27.

[92] BGH VersR 2002, 425 (426); 1990, 297 (298); *Muschner* in Langheid/Wandt § 21 Rn. 53; *Looschelders* in Looschelders/Pohlmann § 21 Rn. 14.

[93] HM zB OLG Frankfurt aM VersR 2005, 1429 (1430); OLG Köln r+s 1993, 72 (74); *Rolfs* in Bruck/Möller § 21 Rn. 38; aM *Langheid* in Römer/Langheid § 21 Rn. 32; *Muschner* in Langheid/Wandt § 21 Rn. 56 mit der Begründung, dass diese Umstände Ausdruck einer gewissen Sorglosigkeit oder Manipulationsneigung des Versicherungsnehmers sind und sich daher auf den Versicherungsfall bzw. die Leistungspflicht auswirken können.

[94] Vgl. hierzu OLG Hamm r+s 1993, 351.

[95] *Muschner* in Langheid/Wandt § 21 Rn. 57.

satzversicherung jedoch keine Rolle, da es sich um Summen- und nicht um Schadensversicherungen handelt.[96]

35 **cc) Arglist.** Auch im Fall des Nichtvorliegens der Kausalität ist der Versicherer aus Gründen der Generalprävention nach Abs. 6 S. 2 leistungsfrei, wenn der Versicherungsnehmer seine Anzeigepflicht arglistig verletzt hat.[97] Für den Begriff der Arglist (→ Rn. 79) gelten die allgemeinen Grundsätze[98]. Die Vorschrift hat nur eine geringe Bedeutung, da der Versicherer im Fall der arglistigen Täuschung des Versicherungsnehmers anfechten kann und dann ohnehin leistungsfrei ist. Die Vorschrift ist daher nur dann relevant, wenn der Versicherer von seinem Anfechtungsrecht keinen Gebrauch macht und nur den Rücktritt erklärt.[99]

7. Auszahlung des Rückkaufswerts bei Rücktritt (Abs. 7)

36 Dem Versicherer stehen beim Rücktritt vom Vertrag gemäß § 39 Abs. 1 S. 2 VVG die **Prämien** bis zum Wirksamwerden der Rücktrittserklärung zu[100], so dass der Versicherungsnehmer die Rückzahlung der Beiträge nicht verlangen kann. Der Versicherer hat jedoch gemäß § 169 Abs. 1 VVG im Fall des Rücktritts den **Rückkaufswert** zu zahlen. Die Regelungen über den **Mindestrückkaufswert** nach § 169 Abs. 3 S. 1 VVG setzen jedoch eine Kündigung voraus und sind somit bei einem Rücktritt **nicht einschlägig.**[101] Nach Abs. 7 S. 1 Hs. 2 sind daher die Regelungen zum Mindestrückkaufswert in § 12 Abs. 3 S. 2 bis 4 nicht anwendbar.

8. Kündigungsrecht des Versicherers (Abs. 8)

37 Hat der Versicherungsnehmer seine Anzeigepflicht weder vorsätzlich noch grob fahrlässig verletzt, ist das Rücktrittsrecht des Versicherers ausgeschlossen. In diesem Fall hat der Versicherer das Recht, den Vertrag unter Einhaltung einer Kündigungsfrist von einem Monat zu kündigen.

38 Der Versicherer ist bei **fahrlässiger oder schuldloser Anzeigepflichtverletzung** des Versicherungsnehmers **nicht zum Rücktritt** berechtigt[102], hat jedoch die Möglichkeit, den Vertrag zu **kündigen.**[103] Fahrlässig handelt nach § 276 Abs. 2 BGB, wer die im Verkehr erforderliche Sorgfalt außer Acht lässt. Schuldloses Handeln schließt auch leichte Fahrlässigkeit aus. Ein Kündigungsrecht besteht jedoch nur dann, wenn sich die Anzeigepflichtverletzung auf einen **vertragshindernden**

---

[96] *Armbrüster* in Prölss/Martin § 1 Rn. 138ff.

[97] Begr. RegE VVG BT-Drs. 16/3945, 66 (zu § 21 Abs. 2).

[98] *Armbrüster* in Prölss/Martin § 21 Rn. 44; *Rolfs* in Bruck/Möller § 21 Rn. 44.

[99] *Rolfs* in Bruck/Möller § 21 Rn. 45.

[100] *Knappmann* in Prölss/Martin § 39 Rn. 5; *Rixecker* in Römer/Langheid § 39 Rn. 2.

[101] Begr. RegE VVG BT-Drs. 16/3945, 103 (zu § 169 Abs. 3); *Reiff* in Prölss/Martin § 169 Rn. 18.

[102] Begr. RegE VVG BT-Drs. 16/3945, 65 (zu § 19 Abs. 3); *Langheid* in Römer/Langheid § 19 Rn. 88; *ders.* in Langheid/Wandt § 19 Rn. 16ff.; *Looschelders* in Looschelders/Pohlmann § 19 Rn. 55; *Armbrüster* in Prölss/Martin § 19 Rn. 121.

[103] Begr. RegE VVG BT-Drs. 16/3945, 65 (zu § 19 Abs. 3); *Neuhaus* r+s 2008, 45 (49); *Langheid* in Römer/Langheid § 19 Rn. 88; *ders.* in Langheid/Wandt § 19 Rn. 16ff.; *Looschelders* in Looschelders/Pohlmann § 19 Rn. 55.

Umstand (→ Rn. 28) bezieht. Bei **vertragsändernden Umständen** (→ Rn. 28) ist das Kündigungsrecht ausgeschlossen.[104]

Die Kündigung wird jedoch nicht bereits mit ihrem Zugang beim Versicherungsnehmer wirksam, sondern wirkt erst einen Monat nach Zugang der Kündigungserklärung.[105] Die **Monatsfrist** soll dem Versicherungsnehmer ermöglichen, sich anderweitig Versicherungsschutz zu verschaffen.[106] Für die Berechnung der Frist sind §§ 187 Abs. 1, 188 Abs. 2 BGB anwendbar.[107] Im Gegensatz zum Rücktritt lässt die Kündigung eine bereits eingetretene Leistungspflicht des Versicherers unberührt.[108]

9. Ausschluss des Kündigungsrechts bei vertragsändernden Umständen (Abs. 9)

39 Das Kündigungsrecht ist ausgeschlossen, wenn der Versicherer den Vertrag auch bei Kenntnis der nicht angezeigten Umstände, wenn auch zu anderen Bedingungen geschlossen hätte, sog **vertragsändernde Umstände** (→ Rn. 28). Abs. 9 nennt hier als „andere Bedingung" beispielhaft den Vertragsschluss zu einem **höheren Beitrag** oder einen **eingeschränkten Versicherungsschutz.** In Betracht kommt auch eine **Leistungskürzung,** etwa wenn der Lebensversicherer den Vertrag bei Kenntnis des Gefahrumstandes nur mit einer geringeren Versicherungssumme abgeschlossen hätte (zB Kürzung der Todesfall- oder Erlebensfallleistung).[109] Im Fall der Berufsunfähigkeitszusatzversicherung ist es denkbar, dass der Versicherer die Rentenhöhe herabsetzt, wenn der Versicherungsnehmer oder die versicherte Person falsche Angaben zum Einkommen gemacht haben und daher nur eine niedrigere Rente versichert worden wäre.

10. Rechtsfolgen der Kündigung (Abs. 10)

40 Die Kündigung des Versicherers bewirkt bei einem Lebensversicherungsvertrag grds. nicht die Aufhebung des Vertrages, sondern gemäß § 166 Abs. 1 S. 1 VVG die **Umwandlung** des Vertrages in eine **prämienfreie Versicherung.**[110] Bei den Rechtsfolgen der Kündigung verweist Abs. 10 daher auf die Vorschrift des § 13, in der die Auswirkungen der Beitragsfreistellung auf die Leistungen geregelt werden. Falls die Mindestleistung nicht erreicht wird, wird der Vertrag für die Zukunft beendet und der Versicherer hat den Rückkaufswert zu zahlen (§§ 166 Abs. 1 S. 2, 165 Abs. 1 S. 2, 169 VVG).[111] Anders als bei Rücktritt (→ Rn. 36) sind in diesem Fall auch die Regelungen über den Mindestrückkaufswert nach § 169 Abs. 3 S. 1 VVG anwendbar[112] (→ ARB § 13 Abs. 4 S. 1 iVm § 12 Abs. 2).

---

[104] Begr. RegE VVG BT-Drs. 16/3945, 65 (zu § 19 Abs. 3); *Reusch* VersR 2007, 1313 (1315); *Langheid* in Römer/Langheid § 19 Rn. 104ff.

[105] *Armbrüster* in Prölss/Martin § 19 Rn. 120; *Rolfs* in Bruck/Möller § 19 Rn. 138.

[106] Begr. RegE VVG BT-Drs. 16/3945, 65 (zu § 19 Abs. 3); *Rolfs* in Bruck/Möller § 19 Rn. 138.

[107] *Rolfs* in Bruck/Möller § 19 Rn. 139.

[108] *Reiff/Schneider* in Prölss/Martin ALB 2012 § 6 Rn. 12; *Langheid* in Langheid/Wandt § 19 Rn. 137.

[109] *Langheid* in Römer/Langheid § 19 Rn. 115; *Reusch* VersR 2007, 1313 (1314).

[110] *Reiff/Schneider* in Prölss/Martin ALB 2012 § 6 Rn. 12; *Reiff* in Prölss/Martin § 166 Rn. 5.

[111] *Reiff* in Prölss/Martin § 166 Rn. 5.

[112] *Reiff* in Prölss/Martin § 169 Rn. 15.

11. Recht des Versicherers zur Vertragsänderung (Abs. 11)

41 Ist das Recht des Versicherers zum Rücktritt und zur Kündigung ausgeschlossen, weil er den Vertrag auch bei Kenntnis der nicht angezeigten Umstände, wenn auch zu anderen Bedingungen, abgeschlossen hätte, werden die anderen Bedingungen auf Verlangen des Versicherers rückwirkend, bei einer vom Versicherungsnehmer nicht zu vertretenden Pflichtverletzung ab der laufenden Versicherungsperiode Vertragsbestandteil.

42 **a) Risikogrundsätze des Versicherers.** Hätte der Versicherer den Vertrag – wenn auch zu anderen Bedingungen – auch bei Kenntnis der nicht angezeigten Umstände abgeschlossen, darf er den Vertrag nur so abändern, wie er ihn bei Kenntnis des nicht angezeigten Umstands geschlossen hätte. Dabei sind die Allgemeinen Versicherungsbedingungen und **Risikogrundsätze** des Versicherers zum **Zeitpunkt des Vertragsschlusses** maßgeblich.[113] Kommen alternativ unterschiedliche Möglichkeiten der Vertragsänderung in Betracht, steht dem Versicherer ein einseitiges Bestimmungsrecht nach § 315 BGB zu. Die vom Versicherer gewählte Vertragsänderung muss jedoch gemäß § 315 Abs. 1 BGB der Billigkeit entsprechen.[114]

43 Die „anderen Bedingungen" werden nicht automatisch, sondern nur **auf Verlangen des Versicherers** entweder rückwirkend oder ab der laufenden Versicherungsperiode Vertragsbestandteil. Das Verlangen stellt eine empfangsbedürftige Willenserklärung dar, die mit Zugang beim Versicherungsnehmer wirksam wird. Es handelt sich dabei um keinen Automatismus, sondern um ein **Gestaltungsrecht** des Versicherers, auf das er verzichten kann.[115] Nicht ausreichend ist es, wenn der Versicherer pauschal vom „Recht der Vertragsanpassung" Gebrauch macht. Die **Erklärung des Versicherers muss erkennen lassen,** mit welchen Ausschlussklauseln oder zu welcher veränderten Prämienhöhe der Vertrag fortgeführt werden soll.[116]

44 **b) Zeitpunkt der Vertragsänderung.** Bei **grob** oder **leicht fahrlässiger Anzeigepflichtverletzung** des Versicherungsnehmers werden die „anderen Bedingungen" – in Abs. 11 S. 1 ist beispielhaft ein höherer Beitrag oder ein eingeschränkter Versicherungsschutz genannt – **rückwirkend,** im Fall der **schuldlosen** Anzeigepflichtverletzung **ab der laufenden Versicherungsperiode** Vertragsbestandteil.[117] Auch bei einer schuldlosen Anzeigepflichtverletzung ist der Versicherer daher leistungsfrei, wenn der Leistungsfall während der laufenden Versicherungsperiode eingetreten ist, ansonsten muss er leisten.[118]

45 Ein **Risikoausschluss** kann daher selbst bei schuldlosem Handeln des Versicherungsnehmers dazu führen, dass der Versicherer leistungsfrei wird. Eine Kündigung wirkt dagegen nur für die Zukunft und führt somit nicht zu einem Leistungsausschluss, so dass die vom Gesetzgeber für den Versicherungsnehmer als „milderes

---

[113] *Rolfs* in Bruck/Möller § 19 Rn. 146; *Armbrüster* in Prölss/Martin § 19 Rn. 117; *Langheid* in Römer/Langheid § 19 Rn. 115; *Reusch* VersR 2007, 1313 (1319); *Lange* r+s 2008, 56 (60).

[114] *Rolfs* in Bruck/Möller § 19 Rn. 146; *Armbrüster* in Prölss/Martin § 19 Rn. 116.

[115] *Langheid* in Römer/Langheid § 19 Rn. 116; *ders.* in Langheid/Wandt § 19 Rn. 151; *Rolfs* in Bruck/Möller § 19 Rn. 146.

[116] OLG Frankfurt r+s 2012, 453.

[117] *Langheid* in Langheid/Wandt § 19 Rn. 152f.

[118] *Neuhaus* r+s 2008, 45 (50); *Langheid* in Römer/Langheid § 19 Rn. 115.

Mittel" bewertete Vertragsänderung[119] zu gravierenden Folgen für den Versicherungsnehmer führen kann.[120]

In der **Lit.** wird **teilweise gefordert,** die **Leistungsfreiheit** im Wege der teleologischen Reduktion auf die Fälle des Vorsatzes und der groben Fahrlässigkeit **zu beschränken** und ansonsten die Wirkung des Risikoausschlusses auf den Zeitpunkt seines Einfügens in den Vertrag zu begrenzen.[121] Es liege die Vermutung eines Redaktionsversehens des Gesetzgebers nahe, dass durch das Einfügen eines Risikoausschlusses in den Vertrag der Versicherer bei einfacher Fahrlässigkeit und ggf. selbst bei Schuldlosigkeit leistungsfrei werde könnte. Dies stehe im Wertungswiderspruch zu dem ansonsten geltenden Grundsatz, dass bei einem Verschuldensgrad unterhalb der groben Fahrlässigkeit keine Leistungsfreiheit des Versicherers eintrete und auch im Fall einer Kündigung der Leistungsanspruch erhalten bleibe.[122] Die **Gegenauff.** geht dagegen zu Recht davon aus, dass bei dieser Regelung der **Fortbestand des Versicherungsvertrages** und somit der Versicherungsschutz **im Vordergrund steht** und von einem Redaktionsversehen des Gesetzgebers nicht ausgegangen werden kann.[123] Der Gesetzgeber hat sich hier bewusst für die getroffenen Regelungen bei der Vertragsänderung entschieden, da er in der Gesetzesbegründung „insbesondere" von einer erhöhten Prämie im Fall der unverschuldeten Anzeigepflichtverletzung spricht und sich daher auch anderer Anpassungsmöglichkeiten, wie die Einfügung eines Risikoausschlusses, bewusst war.[124] Dies zeigt sich auch an der in § 194 Abs. 1 S. 3 VVG getroffenen Regelung für die Krankenversicherung, die eine Kündigung sowie eine Vertragsänderung bei schuldlosem Verhalten des Versicherungsnehmers im Gegensatz dazu nicht vorsieht.[125] Auch würde eine Beschränkung der Vertragsänderung auf die grobe Fahrlässigkeit dazu führen, dass der leicht fahrlässige, aber unredlich Handelnde besser gestellt wäre als der redliche, bei dem der Versicherer aufgrund eines bereits bei Vertragsschluss vereinbarten Risikoausschlusses nicht leisten müsste.[126]

46 Im Fall der **Erhöhung der Prämien** ist der Versicherungsnehmer bei fahrlässiger Anzeigepflichtverletzung verpflichtet, die **rückständigen Prämien** seit Vertragsschluss in einer Summe **nachzuentrichten,** was zu einer erheblichen wirtschaftlichen Belastung führen kann.[127] Zum fristlosen Kündigungsrecht des Versicherungsnehmers (→ Rn. 48 ff.). Der Versicherungsnehmer muss die Prämie

[119] Begr. RegE VVG BT-Drs. 16/3945, 65 (zu § 19 Abs. 4).

[120] *Schimikowski* r+s 2009, 353 (354 ff.).

[121] *Looschelders* VersR 2011, 697 (703); *Schimikowski* r+s 2009, 353 (354 ff.); *Knappmann* in Beckmann/Matusche-Beckmann § 14 Rn. 112 für den Fall des schuldlosen Handelns; *Lange* r+s 2008, 56 (60 f.) möchte § 21 Abs. 2 VVG analog anwenden. Nach *Marlow* in Marlow/Spuhl Rn. 187 kann der Versicherer nach Eintritt des Versicherungsfalls durch Vertragsänderung keine Leistungsfreiheit mehr erlangen.

[122] *Schimikowski* r+s 2009, 353 (354 ff.); *Looschelders* VersR 2011, 697 (703).

[123] LG Dortmund r+s 2010, 101 (103); *Tschersich* r+s 2012, 53 (54 f.); *Muschner* in Langheid/Wandt § 21 Rn. 49; *Armbrüster* in Prölss/Martin § 19 Rn. 117; *Langheid* in Römer/Langheid § 19 Rn. 114; *Neuhaus* r+s 2008, 45 (49).

[124] Begr. RegE VVG BT-Drs. 16/3945, 65 (zu § 19 Abs. 4); *Tschersich* r+s 2012, 53 (55).

[125] Begr. RegE VVG BT-Drs. 16/3945, 65 (zu § 19 Abs. 4) und 111 (zu § 194); *Tschersich* r+s 2012, 53 (54 f.).

[126] *Tschersich* r+s 2012, 53 (54 f.); *Muschner* in Langheid/Wandt § 21 Rn. 49.

[127] *Rolfs* in Bruck/Möller § 19 Rn. 152.

in der Höhe nachzahlen, in welcher sie bei **Anzeige der Gefahrumstände** berechnet worden wäre.[128] Abzulehnen ist die Auffassung, wonach die Prämienerhöhung angemessen sein muss.[129] Bei einer schuldlosen Anzeigepflichtverletzung kann eine etwaige höhere Prämie rückwirkend erst ab der laufenden Versicherungsperiode verlangt werden, also maximal für ein Jahr (vgl. ARB § 10 Abs. 2 S. 3)[130].

47 Werden rückwirkend Leistungsausschlüsse oder -beschränkungen vereinbart, kann der Versicherungsnehmer nach § 812 Abs. 1 S. 2 Alt. 1 BGB auch zur Rückzahlung von Versicherungsleistungen verpflichtet sein.[131]

12. Fristlose Kündigung des Versicherungsnehmers (Abs. 12)

48 Erhöht sich durch die Vertragsänderung die Prämie um mehr als zehn Prozent oder schließt der Versicherer die Gefahrabsicherung für den nicht angezeigten Umstand aus, hat der Versicherungsnehmer ein fristloses Kündigungsrecht innerhalb eines Monats nach Zugang der Mitteilung des Versicherers.

49 **a) Sonderkündigungsrecht des Versicherungsnehmers.** Dem Versicherungsnehmer steht ein Sonderkündigungsrecht zu, dh er muss nicht bis zur nächsten ordentlichen Kündigungsmöglichkeit am Vertrag festhalten, wenn die Vertragsänderung zu einer **Prämienerhöhung um mehr als zehn Prozent** geführt oder der Versicherer **einen Risikoausschluss** für den nicht angezeigten Umstand vorgenommen hat.[132] Bei der Frage, ob eine Prämienerhöhung um mehr als zehn Prozent vorliegt, ist die an sich zu zahlende Prämie mit der unter Berücksichtigung des verschwiegenen Umstandes neu ermittelten Prämie zu vergleichen.[133]

Dieses **Sonderkündigungsrecht** gilt nur für die genannten Vertragsänderungen, daher zB nicht für eine Reduzierung der Versicherungssumme.[134] Für eine analoge Anwendung der Vorschrift auf andere Vertragsänderungen ist kein Raum, da eine durch den Gesetzgeber nicht bedachte und ungewollte Regelungslücke nicht vorliegt. Der Gesetzgeber hat ein **Sonderkündigungsrecht nur für die genannten Fälle** vorgesehen, weil es dem Versicherungsnehmer nicht zumutbar sei, an einem Vertragsverhältnis festzuhalten und die vereinbarte Prämie entrichten zu müssen, ohne die verschwiegene Gefahr und das Risiko des Schadenseintritts abgesichert zu haben.[135]

---

[128] *Langheid* in Langheid/Wandt § 19 Rn. 150; *Härle* in Schwintowski/Brömmelmeyer § 19 Rn. 125.

[129] So *Schimikowski* r+s 2009, 353 (356); *Rolfs* in Bruck/Möller § 19 Rn. 150.

[130] *Neuhaus* r+s 2008, 45 (50).

[131] *Rolfs* in Bruck/Möller § 19 Rn. 152, der hier zu Recht § 21 Abs. 2 VVG analog anwenden möchte.

[132] *Langheid* in Langheid/Wandt § 19 Rn. 176; *Rolfs* in Bruck/Möller § 19 Rn. 155.

[133] *Langheid* in Langheid/Wandt § 19 Rn. 169.

[134] *Langheid* in Römer/Langheid § 19 Rn. 126; *ders.* in Langheid/Wandt § 19 Rn. 171; *Armbrüster* in Prölss/Martin § 19 Rn. 118; aM *Rolfs* in Bruck/Möller § 19 Rn. 160, der sich für eine analoge Anwendung des Sonderkündigungsrechts auch bei anderen Vertragsanpassungen ausspricht.

[135] Begr. RegE VVG BT-Drs. 16/3945, 66 (zu § 19 Abs. 6); *Langheid* in Langheid/Wandt § 19 Rn. 171.

50 Sein fristloses Kündigungsrecht muss der Versicherungsnehmer **innerhalb eines Monats** nach Zugang der Mitteilung des Versicherers über die Vertragsänderung ausüben.[136] Die **Frist** berechnet sich nach §§ 187 Abs. 1, 188 Abs. 2 BGB.[137]

51 Kündigt der Versicherungsnehmer, erlischt der Vertrag **mit Wirkung des Zugangs der Kündigung** beim Versicherer. Bis zu diesem Zeitpunkt muss der Versicherungsnehmer Prämien zahlen und genießt auch Versicherungsschutz, allerdings bei einer schuldhaften Anzeigepflichtverletzung nur zu den rückwirkend geltenden angepassten Bedingungen.[138] Bei einer unverschuldeten Anzeigepflichtverletzung werden die anderen Versicherungsbedingungen zwar auch rückwirkend Vertragsbestandteil, allerdings erst ab Beginn der laufenden Versicherungsperiode.[139]

52 **b) Hinweispflicht des Versicherers.** Der Versicherungsnehmer muss auf sein Sonderkündigungsrecht **in der Mitteilung** über die Vertragsänderung hingewiesen werden. Ansonsten beginnt die Monatsfrist nicht zu laufen.[140] Der Gesetzgeber verlangt eine Verbindung zwischen Mitteilung und Belehrung.[141] Auch eine gesonderte Mitteilung über das Sonderkündigungsrecht ist zulässig, wenn sie auffällig gestaltet ist und in der Anpassungsmitteilung darauf hingewiesen wird.[142]

13. Hinweis des Versicherers auf die Folgen der Anzeigepflichtverletzung (Abs. 13)

53 Dem Versicherer steht das Recht zum Rücktritt, zur Kündigung oder zur Vertragsänderung nur zu, wenn er durch gesonderte Mitteilung in Textform auf die Folgen einer Anzeigepflichtverletzung hingewiesen hat.

54 **a) Gesonderte Mitteilung.** In der Lit. ist umstr., ob für die „gesonderte Mitteilung" über die Folge einer Anzeigepflichtverletzung eine absolute Trennung der Mitteilung von jeglichen anderen Texten oder lediglich von bestimmten Dokumenten erforderlich ist.[143] Die Gesetzesmaterialen geben hierüber keinen Aufschluss.[144] Teilweise wird vertreten, dass mit „gesondert" ein eigenes Schriftstück gemeint ist, da der Gesetzgeber bei der identischen Formulierung in anderen Vorschriften eine gesonderte Erklärung für erforderlich gehalten habe.[145] Die **hM** in

---

[136] *Langheid* in Langheid/Wandt § 19 Rn. 174; *Rolfs* in Bruck/Möller § 19 Rn. 162.

[137] *Langheid* in Langheid/Wandt § 19 Rn. 174; *Rolfs* in Bruck/Möller § 19 Rn. 162; für die Ausübung des Rücktrittsrechts: BGH VersR 1990, 258 (258f.); OLG Stuttgart VersR 2007, 340 (340).

[138] *Langheid* in Langheid/Wandt § 19 Rn. 172; *Neuhaus* r+s 2008, 45 (50).

[139] *Langheid* in Römer/Langheid § 19 Rn. 130; *ders.* in Langheid/Wandt § 19 Rn. 173; *Neuhaus* r+s 2008, 45 (50).

[140] *Looschelders* in Looschelders/Pohlmann § 19 Rn. 76; *Langheid* in Langheid/Wandt § 19 Rn. 175.

[141] Begr. RegE VVG BT-Drs. 16/3945, 66 (zu § 19 Abs. 6).

[142] *Neuhaus* r+s 2008, 45 (50); *Schimikowski* in Rüffer/Halbach/Schimikowski § 19 Rn. 51; zweifelnd *Looschelders* in Looschelders/Pohlmann § 19 Rn. 76.

[143] BGH VersR 2013, 297 Rn. 16f. mit ausführlichen Nachweisen zum Meinungsstand.

[144] Begr. RegE VVG BT-Drs. 16/3945, 65f. (zu § 19 Abs. 5); *Langheid* in Langheid/Wandt § 19 Rn. 160.

[145] *Neuhaus* r+s 2008, 45 (52); *Reusch* VersR 2007, 1313 (1319f.) mit Verweis zB auf § 7 VVG.

der Lit.[146] und Rspr.[147] geht dagegen zutr. davon aus, dass die **Belehrung zusammen mit den Fragen des Versicherers in einem Dokument** erteilt werden kann. Dieser Auff. hat sich der BGH angeschlossen.[148] Bei einer gesonderten Mitteilung handelt es sich um eine anlassbezogene, lediglich von den allgemeinen Vertragsunterlagen (zB dem Versicherungsschein) **getrennte Form des Hinweises,** so dass der Belehrungstext in ein Fragebogenformular oder ein anderes Fragen des Versicherers enthaltendes Schreiben integriert werden kann. In diesem Fall muss die Belehrung jedoch aufgrund ihrer **Warnfunktion** drucktechnisch so gestaltet sein, dass sie sich deutlich vom übrigen Text abhebt und vom Versicherungsnehmer nicht übersehen werden kann.[149]

Die Belehrung hat in Textform (→ Rn. 7) zu erfolgen.

55 **b) Zeitpunkt der Belehrung.** Die Belehrung hat in **unmittelbarem zeitlichen und räumlichen Zusammenhang** mit der Beantwortung der Fragen zu erfolgen. Nicht erforderlich ist, dass die Belehrung vor den Antragsfragen aufgenommen wird; auch eine Belehrung unmittelbar im Zusammenhang mit den Antragsfragen ist ausreichend.[150] Durch eine Belehrung irgendwann vor Antragsannahme, also auch noch nach Antragstellung, wird der Warnfunktion dagegen nicht genüge getan.[151] Die Belehrung kann auch vor der **Unterschriftenleiste** platziert werden.[152] Auch ist es – idR aus Gründen der Übersichtlichkeit – zulässig, den Belehrungstext nicht vollständig abzudrucken, sondern mit einer **„Kurzbelehrung"** auf den an anderer Stelle im Antrag befindlichen vollständigen Text zu verweisen.[153] Die Gerichte stellen an einen **Weiterverweisungshinweis** jedoch strenge Anfor-

---

[146] *Langheid* in Langheid/Wandt § 19 Rn. 160; *Armbüster* in Prölss/Martin § 19 Rn. 127, § 7 Rn. 17 und § 28 Rn. 267; LG Dortmund VersR 2010, 465 (468) mAnm Marlow; *Schimikowski* r+s 2009, 353 (356).

[147] OLG Karlsruhe VersR 2010, 1448 zu § 28 Abs. 4 VVG; LG Dortmund VersR 2010, 465 (466).

[148] BGH VersR 2013, 297 zu § 28 Abs. 4 VVG, der BGH hat die Entscheidung jedoch unter ausdrücklicher Bezugnahme auf den ähnlichen Regelungszweck in § 19 Abs. 5 VVG getroffen.

[149] BGH VersR 2013, 297 Rn. 24; OLG Stuttgart VersR 2014, 985 (986); 2014, 1441 (1443); LG Dortmund r+s 2013, 322 (323); 2011, 241 (242); VersR 2010, 465 (466 f.); *Looschelders* VersR 2011, 697 (704).

[150] BGH VerR 2013, 297 Rn. 19; OLG Stuttgart VersR 2014, 985; 2014, 1441; r+s 2014, 86 (88), Belehrung erst mehrere Seiten nach dem Fragenkatalog und der Unterschrift ist nicht ausreichend; OLG Hamm VersR 2011, 469 (471); LG Dortmund VersR 2010, 465 (467); LG Hagen r+s 2010, 276 (277); *Langheid* in Römer/Langheid § 19 Rn. 120; *Neuhaus* r+s 2008, 45 (52); *Looschelders* VersR 2011, 697 (704); aM LG Dortmund VersR 2010, 465 (468) mAnm Marlow; *Lange* r+s 2008, 56 (57), die Belehrung muss vor den Antragsfragen erfolgen.

[151] LG Hagen r+s 2010, 276 (277); *Looschelders* VersR 2011, 697 (704); so aber *Langheid* in Langheid/Wandt § 19 Rn. 159. Nach der Gesetzesbegründung muss die Belehrung so rechtzeitig vor Vertragsschluss erfolgen, dass der Versicherungsnehmer seine Anzeigepflicht noch erfüllen kann, Begr. RegE VVG BT-Drs. 16/3945, 66 (zu § 19 Abs. 5).

[152] LG Nürnberg-Fürth r+s 2010, 412 (415) zu § 28 Abs. 4 VVG; LG Köln VersR 2011, 336 (337); LG Dortmund r+s 2010, 101 (102); *Schimikowski* in Rüffer/Halbach/Schimikowski § 19 Rn. 43; *Tschersich* r+s 2012, 53 (56 f.); *Looschelders* in Looschelders/Pohlmann § 19 Rn. 70; das OLG Stuttgart VersR 2014, 985; 2014, 1441 weist darauf hin, dass es sich um eine hinreichend exponierte Stelle im Antrag handeln muss.

[153] OLG Saarbrücken VersR 2015, 91; OLG Stuttgart VersR 2014, 985; 2014, 1441; *Tschersich* r+s 2012, 53 (56 f.).

derungen. Der **Verweis** selbst muss **drucktechnisch deutlich hervorgehoben** sein und den Fundort der eigentlichen Belehrung konkret benennen, so dass der Versicherungsnehmer ihn ohne Mühe im Antragsformular auffinden kann.[154] Auch muss Stringenz bei den Begrifflichkeiten herrschen, dh der Verweis muss exakt die Überschrift des vollständigen Belehrungstextes wiedergeben.[155] Sofern eigens für die Belehrung ein **gesondertes Dokument** („Extrablatt") erstellt wird, vertritt der BGH die Auffassung, dass sich eine besondere Platzierung und/oder drucktechnische Hervorhebung der Belehrung gegenüber dem begleitenden Text erübrigen mag.[156] Auch in diesem Fall wird jedoch von den Instanzgerichten vertreten, dass im Zusammenhang mit den Antragsfragen ein ausdrücklich klarstellender und vom übrigen Text drucktechnisch deutlich hervorgehobener Verweis auf die genau bezeichnete separate Belehrung erfolgen muss.[157]

56 **c) Inhaltliche Anforderung an die Belehrung.** Nach **überwiegender Auffassung** soll der Versicherer verpflichtet sein, den Versicherungsnehmer umfassend, dh nicht nur über die Rechtsfolgen der Anzeigepflichtverletzung, sondern auch über die Voraussetzungen der einzelnen Rechtsfolgen in einer **transparenten und verständlichen Darstellung des Gesetzestextes** zu unterrichten.[158] Teilweise wird vertreten, dass es für die Warn- und Hinweisfunktion dieser Belehrung nicht ausreiche, wenn der Gesetzestext oder das gesamte Sanktionssystem wiedergegeben werde, da der Text für den Versicherungsnehmer nicht verständlich sei. Dem Versicherungsnehmer seien nur die Konsequenzen bezüglich Rücktritt, Kündigung und Vertragsänderung klar vor Augen zu führen.[159] Diese Auffassung ist abzulehnen, da sie nicht überschaubare Risiken für den Versicherer zur Folge hätte, so dass zumindest die **Wiedergabe des Wortlauts des § 19 VVG** genügen muss. Diesem kann der Versicherungsnehmer mit hinreichender Deutlichkeit entnehmen, dass ihm erhebliche Sanktionen drohen, wenn er die Anzeigepflicht verletzt. Alles andere ist für den Versicherer nicht praktikabel, da für ihn immer das Risiko besteht, dass die Rspr. die Belehrung nicht für umfassend ansieht.[160]

57 Über die **Folgen arglistigen Handelns** muss der Versicherungsnehmer nicht belehrt werden, weil nur der schutzwürdige Versicherungsnehmer vor einem für ihn unerwarteten und überraschenden Rechtsverlust bewahrt werden soll.[161] Ein vorsorglicher Hinweis schadet jedoch nicht.[162]

---

[154] OLG Saarbrücken VersR 2015, 91 (94); OLG Stuttgart VersR 2014, 985 (987); 2014, 1441 (1443f.).

[155] OLG Saarbrücken VersR 2015, 91 (94).

[156] BGH VersR 2013, 297 Rn. 24.

[157] OLG Saarbrücken, VersR 2015, 91.

[158] LG Dortmund r+s 2013, 322 (323); VersR 2010, 465 (467); *Reusch* VersR 2007, 1313 (1320); *Schimikowski,* r+s 2009, 353 (356); *Langheid* in Langheid/Wandt § 19 Rn. 162ff.

[159] *Neuhaus* r+s 2008, 45 (52).

[160] *Armbrüster* in Prölss/Martin § 19 Rn. 130ff. auch zum Meinungsstand; so auch *Lange* r+s 2008, 56 (57f.).

[161] BGH VersR 2014, 565; LG Dortmund r+s 2013, 322 (323); 2012, 426 (428); *Neuhaus* r+s 2008, 45 (52); *Schimikowski* r+s 2009, 353 (356); *Reusch* VersR 2007, 1313 (1320); *Looschelders* in Looschelders/Pohlmann § 19 Rn. 72; *Langheid* in Langheid/Wandt § 19 Rn. 157; aM *Knappmann* VersR 2011, 724 (725).

[162] *Neuhaus* r+s 2008, 45 (52); *Lange* r+s 2008, 56 (58).

d) Rechtsfolgen der Falschbelehrung. Sofern eine materiell **unrichtige Belehrung** erteilt wird, ist die Ausübung des Gestaltungsrechts insgesamt ausgeschlossen. Eine inhaltlich unrichtige Belehrung steht der unterlassenen Belehrung gleich, so dass sie sich auch auf **alle Gestaltungsrechte** – mit Ausnahme der Anfechtung wegen arglistiger Täuschung (→ Rn. 57) – auswirken muss. Andernfalls würde ein falscher Anreiz im Hinblick auf die vom Gesetzgeber ausdrücklich betonte Warnfunktion gesetzt.[163] 58

14. Ausschluss der Rechte des Versicherers bei Kenntnis des nicht angezeigten Umstands oder der Unrichtigkeit der Anzeige (Abs. 14)

Die Rechte des Versicherers Rücktritt, Kündigung oder Vertragsänderung sind ausgeschlossen, wenn er den nicht angezeigten Gefahrumstand oder die Unrichtigkeit der Anzeige kannte. 59

a) Positive Kenntnis des Versicherers. Die Rechte des Versicherers sind ausgeschlossen, wenn der Versicherer den **nicht angezeigten Umstand** zum Zeitpunkt des Vertragsschlusses **kannte**[164]. In diesem Fall ist er auf die Angaben des Versicherungsnehmers bei Antragstellung zur Einschätzung des Risikos und damit zur Beurteilung der Frage, ob der Vertrag mit dem Inhalt abgeschlossen werden kann, nicht angewiesen. Auch wenn der Versicherer zwar den nicht angezeigten Umstand nicht kennt, jedoch **weiß, dass die Anzeige des Versicherungsnehmers unrichtig** – insbes. nicht vollständig – ist, stellt es eine unzulässige Rechtsausübung wegen Verstoßes gegen das Verbot widersprüchlichen Verhaltens dar, wenn der Versicherer statt den Versicherungsnehmer zur Richtigkeit aufzufordern, den Vertrag kommentarlos abschließt.[165] 60

Voraussetzung ist **sichere Kenntnis des Versicherers;** der Versicherer ist nicht verpflichtet, nach Verdachtsmomenten zu recherchieren.[166] Bestehen jedoch für den Versicherer im Rahmen der bei Vertragsschluss gebotenen Risikoprüfung **ernsthafte Anhaltspunkte** dafür, dass die ihm vom Versicherungsnehmer bisher erteilten Auskünfte nicht richtig oder nicht abschließend sein können, hat er eine **Nachfrageobliegenheit.** Nimmt er den Antrag trotzdem an, ist ihm eine ordnungsgemäße Risikoprüfung nicht möglich. Diese soll die Schaffung klarer Verhältnisse in Bezug auf den Versicherungsvertrag schon vor Vertragsschluss gewährleisten und darf deshalb nicht auf die Zeit nach Eintritt des Versicherungsfalls verschoben werden. Dem Versicherer ist es in diesem Fall nach Treu und Glauben verwehrt, seine Rechte auszuüben.[167] Das Recht des Versicherers zur **Anfechtung wegen arglistiger Täuschung** bleibt auch in diesem Fall bestehen.[168] 61

---

[163] Begr. RegE VVG BT-Drs. 16/3945, 66 (zu § 19 Abs. 5); LG Dortmund r+s 2011, 241 (243); *Langheid* in Langheid/Wandt § 19 Rn. 156.

[164] *Armbrüster* in Prölss/Martin § 19 Rn. 123.

[165] *Rolfs* in Bruck/Möller § 19 Rn. 117.

[166] *Armbrüster* in Prölss/Martin § 19 Rn. 124; *Langheid* in Römer/Langheid § 19 Rn. 123; *Rolfs* in Bruck/Möller § 19 Rn. 118; *ders.* auch zur Nachfrageobliegenheit des Versicherers § 19 Rn. 118 und 91 ff.

[167] BGH VersR 2011, 909 Rn. 13; 2008, 668 Rn. 10 ff.; 1991, 170 (171); *Reiff/Schneider* in Prölss/Martin ALB 2012 § 6 Rn. 22; *Rolfs* in Bruck/Möller § 19 Rn. 91 ff.

[168] BGH VersR 2011, 909 Rn. 15; 2008, 668 Rn. 20; OLG Köln r+s 2014, 31; *Reiff/Schneider* in Prölss/Martin ALB 2012 § 6 Rn. 22; *Langheid* in Römer/Langheid § 22 Rn. 16.

Für die „Kenntnis" haben insbesondere folgende Fallgruppen Bedeutung[169]:

62 **b) Fallgruppen. aa) Zurechnung der Kenntnis Dritter.** Der Versicherer muss sich das Wissen seiner **Vertreter** (Versicherungsvertreter/Angestellter) zurechnen lassen, das diese erlangen, während sie mit dem Abschluss und der Bearbeitung des Vorgangs beschäftigt sind (§ 69 Abs. 1 Nr. 1 und 2 VVG, § 70 VVG).[170] Hat der Versicherer oder der Versicherungsvertreter (§ 70 Abs. 1 VVG) Kenntnis aufgrund den (mündlichen) Angaben des Versicherungsnehmers, fehlt es bereits an einer Anzeigepflichtverletzung (→ Rn 8).[171]

Für die Wissenszurechnung ist grundsätzlich entscheidend, ob die den Antrag aufnehmende Person „im Lager des Versicherers" steht. Das ist bei einem **Versicherungsmakler** idR nicht der Fall[172] (→ Rn. 8). Der Versicherer muss sich auch die Kenntnis eines von ihm eingeschalteten **Arztes** zurechnen lassen. Es sind dem Versicherer jedoch nur solche Umstände zuzurechnen, die sich aus der Erklärung des Versicherungsnehmers gegenüber dem Arzt ergeben.[173] Eine Zurechnung des Wissens eines Arztes aus früheren Untersuchungen und Behandlungen kommt dagegen nicht in Betracht.[174]

63 Das Wissen eines Versicherungsvertreters ist dem Versicherer dann nicht zuzurechnen, wenn er mit dem Versicherungsnehmer **kollusiv zusammenwirkt,** was voraussetzt, dass dieser das treuwidrige Verhalten des Versicherungsvertreters gegenüber dem von ihm vertretenen Versicherer positiv kennt oder billigt.[175] Eine Zurechnung erfolgt auch dann nicht, wenn der Vertreter von seiner Vertretungsmacht in ersichtlich verdächtiger Weise Gebrauch macht, so dass beim Vertragspartner begründete Zweifel entstehen müssen, ob nicht ein Treueverstoß des Vertreters gegenüber dem Vertretenen vorliegt, sog **evidenter Vollmachtsmissbrauch.**[176]

64 Die Kenntnis eines **entscheidungsbefugten Sachbearbeiters** ist dann zu bejahen, wenn die maßgeblichen Tatsachen so in seinen Bereich gelangt sind, dass er unter normalen Umständen die Möglichkeit hat, davon Kenntnis zu nehmen.[177]

65 **bb) Abruf von Informationen aus Datenbanken.** Dem Versicherer sind alle Daten über einen Versicherungsnehmer bekannt, die er in Datenbanken gesammelt hat, soweit **Anlass** besteht, sie abzurufen. Dies ist dann der Fall, wenn der Versicherungsnehmer **im Antrag** auf Abschluss oder Änderung eines Versicherungsvertrags hinreichend deutlich auf das Vorhandensein der Daten in der Datensammlung des

---

[169] *Rolfs* in Bruck/Möller § 19 Rn. 118.

[170] *Reiff/Schneider* in Prölss/Martin ALB 2012 § 6 Rn. 20; *Langheid* in Langheid/Wandt § 19 Rn. 167; zur Auge- und Ohr-Rechtsprechung BGH VersR 1988, 234 (236f.); 1999, 1481; 1993, 1089 (1090); 1989, 833 (834).

[171] *Langheid* in Römer/Langheid § 19 Rn. 123; *Looschelders* VersR 2011, 697 (704).

[172] BGH VersR 1999, 1481; *Reiff/Schneider* in Prölss/Martin ALB 2012 § 6 Rn. 20.

[173] BGH r+s 1993, 33; *Reiff/Schneider* in Prölss/Martin ALB 2012 § 6 Rn. 20.

[174] BGH VersR 2009, 529; *Reiff/Schneider* in Prölss/Martin ALB 2012 § 6 Rn. 20; zur Zurechnung des Wissens von Versicherungsvermittlern und Dritten ausführlich *Langheid* in Langheid/Wandt § 19 Rn. 93ff.

[175] BGH VersR 2008, 765; r+s 2002, 140; OLG Saarbrücken VersR 2005, 675.

[176] BGH VersR 2008, 765; r+s 2002, 140; OLG Saarbrücken VersR 2005, 675; *Reiff/Schneider* in Prölss/Martin ALB 2012 § 6 Rn. 21.

[177] *Benkel/Hirschberg* ALB 2008 § 6 Rn. 23; *Neuhaus* r+s 2008, 45 (52f.).

Versicherers **hinweist.**[178] Mit dem Hinweis auf Daten in einer Datensammlung eines **anderen Versicherers** genügt der Versicherungsnehmer seiner Anzeigepflicht nur, wenn sich der Versicherer im Antragsformular die Einwilligung des Versicherungsnehmers hat geben lassen, im Verbund mit dem anderen Versicherer die Daten des Versicherungsnehmers zu sammeln.[179]

66 Der Versicherungsnehmer kann sich jedoch nicht darauf berufen, dass der Versicherer Zugriff auf das **Hinweis- und Informationssystem** (HIS)[180] hat und er sich dadurch Kenntnis von einem von ihm nicht angezeigten Umstand verschaffen kann. Dies gilt auch dann nicht, wenn eine generelle Anweisung des Versicherers zur Abfrage der Datenbank bestanden hat.[181] Eine Pflicht zur Abfrage dieser Datenbank besteht für den Versicherer nicht.[182] HIS ist darauf ausgerichtet, einem Versicherungsbetrug entgegen zu wirken und dient daher dazu, eine vorsätzliche Verletzung aufzudecken.[183] Die Anzeigepflicht des Versicherungsnehmers würde in ihr Gegenteil verkehrt, wenn der zur Aufklärung gehaltene Versicherungsnehmer seine Verletzung damit rechtfertigen könnte, dass der Versicherer in der Lage gewesen wäre, die Unrichtigkeit und Unvollständigkeit seiner Angaben zu durchschauen.[184]

Auch kann der Versicherer über diese Datenbank nur die Information erhalten, ob ein anderer Antrag des Versicherungsnehmers abgelehnt oder mit Zuschlägen angenommen wurde. Ebenfalls werden nur die Angaben erfasst, die von den Versicherern gemeldet wurden.[185] Aus datenschutzrechtlichen Gründen hat der Versicherer nicht die Möglichkeit, beim anderen Versicherer die vom Versicherungsnehmer gemachten Angaben nachzufragen, so dass er keine Kenntnis über die nicht angegebenen Gefahrumstände erhalten kann. Allerdings wird man vom Versicherer verlangen können, beim Versicherungsnehmer im Rahmen der vor Vertragsschluss gebotenen Risikoprüfung rückzufragen.

15. Frist und Begründung der Rechte des Versicherers (Abs. 15)

67 Der Versicherer muss die ihm zustehenden Rechte Rücktritt, Kündigung oder Vertragsänderung innerhalb eines Monats geltend machen. Die Frist beginnt mit der Kenntniserlangung des Versicherers von der Anzeigepflichtverletzung. Der Versicherer hat die Ausübung seiner Rechte zu begründen.

68 **a) Frist.** Der Versicherer kann sein Recht zum Rücktritt, zur Kündigung oder zur Vertragsänderung nur **innerhalb eines Monats** geltend machen. Die Frist beginnt mit dem Zeitpunkt, zu dem der Versicherer von der Verletzung der Anzeigepflicht, die das von ihm geltend gemachte Recht begründet, **Kenntnis erlangt.**

---

[178] BGH VersR 1993, 1089; *Reiff/Schneider* in Prölss/Martin ALB 2012 § 6 Rn. 19; weitergehender zB *Langheid* in Langheid/Wandt § 19 Rn. 167, der Versicherer hat Kenntnis von allen Daten, die in Datenbanken gespeichert sind.

[179] BGH VersR 1993, 1089; *Reiff/Schneider* in Prölss/Martin ALB 2012 § 6 Rn. 19.

[180] www.informa-irfp.de.

[181] BGH VersR 2007, 481; OLG Hamm VersR 2008, 958; OLG Saarbrücken VersR 2006, 1208 (1209); aM KG VersR 2002, 703.

[182] In der Lit. wird jedoch teilweise die routinemäßige Abfrage für erforderlich gehalten, so zB *Rolfs* in Bruck/Möller § 19 Rn. 121; *Lücke* VersR 1996, 785 (788).

[183] BGH VersR 2007, 481 Rn. 16.

[184] BGH VersR 2007, 481 Rn. 15; 1982, 182 (183).

[185] BGH VersR 2007, 481 Rn. 21; OLG Saarbrücken VersR 2006, 1208 (1210).

Beginn und Ende der Monatsfrist bestimmen sich nach §§ 187 Abs. 1, 188 Abs. 2 BGB.[186]

69 **aa) Gegenstand der Kenntnis.** In der **Lit.** ist **umstr.,** auf was sich die fristauslösende Kenntnis des Versicherers erstrecken muss. **Teilweise** wird vertreten, dass bereits die Kenntnis von der **objektiven Anzeigepflichtverletzung** die Monatsfrist auslöst.[187] Zur Begründung wird ausgeführt, dass nach der Gesetzesbegründung § 20 Abs. 1 S. 2 VVG aF, wonach die Kenntnis von der Anzeigepflichtverletzung maßgeblich war, übernommen werden sollte.[188] Der Versicherer soll den Versicherungsnehmer mit der Ausübung der Rechte konfrontieren, wenn er deren von ihm zu beweisenden Voraussetzungen, also die objektive Pflichtverletzung, kenne. Es sei in diesem Fall zulässig, hilfsweise unterschiedliche Gestaltungsrechte geltend zu machen (→ Rn. 24), die beim jeweils geringeren Verschuldensgrad greifen würden.[189] Der Versicherer erleide dadurch keinen Nachteil, denn bis zur vollständigen Klärung des Sachverhalts scheide die Annahme einer zum Schadensersatz verpflichtenden Vertragsverletzung durch die sich als unzulässig erwiesene Ausübung der Rechte aus.[190] Die **Gegenauffassung** geht dagegen zu Recht davon aus, dass für den Lauf der Ausübungsfrist der Zeitpunkt maßgeblich ist, in dem der Versicherer **erstens** Kenntnis von der Verletzung der Anzeigepflicht und **zweitens** Kenntnis von weiteren Umständen hat, die Voraussetzung für die Rechtsausübung des Versicherers sind, so dass sich die **Kenntnis auch auf den Verschuldensgrad** beziehen muss.[191] Die schuldhafte Verletzung der Anzeigepflicht löst – anders als bei der bis Ende 2007 geltenden Rechtslage – nicht mehr ohne weiteres das Rücktrittsrecht aus. Im Gegensatz zu § 20 Abs. 1 S. 2 VVG aF, der allein auf den Zeitpunkt abstellte, in welchem der Versicherer von der Verletzung der Anzeigepflicht Kenntnis erlangte, bezieht sich § 21 Abs. 1 S. 2 VVG zwar immer noch auf die Verletzung der Anzeigepflicht, jedoch ist für den Fristbeginn nun die Kenntnis von der Verletzung maßgeblich, die das **von ihm geltend gemachte Recht begründet.**[192] Das gegenteilige Verständnis würde nicht berücksichtigen, dass für die Ausübung der einzelnen Rechte neben der Anzeigepflichtverletzung auch ein bestimmter Verschuldensgrad vorausgesetzt wird.[193] Dies wird insbes. beim Vertragsänderungsrecht relevant.[194] Gemäß § 19 Abs. 3 S. 1 VVG wird bereits von Gesetzes wegen Vorsatz und grobe Fahrlässigkeit des Versicherungsnehmers vermutet. Für den Fristbeginn

---

[186] BGH VersR 1990, 258 (258f.) für die Ausübung des Rücktrittsrechts; *Langheid* in Römer/Langheid § 21 Rn. 7.

[187] *Armbrüster* in Prölss/Martin § 21 Rn. 21; *Rolfs* in Bruck/Möller § 21 Rn. 24; *Schimikowski* r+s 2009, 353 (357); *Härle* in Schwintowski/Brömmelmeyer § 21 Rn. 7.

[188] *Härle* in Schwintowski/Brömmelmeyer § 21 Rn. 7.

[189] *Armbrüster* in Prölss/Martin § 21 Rn. 21; *Schimikowski* r+s 2009, 353 (357).

[190] *Armbrüster* in Prölss/Martin § 21 Rn. 21.

[191] *Muschner* in Langheid/Wandt § 21 Rn. 7; *Langheid* in Römer/Langheid § 21 Rn. 2; *ders.* NJW 2007, 3665 (3668); *Looschelders* in Looschelders/Pohlmann § 21 Rn. 3; *Lange* r+s 2008, 56 (58); *Neuhaus* r+s 2009, 309 (313f.); *Marlow* in Marlow/Spuhl Rn. 208.

[192] *Muschner* in Langheid/Wandt § 21 Rn. 7; *Looschelders* in Looschelders/Pohlmann § 21 Rn. 3; *Marlow* in Marlow/Spuhl Rn. 208.

[193] *Muschner* in Langheid/Wandt § 21 Rn. 7; *Marlow* in Marlow/Spuhl Rn. 208; *Lange* r+s 2008, 56 (58); *Langheid* in Römer/Langheid § 21 Rn. 2, der jedoch davon ausgeht, dass sich die Kenntnis zusätzlich auf die kausale Verknüpfung zwischen verschwiegenem Umstand und Versicherungsfall erstrecken muss.

[194] *Marlow* in Marlow/Spuhl Rn. 208; *Looschelders* in Looschelders/Pohlmann § 21 Rn. 3.

des Rücktritts bei **vertragshindernden Umständen** (→ Rn. 28) ist daher idR die Kenntnis von der objektiven Anzeigepflichtverletzung ausreichend.[195] Stellt sich nachträglich ein geringeres Verschulden oder Schuldlosigkeit heraus, wird eine Umdeutung des Rücktritts in eine Kündigung (→ Rn. 23) möglich sein.[196] Dagegen ist bei **vertragsändernden Umständen** (→ Rn. 28) ein Rücktritt nur bei Vorsatz und nicht bei grober Fahrlässigkeit oder einem geringeren Verschuldensgrad zulässig. Ergeben sich iRd Prüfung Umstände, die für ein geringeres Verschulden sprechen, wäre der Fristbeginn für das Vertragsänderungsrecht regelmäßig abgelaufen, wenn für die Kenntnis die objektive Anzeigepflichtverletzung entscheidend wäre.[197] Dem Versicherer ist daher zu raten, im Zweifel andere Gestaltungsrechte hilfsweise auszuüben (→ Rn. 24), insbes. neben dem Rücktrittsrecht auch das Vertragsänderungsrecht geltend zu machen, um die Monatsfrist auf jeden Fall einhalten zu können.[198]

70 **bb) Kenntnis.** Der Versicherer muss **zuverlässige Kunde** davon haben, dass der Versicherungsnehmer bekannte, gefahrerhebliche Umstände nicht angegeben oder über bekannte Umstände falsche Angaben gemacht hat.[199] Er ist nicht gehalten, sein Gestaltungsrecht auf einen **bloßen Verdacht** hin auszuüben.[200] Bei falschen Angaben über den Gesundheitszustand ist dies idR erst dann der Fall, wenn der Versicherer die behandelnden Ärzte konsultiert hat.[201] Bei konkreten Anhaltspunkten für die Verletzung der vorvertraglichen Anzeigepflicht besteht jedoch auch hier eine **Nachfrageobliegenheit** des Versicherers, dh er muss Nachforschungen aufnehmen und kann somit den Fristablauf nicht durch seine eigene Untätigkeit hinausschieben.[202] Der Versicherer muss auch Kenntnis vom Verschuldensgrad haben (→ Rn. 69).

71 **b) Begründung.** Der Versicherer muss die Gründe angeben, auf die er das von ihm erklärte Recht stützt, da nur so das berechtigte Interesse des Versicherungsnehmers gewahrt werden kann.[203] Er muss jedoch nur diejenigen Tatsachen mitteilen, die für seine Erklärung maßgeblich sind, auf ein Verschulden des Versicherungsnehmers braucht er nicht Bezug zu nehmen. Die Begründung muss zwar nicht zutreffend sein, jedoch muss für den Versicherungsnehmer **erkennbar sein,** in welchen konkreten Umständen der Versicherer eine Anzeigepflichtverletzung sieht.[204]

---

[195] *Muschner* in Langheid/Wandt § 21 Rn. 8.

[196] *Marlow* in Marlow/Spuhl Rn. 208; *Looschelders* in Looschelders/Pohlmann § 21 Rn. 3.

[197] *Marlow* in Marlow/Spuhl Rn. 208.

[198] *Looschelders* in Looschelders/Pohlmann § 21 Rn. 3; *Marlow* in Marlow/Spuhl Rn. 208; aM offenbar *Lange* r+s 2008, 56 (58), der zu Unrecht davon ausgeht, dass eine Rechtsausübung, die sich nicht als gerichtfest erweist, das Risiko einer Schadensersatzhaftung des Versicherers begründet.

[199] BGH VersR 1999, 217 (218); OLG Hamm r+s 1990, 37; VersR 1990, 76; *Armbrüster* in Prölss/Martin § 21 Rn. 19; *Härle* in Schwintowski/Brömmelmeyer § 21 Rn. 10.

[200] BGH VersR 1991, 170 (172); *Muschner* in Langheid/Wandt § 21 Rn. 11; *Armbrüster* in Prölss/Martin § 21 Rn. 19; *Looschelders* in Looschelders/Pohlmann § 21 Rn. 4.

[201] OLG Hamm VersR 1987, 150 (151); *Armbrüster* in Prölss/Martin § 21 Rn. 20.

[202] BGH VersR 1999, 217; VersR 1991, 170 (172); *Lange* r+s 2008, 56 (58); *Rolfs* in Bruck/Möller § 19 Rn. 91 ff.; *Armbrüster* in Prölss/Martin § 21 Rn. 22.

[203] Begr. RegE VVG BT-Drs. 16/3945, 66 (zu § 21 Abs. 1).

[204] *Armbrüster* in Prölss/Martin § 21 Rn. 14; *Rolfs* in Bruck/Möller § 21 Rn. 17; *Lange* r+s 2008, 56 (60); *Neuhaus* r+s 2008, 45 (53).

72 Sofern es sich bei der **versicherten Person** – wie zB in der betrieblichen Altersversorgung – **nicht** um den **Versicherungsnehmer** handelt, ist die Ausübung des Gestaltungsrechts an die verschwiegenen Vorerkrankungen der versicherten Person geknüpft, jedoch gegenüber dem Versicherungsnehmer als Vertragspartner zu erklären. Gegenüber Dritten (hier dem Versicherungsnehmer) ist die unbefugte Offenbarung von Gesundheitsdaten aber eine Straftat nach § 203 Abs. 1 Nr. 6 StGB. In dieser Konstellation muss es zulässig sein, die Gestaltungsrechte gegenüber dem Versicherungsnehmer nur mit der pauschalen Begründung auszuüben, dass eine **ausführliche Begründung gegenüber der versicherten Person** erfolgt ist und der Versicherungsnehmer eine Abschrift erhalten kann, wenn er eine Schweigepflichtentbindungserklärung der versicherten Person vorlegt. Das Recht auf informationelle Selbstbestimmung der versicherten Person ist durch § 213 VVG geschützt und daher grundsätzlich höher zu bewerten als das Informationsinteresse des Versicherungsnehmers.[205]

73 Der Versicherer kann zur Begründung eines von ihm ausgeübten Gestaltungsrechts **neu bekannt werdende Gründe** nur innerhalb eines Monats nach Bekanntwerden des ersten Grundes **nachschieben.** Erfährt er von weiteren, ihm bisher nicht bekannten Gründen, nach dem die Monatsfrist für das erklärte Gestaltungsrecht abgelaufen ist, kann er die neuen Gründe zur Stützung der ersten Erklärung nicht mehr nachschieben. Er muss vielmehr innerhalb der neu laufenden Monatsfrist ein Gestaltungsrecht neu ausüben.[206] Diese Auff. entspricht auch der bisherigen Rspr. zum VVG aF.[207] Der Begriff „diese" in S. 2 Hs. 2 bezieht sich auf die „Erklärung" und nicht auf die „Umstände".[208]

74 **c) Mehrere Anzeigepflichtverletzungen.** Liegt eine mehrmalige Verletzung der Anzeigepflicht vor, ist der Fristbeginn für **jede einzelne Verletzung** neu zu bestimmen.[209] Zum Nachschieben von Gründen (→ Rn. 73).

16. Erlöschen durch Zeitablauf (Abs. 16)

75 Die Rechte des Versicherers zum Rücktritt, zur Kündigung oder zur Vertragsänderung erlöschen nach Ablauf von fünf Jahren seit Vertragsschluss, sofern der Versicherungsfall nicht bereits vor Ablauf dieser Frist eingetreten ist. Hat der Versicherungsnehmer die Anzeigepflicht vorsätzlich oder arglistig verletzt, beträgt die Frist zehn Jahre.

76 Mit der **Fünf-Jahresfrist** wollte der Gesetzgeber vermeiden, dass „solche Versicherungsnehmer begünstigt werden, die ihre Anzeigepflicht gröblich verletzen und sich dadurch auf Kosten der Versichertengemeinschaft dauerhaft ungerechtfertigte Vorteile verschaffen".[210] Im Fall der **vorsätzlichen und arglistigen Pflicht-**

---

[205] *Neuhaus* r+s 2009, 309 (312).

[206] *Rolfs* in Bruck/Möller § 21 Rn. 21; *Armbrüster* in Prölss/Martin § 21 Rn. 16f.; *Lange* r+s 2008, 56 (60); *Reusch* VersR 2007, 1313 (1322); *Neuhaus* r+s 2008, 45 (53); aM *Prölss* in Prölss/Martin, 28. Aufl. 2010, § 21 Rn. 11; *Langheid* in Römer/Langheid § 21 Rn. 12, die die erneute Ausübung des jeweiligen Gestaltungsrechts als reine Förmelei ansehen.

[207] OLG Saarbrücken VersR 1994, 847 (848); *Neuhaus* r+s 2008, 45 (53).

[208] *Benkel/Hirschberg* ALB 2008 § 6 Rn. 30; *Lange* r+s 2008, 56 (60) zu § 21 Abs. 1 S. 2 Hs. 2 VVG; aM *Reiff/Schneider* in Prölss/Martin ALB 2012 § 6 Rn. 16.

[209] OLG Saarbrücken VersR 1994, 847 (848); *Langheid* in Römer/Langheid § 21 Rn. 8; *Muschner* in Langheid/Wandt § 21 Rn. 20.

[210] Begr. RegE VVG BT-Drs. 16/3945, 66 (zu § 21 Abs. 3).

verletzung verlängert sich die Ausschlussfrist auf **zehn Jahre** (zur Arglist → Rn. 79). Zur Vermeidung von Missbrauch gelten diese Fristen **nicht für Versicherungsfälle,** die vor Ablauf der Frist eingetreten sind. Ausreichend hierfür ist der **objektive Eintritt des Versicherungsfalles;** es kommt nicht auf den Leistungsantrag des Versicherungsnehmers an, da gerade verhindert werden soll, dass Böswillige die zeitliche Grenze umgehen.[211] In diesen Fällen kann der Versicherer seine Rechte unbefristet geltend machen.[212]

17. Anfechtung wegen arglistiger Täuschung (Abs. 17)

77 Der Versicherer hat auch das Recht zur Anfechtung des Vertrages, wenn der Versicherungsnehmer ihn arglistig getäuscht hat.

78 **a) Anfechtung.** Das Recht zur Anfechtung des Vertrages wegen arglistiger Täuschung besteht unabhängig von den anderen Rechten des Versicherers.[213] Die Voraussetzungen und Rechtsfolgen der Anfechtung bestimmen sich nach den Regelungen des Allgemeinen Teils des BGB, insbes. nach §§ 123, 124 und 142 BGB.[214]

79 **aa) Arglistige Täuschung.** Die arglistige Täuschung setzt eine Vorspiegelung falscher oder ein Verschweigen wahrer Tatsachen gegenüber dem Versicherer zum Zweck der Erregung oder Aufrechterhaltung eines Irrtums voraus. Der Versicherungsnehmer muss vorsätzlich handeln, indem er **bewusst und willentlich** auf die Entscheidung des Versicherers einwirkt.[215] Falsche Angaben in einem Versicherungsantrag allein rechtfertigen den Schluss auf eine arglistige Täuschung nicht. Einen allgemeiner Erfahrungssatz des Inhalts, dass eine bewusst unrichtige Beantwortung einer Antragsfrage immer nur in der Absicht erfolgt, auf den Willen des Versicherers einzuwirken, gibt es nicht.[216] In **subjektiver Hinsicht** setzt die Annahme von Arglist zusätzlich voraus, dass der Versicherungsnehmer **erkennt und billigt,** dass der Versicherer seinen Antrag bei Kenntnis des wahren Sachverhalts gar nicht oder nur zu anderen Konditionen annehmen werde.[217] Hierbei reicht das Bewusstsein des Versicherungsnehmers aus, dass der Versicherer möglicherweise seinen Antrag nicht oder nur unter erschwerten Bedingungen annehme, wenn er die Wahrheit sage.[218]

---

211 *Muschner* in Langheid/Wandt § 21 Rn. 65; *Neuhaus* r+s 2008, 45 (54).

212 *Langheid* in Römer/Langheid § 21 Rn. 41 und 43; *Muschner* in Langheid/Wandt § 21 Rn. 65; *Looschelders* in Looschelders/Pohlmann § 21 Rn. 26; die Auff. von *Marlow* in Marlow/Spuhl, Rn. 222, der die Zehn-Jahresfrist als absolute Grenze ansieht, findet im Gesetz keine Stütze, so auch *Langheid* in Römer/Langheid § 21 Rn. 41. Teilweise wird bei vorsätzlicher und arglistiger Pflichtverletzung die Zehn-Jahresfrist als absolute Grenze angesehen, auch wenn der Versicherungsfall in dieser Frist eingetreten ist, so *Armbrüster* in Prölss/Martin § 21 Rn. 45; *Rolfs* in Bruck/Möller § 21 Rn. 51.

213 *Reiff/Schneider* in Prölss/Martin ALB 2012 § 6 Rn. 24; *Rolfs* in Bruck/Möller § 22 Rn. 1; *Müller-Frank* in Langheid/Wandt § 22 Rn. 1.

214 *Müller-Frank* in Langheid/Wandt § 22 Rn. 1; *Rolfs* in Bruck/Möller § 22 Rn. 4; *Looschelders* in Looschelders/Pohlmann § 22 Rn. 2.

215 BGH VersR 2011, 337 Rn. 19; OLG München r+s 2013, 511 (512).

216 BGH VersR 2011, 337 Rn. 19; 2008, 809; *Looschelders* VersR 2011, 697 (702).

217 BGH VersR 2011, 337 Rn. 19; 2008, 809; OLG Düsseldorf VersR 1995, 35.

218 OLG Koblenz VersR 2009, 53; OLG Karlsruhe r+s 2009, 120 (121); *Müller-Frank* in Langheid/Wandt § 22 Rn. 24.

Ein betrügerisches Verhalten ist als schwerste Form zwar denkbar, aber nicht Voraussetzung der Arglist.[219]

Die arglistige Täuschung muss **kausal** für den Annahmeentschluss des Versicherers geworden sein.[220] Dies ist dann der Fall, wenn der Versicherer die Vertragserklärung ohne die Täuschung überhaupt nicht, mit einem anderen Inhalt oder zu einem anderen Zeitpunkt abgegeben hätte.[221]

80 **bb) Voraussetzungen der Anfechtung.** Voraussetzung für die Ausübung des Anfechtungsrechts ist nicht, dass der Versicherer nach den unrichtigen oder unvollständigen Angaben in Textform gefragt hat, zur spontanen Anzeigepflicht (→ Rn. 13). Da nach S. 1 Hs. 2 die Anfechtung jedoch **unrichtige oder unvollständige Angaben** vorausgesetzt, wird diese allerdings nur dann in Betracht kommen, wenn der Versicherer **zumindest mündlich** nach den gefahrerheblichen Umständen gefragt hat.

81 Über das Recht des Versicherers zur Anfechtung muss der Versicherungsnehmer **nicht belehrt werden** (→ Rn. 57). Auch der **Anfechtungsgrund** muss in der Anfechtungserklärung **nicht angegeben** werden, allerdings muss es für den Anfechtungsgegner erkennbar sein, auf welchen tatsächlichen Grund die Anfechtung gestützt wird.[222]

82 **cc) Angaben der versicherten Person.** Auch die versicherte Person ist zur Anzeige verpflichtet (Abs. 2) und ist daher nicht Dritter iSd § 123 Abs. 2 S. 1 BGB. Die arglistige Täuschung der versicherten Person wirkt daher wie eine eigene Täuschung des Versicherungsnehmers und berechtigt zur Anfechtung unabhängig davon, ob der Versicherer die Täuschung kannte oder kennen musste.[223] **Anfechtungsgegner** iSd § 143 Abs. 1 BGB ist auch in diesem Fall der Vertragspartner bzw. der Erklärungsempfänger iSd Abs. 19 (→ Rn. 89), also nicht die versicherte Person.[224]

83 **b) Frist.** Nach § 124 BGB gilt die Anfechtungsfrist von **einem Jahr** nach Kenntniserlangung. Nach Ablauf dieser Frist können Gründe nicht mehr nachgeschoben werden.[225] Die Anfechtung ist gemäß § 124 Abs. 3 BGB ausgeschlossen, wenn seit der Abgabe der Willenserklärung des Versicherungsnehmers **zehn Jahre** vergangen sind.

Die Anfechtungserklärung muss dem Versicherungsnehmer gemäß § 130 Abs. 1 S. 1 BGB fristgerecht zugehen, auf die Berechnung der Frist finden die §§ 187 Abs. 1, 188 Abs. 2 BGB Anwendung.[226]

---

[219] *Looschelders* VersR 2011, 697 (702); *Langheid* in Römer/Langheid § 22 Rn. 7; *Müller-Frank* in Langheid/Wandt § 22 Rn. 22.

[220] OLG Düsseldorf VersR 1995, 35 (36); *Langheid* in Römer/Langheid § 22 Rn. 9; *Müller-Frank* in Langheid/Wandt § 22 Rn. 19.

[221] *Müller-Frank* in Langheid/Wandt § 22 Rn. 19; *Ellenberger* in Palandt § 123 Rn. 24.

[222] *Benkel/Hirschberg* ALB 2008 § 6 Rn. 38; *Müller-Frank* in Langheid/Wandt § 22 Rn. 41; *Rolfs* in Bruck/Möller § 22 Rn. 27; aM *Neuhaus* r+s 2008, 45 (54), der Versicherer muss den Anfechtungsgrund nennen.

[223] *Müller-Frank* in Langheid/Wandt § 22 Rn. 29; *Rolfs* in Bruck/Möller § 22 Rn. 17; *Langheid* in Römer/Langheid § 22 Rn. 24; aM *Reiff/Schneider* in Prölss/Martin ALB 2012 § 6 Rn. 24 und *Armbrüster* in Prölss/Martin § 22 Rn. 23, die § 123 Abs. 2 S. 2 BGB für anwendbar halten.

[224] *Müller-Frank* in Langheid/Wandt § 22 Rn. 45 f.; *Armbrüster* in Prölss/Martin § 22 Rn. 31.

[225] *Neuhaus* r+s 2008, 45 (54); *Rolfs* in Bruck/Möller § 22 Rn. 30.

[226] *Rolfs* in Bruck/Möller § 22 Rn. 30.

c) Rechtsfolgen. Die Anfechtung führt gemäß § 142 Abs. 1 BGB zur **Nichtigkeit** des Versicherungsvertrages von Anfang an.[227] Versicherungsansprüche für einen eingetretenen Versicherungsfall können nicht mehr geltend gemacht werden.[228] **84**

In S. 3 ist geregelt, dass Abs. 7 entsprechend anwendbar ist. Der Versicherungsnehmer kann trotz der Anfechtung und der damit verbundenen Nichtigkeit des Versicherungsvertrages von Anfang an die Rückzahlung seiner Beiträge nicht verlangen und muss bis zum Wirksamwerden der Anfechtungserklärung die Prämie zahlen (vgl. § 39 Abs. 1 S. 2 VVG).[229] Der Versicherer hat den **Rückkaufswert** zu zahlen (§ 169 Abs. 1 VVG)[230], die Regelungen über den Mindestrückkaufswert sind auch hier jedoch nicht anwendbar (→ Rn. 36). Die Rückabwicklung richtet sich im Übrigen nach § 812 BGB.[231]

18. Entsprechende Anwendung im Fall der Leistungserweiterung und Wiederherstellung des Versicherungsschutzes (Abs. 18)

85 Die Absätze 1 bis 17 geltend entsprechend, wenn der Versicherungsschutz nachträglich erweitert oder wiederhergestellt und deshalb eine erneute Risikoprüfung vorgenommen wird. Eine entsprechende Anwendung scheidet daher aus, wenn der Versicherungsnehmer einen **Anspruch** auf Änderung – zB bei einer dynamischen Versicherung – oder auf Wiederherstellung des Versicherungsschutzes hat.[232]

86 Die **Erweiterung des Versicherungsschutzes** ist wie ein **Neuabschluss** zu behandeln, so dass der Versicherungsnehmer auch diesbezüglich seine vorvertraglichen Anzeigepflichten zu erfüllen hat.[233] Nur betroffen sind jedoch solche Änderungen, die die Leistungspflicht erweitern. Die Umwandlung einer Versicherung in eine prämienfreie stellt eine den Versicherungsschutz einschränkende Änderung dar, so dass keine Pflicht zur Anzeige zwischenzeitlich eingetretener Umstände besteht.[234]

Auch bei einer **Wiederinkraftsetzung der Versicherung** und der damit verbundenen Wiederherstellung des Versicherungsschutzes kann der Versicherer erneut die Anzeige gefahrerheblicher Umstände verlangen.[235]

Die Absätze 1 bis 17 gelten für den erweiterten oder wiederhergestellten Versicherungsschutz entsprechend, so dass der Versicherer zB die Antragsfragen erneut in Textform (→ Rn. 7) stellen und über seine Rechte nochmals gesondert belehren

---

[227] *Müller-Frank* in Langheid/Wandt § 22 Rn. 53; *Armbrüster* in Prölss/Martin § 22 Rn. 38.

[228] *Müller-Frank* in Langheid/Wandt § 22 Rn. 55; *Langheid* in Römer/Langheid § 22 Rn. 29.

[229] *Müller-Frank* in Langheid/Wandt § 22 Rn. 58; *Armbrüster* in Prölss/Martin § 22 Rn. 38; *Looschelders* in Looschelders/Pohlmann § 22 Rn. 28; *Neuhaus* r+s 2008, 45 (54).

[230] *Müller-Frank* in Langheid/Wandt § 22 Rn. 61; *Armbrüster* in Prölss/Martin § 22 Rn. 38; *Looschelders* in Looschelders/Pohlmann § 22 Rn. 28.

[231] *Looschelders* in Looschelders/Pohlmann § 22 Rn. 28; *Müller-Frank* in Langheid/Wandt § 22 Rn. 57.

[232] BGH VersR 1994, 39; OLG Köln VersR 1992, 1252; *Langheid* in Römer/Langheid § 19 Rn. 53; *Rolfs* in Bruck/Möller § 19 Rn. 15.

[233] BGH VersR 1994, 39 (40); OLG Saarbrücken VersR 2007, 1681 (1682); OLG Köln VersR 1992, 1252; *Reiff/Schneider* in Prölss/Martin ALB 2012 § 6 Rn. 26.

[234] BGH VersR 1994, 39 (40); *Reiff/Schneider* in Prölss/Martin ALB 2012 § 6 Rn. 26.

[235] BGH VersR 1994, 39; OLG Karlsruhe VersR 1992, 1250.

(→ Rn. 53 ff.) muss.[236] Die **Rechte** stehen dem Versicherer jedoch nur in Bezug auf die **Vertragsänderung** zu.[237] Die **Fristen** nach Abs. 16 beginnen daher nur für den **geänderten oder wiederhergestellten Teil** neu zu laufen (Abs. 18 S. 2).

19. Ausübung der Rechte gegenüber dem Erklärungsempfänger (Abs. 19)

87 Der Versicherer muss die ihm zustehenden Rechte durch eine schriftliche Erklärung gegenüber dem Versicherungsnehmer geltend machen. In den neueren Fassungen der ARB wird ausdrücklich klargestellt, dass sich diese Regelung auch auf das Recht zur Anfechtung bezieht. Nach dem Tod des Versicherungsnehmers gilt ein Bezugsberechtigter als bevollmächtigt, die Erklärung entgegen zu nehmen, wenn der Versicherungsnehmer keine andere Person bevollmächtigt hat. Ist kein Bezugsberechtigter vorhanden oder kann dessen Aufenthalt nicht ermittelt werden, ist der Inhaber des Versicherungsscheins zur Entgegennahme der Erklärung als bevollmächtigt anzusehen.

88 **a) Schriftform.** Abs. 19 setzt § 21 Abs. 1 S. 1 VVG um. Der Versicherer muss die ihm zustehenden Rechte Rücktritt, Kündigung und Vertragsänderung schriftlich geltend machen. Das Gesetz verlangt **Schriftform iSd § 126 BGB** und nicht nur Textform nach § 126b BGB (→ Rn. 7).[238] Eine Anfechtung wäre dagegen auch formlos möglich, da hierfür § 21 VVG keine Anwendung findet.[239] Abs. 19 sieht jedoch die Schriftform auch für die Anfechtung vor (zur Wirksamkeit der Bestimmung → Rn. 108).

Die Erklärung selbst ist schriftlich abzufassen und von einer vertretungsberechtigten Person des Versicherers **eigenhändig mit Namen** zu unterzeichnen. Eine Unterzeichnung durch Stempel, Faksimile und sonstige mechanische Hilfsmittel ist nicht zulässig.[240] Die Verletzung des gesetzlichen Schriftformerfordernisses iSd § 126 BGB hat die Unwirksamkeit des ausgeübten Rechts zur Folge.[241]

89 **b) Erklärungsempfänger.** Der Versicherer muss seine Rechte gegenüber dem **Versicherungsnehmer** ausüben, bei mehreren Versicherungsnehmern gegenüber allen gemäß § 351 S. 1 BGB.[242] Die Anzeigepflichtverletzung oder arglistige Täuschung einer der Versicherungsnehmer ist hierfür ausreichend.[243]

Verstirbt der Versicherungsnehmer und hat er eine (postmortale) **Empfangsvollmacht** erteilt, muss der Versicherer seine Rechte gegenüber dem **Bevollmächtigten** ausüben (S. 2 Hs. 1).[244] Ist kein Bevollmächtigter vorhanden, sieht S. 2

---

[236] *Reiff/Schneider* in Prölss/Martin ALB 2012 § 6 Rn. 26, die zu Recht die Auff. des OLG Karlsruhe r+s 1996 286 (287), dass keine gesonderte Belehrung erforderlich ist, für überholt halten.

[237] OLG Saarbrücken VersR 2007, 1681 (1682); *Rolfs* in Bruck/Möller § 19 Rn. 15.

[238] *Langheid* in Römer/Langheid § 21 Rn. 10; *Rolfs* in Bruck/Möller § 21 Rn. 14; *Looschelders* in Looschelders/Pohlmann § 21 Rn. 5.

[239] *Rolfs* in Bruck/Möller § 22 Rn. 27.

[240] *Muschner* in Langheid/Wandt § 21 Rn. 36; *Rolfs* in Bruck/Möller § 21 Rn. 14.

[241] *Langheid* in Römer/Langheid § 21 Rn. 10; *Rolfs* in Bruck/Möller § 21 Rn. 14.

[242] *Langheid* in Römer/Langheid § 21 Rn. 13; *Rolfs* in Bruck/Möller § 21 Rn. 12; *Härle* in Schwintowski/Brömmelmeyer § 21 Rn. 21.

[243] *Rolfs* in Bruck/Möller § 21 Rn. 12 und § 22 Rn. 17.

[244] BGH VersR 1993, 868; *Langheid* in Römer/Langheid § 21 Rn. 14; *Muschner* in Langheid/Wandt § 21 Rn. 26.

Hs. 2 vor, dass ein **Bezugsberechtigter** als bevollmächtigt gilt. Ist kein Bezugsberechtigter vorhanden oder kann sein Aufenthalt nicht ermittelt werden, ist der **Inhaber des Versicherungsscheins** nach S. 3 als bevollmächtigt anzusehen, die Erklärung entgegenzunehmen (zur Wirksamkeit der Bestimmung → Rn. 109).

IV. Darlegungs- und Beweislast

90 Übt der Versicherer seine Rechte aus, wird es in einem Rechtsstreit häufig darauf ankommen, welche Partei wofür vortrags- und beweisbelastet ist.[245]

1. Darlegungs- und Beweislast des Versicherers

91 Der **Versicherer** muss alle den **Rücktritt begründenden Umstände** darlegen und beweisen.[246]

92 Nach § 69 Abs. 3 VVG trägt der Versicherungsnehmer die Beweislast für die Abgabe oder den Inhalt eines Antrags und der **Versicherer** die Beweislast für die **Verletzung der Anzeigepflicht** durch den Versicherungsnehmer.[247] Hierzu gehört der äußere Tatbestand einer Anzeigepflichtverletzung einschließlich der Kenntnis des Versicherungsnehmers von dem anzuzeigenden Umstand.[248] Der Versicherer muss auch beweisen, dass er ordnungsgemäß über die Folgen der Anzeigepflichtverletzung **belehrt** hat.[249] Ebenfalls muss er die **Gefahrerheblichkeit** des verschwiegenen oder falsch angegebenen Umstands darlegen und beweisen.[250] Hierzu wird der Versicherer seine Risikoprüfungsgrundsätze offen zu legen haben.[251]

93 Behauptet der Versicherungsnehmer substantiiert, er habe den **Versicherungsvertreter** zutreffend **mündlich informiert,** trifft den Versicherer die Beweislast dafür, dass der Versicherungsnehmer die Fragen tatsächlich auch gegenüber dem Versicherungsvertreter falsch beantwortet hat, wobei der Versicherungsnehmer seine Behauptungen substantiiert darlegen muss.[252] Die Beweislast dafür, dass ein Versicherungsvertreter bei der Aufnahme des Antrags nicht Versicherungsvertreter war, trägt ebenfalls der Versicherer.[253]

94 Den Nachweis der **arglistigen Verletzung der Anzeigepflicht** (→ Rn. 35) sowie einer **arglistigen Täuschung** (→ Rn. 79) obliegt ebenfalls dem Versiche-

---

[245] *Langheid* in Römer/Langheid § 19 Rn. 133.

[246] OLG Stuttgart r+s 2014, 86 (88); OLG Hamm VersR 1993, 956; *Benkel/Hirschberg* ALB 2008 § 6 Rn. 8; *Langheid* in Römer/Langheid § 19 Rn. 135; *Rolfs* in Bruck/Möller § 19 Rn. 172.

[247] *Langheid* in Römer/Langheid § 19 Rn. 134; *Neuhaus* r+s 2008, 45 (54).

[248] BGH r+s 1993, 392; OLG Frankfurt a. M. Urt. v. 19.1.2011 – 7 U 77/10; OLG Hamm VersR 1993, 956; *Langheid* in Langheid/Wandt § 19 Rn. 179.

[249] *Marlow* in Marlow/Spuhl Rn. 243.

[250] OLG Frankfurt a. M. Urt. v. 19.1.2011 – 7 U 77/10; *Langheid* in Langheid/Wandt § 19 Rn. 180; *Härle* in Schwintowski/Brömmelmeyer § 19 Rn. 144.

[251] *Härle* in Schwintowski/Brömmelmeyer § 19 Rn. 144.

[252] Zum früheren Recht: BGH VersR 2001, 1541 (1542); 1990, 77 zu mündlichen Angaben gegenüber einem Arzt; *Armbrüster* in Prölss/Martin § 19 Rn. 156; *Langheid* in Römer/Langheid § 19 Rn. 137f., wenn auch krit. im Fall der schriftlichen Falschbeantwortung durch den Versicherungsnehmer.

[253] *Langheid* in Langheid/Wandt § 19 Rn. 181.

rer.[254] Hierfür reichen falsche Angaben allein nicht aus, auch **subjektiv** ist Arglist zu beweisen. Da es sich hierbei um einen inneren Vorgang handelt, ist der Beweis nur durch **Indizien** zu führen. Wichtige Indizien sind hierbei Art, Schwere und Zweckrichtung der Falschangaben unter Berücksichtigung der Umstände des Einzelfalls.[255] Der Versicherungsnehmer hat jedoch eine **sekundäre Darlegungslast,** wenn objektiv falsche Angaben vorliegen.[256] Er muss plausibel darlegen, wie und weshalb es zu den objektiv falschen Angaben gekommen ist,[257] wobei er auch den äußeren Tatbestand seiner Angaben beweisen muss.[258] Die dargelegten Grundsätze gelten auch für die **versicherte Person.**[259]

Macht der Versicherungsnehmer geltend, im Antragsgespräch gegenüber dem Versicherungsvertreter richtige Angaben gemacht zu haben, gelten die Ausführungen zur Verletzung der Anzeigepflicht entsprechend (→ Rn. 93).

Darlegungs- und beweisbelastet ist der Versicherer auch hinsichtlich der **Kausalität** zwischen der Täuschung und seinem Entschluss, den Versicherungsvertrag mit dem vereinbarten Inhalt zu schließen. Er kann sich nach Vorlage der einschlägigen Risikogrundsätze auf einen Anscheinsbeweis berufen.[260] Der Versicherungsnehmer muss dann darlegen, dass der Versicherer im konkreten Fall anders verfahren hätte, wozu es eines substantiierten Vortrags bedarf. Es kommt dann auf den vom Versicherer zu führenden Beweis an, dass auch in diesem Fall die Risikogrundsätze eingehalten worden wären.[261]

95 Der Versicherer ist ebenfalls beweisbelastet für die ordnungsgemäße Ausübung seiner Rechte also dafür, dass seine **Erklärung fristgerecht zugegangen** ist[262], für die **Schriftform** und den **Inhalt seiner Begründung**[263] sowie für die **ordnungsgemäße Belehrung.**[264]

---

[254] BGH VersR 2008, 809; OLG Köln r+s 2014, 31 (31); *Rolfs* in Bruck/Möller § 22 Rn. 41; *Langheid* in Römer/Langheid § 22 Rn. 10.

[255] OLG Köln r+s 2014, 31 (31); OLG München r+s 2013, 511; OLG Frankfurt aM VersR 2001, 1097 (1098); OLG Koblenz VersR 1998, 1226; *Langheid* in Römer/Langheid § 22 Rn. 10.

[256] BGH VersR 2008, 809; 2008, 242; OLG Köln r+s 2014, 31 (31); OLG Hamm VersR 2008, 106 (107); *Langheid* in Römer/Langheid § 22 Rn. 11; *Rolfs* in Bruck/Möller § 22 Rn. 42f.; ausführlich hierzu *Müller-Frank* in Langheid/Wandt § 22 Rn. 68.

[257] BGH VersR 2011, 909 Rn. 10; 2008, 809; 2008, 242; OLG Köln r+s 2014, 31 (31); OLG Saarbrücken r+s 2014, 88 (89); *Langheid* in Römer/Langheid § 22 Rn. 11.

[258] OLG Oldenburg r+s 1988, 31; *Langheid* in Römer/Langheid § 22 Rn. 11.

[259] BGH VersR 2011, 1563 Rn. 30ff.

[260] BGH VersR 1995, 1496; OLG Celle VersR 2008, 1532 (1535); OLG Hamm VersR 2008, 477 (478); OLG Karlsruhe VersR 2006, 205 (206); *Müller-Frank* in Langheid/Wandt § 22 Rn. 66.

[261] OLG Hamburg VersR 2008, 770; *Müller-Frank* in Langheid/Wandt § 22 Rn. 66.

[262] BGH VersR 1964, 375 (376); OLG Hamm r+s 1990, 37 (37); *Rolfs* in Bruck/Möller § 21 Rn. 59; *Muschner* in Langheid/Wandt § 21 Rn. 28; *Müller-Frank* in Langheid/Wandt § 22 Rn. 71.

[263] *Marlow* in Marlow/Spuhl Rn. 243; *Rolfs* in Bruck/Möller § 21 Rn. 59.

[264] OLG Stuttgart r+s 2014, 86 (88); *Marlow* in Marlow/Spuhl Rn. 243.

2. Darlegungs- und Beweislast des Versicherungsnehmers

96 Der **Versicherungsnehmer** muss alle Umstände darlegen und beweisen, die zum **Ausschluss** oder zur **Einschränkung** der dem **Versicherer zustehenden Rechte** führen.[265]

97 **Vorsatz und grobe Fahrlässigkeit** des Versicherungsnehmers werden vermutet (§ 19 Abs. 3 S. 1 VVG). Er ist daher vortrags- und beweisbelastet für das Nichtvorliegen von Vorsatz und grober Fahrlässigkeit, dh dafür, dass die Anzeigepflichtverletzung nur einfach fahrlässig oder schuldlos erfolgt ist[266] und somit der Versicherer nur zur Kündigung (→ Rn. 37 f.) oder zur Vertragsänderung (→ Rn. 41 ff.) berechtigt ist. Wird der Vertrag von einem Vertreter (Abs. 3) abgeschlossen, kann sich nach § 20 S. 2 VVG der Versicherungsnehmer darauf, dass die Anzeigepflicht nicht vorsätzlich oder grob fahrlässig verletzt worden ist, nur berufen, wenn weder dem Vertreter noch ihm Vorsatz oder grobe Fahrlässigkeit zur Last fällt.[267]

98 Den Beweis der **fehlenden Kausalität** nach Abs. 6 S. 2 hat ebenfalls der Versicherungsnehmer zu führen.[268] Hierfür ist erforderlich, dass der Versicherungsfall sicher auch aus einem anderen als dem nicht angezeigten Umstand eingetreten wäre; der Einfluss dieses Umstands muss ausgeschlossen sein.[269] Für einen Kausalitätsgegenbeweis ist es insbes. nicht ausreichend, dass der Versicherungsfall auch auf einem anderen Umstand beruhen kann.[270]

99 Der Versicherungsnehmer hat auch darzulegen und zu beweisen, dass der nicht angezeigte Umstand nach den Allgemeinen Versicherungsbedingungen und den allgemeinen Geschäftsgrundsätzen des Versicherers nicht zu einer Versagung des Versicherungsschutzes geführt hätte (sog. **vertragsändernde Umstände;** → Rn. 28) und daher nur die Möglichkeit des Versicherers zur Vertragsänderung (→ Rn. 41 ff.) besteht.[271] Einer Partei müssen jedoch Beweiserleichterungen zugute kommen, wenn der Beweis dem Behauptenden nicht möglich oder nicht zumutbar ist, während der Bestreitende alle wesentlichen Tatsachen kennt und es ihm daher zumutbar ist, nähere Angaben zu machen **(sekundäre Darlegungslast).**[272] Bei den Annahmerichtlinien und Risikogrundsätzen handelt es sich um **Unternehmensinterna,** die sich der Versicherungsnehmer nicht ohne weiteres beschaffen kann. Daher ist es grundsätzlich ausreichend, dass der Versicherungsnehmer behauptet, der Versicherer hätte in Kenntnis der nicht angezeigten Gefahrumstände

---

[265] *Rolfs* in Bruck/Möller § 19 Rn. 175 ff.; *Looschelders* in Looschelders/Pohlmann § 19 Rn. 77; *Langheid* in Römer/Langheid § 19 Rn. 141 ff.

[266] Begr. Reg VVG BT-Drs. 16/3945, 65 (zu § 19 Abs. 3); *Reusch* VersR 2007, 1313 (1318); *Langheid* in Langheid/Wandt § 19 Rn. 182.

[267] Umstritten ist, ob § 20 S. 2 VVG auch bei einfacher Fahrlässigkeit des Vertreters anwendbar ist, was für das Recht der Vertragsänderung relevant ist. Für eine analoge Anwendung *Looschelders* in Looschelders/Pohlmann § 21 Rn. 8; dagegen *Rolfs* in Bruck/Möller § 21 Rn. 17.

[268] Begr. RegE VVG BT-Drs. 16/3945, 66 (zu § 21 Abs. 3); BGH VersR 1990, 297 (298); OLG Köln r+s 1994, 315; *Langheid* in Römer/Langheid § 21 Rn. 28; *Looschelders* in Looschelders/Pohlmann § 21 Rn. 21.

[269] OLG Karlsruhe r+s 1990, 138; *Muschner* in Langheid/Wandt § 21 Rn. 58.

[270] OLG Karlsruhe r+s 1990, 138 (139); LG Aachen VersR 1991, 52 (54); *Muschner* in Langheid/Wandt § 21 Rn. 58.

[271] Begr. RegE VVG BT-Drs. 16/3945, 65 (zu § 19 Abs. 3); *Armbrüster* in Prölss/Martin § 19 Rn. 160.

[272] BGH NJW 1999, 579 (580); *Rolfs* in Bruck/Möller § 19 Rn. 176.

den Vertrag ebenfalls abgeschlossen.[273] Den **Versicherer** trifft dann eine **sekundäre Darlegungslast.** Er muss detailliert die Grundsätze seiner Annahmegrundsätze vortragen und beweisen.[274] Etwas anderes kann nur dann gelten, wenn es „auf der Hand liegt", dass der Versicherer in Kenntnis des Umstands den Vertrag überhaupt nicht abgeschlossen hätte.[275] Dies wird namentlich bei vertragshindernden Umständen in Betracht kommen.[276]

100 Sofern der Versicherungsnehmer vorbringt, dass der **Versicherer Kenntnis** von einem verschwiegenen oder falsch angezeigten Umstand hatte, ist er hierfür ebenfalls vortrags- und beweisbelastet.[277]

101 Der Versicherungsnehmer muss ebenfalls vorbringen und beweisen, dass der Versicherer die **Monatsfrist** (→ Rn. 68 ff.) verletzt hat, so dass er die Kenntnis des Versicherers von der Anzeigepflichtverletzung und somit auch den Zeitpunkt der Kenntniserlangung nachweisen muss.[278] Den Versicherer kann jedoch für Umstände aus seiner Sphäre eine sekundäre Darlegungslast treffen.[279] Verbleibende Zweifel der Beweiswürdigung gehen jedoch zu Lasten des Versicherungsnehmers.[280]

102 Die **Ausschlussfristen** (→ Rn. 75 f.) sind vom Gericht **von Amts wegen** zu beachten, dh der Versicherungsnehmer braucht sich nicht darauf zu berufen.[281] Die Beweislast dafür, dass das ausgeübte Gestaltungsrecht verfristet ist, trägt jedoch der Versicherungsnehmer. Er muss daher beweisen, dass der Versicherungsfall außerhalb der Ausschlussfrist eingetreten ist.[282]

V. Wirksamkeit der Bestimmung

103 Die Klausel gibt im Wesentlichen den Inhalt der §§ 19 ff. VVG wieder. Sogenannte **deklaratorische Klauseln,** die lediglich den Inhalt von Rechtsvorschriften wiedergeben, unterliegen nicht der Inhaltskontrolle nach dem AGB-Recht und sind auch nicht am Transparenzgebot zu messen. Die Kontrolle derartiger Klauseln scheidet schon deshalb aus, weil die Regelungen ihrem Inhalt nach auch ohne vertragliche Abrede von Gesetzes wegen gelten würden. Eine Klausel unterliegt je-

---

[273] *Reusch* VersR 2007, 1313 (1319); *Langheid* in Römer/Langheid § 19 Rn. 145; *ders.* NJW 2007, 3665 (3667), die zu Recht davon ausgehen, dass die Rspr. an ihren entwickelten Leitlinien zur Erheblichkeitsvermutung festhalten wird, vgl. hierzu zB BGH VersR 2000, 1486 (1486).

[274] *Reusch* VersR 2007, 1313 (1319); *Langheid* in Römer/Langheid § 19 Rn. 145; *Reiff/Schneider* in Prölss/Martin ALB 2012 § 6 Rn. 9.

[275] *Langheid* in Römer/Langheid § 19 Rn. 146 f.; *Reiff/Schneider* in Prölss/Martin ALB 2012 § 6 Rn. 9, die zu Recht davon ausgehen, dass die Rspr. zur „auf der Hand liegenden" Gefahrerheblichkeit weiterhin gilt, vgl. hierzu zB BGH VersR 2000, 1486 (1486 f.).

[276] *Langheid* in Römer/Langheid § 19 Rn. 147.

[277] OLG Köln r+s 1994, 202; OLG Celle VersR 1983, 825; *Langheid* in Römer/Langheid § 19 Rn. 143; *Rolfs* in Bruck/Möller § 19 Rn. 178.

[278] BGH VersR 1991, 170 (171); *Langheid* in Römer/Langheid § 19 Rn. 144 und § 21 Rn. 15.

[279] *Marlow* in Marlow/Spuhl Rn. 211; *Muschner* in Langheid/Wandt § 21 Rn. 23.

[280] *Muschner* in Langheid/Wandt § 21 Rn. 23.

[281] BGH VersR 1994, 1054; *Benkel/Hirschberg* ALB 2008 § 6 Rn. 34; *Neuhaus* r+s 2008, 45 (54).

[282] BGH VersR 1994, 1054; *Benkel/Hirschberg* ALB 2008 § 6 Rn. 34.

doch dann einer Inhaltskontrolle, wenn sie von Rechtsvorschriften abweichende oder ergänzende Regelungen enthält.[283] In folgenden Absätzen finden sich Abweichungen von der gesetzlichen Regelung:

104 In **Abs. 1** wird gegenüber der gesetzlichen Regelung des § 19 Abs. 1 S. 1 VVG ergänzt, dass die gefahrerheblichen Umstände **„wahrheitsgemäß und vollständig"** anzuzeigen sind. Ebenfalls wird die **Gefahrerheblichkeit der Umstände** konkretisiert. Diese Konkretisierungen dienen lediglich der Transparenz der gesetzlichen Regelung für den Versicherungsnehmer und sind daher nicht zu beanstanden.

105 In **Abs. 2** ist eine **eigenständige Anzeigepflicht der versicherten Person** geregelt, sofern der Versicherungsnehmer und die versicherte Person nicht identisch sind. Die Klausel geht daher über die gesetzliche Regelung des § 156 VVG hinaus, die eine Zurechnung der Kenntnis und des Verhaltens der versicherten Person vorsieht, jedoch keine eigenständige Anzeigepflicht begründet. Diese Abweichung ist nach § 171 S. 1 VVG zulässig, da die Vorschrift nicht zu den Bestimmungen gehört, von denen nicht zum Nachteil des Versicherungsnehmers abgewichen werden kann[284], und hält auch einer **AGB-Kontrolle** stand. Die Klausel ist nicht überraschend iSd § 305c Abs. 1 BGB. Eine Klausel wird nach § 305c Abs. 1 BGB nicht Vertragsbestandteil, wenn sie aus Sicht der Verkehrskreise nach den Gesamtumständen ungewöhnlich und für den Versicherungsnehmer überraschend ist, so dass dieser damit nicht zu rechnen braucht.[285] Faktisch wird jedoch bereits durch die gesetzliche Vorschrift des § 156 VVG der persönliche Anwendungsbereich der vorvertraglichen Anzeigepflichtverletzung von der Person des Versicherungsnehmers auf die versicherte Person erstreckt.[286] **Versicherungsnehmer** und **versicherte Person** werden insoweit als **rechtliche Einheit** betrachtet.[287] Insbesondere bei Angaben zu den Gesundheitsverhältnissen wird es auch oft nur der versicherten Person möglich sein, die Anzeigepflichten zu erfüllen, zumal der Versicherungsnehmer – zB der Arbeitgeber beim Abschluss einer betrieblichen Altersversorgung – von den Gesundheitsverhältnissen der versicherten Person auch keine Kenntnis haben soll. Der Versicherungsnehmer muss daher davon ausgehen, dass auch die versicherte Person die Anzeigepflicht zu erfüllen hat.

106 **Abs. 17 S. 1** konkretisiert den Begriff der „arglistigen Täuschung" iSd § 22 VVG, § 123 BGB. Der Vertrag kann vom Versicherer angefochten werden, wenn seine Entscheidung zur Annahme des Vertrages durch unrichtige und unvollständige Angaben **bewusst und gewollt** beeinflusst worden ist. **Abs. 17 S. 2** stellt klar, dass auch bei Angaben der versicherten Person die Angaben gegenüber dem Versicherungsnehmer zu erfolgen haben, selbst wenn er von der Verletzung der vorvertraglichen Anzeigepflicht keine Kenntnis hatte. Die Klarstellungen liegen im Interesse beider Vertragsparteien und sind daher nicht zu beanstanden.

107 **Abs. 18** erhält eine **Klarstellung** dahingehend, dass im Fall einer Leistungserweiterung bzw. Wiederherstellung des Versicherungsschutzes mit erneuter Vornahme einer Risikoprüfung die vorgenannten Regelungen entsprechend gelten

---

[283] Vergleiche hierzu *Präve* Einl. Rn. 82 mit Rechtsprechungs- und Literaturhinweisen.

[284] *Benkel/Hirschberg* ALB 2008 § 6 Rn. 6; *Brambach* in Rüffer/Halbach/Schimikowski § 156 Rn. 3; *Langheid* in Römer/Langheid § 156 Rn. 3; aM *Reiff/Schneider* in Prölss/Martin § 156 Rn. 4, die § 156 ohne Begründung für zwingend halten.

[285] Vergleiche hierzu ausführlich *Präve* Einl. Rn. 64ff.

[286] *Heiss* in Langheid/Wandt § 156 Rn. 5.

[287] *Heiss* in Langheid/Wandt § 156 Rn. 5; *Ortmann* in Schwintowski/Brömmelmeyer § 156 Rn. 1.

und die Fristen nur für den geänderten oder wiederhergestellten Teil neu beginnen. Auch diese Regelung dient dem Vertragszweck und liegt somit im Interesse des Versicherungsnehmers und des Versicherers.

108 **Abs. 19 S. 1 Hs. 1** sieht auch für die Anfechtung wegen **arglistiger Täuschung** durch den Versicherer die **Schriftform** vor. Nach der gesetzlichen Regelung muss dagegen die Anfechtung nicht schriftlich erklärt werden, da § 21 VVG nur für die Rechte Rücktritt, Kündigung und Vertragsänderung, jedoch nicht für die Anfechtung anwendbar ist (→ Rn. 88). § 32 S. 1 VVG steht dieser Abweichung von der gesetzlichen Vorschrift nicht entgegen, da Abweichungen **zugunsten des Versicherungsnehmers** zulässig sind.[288] Die Allgemeinen Versicherungsbedingungen unterliegen zwar auch dann einer AGB-Kontrolle, wenn sie zugunsten des Versicherungsnehmers von dispositivem Recht abweichen, die Klauseln halten jedoch in diesem Fall regelmäßig einer AGB-Kontrolle stand.[289] Das Schriftformerfordernis dient der Vereinheitlichung der Formvorschriften für die Ausübung der Rechte des Versicherers und liegt daher im Interesse der Vertragspartner.[290]

109 Nach **Abs. 19 S. 1 Hs. 2** hat der Versicherer seine Rechte gegenüber dem Versicherungsnehmer auszuüben. Nach dem **Tod des Versicherungsnehmers** ist die Erklärung nach **Abs. 19 S. 2 Hs. 1** zunächst an denjenigen zu richten, den der Versicherungsnehmer gemäß § 168 S. 1 BGB für den Fall seines Todes bevollmächtigt hat. Eine Vollmacht kann gemäß § 168 S. 1 BGB über den Tod des Vollmachtgebers hinaus wirken oder erst für den Fall des Todes bestellt werden.[291] Hat der Versicherungsnehmer niemand bevollmächtigt, wird der **Bezugsberechtigte** (Abs. 19 S. 2 Hs. 2) und – sofern ein Bezugsberechtigter nicht vorhanden ist oder ermittelt werden kann – der **Inhaber des Versicherungsscheins** (Abs. 19 S. 3) als bevollmächtigt zur Entgegennahme der Erklärungen angesehen. Diese Regelung stellt keine Abweichung zu Lasten des Versicherungsnehmers nach § 32 S. 1 VVG dar. Sowohl der Versicherer als auch der Versicherungsnehmer haben ein Interesse daran, die Rechtsbeziehungen nach dem Tod des Versicherungsnehmers zu erleichtern.[292]

Neben der Vorschrift des § 32 S. 1 VVG sind die **AGB-rechtlichen Vorschriften** anwendbar.[293] Absatz 19 S. 2 und S. 3 stellt eine kontrollfähige Klausel dar, da sie die Vorschriften des §§ 164, 167, 168 BGB ergänzt.[294] Diese bedingungsgemäß vorgesehen Vollmacht ist **rechtlich unbedenklich.**[295] Sowohl der Versicherungsnehmer als auch der Versicherer haben ein berechtigtes Interesse daran, dass geklärt ist, wer nach dem Tod legitimiert ist, Erklärungen entgegen zu nehmen.[296] Der Versicherer ist im Gegenzug auch nur berechtigt, Erklärungen gegenüber diesen Personen abzugeben.[297]

---

[288] *Rixecker* in Römer/Langheid § 32 Rn. 1; *Staudinger* in Langheid/Wandt § 32 Rn. 46.

[289] *Präve* Einl. Rn. 86.

[290] *Reiff/Schneider* in Prölss/Martin ALB 2012 § 6 Rn. 15 halten dies ebenfalls für zulässig und aus Klarstellungs- und Beweisgründen auch für angezeigt.

[291] BGH VersR 1982, 746 (747).

[292] BGH VersR 1982, 746 (747) zu § 34 a VVG aF.

[293] Allgemeine Meinung zu VVG aF: BGH VersR 2009, 769; *Wandt* in Langheid/Wandt § 32 Rn. 22; *Rixecker* in Römer/Langheid § 32 Rn. 1.

[294] BGH VersR 1982, 746 (747); *Präve* Einl. Rn. 90.

[295] BGH VersR 1993, 868 (869); 1982, 746; OLG Saarbrücken VersR 2013, 1157 (1159); *Langheid* in Römer/Langheid § 21 Rn. 13; *Reiff/Schneider* in Prölss/Martin ALB 2012 § 6 Rn. 25.

[296] BGH VersR 1982, 746 (747); *Präve* Einl. Rn. 105.

[297] BGH VersR 1993, 868; *Reiff/Schneider* in Prölss/Martin ALB 2012 § 6 Rn. 25.

§ 7 Was ist zu beachten, wenn eine Leistung verlangt wird?

(1) Wird eine Leistung aus dem Vertrag beansprucht, können wir verlangen, dass uns der Versicherungsschein und ein Zeugnis über den Tag der Geburt der versicherten Person *(das ist die Person, auf deren Leben die Versicherung abgeschlossen ist)* vorgelegt werden.

(2) Vor jeder Rentenzahlung können wir auf unsere Kosten eine amtliche Bescheinigung darüber verlangen, dass die versicherte Person noch lebt.

(3) Der Tod der versicherten Person muss uns unverzüglich *(d. h. ohne schuldhaftes Zögern)* mitgeteilt werden. Außerdem muss uns eine amtliche Sterbeurkunde mit Angabe von Alter und Geburtsort vorgelegt werden. Dies gilt auch, wenn für den Todesfall keine Leistung vereinbart wurde. Wenn für den Todesfall eine Leistung vereinbart wurde, muss uns zusätzlich eine ausführliche ärztliche oder amtliche Bescheinigung über die Todesursache vorgelegt werden. Aus der Bescheinigung müssen sich Beginn und Verlauf der Krankheit, die zum Tod der versicherten Person geführt hat, ergeben.

(4) Wir können weitere Nachweise und Auskünfte verlangen, wenn dies erforderlich ist, um unsere Leistungspflicht zu klären. Die Kosten hierfür muss diejenige Person tragen, die die Leistung beansprucht.

(5) Unsere Leistungen werden fällig, nachdem wir die Erhebungen abgeschlossen haben, die zur Feststellung des Versicherungsfalls und des Umfangs unserer Leistungspflicht notwendig sind. Wenn eine der in den Absätzen 1 bis 4 genannten Pflichten nicht erfüllt wird, kann dies zur Folge haben, dass wir nicht feststellen können, ob oder in welchem Umfang wir leistungspflichtig sind. Eine solche Pflichtverletzung kann somit dazu führen, dass unsere Leistung nicht fällig wird.

(6) Bei Überweisung von Leistungen in Länder außerhalb des Europäischen Wirtschaftsraumes trägt die empfangsberechtigte Person die damit verbundene Gefahr.

Übersicht

Schrifttum: *Fricke,* Die Erhebung personenbezogener Gesundheitsdaten bei Dritten, VersR 2009, 297 ff.; *Goll/Gilbert/Steinhaus,* Handbuch der Lebensversicherung, 1992; *Kalka,* Die Nebenpflichten im Lebensversicherungsvertrag, Diss. Freiburg/Brsg. 1964; *Knappmann,* Verpflichtung zur Befreiung von der ärztlichen Schweigepflicht nach dem Tod des Versicherten, NVersZ 1999, 511; *Lück,* Zum Begriff des Repräsentanten des Versicherungsnehmers, VersR 1993, 1098 ff.; *Marlow,* Die Verletzung vertraglicher Obliegenheiten nach der VVG-Reform: Alles nichts, oder?, VersR 2007, 43 ff.; *Muschner/Wendt,* Die Verjährung im Versicherungsvertragsrecht, MDR 2008, 609 ff.; *Neuhaus/Kloth,* Gesundheitdaten(schutz) im Versicherungsrecht – Der aktuelle Stand, NJW 2009, 1707 ff.; *Prölss,* Zu Aufklärungspflichten, die eine vom Versicherer zu beweisende Kenntnis des Versicherungsnehmers voraussetzen, VersR 2008, 674 ff.; *Präve,* Das Gendiagnostikgesetz aus versicherungsrechtlicher Sicht, VersR 2009, 862 ff.; *Rühl,* Obliegenheiten im Versicherungsvertragsrecht, Diss. Hamburg 2004; *Rüther,* Schriftformklauseln und Ausschluss der Agentenvollmacht nach § 43 Nr. 2 – Anspruch und Wirklichkeit, NVersZ 2001, 241 ff.; *Sackhoff,* Die Anzeige-, Auskunfts- und Belegpflicht des Versicherungsnehmers nach Eintritt des Versicherungsfalls, Diss. Hamburg 1994; *Spickhoff,* Postmortaler Persönlichkeitsschutz und ärztliche Schweigepflicht, NJW 2005, 1982 ff.; *Veenker,* Die Fälligkeit von Geldleistungen des Versicherers, 2008.

I. Gesetzliche Grundlagen

1 Das Verlangen einer Leistung setzt deren **Fälligkeit** voraus. Gemäß **§ 10 Abs. 1 Nr. 2 VAG** müssen die AVB vollständige Angaben enthalten über die Art, den Umfang und die Fälligkeit der Leistungen des Versicherers. Der Versicherungsnehmer muss gem. **§ 1 Abs. 1 Nr. 6 b VVG-InfoV** vorvertraglich über die Fälligkeit der Leistung des Versicherers informiert werden. Die Fälligkeit von Versicherungsleistungen bestimmt § 14 VVG. Mit **§ 30 und § 32 VVG** sind der Versicherungsnehmer bzw. ein berechtigter Dritter verpflichtet, den Versicherungsfall anzuzeigen und dazu notwendige Auskünfte zu erteilen. **§ 270 BGB** formuliert den Grundsatz, dass bei Schickschulden der Schuldner die Geldleistung auf seine Gefahr und seine Kosten dem Gläubiger an dessen Wohnort zu übermitteln hat.

II. Rechtsprechung

1. Fälligkeit

a) Grundsatz. Die **Entstehung eines Anspruchs,** auch eines versicherungsrechtlichen Anspruchs, setzt seine Fälligkeit voraus. Ein Anspruch entsteht, sobald er im Wege der Klage geltend gemacht werden kann und damit **erst mit der Fälligkeit**[1]**.** Die Fälligkeit eines versicherungsrechtlichen Anspruchs ist nach den **Fälligkeitsvorschriften des § 14 VVG** zu bestimmen.[2] Ansprüche auf **wiederkehrende (Renten-)Leistungen** entstehen regelmäßig mit der Fälligkeit der einzelnen Leistung.[3] Richtet sich ein Anspruch auf wiederkehrende Leistungen, entsteht er für jede Teilleistung besonders und gesondert mit dem Zeitpunkt, in dem die Teilleistung verlangt werden kann.[4] Folgen die einzelnen wiederkehrenden Leistungen aus einem **„Stammrecht",** das als Anspruch im Ganzen angesehen werden kann, entsteht das Stammrecht vor und neben den einzelnen wiederkehrenden Leistungen.[5] 2

b) Fälligkeit der Geldleistungen des Versicherers – § 14 Abs. 1 VVG. In der Rentenversicherung wird das Stammrecht der Rentenleistung regelmäßig mit dem im Versicherungsvertrag vereinbarten Rentenbeginn fällig. Für die Zeit der Leistung ist gem. § 271 Abs. 1 BGB eine Zeit nach dem Kalender bestimmt. Gleiches gilt für die Erlebensfallleistung in der Lebensversicherung. Im Übrigen werden Ansprüche grds. nach § 271 BGB **im Zweifel mit ihrer Entstehung** fällig. **Für den ungewissen Todesfall** in der Lebensversicherung und u. U. in der Rentenversicherung erweitert § 14 Abs. 1 VVG im Interesse des Versicherers die Fälligkeitsvoraussetzungen. Über seinen Wortlaut hinaus gilt § 14 VVG nicht nur im Verhältnis zwischen dem Versicherungsnehmer und dem Versicherer, sondern ist auch anzuwenden, wenn Dritte Ansprüche auf die Versicherungsleistung geltend machen.[6] Das folgt aus dem Normzweck. § 14 Abs. 1 VVG stellt gerade deshalb eine Sonderregel auf, weil der Eintritt des Versicherungsfalls und die Leistungspflicht des Versicherers idR nicht eindeutig sind. Dem Versicherer wird Zeit zur Prüfung der tatsächlichen und rechtlichen Voraussetzungen eingeräumt. Es ist kein Grund ersichtlich, aus dem im Verhältnis zu einem vom Versicherungsnehmer abweichenden Anspruchsteller dieser Prüfungsbedarf des Versicherers nicht gegeben sein soll. 3

Bis zum Abschluss der Leistungsprüfung des Versicherers kann der Leistungsanspruch aus Anlass des Versicherungsfalls nicht im Wege der Klage geltend gemacht werden,[7] auch nicht mit einer Feststellungsklage.[8] Dem Versicherer muss Zeit zur Prüfung gelassen werden, die Voraussetzungen seiner Leistungspflicht zu prüfen. In dieser Zeit kann der Versicherer feststellen, ob und in welcher Höhe er 4

---

[1] BGHZ 55, 340; allg. M.: *Grothe* in MüKo-BGB § 199 Rn. 4 mwN; *Ellenberger* in Palandt § 199 Rn. 3 mwN.

[2] OLG Stuttgart VuR 2014, 279.

[3] OLG Stuttgart VuR 2014, 279; allg. M.: *Grothe* in MüKo-BGB § 199 Rn. 8 mwN; *Ellenberger* in Palandt § 199 Rn. 3 aE.

[4] *Grothe* in MüKo-BGB § 199 Rn. 8 mwN.

[5] OLG Stuttgart VuR 2014, 279.

[6] *Rixecker* in Römer/Langheid § 14 Rn. 4; *Schneider* in Looschelders/Pohlmann § 14 Rn. 8.

[7] *Rixecker* in Römer/Langheid § 14 Rn. 1; *Johannsen* in Bruck/Möller § 14 Rn. 3.

[8] OLG Hamm VersR 1991, 1369.

leisten muss.[9] Maßgeblich ist weiterhin die Feststellung, an welchen Berechtigten die Versicherungsleistung zu erbringen ist.[10] Die Leistung kann erst gefordert werden, wenn der Versicherer die Leistungsprüfung abgeschlossen und seine Leistungspflicht anerkannt oder abgelehnt hat.[11]

5 Erfasst von § 14 VVG sind nur Ansprüche auf die **zugesagte Versicherungsleistung.**[12] Dazu zählt auch der Anspruch auf den **Rückkaufswert** als nur eine andere Erscheinungsform des Anspruchs auf die Versicherungssumme (→ ARB § 8 Rn. 12).[13]

6 Im Rahmen des gesetzlichen Leitbilds können von § 14 Abs. 1 VVG **abweichende Vereinbarungen** auch zum Nachteil des Versicherungsnehmers getroffen werden (§ 18 VVG).[14]

7 **aa) Notwendige Erhebungen des Versicherers.** Geldleistungen des Versicherer sind fällig mit der Beendigung des zur Feststellung des Versicherungsfalls und des Umfangs der Leistungen des Versicherers notwendigen Erhebungen (§ 14 Abs. 1 VVG). Die notwendigen Erhebungen stellt der durchschnittlich sorgfältige Versicherer an, um den Versicherungsfall, die Leistungspflicht und die berechtigte Person des Leistungsempfängers festzustellen.[15]

8 Der Eingang der **Anzeige des Versicherungsfalls** ist die grundlegende Fälligkeitsvoraussetzung. Der Versicherer nimmt die Mitteilung über den Eintritt des Versicherungsfalls (§ 30 VVG) auf. Er stellt das **Bestehen des Versicherungsvertrags** fest, prüft die **Identität der versicherten Person** und klärt den **Sachverhalt** des Vertragsverlaufs sowie des Versicherungsfalls. Auf dieser Grundlage prüft der Versicherer seine Leistungspflicht. Die **Positivprüfung** stellt den Versicherungsfall als Voraussetzung der Leistungszusage und die Empfangsberechtigung des Anspruchstellers fest. Die **Negativprüfung** berücksichtigt gesetzliche und vertragliche Leistungseinschränkungen oder Leistungsausschlüsse und verfolgt die eigenen Lösungsrechte vom Vertrag nach § 19 VVG. Die notwendigen Erhebungen des Versicherers zur Feststellung des Versicherungsfalls und des Umfangs der Leistung gem. § 14 Abs. 1 VVG umfassen auch die Prüfung der Verletzung der vorvertraglichen Anzeigepflicht.[16]

9 Dabei ist der Versicherer nicht darauf beschränkt, die Behauptungen, Auskünfte und Belege des Anspruchstellers (§ 31 VVG) zu prüfen.[17] Mit den notwendigen Erhebungen kann der Versicherer vielmehr **alle denkbaren Maßnahmen** ergreifen, die der Feststellung des gestellten Anspruchs dienen.[18] Der Versicherer kann insb. Informationen und Unterlagen bei Dritten, auch bei Behörden, sowie Sachverständigengutachten einholen. Die Notwendigkeit der Erhebungen folgt nur **aus der**

---

[9] *Fausten* in Langheid/Wandt § 14 Rn. 10.

[10] OLG Saarbrücken VersR 2004, 1301.

[11] *Schneider* in Looschelders/Pohlmann § 14 Rn. 2.

[12] *Schneider* in Looschelders/Pohlmann § 14 Rn. 6.

[13] BGH NJW 2013, 3776 = VersR 2013, 1513; BGH VersR 2000, 709; 2010, 1067; 2003, 1021; BGHZ 45, 162ff.

[14] BGH NJW 2000, 2021.

[15] BGH VersR 1974, 639; OLG Saarbrücken r+s 2006, 385; OLG Karlsruhe r+s 1993, 443; OLG Hamm VersR 1977, 954; OLG Hamburg VersR 1967, 392; *Fausten* in Langheid/Wandt § 14 Rn. 19; *Rixecker* in Römer/Langheid § 14 Rn. 7.

[16] KG VersR 2014, 1191.

[17] *K. Johannsen* in Bruck/Möller § 14 Rn. 6.

[18] *Schneider* in Looschelders/Pohlmann § 14 Rn. 12.

ex-ante-Sicht.[19] Auch erst im Nachhinein als unnötig erkannte Erhebungen hindern bis zu ihrem Abschluss die Fälligkeit.

10 **bb) Mitwirkung des Anspruchstellers.** Der Versicherungsnehmer bzw. der Anspruchsteller ist verpflichtet, den Eintritt des **Versicherungsfalls unverzüglich mitzuteilen** (§ 30 VVG) und **jede erforderliche Auskunft** zu erteilen (§ 31 VVG). Gegebenenfalls muss der Anspruchsteller Erhebungen bei Dritten erlauben und insb. gem. § 213 VVG **von der Schweigepflicht entbinden.**[20] Ist dem Versicherer die Einholung von Informationen über Gesundheitsdaten des Versicherungsnehmers aus vorvertraglicher Zeit mangels einer Erteilung einer Schweigepflichtentbindungserklärung des Versicherungsnehmers nicht möglich, ist der Anspruch auf die Versicherungsleistung nicht fällig.[21] Das Verlangen des Versicherers verstößt nicht gegen das Recht des Versicherungsnehmers auf informationelle Selbstbestimmung.[22] Aus § 213 VVG und der zugrunde liegenden Rechtsprechung des BVerfG ergibt sich nicht, dass der Versicherer diese Informationen seit Inkrafttreten des neuen VVG nicht mehr, jedenfalls nur bei einem konkreten Verdacht einer Anzeigepflichtverletzung und/oder nur beschränkt auf solche Gesundheitsdaten einholen darf, die einen Einfluss auf den Eintritt des Versicherungsfalls gehabt haben können.[23] Soweit mit den **AVB** vereinbart ist, dass zum Eintritt des Versicherungsfalls bestimmte Unterlagen vorzulegen und Auskünfte zu erteilen sind, tritt keine **Fälligkeit** ein, solange sie nicht beigebracht sind.[24]

2. Anzeige des Versicherungsfalls – § 30 VVG

11 Der Versicherungsnehmer hat den Eintritt des Versicherungsfalls, nachdem er von ihm Kenntnis erlangt hat, dem Versicherer unverzüglich anzuzeigen. Steht das Recht auf die vertragliche Leistung des Versicherers einem Dritten zu, ist auch dieser zur Anzeige verpflichtet.

12 **a) Rechtsnatur.** Die Anzeigepflicht des **Versicherungsnehmers** ist dogmatisch eine **Obliegenheit,** die wegen ihrer grundlegenden Bedeutung für den Versicherer gesetzlich geregelt ist. Eine besondere **Sanktionsregelung** ist nach den Gesetzesgründen **entbehrlich,** da die **AVB** regelmäßig entsprechende Anzeigepflichten enthalten und somit **§ 28 VVG** zu **vertraglichen Obliegenheiten** zur Anwendung kommt.[25] Die Annahme einer Rechtspflicht für den Versicherungsnehmer wäre mit dem Regelungssystem des § 28 VVG nicht vereinbar.[26] Dagegen ist die **Anzeigepflicht des Dritten eine echte Rechtspflicht.**[27] Die Gesetzesbegründung weist insoweit darauf hin, dass bei schuldhafter Verletzung der Anzeigepflicht des Dritten sich für den Versicherer ein Schadensersatzanspruch nach allg. Recht ergeben kann.[28]

---

[19] *Veenker* S. 100.
[20] LG Freiburg VersR 2000, 716; *Fricke* VersR 2009, 297.
[21] KG VersR 2014, 1191.
[22] OLG Köln VersR 2008, 107.
[23] KG VersR 2014, 1191.
[24] BGH VersR 2002, 698; OLG Karlsruhe VersR 2009, 668.
[25] BT-Drs. 16/3945, 70.
[26] *Rixecker* in Römer/Langheid § 30 Rn. 1; *Armbrüster* in Prölss/Martin § 30 Rn. 10.
[27] *Wandt* in Langheid/Wandt § 30 Rn. 10.
[28] BT-Drs. 16/3945, 70; *Wandt* VersR 205, Rn. 544.

13 **b) Eintritt des Versicherungsfalls.** Der **Versicherungsfall** ist das Ereignis, für das im Versicherungsvertrag die Leistung des Versicherers vereinbart ist. Er tritt ein, wenn sich das versicherte Risiko verwirklicht. In der Rentenversicherung ist der **Rentenbeginn** schon anfängliche vertragliche Vereinbarung und ist kalendermäßig festgelegt, wie auch der Ablauf der Lebensversicherung für die **Erlebensfallleistung.** Der Versicherer hat iSd § 1 VVG ohne besondere Aufforderung die zugesagte Rentenleistung bzw. Erlebensfallleistung zu den vereinbarten Fälligkeitsterminen zu erbringen. Allerdings endet die zugesagte lebenslange Rentenleistung mit dem Tod der versicherten Person. Für eine **ungewisse Todesfallleistung** ist der Versicherer auf die Mitteilung des Todes angewiesen. § 171 VVG aF hatte für die Lebensversicherung noch ausdrücklich vorgesehen, dass eine Anzeige von dem Eintritt des Versicherungsfalls dem Versicherer nur zu machen ist, wenn der Tod als Versicherungsfall bestimmt ist. Diese Klarstellung hat der Gesetzgeber bei der Reform des VVG für entbehrlich gehalten.[29]

14 **c) Anzeigepflichtiger.** Grundsätzlich hat der **Versicherungsnehmer** den Versicherungsfall anzuzeigen. Mit dem vollständigen Wegfall des § 171 VVG aF ist in § 30 Abs. 1 S. 2 VVG die bisherige Regel für die Lebensversicherung einbezogen worden, nach der ein **Dritter,** dem vertraglich oder durch Zession das Recht auf die Leistung des Versicherers zusteht, den Eintritt des Versicherungsfalls anzuzeigen hat. Abweichend von § 171 Abs. 2 VVG aF bleibt der Versicherungsnehmer neben dem Dritten zur Anzeige verpflichtet.[30] Ist der Versicherungsnehmer selbst die versicherte Person, geht die Anzeigepflicht auf die **Erben** als Rechtsnachfolger über (§ 1922 BGB).

15 **d) Kenntnis des Versicherungsfalls.** Der Anzeigepflichtige muss den Versicherungsfall, den Eintritt des Todes der versicherten Person, positiv kennen. Grob fahrlässige Unkenntnis oder ein bloßes Kennen Müssen reichen nicht aus.[31] Die **positive Kenntnis** vom Eintritt des Versicherungsfalls schließt notwendig die **Kenntnis von dem Bestehen des Versicherungsvertrags** ein.[32] Dieser Voraussetzung kommt praktische Bedeutung va für den Bezugsberechtigten nach dem Tod der versicherten Person zu.

16 **e) Unverzügliche Anzeige.** Die Anzeigepflicht entsteht **spontan** mit dem Eintritt des und der Kenntnis von dem Versicherungsfall.[33] „Unverzüglich" wird von **§ 121 Abs. 1 BGB** als „ohne schuldhaftes Zögern" legal definiert. Die Dauer der Anzeigefrist ist also nicht abstrakt festgelegt, sondern bestimmt sich im konkreten Einzelfall.[34] Sowohl durch den Versicherungsnehmer als auch daneben durch einen berechtigten Dritten muss die Anzeige **unverzüglich nach Kenntniserlangung** erfolgen.[35] Die äußerst kurze 3-Tage-Frist des weggefallenen § 171 Abs. 1 VVG aF ist damit deutlich gelockert. Jedenfalls soll der Versicherer möglichst schnell Kenntnis vom Tod der versicherten Person erhalten. In der Rentenversicherung dient die unverzügliche Nachricht dem Interesse des Versicherers, die Renten-

---

[29] BT-Drs. 16/3945, 70.
[30] BT-Drs. 16/3945, 70.
[31] BGH VersR 2008, 905.
[32] OLG Hamm r+s 1997, 391.
[33] *Rixecker* in Römer/Langheid § 31 Rn. 3.
[34] *Looschelders* in Looschelders/Pohlmann § 30 Rn. 13.
[35] BT-Drucks. 16/3945, 70.

leistungen einzustellen. Überzählige Rentenzahlungen bergen das Risiko der Nichtrückholbarkeit (Kondiktion). In der Lebensversicherung steht dagegen die Funktion der Mitteilung über den Tod der versicherten Person als Fälligkeitsvoraussetzung im Vordergrund (→ Rn. 8).

f) Empfänger der Anzeige. Die Anzeige des Versicherungsfalls ist grds. an den **Versicherer** zu richten und muss zugehen.[36] Der **Versicherungsvertreter** ist gem. § 69 Abs. 1 Nr. 2 VVG zum Empfang der Anzeige berechtigt und darf in seiner gesetzlichen Vollmacht auch nicht durch AVB beschränkt werden (§ 72 VVG). 17

g) Form der Anzeige. § 30 VVG sieht **keine besondere Form** für die Anzeige des Versicherungsfalls vor. Weil § 32 VVG Abweichungen zulässt, kann mit den AVB wirksam für die Anzeige eine besondere Form vereinbart werden. Das stünde jedoch in der Rentenversicherung im Widerspruch zum Interesse des Versicherers an einer unverzüglichen Mitteilung des Todes der versicherten Person. Weil damit vereinbarungsgemäß die Rentenleistungspflicht endet, spricht nichts dafür, die Formanforderungen und damit die Anzeigeschwelle unnötig hoch zu setzen. Eine Text- oder Schriftform gegenüber dem Versicherungsvertreter beschränkt wiederum nach § 72 VVG unwirksam dessen gesetzliche Vollmacht aus § 69 Abs. 1 Nr. 2 VVG.[37] Letztlich wirkt sich auch ein Formverstoß wegen § 30 Abs. 2 VVG nicht aus, weil der Versicherer schon mit der formlosen Anzeige Kenntnis vom Eintritt des Versicherungsfalls erlangt. Im Ergebnis ist jede mündliche, telefonische, Anzeige des Versicherungsfalls wirksam. 18

h) Folgen der Verletzung der Anzeigepflicht. Der Gesetzgeber hat auf eine eigene Sanktion in § 30 VVG bei Verstoß gegen die Pflicht zur Anzeige des Versicherungsfalls verzichtet. Er geht von entsprechenden vertraglichen Obliegenheiten aus (→ Rn. 11). Bei der Verletzung einer vertraglichen Obliegenheit richten sich die Rechtsfolgen nach **§ 28 VVG.** In der reinen Rentenversicherung stellt der Tod der versicherten Person allerdings nicht den Eintritt des Versicherungsfalls dar. Vielmehr beendet der Tod die Rentenleistungspflicht des Versicherers. In der (zusätzlichen) Todesfallabsicherung ist allein der Tod der versicherten Person als Versicherungsfall kausal für die Leistungspflicht des Versicherers. Die Verletzung der Anzeigeobliegenheit kann sich insoweit nicht kausal auswirken. Die fehlende Mitteilung hindert vielmehr die **Fälligkeit** des Leistungsanspruchs (→ Rn. 8). Die Belehrungspflicht des § 28 Abs. 4 VVG erstreckt sich nach dem klaren Wortlaut der Regelung nicht auf die Obliegenheit zur Anzeige des Versicherungsfalls. In Unkenntnis des Versicherungsfalls kann der Versicherer den Versicherungsnehmer nicht darüber belehren, dass er nunmehr den Versicherungsfall anzuzeigen hat.[38] 19

3. Auskunftspflicht des Versicherungsnehmers – § 31 VVG

Die Auskunfts- und Belegpflicht gilt für alle Versicherungszweige.[39] Der Versicherer kann nach dem Eintritt des Versicherungsfalls verlangen, dass der Versicherungsnehmer jede Auskunft erteilt, die zur Feststellung des Versicherungsfalls oder des Umfangs der Leistungspflicht erforderlich ist (§ 31 Abs. 1 S. 1 VVG). Belege 20

---

[36] BGH VersR 2006, 106; *Rixecker* in Römer/Langheid § 30 Rn. 10.

[37] *Rüther* NVersZ 2001, 241.

[38] *Brömmelmeyer* in Bruck/Möller § 30 Rn. 44.

[39] *Rixecker* in Römer/Langheid § 31 Rn. 1; *Looschelders* in Looschelders/Pohlmann § 31 Rn. 5.

kann der Versicherer insoweit verlangen, als deren Beschaffung dem Versicherungsnehmer billigerweise zugemutet werden kann (§ 31 Abs. 1 S. 2 VVG). Steht das Recht auf die vertragliche Leistung des Versicherer einem Dritten zu, hat auch dieser die Auskunftspflicht zu erfüllen (§ 31 Abs. 2 VVG). Die Regelung dient dem **Auskunfts- und Aufklärungsinteresse des Versicherers** zur Feststellung seiner Leistungspflicht und damit der **Fälligkeit** nach § 14 VVG (→ Rn. 9).[40]

21 **a) Rechtsnatur.** Wie bei § 30 VVG ist auch Auskunftspflicht des Versicherungsnehmers nach § 31 VVG eine **gesetzlich geregelte Obliegenheit** ohne eigene Regelung einer Sanktion im Verstoßfall.[41] Beide Bestimmungen sind **„leges imperfectae".**[42] Die abweichende Auffassung, die eine Haftung des Versicherungsnehmers nach § 280 Abs. 1 BGB bei vorsätzlicher Pflichtverletzung annimmt,[43] entspricht nicht der Differenzierung in der Gesetzesbegründung. Der Gesetzgeber geht auch zur Auskunftspflicht des § 31 VVG von AVB-Regelungen aus, die eine entsprechende vertragliche Obliegenheit für den Versicherungsnehmer vorsehen (→ Rn. 12).[44] Bei einer Verletzung der **vertraglichen Obliegenheit** kommt **§ 28 VVG** zur Anwendung. Den **Dritten,** dem das Recht auf die vertragliche Leistung des Versicherers zusteht, trifft dagegen grundsätzlich eine echte **Rechtspflicht** zur Auskunft (→ Rn. 12).[45]

22 **b) Auskunftsverlangen des Versicherers – § 31 Abs. 1 S. 1 VVG.** Anders als die spontane Pflicht zur Anzeige des Versicherungsfalls nach § 30 VVG (→ Rn. 15) setzt die Auskunftspflicht nach § 31 VVG ein darauf gerichtetes **Verlangen des Versicherers** voraus.[46] Es handelt sich um eine **verhaltene Obliegenheit.**[47] Eine spontane, unaufgeforderte Auskunftspflicht wäre nicht im Interesse des Versicherers, der Gefahr liefe, ungefiltert mit einer Vielzahl auch unwesentlicher Informationen überhäuft zu werden.[48] Das notwendige Verlangen des Versicherers bedeutet jedoch nicht nur die Pflicht zur Antwort auf konkret gestellte Fragen. Denn anders als bei § 19 Abs. 1 S. 1 VVG hat der Gesetzgeber die Auskunftspflicht des § 31 VVG gerade nicht auf solche Umstände beschränkt, nach denen der Versicherer ausdrücklich gefragt hat.[49] Dem Versicherer ist in der Regel der Sachverhalt des Versicherungsfalls nicht bekannt, weshalb er seine Leistungspflicht nicht abschließend anhand der Antwort auf nur eigene Fragen feststellen kann. Der Versicherungsnehmer muss dem Versicherer daher auch ungefragt alle Umstände mitteilen, die erkennbar von **wesentlicher Bedeutung** sind.[50] Jedoch sollen die Fragen des Versicherers **sachdienlich** sein und für die von § 31 VVG bestimmten Zwecke **erforderlich,** was wiederum allein der Einschätzung des Versicherers unterliegt.[51] Bei

---

[40] BGH NJW-RR 2006, 460–462.

[41] *Looschelders* in Looschelders/Pohlmann § 31 Rn. 2; *Rixecker* in Römer/Langheid § 31 Rn. 1; *Armbrüster* in Prölss/Martin § 31 Rn. 47; *Brömmelmeyer* in Bruck/Möller § 31 Rn. 18.

[42] *Wandt* in Langheid/Wandt § 31 Rn. 11.

[43] *Brömmelmeyer* in Bruck/Möller § 31 Rn. 8.

[44] BT-Drs. 16/3945, 70.

[45] *Wandt* in Langheid/Wandt § 31 Rn. 13.

[46] BGH NJW-RR 2006, 460; *Rixecker* in Römer/Langheid § 31 Rn. 3.

[47] *Brömmelmeyer* in Bruck/Möller § 31 Rn. 21; *Wandt* in Langheid/Wandt § 31 Rn. 17.

[48] BGH VersR 1976, 821.

[49] *Looschelders* in Looschelders/Pohlmann § 31 Rn. 13.

[50] OLG Köln r+s 1990, 284, 285.

[51] BGH VersR 2006, 258; aA *Brömmelmeyer* in Bruck/Möller § 31 Rn. 28.

erkennbar unklaren, unvollständigen oder widersprüchlichen Auskünften wird verbreitet eine **Nachfrageobliegenheit** des Versicherers aus Treu und Glauben (§ 242 BGB) angenommen, ohne die keine Leistungsfreiheit eintreten soll.[52] Die dazu herangezogenen Grundsätze und Erwägungen zur vorvertraglichen Anzeigepflicht nach § 19 VVG lassen sich jedoch nicht auf die Auskunftspflicht des § 31 VVG übertragen.[53] Nach Zweck, Rechtfertigung und Grundgedanken der Aufklärungspflicht ist es Sache des Versicherungsnehmers, die ihm bekannten Umstände dem Versicherer vollständig zu offenbaren, nicht aber Sache des Versicherers, durch Nachforschungen das zu ermitteln, was ihm der Versicherungsnehmers vorsätzlich verschwiegen hat.[54]

23 **c) Inhalt der Auskunftspflicht.** Der Versicherungsnehmer bzw. der berechtigte Dritte müssen jede Auskunft erteilen, die zur Feststellung des Versicherungsfalles oder des Umfangs der Leistungspflicht des Versicherers erforderlich ist. Damit korrespondiert die Auskunftspflicht des § 31 VVG mit den notwendigen Erhebungen des Versicherers nach § 14 VVG, ohne deren Beendigung keine Fälligkeit eintritt (→ Rn. 7 ff.). Zur Erfüllung der Auskunftspflicht müssen alle **sachdienlichen Angaben** gemacht werden, die dem Versicherer eine sachgerechte Entscheidung über seine Leistungspflicht ermöglichen.[55] Die Auskunftspflicht ist somit erkennbar weit gefasst und umfasst auch solche Umstände, aus denen sich eine Leistungsfreiheit des Versicherers ergeben kann.[56] Der Versicherer kann vom Versicherungsnehmer grds. alle Angaben verlangen, die er nach seinen Erfahrungen für sachdienlich halten darf um sachgemäß Entscheidungen treffen zu können.[57]

24 **d) Kenntnis.** Im Unterschied zu § 30 VVG (→ Rn. 15) setzt der Wortlaut des § 31 VVG nicht die Kenntnis der anzugebenden Umstände voraus. Deshalb wird einerseits angenommen, dass der Versicherungsnehmer bzw. der berechtigte Dritte Erkundigungen einholen oder Nachforschungen anstellen muss, soweit ihm das nach Treu und Glauben (§ 242 BGB) zumutbar ist.[58] Nach der neueren Rechtsprechung des BGH gehört dagegen die **Kenntnis** der nach Eintritt des Versicherungsfalls mitzuteilenden Umstände zum **objektiven Tatbestand** der Verletzung der Aufklärungsobliegenheit.[59] Es gibt bei Unkenntnis nichts, worüber der Versicherungsnehmer nach seinem Kenntnisstand den Versicherer aufklären könnte.[60] Fehlt dem Versicherungsnehmer die Kenntnis, läuft die entsprechende Obliegenheit ins Leere.[61]

25 Im **Einzelfall** trifft den Versicherungsnehmer allerdings eine **Erkundigungspflicht.**[62] Das setzt voraus, dass dem Versicherungsnehmer Tatschen bekannt sind,

---

[52] BGH VersR 1980, 159, 160; *Looschelders* in Looschelders/Pohlmann § 31 Rn. 18; *Wandt* in Langheid/Wandt § 31 Rn. 78; *Rixecker* in Römer/Langheid § 31 Rn. 24.

[53] *Armbrüster* in Prölss/Martin § 31 Rn. 19.

[54] BGH VersR 2007, 481 mAnm *Langheid* VersR 2007, 629.

[55] BGH VersR 2006, 258.

[56] BGH VersR 2000,222; BGH VersR 1998, 228.

[57] BGH NJW 1993, 1862; BGH NJW 1967, 1226; *Armbrüster* in Prölss/Martin § 31 Rn. 6.

[58] BGH VersR 1993, 828; krit. dazu *Lücke* VersR 1993, 1098; *Looschelders* in Looschelders/Pohlmann § 31 Rn. 15.

[59] BGH VersR 2007, 389.

[60] BGH VersR 2008, 484.

[61] BGH VersR 2009, 1659.

[62] *Brömmelmeyer* in Bruck/Möller § 31 Rn. 33.

die die Möglichkeit einer Aufklärung der für den Versicherer relevanten Umstände so nahe legen, dass eine an der Aufklärung interessierte Person ihnen nachgegangen wäre.[63] Damit löst in der Todesfallabsicherung der Tod des Versicherten jedenfalls eine Erkundigungspflicht des Anspruchstellers aus.

26 **e) Belegpflicht – § 31 Abs. 1 S. 2 VVG.** Wie die Auskunftspflicht nach Satz 1 setzt auch die Belegpflicht nach Satz 2 ein **berechtigtes Belegverlangen des Versicherers** voraus.[64] Die Belegpflicht ist Korrelat zur Auskunftspflicht.[65] Der Versicherer kann Belege nur zu den Auskünften verlangen, die zur Feststellung des Versicherungsfalles oder des Umfangs der Leistungspflicht erforderlich sind.[66]

27 **f) Rechtsfolge der Verletzung der Auskunftspflicht.** Wie § 30 VVG sieht auch § 31 VVG als „lex imperfecta" (→ Rn. 21) keine Sanktion für den Verstoß gegen die Auskunftspflicht vor. Bei Vereinbarung einer entsprechenden **vertraglichen Obliegenheit** richten sich die Rechtsfolgen nach **§ 28 VVG** (→ Rn. 19). Soweit mit den AVB vereinbart ist, dass zum Eintritt des Versicherungsfalles bestimmte Unterlagen vorzulegen und Auskünfte zu erteilen sind, tritt **keine Fälligkeit** ein, solange sie nicht beigebracht sind (→ Rn. 10). Anders als bei der spontanen, nur durch den Eintritt des Versicherungsfall ausgelösten Anzeigepflicht des § 30 VVG (→ Rn. 19) bedarf es zur Auskunftsobliegenheit entsprechend § 31 VVG uU der **Rechtsfolgenbelehrung** gem. § 28 Abs. 4 VVG. Denn der Versicherer kann den Versicherungsnehmer im Rahmen des konkreten Auskunfts- und Belegverlangens ohne weiteres auf das Risiko fehlender, fehlerhafter oder unvollständiger Angaben hinweisen.[67]

III. Kommentierung der Klauselbestimmungen

1. Zweck

28 Mit § 7 ARB wird der Versicherungsnehmer von vornherein darauf aufmerksam gemacht, was zu beachten ist, wenn eine Leistung verlangt wird. Der Begriff der **Leistung** umfasst die im Versicherungsvertrag zugesagten Geldleistungen des Versicherers (→ Rn. 5; → ARB § 1) einschließlich des Anspruchs auf den Rückkaufswert als nur eine andere Erscheinungsform des Anspruchs auf die Versicherungssumme (→ ARB § 8 Rn. 12). Im Interesse des Versicherers und zum Schutz vor Fehlzahlungen steht dem Versicherer die Prüfung des Versicherungsfalles und des Umfanges seiner Leistung zu. Die mit § 7 ARB verlangten Mindestnachweise sollen die **Leistungsprüfung** des Versicherers unterstützen und beschleunigen. Gleichzeitig werden die notwendigen Erhebungen und das berechtigte Verlangen des Versicherers für den Anspruchsteller konkretisiert. Im Ergebnis dienen die Anforderungen des § 7 ARB dem Interesse des Anspruchstellers an einer zügigen Leistungsbearbeitung und zeitnahen Zahlung der Versicherungsleistungen. Dazu vereinbart die Klausel die **Mindestnachweise zur Fälligkeit der Versicherungs-**

---

[63] *Prölss* VersR 2008, 674.

[64] *Rühl* S. 31.

[65] *Brömmelmeyer* in Bruck/Möller § 31 Rn. 82.

[66] *Sackhoff* S. 104.

[67] OLG Saarbrücken VersR 2007, 1646; OLG Düsseldorf VersR 1990, 411; *Brömmelmeyer* in Bruck/Möller § 31 Rn. 99.

leistung (§ 14 VVG) und formt die Anzeigepflicht (§ 30 VVG) und die Auskunftspflicht (§ 31 VVG) zur vertraglichen Obliegenheit aus. Außerdem wird bei Überweisung von Geldleistungen außerhalb des Europäischen Wirtschaftsraums die damit verbundene Gefahr der empfangsberechtigten Person übertragen.

2. Nachweispflichtige Personen

29 Für die Leistungsprüfung des Versicherers ist es nicht entscheidend, wer die einzureichenden Nachweise beibringt.[68] Die Klausel ist daher nicht an bestimmte Personen adressiert und hält den **Kreis der Pflichtigen offen.** Die Mitteilungs- und Auskunftspflichten wie die Nachweis- und Belegpflichten sind grds. von demjenigen zu erfüllen, der eine Leistung von dem Versicherer begehrt.[69] Das kann neben dem Versicherungsnehmer und seinen Erben, auf die die vertraglichen Pflichten im Wege der Gesamtrechtsnachfolge übergehen, insbesondere sein: der Bezugsberechtigte, der Zessionar, der Insolvenzverwalter, der Pfand- oder Pfändungsgläubiger, der Vollstreckungsgläubiger wie auch der Zweitmarktinvestor sowie deren Rechtsnachfolger.[70] Der Übergang der Auskunfts und Nachweisobliegenheit auf den anspruchstellenden Dritten macht die Klausel nicht zu einer unzulässigen vertraglichen Vereinbarung zu Lasten Dritter. Denn die Nachweispflichten sind immer mit einem Leistungsverlangen verknüpft. Der anspruchstellende Dritte unterwirft sich damit den Vertragsvereinbarungen und den vertraglich geschuldeten Nachweispflichten.[71]

3. Vorlage von Dokumenten (Abs. 1)

30 **a) Versicherungsschein.** Der Versicherungsschein ist **Schuldschein** iSv § 371 BGB (→ARB § 8 Rn. 3). Der Versicherer ist berechtigt, die Rückgabe des Originalversicherungsscheins auch noch nach der Zahlung der Versicherungsleistung zu verlangen (→ARB § 8 Rn. 16). Außerdem ist der Versicherungsschein als Urkunde mit **Inhaberklausel** ein **qualifiziertes Inhaberpapier** (→ARB § 8 Rn. 10). Durch die Ausstellung des Versicherungsscheins auf den Inhaber (→ARB § 8 Rn. 8ff.) mit der Inhaberklausel des § 8 Abs. 2 ARB (→ARB § 8 Rn. 37ff.) kann der Versicherer den Inhaber der Urkunde des Versicherungsscheins als berechtigt ansehen, über die Rechte aus dem Vertrag zu verfügen, insbesondere Leistungen in Empfang zu nehmen. Der Versicherer kann aber verlangen, dass der Inhaber der Urkunde seine Berechtigung nachweist. Die Inhaberklausel führt über § 4 Abs. 1 VVG zu § 808 BGB, dessen Abs. 2 den Versicherer nur gegen Aushändigung der Urkunde zur Leistung verpflichtet. Dem Versicherer steht deshalb bis zur Rückgabe des Versicherungsscheins ein **gesetzliches Zurückbehaltungsrecht** aus § 273 Abs. 1 BGB iVm § 371 BGB sowie aus § 4 Abs. 1 VVG iVm § 808 Abs. 2 BGB (→ARB § 8 Rn. 24) zu. Die vereinbarte Versicherungsleistung und ebenso der Anspruch auf Auszahlung des Rückkaufswertes werden zwar grds. mit Beendigung des Versicherungsverhältnisses fällig, jedoch nur soweit nicht etwas anderes vereinbart ist. Nach der Vereinbarung des § 7 Abs. 1 ARB werden Leistungen aus dem Ver-

[68] *Winter* in Bruck/Möller § 161 Rn. 63.
[69] *Winter* in Bruck/Möller § 161 Rn. 66.
[70] *Winter* in Bruck/Möller § 161 Rn. 88; *Benkel/Hirschberg* ALB 1986 § 9 Rn. 5; *Goll/Gilbert/Steinhaus* S. 110.
[71] *Kalka* S. 167.

sicherungsvertrag erst gegen Vorlage des Versicherungsscheins erbracht.[72] Die Schutzwirkung des Versicherungsscheins auf den Inhaber als qualifiziertes Inhaberpapier dient nur dem Versicherer (→ ARB § 8 Rn. 16). Der Versicherer kann auf den Schutz verzichten und ist nicht verpflichtet, vor seiner Leitung die Rückgabe des Versicherungsscheins zu verlangen (→ ARB § 8 Rn. 25). Entsprechend schreibt § 7 Abs. 1 ARB die Rückgabe bzw. Vorlage des Versicherungsscheins nicht als generelle Obliegenheit fest. Der Versicherer entscheidet im Einzelfall und kann die Vorlage verlangen, wenn eine Leistung beansprucht wird.

31 **b) Zeugnis über den Tag der Geburt der versicherten Person.** Das dem Versicherer eingeräumte Recht, zusätzlich zum Versicherungsschein ein Zeugnis über den Tag der Geburt der versicherten Person zu verlangen, dient der **Feststellung der Identität** der versicherten Person in Übereinstimmung mit dem Versicherungsschein (→ Rn. 8).

4. Amtlicher Lebensnachweis der versicherten Person vor jeder Rentenzahlung (Abs. 2)

32 Ansprüche auf wiederkehrende Rentenleistungen entstehen regelmäßig mit der **Fälligkeit** (→ Rn. 3 ff.) der einzelnen Rentenleistung. Richtet sich ein Anspruch auf wiederkehrende Leistungen, entsteht er für jede Teilleistung besonders und gesondert mit dem Zeitpunkt, in dem die Teilleistung verlangt werden kann (→ Rn. 2). Nach § 760 BGB ist eine Leibrente im Voraus zu entrichten, wenn der Gläubiger den Beginn des Zeitabschnitts der Teilrentenleistung erlebt. Ebenso sagt § 1 Abs. 1 ARB zu, dass die vereinbarte Rente gezahlt wird, wenn die versicherte Person den vereinbarten Rentenzahlungsbeginn erlebt und solange die versicherte Person lebt. Nach dem Tod der versicherten Person ist grds. keine Teilrentenleistung zugesagt und kann nicht mehr fällig werden. Der Versicherer ist zu jeder Leistung berechtigt, seine Leistungspflicht und damit die Fälligkeit auch der laufenden Teilrentenleistungen festzustellen (§ 14 VVG). Dazu kann der Versicherer auf eigene Kosten vor jeder Rentenzahlung eine amtliche Bescheinigung darüber verlangen, dass die versicherte Person noch lebt.

5. Mitteilung und Nachweis des Todes der versicherten Person (Abs. 3)

33 **a) Anzeigeobliegenheit und Anzeigefrist (Abs. 3 S. 1).** Der Tod der versicherten Person muss dem Versicherer unverzüglich mitgeteilt werden. § 7 Abs. 3 S. 1 ARB formt damit einerseits in der Todesfallabsicherung die gesetzliche und **spontane Pflicht** zur Anzeige des Versicherungsfalls des § 30 VVG (→ Rn. 11 ff.) zur **vertraglichen Obliegenheit** aus. Andererseits dient die Pflicht dem Interesse des Rentenversicherers an der unverzüglichen Mitteilung des Todes der versicherten Person als **bestimmendes Element seiner Rentenleistungspflicht** (→ ARB § 1 Rn. 1 ff.). Für die Lebensversicherung, zu der gem. VAG Anlage A Nr. 19 auch die private Rentenversicherung gehört, beschränkte schon § 171 Abs. 1 VVG aF die Anzeigepflicht des § 33 VVG aF auf den Todesfall (→ Rn. 13 f.).

34 Die Mitteilung muss **unverzüglich** erfolgen, dh ohne schuldhaftes Zögern. Nach dem Wegfall des § 171 Abs. 1 S. 2 VVG aF folgt die Anzeigefrist auch in der Lebensversicherung der Legaldefinition des **§ 121 Abs. 1 BGB** (→ Rn. 16). Die

---

[72] AG Aachen Urt. v. 12.5.2011 – 107 C 149/11.

Anzeigefrist beginnt mit der positiven Kenntnis des Nachweispflichtigen von dem Tod der versicherten Person (→ Rn. 15), zu der die Kenntnis des Versicherungsvertrags zählt.[73] Zum Teil wird eine allgemeine Frist von zwei Wochen für unverzüglich gehalten, die sich breiten Bevölkerungskreisen eingeprägt habe.[74] Ein solches allgemeines Ausfüllen des unbestimmten Rechtsbegriffs des „unverzüglich" nach Tagen oder Wochen ist jedoch nicht in allen Sachverhalten interessen- und sachgerecht. Berücksichtigt werden müssen einerseits für den Anzeigepflichtigen seine **Möglichkeiten, den Todesfall anzeigen zu können.**[75] Auch kann bei Tod eine persönliche Betroffenheit des Angehörigen die formale Anzeigepflicht gegenüber dem Versicherer leicht übersehen lassen. Andererseits droht dem Versicherer insbesondere bei Verdacht der Selbsttötung in den ersten Versicherungsjahren der **Verlust von Beweismitteln.**[76] Die Mitteilung des Todes der versicherten Person nach acht Tagen am Tag der Beerdigung ist dann nicht mehr unverzüglich. Werden in den AVB feste Fristen für die Todesfallanzeige vorgesehen, ist jede Anzeige innerhalb dieser Frist rechtzeitig.[77]

35 **b) Amtliche Sterbeurkunde mit Angabe von Alter und Geburtsort (Abs. 3 S. 2).** Der Tod der versicherten Person ist durch eine amtliche, Alter und Geburtsort enthaltende Sterbeurkunde nachzuweisen.[78] § 7 Abs. 3 S. 2 ARB formt damit die gesetzliche **Belegpflicht** des § 31 Abs. 1 S. 2 VVG (→ Rn. 26) zur **vertraglichen Obliegenheit** aus.[79] Das notwendige Verlangen des Versicherers liegt bereits in der Vereinbarung der Klausel. Der **Altersnachweis** dient der nachträglichen Überprüfung, ob das Alter des Versicherten beim Abschluss des Vertrages richtig angegeben worden ist. Wurde das Alter falsch angegeben und infolgedessen die Prämie für die vereinbarte Versicherungsleistung unrichtig bemessen, wird gem. § 157 S. 1 VVG die Versicherungsleistung angepasst.[80] Der amtliche Nachweis wird geführt mit dem Familienbuch, dem Sterbebuch und insb. der Sterbeurkunde nach dem Personenstandsgesetz (PStG), u. U. mit der Todeserklärung nach dem Verschollenheitsgesetz (VerschG).[81]

36 **c) Anzeige und Nachweis des Todesfalls unabhängig von einer Todesfallleistung (Abs. 3 S. 3).** Auch wenn für den Todesfall keine Leistung vereinbart ist, muss der Tod der versicherten Person unverzüglich mitgeteilt und durch amtliche Sterbeurkunde nachgewiesen werden. Denn der Zeitpunkt des Todes der versicherten Person wirkt sich unmittelbar auf die Leistungspflicht und die Rentenleistungen aus. Wenn die versicherte Person den vereinbarten Rentenbeginn erlebt, wird die vereinbarte Rente gezahlt, solange die versicherte Person lebt (→ ARB § 1 Abs. 1 S. 1). Mit dem Tod des Versicherten nach dem Beginn der Rentenzahlung endet die laufende lebenslange Rentenleistung. Statt der Renten kann der Versicherungsnehmer die Zahlung einer einmaligen Leistung (Kapitalabfindung) zum Fälligkeitstag der ersten Rente verlangen, sofern die versicherte Person diesen Termin er-

---

[73] *Rixecker* in Römer/Langheid § 30 Rn. 8.
[74] OLG Köln r+s 1986, 144; OLG Köln r+s 1987, 22.
[75] *Rixecker* in Römer/Langheid § 30 Rn. 8.
[76] *Winter* in Bruck/Möller § 161 Rn. 94.
[77] *Armbrüster* in Prölss/Martin § 30 Rn. 8.
[78] *Benkel/Hirschberg* ALB 1986 § 9 Rn. 12.
[79] *Winter* in Bruck/Möller § 161 Rn. 97.
[80] *Goll/Gilbert/Steinhaus* S. 110; *Langheid* in Römer/Langheid § 157 Rn. 4.
[81] OLG Köln NVersZ 2000, 375.

lebt. Mit der Zahlung der Kapitalabfindung endet der Vertrag (→ ARB § 1 Abs. 2). Für den Fall des Todes der versicherten Person vor dem vereinbarten Rentenzahlungsbeginn kann eine eigene Todesfallleistung vereinbar werden (→ ARB § 1 Abs. 3). Ebenfalls möglich ist die Vereinbarung einer Rentengarantiezeit, bis zu deren Ende die Zahlung der laufenden Rente auch nach dem Tod der versicherten Person nach dem Rentenzahlungsbeginn vom Versicherer zugesagt wird. Bei Tod des Versicherten nach dem Rentenzahlungsbeginn ohne Rentengarantiezeit bzw. nach Ablauf der Rentengarantiezeit wird keine Todesfallleistung fällig. Der Vertrag endet ohne weiteren Anspruch auf laufende Rentenleistungen (→ ARB § 1 Abs. 4).

37 **d) Bescheinigung über die Todesursache bei Tod vor Rentenzahlungsbeginn (Abs. 3 S. 4).** Wenn eine Leistung für den Todesfall vor dem vereinbarten Rentenzahlungsbeginn vereinbart wurde, muss vom Anspruchsteller zusätzlich eine ausführliche ärztliche oder amtliche Bescheinigung über die Todesursache vorgelegt werden. Aus der Bescheinigung müssen sich Beginn und Verlauf der Krankheit, die zum Tod der versicherten Person geführt hat, ergeben. Die Beschränkung dieser vertraglichen Beleg-Obliegenheit (→ Rn. 35) auf den Todesfall vor dem vereinbarten Rentenbeginn folgt aus dem Umstand, dass in der Rentenversicherung nach dem vereinbarten Rentenbeginn eine Todesfallleistung nicht mehr fällig wird (→ ARB § 1). Der Bericht des Arztes oder das behördliche Protokoll dienen dem Versicherer zur Prüfung und Feststellung seiner Leistungspflicht im Todesfall (→ Rn. 8) als Voraussetzung der Fälligkeit (→ Rn. 3). Das notwendige Attest kann Anhaltspunkte für eine Selbsttötung oder vorvertragliche Anzeigepflichtverletzung bieten, die uU die Leistungspflicht des Versicherers ausschließen oder den Versicherer berechtigen, sich ganz oder teilweise von dem Vertrag zu lösen.[82]

38 Die Vorlage der ärztlichen oder amtlichen Bescheinigung über die Ursache des Todes der versicherten Person erfolgt durch Dritte. Erhebt der Versicherer Gesundheitsdaten bei Dritten, ist gem. § 213 Abs. 1 VVG eine **Einwilligung** des betroffenen Versicherten erforderlich, die den Anforderungen des § 213 Abs. 2 ff. VVG genügt. Hat der Versicherte eine solche Einwilligung zu seinen Lebzeiten nicht erteilt, ist die Datenerhebung nicht zulässig. Das Recht zur Freigabe geht nicht auf Erben oder Angehörige über.[83] Denn das Recht auf informationelle Selbstbestimmung ist ein höchstpersönliches Recht.[84] Zur **Verwertung** von ohne Einwilligung und entgegen § 213 VVG erlangten Informationen bedarf es einer Güterabwägung im Einzelfall.[85] Die Verwertbarkeit ist jedenfalls dann gegeben, wenn Vorerkrankungen arglistig verschwiegen worden sind.[86] Die Zulässigkeit der Erhebung von Gesundheitsdaten bei Dritten ist nicht von Amts wegen zu prüfen.[87]

6. Verlangen weiterer Nachweise und Auskünfte (Abs. 4)

39 Zur Feststellung seiner Leistungspflicht als Fälligkeitsvoraussetzung stellt der Versicherer die **notwendigen Erhebungen** an (→ Rn. 7 ff.). Der Anspruchsteller hat auf Verlangen des Versicherers jede dazu erforderliche Auskunft zu erteilen (→ Rn. 20) und zu belegen (→ Rn. 26). Dazu enthält § 7 Abs. 4 ARB die Verein-

[82] *Goll/Gilbert/Steinhaus* S. 111.
[83] OLG Saarbrücken VersR 2009, 1478.
[84] BVerfG VersR 2006, 1669.
[85] *Neuhaus/Kloth* NJW 2009, 1707.
[86] BGH VersR 2010, 97.
[87] OLG Saarbrücken VersR 2009, 1478.

barung, die den Versicherer berechtigt, weitere Nachweise und Auskünfte zu verlangen, wenn dies erforderlich ist, um die Leistungsplicht zu klären. Diese vertragliche Auskunfts- und Belegobliegenheit geht über die des § 7 Abs. 3 S. 4 ARB (→ Rn. 37 f.) hinaus. Sie wird auch in der Rentenversicherung nicht nur durch den Tod der versicherten Person vor dem vereinbarten Rentenbeginn ausgelöst, sondern in jedem Fall, in dem eine Leistung von dem Versicherer verlangt wird.

40 **a) Gegenstand des Verlangens weiterer Nachweise und Auskünfte (Abs. 4 S. 1).** Die weiteren Nachweise dienen dem Versicherer generell zur Feststellung seiner Leistungspflicht. Sie beziehen sich nicht nur auf die Ursache des Todes des Versicherten, sondern auf **alle rechterheblichen Tatsachen,** die die Leistungspflicht bestimmen.[88] Der Versicherer kann insb. Auskünfte und Belege zu Erkrankungen des Versicherten vor Vertragsschluss verlangen. Denn die Leistungsprüfung umfasst auch die Prüfung der Verletzung der vorvertraglichen Anzeigepflicht (→ Rn. 8). Bei Verdacht der **Selbsttötung** kann zB verlangt werden, dass Privatbriefe, die einen Suizid nahe legen oder sogar ankündigen, eingereicht werden.[89] Ebenfalls zur Feststellung der Leistungspflicht zählt die Prüfung der Empfangsberechtigung des Anspruchstellers (→ Rn. 8). Verlangen kann der Versicherer dazu von jedem von dem Versicherungsnehmer oder dessen Rechtsnachfolgern abweichenden Dritten die Vorlage von Unterlagen, die dessen Berechtigung zum Empfang der Versicherungsleistung nachweisen. In Betracht kommen **zB** die Bestallungsurkunde für Nachlassverwalter, Testamentsvollstrecker, Betreuer, Insolvenzverwalter oder eine Empfangsvollmacht oder Erbschein, Erbvertrag, Testament mit Eröffnungsprotokoll, eine vormundschaftliche Genehmigung wie auch der Nachweis der wirksamen Abtretungsvereinbarung.

41 **b) Kosten (Abs. 4 S. 2).** Entsprechend den allgemeinen Beweislasteregeln hat der Anspruchsteller auch die Kosten für den Nachweis seines Leistungsanspruchs zu tragen. Hat der Versicherer zB für eingeholte ärztliche Gutachten Kosten verauslagt, kann er diese mit der Leistung verrechnen, also aufrechnen. Weil aber weitere Nachweise und Auskünfte als Erhebungen des Versicherers nur verlangt werden können, wenn sie erforderlich sind, kann der Versicherer nur die Kosten für erforderliche Maßnahmen auf den Anspruchsteller überwälzen.[90]

7. Fälligkeit (Abs. 5)

42 Die Fälligkeit war in früheren Musterbedingungen nicht als solche geregelt. § 7 ARB vereinbart die Mindestnachweise zur Fälligkeit der Versicherungsleistungen (§ 14 VVG) in der aufgeschobenen Rentenversicherung mit ggf. einer Todesfallleistung bei Tod der versicherten Person vor dem vereinbarten Rentenzahlungsbeginn und formt die Mitteilungspflicht (§ 30 VVG) und Auskunftspflicht (§ 32 VVG) des Versicherungsnehmers bzw. des berechtigten Dritten zur vertraglichen Obliegenheit aus. Soweit mit den AVB vereinbart ist, dass zum Eintritt des Versicherungsfalls bestimmte Unterlagen vorzulegen und Auskünfte zu erteilen sind, tritt keine Fälligkeit ein, solange sie nicht beigebracht sind (→ Rn. 10).[91]

43 **a) Belehrung.** Verletzungen der Anzeige- und Aufklärungspflichten können iRd § 28 VVG mit einem vollständigen oder anteiligen Wegfall der Leistungspflicht

[88] *Reiff/Schneider* in Prölss/Martin ALB 2012 § 7 Rn. 5.
[89] *Benkel/Hirschberg* ALB 1986 § 9 Rn. 21.
[90] *Winter* in Bruck/Möller § 161 Rn. 121.
[91] BGH VersR 2002, 698; OLG Karlsruhe VersR 2009, 668.

sanktioniert werden. § 7 ARB verzichtet – wie auch alle anderen unverbindlichen Musterbedingungen für die Lebensversicherung – auf eine solche Sanktion. Insbesondere ist nicht vorgesehen, dass der Versicherer nut durch die Verletzung der vereinbarten Pflichten von der Leistung frei sein soll, auch nicht bei der Verletzung der vertraglichen Aufklärungsobliegenheit nach Eintritt des Versicherungsfalls (§ 31 VVG). Einer **Rechtsfolgenbelehrung** nach § 28 Abs. 4 VVG bedarf es deshalb nicht. Ohnehin ist diese nicht erforderlich für die Obliegenheit zur Anzeige des Versicherungsfalls nach § 30 VVG (→ Rn. 19) oder für die Obliegenheiten, die nach Eintritt des Versicherungsfalls auf Grund des konkreten Ablaufs entstehen und auf die der Versicherer daher nicht im Voraus hinweisen kann. Auch im Falle der Arglist des Versicherungsnehmers bedarf es keiner Belehrung nach § 28 Abs. 4 VVG.[92]

44 Dennoch greift § 7 Abs. 5 ARB die aus der Rechtsprechung folgende Motivation des § 28 Abs. 4 VVG auf und informiert den Versicherungsnehmer über die Folgen der Verletzung der mit § 7 Abs. 1–4 ARB vereinbarten Pflichten. Der Versicherungsnehmer wird auf deren Zweck aufmerksam gemacht (→ Rn. 28). Die Leistungen des Versicherers werden fällig, nachdem dessen Erhebungen abgeschlossen sind, die zur Feststellung des Versicherungsfalls und des Umfangs der Leistungspflicht notwendig sind. Das entspricht § 14 Abs. 1 VVG. Es folgt in Anlehnung an § 28 Abs. 4 VVG der belehrungsartige Hinweis, dass, wenn eine in den Absätzen 1 bis 4 genannten Pflichten nicht erfüllt wird, dies zu Folge haben kann, dass der Versicherer nicht feststellen kann, ob oder in welchem Umfang er leistungspflichtig ist. Eine solche Pflichtverletzung kann somit dazu führen, dass die Leistung nicht fällig wird.

45 **b) Abschlagszahlung.** Die mit § 7 ARB verlangten Mindestnachweise sollen die Leistungsprüfung des Versicherers unterstützen und beschleunigen (→ Rn. 28). Denn der Versicherer darf seine Erhebungen nicht verzögern.[93] Auf Verlangen des Berechtigten wird gem. § 14 Abs. 2 S. 1 VVG eine Abschlagszahlung fällig, wenn die Erhebungen des Versicherers nicht bis zum Ablauf eines Monats seit der Anzeige des Versicherungsfalls beendet sind. Jedoch ist der Lauf dieser Monatsfrist nach Satz 2 gehemmt, solange der Berechtigte seinerseits die Mindestnachweise nach § 7 ARB nicht erfüllt hat, sodass die Erhebungen nicht beendet werden können. Die Höhe der Abschlagszahlung ist begrenzt auf den Betrag, den der Versicherer voraussichtlich mindestens zu zahlen hat. Anwendungsfälle des § 14 Abs. 2 VVG sind in der Lebensversicherung va die andauernde Leistungsprüfung bei Verdacht einer Selbsttötung (→ ARB § 5 Abs. 2) einer vorvertraglichen Anzeigepflichtverletzung (vgl. → ARB § 6 Abs. 7) oder die eingeschränkte Leistung nach der sog. „Kriegs- und ABC-Klausel" (vgl. → ARB § 4 Abs. 2, 3). In diesen Fällen ist offen, ob der Versicherer statt der vollen vertraglichen Versicherungsleistung den Rückkaufswert leisten muss.[94]

8. Leistungsort und Zahlungsort (Abs. 6)

46 Besondere Vereinbarungen zu Leistungsort und Zahlungsort sehen die unverbindlichen Musterbedingungen weitgehend nicht vor. Es gelten die Grundsätze der §§ 269, 270 BGB. Die von § 270 Abs. 1 BGB abweichende Gefahrtragungsregel bei Auslandsüberweisungen gilt nur für Länder außerhalb des Europäischen Wirtschaftsraums (EWR).

---

[92] BT-Drs. 16/3945, 69.

[93] *Goll/Gilbert/Steinhaus* S. 112.

[94] *Goll/Gilbert/Steinhaus* S. 113.

§ 8 Welche Bedeutung hat der Versicherungsschein?

(1) Wir können Ihnen den Versicherungsschein in Textform *(z. B. Papierform, E-Mail)* übermitteln. Stellen wir diesen als Dokument in Papierform aus, dann liegt eine Urkunde vor. Sie können die Ausstellung als Urkunde verlangen.

(2) Den Inhaber der Urkunde können wir als berechtigt ansehen, über die Rechte aus dem Vertrag zu verfügen, insbesondere Leistungen in Empfang zu nehmen. Wir können aber verlangen, dass uns der Inhaber der Urkunde seine Berechtigung nachweist.

Übersicht

Schrifttum: *Goll/Gilbert/Steinhaus,* Handbuch der Lebensversicherung, 1992, S. 34f.; *Güther/Kohly,* Typische Probleme bei der Feststellung und Verwertung von Lebensversicherungsverträgen in der Unternehmensinsolvenz, ZIP 2006, 1229; *Kalka,* Die Nebenpflichten im Lebensversicherungsvertrag, Diss. Freiburg/Brsg. 1964; *Sieg,* Der Versicherungsschein in wertpapierrechtlicher Sicht und seine Bedeutung bei der Veräußerung der versicherten Sache, VersR 1977, 213.

I. Gesetzliche Grundlagen

1 **§ 3 Abs. 1 VVG** bestimmt die Pflicht des Versicherers zur Übermittlung eines Versicherungsscheins in Textform und begründet den Anspruch des Versicherungsnehmers auf die Ausstellung als Urkunde. **§ 4 Abs. 1 VVG** ermöglicht, den Versicherungsschein als Urkunde auf den Inhaber auszustellen und wendet **§ 808 BGB** darauf an. Ist der Versicherungsschein abhandengekommen oder vernichtet, gibt **§ 3 Abs. 3 VVG** dem VN einen Anspruch auf die Ausstellung eines neuen Versicherungsscheins, ggf. nach Kraftloserklärung. Machen die vertraglichen Vereinbarungen die Leistung des Versicherers von der Rückgabe des Versicherungsscheins als Urkunde abhängig, genügt nach **§ 4 Abs. 2 VVG** grundsätzlich das öffentlich beglaubigte Anerkenntnis, dass die Schuld erloschen sei, wenn der Versicherungsnehmer erklärt, zur Rückgabe des Versicherungsscheins außerstande zu sein. Das gilt jedoch nicht, wenn der Versicherungsschein der Kraftloserklärung unterliegt.

II. Rechtsprechung

1. Der Versicherungsschein in Textform und als Urkunde – § 3 Abs. 1 VVG

2 Das Gesetz verwendet den Begriff des **Versicherungsscheins.** Die vielfach eingesetzte Bezeichnung als **Police** ist vollständig synonym.

3 **a) Rechtsnatur.** Für den Abschluss eines Versicherungsvertrages sehen weder das allgemeine Recht noch das spezialgesetzliche VVG eine Formvorschrift vor. Daher haben der Versicherungsschein, seine Ausstellung, seine Übermittlung und sein Zugang für den Vertragsabschluss **keine konstitutive Wirkung.**[1] Der Versicherungsschein ist vielmehr ein **Dokument über den Inhalt** des zu Stande gekommenen Vertrages.[2] Er muss deshalb den gesamten Inhalt des Versicherungsvertrags darstellen.[3] Mit der Dokumentation als Beweis insbesondere des Umfangs des

[1] OLG Frankfurt a. M. VersR 2003, 1423,1524: BGH NJW 1951, 313; *Wandt* VersR S. 98; *Rixecker* in Römer/Langheid § 3 Rn. 1;*Knops* in Bruck/Möller § 3 Rn. 7; *Armbrüster* in Langheid/Wandt § 3 Rn. 1.

[2] *Armbrüster* in Prölls/Martin § 3 Rn. 1.

[3] *Armbrüster* in Langheid/Wandt § 3 Rn. 15.

zugesagten Versicherungsschutzes und des Versicherers als dessen Schuldner hat der Versicherungsschein die **Wirkungen eines Schuldscheins** iSd §§ 371,952 BGB.[4] Als Urkunde bietet der Versicherungsschein die **Vermutung der Vollständigkeit und Richtigkeit.**[5]

4 **b) Übermittlung.** Für den Versicherungsnehmer ist es besonders wichtig, den Versicherungsschein zu erhalten. Die Übermittlung des Versicherungsscheins ist **Bringschuld des Versicherers.** Der Versicherungsschein muss in den Empfangsbereich des Versicherungsnehmers gelangen, er muss ihn ohne eigenes Zutun und ohne zusätzlichen Aufwand „in Händen halten" können.[6] Für eine **elektronische Übermittlung** ist das **Einverständnis des Versicherungsnehmers** erforderlich (§ 7 UWG). Das Einverständnis bringt der Versicherungsnehmer zB zum Ausdruck, indem er zuvor seine E-Mail-Adresse zur Übermittlung des Versicherungsscheins angibt.[7] Ein Einstellen in das Internet auf einer Homepage ohne Übermittlung erfüllt die Anforderungen an die Textform gem. § 126b BGB nur dann, wenn ein Download tatsächlich erfolgt, der Empfänger also tatsächlich abspeichert und ausdruckt. Die **Möglichkeit des Downloads reicht nicht aus** zur Übermittlung des Versicherungsscheins. Denn auch der tatsächliche Download der Textform erfüllt nicht die zusätzliche Anforderung der Übermittlung.[8] Entscheidend ist letztlich, dass der Versicherungsschein iSd § 130 BGB dem Versicherungsnehmer zugehen muss.

5 **c) Wirkungen.** An den **Zugang** und den **Besitz** des Versicherungsscheins knüpft das Gesetz verschiedene Rechtsfolgen. Va ist der Zugang neben den allg. Versicherungsbedingungen und der wirksamen Widerrufsbelehrung maßgeblich für den Beginn der Widerrufsfrist nach § 8 Abs. 2 S. 1 VVG. Außerdem wird die erste oder einmalige Prämie erst unverzüglich 30 Tage nach Zugang des Versicherungsscheins fällig (§ 152 Abs. 3 abw. v. § 33 Abs. 1 VVG). Damit hat der Versicherungsschein in jedem Fall eine **Informations- und Beweisfunktion** (vgl. Abs. 1) und als Urkunde zusätzlich eine **Legitimationsfunktion** (vgl. Abs. 2).

6 **d) Pflicht des Versicherers.** Aus § 3 Abs. 1 VVG hat der Versicherer unabdingbar (§ 18 VVG) die **Pflicht zur Übermittlung eines Versicherungsscheins,** auf Verlangen des Versicherungsnehmers als Urkunde. Mit der Pflicht zur Ausstellung einher geht die Pflicht des Versicherers, die Kosten der ersten Ausstellung zu tragen. Das folgt aus dem Umkehrschluss aus § 3 Abs. 5 VVG (→ Rn. 22). Die Möglichkeit, nach § 15a VVG aF mit dem Versicherungsnehmer einen Verzicht auf den Versicherungsschein bzw. dessen Aushändigung zu vereinbaren, ist im Gesetz mit der Reform seit 2008 entfallen. Weil der Versicherungsschein ein Dokument über den Inhalt des zu Stande gekommenen Vertrags ist, wird die Pflicht mit Abschluss des Vertrages fällig (§ 271 Abs. 1 BGB). Allerdings wird ein **Verstoß** des Versicherers gegen die Pflicht zur Übermittlung des Versicherungsscheins, jedenfalls

---

[4] RGZ 51, 83; 66, 158; *Knops* in Bruck/Möller § 3 Rn. 6; *Armbrüster* in Prölss/Martin § 3 Rn. 1.

[5] BGH NJW-RR 2012, 723 Rn. 27; OLG München VersR 2008, 1521; OLG Saarbrücken VersR 1997,863.

[6] So auch *Rixecker* in Römer/Langheid § 3 Rn. 4.

[7] *Ellenberger* in Palandt § 126b Rn. 3.

[8] *Schneider* in Looschelders/Pohlmann § 3 Rn. 22; *Armbrüster* in Prölss/Martin § 3 Rn. 3; *Armbrüster* in Langheid/Wandt § 3 Rn. 25.

in Textform, vom VVG nicht sanktioniert. Im Verzugsfall haftet der Versicherer dem Versicherungsnehmer auf Schadensersatz nach allgemeinen Vorschriften (§ 280 Abs. 2 BGB).[9]

7 **e) Anspruch des Versicherungsnehmers. Nur der Versicherungsnehmer** hat den Anspruch auf einen Versicherungsschein bei Vertragsabschluss.[10] Der Anspruch auf den Versicherungsschein, jedenfalls in Textform, auf Verlangen auch als Urkunde, ist unselbständig und wird von § 3 Abs. 1, Abs. 3 VVG ausdrücklich nur für den Versicherungsnehmer bzw. seinen gesetzlichen Vertreter begründet.[11] Er ist für sich allein **nicht abtretbar und nicht pfändbar,** steht also keinem Dritten zu.[12]

2. Versicherungsschein auf den Inhaber – § 4 Abs. 1 VVG

8 Ein als Urkunde ausgestellter Versicherungsschein kann auf den Inhaber ausgestellt werden (§ 4 Abs. 1 VVG iVm § 808 BGB).

9 **a) Rechtsnatur.** § 3 Abs. 1 VVG lässt für den Versicherungsschein die Textform des § 126b BGB ausreichen (→ Rn. 33). Der durch die VVG-Reform 2008 unveränderte § 4 Abs. 1 VVG ist dennoch nur auf Versicherungsscheine anwendbar, die als **Urkunde** ausgestellt werden (→ Rn. 34). Denn das Wertpapierrecht des BGB geht von der Körperlichkeit des einmaligen Wertpapiers aus, was auch für Legitimationspapiere nach § 808 Abs. 1 BGB gilt. Daher wird in § 4 VVG auf Versicherungsscheine abgestellt, die wie vor der VVG-Reform 2008 als Urkunde und nicht elektronisch in Textform ausgestellt sind.[13]

10 § 4 Abs. 1 VVG eröffnet die Möglichkeit, den Versicherungsschein als **Urkunde auf den Inhaber** auszustellen. Durch die gleichzeitig angeordnete Anwendung des § 808 BGB wird der Versicherungsschein auf den Inhaber zum Namenspapier mit Inhaberklausel, zum **qualifizierten Inhaberpapier.**[14] Eine Gestaltung als Wertpapier mit Inhaberklausel, Inhaberpapier iSd § 793 BGB wird ausgeschlossen.[15] Die mit § 4 Abs. 1 VVG angeordnete Rechtsfolge des § 808 BGB ist zwingend.[16] Auch wenn der Versicherungsnehmer ein Bezugsrecht für den Inhaber des Versicherungsscheins verfügt, wird der Versicherungsschein nicht zum Inhaberpapier.[17] Es wird lediglich derjenige zum Bezugsberechtigten, der mit Wissen und Wollen des Versicherungsnehmers Inhaber des Versicherungsscheins ist.[18]

11 **b) Legitimationswirkungen.** Der Anspruch auf die Versicherungsleistung folgt unverändert dem Versicherungsvertrag und wird nicht erst durch den Versicherungsschein begründet

12 Die **Legitimationswirkung** des Versicherungsscheins auf den Inhaber unterstützt das Verlangen auf die **Versicherungsleistung.** Weil das Recht auf den

---

[9] *Schneider* in Looschelders/Pohlmann § 3 Rn. 4; *Möller* in Bruck/Möller 8. Aufl. § 3 Rn. 14.

[10] *Rixecker* in Römer/Langheid § 3 Rn. 4; *Armbrüster* in Langheid/Wandt § 3 Rn. 11.

[11] OLG Hamm VersR 1973, 147; *Armbrüster* in Langheid/Wandt § 3 Rn. 12.

[12] *Armbrüster* in Prölss/Martin § 3 Rn. 5.

[13] BT-Drs. 16/3945, 57.

[14] BGH VersR 2009, 1061;2000, 709; 1999, 700; OLG Hamm VersR 2002, 1121;1996, 615; OLG Koblenz VersR 2002, 873; 2008, 1338; OLG Köln r+s 1994, 356.

[15] BGH VersR 2000, 709; OLG Hamm NJW-RR 1993, 296.

[16] Motive zum VVG S. 77.

[17] *Rixecker* in Römer/Langheid § 4 Rn. 1.

[18] OLG Hamm NJW-RR 1993, 296.

Rückkaufswert bei Kündigung nur eine andere Erscheinungsform der Versicherungsleistung ist,[19] erstreckt sich die Legitimationswirkung auch auf die Erklärung der Kündigung und das Verlangen der **Rückkaufleistung.**[20]

13 Der Versicherer darf **mit befreiender Wirkung** an den Inhaber des Versicherungsscheins leisten (§ 808 Abs. 1 BGB), er muss aber nicht an den Inhaber leisten. Der Inhaber ist nicht berechtigt, nur aus der Inhaberschaft die Versicherungsleistung zu verlangen.[21] Allenfalls ist er befugt, die Versicherungsleistung gerichtlich geltend zu machen.[22]

14 **Vertragliche Gestaltungsrechte** des Versicherungsnehmers sind von der Legitimationswirkung grundsätzlich nicht erfasst und gehen ohne besondere Vereinbarung nicht auf den Inhaber des Versicherungsscheins über. § 18 VVG erlaubt jedoch zusätzliche Vereinbarungen. Mit den Versicherungsbedingungen kann weitergehend wirksam und ohne Verstoß gegen § 307 BGB vereinbart werden, dass der Inhaber des Versicherungsscheins nicht nur zum Empfang der Leistung, sondern auch zu sonstigen Verfügungen berechtigt ist.[23]

15 Die Legitimationswirkung des § 4 Abs. 1 VVG tritt nur ein, wenn der Inhaber den **vollständigen Versicherungsschein im Original** vorlegt, wozu auch etwaige Nachträge zählen.[24] Das reicht andererseits für die Legitimationswirkung aus, die sich damit auch auf jeden Bevollmächtigten des Berechtigten erstreckt.[25]

16 **c) Schutzwirkung nur für den Versicherer.** Der Versicherungsschein als qualifiziertes Legitimationspapier bietet dem Versicherer in der Leistung den **Schutz des guten Glaubens.** Der Versicherungsnehmer wird dadurch nicht ungerechtfertigt benachteiligt. Es liegt allein in seiner Entscheidung, den Versicherungsschein aus der Hand zu geben und damit Missbrauch zu ermöglichen.[26] Mit der Zahlung auf Vorlage des Versicherungsscheins wird der Versicherer von seiner Leistungspflicht befreit und gleichzeitig von dem Risiko der Doppelzahlung bei ggf. nicht realisierbarer Rückforderung (Kondiktion).[27] Das gilt selbst dann, wenn der Besitzer des Versicherungsscheins wegen seiner Insolvenz keine Verfügungsbefugnis hat.[28] Weil der Versicherungsschein als Schuldschein zu qualifizieren ist (→ Rn. 3), ist der Versicherer berechtigt, auch noch nach der Zahlung der Versicherungsleistung den Versicherungsschein nach § 371 BGB zurück zu verlangen.[29]

17 Allerdings geht der **Mündelschutz** dem Gutglaubensschutz für den Versicherer vor. Die Schutzwirkung des § 808 BGB tritt hinter § 1812 und § 1896ff. BGB zu-

[19] BGH NJW 2013, 3776; BGH r+s 2010, 293; so bereits BGHZ 45, 162, 167.

[20] BGH r+s 2010, 293; BGH VersR 2009, 1061; BGH VersR 2000, 709; OLG München VersR 2008, 1521.

[21] BGH VersR 2006, 394; BGH VersR 2000, 709; OLG München VersR 2008, 1521; OLG Düsseldorf VersR 2006, 1391; OLG Hamm VersR 1996, 615.

[22] BGH VersR 1993, 1089.

[23] BGH VersR 2000, 709; OLG Bremen VersR 2008, 1056; OLG Koblenz NVersZ 2002, 212; aA OLG München VuR 1999, 205 mAnm *Schwintowski;* OLG Nürnberg NVersZ 2000, 515.

[24] BGH VersR 2006, 394; OLG Koblenz VersR 2008, 1338.

[25] OLG Koblenz VersR 2002, 873; *Schneider* in Looschelders/Pohlmann § 4 Rn. 6; *Knops* in Bruck/Möller § 4 Rn. 3.

[26] OLG Koblenz NVersZ 2002, 212.

[27] BGH VersR 2009, 1061.

[28] BGH r+s 2010, 293.

[29] Knops in Bruck/Möller § 4 Rn. 3.

rück. Der Versicherer leistet nicht mit befreiender Wirkung an den Vormund oder Betreuer auf bloße Vorlage des Versicherungsscheins ohne Genehmigung des Vormundschaftsgerichts.[30]

3. Verlust des Versicherungsscheins – §§ 3 Abs. 3, 4 Abs. 2 VVG

18 Der Versicherungsnehmer kann bei Verlust des Versicherungsscheins die **Ausstellung eines neuen Versicherungsscheins** verlangen (§ 3 Abs. 3 S. 1 VVG). Kann der Versicherungsnehmer wegen des Verlustes den Versicherungsschein nicht zurückgeben, soll sein öffentlich beglaubigtes Anerkenntnis genügen, dass mit der Leistung des Versicherers dessen Schuld erlischt (§ 4 Abs. 2 S. 1 VVG). Grundsätzlich geht aber die Kraftloserklärung vor (§ 3 Abs. 3 S. 2 VVG und § 4 Abs. 2 S. 2 VVG).

19 **a) Ausstellung eines neuen Versicherungsscheins.** § 3 Abs. 3 VVG setzt voraus, dass der Versicherungsschein **abhanden gekommen** ist oder **vernichtet** wurde. Mit diesen Begriffen knüpft das Gesetz wie mit § 3 Abs. 2 VVG aF unverändert an einen einmaligen verkörperten Versicherungsschein als Urkunde an. Gleichzeitig hebt die Begründung zur Reform des VVG hervor, lediglich auf den Begriff der „Ersatzurkunde" werde im Hinblick auf die Textform in Absatz 1 verzichtet.[31] Deshalb muss auch die übernommene Terminologie mit der Gesetzesreform als überholt angesehen werden.[32] Eine Definition des Abhandenkommens oder Vernichtens des Versicherungsscheins kann dahinstehen. Es reicht aus, wenn der Versicherungsschein, gleichgültig in welcher Form und aus welchem Grund, **dem Versicherungsnehmer nicht mehr zur Verfügung steht.**[33] Deshalb kann der Versicherungsnehmer den Versicherungsschein unfreiwillig, aber auch freiwillig verlieren.[34]

20 Der **Anspruch** auf Ausstellung eines neuen Versicherungsscheins steht wie der Anspruch auf einen Versicherungsschein bei Abschluss des Vertrages (→ Rn. 7) nur dem Versicherungsnehmer, seinem gesetzlichen Vertreter und seinen Rechtsnachfolgern zu. Der Insolvenzverwalter kann die Ausstellung eines neuen Versicherungsscheins verlangen, wenn der Versicherungsnehmer als Gesamtschuldner ihm den ursprünglichen Versicherungsschein nicht überlässt.[35]

21 Auch für die **Form** des neuen Versicherungsscheins gelten die gleichen Regeln wie für den ursprünglichen Versicherungsschein: grundsätzlich genügt die Textform nach § 126b BGB (→ Rn. 33) der Versicherungsnehmer kann aber eine Urkunde, also den neuen Versicherungsschein in Papierform (→ Rn. 34) verlangen.

22 Die **Kosten** für die Ausstellung eines neuen Versicherungsscheins hat der Versicherungsnehmer zu tragen (§ 3 Abs. 5 VVG). Der Versicherer kann die gesamten Kosten als Vorschuss verlangen. Dazu bedarf es wegen der gesetzlichen Regel des § 3 Abs. 5 VVG keiner besonderen vertraglichen Vereinbarung über die Kostenerstattung. Wohl aber müssen dem Versicherungsnehmer schon vorvertraglich die für die Ausstellung eines neuen Versicherungsscheins anfallenden sonstigen Kosten

[30] AG Nürnberg VersR 2002, 875; OLG Karlsruhe VersR 1999, 1529; *Schneider* in Looschelders/Pohlmann § 4 Rn. 9; *Benkel/Hirschberg* ALB 2008 § 12 Rn. 20.

[31] BT-Drs. 16/3945, 57.

[32] *Schneider* in Looschelders/Pohlmann § 3 Rn. 24.

[33] *Schneider* in Looschelders/Pohlmann § 3 Rn. 24.

[34] *Rixecker* in Römer/Langheid § 3 Rn. 5; *Armbrüster* in Langheid/Wandt § 3 Rn. 45.

[35] *Güther/Kohly* ZIP 2006, 1229.

mitgeteilt werden (§ 7 Abs. 1 VVG iVm § 2 Abs. 1 Nr. 2 VVG-InfoV).[36] Die Information kann wiederum durch eine ausdrückliche Kostenvereinbarung in den AVB erfolgen. Aus der gesetzlichen Kostenregel des § 3 Abs. 5 VVG folgt, dass der Versicherer die vollständigen Kosten für die Ausstellung eines neuen Versicherungsscheins verlangen kann. Er ist dabei nicht auf den Ersatz eines nur zusätzlich entstehenden Schadens beschränkt. Die Kosten zählen nicht schon zu den anfänglich in die Prämie einzukalkulierenden Verwaltungskosten, unabhängig davon, ob der Versicherungsnehmer jemals den Versicherungsschein verliert und die Ausstellung eines neuen verlangt.[37]

23 Unterliegt der Versicherungsschein der **Kraftloserklärung** (→ Rn. 27), ist der Versicherer erst danach zur Ausstellung eines neuen Versicherungsscheins verpflichtet (§ 3 Abs. 3 S. 2 VVG).

24 **b) Rückgabe des Versicherungsscheins.** Wenn der Versicherungsschein nach § 4 Abs. 1 VVG und § 808 Abs. 1 BGB auf den Inhaber ausgestellt ist (→ Rn. 10) ist der Versicherer nach § 808 Abs. 2 S. 1 BGB und § 4 Abs. 1 VVG zur Leistung nur gegen Rückgabe des Versicherungsscheins verpflichtet. Das gilt ebenfalls im Falle der Kündigung zur Leistung des Rückkaufswertes (→ Rn. 13).[38] Dem Versicherer steht bis zur Rückgabe des Versicherungsscheins, der ausgestellt auf den Inhaber ein Schuldschein ist, ein **gesetzliches Zurückbehaltungsrecht** an der Versicherungsleistung zu aus § 4 Abs. 1 VVG iVm § 808 Abs. 2 S. 1 BGB sowie aus § 273 Abs. 1 BGB iVm § 371 BGB.[39]

25 **c) Verzicht auf die Rückgabe des Versicherungsscheins.** Die Schutzwirkung des Versicherungsscheins auf den Inhaber als qualifiziertes Inhaberpapier dient nur dem Versicherer (→ Rn. 16). Der Versicherer ist deshalb nicht verpflichtet, vor seiner Leistung die Rückgabe des Versicherungsscheins zu verlangen.[40] Der **Verzicht auf die Rückgabe** und damit auf die Schutzwirkung des Versicherungsscheins auf den Inhaber steht dem Versicherer in jedem Fall offen, auch wenn er von einem Dritten in Anspruch genommen wird oder weiß, dass der Versicherungsschein sich bei einem Dritten befindet. Das eigene Risiko der Doppelzahlung schätzt der Versicherer im Einzelfall ab. Von dieser Pflicht wird er nicht befreit, ebenso wie das Recht zur Risikoeinschätzung auch in risikofreien Sachverhalten nicht ausgeschlossen wird durch eine Pflicht, die Rückgabe des Versicherungsscheins zu verlangen. Nach einer Zahlung der Versicherungsleistung an einen materiell nicht Berechtigten steht dem Versicherer die Rückforderung (Kondiktion) zu.[41] Die Leistung unter Verzicht auf die Rückgabe des Versicherungsscheins erfolgt auch nach Risikoabschätzung nämlich nicht in Kenntnis der Nichtschuld iSd § 814 BGB.

26 **d) Öffentlich beglaubigtes Anerkenntnis.** Ein **Sonderfall** ist in **§ 4 Abs. 2 S. 1 VVG** geregelt: Im Versicherungsvertrag ist vertraglich vereinbart, dass der Versicherer nur gegen Rückgabe des Versicherungsscheins zur Leistung verpflichtet ist und gleichzeitig unterliegt der Versicherungsschein nicht der Kraftloserklärung

---

[36] *Armbrüster* in Langheid/Wandt § 3 Rn. 62.
[37] AA offenbar *Armbrüster* in Langheid/Wandt § 3 Rn. 62 und § 4 VVG-InfoV Rn 29f.
[38] BGH VersR 2009, 1061 (1062); OLG Brandenburg ZInsO 2012, 2100.
[39] LG Köln r+s 1977,45.
[40] OLG München VersR 2008, 1521; OLG Düsseldorf NJW-RR 2006, 1470.
[41] *Winter* in Bruck/Möller § 161 Rn. 72.

(→ Rn. 27). Behauptet der Versicherungsnehmer zur Rückgabe des Versicherungsscheins nicht imstande zu sein, genügt stattdessen in diesem Sonderfall das öffentlich beglaubigte Anerkenntnis, dass mit der Leistung des Versicherers dessen Schuld aus dem Versicherungsvertrag erloschen sei. Der Versicherungsnehmer muss seine Erklärung schriftlich (§ 126 BGB) abgeben. Ein Notar muss die Unterschrift des Versicherungsnehmers beglaubigen (§ 129 BGB).

27 **e) Kraftloserklärung – Aufgebotsverfahren.** Im **Regelfall** unterliegt der Versicherungsschein jedoch der **Kraftloserklärung.** Das gilt insbesondere für jeden Versicherungsschein, der auf den Inhaber ausgestellt ist (§ 4 Abs. 1 VVG iVm § 808 Abs. 2 S. 2 BGB). Die Kraftloserklärung kann nicht durch das öffentlich beglaubigte Anerkenntnis ersetzt werden. § 4 Abs. 2 S. 2 VVG bestimmt eindeutig, dass S. 1 auf Versicherungsscheine auf den Inhaber, die der Kraftloserklärung unterliegen, nicht angewendet werden kann. Das gilt auch dann, wenn im Versicherungsschein vereinbart ist, dass der Versicherer nur gegen Rückgabe des Versicherungsscheins zur Leistung verpflichtet ist.[42]

28 Das Verfahren zur Kraftloserklärung von Urkunden iSd § 808 BGB war mit dem **Aufgebotsverfahren** im 9. Buch der ZPO geregelt. Immer noch verweisen Kommentierungen auf §§ 946ff., 1003ff. ZPO,[43] obwohl das 9. Buch der ZPO zum 31.8.2009 aufgehoben wurde und nur in Altfällen fort gilt.[44] Das Verfahren in Aufgebotssachen ist nun geregelt in §§ 433 ff. FamFG. Das Aufgebot zur Kraftloserklärung von Urkunden und qualifizierten Legitimationspapieren iSd § 808 BGB bestimmt sich mit Landesvorbehalt nach **§§ 466ff. FamFG.**[45] Aufgebot des Versicherungsscheins als qualifiziertem Legitimationspapier bedeutet die Aufforderung an die unbestimmte und unbekannte Öffentlichkeit, Rechte oder Ansprüche geltend zu machen.[46] Der Ausschlussbeschluss im Aufgebotsverfahren ersetzt die Vorlage der Urkunde.[47]

29 **f) Verlusterklärung.** Weil der Versicherer auf die Rückgabe des Versicherungsscheins verzichten kann (→ Rn. 25), kann er die Rückgabe des Versicherungsscheins, ein öffentlich beglaubigtes Anerkenntnis oder die Kraftloserklärung im Wege des aufwendigen Aufgebotsverfahrens ersetzen durch eine **einfache Verlusterklärung des Versicherungsnehmers.** Die Verlusterklärung wird vielfach verbunden mit dem abstrakten Schuldversprechen für den Fall einer nachfolgenden, wiederholten und berechtigten Inanspruchnahme des Versicherers, weil sich damit herausstellt, dass der erste Empfänger die Leistung unberechtigt erlangt hat.[48] Im Leistungsfall besteht für den Anspruchsteller **kein zusätzlicher Anspruch** auf den Verzicht des Versicherers auf die Rückgabe des Versicherungsscheins und eine Leistung nur gegen Abgabe einer Verlusterklärung. Solange das Risiko, die Versicherungsleistung doppelt auszahlen zu müssen, nicht vollständig ausgeschlossen ist, handelt der Versicherer nicht rechtsmissbräuchlich, wenn er auf der Rückgabe des Originalversicherungsscheins

[42] *Schneider* in Looschelders/Pohlmann § 4 Rn. 11.

[43] *Schneider* in Looschelders/Pohlmann § 4 Rn. 11; *Rixecker* in Römer/Langheid § 3 Rn. 5; *Reiff/Schneider* in Prölss/Martin § 11 86 Rn. 7; Benkel/Hirschberg § 12 ALB 2008 Rn. 29.

[44] *Baumbach/Lauterbach/Albers/Hartmann* Einf. vor § 1 FamFG Rn. 4.

[45] *Baumbach/Lauterbach/Albers/Hartmann* Einf. vor §§ 466ff. FamFG Rn. 7.

[46] *Baumbach/Lauterbach/Albers/Hartmann* Einf. vor § 433 FamFG Rn. 1.

[47] BGH NJW 2005, 1774.

[48] *Kalka* S. 168.

besteht und eine Verlusterklärung nicht akzeptiert. Der Versicherer hat bei seiner Entscheidung, ob er eine Kraftloserklärung verlangt, kein Ermessen im Sinne einer gerechten und billigen Abwägung der Belange der Beteiligten auszuüben. Dass die meisten Versicherer in der Praxis von einer Kraftloserklärung absehen und sich mit der Abgabe einer Verlusterklärung begnügen, bedeutet nicht, dass der Versicherer besondere Umstände geltend machen muss, um bei Zweifeln das Aufgebotsverfahren verlangen zu dürfen. Allein aus dem Verhältnis zwischen der Höhe des Rückkaufswerts und den Kosten für die Kraftloserklärung ergibt sich nicht, dass das Vorgehen des Versicherers gegen Treu und Glauben verstößt.[49]

III. Kommentierung der Klauselbestimmungen

1. Entwicklung der Musterklausel

30 Wesentlicher Inhalt des § 8 ARB und der vorangegangenen Musterbedingungen zur Bedeutung des Versicherungsscheins ist die vertragliche Vereinbarung einer **Inhaberklausel (§ 8 Abs. 2 ARB)** Dem stellt die überarbeitete Musterbedingung einen neuen Absatz zur **Übermittlung des Versicherungsscheins** in Textform und als Urkunde voran **(§ 8 Abs. 1 ARB).** Dagegen ist der bisherige § 13 Abs. 2 ALB 2008 ersatzlos entfallen. Danach brauchte der Versicherer in den Fällen des § 13 Abs. 4 ALB 2008 den Nachweis der Berechtigung des Inhabers des Versicherungsscheins nur dann anzuerkennen, wenn die schriftliche Anzeige des bisherigen Berechtigten vorliegt. § 9 Abs. 4 ARB macht jedoch die absolute Wirksamkeit der Bezugsrechtsverfügung, Abtretung oder Verpfändung ausnahmslos von der schriftlichen Anzeige des bisherigen Berechtigten abhängig und gibt Hinweise zur Person des bisherigen Berechtigten. Ohne die schriftliche Anzeige durch den bisherigen Berechtigten werden die Verfügungen in den Fällen des § 9 Abs. 4 ARB nicht wirksam. Mangels Wirksamkeit kann also der Inhaber des Versicherungsscheins vor der Anzeige seine Berechtigung gar nicht nachweisen. Der Versicherer braucht nicht nur, er kann und darf den behaupteten Nachweis der Berechtigung nicht anerkennen.

2. Übermittlung des Versicherungsscheins in Textform und als Urkunde (Abs. 1)

31 Mit § 8 Abs. 1 ARB ist in die Musterbedingungen ein **neuer Hinweis** zur Form und zur Übermittlung des Versicherungsscheins aufgenommen worden.

32 **a) Hintergrund.** Bis 2008 war der Versicherer mit § 3 Abs. 1 VVG aF verpflichtet, „eine von ihm unterzeichnete Urkunde über den Versicherungsvertrag (Versicherungsschein) dem Versicherungsnehmer auszuhändigen". Eine Nachbildung der eigenhändigen Unterschrift genügte. Im Gegensatz dazu senkt der reformierte § 3 Abs. 1 VVG die Formanforderungen ab. Nunmehr hat der Versicherer dem Versicherungsnehmer einen Versicherungsschein jedenfalls in **Textform** zu übermitteln und nur noch auf Verlangen als **Urkunde.** Auf die Legaldefinition des Versicherungsscheins ist verzichtet worden, weil hierfür kein praktisches Bedürfnis

[49] Versicherungsombudsmann, Beschwerdeantwort v. 12.10.2011 – 08885/2011-O.

bestehe.[50] Abweichend vom alten VVG wird für den Versicherungsschein die Textform (§ 126b BGB) zugelassen.[51]

33 **b) Versicherungsschein in Textform.** Der Versicherungsschein muss nicht mehr regelmäßig als Urkunde sondern kann auch zB als E-Mail, auf einer CD, einer Diskette, einem USB-Stick oder auf einem anderen Speichermedium übermittelt werden.[52] Entscheidend ist, dass die **Anforderungen an die Textform des § 126b BGB** durch Übermittlung von Schriftzeichen in einer zur dauerhaften Wiedergabe geeigneten Weise erfüllt werden, auch über Computer oder Telefax.[53] Die bloße Möglichkeit eines Downloads erfüllt allerdings nicht die **zusätzliche Anforderung der Übermittlung** des § 3 Abs. 1 VVG (→ Rn. 4). Entsprechend verzichtet § 3 Abs. 3 VVG ansonsten unverändert gegenüber § 3 Abs. 2 VVG aF auf den Begriff der Ersatzurkunde und verpflichtet bei Verlust oder Vernichtung den Versicherer auf Verlangen zur **Ausstellung eines neuen Versicherungsscheins.**

34 **c) Versicherungsschein als Urkunde.** Wegen der Bedeutung des Versicherungsscheins für den Versicherungsnehmer soll dieser aber berechtigt sein, den Versicherungsschein in Papierform, also als Urkunde, zur Verfügung gestellt zu bekommen.[54] Die Gesetzesgründe lassen für die Urkunde die **Papierform** ausreichen. Eine Privaturkunde gem. § 126 BGB und iSd § 416 ZPO ist nicht notwendig. Weil, im Gegensatz zum früheren Recht, Textform für den Versicherungsschein genügt, genügt auch nach neuem Recht jedenfalls die **Nachbildung der eigenhändigen Unterschrift** auf der Urkunde.[55]

35 **d) Hinweis für den Versicherungsnehmer.** Der Versicherer kann aus praktischen Erwägungen die Textform für den Versicherungsschein wählen, er muss es aber nicht. Wird der Versicherungsschein in Papierform ausgestellt, liegt eine Urkunde vor. Der Versicherungsnehmer hat einen Rechtsanspruch auf die Papierform, er kann den Versicherungsschein als Urkunde verlangen. Wegen der Abweichungen des neuen § 3 Abs. 1 VVG seit 2008 von § 3 Abs. 1 VVG aF und damit von einer jahrzehntealten Übung und Erwartung der Versicherungsnehmer und wegen der weitergehenden Rechtswirkungen der Urkunde über die Textform hinaus ist ein neuer Absatz 1 in § 8 ARB aufgenommen worden. Er dient der **Transparenz** und der **zusätzlichen Erläuterung** (→ Einleitung Rn. 1), ohne dass insoweit eine besondere Belehrungspflicht besteht.[56]

36 Die unverbindlichen Musterbedingungen sprechen eingangs den Versicherungsnehmer an und wenden sich vor dem Inhaltsverzeichnis ausdrücklich an den Versicherungsnehmer als Vertragspartner. § 8 Abs. 1 S. 1 ARB teilt dem Versicherungsnehmer nun mit, dass der Versicherungsschein in Textform übermittelt werden kann. Mit Satz 2 wird erläutert, dass eine Urkunde vorliegt, wenn der Versicherungsschein als Dokument in Papierform ausgestellt wird. Satz 3 schließlich weist den Versicherungsnehmer darauf hin, dass er die Ausstellung des Versicherungs-

---

[50] BT-Drs. 16/3945, 57.
[51] BT-Drs. 16/3945, 57.
[52] BT-Drs. 14/7052, 195.
[53] BT-Drs. 14/4987, 19.
[54] BT-Drs. 16/3945, 57.
[55] BT-Drs. 16/3945, 57; so auch *Armbrüster* in Prölss/Martin § 3 Rn. 2.
[56] BT-Drs. 16/3945, 57.

scheins als Urkunde verlangen kann. Damit wird der Versicherungsnehmer deutlich auf seinen Rechtsanspruch aufmerksam gemacht.

3. Inhaberklausel (Abs. 2)

37 Mit § 8 Abs. 2 ARB enthalten die Musterbedingungen eine **Inhaberklausel.** Danach kann der Versicherer den Inhaber des Versicherungsscheins als Urkunde (→ Rn. 9, 34) als berechtigt ansehen, über die Rechte aus dem Vertrag zu verfügen, insbesondere Leistungen in Empfang zu nehmen. Der Versicherer kann aber verlangen, dass der Inhaber der Urkunde seine Berechtigung nachweist.

38 **a) Legitimationswirkung der Inhaberklausel.** Die Inhaberklausel macht den Versicherungsschein zum **qualifizierten Legitimationspapier** (→ Rn. 10). Dessen **Legitimationswirkungen** (→ Rn. 11) erlauben dem Versicherer die **Leistung mit befreiender Wirkung** an den Inhaber des Versicherungsscheins. Dabei ist der Versicherer nicht verpflichtet, die materielle Berechtigung und die Verfügungsbefugnis des Inhabers zu prüfen.[57]

39 **b) Inhaber und Eigentümer des Versicherungsscheins.** Wer die Urkunde des Versicherungsscheins in seinem Besitz und in seiner Gewalt hat, sie jederzeit vorlegen kann und dazu ein eigenes Recht auf Auszahlung behauptet, ist der **Inhaber.**[58] Der **Makler,** dem der Versicherungsnehmer den Versicherungsschein übergibt, ist Inhaber.[59] Gleiches gilt für den Zessionar in der Sicherungszession. Der **Versicherungsvermittler,** der den Versicherungsschein dem Versicherungsnehmer übermittelt, ist bloßer Erfüllungsgehilfe des Versicherers (§ 278 BGB) und nicht Inhaber. Gleiches gilt für einen **Boten,** zB den Postboten, der den Versicherungsschein nur an einen Empfänger aushändigen soll.[60]

40 Weil der Versicherer die materielle Berechtigung des Inhabers des Versicherungsscheins als Urkunde nicht prüfen muss, ist für die Inhaberschaft nicht entscheidend, ob das behauptete Recht des Inhabers auf Auszahlung tatsächlich besteht.[61] **Inhaber ist deshalb auch der Dieb** des Versicherungsscheins, der eine Berechtigung behauptet.[62] Inhaber soll deshalb nur derjenige sein, der den Versicherungsschein vorlegt zusammen mit dem eigenen Personalausweis und dem des Versicherungsnehmers sowie einem Schreiben mit einer Zahlungsanweisung.[63] Eine solche Anforderung geht allerdings über den Grundsatz des § 8 Abs. 2 S. 1 ARB hinaus und macht den Nachweis der Berechtigung als Ausnahme des § 8 Abs. 2 S. 2 ARB zur Regel auch ohne Verlangen des Versicherers. Die Inhaberklausel mit ihren Legitimationswirkungen zum Schutz des Versicherers ginge damit ins Leere.

---

[57] OLG Hamm VersR 1996, 615; OLG Saarbrücken VersR 1992, 1209 (1210); OLG Köln VersR 1990, 1338 (1339); *Knops* in Bruck/Möller § 4 Rn. 3; *Rixecker* in Römer/Langheid § 4 Rn. 3.

[58] OLG Düsseldorf NJW-RR 2006, 1470.

[59] OLG Koblenz VersR 2002, 873.

[60] *Schneider/Reiff* in Prölss/Martin ALB 2012 § 8 Rn. 3.

[61] *Schneider/Reiff* in Prölss/Martin ALB 2012 § 8 Rn. 3.

[62] OLG Karlsruhe VersR 1979, 929 (930).

[63] KG NJW-RR 2007, 1175; *Benkel/Hirschberg* ALB 2008 § 12 Rn. 9.

41 Im Todesfall des Versicherungsnehmers geht der Versicherungsschein auf den Inhaber grds. auf die **Erbengemeinschaft** über, die als Gemeinschaft nach § 2039 zum Inhaber des Versicherungsscheins wird.[64]

42 **Eigentümer** des Versicherungsscheins ist gem. § 952 BGB derjenige, dem der Leistungsanspruch aus dem Versicherungsvertrag zusteht (→ Rn. 11), also der tatsächlich materiell Berechtigte.

43 **c) Verfügungsbefugnis des Inhabers (Abs. 2 S. 1).** Die Inhaberklausel bietet dem Inhaber des Versicherungsscheins als Urkunde **Verfügungsbefugnisse,** die über die Unterstützung des Verlangens auf die Versicherungsleistung hinausgehen (→ Rn. 12). Der Inhaber der Urkunde darf als berechtigt angesehen werden, über die **Rechte aus dem Vertrag** zu verfügen (→ Rn. 14). Es handelt sich um die Rechte, die dem Versicherungsnehmer materiell zustehen,[65] wie sie das Gesetz begründet und wie sie deshalb von den Versicherungsbedingungen geregelt und nicht ausgeschlossen werden dürfen. Der Inhaber des Versicherungsscheins kann die **Versicherungsleistung** bei Fälligkeit verlangen; er kann den Versicherungsvertrag kündigen und den **Rückkaufswert** verlangen (→ Rn. 12). Er kann den Versicherungsvertrag gem. § 165 VVG in einen **prämienfreien Vertrag** umwandeln, die Leistungsansprüche **abtreten** oder **verpfänden** und auch **Bezugsrechte** verfügen.[66]

44 Eine **Vorauszahlung** – vielfach als Policendarlehen bezeichnet – ist kein gesetzliches Recht des Versicherungsnehmers, wird von den unverbindlichen Musterbedingungen nicht thematisiert und kann nach den bekannten Vereinbarungen der Branche gewährt werden, muss aber nicht. Es handelt sich nicht um ein Recht aus dem Vertrag, das dem Versicherungsnehmer materiell zusteht, allenfalls um eine Möglichkeit, den Versicherungsvertrag mit dem Einverständnis des Versicherers zu nutzen. Die Verfügungsbefugnis des Inhabers des Versicherungsscheins aufgrund einer Inhaberklausel erstreckt sich nicht auf eine Entnahme einer Vorauszahlung.[67]

45 Die Legitimationswirkung des Versicherungsscheins mit Inhaberklausel (→ Rn. 11, 38) begründet dagegen **keinen Schutz des guten Glaubens in die Echtheit der Verfügungserklärung** des Inhabers.[68] Wird mit der Kündigung eines Versicherungsvertrages zugleich der Originalversicherungsschein vorgelegt, der den Kündigenden als Versicherungsnehmer ausweist, und ist die Kündigung mit dessen Namen unterzeichnet, darf der Versicherer grundsätzlich mit befreiender Wirkung leisten, selbst wenn die Unterschrift – wie sich später herausstellt – gefälscht war.[69] Dem Versicherer dient dazu allein die Legitimationswirkung des Versicherungsscheins mit Inhaberklausel. Ein Recht des guten Glaubens in die Echtheit der gemeinsam mit dem Versicherungsschein vorgelegten Erklärung steht dem Versicherer darüber hinaus nicht zu.[70] Eine gefälschte Urkunde über eine Verfügung des Inhabers ist und bleibt keine wirksame Erklärung.[71]

---

[64] *Benkel/Hirschberg* ALB 2008 § 12 Rn. 9.
[65] *Benkel/Hirschberg* ALB 2008 § 12 Rn. 13.
[66] BGH NJW 2000, 2103.
[67] AA *Benkel/Hirschberg* ALB 2008 § 12 Rn. 13.
[68] KG r+s 2008, 253; *Knops* in Bruck/Möller § 4 Rn. 3.
[69] BGH VersR 2009, 1061.
[70] AA *Schneider* in Looschelders/Pohlmann § 4 Rn. 8.
[71] KG r+s 2008, 253; *Knops* in Bruck/Möller § 4 Rn. 3.

46 Die Inhaberklausel begründet hingegen für den Inhaber des Versicherungsscheins kein Recht, **vertragsgestaltende Erklärungen des Versicherers** entgegen zu nehmen.[72] Der Versicherer kann nicht wirksam gegenüber dem Inhaber des Versicherungsscheins den Rücktritt wegen Zahlungsverzugs mit der Erstprämie (§ 37 VVG) erklären, wie er auch nicht mahnen und kündigen kann wegen Zahlungsverzugs mit der Folgeprämie (§ 38 VVG). Allenfalls kann der Versicherer seine Erklärungen wegen Verletzung der vorvertraglichen Anzeigepflicht (§ 19 VVG) nach dem Tod des Versicherungsnehmers an den Inhaber des Versicherungsscheins als Urkunde richten, wenn der Versicherungsnehmer zuvor keinen Bevollmächtigten benannt hat und kein Bezugsberechtigter vorhanden ist (§ 6 Abs. 19 ARB).

47 **d) Nachweis der Berechtigung des Inhabers der Urkunde (Abs. 2 S. 2).** Der Versicherer kann, er muss aber nicht die materielle Anspruchsberechtigung des Inhabers des Versicherungsscheins überprüfen. Weil der Versicherer aufgrund der Inhaberklausel die Leistung mit befreiender Wirkung an den Inhaber erbringen darf, dies aber nicht muss (→ Rn. 13), kann er verlangen, dass der Inhaber zuvor seine materielle Berechtigung nachweist.[73] Der Versicherer ist zur Leistung an den Inhaber nur dann verpflichtet, wenn dieser nachweist, dass er materiell berechtigt ist, die Versicherungsleistung zu empfangen oder den Versicherungsvertrag zu gestalten.[74] Der Versicherer kann dazu die **sachliche Berechtigung** des vom Versicherungsnehmer abweichenden Dritten prüfen.[75] Eine solche **begonnene** Prüfung darf der Versicherer abbrechen und im Rahmen der Inhaberklausel die Leistung ohne weitere Prüfung an den Inhaber auszahlen.[76] Andererseits kann der Versicherer die Prüfung der materiellen Berechtigung auch nach der Zahlung an den Inhaber aufnehmen oder fortsetzen.[77] Daraus kann sich ein **Rückforderungsanspruch** des Versicherers gegen den materiell tatsächlich nicht berechtigten Inhaber des Versicherungsscheins aus § 812 BGB ergeben.[78]

48 Das Recht aus § 8 Abs. 2 S. 2 ARB dient dem **Interesse des Versicherer,** sich von einer Fehlzahlung frei zu halten.[79] Gleichzeitig wird das **Vertrauen aller Beteiligten** gestärkt, dass die Versicherungsleistung dem materiellen Recht folgt.[80] Ohne den Nachweis der materiellen Berechtigung kann der Versicherer die Leistung an den Inhaber verweigern. Erst wenn der Inhaber den Nachweis seiner Verfügungs- und Empfangsberechtigung geführt hat, kann er die Leistung vom Versicherer verlangen und erzwingen.[81] Selbst die Kraftloserklärung (→ Rn. 28) befreit den Inhaber des Versicherungsscheins nicht von dem Verlangen des Versicherers, die materielle Berechtigung nachzuweisen.[82] Umgekehrt kann der Versicherer die Leistung auch ohne Rückgabe des Versicherungsscheins und ohne eine Kraftloser-

---

[72] OLG Celle VersR 1956, 389 (390); *Benkel/Hirschberg* ALB 2008 § 12 Rn. 14; *Schneider* in Looschelders/Pohlmann § 4 Rn. 7.

[73] *Schneider* in Looschelders/Pohlmann § 4 Rn. 5.

[74] *Knops* in Bruck/Möller § 4 Rn. 3.

[75] BGH VersR 2009,1061.

[76] *Winter* in Bruck/Möller § 161 Rn. 71.

[77] AA OLG Hamm NJW-RR 1995, 1434.

[78] BGH NJW 1988,700 für § 407 BGB; OLG Düsseldorf NJW-RR 2006, 1470; *Schneider/Reiff* in Prölss/Martin ALB 2012 § 8 Rn. 7.

[79] RGZ 136, 52.

[80] BGH VersR 1953, 179.

[81] RGZ 145, 322.

[82] *Baumbach/Lauterbach/Albers/Hartmann* ZPO, 69. Aufl. 2011, § 483 FamFG Rn. 1.

klärung erbringen, wenn der Nachweis der materiellen Berechtigung erbracht wird.[83] Denn jedenfalls hat derjenige, der nachweislich materiell berechtigt ist, einen Leistungsanspruch gegen den Versicherer.

49 **e) Leistung an den Inhaber des Versicherungsscheins – Grundsatz der Leistung mit befreiender Wirkung.** Der Versicherer kann idR Inhaberklausel an den Inhaber des Versicherungsscheins als Urkunde die Versicherungsleistung auszahlen. Es gilt der **Grundsatz der Leistung mit befreiender Wirkung,** auch wenn der Inhaber nicht materiell berechtigt ist.[84] Die Legitimationswirkung der Inhaberklausel schützt und befreit den Versicherer selbst dann, wenn er den Rückkaufswert an den Inhaber auszahlt, der die Unterschrift unter der vermeintlichen Kündigungserklärung des Versicherungsnehmers gefälscht hat. Der Versicherer kann nicht gezwungen werden, die Echtheit der Unterschrift auch des Versicherungsnehmers zu überprüfen. Damit würden die Legitimationswirkung des Versicherungsscheins auf den Inhaber und der Schutz des Versicherers nicht nur eingeschränkt, sondern regelrecht nutzlos in Leere laufen (→ Rn. 40, 45).[85] Aufgrund der Inhaberklausel des § 8 Abs. 2 ARB kann der Versicherer über § 4 VVG und § 808 BGB hinaus außerdem den Inhaber des Versicherungsscheins als berechtigt ansehen, wirksam über die **Rechte aus dem Versicherungsvertrag** zu verfügen (→ Rn. 43). Wenn der Versicherer aufgrund der Inhaberklausel mit befreiender Wirkung an den materiell nicht berechtigten Inhaber des Versicherungsscheins als Urkunde leistet, steht dem Bezugsberechtigten der Bereicherungsanspruch zu (§ 816 Abs. 2 BGB).[86] Dem Versicherer steht neben dem tatsächlich berechtigten Versicherungsnehmer oder dem Bezugsberechtigten oder Zessionar kein eigener Kondiktionsanspruch aus § 812 Abs. 1 BGB zu (→ Rn. 47).

50 **f) Ausnahmen vom Grundsatz der Leistung mit befreiender Wirkung.** Die Legitimationswirkung des Versicherungsscheins bzw. der vereinbarten Inhaberklausel und damit die befreiende Wirkung der Zahlung an den Inhaber entfallen, wenn zuvor dem Versicherer mitgeteilt worden ist, dass der **Versicherungsschein abhandengekommen** ist.[87]

51 Ebenso wird der Versicherer nicht von seiner Leistungspflicht befreit, wenn ihm **positiv bekannt** ist, dass der Inhaber des Versicherungsscheins materiell nicht berechtigt ist,[88] oder er sonst **gegen Treu und Glauben** (§ 242 BGB) die Leistung bewirkt.[89]

52 Ob auch die **grob fahrlässige Unkenntnis** des Versicherers von der Nichtberechtigung des Inhabers die Legitimationswirkung ausschließt, ist höchstrichterlich nicht ausdrücklich entschieden. Überwiegend wird die befreiende Wirkung der Leistung dem Versicherer bei grober Fahrlässigkeit versagt.[90]

---

[83] *Benkel/Hirschberg* ALB 2008 § 12 Rn. 17.

[84] BGH VersR 1999, 700; OLG Düsseldorf VersR 2006, 1391; OLG Koblenz VersR 2002, 873; 2008, 1338.

[85] BGH VersR 2009, 1061.

[86] OLG Hamm NJW-RR 1995, 1434; *Schneider/Reiff* in Prölss/Martin ALB 2012 § 8 Rn. 7.

[87] BGH VersR 1988, 2100 für ein Sparbuch.

[88] BGH VersR 1999, 700.

[89] BGH VersR 2000, 709.

[90] OLG Koblenz VersR 2008, 1338; OLG Karlsruhe NVersZ 1999, 67; OLG Düsseldorf NJW 1987, 654; *Rixecker* in Römer/Langheid § 4 Rn. 2; *Knops* in Bruck/Möller § 4 Rn. 4;

53 Jedenfalls erfolgt die Leistung nicht mit befreiender Wirkung, wenn der Versicherer entgegen **Treu und Glauben,** also rechtsmissbräuchlich an den nichtberechtigten Inhaber leistet.[91] Rechtsmissbräuchlich leistet der Versicherer, dem sich die fehlende Berechtigung des Inhabers der Urkunde geradezu aufdrängt.[92] Die Abgrenzung der groben Fahrlässigkeit zum Rechtsmissbrauch kann daher dahinstehen.[93] Der BGH hat die Wirkung der **groben Fahrlässigkeit** zwar bisher offen gelassen. Die Leistung des Versicherers in grob fahrlässiger Unkenntnis der Nichtberechtigung des Inhabers kann aber als Sonderfall der rechtsmissbräuchlichen Leistung gegen Treu und Glauben eingewendet werden.[94]

54 Die Leistung an den materiell nicht berechtigten Inhaber des Versicherungsscheins mit nur einfacher Fahrlässigkeit verliert nicht die befreiende Wirkung aufgrund der Inhaberklausel.[95] Denn der Versicherer ist nicht verpflichtet, ohne besonderen Anlass die materielle Berechtigung des Inhabers des Versicherungsscheins zu überprüfen.[96] Die Inhaberklausel mit der den Versicherer schützenden Legitimationswirkung befreit von der Prüfung der Berechtigung im Einzelfall.[97]

IV. Darlegungs- und Beweislast

1. Urkundenbeweis durch Versicherungsschein

55 Der Versicherungsschein ist Dokument über den Inhalt des Versicherungsvertrages und bietet als Urkunde die Vermutung der Vollständigkeit und Richtigkeit (→ Rn. 3). Mit dem in Papierform als Urkunde übermitteltem Versicherungsschein (→ Rn. 34) kann nach § 416 ZPO der Urkundenbeweis über den Inhalt des Versicherungsvertrages geführt werden.[98] Wegen der Manipulationsmöglichkeiten kann der Urkundenbeweis nicht mit einem Versicherungsschein in elektronischer Form geführt werden.[99]

2. Übermittlung und Zugang des Versicherungsscheins – § 3 Abs. 1 VVG

56 Der Versicherer hat den Versicherungsschein zu übermitteln, der Versicherungsschein muss dem Versicherungsnehmer zugehen (→ Rn. 4). Der Nachweis über den Zugang ua des Versicherungsscheins obliegt dem Versicherer (§ 8 Abs. 2 S. 2 VVG). Dagegen ist der Versicherungsnehmer beweisbelastet, wenn er vom Versicherer Schadensersatz wegen der Verletzung der Pflicht zur Übermittlung eines Versicherungsscheins fordert (→ Rn. 6).

---

aA OLG Hamm VersR 1996, 615; OLG Saarbrücken VersR 1992, 1209; OLG Karlsruhe VersR 1990, 1338.

[91] BGH VersR 1999, 700.
[92] *Schneider/Reiff* in Prölss/Martin ALB 2012 § 8 Rn. 10.
[93] *Benkel/Hirschberg* ALB 2008 § 12 Rn. 26.
[94] BGH VersR 2009, 1061; *Schneider* in Looschelders/Pohlmann § 4 Rn. 9.
[95] *Benkel/Hirschberg* ALB 2008 § 12 Rn. 25.
[96] OLG Koblenz VersR 2002, 873; OLG Karlsruhe VersR 1979; 929.
[97] *Schneider/Reiff* in Prölss/Martin ALB 2012 § 8 Rn. 11.
[98] *Knops* in Bruck/Möller § 3 Rn. 17; *Armbrüster* in Langheid/Wandt § 3 Rn. 37.
[99] *Schneider* in Looschelders/Pohlmann § 3 Rn. 36.

3. Verlust und Rückgabe des Versicherungsscheins – § 3 Abs. 3 VVG/§ 4 Abs. 2 VVG

57 Der Versicherungsnehmer muss nicht nachweisen, dass der Versicherungsschein abhandengekommen oder vernichtet worden ist (→ Rn. 19). Die einfache Erklärung reicht aus für das Verlangen auf Ausstellung eines neuen Versicherungsscheins, ggf. nach Kraftloserklärung (§ 3 Abs. 3 VVG).[100] Ebenso genügt nach dem Wortlaut des § 4 Abs. 2 S. 1 VVG, wenn der Versicherungsnehmer erklärt, zur Rückgabe des Versicherungsscheins außerstande zu sein. Die Rückgabe des Versicherungsscheins wird im Sonderfall ersetzt durch das öffentlich beglaubigte Anerkenntnis, dass die Schuld erloschen sei (→ Rn. 26), im Regelfall durch die Kraftloserklärung (→ Rn. 26 f.). Der Versicherer kann auf die Rückgabe des Versicherungsscheins verzichten und sich stattdessen durch eine Verlusterklärung absichern (→ Rn. 29).

4. Nachweis der Berechtigung durch den Inhaber des Versicherungsscheins (Abs. 2 S. 2)

58 Auf Verlangen des Versicherers muss der Inhaber des Versicherungsscheins seine materielle Berechtigung nachweisen (→ Rn. 47).[101]

5. Ausnahmen vom Grundsatz der Leistung mit befreiender Wirkung der Inhaberklausel (Abs. 2 S. 1)

59 Wird der Versicherer wiederholt in Anspruch genommen, muss der Anspruchsteller den Nachweis erbringen, wonach dem Versicherer positiv bekannt war, dass der Inhaber des Versicherungsscheins materiell nicht berechtigt ist, oder sonst rechtsmissbräuchlich die Leistung bewirkt hat (→ Rn. 51), obwohl sich die fehlende Berechtigung des Inhabers der Urkunde geradezu aufgedrängt hat (→ Rn. 53).

V. Wirksamkeit der Bestimmung

60 Die Bestimmung des § 8 ARB weicht nicht von den Rechtsvorschriften des § 3 VVG und § 4 VVG ab, bzw. ergänzt diese. Die Regeln der Inhaltskontrolle der §§ 307 Abs. 1 und 2, 308, 309 BGB gelten grundsätzlich nicht (§ 307 Abs. 3 S. 1 BGB). Eine unangemessene Benachteiligung des Versicherungsnehmers iS § 307 Abs. 1 S. 2 iVm Abs. 1 S. 1 BGB erfolgt durch § 8 Abs. 2 ARB nicht. Die Wirkungen der Inhaberklausel hat der Gesetzgeber mit § 808 BGB erläutert. Der Lebensversicherer muss in den Allgemeinen Versicherungsbedingungen nicht darüber hinaus aufklären.[102]

---

[100] AA *Schneider* in Looschelders/Pohlmann § 3 Rn. 37.

[101] OLG München VersR 2008, 1521.

[102] BGH NJW 2000, 2103; OLG Bremen VersR 2008, 1056 (1057); OLG Koblenz r+s 2004, 94 (95); *Benkel/Hirschberg* ALB 2008 § 12 Rn. 5; *Reiff/Schneider* in Prölss/Martin ALB 2012 § 8 Rn. 13; *Rixecker* in Römer/Langheid § 4 Rn. 1; *Schneider* in Looschelders/Pohlmann § 4 Rn. 7; aA OLG München r+s 1999, 258; OLG Nürnberg NJW-RR 2000, 909.

§ 9 Wer erhält die Leistung?

(1) Als unser Versicherungsnehmer können Sie bestimmen, wer die Leistung erhält. Wenn Sie keine Bestimmung treffen, leisten wir an Sie.

Bezugsberechtigung

(2) Sie können uns widerruflich oder unwiderruflich eine andere Person benennen, die die Leistung erhalten soll (Bezugsberechtigter).

Wenn Sie ein Bezugsrecht **widerruflich** bestimmen, erwirbt der Bezugsberechtigte das Recht auf die Leistung erst mit dem Eintritt des jeweiligen Versicherungsfalls. Deshalb können Sie Ihre Bestimmung bis zum Eintritt des jeweiligen Versicherungsfalls jederzeit widerrufen. Wenn wir Renten zahlen, tritt mit jeder Fälligkeit einer Rente ein eigener Versicherungsfall ein.

Sie können ausdrücklich bestimmen, dass der Bezugsberechtigte sofort und **unwiderruflich** das Recht auf die Leistung erhält. Sobald uns Ihre Erklärung zugegangen ist, kann dieses Bezugsrecht nur noch mit Zustimmung des unwiderruflich Bezugsberechtigten geändert werden.

Abtretung und Verpfändung

(3) Sie können das Recht auf die Leistung bis zum Eintritt des jeweiligen Versicherungsfalls grundsätzlich ganz oder teilweise an Dritte abtreten und verpfänden, soweit derartige Verfügungen rechtlich möglich sind.

Anzeige

(4) Die Einräumung und der Widerruf eines Bezugsrechts (Absatz 2) sowie die Abtretung und die Verpfändung (Absatz 3) sind uns gegenüber nur und erst dann wirksam, wenn sie uns vom bisherigen Berechtigten in Schriftform *(d. h. durch ein eigenhändig unterschriebenes Schriftstück)* angezeigt worden sind. Der bisherige Berechtigte sind im Regelfall Sie als unser Versicherungsnehmer. Es können aber auch andere Personen sein, sofern Sie bereits zuvor Verfügungen (z. B. unwiderrufliche Bezugsberechtigung, Abtretung, Verpfändung) getroffen haben.

Übersicht

Schrifttum: *Armbrüster/Pilz,* Schicksal des Lebensversicherungsvertrages in der Insolvenz des Versicherungsnehmers, KTS 2004, 481; *Baroch Castellvi,* Zuordnung des Anspruchs auf den Rückkaufswert bei geteiltem Bezugsrecht in der gemischten Lebensversicherung, VersR 1998, 410; *Bayer,* Die Sicherungszession der Rechte aus einer Lebensversicherung und ihre Auswirkungen auf die Bezugsberechtigung, VersR 1989, 17; *Dogan,* Die Funktionen der Lebensversicherung, in: Aktuelle Probleme des Versicherungsvertrags-, Versicherungsaufsichts- und Vermittlerrechts, 2013, S. 133ff.; *Eflring,* Das System der drittbezogenen Ansprüche bei der Lebensversicherung, NJW 2004, 483; *Goll/Gilbert/Steinhaus,* Handbuch der Lebensversicherung, 1992; *Hasse,* Änderungen für Altersvorsorgeverträge durch das Jahressteuergesetz 2007 – Fortbestehen eines grundlegenden Reformbedürfnisses bei sogenannten „Rürup-Verträgen", VersR 2007, 277; *ders.,* Das Valutaverhältnis bei der Todesfalllebensversicherung zugunsten Dritter – zugleich Anm. zum Urt. des BGH v. 21.5.2008 (IV ZR 238/06), VersR 2008, 1054, VersR 2009, 41; *Hinkel/Laskos,* Das eingeschränkte unwiderrufliche Bezugsrecht in der Insolvenz des Arbeitgebers, ZInsO 2006, 1253; *Kalischko,* Das Schriftformerfordernis des § 13 Abs. 3 ALB, VersR 1988, 118; *Keltenich,* Die rechtliche Bedeutung und Tragweite der Abtretungsanzeige in der Lebensversicherung nach § 13 Abs. 3 ALB, VersR 1965, 412; *König,* „Gebrauchte (Risiko-) Lebensversicherungen" als Kapitalanlage, VersR 1996, 1328; *Kuhnert,* Die Funktion der Abtretungsanzeige in der Lebensversicherung gem. § 13 Abs. 4 AVB, VersR 1988, 1218; *Liebl-Wachsmuth,* Das Schicksal der Ehegatten-Bezugsberechtigung gem. § 166 VVG nach Ehescheidung, VersR 1983, 1004; *Müller-Frank,* Zurecht – Wettlauf um die Todesfallleistung, BUZaktuell 1/2009, 23; *Muscheler,* Vertrag zugunsten Dritter auf den Todesfall und Erbenwiderruf, WM 1994,

921; *Prahl,* Die Abtretung des Kündigungsrechts des Versicherungsnehmers nach § 165 VVG bei der gemischten Kapitallebensversicherung, VersR 1999, 944; *ders.,* Der Anspruch auf den Rückkaufswert einer gemischten Kapitallebensversicherung – Rechtliche Zuordnung und selbstständige Abtretbarkeit, NVersZ 2000, 502; *ders.,* Zur Pfändung des Kündigungsrechts des Versicherungsnehmers bei der gemischten Kapitallebensversicherung, NVersZ 2001, 151; *Riedel,* Der Zweitmarkt für private Lebensversicherungen, in: Aktuelle Probleme des Versicherungsvertrags-, Versicherungsaufsichts- und Vermittlerrechts, 2013, S. 183ff.; *Rudy,* Der „verschenkte Gegenstand" i. S. d. § 2325 Abs. 1 BGB bei der Zuwendung von Versicherungsleistungen durch die Bestimmung des Bezugsberechtigten nach dem Urt. des BGH v. 28.4.2010, VersR 2010, 895, VersR 2010, 1395: *Schnepp,* Nochmals – Zur Wirkung der nicht angezeigten Abtretung von Lebensversicherungforderungen, VersR 1991, 949; *Vollersen,* Die Hinterlegung durch den Lebensversicherer – Königsweg oder Holzweg, ZGS 2009, 305; *Wagner,* Zur Wirkung der nicht angezeigten Abtretung von Lebensversicherungsforderungen, VersR 1991, 622.

I. Gesetzliche Grundlagen

1 Die Klausel regelt die Gestaltung der materiellen Leistungsansprüche. Ausgehend von dem allgemeinen zivilrechtlichen Grundsatz, dass die vertraglichen Ansprüche dem Vertragspartner zustehen, werden die rechtlichen Alternativen mit ihren Wirksamkeitsvoraussetzungen erläutert und vereinbart, durch die der Versicherungsnehmer einem Dritten Rechte und Ansprüche an der vertraglich zugesagten Leistung einräumen kann: **Bezugsrecht, Abtretung oder Verpfändung.**

1. Bezugsrecht

2 Der Lebens- bzw. Rentenversicherungsvertrag kann mit einem Bezugsrecht als **Vertrag zu Gunsten Dritter** iSd **§§ 328ff. BGB** vereinbart werden.[1] Das allg. Recht wird spezialgesetzlich modifiziert, nämlich ergänzt und verdrängt durch die Auslegungsregel des § **159 VVG,** die ihrerseits seit der VVG-Reform 2008 den vormaligen § 166 VVG aF ersetzt. Damit wird im Versicherungsvertrag dem praktischen Bedürfnis nach Flexibilität Rechnung getragen.[2] Nach den allg. Vorschriften des BGB bedürfte es einer vertraglichen Vereinbarung zwischen dem Versicherungsnehmer und dem Versicherer im Deckungsverhältnis. Mit **§ 159 Abs. 1 VVG** hat der Versicherungsnehmer dagegen das Recht, im Zweifel ohne Zustimmung des Versicherer einen Dritten als Bezugsberechtigten zu bezeichnen sowie an die Stelle des so bezeichneten Dritten einen anderen zu setzen. Die Bezugsrechtsregelung des VVG räumt damit dem Versicherungsnehmer das Recht ein, durch **einseitige Erklärung** ein Bezugsrecht zu bestimmen, zu wiederrufen und zu ändern. Nachdem der Wortlaut des § 166 VVG aF seinen Anwendungsbereich noch auf die Kapitalversicherung beschränkt hatte, erstreckt sich § 159 VVG auf **alle Arten der Lebensversicherung** einschließlich der Rentenversicherung. Denn nicht nur die Kapitallebensversicherungen sehen eine Bezugsberechtigung vor.[3]

3 Mit den **Absätzen 2 und 3** differenziert § 159 VVG nun ausdrücklich zwischen dem **widerruflichem** und dem **unwiderruflichem** Bezugsrecht und damit nach dem Zeitpunkt, in dem der Bezugsberechtigte das Recht auf die Leistung erwirbt. Ein widerruflich als bezugsberechtigt bezeichneter Dritter erwirbt das Recht auf die

---

[1] *Ortmann* in Schwintowski/Brömmelmeyer § 159 Rn. 1.

[2] *Heiss* in Langheid/Wandt, § 159 Rn. 1.

[3] BT-Drs. 16/3945, 98.

Leistung des Versicherers erst mit dem Eintritt des Versicherungsfalls. Ein unwiderruflich als bezugsberechtigt bezeichneter Dritter erwirbt das Recht auf die Leistung des Versicherers bereits mit der Bezeichnung als Bezugsberechtigter Damit kommt der Auslegungsregel des § 330 BGB keine Geltung mehr auf den Lebensversicherungsvertrag zu.[4]

2. Abtretung und Verpfändung

4 Die Abtretung der Ansprüche und Rechte aus einem Lebens- oder Rentenversicherungsvertrag bestimmt sich vollständig nach **§§ 398 ff. BGB.** Die **Verpfändung** der Ansprüche und Rechte richtet sich nur nach **§§ 1273 ff. BGB.**[5] Das VVG enthält keine zusätzlichen Sondervorschriften für den Versicherungsvertrag hinsichtlich der Abtretung oder Verpfändung. Entsprechend verzichten auch die unverbindlichen Musterbedingungen auf spezielle Vereinbarungen zu Zession oder Pfändung.

II. Rechtsprechung

5 Die allg. und spezialgesetzlichen Regelungen zum Vertrag zu Gunsten Dritter und zum Bezugsrecht im Lebens- und Rentenversicherungsvertrag sind ebenso wie die Abtretung oder Verpfändung der Rechte und Ansprüche aus einem Versicherungsvertrag seit jeher Gegenstand einer vielfältigen und umfangreichen Rechtsprechung. An dieser Stelle sollen die wesentlichen **Grundsätze zum Bezugsrecht** aufgezeigt werden. Dabei schließt das Bezugsrecht eine Abtretung oder Verpfändung nicht aus.

6 Das **Recht zur Bestimmung eines Bezugsrechts** steht dem Verfügungsberechtigten, also grds. dem Versicherungsnehmer zu. Das Bezugsrecht zu Gunsten eines Dritten wird begründet durch eine **Erklärung** des Versicherungsnehmers gegenüber dem Versicherer. Im **Rechtsgrund** muss sorgfältig differenziert werden das Rechtsverhältnis des Versicherungsnehmers zum Versicherer, dem **Deckungsverhältnis,** von dem Rechtsverhältnis des Versicherungsnehmers zum Bezugsberechtigten, dem **Valutaverhältnis.** Das Bezugsrecht ist allein von den dafür im Versicherungsvertrag vereinbarten Bedingungen abhängig, ein Rechtsgrund zum Behalten des Bezugsrechts kann aber entfallen, wenn das Valutaverhältnis zurückabgewickelt werden muss.[6] Weder der Bezugsberechtigte noch der Versicherer können die Begünstigung vertraglich gestalten. Zwischen ihnen besteht ein reines Anspruchsverhältnis, bezogen auf den Leistungsfall. Auch insoweit bestimmt allein der Versicherungsnehmer den Zeitpunkt des Rechtserwerbs durch die Bestimmung eines widerruflichen oder unwiderruflichen Bezugsrechts.

1. Recht zur Bestimmung eines Bezugsrechts

7 § 159 VVG bietet dem Versicherungsnehmer ein **Recht zur Gestaltung** des Versicherungsvertrags.[7] Der Versicherungsnehmer muss dieses Gestaltungsrecht

---

[4] *Winter* in Bruck/Möller § 159 Rn. 3; *Heiss* in Langheid/Wandt § 159 Rn. 4.

[5] OLG Hamm VersR 2012, 975 (977); BGH WM 2013, 426.

[6] BGH NJW 1995, 1082.

[7] *Ortmann* in Schwintowski/Brömmelmeyer § 159 Rn. 8; aA *Heilmann* VersR 1972, 997 (1000), der von einem normalen Bestandteil der Verfügungsmacht des Gläubigers über seinen Anspruch ausgeht.

nicht ausüben. Wenn er auf die Bestimmung eines Bezugsrechts verzichtet, behält er den Anspruch auf die Leistung, der bei seinem Tod in den Nachlass fällt. Dabei ist der Versicherungsnehmer vollkommen frei in seiner Entscheidung ob, für wen und wie er ein Bezugsrecht bestimmt. Ohne besonderen Anlass muss der Versicherer den Versicherungsnehmer nicht über die Wirkungen seiner Bezugsrechtsverfügung beraten.[8] Das Bestimmungsrecht ist nicht höchstpersönlich. Der Versicherungsnehmer kann gesetzlich oder rechtsgeschäftlich in der Bestimmung eines Bezugsrechts vertreten werden.[9]Der Versicherungsnehmer kann sein Recht zur Bestimmung des Bezugsrechts zu jedem Zeitpunkt während des bestehenden Versicherungsvertrages ausüben.

8 Das Recht zur Bestimmung setzt die **Verfügungsbefugnis** über die Vertragsrechte voraus. Grundsätzlich stehen dem Versicherungsnehmer die Vertragsrechte und der Leistungsanspruch zu. Durch Abtretungsvereinbarung, Verpfändung oder Bestimmung eines unwiderruflichen Bezugsrechts verliert der Versicherungsnehmer das Recht auf die Leistung. Das Recht zur Bestimmung eines Bezugsberechtigten geht auf den Zessionar oder den Pfandgläubiger über.[10]

2. Erklärung zur Bestimmung des Bezugsrechts

9 **a) Einseitige Verfügung.** Nach § 332 BGB kann sich der Versprechensempfänger die Befugnis vorbehalten, ohne Zustimmung des Versprechenden einen Dritten als Inhaber der Vertragsansprüche zu bestimmen. § 159 Abs. 1 VVG formt diesen Vorbehalt für den Versicherungsnehmer aus. Der Versicherungsnehmer hat sich danach im Zweifel vorbehalten, ohne Zustimmung des Versicherers einen Dritten als Bezugsberechtigten zu bezeichnen. Wem in welchem Umfang ein Bezugsrecht und die daraus folgenden Ansprüche auf die Versicherungsleistungen zustehen, bestimmt der Versicherungsnehmer durch **einseitige, empfangsbedürftige Willenserklärung gegenüber dem Versicherer,** die Verfügungscharakter hat.[11] Nichts anderes gilt für den Widerruf oder die Änderung einer Bezugsberechtigung.[12]

10 Die Verfügung bleibt auch dann eine einseitige Willenserklärung des Versicherungsnehmers, wenn sie bereits bei Antragstellung erfolgt und vom Versicherer im Versicherungsschein dokumentiert wird. Denn die Erklärung ist nicht Teil der vertraglichen Vereinbarungen und wird selbstständig bereits unmittelbar mit dem Zugang und nicht erst mit der Policierung wirksam. Eine (fehlerhaft) abweichende Dokumentation im Versicherungsschein ist daher keine Abweichung vom Antrag und löst nicht die Billigung und Genehmigungsfiktion des § 5 VVG aus.[13]

11 **b) Zugang.** Die Bezugsrechtsverfügung wird mit Zugang beim Versicherer **wirksam** (§ 130 BGB). Der Zugang beim Versicherungsvertreter reicht aus, dessen gesetzliche Empfangsvollmacht aus § 69 VVG gem. § 72 VVG nicht beschränkt werden kann. Nicht ausreichend ist die bloße Mitteilung an den Bezugsberechtigten, auch nicht durch Übergabe des Versicherungsscheins. Der Versicherungsschein ist nämlich gem. § 4 VVG kein echtes Inhaberpapier (→ ARB § 8 Rn. 8ff.). Nach

[8] LG München I FamRZ 2005, 134 (135).
[9] *Benkel/Hirschberg* ALB 2008 § 13 Rn. 1.
[10] *Benkel/Hirschberg* ALB 2008 § 13 Rn. 1.
[11] BGH VersR 1988, 1236; BGH VersR 2003, 1021.
[12] BGH VersR 2007, 784.
[13] OLG Frankfurt a. M. VersR 1999, 1353 (1354).

§ 332 BGB kann eine **Verfügung von Todes** wegen (Testament, Erbvertag) ohne Zugang beim Versicherer wirksam werden. Dieser Verlauf wird jedoch regelmäßig durch die Versicherungsbedingungen ausgeschlossen.[14]

12 **c) Kein Zustimmungserfordernis.** Weil die Bezugsrechtsverfügung eine einseitige Willenserklärung ist, ist **keine Zustimmung** oder Bestätigung **des Versicherers** erforderlich. Ebenso bedarf es keiner Zustimmung des Bezugsberechtigten. Der Bezugsberechtigte muss gar nicht von seiner Begünstigung wissen. Kennt er seine Begünstigung, hat er das Recht sie abzulehnen (§ 333 BGB). Das Bezugsrecht gilt damit als nicht erworben.[15] Die Bezugsrechtsverfügung ist mit der Zurückweisung durch den Begünstigten unwirksam. Der Leistungsanspruch verbleibt beim Versicherungsnehmer und fällt mit dessen Tod in dessen Nachlass.

13 **d) Inhalt.** Der Versicherungsnehmer ist in der Gestaltung seiner Bezugsrechtsverfügung **frei.** Er kann die Begünstigung widerruflich oder unwiderruflich verfügen und aufspalten auf die Leistungen im Todesfall und im Erlebensfall.[16] Er kann das widerrufliche wie auch das unwiderrufliche Bezugsrecht zeitlich und sachlich beschränken.[17] Das Bezugsrecht kann auf mehrere Begünstigte aufgeteilt werden.[18] Möglich ist auch eine Begünstigung unter einer auflösenden Bedingung iSv § 158 Abs. 2 BGB.[19] Das Bezugsrecht kann auch von vornherein so ausgestaltet werden, dass es im Rang hinter den Rechten des Sicherungsgebers einer auch erst künftigen Abtretung zurück tritt.[20] Entscheidend ist der im rechtlich möglichen Rahmen geäußerte Gestaltungswille des Versicherungsnehmers.[21]

14 **e) Auslegung.** Das Bezugsrecht bestimmt sich allein nach den dafür im Versicherungsvertrag vereinbarten Bedingungen.[22] Als Willenserklärung unterliegt die Bezugsrechtsbestimmung der Auslegung gem. **§§ 133, 157 BGB.**[23] Für den Versicherungsvertrag sind zusätzlich die Auslegungsregeln des **§ 160 VVG** zu berücksichtigen. Maßgeblich ist der bei der Festlegung des Bezugsrechts vorhandene und dem Versicherer gegenüber **zum Ausdruck gebrachter Wille des Versicherungsnehmers.**[24] Zur Rechtsprechung in bestimmten Einzelsachverhalten kann auf die Kommentierung zu § 159 VVG verwiesen werden.[25] Eine auch nach Auslegung nicht hinreichend bestimmbare Bezugsrechtsverfügung, aus der sich der Begünstigte nicht zweifelsfrei ergibt, kann unwirksam sein.[26]

---

[14] BGH NJW 1993, 3134.

[15] *Schneider* in Prölss/Martin, § 159, Rn. 6.

[16] OLG Frankfurt a. M. VersR 2002, 219.

[17] BGH VersR 2010, 517.

[18] Eingehend dazu *Winter* in Bruck/Möller, § 159, Rn. 50ff.

[19] BGH VersR 2007, 784 zum Ehegattenbezugsrecht und der auflösenden Bedingung der Scheidung.

[20] BGH VersR 2001, 883.

[21] BGH NJW 2003, 2679.

[22] BGH NJW 1995, 1082.

[23] BGH NJW 1987, 3131.

[24] BGH VersR 1975, 1020; BGH VersR 2007, 784.

[25] Zum Beispiel *Heiss* in Langheid/Wandt § 159 Rn. 34ff.; *Reiff/Schneider* in Prölss/Martin ALB 2012 § 9 Rn. 27; *Schneider* in Prölss/Martin § 159 Rn. 22ff.; Benkel/Hirschberg ALB 2008 § 13 Rn. 28ff.

[26] *Peters* in Looschelders/Pohlmann § 159 Rn. 13.

3. Widerrufliches Bezugsrecht

15 Nach der Reform von 2008 unterscheidet das VVG nun ausdrücklich zwischen dem widerruflichen und unwiderruflichen Bezugsrecht und hat damit die ständige Rechtsprechung aufgenommen. Dabei wird die Bestimmung des widerruflichen Bezugsrechts mit § 159 Abs. 1 VVG als **Regelfall** behandelt, was auch den Erfahrungen aus der Praxis entspricht. Der Versicherungsnehmer hat im Zweifel das Recht, einen Dritten als Bezugsberechtigten zu bezeichnen sowie an die Stelle des so bezeichneten Dritten einen anderen zu setzen.

16 Ein widerruflich als bezugsberechtigt bezeichneter Dritter erwirbt das Recht auf die Leistung des Versicherers erst mit dem Eintritt des Versicherungsfalls. Bis dahin hat der widerruflich Begünstigte noch **kein Recht, nur die ungewisse Hoffnung** auf die später einmal fällig werdende Leistung.[27] Der Versicherungsnehmer behält die volle Verfügungsgewalt über das Bezugsrecht und die Verfügungsbefugnis über die Rechte und Ansprüche aus dem Versicherungsvertrag. Das widerrufliche Bezugsrecht ist rechtlich ein Nullum.[28]

4. Widerruf und Änderung des Bezugsrechts

17 Das Widerrufsrecht erfasst **jede Art der Veränderung des Bezugsrechts** und erfolgt wie die Erklärung des Bezugsrechts durch einseitige, empfangsbedürftige Willenserklärung gegenüber dem Versicherer, die Verfügungscharakter hat.[29] Denn nichts anderes gilt für den Widerruf oder die Änderung einer Bezugsberechtigung.[30] Das Widerrufsrecht endet mit dem Rechtserwerb des widerruflich Bezugsberechtigten (§ 159 Abs. 2 VVG), also mit dem Eintritt des Versicherungsfalls. Der Widerruf muss dem Versicherer daher vor dem Eintritt des Versicherungsfalls zugehen. Bei Zugang zeitgleich mit dem Eintritt des Versicherungsfalls oder sogar erst danach können der Widerruf und die Änderung des Bezugsrechts nicht mehr wirksam werden.

18 Mit dem **Eintritt des Versicherungsfalls** erwirbt der bis dahin bestimmte, widerruflich Bezugsberechtigte ein unentziehbares Recht auf die Versicherungsleistung. Dieses Recht kann nicht mehr nachträglich durch Zugang einer Änderungsverfügung entfallen.[31] Auch § 130 Abs. 2 BGB bestimmt nicht, dass eine Erklärung als zu Lebzeiten des Erklärenden zugegangen gilt.[32] Geht der Widerruf der Bezugsberechtigung erst nach dem Tod des Versicherten zu, worauf der ursprüngliche Bezugsberechtigte aufmerksam macht, wird der Versicherer nicht leistungsfrei durch Zahlung an den späteren Zessionar als bloßer Inhaber des Versicherungsscheins.[33] Der widerruflich Bezugsberechtigte erwirbt das Recht auf die Leistung endgültig nicht, wenn er seinerseits vor dem Eintritt des Versicherungsfalls verstirbt (§ 160 Abs. 3 VVG). In diesem Fall steht die Versicherungsleistung dem Versicherungsnehmer zu und fällt nach seinem Tod in seinen Nachlass.

19 In der **Kündigung** des Vertrages durch den Versicherungsnehmer wird regelmäßig der konkludente Widerruf der Bezugsrechtsverfügung gesehen, sodass der

[27] BGH VersR 1993, 689.
[28] BGH VersR 2004, 93; BGH VersR 2010, 1021.
[29] BGH VersR 2003, 1021.
[30] BGH VersR 2007, 784.
[31] BGH NJW 1993, 3133.
[32] BGH VersR 1994, 586.
[33] BGH VersR 1999, 700.

Rückkaufswert dem Versicherungsnehmer zusteht.[34] In der Insolvenz bleibt der Lebensversicherungsvertrag allerdings erhalten, sodass der Insolvenzverwalter den Vertrag kündigen muss, um den Rückkaufswert für die Masse zu beanspruchen.[35]

5. Unwiderrufliches Bezugsrecht

20 Ein unwiderruflich als bezugsberechtigt bezeichneter Dritter erwirbt das **Recht auf die Leistung** des Versicherers bereits mit der Bezeichnung als Bezugsberechtigter (§ 159 Abs. 3 VVG, also **sofort.**[36] Der Versicherungsnehmer will den Bezugsberechtigten – möglicherweise schon beim Abschluss des Vertrags – endgültig sichern, indem er auf seine normalerweise bestehende Widerrufsmöglichkeit verzichtet.[37] Weil im Zweifel nach der Auslegungsregel des § 159 Abs. 1 VVG eine widerrufliche Begünstigung anzunehmen ist, muss der Versicherungsnehmer eine unwiderrufliche Bestimmung **ausdrücklich und erkennbar** erklären.[38] Denn die dingliche Wirkung des sofortigen Rechtserwerbs kann nur durch Bestimmung im Rahmen des Versicherungsvertrags zwischen dem Versicherungsnehmer und dem Versicherer eintreten.[39]

21 Mit der wirksamen, ausdrücklich und erkennbar bestimmten und zugegangenen unwiderruflichen Bezugsrechtsverfügung gehen die Dispositionsrechte mit Abtretungsrecht, Verpfändungsrecht und Vererbung auf den unwiderruflich Begünstigten über. Ab sofort haben auch die Gläubiger des unwiderruflichen Bezugsberechtigten durch Pfändung Zugriff auf den Anspruch auf die Versicherungsleistung – auch vor Eintritt des Versicherungsfalls.[40]

22 Der Versicherungsnehmer **verliert die Dispositionsrechte** hinsichtlich der Versicherungsleistung, er kann sie allenfalls noch mit Zustimmung des unwiderruflich Begünstigten ausüben. Er bleibt aber Vertragspartner des Versicherungsvertrags und kann diesen noch kündigen oder in eine beitragsfreie Versicherung umwandeln. Der Anspruch auf den Rückkaufswert als nur eine andere Erscheinungsform der Versicherungsleistung steht allerdings dem unwiderruflichen Bezugsberechtigten zu.[41]

23 **Stirbt** der unwiderruflich Bezugsberechtigte vor Eintritt des Versicherungsfalls, geht der erworbene Anspruch auf die Versicherungsleistung auf seine Erben über und fällt nicht an den Versicherungsnehmer zurück. Das unwiderrufliche Bezugsrecht kann sowohl für den Todesfall als auch für den Erlebensfall verfügt werden. Zweck der unwiderruflichen Begünstigung ist es ua, die Ansprüche auf die Versicherungsleistungen aus dem Vermögen des Versicherungsnehmers auszusondern und damit dem Zugriff seiner Gläubiger zu entziehen.[42] In der Insolvenz des Versicherungsnehmers kann der Insolvenzverwalter auch bei Kündigung den Rück-

---

[34] BGH VersR 1993, 689; einschränkend aber OLG Köln VersR 2002, 299 für den Zeitraum zwischen Kündigungserklärung und Zahlung des Rückkaufswertes.

[35] BGH NJW 2012, 678 unter Aufgabe der Erlöschenstheorie bei Insolvenz auch für den Lebensversicherungsvertrag.

[36] BGH NJW 2003, 2679.

[37] BT-Drs. 16/3945, 98.

[38] *Langheid* in Römer/Langheid § 159 Rn. 14; *Peters* in Looschelders/Pohlmann § 159 Rn. 21; aA *Heiss* in Langheid/Wandt § 159 Rn. 72.

[39] BGH NJW 1996, 2731.

[40] BGH VersR 2011, 371.

[41] BGH NJW 2013, 3776.

[42] BGH VersR 2003, 1021.

kaufswert nicht zur Masse ziehen.[43] Der Anspruch auf die Versicherungsleistungen einschließlich des Rückkaufswertes fällt nämlich in das Vermögen des unwiderruflichen Bezugsberechtigten.[44]

6. Rechtsverhältnis des Versicherungsnehmers zum Bezugsberechtigten – Valutaverhältnis

24 Die Rechtsbeziehungen zwischen dem Versicherungsnehmer und dem Versicherer und die zwischen dem Versicherer und dem bezugsberechtigten Dritten werden im **Deckungsverhältnis** allein von den für das Bezugsrecht im **Versicherungsvertrag** vereinbarten Bedingungen bestimmt.[45] Dagegen liegt die Rechtsbeziehung zwischen dem Versicherungsnehmer und dem von ihm begünstigten Dritten im Valutaverhältnis außerhalb des Versicherungsrechts.[46] An dem **Valutaverhältnis** ist der Versicherer in keiner Weise beteiligt. Beide Rechtsverhältnisse unterliegen sowohl hinsichtlich der durch sie begründeten Rechtsbeziehungen als auch mit Blick auf die Anfechtung von Willenserklärungen dem Schuldrecht. Erbrechtliche Bestimmungen finden insoweit keine Anwendung.[47]

25 **a) Rechtsgrund.** Das Rechtsverhältnis zwischen dem Versicherungsnehmer und dem bezugsberechtigten Dritten bildet den Rechtsgrund für die Leistung des Versicherer an den Begünstigten und entscheidet darüber, ob der Dritte die Leistung behalten darf.[48] Die Gründe, aus denen der Versicherungsnehmer die Leistung einem Dritten zuweist, sind vielfältig und folgen allein aus der Motivation des Versicherungsnehmers.[49] Diese Motivation ist ihrerseits nicht von einem Rechtsgrund, also von keiner Rechtspflicht abhängig. In der Regel liegt daher der Bezugsrechtsbegünstigung als Rechtsgrund eine **Schenkung** zu Grunde.[50] Jedoch entscheidet der vom Versicherungsnehmer motivierte Rechtsgrund seiner Bezugsrechtsverfügung darüber, ob der Begünstigte das Recht auf die Leistung bzw. die erhaltene Leistung behalten darf.

26 **b) Schenkung.** Zumeist liegt der Begünstigung im Rechtsgrund eine Schenkung des Versicherungsnehmers an den Bezugsberechtigten iSd §§ 516ff. BGB zu Grunde.[51] Die Schenkung kommt jedenfalls als ultima ratio der Zuwendung in Betracht.[52] Die Schenkung bedarf der notariellen Beurkundung (§ 518 Abs. 1 BGB). Ansonsten ist der Schenkungsvertrag nach § 125 BGB nichtig. Der Formmangel wird allerdings geheilt durch den Vollzug der Schenkung (§ 518 Abs. 2 BGB), nämlich **mit dem Rechtserwerb.**

27 Kennt der Begünstigte sein Bezugsrecht, so vollzieht sich die Schenkung unmittelbar bei unwiderruflicher Bezugsrechtsverfügung schon im Zeitpunkt der Be-

---

[43] OLG Karlsruhe VersR 2001, 1501.
[44] *Wandt* Rn. 1244ff.
[45] BGH NJW 1995, 1082.
[46] *Goll/Gilbert/Steinhaus* S. 186.
[47] BGH VersR 2008, 1054 (1056); BGHZ 157, 79.
[48] BGH NJW 1984, 2156.
[49] *Armbrüster/Pilz* KTS 2004, 481 (484).
[50] *Heiss* in Langheid/Wandt § 159 Rn. 87.
[51] BGH VersR 1975, 70: BGH VersR 2008, 1054; *Müller-Frank* BUZaktuell 1/2009; *Hasse* VersR 2008, 590 (592); *ders.* VersR 2009, 41.
[52] *Goll/Gilbert/Steinhaus* S. 186.

zeichnung als Begünstigter (§ 159 Abs. 3 VVG), bei widerruflicher Bezugsrechtsverfügung mit dem Eintritt des Versicherungsfalls (§ 159 Abs. 2 VVG). Vereinbart der Versicherungsnehmer die Schenkung ausdrücklich mit dem Bezugsberechtigten vor dem Eintritt des Versicherungsfalls, fällt auch dem widerruflich Begünstigten spätestens mit dem Eintritt des Versicherungsfalls die Schenkung als Rechtsgrund zu, aufgrund dessen er die Leistung des Versicherers als Bezugsberechtigter verlangen, annehmen und behalten darf.

28 Vielfach kennt der begünstigte Dritte nicht die Bezugsrechtsverfügung zu seinen Gunsten. Dann kommt vor Eintritt des Versicherungsfalls kein wirksamer Schenkungsvertrag zu Stande. In der **Mitteilung des Versicherers** an den Bezugsberechtigten über dessen Begünstigung wird jedoch das Schenkungsangebot gesehen, das der Bezugsberechtigte mit der Zahlung der Leistung annimmt.[53] In der Bezugsrechtsverfügung ist der **Auftrag an den Versicherer zur Mitteilung** und damit zur Übermittlung des Schenkungsangebots enthalten. Der insoweit mit Botendienst beauftragte Versicherer erfüllt diesen Auftrag in der Regel durch die Zahlung der Versicherungsleistung an den Bezugsberechtigten, weil darin konkludent das Schenkungsangebot des Versicherungsnehmers zum Ausdruck kommt.[54] Die durch den Versicherer unterbliebene Ermittlung eines geänderten Namens des Begünstigten nach erfolgter Adressermittlung verletzt nicht die Pflicht zur Übermittlung des Schenkungsangebotes.[55] Nach dem Eintritt des Versicherungsfalls und vor der Zahlung der Versicherungsleistung können der Versicherungsnehmer, bzw. nach seinem Tod die Erben, den Übermittlungsauftrag mit dem Schenkungsangebot **widerrufen** und damit dem Bezugsberechtigten den Rechtsgrund der Schenkung zum Behalt der Leistung entziehen. In der Folge muss der Begünstigte die Leistung nach bereicherungsrechtlichen Grundsätzen gem. **§§ 812ff. BGB** an den Versicherungsnehmer bzw. dessen Erben herausgeben. Diese Situation wird treffend als unwürdiger Wettlauf zwischen Erben und Bezugsberechtigten beschrieben.[56]

29 **c) Wettlauf um die Leistung.** Mit dem Eintritt des Versicherungsfalls, in der Todesfallabsicherung mit dem Tod der versicherten Person, wird das widerrufliche Bezugsrecht unwiderruflich.[57] Die begründete Bezugsberechtigung verschafft dem Begünstigten im Versicherungsfall eine im Deckungsverhältnis jedenfalls unentziehbare Rechtsstellung. Die Erben des Versicherungsnehmers können die Bezugsrechtsberechtigung nicht mehr ändern oder widerrufen.[58] Für den Versicherer ist allein das Deckungsverhältnis maßgeblich, mit der Folge, dass er aus dem Versicherungsvertrag verpflichtet ist, an den Bezugsberechtigen zu zahlen. Darauf, ob im Valutaverhältnis möglicherweise ein Anspruch gegen den Bezugsberechtigten besteht, die Leistung an die Erben heraus zu geben, kommt es für den Versicherer nicht an.[59] Ob der Dritte die Versicherungsleistung im Verhältnis zu den Erben des Versicherungsnehmers behalten darf, beantwortet grundsätzlich allein das Valutaverhältnis. War die Schenkung zuvor noch nicht vollzogen, können allerdings die Erben nach dem Eintritt des Versicherungsfalls bis zur Zahlung der Leistung an den

[53] BGH VersR 2008, 1054.
[54] BGH VersR 2008, 1054; *Goll/Gilbert/Steinhaus* S. 188.
[55] BGH NJW 2013, 2588.
[56] *Heiss* in Langheid/Wandt § 159 Rn. 89.
[57] BGH VersR 1975, 706.
[58] BGH VersR 2008, 1054.
[59] AG Aachen Urt. v. 3.2.2010, 110 C 219/09, nv für den Fiskus als Erbe.

Bezugsberechtigten gegenüber dem Versicherer den Auftrag zur Übermittlung des Schenkungsangebotes widerrufen. Damit soll der Zugang des der Bezugsrechtsverfügung im Valutaverhältnis zu Grunde liegenden Schenkungsangebots verhindert werden. Das Schenkungsangebot selbst kann nur gegenüber dem Bezugsberechtigten widerrufen werden (§ 130 Abs. 1 S. 2 BGB). Auf die Leistungsverpflichtung des Versicherers im Deckungsverhältnis gegenüber dem Bezugsberechtigten hat das keinen Einfluss.[60] Für den Versicherer hat das Deckungsverhältnis Vorrang vor dem Valutaverhältnis. Die **Zahlung ist an den Bezugsberechtigten** zu erbringen.

30 Zumindest missverständlich sind insoweit die Ausführungen des BGH, wonach der Erbengemeinschaft nach dem verstorbenen Versicherungsnehmer der Anspruch auf die Versicherungsleistung gegen den Versicherer zustehe, von dem sich dieser durch Hinterlegung befreit habe.[61] Die Erben hatten keinen Anspruch aus dem Deckungsverhältnis gegen den Versicherer.[62] Darauf kommt es aber für die Wirksamkeit der Hinterlegung und die Freigabepflicht an.[63] Wer wirklicher Rechtsinhaber ist und von den anderen Prätendenten die Freigabe der Hinterlegungssumme verlangen kann, bestimmt sich nicht nach dem Innenverhältnis der Prätendenten untereinander, sondern nach der Gläubigerstellung gegenüber dem hinterlegenden Schuldner.[64] Es kommt darauf an, wer vor der Hinterlegung des Abrechnungsbetrages von dem Versicherungsunternehmen Zahlung verlangen konnte.[65] Erst wenn der Begünstigte die hinterlegte Versicherungssumme nach § 812 BGB herausgeben muss, ist die Rechtsprechung des BGH nur im Ergebnis nicht zu beanstanden.[66] Der Lebensversicherer ist jedenfalls nicht verpflichtet, die Versicherungssumme zu hinterlegen, statt sie an den Begünstigten auszuzahlen.[67]

31 Die rechtliche Begründung des BGH begegnet darüber hinaus starker Kritik, weil sie die **Wettlauflösung** favorisiert. Der Versicherungsnehmer hat mit dem Vertrag zu Gunsten Dritter und mit dem Recht zur Bestimmung eines widerruflichen Bezugsrechts im Lebensversicherungsvertrag die freie Wahl der Begünstigung Dritter. Letztlich wird es aber den Erben überlassen, ob der Wille des Versicherungsnehmers Erfolg hat. Der BGH helfe damit den Erben, treibe aber „Schindluder" mit dem Willen des Versicherungsnehmers.[68] Die Rechtsprechung führe zu zufälligen Ergebnissen je nachdem, wer zuerst von der Bezugsberechtigung erfahre bzw. vom Versicherer die passende Erklärung erhalte. Der Wille des Versicherungsnehmers sei aber erkennbar darauf gerichtet, dem widerruflich Begünstigten mit dem Versicherungsfall einen endgültigen Rechtserwerb zu verschaffen.[69] Die Diskussion, ob es Konstruktionen des Valutaverhältnisses gibt, die ohne die kompli-

---

[60] LG Traunstein Urt. v. 11.3.2010, 1 O 2559/09, nv.

[61] BGH VersR 2008, 1054 (1055).

[62] Vortrag *Karl-Heinz Seiffert,* stv. Vorsitzender Richter am BGH a. D., IV. Zivilsenat, VersicherungsForum, Tageskonferenz: Aktuelle Fragen der Lebensversicherungen, 5.5.2010, Vortragsskript S. 35, Fn. 62.

[63] BGH NJW-RR 2007, 687 (690).

[64] BGH NJW 2000, 291–294.

[65] BGH WM 2013, 426.

[66] Vortrag *Karl-Heinz Seiffert,* stv. Vorsitzender Richter am BGH a. D., IV. Zivilsenat, VersicherungsForum, Tageskonferenz: Aktuelle Fragen der Lebensversicherungen, 5.5.2010, Vortragsskript S. 35, Fn. 62.

[67] BGH VersR 2010 (1021).

[68] *Leipold* ZEV 2008, 395.

[69] *Hasse* VersR 2009, 41.

zierte Konstruktion eines Schenkungsvertrages mehr Klarheit und Rechtssicherheit schaffen, ist damit noch nicht geführt[70].

7. Bezugsrecht und Sicherungszession

32 Bei widerruflicher Bezugsrechtsverfügung behält der Versicherungsnehmer alle Rechte und Ansprüche aus dem Versicherungsvertrag. Er kann weiterhin durch Abtretung verfügen und seine Ansprüche auf die Leistung des Versicherers zur Sicherheit einsetzen. In der wirksamen Sicherungszession liegt allerdings **nicht der generelle Widerruf der Bezugsrechtsverfügung.**[71] Das bestehende **Bezugsrecht tritt vielmehr im Rang hinter den Rechten des Sicherungsgebers zurück.**[72] Ergibt die Auslegung des in der Abtretungsanzeige enthaltenen Widerrufs der Bezugsberechtigung, dass das Bezugsrecht nur insoweit widerrufen wird, als es den Rechten des Sicherungsnehmers entgegensteht, tritt es nur in dem durch den Sicherungszweck bestimmten Umfang hinter die Rechte des Sicherungsnehmers zurück und bleibt im Übrigen voll wirksam.[73] Wohl aber kann der Zessionar als Inhaber der Rechte aus dem Vertrag den Widerruf der vorangegangenen widerruflichen Begünstigung jederzeit aussprechen.[74] Auch der Versicherungsnehmer kann das widerrufliche Bezugsrecht auch noch nach der Sicherungszession widerrufen und ändern. Er kann das widerrufliche Bezugsrecht sogar in ein unwiderrufliches umwandeln. Die vorrangigen Rechte des Sicherungszessionars werden dadurch allerdings nicht beschnitten.[75]

33 Erst wenn die Versicherungssumme bei Eintritt des Versicherungsfalls die durch Abtretung gesicherte Forderung übersteigt, erwirbt der widerruflich Begünstigte das Recht auf den übersteigenden Teil.[76] Eine eigene (Rück-)Abtretung des Sicherungszessionars ist nicht notwendig.[77] Zahlt der Versicherer die gesamte Leistung an den Sicherungsgeber, wird er im die gesicherte Forderung übersteigenden Teil nicht von seiner Schuld befreit.[78]

34 Tritt der Versicherungsnehmer allerdings seine Ansprüche aus einer Lebensversicherung zur Sicherung der Schuld eines Dritten an dessen Gläubiger ab, so sprechen die Interessen der Beteiligten regelmäßig dafür, dass der vereinbarte Sicherungszeck sich nicht mit dem Tod des Versicherungsnehmers erledigt haben soll. Eine vor der Sicherungsabtretung widerruflich getroffene Bezugsrechtsbestimmung steht dann auch in der Zeit nach dem Eintritt des Versicherungsfalls – bis auf weiteres – im Rang hinter den Rechten des Sicherungsnehmers zurück.[79]

35 Die Sicherungsabtretung kann wie auch die Bezugsrechtsverfügung auf die Ansprüche **auf den Todesfall beschränkt** werden. Die Ansprüche für den Todesfall und den Erlebensfall stehen nebeneinander und sind unterschiedlichen Verfügungen

---

[70] Vortrag *Karl-Heinz Seiffert,* stv. Vorsitzender Richter am BGH a. D., IV. Zivilsenat, VersicherungsForum, Tageskonferenz: Aktuelle Fragen der Lebensversicherungen, 5.5.2010, Vortragsskript S. 37.

[71] BGH VersR 1993, 553; so schon RGZ 153, 220 (225).

[72] BGH VersR 2001, 883; BGH VersR 1993, 553; *Bayer* VersR 1989, 17.

[73] BGH VersR 2002, 218.

[74] *Wandt* Rn. 1248.

[75] OLG Koblenz ZEV 2007, 389.

[76] BGH VersR 2002, 218 (219); BGH VersR 2001, 883; BGH VersR 1996, 877; BGH VersR 1993, 553 (555); KG VersR 2009, 1206.

[77] So aber immer noch *Ortmann* in Schwintowski/Brömmelmeyer § 159 Rn. 66.

[78] BGH VersR 2002, 218 (219).

[79] BGH NJW 2011, 307–309.

zugänglich. Das Recht auf den Rückkaufswert ist nur eine andere Erscheinungsform des Rechts auf die Versicherungssumme.[80] Dabei ist der **Rückkaufswert** nicht generell den Todesfallansprüchen zuzuordnen. Die Zuordnung muss im Einzelfall durch Auslegung der bei der Sicherungsabtretung abgegebenen Erklärungen ermittelt werden.[81] Im Zweifel ist der Anspruch auf den Rückkaufswert mit den Todesfallansprüchen mit abgetreten, sofern sich eine Abweichung hiervon nicht ausdrücklich oder konkludent ergibt.[82] Wollen die Parteien der Abtretungsvereinbarung erkennbar dem Versicherungsnehmer steuerliche Vorteile erhalten, ist im Regelfall der Anspruch auf den Rückkaufswert nicht mit übertragen.[83] Dient andererseits die Todesfallabtretung der Sicherung eines Darlehens, das mit der Versicherungsleistung getilgt werden soll, erfasst die Zession auch den Anspruch auf den Rückkaufswert, wenn nicht anderes ausdrücklich oder konkludent vereinbart ist.[84]

8. Bezugsrecht und Verpfändung

36 In der Verpfändung durch den Versicherungsnehmer soll der **Widerruf einer vorangegangenen widerruflichen Bezugsrechtsbestimmung** liegen. Denn der mit der Verpfändung einhergehende Sicherungszweck kann verloren gehen, weil dem Pfandgläubiger ein eigenes Widerrufsrecht vor dem Eintritt der Pfandreife nicht zusteht. Der wirtschaftliche Zweck der Verpfändung erfordert deshalb, dass die Verpfändung zugleich auch den Widerruf der bestehenden Bezugsberechtigung beinhaltet.[85] Jedenfalls reicht wie bei der Sicherungsabtretung der Widerruf durch Verpfändung nur soweit, als er den Interessen des Pfandgläubigers entgegen steht und zu dessen Absicherung notwendig ist und die Versicherungsleistung die pfandgesicherte Forderung nicht übersteigt.[86]

9. Versicherungszweitmarkt – Verkauf des Lebensversicherungsvertrags

37 Auch in Deutschland hat sich ein Zweitmarkt für „gebrauchte" Lebensversicherungsverträge entwickelt. Der Versicherungsnehmer erhält bei „Verkauf" seines Vertrages in der Regel einen Kaufpreis, der erheblich über dem Rückkaufswert liegt.[87] Der **Zweitmarktinvestor** übernimmt die weitere Fortführung und Beitragszahlung und erhält bei Eintritt des Versicherungsfalls die Leistung.[88] Gegenstand des Verkaufs sind daher zumeist Kapitallebensversicherungsverträge und Rentenversicherungsverträge mit Kapitalwahlrecht. Um ihre Seriosität zu unterstreichen, haben sich einige Zweitmarktanbieter dem Bundesverband Vermögenanlagen im Zweitmarkt Lebensversicherungen (BVZL) angeschlossen. Ihre Angebote sind unterschiedlich ausgestaltet.[89]

---

[80] BGH NJW 2003, 2679.
[81] BGH VersR 2007, 1065.
[82] OLG Celle r+s 2007, 295.
[83] BGH VersR 2007, 1065.
[84] OLG Hamburg VersR 2008, 767.
[85] *Winter* in Bruck/Möller § 159 Rn. 237.
[86] BGH VersR 2005, 923.
[87] *Pirner* VW 2004, 996.
[88] *Winter* in Bruck/Möller § 159 Rn. 406.
[89] *König* VersR 1996, 1328 ff.; *Sieprath,* Der Lebensversicherungszweitmarkt – Eine Kurzbetrachtung aus versicherungsvertraglicher und steuerrechtlicher Sicht, DRiZ 2008, 49–53; *Wer-*

38 Für den **Übergang der Rechte und Ansprüche** aus dem Versicherungsvertrag vom Versicherungsnehmer als Verkäufer auf den Zweitmarktinvestor als Käufer erweist sich allein das **Bezugsrecht** als zu schwach. Denn damit verbleibt die Pflicht zur Beitragszahlung beim Versicherungsnehmer. Zudem behält er die Gestaltungsrechte, insbesondere das Recht zur Kündigung oder Beitragsfreistellung.

39 Nach **§ 398 BGB** können aber grds. alle Rechte und Ansprüche abgetreten werden. Der Versicherungsnehmer als Verkäufer tritt seine Leistungs- und Gestaltungsrechte aus dem Versicherungsvertrag an den Zweitmarktinvestor ab, der dafür den Kaufpreis zahlt und die künftige Beitragszahlung übernimmt. Der Verkäufer bleibt Versicherungsnehmer und damit Vertragspartner des Versicherers; der Käufer wird als unwiderruflicher Bezugsberechtigter eingesetzt. Ein bestehendes widerrufliches Bezugsrecht wird widerrufen. Die Änderung eines vorangegangenen unwiderruflichen Bezugsrechts ist nur mit Zustimmung des Begünstigten möglich. Die **Abtretung** muss wie die Bezugsrechtsverfügung dem Versicherer angezeigt werden.[90]

40 Eine Übertragung des vollständigen Versicherungsvertrages auf den Zweitmarktinvestor durch einen regelrechten **Versicherungsnehmer-Wechsel** vom Verkäufer auf den Käufer setzt zwingend die Zustimmung des Versicherers als Vertragspartner voraus (§ 415 BGB). Der Versicherer ist zur Zustimmung aus keinem rechtlichen Grund verpflichtet. Er wird durch den Verkauf des Versicherungsvertrags an den Zweitmarktinvestor nicht in seiner Vertragsfreiheit beschränkt. Der Versicherer bleibt in seiner Entscheidung frei, mit wem er einen Vertrag eingehen will.

41 Der Versicherer muss den Verkauf des Lebensversicherungsvertrags auch nicht unterstützen. Ihn treffen **keine besonderen Auskunfts- und Informationspflichten.** Der Versicherungsnehmer kennt aus dem Versicherungsvertrag und den vorvertraglichen Informationen die vereinbarten Leistungen und seine eigene Beitragszahlung im Vertragsverlauf. Mit § 155 VVG steht ihm jährlich eine Wertmitteilung zu. Darüber hinaus sind keine weiteren Mitteilungspflichten des Versicherers zu den Vertragswerten weder durch Gesetz noch durch Vertrag begründet. Insbesondere muss der Versicherer nicht über die Werthaltigkeit des Vertrags zum Verkaufszeitpunkt berichten und keinen Verlauf der bisherigen Beitragszahlung vorlegen. Ein Informationsanspruch des Versicherungsnehmers zu dessen Geltendmachung er den Zweitmarktinvestor mit einer „Informationsvollmacht“ beauftragen könnte, kann auch nicht aus Treu und Glauben (§ 242 BGB) hergeleitet werden. Denn der Verkauf muss nicht in jedem Fall im Interesse des Versicherungsnehmers liegen und ist dem Versicherer nicht gleichgültig. Auch wenn der Vertrag durch den Käufer fortgeführt und bedient wird, liegt der Verkauf nicht in jedem Fall im Interesse des Versicherers statt einer Kündigung.[91]

42 Im Vorfeld der VVG-Reform war diskutiert und gefordert worden, den Versicherer gesetzlich zu einem **Hinweis auf den Versicherungszweitmarkt** an den kündigungswilligen Versicherungsnehmer zu verpflichten.[92] Der Gesetzgeber hat sich

---

nicke, Der Zweitmarkt für Lebensversicherungen in der Bundesrepublik Deutschland, 2009, VersR 2010, 605.

[90] *Winter* in Bruck/Möller § 159 Rn. 425ff.

[91] *Reiff* in Prölss/Martin § 169 Rn. 40; AA *Winter* in Bruck/Möller § 159 Rn. 409, der davon ausgeht, dass der Verkauf an Stelle der Kündigung zumeist aus zwingenden Gründen erfolgt und der Versicherer die Informationen unschwer geben könne.

[92] *Sieprath* VersR 2007, 1634.

dagegen entschieden. Denn auch dem Zweitmarktinvestor steht die Vertragsfreiheit zu, was schon in den unterschiedlichen Kaufmodellen und Kaufkriterien zum Ausdruck kommt.[93] Ein genereller Hinweis auf den Zweitmarkt würde nur die falsche Erwartung wecken, jeder Versicherungsvertrag könne veräußert werden. Zudem bestehen berechtigte Zweifel daran, ob sämtliche auf dem Zweitmarkt tätige Unternehmen die erforderliche Seriosität besitzen.[94] Inzwischen warnt auch die Bundesanstalt für Finanzdienstleistungsaufsicht, BaFin, wiederholt. Beim Kauf gebrauchter Lebensversicherungen sollen die Anleger die Angebote kritisch prüfen.[95]

10. „Policenaufkauf" – Abgrenzung Inkassodienstleistung vom Forderungskauf

43 Innerhalb des Versicherungszweitmarkts haben sich Geschäftsmodelle heraus gebildet, mit denen der Versicherungsnehmer unabhängig von einem zwingenden Aufgabegrund zum Verkauf seines Versicherungsvertrages veranlasst wird. In einer **Kauf- und Abtretungsvereinbarung** wird der aktuelle Rückkaufswert abzgl. einer Bearbeitungsgebühr zugesagt. Die Zahlung des Kaufpreises soll häufig erst nach der Bestätigung und Leistung des Rückkaufswertes durch den Versicherer erfolgen. Eine Übernahme der weiteren Beitragszahlung erfolgt nicht, allenfalls wird der Vertrag beitragsfrei gestellt. In der Regel erklärt der Policenaufkäufer aus abgetretenem Recht unmittelbar gegenüber dem Versicherer die Beendigung des Vertrages mit dem Ziel, zusätzlicher Zahlungen über den Rückkaufswert hinaus bis hin zur verzinsten Erstattung aller vom Versicherungsnehmer eingezahlten Beiträge. An einem etwaigen Mehrerlös wird der Versicherungsnehmer erst nach einer Zahlung anteilig beteiligt. Die Erhöhung des Kaufpreises wird nicht vor einer erfolgreichen Beitreibung beim Versicherer fällig. Alternativ wird bei gleicher Vergütung ein sog. **Prozessbetreuungsvertrag** angeboten, bei dem der Policenaufkäufer die Ansprüche des Versicherungsnehmers in dessen Namen durchsetzen soll, wobei die Finanzierung der Prozesskosten übelicherweise durch einen Rechtsschutzversicherer des Versicherungsnehmers erfolgt.

44 Solche Geschäfte sind in der Regel **erlaubnispflichtige Inkassodienstleistungen,** weil schon die Entstehung des Kaufpreisanspruches unter der aufschiebenden Bedingung der erfolgreichen Beitreibung beim Versicherer steht. Ohne eine Registrierung der Erlaubnis zur Inkassodienstleistung nach § 10 RDG sind die für den Verkauf der Versicherungsverträge unternommenen Abtretungen wegen Verstoß gegen das RDG unwirksam. Der erlaubnisfreie echte Forderungskauf setzt voraus, dass der Versicherungsnehmer sofort bei Kauf den vereinbarten Kaufpreis einschließlich der Beteiligung am erwarteten Mehrerlös ausgezahlt erhält, wodurch das Bonitätsrisiko vollständig auf den Aufkäufer übergeht. Bei der Abtretung von Rechten aus einer Kapitallebensversicherung an ein Unternehmen, das sich geschäftsmäßig mit der Kündigung und Rückabwicklung solcher Versicherungsverträge befasst, ist für die Abgrenzung einer nach § 2 Abs. 2 und § 3 RDG unter Erlaubnisvorbehalt stehenden Inkassodienstleistung zum (erlaubnisfreien) echten Forderungskauf entscheidend, ob eine einzuziehende Forderung endgültig auf den Erwerber übertragen wird und dieser das volle wirtschaftliche Risiko der Beitreibung der Forderung übernimmt.[96]

---

[93] *Ehler* VW 2006, 1582.

[94] *Langheid* in Römer/Langheid vor § 150 Rn. 41.

[95] BaFinJournal 12/2013, S. 11 ff.

[96] BGH VersR 2014, 183; BGH Urt. v. 11.12.2013 – IV ZR 136/13 und IV ZR 131/13.

Kommt eine Erlaubnisfreiheit nach §§ 5 bis 8 RDG nicht in Betracht und verfügt der Aufkäufer nicht über eine Registrierung nach § 10 Abs. 1 S. 1 Nr. 1 RDG, ist die dem Policenaufkauf zu Grunde liegende Abtretung wegen Verstoßes gegen § 2 Abs. 2 S. 1 Alt. 2 iVm § 3 RDG gem. § 134 BGB **nichtig.**[97] Zusätzlich kann die Nichtigkeit der Kauf- und Abtretungsvereinbarung aus einem Verstoß gegen die guten Sitten gem. § 138 Abs. 1 BGB folgen, insb. wenn wegen einem auffälligen Missverhältnis zwischen Leistung, Übertragung aller Rechte aus dem Versicherungsvertrag, und Gegenleistung, Kaufpreis, von einem wucherähnlichen Rechtsgeschäft auszugehen ist.[98] Vor dem Hintergrund, dass die verkaufenden Versicherungsnehmer im Vertragsverhältnis zum Policenaufkäufer wirtschaftlich nicht an dem ihnen bei Kündigung ohnehin zustehenden Rückkaufswert interessiert sind, sondern an dem diesen überschießenden Anteil, der seinerseits nicht von der Höhe des Rückkaufswertes abhängt, ist die Argumentation des BGH überzeugend.[99]

45 Der **Erlaubnisvorbehalt in §§ 2, 3 RDG** ist für die Besorgung fremder Rechtsangelegenheiten grds. verfassungsgemäß.[100] Der Eingriff in die Berufsfreiheit (Art. 12 GG) im Geschäftsmodell des Policenaufkäufers ist vor dem Hintergrund des § 10 Abs. 1 Nr. 1 RDG für Inkassodienstleistungen nicht unverhältnismäßig. Voraussetzung der Registrierung ist eine besondere Sachkunde in den für die beantragte Inkassotätigkeit bedeutsamen Gebieten des Rechts. Die geforderte Sachkunde schützt die Interessen des Versicherungsnehmers. Auch die Gesamtregelung in §§ 2, 3, 10, 11 RDG dient dem Schutz der Rechtssuchenden, dem Rechtsverkehr und der Rechtsordnung vor unqualifizierten Rechtsdienstleistungen.[101]

46 Ebenso ist das Geschäftsmodell des **Prozessbetreuungsvertrages** auf eine selbstständige außergerichtliche Rechtsdienstleistung iSd §§ 3, 2 Abs. 1 RDG gerichtet. Der vom Versicherungsnehmer erteilte Auftrag zur Anspruchsdurchsetzung erfordert im Vorfeld der gerichtlichen Geltendmachung eine rechtliche Prüfung des Einzelfalls.[102] Die Besorgung fremder Rechtsangelegenheiten wird nicht dadurch gerechtfertigt, dass sich der Dienstleister der Hilfe von Rechtsanwälten bedient.[103] Der Auftrag zu einer Rechtsdienstleistung darf nicht durch einen zwischengeschalteten Vertreter erteilt werden. Wenn das Angebot einer Rechtsdienstleistung Hauptzweck des Policenaufkäufers ist, der eigene wirtschaftliche Interessen verfolgt, ist der verfassungsrechtlich grds. unbedenkliche Erlaubnisvorbehalt des RDG verhältnismäßig. Eine andere Auslegung des RDG steht entgegen dem Gesetzeswortlaut, der die Rechtsprechung zum vorangegangenen RBerG berücksichtigt und den früheren Verbotsumfang eingeschränkt hat und Ausnahmen nur für Nebenleistungen vorsieht.[104]

---

[97] BGH VersR 2014, 183 (186).

[98] LG Aachen Beschl. v. 20.3.2014 – 6 S 152/13, nv.

[99] OLG Köln Urt. v. 29.8.2014 – 6 U 13/14, S. 11 (nrkr).

[100] BVerfG NJW 2007, 2389.

[101] OLG Köln Urt. v. 29.8.2014 – 6 U 13/14, S. 12 (nrkr).

[102] OLG Köln Urt. v. 29.8.2014 – 6 U 13/14, S. 12 (nrkr).

[103] BGH GRUR 2009, 1077.

[104] *Weth* in Henssler/Prütting, BRAO, 4. Aufl. 2014, RDG Einl. Rn. 40c Rn. 33ff.; *Köhler* in Bornkamm/Köhler, UWG, 32. Aufl. 2014, § 4 Rn. 11.62; *Ellenberger* in Palandt § 134 Rn. 21.

11. Insolvenz des Versicherungsnehmers

a) Vorrang des Eintrittsrechts nach § 170 VVG. § 170 VVG bietet dem Bezugsberechtigten ausdrücklich ua für den Insolvenzfall des Versicherungsnehmers ein Eintrittsrecht in den Versicherungsvertrag. Wird dieses Recht wahrgenommen, kann der Insolvenzverwalter nicht auf den Vertrag zugreifen und den Vertragswert nicht zur Masse ziehen. **47**

b) Pfändungsschutz. Leistungen aus Lebensversicherungsverträgen genießen in begrenztem Umfang Pfändungsschutz und sind insoweit auch im Insolvenzfall vor dem Zugriff des Verwalters für die Gläubiger geschützt. Nach § 850b ZPO sind unpfändbar Ansprüche aus Lebensversicherungen, die nur auf den Todesfall des Versicherungsnehmers abgeschlossen sind, wenn die Versicherungssumme 3.579 EUR nicht übersteigt. Außerdem gilt für Altersrenten der Pfändung- und damit der Insolvenzschutz des § 851c Abs. 1 ZPO. **48**

c) Widerrufliches Bezugsrecht. Das widerrufliche Bezugsrecht als **rechtliches Nullum** (→ Rn. 16) ist nicht dem Vermögen des Bezugsberechtigten zuzurechnen. Der Insolvenzverwalter kann in der Insolvenz des Versicherungsnehmers den **Rückkaufswert zur Masse** ziehen, wenn er nicht die Erfüllung des Vertrages wählt.[105] Dafür muss der Insolvenzverwalter den Vertrag kündigen (→ Rn. 18).[106] Erst bei Eintritt des Versicherungsfalls erwirbt der bis dahin widerruflich Begünstigte das Recht auf die Leistung des Versicherers (§ 159 Abs. 2 VVG). Befand sich der Versicherungsnehmer vor Eintritt des Versicherungsfalls in der Insolvenz und war der Anspruch auf die Versicherungsleistung möglicherweise nach § 134 InsO anfechtbar, kann der Versicherer hinterlegen, er muss es aber nicht.[107] Kann der Insolvenzverwalter in der Insolvenz des Versicherungsnehmers an dessen Stelle das Bezugsrecht widerrufen, bedarf es keiner Insolvenzanfechtung.[108] Anderes gilt erst nach dem Eintritt des Versicherungsfalls, mit dem das widerrufliche Bezugsrecht unwiderruflich wird (→ Rn. 29ff.). **49**

d) Unwiderrufliches Bezugsrecht, Abtretung oder Verpfändung. Der unwiderruflich Begünstigte erwirbt das Recht auf die Leistung des Versicherers sofort (§ 159 Abs. 3 VVG). Die Forderung fällt sofort in das Vermögen des Bezugsberechtigten und scheidet aus dem Vermögen des Versicherungsnehmers aus. Bei Insolvenz des Versicherungsnehmers kann der Verwalter den Rückkaufswert nicht zur Masse ziehen. Vielmehr hat der unwiderrufliche Bezugsberechtigte ein **Aussonderungsrecht** (§ 103 InsO). Jedoch geht nach § 80 Abs. 1 InsO das Kündigungsrecht des Versicherungsnehmers auf den Insolvenzverwalter über. **50**

In der Sicherungszession bleibt das Bestimmungsrecht über das Bezugsrecht beim Versicherungsnehmer (→ Rn. 32ff.). Bei Insolvenz des Versicherungsnehmers hat der **Sicherungszessionar** deshalb nur das Recht auf abgesonderte Befriedigung (§ 50 InsO).[109] Durch den Insolvenzverwalter anfechtbar können gem. § 134 InsO die Beitragszahlungen im Zeitraum von vier Jahren vor dem Eröffnungsantrag **51**

---

[105] BGH VersR 1993, 689.

[106] BGH NJW 2012, 678 unter Aufgabe der Erlöschenstheorie bei Insolvenz auch für den Lebensversicherungsvertrag.

[107] BGH VersR 2010, 1021.

[108] *Ortmann* in Schwintowski/Brömmelmeyer § 159 Rn. 38.

[109] BGH NJW 2005, 2231.

sein, wenn damit der Rückkaufswert oder die beitragsfreie Versicherungssumme erhöht und der Wert der Versicherungsleistung erhalten werden.[110]

52 **Verpfändete Ansprüche** aus der Lebensversicherung werden mit der Insolvenzeröffnung über das Vermögen des Versicherungsnehmers gem. §§ 103, 41 Abs. 1 InsO fällig. Sie können vom Insolvenzverwalter nicht zur Masse gezogen werden, wenn der Pfändungsgläubiger zur Einziehung gem. § 1282 Abs. 1 BGB berechtigt ist.[111]

12. Versorgungsausgleich

53 Mit dem seit dem 1.9.2009 geltenden VersAusglG findet ein Hin-und Her-Ausgleich abschließend bei der Scheidung statt. Dabei wird das einzelne Anrecht geteilt bei strenger Beachtung des Halbteilungsgrundsatzes. In den Versorgungsausgleich fallen die Anrechte, die der Absicherung im Alter oder bei Invalidität dienen. Dazu zählen die während der Ehezeit erworbenen und auf eine Altersrente gerichteten Anrechte in der privaten Rentenversicherung und die erworbenen Anrechte in der betrieblichen Altersversorgung (bAV), letztere unabhängig von der Leistungsform. Der Teilung zugänglich sind alle Altersvorsorgeanrechte, die in das Vermögen des Ehegatten fallen. Im Falle einer Drittbegünstigung ist entscheidend, ob diese endgültig ist oder das Anrecht wieder in das Vermögen des Ehegatten zurück fallen kann.

54 **a) Unwiderrufliches Bezugsrecht.** Der unwiderruflich als bezugsberechtigt bezeichnete Dritte erwirbt das Recht auf die Leistung des Versicherers sofort (§ 159 Abs. 3 VVG; → Rn. 20ff.).[112] Das Anrecht auf die Leistung des Versicherers ist nicht mehr rückholbar in das Vermögen des Versicherungsnehmers. Eine **Teilung im Versorgungsausgleich** des Versicherungsnehmers zu Gunsten des Ehegatten und zu Lasten des unwiderruflichen Bezugsberechtigten ist nicht möglich und widerspricht dem Hin-und-Her-Ausgleich zwischen den Ehegatten. Hat aber der Versicherungsnehmer während der Ehezeit den Ehegatten unwiderruflich begünstigt, kann das damit in das Vermögen des Ehegatten gefallene Recht auf die Leistung dort geteilt werden zu Gunsten des Versicherungsnehmers.

55 **b) Abtretung.** Werden die Rechte aus einem Lebensversicherungsvertrag der privaten Rentenversicherung gem. § 398 BGB an einen Dritten wirksam abgetreten (→ Rn. 32f.), scheidet dessen Berücksichtigung im Versorgungsausgleich aus, weil der abtretende Ehegatte nicht mehr über ein auszugleichendes Anrecht verfügt.[113] Allerdings kann ein sicherungshalber abgetretenes Anrecht aus einer Lebensversicherung im Versorgungsausgleich **intern ausgeglichen** werden. Dabei ist in der Beschlussformel auch auszusprechen, dass der Anspruch aus der Sicherungsvereinbarung auf Rückgewähr des Bezugsrechts auf beide Ehegatten als Mitgläubiger übertragen wird.[114] Damit werden vom Versorgungsausgleich Anrechte erfasst, die wirtschaftlich nicht den Ehegatten, sondern Dritten zustehen. In der Sicherungszession hat der Versicherungsnehmer jedoch seine Rechte nicht endgültig

---

[110] BGH VersR 2013, 466, 469.

[111] OLG Hamm NJW-RR 1996, 1312.

[112] BGH NJW 2003, 2679.

[113] *Borth,* Versorgungsausgleich in anwaltlicher und familiengerichtlicher Praxis, 7. Aufl. 2014, Rn. 88.

[114] BGH NJW 2013, 3173; BGH FamRZ 2014, 89.

aufgegeben. Wird das abgesicherte Darlehen zurückgezahlt, wird das Anrecht wieder frei und die Bezugsberechtigung steht wieder unbelastet dem Versicherungsnehmer zu. Solange die Sicherungsabtretung Bestand hat, besteht seine Bezugsberechtigung fort, tritt jedoch im Rang hinter der Bezugsberechtigung des Sicherungsnehmers zurück.[115].

III. Kommentierung der Klauselbestimmungen

56 Im Zuge der Überarbeitung der unverbindlichen Musterbedingungen ist auch die nun in § 9 ARB enthaltene **Klausel** zur Gestaltung der materiellen Leistungsansprüche **umstrukturiert** worden. Im Interesse der Klarheit und Verständlichkeit, mithin der Transparenz, folgt die Klausel in ihren jeweils eigens überschriebenen Absätzen nun den Grundsätzen des Gesetzes und der Rechtsprechung zu den möglichen Drittrechten, die der verfügungsbefugte Versicherungsnehmer einräumen kann. Das in jedem Fall geltende Anzeigeerfordernis ist in einem wiederum dazu überschriebenen Absatz zusammen gefasst. Auf weitere Wirksamkeitsanforderungen wird für die unverbindlichen Musterbedingungen verzichtet. Dagegen sind für den Versicherungsnehmer erklärende Hinweise aufgenommen. Eine inhaltliche Änderung der Vereinbarung ist mit der Umstrukturierung nicht verbunden.

1. Überschrift: „Wer erhält die Leistung?"

57 Um denkbare Missverständnisse zu vermeiden, wird bereits in der Überschrift der materielle Leistungsanspruch nicht mehr mit der „Versicherungsleistung" bezeichnet. Die zugesagte Versicherungsleistung ist mit den Musterbedingungen regelmäßig anfänglich vereinbart → ARB § 1. Jedoch ist auch der Anspruch auf den Rückkaufswert eine andere Erscheinungsform des Anspruchs auf die Versicherungssumme (→ Rn. 22, → ARB § 7 Rn. 5, → ARB § 8 Rn. 12).[116] Die Überschrift der Klausel zur materiellen Anspruchsberechtigung erfasst deshalb ausdrücklich **jede Leistung** aus dem Versicherungsvertrag einschließlich des Rückkaufswerts.

2. Leistungsanspruch des Versicherungsnehmers (Abs. 1)

58 Die Leistung steht grds. dem Versicherungsnehmer als Vertragspartner zu. Die Versicherungsforderung gehört zum **Vermögen des Versicherungsnehmers.**[117] Ohne sonstige Verfügungen fällt der Anspruch des Versicherungsnehmers bei seinem Tod in seinen Nachlass (§ 1922 BGB). Einer besonderen Hervorhebung der Leistung an die Erben des Versicherungsnehmers bedarf es nicht. In der Rentenversicherung löst der Tod der versicherten Person vor dem vereinbarten Rentenbeginn eine Todesfallleistung aus. Nach dem vereinbarten Rentenbeginn wird die vereinbarte Rente gezahlt, solange die versicherte Person lebt (→ ARB § 1). Ab dem Tod des Versicherten nach Rentenzahlungsbeginn werden grds. keine Leistungen mehr fällig. In den Nachlass fallen können je nach Vereinbarung weitere Leistungen während einer vereinbarten und nach dem Tod noch andauernden Rentengarantiezeit. Der Versicherungsnehmer ist aber berechtigt, zu bestimmen, dass ein **Dritter** die

[115] *Ruland* NJW 2013, 3175f. (Anmerkung zu BGH NJW 2013, 3173).
[116] BGH NJW 2013, 3776, 3779; BGH VersR 2010, 1067; BGH VersR 2003, 1021; BGHZ 45, 162, 167.
[117] BGH VersR 1981, 926, 927.

Leistung erhält. Auf dieses Recht wird der Versicherungsnehmer ausdrücklich aufmerksam gemacht. Der Versicherungsnehmer kann ein Bezugsrecht verfügen, er muss das nicht. Ohne Bestimmung eines Bezugsrechts behält der Versicherungsnehmer den Anspruch auf die Leistung (→ Rn. 7).

3. Bezugsberechtigung (Abs. 2)

59 Unter der Zwischenüberschrift „Bezugsberechtigung“ wird dem Versicherungsnehmer sein Gestaltungsrecht aus § 159 VVG erläutert, mit dem er widerruflich oder unwiderruflich eine andere Person benennen kann, die die Leistung erhalten soll (Bezugsberechtigter). Dabei folgt die Klausel der **Struktur des § 159 VVG,** der nunmehr zwischen widerruflichem und unwiderruflichem Bezugsrecht unterscheidet und damit den Zeitpunkt, in dem der Bezugsberechtigte das Recht auf die Leistung erwirbt festlegt (→ Rn. 3).

60 **a) Widerrufliches Bezugsrecht (Abs. 2 Unterabs. 2).** Der Versicherungsnehmer kann ein widerrufliches Bezugsrecht bestimmen, mit dem der Bezugsberechtigte das Recht auf die Leistung erst **mit Eintritt des jeweiligen Versicherungsfalls** erwirbt (→ Rn. 15 f.). Das unwiderruflich verfügte Bezugsrecht kann jederzeit bis zum Eintritt des jeweiligen Versicherungsfalls widerrufen werden (→ Rn. 17 ff.). Die Entstehung des versicherungsrechtlichen Anspruchs setzt seine **Fälligkeit** voraus.[118] Wenn **Renten** gezahlt werden, tritt mit jeder Fälligkeit einer Rente ein eigener Versicherungsfall ein. Ansprüche auf wiederkehrende (Renten) Leistungen entstehen regelmäßig mit der Fälligkeit der einzelnen Leistung. Richtet sich ein Anspruch auf widerkehrende Leistungen, entsteht er für jede Teilleistung besonders und gesondert mit dem Zeitpunkt, in dem die Teilleistung verlangt werden kann (→ ARB § 7 Rn. 2). Deshalb tritt, wenn der Versicherer Renten zahlt, mit jeder Fälligkeit einer Rente ein eigener Versicherungsfall ein.

61 **b) Unwiderrufliches Bezugsrecht (Abs. 2 Unterabs. 3).** Der Versicherungsnehmer kann ein unwiderrufliches Bezugsrecht bestimmen, mit dem der Bezugsberechtigte sofort und unwiderruflich das Recht auf die Leistung erhält. Die Bestimmung des unwiderruflichen Bezugsrechts muss **ausdrücklich** erfolgen (→ Rn. 20). Sobald die Erklärung dem Versicherer zugegangen ist, kann dieses Bezugsrecht nur noch mit Zustimmung des unwiderruflichen Bezugsberechtigten geändert werden. Die Bezugsrechtsverfügung wird mit ihrem Zugang beim Versicherer wirksam (→ Rn. 11). Der Versicherungsnehmer verliert die Verfügungsbefugnis und kann ohne Zustimmung des unwiderruflich Begünstigten kein Gestaltungsrecht mehr ausüben (→ Rn. 21 f.).

4. Abtretung und Verpfändung (Abs. 3)

62 Die Rechte und Ansprüche aus dem Lebens- oder Rentenversicherungsvertrag können grds. nach **§§ 398 ff. BGB** abgetreten oder nach **§§ 1273 ff. BGB** verpfändet werden.[119] Wie das VVG keine Sondervorschriften für die Abtretung und Verpfändung im Versicherungsvertrag vorsieht, verzichten auch die unverbindlichen Musterbedingungen auf spezielle Vereinbarungen hinsichtlich der Zession und der Pfändung. Dem Versicherungsnehmer wird bestätigt, dass er das Recht auf die Leis-

[118] OLG Stuttgart VuR 2014, 279.
[119] OLG Hamm VersR 2012, 975 (977); BGH WM 2013, 426.

tung bis zum Eintritt des jeweiligen Versicherungsfalls grds. ganz oder teilweise an Dritte abtreten und verpfänden kann. Die Ergänzung, dass derartige Verfügungen nur getroffen werden können, **soweit sie rechtlich möglich sind,** berücksichtigt etwaige Verfügungsbeschränkungen im Einzelfall. Solche **Verfügungsbeschränkungen** können sich zB aus gesetzlichen oder vertraglichen Abtretungs- und Verpfändungsverboten außerhalb des Versicherungsvertrags ergeben oder weil der Versicherungsnehmer nicht mehr selbst Berechtigter ist.

63 Die vorangegangene Bestimmung eines unwiderruflichen Bezugsrechts schließt eine **nachfolgende Abtretung** oder Verpfändung des Rechts auf die Leistung aus. Denn die Forderung ist unwiderruflich in das Vermögen des Bezugsberechtigten gefallen.[120]

64 Gleiches gilt im Fall einer vorangegangenen Abtretung, die nicht durch Freigabe an den Versicherungsnehmer **zurückgefallen** ist.[121] Durch die Abtretung bleibt das Versicherungsverhältnis unberührt. Der Versicherungsnehmer kann jedoch nicht mehr über die Rechte aus dem Versicherungsvertrag verfügen, soweit die Abtretung reicht.[122] Auch eine Bestätigung durch den Versicherer verhilft der unbefugten, weil rechtlich nicht möglichen Abtretung oder Verpfändung nicht zur Wirksamkeit.

65 Bei Verpfändung bleibt bis zur Pfandreife der Versicherungsnehmer **verfügungsberechtigt.**[123] Die notwendige Zustimmung des Pfandgläubigers nach § 1276 BGB muss allerdings eingeholt werden. Vor der Pfandreife darf Zahlung nur an den Versicherungsnehmer und den Pfändungsgläubiger gemeinsam erfolgen (§ 1281 BGB).

5. Anzeige (Abs. 4)

66 Die Einräumung und der Widerruf eines Bezugsrechts sowie die Abtretung und die Verpfändung sind gegenüber dem Versicherer **nur und erst dann wirksam,** wenn sie dem Versicherer vom bisherigen Berechtigten in Schriftform angezeigt worden sind. Der **bisherige Berechtigte** ist im Regelfall der Versicherungsnehmer. Es können aber auch andere Personen sein, sofern der Versicherungsnehmer bereits zuvor Verfügungen getroffen hat. Vorangegangene Verfügungen, die eine andere Person zum bisherigen Berechtigten machen, sind zB die unwiderrufliche Bezugsberechtigung, die Abtretung und die Verpfändung.

67 **a) Absolute Unwirksamkeit.** Mit dem Zusatz „nur und erst dann" wird die Rechtsfolge der absoluten Unwirksamkeit hervorgehoben und für den durchschnittlichen Versicherungsnehmer unübersehbar gemacht.[124] Der durchschnittliche, juristisch nicht vorgebildete Versicherungsnehmer kann dem ohne vernünftigen Zweifel entnehmen, dass Änderungen der Bezugsberechtigung **ausnahmslos** der schriftlichen Anzeige beim Versicherer bedürfen.[125]

68 **b) Einräumung und Widerruf eines Bezugsrechts.** Die Erklärung zur Bestimmung des Bezugsrechts ist eine einseitige, empfangsbedürftige Willenserklärung gegenüber dem Versicherer, die Verfügungscharakter hat (→ Rn. 9).[126] Die Bezugs-

---

[120] OLG Frankfurt OLGR 2006, 765.
[121] OLG Schleswig OLGR 2006, 889.
[122] OLG Frankfurt a. M. VersR 1996, 90.
[123] OLG Hamburg VersR 2003, 630.
[124] BGH VerBAV 1991, 289 (290).
[125] BGH NJW 1993, 3133 (3134).
[126] BGH VersR 1988, 1236; BGH VersR 2003, 1021.

rechtsverfügung wird nur mit Zugang beim Versicherer wirksam (§ 130 BGB; → Rn. 11). Die Bezugsrechtsverfügung muss dem Versicherer vor dem jeweiligen Versicherungsfall zugehen. Die Klausel in den unverbindlichen Musterbedingungen schließt dazu auch die Wirksamkeit einer Verfügung nur von Todes wegen durch Testament oder Erbvertrag ohne Zugang beim Versicherer aus (→ Rn. 11). Die Mitteilung über die Änderung der Bezugsberechtigung muss dem Versicherer vor dem Tod des Versicherungsnehmers zugegangen sein. Eine erst nach dem Eintritt des Versicherungsfalls zugegangene Änderungsmitteilung ist unwirksam.[127] § 159 VVG ist von § 171 VVG nicht erfasst, kann also durch abweichende vertragliche Vereinbarung geändert oder ergänzt werden. § 9 Abs. 4 ARB vereinbart dazu für die Einräumung und den Widerruf eines Bezugsrechts in jedem Fall die **Anzeige in Schriftform** an den Versicherer durch den bisherigen Berechtigten als **absolute Wirksamkeitsvoraussetzung.**

69 **c) Abtretung.** Der Abtretungsvertrag als solcher kann formlos geschlossen werden (§ 398 BGB). Nach § 9 Abs. 4 ARB ist aber die schriftliche Anzeige der Abtretung durch den bisherigen Verfügungsberechtigten an den Versicherer erforderlich, dem sie nach § 130 BGB zugehen muss. Die schriftliche Abtretungsanzeige ist absolute Wirksamkeitsvoraussetzung. Ohne die **schriftliche Anzeige** an den Versicherer ist die Übertragung der Rechte nicht nur relativ gegenüber dem Versicherer, sondern **absolut** gegenüber jedermann **unwirksam.**[128]

70 **d) Verpfändung.** Gegenüber der Abtretung gelten für die Verpfändung keine Besonderheiten. Die Verpfändung kann durch formlosen Vertrag erfolgen.[129] Zu ihrer Wirksamkeit muss hinzutreten die **schriftliche Verpfändungsanzeige** durch den Versicherungsnehmer bzw. den bisherigen Berechtigten an den Versicherer, § 1280 BGB und § 9 Abs. 4 ARB. Die schriftliche Verpfändungsanzeige ist absolute Wirksamkeitsvoraussetzung der Verpfändung.[130]

71 **e) Künftige Form.** Am 4.2.2015 hat die Bundesregierung den Entwurf eines Gesetzes zur Verbesserung der zivilrechtlichen Durchsetzung von verbraucherschützenden Vorschriften des Datenschutzrechts verabschiedet, der ua die **Änderung von § 309 Nr. 13 BGB** vorsieht.[131] In AGB soll künftig für Erklärungen und Anzeigen gegenüber dem Verwender eine strengere Form als die **Textform** nicht mehr vereinbart werden können. Vorschriften im VVG, die explizit eine Vereinbarung der Schriftform zulassen oder ermöglichen – so auch § 171 VVG (→ Rn. 68) –, stehen unter dem Vorbehalt des AGB-Rechts. Mit dem Inkrafttreten der Änderung der AGB-Vorschriften des BGB müssen auch AVB wie die unverbindlichen Musterbedingungen des GDV (→ Einl. Rn. 1) für die Zukunft angepasst werden. Anstelle der Schriftform für die Anzeige der Bezugsrechtsverfügung (→ Rn. 68), Abtretung (→ Rn. 69) oder Verpfändung (→ Rn. 70) wird künftig die Textform vereinbart werden müssen. Für die unverbindlichen Musterbedingungen des GDV (→ Einl. Rn. 1) sind die notwendigen Änderungen und Anpassungen vorbereitet. Denn der Verzicht auf eine Form oder der Wegfall einer Form für die

---

[127] OLG Zweibrücken VersR 2007, 195.

[128] BGH NJW 1991, 559; BGH NJW-RR 1992, 790; BGH NJW 1997, 2747; OLG Brandenburg ZInsO 2012, 2100.

[129] OLG Hamm Urt. v. 12.2.2007 – 8 U 204/05.

[130] BGH NJW 1991, 559–560; OLG Brandenburg ZInsO 2012, 2100.

[131] BT-Drucks. 18/4631.

Anzeige, auch durch eine unveränderte und damit künftig unwirksame Vereinbarung der Schriftform, werden die formlose Anzeige erlauben. Der Nachweis des rechtzeitigen Zugangs der formlosen Anzeige (→ Rn. 72) wird für den Anspruchsteller erschwert. Ebenso kann ohne Formerfordernis der Versicherer die rechtzeitige Anzeige als absolute Wirksamkeitsvoraussetzung der Bezugsrechtsverfügung, Abtretung oder Verpfändung uU nicht eindeutig feststellen.

72 **f) Bisheriger Berechtigter.** In § 9 Abs. 4 S. 2 und 3 ARB ist eine **Definition** des Begriffs des „Bisherigen Berechtigten" wieder aufgenommen worden. Die Anzeige als absolute Wirksamkeitsvoraussetzung ist ihrerseits nur wirksam, wenn sie durch den bisherigen Berechtigten erfolgt. Es kommt auf die Berechtigung im Zeitpunkt der Anzeige an. Die Berechtigung ist die Verfügungsbefugnis (→ Rn. 6). Anfangs ist der Versicherungsnehmer verfügungsberechtigt und zur Anzeige befugt. Sobald der Versicherungsnehmer einem Dritten die Berechtigung zuweist, die er ohne die Zustimmung des Dritten nicht zurück erlangt, geht die Berechtigung auf den Dritten über. Das Recht auf die Leistung fällt in das Vermögen des unwiderruflich Bezugsberechtigten, Zessionars oder Pfändungsgläubigers, die durch die Verfügung des Versicherungsnehmers zum bisherigen Berechtigten werden.

IV. Darlegungs- und Beweislast

73 Die Klausel regelt die Gestaltung der materiellen Leistungsansprüche. Der Beweis des Anspruchs obliegt regelmäßig dem Anspruchsteller. Der Versicherungsnehmer führt den Beweis seines Leistungsanspruchs (→ Rn. 58) durch den Versicherungsvertrag. Die Wirksamkeit jeder Bezugsrechtsbestimmung, Abtretung und Verpfändung setzt eine wirksame Anzeige an den Versicherer voraus (→ Rn. 66 ff.). Der Anspruchsteller muss den **Zugang der Anzeige** beim Versicherer nachweisen. Die Beweislastregel des § 416 ZPO gilt auch für die schriftliche Willenserklärung zur Bestimmung eines Bezugsrechts.[132]

V. Wirksamkeit der Bestimmung

1. Bezugsberechtigung (Abs. 2)

74 Die Bestimmung weicht nicht von der Rechtsvorschrift des § 159 VVG ab, übernimmt diese vielmehr. Die Regeln der Inhaltskontrolle gelten grundsätzlich nicht. In der Rechtsprechung werden keine Bedenken gegen die Wirksamkeit der Vereinbarung zum Bezugsrecht erhoben.[133] Die Bestimmungen zur Bezugsberechtigung halten einer Inhaltskontrolle nach §§ 307, 308 BGB stand. Der Versicherungsnehmer wird nicht entgegen Treu und Glauben unangemessen benachteiligt.[134]

2. Abtretung und Verpfändung (Abs. 3)

75 Die Beschränkung auf ein grds. Recht zur Abtretung und Verpfändung, soweit derartige Verfügungen rechtlich möglich sind, ist keine Ausschlussklausel, die den

[132] BGH VersR 2003, 229.
[133] OLG Köln VersR 1983, 1182.
[134] OLG Zweibrücken VersR 2007, 195.

Versicherungsnehmer unangemessen benachteiligt. Denn es ist anerkannt, dass sogar ausdrückliche Abtretungsverbote grundsätzlich keine unangemessene Benachteiligung mit sich bringen.[135]

3. Anzeige (Abs. 4)

76 Die auch für die Bezugsberechtigung vereinbarte schriftliche Anzeige durch den bisherigen Berechtigten als absolute Wirksamkeitsvoraussetzung verstößt nicht gegen § 159 VVG, weil dieser abdingbar ist (§ 171 VVG).[136]

Das Anzeigeerfordernis verstößt nicht gegen § 309 Nr. 13 BGB, weil kein „besonderes" Zugangserfordernis, sondern nur ein „allgemeines" Zugangserfordernis vereinbart wird.[137] Das Form- und Zugangserfordernis ist weder unklar noch überraschend und benachteiligt den Versicherungsnehmer nicht entgegen Treu und Glauben unangemessen.[138]

§ 10 Was müssen Sie bei der Beitragszahlung beachten?

(1) Die Beiträge zu Ihrem Vertrag können Sie je nach Vereinbarung in einem Betrag (Einmalbeitrag), monatlich, viertel-, halbjährlich oder jährlich zahlen.

(2) Den ersten Beitrag oder den Einmalbeitrag müssen Sie unverzüglich *(d. h. ohne schuldhaftes Zögern)* nach Abschluss des Vertrages zahlen, jedoch nicht vor dem mit Ihnen vereinbarten, im Versicherungsschein angegebenen Versicherungsbeginn. Alle weiteren Beiträge (Folgebeiträge) werden jeweils zu Beginn der vereinbarten Versicherungsperiode fällig. Die Versicherungsperiode umfasst bei Einmalbeitrags- und Jahreszahlung ein Jahr, ansonsten entsprechend der Zahlungsweise einen Monat, ein Vierteljahr bzw. ein halbes Jahr.

(3) Sie haben den Beitrag **rechtzeitig** gezahlt, wenn Sie bis zum Fälligkeitstag (Absatz 2) alles getan haben, damit der Beitrag bei uns eingeht. Wenn die Einziehung des Beitrags von einem Konto vereinbart wurde, gilt die Zahlung in folgendem Fall als rechtzeitig:

- Der Beitrag konnte am Fälligkeitstag eingezogen werden und
- Sie haben einer berechtigten Einziehung nicht widersprochen.

Konnten wir den fälligen Beitrag ohne Ihr Verschulden nicht einziehen, ist die Zahlung auch dann noch rechtzeitig, wenn sie unverzüglich nach unserer Zahlungsaufforderung erfolgt. Haben Sie zu vertreten, dass der Beitrag wiederholt nicht eingezogen werden kann, sind wir berechtigt, künftig die Zahlung außerhalb des Lastschriftverfahrens zu verlangen.

(4) Sie müssen die Beiträge auf Ihre Gefahr und Ihre Kosten zahlen.

(5) Bei Fälligkeit einer Leistung werden wir etwaige Beitragsrückstände verrechnen.

Übersicht

---

[135] BGH VerBAV 1991, 289; *Benkel/Hirschberg* ALB 2008 § 13 Rn. 12.
[136] *Heiss* in Langheidt/Wandt § 159 Rn. 25.
[137] BGH VersR 1999, 565.
[138] BGH NJW 1993, 3133 (3135).

Schrifttum: *Armbrüster,* Bedeutung des Allgemeinen Gleichbehandlungsgesetzes für private Versicherungsverträge, VersR 2006, 1297; *ders.,* Bewegung im Recht der Lebensversicherung, NJW 2014, 497; *Ganster,* Die Prämienzahlung im Versicherungsrecht (2008), zugleich Diss. Frankfurt aM 2008; *Hadding,* Ergibt die unterjährige Zahlung von Versicherungsprämien einen entgeltlichen Zahlungsaufschub? VersR 2010, 697; *ders.,* Erfüllung der Geldschuld im SEPA-Basislastschriftverfahren, WM 2014, 97; *Knöpper,* Rechtzeitigkeit der Leistung bei Geldschulden? – Prämienzahlung, NJW-Spezial 2009, 105; *Looschelders,* Die richtlinienkonforme Auslegung des § BGB § 506 BGB (§ BGB § 499 BGB a F) im Hinblick auf Versicherungsverträge mit unterjähriger Prämienzahlung, VersR 2010, 977; *Nobbe,* Die neuere Rechtsprechung des Bundesgerichtshofs zum Lastschriftverkehr, WM 2012 Sonderbeilage Nr. 3, 1; *Schürnbrand,* Unterjährige Versicherungsprämien aus Sicht des Verbraucherkreditrechts, WM 2011, 481; *Wandt/Ganster,* Zur Harmonisierung von Versicherungsbeginn und Prämienfälligkeit durch AVB im Rahmen des VVG 2008, VersR 2007, 1034; *Werner,* Rechtliche Neuerungen im Lastschriftverfahren – insbesondere das SEPA-Lastschriftverfahren, BKR 2010, 9; *ders.,* Zivilrechtliche Neuerungen im Recht der Lastschrift – insbesondere im Einziehungsermächtigungsverfahren, BKR 2012, 221; *ders.,* Der Weg zu SEPA und die Auswirkungen auf die Zahlungsdienste – Ein Überblick, WM 2014, 243.

I. Gesetzliche Grundlagen

1. Regelungen zur Prämienzahlung

1 § 10 ARB regelt die Beitragszahlung, insbesondere die Zahlungsweise, die Fälligkeit, die Gefahrtragung und die Aufrechnungsmöglichkeit mit der Versicherungsleistung. Die gesetzlichen Regelungen zur Beitragszahlung finden sich in §§ 33ff. VVG. Die Regelungen im VVG weisen gegenüber den allgemeinen zivilrechtlichen Bestimmungen des BGB einige Abweichungen auf und sind daher vorrangig zu beachten. Die allgemeinen zivilrechtlichen Regelungen, insbesondere §§ 269ff. BGB, sind ergänzend zu berücksichtigen.

2 **a) Die Prämienzahlung als Hauptpflicht.** Nach § 1 S. 2 VVG ist der Versicherungsnehmer verpflichtet, an den Versicherer die vereinbarte Prämie zu leisten. Die Prämie stellt das vertraglich vereinbarte Entgelt für die Übernahme eines Risikos durch den Versicherer dar.[1] Die Prämie steht damit in einem **synallagmatischen Verhältnis** zur Leistungspflicht des Versicherers.[2] Es handelt sich hierbei um die (einzige) Hauptpflicht des Versicherungsnehmers.[3] Das VVG verwendet insoweit den Begriff der Prämie. Dieser ist gleichbedeutend mit dem in den ARB verwendeten Begriff des „Beitrags". Die Prämienhöhe selbst ist im VVG nicht geregelt. Diese unterliegt der freien Vereinbarung der Parteien.[4]

3 **Prämiengläubiger** ist der Versicherer: Zahlungen an den Versicherungsmakler haben ohne entsprechende rechtsgeschäftliche Bevollmächtigung (Inkassovollmacht) keine befreiende Wirkung. Prämienschuldner ist regelmäßig der Versicherungsnehmer. Die Prämienzahlung kann auch durch Dritte erfolgen. Bereits aus § 276 Abs. 1 BGB folgt, dass ein Dritter schuldbefreiend kann, wenn nicht ausnahmsweise der Schuldner höchstpersönlich die Leistung erbringen muss. Ergänzend dazu bestimmt § 34 VVG, dass der Versicherer fällige Prämien oder sonstige ihm aufgrund des Vertrags zustehende Zahlungen vom Versicherten bei einer Versicherung für fremde Rechnung, von einem Bezugsberechtigten, der ein Recht auf die Leistung des Versicherers erworben hat, sowie von einem Pfandgläubiger auch dann annehmen muss, wenn er die Zahlung nach den Vorschriften des Bürgerlichen Gesetzbuchs zurückweisen könnte.

4 Begrifflich wird zwischen „Bruttoprämien" und „Nettoprämien" unterschieden. Als **Nettoprämie** bezeichnet man hierbei den Teil der Prämie, der auf das Deckungskapital für das versicherte Risiko entfällt. Demgegenüber schließt die **Bruttoprämie** auch die dem Versicherer entstandenen Kosten (insbes. die Abschluss-, Vertriebs- und Verwaltungskosten) sowie den Gewinnanteil mit ein. Soweit das VVG den Begriff der Prämie verwendet, ist ausschließlich die Bruttoprämie gemeint.[5]

5 **b) Fälligkeit der Prämie.** Die Fälligkeit des Erst- oder Einmalbeitrags ist in § 33 Abs. 1 VVG geregelt. Danach hat der Versicherungsnehmer die die **erste oder einmalige Prämie** unverzüglich nach Ablauf von 14 Tagen nach Zugang des Versicherungsscheins zu zahlen.[6] Diese Regelung ist *lex specialis* zu § 271 BGB.[7] Die 14-tägige Frist knüpft an die Widerrufsfrist des § 8 Abs. 1 VVG an. Fälligkeit soll erst dann eintreten, wenn die Widerrufsfrist abgelaufen ist.[8] Da die Widerrufsfrist bei Lebens- und Rentenversicherungen nach § 152 Abs. 1 VVG 30 Tage beträgt, bestimmt § 152 Abs. 3 VVG, dass die Fälligkeit bei diesen Verträgen auch erst nach Ablauf von 30 Tagen eintreten soll.[9]

---

[1] *Hahn* in Beckmann/Matusche-Beckmann § 12 Rn. 1.

[2] *Beckmann* in Bruck/Möller § 33 Rn. 11.

[3] *Hahn* in Beckmann/Matusche-Beckmann § 12 Rn. 5.

[4] *Beckmann* in Bruck/Möller § 33 Rn. 34.

[5] *Staudinger* in Langheid/Wandt § 33 Rn. 7.

[6] Ursprünglich war von „zwei Wochen" die Rede. mit dem Gesetz zur Umsetzung der Verbraucherkreditrichtlinie, des zivilrechtlichen Teils der Zahlungsdiensterichtlinie sowie zur Neuordnung der Vorschriften über das Widerrufs- und Rückgaberecht v. 29.7.2009 wurden mit Wirkung zum 11.6.2010 die Wörter „zwei Wochen" durch „14 Tage" ersetzt. Eine inhaltliche Änderung sollte damit nicht verbunden sein.

[7] *Beckmann* in Bruck/Möller § 33 Rn. 4.

[8] *Hahn* in Beckmann/Matusche-Beckmann § 12 Rn. 21.

[9] *Knappmann* in Prölss/Martin § 33 Rn. 2.

6 Nach Ansicht eines beachtlichen Teil des Schrifttums soll keine Fälligkeit eintreten, wenn die Widerrufsfrist nicht zu laufen begonnen hat, weil die **Voraussetzungen des § 8 Abs. 2 VVG nicht erfüllt** sind, etwa weil nicht alle Informationen nach § 7 VVG erteilt wurden oder weil nicht oder nicht in einer den Anforderungen des § 8 Abs. 2 S. 1 Nr. 2 VVG genügenden Art und Weise über das Widerspruchsrecht belehrt wurde.[10] Dagegen spricht allerdings bereits der Wortlaut der §§ 33 Abs. 1, 152 Abs. 3 VVG, der ausschließlich auf den Zugang des Versicherungsscheins abstellt und nicht verlangt, dass auch die weiteren Voraussetzungen des § 8 Abs. 2 VVG erfüllt sein müssen. Hinzu kommt, dass es häufig nicht eindeutig feststellbar ist, ob die Voraussetzungen des § 8 Abs. 2 VVG erfüllt sind oder nicht. Es würde daher zu Rechtsunsicherheiten führen, wenn die Fälligkeit hiervon abhängig wäre. Daher geht die Gegenauffassung zu Recht davon aus, dass es für die Fälligkeit nicht darauf ankommt, ob die weiteren Voraussetzungen des § 8 Abs. 2 VVG für den Beginn der Widerrufsfrist vorliegen.[11]

7 Der Zeitabschnitt, nach dem die Prämie bemessen ist, ist die sog. **Versicherungsperiode.**[12] Nach § 12 VVG gilt als Versicherperiode der Zeitraum eines Jahres, falls die Prämie nicht nach kürzeren Zeitabschnitten bemessen ist. Die Versicherungsperiode ist nur die Grundlage der Prämienberechnung und bestimmt nicht die Fälligkeit der Versicherungsleistung.[13] Die Versicherungsperiode als Berechnungsgrundlage ist unabhängig von der Zahlungsweise. Wenn die Parteien „halbjährliche", „vierteljährliche" oder „monatliche" Zahlungsweise vereinbaren, handelt es sich um Ratenzahlungen (sog. unechte unterjährige Zahlungsweise, → Rn. 32ff.). Die Vereinbarung von Ratenzahlungen berührt die Versicherungsperiode nicht.[14]

8 Die §§ 33 Abs. 1, 152 Abs. 3 VVG betreffen nur den Erst- bzw. den Einmalbetrag. Die Fälligkeit der **Folgeprämie** ist nicht im VVG geregelt, sondern richtet sich, sofern keine abweichende Vereinbarung getroffen wurde, nach § 271 Abs. 1 BGB.[15] Die Folgeprämie ist damit „sofort" zu den vereinbarten Terminen fällig.

9 Eine Regelung zur Fälligkeit der Folgeprämie für den Fall der Änderung des Zahlungsmodus findet sich in § 33 Abs. 2 VVG. Danach ist der Versicherungsnehmer, wenn die Prämie zuletzt vom Versicherer eingezogen wurde, zur Übermittlung der Prämie erst verpflichtet, wenn er hierzu vom Versicherer in Textform aufgefordert wurde. Bedeutung kommt dieser Regelung bei dem Prämieneinzug im Lastschriftverfahren zu, auch wenn die Vorgängervorschrift in § 37 VVG aF ursprünglich auf die unmittelbare Einziehung beim Versicherungsnehmer kraft tatsächlicher Übung zielte, nicht auf vertragliche Vereinbarungen wie die Einziehung im Rahmen des Lastschriftverfahrens.[16]

10 **c) Die Gefahrtragung.** Nach § 36 Abs. 1 S. 1 VVG ist **Leistungsort** für die Prämienzahlung der jeweilige Wohnsitz des Versicherungsnehmers. Durch das Wort „jeweilig" wird zum Ausdruck gebracht, dass es nicht auf den Wohnsitz im

[10] *Knappmann* in Prölss/Martin § 33 Rn. 1, *Karczewski* in Rüffer/Halbach/Schimikowski § 33 Nr. 6, *Staudinger* in Langheid/Wandt § 33 Rn. 19, *Stagl* in Looschelders/Pohlmann § 33 Rn. 9.

[11] *Marlow/Spuhl* S. 115; *Rixecker* in Römer/Langheid § 33 Rn. 4 sowie *Beckmann* in Bruck/Möller § 33 Rn. 47, der zwischen Fälligkeit und Durchsetzbarkeit unterscheidet.

[12] *Armbrüster* in Prölss/Martin § 12 Rn. 1.

[13] BGH NJW 2013, 2195 (2197).

[14] BGH NJW 2013, 2195 (2197).

[15] *Rixecker* in Prölss Martin § 33 Rn. 3.

[16] *Beckmann* in Bruck/Möller § 33 Rn. 57ff.

Zeitpunkt des Vertragsschlusses, sondern auf den aktuellen Wohnsitz im Zeitpunkt der Prämienzahlung ankommt.[17] Unter dem Leistungsort ist der Ort zu verstehen, an dem der Versicherungsnehmer seine Leistungshandlungen vorzunehmen hat, die für die Rechtzeitigkeit der Prämienzahlung entscheidend sind.[18] Die Regelung in § 36 Abs. 1 VVG zum Leistungsort bedeutet, dass der Versicherungsnehmer rechtzeitig gezahlt hat, wenn er die Leistungshandlung an seinem Wohnsitz vollendet hat.[19] Die Verzögerungsgefahr, d. h. die Gefahr verspäteten Eingangs trotz rechtzeitiger Leistungshandlung, trägt also grundsätzlich der Versicherer.[20]

11 Haben die Parteien eine Zahlung per **Lastschrift** vereinbart, so liegt darin regelmäßig die Vereinbarung einer Holschuld.[21] Die Regelung des § 36 VVG findet dann keine Anwendung.[22] Dies gilt unabhängig von der Art des gewählten Lastschriftverfahrens. Es genügt für die Rechtzeitigkeit, dass der Kontoinhaber am Fälligkeitstermin für ausreichend Deckung auf dem Konto gesorgt hat.[23]

12 Von dem Leistungsort zu unterscheiden ist der **Erfüllungsort.** Der Erfüllungsort ist am Sitz des Versicherers. Nach § 36 Abs. 1 S. 2 VVG trägt der Versicherungsnehmer die Übermittlungsgefahr und die Kosten der Übermittlung. Der Versicherungsnehmer trägt also die Verlustgefahr (nicht die Verzögerungsgefahr), dh der VN muss bei Geldverlust noch einmal leisten.[24] Die Regelung in § 36 Abs. 1 S. 2 VVG entspricht der allgemeinen Regelung für Geldschulden in § 270 Abs. 1 BGB.

2. Die Grundlagen des Lastschriftverfahrens

13 Das Lastschriftverfahren ist für die Versicherungswirtschaft die wirtschaftlich bedeutendste Zahlungsart. Da es einer weitgehenden Automatisierung zugänglich ist, bietet es eine kostengünstige Abwicklung des Zahlungsverkehrs, die für beide Seiten Vorteile bietet. Der Versicherungsnehmer braucht sich um den Zahlungsvorgang nicht weiter zu kümmern. Für den Versicherer stellt sie eine erhebliche Vereinfachung im Verwaltungsablauf dar und es verringert sich durch sie die Zahl der Fälle, in denen der Versicherungsnehmer in Rückstand mit der Prämienzahlung gerät. Gegenüber dem Dauerauftrag bietet das Lastschriftverfahren zudem den Vorteil, dass der Lastschriftbetrag vom Zahlungsempfänger der jeweiligen Schuld angepasst werden kann.[25] Trotz der hohen wirtschaftlichen Bedeutung ist die Prämienzahlung mittels Lastschriftverfahren in §§ 33ff. VVG jedoch nicht näher geregelt.

14 **a) Europäische Rechtsgrundlagen.** Mit der „Richtlinie 2007/64/EG des Europäischen Parlaments und des Rates über Zahlungsdienste im Binnenmarkt" vom 13.11.2007 **(„Zahlungsdiensterichtlinie")**[26] zur Schaffung einer **„Single Euro Payment Area (SEPA)"** wurde auf europäischer Ebene die Grundlage für

---

[17] *Rixecker* in Römer/Langheid § 36 Rn. 1.

[18] *Knappmann* in Prölss/Martin § 36 Rn. 2.

[19] *Rixecker* in Römer/Langheid § 36 Rn. 1; *Knappmann* in Prölss/Martin § 36 Rn. 2.

[20] *Rixecker* in Römer/Langheid § 36 Rn. 1, *Knappmann* in Prölss/Martin § 36 Rn. 2; aA vor dem Hintergrund des Urteils des EuGH v. 3.4.2008 (NJW 2008, 1935) zur Zahlungsverzugsrichtlinie *Staudinger* in Langheid/Wandt § 36 Rn. 13.

[21] *Knappmann* in Prölss/Martin § 33 Rn. 17.

[22] *Staudinger* in Langheid/Wandt § 36 Rn. 15.

[23] BGH VersR 1985, 447 (448); OLG Hamm VersR 1984, 231.

[24] *Rixecker* in Römer/Langheid § 36 Rn. 1; *Knappmann* in Prölss/Martin § 36 Rn. 2.

[25] *Ellenberger* in Schimansky/Bunte/Lwowski § 56 Rn. 51ff.

[26] ABl. 1997 L 319.

ein einheitliches europäisches Lastschriftverfahren („Pan-European Direct Debit") geschaffen. Bei der SEPA-Lastschrift handelt es sich um ein EU-/EWR-weites Lastschriftverfahren, dass die Bankenverbände auf der Grundlage der Zahlungsdiensterichtlinie entwickelt haben, um ein EU-/EWR-weit einheitliches Lastschriftverfahren anbieten zu können.[27]

15 Die Zahlungsdiensterichtlinie ermöglichte es zunächst, dass weiterhin die nationalen Zahlungsverfahren angeboten werden können. Damit hatte der europäische Gesetzgeber sein Ziel, einen einheitlichen europäischen Binnenmarkt für Zahlungsdienstleistungen zu schaffen, nicht erreicht. Daher hatte er die unmittelbar in den EU-/EWR-Ländern geltende „Verordnung (EU) Nr. 260/2012 des Europäischen Parlaments und des Rates zur Festlegung der technischen Vorschriften und der Geschäftsanforderungen für Überweisungen und Lastschriften in Euro und zur Änderung der Verordnung (EG) Nr. 924/2009"[28] **(„SEPA-Migrationsverordnung")** auf den Weg gebracht, mit der die nationalen Zahlungsverfahren abgeschafft werden. Erreicht wird dies durch Festlegung der technischen Anforderungen an Lastschriften und Überweisungen gem. Art. 5 der SEPA-Migrationsverordnung.[29]

16 Die SEPA-Migrationsverordnung sah zunächst vor, dass ab dem 1.2.2014 nur noch Zahlungsverfahren angeboten werden können, die grenzüberschreitende Zahlungen im EU-/EWR-Raum ermöglichen. Auf Vorschlag der Kommission wurde diese Frist durch eine rückwirkende Anpassung der SEPA-Migrationsverordnung[30] um sechs Monate verlängert. Bis zum 31.7.2014 konnten daher noch die nationalen Zahlungsverfahren angeboten werden.

17 Die Lastschrift ist in Artikel 2 Nr. 2 der SEPA-Migrationsverordnung definiert. Demnach ist eine Lastschrift ein vom Zahlungsempfänger ausgelöster Zahlungsdienst zur Belastung des Zahlungskontos eines Zahlers, der dieser Belastung zugestimmt hat. Die näheren Anforderungen an das SEPA-Lastschriftverfahren werden im **„SEPA Direct Debit Scheme Rulebook"** für das SEPA-Basislastschriftverfahren und im **„SEPA Business to Business Direct Debit Scheme Rulebook** für das SEPA-Firmenlastschriftverfahren konkretisiert. Beide Regelwerke sind vom „European Payments Council" (EPC) erlassen worden und werden laufend aktualisiert.[31] Bei dem EPC handelt es sich um eine Non-Profit-Vereinigung mit Sitz in Brüssel, die im Jahre 2002 von den europäischen Bankenverbänden gegründet worden ist, um die Schaffung eines einheitlichen europäischen Zahlungsverkehrsraums voran zu treiben.[32] Bei den Regelwerken handelt es sich um europäische Interbankenabkommen der Kreditinstitute in den Mitgliedstaaten der EU/EWR, die auf die Regelungen in der Zahlungsdienste-Richtlinie abgestimmt sind und auf rechtgeschäftlichem Weg durch Beitrittserklärungen der teilnehmenden Banken und Sparkassen, die ihre jeweiligen Verbände insoweit bevollmächtigen können, multilateral in Kraft gesetzt werden.[33]

---

[27] *Werner* BKR 2010, 9.

[28] ABl. 2013 L 94, 22.

[29] *Werner* WM 2014, 243.

[30] Dies erfolgte durch die „Verordnung (EU) Nr. 248/2014 des Europäischen Parlamentes und des Rates vom 26. Februar 2014 zur Änderung der Verordnung (EU) Nr. 260/2012 in Bezug auf die Umstellung auf unionsweite Überweisungen und Lastschriften", ABl. 2014 L 84.

[31] *Werner* WM 2014, 243.

[32] *Werner* BKR 2010, 9.

[33] *Nobbe* WM 2012 Sonderbeilage Nr. 3, 1 (5).

18 **b) Nationale Rechtsgrundlagen.** Die Umsetzung der Zahlungsdienste-Richtlinie in innerdeutsches Recht erfolgte in aufsichtsrechtlicher Hinsicht durch das „Gesetz zur Umsetzung der aufsichtrechtlichen Vorschriften der Zahlungsdiensterichtlinie (Zahlungsdiensteumsetzungsgesetz)" vom 25.6.2009[34] sowie in zivilrechtlicher Hinsicht durch das „Gesetz zur Umsetzung der Verbraucherkreditrichtlinie, des zivilrechtlichen Teils der Zahlungsdiensterichtlinie sowie zur Neuordnung der Vorschriften über das Widerrufs- und Rückgaberecht" vom 29.7.2009[35], mit dem die Regelungen der §§ 675c ff. in das BGB eingefügt wurden. Bis dahin gab es keine entsprechenden gesetzlichen Regelungen. Auch das neue **Zahlungsdiensterecht** verwendet nicht den Begriff der Lastschrift, sondern spricht vielmehr auf einer hohen Abstraktionsebene von Zahlungsvorgängen, Zahlungsaufträgen und Autorisierung. Für den Lastschriftverkehr von Bedeutung sind vor allem die §§ 675f., 675j, 675n, 675p, 675y und 675y BGB.[36]

19 Bis zum Inkrafttreten des neuen Zahlungsdiensterechts am 31.10.2009 war das Lastschriftverfahren nicht näher gesetzlich geregelt. Grundlage des Lastschriftverkehrs war bis dahin das zwischen den Spitzenverbänden der Kreditwirtschaft und der Deutschen Bundesbank geschlossene **Abkommen über den Lastschriftverkehr,** das am 1.1.1964 in Kraft getreten ist. Das Lastschriftabkommen regelt ausschließlich das Interbankenverhältnis, d.h. es begründet Rechte und Pflichten nur zwischen den beteiligten Kreditinstituten.[37] Zurzeit gilt das Abkommen über den Lastschriftverkehr in der Fassung vom 9.7.2012. Das Lastschriftabkommen wird zum 15.4.2016 endgültig aufgehoben. Bis dahin gilt es noch für das elektronische Lastschriftverfahren, da Deutschland von der in den Übergangsvorschriften in Art. 16 (4) der SEPA-Migrationsverordnung eingeräumten Möglichkeit Gebrauch gemacht hat, die es erlaubt, auf dem Karteneinsatz basierende Lastschriftverfahren bis zum 31.1.2016 fortzuführen.[38]

20 **c) Die SEPA-Lastschriftverfahren.** Das SEPA-Basislastschriftverfahren und das SEPA-Firmenlastschriftverfahren sind von der europäischen Kreditwirtschaft bereits im Vorgriff auf die EU-Zahlungsdiensterichtlinie entwickelt worden. Gleichwohl stehen sie in Übereinstimmung mit den Vorgaben der Richtlinie und genügen folglich auch den Anforderungen der Umsetzungsgesetze in den Mitgliedsstaaten.[39] Bei beiden Verfahren handelt es sich um autorisierte Zahlungsinstrumente, d.h. der Empfänger des Zahlungsinstruments erteilt eine Ermächtigung, solche Lastschriften zu Lasten seines Zahlungsverkehrskontos einzuziehen und weist gleichzeitig seine Bank als Zahlstelle an, eine solche Einlösung vorzunehmen (sog. **SEPA-Mandat**).[40] Damit bedarf die Belastung aufgrund eines Mandats keiner nachträgliche Genehmigung gem. § 675j Abs. 1 S. 2 BGB, da es die Qualität einer vorherigen Einwilligung hat.[41]

21 Bei einer Belastung im SEPA-Basislastschriftverfahren steht dem Lastschriftschuldner innerhalb von acht Wochen ein **Erstattungsanspruch** zu, den er ohne

---

[34] BGBl. 2009 I S. 1506.
[35] BGBl. 2009 I S. 2355.
[36] *Nobbe* WM 2012 Sonderbeilage Nr. 3, 1 (4).
[37] BGH WM 2005, 2130 (2132); BGH WM 2004, 2482 (2485).
[38] *Werner* WM 2014, 243 (249).
[39] *Werner* BKR 2012, 221 (226).
[40] *Bernett/Haug* in Schimansky/Bunte/Lwowski § 51 Rn 36.
[41] *Werner* BKR 2012, 221 (226).

Angaben von Gründen geltend machen kann. Bei einer Belastung im Rahmen des Firmenlastschriftverfahrens besteht kein Erstattungsanspruch. Dies steht auch im Einklang mit dem nationalen Recht, da § 675x Abs. 2 BGB nur die Möglichkeit gibt, einen Erstattungsanspruch zu vereinbaren. Eine Verpflichtung besteht insoweit aber nicht.[42]

22 Das SEPA-Lastschriftverfahren ist dadurch gekennzeichnet, dass der der Lastschrifteinreicher ein konkretes Belastungs- und damit Fälligkeitsdatum vorgibt. An diesem Tag muss die Belastung erfolgen, weshalb das Fälligkeitsdatum und das Belastungsdatum identisch sind.[43]

23 Hinsichtlich der **Form des SEPA-Mandats** vertreten der Finanzausschuss des Deutschen Bundestags[44] sowie die Bundesregierung[45] die Auffassung, dass sich aus der SEPA-Migrationsverordnung keine gesetzlichen Formvorschriften für das Lastschriftmandat ergeben, so dass die Textform gem. § 126b BGB für das SEPA Mandat in Betracht kommen könne. Auch der deutsche SEPA-Rat vertritt diese Auffassung.[46] Es muss aber sichergestellt sein, dass der Aussteller das Mandat nachweisbar erteilt hat, das Mandat vom Zahlungsempfänger aufbewahrt wird und im Streitfall von diesem vorgelegt werden kann (Art. 5 Abs. 3a ii der SEPA-Migrationsverordnung).[47]

24 **d) Exkurs: Herkömmliche Lastschriftverfahren. aa) Abbuchungsauftragsverfahren.** Bei den herkömmlichen nationalen Lastschriftverfahren, die bis zum 1.8.2014 möglich waren, wurde zwischen dem Abbuchungsauftragsverfahren und dem Einzugsermächtigungsverfahren unterschieden. Bei dem Abbuchungsauftragsverfahren erteilte der Zahler seinem „Zahlungsdienstleister" (Schuldnerbank als Zahlstelle) mit dem Abbuchungsauftrag eine General-Weisung, vom Zahlungsempfänger über dessen Zahlungsdienstleister (Gläubigerbank als erste Inkassostelle) eingereichte Lastschriften einzulösen und die Beträge auf seinem Girokonto zu belasten.[48] Es bestand hierbei keine Widerspruchsmöglichkeit, mittels der die Lastschrifteinlösung und entsprechenden Belastung im Nachhinein versagt werden konnte. Mit der rechtswirksamen Einlösung einer Abbuchungsauftragslastschrift wurde die Geldschuld im Valutaverhältnis getilgt.[49]

25 **bb) Einzugsermächtigungsverfahren.** Bei dem Einzugsermächtigungsverfahren ermächtigte der Zahlungspflichtige (Schuldner) den Zahlungsempfänger (Gläubiger), den fälligen Geldbetrag zu Lasten seines Kontos bei der Zahlstelle einzuziehen (Einzugsermächtigung). Der Zahlungsempfänger beauftragte mit dem Einzug seine Bank. Diese leitete den Auftrag an die Schuldnerbank weiter, die den Betrag vom Schuldnerkonto abgebucht und der Gläubigerbank zugeleitet hat. Anders als bei dem Abbuchungsverfahren lag keine Weisung des Schuldners gegen-

---

42 *Werner* BKR 2012, 221 (226).

43 *Werner* BKR 2010, 9 (13).

44 Vgl. Beratungsergebnisse des BT-Finanzausschusses zum SEPA-Begleitgesetz, BT-Drs. 17/11395 11ff.

45 Kleine Anfrage an die Bundesregierung, BT-Drs. 17/14757, 4ff.

46 vgl. hierzu *Werner* WM 2014, 243 (249).

47 Die Deutsche Kreditwirtschaft, Fragen zur Thematik „SEPA" und „SEPA-Migration", Stand Nov. 2013, Ziff. 11.2, abrufbar unter http://www.die-deutsche-kreditwirtschaft.de/uploads/media/DK-SEPA_FAQ_Stand_11–2013_final.pdf.

48 BGH WM 1979, 194; BGH WM 1978, 819 (820); BGH WM 1977, 1042.

49 *Hadding* WM 2014, 97 (98).

über der Schuldnerbank vor. Wegen dieser weisungslosen Belastung seines Kontos stand dem Schuldner gegenüber der Schuldnerbank aus dem Girovertrag bis zu seiner Genehmigung ein Widerspruchsrecht zu. hatte der Schuldner widersprochen, ohne zuvor genehmigt zu haben, musste die Schuldnerbank die Buchung berichtigen und die Lastschrift im Interbankenverhältnis zurückgeben. Die Gläubigerbank belastete sodann das Gläubigerkonto wieder mit dem zuvor gutgeschriebenen Betrag einschließlich der Rücklastschriftgebühren.[50]

26 Dieses Widerspruchsrecht bestand auch dann, wenn der Widerspruch des Zahlungspflichtigen im Verhältnis zum Gläubiger (Valutaverhältnis) unberechtigt gewesen ist. Der Zahlungspflichtige hatte sich im Deckungsverhältnis durch die Verweigerung seiner Genehmigung bereits deshalb nicht pflichtwidrig verhalten, weil die Kontobelastung ohne seine Weisung erfolgt ist. Er hatte deshalb unabhängig vom Bestehen der dem Einzug zugrunde liegenden Forderung das Recht, frei über sein Konto zu verfügen. Die Zahlstelle musste einen Widerspruch auch bei erkannter Missbräuchlichkeit im Valutaverhältnis beachten.[51] Allerdings konnte eine konkludente Genehmigung der Lastschriftabbuchungen vorliegen, wenn der Kontoinhaber bei monatlichen und im Wesentlichen gleich hohen Lastschriftabbuchungen bereits die Mitteilung von zwei Folgeabbuchungen erhalten hatte und in Bezug auf die mindestens zwei Monate zurückliegende Abbuchung keine Einwendungen erhoben wurden.[52]

27 Die Widerspruchsmöglichkeit bestand zunächst unbefristet. Die Regelung im Lastschriftabkommen betraf nur das Interbankenverhältnis und entfaltete keine Bindungswirkung im Verhältnis des Zahlers zu seiner Bank.[53] Allerdings hatten die Banken und Sparkassen in ihren ab dem 1.4.2002 geltenden AGB eine Genehmigungsfiktion vereinbart.[54] Danach galt die Genehmigung als erteilt, wenn der Zahlungspflichtige der Belastungsbuchung nicht vor Ablauf von sechs Wochen nach Zugang eines Rechnungsabschlusses Einwendungen erhebt, d. h. das Unterlassen von Einwendungen gilt als Genehmigung der Kontobelastung.[55]

28 **cc) Überführung bestehender Einzugsermächtigungen in SEPA-Mandate.** Aufgrund der fehlenden Weisung an den Zahlungsdienstleister des Lastschriftschuldners waren bestehende Einzugsermächtigungen zunächst nicht SEPA-fähig. Hiervon wären mehrere Hundert Millionen Einzugsermächtigungen betroffen gewesen, die ab der Umstellung auf das SEPA-Lastschriftverfahren nicht mehr hätten verwendet werden können.[56] Es hätte also neuer SEPA-Mandate bedurft, was insbesondere bei Dauerschuldverhältnissen wie Versicherungsverträgen die Wirtschaft vor erhebliche Probleme gestellt hätte. Es hätten alle Kontoinhaber angeschrieben werden müssen, was bereits dann auf praktische Schwierigkeiten gestoßen wäre, wenn der Kontoinhaber nicht der Vertragspartner ist, da in der Vergangenheit auch bei schriftlichen Einzugsermächtigungen die Adresse des Kontoinhabers nicht er-

---

[50] BGH NJW 2008, 3348 (3349).

[51] BGH WM 2010, 1546.

[52] BGH NZI 2011, 693.

[53] BGH WM 2006, 1001.

[54] Vgl. Nr. 7 Abs. 3 AGB-Banken 2002, abgedruckt in WM 2002, 1303.

[55] BGH WM 2009, 958; BGH WM 2008, 1963.

[56] Vgl. Bericht der Bundesregierung über die Maßnahmen der Kreditwirtschaft zur Umstellung bestehender Einzugsermächtigungen auf das SEPA-Lastschriftmandat, BT-Drs. 17/1872, 1 (2).

fasst wurde. Die Kreditwirtschaft hatte sich daher entschlossen, durch Änderung der „Bedingungen für Zahlungen mittels Lastschrift im Einzugsermächtigungsverfahren" auf ein Vorabautorisierungs-Verfahren nach dem Modell des SEPA-Basislastschriftverfahrens umzustellen. Die AGB der Banken enthalten daher in der seit dem 9.7.2012 geltenden Fassung die Regelung, dass die Einzugsermächtigung zugleich die Weisung gegenüber der Bank des Kunden ist, die vom Zahlungsempfänger auf das Konto des Kunden gezogenen Lastschriften einzulösen. Damit liegt ein Zahlungsauftrag des Zahlungspflichtigen iSd § 675f. Abs. 3 S. 2 BGB vor, der vom Zahlungsempfänger über die erste Inkassostelle an die Zahlstelle gelangt.[57] Ergänzend enthalten die AGB die Regelung, dass der Kunde bei einer autorisierten Zahlung aufgrund einer Einzugsermächtigungslastschrift binnen einer Frist von acht Wochen ab dem Zeitpunkt der Belastungsbuchung auf seinem Konto von der Bank die Erstattung des belasteten Lastschriftbetrages verlangen kann (vgl. § 675x Abs. 4 BGB).

29 Den Weg hierfür frei gemacht hatte der Bundesgerichtshof in seiner Entscheidung vom 20.7.2010.[58] In einem *obiter dictum* hat der Bundesgerichtshof festgestellt, dass die Kreditwirtschaft das Einzugsermächtigungsverfahren auf ein Vorabautorisierungsverfahren umstellen könne, da die Frage der Vor- oder Nachautorisierung einer Zahlung der Parteivereinbarung zwischen dem Lastschriftschuldner und der Zahlstelle unterliege (§ 675j Abs. 1 BGB). Die Kreditwirtschaft habe es damit in der Hand, durch eine Neugestaltung der Sonderbedingungen für das Einzugsermächtigungsverfahren die Insolvenzfestigkeit solcher Zahlungen selbst herbeizuführen.[59]

30 Die Möglichkeit der Umstellung sollte nach Auffassung des BGH auch für bestehende Einzugsermächtigungen möglich sein, wenn gleichzeitig ein – nach § 675x Abs. 2 BGB rechtlich möglicher – voraussetzungsloser Erstattungsanspruch wie bei der SEPA-Basislastschrift eingeräumt wird. Entsprechende wurde in den AGB der Banken klargestellt, dass sich die Vorabautorisierungsvereinbarung auch auf bereits vor Änderung der Bedingungswerke erteilte Einzugsermächtigungen erstreckt.

31 Flankiert wurde die Umstellung durch Art. 7 Abs. 1 SEPA-Migrationsverordnung. Danach bleibt ein vor dem 1.2.2014 gültiges Mandat eines Zahlungsempfängers zur Einziehung wiederkehrender Lastschriften im Rahmen eines Altzahlverfahrens nach diesem Datum gültig und gilt als Zustimmung des Zahlers gegenüber seinem Zahlungsdienstleister, die vom betreffenden Zahlungsempfänger eingezogenen wiederkehrenden Lastschriften gemäß dieser Verordnung auszuführen, sofern keine nationalen Rechtsvorschriften oder Kundenvereinbarungen über die weitere Gültigkeit der Lastschriftmandate existieren.

3. Beitragskalkulation

32 Aufsichtsrechtlich müssen die Prämien in der Lebensversicherung unter Zugrundelegung angemessener versicherungsmathematischer Annahmen kalkuliert werden und so hoch sein, dass das Versicherungsunternehmen allen seinen Verpflichtungen nachkommen kann, vgl. § 11 Abs. 1 S. 1 VAG. Weiterhin ist in der Lebensversicherung der **Gleichbehandlungsgrundsatz** des § 11 Abs. 2 VAG zu beachten. Danach dürfen in der Lebensversicherung Prämien und Leistungen bei gleichen Voraussetzungen nur nach gleichen Grundsätzen bemessen werden. Daneben bestehen die Diskriminierungsverbote nach §§ 19ff. AGG.

---

[57] *Nobbe* WM 2012 Sonderbeilage Nr. 3, 1 (14).
[58] BGH NJW 2010, 3510.
[59] BGH NJW 2010, 3510 (3515).

33 Ein Verstoß gegen den aufsichtsrechtlichen Gleichbehandlungsgrundsatz hat keine zivilrechtlichen Folgen, sondern kann nur aufsichtsrechtlich sanktioniert werden (iRd sog. Missstandsaufsicht nach § 81 Abs. 2 VAG). Dagegen stehen dem Versicherungsnehmer bei einem Verstoß gegen § 19 Abs. 1 oder 2 AGG die Rechte aus § 21 AGG auf Beseitigung, Unterlassung sowie auf Ersatz materieller und immaterieller Schäden zu.[60]

II. Rechtsprechung

34 Eine Grundsatzentscheidung im Zusammenhang mit der Klausel in § 10 ARB betrifft den sog. **Ratenzahlungszuschlag.** Mit Urteil vom 6.2.2013 hat der BGH entschieden, dass die vertraglich vereinbarte unterjährige Zahlungsweise von Versicherungsprämien keine Kreditgewährung in Form eines entgeltlichen Zahlungsaufschubs iSv § 1 Abs. 2 VerbrKrG ist.[61] Diese Frage hatte zuvor die Gerichte seit einiger Zeit beschäftigt[62] und ist in der Literatur bis dahin kontrovers behandelt worden. Die Vertreter der Auffassung, dass der Ratenzahlungszuschlag als entgeltlicher Zahlungsaufschub zu behandeln sei, gingen von der Prämisse aus, dass bei einer Versicherung die Prämie grundsätzlich zu Beginn einer Versicherungsperiode fällig wird.[63] Diese umfasse nach § 9 VVG aF (= § 12 VVG) den Zeitraum eines Jahres, sodass sich nach § 271 Abs. 1 BGB die sofortige Fälligkeit der Jahresprämie ergebe. Eine Vereinbarung, die ein späteres Zahlungsziel vorsehe, enthalte daher einen Zahlungsaufschub.[64]

35 Nach der Gegenauffassung[65], der sich zunächst zahlreiche Obergerichte[66] und dann auch der BGH angeschlossen hatten, ist die Versicherungsperiode nur die Bemessungsgrundlage der Prämien und hat als solche nichts mit der Zahlungsweise der Prämien zu tun, bestimmt also auch nicht deren Fälligkeit. Aus der Versicherungsperiode von einem Jahr i.Sd § 9 VVG aF ergebe sich nicht, dass als Zahlungsweise kraft Gesetzes eine jährliche Zahlungsweise vorgesehen sei. Vereinbarten die Beteiligten für das Versicherungsverhältnis „Jahresprämien" und werde demgemäß für die Folgeprämien auf das Versicherungsjahr abgestellt, so werde damit eine Versicherungsperiode von einem Jahr festgelegt. Die Versicherungsperiode von im Zweifel einem Jahr ergebe aber nicht umgekehrt die grundsätzliche Vereinbarung einer Jahresprämie.[67]

36 Keinen Unterschied macht es nach Ansicht des BGH in diesem Zusammenhang, ob es sich um eine **„echte unterjährige Beitragszahlung"**, bei der die in den Bedingungen vereinbarte Bemessungs-, Versicherungs- und Beitragszahlungspe-

[60] *Armbrüster* VersR 2006, 1297.

[61] BGH VersR 2013, 341.

[62] Seit LG Bamberg vom 8.2.2006 – 2 O 764/04 – und der Berufungsentscheidung des OLG Bamberg dazu v. 24.1.2007, abgedr. in VersR 2007, 529.

[63] *Schürnbrand* in MünchKommBGB § 506 Rn. 8; *ders.* WM 2011, 481; *Kessal-Wulf* in Staudinger § 499 Rn. 9; *Weidenkaff* in Palandt Vorb. v. § 506 Rn. 3.

[64] *Schürnbrand* WM 2011, 481 (482f.).

[65] *Hadding* VersR 2010, 697; *Looschelders* VersR 2010, 977; für Direktunterrichtsverträge bereits *Fischer* MDR 1994, 1063.

[66] Vgl. nur OLG Bamberg VersR 2007, 529; OLG Köln VersR 2011, 248; OLG Stuttgart VersR 2011, 786; OLG Hamm VersR 2012, 215; OLG Hamburg VersR 2012, 41; OLG Oldenburg VersR 2012, 1245; OLG Stuttgart VersR 2013, 85.

[67] Vgl. BGH VersR 2013, 341 (342).

riode identisch ist, oder eine **„unechte unterjährige Beitragszahlung"** handelt, bei der trotz monatlicher, viertel- oder halbjährlicher Zahlungsweise die Versicherungsperiode ein Jahr beträgt. Es mache inhaltlich keinen Unterschied, ob dem Versicherungsnehmer nach den AVB zunächst eine Jahresprämie angeboten und ihm dann davon abweichend die Möglichkeit eingeräumt wird, eine unterjährige Zahlungsweise zu wählen, oder ob von vornherein eine unterjährige Zahlungsperiode vorgesehen sei. Dies sei für den Versicherungsnehmer erkennbar lediglich eine Frage der Formulierung ohne materiellrechtliche Auswirkungen auf die eröffnete Ausgestaltung des Versicherungsvertrags durch die Vertragsparteien in Bezug auf die festzulegende Zahlungsweise.[68]

37 Eine Einordnung der unterjährigen Zahlungsweise als entgeltlicher Zahlungsaufschub hätte weitreichende Konsequenzen zur Folge gehabt. Zum einen wäre nach § 6 Abs. 1 S. 2 PAngV der effektive Jahreszins anzugeben. Zum anderen wären die formalen Anforderungen nach §§ 499, 502 Abs. 1 S. 1 Nr. 4 BGB aF (= §§ 506 Abs. 1, 492 Abs. 1 BGB, § 507 Abs. 2 BGB iVm Art. 247 §§ 6 Abs. 1 Nr. 1, 3 Abs. 1 Nr. 3 EGBGB) zu beachten gewesen.[69]

III. Kommentierung der Klauselbestimmungen

1. Die Zahlweise (Abs. 1)

38 Absatz 1 regelt die Zahlweise, dh in welchem zeitlichen Abstand die Prämie zu entrichten ist. Die Zahlweise wird bei Vertragsschluss in dem Antrag und dem Versicherungsschein festgelegt und ist somit Gegenstand der Vereinbarung. Die Regelung in Abs. 1 hat insoweit rein deklaratorischen Charakter; sie enthält lediglich einen Hinweis auf die getroffene Vereinbarung zur Zahlweise. Will der Versicherungsnehmer während der Laufzeit die Zahlweise ändern, so bedarf es auch hierfür einer entsprechenden Vereinbarung, dh der Zustimmung des Versicherers. Absatz 1 gewährt dem Versicherungsnehmer also nicht das Recht, die Zahlweise einseitig zu ändern.

39 Bereits seit den Musterbedingungen des GDV von 2008 ist die jährliche Zahlweise in den Musterbedingungen nicht mehr die Regel. Dies ist dem Umstand geschuldet, dass viele Versicherer (auch vor dem Hintergrund der rechtlichen Ungewissheit hinsichtlich der Wirksamkeit des Ratenzahlungszuschlags, → Rn. 34 ff.) dazu übergegangen sind, die Prämie nicht mehr als Jahresprämie, sondern abhängig von der Zahlungsweise auch als **Monats- bzw. Vierteljahres- oder Halbjahresprämie** zu kalkulieren. Die Regelung in § 10 Abs. 1 geht daher nicht mehr davon aus, dass es im Falle einer unterjährigen Zahlweise einen Beitragszuschlag gibt, sondern dass der Beitrag von vornherein als unterjähriger Beitrag kalkuliert ist (sog. echte unterjährige Zahlungsweise). Es ist dem Versicherer aber unbenommen, die Prämie als Jahresprämie zu kalkulieren und bei unterjähriger Zahlungsweise einen Ratenzuschlag zu erheben (→ Rn. 35). In diesem Fall sind § 10 Abs. 1 und 2 entsprechend anzupassen.

[68] BGH VersR 2013, 341 (343).

[69] *Armbrüster* NJW 2014, 497 (499).

2. Die Fälligkeit des Beitrags (Abs. 2)

40 Absatz 2 regelt die Fälligkeit des Beitrags, wobei sich Satz 1 auf die Fälligkeit des Erst- bzw. des Einmalbeitrags, Satz 2 auf die Fälligkeit der Folgebeiträge bezieht. Die Pflicht zur Zahlung des Beitrages selbst ergibt sich nicht aus der Abs. 2, sondern aus dem Versicherungsvertrag iVm § 1 S. 2 VVG (→ Rn. 2).

41 Der Erstbeitrag ist die zeitlich zuerst geschuldete Leistung des Versicherungsnehmers. Haben die Parteien eine unechte unterjährige Beitragszahlung vereinbart, also bei einjähriger Versicherungsperiode eine unterjährige Zahlungsweise (halbjährlich, quartalsweise, monatlich) verabredet, so ist allein die zuerst zu begleichende Rate der Erstbeitrag. Bei den Folgeraten handelt es sich um Folgebeiträge.[70] Der Erstbeitrag setzt den Abschluss eines neuen Vertrages voraus. Wird dagegen ein bestehender Vertrag lediglich abgeändert, so handelt es sich um eine Folgeprämie. Im Einzelfall ist es nicht immer ganz einfach, die Vertragsänderung von dem Abschluss eines neuen Vertrages abzugrenzen. Geboten ist hier eine Gesamtbetrachtung der relevanten Umstände.[71]

42 **a) Fälligkeit des Erst- oder Einmalbeitrags (Abs. 2 S. 1).** Absatz 2 Satz 1 regelt die Fälligkeit des Erst- bzw. Einmalbeitrages. Die Fälligkeit setzt nach Abs. 2 S. 1 voraus, dass überhaupt ein wirksamer Vertrag zustande gekommen ist. Ohne wirksamen **Vertragsschluss** besteht auch kein Anspruch auf die Prämie, so dass keine Fälligkeit eintreten kann. Wann der Vertrag geschlossen wurde, richtet sich nach den allgemeinen zivilrechtlichen Bestimmungen. Hierbei ist zwischen dem **Antragsmodell** und dem sog. **Invitatio-Modell** zu unterscheiden (→ § 3 Rn. 75ff.). Bei dem Antragsmodell stellt der Versicherungsnehmer einen Antrag, der vom Versicherer durch Übersendung des Versicherungsscheins oder einer Annahmeerklärung angenommen wird. Bei dem Invitatio-Modell stellt der Versicherungsnehmer zunächst nur eine unverbindliche Anfrage. Der Versicherer sendet ihm daraufhin ein Angebot zu, welches der VN durch Rücksendung einer Annahmeerklärung annimmt. Der Vertrag kommt in diesem Fall erst mit Zugang der Annahmeerklärung beim Versicherer zustande.

43 Die Möglichkeit des Widerrufs nach § 8 VVG ändert nichts daran, dass der Vertrag wirksam zustande gekommen ist. Die Fälligkeit kann daher bereits vor Ablauf der **Widerrufsfrist** eintreten. Mit der Regelung in Abs. 2 S. 1 wird somit von der gesetzlichen Regelung der §§ 33 Abs. 1, 152 Abs. 3 VVG abgewichen, nach der bei Lebensversicherungen der Erst- oder Einmalbeitrag nach Ablauf von 30 Tagen nach Zugang des Versicherungsscheins fällig wird. Eine solche Abweichung ist nach § 42 VVG auch grundsätzlich möglich (zur Wirksamkeit → Rn. 76f.).

44 Der Erst- oder Einmalbeitrag ist grundsätzlich **„unverzüglich"** nach Vertragsschluss zu entrichten. Durch den Klammerzusatz wird der Begriff näher erläutert. Dabei wird auf die Definition des § 121 BGB zurückgegriffen. Unverzüglich bedeutet demnach „ohne schuldhaftes Zögern". Welcher Zeitraum konkret noch als unverzüglich gilt, kann nicht pauschal beurteilt werden, sondern es ist stets einzelfallabhängig zu beurteilen, ob die Zahlung noch unverzüglich erfolgte.[72] Im Rahmen von § 33 Abs. 1 VVG („unverzüglich nach Ablauf von 14 Tagen nach Zugang des Versicherungsscheins") wird eine Zahlung innerhalb von 2 bis 3 Tagen ver-

---

[70] *Staudinger* in Langheid/Wandt § 37 Rn. 5.
[71] *Staudinger* in Langheid/Wandt § 37 Rn. 5.
[72] *Schimikowski* Rn. 151.

langt.[73] Allerdings lässt sich dies nicht ohne weiteres auf § 10 Abs. 2 S. 1 übertragen. Im Rahmen der gesetzlichen Regelung hat der Versicherungsnehmer während der Widerrufsfrist Zeit, sich auf die Zahlung vorzubereiten. Auf das Merkmal „unverzüglich" im Rahmen des § 10 Abs. 2 S. 1 kommt es jedoch nur an, wenn der vereinbarte Versicherungsbeginn vor dem formellen Vertragsschluss liegt, also im Fall der Rückwärtsversicherung (etwa wenn die Annahme durch den Versicherer nach dem beantragten Beginndatum liegt) oder im Fall der Vorverlagerung des technischen Versicherungsbeginns. In beiden Fällen hat der Versicherungsnehmer keine Gelegenheit, sich auf die Zahlung vorzubereiten, so dass man hier dem Versicherungsnehmer einen längeren Zeitraum zugestehen muss. Ein Zeitraum von einer Woche dürfte im Regelfall hierfür ausreichend sein.

45 **Vor dem vereinbarten Versicherungsbeginn** soll keine Fälligkeit eintreten. Welcher Versicherungsbeginn vereinbart ist, ergibt sich aus den Antragsunterlagen und dem Versicherungsschein. Erst mit Beginn des materiellen Versicherungsschutzes soll die Prämienzahlungspflicht entstehen. Damit soll ein Gleichlauf von Prämienzahlung und materiellem Versicherungsschutz gewährleistet werden. Liegt der vereinbarte Versicherungsbeginn nach dem formellen Vertragsschluss, so tritt die Fälligkeit (sofort) mit dem vereinbarten Versicherungsbeginn ein. Dem Versicherungsnehmer steht zwischen dem formellen Vertragsschluss und dem vereinbarten Versicherungsbeginn in der Regel ein angemessener Zeitraum zur Verfügung, in dem er sich auf die Zahlung vorbereiten kann. Er muss sicherstellen, dass die Zahlung spätestens an dem vereinbarten Versicherungsbeginn erfolgt. Liegt hingegen der vereinbarte Versicherungsbeginn vor dem formellen Vertragsschluss, d. h. im Falle einer **Rückwärtsversicherung** oder der **Vorverlagerung des technischen Versicherungsbeginns** (→ § 3 Rn. 82ff.), so hat der Versicherungsnehmer den Erst- oder Einmalbeitrag unverzüglich nach Vertragsschluss zu entrichten.

46 Die Prämienforderung ist im Zweifel schon vor dem vereinbarten Versicherungsbeginn erfüllbar (§ 271 Abs. 2 BGB). Der Versicherer gerät daher in Gläubigerverzug, wenn er eine Zahlung vor dem vereinbarten Prämienbeginn nicht annimmt.[74]

47 **b) Fälligkeit der Folgebeiträge (Abs. 2 S. 2 und 3).** Absatz 2 S. 2 regelt die Fälligkeit der Folgebeiträge. Diese werden **„zu Beginn"** der Versicherungsperiode fällig. „Zu Beginn" ist dabei im Sinne von „sofort" zu verstehen, d. h. die Fälligkeit tritt am ersten Tag der jeweiligen Versicherungsperiode ein. Dies entspricht der allgemeinen Regelung in § 271 Abs. 1 BGB. Eine Zahlungsfrist ist nicht vorgesehen. Eine solche ist auch nicht erforderlich. Der Versicherungsnehmer kennt die Termine, so dass er sich hierauf im Vorfeld einstellen kann.

48 Die **Versicherungsperiode** wird in Satz 3 bestimmt. Diese richtet sich nach der vereinbarten Zahlungsweise. Bei jährlicher Zahlungsweise beträgt die Versicherungsperiode demnach ein Jahr, bei halb- und vierteljährlicher Zahlweise sechs bzw. drei Monate und bei monatlicher Zahlungsweise ein Monat. Die Regelung in Abs. 2 geht von einem Gleichklang von Versicherungsperiode und Prämienzahlungsweise aus. Dieses ist jedoch keineswegs zwingend. Die Art und Weise der Zahlung der Prämie ist von der Versicherungsperiode zu unterscheiden. Die Versiche-

---

[73] Vgl. *Knappmann* in Prölss/Martin § 33 Rn. 6; *Karczewski* in Rüffer/Halbach/Schimikowski § 33 Rn. 7; *Michaelis* in Schwintowski/Brömmelmeyer § 33 Rn 4; *Beckmann* in Bruck/Möller § 33 Rn 44.

[74] *Staudinger* in Langheid/Wandt § 33 Rn. 22.

rungsperiode ist der Zeitabschnitt, nach dem die Prämie bemessen wird.[75] Die Fälligkeit der Folgeprämie kann unabhängig von der Versicherungsperiode in den Grenzen der §§ 305ff BGB frei vereinbart werden.[76] Dieses ist der Fall, wenn bei einer Versicherungsperiode von einem Jahr eine unterjährige Zahlungsweise vereinbart wird.[77]

49 Die Versicherungsperiode ist auch für die Kündigung und Beitragsfreistellung der Rentenversicherung von Bedeutung. So kann nach § 12 Abs. 1 der Versicherungsnehmer den Vertrag nur zum Schluss der laufenden Versicherungsperiode kündigen. Entsprechendes gilt nach § 13 für die Beitragsfreistellung.

3. Rechtzeitigkeit der Zahlung (Abs. 3)

50 Absatz 3 regelt, wann der Versicherungsnehmer die Prämie rechtzeitig gezahlt hat. Die Regelungen in Absatz 3 betreffen sowohl die Zahlung des Erstbeitrages als auch die Zahlung der Folgeprämien. Dabei wird in den Sätzen 2 bis 4 die Rechtzeitigkeit bei Lastschriftzahlung näher konkretisiert. Damit wird dem Umstand Rechnung getragen, dass die Lastschriftzahlung in der Praxis den bedeutendsten Zahlungsweg darstellt.

51 **a) Maßgeblichkeit der Leistungshandlung (Abs. 3 S. 1).** Nach Abs. 3 S. 1 genügt es für die Rechtzeitigkeit, dass der Versicherungsnehmer alles getan hat, damit der Beitrag beim Versicherer eingeht. Diese Regelung enthält den Grundsatz, dass für die Frage der Rechtzeitigkeit der Prämienzahlung die **Leistungshandlung** maßgeblich ist. Das Untergangsrisiko trägt allerdings nach § 10 Abs. 4 der Versicherungsnehmer. Insoweit handelt es sich bei der Prämienschuld um eine **„qualifizierte“ Schickschuld.**

52 Dies entspricht auch der bisherigen h. M. zu der gesetzlichen Regelung des § 36 Abs. 1 VVG und zu § 270 BGB.[78] Vor dem Hintergrund einer Entscheidung des EuGH vom 3.4.2008[79] zur **Zahlungsverzugsrichtlinie**[80] wird zu § 36 Abs. 1 VVG zunehmend vertreten, dass eine Zahlung nur rechtzeitig sei, wenn der Gläubiger den geschuldeten Betrag innerhalb der dafür vorgesehenen Frist auch erhält.[81] Die Prämienschickschuld sei also nicht mehr als qualifizierte Schickschuld, sondern als modifizierte Bringschuld einzuordnen.[82] Der Versichernehmer trage somit die Verzögerungsgefahr. Ob sich die Erwägungen des EuGH zur Zahlungsverzugsrichtlinie auf die Regelung des § 36 Abs. 1 VVG übertragen lassen, bedarf an dieser Stelle keiner Erörterung. Nach dem insoweit eindeutigen Wortlaut des § 10 Abs. 3

---

[75] *Armbrüster* in Prölss/Martin § 12 Rn. 1.

[76] *Muschner* in Rüffer/Halbach/Schimikowski § 12 Rn. 6; *Armbrüster* in Prölss/Martin § 12 Rn. 3.

[77] Siehe hierzu BGH VersR 2013, 341 (342f.).

[78] Vgl. *Rixecker* in Römer/Langheid § 36 Rn. 1; *Knappmann* in Prölss/Martin § 36 Rn. 2; *Hahn* in Beckmann/Matusche-Beckmann § 12 Rn. 37; *Michaelis* in Schwintowski/Brömmelmeyer § 36 Rn. 2.

[79] EuGH NJW 2008, 1935.

[80] Richtlinie 2000/35/EG des Europäischen Parlaments und des Rates v. 29.6.2000 zur Bekämpfung von Zahlungsverzug im Geschäftsverkehr, ABl. 2000 L 200, 35.

[81] *Knöpper* NJW-Spezial 2009, 105; *Karczewski* in Rüffer/Halbach/Schimikowski § 36 Rn. 1; *Staudinger* in Langheid/Wandt § 36 Rn. 4ff.; *Stagl* in Looschelders/Pohlmann § 36 Rn. 1; *Beckmann* in Bruck/Möller § 36 Rn. 15ff.

[82] Vgl. *Stagl* in Looschelders/Pohlmann § 36 Rn. 1.

S. 1 kommt es für die Rechtzeitigkeit der Prämienzahlung insoweit auf die Leistungshandlung, nicht auf den Leistungserfolg an. Das Verzögerungsrisiko (nicht das Untergangsrisiko) trägt nach § 10 Abs. 3 S. 1 also der Versicherer.

53 Der Versicherungsnehmer muss **„alles getan"** haben, damit der Betrag beim Versicherer eingeht. Diese Regelung bedeutet, dass der Versicherungsnehmer rechtzeitig gezahlt hat, wenn er die Leistungshandlung an seinem Wohnsitz vollendet hat.[83] Was dies konkret bedeutet, hängt von der Art und Weise der Zahlung ab. Bei einer **Überweisung** ist die Zahlung in jedem Falle dann rechtzeitig erfolgt, wenn der Prämienbetrag zum Fälligkeitstermin vom Konto des Versicherungsnehmers abgebucht wurde.[84] Ob es bereits genügt, dass der Versicherungsnehmer den Überweisungsauftrag seinem Kreditinstitut vor dem Fälligkeitstermin hat zukommen lassen, ist zweifelhaft.[85] Nicht ausreichend ist es jedenfalls, wenn der Überweisungsträger bei der Bank außerhalb der üblichen Geschäftszeit eingeworfen wird. In einem solchen Fall wird der Zugang erst für den Zeitpunkt bewirkt, für den nach der Verkehrsanschauung mit der nächsten Entnahme zu rechnen ist.[86]

54 Übermittelt der Versicherungsnehmer dem Versicherer einen **Scheck** über den geschuldeten Geldbetrag, so hat er die Leistungshandlung bewirkt, wenn er sich seiner uneingeschränkten Verfügungsgewalt über die Scheckurkunde begeben hat, also entweder durch Übergabe des Schecks an die Post oder durch Einwurf in den Briefkasten des Versicherers.[87] Die Annahme eines Schecks erfolgt im Zweifel nur erfüllungshalber, dh, die Erfüllung tritt erst ein, wenn der Gläubiger den Gegenwert erhält. In der Annahme des Schecks durch den Versicherer liegt im Zweifel eine Stundung der Prämienforderung bis zur Einlösung oder bis endgültig feststeht, dass diese scheitern wird.[88]

55 Bei einer **Barzahlung,** die in der Praxis bei Lebens- und Rentenversicherungen kaum noch Bedeutung hat, ist bezüglich der Rechtzeitigkeit der Zahlung die Übergabe des Bargeldes an den Versicherer oder dessen Versicherungsvertreter maßgeblich.[89] Der Versicherungsvertreter gilt insoweit, anders als der Makler, nach § 69 Abs. 2 VVG auch als bevollmächtigt, die Zahlungen entgegenzunehmen. Eine Beschränkung dieser Vollmacht muss der Versicherungsnehmer nur gegen sich gelten lassen, wenn er die Beschränkung bei der Vornahme der Zahlung kannte oder infolge grober Fahrlässigkeit nicht kannte (§ 69 Abs. 2 S. 2 VVG). Erfolgt die Bareinzahlung bei der Bank des Versicherers, ist für die Rechtzeitigkeit der Zeitpunkt der Einzahlung maßgeblich.

56 Bei einer **Aufrechnung** kommt es nicht auf den Zeitpunkt der Aufrechnungserklärung an, sondern darauf, ob sich die Forderungen im Zeitpunkt der Fälligkeit gegenüber standen.[90]

57 **b) Rechtzeitigkeit bei Lastschrifteinzug (Abs. 3 S. 2).** Absatz 3 S. 2 regelt speziell die Rechtzeitigkeit der Zahlung im Fall des Lastschrifteinzugs. Lässt sich der Versicherer vom Versicherungsnehmer eine Einzugsermächtigung geben, so

---

[83] BGH VersR 1971, 216; OLG Jena DB 2007, 1136; OLG Köln VersR 2002, 1225.
[84] BGH VersR 1971, 216; NJW 1964, 499.
[85] Offen gelassen v. BGH, NJW 1964, 499 und OLG Köln NVersZ 2002, 469, 470f.
[86] OLG Köln NVersZ 2002, 469 (471).
[87] BGH VersR 1969, 368.
[88] BGH NJW 2002, 1788; BGH NJW 66, 46; *Knappmann* in Prölss/Martin § 33 Rn. 18.
[89] Vgl. *Honsell* in BK § 38 Rn. 32.
[90] *Beckmann* in Bruck/Möller § 36 Rn. 28.

übernimmt er regelmäßig die Verantwortung für die rechtzeitige Zahlung, solange die Übereinkunft nicht eindeutig widerrufen ist.[91] Er trägt das Risiko der Nichtzahlung, soweit die Gründe dafür in den Bereich der übernommenen Verantwortung fallen. Dann besteht keine Verpflichtung des Versicherungsnehmers, die Prämien zu übermitteln. Durch die Vereinbarung des Lastschrifteinzugs wird die Beitragsschuld zur **Holschuld.**[92] Der Versicherungsnehmer hat in einem solchen Fall das seinerseits Erforderliche getan, wenn die Prämie bei Fälligkeit von seinem Konto abgebucht werden kann. Der Versicherungsnehmer ist lediglich gehalten, am Fälligkeitstag für **ausreichende Kontodeckung** zu sorgen.[93] Er darf davon ausgehen, dass der Versicherer von der Ermächtigung rechtzeitig Gebrauch machen wird. Unterlässt dies der Versicherer, rechtfertigt das allein nicht die Annahme, der Versicherungsnehmer habe nicht rechtzeitig gezahlt.[94]

58 Die Vereinbarung über die Einziehung im Lastschriftverfahren kommt dadurch zustande, dass der Versicherungsnehmer das sog. **SEPA-Mandat** erteilt und der Versicherer (beispielsweise im Versicherungsschein oder im sog. Policen-Begleitschreiben) bestätigt, dass die Einziehung der Beiträge im Lastschriftverfahren erfolgt. Mit dem SEPA-Mandat erteilt der Kontoinhaber dem Versicherer eine Ermächtigung, die Lastschriften zu Lasten seines Kontos einzuziehen und weist gleichzeitig seine Bank als Zahlstelle an, eine solche Einlösung vorzunehmen. Damit bedarf die Belastung aufgrund eines SEPA-Mandats keiner nachträgliche Genehmigung gem. § 675j Abs. 1 S. 2 BGB, dass es die Qualität einer vorherigen Einwilligung hat.

59 Im SEPA-Lastschriftverfahren hat der Lastschriftgläubiger, also der Versicherer, den Lastschriftschuldner zwei Wochen vor dem Fälligkeitsdatum jenen darüber zu unterrichten, dass er dessen Konto belasten werde (**Vorabankündigung,** Englisch „Pre-Notification"). Diese Erklärung kann auch in einer anderen Erklärung – zB einer Rechnung – enthalten sein. Die Vorabankündigung muss den genauen Betrag und die Gläubiger-ID und die Mandatsreferenz enthalten.[95] Die Parteien können auch eine kürzere Frist zur Vorabankündigung vereinbaren. Eine solche Vereinbarung kann in dem SEPA-Mandat erfolgen. Eine Vereinbarung an anderer Stelle empfiehlt sich nicht, da der Kontoinhaber von dem Versicherungsnehmer personenverschieden sein kann und die Vereinbarung zur Verkürzung der Frist zur Vorabankündigung mit dem Kontoinhaber vereinbart werden muss. Allerdings ist zu berücksichtigen, dass der Lastschriftschuldner noch die Möglichkeit haben muss, für ausreichende Deckung auf dem Konto zu sorgen. Eine Frist von 5 Tagen dürfte hierfür noch ausreichend sein.[96] Die Verpflichtung, den Lastschrifteinzug anzukündigen, bestand als vertragliche Nebenpflicht auch schon nach dem herkömmlichen Lastschrifteinzugsverfahren. Hatte der Versicherer dem Versicherungsnehmer nicht angekündigt, wann er welchen Betrag einziehen wird, so konnte er sich nicht auf die nicht rechtzeitige Leistung berufen, wenn die Abbuchung fehlgeschlagen ist.[97]

---

[91] BGHZ 69, 361 (367).

[92] BGH NJW 984, 872; WM 1985, 462.

[93] *Reiff/Schneider* in Prölss/Martin ALB 2012 § 7 Rn. 4.

[94] OLG Oldenburg VersR 2000, 617.

[95] Vgl. Die Deutsche Kreditwirtschaft, Fragen zur Thematik „SEPA" und „SEPA-Migration" (Implementierungsfragen), Stand Nov. 2013, abrufbar unter www.die-deutsche-kreditwirtschaft.de.

[96] Vgl. hierzu BGH LMK 2003, 58.

[97] BGH VersR 1985, 447.

60 Der Versicherungsnehmer bzw. der Kontoinhaber darf ferner einer berechtigten Einziehung **nicht widersprochen** haben. Ein unberechtigter Widerspruch des Versicherungsnehmers, infolgedessen es zu einer Rückbuchung kommt, vereitelt die Rechtzeitigkeit der Zahlung rückwirkend.[98] Diese Regelung knüpft an den Erstattungsanspruch an, der dem Kontoinhaber gegenüber seinem Kreditinstitut aufgrund der Regelung den Bedingungen für Zahlungen mittels Lastschrift im SEPA-Basislastschriftverfahren der Banken und Sparkassen zusteht.[99] Danach kann bei dem SEPA-Basislastschriftverfahren der Kunde innerhalb einer Frist von acht Wochen ab dem Zeitpunkt der Belastungsbuchung auf seinem Konto von seiner Bank ohne Angabe von Gründen die Erstattung des belasteten Betrages verlangen. Zwar besteht der Erstattungsanspruch zunächst nur gegenüber des Zahlungsdienstleisters des Zahlers, also des Versicherungsnehmers. Der Zahlungsdienstleister des Zahlers kann aber, wenn dieser seinen Erstattungsanspruch geltend macht, wiederum aufgrund der Inter-Banken-Regelungen von dem Zahlungsdienstleister des Zahlungsempfängers die Rückbelastung verlangen, der wiederum aufgrund der Regelungen in den Inkasso-Vereinbarungen Rückgriff bei dem Zahlungsempfänger, also dem Versicherer nehmen kann. Letztlich führt die Geltendmachung des Erstattungsanspruchs somit dazu, dass der Beitrag wieder von dem Konto des Versicherers auf das Konto des Versicherungsnehmers zurückgebucht wird. Bei einer Belastung im Rahmen des Firmenlastschriftverfahrens besteht kein Erstattungsanspruch. Aufgrund der erfolgten Autorisierung ist hier die Lastschrift mit der Einlösung wirksam und bestandsfest.

61 Eine **„berechtigte Einziehung"** liegt in diesem Zusammenhang vor, wenn im Valuta-Verhältnis zwischen Versicherer und Versicherungsnehmer der Betrag geschuldet wurde. Hieran fehlt es, wenn der Versicherer die Prämie vor Fälligkeit einzieht oder es sich um eine überhöhte Abbuchung handelt, da eine Lastschrift nur vollständig rückgängig gemacht werden kann.[100] Eine fehlende Vorabankündigung ändert nichts an dem Umstand, dass der Betrag im Valuta-Verhältnis geschuldet und die SEPA-Lastschrift autorisiert ist. Allerdings braucht bei einer unterlassenen Vorabankündigung der Versicherungsnehmer in der Regel nicht mit der Abbuchung zu rechnen, so dass er es nicht zu vertreten hat, wenn die Abbuchung fehlschlägt.[101]

62 **c) Vom Versicherungsnehmer nicht zu vertretene fehlgeschlagene Abbuchung (Abs. 3 S. 3).** Absatz 3 S. 3 regelt die Frage der Rechtzeitigkeit der Zahlung für den Fall, dass der Beitrag ohne Verschulden des Versicherungsnehmers nicht eingezogen werden konnte. In diesem Fall soll die Zahlung auch dann noch als rechtzeitig gelten, wenn sie unverzüglich nach Zusendung einer **Zahlungsaufforderung** nachgeholt wird. Diese muss aufgrund der halbzwingenden Vorschrift des § 33 Abs. 2 VVG in Textform erfolgen.[102] Solange eine solche Aufforderung nicht erfolgt, kann der Versicherungsnehmer eine Zahlung auf anderem Wege verweigern.[103] Diese Aufforderung hat die Erklärung zu enthalten, dass er die Prämie

---

[98] *Staudinger* in Langheid/Wandt § 36 Rn. 18.

[99] Vgl. Ziff. 2.5 der „Bedingungen für Zahlungen mittels Lastschrift im SEPA-Basislastschriftverfahren", Stand 1.2.2014.

[100] *Staudinger* in Langheid/Wandt § 36 Rn. 18.

[101] *Beckmann* in Bruck/Möller § 36 Rn. 39.

[102] Zur Parallelvorschrift in den Allgemeinen Bedingungen für die Berufsunfähigkeitsversicherung vgl. *Lücke* in Prölss/Martin BU § 7 Rn. 4.

[103] *Meixner/Steinbeck* § 6 Rn. 10; *Hahn* in Beckmann/Matusche-Beckmann § 12 Rn. 35.

nicht per Lastschrift einzieht und daher der Versicherungsnehmer die Pflicht hat, sie ihm auf eigene Gefahr und Kosten zukommen zu lassen.[104] Der Versicherer ist im Falle der fehlgeschlagenen Abbuchung aber nicht verpflichtet, dem Versicherungsnehmer die Zahlungsaufforderung zukommen zu lassen. Er kann auch versuchen, den Beitrag erneut im Lastschriftverfahren einzuziehen.

63 Hat der Versicherer dem Versicherungsnehmer eine solche Zahlungsaufforderung zukommen lassen, so gilt die Zahlung noch rechtzeitig, wenn sie **„unverzüglich"** nach Zugang der Zahlungsaufforderung nachgeholt wird. Auch insoweit gilt § 121 BGB (→ Rn. 43). Zu berücksichtigen ist insoweit, dass der Versicherungsnehmer, wenn er die fehlgeschlagene Abbuchung nicht zu vertreten hat, in der Regel nicht mit einer Zahlungsaufforderung des Versicherers zu rechnen braucht. Er hat also keine Gelegenheit, sich auf die Zahlung vorzubereiten. Daher wird man hier nicht verlangen können, dass die Zahlung innerhalb von zwei bis drei Tagen erfolgen muss, sondern muss dem Versicherungsnehmer eine längere Frist zugestehen. Die Obergrenze dürfte insoweit aber bei 14 Tagen liegen, wenn keine besonderen weiteren Umstände hinzutreten.[105]

64 Voraussetzung ist, dass die Abbuchung **ohne Verschulden** des Versicherungsnehmers fehlgeschlagen ist. Als Zurechnungsgründe kommen sowohl eigenes Verschulden des Versicherungsnehmers (§ 276 BGB) als auch dasjenige seiner gesetzlichen Vertreter und Erfüllungsgehilfen (§ 278 BGB) in Betracht. Hinsichtlich des Verschuldens zu berücksichtigen, dass finanzielle Schwierigkeiten bzw. Zahlungsunfähigkeit den Versicherungsnehmer insoweit nicht entlasten. Der Versicherungsnehmer hat, wie jeder Schuldner einer Geldforderung, für seine finanzielle Leistungsfähigkeit einzustehen.[106] Scheitert der Lastschrifteinzug aufgrund einer fehlenden Deckung, so dürfte idR ein Verschulden des Versicherungsnehmers vorliegen. Das Verschulden kann aber entfallen, wenn der Versicherungsnehmer infolge einer schweren Krankheit nicht in der Lage war, am Fälligkeitsdatum für ausreichende Deckung auf seinem Konto zu sorgen.

65 Absatz 3 S. 3 regelt ausschließlich die Frage der Rechtzeitigkeit der Beitragszahlung, wenn diese bei einer unverschuldet fehlgeschlagenen Abbuchung nachgeholt wird. Nicht geregelt wird hier hingegen, unter welchen Voraussetzungen der Versicherer die Zahlung außerhalb des Lastschriftverfahrens verlangen kann. Für das generelle Abstandnehmen von dem Lastschrifteinzug ist dies in § 10 Abs. 3 S. 4 geregelt.

66 **d) Vom Versicherungsnehmer zu vertretende fehlgeschlagene Abbuchungen (Abs. 3 S. 4).** Ein für das Lastschriftverfahren erteiltes SEPA Mandat verpflichtet den Versicherer auch grundsätzlich zu dessen Gebrauch.[107] Absatz 3 S. 4 regelt, unter welchen Voraussetzungen der Versicherer generell, dh für alle zukünftigen Zahlungen, von dem Lastschriftverfahren Abstand nehmen kann. Dies ist der Fall, wenn der Beitrag wiederholt aus vom Versicherungsnehmer zu vertretenen Gründen nicht eingezogen werden kann. Die Klausel konkretisiert die Anforderungen der Rechtsprechung zur Beendigung der Lastschriftabrede. Während der

---

[104] *Stagl* in Looschelders/Pohlmann § 34 Rn. 17.

[105] OLG Hamburg VersR 1999, 1353.

[106] *Staudinger* in Langheid/Wandt § 37 Rn 18; *Knappmann* in Prölss/Martin § 37 Rn 17.

[107] Für die Einzugsermächtigung bereits BGH NJW 1978, 215; OLG Köln NJW RR 2000, 1627 (1628f.).

BGH zunächst[108] vertreten hat, Gläubiger und Schuldner könnten einseitig vom Einzug im Lastschriftverfahren grundsätzlich wieder Abstand nehmen, vertrat er später[109] die Auffassung, der Gläubiger als Zahlungsempfänger habe kein Recht, sich einseitig von dem vereinbarten Einzug im Lastschriftverfahren zu lösen. Dementsprechend wird verlangt, dass für eine Kündigung der Lastschriftabrede ein „wichtigen Grund" vorliegen muss.[110]

67 Vom Versicherungsnehmer **zu vertreten** ist die fehlgeschlagene Abbuchung insbesondere dann, wenn, obgleich die Abbuchung ordnungsgemäß angekündigt wurde, keine ausreichende Deckung auf dem Konto vorhanden war.

68 Voraussetzung ist, dass die Abbuchung **wiederholt** fehlgeschlagen ist. Es muss der Versicherer also mindestens zweimal einen Abbuchungsversuch unternehmen, bevor er vom Lastschriftverfahren Abstand nehmen kann. Etwas anderes gilt dann, wenn von vornherein feststeht, dass der Versuch, die Prämie per Lastschrift einzuziehen, zum Zeitpunkt der Fälligkeit aufgrund der fehlenden Deckung vergeblich gewesen wäre. Allerdings müssen die Anhaltspunkte für eine mangelnde Deckung so konkret sein, dass es treuwidrig wäre, sich weiterhin auf das Lastschriftverfahren zu berufen.[111]

69 Absatz. 3 S. 4 betrifft das **generelle Abstandnehmen** von dem Lastschrifteinzug, dh die Beendigung der Lastschriftabrede. Damit ist nicht ausgeschlossen, dass der Versicherer auch nach dem erstmalig fehlgeschlagenen Abbuchungsversuch dem Versicherungsnehmer eine Zahlungsaufforderung zusenden und verlangen kann, dass die rückständige Prämie außerhalb des Lastschriftverfahrens gezahlt, also an den Versicherer überwiesen wird. Die Kündigung der Lastschriftabrede ist insoweit zu unterscheiden von der Einzugsermächtigung. Scheitert der Lastschrifteinzug auf Grund vom Schuldner zu vertretender Umstände (zB mangels Deckung), gerät dieser ohne weitere Mahnung in Verzug.[112] Der Versicherer braucht also nur einen Inkassoversuch zu machen. Wird eine ordnungsgemäß eingereichte Lastschrift nicht eingelöst, wird die Lastschriftabrede für diesen Zahlungsvorgang gegenstandslos.[113] Der Versicherer kann dem Versicherungsnehmer dann eine Zahlungsaufforderung zusenden und verlangen, dass dieser die Prämien außerhalb des Lastschriftverfahrens zahlt. Die weiteren Prämien muss der Versicherer aber wieder im Lastschriftverfahren einziehen.

70 Hat der Versicherer von der Möglichkeit nach Abs. 3 S. 4 Gebrauch gemacht, bedarf es einer neuen diesbezüglichen Vereinbarung, wenn zu einem späteren Zeitpunkt wieder die Prämien per Lastschrift eingezogen werden sollen.

4. Gefahr- und Kostentragung (Abs. 4)

71 In Absatz 4 die Gefahr- und Kostentragung der Übermittlung der Prämie geregelt. Die **Verlustgefahr,** also die Gefahr des Untergangs, trägt hiernach der Versicherungsnehmer. Wird bei einer Überweisung der Betrag nicht dem Konto des

[108] BGH VersR 1977, 1153.

[109] BGH NJW 1984, 871 (872).

[110] *Häuser* WM 1991, 1 (3); aA *Ellenberger* in Schimansky/Bunte/Lwowski § 58 Rn. 190, der es ausreichend lässt, wenn die Kündigung nicht zur Unzeit erfolgt und eine angemessene Frist eingehalten wird.

[111] OLG Stuttgart BeckRS 2008, 14159.

[112] AG Ludwigsburg WM 2007, 2198.

[113] *Ellenberger* in Schimansky/Bunte/Lwowski § 48, 175.

Versicherers gutgeschrieben, tritt keine Erfüllung ein. Der Versicherungsnehmer muss im Zweifel noch einmal leisten.[114] Das Verzögerungsrisiko liegt hingegen bei dem Versicherer. Dies folgt aus Abs. 3 S. 1. Die Prämienschuld ist demnach eine Schickschuld mit der Besonderheit, dass der Versicherungsnehmer die Gefahr der Übermittlung trägt („qualifizierte Schickschuld"). Die Verteilung der Verzögerungs- und der Verlustgefahr entspricht insoweit der gesetzlichen Regelung des § 36 Abs. 1 S. 2 VVG und auch der allgemeinen zivilrechtlichen Regelung für Geldschulden in § 270 Abs. 1 BGB.

72 Für Gefahren, die aus der Sphäre des Versicherers stammen, braucht der Versicherungsnehmer nicht einzustehen, so zB für die Insolvenz der Empfängerbank oder wenn die Fehlüberweisung vom Versicherer zu vertreten ist.[115] Da bei der Zahlung mittels Lastschrift die Prämienschuld in eine Holschuld umgewandelt wird, findet die Regelung in diesem Fall keine Anwendung. Beim Lastschriftverfahren trägt der Versicherer das Verzögerungs- und das Verlustrisiko.

73 Nach Absatz 4 hat der Versicherungsnehmer auch die **Kosten der Übermittlung** des Geldbetrages zu tragen. Dies sind zB die Portokosten bei der Übersendung eines Schecks oder die Zustellkosten, nicht dagegen die beim Versicherer anfallenden Kontoführungsgebühren. Ist bei vereinbarten Lastschrifteinzug die Abbuchung aus vom Versicherungsnehmer zu vertretenen Gründen gescheitert, so kann der Versicherer dem Versicherungsnehmer die Kosten für Rücklastschrift als Schadensersatz nach § 280 Abs. 1 BGB in Rechnung stellen. Will der Versicherer direkt die Rücklastschriftgebühren zusammen mit der Prämie in einem zweiten Abbuchungsversuch einziehen, so bedarf es hierfür aber einer erneuten Vorabankündigung, da sich der einzuziehende Betrag erhöht.

5. Verrechnung mit Beitragsrückständen (Abs. 5)

74 Bei Fälligkeit einer Leistung wird diese mit den Beitragsrückständen verrechnet. Diese Regelung gibt dem Versicherer die Möglichkeit der Verrechnung. Er muss allerdings hiervon keinen Gebrauch machen. Er kann auch die Leistung ausbezahlen und die Prämie gegen den Versicherungsnehmer geltend machen.

75 Die Möglichkeit der Aufrechnung besteht grundsätzlich mit allen Leistungen des Versicherers, unabhängig davon, ob der Versicherungsnehmer selbst Anspruchsberechtigter ist oder die Leistungen einem Dritten zustehen. Dies entspricht der Regelung in § 35 VVG, die insoweit zu Gunsten des Versicherers eine Ausnahme von der in den §§ 387 ff., 406 BGB grundsätzlich erforderlichen Gegenseitigkeit enthält.[116] Allerdings muss eine Konnexität bestehen, dh die Versicherungsleistung und der Prämienanspruch müssen auf demselben Vertrag beruhen.[117]

---

[114] *Rixecker* in Römer/Langheid § 36 Rn. 1; *Karczewski* in Rüffer/Halbach/Schimikowski § 36 Rn. 1.

[115] Vgl. *Unberath* in BeckOK BGB § 270 Rn. 14.

[116] *Rixecker* in Römer/Langheid, § 35 Rn. 1; *Karczewski* in Rüffer/Halbach/Schimikowski § 35 Rn. 1.

[117] *Knappmann* in Prölss/Martin § 35 VVG Rn. 1.

IV. Darlegungs- und Beweislast

76 Der Versicherer muss die Voraussetzungen der Fälligkeit beweisen, insbesondere auch den Zeitpunkt des Zugangs des Versicherungsscheins.[118] Der Versicherungsnehmer muss die Erfüllung der Beitragsschuld beweisen.[119] Der Versicherungsnehmer muss auch beweisen, dass er die Leistungshandlung rechtzeitig vorgenommen hat; dies gilt auch dann, wenn der Versicherer die Rechte aus §§ 37 f. VVG herleiten möchte.[120]

77 Ist die Zahlung im Lastschriftverfahren vereinbart, so muss der Versicherer konkrete Anhaltspunkte dafür darlegen, dass die Abbuchungsversuche im Zeitpunkt der Fälligkeit der rückständigen Prämien vergeblich gewesen wären. Der Versicherungsnehmer muss darlegen und beweisen, dass er entsprechende Deckung auf seinem Konto bereitgestellt hatte.[121]

V. Wirksamkeit der Klausel

78 Die Klausel hat in weiten Teilen **deklaratorischen Charakter.** Eine von den gesetzlichen Bestimmungen abweichende Regelung befindet sich in Abs. 2 S. 1 hinsichtlich der Fälligkeit des Erstbeitrages. Dieser wird abweichend von §§ 33 Abs. 1, 152 Abs. 3 VVG nicht erst nach Ablauf der Widerrufsfrist, sondern **bereits mit dem Vertragsschluss fällig,** wenngleich nicht von dem vereinbarten Versicherungsbeginn. Die Regelung des § 33 Abs. 1 VVG ist nach § 42 VVG nicht als halbzwingende Vorschrift ausgestaltet, so dass insoweit eine Abweichung zum Nachteil des Versicherungsnehmers grundsätzlich möglich ist. Auch verstößt die Vorverlagerung des Fälligkeitszeitpunktes nicht gegen europarechtliche Vorgaben. Die Richtlinie über den Fernabsatz von Finanzdienstleistungen[122] verbietet eine solche Fälligkeitsvereinbarung nicht. Vielmehr überlässt es die Richtlinie dem nationalen Gesetzgeber bzw. den Parteien, die Fälligkeit der vereinbarten Leistungen zu bestimmen.[123]

79 AGB-rechtlich bestehen ebenfalls **keine durchgreifenden Bedenken** gegen diese Vorverlagerung des Fälligkeitszeitpunktes. So liegt insbesondere keine unangemessene Benachteiligung nach § 307 Abs. 2 Nr. 1 BGB vor. Diese ist im Zweifel anzunehmen, wenn eine Bestimmung mit wesentlichen Grundgedanken der gesetzlichen Regelung, von der abgewichen wird, nicht zu vereinbaren ist. Dies ist hier jedoch nicht der Fall. Aus dem Zusammenspiel von §§ 9, 33 Abs. 1 und 37 Abs. 2 VVG ergibt sich, dass während der Widerruflichkeit des Vertrags den Parteien ein nicht rückabzuwickelnder Leistungsaustausch möglich sein soll. Eine Vorverlagerung der Prämienfälligkeit abweichend von § 33 Abs. 1 VVG harmoniert daher mit dem gesetzlichen Gesamtkonzept, wenn die Prämienfälligkeit mit dem

---

[118] *Rixecker* in Römer/Langheid § 33 Rn. 12.

[119] *Rixecker* in Römer/Langheid § 36 Rn. 4.

[120] BGH VersR 1969, 368; *Staudinger* in Langheid/Wandt § 36 Rn. 27; *Römer* in Römer/Langheid, 2. Aufl. 2003, § 35 Rn. 15; aA *Stagl* in Looschelders/Pohlmann § 36 Rn. 9; *Rixecker* in Römer/Langheid § 36 Rn. 4.

[121] BGH VersR 1977, 1153 (1155).

[122] Richtlinie 2002/65/EG des europäischen Parlaments und des Rates v. 23.9.2002 über den Fernabsatz von Finanzdienstleistungen an Verbraucher und zur Änderung der RL 90/619/EWG des Rates und der Richtlinien 97/7/EG und 98/27/EG, vgl. ABl.2002 L 271, 16.

[123] *Wandt/Ganster* VersR 2007, 1034 (1038).

vereinbarten Beginn des Versicherungsschutzes Hand in Hand geht, d. h. die Vorverlagerung der Prämienfälligkeit einhergeht mit der Gewährung des Versicherungsschutzes durch den Versicherer.[124] Da der nach § 3 S. 1 maßgebliche Beginn des Versicherungsschutzes mit der Fälligkeitsregelung in § 10 Abs. 2 S. 1 in Gleichklang steht, entspricht die Fälligkeitsregelung diesem gesetzlichen Leitbild.

§ 11 Was geschieht, wenn Sie einen Beitrag nicht rechtzeitig zahlen?

Erster Beitrag oder Einmalbeitrag

(1) Wenn Sie den ersten Beitrag oder den Einmalbeitrag nicht rechtzeitig zahlen, können wir – solange die Zahlung nicht bewirkt ist – vom Vertrag zurücktreten. In diesem Fall können wir von Ihnen die Kosten für ärztliche Untersuchungen im Rahmen einer Gesundheitsprüfung verlangen. Wir sind nicht zum Rücktritt berechtigt, wenn uns nachgewiesen wird, dass Sie die nicht rechtzeitige Zahlung nicht zu vertreten haben.

(2) Ist der erste Beitrag oder der Einmalbeitrag bei Eintritt des Versicherungsfalles noch nicht gezahlt, sind wir nicht zur Leistung verpflichtet. Dies gilt nur, wenn wir Sie durch gesonderte Mitteilung in Textform *(z. B. Papierform, E-Mail)* oder durch einen auffälligen Hinweis im Versicherungsschein auf diese Rechtsfolge aufmerksam gemacht haben. Unsere Leistungspflicht bleibt jedoch bestehen, wenn Sie uns nachweisen, dass Sie das Ausbleiben der Zahlung nicht zu vertreten haben.

Folgebeitrag

(3) Zahlen Sie einen Folgebeitrag nicht rechtzeitig, können wir Ihnen auf Ihre Kosten in Textform eine Zahlungsfrist setzen. Die Zahlungsfrist muss mindestens zwei Wochen betragen.

(4) Für einen Versicherungsfall, der nach Ablauf der gesetzten Zahlungsfrist eintritt, entfällt oder vermindert sich der Versicherungsschutz, wenn Sie sich bei Eintritt des Versicherungsfalles noch mit der Zahlung in Verzug befinden. Voraussetzung ist, dass wir Sie bereits mit der Fristsetzung auf diese Rechtsfolge hingewiesen haben.

(5) Nach Ablauf der gesetzten Zahlungsfrist können wir den Vertrag ohne Einhaltung einer Kündigungsfrist kündigen, wenn Sie sich noch immer mit den Beiträgen, Zinsen oder Kosten in Verzug befinden. Voraussetzung ist, dass wir Sie bereits mit der Fristsetzung auf diese Rechtsfolge hingewiesen haben. Wir können die Kündigung bereits mit der Fristsetzung erklären. Sie wird dann automatisch mit Ablauf der Frist wirksam, wenn Sie zu diesem Zeitpunkt noch immer mit der Zahlung in Verzug sind. Auf diese Rechtsfolge müssen wir Sie ebenfalls hinweisen.

(6) Sie können den angeforderten Betrag auch dann noch nachzahlen, wenn unsere Kündigung wirksam geworden ist. Nachzahlen können Sie nur
- innerhalb eines Monats nach der Kündigung,
- oder wenn die Kündigung bereits mit der Fristsetzung verbunden worden ist, innerhalb eines Monats nach Fristablauf.

Zahlen Sie innerhalb dieses Zeitraums, wird die Kündigung unwirksam, und der Vertrag besteht fort. Für Versicherungsfälle, die zwischen dem Ablauf der Zahlungsfrist und der Zahlung eintreten, besteht kein oder nur ein verminderter Versicherungsschutz.

Übersicht

[124] *Wandt/Ganster* VersR 2007, 1034 (1039).

Schrifttum: Vgl. § 10 ARB.

I. Gesetzliche Grundlagen

1 Die gesetzlichen Regelungen zum Zahlungsverzug finden sich in §§ 37f. VVG, durch die die allgemeinen zivilrechtlichen Regelungen weitestgehend verdrängt werden. Dabei wird unterschieden zwischen dem Verzug mit der Erst- bzw. Einmalprämie (§ 37 VVG) und dem Verzug mit der Folgeprämie (§ 38 VVG). Die Regelung in § 37 VVG gewährt dem Versicherer bei Nichtzahlung des Erst- oder Einmalbeitrags einerseits ein Kündigungsrecht (§ 37 Abs. 1 VVG), andererseits folgt aus § 37 Abs. 2 VVG die Leistungsfreiheit, solange der Versicherungsnehmer mit der Zahlung des Erst- oder Einmalbeitrags in Verzug ist. Für die **Erstprämie** gilt damit immer noch das sog. **Einlösungsprinzip,** dh der Versicherungsschutz beginnt erst mit der „Einlösung des Versicherungsscheins", also der Zahlung der ersten oder einmaligen Prämie. Anders als in der Regelung in § 38 VVG aF soll der Versicherer aber nicht von der Leistungspflicht frei werden, wenn der Versicherungsnehmer die Nichtzahlung nicht zu vertreten hat. Insoweit wird das ehemals strenge Einlösungsprinzip modifiziert. Weiterhin ist nunmehr Voraussetzung für die Befreiung des Versicherers von der Leistungspflicht eine gesonderte Mitteilung unter Hinweis auf diese Rechtsfolge der Nichtzahlung. Auch ist das Rücktrittsrecht nunmehr bei schuldlosem Prämienzahlungsverzug des Versicherungsnehmers mit der Erst- oder Einmalprämie ausgeschlossen.[1] Löst sich der Versicherer nach § 37 Abs. 1 vom Versicherungsverhältnis, kann er gem. § 39 Abs. 1 S. 3 VVG eine angemessene Geschäftsgebühr beanspruchen.

2 Der Verzug mit der **Folgeprämie** ist in § 38 VVG geregelt. § 38 VVG gewährt dem Versicherer zum einen ein Kündigungsrecht, zum anderen ist er von seiner Leistungspflicht befreit, wenn der Beitragsrückstand bei Eintritt des Versicherungsfalls noch bestehen sollte. Voraussetzung hierfür ist eine Mahnung iSv § 38 Abs. 1 VVG.[2]

---

[1] Vgl. *Staudinger* in Langheid/Wandt § 37 Rn. 2.
[2] Vgl. *Staudinger* in Langheid/Wandt § 38 Rn. 3.

Die Bestimmungen zu den Rechtsfolgen bei Verzug mit der Folgeprämie sind gegenüber einer verspäteten Zahlung der Erst- oder Einmalprämie für den Versicherungsnehmer günstiger. Ein Versicherungsschutz, den der Versicherungsnehmer bereits genießt, soll ihm nur unter erschwerten, ihn in besonderer Weise warnenden Bedingungen entzogen werden können.[3]

3 Die Regelung in § 38 VVG entspricht im Wesentlichen dem § 39 VVG aF Anders als bei § 39 VVG aF kann die Mahnung nunmehr auch in Textform (§ 126b BGB) erfolgen; die Schriftform ist nicht mehr erforderlich. Prämienrückstände aus verschiedenen Versicherungsverträgen bei demselben Versicherer sind nunmehr nach § 38 Abs. 1 S. 2 VVG gesondert auszuweisen. Die Rechtsprechung hat allerdings auch zu der alten Regelung bereits eine Aufteilung des geforderten Betrages verlangt, dass der Versicherer den tatsächlichen Rückstand exakt und korrekt aufschlüsselt.[4] Insoweit wird daher nur die bisherige Rechtsprechung zu § 39 VVG kodifiziert.[5]

II. Rechtsprechung

4 Es gibt eine Vielzahl von Gerichtsentscheidungen, die sich mit der gesetzlichen Regelungen in §§ 37f. VVG befassen. Diese betreffen in erster Linie die Anforderungen an die Hinweis- und Belehrungspflichten im Rahmen der Mahnungen. Siehe hierzu im Einzelnen die Erläuterungen unter III.

III. Kommentierung der Klauselbestimmungen

5 In § 11 ist sowohl der Verzug mit der Erst- bzw. Einmalprämie als auch der Verzug mit der Folgeprämie geregelt. In § 11 sind die Regelungen des Verzugs mit dem Erst- bzw. Einmalbeitrag und des Verzugs mit der Folgeprämie in einer Vorschrift zusammengefasst: § 11 Abs. 1 und 2 enthält die Regelungen zum Verzug mit dem Erst- bzw. Einmalbeitrag, § 11 Abs. 3 bis 6 regelt den Verzug mit dem Folgebeitrag.

6 Für die **Unterscheidung zwischen Erst- und Folgeprämie** ist maßgeblich, ob es sich um die zeitlich erste Prämie oder um eine nachfolgende Prämie handelt.[6] Ist eine unterjährige Zahlungsweise vereinbart, so handelt es sich nur bei der ersten Ratenzahlung um die Erstprämie. Die folgenden Raten stellen Folgeprämien dar.[7] Dies gilt unabhängig davon, ob es sich um ein Fall der sog. „echten unterjährigen Beitragszahlung" handelt, bei der nach den Formulierungen in den Allgemeinen Versicherungsbedingungen Bemessungs-, Versicherungs- und Beitragszahlungsperiode identisch sind, oder ein Fall der „unechten unterjährigen Beitragszahlung", bei der trotz monatlicher, viertel- oder halbjährlicher Zahlungsweise die Versicherungsperiode ein Jahr beträgt.[8]

7 Die Abgrenzung zwischen Erst- und Folgeprämie kann schwierig sein, wenn **alter Vertrag durch einen neuen ersetzt** werden soll. Maßgeblich ist, ob der neue Vertrag materiell den alten nur ändert (dann keine Erstprämie) oder ob nach

---

[3] *Rixecker* in Römer/Langheid § 38 Rn. 1.

[4] BGH VersR 1992, 1501.

[5] Etwa OLG Hamm VersR 1999, 957.

[6] BGHZ 21, 122.

[7] *Beckmann* in Bruck/Möller § 37 Rn 17; *Stagl* in Looschelders/Pohlmann § 37 Rn. 3.

[8] Vgl. BGH NJW 2013, 2195 (2197).

dem Willen der Parteien ein neuer Vertrag begründet werden soll. Ist der Wille der Parteien im Rahmen einer Auslegung zu ermitteln, so sprechen ein Wechsel des Versicherungsnehmers, eine Veränderung der Prämienhöhe und der Versicherungssumme, die Vereinbarung anderer AVB, die ausdrückliche Aufhebung des alten Vertrags und eine Unterbrechung im Versicherungsschutz dafür, dass ein neuer Vertrag gewollt war.[9] Dem Umstand, dass ein neuer Versicherungsschein ausgestellt wird, kommt nur geringe Bedeutung zu.[10]

1. Rücktrittsrecht des Versicherers bei Verzug mit Erst- oder Einmalbeitrag (Abs. 1)

a) Nicht rechtzeitige Zahlung. Nach § 11 Abs. 1 S. 1 ist der Versicherer zum Rücktritt vom Vertrag berechtigt, wenn der Erst- oder Einmalbeitrag nicht rechtzeitig gezahlt wurde. Das setzt das Ausbleiben der Leistungshandlung zum Zeitpunkt der Fälligkeit voraus.[11] Die Prämie ist also dann nicht rechtzeitig gezahlt, wenn rein objektiv die Prämie bei Fälligkeit nicht entrichtet worden ist.[12] Die Fälligkeit richtet sich nach § 10 Abs. 2. Der Erst- oder Einmalbeitrag muss danach unverzüglich nach Abschluss des Vertrages gezahlt werden, jedoch nicht vor dem vereinbarten Versicherungsbeginn. **8**

Maßgeblich ist nach § 10 Abs. 3 S. 1 insoweit, ob der Versicherungsnehmer am Fälligkeitstag das **für die Zahlung erforderliche** getan hat. Es muss also keine Erfüllung eingetreten sein, sondern der Versicherungsnehmer muss die Leistungshandlung vollendet haben. Das Verzögerungsrisiko trägt der Versicherer. Bei einer Überweisung genügt es, wenn der Versicherungsnehmer die Zahlung durch Einwurf des Überweisungsträgers oder durch Eingabe des Überweisungsauftrages im Online-Banking auf den Weg gebracht hat. Bei Zahlung im Lastschriftverfahren wird in § 10 Abs. 3 S. 2 und 3 weiter konkretisiert, wann die Zahlung als rechtzeitig gilt. So muss er zum Zeitpunkt der Fälligkeit für ausreichend Deckung auf dem Konto gesorgt und darf einer berechtigten Einziehung nicht widersprochen haben (zu den Einzelheiten → § 10 Rn. 49ff.). **9**

Da an die nicht rechtzeitige Zahlung der Erstprämie weitreichende Folgen geknüpft werden, wird verlangt, dass der Versicherer dem Versicherungsnehmer zuvor eine inhaltlich präzise **Erstprämienanforderung** zukommen lässt.[13] Eine solche Erstprämienanforderung liegt nur dann vor, wenn diese eine genaue Information über den als Erstprämie zu entrichtenden Betrag enthält. Dieser muss genau beziffert werden. Bereits geringfügige Mehrforderungen führen zur Unwirksamkeit der Zahlungsaufforderung.[14] **10**

Haben die Parteien den **Lastschrifteinzug** vereinbart (zum SEPA-Lastschriftverfahren → § 10 Rn. 18ff.), so bedarf es nicht nur einer vorherigen Ankündigung der Lastschrifteinreichung (Vorabankündigung, Englisch „Pre-Notification"), sondern die Lastschrift, mit der unter Hinweis auf eine erteilte Einzugsermächtigung **11**

---

[9] OLG Köln VersR 2002, 1225.

[10] Vgl. BGH r+s 1989, 22.

[11] *Rixecker* in Römer/Langheid § 37 Rn. 6.

[12] BGH VersR 1977, 1153 (1154).

[13] *Hahn* in Beckmann/Matusche-Beckmann § 12 Rn. 45; *Karczewski* in Rüffer/Halbach/Schimikowski § 37 Rn. 7; *Rixecker* in Römer/Langheid § 37 Rn 7; *Beckmann* in Bruck/Möller § 37 Rn 25.

[14] BGH VersR 1985, 447.

die Erstprämie eingezogen wird, muss auch inhaltlich einer Erstprämienanforderung entsprechen.[15] Da der Widerspruch gegen die Abbuchung nur in der gesamten Höhe der ausgeführten Buchung möglich ist, besteht die vertragliche Nebenpflicht des Versicherers, für jede Versicherungssparte die jeweils fällige Einzelprämie in einem eigenen Lastschriftbeleg anzufordern. Dabei muss die angeforderte Erstprämie als solche gekennzeichnet sein.[16]

12 Die Prämie muss vollständig gezahlt worden sein. Ist die Prämie nicht vollständig gezahlt, so führt dies grundsätzlich dazu, dass die Prämie insgesamt als nicht rechtzeitig gezahlt zu werten ist. Der Verzug mit **geringfügigen Prämienrückständen** hindert den Versicherer auch unter dem Gesichtspunkt von Treu und Glauben (§ 242 BGB) grundsätzlich nicht, die gesetzlich vorgesehenen Rechtsfolgen gegen den Versicherungsnehmer geltend zu machen. Hat der Versicherungsnehmer bewusst und gewollt eine Prämienanforderung nicht vollständig erfüllt, so bleibt für die Billigkeitserwägung, der nicht beglichene Prämienrest sei verhältnismäßig geringfügig, grundsätzlich kein Raum.[17] Allenfalls in Ausnahmefällen kann es dem Versicherer bei (absolut und relativ) nur geringfügigen Zahlungsrückständen aus dem Gesichtspunkt von Treu und Glauben nach § 242 BGB verwehrt sein, sich auf eine Nichtzahlung der Prämie zu berufen.[18] Zu berücksichtigen ist dabei, dass die häufige Rückständigkeit mit Prämienzahlungen zu hohen Verwaltungskosten beim Versicherer führt. Daher können allenfalls völlig vernachlässigbare Prämienrückstände dazu führen, dass der Rücktritt unter dem Gesichtspunkt von Treu und Glauben verwehrt ist.[19]

13 Das Rücktrittsrecht besteht nur, solange der Erst- oder Einmalbetrag nicht gezahlt wurde. Sobald die Prämie gezahlt wurde, ist der Rücktritt ausgeschlossen.[20]

14 **b) Erklärung des Rücktritts.** Der Rücktritt muss erklärt werden. Mit dem Rücktritt wandelt sich der Vertrag in ein Rückgewährschuldverhältnis.[21] Die Zahlungspflicht des Versicherungsnehmers erlischt. Nach § 38 Abs. 1 S. 1 VVG aF galt es als Rücktritt, wenn der Versicherer nicht innerhalb von drei Monaten ab Fälligkeit die Prämie gerichtlich geltend macht. Teilweise wird – unter Berufung auf § 242 BGB – vertreten, dass diese **Rücktrittsfiktion** noch immer gelten soll.[22] Nach dieser Ansicht soll es unbillig sein, wenn der Versicherer auf der einen Seite seinen Prämienanspruch akkumuliert, auf der anderen Seite aber nach § 37 Abs. 2 VVG im Schadensfall von der Leistung frei ist. Diese Ansicht verkennt, dass es der Versicherungsnehmer ist, der sich nicht vertragstreu verhält, wenn er die geschuldete Prämie nicht zahlt. Es ist dem Versicherungsnehmer ohne weiteres möglich, durch Zahlung des rückständigen Beitrages wieder den Versicherungsschutz zu erlangen. Hinzu kommt, dass der Gesetzgeber im Rahmen der VVG-Reform gerade nicht mehr an der bestehen Regelung festhalten wollte. Der Versicherer ist somit nicht verpflichtet, von seinem Rücktrittsrecht Gebrauch zu machen. Er kann auch den Versicherungsvertrag weiter bestehen lassen und die Prämien geltend machen, ohne sich von dem den Vertrag zu lösen.

---

[15] BGH VersR 1985, 447.
[16] BGH VersR 1985, 447.
[17] BGH NJW-RR 1988, 1431.
[18] *Stagl* in Looschelders/Pohlmann § 37 Rn 9; *Knappmann* in Prölss/Martin § 37 Rn 13.
[19] *Beckmann* in Bruck/Möller § 37 Rn. 34.
[20] *Steinbeck/Terno* in Terbille/Höra § 2 Rn. 190.
[21] *Beckmann* in Bruck/Möller § 37 Rn. 51.
[22] *Stagl* in Looschelders/Pohlmann § 37 Rn 16.

15 Die Rücktrittserklärung kann formfrei gegenüber dem Versicherungsnehmer erfolgen.[23] Bei mehreren Versicherungsnehmern muss gegenüber jedem einzelnen der Rücktritt erklärt werden.[24] Sie kann auch mit dem Setzen einer Zahlungsfrist verbunden werden. Das Verbot bedingungsfeindlicher Gestaltungserklärungen steht dem nicht entgegenstehen, weil der Versicherungsnehmer es in der Hand hat, ob er fristgerecht zahlt oder nicht. Der Rücktritt bei Nichtzahlung der Erstprämie hat *ex nunc*-Wirkung.[25] Die Leistungspflicht für bereits eingetretene Versicherungsfälle bleibt also bestehen, soweit nicht Leistungsfreiheit nach § 11 Abs. 2 besteht.

16 **c) Vertretenmüssen.** Der Versicherer ist nicht zum Rücktritt berechtigt, wenn der Versicherungsnehmer die nicht rechtzeitige Zahlung nicht zu vertreten hat (§ 11 Abs. 1 S. 3). Es gilt der gesetzliche Haftungsmaßstab des § 276 BGB. Maßgeblich ist insoweit, wie sich ein ordentlicher und gewissenhafter Versicherungsnehmer in der konkreten Situation verhalten hätte. Der Versicherungsnehmer hat die nicht rechtzeitige Zahlung zu vertreten, wenn dieser ein solcher in der konkreten Situation in der Lage gewesen wäre, seine Zahlungspflicht einzuschätzen und den missbilligten Erfolg durch Zahlung zu verhindern.[26] Finanzielle Schwierigkeiten bzw. Zahlungsunfähigkeit entlasten den Versicherungsnehmer insoweit aber grundsätzlich nicht. Der Versicherungsnehmer hat, wie jeder Schuldner einer Geldforderung, für seine finanzielle Leistungsfähigkeit einzustehen.[27]

17 Ein Verschulden kann beispielsweise fehlen, wenn der Versicherer dem Versicherungsnehmer unklare oder widersprüchliche Rechnungen bzw. Zahlungsaufforderungen zugesandt hat.[28] Auch kann eine schwere Erkrankung, die den Versicherungsnehmer daran hindert, die Zahlung vorzunehmen, zu einer Exkulpation führen.[29] Eine längere Ortsabwesenheit dürfte hingegen in aller Regel nicht dazu führen, dass das Verschulden zu verneinen ist. Liegt der Vertragsabschluss nicht allzu lange zurück, muss der Versicherungsnehmer mit einer Zahlungsaufforderung rechnen.[30]

18 **d) Kostenerstattung für Gesundheitsprüfung.** Nach Abs. 1 S. 2 kann im Falle des Rücktritts der Versicherer die Kosten für die ärztliche Gesundheitsprüfung ersetzt verlangen. Die Regelung trägt dem Umstand Rechnung, dass bereits im Rahmen der Antragsprüfung Kosten für ärztliche Gesundheitsprüfungen anfallen können. Nach allgemeinen Grundsätze müsste der Versicherer diese Kosten übernehmen.[31] Die Regelung bestimmt, dass der Versicherer diese Kosten von dem Versicherungsnehmer ersetzt verlangen kann.

19 Für die Vereinbarung der ärztlichen Untersuchung ist § 151 VVG maßgeblich. Danach kann durch die Vereinbarung ein Recht des Versicherers, die Vornahme der Untersuchung zu verlangen, nicht begründet werden. Der Versicherer kann aus der Vereinbarung einer solchen Untersuchung gegenüber dem Versicherungsnehmer keinen Anspruch auf ihre Durchführung erlangen. Unterbleibt aber die zu-

---

[23] *Staudinger* in Langheid/Wandt § 37 Rn 26.
[24] Vgl. BGH VersR 2014, 229 zur Mahnung nach § 38 VVG.
[25] *Staudinger* in Langheid/Wandt § 37 Rn 27.
[26] *Steinbeck/Terno* in Terbille/Höra § 2 Rn 195.
[27] *Staudinger* in Langheid/Wandt § 37 Rn 18; *Knappmann* in Prölss/Martin § 37 Rn 17.
[28] *Staudinger* in Langheid/Wandt § 37 Rn 20.
[29] *Steinbeck/Terno* in Terbille/Höra § 2 Rn 195.
[30] *Beckmann* in Bruck/Möller § 37 Rn. 44.
[31] *Reiff/Schneider* in Prölss/Martin ALB 2008 § 8 Rn. 3.

nächst vereinbarte Untersuchung, so ist der Versicherer berechtigt, den Vertrag nicht oder nur zu abweichenden Bedingungen (insbes. Vereinbarung von Risikoausschlüsse) zu schließen.[32] Bei reinen Rentenversicherungen hat die Regelung in § 11 Abs. 1 S. 2 allerdings keine große praktische Relevanz, da diese in aller Regel ohne Gesundheitsprüfung geschlossen werden.

2. Leistungsfreiheit des Versicherers bei Verzug mit Erstbeitrag (Abs. 2)

20 Nach § 11 Abs. 2 S. 1 ist der Versicherer nicht zur Leistung verpflichtet, wenn bei Eintritt des Versicherungsfalls der Erst- oder Einmalbeitrag noch nicht gezahlt ist. Die Regelung entspricht § 37 Abs. 2 VVG. Vor Zahlung besteht kein Versicherungsschutz. Voraussetzung ist, dass der Versicherer den VN über diese Rechtsfolge belehrt hat (§ 11 Abs. 2 S. 2) und der VN die Nichtzahlung nicht zu vertreten hat (§ 11 Abs. 2 S. 3). Insoweit entspricht die Regelung der gesetzlichen Regelung des § 37 Abs. 2 VVG.

21 **a) Leistungsfreiheit.** Die Regelung in § 11 Abs. 2 S. 1 beinhaltet (eingeschränkt durch § 11 Abs. 2 S. 2 und 3) das sog. **Einlösungsprinzip.** Erst mit Zahlung der Erstprämie soll der Versicherungsschutz beginnen. Die Leistungsfreiheit gilt für Versicherungsfälle, die während des Verzugs eintreten. Zahlt der Versicherungsnehmer die Prämie und wird dadurch der Verzug beseitigt, so lebt die Leistungspflicht des Versicherers wieder auf. Der Versicherer ist für Versicherungsfälle, die nach der Zahlung eintreten, wieder einstandspflichtig.

22 Liegt ein Fall der **Rückwärtsversicherung** vor, so findet § 11 Abs. 2 keine Anwendung. Dies folgt aus § 2 Abs. 2 VVG, der für den Fall der Rückwärtsversicherung die Anwendung des § 37 Abs. 2 VVG ausschließt. Dieses gilt allerdings nur für die reine Rückwärtsversicherung. Im Fall des (regelmäßigen) Vorliegens einer kombinierten Vorwärts- und Rückwärtsversicherung ist hingegen das Eingreifen der Regelung des § 37 Abs. 2 für die Vorwärtsversicherung nicht ausgeschlossen.[33] In einem solchen Fall wird der Versicherer unter den Voraussetzungen des § 11 Abs. 2 S. 2 von der Leistung frei, wenn der Versicherungsnehmer den vereinbarten Erstbeitrag bei Fälligkeit, also unverzüglich nach dem formellen Vertragsschluss, nicht rechtzeitig zahlt.[34]

23 **b) Hinweispflicht.** Voraussetzung für die Leistungsfreiheit ist nach § 11 Abs. 2 S. 2, der insoweit 37 Abs. 2 S. 2 VVG entspricht, dass der Versicherer den Versicherungsnehmer auf diese Rechtsfolge formgerecht hingewiesen hat.

aa) Form der Belehrung. Die Belehrung muss entweder durch gesonderte Mitteilung in Textform oder durch einen auffälligen Hinweis im Versicherungsschein erfolgen. Wegen des erforderlichen Warnzwecks reicht weder ein Hinweis im Versicherungsantrag noch ein Hinweis im späteren Rücktrittsschreiben.[35]

24 Erfolgt die Belehrung **im Versicherungsschein,** so muss diese – zur Erfüllung der Warnfunktion – drucktechnisch deutlich gestaltet sein. Der Versicherungsneh-

---

[32] *Schneider* in Prölss/Martin § 151 Rn. 5.

[33] *Wandt/Ganster* VersR 2007, 1034 (1039); *Muschner* in Langheid/Wandt § 2 Rn. 69.

[34] Vgl. *Rixecker* in Römer/Langheid § 37 Rn. 13. *Karczewski* in Rüffer/Halbach/Schimikowski § 37 Rn. 17f.; *Knappmann* in Prölss/Martin § 37 Rn. 20.

[35] *Karczewski* in Rüffer/Halbach/Schimikowski § 37 Rn. 21.

mer muss die besondere Bedeutung des Hinweises ohne weiteres erkennen können. Hierfür ist ein drucktechnisch (durch Fettdruck, Unterstreichung etc) hervorgehobener Hinweis erforderlich. Der Warnfunktion ist Rechnung getragen, wenn die Belehrung bereits auf der Vorderseite des Versicherungsscheins erfolgt oder dort ein hervorgehobener Hinweis auf eine spätere Belehrung auf den Folgeseiten enthalten ist.[36] Es dürfen insoweit keine überzogenen Anforderungen an die Belehrungspflicht gestellt werden. Der Versicherungsnehmer muss sich mit dem Inhalt des Versicherungsscheins vertraut machen. Es genügt daher auch, wenn die Belehrung sich auf den Folgeseiten im Versicherungsschein befindet, solange dieser optisch ausreichend hervorgehoben ist und sich von den übrigen Textpassagen hinreichend abhebt.[37]

25 Erfolgt die Belehrung nicht im Versicherungsschein, so wird eine **gesonderte Mitteilung** in Textform verlangt. Die Textform richtet sich nach § 126b BGB. Exemplarisch werden hierfür die Papierform und die E-Mail genannt. Es sind aber auch andere Medien denkbar, solange die Textform gewahrt ist (zB Fax). Das Erfordernis der gesonderten Mitteilung verlangt nicht, dass es sich um ein physikalisch von sonstigen Informationen getrenntes Schriftstück handelt.[38] Die Belehrung kann daher auch beispielsweise in dem Policenanschreiben oder in der Beitragsrechnung erfolgen. Erfolgt die Belehrung jedoch zusammen mit der Erteilung von sonstigen Informationen, muss die Belehrung abgesetzt sein und denselben Anforderungen genügen, die für die Belehrung im Versicherungsschein gelten.[39] Entscheidend ist insoweit, dass die Warnfunktion[40] hinreichend erfüllt ist. Die Belehrung muss geeignet sein, die dem VN im Falle des Zahlungsverzugs drohenden Konsequenzen hinreichend deutlich vor Augen zu führen.

26 **bb) Inhalt der Belehrung.** Auch an die inhaltlichen Anforderungen an die Belehrung werden recht strenge Anforderungen gestellt. Die Belehrung soll **umfassend, inhaltlich richtig und vollständig** erfolgen.[41] Die Belehrung darf dabei nicht verwirrend oder irreführend sein.[42] Zu weitgehend ist allerdings die Ansicht, dass eine – an sich ordnungsgemäße – Belehrung bereits deshalb unwirksam ist, weil sie im Widerspruch zu anderen Mitteilung steht, etwa weil in der Belehrung in dem Versicherungsschein dem Versicherungsnehmer eine längere Frist zur Zahlung des Beitrags eingeräumt wird als in dem Policenanschreiben.[43] Zwar ist richtig, dass der Versicherungsnehmer bei widersprüchlichen Angaben nicht mit hinreichender Sicherheit feststellen kann, welche Frist für ihn maßgeblich ist. Er muss aber jedenfalls die längere Frist gegen sich gelten lassen. Im Einzelnen muss die Belehrung die folgenden Elemente enthalten:

27 Aus der Belehrung muss hervorgehen, **bis wann welcher Betrag** gezahlt werden muss, um den Versicherungsschutz zu erhalten.[44] Es genügt nicht, wenn le-

---

[36] OLG Naumburg VersR 2012, 973 (974); LG Dortmund BeckRS 2011, 06680; *Rixecker* in Römer/Langheid § 37 Rn 15.

[37] OLG Naumburg VersR 2012, 973 (974), Fn 16; aA LG Bremen, VersR 1995, 287.

[38] BGH NJW 2013, 873 (zur Belehrung nach § 28 Abs. 4 VVG); *Rixecker* in Römer/Langheid § 37 Rn. 15; aA *Staudinger* in Langheid/Wandt § 37 Rn 30.

[39] *Rixecker* in Römer/Langheid § 37 Rn 15.

[40] Vgl. BT-Drs 16/3945, 71.

[41] *Rixecker* in Römer/Langheid § 37 Rn 16.

[42] OLG Düsseldorf NJW-RR 1993, 411

[43] LG Dortmund Beck RS 2011, 06680; *Rixecker* in Römer/Langheid § 37 Rn. 16.

[44] *Karczewski* in Rüffer/Halbach/Schimikowski § 37 Rn. 22.

diglich von „rechtzeitiger Zahlung" die Rede ist.[45] Die Erstprämie darf nicht mit den Folgeprämien vermischt werden, so dass ein falscher Eindruck hinsichtlich der Höhe der Erstprämie entsteht.[46] Bei Vereinbarung des Prämieneinzugs im Lastschriftverfahren ist darauf hinzuweisen, dass er im Fälligkeitszeitpunkt für ausreichende Deckung auf dem Konto zu sorgen hat.[47] Es sollte auch der Hinweis aufgenommen, dass der Versicherungsschutz entfällt, wenn einer berechtigten Abbuchung widersprochen wird.

28 Es müssen die **Rechtsfolgen verspäteter Erstprämienzahlung** angegeben werden, dh es muss ein Hinweis auf die Leistungsfreiheit bei Nichtzahlung des Erst- oder Einmalbeitrags erfolgen. Dabei muss darauf hingewiesen werden, dass die nachteiligen Rechtsfolgen nur bei verschuldeter verspäteter Zahlung eintreten und der Versicherungsnehmer bei unverschuldeter Verspätung die Möglichkeit hat, sich durch Nachzahlung der Erstprämie den Versicherungsschutz zu erhalten.[48] Eine Belehrung, die sich am Wortlaut des § 37 Abs. 2 S. 1 VVG orientiert („Dies gilt nicht, wenn Sie die Nichtzahlung nicht zu vertreten haben"), genügt daher nicht. Andererseits dürfen auch keine überzogenen Anforderungen gestellt werden.

29 Die Belehrung muss sich nur auf die Leistungsfreiheit nach § 37 Abs. 2 S. 1 VVG beziehen. Über die Möglichkeit des Rücktritts muss nicht belehrt werden, wie sich aus der eindeutigen Bezugnahme in § 37 Abs. 2 S. 2 VVG auf die Leistungsfreiheit nach § 37 Abs. 2 S. 1 VVG ergibt.[49]

30 **c) Vertretenmüssen.** Die Leistungsfreiheit des Versicherers tritt nicht ein, wenn der Versicherungsnehmer die Nichtzahlung nicht zu vertreten hat. Insoweit gilt grds. das zu § 11 Abs. 1 S. 3 Gesagte (→ Rn. 15f.). Während es bei § 11 Abs. 1 S. 3 darauf ankommt, ob der Versicherungsnehmer die „nicht rechtzeitige" Zahlung zu vertreten hat, kommt es bei zu § 11 Abs. 2 S. 3 darauf an, ob „das Ausbleiben" der Zahlung, also die Nichtzahlung, vom Versicherungsnehmer zu vertreten ist. Diese Unterscheidung ist dem Umstand geschuldet, dass der Rücktritt erst möglich sein soll, wenn der Versicherungsnehmer die Prämie nicht rechtzeitig, dh bei Fälligkeit nicht gezahlt hat, es hingegen bei der Leistungsfreiheit nach § 11 Abs. 2 nur auf die Nichtzahlung bei Eintritt des Versicherungsfalls ankommt (Einlösungsprinzip). Allerdings kann es auch im Rahmen des § 11 Abs. 2 auf die Rechtzeitigkeit der Prämienzahlung ankommen, wenn der vereinbarte materielle Versicherungsbeginn vor dem Fälligkeitsstichtag liegt. Dies ist insbesondere bei der kombinierten Vorwärts- und Rückwärtsversicherung der Fall (→ Rn. 18).

3. Fristsetzung bei Verzug mit Folgebeitrag (Abs. 3)

31 Zahlt der Versicherungsnehmer einen Folgebeitrag nicht rechtzeitig, kann der Versicherer ihm auf dessen Kosten eine Zahlungsfrist setzen. Die Regelung in Absatz 3 entspricht der Regelung in § 38 Abs. 1 S. 1 VVG. An diese Aufforderung werden im Vergleich zu den Vorschriften im BGB über die Begründung des Zahlungsverzugs spezielle Anforderungen gestellt (daher **„qualifizierte Mahnung"**).

---

[45] LG Dortmund BeckRS 2011, 22898.
[46] OLG Hamm VersR 1995, 1085.
[47] OLG Celle NJW-RR 1986, 1359 (1360).
[48] BGH VersR 2006, 913.
[49] *Knappmann* in Prölss/Martin § 37 Rn. 16; aA *Gitzel* VersR 2007, 322.

Das ordnungsgemäße Setzen der Zahlungsfrist ist Voraussetzung dafür, dass der Versicherer die Rechte aus Abs. 4 und 5 geltend machen kann.[50]

32 Erforderlich ist zunächst, dass der Versicherer in der Mahnung bereits auf diese **Rechtsfolgen** hinweist, die ein fruchtloser Fristablauf auslösen kann. Der Versicherungsnehmer ist insoweit unmissverständlich und umfassend über die ihm drohenden Säumnisfolgen zu belehren.[51] Diese soll den Versicherungsnehmer in den Stand versetzen, ohne Zeitverlust, der bei Zweifeln über die Rechtslage entstehen kann, tätig zu werden, um sich den Versicherungsschutz zu erhalten.[52] Der Versicherungsnehmer ist dabei nicht nur über einzelne, sondern über sämtliche Rechtsfolgen einer Versäumung der Zahlungsfrist zu belehren.[53] Entsprechend sehen Abs. 4 S. 2 und Abs. 5 S. 2 vor, dass der Versicherungsnehmer über den Wegfall des Versicherungsschutzes während des Verzuges und die Möglichkeit des Kündigungsrechts zu informieren ist. Aus der Belehrung muss hervorgehen, dass die Leistungsfreiheit bzw. Verringerung der Leistungen nur bei Verzug eintritt, also Verschulden des Versicherungsnehmers voraussetzt. Dementsprechend ist ein Versicherungsnehmer nur dann zur Wahrung seiner Rechte ausreichend informiert, wenn er auch weiß, dass er bei unverschuldeter Versäumung der Zahlungsfrist selbst durch nachträgliche Zahlung den Versicherungsschutz auch für die Vergangenheit erhalten kann.[54]

33 Der Versicherungsnehmer muss weiterhin über die **Möglichkeiten** belehrt werden, **die negativen Säumnisfolgen abzuwenden.** Nur dann, wenn dem Versicherungsnehmer eine unmissverständliche und umfassende Belehrung über die ihm drohenden Säumnisfolgen und die ihm zu ihrer Abwendung offen stehenden rechtlichen Möglichkeiten, ihnen zu begegnen und sich den Versicherungsschutz zu erhalten, zuteil geworden ist, liegt eine ordnungsgemäße Mahnung vor.[55] Hinsichtlich der für ihn bestehenden Möglichkeiten muss der Versicherungsnehmer darauf hingewiesen werden, dass er auch nach Ablauf der gesetzten Frist von zwei Wochen bis zum Eintritt des Versicherungsfalls sich durch nachträgliche Zahlung Versicherungsschutz sichern kann. Es muss auch darauf hingewiesen werden, dass er weiter nach Ablauf der Frist von zwei Wochen durch Zahlung dem Versicherer, solange dieser eine Kündigung nicht ausgesprochen hat, das Kündigungsrecht nehmen kann.[56] Entsprechend sieht Abs. 5 Satz 4 vor, dass der Versicherer den Versicherungsnehmer darauf hinweisen muss, dass trotz durch Zahlung des säumigen Beitrags die Möglichkeit besteht, die Wirkung einer ausgesprochenen Kündigung außer Kraft zu setzen.

34 Die Kündigung wegen Zahlungsverzugs ist gem. § 11 Abs. 6 bzw. § 38 Abs. 3 Satz 3 VVG auflösend bedingt durch die Leistung der rückständigen Prämie innerhalb eines Monats nach der Kündigung. In der Belehrung muss daher auch darüber informiert werden, dass auch nach Wirksamwerden der Kündigung bei späterer Zahlung innerhalb eines Monats nach Kündigung oder nach Ablauf einer mit der Kündigung verbundenen Zahlungsfrist der Versicherungsschutz für künftige Versi-

---

[50] Vgl. *Rixecker* in Römer/Langheid § 38 Rn. 2.

[51] Vgl. *Staudinger* in Langheid/Wandt § 38 Rn. 7.

[52] BGH VersR 1992, 1501.

[53] BGH r+s 2000, 52; VersR 1988, 484.

[54] OLG Köln r+s 2001, 447 (448); OLG Hamm r+s 1998, 489; OLG Schleswig r+s 1992, 112.

[55] BGH VersR 1988, 484.

[56] BGH VersR 1988, 484; OLG Köln r+s 2001, 447.

cherungsfälle zurück gewonnen werden kann.[57] Auch wenn Absatz 6 nicht wie Abs. 4 S. 2, Abs. 5 S. 2 und Abs. 5 S. 4 einen entsprechenden Hinweis auf die Informationspflicht enthält, ist eine diesbezügliche Belehrung geboten.

35 Die ordnungsgemäße Belehrung ist **formelle Wirksamkeitsvoraussetzung** der Mahnung und führt bei Fehlern ohne Einschränkungen zur Unwirksamkeit. Auf die Kausalität der fehlerhaften Belehrung für die Nichtzahlung der Folgeprämie kommt es nicht an.[58]

36 Die Fristsetzung darf erst erfolgen, wenn der Versicherungsnehmer den Folgebeitrag nicht rechtzeitig gezahlt hat. Ob eine rechtzeitige Zahlung vorliegt, richtet sich nach § 10 Abs. 3. Der Versicherungsnehmer muss alles getan haben, damit der Beitrag bei Versicherer eingeht (→ § 10 Rn. 52ff.). Hat der Versicherungsnehmer eine **Lastschriftermächtigung** erteilt, gilt die Zahlung als rechtzeitig, wenn der Beitrag am Fälligkeitstag eingezogen werden konnte und der Versicherungsnehmer einer berechtigten Einziehung nicht widersprochen hat (→ § 10 Rn. 55ff.). Will der Versicherer von dem vereinbarten Lastschriftverfahren Abstand nehmen und Zahlung außerhalb des Lastschriftverfahrens verlangen, so bedarf es einer entsprechenden unmissverständlichen Erklärung des Versicherers. Dis muss also in der Mahnung ausdrücklich angesprochen werden. Bis dahin behält er die Verantwortung für die Rechtzeitigkeit der Prämienübermittlung.[59]

37 Die Zahlungsfrist muss **mindestens zwei Wochen** ab Zugang des Mahnschreibens betragen. Maßgeblich ist insoweit die Leistungshandlung, nicht die Erfüllung der Schuld. Belehrt der Versicherer im Rahmen der qualifizierten Mahnung den Versicherungsnehmer dahin gehend, dass es für die Rechtzeitigkeit der Zahlung auf den Zeitpunkt ankomme, in welchem die Forderung „beglichen" werde, ist die Belehrung daher falsch.[60] Der Versicherer kann die Frist abstrakt bezeichnen, er muss also nicht ein konkretes Datum benennen.[61] Die Fristberechnung erfolgt nach den §§ 187 Abs. 1, 188 Abs. 2, 193 BGB.[62] Eine Zahlungsfrist von genau zwei Wochen ist ausreichend. Daher genügt es, wenn der Versicherungsnehmer in dem Mahnschreiben aufgefordert wird, den rückständigen Betrag „innerhalb" von zwei Wochen zu bezahlen. Die gegenteilige Auffassung[63] überzeugt insoweit nicht. Aus der Verwendung des Wortes „mindestens" kann nicht abgeleitet werden, dass auch eine Zahlung, die am 15. Tag nach Zugang der Mahnung erfolgt, noch rechtzeitig ist.[64]

38 Die Mahnung muss **in Textform** iSd § 126b BGB erfolgen. Denkbar ist daher auch eine Mahnung per E-Mail oder das Einstellen des Mahnschreibens in geschlossene Kundenbereiche auf den Internet-Seiten des Versicherers. Voraussetzung ist aber, dass der Versicherungsnehmer sich mit diesem Verfahren einverstanden erklärt hat. Ansonsten fehlt es an dem erforderlichen Zugang der Erklärung.

39 Die Mahnung muss die rückständigen Beträge der Prämie, die Zinsen und die Kosten **exakt einzelnen beziffern.**[65] Dies folgt aus § 38 Abs. 1 S. 2 VVG. Die Regelung des § 38 Abs. 1 S. 2 VVG ist zwar nicht in § 11 Abs. 3 wiedergegeben, aber

---

[57] BGH VersR 1988, 484.
[58] OLG Köln r+s 2001, 447.
[59] OLG Oldenburg VersR 2000, 617.
[60] OLG Oldenburg VersR 2002, 555
[61] AG Flensburg VersR 2003, 988.
[62] *Rixecker* in Römer/Langheid § 38 Rn. 3.
[63] OLG München, VersR 2000, 1094.
[64] Ebenso *Reinhard* VersR 2000, 1095.
[65] Vgl. *Staudinger* in Langheid/Wandt § 38 Rn. 5.

als halbzwingende Norm (vgl. § 42 VVG) dennoch vom Versicherer zu beachten. Die Belehrung muss inhaltlich vollständig und rechtlich zutreffend sein. Sie soll den Versicherungsnehmer in die Lage versetzen, ohne Zeitverlust, der bei Zweifeln über die Rechtslage entstehen kann, tätig zu werden, um sich den Versicherungsschutz zu erhalten. Auch nur geringfügige Zuvielforderungen machen die Mahnung und die an sie geknüpfte Kündigung unwirksam.[66]

40 **Adressat** der Mahnung ist der Versicherungsnehmer, auch wenn die Beitragszahlung durch Dritte erfolgt. Die Mahnung muss dem Versicherungsnehmer zugehen. Bei Einwurf in Hausbriefkasten oder Postschließfach geht das Schriftstück zu dem Zeitpunkt zu, zu dem üblicherweise mit Leerung gerechnet werden kann. Die Abwesenheit oder Krankheit des Empfängers verhindern einen Zugang nicht.[67] Erfolgt die Mahnung per E-Mail muss, diese auf dem Posteingangsserver des Versicherungsnehmers abrufbar gespeichert sein.[68] Eine Zugangsfiktion besteht nach § 13 VVG, wenn die Mahnung mittels Einschreibens an die letzte dem Versicherer bekannte Anschrift des Versicherungsnehmers gesandt wird; die Erklärung gilt dann drei Tage nach der Absendung des Briefes als zugegangen. Bei einer Mehrheit von Versicherungsnehmern, auch wenn diese unter derselben Anschrift wohnhaft sind, muss die Mahnung durch gesonderte schriftliche Mitteilung gegenüber jedem Versicherungsnehmer erfolgen.[69]

4. Leistungsfreiheit oder -minderung bei Verzug mit Folgebeitrag (Abs. 4)

41 Nach § 10 Abs. 4 S. 1 **„entfällt oder vermindert"** sich der Versicherungsschutz für Versicherungsfälle, die nach Ablauf der nach Absatz 3 gesetzten Zahlungsfrist eintreten. Damit wird Bezug genommen auf die Regelung des § 166 Abs. 2 VVG. Abweichend von § 38 Abs. 2 VVG bleibt danach im Fall des Verzugs der Versicherer zu der Leistung verpflichtet, die er erbringen müsste, wenn sich mit dem Eintritt des Versicherungsfalles die Versicherung in eine prämienfreie Versicherung umgewandelt hätte.

42 Es findet **keine automatische Umwandlung** in eine beitragsfreie Versicherung statt, solange der Versicherer die Kündigung noch nicht ausgesprochen hat.[70] Vielmehr wird diese durch § 166 Abs. 2 VVG nur fingiert. Solange der Vertrag noch nicht gekündigt ist, hat es der Versicherungsnehmer allein in der Hand, den Versicherungsschutz durch Leistung der rückständigen Beiträge für die Zukunft wiederherzustellen. In der Praxis wird aber zumeist die Fristsetzung nach § 10 Abs. 3 mit der Kündigung verbunden, vgl. § 10 Abs. 5 S. 3.

43 Der Versicherer hat nach § 10 Abs. 4 S. 2 über die eintretenden **Rechtsfolgen zu informieren.** Dies entspricht der Regelung in § 38 Abs. 1 S. 2 VVG. Dies beinhaltet auch den Hinweis auf die Reduzierung der Versicherungsleistung gem. §§ 38 Abs. 2, 166 Abs. 2 VVG. Der Versicherungsnehmer ist also darüber zu informieren, dass nur noch in dem Umfang die Leistungspflicht besteht, wie sie bestünde, wenn sich die Versicherung in eine prämienfreie Versicherung umgewan-

---

66 BGH VersR 1992, 1501.
67 *Knappmann* in Prölss/Martin § 38 Rn 12.
68 Vgl. *Staudinger* in Langheid/Wandt § 38 Rn. 8.
69 BGH VersR 2014, 229.
70 *Mönnich* in Langheid/Wandt § 166 Rn. 10.

delt hätte. Hierbei kann offenbleiben, ob sich diese Hinweispflicht aus von § 166 Abs. 3VVG oder unmittelbar aus § 38 Abs. 1 S. 2 VVG ergibt.[71]

5. Kündigungsrecht bei Verzug mit Folgebeitrag (Abs. 5)

44 Ist der Versicherungsnehmer mit einem Folgebeitrag in Verzug, so kann der Versicherer den Vertrag nach Ablauf der Zahlungsfrist kündigen. Im Fall der Kündigung durch den Versicherer wandelt sich das Versicherungsverhältnis zum Ende der Versicherungsperiode (vgl. § 10 Abs. 2 S. 3) in eine **prämienfreie Versicherung** um (§ 166 Abs. 1 VVG). Ob dann eine beitragsfreie Rente zur Verfügung steht oder der Vertrag endet, weil die zu berechnende beitragsfreie Rente den erforderlichen Mindestbetrag nicht erreicht, richtet sich nach § 11 Abs. 4.

45 Die Kündigung des Vertrages kann bereits **Zusammen mit der Fristsetzung** nach § 10 Abs. 3 erklärt werden (kombiniertes Mahn- und Kündigungsschreiben). Dies ist in der Praxis auch regelmäßig der Fall. Eine solche Verbindung ist nach § 38 Abs. 3 S. 2 VVG auch zulässig. Insoweit ist es ausnahmsweise möglich, unter einer aufschiebenden Bedingung von einem Gestaltungsrecht Gebrauch zu machen.[72] Will der Versicherer die Fristsetzung mit der Kündigung verbinden, so bedarf einen diesbezüglichen ausdrücklichen Hinweises (vgl. § 38 Abs. 3 S. 2 2. Hs. VVG).

46 Der Versicherer kann auch erst zu einem **späteren Zeitpunkt** kündigen. Eine Grenze kann sich insoweit in Extremfällen aber aus Treu und Glauben (§ 242 BGB) ergeben. Der Versicherer soll danach gehalten sein, in einer angemessenen Spanne vom Vertrag Abstand zu nehmen oder jedenfalls plausible Gründe für eine Verzögerung der Kündigung zu nennen.[73] Andernfalls kann es ihm verwehrt sein, die Prämie bis zum Wirksamwerden der Kündigung einzufordern.[74]

47 Der Versicherer muss nach Abs. 5 S. 2 bei der Fristsetzung über das Kündigungsrecht belehren. Dabei muss er nach § 166 Abs. 3 VVG auch auf die **Rechtsfolge der Umwandlung in eine prämienfreie Versicherung hinweisen** muss. Unterbleibt ein solcher Hinweis ist die Bestimmung der Zahlungsfrist nach § 38 Abs. 1 S. 2 unwirksam.[75] Dazu soll es nicht ausreichen, wenn dem Versicherungsnehmer mitgeteilt wird, dass der Versicherungsschutz in Höhe der beitragsfreien Versicherungssumme weiterbestehe, wenn nach den AVB die Umwandlung der Versicherung in eine beitragsfreie möglich sei. Dem Versicherungsnehmer müsse schon konkret mitgeteilt werden, ob eine solche Umwandlung eintreten werde oder nicht.[76] Diese Ansicht ist abzulehnen.[77] Die Ansicht unterstellt, dass der Kündigungstermin schon stets feststeht. Denn nur dann kann der Versicherer beurteilen, ob der Vertrag sich in eine beitragsfreie Versicherung umwandelt oder nicht. Der Versicherer ist jedoch keineswegs gehalten, die Kündigung schon mit der Fristsetzung zu verbinden. Daher kann es auch nicht verlangt werden, schon bei der Fristsetzung konkrete Angaben dazu zu machen, ob der Vertrag sich durch die Kündigung in eine beitragsfreie Versicherung umwandelt oder dieser, weil der für die Bildung der beitragsfreie Rente erforderliche Mindestbetrag nicht erreicht wird, endet.

---

[71] *Mönnich* in Langheid/Wandt § 166 Rn. 11.
[72] *Staudinger* in Langheid/Wandt § 38 Rn. 20.
[73] *Staudinger* in Langheid/Wandt § 38 Rn. 19.
[74] OLG Düsseldorf VersR 2002, 217.
[75] *Reiff* in Prölss/Martin § 166 Rn. 11.
[76] OLG München VersR 2000, 1094.
[77] Ebenso *Reinhard* VersR 2000, 1094 (1096).

6. Nachzahlung der Beiträge (Abs. 6)

48 Nach Absatz 6 hat der Versicherungsnehmer die Möglichkeit, durch Nachzahlung der Beiträge den Versicherungsschutz wiederzuerlangen. Diese Regelung entspricht § 38 Abs. 3 S. 3 VVG. Die Nachzahlung muss **innerhalb eines Monats** nach Zugang der Kündigung erfolgen. Ist die Kündigung zusammen mit der Fristsetzung erklärt worden, so beginnt die Monatsfrist zum Ablauf der Frist, also mit Wirksamwerden der Kündigung (vgl. § 5 Abs. 3 S. 3). Gleiches gilt wenn die Kündigung zu einem späteren Termin erklärt wird.

49 Der Versicherungsnehmer muss die ausstehende Prämie **vollständig** nachzahlen. Eine Teilzahlung reicht insoweit nicht aus. Den Versicherungsschutz erlangt der Versicherungsnehmer erst ab Eingang der Zahlung. Für Versicherungsfälle, die vor der Zahlung eingetreten sind, besteht kein oder nur reduzierter (prämienfreier) Versicherungsschutz. Dies wird in Abs. 6 S. 3 und 4 klargestellt.

50 Bei der Nachzahlung handelt es sich um ein **Gestaltungsrecht,** welches vom Versicherungsnehmerausgeübt werden muss.[78] Hat der Versicherer die Prämie im Wege der Zwangsvollstreckung einziehen lassen, liegt darin keine nachträgliche Zahlung des Versicherungsnehmers, weil dieser sein Gestaltungsrecht nicht selbst ausgeübt hat.[79] Die Befriedigung des Versicherers durch Aufrechnung stellt ebenfalls keine Nachholung der Zahlung durch den Versicherungsnehmer iSd § 39 Abs. 3 VVG dar.[80]

IV. Darlegungs- und Beweislast

51 Für die rechtzeitige Zahlung der **Erstprämie** ist der Versicherungsnehmer beweispflichtig.[81] Der Versicherungsnehmer trägt auch die Darlegungs- und Beweislast dafür, dass er die nicht rechtzeitige Zahlung nicht zu vertreten hat, wie sich aus den Formulierungen in § 10 Abs. 1 und 2 („Unsere Leistungspflicht bleibt jedoch bestehen, wenn Sie uns nachweisen, dass Sie das Ausbleiben der Zahlung nicht zu vertreten haben“ bzw. § 37 Abs. 1 und 2 S. 1 VVG („es sei denn, der Versicherungsnehmer hat die Nichtzahlung nicht zu vertreten“) ergibt. Der Versicherer muss hingegen den Zugang der korrekten Zahlungsaufforderung und der Belehrung über die Rechtsfolgen ihrer Nichtbefolgung beweisen.[82]

52 Hinsichtlich der **Folgeprämie** obliegt dem Versicherer voll zu beweisen, wann dem Versicherungsnehmer die qualifizierte Mahnung (gem. § 10 Abs. 3) zugegangen ist. Beweiserleichterungen oder Erfahrungssätze, etwa zu den Postlaufzeiten, zugunsten des Versicherers gibt es nicht. Insbesondere gibt es keinen Beweis des ersten Anscheins dafür, dass eine Postsendung den Empfänger auch erreicht.[83] Wenn der Versicherungsnehmer in weiterer Korrespondenz mit dem Versicherer den Zugang des von diesem erwähnten Mahnschreibens nicht sogleich bestreitet, lässt dies regelmäßig nicht den Schluss zu, das Mahnschreiben sei dem Versicherungsnehmer

---

[78] *Karczewski* in Rüffer/Halbach/Schimikowski § 38 Rn. 27.

[79] *Rixecker* in Römer/Langheid § 38 Rn. 19.

[80] AG Neuss NJW-RR 2003, 893.

[81] *Knappmann* in Prölss/Martin § 37 Rn 10.

[82] *Rixecker* in Römer/Langheid § 37 Rn. 23.

[83] OLG Hamm VersR 2007, 1397; OLG München VersR 2005, 674; OLG Köln r+s 2001, 447; LG Düsseldorf r+s 2006, 13; *Knappmann* in Prölss/Martin § 38 Rn 16; *Karczewski* in Rüffer/Halbach/Schimikowski § 38 Rn. 12.

zugegangen, und führt auch nicht zu einer Umkehr der Beweislast.[84] Der Versicherer ist grundsätzlich auch für den Zeitpunkt des Zugangs des Mahnschreibens beweispflichtig.[85]

53 Der Versicherungsnehmer muss beweisen, dass er die **Prämie rechtzeitig gezahlt** hat.[86] Dies gilt sowohl für den Fall, dass er die Berechtigung der Mahnung bestreitet als auch dann, wenn er sich darauf berufen möchte, dass nach § 10 Abs. 6 der Versicherungsschutz wieder besteht. Ebenso muss der Versicherungsnehmer beweisen, dass er die Nicht- oder verspätete Zahlung nicht zu vertreten hat, wenn er sich darauf berufen möchte.

V. Wirksamkeit der Klausel

54 Die Regelung entsprechen in weitestgehend den gesetzlichen Regelungen in §§ 37f. VVG, von denen nach § 42 auch nicht zum Nachteil des Versicherungsnehmers abgewichen werden darf. Soweit die Regelungen in § 11 nur deklaratorisch sind, bestehen hinsichtlich der Wirksamkeit keine Bedenken.

55 Nicht erwähnt werden in §§ 37f. VVG die Kosten für die ärztliche Gesundheitsprüfung, die nach § 11 Abs. 2 S. 2 der Versicherungsnehmer tragen soll. Soweit darin eine Abweichung von den gesetzlichen Regelungen gesehen wird,[87] kann dem nicht gefolgt werden. Es handelt sich hierbei nicht um eine Rechtsfolge des Verzugs ieS, da die Regelung zwar an den Rücktritt des Versicherers im Fall der Nichtzahlung anknüpft, aber nicht in die Systematik des § 37 VVG, der das Verhältnis von Nichtzahlung des Beitrags und der Leistungspflicht des Versicherers regelt, eingreift. Ohnehin wäre der Versicherungsnehmer unter dem Gesichtspunkt des Schadensersatz nach § 280 Abs. 1 BGB verpflichtet, die entstandenen Aufwände zu übernehmen, wenn er zunächst einen Vertrag abschließt und anschließend den Einlösungsbeitrag nicht zahlt.

§ 12 Wann können Sie Ihren Vertrag kündigen und welche Leistungen erbringen wir?

Kündigung

(1) Sie können Ihren Vertrag jederzeit zum Schluss der laufenden Versicherungsperiode (siehe § 10 Absatz 2 Satz 3) in Schriftform *(d. h. durch ein eigenhändig unterschriebenes Schriftstück)* kündigen. Nach dem Rentenzahlungsbeginn können Sie nicht mehr kündigen. Sie können Ihren Vertrag auch **teilweise** kündigen, wenn die verbleibende Rente mindestens … beträgt. Bei teilweiser Kündigung gelten die folgenden Regelungen nur für den gekündigten Vertragsteil.

Auszahlungsbetrag

(2) Wenn für den Todesfall eine Leistung vereinbart ist, zahlen wir nach Kündigung
- den Rückkaufswert (Absätze 3 und 5),
- vermindert um den Abzug (Absatz 4) sowie
- die Überschussbeteiligung (Absatz 6).

Beitragsrückstände werden von dem Auszahlungsbetrag abgezogen.

---

[84] OLG Köln r+s 2001, 447.
[85] OLG Koblenz r+s 2000, 441.
[86] *Rixecker* in Römer/Langheid § 38 Rn. 22.
[87] So *Lücke* in Prölss/Martin BU § 8 Rn. 2.

Rückkaufswert

(3) Der Rückkaufswert ist nach § 169 des Versicherungsvertragsgesetzes (VVG) das nach anerkannten Regeln der Versicherungsmathematik mit den Rechnungsgrundlagen der Beitragskalkulation zum Schluss der laufenden Versicherungsperiode berechnete Deckungskapital des Vertrages. Bei einem Vertrag mit laufender Beitragszahlung ist der Rückkaufswert mindestens jedoch der Betrag des Deckungskapitals, das sich bei gleichmäßiger Verteilung der angesetzten Abschluss- und Vertriebskosten auf die ersten fünf Vertragsjahre ergibt. Ist die vereinbarte Beitragszahlungsdauer kürzer als fünf Jahre, verteilen wir diese Kosten auf die Beitragszahlungsdauer. In jedem Fall beachten wir die aufsichtsrechtlichen Höchstzillmersätze (siehe § 14 Absatz 2 Satz 4).

Für die Ermittlung des Auszahlungsbetrags nach Absatz 2 legen wir jedoch höchstens die bei Tod fällig werdende Leistung zu Grunde. Wenn ein Restbetrag vorhanden ist, bilden wir hieraus nach anerkannten Regeln der Versicherungsmathematik eine beitragsfreie Rente. Diese wird nur dann fällig, wenn die versicherte Person *(das ist die Person, auf deren Leben die Versicherung abgeschlossen ist)* den vereinbarten Rentenzahlungsbeginn erlebt. Wird die beitragsfreie Mindestrente von … nicht erreicht, legen wir den vollen Rückkaufswert zu Grunde.

Abzug

(4) Von dem nach Absatz 3 ermittelten Wert nehmen wir einen Abzug in Höhe von … vor. Der Abzug ist zulässig, wenn er angemessen ist. Dies ist im Zweifel von uns nachzuweisen. Wir halten den Abzug für angemessen, weil mit ihm die Veränderung der Risikolage des verbleibenden Versichertenbestandes ausgeglichen wird. Zudem wird damit ein Ausgleich für kollektiv gestelltes Risikokapital vorgenommen. Wenn Sie uns nachweisen, dass der aufgrund Ihrer Kündigung von uns vorgenommene Abzug wesentlich niedriger liegen muss, wird er entsprechend herabgesetzt. Wenn Sie uns nachweisen, dass der Abzug überhaupt nicht gerechtfertigt ist, entfällt er.

Herabsetzung des Rückkaufswertes im Ausnahmefall

(5) Wir sind nach § 169 Absatz 6 VVG berechtigt, den nach Absatz 3 ermittelten Wert angemessen herabzusetzen, soweit dies erforderlich ist, um eine Gefährdung der Belange der Versicherungsnehmer, insbesondere durch eine Gefährdung der dauernden Erfüllbarkeit der sich aus den Versicherungsverträgen ergebenden Verpflichtungen, auszuschließen. Die Herabsetzung ist jeweils auf ein Jahr befristet.

Überschussbeteiligung

(6) Für die Ermittlung des Auszahlungsbetrags setzt sich die Überschussbeteiligung zusammen aus:
- den Ihrem Vertrag bereits zugeteilten Überschussanteilen, soweit sie nicht in dem nach den Absätzen 3 bis 5 berechneten Betrag enthalten sind,
- dem Schlussüberschussanteil nach § 2 Absatz 3, und
- den Ihrem Vertrag gemäß § 2 Absatz 3b zuzuteilenden Bewertungsreserven, soweit bei Kündigung vorhanden.

(7) Wenn Sie Ihren Vertrag kündigen, kann das für Sie Nachteile haben. In der Anfangszeit Ihres Vertrages ist wegen der Verrechnung von Abschluss- und Vertriebskosten (siehe § 14) nur der Mindestwert gemäß Absatz 3 Satz.2 als Rückkaufswert vorhanden. Der Rückkaufswert erreicht auch in den Folgejahren nicht unbedingt die Summe der gezahlten Beiträge. Nähere Informationen zum Rückkaufswert vor und nach dem Abzug und darüber, in welchem Ausmaß er garantiert ist, können Sie der Tabelle … entnehmen.

Umwandlung in einen beitragsfreien Vertrag bei Kündigung

(8) Wenn für den Todesfall keine Leistung vereinbart ist, gilt Folgendes: Der Vertrag wandelt sich bei Kündigung nach Absatz 1 ganz oder teilweise in einen beitragsfreien Vertrag mit herabgesetzter Rente um. Voraussetzung dafür ist, dass die beitragsfreie Rente und die gegebenenfalls verbleibende beitragspflichtige Rente die in § 13 Absatz 3 genannten Mindestbeträge erreichen. Für die Bemessung der herabgesetzten beitragsfreien Rente gilt § 13 Absatz 1. Bei Nichterreichen der jeweiligen Mindestbeträge erhalten Sie den Rückkaufswert, und der Vertrag endet.

Keine Beitragsrückzahlung

(9) Die Rückzahlung der Beiträge können Sie nicht verlangen.

Übersicht

I. Gesetzliche Grundlagen

1. Kündigung (Abs. 1)

1 Mit Absatz 1 werden inhaltlich § **168 Abs. 1 und 2 sowie § 169 Abs. 1 VVG** abgebildet. Allerdings sind die Anknüpfungspunkte zwischen der Regelung in den AVB und der im VVG unterschiedlich (→ Rn. 20f.). Satz 1 regelt das jederzeitige Kündigungsrecht des Versicherungsnehmers. Satz 2 schließt die Kündigung nach Rentenzahlungsbeginn aus. Im Gesetz findet sich hierzu keine ausdrückliche Aussage; das Ergebnis lässt sich aber aus dem Gesetz ableiten. (→ Rn. 33)

2 Im Übrigen kann die Kündigung wegen § 171 S. 1 VVG nicht ausgeschlossen oder erschwert werden. Nicht gehindert wird dadurch allerdings, dass Versicherer und Versicherungsnehmer **vereinbaren,** dass die Kündigung zur Wirksamkeit der Zustimmung eines am Vertrag nicht beteiligten Dritten bedarf. Insbesondere bei Verträgen, von minderjährigen Kindern als Versicherungsnehmern zum Zwecke der vorweggenommenen Erbfolge kann hierfür ein Bedürfnis bestehen, wenn die Kündigung nach Eintritt der Volljährigkeit des Kindes ggf. bis zum Erreichen eines bestimmten Alters nicht ohne Zustimmung der Eltern möglich sein soll. § 171 S. 1 VVG dient dazu, die Beendigung des Versicherungsvertrages ohne Erschwernisse durch den Versicherer zu ermöglichen. In den genannten Fällen resultiert die Erschwernis nicht aus dem Versicherungsvertrag – er bleibt kündbar –, sondern aus einem legitimen Interesse der Beteiligten.

3 Die **Rechtsfolgen einer Kündigung** sind in Absatz 2 und 8 näher beschrieben. Es wird danach differenziert, ob eine Todesfallleistung vereinbart ist – dann Zahlung des Auszahlungsbetrags – oder ob keine Todesfallleistung vereinbart ist – dann Beitragsfreistellung. Satz 3 und 4 regeln die im Gesetz nicht verankerte Teilkündigung. Als Abweichung zugunsten des Versicherungsnehmers ist sie zulässig.[1]

[1] Statt aller *Mönnich* in Langheid/Wandt § 168 Rn. 45.

2. Auszahlungsbetrag (Abs. 2)

4 Absatz 2 hat im Gesetz keine unmittelbare Entsprechung, sondern fasst die gesetzliche Systematik zusammen, wie sie in den nachfolgenden Absätzen wiedergegeben ist. Der Absatz dient damit dem **Verständnis** der komplexen Gesamtregelung.

3. Rückkaufswert (Abs. 3)

5 Satz 1 übernimmt die Definition des Rückkaufswertes aus § 169 Abs. 3 S. 1 Hs. 1 VVG. Der zweite Halbsatz von § 169 Abs. 3 S. 1 VVG, der den sog. Mindestrückkaufswert festlegt, findet sich in Satz 2. Das dient zum einen der Verständlichkeit, da zu lange Sätze vermieden werden. Zum anderen wird in Satz 2 der Mindestrückkaufswert abweichend vom Wortlaut des Gesetzes auf Verträge mit laufender Beitragszahlung beschränkt (→ Rn. 70).

6 Satz 2 beruht auf § 169 Abs. 3 S. 1 Hs. 2 VVG. Darin wird der sog. Mindestrückkaufswert vereinbart.[2] Eine **Abweichung vom Wortlaut des Gesetzes** besteht darin, dass Satz 2 einen Vertrag mit laufender Beitragszahlung voraussetzt, also Verträge gegen Einmalbeitrag von der Regelung zum Mindestrückkaufswert ausnimmt. Die Abweichung ist **nur scheinbar,** weil § 169 Abs. 3 S. 1 Hs. 2 VVG in dieser Weise auszulegen ist (→ Rn. 70). Ohne Mindestrückkaufswert würde wegen der sog. Zillmerung der Abschluss- und Vertriebskosten – bei der die ersten Beiträge mit diesen Kosten verrechnet werden, soweit sie nicht für Verwaltung und biometrisches Risiko benötigt werden[3] – zu Beginn der Laufzeit keine und in späteren Jahren im Verhältnis zu den eingezahlten Beiträgen nur sehr niedrige Rückkaufswerte entstehen. Dieser Befund veranlasste den Gesetzgeber aus Gründen eines gerechten Interessensausgleichs zwischen früh oder erst später bzw. gar nicht kündigenden Versicherungsnehmern, einen Mindestrückkaufswert für sog. Frühstornofälle einzuführen.[4]

7 Satz 3 verhält sich zu **Beitragszahlungsdauern unter fünf Jahren.** Sie sind in § 169 Abs. 3 VVG nicht ausdrücklich angesprochen. Ausgehend von einer planwidrigen Lücke im Gesetz wird diese mit den dem Gesetz zugrunde liegenden Wertungen geschlossen (→ Rn. 74f.).

8 Satz 4 hat seine Grundlage in § 169 Abs. 3 S. 1 Hs. 3 VVG. Danach bleiben „die aufsichtsrechtlichen Regelungen über Höchstzillmersätze unberührt“. Damit nimmt der Gesetzgeber § 4 DeckRV in Bezug, die auf § 65 Abs. 1 S. 1 Nr. 2 VAG beruht.[5] **Zillmersatz** ist der Satz, mit dem die ersten Beiträge mit Abschlusskosten verrechnet werden, soweit die Beiträge nicht für Verwaltungskosten und Kosten für das biometrische Risiko benötigt werden (→ § 14 Abs. 2). Nach § 4 Abs. 1 S. 2 DeckRV ist der Satz seit dem 1.1.2015 aufsichtsrechtlich auf 2,5% der vereinbarten Beiträge (sog. Beitragssumme) begrenzt. Dies ist der sog. Höchtszillmersatz.[6] Der Gesetzeswortlaut wird zu Recht als verunglückt bezeichnet.[7] Die aufsichtsrechtli-

---

[2] Zu europarechtlichen Bedenken gegen die Vorgabe eines Mindestrückkaufswertes s. *Bürkle* VersR 2006 1042 (1047f.).

[3] Näher hierzu *Krause* in Looschelders/Pohlmann § 169 Rn. 28f.; *Reiff* in Prölss/Martin § 169 Rn. 33; *Schick/Franz* VW 2007, 764; *Engeländer* VersR 2009, 1308 (1311f.); ausf. *Bergmann* VersR 2004, 549; *Jaeger* VersR 2006, 1033.

[4] Gesetzesbegründung BT-Drs. 16/3945, 102.

[5] Gesetzesbegründung BT-Drs. 16/3945, 102.

[6] Zum Ganzen *Ortmann* in Schwintowski/Brömmelmeyer § 169 Rn. 61f.

[7] *Mönnich* in Langheid/Wandt § 169 Rn. 96.

chen Höchtszillmersätze können durch die vertragsrechtliche Regelung des Mindestrückkaufswertes in § 169 Abs. 3 S. 1 VVG nicht „berührt“ werden. Sie gelten unabhängig von dem Mindestrückkaufswert.[8] Mit der gesetzlichen Regelung soll für die Zwecke der Berechnung des Mindestrückkaufswertes der Betrag, der gleichmäßig über fünf Jahre zu verteilen ist, auf diesen Höchstzillmersatz begrenzt werden.[9] In Satz 4 wird dieser Sachverhalt an Stelle des indifferenten gesetzlichen „bleibt unberührt“ durch das klarere „beachten wir“ beschrieben und damit die Fassung des Regierungsentwurfs zum VVG („unter Beachtung der aufsichtsrechtlichen Höchtszillmersätze“) aufgegriffen.[10]

9 Satz 5 hat seine Grundlage in § 169 Abs. 2 S. 1 VVG. Nach der Vorschrift ist der Rückkaufswert „**nur insoweit zu zahlen,** als dieser die Leistung bei einem Versicherungsfall zum Zeitpunkt der Kündigung nicht übersteigt“. Der Gesetzgeber beschränkt damit die Leistung bei Kündigung auf den „nach den Absatz 3 bis 6 (dh: von § 169 VVG – Ergänzung des Verf.) berechneten Rückkaufswert“.[11] Der darüber hinausgehende Betrag wird grundsätzlich für eine beitragsfreie Versicherung verwendet. Die hinter der Regelung liegende Motivation des Gesetzgebers wird in der Begründung nicht erläutert. Allgemein werden zutreffend Antiselektionserwägungen angeführt.[12] Sieht sich eine versicherte Person während der Ansparphase dem Tod nahe, könnte sie bzw. der Versicherungsnehmer ohne diese Begrenzung durch eine Kündigung mehr erlösen als bei Tod gezahlt würde. Dadurch könnte gegen die Versichertengemeinschaft spekuliert werden. Die an der Regelung verschiedentlich geübte Kritik[13] geht daher fehl. Einvernehmen besteht allerdings darin, dass ein Versicherer auf die Beschränkung auf die Versicherungsleistung verzichten kann, ohne gegen § 171 S. 1 VVG zu verstoßen. Es handelt sich dann nämlich um eine Abweichung zugunsten des Versicherungsnehmers.[14]

10 Satz 6 beruht auf § 169 Abs. 2 S. 2 VVG. Danach ist der nicht gezahlte Teil des Rückkaufswertes „für eine **prämienfreie Versicherung** zu verwenden“.

4. Stornoabzug (Abs. 4)

11 Mit Absatz 4 wird der sog. Stornoabzug vereinbart. Er hat seine Grundlage in § 169 Abs. 5 VVG. Dabei normiert die Vorschrift für den Abzug drei Voraussetzungen: er muss „vereinbart, beziffert und angemessen“ sein. Zu allen drei Voraussetzungen findet sich in der Gesetzesbegründung noch die – letztlich klarstellende – Anforderung, dass der Versicherer deren Vorliegen nachzuweisen habe.[15] Die Vorgängerregelung in § 165 Abs. 4 VVG aF machte die Wirksamkeit eines Stornoabzugs lediglich davon abhängig, dass er vereinbart und angemessen war. Neu ist die

---

[8] Siehe hierzu *Mönnich* in Langheid/Wandt § 169 Rn. 96; *Krause* in Looschelders/Pohlmann § 169 Rn. 36; *Engeländer* VersR 2007, 1297 (1309).

[9] Gesetzesbegründung BT-Drs. 16/3945, 102.

[10] Ausführlich zur Gesetzeshistorie dieser Passage *Mönnich* in Langheid/Wandt § 169 Rn. 94f.

[11] Gesetzesbegründung BT-Drs. 16/3945, 101.

[12] *Engeländer* VersR 2007, 1297 (1300); *Mönnich* in Langheid/Wandt § 169 Rn. 61; *Krause* in Looschelders/Pohlmann § 169 Rn. 18.

[13] Siehe *Winter* in Bruck/Möller § 169 Rn. 81.

[14] *Brambach* in Rüffer/Halbach/Schimikowski § 169 Rn. 28; *Mönnich* in Langheid/Wandt § 169 Rn. 62; *Winter* in Bruck/Möller § 169 Rn. 84; *Krause* in Looschelders/Pohlmann § 169 Rn. 18; *Grote* in Marlow/Spuhl Rn. 1134.

[15] Gesetzesbegründung BT-Drs. 16/3945, 104.

Anforderung der Bezifferung sowie das Verbot in § 169 Abs. 4 S. 2 VVG, noch nicht getilgte Abschlusskosten, also sog. Amortisationskosten, als Abzug zu vereinbaren. Daher kann grundsätzlich auf die **Rechtsprechung zum Stornoabzug zu § 176 Abs. 4 VVG aF** zurückgegriffen werden, soweit es nicht um Bezifferung sowie Amortisationskosten geht. Jüngst wurde aus dem Transparenzgebot ein Bezifferungsgebot offenbar auch schon unter § 176 Abs. 4 VVG aF abgeleitet.[16] Dies steht jedoch im Widerspruch zum Verständnis des Gesetzgebers selbst, der das Bezifferungsgebot als Neuerung qualifiziert.[17]

5. Herabsetzungsrecht (Abs. 5)

12 Absatz 5 hat seine Grundlage in § 169 Abs. 6 VVG und übernimmt ihn nahezu wortidentisch. Die Regelung ist mit dem geltenden VVG neu eingefügt worden. Sie eröffnet dem Versicherer die Möglichkeit, unter bestimmten Voraussetzungen den **Rückkaufswert befristet für ein Jahr herabzusetzen.** Dem Gesetzgeber stand dabei eine Kündigungswelle vor Augen, bei der der Versicherer wegen der Erhöhungen der Rückkaufswerte im Vergleich zum bis 31.12.2007 geltenden VVG – Mindestrückkaufswert, Umstellung auf das Deckungskapital und Beschränkung des Stornoabzugs – zur Unzeit verpflichtet sein könnte, Kapitalanlagen aufzulösen. Dadurch könnte sich die Notwendigkeit zur Veräußerung von Anlagen mit Verlust ergeben mit der Folge von Unterdeckungen beim Versicherer. In der Situation soll der Versicherer berechtigt sein, die Rückkaufswerte befristet herabzusetzen.[18] So wird die Regelung auch als Korrektiv für die tendenzielle Erhöhung der Rückkaufswerte durch § 169 Abs. 3 VVG gedeutet.[19]

13 Damit dient die Regelung erkennbar dem **Schutz des verbleibenden Kollektivs.** Sie ist der Natur der Sache nach eher dem Aufsichts- als dem Vertragsrecht zuzuordnen.[20] Dies wird zusätzlich zu den in der Begründung aufgeführten Fällen (→ Rn. 12) daraus deutlich, dass der Gesetzgeber sich veranlasst gesehen hat, umfänglich darzulegen, weshalb er – entgegen der Empfehlung der VVG-Kommission – die Regelung nicht im Aufsichts- sondern im Vertragsrecht verortet hat.[21] Die in § 169 Abs. 6 VVG benutzte Wendung „Gefährdung der dauernden Erfüllbarkeit der sich aus den Versicherungsverträgen ergebenden Verpflichtungen" greift einen aus dem VAG bekannten Topos auf.[22] Für die Anwendung von § 169 Abs. 5 VVG ergeben sich daraus drei Folgerungen. Zum einen kann der Versicherer auf diese Möglichkeit nicht verzichten. Als der Natur nach dem Aufsichtsrecht zuzuweisendem Gegenstand fehlt einzelnem Versicherungsnehmer und Versicherer die Dispositionsbefugnis hierüber.[23] Zum anderen gilt das Herabsetzungsrecht kraft

---

[16] *Brömmelmeyer* VersR 2014, 133 (134).

[17] Gesetzesbegr. BT-Drs. 16/3945, 103.

[18] Gesetzesbegr. BT-Drs. 16/3945, 104; zur Entstehungsgeschichte der Vorschrift s. *Schumacher* S. 234f.

[19] *Engeländer* VersR 2007, 1297 (1312).

[20] Siehe hierzu auch *Ortmann* in Schwintowski/Brömmelmeyer § 169 Rn. 105ff.; *Winter* in Bruck/Möller § 169 Rn. 138.

[21] Gesetzesbegr. BT-Drs. 16/3945, 104.

[22] Siehe § 11a Abs. 3 Nr. 1, § 81 Abs. 1 S. 5, § 81b Abs. 5 S. 1 VAG; hierzu auch *Schumacher* S. 236 (239).

[23] Ebenso *Reiff* in Prölss/Martin § 169 Rn. 72; zu weitgehend daher die pauschalen Bewertungen, § 169 Abs. 5 sei zugunsten des Versicherungsnehmers abdingbar, etwa *Mönnich* in Langheid/Wandt § 169 Rn. 142; *Krause* in Looschelders/Pohlmann § 169 Rn. 60.

Gesetzes. Die Vereinbarung in den AVB ist lediglich deklaratorischer Natur.[24] Auch bei ihrem Fehlen steht dem Versicherer das Herabsetzungsrecht von § 169 Abs. 6 VVG zu. Neben dem aufsichtsrechtlichen Charakter der Regelung ergibt sich dies auch aus der Systematik des Gesetzes. Beim Stornoabzug ist nach § 169 Abs. 5 VVG die **Vereinbarung explizit als Wirksamkeitsvoraussetzung normiert.** Bei dem noch erheblich massiver wirkenden Kürzungsrecht nach § 169 Abs. 6 VVG hat der Gesetzgeber diese Voraussetzung nicht aufgenommen. Schließlich folgt daraus, dass es auch keiner Konkretisierung des Verfahrens oder gar der möglichen Höhe einer Kürzung nach § 169 Abs. 6 VVG in den AVB bedarf.[25] Unabhängig davon würden solche Erläuterungen oder Konkretisierungen nie abschließend sein können; sie würden nicht Transparenz befördern, sondern „Desinformation".[26]

6. Überschussbeteiligung (Abs. 6)

14 Absatz 6 beruht auf § 169 Abs. 7 VVG. Die Vorschrift benennt drei Positionen, die dem nach § 169 Abs. 3 bis 6 VVG ermittelten Betrag **hinzuzusetzen** sind. Die Gesetzesbegründung erläutert explizit, dass die Regelung deklaratorischen Charakter hat.[27] Die Literatur folgt diesem Verständnis einhellig.[28] Der Zweck der Regelung erschöpft sich letztlich in der Klarstellung, dass eine Kündigung den Anspruch auf vereinbarte Überschüsse unberührt lässt.[29] Im Unterschied zum VVG, das in § 169 Abs. 7 Hs. 1 auf „dem nach den Absätzen 3 bis 6 berechneten Betrag" aufsetzt, nehmen die AVB den „Auszahlungsbetrag" in Bezug. Dabei wird nicht auf diesen Auszahlungsbetrag aufgesetzt, sondern die drei Überschusspositionen werden als Teil der Ermittlung des Auszahlungsbetrags dargestellt. Dies knüpft konsequent an Absatz 2 an. Dort ist die Überschussbeteiligung nach Absatz 6 Bestandteil des Auszahlungsbetrags.

7. Warnhinweis (Abs. 7)

15 Absatz 7 hat im Gesetz keine Entsprechung. Es handelt sich der Sache nach nicht um eine vertragliche Vereinbarung, sondern um einen Warnhinweis für den die Kündigung erwägenden Versicherungsnehmer. Insofern kann er als **Erfüllung der Beratungspflicht** bei laufendem Vertragsverhältnis nach § 6 Abs. 4 S. 1 VVG interpretiert werden. Insbesondere ist der Hinweis aber Resultat der Rechtsprechung, die in jüngerer Zeit mehrfach die Nachteile einer Kündigung und deren Darstellung in den Vertragsunterlagen zum Gegenstand hatte.[30] So hat der BGH im Jahr 2001 aus dem Transparenzgebot abgeleitet, dass der Versicherungsnehmer an der Stelle über eventuell bestehende erhebliche Nachteile einer Kündigung und Beitragsfreistellung zu unterrichten ist, an der die beiden Sachverhalte geregelt sind.[31]

---

[24] *Winter* in Bruck/Möller § 169 Rn. 151; *Schumacher* S. 244.

[25] *Schumacher* S. 244; *Reiff* in Prölss/Martin § 169 Rn. 67; *Winter* in Bruck/Möller § 169 Rn. 151; aA *Ortmann* in Schwintowski/Brömmelmeyer § 169 Rn. 108, der „beispielhafte Aufzählungen" empfiehlt.

[26] So zutr. *Reiff* in Prölss/Martin § 169 Rn. 67; *Schumacher* S. 244.

[27] Gesetzesbegr. BT-Drs. 16/3945, 104.

[28] Siehe nur *Krause* in Looschelders/Pohlmann § 169 Rn. 59; *Mönnich* in Langheid/Wandt § 169 Rn. 132; *Brambach* in Rüffer/Halbach/Schimikowski § 169 Rn. 27; *Reiff/Schneider* in Prölss/Martin ALB 2012 § 12 Rn. 10; *Winter* in Bruck/Möller § 169 Rn. 156.

[29] Gesetzesbegr. BT-Drs. 16/3945, 104.

[30] Vor allem BGH NVersZ 2001, 308; BGH NJW 2012, 3023.

[31] BGH NVersZ 2001, 308 (311).

In diesem Ausmaß treten Nachteile hier nicht mehr auf, weil der Rückkaufswert bei sog. Frühstorno nach Abs. 3 S. 2 unter der Annahme von auf fünf Jahren verteilten Abschlusskosten ermittelt wird. (→ Rn. 64 ff.) Im Jahr 2012 hat der BGH dann eine Klausel als irreführend beanstandet, die die Aussage enthalten hatte, die Kündigung sei „immer" mit Nachteilen verbunden.[32] Er begründete dies mit der etwas „gesucht" erscheinenden Überlegung, dass ein kündigungswilliger Versicherungsnehmer, der die Regelung lese, sich möglicherweise davon abhalten lasse. Eine frühzeitige Kündigung könne aber dann vorteilhaft sein, wenn er absehen könne, dass er die Beiträge nicht mehr werde aufbringen können, bis das Deckungskapital die eingezahlten Beiträge erreicht habe.[33] Diesem Argument haftet deshalb etwas Sophistisches an, weil die Kündigung zu dem Zeitpunkt, zu dem der Versicherungsnehmer sie erwägt, trotzdem nachteilhaft bleibt. Sie wird nicht dadurch vorteilhaft, dass eine spätere Kündigung möglicherweise noch nachteilhafter ist. Beide Urteile betrafen Verträge unter dem VVG aF, bei denen die Abschlusskosten vollständig gezillmert worden sind und der Versicherungsnehmer die Beiträge der ersten beide Jahre vollständig „verloren"[34] hat. Vor diesem Hintergrund ist insgesamt fraglich, ob es dieses Hinweises unter dem geltenden VVG, das die sog. Null-Rückkaufswerte der ersten beiden Jahre nicht kennt, aus rein rechtlichen Gründen noch bedarf. In jedem Fall hat er seine Rechtfertigung in der damit verbundenen Information des Versicherungsnehmers.

II. Rechtsprechung

16 Die Regelungen zum Rückkaufswert waren unter Geltung von § 176 VVG aF mehrfach Gegenstand der Rechtsprechung des BGH. Dabei ging es zunächst um den Rückkaufswert an sich bzw. dessen Darstellung und um den Stornoabzug.[35] Die nach der Deregulierung 1994 bis 2001 verwendeten Klauseln wurden vom BGH für intransparent und damit unwirksam erklärt, weil sie den Nachteil der sog. **Nullrückkaufwerte** in den ersten Jahren der Vertragslaufzeit nicht hinreichend deutlich erkennen ließen.[36] Dies infizierte auch den Stornoabzug wegen seiner engen Verbindung mit der Regelung zur Rückkaufswert.[37] Eine darüber hinausgehende Auseinandersetzung mit dem Abzug fand damals nicht statt.

17 Die von den Versicherern mit sog. Treuhänderverfahren ersetzten **inhaltsgleichen Klauseln** hat der BGH im Jahr 2005 ebenfalls für unwirksam erklärt.[38] Er betrachtete die Ersetzung unwirksamer Klauseln durch inhaltsgleiche als Verstoß gegen § 307 BGB.[39] An die Stelle der unwirksamen Klauseln setzte der BGH mittels ergänzender Vertragsauslegung die Formel von der Hälfte des ungezillmerten Deckungskapitals als Mindestrückkaufswert. Dieser wurde in einer späteren Entscheidung dahin konkretisiert, dass der BGH unter ungezillmert offenbar nicht – wie es die Begriffsbildung als Gegenstück zu „gezillmert" nahe legt – die Verteilung

---

[32] BGH NJW 2012, 3023.
[33] BGH NJW 2012, 3023 (3027).
[34] BGH NVersZ 2001, 308 (311).
[35] BGH NJW 2001, 2012, NJW 2001, 2014.
[36] BGH NJW 2001, 2012 (2014); NJW 2001, 2014 (2017).
[37] BGH NJW 2001, 2012 (2014).
[38] BGH NJW 2005, 3559 (3565).
[39] BGH NJW 2005, 3559 (3566).

der Abschlusskosten über die gesamte Laufzeit, sondern die Abwesenheit jeglicher Abschlusskosten verstanden wissen will.[40] Allerdings trägt die Begründung der Entscheidung diesen Leitsatz schwerlich. Der BGH zieht hierfür Textstellen aus dem Abschlussbericht der Kommission zur Reform des Versicherungsvertragsrechts vom 19.4.2004[41] und eine Entscheidung des BVerfG[42] heran,[43] die jedoch beide zur Begründung dieses Ergebnisses überinterpretiert erscheinen.[44]

18 In einer weiteren Reihe von Entscheidungen hat sich der BGH dann mit den seit 2001 bis zur Reform des VVG ab 2008 verwendeten **Klauseln zu Rückkaufswert und Abschlusskosten** befasst.[45] Dabei hat er die Zillmerung vertragsrechtlich diesmal wegen unangemessener Benachteiligung iSv § 307 Abs. 2 Nr. 2 BGB für materiell unwirksam erklärt.[46] Einen Widerspruch zu seinen Entscheidungen aus dem Jahr 2001, in denen er die Vereinbarung der **Zillmerung** an sich nicht beanstandet, sondern lediglich wegen mangelnder Transparenz für unwirksam erklärt hatte,[47] verneinte der BGH dabei.[48] Er begründete die Erkenntnis der materiellen Unwirksamkeit mit einem Beschluss des BVerfG.[49] Das BVerfG hatte die Vereinbarung gezillmerter Prämien nur dann als verfassungsgemäß angesehen, wenn hohe Abschlusskosten nicht „in den ersten Jahren mit der Prämie so verrechnet werden, dass der Rückkaufswert in dieser Zeit unverhältnismäßig gering ist oder gar gegen Null tendiert".[50] Gleichzeitig hat der BGH die Regelung zum Stornoabzug für diese Vertragsgeneration ebenfalls verworfen. Er begründete dies in erster Linie damit, dass nach der gesetzlichen Methodik von § 165 VVG aF Rückkaufswert der Betrag vor Stornoabzug sei, wohingegen die Klausegestaltung suggerierte, Rückkaufswert sei der Betrag nach dem Abzug.[51]

19 In einer Folgeentscheidung hat der BGH dann unter Rückgriff auf seine Rechtsprechung aus dem Jahr 2005 wiederum mittels ergänzender Vertragsauslegung auch für diese Klauselgeneration in Übereinstimmung mit der bis dahin bekannten oberlandesgerichtlichen Rechtsprechung[52] die **Hälfte des ungezillmerten Deckungskapitals als Mindestrückkaufswert** festgelegt.[53] Damit hatte er sich gegen Auffassungen in der Literatur entschieden, die den Mindestrückkaufswert nach § 169 Abs. 3 VVG auf diese Klauselgeneration angewendet

---

[40] BGH NJW 2013, 3580.

[41] Abschlussbericht der Kommission zur Reform des Versicherungsvertragsrechts vom 19. April 2004, 2004, S. 113f.

[42] BVerfG NJW 2006, 1783.

[43] BGH NJW 2013, 3580 (3583f.).

[44] Kritisch hierzu auch *Langheid* in Langheid/Römer § 169 Rn. 53.

[45] BGH NJW 2012, 3023 sowie die Folgeentscheidungen BGH NJW-RR 2013, 146; BGH VersR 2013, 565 und BGH VersR 2013, 1116.

[46] BGH NJW 2012, 3023 (3025).

[47] BGH NJW 2001, 2012 (2014); NJW 2001, 2014 (2017); zutr. *Armbrüster* NJW 2012, 3001, der von „Kehrtwende" spricht.

[48] BGH NJW 2012, 3023 (3026).

[49] BGH NJW 2012, 3023 (3026).

[50] BVerfG NJW 2006, 1783 (1785); krit. hierzu *Armbrüster* NJW 2012, 3001; *Reiff* in Prölss/Martin § 169 Rn. 53.

[51] BGH NJW 2012, 3023 (3028).

[52] OLG Köln VersR 2013, 443; OLG Karlsruhe, VersR 2013, 440; OLG Naumburg BeckRS 2013, 18248.

[53] BGH NJW 2013, 3240 mAnm *Armbrüster; Langheid* in Römer/Langheid § 169 Rn. 64; bestätigt in BGH VersR 2014, 822.

wissen wollten.[54] Der Stornoabzug kann in die ergänzende Vertragsauslegung nicht einbezogen werden. Nach § 306 Abs. 2 BGB ergibt sich der Inhalt des Vertrages insoweit aus den gesetzlichen Vorschriften. Dies ist § 169 VVG ohne die Vereinbarung des Abzugs nach dessen Absatz 5.[55] Der Abzug kann daher bei den betroffenen Verträgen nicht in Ansatz gebracht werden, und zwar nicht lediglich bei der Ermittlung des Mindestrückkaufswertes, sondern bei jeder Auszahlung des Rückkaufswertes.[56] Soweit der Abzug auch noch unter Geltung von § 169 VVG als Teil des Rückkaufswerts erscheint, reicht diese Folge auch noch in die Klauselgeneration nach 2007 hinein.[57]

III. Kommentierung der Klauselbestimmungen

1. Kündigung (Abs. 1)

20 **a) Voraussetzungen der Kündbarkeit (Abs. 1 S. 1).** § 168 Abs. 1 VVG sieht bei laufender Beitragszahlung das **jederzeitige Recht zur Kündigung** unabhängig von weiteren Voraussetzungen vor. Bei einer Versicherung gegen Einmalbeitrag setzt § 168 Abs. 2 VVG für die zwingende Einräumung des Kündigungsrechts (s. § 171 S. 1 VVG) voraus, dass der Eintritt der Verpflichtung des Versicherers gewiss, also bei einer Rentenversicherung auch eine Todesfallleistung vereinbart ist. Die Rechtsfolgen ergeben sich aus § 169 Abs. 1 VVG. Ist – unabhängig von der Art der Beitragszahlung – eine Todesfallleistung vereinbart, hat der Versicherer nach Kündigung den Rückkaufswert zu zahlen. Dem entspricht sachlich Absatz 2. Ist keine Todesfallleistung vereinbart, findet sich im VVG keine explizite Aussage zu den **Rechtsfolgen** einer Kündigung. Zunächst kann durch Umkehrschluss aus § 169 Abs. 1 VVG gefolgert werden, dass ein Rückkaufswert nicht zu zahlen ist.[58] Es ist dann zu unterscheiden zwischen laufenden Beiträgen und Einmalbeitrag. Weil der Versicherungsnehmer zu erkennen gibt, dass er jedenfalls Beiträge nicht mehr zahlen will, muss die Kündigung als Beitragsfreistellung verstanden werden.[59] Dies kann denknotwendig nur für laufende Beitragszahlung, nicht für einen Einmalbeitrag gelten. Im Ergebnis führt damit nach der gesetzlichen Systematik die Kündigung bei Verträgen gegen laufende Beitragszahlung ohne Todesfallleistung zur Beitragsfreistellung.[60] Bei Verträgen gegen Einmalbeitrag ohne Todesfallleistung löst die Kündigung keine Rechtsfolgen aus. Dies entspricht sachlich wiederum Absatz 8.

---

[54] *Armbrüster* NJW 2012, 3001 (3003); *Jacob* VersR 2013, 447 (448); die Entscheidung befürwortend hingegen *Brambach* r+s 2014, 1; s. hierzu auch *Reiff* in Prölss/Martin § 169 Rn. 53c.

[55] *Präve* VersR 2012, 1159 (1162); *Armbrüster* NJW 2012, 3001 (3003); *Reiff* VersR 2013, 785 (787); aA *Pilz* VuR 2013, 154; für die von der Entscheidung BGH 2001 2012 betroffenen Verträge bereits BGH NJW 2005,3559 sowie BGH r+s 2010, 364 (366).

[56] *Armbrüster* NJW 2012, 3001 (3003); *Langheid* in Römer/Langheid § 169 Rn. 64.

[57] *Präve* VersR 2012, 1159 (1163); *Reiff* VersR 2013, 785 (787); *Armbrüster* NJW 2012, 3001 (3003).

[58] Ebenso *Brambach* in Rüffer/Halbach/Schimikowski § 169 Rn. 7, allerdings mit anderer Begründung: Norm nicht anwendbar; ähnlich *Reiff* in Prölss/Martin § 169 Rn. 21; *Schick/Franz* VW, 2007, 764.

[59] Siehe *Brambach* in Rüffer/Halbach/Schimikowski § 168 Rn. 19; *Langheid* in Römer/Langheid § 168 Rn. 19; *Peters* in Looschelders/Pohlmann § 168 Rn. 8.

[60] Zum Ausschluss des Kündigungsrechts durch Individualvereinbarung s. aber OLG Naumburg VersR 2012, 1287 (1288).

Damit besteht zwischen der Regelung in den AVB und der gesetzlichen Regelung Gleichklang. Dies ist deshalb von Bedeutung, weil von § 168 und § 169 VVG nach § 171 S. 1 VVG nicht zum Nachteil des Versicherungsnehmers abgewichen werden kann. Dabei setzt Todesfallleistung in diesem Sinne nach hM kein biometrisches Risiko voraus (→ Rn. 40).[61] Auch die Auszahlung nur des Deckungskapitals bei Tod ist also eine Todesfallleistung in diesem Sinne.

21 Das jederzeitige Recht zur Kündigung nach § 168 Abs. 1 und 2 VVG gilt **für alle Arten von Lebensversicherungen,** mithin auch für Rentenversicherungen.[62] Dem trägt Satz 1 Rechnung. Gerade letztere waren für den Gesetzgeber Anlass zu einer Erweiterung in § 168 Abs. 2 gegenüber § 165 Abs. 2 VVG alt.[63]

22 Das Recht zur Kündigung besteht bei Verträgen mit laufender Beitragszahlung wegen des nicht eingeschränkten Wortlauts in Satz 1 **auch, wenn keine Prämienzahlungspflicht mehr** besteht, entweder weil der Vertrag beitragsfrei gestellt ist oder die vereinbarte Beitragszahlungsdauer kürzer ist als die Ansparphase. Die in der Literatur umstr. Frage, ob das Kündigungsrecht nach § 168 Abs. 1 VVG mit einer Beitragsfreistellung endet,[64] ist damit für die Zwecke dieser AVB unerheblich. Sollte § 168 Abs. 1 VVG in der Weise auszulegen sein, würden die AVB zum Vorteil des Versicherungsnehmers abweichen. Gegen § 171 S. 1 VVG wäre dann nicht verstoßen.

23 **b) Kündigungsbefugnis. aa) Vertragspartner.** Die Befugnis zur Kündigung steht dem **Versicherungsnehmer** als Vertragspartner zu.[65] Bei mehreren Versicherungsnehmern wird vertreten, dass die Kündigungsbefugnis den Versicherungsnehmern gemeinschaftlich zustehe.[66] Teilweise wird unter Heranziehung von § 420 BGB angenommen, dass im Zweifel jeder zur Kündigung seines Teils berechtigt ist.[67] Dies dürfte nicht zutreffen. § 420 BGB setzt dort an, wo mehrere eine Leistung zu fordern berechtigt sind. Bei der Kündigungsbefugnis geht es aber um die vorgelagerte Frage der Herstellung der Anspruchsberechtigung. Es handelt sich um ein Gestaltungsrecht. Für dessen Ausübung im Rahmen von § 420 BGB liegt die **Analogie zum Rücktrittsrecht** näher, das nach § 351 BGB nur gemeinschaftlich ausgeübt werden kann. Die Gegenmeinung würde im Übrigen dazu führen, dass auch dort, wo die AVB ein Recht zur Teilkündigung nicht vorsehen, im Falle mehrerer VN ein solches Recht doch bestehen würde. Ist wirksam gekündigt, kann für die Anspruchsberechtigung auf die Auslegungsregel von § 420 BGB zurückgegriffen werden, wenn nicht Gesamtgläubigerschaft nach § 432 BGB oder aus einem ande-

---

[61] *Ortmann* in Schwintowski/Brömmelmeyer § 169 Rn. 12; *Engeländer* VersR 2007, 1297 (1299); wohl ebenso *Mönnich* in Langheid/Wandt § 169 Rn. 36; *Peters* in Looschelders/Pohlmann § 168 Rn. 3.

[62] *Peters* in Looschelders/Pohlmann § 168 Rn. 1; *Mönnich* in Langheid/Wandt § 168 Rn. 5; *Winter* in Bruck/Möller § 168 Rn. 2.

[63] Gesetzesbegr. BT-Drs. 16/3945, 101.

[64] Bejahend *Brambach* in Rüffer/Halbach/Schimikowski § 168 Rn. 10; *Mönnich* in Langheid/Wandt § 168 Rn. 4; *Ortmann* in Schwintowski/Brömmelmeyer § 168 Rn. 5; *Peters* in Looschelders/Pohlmann § 168 Rn. 2; *Winter* in Bruck/Möller § 168 Rn. 9; aA *Reiff* in Prölss/Martin § 168 Rn. 5; *Langheid* in Römer/Langheid § 168 Rn. 8.

[65] Statt aller *Mönnich* in Langheid/Wandt § 168 Rn. 7; *Peters* in Looschelders/Pohlmann § 168 Rn. 5.

[66] *Ortmann* in Schwintowski/Brömmelmeyer § 168 Rn. 7; *Peters* in Looschelders/Pohlmann § 168 Rn. 5.

[67] *Mönnich* in Langheid/Wandt § 168 Rn. 13; *Winter* in Bruck/Möller § 168 Rn. 22.

ren Rechtsgrund Gläubigergemeinschaft besteht.[68] Einvernehmen besteht hingegen dahin, dass bei einer Versicherung auf verbundene Leben – bei der jede versicherte Person auch Versicherungsnehmer ist[69] – nur beide gemeinschaftlich das Kündigungsrecht ausüben können.[70] Es verbleibt allerdings bei der Kündigungsbefugnis des Versicherungsnehmers, wenn in einem Vertrag mehrere Personen versichert sind, ohne dass sie auch sämtlich Versicherungsnehmer sind. Ggf. sind die Sachverhalte sorgfältig voneinander abzugrenzen.[71]

24 **bb) Bezugsberechtigter.** Die Einräumung eines Bezugsrechts ändert nichts an der Kündigungsbefugnis des Versicherungsnehmers. Das Bezugsrecht, sei es widerruflich, sei es unwiderruflich, lässt die Stellung des Versicherungsnehmers als Vertragspartner unberührt.[72]

25 **cc) Abtretungsempfänger.** Bei einer Abtretung ist Ausgangspunkt die Tatsache, dass das Recht zur Kündigung nicht isoliert abgetreten werden kann, da es keinen eigenen wirtschaftlichen Wert verkörpert.[73] Es kann daher **nur zusammen mit dem Rückkaufswert** abgetreten werden.[74] Deshalb geht bei einer Voll- oder einer Sicherungsabtretung aller Ansprüche aus dem Vertrag auch das Recht zur Kündigung auf den Zessionar über.[75] Dies geschieht kraft Vereinbarung, nicht kraft Gesetzes.[76] Werden nur die Ansprüche für den Todes- bzw. Erlebensfall abgetreten, greift die Maxime vom grundsätzlichen Übergang auch des Kündigungsrechts nicht ohne weiteres.[77] Es ist dann eine Frage der Auslegung, ob es mit abgetreten werden soll oder nicht. Ausgehend von dem Befund, dass das Recht zur Kündigung nicht vom Anspruch auf den Rückkaufswert getrennt werden soll, ist entscheidende Frage in diesem Fall, wem nach der Abtretung der Rückkaufswert zustehen soll.[78] Dies wird von der Literatur häufig übersehen, wenn sie pauschal das Recht zur Kündigung dem Zessionar zuweist.[79]

---

[68] Siehe hierzu *Schulze* in HK-BGB vor §§ 420–432 Rn. 1.

[69] Nachweise bei *Mönnich* in Langheid/Wandt § 168 Rn. 13.

[70] *Mönnich* in Langheid/Wandt § 168 Rn. 13; *Ortmann* in Schwintowski/Brömmelmeyer § 168 Rn. 7; *Brambach* in Rüffer/Halbach/Schimikowski § 168 Rn. 9.

[71] Darauf zu Recht hinweisend *Brambach* in Rüffer/Halbach/Schimikowski § 168 Rn. 9.

[72] Statt aller BGH r+s 2010, 385 mwN; BGH NJW 1992, 2154 (2156); OLG Frankfurt a. M. r+s 2003, 74; *Peters* in Looschelders/Pohlmann § 168 Rn. 4; *Mönnich* in Langheid/Wandt § 168 Rn. 14.

[73] BGH VersR 2003, 1021; BGH VersR 1966, 359 (360); *Mönnich* in Langheid/Wandt § 168 Rn. 15; *Brambach* in Rüffer/Halbach/Schimikowski § 168 Rn. 8.

[74] BGH r+s 2003, 424 (425); OLG München r+s 2008, 210 (211); *Mönnich* in Langheid/Wandt § 168 Rn. 15; *Winter* in Bruck/Möller § 168 Rn. 29; *Brambach* in Rüffer/Halbach/Schimikowski § 168 Rn. 8.

[75] AllgM BGH r+s 2010, 71 (72); OLG München r+s 2008, 210; OLG Saarbrücken VersR 1995, 1227 (1228); *Mönnich* in Langheid/Wandt § 168 Rn. 15; *Langheid* in Römer/Langheid § 168 Rn. 10; *Ortmann* in Schwintowski/Brömmelmeyer § 168 Rn. 10.

[76] *Benkel/Hirschberg* ALB 2008 § 13 Rn. 166.

[77] So zutr. *Mönnich* in Langheid/Wandt § 168 Rn. 16.

[78] BGH r+s 2007, 384 (385); *Mönnich* in Langheid/Wandt § 168 Rn. 16; *Winter* in Bruck/Möller § 168 Rn. 29; s. auch OLG Düsseldorf Urt. v. 25.8.2006 – 16 U 187/05.

[79] So zB *Peters* in Looschelders/Pohlmann § 168 Rn. 5; *Brambach* in Rüffer/Halbach/Schimikowski § 168 Rn. 1; *Reiff* in Prölss/Martin § 168 Rn. 9; anders, aber ebenfalls zu pauschal *Ortmann* in Schwintowski/Brömmelmeyer § 168 Rn. 11, der bei Abtretung nur der Todesfallansprüche das Kündigungsrecht beim Versicherungsnehmer belassen möchte.

dd) Verpfändung. Bei der Verpfändung der Ansprüche aus dem Versicherungsvertrag sind die Situationen vor und nach Pfandreife zu unterscheiden. Nach ganz überwiegender Auffassung bedarf die Kündigung des Versicherungsnehmers **vor Pfandreife** der Zustimmung des Pfandgläubigers.[80] Zum Teil wird das Zustimmungserfordernis zutreffend aus § 1276 BGB abgeleitet.[81] Nach aA soll das Kündigungsrecht grundsätzlich mit verpfändet sein.[82] **26**

Ob dem Pfandgläubiger **nach Pfandreife** ein Kündigungsrecht zusteht, hat der BGH offen gelassen.[83] In der Literatur ist die Frage umstritten.[84] Angesichts von § 1283 Abs. 3 BGB dürfte der wohl hM, die das Kündigungsrecht des Pfandgläubigers bejaht, zuzustimmen sein. **27**

ee) Pfändung. Die Kündigungsbefugnis bei der Pfändung folgt ähnlichen Regeln wie bei der Abtretung. Das Kündigungsrecht kann isoliert nicht gepfändet werden, sondern lediglich zusammen mit dem Anspruch auf den Rückkaufswert.[85] Damit hängt der Übergang der Kündigungsbefugnis in der Zwangsvollstreckung davon ab, ob dem Gläubiger der Anspruch auf den Rückkaufswert zusteht. Dabei stellen sich insbesondere bei unwiderruflichen Bezugsrechten entsprechende Fragen.[86] **28**

c) Voraussetzungen der Kündigung. Die Kündigung wird wirksam zum **Schluss der laufenden Versicherungsperiode.** Dies deckt sich mit § 168 Abs. 1 VVG. Für deren Bestimmung wird auf § 10 Abs. 2 S. 3 verwiesen. Eine Kündigungsfrist ist nicht vorgesehen. Sie wäre mit § 168 Abs. 1 iVm § 171 S. 1 auch nicht vereinbar.[87] Dem Versicherer ist eine **angemessene Abwicklungsfrist** einzuräumen. Geht die Kündigung daher so kurzfristig vor Ablauf der Versicherungsperiode zu – denkbar ist sogar der letzte Tag der Versicherungsperiode –,[88] dass eine Auszahlung zum Wirksamwerden der Kündigung aus tatsächlichen Gründen nicht mehr möglich ist, muss sich die Fälligkeit der Zahlung des Rückkaufswertes um einen angemessenen Zeitraum nach hinten verschieben.[89] **29**

---

[80] *Mönnich* in Langheid/Wandt § 168 Rn. 18; Benkel/Hirschberg ALB 2008 § 13 Rn. 207; *Reiff* in Prölss/Martin § 168 Rn. 11; *Brambach* in Rüffer/Halbach/Schimikowski § 168 Rn. 6; *Peters* in Looschelders/Pohlmann § 168 Rn. 5; aA *Ortmann* in Schwintowski/Brömmelmeyer § 168 Rn. 9, der danach differenziert, ob mit der Kündigung eine Beeinträchtigung oder das Erlöschen des verpfändeten Rechts einhergeht oder die Fälligkeit der (gesicherten?) Forderung hergestellt werden soll.

[81] *Mönnich* in Langheid/Wandt § 168 Rn. 18; *Peters* in Looschelders/Pohlmann § 168 Rn. 5; auch für den Fall der Insolvenz des Versicherungsnehmers: *Ganter* VersR 2013, 1078 (1081).

[82] *Brambach* in Rüffer/Halbach/Schimikowski § 168 Rn. 6 unter Berufung auf BGH VersR 1966, 359; die Entscheidung verhält sich jedoch zur Pfändung iRd Vollstreckung.

[83] BGH r+s 1991, 283 mwN zum Meinungsstand.

[84] Bejahend: *Peters* in Looschelders/Pohlmann § 168 Rn. 5; *Brambach* in Rüffer/Halbach/Schimikowski § 168 Rn. 6; Benkel/Hirschberg ALB 2008 § 13 Rn. 212; verneinend: *Winter* in Bruck/Möller § 168 Rn. 42; offen lassend: *Mönnich* in Langheid/Wandt § 168 Rn. 22 mwN aus der nicht spezifisch versicherungsrechtlichen Literatur; *Reiff* in Prölss/Martin § 168 Rn. 11; *Langheid* in Römer/Langheid § 168 Rn. 12.

[85] BGH r+s 2003, 424 (425); BGH VersR 1966, 359 (360); *Mönnich* in Langheid/Wandt § 168 Rn. 23.

[86] Einzelheiten bei *Mönnich* in Langheid/Wandt § 168 Rn. 24.

[87] Hierzu *Reiff* in Prölss/Martin § 168 Rn. 17; *Winter* in Bruck/Möller § 168 Rn. 51.

[88] *Winter* in Bruck/Möller § 168 Rn. 49; *Reiff/Schneider* in Prölss/Martin ALB 2012 § 12 Rn. 2.

[89] Zu eng daher *Mönnich* in Langheid/Wandt § 168 Rn. 46, wonach der Anspruch mit Wirksamwerden der Kündigung fällig werden soll.

30 Abweichend von § 168 Abs. 1 VVG bedarf die Kündigung der **Schriftform.** Diese Verschärfung ist wegen § 171 S. 2 VVG zulässig.[90] Zugang beim Versicherungsvertreter wird wegen § 69 Abs. 1 Nr. 2 VVG als ausreichend angesehen.[91] Als Willenserklärung unterliegt sie dabei den allgemeinen Auslegungsgrundsätzen,[92] insbesondere muss sich der Wille zur Beendigung des Vertrages daraus eindeutig ergeben.[93]

31 **d) Anspruch auf den Rückkaufswert.** Der Rückkaufswert steht, wenn kein Bezugsrecht verfügt ist oder kein sonstiges Recht Dritter dem entgegensteht, wie etwa Abtretung oder Pfändung, dem **Versicherungsnehmer** als Vertragspartner zu.[94] Ist ein **widerrufliches Bezugsrecht** verfügt, gilt es im Zweifel als durch eine Kündigung widerrufen, so dass der Rückkaufswert ebenfalls dem Versicherungsnehmer zusteht.[95] Dies gilt in jedem Fall für das Bezugsrecht auf den **Erlebensfall.**[96] Streitig ist diese Auslegungsregel für das Bezugsrecht auf den **Todesfall.** Zum Teil wird vertreten, dass es wirksam bleibt bis zum Zeitpunkt des Ablaufs der Kündigungsfrist mit der Folge, dass bei Tod der versicherten Person an den Bezugsberechtigten zu leisten ist.[97] Dies dürfte zutreffen. Mit der Kündigung wird der Versicherungsnehmer bei einem widerruflichen Erlebensfallbezugsrecht idR die Vorstellung verbinden, dass die dadurch fällig gestellte Leistung ihm zukommen soll.[98] Daher liegt in der Kündigung ein konkludenter Widerruf des Erlebensfallbezugsrechts.[99] Für den Todesfall trifft er hingegen keine konkludente Aussage.[100]

32 Ist ein **unwiderrufliches Bezugsrecht** verfügt, soll die Versicherungsleistung nach hM immer dem unwiderruflich Bezugsberechtigten zustehen, unabhängig von der Art des Bezugsrechts.[101] Sind für Todes- und Erlebensfall unwiderrufliche Bezugsrechte an verschiedene Personen verfügt – und keine ausdrückliche Aussage zum Recht auf den Rückkaufswert getroffen – ist dessen Zuordnung umstritten. Zum Teil wird auf das Prioritätsprinzip abgestellt, so dass der Rückkaufswert demjenigen zustehen soll, dessen Bezugsrecht früher verfügt worden ist,[102] zT wird von einem Vorrang

---

[90] Siehe *Reiff* in Prölss/Martin § 168 Rn. 17; *Ortmann* in Schwintowski/Brömmelmeyer § 168 Rn. 33.

[91] *Mönnich* in Langheid/Wandt § 168 Rn. 42; *Reiff* in Prölss/Martin § 168 Rn. 17.

[92] *Reiff* in Prölss/Martin § 168 Rn. 17; *Winter* in Bruck/Möller § 168 Rn. 46.

[93] *Mönnich* in Langheid/Wandt § 168 Rn. 42; *Winter* in Bruck/Möller § 168 Rn. 45.

[94] *Reiff* in Prölss/Martin § 168 Rn. 19; *Winter* in Bruck/Möller § 169 Rn. 165.

[95] BGH NJW 1993, 1994 (1995); *Winter* in Bruck/Möller § 168 Rn. 46; *Brambach* in Rüffer/Halbach/Schimikowski § 168 Rn. 21; *Ortmann* in Schwintowski/Brömmelmeyer § 159 Rn. 55; *Reiff* in Prölss/Martin § 168 Rn. 19.

[96] *Heiss* in Langheid/Wandt § 159 Rn. 52;

[97] OLG Köln r+s 2002, 302; *Heiss* in Langheid/Wandt § 159 Rn. 52; aA wohl *Reiff/Schneider* in Prölss/Martin ALB 2012 § 9 Rn. 19; *Ortmann* in Schwintowski/Brömmelmeyer § 159 Rn. 55.

[98] OLG Köln r+s 2002, 302.

[99] *Reiff/Schneider* in Prölss/Martin ALB 2012 § 9 Rn. 19.

[100] OLG Köln r+s 2002, 302; ihm folgend *Heiss* in Langheid/Wandt § 159 Rn. 52.

[101] BGH r+s 2013, 347 (348); für Todesfallbezugsrecht BGH NJW 1966, 1071; für Erlebensfallbezugsrecht BGH r+s 2003, 424; *Reiff/Schneider* in Prölss/Martin ALB 2012 § 9 Rn. 24; *Brambach* in Rüffer/Halbach/Schimikowski § 168 Rn. 20; *Heiss* in Langheid/Wandt § 159 Rn. 74; *Peters* in Looschelders/Pohlmann § 159 Rn. 23.

[102] *Benkel/Hirschberg* ALB 2008 § 13 Rn. 91; *Reiff* in HEK 21. Kap. Rn. 33.

des Todesfall-,[103] zT des Erlebensfallbezugsrechts[104] ausgegangen. Richtig sein dürfte die **Zuordnung zum Erlebensfallbezugsrecht.** Maßstab ist die Vorstellung des VN bei der Einräumung des Bezugsrechts.[105] Ohne weitere Hinweise kann bei Einräumung eines unwiderruflichen Bezugsrechts für Tod und Erleben nicht ohne weiteres ein Vorrang des Todesfallbezugsrechts angenommen werden. Es würde sich um eine schlichte Unterstellung handeln. Näher liegt es, den Rückkaufswert auch in der Vorstellung des Versicherungsnehmers als Unterbrechung des Ansparvorgangs zu betrachten und damit dem Erlebensfallbezugsberechtigten zuzuweisen.[106] Dies hat dann auch Folgen für den Fall lediglich eines unwiderruflichen Todesfallbezugsrechts. Dann steht der Rückkaufswert nämlich dem Versicherungsnehmer zu.[107]

33 **e) Kündigung nach Rentenbeginn (Abs. 1 S. 2).** Mit Satz 2 wird das Ende des Rechts zur Kündigung auf den Rentenzahlungsbeginn festgelegt. Dies ist **mit § 168 Abs. 1 und 2 VVG vereinbar.** Der bloße Wortlaut der Vorschrift ist diesbezüglich zwar einschränkungslos. Allerdings besteht Einigkeit, dass das Kündigungsrecht nach Beginn der Rentenzahlung ausgeschlossen werden kann bzw. ist.[108] Sachlich werden hierfür – zutreffend – Antiselektionserwägungen angeführt.[109] Könnte der Versicherungsnehmer auch noch in der Rentenzahlungszeit kündigen, bestünde die Möglichkeit, dass sich ein dem Tod nahe wähnender Versicherungsnehmer, der auch versicherte Person ist, noch das Deckungskapital der Versicherung sichert.[110] Die Übernahme des Langlebigkeitsrisikos würde dadurch kalkulatorisch unmöglich gemacht.[111] Diese teleologische Begründung lässt sich auch mit dem Wortlaut stützten. Mit dem Erleben des ersten Rentenzahlungstermins ist ein Versicherungsfall eingetreten. Die Leistung des Versicherers ist dann nicht mehr nur gewiss, sondern fällig. Darüber hinaus weist die Formulierung des Gesetzes in die Zukunft, wie *Langheid* zutreffend beschreibt.[112] Des Rückgriffs auf die Überlegung, dass das Recht zur Kündigung mit der Beitragszahlung ende und deshalb nach Rentenzahlungsbeginn die Kündigung ausgeschlossen sei,[113] bedarf es daher nicht.

---

[103] *Heiss* in Langheid/Wandt § 159 Rn. 82; wohl auch *Prang* in van Bühren § 14 Rn. 491.

[104] *Baroch Castellví* VersR 1998, 410 (415); ebenso für den Fall der gleichzeitigen Einräumung *Benkel/Hirschberg* ALB 2008 § 13 Rn. 91.

[105] BGH r+s 2003, 424.

[106] Hierzu näher *Baroch Castellví* VersR 1998, 410 (415f.).

[107] *Baroch Castellví* VersR 1998, 410 (415).

[108] *Reiff* in Prölss/Martin § 168 Rn. 4; *Brambach* in Rüffer/Halbach/Schimikowski § 168 Rn. 10; *Ortmann* in Schwintowski/Brömmelmeyer § 168 Rn. 5; *Peters* in Looschelders/Pohlmann § 168 Rn. 2; *Winter* in Bruck/Möller § 168 Rn. 8; *Grote* in Marlow/Spuhl Rn. 982, der auf die Möglichkeit der Einräumung eines Kündigungsrechts auch nach Rentenbeginn bei Verträgen mit fondsgebundenem Deckungskapital auch in der Rentenzahlungszeit hinweist.

[109] *Reiff* in Prölss/Martin § 168 Rn. 4; *Brambach* in Rüffer/Halbach/Schimikowski § 168 Rn. 10; *Winter* in Bruck/Möller § 168 Rn. 8.

[110] Zu diesem Argument bei einer sofort beginnender Rentenversicherung gegen Einmalbeitrag s. OLG Hamm r+s 2008, 159.

[111] *Reiff* in Prölss/Martin § 168 Rn. 4; *ders.* in HEK 21. Kap. Rn. 72; *Brambach* in Rüffer/Halbach/Schimikowski § 168 Rn. 10; *Winter* in Bruck/Möller § 168 Rn. 8; *Ortmann* in Schwintowski/Brömmelmeyer § 168 Rn. 1; *Peters* in Looschelders/Pohlmann § 168 Rn. 2; zu der Überlegung unter Geltung des VVG aF s. auch OLG Hamm r+s 2008, 159 (160), dort für sofort beginnende Rentenversicherung gegen Einmalbeitrag.

[112] *Langheid* in Römer/Langheid § 168 Rn. 7.

[113] So *Peters* in Looschelders/Pohlmann § 168 Rn. 2.

34 Zum Teil wird verlangt, dass dem Versicherungsnehmer nach Rentenzahlungsbeginn **bis zum Ablauf einer vereinbarten Rentengarantiezeit ein Kündigungsrecht eingeräumt** werden müsse.[114] Dies wird unterschiedlich begründet; zum einen damit, dass § 169 VVG immer dann anzuwenden sei, wenn Leistungen unabhängig vom Erleben erbracht würden;[115] zum andern mit Sinn und Zweck von § 169 VVG.[116] Unstreitig dürfte sein, dass ein solches Recht eingeräumt werden kann. Es stellt keine Abweichung zum Nachteil des Versicherungsnehmers iSv § 171 S. 1 VVG dar. Die eine Verpflichtung begründenden Argumente überzeugen allerdings nicht. Es würde sich nicht um eine Kündigung im Sinne von § 169 Abs. 1 VVG handeln. § 169 Abs. 1 VVG ordnet die Auszahlung des Rückkaufswertes an. Das ist nach § 169 Abs. 3 S. 1 VVG das Deckungskapital der Versicherung. Unabhängig davon, wie man den Begriff des Deckungskapitals genau versteht, wäre es bei einer Rentenversicherung nach Beginn der Rentenzahlung das bis zum kalkulierten Ende der Rentenzahlung berechnete Kapital. Bei einer Kündigung während der Rentengarantiezeit kann es aber nur um das Kapital bis zum Ablauf dieser Garantiezeit gehen, nicht darüber hinaus.[117] Würde es auch um das darüber hinausgehende Kapital gehen, wäre die Übernahme des Langlebigkeitsrisikos durch den Versicherer in gleicher Weise in Frage gestellt wie bei einem jederzeitigen Kündigungsrecht während der Rentenzahlungszeit (→ Rn. 34). Damit passen die Rechtsfolgen von § 169 VVG nicht auf diese Konstellation. Es geht hier also nicht um die Frage der Realisierung eines Rückkaufswertes durch Kündigung, sondern um die Kapitalisierung einer Zeitrente. Das für die Ermittlung des Rückkaufswertes zur Verfügung gestellte Instrumentarium von § 169 VVG taugt hierfür nicht. Einzige Frage bei der Bestimmung des ökonomisch „richtigen" Betrages ist in dem Fall die Höhe des Satzes mit dem die Summe der ausstehenden Renten der verbleibenden Garantiezeit abgezinst werden sollen. Dementsprechend werden die ursprünglich vereinbarten Fälligkeitszeitpunkte einer jeden Zahlung nach dem Tod während der Rentengarantiezeit nicht als jeweils neuer Versicherungsfall, sondern als bloße Zahlungszeitpunkte interpretiert.[118]

35 **f) Recht zur Teilkündigung (Abs. 1 S. 3).** Satz 3 ermöglicht die sog. Teilkündigung. Sie wird von § 168 Abs. 1 und 2 VVG nicht verlangt. Aus der Formulierung „aufgehoben" in § 169 Abs. 1 VVG ergibt sich, dass der Gesetzgeber mit Kündigung die zur Beendigung führende, nicht die Teilkündigung im Blick hatte. Allerdings wird sie in § 168 Abs. 3 VVG vorausgesetzt. Danach verbleibt es bei der Kündbarkeit der Teile, die den nach der Regelung geschützten Betrag übersteigen.[119] Da nicht zum Nachteil des Versicherungsnehmers abweichend ist sie nach § 171 S. 1 VVG auch außerhalb des Anwendungsbereichs von § 168 Abs. 3 VVG **ohne Weiteres erlaubt.**[120] Daher ist es auch zulässig, sie, wie in Satz 3 der Fall, davon abhängig zu machen, dass eine bestimmte Mindestrente verbleibt.[121] Das De-

[114] *Mönnich* in Langheid/Wandt § 169 Rn. 40; *Schick/Franz* VW 2007, 764.

[115] *Schick/Franz* VW 2007, 764.

[116] *Mönnich* in Langheid/Wandt § 169 Rn. 40.

[117] Weitergehend aber offenbar *Mönnich* in Langheid/Wandt § 169 Rn. 40, die von „Zahlung des Rückkaufswerts" spricht.

[118] OGH VersR 2010, 791.

[119] Siehe *Langheid* in Römer/Langheid § 168 Rn. 5; *Brambach* in Rüffer/Halbach/Schimikowski § 168 Rn. 11.

[120] *Winter* in Bruck/Möller § 168 Rn. 56; *Langheid* in Römer/Langheid § 168 Rn. 5; *Reiff/Schneider* in Prölss/Martin ALB 2012 § 12 Rn. 3.

[121] *Winter* in Bruck/Möller § 168 Rn. 56.

ckungskapital eines Vertrages ist ab Unterschreiten einer bestimmten Schwelle unwirtschaftlich und daher geeignet, die verbleibende Versichertengemeinschaft zu belasten, wenn nämlich die tatsächlichen Kosten für die Verwaltung höher sind als die einkalkulierten.[122] Das VVG kennt diese Wertung ebenfalls, nämlich bei Beitragsfreistellung, wie sich aus § 165 Abs. 1 S. 1 VVG ergibt. Dabei darf die Höhe der verbleibenden Mindestrente von der für die Beitragsfreistellung verlangten (→ § 13 Abs. 4) aber auch nach oben abweichen. Für die Beitragsfreistellung gilt der Grundsatz, dass die Höhe der beitragsfreien Rente nicht prohibitiv wirken darf.[123] Andernfalls würde der halbzwingende Charakter von § 165 VVG zum Nachteil des Versicherungsnehmers umgangen. Da eine teilweise Kündigung vom VVG nicht verlangt wird, kann eine verhältnismäßig hohe Mindestrente als Voraussetzung einer Teilkündigung nicht gegen § 171 S. 1 VVG verstoßen.

36 Kündigt der Versicherungsnehmer teilweise, und wird die **vereinbarte Mindestrente nicht erreicht,** so ist die Kündigung unwirksam.[124] Der Versicherungsnehmer bringt mit der Teilkündigung zum Ausdruck, dass er den Vertrag gerade nicht beenden möchte. Die Parallele zu § 165 Abs. 1 S. 2 VVG, wonach bei Nichterreichen des vereinbarten Mindestbetrages einer Beitragsfreistellung der Vertrag beendet wird, kann hier nicht gezogen werden. Für einen solchen Mechanismus bedürfte es einer ausdrücklichen Vereinbarung in den AVB.

37 **g) Folgen der Teilkündigung (Abs. 1 S. 4).** Satz 4 regelt die Rechtsfolgen einer Teilkündigung. Dabei können bei einer Teilkündigung des Versicherungsnehmers zwei Vorstellungen bestehen, nämlich dass sie sich auf den Beitrag auswirkt oder ein Teil des Deckungskapitals ausgezahlt wird. Bestehen **Zweifel,** worauf sich der Wille des Versicherungsnehmers bei einer Teilkündigung bezieht, hat der Versicherer dies ggf. durch Nachfrage zu klären. Hier können die von der Rechtsprechung entwickelten Überlegungen zur ggf. notwendigen Klärung, ob der Versicherungsnehmer eine dauerhafte oder vorübergehende Beitragsfreistellung wünscht, herangezogen werden.[125] Aus der Formulierung „gekündigten Vertragsteil" ergibt sich, dass die AVB unter Teilkündigung hier die teilweise Auszahlung von Deckungskapital verstehen.

38 Wenn eine vollständige Kündigung nicht zur Auszahlung des Rückkaufswertes führt, weil keine Todesfallleistung vereinbart ist (→ Abs. 8), dann kann auch eine teilweise Kündigung nicht zur Auszahlung eines Teils des Deckungskapitals führen. In diesen Fällen kann eine Teilkündigung allenfalls zu einer **teilweisen Beitragsfreistellung** führen, wie in Abs. 8 für eine vollständige Kündigung geregelt. Allerdings ist dies dem Versicherungsnehmer möglicherweise nicht bewusst. Er geht bei einer Teilkündigung vielleicht davon aus, dass ihm ein Teil des Deckungskapitals ausgezahlt wird. Daher besteht auch hier im Zweifel eine Aufklärungspflicht des Versicherers.

2. Auszahlungsbetrag (Abs. 2)

39 **a) Begrifflichkeit.** In der Überschrift vor Absatz 2 wird mit „Auszahlungsbetrag" ein neuer Begriff eingeführt. Er hat seine Grundlage in einer **Entscheidung**

---

[122] Siehe *Mönnich* in Langheid/Wandt § 165 Rn. 16; *Krause* in Looschelders/Pohlmann § 165 Rn. 15; *Reiff* in HEK 21. Kap. Rn. 108; *Winter* in Bruck/Möller § 168 Rn. 19.

[123] *Reiff* in HEK 21. Kap. Rn. 108.

[124] *Reiff/Schneider* in Prölss/Martin ALB 2012 § 12 Rn. 3.

[125] Beispiele in OLG Köln r+s 2013, 397 und LG Düsseldorf r+s 2012, 405.

des BGH, mit der ua Klauseln zum Rückkaufswert der Tarifgeneration 2001 bis 2007 für unwirksam erklärt worden sind.[126] Entsprechend der damals gängigen Praxis wurde mit dem Begriff „Rückkaufswert" der Betrag bezeichnet, der im Falle der Kündigung tatsächlich ausgezahlt worden ist. Daran hat der BGH kritisiert, dass Rückkaufswert und Stornoabzug zu trennen seien. Es dürfe nicht der Eindruck erweckt werden, der Stornoabzug fließe in die Berechnung des Rückkaufswertes ein.[127] Hintergrund war der Befund, dass der auf den Urteilssachverhalt anzuwendende § 176 Abs. 3 VVG aF den Rückkaufswert definiert hat und der Abzug hiervon gesondert in § 176 Abs. 4 VVG aF geregelt worden ist.[128] Diese Systematik hat der Gesetzgeber – worauf der BGH in seiner Entscheidung ausdrücklich hinweist[129] – in § 169 Abs. 3 bis 5 VVG auch dem neuen Recht zugrunde gelegt. Das Gesetz gibt andererseits keinen Begriff vor, der den Rückkaufswert des § 169 Abs. 3 bzw. 4 VVG nach dem Abzug von § 169 Abs. 5 VVG bezeichnen würde. Der BGH selbst hat in seiner Entscheidung hierfür den Begriff „Auszahlungsbetrag" geprägt.[130] Im Übrigen hat auch der Gesetzgeber in der Begründung zum neuen VVG diesen Terminus im Zusammenhang mit dem Rückkaufswert benutzt.[131]

40 **b) Überblick über Folgen der Kündigung bei vereinbarter Todesfallleistung (Abs. 2 S. 1).** Satz 1 skizziert zum einen das „Programm" der nachfolgenden Absätze. Insoweit dient er der Verständlichkeit der AVB. Zum anderen hat Satz 1 aber auch regelnden Charakter. Es wird die Leistung bei Kündigung beschrieben, wenn **für den Todesfall eine Leistung vereinbart** ist. Allein aus dem Wortlaut ergibt sich, dass jede Leistung, die für den Fall des Todes vereinbart ist – wie geringfügig sie auch sein mag – dazu führt, dass bei Kündigung die skizzierte Leistung erbracht wird. Dies gilt auch, wenn bei Tod in der Aufschubzeit keine Leistung vereinbart ist, bei Tod in der Rentenzahlungszeit hingegen eine Rentengarantiezeit. Der Wortlaut von Satz 1 ist diesbezüglich nicht eingeschränkt. Leistungen während einer vereinbarten Rentengarantiezeit sind, wie sich aus der Überschrift vor § 1 Abs. 4 unmittelbar und aus der Regelung selbst mittelbar ergibt, auch Leistungen für den Todesfall. Freilich wird eine solche Konstellation – keine Leistung bei Tod in der Aufschubzeit, wohl aber in der Rentengarantiezeit – tatsächlich kaum vorkommen.

41 Damit besteht der Anspruch auf Auszahlung nach Kündigung auch dann, wenn zwar eine Todesfallleistung vereinbart ist, der Versicherer aber **kein biometrisches Risiko** trägt. Beispiel wäre etwa die Vereinbarung, dass bei Tod während der Aufschubzeit das dann im Vertrag vorhandene Deckungskapital gezahlt, bei Tod während der Rentenzahlungszeit keine Leistung erbracht wird. Eine Abweichung von § 169 Abs. 1 VVG liegt darin nicht. Zwar wird dort für die Zahlung des Rückkaufswertes[132] eine Versicherung vorausgesetzt, „die Versicherungsschutz für ein Risiko bietet, bei dem der Eintritt der Verpflichtung des Versicherers gewiss ist". Es ist

[126] BGH VersR 2012, 1149 mAnm *Präve;* früher bereits LG Chemnitz NJW-RR 2004, 461.
[127] BGH VersR 2012, 1149 (1156) mAnm *Präve.*
[128] BGH VersR 2012, 1149 (1156) mAnm *Präve.*
[129] BGH VersR 2012, 1149 (1156) mAnm *Präve.*
[130] BGH VersR 2012, 1149 (1156) mAnm *Präve.*
[131] Gesetzesbegr. BT-Drs. 16/3945, 102.
[132] Diese gesetzliche Formulierung ist geeignet, den Ausgangspunkt des BGH in der Entscheidung BGH VersR 2012, 1149, (→ Rn. 39) in Frage zu stellen.

aber hM, dass diese Formulierung nicht voraussetzt, dass der Versicherer tatsächlich ein biometrisches Todesfallrisiko übernimmt.[133]

42 Die einzelnen Positionen von Satz 1 werden in den nachfolgenden Absätzen, auf die verwiesen wird, näher beschrieben. Erste Position ist dabei der **Rückkaufswert.** Er wird in Absatz 5 unter Zugrundelegung von § 169 Abs. 3 VVG näher beschrieben. Die Verweisung in Satz 2 erstreckt sich zusätzlich noch auf Absatz 5. Dort wird die Möglichkeit der befristeten Herabsetzung der Rückkaufswerte geregelt, wie sie in § 169 Abs. 6 VVG besteht. Der Vollständigkeit halber ist dieser Absatz bei der Darstellung der einzelnen Positionen hier mit aufzuführen. Bei der zum VVG aF ergangenen Entscheidung des BGH, in der er den Begriff des „Auszahlungsbetrags" geprägt hat,[134] spielte diese Regelung noch keine Rolle, da sie erst zum 1.1.2008 mit der Neuregelung des VVG eingeführt worden ist. Zweite Position ist der sog. **Stornoabzug,** dritte Position ist die **Überschussbeteiligung,** wie in Absatz 6 beschrieben. Sie hat ihren legislatorischen Anknüpfungspunkt in § 169 Abs. 7 VVG. Dabei handelt es sich nicht um Überschüsse, die nach den Regelungen von Abs. 2 dem Vertrag laufend zugewiesen werden – sie sind im Rückkaufswert bereits enthalten –, sondern vielmehr um aus Anlass der Beendigung zuzuteilende Überschüsse, insbesondere Schlussüberschüsse und Bewertungsreserven (Näheres → Rn. 126f.).[135]

43 Aus der Reihenfolge der Anordnung der drei Positionen ergibt sich darüber hinaus, dass der **Stornoabzug vom Rückkaufswert genommen** wird. Nur dies ist von § 169 Abs. 5 S. 1 VVG gedeckt. Von Überschüssen, die nicht Teil des Rückkaufswertes nach § 169 Abs. 3 VVG sind, kann kein Stornoabzug genommen werden. Dies erklärt auch die Notwendigkeit dieser Reihenfolge, nämlich zunächst die Feststellung eines Betrages, dann ein Abzug hiervon und dann wiederum eine Hinzurechnung.

44 **c) Beitragsrückstände (Abs. 2 S. 2).** Satz 2 kündigt gewissermaßen an, dass der Versicherer **noch ausstehende Beiträge gegen den Auszahlungsbetrag aufrechnen** wird. Die Aufrechnung bedarf keiner Vereinbarung, sondern geschieht nach § 388 S. 1 BGB durch einseitige Erklärung einer Partei. *Reiff/Schneider* skizzieren gegen diese Regelung **Bedenken,** die sie im Ergebnis zu Recht aber dennoch für nicht durchgreifend halten.[136] Ausgangspunkt der Bedenken ist, dass die Regelung gegen § 169 VVG verstoßen könnte, der eine solche Reduzierung nicht zulasse.

45 Diese Überlegungen treffen nicht zu. Zum einen handelt es sich um das Gebrauchmachen von einem Rechtsinstitut des BGB, nämlich der Aufrechnung nach §§ 387ff. BGB, das durch das VVG allgemein und auch § 169 VVG im Besonderen nicht ausgeschlossen oder verdrängt wird. Steht dem Versicherer aus einem beliebigen anderen Rechtsgrund eine Forderung gegen einen kündigenden Versicherungsnehmer zu, so hindert das VVG den Versicherer nicht an einer Aufrechnung

---

[133] *Ortmann* in Schwintowski/Brömmelmeyer § 169 Rn. 12; *Engeländer* VersR 2007, 1297 (1299); wohl ebenso *Mönnich* in Langheid/Wandt § 169 Rn. 36; *Peters* in Looschelders/Pohlmann § 168 Rn. 3; für sofort beginnende Rentenversicherung gegen Einmalbeitrag im Rahmen von § 169 Abs. 1 VVG allerdings ein biometrisches Risiko verlangend *Garbe-Emden* VersR 2013, 1213, (1216).

[134] BGH VersR 2012, 1149 (1156) mAnm *Präve.*

[135] Siehe *Reiff* in Prölss/Martin § 169 Rn. 69.

[136] *Reiff/Schneider* in Prölss/Martin ALB 2012 § 12 Rn. 5.

mit dieser Forderung. Freilich setzt die Aufrechnung mit Beiträgen voraus, dass die Beiträge auch tatsächlich geschuldet werden. Das ist nicht der Fall, wenn der Rückkaufswert und ihm folgend der Auszahlungsbetrag auf den Zeitpunkt berechnet worden ist, zu dem der Versicherungsnehmer sich mit den Beiträgen noch nicht im Rückstand befunden hat. Wird der Rückkaufswert hingegen auf den Zeitpunkt des Wirksamwerdens der Kündigung ermittelt, und sind bis dahin nicht alle Beiträge bezahlt, dann ist der Versicherer nicht nur vertragsrechtlich zum Abzug der rückständigen Beiträge berechtigt, sondern aus Gründen der Gleichbehandlung aufsichtsrechtlich sogar verpflichtet. Würde der Versicherer die rückständigen Beiträge nicht geltend machen, würde der Versicherungsnehmer, der bei im Übrigen gleichen Bedingungen sämtliche Beiträge bis zum Wirksamwerden der Kündigung gezahlt hat, genauso viel erhalten wie der Versicherungsnehmer, der mit Beiträgen im Rückstand ist und daher weniger gezahlt hat.[137] Dies wäre nicht mit § 11 Abs. 2 VAG vereinbar.

46 Stammt der Beitragsrückstand aus einem **verjährten Zeitraum,** steht § 215 BGB dem Abzug nicht entgegen. Zwar lässt die Vorschrift die Aufrechnung mit einer verjährten Forderung nur dann zu, wenn sich Forderung und Gegenforderung unverjährt gegenübergestanden haben. Ist die Hauptforderung – das ist hier der Anspruch auf den Auszahlungsbetrag – erst nach Verjährung der Gegenforderung – das ist hier der Anspruch auf den nicht gezahlten Beitrag – entstanden, schließt § 215 BGB zwar die Aufrechnung aus.[138] Aber in aller Regel werden in einem solchen Fall die Grundsätze von § 366 Abs. 2 BGB zum Tragen kommen. Danach wird, falls der Schuldner keine ausdrückliche Tilgungsbestimmung trifft, zunächst jeweils die ältere Schuld getilgt. Die Vorschrift ist auf Versicherungsbeiträge anwendbar.[139] Hat der Versicherungsnehmer einen Beitrag nicht gezahlt, und hat der Versicherer weder beitragsfrei gestellt noch den Beitrag titulieren lassen, so erlaubt es § 366 Abs. 2 BGB, den nächsten gezahlten Beitrag als Tilgung des ältesten nicht gezahlten zu betrachten. Dies setzt sich dann bis zur Fälligkeit des Auszahlungsbetrags fort.

47 Desgleichen lässt sich der Abzug von **Kapitalertragsteuer** in dieses Gefüge einpassen. Unter den Voraussetzungen von § 20 Abs. 1 Nr. 6 EStG gehören ua Einkünfte aus dem Rückkaufswert einer Rentenversicherung zu Einkünften aus Kapitalvermögen. Nach § 43 Abs. 1 S. 1 Nr. 4 EStG wird die Einkommensteuer durch einen Abzug vom Kapitalertrag erhoben. Nach § 44 Abs. 1 S. 1 EStG ist Schuldner der Kapitalertragsteuer der Gläubiger der Kapitalerträge. Abzuführen ist diese Steuer nach § 44 Abs. 1 S. 3 EStG vom Schuldner der Kapitalerträge, bei Lebensversicherungen also dem Versicherer, und zwar „für Rechnung des Gläubigers der Kapitalerträge". Damit erfüllt der Versicherer seine zivilrechtliche Verpflichtung zur Auszahlung des Rückkaufswertes, soweit eine Verpflichtung zur Abführung der Kapitalertragsteuer besteht, durch deren Abführung. Sie stellt im Verhältnis zum Empfänger Erfüllung dar.[140]

---

[137] Mit einem solchen Beispiel argumentierend *Reiff/Schneider* in Prölss/Martin ALB 2012 § 12 Rn. 5.

[138] Siehe hierzu näher *Henrich* in Bamberger/Roth BeckOK BGB § 215 Rn. 6; *Grote* in Langheid/Wandt-BGB § 215 Rn. 2.

[139] *Dennhardt* in BeckOK BGB § 366 Rn. 3.

[140] Siehe hierzu BGH NJW-RR 2005, 1261 für den Abzug durch den Empfänger einer Bauleistung iHv 15% nach § 48 Abs. 1 EStG „für Rechnung des Leistenden"; LG Bonn Urt. v. 13.12.2013 – 15 O 201/13 für Abzug von Kapitalertragsteuer bei einer Lebensversicherung.

3. Rückkaufswert (Abs. 3)

48 **a) Definition des Rückkaufswertes (Abs. 3 S. 1). aa) Deckungskapital und Rechnungsgrundlagen.** Als zentraler Begriff für die Bestimmung des Rückkaufswertes erscheint vordergründig das Deckungskapital. Allerdings wird der Begriff im VVG an keiner weiteren Stelle verwendet, geschweige denn definiert. Ebensowenig findet er sich in VVG-InfoV und VAG mit darauf beruhenden Verordnungen. Allerdings ist er Bezugspunkt für gesetzliche Regelungen in anderen Zusammenhängen.[141] **An keiner Stelle findet sich jedoch eine Definition.** Auch die Gesetzesbegründung definiert das Deckungskapital nicht. Einerseits stellt sie dessen Überlegenheit im Vergleich zum Zeitwert von § 176 VVG aF im Hinblick auf Klarheit und Nachvollziehbarkeit heraus;[142] zum anderen gibt sie folgenden Anhaltspunkt zu dessen Bestimmung: „Das Deckungskapital wird versicherungsmathematisch nach den Rechnungsgrundlagen der Prämienkalkulation unter Berücksichtigung der bilanz- und aufsichtsrechtlichen Regelungen der Deckungsrückstellung (§ 341 f HGB, § 65 VAG) berechnet."[143] Das weist prima vista in Richtung einer **Gleichsetzung von Deckungskapital mit bilanzieller Deckungsrückstellung.** Allerdings relativiert sich dies wegen der interpretationsfähigen Wendung „unter Berücksichtigung". Deckungsrückstellung ist dabei der Passivposten in der Bilanz, der die Verpflichtung des Versicherers aus dem jeweiligen Vertrag ausdrückt.[144] Seine Berechnung folgt handelsrechtlichen Vorgaben, insbesondere § 341 f HGB. Dabei gilt nach dessen Absatz 1 das Primat der sog. **prospektiven Methode.** Ihr liegt die Frage zugrunde, was künftig vom Versicherer zu zahlen sein und was hierfür an Beiträgen erwartet wird.[145] Die künftigen Zahlungsströme werden dabei auf den Bewertungszeitpunkt abgezinst betrachtet, indem der Barwert der zugesagten künftigen Versicherungsleistungen vom Barwert der erwarteten künftigen Beiträge abgezogen wird.[146]

49 Teile der Literatur knüpfen daran an und verstehen das Deckungskapital in § 169 Abs. 3 S. 1 VVG als **Höhe der Deckungsrückstellung des einzelnen Vertrages.**[147] Dieselbe Vorstellung dürfte der Interpretation des Deckungskapitals als „Kapital, das zur Erfüllung der Ansprüche der Versicherungsnehmer vorhanden sein

---

[141] § 1 Abs. 5 Buchst. a AltZertG als Bestandteil der Definition von „gebildetem Kapital" in Altersvorsorgeverträgen; § 2 Abs. 4 S. 4 BetrAVG zur Bestimmung der Reichweite des Verwertungsverbots unverfallbarer Anwartschaften; § 10 Abs. 3 Nr. 2 BetrAVG als Grundlage für die Beiträge des Arbeitgebers zur Insolvenzsicherung von betrieblichen Zusagen; § 4d Abs. 1 S. 1 bis 6 EStG als Obergrenze für die Abzugsfähigkeit von Zuwendungen zu Unterstützungskassen; § 39 Abs. 2 Nr. 2 VersAusglG im Zusammenhang mit der Bewertung von Anrechten in der Anwartschaftsphase.

[142] Gesetzesbegr. BT-Drs. 16/3945, 102.

[143] Gesetzesbegr. BT-Drs. 16/3945, 102.

[144] Näher hierzu *Schumacher* S. 103 f.; *Kölschbach* in Prölss VAG § 65 Rn. 7; *Wandt* Rn. 1162.

[145] *Engeländer* VersR 2007, 1297.

[146] Sog. Bruttobeitragsmethode s. hierzu *Ortmann* in Schwintowski/Brömmelmeyer § 169 Rn. 27; *Führer/Grimmer* S. 95; dem steht ergänzend nicht ausschließend gegenüber die Nettobeitragsmethode sowie die gezillmerte Nettobeitragsmethode: hierzu iE *Hommel* in MünchKommHGB § 341 f Rn. 15; *Kölschbach* in Prölss § 65 Rn. 8; zum Verhältnis der unterschiedlichen Methoden *Engeländer* VersR 2007, 1297 (1300 f.).

[147] *Grote* in Marlow/Spuhl Rn. 1160; wohl ebenso *Kleinlein* VuR 2008, 13; als Anteil des Vertrages an der gesamten Deckungsrückstellung des Versicherers *Gatschke* in VuR 2007, 447 (448); *Ortmann* in Schwintowski/Brömmelmeyer § 169 Rn. 27.

muss"[148], zugrunde liegen. Ein modifizierender Ansatz knüpft ebenfalls an die Deckungsrückstellung an, aber an die nach § 11 Abs. 1 S. 1 VAG zu bildende.[149] Dabei wird bei diesem Ansatz das Deckungskapital als „die Summe der verzinslich angesammelten Sparanteile eines konkreten Vertrages"[150] verstanden.

50 Ein anderer Ansatz geht davon aus, dass es **unterschiedliche Begriffe von Deckungskapital** für jeweils unterschiedliche Zwecke gebe, nämlich insbesondere Bilanzierung, Rückkaufswert, Zinsüberschuss.[151] Ausgehend davon wird das Deckungskapital als „mathematische Formel zur Ermittlung von aktuariellen Werten"[152] verstanden oder – konkreter – als „versicherungsmathematische Bezeichnung für eine Familie von Formeln, die jeweils für einen Zeitpunkt ein Modell für die Unterschiede des Grades der Erfüllung von Leistungen und Gegenleistungen eines (Lebens-)Versicherungsvertrages darstellen".[153] Von dem Ausgangspunkt aus sind für die Bestimmung des Deckungskapitals die Parameter maßgeblich, mit denen die Formel gefüllt wird.

51 Schließlich wird unter engem Rückgriff auf die Gesetzesbegründung zT vom Deckungskapital als dem „durch die gezahlten Prämien **angesparten Wert des Vertrages**"[154] ausgegangen.[155] Dies wird als Begründung für eine retrospektive Ermittlung des Rückkaufswertes herangezogen.[156] Bei retrospektiver Ermittlung werden die gezahlten Beiträge aufgezinst und davon die Ausgaben für Versicherungsleistungen der vergangenen Jahre abgezogen.[157] Dies wird wirtschaftlich als verzinsliche Ansammlung der Sparbeiträge gedeutet.[158]

52 Zutreffend sein dürfte es, mit *Engeländer* und *Krause* das Deckungskapital als **mathematische Formel** zu verstehen, die mit den weiteren Vorgaben von § 169 Abs. 3 S. 1 VVG, nämlich den Rechnungsgrundlagen der Beitragskalkulation **nach versicherungsmathematischen Grundsätzen,** zu füllen ist, und dann den Rückkaufswert als Ergebnis liefert. Die Gleichsetzung von Deckungskapital mit Deckungsrückstellung erscheint unabhängig von versicherungsmathematischen Zusammenhängen schon nach herkömmlichen Auslegungsmethoden zweifelhaft. Vom Wortlaut ausgehend handelt es sich bei Deckungskapital und Deckungsrückstellung um zwei unterschiedliche vom Gesetzgeber verwendete Termini. Dies spricht bereits gegen synonymes oder nahezu synonymes Verständnis. Auch systematische Erwägungen sprechen gegen eine Gleichsetzung. Der Gesetzgeber verwendet den Begriff „Deckungskapital" zur Beschreibung vertragsrechtlicher oder steuerlicher Sachverhalte; so etwa in § 2 Abs. 4 S. 4 BetrAVG zur Abgrenzung von verfallbarem und unverfallbarem Kapital, in § 1 Abs. 5 Buchst. a AltZertG zur Be-

---

[148] *Franz* VersR 2008, 298 (310) in Fn. 129.

[149] *Reiff* in Prölss/Martin § 169 Rn. 31; *Wandt* Rn. 1224 iVm 1161; *Langheid* in Römer/Langheid § 169 Rn. 25.

[150] *Reiff* in Prölss/Martin § 169 Rn. 31; *Wandt* Rn. 1161.

[151] *Krause* in Looschelders/Pohlmann § 169 Rn. 20; *Engeländer* VersR 1999, 1325 (1326).

[152] *Krause* in Looschelders/Pohlmann § 169 Rn. 20; ähnl. bereits vor Inkrafttreten des geltenden VVG *Engeländer* VersR 1999, 1325 (1326).

[153] *Engeländer* VersR 2007, 1297 (1300); ähnl. *ders.* VersR 1999, 1325.

[154] Gesetzesbegr. BT-Drs. 16/3945, 102.

[155] *Brömmelmeyer* in Beckmann/Matusche-Beckmann § 42 Rn. 160, allerdings gleichzeitig die europarechtliche Zulässigkeit der Regelung mit diesem Verständnis in Frage stellend.

[156] *Brömmelmeyer* in Beckmann/Matusche-Beckmann § 42 Rn. 160.

[157] *Mönnich* in Langheid/Wandt § 169 Rn. 76.

[158] *Schumacher* S. 104.

stimmung des auf einen anderen Anbieter zu übertragenden Wertes, in § 39 Abs. 2 Nr. 2 VersAusglG zur Bewertung von Anrechten im Versorgungsausgleich oder in § 4d Abs. 1 S. 1 bis 6 EStG als Obergrenze für die Abzugsfähigkeit von Zuwendungen zu Unterstützungskassen. Der Begriff „Deckungsrückstellung" hingegen ist für aufsichts- bzw. handelsrechtliche Zusammenhänge reserviert. Dem steht nicht entgegen, dass die Begründung zum VVG eine Brücke vom Vertrags- zum Aufsichtsrecht baut, indem es dort heißt, dass das Deckungskapital „unter Berücksichtigung der bilanz- und aufsichtsrechtlichen Regelungen der Deckungsrückstellung (§ 341f HGB, § 65 VAG) berechnet" werde.[159] Gerade die Formulierung „unter Berücksichtigung" unterstreicht, dass die Begriffe nicht identisch verwendet werden. Auch die Zwecke beider sind nicht identisch. Mit dem Begriff Deckungskapital wollte der Gesetzgeber nach der Begründung sicherstellen, dass der Versicherungsnehmer „den mit den Prämien angesparten Wert seines Vertrages erhält".[160] Er sollte also dazu dienen, den Leistungsanspruch des Versicherungsnehmers zu beschreiben, und zwar in angesichts der gezahlten Beiträge realistischer Höhe im Sinne einer möglichst ausgeschlossenen Übervorteilung durch den Versicherer.[161] Der Begriff der Deckungsrückstellung ist hingegen auf einen anderen Zweck gerichtet. Er dient dazu, auf der Passivseite der Bilanz eine nach den handelsrechtlichen Grundsätzen realistische Verpflichtung als Barwert zu beschreiben.[162] Beide Zwecke stehen zwar nicht isoliert nebeneinander, sondern korrelieren miteinander. Sie sind aber dennoch nicht so gleichgeschaltet, dass sich Identität zwischen Deckungskapital und (bilanzieller) Deckungsrückstellung behaupten ließe.

53 Der Vorzug dieser Position liegt darin, dass sich mit ihr die **Rechnungsgrundlagen der Beitragskalkulation** als eigentlicher Schlüssel zur Ermittlung des Rückkaufswertes **organisch im Gesamtgefüge** unterbringen lassen. Das sich aus einer mathematischen Formel ergebende konkrete Ergebnis hängt naturgemäß von den in die Formel eingefügten Parametern ab. Die Rechnungsgrundlagen der Beitragskalkulation stellen diese Parameter dar. Werden sie in die Formel eingefügt, ergibt sich das Deckungskapital. Dies ist die Logik, die hinter der Definition des Rückkaufswertes als „mit den Rechnungsgrundlagen der Prämienkalkulation [...] berechnete(s) Deckungskapital der Versicherung" steckt. Die Ableitung des Rückkaufswertes von der Deckungsrückstellung hingegen würde einer umgekehrten Logik folgen. Es würde ein Ergebnis herangezogen, dessen Parameter dann – hoffentlich – die Rechnungsgrundlagen der Beitragskalkulation gewesen sind. Unterschiede ergeben sich freilich dann nicht, wenn die Deckungsrückstellung tatsächlich mit den Rechnungsgrundlagen der Beitragkalkulation ermittelt wird.[163] Dies entspricht bisher offenbar auch der überwiegenden Praxis der Kalkulation traditioneller Lebensversicherungsverträge in Deutschland.[164]

---

[159] Gesetzesbegr. BT-Drs. 16/3945, 102.

[160] Gesetzesbegr. BT-Drs. 16/3945, 102.

[161] Gesetzesbegr. BT-Drs. 16/3945, 102.

[162] Siehe *Wiedmann* Bilanzrecht § 341f. Rn. 1; zu versicherungstechnischen Rückstellungen generell *Hommel/Bonin/M. Schulte* in MüKo-HGB § 341e Rn. 5.

[163] Siehe hierzu *Ortmann* in Schwintowski/Brömmelmeyer § 169 Rn. 27; *Mönnich* in Langheid/Wandt § 169 Rn. 80 mwN, wobei der Verweis auf *Claus* ZfV 1994, 139 (140) dies nicht hergibt.

[164] Siehe *Krause* in Looschelders/Pohlmann § 169 Rn. 20; *Mönnich* in Langheid/Wandt § 169 Rn. 80 mwN.

54 **Unterschiede** ergeben sich jedoch dann, wenn die Rechnungsgrundlagen der Beitragskalkulation und der Berechnung der Deckungsrückstellung voneinander abweichen. Es entspricht mittlerweile allgM, dass dies rechtlich zulässig ist.[165] Zur Begründung wird der europarechtliche Hintergrund von § 11 Abs. 1 S. 1 VAG herangezogen. Danach erfordert die Kalkulation der Beiträge zwar ein rationales Vorgehen, konkrete Vorgaben darf der Gesetzgeber jedoch nicht mehr machen.[166] Ist der bei der Berechnung der Beiträge verwendete Zinssatz höher als der für die Deckungsrückstellung verwendete, dann ist die Deckungsrückstellung höher als das Deckungskapital.[167] Unterschiede ergeben sich darüber hinaus dann, wenn anstelle der traditionellen Rechnungsgrundlagen – also insbesondere Rechnungszins, Sterblichkeit und Kosten[168] – andere Grundlagen für die Ermittlung der Beiträge herangezogen werden.

55 **bb) Anerkannte Regeln der Versicherungsmathematik.** Weitere Größe, mit der der Rückkaufswert definiert wird, sind anerkannte Regeln der Versicherungsmathematik. Ihnen wird keine eigenständige Bedeutung neben den Rechnungsgrundlagen der Beitragskalkulation zugemessen. Es erscheint kaum vorstellbar, dass Rechnungsgrundlagen der Beitragskalkulation in die Formel zur Bestimmung des Deckungskapitals eingesetzt werden und das Ergebnis dann nicht auf anerkannten Regeln der Versicherungsmathematik beruht.[169] Zum Teil wird sogar in Frage gestellt, ob es solche Regeln gibt.[170] In jedem Fall dürfte dem Befund zuzustimmen sein, dass der Gesetzgeber nicht von standardisierten Regeln der Versicherungsmathematik ausgeht.[171] Dies ergibt sich allein schon aus dem Fehlen eines bestimmten Artikels vor dem Topos in § 169 Abs. 1 S. 1 VVG.

56 **cc) Vereinbarung der Rechnungsgrundlagen.** Nachdem die Rechnungsgrundlagen der Beitragskalkulation den Rückkaufswert bestimmen, ist **fraglich, ob sie vereinbart werden müssen.** Soweit hierzu überhaupt Stellung genommen wird, besteht Einvernehmen dahin, dass die Darlegung der Rechnungsgrundlagen wegen ihrer Komplexität dem Versicherungsnehmer keine echte Hilfe sein kann und der Transparenz eher abträglich ist.[172] Einvernehmen besteht auch dahin, dass die Rechnungsgrundlagen Geschäftsgeheimnis des Versicherers darstellen und auch dies einer Vereinbarung, die zwangsläufig einer unbeschränkten Offenlegung

---

[165] Für Rechnungszins explizit *Claus* ZfV 1994, 139 (141); *Krause* in Looschelders/Pohlmann § 169 Rn. 25; *Mönnich* in Langheid/Wandt § 169 Rn. 74; *Ortmann* in Schwintowski/Brömmelmeyer § 169 Rn. 30; *Schumacher* S. 128; *Präve* in Prölss, VAG § 11 Rn. 5; *Führer/Grimmer* S. 54; für Rechnungsgrundlagen generell *Kölschbach* in Prölss VAG § 65 Rn. 25 *Reiff* in Prölss/Martin § 169 Rn. 32; *Engeländer* NVersZ 2001, 289 (291); *Schumacher* S. 121.

[166] *Engeländer* NVersZ 2001, 289 (291); ausf. *Schumacher* S. 121; *Ortmann* in Schwintowski/Brömmelmeyer § 169 Rn. 30; enger, nämlich versicherungsmathematische Annahmen fordernd: *Mönnich* in Langheid/Wandt § 169 Rn. 85; *Krause* in Looschelders/Pohlmann § 169 Rn. 24; *Winter* in Bruck/Möller § 169 Rn. 69; *Präve* in Prölss § 11 Rn. 4; wohl ebenso *Reiff* in Prölss/Martin § 169 Rn. 32.

[167] *Krause* in Looschelders/Pohlmann § 169 Rn. 22; zu den Folgen näher *Claus* ZfV 1994, 139 (141).

[168] Ausf. *Winter* in Bruck/Möller § 153 Rn. 32f.; *Führer/Grimmer* S. 45.

[169] Ähnlich *Mönnich* in Langheid/Wandt § 169 Rn. 87.

[170] *Ortmann* in Schwintowski/Brömmelmeyer § 169 Rn. 30a.

[171] *Winter* in Bruck/Möller § 169 Rn. 69.

[172] *Schumacher* S. 132f.; *Mönnich* in Langheid/Wandt § 169 Rn. 89; *Engeländer* VersR 2007, 1297 (1303).

der Rechnungsgrundlagen bedürfte, im Wege steht.[173] Die Rechtsprechung hat sich, soweit ersichtlich, mit der Frage unter geltendem VVG noch nicht auseinandergesetzt. Allerdings hat sie sich im Zusammenhang mit der Berechnung des Rückkaufswertes nach § 176 VVG aF mehrfach eher zurückhaltend zur Frage der Offenlegung seiner Berechnungsgrundlagen geäußert.[174]

57 In der Literatur wird zT darauf verwiesen, dass die aus § 169 Abs. 3 S. 2 VVG iVm § 2 Abs. 1 Nr. 4 und 6 VVG-InfoV **resultierende Verpflichtung, Rückkaufswerte und das Ausmaß ihrer Garantie anzugeben,** einen ausreichenden Ersatz für die fehlende Vereinbarung bzw. Offenlegung der Rechnungsgrundlagen darstelle.[175] Hieraus sollen sich die Rechnungsgrundlagen sogar eindeutig ableiten lassen.[176] Zutreffend wird allerdings darauf hingewiesen, dass dies nur dann gelten könne, wenn garantierte Rückkaufswerte vereinbart sind.[177] Zum Teil wird postuliert, dass die „für die Ermittlung des Rückkaufswertes heranzuziehenden Faktoren in ihren wesentlichen Zügen mit dem Versicherungsnehmer vereinbart werden" müssen,[178] wobei aber unklar bleibt, um welche Faktoren es sich iE handeln soll.

58 Es erscheint eine **differenzierende Betrachtung geboten.** Kalkuliert der Versicherer die Beiträge mit einem bestimmten Rechnungszins, lässt sich der ohne weiteres vereinbaren. Der Überlassung eines komplexen Formelwerks bedarf es hierzu nicht. Verwendet der Versicherer eine branchenübliche, öffentlich zugängliche Sterbetafel, besteht weder unter dem Gesichtspunkt des Geschäftsgeheimnisses noch der Komplexität ein Hindernis, die Sterbetafel in den vorvertraglichen Unterlagen zu bezeichnen und zum Gegenstand der vertraglichen Vereinbarung zu machen. Derzeit gilt dies ohne weiteres für die Sterbetafeln der Deutschen Aktuarvereinigung.[179] Die Vereinbarung von Rechnungszins und Sterbetafel stellt eine Anforderung dar, die bei Basisrenten iSd § 2 AltZertG im Rahmen des Zertifizierungsverfahrens steuerlich verlangt wird.[180] Zwar gilt dies dort nicht für die Ermittlung von Rückkaufswerten – die bei Basisrenten ohnehin nicht vereinbart werden können (→ ABR § 9 Rn. 1) – sondern für die Ermittlung der lebenslangen Rente. Aber strukturell handelt es sich um eine Anforderung, die für die Ansparphase in der gleichen Weise erfüllbar ist. Anderes gilt für die einkalkulierten Kosten als weiterer Rechnungsgrundlage. Diesbezüglich greifen die Einwände der Komplexität und des Geschäftsgeheimnisses. Die Vereinbarung der – in der Regel mehrere Sei-

---

[173] *Schumacher* S. 133; *Mönnich* in Langheid/Wandt § 169 Rn. 89; *Engeländer* VersR 2007, 1297 (1302); *Ortmann* in Schwintowski/Brömmelmeyer § 169 Rn. 39.

[174] Siehe BGH VersR 2013, 1381 (1383); BGH, NJW 2001, 2012 (2013), dort bezogen auf die „Methode zur Ermittlung des Zeitwertes"; OLG München r+s 2010, 207 (208); OLG Köln Urt. v. 19.7.2013 – 20 U 63/13; bezogen auf Höhe der Abschlusskosten und Stornoabzug anders LG Chemnitz NJW-RR 2004, 461 (462); bezogen nur auf Abschlusskosten AG Aue NJW-RR 2006, 899.

[175] *Mönnich* in Langheid/Wandt § 169 Rn. 89; *Reiff* in Prölss/Martin § 169 Rn. 40; *Langheid* in Römer/Langheid § 169 Rn. 69; wohl ebenso *Krause* in Looschelders/Pohlmann § 169 Rn. 23.

[176] *Engeländer* VersR 2007, 1297 (1303).

[177] *Schumacher* S. 133; s. auch *Ortmann* in Schwintowski/Brömmelmeyer § 169 Rn. 30.

[178] *Schumacher* S. 134.

[179] Siehe unter www.aktuar.de.

[180] Siehe BMF-Schreiben v. 19.8.2013 IV C 3 – S 2221/12/10010 :004 – IV C 5 – S 2345/08/0001 Rn. 13.

ten umfassenden – mathematischen Formeln würde dem Versicherungsnehmer keinerlei Erkenntnisgewinn über den Vertrag verschaffen. Darüber hinaus handelt es sich hierbei um Geschäftsgeheimnisse des Versicherers.[181] Zu deren Offenlegung ist der Versicherer grds. nicht verpflichtet.[182] Damit kann erst recht nicht die rechtliche Verpflichtung abgeleitet werden, sie zu vereinbaren.

59 Diese Grundsätze versagen jedoch, wenn das Unternehmen eine **eigene Sterbetafel** verwendet, was zulässig ist,[183] oder wenn das Unternehmen nicht mit traditionellen Methoden kalkuliert, sondern sog. moderne Methoden verwendet, die auf anderen Parametern als herkömmlichen Rechnungsgrundlagen beruhen.[184] Führt letzteres dazu, dass lediglich eine endfällige Garantie (→ Rn. 62) ohne garantierte Rückkaufswerte vereinbart wird und die garantierten Rückkaufswerte „Null" sind, hilft auch die Angabe der Rückkaufswerte nach § 169 Abs. 3 S. 2 VVG iVm § 2 Abs. 1 Nr. 4 und 6 VVG-InfoV nicht weiter. Eine befriedigende vertragsrechtliche Lösung für die Schaffung transparenter Rückkaufswerte ist für diese Fälle noch nicht gefunden.[185]

60 **dd) Gerichtliche Überprüfbarkeit.** Mit der Frage, in welchem Umfang die für die Berechnung des Rückkaufswertes maßgeblichen Parameter vereinbart werden müssen, eng verbunden ist die Frage der gerichtlichen Überprüfbarkeit ausgezahlter Rückkaufswerte. Unter Geltung von § 176 VVG aF wurde ein **Auskunftsanspruch** aus § 242 BGB nach ständiger Rspr. grundsätzlich für möglich gehalten, weil die erforderliche Sonderverbindung angenommen wurde, sowie unter den weiteren Voraussetzungen, dass „der Berechtigte in entschuldbarer Weise über Bestehen und Umfang seines Rechts im Ungewissen ist, und der Verpflichtete die zur Beseitigung der Ungewissheit erforderliche Auskunft unschwer geben kann".[186] Im Ergebnis wurde das Vorliegen der Voraussetzungen in den zur Beurteilung stehenden Fällen aber überwiegend verneint.[187] Begründet wurde dies für regulierte Verträge mit dem Hinweis auf den öffentlich-rechtlichen Charakter des Geschäftsplans.[188] Dies liegt auf der Linie der ständigen Rspr. zur parallelen Frage der Auskunftspflicht hin-

---

[181] Siehe zu den Rechnungsgrundlagen generell *Engeländer* VersR 2007, 1297 (1303); *Mönnich* in Langheid/Wandt § 169 Rn. 89.

[182] BGH VersR 2013, 1381 (1383); BGH r+s 2001, 433 (434), dort bezogen auf die „Methode zur Ermittlung des Zeitwertes" bei vorhandener Rückkaufswerttabelle; OLG München r+s 2010, 207; OLG Köln Urt. v. 19.7.2013 – 20 U 63/13; aA mit Einschränkung *Höra/Leithoff* in FAKomm-VersR § 169 Rn. 5.

[183] Siehe *Winter* in Bruck/Möller § 153 Rn. 47, der ggf. sogar von der Gebotenheit unternehmenseigener Sterbetafeln ausgeht.

[184] Siehe hierzu *Engeländer* VersR 2007, 1297 (1302); *Mönnich* in Langheid/Wandt § 169 Rn. 85; *Ortmann* in Schwintowski/Brömmelmeyer § 169 Rn. 30.

[185] Ähnlich *Ortmann* in Schwintowski/Brömmelmeyer § 169 Rn. 38.

[186] BGH VersR 2013, 1381 (1383) zu Mindestrückkaufswert für Verträge nach VVG aF; BGH r+s 2015, 83; ebenso OLG Köln Urt. v. 19.7.2013 – 20 U 63/13; OLG Celle Urt. v. 9.2.2012 – 8 U 191/11; OLG Köln Beschl. v. 25.6.2012 – 20 U 199/09; OLG München VersR 2009, 770 (771); LG Bonn Urt. v. 31.7.2013 – 9 O 530/12; LG Chemnitz NJW-RR 2004, 461; LG Hildesheim NJOZ 2003, 3339; LG Hamburg VersR 2002, 221.

[187] OLG Köln Urt. v. 19.7.2013 – 20 U 63/13; OLG Celle Urt. v. 9.2.2012 – 8 U 191/11; OLG Köln Beschl. v. 25.6.2012 – 20 U 199/09; OLG München VersR 2009, 770 (771); LG Bonn Urt. v. 31.7.2013 – 9 O 530/12; LG Hamburg VersR 2002, 221.

[188] OLG Düsseldorf NJW-RR 1993, 801; LG Köln VersR 2007, 343; LG Hamburg VersR 2002, 221.

sichtlich der Überschussbeteiligung.[189] Des Weiteren wurde es mit dem Geheimhaltungsinteresse des Versicherers an den Rechnungs- bzw. Kalkulationsgrundlagen begründet.[190] Zum Teil hat untergerichtliche Rechtsprechung für § 176 VVG aF einen Auskunftsanspruch bejaht.[191] In der Literatur wurde ein Auskunftsanspruch bei regulierten Verträgen verneint, soweit hierzu überhaupt Stellung genommen worden ist.[192] Für deregulierte Verträge wurde ein weitgehender auch den Rechenmodus umfassender Auskunftsanspruch jedenfalls hinsichtlich der Ermittlung des Mindestrückkaufswertes im Anschluss an die Entscheidung des BGH, in der er dieses Institut geschaffen hat,[193] vertreten.[194]

61 **Nach geltendem VVG** wird eine solche Auskunftspflicht für konventionell kalkulierte Verträge wegen der Verbindung von Angabe der Rückkaufswerte nach § 169 Abs. 3 S. 2 VVG iVm § 2 Abs. 1 Nr. 4 und 6 VVG-InfoV mit der jährlichen Information über Höhe und Umfang der Garantie der Überschussbeteiligung nach § 155 S. 1 VVG iVm § 6 Abs. 1 Nr. 3 VVG-InfoV überwiegend nicht für erforderlich gehalten.[195] Dem ist zu folgen. Der gezahlte Betrag wird sich in aller Regel aus diesen Unterlagen ableiten lassen.[196] Es fehlt dann an der Ungewissheit in entschuldbarer Weise. Lediglich wenn Rückkaufswerttabelle und jährliche Wertmitteilungen inkonsistent erscheinen, wird man einen Anspruch auf Auskunft bejahen müssen.[197]

62 Anders stellt sich dies hingegen bei lediglich **endfälligen Garantien** dar. Während der Laufzeit sind dann keine Rückkaufswerte garantiert. Ohne Flankierung durch einen Auskunftsanspruch wird der Versicherungsnehmer nicht in der Lage sein, die Richtigkeit des ausgezahlten Betrages auch nur annähernd nachvollziehen zu können. Die Situation ist vergleichbar mit der einer (reinen) fondsgebundenen Rentenversicherung. Der Versicherer übernimmt dort auch keine

---

[189] Siehe nur BGH VersR 1995, 77; BGH VersR 1983, 746; OLG Frankfurt Urt. v. 16.3.2011 – 7 U 104/10; OLG Celle VersR 2007, 930 (932).

[190] OLG Köln Urt. v. 30.11.2012 – 20 U 149/12; OLG Köln Beschl. v. 25.6.2012 – 20 U 199/09; LG Bonn Urt. v. 31.7.2013 – 9 O 530/12; LG Hamburg VersR 2002, 221; ebenso für Ablauf OLG Celle VersR 2007, 1501 (1502).

[191] LG Hamburg Urt. v. 1.12.2006 – 302 O 147/06 (Auskunft durch Offenlegung der Rechnungsgrundlagen an von der Versicherungsnehmer zu benennenden zur Verschwiegenheit verpflichteten Sachverständigen); LG Chemnitz NJW-RR 2004, 461 (Auskunft über Abschlusskosen uns Stornoabzug zur Ermittlung Mindestrückkaufswert); LG Hildesheim NJOZ 2003, 3339 (Auskunft über Höhe des Rückkaufswertes ohne Abschlusskosten zur Ermittlung des Mindestrückkaufswertes); AG Hamburg Urt. v. 14.6.2006 – 6 C 676/05 (pauschaler Auskunftsanspruch ohne Konkretisierung).

[192] *Benkel/Hirschberg* ALB § 4 Rn. 71; keine Stellungnahme *Römer* in Römer/Langheid, 2. Aufl. 2003, § 176 Rn. 13; *Kollhosser* in Prölss/Martin, 27. Aufl. 2004, § 176 Rn. 9.

[193] BGH NJW 2005, 3559.

[194] *Schünemann* VuR 2008, 8 (11).

[195] *Reiff* in Prölss/Martin § 169 Rn. 40; *Winter* in Bruck/Möller § 169 Rn. 161; ebenso OLG Celle VersR 2007, 1501 (1502) in einem obiter dictum zum zum Zeitpunkt der Entscheidung (19.7.2007) noch nicht in Kraft getretenem VVG; unter Berufung darauf, dass es sich um vereinbarte Rückkaufswerte handelt iE ebenso *Langheid* in Römer/Langheid § 169 Rn. 69; aA *Ortmann* in Schwintowski/Brömmelmeyer § 169 Rn. 39; weitergehender wohl auch *Brömmelmeyer* in Beckmann/Matusche-Beckmann § 42 Rn. 171.

[196] Auf das Ausreichen bei garantierten Rückkaufswerten und Mitteilung der Überschüsse nacc dem VVG aF weist bereits OLG München VersR 2009, 770 (771) hin.

[197] Ähnlich *Langheid* in Römer/Langheid § 169 Rn. 67.

Kapitalgarantie. Das Kapitalanlagerisiko trägt der Versicherungsnehmer,[198] im Unterschied zu konventionellen Verträgen mit endfälliger Garantie aber auch bezogen auf das bei Übergang in die Rentenphase vorhandene Kapital.[199] Für diese Fälle hat der BGH den Umfang der Auskunftspflichten jüngst konkretisiert.[200] Die Entscheidungen betrafen zwar den Mindestrückkaufswert von Verträgen nach VVG aF (→ Rn. 18) Im Hinblick auf die Auskunftspflichten für die hier diskutierten Verträge sind die Entscheidungen aber wegen der Strukturgleichheit übertragbar. Der BGH verlangt danach in geordneter Form Auskunft durch **Benennung folgender Beträge:** Hälfte des mit den Rechnungsgrundlagen der Prämienkalkulation berechneten ungezillmerten Deckungskapitals bzw. des ungezillmerten Fondsguthabens, des Rückkaufswerts, der sich für den Zeitpunkt der Beendigung des Versicherungsvertrages bei Zugrundelegung der Bestimmungen des jeweiligen Versicherungsvertrages, so wie er geschlossen ist, ergibt, des Stornoabzugs, der laufenden sowie der Schlussüberschüsse und der abgeführten Kapitalertragsteuern und Solidaritätszuschläge.[201] Für Verträge unter geltendem VVG wäre noch die Höhe der Bewertungsreserven nach § 153 Abs. 3 S. 2 VVG hinzuzufügen.[202] Allerdings ist fraglich, ob bei Verträgen mit lediglich endfälliger Garantie und ohne garantierte Rückkaufswerte diese Informationen in allen Fällen für eine gerichtliche Überprüfung ausreichend sind. Je nach konkreter Kalkulation des Vertrages können die genannten Beträge bloße Ergebnisse ohne Schlüssigkeit in sich darstellen. Dies gilt insbesondere für Verträge, bei denen das Deckungskapital bzw. der Rückkaufswert jährlich Schwankungen nach oben und nach unten unterliegen kann. Dann wird die Herleitung des Rückkaufswertes anders als bei stetig anwachsenden Rückkaufswerten wie bei Verträgen mit garantierten Rückkaufswerten nicht notwendigerweise aus den Zahlenreihen selbst annähernd plausibel. In diesen Fällen wird man weitergehende Auskunftsansprüche des Versicherungsnehmers bejahen müssen. Wie weit sie konkret gehen, hängt dann von der konkreten Vertragsgestaltung ab.

63 Problematisch kann dann allerdings die prozessuale Durchsetzung sein, wenn sich die Richtigkeit der Berechnung des Rückkaufswertes **nur mit der vollständigen Offenlegung der Kalkulationsgrundlagen darlegen** lässt. Sie ist wegen deren Qualität als Geschäftsgeheimnis bedenklich.[203] Hier erscheint bei einer gerichtlichen Überprüfung die Offenlegung der Einzelheiten zur Ermittlung des Rückkaufswertes gegenüber einem Sachverständigen, der zur Verschwiegenheit verpflichtet ist, sachgerecht.[204] Es ließe sich dann auf die vom BVerfG zur gerichtlichen Überprüfbarkeit von Beitragserhöhungen in der privaten Krankenversiche-

---

[198] Siehe § 54b VAG.

[199] Näher *Heiss/Mönnich* in Langheid/Wandt Vor §§ 150–171 Rn. 24.

[200] BGH NJW 2013, 3580 und BGH Beschl. v. 7.1.2014 sowie v. 10.3.2014 – IV ZR 216/13.

[201] BGH r+s 2015, 83; und BGH NJW 2013, 3580 (fragliche Passagen dort nicht abgedruckt, siehe insoweit BeckRS 2013, 11764 Rn. 23).

[202] BGH r+s 2015, 83.

[203] Zu deren berechtigtem Schutz s. BGH VersR 2013, 1381 (1383); BGH r+s 2015, 83; BGH r+s 2001, 433 (434), dort bezogen auf die „Methode zur Ermittlung des Zeitwertes" bei vorhandener Rückkaufswerttabelle; OLG München r+s 2010, 207; OLG Köln Urt. v. 19.7.2013 – 20 U 63/13.

[204] Ähnlich *Langheid* in Römer/Langheid § 169 Rn. 66; dafür offenbar für Fälle der gerichtlichen Überprüfung generell plädierend *Mönnich* in Langheid/Wandt § 169 Rn. 89.

rung aufgestellten Grundsätze zurückgreifen.[205] Zum Teil wird weitergehend vertreten, dass Adressat auch der Offenlegung der Versicherungsnehmer sein müsse. Der Schutz des Versicherers sei dadurch gewährleistet, dass der Versicherungsnehmer seinerseits aus § 242 BGB zu loyalem Umgang mit den Informationen verpflichtet sei und bei einem Verstoß erhebliche zivil- und ggf. auch strafrechtliche Sanktionen zu gewärtigen habe.[206] Dem kann nicht zugestimmt werden. Wirkliches Vertrauen in die Effektivität dieses behaupteten Schutzes erscheint schlechterdings lebensfremd.

64 **b) Mindestrückkaufswert (Abs. 3 S. 2). aa) Mindestrückkaufswert als fiktiver Betrag.** Der Mindestrückkaufswert ist eine fiktive Größe, die nur – dann aber auch zwingend – virulent wird, wenn der Versicherungsnehmer kündigt und der kalkulatorisch sich **ergebenden Rückkaufswert nicht den Mindestrückkaufswert erreicht.**[207] Aus dem Wortlaut von § 169 Abs. 3 S. 1 Hs. 2 VVG ergibt sich dies mittelbar daraus, dass die Regelung sich nur auf den Rückkaufswert bezieht, also eine Kündigung vorausgesetzt wird. Explizit findet es in der Begründung seinen Niederschlag, wenn es dort heißt, „die Sonderregelung […] wird auf die Fälle der Kündigung beschränkt".[208] Zutreffend wurde daher der Begriff einer „fiktiven Parallelrechnung" geprägt.[209]

65 **bb) Berechnung des Mindestrückkaufswertes.** Der Mindestrückkaufswert ist unter der Annahme zu berechnen, dass die **„angesetzten Abschluss- und Vertriebskosten" gleichmäßig über fünf Jahre verteilt** worden sind. Aus dem Wort „angesetzten" ergibt sich, dass nicht die tatsächlichen Kosten gemeint sind, sondern die einkalkulierten.[210] Entscheidend ist letztlich, dass eine Verrechnung mit den Beiträgen erfolgt.[211]

66 Uneinheitlich wird beurteilt, ob die **Art der Berechnung** mit dem Ablauf des fünften Jahres endet[212] oder auch noch gilt, wenn der Versicherungsnehmer etwa zum Ende des sechsten Versicherungsjahres kündigt.[213] Richtig sein dürfte letzteres. Der Wortlaut von § 169 Abs. 3 S. 1 VVG bezieht die fünf Jahre ausschließlich auf die Verteilung der Kosten; im Hinblick auf den Zeitpunkt der Kündigung ergibt sich hingegen keine Beschränkung auf fünf Jahre.[214] Freilich dürften die praktischen

---

205 BVerfG r+s 2000, 167.

206 *Schünemann* VuR 2008, 8 (11).

207 *Reiff* in Prölss/Martin § 169 Rn. 35; *Ortmann* in Schwintowski/Brömmelmeyer § 169 Rn. 56; *Mönnich* in Langheid/Wandt § 169 Rn. 92; *Gatschke* in VuR 2007, 447 (449); aA unter Hinweis auf die aufsichtsrechtliche Notwendigkeit einer vertragsindividuellen Deckungsrückstellung jeweils iHd vollen Verpflichtung des Versicherers *Höra/Leithoff* in FAKomm-VersR § 169 Rn. 18.

208 Gesetzesbegr. BT-Drs. 16/3945, 103.

209 *Reiff* in Prölss/Martin § 169 Rn. 35; ähnl. *Winter* in Bruck/Möller § 169 Rn. 86.

210 *Engeländer* VersR 2007, 1297 (1306); insoweit klarer § 7 Abs. 2 S. 1 Nr. 5 VVG: „[…], soweit eine Verrechnung mit Prämien erfolgt." sowie § 2 Abs. 2 Nr. 1 VVG-InfoV: „ einkalkulierten Abschlusskosten".

211 Gesetzesbegr. BT-Drs. 16/3945, 103; *Engeländer* VersR 2007, 1297 (1306); *Brambach* in Rüffer/Halbach/Schimikowski § 169 Rn. 16.

212 So *Reiff* in Prölss/Martin § 169 Rn. 35; *Winter* in Bruck/Möller § 169 Rn. 86 – beide unter Berufung auch auf *Ortmann* in Schwintowski/Brömmelmeyer § 169 Rn. 56, woraus sich dies jedoch nicht ergibt.

213 So *Schumacher* S. 172f.

214 Ebenso *Schumacher* S. 173.

Konsequenzen nur seltene Fälle betreffen und in aller Regel keine großen Unterschiede ausmachen.[215] Denkbar ist etwa ein Vertrag, der nach Ablauf von fünf Jahren beitragsfrei gestellt und anschließend zum Ende des nächsten Versicherungsjahres gekündigt wird. Wird der Rückkaufswert auf der Basis von gleichmäßig über fünf Jahre verteilten Abschlusskosten berechnet (was bereits bei der Berechnung des beitragsfreien Deckungskapitals geschehen sein muss), steht von Beginn an ein Zinsträger zur Verfügung, der gleichmäßig ansteigt. Werden die Abschlusskosten hingegen vollständig gezillmert, steht erst nach zwei bis drei Jahren ein Zinsträger zur Verfügung, der dann allerdings steil ansteigt. Der Unterschied ergibt sich damit im Wesentlichen aus Zins- und Zinseszinseffekten.

67 Was **„Abschluss- und Vertriebskosten"** im Einzelnen sind, ist im Gesetz an keiner Stelle definiert. Es findet sich lediglich eine Annäherung in § 43 Abs. 2 RechVersV. Dort werden unter dem Begriff „Abschlussaufwendungen" unterschiedliche Positionen zusammengefasst, die sich überwiegend zwanglos auch unter Abschluss- und Vertriebskosten subsumieren lassen. Zu Recht wird jedoch darauf hingewiesen, dass es für die Zwecke der Ermittlung des Mindestrückkaufswertes letztlich nicht darauf ankommt, welche Positionen genau in der Kalkulation eines Tarifs den Abschluss- und Vertriebs- und welche den Verwaltungskosten zugeschlagen worden sind.[216] Geht man von der Prämisse aus, dass die einkalkulierten Abschluss- und Vertriebskosten regelmäßig den Höchstzillmersatz übersteigen,[217] ist die Frage, welche Positionen zu Abschluss- und Vertriebskosten gehören dürfen, wirtschaftlich unerheblich, weil sie nur bis zum Höchstzillmersatz in Ansatz gebracht werden dürfen (→ Rn. 8).

68 Eine Umgehung ergäbe sich hingegen, wenn ein Versicherer im Hinblick auf die Berechnung des Mindestrückkaufswertes bei den Abschlusskosten den Höchstzillmersatz möglicherweise nicht ausschöpfte, stattdessen aber **hohe Verwaltungskosten,** insbesondere in den ersten Vertragsjahren, beitragsdisproportional einkalkulieren würde. Es würden dann bei der Ermittlung des Mindestrückkaufswertes zwar niedrige Abschlusskosten auf fünf Jahre proportional verteilt; jedoch würde dieser positive Effekt durch für die ersten Vertragsjahre hohe einkalkulierte Verwaltungskosten überkompensiert werden können. Aus diesem Grund wird zutreffend darauf hingewiesen, dass es für die Zwecke der Berechnung des Mindestrückkaufswertes nicht entscheidend auf die Zuordnung von Kosten zum Abschluss eines Vertrages ankommt.[218]

69 Für die Zwecke der Berechnung des Rückkaufswertes kommt es daher entscheidend darauf an, dass Kosten, die mit den Beiträgen der ersten fünf Jahre disproportional verrechnet werden – und zwar disproportional in der Weise, dass anfänglich proportional mehr verrechnet wird als später[219] – gleichmäßig auf fünf Jahre verteilt werden.[220]

---

[215] Siehe hierzu *Kleinlein* VuR 2008, 13 (15), der offenbar von völliger Identität nach fünf Jahren ausgeht.

[216] *Ortmann* in Schwintowski/Brömmelmeyer § 169 Rn. 50.

[217] *Ortmann* in Schwintowski/Brömmelmeyer § 169 Rn. 65.

[218] *Brambach* in Rüffer/Halbach/Schimikowski § 169 Rn. 15; wohl auch *Engeländer,* VersR 2007, 1297 (1307); *Ortmann* in Schwintowski/Brömmelmeyer § 169 Rn. 50.

[219] Insoweit unscharf *Brambach* in Rüffer/Halbach/Schimikowski § 169 Rn. 15, wo nur auf disproportionale Kalkulation abgestellt wird: auch eine anfänglich niedrige Verrechnung, die später zunimmt ist disproportional, wäre aber für Zwecke des Mindestrückkaufswertes positiv, da die Kostenbelastung anfänglich niedriger ist als später.

[220] *Brambach* in Rüffer/Halbach/Schimikowski § 169 Rn. 15; *Engeländer,* VersR 2007, 1297 (1306); *Ortmann* in Schwintowski/Brömmelmeyer § 169 Rn. 50.

cc) Einmalbeitragsversicherung. Aus diesen Überlegungen ergibt sich, dass die Regelung zum Mindestrückkaufswert bereits aus der Natur der Sache auf Verträge gegen Einmalbeitrag **keine Anwendung** finden kann. Es besteht dort gar nicht die Möglichkeit, Kosten beitragsproportional bzw. -disproportional zu verrechnen. Beides setzt denknotwendiger Weise mehr als einen Beitrag voraus.[221] Aus diesem Grunde setzt Satz 2 laufende Beitragszahlung voraus. Dies entspricht mittlerweile allgM.[222] Für dieses Ergebnis spricht zum einen die Gesetzesbegründung. Der Gesetzgeber beschreibt darin als „bisherige Praxis der Versicherer, die ersten Prämien zur Deckung der Abschlusskosten zu verwenden".[223] Er geht mithin ausdrücklich von mehreren Beiträgen aus. Darüber hinaus identifiziert er als Defizit der Vergangenheit und gleichzeitig Anlass für die Einführung des Mindestrückkaufswertes den Umstand, dass in den ersten Jahren kein Rückkaufswert vorhanden ist.[224] Versicherungen gegen Einmalbeitrag weisen hingegen von Beginn an einen Rückkaufswert aus.[225] Darüber hinaus wird auf das fehlende Schutzbedürfnis des Versicherungsnehmers abgestellt.[226] Bereits in der Vergangenheit hat die Rechtsprechung im Übrigen das erste Urteil mit dem der BGH die Klauseln zur Abschlusskosten und Rückkaufswert als intransparent verworfen hat,[227] nicht auf Versicherungen gegen Einmalbeitrag angewendet.[228] 70

dd) Zuschläge, Dynamische Erhöhungen und Zuzahlungen. Beitragszuschläge etwa für ein höheres Todesfallrisiko aufgrund bestehender Vorerkrankungen sind **Teil des vereinbarten Beitrags.** Sie erhöhen entsprechend die Beitragssumme und damit den Betrag, der über fünf Jahre gleichmäßig verteilt angesetzt werden darf.[229] 71

Durch vereinbarte **dynamische Erhöhungen** darf der Mindestrückkaufswert nicht unterlaufen werden. Werden Erhöhungen bereits bei Beginn des Vertrages in voller Höhe verprovisioniert – was jedenfalls bei fest vereinbarten Erhöhungen teilweise der Fall ist[230] –, dürfen bei der Berechnung des Mindestrückkaufswertes nur Abschlusskosten für die dann tatsächlich gezahlten Erhöhungsbeiträge in Ansatz gebracht werden. Sie sind gleichmäßig über fünf Jahre ab Zahlung zu verteilen und auf den Höchstzillmersatz zu begrenzen. Für den Versicherungsnehmer ungünstigere Verfahren verstoßen, wenn nicht bereits gegen den Wortlaut von § 169 Abs. 3 S. 1 VVG, so jedenfalls gegen dessen Zweck.[231] Optional vereinbarte Erhöhungen 72

---

[221] Ähnlich *Engeländer* VersR 2007, 1297 (1307); *Reiff* in Prölss/Martin § 169 Rn. 36.

[222] Siehe *Winter* in Bruck/Möller § 169 Rn. 98; *Brambach* in Rüffer/Halbach/Schimikowski § 169 Rn. 17; *Ortmann* in Schwintowski/Brömmelmeyer § 169 Rn. 51; *Reiff* in Prölss/Martin § 169 Rn. 36; *ders.* in HEK 21. Kapitel Rn. 90; *Mönnich* in Langheid/Wandt § 169 Rn. 98; *Langheid* in Römer/Langheid § 169 Rn. 33; *Engeländer,* VersR 2007, 1297 (1307); *Grote* in Marlow/Spuhl Rn. 1151 f.; *Prang* in van Bühren § 14 Rn. 352; BaFin Auslegungshinweis v. 28. 5. 2008 – VA 21-A-2008/0033.

[223] Gesetzesbegr. BT-Drs. 16/3945, 102.

[224] Gesetzesbegr. BT-Drs. 16/3945, 102.

[225] Siehe *Mönnich* in Langheid/Wandt § 169 Rn. 98.

[226] *Ortmann* in Schwintowski/Brömmelmeyer § 169 Rn. 51; *Reiff* in Prölss/Martin § 169 Rn. 36; *ders.* in HEK 21. Kap. Rn. 90.

[227] BGH VersR 2001, 841.

[228] OLG Düsseldorf NJW-RR 2003, 463.

[229] *Brambach* in Rüffer/Halbach/Schimikowski § 169 Rn. 16.

[230] Siehe hierzu *Baroch Castellví* r+s 2013, 53 (56).

[231] Ebenso *Ortmann* in Schwintowski/Brömmelmeyer § 169 Rn. 52; *Reiff* in Prölss/Martin § 169 Rn. 35; *Winter* in Bruck/Möller § 169 Rn. 96.

werden üblicherweise erst dann verprovisioniert, wenn sie auch tatsächlich durchgeführt werden. Auch bei ihnen sind für die Zwecke der Berechnung des Mindestrückkaufswertes die Abschlusskosten wie beschrieben zu behandeln. Zum Teil wird vertreten, dass die Erhöhungsbeträge bereits bei Beginn des Vertrages und nicht erst zum Wirksamwerden der Erhöhung in die Beitragssumme für die Zwecke der Ermittlung des über fünf Jahre zu verteilenden Betrages anzusetzen seien.[232] Dies ist abzulehnen. Der Zweck der Regelung zum Mindestrückkaufswert kann dadurch gerade bei langen Laufzeiten und nennenswerten Erhöhungssätzen allzu leicht umgangen werden.

73 Bei **Zuzahlungen** hingegen erscheint es zulässig, die hierfür anfallenden Abschlusskosten für die Zwecke der Berechnung des Mindestrückkaufswertes in voller Höhe in Ansatz zu bringen. Zuzahlungen sind insoweit mit Einmalbeiträgen gleichzusetzen. Die dort angestellten Erwägungen gelten dann entsprechend[233] (Rn. 70).

74 **c) Beitragszahlungsdauer unter fünf Jahren (Abs. 3 S. 3).** Satz 3 bestimmt für Beitragszahlungsdauern unter fünf Jahren die jeweils vereinbarte Beitragszahlungsdauer als Zeitraum der (gleichmäßigen) Verteilung der Abschluss- und Vertriebskosten für die Bestimmung des Mindestrückkaufswertes. Dies stellt **keine Abweichung** von § 169 Abs. 1 S. 1 Hs. 2 VVG zum Nachteil des Versicherungsnehmers dar und verstößt damit nicht gegen § 171 S. 1 VVG. Der Wortlaut von § 169 Abs. 3 S. 1 Hs. 2 VVG trifft keine klare Aussage zu der Frage, wie der Mindestrückkaufswert bei Verträgen zu ermitteln ist, deren Beitragszahlungsdauer unter fünf Jahren liegt. Dabei lassen sich zwei Konstellationen bilden. Entweder nur die Beitragszahlungsdauer oder die Versicherungs- und die Beitragszahlungsdauer betragen weniger als fünf Jahre. Befund aus dem Wortlaut der Vorschrift ist lediglich, dass er jedenfalls die erste Konstellation nicht im Blick hatte. Das ergibt sich aus der Formulierung „die ersten fünf Vertragsjahre" in § 169 Abs. 3 S. 1 Hs. 2 VVG. Es wird mithin eine Vertragsdauer vorausgesetzt, die fünf Jahre übersteigt. Damit enthält die Vorschrift für diese Fälle eine planwidrige Lücke.[234] Sie ist nach den Grundsätzen der juristischen Methodenlehre durch entsprechende Anwendung der Regelung zu schließen.[235]

75 Ausgangspunkt hat dabei die Wertung des Gesetzes zu sein.[236] Dem Gesetzgeber ging es um, einen **Ausgleich der Interessen zwischen früh und spät bzw. gar nicht kündigenden Versicherungsnehmern.**[237] Die Rückkaufswerte der früh Kündigenden sollten nicht durch vollständige Zillmerung unangemessen niedrig sein. Diesem Zweck wird am ehesten gerecht, wenn bei Versicherungs- und Beitragszahlungsdauer unter fünf Jahren der Mindestrückkaufswert auf der Basis von über die Beitragszahlungsdauer gleichmäßig verteilten Abschluss- und Vertriebskosten ermittelt wird. Dies entspricht der hA.[238] Die Beitragszahlungsdauer ist auch dann richtiger An-

---

[232] *Brambach* in Rüffer/Halbach/Schimikowski § 169 Rn. 16; *Engeländer* VersR 2007, 1297 (1305 f.).

[233] Wohl anders jedenfalls bei „einmaligen Erhöhungsstufen" *Ortmann* in Schwintowski/Brömmelmeyer § 169 Rn. 52.

[234] Siehe hierzu *Larenz*, Methodenlehre der Rechtswissenschaft, 6. Aufl. 1991, S. 373 f.

[235] Siehe hierzu *Larenz*, Methodenlehre der Rechtswissenschaft, 6. Aufl. 1991, S. 381; iE ebenso aber mit anderer Begründung *Brambach* in Rüffer/Halbach/Schimikowski § 169 Rn. 17: teleologische Reduktion.

[236] Siehe hierzu *Larenz*, Methodenlehre der Rechtswissenschaft, 6. Aufl. 1991, S. 381 f.

[237] Gesetzesbegr. BT-Drs. 16/3945, 102.

[238] *Brambach* in Rüffer/Halbach/Schimikowski § 169 Rn. 17; *Reiff* in Prölss/Martin § 169 Rn. 38; *Mönnich* in Langheid/Wandt § 169 Rn. 98; *Krause* in Looschelders/Pohlmann § 169

knüpfungspunkt, wenn Versicherungs- und Beitragszahlungsdauer **unter fünf Jahren** liegen, die Beitragszahlungsdauer aber noch unter der Versicherungsdauer liegt.[239] Dies ergibt sich aus der Überlegung, dass es für den Begriff der Abschluss- und Vertriebskosten in § 169 Abs. 3 S. 1 VVG einzig auf die Verrechnung von Kosten mit Beiträgen ankommt (→ Rn. 65), mithin also dem Abzug der Kosten die Zahlung von Beiträgen gegenübersteht. Bei der zweiten Konstellation, nämlich Beitragszahlungsdauer unter fünf Jahren, Versicherungsdauer darüber, ist aus demselben Grund für die Ermittlung des Mindestrückkaufswertes an die Beitragszahlungsdauer anzuknüpfen, und sind die Abschluss- und Vertriebskosten auf diese und nicht auf fünf Jahre gleichmäßig zu verteilen. Es geht der Sache nach um die beitragsproportionale Verteilung von disproportional verrechneten Kosten im obigen Sinn (→ Rn. 68). Dies kann nur solange geschehen, wie Beiträge gezahlt worden sind. Das Schutzbedürfnis des Versicherungsnehmers für die Zwecke der Ermittlung des Mindestrückkaufswertes reicht nicht über die Dauer der Beitragszahlungspflicht hinaus.

76 **d) Aufsichtsrechtliche Höchstzillmersätze (Abs. 3 S. 4). aa) Außerrechnungsmäßige Kosten.** Über den Höchstzillmersatz hinausgehende Abschluss- und Vertriebskosten dürfen zwar einkalkuliert und auch erhoben werden,[240] sie dürfen aber **nicht den Rückkaufswert innerhalb der ersten fünf Vertragsjahre schmälern.** Andernfalls würde der Zweck des Mindestrückkaufswertes ausgehöhlt werden können.[241] Auch Umgehungen sind unzulässig. Oben (→ Rn. 67) wurde erläutert, dass es für die gleichmäßige Verteilung der Abschluss- und Vertriebskosten bei der Berechnung des Mindestrückkaufswertes nicht auf die Zuordnung von bestimmten Kostenpositionen zu den Abschluss- und Vertriebskosten ankommt. Entscheidend ist vielmehr, dass Kosten mit den ersten Beiträgen verrechnet werden. Diese disproportionalen Kosten sind beitragsproportional maximal bis zum Höchstzillmersatz auf die ersten fünf Jahre zu verteilen (→ Rn. 68). Es würde daher eine Umgehung darstellen, wenn für die Anfangszeit des Vertrages höhere Verwaltungskosten einkalkuliert würden als für spätere Vertragsjahre und diese höheren Kosten für die Zwecke der Berechnung des Rückkaufswertes nicht beitragsproportional verteilt würden.[242]

77 **bb) EU/EWR-Versicherer.** Für Versicherer, die der deutschen Versicherungsaufsicht nicht unterliegen, **gelten die aufsichtsrechtlichen Höchstzillmersätze nicht.** Dies ergibt sich aus § 110a VAG, insbesondere dessen Absatz 4, in dem § 65 VAG nicht aufgeführt ist. § 65 VAG ist Teil der Finanzaufsicht, die nach § 110a Abs. 3 S. 1 VAG dem Sitzstaat zugewiesen ist.[243] Es besteht weitgehendes Einvernehmen, dass für diese Versicherer die vertragsrechtliche Begrenzung auf den

---

Rn. 25; *Ortmann* in Schwintowski/Brömmelmeyer § 169 Rn. 51; *Engeländer* VersR 2007, 1297 (1307); *Winter* in Bruck/Möller § 169 Rn. 99; *Grote* in Marlow/Spuhl Rn. 1150; *Prang* in van Bühren § 14 Rn. 352.

[239] Explizit auf die Beitragszahlungsdauer stellen ab: *Reiff* in Prölss/Martin § 169 Rn. 38; *Mönnich* in Langheid/Wandt § 169 Rn. 98; *Ortmann* in Schwintowski/Brömmelmeyer § 169 Rn. 51; *Engeländer* VersR 2007, 1297 (1307); *Winter* in Bruck/Möller § 169 Rn. 99; *Grote* in Marlow/Spuhl Rn. 1150.

[240] Siehe hierzu *Ortmann* in Schwintowski/Brömmelmeyer § 169 Rn. 65.

[241] *Langheid* in Römer/Langheid § 169 Rn. 34.

[242] Wohl ebenso *Ortmann* in Schwintowski/Brömmelmeyer § 169 Rn. 65; *Mönnich* in Langheid/Wandt § 169 Rn. 97.

[243] Zur Reichweite der Finanzaufsicht s. *Kollhosser* in Prölss § 110a Rn. 10; *Pohlmann* in FKBP § 110a Rn. 27.

Höchstzillmersatz in § 169 Abs. 3 S. 1 aE VVG ebenfalls nicht gilt.[244] Europarechtliche Bedenken gegen die Regelung, wenn sie auf ausländische Versicherungsunternehmen anzuwenden wäre, haben gerade zu der verunglückten Formulierung „bleiben unberührt" in § 169 Abs. 3 S. 1 Hs. 2 VVG geführt.[245] Die damit einhergehende Inländerdiskriminierung wird vom Gesetzgeber und der Literatur als europarechtlich offenbar unvermeidbar weitgehend hingenommen.[246]

78 **e) Begrenzung auf Todesfallleistung. aa) Begrenzung des Rückkaufswertes (Abs. 3 S. 5).** Satz 5 weicht vom Wortlaut des Gesetzes an drei Stellen ab, nämlich bei der Verwendung des Begriffs „Auszahlungsbetrag" statt „Rückkaufswert", der Bezugnahme auf die Todesfallleistung an Stelle der „Leistung bei einem Versicherungsfall" sowie der Bezugnahme auf die bei Tod fällig werdende Leistung an Stelle der Leistung „zum Zeitpunkt der Kündigung". In keinem der drei Fälle liegt eine Abweichung zum Nachteil des Versicherungsnehmers iSv § 171 S. 1 VVG vor. Es handelt sich vielmehr um **Präzisierungen** gegenüber dem Gesetzeswortlaut.

79 Der Begriff **„Auszahlungsbetrag"** beruht darauf, dass der Rückkaufswert um den Abzug nach Absatz 4 vermindert wird, wie sich aus Abs. 4 S. 1 ergibt. Dies ist zulässig. Damit wird nicht der Rückkaufswert ausgezahlt, sondern gemindert um den Abzug. Dies kommt durch die Terminologie „Auszahlungsbetrag" zum Ausdruck. Es entspricht auch der gesetzlichen Systematik.[247] § 169 Abs. 2 S. 1 VVG spricht von Rückkaufswert. Das ist der in § 169 Abs. 3 VVG definierte Betrag; von diesem Betrag ist nach § 169 Abs. 5 S. 1 VVG unter den dort genannten Voraussetzungen ein Abzug zulässig. Die zweite Abweichung – „Todesfall" statt „Versicherungsfall" – stellt die auf eine Rentenversicherung zugeschnittene Konkretisierung der abstrakten gesetzlichen Wortwahl dar. Sie entspricht dem für Rentenversicherungen in der Begründung gebildeten Beispiel. Dort wird auf eine Rentenversicherung Bezug genommen, bei der das für die Zahlung der Renten gebildete Deckungskapital höher ist als die vereinbarte Leistung für den Todesfall.[248] Die dritte Abweichung – bei Tod fällig werdende Leistung statt „Leistung bei einem Versicherungsfall zum Zeitpunkt der Kündigung" – stellt sachlich ebenfalls keinen Unterschied zur gesetzlichen Vorgabe dar. In beiden Fällen geht es um die hypothetische Leistung, die der Versicherer zu zahlen hätte, wenn nicht gekündigt, sondern der Todesfall eintreten würde.

---

[244] Siehe Beschlussempf. und Bericht des Rechtsausschusses BT-Drs. 16/5862, 100; *Mönnich* in Langheid/Wandt § 169 Rn. 97; *Krause* in Looschelders/Pohlmann § 169 Rn. 36; *Reiff* in Prölss/Martin § 169 Rn. 37; *Ortmann* in Schwintowski/Brömmelmeyer § 169 Rn. 69; *Brömmelmeyer* in Beckmann/Matusche-Beckmann § 42 Rn. 165; aA *Brambach* in Rüffer/Halbach/Schimikowski § 169 Rn. 21.

[245] Beschlussempfehlung und Bericht des Rechtsausschusses BT-Drs. 16/5862, 100.

[246] Siehe Nachweise bei *Mönnich* in Langheid/Wandt § 169 Rn. 97; s. aber *Schumacher* S. 312f., der für eine europarechtskonforme Auslegung der Regelung zum Mindestrückkaufswert plädiert: sie soll danach nur dann zum Tragen kommen, wenn der Versicherer den Versicherungsnehmer nicht hinreichend über die Folgen der Zillmerung in den ersten Jahren aufklärt; ebenfalls krit. *Grote* in Marlow/Spuhl Rn. 1161f. mwN; zweifelnd *Langheid* in Römer/Langheid § 169 Rn. 34.

[247] Gesetzesbegr. BT-Drs. 16/3945, 101.

[248] Gesetzesbegr. BT-Drs. 16/3945, 101.

bb) Überschießender Betrag (Abs. 3 S. 6). Die Verwendung des überschießenden Betrags wird in Satz 6 dahin konkretisiert, dass entsprechend dem Vorliegen einer Rentenversicherung daraus eine **beitragsfreie Rente** gebildet wird. Die Bezugnahme auf die anerkannten Regeln der Versicherungsmathematik hat ihre Grundlage und Rechtfertigung in § 165 Abs. 2 VVG. 80

cc) Verfallen des überschießenden Betrags (Abs. 3 S. 7). Satz 7 dient ausschließlich der **Verständlichkeit.** Würde er fehlen, ergäbe sich sein Inhalt ohne weiteres aus § 1 Abs. 1 S. 1. Dem Versicherungsnehmer wird dadurch verdeutlicht („nur"), dass der überschießenden Teil des Rückkaufswertes verfällt, wenn die versicherte Person den Rentenzahlungsbeginn nicht erlebt. 81

f) Mindestrente (Abs. 3 S. 8). Satz 8 hat in § 169 Abs. 2 VVG keine explizite gesetzliche Grundlage. Vielmehr ergibt sich die Zugrundelegung des vollen Rückkaufswertes bei Nichterreichen des vereinbarten Mindestbetrages aus § 165 Abs. 1 S. 2 VVG. Insoweit ist § 169 Abs. 2 S. 2 VVG als **Rechtsfolgenverweisung auf § 165 VVG** zu verstehen.[249] Aus der Wortwahl „legen wir [...] zugrunde" ergibt sich, dass der Rückkaufswert nicht der auszuzahlende Betrag ist, sondern die Grundlage für die Ermittlung des Auszahlungsbetrags, wie in Absatz 2 näher beschrieben. 82

4. Stornoabzug (Abs. 4)

a) Bezifferung (Abs. 4 S, 1). Satz 1 trägt zwei gesetzlichen Anforderungen für die Wirksamkeit eines Stornoabzugs nach § 169 Abs. 5 S. 1 VVG Rechnung, zum einen der Notwendigkeit einer Vereinbarung, zum andern der Bezifferung. Beim Merkmal „Bezifferung" ist umstritten, ob die **Nennung eines konkreten Betrages in Euro** erforderlich ist[250] oder Parameter ausreichen, anhand derer sich der Abzug im konkreten Fall einfach ermitteln lässt.[251] Für die strenge Auffassung wird der Wortlaut angeführt.[252] Darüber hinaus soll sich dies durch die Gegenüberstellung zu § 2 Abs. 1 Nr. 1, Abs. 2 VVG-InfoV ergeben.[253] Für die Zulässigkeit von Parametern – vorausgesetzt, aus ihnen lässt sich der Abzug leicht berechnen – wird die Begründung angeführt[254] sowie darauf hingewiesen, dass praktische Erwägungen – etwa bei fondsgebundenen Versicherungen – die Nennung eines Eurobetrags sach- 83

---

[249] Ebenso wohl *Winter* in Bruck/Möller § 169 Rn. 82; *Reiff* in Prölss/Martin § 169 Rn. 30.

[250] So *Gatschke* in VuR 2007, 447 (450); *Franz* VersR 2008, 298 (310); offen lassend: *Krause* in Looschelders/Pohlmann § 169 Rn. 50; *Grote* in Marlow/Spuhl Rn. 1150.

[251] Mit Einschränkung: *Mönnich* in Langheid/Wandt § 169 Rn. 118; *Reiff* in Prölss/Martin § 169 Rn. 58 („ggf. versehen mit einem Beispiel"); ebenso *Winter* in Bruck/Möller § 169 Rn. 130; *Grote/Thiel* VersR 2013, 666 (668 – „vertretbar"); *Brömmelmeyer* VersR 2014, 133 (135); ohne derartige Einschränkung *Brambach* in Rüffer/Halbach/Schimikowski § 169 Rn. 24; *Ortmann* in Schwintowski/Brömmelmeyer § 169 Rn. 89; *Langheid* in Römer/Langheid § 169 Rn. 47; *Brömmelmeyer* in Beckmann/Matusche-Beckmann § 42 Rn. 175; *Schick/Franz* VW 2007, 764 (766); *Schumacher* S. 213; Prozentsatz zulässig: *Prang* in van Bühren § 14 Rn. 364.

[252] *Gatschke* in VuR 2007, 447 (450); den Wortlaut ebenso verstehend: *Krause* in Looschelders/Pohlmann § 169 Rn. 50; *Grote/Thiel* VersR 2013, 666 (668).

[253] *Mönnich* in Langheid/Wandt § 169 Rn. 118 unter Hinweis auf die Begründung zur VVG-InfoV mit einer Gegenüberstellung von „beziffern" und „Vomhundertsatz".

[254] *Mönnich* in Langheid/Wandt § 169 Rn. 118; *Grote/Thiel* VersR 2013, 666 (668); *Schumacher* S. 213.

gerecht häufig nicht zulassen.[255] Zusätzlich wird auch hier die VVG-InfoV herangezogen. Anders als der Rückkaufswert sei der Stornoabzug nicht von § 2 Abs. 2 VVG-InfoV erfasst.[256] Auf der Grundlage der Gesetzesbegründung[257] besteht hingegen Einvernehmen dahin, dass ein bloßer Verweis auf versicherungsmathematische Grundsätze nicht ausreicht.[258]

84 Zutreffend ist, dass der Wortlaut eher auf die Nennung eines konkreten Eurobetrags hindeutet. Zutreffend ist weiter, dass die Gesetzesbegründung auch eine Darstellung zulässt, die mit einer einfachen Berechnung die Ermittlung des Abzugs ermöglicht. Zu berücksichtigen ist weiter, dass ein einheitlicher Eurobetrag der Angemessenheit des Abzugs nicht in allen Fällen Rechnung trägt. Insoweit wird richtigerweise darauf hingewiesen,[259] dass ein absoluter Betrag dort unangemessen sein kann, wo das Deckungskapital erheblichen Schwankungen unterliegt, also insbesondere bei fondsgebundenen Versicherungen. Dort kann Angemessenheit aus der Natur der Sache nur durch Prozentsätze hergestellt werden. In systematischer Hinsicht ist zu bedenken, dass § 169 Abs. 5 VVG nach seiner Stellung sowohl für sog. konventionelle Versicherungen nach § 169 Abs. 3 VVG als auch für fondsgebundene nach § 169 Abs. 4 VVG gilt. Der Gesetzgeber hat also trotz der in der Natur der Sache liegenden Unterschiede im Hinblick auf den Stornoabzug diesbezüglich nicht differenziert. Vor diesem Hintergrund ist „beziffert" in § 169 Abs. 5 S. 1 VVG richtigerweise so zu interpretieren, dass auch für beide Kategorien von Verträgen die **Vereinbarung von Parametern zulässig ist, aus denen sich auf einfache Weise die Höhe des Stornoabzugs ermitteln lässt.**

85 Dieses Ergebnis wird durch die **Entscheidung des BGH,**[260] mit der er Regelungen zu Rückkaufswerten und Stornoabzug von Bedingungsgenerationen aus der Zeit vor der Reform des VVG für unwirksam erklärt hat, nicht in Frage gestellt. Der BGH hat dort zumindest angedeutet, dass der Stornoabzug separat hätte aufgelistet werden können.[261] Will man dem eine entsprechende Anforderung entnehmen,[262] so ändert das an der hier vertretenen Auffassung nichts, weil die dortigen Unwirksamkeitsgründe auf die vorliegenden Bedingungen nicht zutreffen. Ein Einwand war, dass der Stornoabzug dort als Teil des Rückkaufswertes dargestellt worden war.[263] Dies ist hier mit der Trennung von Rückkaufswert und Stornoabzug in Absatz 3 bzw. Absatz 4 nicht der Fall.[264] Weiterer Unwirksamkeitsgrund war die Infizierung der Regelung zum Stornoabzug durch die Unwirksamkeit der Zillmerabrede.[265] Die dortige Zillmerabrede hat der BGH wegen materieller Unwirk-

---

[255] *Schick/Franz* VW 2007, 764 (766); *Brambach* in Rüffer/Halbach/Schimikowski § 169 Rn. 24.

[256] *Winter* in Bruck/Möller § 169 Rn. 130; aA *Brömmelmeyer* VersR 2014, 133 (135).

[257] Gesetzesbegr. BT-Drs. 16/3945, 103.

[258] *Grote/Thiel* VersR 2013, 666 (667); *Reiff* in Prölss/Martin § 169 Rn. 58; *Winter* in Bruck/Möller § 169 Rn. 130; *Schumacher* S. 213.

[259] *Schick/Franz* VW, 2007, 764 (766); *Hanus* ZfV 2010, 532; auf den Eingriff in die Freiheit der Produktgestaltung hinweisend *Brömmelmeyer* VersR 2014, 133 (135).

[260] BGH NJW 2012, 3023 sowie die Folgeentscheidungen BGH NJW-RR 2013, 146; BGH VersR 2013, 565 und BGH VersR 2013, 1116.

[261] BGH NJW 2012, 3023 (3029).

[262] So *Brömmelmeyer* VersR 2014, 133 (134).

[263] BGH NJW 2012, 3023 (3028).

[264] Ebenso *Brömmelmeyer* VersR 2014, 133 (134).

[265] BGH NJW 2012, 3023 (3029).

samkeit verworfen. Die Entstehung eines Rückkaufswertes in der Regel erst nach zwei Jahren und die nachfolgenden niedrigen Rückkaufswerte würden den Versicherungsnehmer iSv § 307 Abs. 2 Nr. 2, Abs. 1 S. 1 BGB unangemessen benachteiligen.[266] Dies ist hier durch die unter geltendem VVG vorgeschriebenen Mindestrückkaufswerte ausgeschlossen. Weiter wurde die Regelung zum Stornoabzug verworfen, weil der Abzug als „angemessen" bezeichnet und die Beweislastregelung einschließlich der Gegenbeweismöglichkeit irreführend formuliert war.[267] Keines von beidem ist hier der Fall (→ Rn. 112). Nach hier vertretener Auffassung bedarf es der Gegenbeweismöglichkeit darüber hinaus ohnehin nicht (→ Rn. 110f.).

86 Ungeachtet dieser Überlegungen spricht jedenfalls bei konventionellen Versicherungen nichts dagegen, wenn die AVB auf eine Tabelle verweisen, die den Stornoabzug gesondert in Euro ausweist.[268]

87 **b) Angemessenheit (Abs. 4 S. 2).** Der Satz ist **deklaratorischer Natur,** weil er eine der drei gesetzlichen Voraussetzungen des Stornoabzugs nach § 169 Abs. 3 S. 1 VVG lediglich wiedergibt. Eine Gefahr der Irreführung, wie sie der BGH in einer Vorgängerregelung – zu Recht[269] – gesehen hat,[270] resultiert hieraus erkennbar nicht.[271] Im Urteilssachverhalt kritisierte der BGH, dass der Versicherungsnehmer davon ausgehen musste, dass er die Unangemessenheit zu beweisen habe. Diesbezüglich ist die Aussage in Satz 2 indifferent. Zur Beweislast verhält sich Satz 3.

88 Die Angemessenheit des Stornoabzugs hängt wesentlich davon ab, worauf er gestützt werden kann bzw. wird, dh, woraus er seine **sachliche Rechtfertigung** bezieht. Dies ergibt sich auch aus der Gesetzesbegründung.[272] Die Literatur folgt dem einhellig.[273] Vor diesem Hintergrund wird mit Satz 4 – ebenso wie mit Satz 5 – ein Begründungsansatz für den Abzug gegeben. Als generelle Leitlinie für die Rechtfertigung des Abzugs dient dabei die Tatsache, dass sich bei einem Versicherungsverhältnis anders als bei sonstigen Vertragsverhältnissen nicht nur die Vertragsparteien gewissermaßen zwangsläufig antagonistisch gegenüberstehen, sondern als dritte „Partei" das **Kollektiv der Versicherungsnehmer.** Was dem einzelnen Versicherungsnehmer zugesprochen wird, reduziert die Möglichkeiten des Kollektivs der anderen Versicherungsnehmer. In der Lebensversicherung bedeutet dies konkret zunächst die Reduzierung der Überschussbeteiligung, im Extremfall auch die Reduzierung der garantierten Leistungen. Erst in jüngerer Zeit scheint dieser Gesichtspunkt in der rechtlichen Diskussion wieder Raum zu greifen.[274]

89 Unabhängig davon ist allerdings zunächst zu fragen, ob es rechtlich notwendig ist, in den AVB oder ggf. an anderer Stelle der vorvertraglichen Informationen **Gründe für den Stornoabzug zu nennen.** Der Gesetzeswortlaut zwingt dazu

---

[266] BGH NJW 2012, 3023 (3024).

[267] BGH NJW 2012, 3023 (3030f.).

[268] *Grote/Thiel* VersR 2013, 666 (668).

[269] So zutr. *Armbrüster* NJW 2012, 3001 (3002); *Brömmelmeyer* VersR 2014, 133 (134).

[270] BGH NJW 2012, 3023 (3030).

[271] Ebenso *Brömmelmeyer* VersR 2014, 133 (134).

[272] Gesetzesbegr. BT-Drs. 16/3945, 103.

[273] Siehe nur *Grote/Thiel* VersR 2013, 666 (668); *Mönnich* in Langheid/Wandt § 169 Rn. 119; *Reiff* in Prölss/Martin § 169 Rn. 59; *Krause* in Looschelders/Pohlmann § 169 Rn. 50; *Winter* in Bruck/Möller § 169 Rn. 132; *Brömmelmeyer* VersR 2014, 133 (135).

[274] *Präve* VersR 2012, 657; *ders.* VersR 2012 1159 (1161); *Brömmelmeyer* VersR 2014, 133 (136); im Zusammenhang mit der Diskussion um die EU-Rechtswidrigkeit von § 5a Abs. 2 S. 4 VVG aF OLG München VersR 2013, 1025 (1027).

nicht. § 169 Abs. 5 S. 1 VVG verlangt für die Wirksamkeit des Abzugs u. a. dessen Angemessenheit. Es hätte den Gesetzgeber nichts gehindert, auch die Notwendigkeit einer Begründung in den AVB zu verlangen. Aus dem Umstand, dass er dies nicht getan hat, ergibt sich als erster Befund, dass er dies auch nicht verlangen wollte.[275] Bestätigt wird dies durch den Umstand, dass der Gesetzgeber in der Begründung sehr umfänglich Überlegungen zu den Gründen für die Angemessenheit angestellt hat.[276] Er hat sich insoweit darauf beschränkt, die Angemessenheit als unbestimmten Rechtsbegriff zu qualifizieren, der „nicht erschöpfend umschrieben werden"[277] könne, und ihn „der Rechtsprechung zur Entscheidung im Einzelfall überlassen".[278] Einen Grund allerdings wollte der Gesetzgeber nach der Begründung in jedem Fall ausgeschlossen wissen, nämlich die nicht getilgten Abschlusskosten.[279] Dies hat er in § 169 Abs. 5 S. 2 VVG auch explizit geregelt. Das alles lässt den Schluss zu, dass der Gesetzgeber von der Regelung von Gründen für den Stornoabzug sehr bewusst abgesehen hat und folglich auch davon, dem Versicherer in den Erläuterungen oder gar Vereinbarungen mit dem Versicherungsnehmer diesbezügliche Verpflichtungen aufzuerlegen.[280] Ein Transparenzmangel dürfte dadurch nicht entstehen, weil der Abzug zu beziffern ist.[281] Für den Versicherungsnehmer kommt es auf die Höhe, nicht auf den Grund des Abzugs an. Führen AVB allerdings Gründe für den Abzug an, und ist dies als abschließend zu verstehen, so ist der Versicherer an diese Gründe gebunden. Die Angemessenheit des Abzugs darf mit anderen Gründen dann nicht gerechtfertigt werden.

90 **c) Beweislast für Angemessenheit (Abs. 4 S. 3).** Satz 3 hat im Ergebnis **klarstellende Funktion.** Ohne ihn ergäbe sich sein Inhalt aus dem allgemeinen zivilprozessualen Grundsatz, wonach jeder die ihm günstigen bzw. seinen Anspruch begründenden Umstände zu beweisen hat.[282] Teilweise wird dies bereits aus dem Wortlaut von § 169 Abs. 5 VVG abgeleitet.[283] Die Aussage erklärt sich letztlich aus der Gesetzesbegründung. Dort wird ausdrücklich darauf hingewiesen, dass der Versicherer die Voraussetzungen für den Abzug zu beweisen habe.[284] Dies entspricht auch der einhelligen Auffassung in der Literatur.[285] Die Begründung wird daher zu Recht als lediglich deklaratorisch eingestuft.[286]

91 Unklarheit über den **Umfang des Beweises** könnte sich aus Bemerkungen des BGH – zum Stornoabzug unter Geltung von § 176 Abs. 4 VVG aF – ergeben, wo-

---

[275] Ebenso *Grote/Thiel* VersR 2013, 666 (673).

[276] Gesetzesbegr. BT-Drs. 16/3945, 103f.

[277] Gesetzesbegr. BT-Drs. 16/3945, 103.

[278] Gesetzesbegr. BT-Drs. 16/3945, 103.

[279] Gesetzesbegr. BT-Drs. 16/3945, 103f.

[280] Ebenso *Grote/Thiel* VersR 2013, 666 (673).

[281] *Grote/Thiel* VersR 2013, 666 (673).

[282] *Saenger* in Saenger, ZPO, 5. Aufl. 2013, § 286 Rn. 58; *Foerste* in Musielak, ZPO, 11. Aufl. 2014, § 286 Rn. 35; *Prütting* in Münchener Kommentar zur ZPO, 4. Aufl. 2013ff., § 286 Rn. 111.

[283] *Ortmann* in Schwintowski/Brömmelmeyer § 169 Rn. 128.

[284] Gesetzesbegr. BT-Drs. 16/3945, 104.

[285] Siehe nur *Mönnich* in Langheid/Wandt § 169 Rn. 122; *Reiff* in Prölss/Martin § 169 Rn. 60a; *Krause* in Looschelders/Pohlmann § 169 Rn. 52; *Brambach* in Rüffer/Halbach/Schimikowski § 169 Rn. 28; *Grote/Thiel* VersR 2013, 666 (672); zu § 176 Abs. 4 VVG aF s. LG Hamburg VersR 2010, 329 (332); *Prang* in van Bühren § 14 Rn. 363.

[286] *Langheid* in Römer/Langheid § 169 Rn. 75.

nach es sich dabei um eine Abwicklungsregelung iSv § 308 Nr. 7 BGB oder eine Regelung über pauschalierten Schadensersatz iSv § 309 Nr. 5 BGB handele[287] mit der Notwendigkeit, die Gegenbeweismöglichkeit nach § 309 Nr. 5 Buchst. b BGB einzuräumen.[288] (→ Rn. 110ff.) Der Gesetzesbegründung lässt sich kein Hinweis darauf entnehmen, dass der Grad des Beweises der Angemessenheit des Stornoabzugs durch den Versicherer geringer sein sollte als der übliche zivilprozessuale (Voll-) Beweis iSd § 286 ZPO. Es heißt dort ebenso lapidar wie klar: „Der Versicherer trägt die Beweislast dafür, dass der von ihm geltend gemachte Abzug den Voraussetzungen des Absatzes 5 entspricht."[289] Einzig zutreffende Interpretation ist daher die, dass der Versicherer die Angemessenheit in vollem Umfang, d. h. nach Grund und Höhe, zu beweisen hat.[290] Hierzu hat er zunächst jede einzelne Position darzulegen, mit der er den Stornoabzug begründet. (→ Rn. 92ff.) Ob sie berechtigt ist oder nicht, ist eine rechtliche Wertung. Darüber hinaus hat der Versicherer im Streitfall die Tatsachen darzulegen, die es ggf. ermöglichen, die Berechtigung des Abzugs der Höhe nach durch Sachverständigengutachten zu überprüfen. Die Angemessenheit der Höhe jeder einzelnen Position und des Gesamtbetrags des Abzugs dürfte dann wiederum eher eine rechtliche denn eine tatsächliche Wertung sein.[291] Ist die Angemessenheit dem Grunde und der Höhe nach bewiesen, bleibt für einen Gegenbeweis denknotwendig kein Raum.[292]

d) Antiselektion (Abs. 4 S. 4). Satz 4 stützt den Abzug auf den Gesichtspunkt der Antiselektion. In der Gesetzesbegründung wird er als einer der Gründe für den Abzug angesprochen.[293] Wenn der Gesetzgeber dort auch nicht so weit geht, ihn ausdrücklich zu billigen, so kann seine **Zulässigkeit** auch aus Sicht des Gesetzgebers doch mittelbar aus dem Umstand geschlossen werden, dass er die ungetilgten Abschlusskosten ebenfalls anspricht, insoweit die Aussage trifft, die Frage, ob sie einen berechtigten Grund für den Abzug bildeten, solle „abschließend geklärt werden"[294] und dies im Gesetz untersagt. Die Rechtfertigung beruht auf der Überlegung, dass es im Sinne des versicherten Risikos eher gute Risiken sein werden, die geneigt sind zu kündigen, weil sie davon ausgehen, dass sie den Versicherungsschutz nicht benötigen. Wer hingegen davon ausgeht, dass er den Versicherungsschutz mit einer gewissen höheren Wahrscheinlichkeit benötigen wird, der wird eher geneigt sein, den Vertrag fortzuführen.[295] Dadurch verschlechtert sich die Zusammensetzung der Risiken des Bestandes. Bei einer Rentenversicherung ohne oder lediglich 92

---

[287] BGH NJW 2005, 3559 (3564).

[288] BGH NJW 2012, 3023 (3029) sowie identische Folgeentscheidungen BGH NJW-RR 2013, 146 (148) und BGH VersR 2013, 565 (571).

[289] Gesetzesbegr. BT-Drs. 16/3945, 104.

[290] Ebenso explizit *Grote/Thiel* VersR 2013, 666 (672); *Schumacher* S. 225.

[291] Ähnlich *Grote/Thiel* VersR 2013, 666 (672), die allerdings davon ausgehen, dass die fehlende Unangemessenheit im Einzelfall auch nachzuweisen ist; das dürfte als Beweis einer negativen Tatsache allerdings an Grenzen stoßen.

[292] Ebenso *Grote/Thiel* VersR 2013, 666 (672); *Schumacher* S. 224; *Brambach* in Rüffer/Halbach/Schimikowski § 169 Rn. 29; *Grote* in Marlow/Spuhl Rn. 1172; *Prang* in van Bühren § 14 Rn. 366.

[293] Gesetzesbegr. BT-Drs. 16/3945, 103.

[294] Gesetzesbegr. BT-Drs. 16/3945, 103.

[295] Zum Begriff s. *Schwintowski* VersR 2010, 1126 (1127), der allerdings auch sog. Zinsarbitrage zu Lasten des Bestandes unter den Begriff der Antiselektion fasst; *Schumacher* S. 215; *Führer/Grimmer* S. 120.

mit geringfügigem Todesfallschutz kehrt sich diese Überlegung spiegelbildlich um: wer für sich von einer unterdurchschnittlichen Lebenserwartung ausgeht, wird eher geneigt sein, sich vorzeitig das Kapital zu sichern als derjenige, der vom Gegenteil ausgeht. Kein Gegenargument ist bei Rentenversicherungen mit Kapitalwahlrecht die Überlegung, dass bei Wahl des Kapitals kein Abzug vom Deckungskapital vorgenommen wird. Dies wäre rechtlich nicht zulässig. Der Abzug ist nach § 169 Abs. 5 und § 165 Abs. 2 VVG auf Kündigung bzw. Beitragsfreistellung beschränkt. Daher müssen Antiselektionswirkungen bei der Ausübung des Kapitalwahlrechts in die Höhe der Rente einkalkuliert werden. Diese Art der Risikoverschlechterung ist als berechtigter Grund für den Abzug auch weitgehend anerkannt.[296]

93 **e) Risikokapital (Abs. 4 S. 5).** Satz 5 begründet den Abzug mit **Kapitalerfordernissen** für die Übernahme von Risiken. Folgende Überlegung liegt dem zugrunde: Mit Beginn des Versicherungsschutzes sagt der Versicherer eine Todesfallleistung zu, zu deren Finanzierung die anfänglichen Beitragszahlungen nicht ausreichen. Würde der Versicherungsfall bald nach Vertragsbeginn eintreten, ergäbe sich uU eine **beträchtliche Lücke** zwischen gezahlten Beiträgen und übernommenem versicherungstechnischem Risiko bzw. Versicherungsleistung. Diese Lücke wird maßgeblich durch das Kapital geschlossen, das das Kollektiv in der Vergangenheit angespart hat und in das der neu abschließende Versicherungsnehmer „eintritt".[297] Kündigt er, hat er von diesem Kapital profitiert. Je nach Zeitpunkt der Kündigung hat er selbst aber noch keinen oder ggf. nur einen geringen Beitrag zur Finanzierung ihm zeitlich nachfolgender Risiken geleistet. Dem soll durch den Abzug für kollektiv gestelltes Risikokapital Rechnung getragen werden. Die Berechtigung dieses Grundes ist umstritten.[298] Dagegen wird folgendes Beispiel eingewendet. Ein Versicherungsnehmer zahlt 25 EUR Monatsbeitrag über 30 Jahre, insgesamt also 9.000 EUR; ein anderer Versicherungsnehmer zahlt 1.000 EUR monatlich und kündigt nach zwei Jahren. Letzterer habe insgesamt 24.000 EUR gezahlt und damit einen höheren Beitrag zur Risikotragfähigkeit geleistet als ersterer.[299] Dabei wird übersehen, dass einem Monatsbeitrag iHv 1.000 EUR auch erheblich höhere Leistungen als einem Monatsbeitrag von 25 EUR gegenüberstehen. Die Höhe des zur Verfügung zu stellenden Kapitals hängt maßgeblich von der Höhe der Zusage ab. Damit lässt sich der Abzug auch in diesem Beispiel begründen. Der kündigende Versicherungsnehmer hat zwar absolut höhere Beiträge geleistet,

---

[296] Siehe nur OLG Stuttgart NJW-RR 2012, 1117; *Brambach* in Rüffer/Halbach/Schimikowski § 169 Rn. 25; *Mönnich* in Langheid/Wandt § 169 Rn. 119; *Reiff* in Prölss/Martin § 169 Rn. 59; *Krause* in Looschelders/Pohlmann § 169 Rn. 50; *Grote/Thiel* VersR 2013, 666 (669); *Langheid* in Römer/Langheid § 169 Rn. 48; *Brömmelmeyer* VersR 2014, 133 (137); zweifelnd dem Grunde und der Höhe nach *Winter* in Bruck/Möller § 169 Rn. 126; zweifelnd der Höhe nach *Schumacher* S. 215.

[297] Anschaulich *Leithoff* ZfV 2012, 603 f.

[298] Bejahend: *Brambach* in Rüffer/Halbach/Schimikowski § 169 Rn. 25; *Grote/Thiel* VersR 2013, 666 (669 f.); *Schumacher* S. 217; aA: *Winter* in Bruck/Möller § 169 Rn. 127, der den Aspekt aber offenbar ausschließlich auf Kapitalanlagerisiken, nicht biometrische Risiken bezieht; *Ortmann* in Schwintowski/Brömmelmeyer § 169 Rn. 92; zweifelnd: *Mönnich* in Langheid/Wandt § 169 Rn. 120; *Brömmelmeyer* in Beckmann/Matusche-Beckmann § 42 Rn. 178; ablehnend insbes. auch unter AGB-rechtlichen Gesichtspunkten *Brömmelmeyer* VersR 2014, 133 (138).

[299] *Ortmann* in Schwintowski/Brömmelmeyer § 169 Rn. 92; das Beispiel übernehmend: *Brömmelmeyer* in Beckmann/Matusche-Beckmann § 42 Rn. 178.

aber seinerseits möglicherweise noch nichts zur Risikotragfähigkeit des Bestandes beigetragen, sondern davon nur profitiert.[300] Dieser Gesichtspunkt ist nicht beschränkt auf biometrische Zusagen, sondern lässt sich auch auf übernommene Kapitalmarktrisiken übertragen, wenn der Versicherer eine garantierte Verzinsung zusagt.[301] Dies ist über einen langen Zeitraum nur möglich, wenn der Versicherer auf einen großen Kapitalstock zugreifen kann, der die Gewissheit gibt, die übernommenen Zinsrisiken tragen zu können. Auf aufsichtsrechtlicher Ebene hat der Gesetzgeber diesen Zusammenhängen jüngst durch die Schaffung von § 56b Abs. 2 VAG iVm der **Verordnung über den kollektiven Teil der Rückstellung für Beitragsrückerstattung** (RfBV) mit der sog. Teilkollektivierung der freien Rückstellung für Beitragsrückerstattung Rechnung getragen.[302]

94 **f) Weitere Gründe für den Abzug. aa) Bearbeitungskosten.** Als Grund für den Abzug erwähnt der Gesetzgeber darüber hinaus Bearbeitungskosten.[303] Die Literatur hält sie weitgehend für einen zulässigen Grund.[304] Das praktische Problem dürfte dabei im **Nachweis der Höhe** liegen. Die Bearbeitung von Kündigungen lässt sich ohne weiteres als Verwaltungskosten in den Beitrag einkalkulieren.[305] Zudem würden auch bei regulärem Ablauf Verwaltungskosten anfallen. Bei einen Abzug rechtfertigenden Kosten kann es sich damit allenfalls um Kosten handeln, die über die der Bearbeitung eines Ablaufs hinausgehen.[306] Die dadurch verursachten Kosten dürften für sich genommen schwerlich die Spürbarkeitsschwelle überschreiten.[307] Dieser Abzugsgrund wird daher nur zusammen mit anderen den Abzug rechtfertigen können.

95 **bb) Kapitalanlagebezogene Aspekte.** Teilweise werden entgehende Gewinne durch Zinsverluste wegen vorzeitiger Auflösung von Kapitalanlagen als Grund angeführt.[308] Die Auflösung kann – auch – dazu führen, dass sich die **Verzinsung der Kapitalanlagen insgesamt verschlechtert.**[309] Zum Teil wird dieser Grund daher auch unter dem Begriff der Antiselektion bezogen auf Kapitalmarktrisiken geführt.[310] Getrennt hiervon wird zT auch die Abwehr finanzrationaler

---

300 Ähnlich *Grote/Thiel* VersR 2013, 666 (669), die noch auf die sich reduzierende Finanzierungskraft durch einen sich verringernden Bestand hinweisen; zur Kritik an dem Beispiel s. auch *Schumacher* S. 217.

301 *Schumacher* S. 217; wohl auch *Grote/Thiel* VersR 2013, 666 (669); s. hierzu auch *Leithoff* ZfV 2012, 603 (604).

302 Hierzu näher Armbrüster VersVR 2013, 385 ff.).

303 Gesetzesbegr. BT-Drs. 16/3945, 103.

304 *Brambach* in Rüffer/Halbach/Schimikowski § 169 Rn. 25; *Mönnich* in Langheid/Wandt § 169 Rn. 119; *Reiff* in Prölss/Martin § 169 Rn. 59; *Grote/Thiel* VersR 2013, 666 (671); *Langheid* in Römer/Langheid § 169 Rn. 48; *Brömmelmeyer* VersR 2014, 133 (137); zweifelnd *Winter* in Bruck/Möller § 169 Rn. 121.

305 *Winter* in Bruck/Möller § 169 Rn. 121.

306 Ähnlich *Winter* in Bruck/Möller § 169 Rn. 121; *Grote/Thiel* VersR 2013, 666 (671); *Schumacher* S. 214; *Brömmelmeyer* VersR 2014, 133 (137).

307 *Hanus* ZfV 2010, 532.

308 *Mönnich* in Langheid/Wandt § 169 Rn. 119; *Schwintowski* VersR 2010, 1126 (1127); *Hanus* ZfV 2010, 532; *Grote/Thiel* VersR 2013, 666 (671); *Winter* in Bruck/Möller § 169 Rn. 124; *Baroch Castellvi* NVersZ 2001, 529 (534).

309 Siehe *Ortmann* in Schwintowski/Brömmelmeyer § 169 Rn. 92, der darin allerdings keine Rechtfertigung für den Abzug sieht.

310 *Schwintowski* VersR 2010, 1126 (1127); *Mönnich* in Langheid/Wandt § 169 Rn. 119.

Kündigungen als Grund diskutiert.[311] Bei allen drei Aspekten – entgehender Gewinn, Antiselektion bei Kapitalmarktrisiken bzw. Abwehr finanzrationaler Kündigungen – handelt es sich jedoch der Sache nach um identische Ansätze. In allen Fällen geht es um Zinsverluste durch vorzeitige Kündigung einmal mit Blick auf die Gewinnsituation des Unternehmens, einmal mit Blick auf das verbleibende Kollektiv. Bei finanzrational motivierten Kündigungen handelt es sich infolge des planmäßigen Vorgehens lediglich um einen zugespitzten Fall des Zinsverlustes durch vorzeitige Vertragsbeendigung. Zum Teil wird die Berechtigung dieses Grundes für den Abzug in Frage gestellt.[312] Soweit solche Effekte belegt werden können, rechtfertigen sie einen Abzug. *Winter* wendet hiergegen ein, der Versicherer könne dem entgegenwirken, indem er „besonders anlagebewusste" Versicherungsnehmer bereits bei Vertragsschluss auf die Möglichkeit des Fondswechsels bei fondsgebundenen Lebensversicherungen hinweise.[313] Das verkennt, dass Zinsrisiken im Bestand ganz primär dort auftreten, wo der Versicherer das Kapitalanlagerisiko trägt, also gerade nicht bei fondsgebundenen Versicherungen.

96 **cc) Schutz des vertragstreuen Bestandes.** Zum Teil wird der Schutz des vertragstreuen Bestandes als Rechtfertigung des Stornoabzuges diskutiert.[314] Der Schutz des vertragstreuen Bestandes als Selbstzweck kann den Abzug nicht rechtfertigen. Die Rechtsprechung hat in den vergangenen Jahren die Schutzwürdigkeit gerade auch der vorzeitig ausscheidenden Versicherungsnehmer mehrfach herausgestellt.[315] Der Schutz der vertragstreuen – besser: verbleibenden – Versicherungsnehmer durch den Stornoabzug bedarf daher immer einer über das bloße Postulat seines Schutzes hinausgehenden Begründung. Er wird mit den oben im Einzelnen diskutierten Gründen ausreichend verwirklicht.

97 **dd) Außerrechnungsmäßige Abschlusskosten.** Außer Frage steht angesichts der insoweit eindeutigen gesetzlichen Regelung in § 169 Abs. 5 S. 2 VVG, dass der Stornoabzug nicht mehr mit außerrechnungsmäßige Abschlusskosten begründet werden kann.[316] Soweit dies nur auf die gezillmerten Abschluss- und Vertriebskosten bezogen wird[317] – die gleichmäßig über die gesamte Laufzeit verteilten außerrechnungsmäßigen Abschlusskosten also den Abzug rechtfertigen sollten –, entspricht dies nicht der Intention der Begründung.[318]

98 **g) Höhe des Abzugs.** Bei der Höhe des Abzugs ist vor allem **§ 171 S. 1 VVG** zu berücksichtigen. Da vom Recht zur jederzeitigen Kündigung nicht zum Nachteil des Versicherungsnehmers abgewichen werden darf, darf der Abzug nicht so hoch sein, dass er prohibitiv wirkt.[319]

---

[311] *Grote/Thiel* VersR 2013, 666 (670); *Winter* in Bruck/Möller § 169 Rn. 120.

[312] *Winter* in Bruck/Möller § 169 Rn. 120; *Ortmann* in Schwintowski/Brömmelmeyer § 169 Rn. 92.

[313] *Winter* in Bruck/Möller § 169 Rn. 120.

[314] *Winter* in Bruck/Möller § 169 Rn. 119 mwN.

[315] Siehe Insbes. BVerfG NJW 2006, 1783 (1785); BGH NJW 2005, 3559 (3556); im Zusammenhang mit Bestandsübertragung BVerfG NJW 2005, 2363 (2366).

[316] Siehe hierzu *Mönnich* in Langheid/Wandt § 169 Rn. 121; *Schumacher* S. 218f.

[317] *Brambach* in Rüffer/Halbach/Schimikowski § 169 Rn. 25.

[318] *Brömmelmeyer* VersR 2014, 133 (137).

[319] *Brambach* in Rüffer/Halbach/Schimikowski § 169 Rn. 25; *Krause* in Looschelders/Pohlmann § 169 Rn. 50; *Ortmann* in Schwintowski/Brömmelmeyer § 169 Rn. 94; *Winter* in Bruck/Möller § 169 Rn. 129; *Reiff* in Prölss/Martin § 169 Rn. 60; *Grote/Thiel* VersR 2013,

99 **h) Gegenbeweismöglichkeit (Abs. 4 S. 6). aa) Hintergrund.** In Satz 6 wird dem Versicherungsnehmer die Möglichkeit des Gegenbeweises eingeräumt. Ausgangspunkt sind insbesondere eine Entscheidung des BGH vom 25.7.2012[320] sowie weitgehend identische Folgeentscheidungen.[321] Darin hat der BGH ausdrücklich offen gelassen, ob eine Vereinbarung zum Stornoabzug eine Abwicklungsregelung iSv § 308 Nr. 7 BGB oder eine Regelung über pauschalierten Schadensersatz iSv § 309 Nr. 5 BGB darstellt. In jedem Fall sei eine Regelung zum Stornoabzug an § 309 Nr. 5 Buchst. b BGB zu messen, also eine entsprechende Gegenbeweismöglichkeit einzuräumen.[322] In einer früheren Entscheidung aus dem Jahr 2005 hatte der BGH diese Einordnung bereits angedeutet.[323] Eine Begründung für die Unterwerfung des Stornoabzugs unter § 308 Nr. 7 oder § 309 Nr. 5 BGB gibt er nicht. Gleiches gilt für die Literatur, soweit sie dieser Einordnung – bereits nach der Entscheidung des Jahres 2005[324] – gefolgt ist. Sie wird einfach behauptet.[325] Lediglich an einer Stelle wird die Einordnung begründet, und zwar damit, dass § 309 Nr. 9 BGB Versicherungsverträge explizit ausnehme, § 309 Nr. 5 BGB hingegen nicht.[326] Allerdings trägt der Umkehrschluss bereits deshalb nicht, weil § 309 Nr. 9 Hs. 2 BGB lediglich klarstellende Bedeutung hat.[327] Darüber hinaus ist der Umkehrschluss sachlich nicht zulässig, weil die Prüfung des Stornoabzugs so weit gar nicht vordringt (→ Rn. 103ff.). Der BGH stellt darüber hinaus heraus, dass ein Regel-Ausnahme-Verhältnis dahin bestehe, dass zunächst der Versicherer die generelle Angemessenheit und sodann der Versicherungsnehmer die Unangemessenheit in seinem konkreten Fall darlegen und beweisen müsse.[328] Letzteres spiegelt sich in Satz 6 wider. Unter Zugrundelegung der Maßstäbe des BGH[329] ist die Regelung wirksam.[330]

100 Allerdings trägt der Versicherer die volle Beweislast für die **Angemessenheit des Abzugs** dem Grunde und der Höhe nach.[331] Dies schließt den Gegenbeweis denknotwendig aus. Ist die Angemessenheit bewiesen, bleibt kein Raum für den Beweis des Gegenteils. Als Musterbedingungen haben die hier kommentierten AVB jedoch den Stand der Rechtsprechung zu berücksichtigen.

---

666 (672); *Brömmelmeyer* VersR 2014, 133 (135) unter Hinweis auch auf verfassungsrechtliche Erfordernisse; wohl etwas relativierend *Schumacher* S. 216.

[320] BGH NJW 2012, 3023.

[321] BGH NJW-RR 2013, 146; BGH VersR 2013, 565 und BGH VersR 2013, 1116.

[322] BGH NJW 2012, 3023 (3029); hM, s. *Wurmnest* in MüKo-BGB § 308 Nr. 7 Rn. 3.

[323] BGH NJW 2005, 3559 (3564).

[324] BGH NJW 2005, 3559 (3564).

[325] *Mönnich* in Langheid/Wandt § 169 Rn. 116; *Langheid* in Römer/Langheid § 169 Rn. 51; *Seiffert* r+s 2010, 177 (179f.); wohl auch *Ortmann* in Schwintowski/Brömmelmeyer § 169 Rn. 95; *Jaeger* VersR 2002, 133 (141); *Reiff* in Wolf/Lindacher/Pfeiffer BGB Klauseln V Rn. 197a; krit. allerdings: *Benkel/Hirschberg* § 176 VVG aF Rn. 35; *Grote* in Marlow/Spuhl Rn. 1100; *Bruns* in Langheid/Wandt § 309 BGB Rn. 6 sowie – im Anschluss an die Entscheidung BGH NJW 2012, 3023 – *Präve* VersR 2012, 1161; *Pilz* VuR 2013, 154; *Prang* in van Bühren § 14 Rn. 366; unter Geltung von § 11 Nr. 6 AGBG *Hansen* VersR 1988, 1110 (1113), anders aber für pauschalierten Schadensersatz nach § 10 Nr. 7 AGBG (1117f.).

[326] *Seiffert* r+s 2010, 177 (179f.).

[327] *Reiff* in Wolf/Lindacher/Pfeiffer BGB Klauseln Rn. V 197.

[328] BGH NJW 2012, 3023 (3030).

[329] BGH NJW 2012, 3023 (3030).

[330] *Brömmelmeyer* VersR 2014, 133 (135); *Reiff* VersR 2013, 785 (787).

[331] *Brambach* in Rüffer/Halbach/Schimikowski § 169 Rn. 29; Gesetzesbegr. BT-Drs. 16/3945, 104.

101 **bb) Stornoabzug als pauschalierter Schadensersatz nach § 309 Nr. 5 BGB.** Die Anwendung von § 309 Nr. 5 BGB kann nicht bereits deshalb verneint werden, weil es an der Eingangsvoraussetzung von § 309 BGB fehle, nämlich eine Abweichung von der gesetzlichen Vorschrift – hier § 169 Abs. 5 VVG – nicht zulässig sei.[332] Dies trifft wegen § 171 S. 1 VVG zwar zu. Aber § 309 BGB kommt nach seinem Wortlaut „auch zur Anwendung, soweit eine Abweichung von den gesetzlichen Vorschriften zulässig ist". Durch Erst-recht-Schluss muss man dem entnehmen, dass der Anwendungsbereich der Vorschrift dann in jedem Fall eröffnet ist, wenn eine Abweichung zulässig ist.

102 § 309 Nr. 5 Buchst. a BGB setzt einen **pauschalierten Schadensersatzanspruch** voraus. Unter Schaden wird „jeder Verlust, den ein Rechtssubjekt an seinen Rechtsgütern erleidet und der im Rechtsverkehr allgemein als ersatzfähige Einbuße angesehen wird", verstanden.[333] Der Abzug stellt hier keinen Verlust an einem Rechtsgut dar, wenn die Voraussetzungen von § 169 Abs. 5 VVG vorliegen. Darin liegt auch kein Zirkelschluss. Liegen die Voraussetzungen von § 169 Abs. 5 VVG nämlich nicht vor, ist der Versicherer nicht, wie die Vorschrift formuliert, „zu einem Abzug […] *berechtigt*". Liegen die Voraussetzungen hingegen vor, ist der Versicherer nach dem Wortlaut zu einem Abzug *berechtigt*. Damit stellt der Abzug keinen Rechtsverlust des Versicherungsnehmers dar, vielmehr reicht dessen Recht nur zum Betrag nach Abzug. Hier berühren sich auch die Frage, ob der Abzug einen Schaden iSd BGB darstellt, und die der Spezialität von § 169 Abs. 5 VVG (→ Rn. 103). Diese Überlegung setzt sich bei dem weiteren einen Schaden charakterisierenden Merkmal, nämlich der als ersatzfähig angesehenen Einbuße, fort. Lässt § 169 Abs. 5 VVG einen Abzug zu, dann fällt die Vorstellung schwer, dass die Rechtsordnung dies gleichzeitig als ersatzfähige Einbuße betrachten wollte. Schadensersatz liegt immer die Vorstellung eines Eingriffs in die Verhältnisse einer anderen Person zugrunde. Hier hat der Abzug durch § 169 Abs. 5 VVG seine Berechtigung („ist zu einem Abzug […] berechtigt"). Auch hier kann unter dem Gesichtspunkt der Einheit der Rechtsordnung dann nicht ein Schaden bejaht werden. Schließlich liegt dem zivilrechtlichen Schadensersatzrecht die Vorstellung zugrunde, dass eine konkrete bezifferbare Einbuße kausal auf ein konkretes Ereignis zurückgeführt wird.[334] Dieses Modell passt nicht auf den Stornoabzug. Er hat seine Begründung in – zumindest ganz überwiegend – kollektiven Betrachtungen (zur Angemessenheit → Rn. 92 ff.).

103 **cc) § 169 Abs. 5 als lex specialis zu § 309 Nr. 5 BGB.** § 169 Abs. 5 VVG normiert autonome Voraussetzungen für einen „Abzug" vom Rückkaufswert bei Lebensversicherungsverträgen. Daneben können nicht wie selbstverständlich AGB-rechtliche Regelungen über pauschalierten Schadensersatz angewendet werden, ohne dass die Frage nach dem Rangverhältnis der Normen gestellt und beantwortet wird. Es liegt nahe, hier einen verdrängenden Vorrang von **§ 169 Abs. 5 VVG als lex specialis** anzunehmen (→ Einl. Rn. 148, 152, 154).[335] Eine Regelung ist dann

---

[332] Diese Richtung andeutend wohl *Prölss* in Prölss/Martin, 28. Aufl. 2010, Vorbem. I Rn. 113.

[333] *Magnus* in NK-BGB Vor §§ 249–255 mwN.

[334] Zum Kausalzusammenhang und der Konkretheit der Zurechnung *Oetker* in MüKo-BGB § 249 Rn. 98 f.; *Magnus* in Dauner-Lieb/Langen NK-BGB Vor §§ 249–255 Rn. 62.

[335] *Präve* in Beckmann/Matusche-Beckmann, 1. Aufl. 2004, § 10 Rn. 467; nur bezogen auf § 309 BGB: *Beckmann* in Beckmann/Matusche-Beckmann § 10 Rn. 210; *Hansen* VersR 1988, 1110 (1113) bezogen auf pauschalierten Schadensersatz nach § 11 Nr. 6 AGBG.

lex specialis, wenn sie alle Tatbestandsmerkmale einer anderen Norm sowie – mindestens – ein weiteres Merkmal enthält.[336] Zusätzlich wird verlangt, dass nach teleologischer und systematischer Auslegung die Rechtsfolgen der spezielleren Norm die der allgemeineren verdrängt.[337]

104 § 309 Nr. 5 BGB setzt die **Pauschalierung eines Schadensersatz- oder Aufwendungsersatzanspruchs** voraus. Unterstellt man, dass es sich beim Stornoabzug um Schadensersatz oder Ersatz einer Wertminderung handelt, dann liegt dieses Merkmal mit dem Stornoabzug vor. In der Bezifferung unabhängig von konkreten Verhältnissen des Einzelfalles liegt eine Pauschalierung. Weiter setzt § 309 Nr. 5 BGB mit Buchst. a voraus, dass Schadensersatz oder Ersatz der Wertminderung den gewöhnlichen Lauf der Dinge übersteigen. Dem entspricht die Angemessenheit in § 169 Abs. 5 VVG. Die alternative Voraussetzung der Gegenbeweismöglichkeit in § 309 Nr. 5 Buchst. b BGB spielt dann keine Rolle mehr, da sie alternativ, nicht kumulativ im Gefüge der Vorschrift steht. Weiteres Merkmal des Stornoabzugs ist das Vorliegen eines Lebensversicherungsvertrages bzw. die Fälligkeit seines Rückkaufswertes. Damit enthält § 169 Abs. 5 VVG sämtliche Merkmale von § 309 Nr. 5 BGB und ist demnach die speziellere Norm. Zum zT geforderten weiteren Merkmal der Spezialität, nämlich die Verdrängung der allgemeineren Norm durch die speziellere,[338] kann man auf die Tatsache verweisen, dass § 169 Abs. 5 VVG in einem austarierten Gesamtgefüge von Rückkaufswert und dessen Reduzierung durch § 169 Abs. 5 und 6 VVG steht. Dies lässt die Anwendung generellerer Vorschriften außerhalb dieses Gefüges nicht notwendig erscheinen. § 169 Abs. 5 VVG lässt sich damit als sachnähere Vorschrift qualifizieren.[339]

105 **dd) Stornoabzug als Aufwendungsersatz nach § 308 Nr. 7 BGB.** Auch der Tatbestand von § 308 Nr. 7 BGB trifft auf den Stornoabzug nicht zu. Vorausgesetzt werden eine „Vergütung für die Nutzung oder den Gebrauch einer Sache oder eines Rechts" (§ 308 Nr. 7 Buchst. a Alt. 1 BGB) oder eine „Vergütung für erbrachte Leistungen" (§ 308 Nr. 7 Buchst. a Alt. 2 BGB) oder „Ersatz von Aufwendungen" (§ 308 Nr. 7 Buchst. b BGB). Es handelt sich bei dem Abzug ersichtlich nicht um Nutzung oder Gebrauch einer Sache oder eines Rechts.

106 Aufwendungsersatz wird definiert als „Erstattung der für eine Sache oder für einen Auftrag freiwillig, auf Weisung des Auftraggebers oder als notwendige Folge des Auftrags übernommenen Kosten".[340] Die Erstattung von für eine Sache übernommenen Kosten scheidet hier erkennbar aus. Die anderen drei Alternativen treffen auf Versicherungsverhältnisse ebenfalls nicht zu. Sie setzen sämtlich einen Auftrag voraus.[341] Beim Versicherungsvertrag handelt es sich hingegen nach hM um einen **Vertrag sui generis,**[342] also gerade nicht um einen im BGB geregelten Ty-

[336] *Larenz,* Methodenlehre der Rechtswissenschaft, 6. Aufl. 1991, S. 267; *Zippelius,* Juristische Methodenlehre, 11. Aufl. 2012, S. 31; *Kramer,* Juristische Methodenlehre, 3. Aufl. 2010, S. 107.

[337] *Larenz,* Methodenlehre der Rechtswissenschaft, 6. Aufl. 1991, S. 268; ähnlich *Kramer,* Juristische Methodenlehre, 3. Aufl. 2010, S. 109.

[338] *Larenz,* Methodenlehre der Rechtswissenschaft, 6. Aufl. 1991, S. 268.

[339] Zu dem Aspekt im Kontext der Spezialität einer Vorschrift s. *Kramer,* Juristische Methodenlehre, 3. Aufl. 2010, S. 109.

[340] *Kollmann* in NK-BGB § 308 Rn. 89.

[341] Zur engen Bindung des Begriffs Aufwendungsersatz an einen Auftrag s. auch *Wurmnest* in MüKo-BGB § 308 Nr. 7 Rn. 7.

[342] *Brömmelmeyer* in Rüffer/Halbach/Schimikowski § 1 Rn. 42; eingehend *Armbrüster* in Langheid/Wandt § 1 Rn. 83f.

pus. Der Gesetzgeber selbst ging davon aus, dass die gegenwärtige Struktur von Versicherungsverträgen keine Geschäftsbesorgung darstellt.[343] Im Übrigen erbringt der Versicherer keine freiwilligen Leistungen. Das ist ihm allein schon aufsichtsrechtlich nach § 11 Abs. 1 S. 1 VAG untersagt. Danach hat er ausreichend zu kalkulieren. Daraus folgt, dass er dauerhaft keine Leistungen anbieten darf, die nicht mit einer entsprechenden Kalkulation unterlegt sind.[344] Er handelt des Weiteren nicht auf Weisung des Versicherungsnehmers. Schließlich passt auch die Kategorie der Kosten, die notwendige Folge des Auftrags sind, nicht. Ein so deterministischer Zusammenhang zwischen Versicherungsvertrag und daraus resultierenden notwendigen Kosten kann bei dem überwiegend auf kollektiven Faktoren beruhenden Abzug nicht hergestellt werden.

107 **ee) § 169 Abs. 5 als lex specialis zu § 308 Nr. 7 BGB.** Auch hier gelten die Überlegungen zu § 169 Abs. 5 VVG als lex specialis (→ Rn. 103) entsprechend: § 308 Nr. 7 BGB setzt eine Kündigung sowie die Vereinbarung einer unangemessen hohen Vergütung bzw. eines unangemessen hohen Aufwendungsersatzes voraus. § 169 Abs. 5 VVG setzt ebenfalls eine Kündigung voraus. Der „Abzug" in § 169 Abs. 5 VVG entspricht der Vergütung bzw. dem Aufwendungsersatz von § 308 Nr. 7 BGB. Die Angemessenheit ist in § 169 Abs. 5 VVG ebenfalls Tatbestandsmerkmal. Zusätzliche Merkmale gegenüber § 308 Nr. 7 BGB sind zum einen das Vorliegen eines Lebensversicherungsvertrags – im Unterschied zu jedem beliebigen anderen Vertrag in § 308 Nr. 7 BGB – zum anderen als negative Abgrenzung das Verbot der Einbeziehung von Amortisationszuschlägen. Damit lässt sich § 169 Abs. 5 VVG ohne weiteres als gegenüber § 308 Nr. 7 BGB speziellere Norm verstehen.[345] Würde man den Abzug trotzdem an § 308 Nr. 7 BGB messen, verlöre § 169 Abs. 5 S. 1 VVG seine Bedeutung.[346]

108 Die zweite für die Spezialität einer Vorschrift verlangte Anforderung – Verdrängung der Rechtsfolgen der spezielleren Norm durch die allgemeinere (→ Rn. 103) – spielt hier keine Rolle. Die Rechtsfolgen bei einem Verstoß sind identisch, nämlich in beiden Fällen Unwirksamkeit. Hier geht es also ausschließlich um den Umfang der Voraussetzungen, ob nämlich in die Voraussetzungen des Stornoabzugs noch die des Aufwendungsersatzes hineinzulesen sind. Wäre das der Fall, hätte § 169 Abs. 5 VVG wegen der mit Ausnahme der Gegenbeweismöglichkeit identischen Voraussetzungen keinen eigenständigen Anwendungsbereich.

109 **ff) Gesetzesbegründung.** Die Gesetzesbegründung bestätigt den **Befund der Unanwendbarkeit von § 308 Nr. 7 bzw. § 309 Nr. 5 BGB** auf den Stornoabzug. Bezogen auf die Angemessenheit des Abzugs stellt der Gesetzgeber eigene auf die Spezifika des Lebensversicherungsvertrages bezogene Erwägungen an.[347] Eine an AGB-rechtlichen Regelungen orientierte Angemessenheit findet hingegen keine Erwähnung. Damit ging also auch der Gesetzgeber offenbar von speziellen vertragsbezogenen Rechtfertigungen für die Angemessenheit des Stornoabzugs aus. Des Weiteren finden sich in der Begründung umfängliche Erwägungen zur Angemessenheit des Abzugs, insbesondere der Notwendigkeit sicherzustellen, dass ein Abzug für ungetilgte Abschlusskosten in jedem Fall unangemessen ist. Deshalb wollte der

[343] Gesetzesbegr. BT-Drs. 16/3945, 56.
[344] *Präve* in Prölss VAG § 11 Rn. 6, 8.
[345] *Präve* in Einl. Rn. 152; *ders.* wohl bereits VersBedingungen Rn. 580.
[346] So zutr. *Grote/Thiel* VersR 2013, 666 (668).
[347] Gesetzesbegr. BT-Drs. 16/3945, 103.

Gesetzgeber dies als Grund für den Abzug in jedem Fall untersagt wissen.[348] Auch dies lässt den Schluss zu, dass er für den Stornoabzug als spezifisch versicherungsvertraglichem Instrument auch eine spezifische Regelung schaffen wollte. All dessen hätte es nicht bedurft, wenn der Gesetzgeber auf die Prüfung der Angemessenheit im Rahmen AGB-rechtlicher Mechanismen vertraut hätte. Dabei ist weiter von Bedeutung, dass er Amortisationskostenzuschläge als „eine Art unzulässige Vertragsstrafe"[349] qualifiziert hat. Geht man davon aus, dass diese Qualifizierung sich nicht speziell auf die Amortisationskostenzuschläge, sondern die Natur und Begründung des Stornoabzugs im Allgemeinen bezieht, ergeben sich hieraus zwei Folgerungen: zum einen, dass es sich beim Stornoabzug nicht um eine Vertragsstrafe handelt, wie sie die Rechtsordnung in den §§ 339ff. BGB und bei AGB-rechtlicher Ausprägung in § 309 Nr. 6 BGB kennt, sondern um einen spezielleren Tatbestand; zum anderen, dass der Gesetzgeber aus dem Katalog der Klauselverbote mit bzw. ohne Wertungsmöglichkeit die größte Ähnlichkeit zur Vertragsstrafe gesehen hat, zu den beiden hier diskutierten – Aufwendungsersatz sowie pauschalierter Schadensersatz – hingegen offenbar überhaupt keine.

110 **gg) Ungeeignetheit des Gegenbeweises wegen kollektiver Elemente.** Wegen der Zuweisung des Stornoabzugs zu pauschaliertem Schadensersatz bzw. Aufwendungsersatz verlangt der BGH die Einräumung der Gegenbeweismöglichkeit nach § 309 Nr. 5 Buchst. b BGB.[350] Allerdings passt dieses Modell – unabhängig davon, dass der Versicherer ohnehin den Vollbeweis für Grund und Höhe des Anspruchs erbringen muss (→ Rn. 90) – der Sache nach nicht auf den Stornoabzug. Die meisten Begründungsansätze für den Stornoabzug stellen auf die kollektiven Verhältnisse einer Lebensversicherung ab (→ Rn. 92). Das Zusammenspiel von pauschaliertem Schadensersatz und Gegenbeweismöglichkeit beruht auf rein individuellen Betrachtungen. Es wird davon ausgegangen, dass der zum Schadensersatz Verpflichtete durch ein bestimmtes Verhalten einen vom Verwender der AGB bezifferbaren Schaden kausal verursacht hat. Zur Vermeidung aufwändiger Ermittlungen und Darlegungen zu Kausalität und Höhe des Schadens wird dieser in AGB pauschaliert.[351] Da, wie bei jeder Schadenspauschalierung, die Möglichkeit besteht, dass das konkrete Ereignis zu einem niedrigeren Schaden als der Pauschale geführt hat, soll dem Vertragspartner des Verwenders die Möglichkeit eingeräumt werden, diesen Nachweis im Einzelfall auch zu führen. Um die Rationalisierungsfunktion von Schadenpauschalierungen nicht zu unterlaufen,[352] betrifft dies jedoch nur „wesentliche" Abweichungen von der Pauschale.

111 Beim Stornoabzug mag noch eine auf eine konkrete Kündigung rückführbare Einbuße ermittelt werden können. Allerdings ist der Gegenbeweis bei den auf kollektive Verhältnisse bezogenen Begründungsansätzen nicht möglich. Dies soll an der Begründung der Antiselektion illustriert werden. Es erscheint plausibel, dass

[348] Gesetzesbegr. BT-Drs. 16/3945, 103f.

[349] Gesetzesbegr. BT-Drs. 16/3945, 104.

[350] BGH NJW 2012, 3023 (3029) sowie identische Folgeentscheidungen BGH NJW-RR 2013, 146 (148) und BGH VersR 2013, 565 (571); ebenso *Reiff* in Wolf/Lindacher/Pfeiffer BGB Klauseln V Rn. 197a.

[351] *Becker* in BeckOK BGB § 309 Rn. 2; *Schulte-Nölke* in HK-BGB § 309 Rn. 20; ähnlich *Kieninger* in MünchKommBGB § 309 Nr. 5 Rn. 1.

[352] Hierzu *Becker* in BeckOK BGB § 309 Rn. 37; *Wurmnest* in MünchKommBGB § 309 Nr. 5 Rn. 1.

ein Versicherungsnehmer – der gleichzeitig versicherte Person ist – dann eher kündigt, wenn er davon ausgeht, dass er den Risikoschutz in der Ansparphase nicht benötigen wird.[353] Ein sich dem Tod näher fühlender Versicherungsnehmer wird seinen Risikoschutz eher aufrechterhalten. Dadurch verschlechtert jede Kündigung eines Vertrages, in dem ein Todesfallrisiko mitversichert ist, potentiell die kalkulierte Sterblichkeit des verbleibenden Kollektivs. Hierzu kann als Ausgleich ein Antiselektionsabschlag beim Stornoabzug dienen. Wollte der kündigende Versicherungsnehmer nun den Gegenbeweis antreten, müsste er wie folgt argumentieren. Bei ihm sei davon auszugehen, dass er die Ansparzeit überleben würde. Es wäre dann die Auseinandersetzung darüber zu führen, welche Restlebenserwartung der konkrete Versicherungsnehmer angesichts seines Gesundheitszustandes gehabt hätte. Wäre er so schwer krank, dass eine ärztliche Prognose seriös möglich wäre, dann wäre der Gegenbeweis vermutlich nicht geführt. Wäre er hingegen vollständig gesund, bliebe es trotzdem unmöglich, den Nachweis zu führen, dass der konkrete Versicherungsnehmer die Ansparphase voraussichtlich überleben würde. Es würde jede Möglichkeit der Bestimmung der Restlebenserwartung dieses konkreten Versicherungsnehmers fehlen. Der Rückgriff auf die statistische Restlebenserwartung würde wieder zu den Umständen führen, zu denen gerade im konkreten Fall der Gegenbeweis angetreten werden sollte. Letztlich beruht die Unverträglichkeit darauf, dass kollektive Kalkulation nicht individuell für ein konkretes Mitglied des Kollektivs widerlegt werden kann.[354]

112 Ungeachtet dieser Überlegungen haben sich Musterbedingungen aus der Natur der Sache an den Vorgaben des BGH zu orientieren. Dies ist mit der konkreten Ausgestaltung von Abs. 4 auch geschehen. Nach hier vertretener Auffassung handelt es sich aber um eine über das gesetzlich Notwendige hinausgehende Vereinbarung. Sie räumt dem Versicherungsnehmer die Möglichkeit ein, Umstände darzulegen und zu beweisen, die in seinem konkreten Fall einen niedrigeren Abzug angemessen erscheinen lassen.[355]

113 **i) Herabsetzung auf Null (Abs. 4 S. 7).** Satz 7 führt Satz 6 fort. Geht es dort lediglich um die Herabsetzung des Abzugs, wird hier die „Herabsetzung auf Null" als Möglichkeit explizit angesprochen. Wendet man § 309 Nr. 5 Buchst. b BGB auf den Abzug an, ist auch diese Alternative explizit zu erwähnen.

5. Befristetes Kürzungsrecht (Abs. 5)

114 **a) Einzelheiten zum Kürzungsrecht (Abs. 5 S. 1). aa) Reichweite.** Satz 1 bezieht die Befugnis zur Herabsetzung auf Abs. 3 S. 1 bis 5, also auch auf den nach § 169 Abs. 2 S. 1 VVG auf die Leistung bei einem Versicherungsfall begrenzten Rückkaufswert. § 169 Abs. 6 VVG bezieht die Kürzungsbefugnis lediglich auf den Rückkaufswert nach § 169 Abs. 3 VVG. Damit geht die Bestimmung aber nur scheinbar über § 169 Abs. 6 VVG hinaus. Für die Ermittlung des Rückkaufswerts in § 169 Abs. 2 VVG ist nämlich auch dessen **Definition in § 169 Abs. 3 VVG** zugrunde zu legen.

---

[353] *Führer/Grimmer* S. 120.

[354] So bereits *Winter* in Bruck/Möller, 8. Aufl., Bd. V/2, Anm. G 466 zur Rechtslage vor der Deregulierung: „Der Nachweis eines individuell niedrigeren Schadens durch den Vmer ist aber mit der Lebensvtechnik nicht zu vereinbaren."; zur aktuellen Rechtslage s. *Benkel/Hirschberg* § 176 VVG aF Rn. 36; *Präve* VersR 2012, 1159 (1163); so wohl auch zu verstehen *Pilz* VuR 2013, 154.

[355] In dieser Weise die Regelung verstehend *Schumacher* S. 227.

115 **bb) Gefährdung der Belange der Versicherungsnehmer.** Der Wortlaut von Satz 1 entspricht im Übrigen nahezu vollständig § 169 Abs. 6 S. 1 VVG. Die Vorschrift wird zu Recht **als sehr weit** bewertet.[356] Eine Gefährdung der Belange der Versicherungsnehmer kann nie ganz ausgeschlossen werden.[357] Allerdings besteht Einvernehmen, dass die Regelung eng auszulegen ist.[358] Dies ergibt sich zum einen bereits aus der Begründung. Sie will die Regelung **nur „in Ausnahmefällen"** angewendet wissen.[359] Zum andern ergibt sich dies aus dem damit verbundenen Eingriff in eigentumsähnliche Rechte.[360] Schließlich ergibt es sich aus dem Grundsatz der Methodenlehre, wonach Ausnahmevorschriften eng auszulegen sind.[361] Dabei muss sich die Auslegung am Zweck der Regelung orientieren. Mit ihr soll letztlich verhindert werden, dass kündigende Versicherungsnehmer einen größeren Anteil am gesamten Deckungskapital des Versicherers erhalten als ihrem Anteil an der bilanziellen Deckungsrückstellung im Verhältnis zu im Bestand verbleibenden Versicherungsnehmer entspricht.[362] Unzutreffend ist es allerdings, nicht jede Unterdeckung, sondern nur die ausreichen zu lassen, die „ein bestimmtes, kritisches Maß erreicht hat".[363] Diese Einschränkung findet im Wortlaut keine Stütze. Eine solche Grenze ließe sich auch kaum rechtssicher bestimmen. Jede Unterdeckung stellt eine Gefährdung der Belange der Versicherten dar. Dem Umfang der Unterdeckung kann im Rahmen der Angemessenheit der Herabsetzung ausreichend Rechnung getragen werden.

116 Als Anwendungsfälle beschreibt der Gesetzgeber **Massenkündigungen** oder eine durch die Anhebung der Rückkaufswerte unter dem neuen VVG induzierte Notwendigkeit des Versicherers, Vermögenswerte zu veräußern, „wenn seine **Vermögenswerte bei marktgerechter Bewertung die Verbindlichkeiten nicht mehr decken**".[364] Beiden Fällen gemeinsam scheint zu sein, dass das die Höhe der auszuzahlenden Rückkaufswerte das Liquiditätsmanagement des Versicherers in der Weise überstrapazieren, dass Auszahlungen infolge von Kündigungen nicht mehr durch den Cash Flow und die einkalkulierten Kündigungsvolumina finanziert werden können.[365] Dabei wird zutreffend darauf hingewiesen, dass es für das Eintreten einer solchen Situation nicht zwingend auf die Zahl der Kündigungen ankommt. Auch die Kündigung nur eines oder weniger Verträge mit sehr hohem Rückkaufswert kann zu dieser Situation führen.[366] Ob ein Verschulden des Versicherers die

---

[356] *Engeländer* VersR 2007, 1297 (1312); *Mönnich* in Langheid/Wandt § 169 Rn. 127; *Römer* in Römer/Langheid, VVG, 3. Aufl. 2012, § 169 Rn. 52; *Winter* in Bruck/Möller § 169 Rn. 138.

[357] *Engeländer* VersR 2007, 1297 (1312).

[358] *Schumacher* S. 238; *Brambach* in Rüffer/Halbach/Schimikowski § 169 Rn. 26; *Ortmann* in Schwintowski/Brömmelmeyer § 169 Rn. 102; *Brömmelmeyer* in Beckmann/Matusche-Beckmann § 42 Rn. 181; *Reiff* in Prölss/Martin § 169 Rn. 64.

[359] Gesetzesbegr. BT-Drs. 16/3945, 104.

[360] *Ortmann* in Schwintowski/Brömmelmeyer § 169 Rn. 102; *Brömmelmeyer* in Beckmann/Matusche-Beckmann § 42 Rn. 181 leitet daraus verfassungsrechtliche Bedenken her.

[361] Hierzu näher *Larenz,* Methodenlehre der Rechtswissenschaft, 6. Aufl. 1991, S. 355f.

[362] Siehe hierzu *Winter* in Bruck/Möller § 169 Rn. 138.

[363] So aber *Reiff* in Prölss/Martin § 169 Rn. 65; ähnl. *Winter* in Bruck/Möller § 169 Rn. 145.

[364] Gesetzesbegr. BT-Drs. 16/3945, 104.

[365] Instruktiv die Fallgruppen bei *Ortmann* in Schwintowski/Brömmelmeyer § 169 Rn. 111f.

[366] *Ortmann* in Schwintowski/Brömmelmeyer § 169 Rn. 113; *Krause* in Looschelders/Pohlmann § 169 Rn. 54.

Gefährdung ausgelöst hat, spielt keine Rolle.[367] Der Wortlaut stellt darauf nicht ab. Auch erfordert der Zweck der Vorschrift dies nicht, im Gegenteil. Es ist nicht zu rechtfertigen, den verbleibenden Bestand wegen etwaiger Unzulänglichkeiten im Management eines Unternehmens haftbar zu machen und die kündigenden Versicherungsnehmer aus diesem Grund zu bevorzugen.[368]

117 Geschützt werden sollen nicht nur die Interessen der Versicherungsnehmer, sondern aller aus dem Lebensversicherungsvertrag – potentiell – Berechtigter, insbesondere also auch der Bezugsberechtigten und versicherten Personen.[369] Insoweit ist also ein aufsichtsrechtliches Verständnis zugrunde zu legen.[370]

118 **cc) Angemessenheit.** Liegt der Tatbestand vor, ist der Versicherer berechtigt, den Rückkaufswert angemessen herabzusetzen. Dabei hat der Begriff der Angemessenheit zwei Facetten, zum einen im Verhältnis des verbleibenden Bestandes zum kündigenden, zum anderen innerhalb des kündigenden Bestandes. Beim **Verhältnis des verbleibenden Bestandes zum kündigenden** wird Angemessenheit dahin verstanden, dass ein gleichmäßiger Beitrag von ausscheidenden und verbleibenden Versicherungsnehmern zur Beseitigung der kritischen Situation geleistet werden muss.[371] Allerdings bleibt unklar, worin die Belastung des verbleibenden Bestandes tatsächlich liegt. Die Kürzungsbefugnis erstreckt sich lediglich auf den kündigenden, nicht den die Verträge bis zum Ablauf durchhaltenden Bestand. Der Wortlaut von § 169 Abs. 6 S. 1 VVG stellt gerade die dauernde Erfüllbarkeit der Verpflichtungen aus den Versicherungsverträgen heraus. Es geht mithin gerade nicht darum, den nicht kündigenden Bestand zu belasten, sondern ihn zu sichern. Damit kann die Angemessenheit der Herabsetzung nicht auf ein Austarieren der Interessen von kündigendem und verbleibendem Bestand im Sinne einer gleichmäßigen Belastung, sondern lediglich im Sinne einer den verbleibenden Bestand nicht übermäßig bevorzugenden Behandlung gerichtet sein. Allerdings bestehen erhebliche praktische Schwierigkeiten, hier einen mathematisch exakten Ausgleich herzustellen. Eine Entscheidung über die Höhe der Kürzung muss immer auch in die Zukunft gerichtete Faktoren einstellen, insbesondere die weitere Entwicklung der Zahl der Kündigungen und des Kapitalmarktes. Sie lassen sich naturgemäß nicht zuverlässig vorhersagen. Insoweit trifft zwar zu, dass sich die Angemessenheit nur durch ein Sachverständigengutachten wird bewerten lassen,[372] aber dem Versicherer ist dabei eine weite Einschätzungsprärogative einzuräumen. Im **Verhältnis der ausscheidenden Versicherungsnehmer untereinander** könnte ein Versicherer versucht sein, hohe Rückkaufswerte proportional höher zu belasten als niedrige. Dies erscheint unter dem Gesichtspunkt des Gleichbehandlungsgrundsatzes in § 11

---

[367] *Winter* in Bruck/Möller § 169 Rn. 147; *Grote* in Marlow/Spuhl Rn. 1165; *Langheid* in Römer/Langheid § 169 Rn. 53; aA wohl *Römer* in Römer/Langheid, VVG, 3. Aufl. 2012, § 169 Rn. 53.

[368] Ebenso *Reiff* in Prölss/Martin § 169 Rn. 66; *Schumacher* S. 247, der zutr. von „Ursachenunabhängigkeit" spricht.

[369] Gesetzesbegr. BT-Drs. 16/3945, 104; *Ortmann* in Schwintowski/Brömmelmeyer § 169 Rn. 105; *Winter* in Bruck/Möller § 169 Rn. 142.

[370] Siehe etwa § 77 a Abs. 1 S. 1 Nr. 1 VAG, der auf Art. 2 Buchst. k RL 2001/17 EG („Zwangsliquidationsrichtlinie") zurückgeht.

[371] *Krause* in Looschelders/Pohlmann § 169 Rn. 56; *Ortmann* in Schwintowski/Brömmelmeyer § 169 Rn. 117; *Mönnich* in Langheid/Wandt § 169 Rn. 130 *Schumacher* S. 241.

[372] *Ortmann* in Schwintowski/Brömmelmeyer § 169 Rn. 117; *Mönnich* in Langheid/Wandt § 169 Rn. 130.

Abs. 2 VAG bedenklich. Eine derartige eher sozialpolitisch motivierte Umverteilung ist dem Versicherungsvertragsrecht fremd.

119 Stellt sich heraus, dass die Reduzierung zwar dem Grunde **nicht aber der Höhe nach berechtigt** ist, wird man den aus § 306 Abs. 2 BGB abgeleiteten AGB-rechtlichen Grundsatz des Verbots einer geltungserhaltenden Reduktion[373] nicht anwenden können. Er setzt nach § 306 Abs. 2 BGB eine unwirksame Bestimmung voraus. Der Verwender soll nicht sanktionslos die Möglichkeit haben, AGB-widrige Regelungen zu vereinbaren.[374] Hier wird ein Gesetz zum Schutz des verbleibenden Versichertenbestandes angewendet. Das Verbot der geltungserhaltenden Reduktion würde damit nicht den Vertragspartner, sondern den verbleibenden Bestand „bestrafen".

120 **b) Befristung (Abs. 5 S. 2).** Satz 2 übernimmt wörtlich § 169 Abs. 6 S. 2 VVG. Danach ist die Herabsetzung auf ein Jahr befristet. Dies **schließt eine nachfolgende, ggf. auch unmittelbar anschließende erneut auf ein Jahr befristete Herabsetzung nicht aus** („jeweils").[375] Dabei ist die Befristung als Maximalfrist zu verstehen. Kürzere Befristungen sind wegen § 171 S. 1 VVG zulässig.[376] Zum Verfahren selbst trifft das VVG keine Aussage. In jedem Fall wird eine so weitreichende Entscheidung dem Vorstand vorbehalten sein müssen. Dies lässt sich mit der strukturellen Verwandtheit mit der Entscheidung über die Deklaration der Überschussbeteiligung nach § 56a Abs. 1 S. 1 VAG begründen.[377] Zur Überprüfbarkeit der Frist von einem Jahr wird Gegenstand des Beschlusses auch der exakte Zeitpunkt des Beginns sein müssen.[378] Weiter wird man eine entsprechende interne Dokumentation verlangen müssen. Der Beschluss kann in jedem Fall alle nach dem Stichtag eingehenden Kündigungen erfassen; fraglich ist dies für **Kündigungen, die zum Stichtag bereits eingegangen sind, aber später wirksam** werden. Dem Zweck der Regelung entsprechend wird ein Beschluss des Vorstands auch solche Kündigungen erfassen können.[379] Hat der Versicherungsnehmer bereits die Information über den höheren Rückkaufswert erhalten, so muss die Kürzung möglich bleiben. Ein solches Schreiben selbst schafft als bloße Information keinen eigenständigen Schuldgrund;[380] freilich kann es bei unzutreffenden Angaben im Einzelfall Schadensersatzverpflichtungen auslösen.[381]

---

[373] BGH NJW 1982, 2309 (2310) mAnm *Bunte;* BGH NJW 2001, 1419 (1421); BGH NJW 2005, 1275 (1277); BGH NJW 2005, 1574 (1576); *Kollmann* in Dauner-Lieb/Langen BGB § 306 Rn. 25; *Schulte-Nölke* in Schulze ua BGB § 309 Rn. 4; differenzierend *Basedow* in MünchKommBGB § 306 Rn. 12f.

[374] *Kollmann* in NK-BGB § 306 Rn. 25; *Schulte-Nölke* in HK- BGB § 309 Rn. 4.

[375] *Ortmann* in Schwintowski/Brömmelmeyer § 169 Rn. 119; *Winter* in Bruck/Möller § 169 Rn. 155; *Schumacher* S. 247; s. auch Gesetzesbegr. BT-Drs. 16/3945, 104.

[376] *Ortmann* in Schwintowski/Brömmelmeyer § 169 Rn. 119; *Winter* in Bruck/Möller § 169 Rn. 155.

[377] Ebenso *Krause* in Looschelders/Pohlmann § 169 Rn. 57.

[378] *Reiff* in Prölss/Martin § 169 Rn. 68; aA wohl *Schumacher* S. 246.

[379] *Reiff* in Prölss/Martin § 169 Rn. 68 dabei das Recht zur Rücknahme der Kündigung verlangend, was allerdings steuerlich dem Risiko einer Novation ausgesetzt ist; ähnl *Schumacher* S. 247.

[380] OLG Stuttgart r+s 2006, 516 (517); *Krause* in Looschelders/Pohlmann § 155 Rn. 10; *Brambach* in Rüffer/Halbach/Schimikowski § 155 Rn. 7 mwN; *Langheid* in Römer/Langheid § 155 Rn. 5; s. auch OLG Celle VersR 2007, 930 (931).

[381] *Langheid* in Römer/Langheid § 155 Rn. 5.

121 **c) Informationspflicht des Versicherers.** Eine Verpflichtung zur Information des Bestandes besteht nach einem solchen Beschluss nicht. Insoweit kann § 6 Abs. 1 VVG-InfoV als abschließend verstanden werden.[382] Der davon betroffene kündigende Versicherungsnehmer ist über die Kürzung hingegen zu informieren.[383] Diesbezüglich wird eine Gegenüberstellung von Rückkaufswert vor und nach Kürzung vorgeschlagen.[384] Der Versicherer wird dem Versicherungsnehmer in jedem Fall zur Auskunft verpflichtet sein.[385] Der Versicherungsnehmer kann prozessual in einer auf den ungekürzten Rückkaufswert gerichteten Leistungsklage vorgehen. Der Nachweis der Kürzung obliegt dabei dem Versicherungsnehmer.[386] Der Versicherer hat dann die Berechtigung zur Kürzung darzulegen und zu beweisen.[387]

122 **d) Verhältnis zu ähnlichen Regelungen.** Keine Aussage trifft das VVG zum Verhältnis der Kürzungsbefugnis zu aufsichtsrechtlichen Instrumenten, die auch eine Krisenbewältigung zum Ziel haben. Insbesondere betrifft dies die Umwidmung von Bewertungsreserven in Eigenkapital nach § 53c Abs. 3 S. 1 Nr. 5 Buchst. c), die Heranziehung der Rückstellung für Beitragsrückerstattung in den Fällen des § 56b Abs. 1 S. 2 VAG, das befristete Zahlungsverbot nach § 89 Abs. 1 VAG sowie die Herabsetzung der Leistungen nach § 89 Abs. 2 S. 1 VAG. Das Schweigen des Gesetzgebers darüber darf als beredt in dem Sinne bewertet werden, dass er **keine Abhängigkeit der Herabsetzungsbefugnis von einem oder mehreren dieser aufsichtsrechtlichen Tatbestände** normieren wollte.[388] Darüber hinaus wird man der Systematik von VVG und VAG entnehmen müssen, dass der Gesetzgeber das vertragliche Herabsetzungsrecht vor eventuellen aufsichtsrechtlichen Eingriffsbefugnissen angewendet wissen will. Insbesondere gilt dies für das Zahlungsverbot nach § 89 Abs. 1 VAG und die Herabsetzung der Leistungen nach § 89 Abs. 2 S. 1 VAG. Gerade, weil § 169 Abs. 6 VVG nicht auf eine Belastung des verbleibenden Bestandes sondern der kündigenden Verträge gerichtet ist (→ Rn. 118) und keiner Zustimmung der Aufsichtsbehörde bedarf, muss ein grundsätzlicher Vorrang von § 169 Abs. 6 VVG vor den aufsichtsbehördlichen Instrumenten der Herabsetzung von Leistungen bzw. des Zahlungsverbotes angenommen werden. In diesen Fällen ist nämlich die unternehmerische Entscheidungsbefugnis des Vorstandes, die § 169 Abs. 6 VVG voraussetzt, auf die Aufsichtsbehörde übergegangen. Gestützt wird dies durch die Überlegung, dass das aufsichtsrechtliche Instrumentarium wegen der erforderlichen Zustimmung der Aufsichtsbehörde zeitlich schwerfälliger ist, während die Kürzungsbefugnis zB bei einer Kündigungswelle kurzfristig greifen muss.[389]

123 Ebenso wenig findet sich im VVG eine Aussage zum Verhältnis der Kürzungsbefugnis nach § 169 Abs. 6 VVG zu **§ 163 VVG,** dort insbes. zu Absatz 2. Auch diese Vorschrift berechtigt den Versicherer zur Kürzung der Leistungen. § 163 VVG lässt

---

[382] Andere Ansicht *Schumacher* S. 245.

[383] *Schumacher* S. 245.

[384] *Ortmann* in Schwintowski/Brömmelmeyer § 169 Rn. 118.

[385] *Ortmann* in Schwintowski/Brömmelmeyer § 169 Rn. 118.

[386] *Ortmann* in Schwintowski/Brömmelmeyer § 169 Rn. 127.

[387] *Mönnich* in Langheid/Wandt § 169 Rn. 131.

[388] *Ortmann* in Schwintowski/Brömmelmeyer § 169 Rn. 108; *Winter* in Bruck/Möller § 169 Rn. 139.

[389] *Schumacher* S. 238.

eine Kürzung zu, wenn geänderte Rechnungsgrundlagen der Prämie zu einer dauerhaften und nicht voraussehbaren Änderung des Leistungsbedarfs führen. Folge ist eine Anpassung der Prämie auf Dauer bzw. Herabsetzung der Leistungen unter den weiteren Voraussetzungen von § 163 Abs. 2 VVG. Die Vorschrift wirkt nur bei Fortführung des Vertrages. Sowohl bei Voraussetzungen wie bei Rechtsfolgen unterscheidet sich damit § 163 Abs. 2 VVG von § 169 Abs. 6 VVG. Beide Vorschriften sind daher unabhängig voneinander anwendbar. Beispielsweise kann erst die Notwendigkeit von § 169 Abs. 6 VVG eintreten und sich später eine Verschiebung der Rechnungsgrundlagen für Teile des verbleibenden Bestandes gemäß § 163 Abs. 1 Nr. 1 VVG herausstellen oder, ggf. für ein- und denselben Vertrag, umgekehrt.

124 **e) Konkretisierung der Anwendung in AVB; Verzicht.** Einer weiteren Konkretisierung des Kürzungsrechts in den AVB bedarf es nicht; ebensowenig kann darauf in den AVB verzichtet werden (im Einzelnen → Rn. 13).

6. Überschussbeteiligung (Abs. 6)

125 **a) Zugeteilte Überschüsse.** Absatz 6 greift die einzelnen Positionen von § 169 Abs. 7 VVG auf. Erste Position sind die zugeteilten Überschussanteile, soweit sie nicht bereits im Rückkaufswert nach Stornoabzug und ggf. Herabsetzung nach Absatz 5 enthalten sind. Hierzu wird darauf hingewiesen, dass bereits zugeteilte Überschüsse immer Teil des Deckungskapitals seien.[390] Zum Teil wird dem entgegengehalten, dass bei der Überschussbeteiligung nach dem sog. Bonussystem die Überschüsse nicht Teil des Deckungskapitals der fraglichen Versicherung, sondern einer Einmalprämie einer neuen Versicherung seien.[391] Ob diese Art der Überschussverwendung tatsächlich **mehrere Verträge mit mehreren Deckungskapitalien** bewirkt, erscheint fraglich. Vertragsrechtlich ergeben sich dafür keine Hinweise.[392] Zum Teil wird der Bedarf für die Regelung in verzinslich angesammelten Überschüssen gesehen.[393] Letztlich ist diese Frage jedoch nicht entscheidend, solange das gemeinsame Verständnis herrscht, dass sämtliche dem Berechtigten zustehende Überschüsse auszuzahlen sind.[394]

126 **b) Schlussüberschüsse.** Zweite Position sind die Schlussüberschüsse. Sie sind – soweit solche gewährt werden – Gegenstand der Regelung in § 2 Abs. 3, auf den daher verwiesen wird. Der Sache nach zutreffend, aber im Ergebnis eher theoretischer Natur ist der Hinweis in der Literatur, wonach die **Begrenzung in § 169 Abs. 7 Halbs. 1 VVG auf die AVB als Grundlage der Schlussüberschussbeteiligung zu eng** sei, da auch auf Individualvereinbarung beruhende Schlussüberschüsse erfasst sein müssten.[395] Allein schon wegen des Gleichbehandlungsgrundsat-

---

[390] *Engeländer* VersR 2007, 1297 (1312); *Brömmelmeyer* in Beckmann/Matusche-Beckmann § 42 Rn. 182.

[391] *Mönnich* in Langheid/Wandt § 169 Rn. 132 Fn. 341; diese Art der Überschusszuweisung auch dem Deckungskapital zurechnend *Winter* in Bruck/Möller § 169 Rn. 157.

[392] Ebenso wohl *Ortmann* in Schwintowski/Brömmelmeyer § 169 Rn. 121.

[393] *Winter* in Bruck/Möller § 169 Rn. 157.

[394] So zutr. *Reiff* in Prölss/Martin § 169 Rn. 69; ebenso *Schumacher* S. 251 mit eingehender Diskussion der unterschiedlichen Ansätze.

[395] *Engeländer* VersR 2007, 1297 (1312); *Brömmelmeyer* in Beckmann/Matusche-Beckmann § 42 Rn. 182; *Reiff* in Prölss/Martin § 169 Rn. 70; *Winter* in Bruck/Möller § 169 Rn. 158; *Schumacher* S. 252.

zes nach § 11 Abs. 2 VAG erscheint es fraglich, ob rechtlich Raum ist für individualvertragliche Vereinbarung von Schlussüberschüssen; faktisch eignet sich ihre individuelle Vereinbarung für Massengeschäft ohnehin nicht.

127 **c) Bewertungsreserven.** Dritte Position ist die Beteiligung an den Bewertungsreserven. Deren ausdrückliche Erwähnung hat ihre Grundlage in § 169 Abs. 7 Hs. 2 VVG. Der Anspruch auf die anteiligen Bewertungsreserven ergibt sich auch ohne diese Klarstellung allein schon aus § 153 Abs. 3 S. 2 VVG. „Beendigung des Vertrags" in diesem Sinne ist nach dem Wortlaut ohne weiteres auch die Kündigung.[396] Die Gesetzesbegründung erwähnt sie in diesem Zusammenhang auch ausdrücklich.[397]

128 Uneinheitlich wird allerdings die Behandlung der Bewertungsreserven bei einer **Teilkündigung** beurteilt. Einvernehmen besteht dahin, dass die auf das teilweise gekündigte Deckungskapital entfallenden Bewertungsreserven berücksichtigt werden müssen. Z.T. wird dafür plädiert, dass dieser Teil der Bewertungsreserven mit ausgezahlt werden solle.[398] Eine Begründung hierfür liefert lediglich *Grote,* indem er auf die Teleologie von § 153 Abs. 3 S. 2 VVG verweist.[399] Zum Teil wird vertreten, dass die Bewertungsreserven auch erst bei vollständiger Beendigung des Vertrages ausgezahlt werden können.[400] Diese Auffassung trifft zu. Auszugehen ist zunächst von dem Befund, dass das VVG die Teilkündigung nicht kennt.[401] Damit kann § 153 Abs. 3 S. 2 VVG die Teilkündigung auch nicht im Blick haben.[402] Unter teleologischen Gesichtspunkten ist evident, dass das Versagen jeglichen Anspruchs auf Beteiligung an den Bewertungsreserven im Fall einer Teilkündigung der Intention von § 153 Abs. 3 VVG nicht gerecht wird. Wegen der fehlenden gesetzlichen Vorgabe muss es den Unternehmen daher frei stehen, auf welche Art Teilkündigungen an den Bewertungsreserven beteiligt werden, solange das Verfahren verursachungsgerecht ist. Dabei lassen sich sowohl mit einer sofortigen Ausschüttung als auch mit einer internen Zuweisung der auf den gekündigten Teil entfallenden Bewertungsreserven mit Fortschreibung und Ausschüttung erst bei vollständiger Beendigung verursachungsorientierte Verfahren vorstellen.

7. Warnhinweis (Abs. 7)

129 **Satz 1** formuliert zwar, die Bewertung des BGH aufgreifend (→ Rn. 15), dass eine Kündigung Nachteile haben „kann". Diese Aussage wird aber, nicht zuletzt

---

[396] *Ortmann* in Schwintowski/Brömmelmeyer § 153 Rn. 78; *Reiff* in Prölss/Martin § 153 Rn. 24; *Heiss* in Langheid/Wandt § 153 Rn. 52; *Schumacher* S. 253.

[397] Gesetzesbegr. BT-Drs. 16/3945, 97.

[398] *Grote* in Marlow/Spuhl Rn. 1021; *Heiss* in Langheid/Wandt § 153 Rn. 52; *Brömmelmeyer* in Beckmann/Matusche-Beckmann § 42 Rn. 308; *Franz* VersR 2008, 298 (310); wohl auch *Winter* in Bruck/Möller § 153 Rn. 223 („auszukehren"); *Reiff* in Prölss/Martin § 153 Rn. 24, allerdings auch die Möglichkeit einer bloßen Zuweisung und Auszahlung erst bei Beendigung in den Raum stellend.

[399] *Grote* in Marlow/Spuhl Rn. 1021.

[400] *Ortmann* in Schwintowski/Brömmelmeyer § 153 Rn. 78; davon ausgehend auch *Wehling/Präve,* Versicherungsvertragsrecht 2008, 2008, S. 16; ebenso für den regulierten Bestand BaFin Gesamtgeschäftsplan für die Überschussbeteiligung – Anlage zum Rundschreiben 10/2008 (VA) S. 9.

[401] *Reiff* in Prölss/Martin § 153 Rn. 24.

[402] *Grote* in Marlow/Spuhl Rn. 1021.

auch wegen der Verteilung der Abschlusskosten auf fünf Jahre im Fall des sog. Frühstornos (→ Rn. 15), nicht so sehr von der Überlegung des BGH (→ Rn. 65 ff.) getragen. Sie hat ihre sachliche Richtigkeit vielmehr in der Tatsache, dass es insbesondere in einer **Niedrigzinsphase** erhebliche Zeit dauern kann, bis das Deckungskapital die eingezahlten Beiträge erreicht.

130 **Satz 2** nimmt Bezug auf die Anfangszeit des Vertrages und führt dem Versicherungsnehmer vor Augen, dass die Verrechnung der Abschluss- und Vertriebskosten nur zu dem **Mindestrückkaufswert** führt. Dabei wird der Versicherungsnehmer durch den ersten Teil „Mindest" bereits vor allzu hohen Erwartungen gewarnt. Die Verweisung auf Abs. 3 S. 2 schafft die Möglichkeit einer konkreteren Vorstellung von den **Nachteilen.** Im Blick sind hierbei, ohne dass dies ausdrücklich erwähnt wird, die ersten fünf Jahre. Eine exakte Trennlinie zwischen den ersten fünf Jahren und der Folgezeit wäre irreführend. Die Nachteilhaftigkeit einer Kündigung endet nämlich nicht mit Ablauf der ersten fünf Jahre. **Satz 3** formuliert daher zutreffend, dass auch „in den Folgejahren" nicht unbedingt damit gerechnet werden könne, dass die eingezahlten Beiträge bei Rückkauf erreicht würden. Diese Informationen erscheinen ausreichend deutlich auch im Sinne der Anforderungen der Rechtsprechung zum VVG aF[403] Erst recht muss das daher für das gegenwärtige VVG gelten.

131 **Satz 4** verweist den Versicherungsnehmer zusätzlich auf die sog. **Rückkaufswerttabelle.** Unter dem Gesichtspunkt der Transparenz, wie von der Rechtsprechung gefordert, begegnet eine solche Verweisung keinen Bedenken.[404] Dabei sieht Satz 4 zwei Tabellen vor, nämlich eine mit den Werten vor und eine mit den Werten nach dem sog. Stornoabzug. Dies geht zurück auf eine Aussage des BGH zu dem VVG aF unterliegenden Verträgen. Danach können Rückkaufswerte, Stornoabzüge und Auszahlungsbeträge in gesonderten Spalten aufgelistet werden.[405] Aus dem getroffenen Zusammenhang wird man diese Aussage nicht als rechtlich einzig denkbare Variante zur Schaffung von Transparenz, sondern eher als eine Möglichkeit bewerten dürfen. Auch aus zwei Tabellen lässt sich ohne große Mühe der Nachteil erkennen. Auf die exakte Höhe kommt es dabei nicht an. Der BGH stellt drei Spalten als Möglichkeit in den Raum und versieht dies mit dem Hinweis, „ohne dass die Tabelle notwendig unübersichtlich geworden wäre".[406] Diese Aussage kann aber nicht ohne weiteres auf die Situation unter dem geltenden VVG übertragen werden. Neben den Tabellen zum Rückkaufswert sind nach § 2 Abs. 2 Nr. 5 VVG-InfoV Tabellen mit den beitragsfreien Summen erforderlich. Sie würden dann aus wenigstens zwei Spalten bestehen müssen, nämlich der beitragsfreien Summe und der Höhe des Abzugs. Bedenkt man weiter dass der Antragsteller vor Vertragsschluss in aller Regel noch eine Hochrechnung der möglichen Leistungen und eine Modellrechnung nach § 154 VVG erhält, dann erscheint das Absehen von einer den Abzug isoliert ausweisenden Tabelle als Erhöhung, nicht als Mangel an Transparenz.

132 In diesem Zusammenhang ist fraglich, ob § 169 Abs. 3 S. 2 VVG ggf. iVm § 2 Abs. 1 Nr. 4 und 6 VVG-InfoV zu **garantierten Rückkaufswerten** zwingt.[407] Da-

---

[403] Ebenso *Reiff/Schneider* in Prölss/Martin, 28. Aufl. 2010, ALB 2008 § 9 Rn. 9.

[404] BGH NVersZ 2001, 308 (310); s. auch *Reiff/Schneider* in Prölss/Martin ALB 2012 § 13 Rn. 12.

[405] BGH NJW 2012, 3023 (3029).

[406] BGH NJW 2012, 3023 (3029).

[407] Bejahend *Gatschke* VuR 2007, 447 (449); *Präve* VersR 2008, 151 (154), allerdings Unvereinbarkeit mit europäischem Recht annehmend; *Engeländer* VersR 2007, 1297 (1312); *Schünemann* VersR 2009, 442 (447), der aber einen gesetzlichen Rückkaufswert als Untergrenze an-

von hängt die Frage ab, ob unter deutschem VVG Verträge mit lediglich endfälligen Garantien angeboten werden können.[408] Der bloße Wortlaut von § 169 Abs. 3 S. 2 VVG zwingt nicht zu garantierten Rückkaufswerten. Er verlangt die Angabe des Ausmaßes, in dem der Rückkaufswert garantiert ist. Diese Anforderung ist auch dann erfüllt, wenn kein Rückkaufswert garantiert ist und damit das Ausmaß der Garantie mit Null angegeben wird.[409] Die Regelung zu Mindestrückkaufswerten nach § 169 Abs. 3 S. 1 VVG steht dem nicht entgegen. Dort geht es um die Abfederung der wirtschaftlichen Folgen der Zillmerung. Hierzu wird die fiktive Verteilung der Abschlusskosten über fünf Jahre für den Fall des Frühstornos angeordnet. Es geht also um die gerechte zeitliche Verteilung von Abschlusskosten und Sparbeitrag, um höhere Rückkaufswerte in den ersten Jahren sicherzustellen. Es geht aber nicht darüber hinaus noch um die Garantie von Rückkaufswerten.[410] Der Entstehungsgeschichte lässt sich dasselbe Ergebnis entnehmen.[411] Im Regierungsentwurf von § 169 Abs. 3 S. 2 VVG hieß es zunächst, der Rückkaufswert sei für jedes Jahr anzugeben. Die Begründung sah vor, dass er in diesem Umfang garantiert sei.[412] Dies wurde während des Gesetzgebungsverfahrens jedoch „an EU-rechtliche Vorgaben (Richtlinie 2002/83/EG des Europäischen Parlaments und des Rates vom 5.11.2002 über Lebensversicherungen; Anhang III, Buchst. a.9) angepasst".[413] Es besteht demgemäß auch weitestgehend Einvernehmen, dass eine Verpflichtung zu garantierten Rückkaufswerten gegen EU-rechtliche Vorgaben verstoßen würde.[414] Schließlich hat der Gesetzgeber bei Altersvorsorgeverträgen mit § 1 Abs. 1 S. 1 Nr. 3 AltZertG endfällige Garantien sanktioniert. Dies beeinflusst zwar nicht unmittelbar die Auslegung des VVG. Es lässt aber doch den Schluss zu, dass endfällige Garantien mit dem Grundverständnis des deutschen Gesetzgebers in Einklang stehen, zumal es sich dort sogar um steuerlich geförderte Verträge handelt.

8. Verträge ohne Todesfallleistung in der Ansparphase (Abs. 8)

133 Absatz 8 ist die Komplementärregelung zu Absatz 2 bis 7. In diesen Absätzen sind die Folgen der Kündigung bei einer Versicherung geregelt, die – auch – für den Todesfall eine Leistung vorsieht (s. Abs. 2 S. 1). Absatz 8 hingegen regelt die

---

nimmt und nur einen eventuell darüber hinausgehenden Wert als „garantiert" versteht; wohl auch *Brambach* in Rüffer/Halbach/Schimikowski § 169 Rn. 19; aA *Reiff* in Prölss/Martin § 169 Rn. 44; *Krause* in Looschelders/Pohlmann § 169 Rn. 47; *Ortmann* in Schwintowski/Brömmelmeyer § 169 Rn. 37; *Mönnich* in Langheid/Wandt § 169 Rn. 100; *Schumacher* S. 137f.; *Wandt*, VersichR, Rn. 1229; offen lassend *Langheid in* Römer/Langheid § 169 Rn. 41; *Baroch Castellví* in Rüffer/Halbach/Schimikowski § 2 VVG-InfoV Rn. 40.

[408] Hierzu *Reiff* in Prölss/Martin § 169 Rn. 44; *Mönnich* in Langheid/Wandt § 169 Rn. 103; *Ortmann* in Schwintowski/Brömmelmeyer § 169 Rn. 33; *Engeländer* VersR 2007, 1297 (1304f., 1312); ders. VersR 2009, 1308 (1316).

[409] *Reiff* in Prölss/Martin § 169 Rn. 44; *Mönnich* in Langheid/Wandt § 169 Rn. 101.

[410] Ebenso *Reiff* in Prölss/Martin § 169 Rn. 44.

[411] Ausf. hierzu *Mönnich* in Langheid/Wandt § 169 Rn. 100; *Schumacher* S. 135f.

[412] Gesetzesbegr. BT-Drs. 16/3945, 103.

[413] BT-Drs. 16/5862, 100 (Beschlussempf. und Bericht des Rechtsausschusses zu dem Gesetzentwurf der Bundesregierung – Drs. 16/3945).

[414] *Engeländer* VersR 2007, 1297 (1304f.); *Schwintowski* VersR 2008, 1425 (1430f.) zu § 176 VVG aF; *Reiff* in Prölss/Martin § 169 Rn. 43; *Mönnich* in Langheid/Wandt § 169 Rn. 104; *Ortmann* in Schwintowski/Brömmelmeyer § 169 Rn. 33 mwN; *Schumacher* S. 137; aA *Schünemann* VersR 2009, 442 (447).

Folgen der Kündigung einer Versicherung, die für den Tod vor Rentenzahlungsbeginn keine Leistung vorsieht. Der Fall einer **vereinbarten Todesfallleistung nur nach Rentenzahlungsbeginn** – dabei handelt es sich dann um eine Rentengarantiezeit nach § 1 Abs. 4 – fällt nicht unter Absatz 8. Nach dem Wortlaut könnte das der Fall sein. Es ist dann nämlich keine Leistung für den Todesfall vor Rentenzahlungsbeginn vereinbart. Möglich erscheint allerdings auch der Umkehrschluss aus Satz 1: Ist für den Todesfall nach Rentenzahlungsbeginn eine Leistung vereinbart, sollen die in Satz 2 geregelten Rechtsfolgen nicht gelten. Entscheidend ist aber die innere Systematik von § 12. Dessen Abs. 2 S. 1 ordnet die Zahlung des Auszahlungsbetrages für den Fall an, dass für den Todesfall eine Leistung vereinbart ist, und zwar unabhängig davon, ob vor oder nach Rentenzahlungsbeginn. Für Abs. 8 S. 1 verbleiben danach nur noch die Fälle, in denen überhaupt keine Todesfallleistung vereinbart ist. In diesem Sinne versteht auch die Literatur die Voraussetzung „Versicherungsschutz für ein Risiko [...], bei dem der Eintritt der Verpflichtung des Versicherers gewiss ist" in § 169 Abs. 1 VVG.[415] Unabhängig davon dürften Fälle mit Todesfallleistung nur in der Rentenphase äußerst selten sein. Wer bereits in der Ansparphase keinen Bedarf an Absicherung von Angehörigen sieht, wird dies in der Rentenphase erst recht nicht sehen.

134 Todesfallleistung im Sinne von Absatz 8 **setzt kein biometrisches Risiko voraus.** Auch die Auszahlung lediglich des Deckungskapitals bei Tod wäre also danach eine Todesfallleistung und würde die Anwendung von Absatz 8 ausschließen. (→ Rn. 41)

135 Nach § 169 Abs. 1 VVG ist es aber auch zulässig, die Zahlung eines Rückkaufswertes in der Ansparphase auszuschließen, wenn **nur bei Tod in der Rentenphase eine Leistung fällig** wird. Der Wortlaut der Vorschrift setzt voraus, dass die Leistung des Versicherers nicht gewiss ist. Besteht ein Vertrag aus Anspar- und Rentenphase, und ist nur für die Rentenphase eine Todesfallleistung vorgesehen, ist die Leistung des Versicherers nicht gewiss. Bei Tod in der Ansparphase wird dann nämlich keine Leistung fällig.[416]

136 Die Rechtsfolge einer Kündigung von Verträgen, die keine Todesfallleistung in der Ansparphase vorsehen, bei denen die Leistung des Versicherers also nicht gewiss ist, ist im VVG nicht explizit geregelt. Es besteht aber Einvernehmen dahin, dass **mit der Kündigung in jedem Fall die Pflicht des Versicherungsnehmers zur Beitragszahlung endet** (→ Rn. 20).[417] Diese Rechtsfolge ordnet Satz 2 an. Sie kann selbstverständlich nur für Verträge mit noch bestehender Beitragszahlungspflicht gelten. Der Zusatz „ganz oder teilweise" nimmt auf die Möglichkeit der Teilkündigung in Abs. 1 S. 3 Bezug. Allerdings dürfte dies hier ins Leere gehen. Die Teilkündigung in Abs. 1 führt zu einer teilweisen Auszahlung. Hier führt die Kündigung zur Beitragsfreistellung. Die Teilkündigung führt damit zur teilweisen Beitragsfreistellung. Die hat allerdings in § 13 Abs. 1 eine eigene Regelung erfahren.

137 Der Versicherungsnehmer ist nach einer Kündigung **über die beitragsfreien Leistungen zu informieren.** Bei Versicherungen gegen Einmalbeitrag oder abgekürzter Beitragszahlungsdauer nach deren Ablauf bzw. bei beitragsfrei gestellten

---

[415] *Ortmann* in Schwintowski/Brömmelmeyer § 169 Rn. 12; *Schick/Franz* VW, 2007, 764.

[416] So wohl *Langheid* in Römer/Langheid § 169 Rn. 18; *Reiff* in Prölss/Martin § 169 Rn. 21; aA *Ortmann* in Schwintowski/Brömmelmeyer § 169 Rn. 12; *Schick/Franz* VW, 2007, 764.

[417] *Brambach* in Rüffer/Halbach/Schimikowski § 168 Rn. 19; *Langheid* in Römer/Langheid § 168 Rn. 19; *Peters* in Looschelders/Pohlmann § 168 Rn. 8.

Versicherungen löst eine Kündigung keine Rechtsfolgen (mehr) aus. Freilich wird man eine Verpflichtung des Versicherers annehmen müssen, den Versicherungsnehmer darüber aufzuklären, dass seine Kündigung wegen der besonderen Konstellation rechtlich wirkungslos ist.

138 Satz 3 bis 5 regelt die Folgen der Beitragsfreistellung mit dem Mechanismus der herabgesetzten Versicherungsleistung bzw. der Auszahlung des Rückkaufswertes, wenn die vereinbarte Mindestversicherungssumme nicht erreicht wird (→ ARB § 13 Rn. 20).

9. Rückzahlung der Beiträge (Abs. 9)

139 Absatz 9 hat **deklaratorische Wirkung.** Die vorhergehenden Absätze regeln die Ansprüche des Versicherungsnehmers bei Kündigung. Abs. 9 stellt klar, dass die gezahlten Beiträge nicht zurückverlangt werden können. Dies unterstreicht in erster Linie den Warnhinweis aus Abs. 7 S. 1 und 2.[418]

IV. Darlegungs- und Beweislast

1. Kündigung (Abs. 1)

140 Die Beweislast für den Zugang der Kündigung trägt nach allgemeinen Regeln der Versicherungsnehmer. Behauptet er nach Auszahlung des Rückkaufswertes, die Kündigung sei nicht von ihm, sondern von einer anderen Person unterschrieben, trägt er hierfür die Beweislast. In aller Regel kann der Beweis nur durch Schriftgutachten geführt werden. Ist der Versicherer nicht mehr im Besitz des Originals des Kündigungsschreibens, kann ein Fall der Beweisvereitelung vorliegen.[419]

2. Rückkaufswert (Abs. 3)

141 Die Darlegungs- und Beweislast für die Höhe des Rückkaufswertes materialisiert sich im Umfang des Auskunftsanspruchs des Versicherers (→ Rn. 60 ff.).

3. Abzug (Abs. 4)

142 Zur Darlegungs- und Beweislast hinsichtlich Grund und Höhe des Abzugs → Rn. 60 ff.; zur Gegenbeweismöglichkeit → Rn. 90 ff.

4. Herabsetzungsrecht (Abs. 5)

143 Für das Herabsetzungsrecht nach Absatz 5 trägt der Versicherer die volle Darlegungs- und Beweislast hinsichtlich Grund und Höhe.[420] Der Beweis wird sich in der Praxis nur durch Sachverständigengutachten bewerkstelligen lassen.

---

[418] Ebenso *Reiff/Schneider* in Prölss/Martin ALB 2012 § 12 Rn. 13.

[419] Zu unterschiedlichen Aspekten in diesem Zusammenhang s. BGH r+s 2009, 342; BGH r+s 2008, 431; KG r+s 2008, 253; OLG Koblenz r+s 2000, 489.

[420] *Mönnich* in Langheid/Wandt § 169 Rn. 131; wohl anders *Ortmann* in Schwintowski/Brömmelmeyer § 169 Rn. 127.

V. Wirksamkeit der Bestimmung

144 Die Bestimmung ist wirksam. Nach hier vertretener Auffassung läuft die Einräumung der Gegenbeweismöglichkeit ins Leere (→ Rn. 99ff.) Allerdings tangiert dies die Wirksamkeit der Bestimmung nicht.[421]

§ 13 Wann können Sie Ihren Vertrag beitragsfrei stellen und welche Auswirkungen hat dies auf unsere Leistungen?

(1) Anstelle einer Kündigung nach § 12 können Sie zu dem dort genannten Termin in Schriftform *(d. h. durch ein eigenhändig unterschriebenes Schriftstück)* verlangen, ganz oder teilweise von der Beitragszahlungspflicht befreit zu werden. In diesem Fall setzen wir die vereinbarte Rente ganz oder teilweise auf eine beitragsfreie Rente herab. Diese wird nach folgenden Gesichtspunkten berechnet:
- nach anerkannten Regeln der Versicherungsmathematik mit den Rechnungsgrundlagen der Beitragskalkulation,
- für den Schluss der laufenden Versicherungsperiode und
- unter Zugrundelegung des Rückkaufswertes nach § 12 Absatz 3.

(2) Der aus Ihrem Vertrag für die Bildung der beitragsfreien Rente zur Verfügung stehende Betrag mindert sich um rückständige Beiträge. Außerdem nehmen wir einen Abzug in Höhe von … vor. Der Abzug ist zulässig, wenn er angemessen ist. Dies ist im Zweifel von uns nachzuweisen. Wir halten den Abzug für angemessen, weil mit ihm die Veränderung der Risikolage des verbleibenden Versichertenbestandes ausgeglichen wird. Zudem wird damit ein Ausgleich für kollektiv gestelltes Risikokapital vorgenommen. Wenn Sie uns nachweisen, dass der aufgrund Ihres Verlangens der Beitragsfreistellung von uns vorgenommene Abzug wesentlich niedriger liegen muss, wird er entsprechend herabgesetzt. Wenn Sie uns nachweisen, dass der Abzug überhaupt nicht gerechtfertigt ist, entfällt er.

(3) Wenn Sie Ihren Vertrag beitragsfrei stellen, kann das für Sie Nachteile haben. In der Anfangszeit Ihres Vertrages ist wegen der Verrechnung von Abschluss- und Vertriebskosten (siehe § 14) nur der Mindestwert gemäß § 12 Absatz 3 Satz 2 zur Bildung einer beitragsfreien Rente vorhanden. Auch in den Folgejahren stehen nicht unbedingt Mittel in Höhe der gezahlten Beiträge für die Bildung einer beitragsfreien Rente zur Verfügung. Nähere Informationen zur beitragsfreien Rente und ihrer Höhe können Sie der Tabelle … entnehmen.

(4) Haben Sie die vollständige Befreiung von der Beitragszahlungspflicht verlangt, und erreicht die nach Absatz 1 zu berechnende beitragsfreie Rente den Mindestbetrag von … nicht, erhalten Sie den Auszahlungsbetrag nach § 12 Absatz 2 und der Vertrag endet. Eine teilweise Befreiung von der Beitragszahlungspflicht können Sie nur verlangen, wenn die verbleibende beitragspflichtige Rente mindestens … beträgt und die beitragsfreie Rente den Mindestbetrag von … erreicht.

Übersicht

[421] *Brambach* in Rüffer/Halbach/Schimikowski § 169 Rn. 29; s. auch *Schumacher* S. 227.

I. Gesetzliche Grundlagen

1 § 13 hat seine gesetzliche Grundlage in § 165 VVG. Wegen der in der Regel langen Laufzeit von Lebensversicherungsverträgen und sich ändernder Bedürfnisse des Versicherungsnehmers räumt das VVG die Möglichkeit der **Beitragsfreistellung** als gegenüber einer Kündigung milderes Mittel ein.[1] Es endet die Pflicht zur Beitragszahlung. Der zugesagte Versicherungsschutz verringert sich. Soweit er sich verringert, erlischt der Vertrag.[2] Dabei kann von den Vorgaben von § 165 VVG nicht zum Nachteil des Versicherungsnehmers abgewichen werden (s. § 171 S. 1 VVG).

II. Rechtsprechung

2 Die Rechtsprechung hat sich im Kontext der Beitragsfreistellung vornehmlich mit drei Themenkomplexen befasst. Der erste betrifft die Frage, welche inhaltlichen Voraussetzungen an ein wirksames **Umwandlungsverlangen** zu stellen sind. (→ Rn. 5). Der zweite betrifft die Frage, wie weit das **Fragerecht des Versicherers** bei einer Wiederinkraftsetzung des vollen Versicherungsschutzes zeitlich reicht und ob ihn diesbezüglich eine Pflicht zur Beratung treffen kann. (→ Rn. 6) Der dritte Themenkomplex betrifft den **Abzug nach Absatz 2** sowie die Verrechnung der Abschlusskosten. Hier wirken sich die Entscheidungen insbesondere des BGH zum Abzug bei Kündigung und Beitragsfreistellung sowie zur Verrechnung der Abschlusskosten[3] in der Weise aus, dass die Deckungskapitalien der betroffenen Verträge um den Stornoabzug zu erhöhen und ggf. auf den Betrag des Mindestrückkaufswertes anzuheben sind.[4] Auf die diesbezügliche Kommentierung kann daher verwiesen werden. (→ ARB § 12 Rn. 16ff.)

[1] *Winter* in Bruck/Möller § 165 Rn. 2; *Ortmann* in Schwintowski/Brömmelmeyer § 165 Rn. 1.

[2] BGHZ 13, 226 (234); OLG Hamm VersR 2012, 347; OLG Oldenburg VersR 2003, 1164 (1165); *Reiff* in Prölss/Martin § 165 Rn. 11; *Mönnich* in Langheid/Wandt § 165 Rn. 22; *Langheid* in Römer/Langheid § 165 Rn. 10.

[3] BGH NJW 2012, 3023 (zur Beitragsfreistellung 3028); sowie die Folgeentscheid. BGH r+s 2013, 447 (zur Beitragsfreistellung 449); BGH VersR 2013, 565 (zur Beitragsfreistellung 570) und BGH VersR 2013, 1116 (zur Beitragsfreistellung 1119).

[4] Siehe hierzu BGH NJW-RR 2013, 228 (229) für unwirksamen Stornoabzug der Vertragsgeneration 1994 bis 2001.

III. Kommentierung der Klauselbestimmungen

1. Allgemeine Voraussetzungen und Folgen der Beitragsfreistellung (Abs. 1)

a) Erklärung (Satz 1). Satz 1 räumt dem Versicherungsnehmer das Recht zur Beitragsfreistellung ein. Dabei wird einleitend darauf hingewiesen, dass sie eine **Alternative zur Kündigung** darstellt. Die Wortwahl „verlangen" beruht auf der – zu Recht als „unpräzise"[5] bzw. „unglücklich"[6] qualifizierten – Formulierung in § 165 Abs. 1 S. 1 VVG. 3

Im Hinblick auf die Befugnis zur Beitragsfreistellung bei Beteiligung Dritter, gelten **die Grundsätze zur Kündigungsbefugnis entsprechend** (→ ARB § 12 Rn. 23ff.) Lediglich für die Abtretung ist dies fraglich. Nach hM geht auch das Recht zur Beitragsfreistellung auf den Zessionar über.[7] Dies erscheint jedoch zweifelhaft. In der Hand des Zessionars ergibt das Recht zur Beitragsfreistellung keinen Sinn.[8] Daher erscheint es sachgerecht, dieses Recht weiter dem Versicherungsnehmer zuzuweisen. 4

Das Verlangen selbst ist eine **einseitige empfangsbedürftige Willenserklärung.**[9] Sie gestaltet den Vertrag ohne weiteres Zutun um.[10] Aus ihr muss klar und eindeutig erkennbar sein, dass die Beitragszahlung auf Dauer beendet werden soll.[11] Gegegebenenfalls ist die Erklärung auszulegen.[12] Bestehen an ihrem Inhalt Zweifel, trifft den Versicherer eine **Verpflichtung zur Klärung und ggf. Beratung.**[13] Verlangt der Versicherungsnehmer lediglich eine vorübergehende Beitragsfreistellung, ist der Versicherer nicht berechtigt, auf Dauer beitragsfrei zu stellen.[14] Es handelt sich dann um einen Antrag des Versicherungsnehmers, die Versicherung **vorübergehend beitragsfrei zu** stellen.[15] Stellt der Versicherer trotzdem dauerhaft beitragsfrei, so soll dem Versicherungsnehmer ein Schadensersatzanspruch zustehen.[16] Danach soll er so zu stellen sein, wie er stehen würde, 5

---

[5] *Reiff* in Prölss/Martin § 165 Rn. 11.

[6] *Winter* in Bruck/Möller § 165 Rn. 21.

[7] *Krause* in Looschelders/Pohlmann § 165 Rn. 6; *Winter* in Bruck/Möller § 165 Rn. 13; *Benkel/Hirschberg* ALB 2008 § 13 Rn. 166; *Reiff* in Prölss/Martin § 165 Rn. 5; *Langheid* in Römer/Langheid § 165 Rn. 4.

[8] Hierzu ausführlich *Heiss* in Langheid/Wandt § 165 Rn. 9; auf das fehlende Interesse des Zessionars hinweisend *Winter* in Bruck/Möller § 165 Rn. 13.

[9] OLG Hamm VersR 2012, 347; *Mönnich* in Langheid/Wandt § 165 Rn. 11; *Ortmann* in Schwintowski/Brömmelmeyer § 165 Rn. 8.

[10] BGH VersR 1975, 1089; *Reiff* in Prölss/Martin § 165 Rn. 11; *Ortmann* in Schwintowski/Brömmelmeyer § 165 Rn. 8; *Brömmelmeyer* in Beckmann/Matusche-Beckmann § 42 Rn. 188; *Winter* in Bruck/Möller § 165 Rn. 21.

[11] BGH NJW 1976, 148; OLG Stuttgart r+s 2003, 28; *Mönnich* in Langheid/Wandt § 165 Rn. 11; *Brambach* in Rüffer/Halbach/Schimikowski § 165 Rn. 3; *Brömmelmeyer* in Beckmann/Matusche-Beckmann § 42 Rn. 189; *Winter* in Bruck/Möller § 165 Rn. 21.

[12] OLG Köln r+s 2013, 397; *Winter* in Bruck/Möller § 165 Rn. 21; *Neuhaus* r+s 2013, 583 (586).

[13] *Reiff* in Prölss/Martin § 165 Rn. 6; *Brambach* in Rüffer/Halbach/Schimikowski § 165 Rn. 3.

[14] OLG Köln r+s 1992, 138 (139); LG Düsseldorf r+s 2012, 405.

[15] OLG Köln r+s 2013, 397; OLG Köln r+s 1992, 138 (139); LG Düsseldorf r+s 2012, 405.

[16] *Langheid* in Römer/Langheid § 165 Rn. 6; *Armbrüster* Rn. 1944.

wenn der Antrag sachgerecht behandelt und der Versicherungsnehmer über die Folgen aufgeklärt worden wäre.[17] Dies ist zw. Dogmatisch zutreffender ist es, von der unveränderten Fortsetzung des bisherigen Vertrages auszugehen.[18] Der Antrag auf befristete Beitragsfreistellung ist durch den Versicherer nicht angenommen worden. Nach § 146 BGB ist das Verhalten des Versicherers in dem Fall als Ablehnung des Antrags zu werten. Damit hat sich am Inhalt des Vertrages nichts geändert. Der Versicherungsnehmer bleibt zur Zahlung des Beitrags verpflichtet, er kann sich allerdings bei länger zurückliegenden Zeiträumen auf Verjährung berufen. Wegen fehlenden Verschuldens befindet er sich mit der Beitragszahlung nicht in Verzug.[19] Der Versicherer hat den vereinbarten Versicherungsschutz zu gewähren. Verlangt der Versicherungsnehmer eine teilweise Beitragsfreistellung, gelten diese Maßgaben entsprechend. Insbesondere muss sich aus dem Verlangen die Höhe des reduzierten Beitrags ergeben. Bestehen in der Hinsicht Zweifel aus der Erklärung, hat der Versicherer für Aufklärung zu sorgen.

6 Streitig ist, ob den Versicherer in jedem Fall der Beitragsfreistellung, dh insbesondere in **Fällen einer eindeutigen Erklärung,** eine Verpflichtung zur Aufklärung bzw. Beratung aus § 6 Abs. 4 VVG trifft.[20] Die hM lehnt eine solche generelle Verpflichtung zu Recht ab.[21] Die Beratungspflicht aus § 6 Abs. 4 VVG ist anlassbezogen. Stellt der Versicherungsnehmer ein eindeutiges Verlangen, besteht hierzu kein Anlass. Der Versicherer kann vielmehr davon ausgehen, dass sich der Versicherungsnehmer anhand der AVB über die ihm zustehenden Rechte informiert hat und keiner weiteren Beratung bedarf. Die Pflicht aus § 6 Abs. 4 VVG beginnt erst dort, wo das Umwandlungsverlangen selbst oder sonstige sich aus den Unterlagen ergebende Umstände zweifelhaft erscheinen lassen, ob der Versicherungsnehmer sich der Bedeutung seiner Erklärung bewusst ist.[22] Sehen die AVB, wie häufig der Fall, die Möglichkeit einer **Wiederinkraftsetzung des vollen Versicherungsschutzes ohne Gesundheitsprüfung** innerhalb einer bestimmten Frist nach Beitragsfreistellung vor, wird einer Pflicht zur Beratung genüge getan sein, wenn die Mitteilung über die verringerten versicherten Leistungen einen Hinweis auf die Wiederinkraftsetzung enthält. Dann kann der Versicherungsnehmer die Folgen korrigieren.

7 Ist der **Vertrag wirksam beitragsfrei gestellt,** besteht kein Anspruch des Versicherungsnehmers auf Rückgängigmachung der Beitragsfreistellung und Wiederherstellung des früheren Versicherungsschutzes, es sei denn Entsprechendes wäre vereinbart.[23] Ist dies der Fall, handelt es sich dann um eine Vertragsänderung, die nach den allgemeinen Regeln der Zustimmung der anderen Vertragspartei, hier

---

[17] OLG Köln r+s 1992, 138 (140); *Reiff* in Prölss/Martin § 165 Rn. 6; *Ortmann* in Schwintowski/Brömmelmeyer § 165 Rn. 7; *Mönnich* in Langheid/Wandt § 165 Rn. 11.

[18] OLG Hamm VersR 2012, 347; *Brömmelmeyer* in Beckmann/Matusche-Beckmann § 42 Rn. 189; *Gebert/Schnepp* in Veith/Gräfe § 10 Rn. 290.

[19] LG Düsseldorf r+s 2012, 405 (406).

[20] So *Reiff* in Prölss/Martin § 165 Rn. 6; *Winter* in Bruck/Möller § 165 Rn. 58.

[21] *Brambach* in Rüffer/Halbach/Schimikowski § 165 Rn. 4; *Krause* in Looschelders/Pohlmann § 165 Rn. 18; *Ortmann* in Schwintowski/Brömmelmeyer § 165 Rn. 9; wohl auch *Langheid* in Römer/Langheid § 165 Rn. 12.

[22] *Langheid* in Römer/Langheid § 165 Rn. 12; s. auch *Winter* in Bruck/Möller § 165 Rn. 58.

[23] Beispiel in OLG Karlsruhe r+s 1996, 286; OLG Hamm VersR 2012, 347; *Langheid* in Römer/Langheid § 165 Rn. 11; *Brambach* in Rüffer/Halbach/Schimikowski § 165 Rn. 14; *Neuhaus* r+s 2013, 583 (586) mwN.

also des Versicherers, bedarf.[24] Daraus ergibt sich ohne weiteres, dass der Versicherer die **Rückgängigmachung vom gesundheitlichen Zustand der versicherten Person abhängig machen** und auch die entsprechenden Fragen hierzu jedenfalls für die Zeit nach der Beitragsfreistellung stellen darf.[25] Ein Versicherungsnehmer dürfe nicht erwarten, dass der Versicherer den Versicherungsschutz heraufsetze, ohne zu prüfen, ob sich der Gesundheitszustand des Versicherungsnehmers in der Zwischenzeit verschlechtert habe.[26] Hierüber muss der Versicherungsnehmer bei der Beitragsfreistellung **nicht beraten** werden.[27] Dabei sind die Fragen nicht auf die Zeit seit der Beitragsfreistellung beschränkt.[28] Allerdings soll der Versicherer, wenn er dies beabsichtigt, unter dem Gesichtspunkt der Beratungspflicht aus § 6 Abs. 4 VVG verpflichtet sein, bei der Beitragsfreistellung darauf hinzuweisen, weil der Versicherungsnehmer damit nicht rechne.[29] Dies überzeugt in dieser Allgemeinheit allerdings nicht. Dem Versicherer steht es frei, ob er zu einer Erhöhung des Versicherungsschutzes nach Beitragsfreistellung bereit ist oder nicht. Er befindet sich in der Situation des Neuabschlusses ohne Kontrahierungszwang. Ist er berechtigt, den Neuabschluss zu verweigern, muss er erst recht berechtigt sein, ihn **von bestimmten Voraussetzungen abhängig zu machen.** Alles andere wäre gleichbedeutend mit der Einführung eines partiellen Kontrahierungszwanges. Eine Beratungspflicht des Versicherers ist allerdings dann anzunehmen, wenn dem Versicherer nach Abschluss des Vertrages Erkrankungen bekannt geworden sind, die einer späteren Wiederherstellung des Versicherungsschutzes im Wege stehen, und der Versicherer anlässlich der Beitragsfreistellung die Möglichkeit einer späteren Wiederherstellung angesprochen hat[30] oder dies im Beratungsgespräch zur Sprache gebracht worden ist.[31] Ist eine Wiederinkraftsetzung vertraglich vereinbart, gelten deren Regeln.[32]

8 Satz 1 regelt darüber hinaus auch den **Zeitpunkt,** zu dem eine Beitragsfreistellung möglich ist. Hierzu verweist die Regelung auf den in § 12 genannten Zeitpunkt. Dies bezieht sich auf dessen Abs. 1 S. 1 und damit den Schluss der laufenden Versicherungsperiode; es wird in Satz 3 im Zusammenhang mit der Berechnung der

---

[24] BGHZ 13, 226 (236); *Winter* in Bruck/Möller § 165 Rn. 48; *Brambach* in Rüffer/Halbach/Schimikowski § 165 Rn. 14; *Reiff* in Prölss/Martin § 165 Rn. 19.

[25] AllgM BGH r+s 1993, 475 (476) – für den Fall einer Beitragsfreistellung durch den Versicherer, was aber hier keinen Unterschied macht; OLG Oldenburg r+s 2005, 118; s. hierzu auch OLG Karlsruhe r+s 1996, 286 (287); ebenso *Mönnich* in Langheid/Wandt § 165 Rn. 25; *Langheid* in Römer/Langheid § 165 Rn. 11; *Ortmann* in Schwintowski/Brömmelmeyer § 165 Rn. 13; *Reiff* in Prölss/Martin § 165 Rn. 19.

[26] OLG Oldenburg r+s 2005, 118.

[27] Zum VVG aF OLG Karlsruhe r+s 1996, 286 (287); zum geltenden VVG *Mönnich* in Langheid/Wandt § 165 Rn. 25; *Brömmelmeyer* in Beckmann/Matusche-Beckmann § 42 Rn. 196.

[28] AllgM: OLG Oldenburg r+s 2005, 118; *Mönnich* in Langheid/Wandt § 165 Rn. 25; *Langheid* in Römer/Langheid § 165 Rn. 11; *Ortmann* in Schwintowski/Brömmelmeyer § 165 Rn. 13; *Reiff* in Prölss/Martin § 165 Rn. 19.

[29] OLG Oldenburg r+s 2005, 118; *Reiff* in Prölss/Martin § 165 Rn. 19; *Langheid* in Römer/Langheid § 165 Rn. 11.

[30] So auch der Sachverhalt in OLG Oldenburg r+s 2005, 118, ohne dass allerdings das Verbot, nach Erkrankungen vor Beitragsfreistellung zu fragen, auf den spezifischen Sachverhalt begrenzt worden wäre; s hierzu auch *Mönnich* in Langheid/Wandt § 165 Rn. 25.

[31] *Brömmelmeyer* in Beckmann/Matusche-Beckmann § 42 Rn. 11; *Mönnich* in Langheid/Wandt § 165 Rn. 25; wohl auch *Ortmann* in Schwintowski/Brömmelmeyer § 165 Rn. 13.

[32] Hierzu *Neuhaus* r+s 2013, 583 (586).

herabgesetzten Versicherungsleistung explizit erwähnt und entspricht § 165 Abs. 1 S. 1 VVG. Einer Frist für die Beitragsfreistellung bedarf es nicht. Das Verlangen kann also auch unmittelbar vor Schluss der laufenden Versicherungsperiode gestellt werden. Des Weiteren wird in S. 1 Schriftform für das Verlangen vereinbart. Dies ist nach § 171 S. 2 VVG zulässig.[33]

9 Satz 1 gibt darüber hinaus auch das Recht zur **teilweisen Beitragsfreistellung.** Als Besserstellung gegenüber § 165 Abs. 1 VVG, der lediglich die vollständige Beitragsfreistellung vorsieht,[34] ist dies zulässig.[35] Auch § 2 Abs. 1 Nr. 5 VVG-InfoV geht von dieser Möglichkeit aus. Ein bestimmter Mindestbeitrag, der bei teilweiser Beitragsfreistellung weiter gezahlt werden muss, ist in Abs. 4 S. 2 vorgesehen.

10 Zum Teil wird vertreten, dass auch **ohne Regelung in den AVB** ein Recht auf teilweise Beitragsfreistellung bestehe.[36] Hierfür wird die Gesetzgebungsgeschichte angeführt.[37] Insoweit trifft zu, dass die Gegenäußerung der Bundesregierung im Rahmen des Gesetzgebungsverfahrens die Aufnahme der teilweisen Beitragsfreistellung als Klarstellung angesehen hat, die bereits geltendes Recht unter § 174 VVG aF gewesen und nicht unvernünftig sei.[38] Allerdings ist diese „Klarstellung" letztlich doch nicht aufgenommen worden. Zum anderen ist die Klarstellung nicht belegt, vielmehr lässt sich eine solche Interpretation in der Literatur zum VVG aF nicht einhellig ausmachen.[39] Nach anderer Ansicht soll sich das Recht zur Teilumwandlung aus einem „den Vertrag begleitenden **Treuverhältnis**" bei Nachweis eines berechtigten Interesses ergeben.[40] Der Wortlaut stützt dies nicht.[41] Der Nachweis eines berechtigten Interesses genügt als Grundlage ebenso wenig. Es würde zu nicht kalkulierbarer Kasuistik zwingen und damit zu erheblicher Rechtsunsicherheit führen. Zudem fehlt es an jedem Anhaltspunkt dafür, bis zu welcher Herabsetzung des Beitrags der Anspruch bestehen sollte. Wegen mangelnder Wirtschaftlichkeit wäre eine solche Grenze notwendig.[42] Wirtschaftliche Überlegungen dieser Art honoriert auch der Gesetzgeber, wie sich der Mindestversicherungsleistung in § 165 Abs. 1 VVG entnehmen lässt. Sowohl Grund als auch Höhe der teilweisen Beitragsreduzierungen wären damit anfällig für erhebliche Rechtsunsicherheiten. Dies wirkt umso schwerwiegender als mit dem Umwandlungsverlangen die herab-

---

[33] *Winter* in Bruck/Möller § 165 Rn. 25; *Krause* in Looschelders/Pohlmann § 165 Rn. 9; *Langheid* in Römer/Langheid § 165 Rn. 9.

[34] *Krause* in Looschelders/Pohlmann § 165 Rn. 5; *Winter* in Bruck/Möller § 165 Rn. 29; *Ortmann* in Schwintowski/Brömmelmeyer § 165 Rn. 12; *Brambach* in Rüffer/Halbach/Schimikowski § 165 Rn. 5.

[35] AllgM *Ortmann* in Schwintowski/Brömmelmeyer § 165 Rn. 12; *Reiff/Schneider* in Prölss/Martin ALB 2008 § 9 Rn. 10; *Brambach* in Rüffer/Halbach/Schimikowski § 165 Rn. 5; *Winter* in Bruck/Möller § 165 Rn. 29.

[36] *Mönnich* in Langheid/Wandt § 165 Rn. 15; *Langheid* in Römer/Langheid § 165 Rn. 7; wohl auch *Brömmelmeyer* in Beckmann/Matusche-Beckmann § 42 Rn. 190.

[37] *Mönnich* in Langheid/Wandt § 165 Rn. 14f.

[38] Gegenäußerung der Bundesregierung BT-Drs. 16/3945, 132.

[39] Verneinend etwa Benkel/Hirschberg[1], ALB § 4 Rn. 37; *Winter* in Bruck/Möller, 8. Aufl., Bd. V/1 Anm. E 104; aA *Römer* in Römer/Langheid, 2. Aufl. 2003, § 174 Rn. 4; ihm folgend *Höra/Müller-Stein* in MAH VersR § 24 Rn. 191.

[40] *Langheid* in Römer/Langheid § 165 Rn. 7; ebenso *Mönnich* in Langheid/Wandt § 165 Rn. 15; wohl auch *Brömmelmeyer* in Beckmann/Matusche-Beckmann § 42 Rn. 190.

[41] Ebenso wohl *Winter* in Bruck/Möller § 165 Rn. 29: „[...]Teilumwandlung, zu der das Gesetz schweigt, [...]".

[42] Siehe *Winter* in Bruck/Möller § 165 Rn. 19.

gesetzten Leistungen ohne weiteren Rechtsakt eintreten.[43] Angesichts der geschilderten Unsicherheiten hinge über jedem verweigerten teilweisen Umwandlungsverlangen das Damoklesschwert der späteren Bestimmung der versicherten Leistung durch die Gerichte.[44]

b) Folgen der Beitragsfreistellung (Satz 2). Satz 2 beschreibt abstrakt die Folgen einer Beitragsfreistellung, nämlich die **Herabsetzung der Rente.** Entsprechend dem Umfang der Beitragsfreistellung kann dies ganz oder teilweise der Fall sein. § 165 Abs. 1 S. 1 VVG beschreibt als Folge der Beitragsfreistellung die „Umwandlung der Versicherung". Ein Unterschied in der Sache liegt in der anders lautenden Formulierung der AVB nicht. Ist eine Todesfallleistung vereinbart, bleibt sie von der Beitragsfreistellung unberührt. Die Regelung rekurriert insoweit ausschließlich auf die Rente. § 165 VVG ist nicht auf Rentenleistungen beschränkt, sondern spricht von der „prämienfreien Leistung". Dies nimmt keine vereinbarte Versicherungsleistung aus. Sind mehrere Leistungen in einem Vertrag versichert, erstreckt sich die Herabsetzung daher auf sämtliche dieser Leistungen. Daher erscheint es vor dem Hintergrund von § 171 S. 1 VVG zumindest bedenklich, bei Vereinbarung einer Rente und einer Todesfallleistung in der Aufschubzeit, die über die gezahlten Beiträge hinausgeht, nur die Rente zu reduzieren. Für die Aufrechterhaltung der unveränderten Todesfallleistung ist mindestens derselbe Risikobeitrag erforderlich wie vor der Beitragsfreistellung. Damit sinkt der für das Ansparen der Rente zur Verfügung stehende Teil der Prämie überproportional. Entsprechend mindert sich die Rente. Dem konkreten Versicherungsnehmer kann jedoch an einer höheren Rente und nicht an der Aufrechterhaltung der Todesfallleistung gelegen sein. Daher erscheint es wegen § 171 S. 1 VVG geboten, bei mehreren vereinbarten Versicherungsleistungen in einem Vertrag alle Leistungen proportional herabzusetzen. § 165 Abs. 2 VVG beschränkt die Befugnis zur Herabsetzung der Versicherungsleistung bei mehreren versicherten Leistungen in demselben Vertrag auch nicht auf eine bestimmte Leistung.[45] 11

c) Grundlagen für die Berechnung der beitragsfreien Leistung (Satz 3). Satz 3 gibt die Berechnungsgrundlagen für die Ermittlung der herabgesetzten Rente an und übernimmt hierzu die Formulierung aus § 165 Abs. 2 VVG. Darüber hinaus wird der Zeitpunkt angegeben, zu dem die herabgesetzte Rente berechnet wird. Ausgangspunkt ist dabei der Rückkaufswert, wie in § 12 Abs. 3 beschrieben. Dabei bezieht sich dies nur auf Sätze 1 bis 4. Sätze 5 bis 8, mit denen die Begrenzung des Auszahlungsbetrags nach Kündigung auf die vereinbarte Todesfallleistung geregelt wird, passen auf die Beitragsfreistellung der Sache nach nicht. Für die Ermittlung des Rückkaufswertes gelten dabei in vollem Umfang auch die **Vorgaben für das sog. Frühstorno** bei Kündigung in den ersten fünf Jahren.[46] Der Gesetzgeber hat ausdrücklich Gleichlauf zwischen dem Rückkaufswert in § 165 Abs. 3 VVG und dem von § 169 Abs. 3 VVG beabsichtigt.[47] Für Überlegungen, die Ver- 12

---

[43] Siehe hierzu *Reiff* in Prölss/Martin § 165 Rn. 11.

[44] Im Ergebnis wie hier *Reiff* in Prölss/Martin, 28. Aufl. 2010, § 165 Rn. 12; anders 29. Aufl., § 165 Rn. 12.

[45] Siehe *Ortmann* in Schwintowski/Brömmelmeyer § 165 Rn. 11; *Krause* in Looschelders/Pohlmann § 165 Rn. 13.

[46] *Mönnich* in Langheid/Wandt § 165 Rn. 30; *Krause* in Looschelders/Pohlmann § 165 Rn. 13; *Reiff* in Prölss/Martin § 165 Rn. 14; *Ortmann* in Schwintowski/Brömmelmeyer § 165 Rn. 16; *Langheid* in Römer/Langheid § 165 Rn. 15.

[47] Gesetzesbegr. BT-Drs. 16/3945, 101.

teilung der Abschlusskosten auf fünf Jahre auf den Rückkaufswert für Zwecke der Beitragsfreistellung nicht anzuwenden,[48] bleibt daher kein Raum. Der Abzug, auf den § 165 Abs. 2 VVG ebenfalls verweist, wird in den AVB in Absatz 2 gesondert geregelt (→ Rn. 15).

13 Auf den Rückkaufswert abzüglich der in Absatz 2 geregelten Beträge werden die **Rechnungsgrundlagen der Beitragskalkulation** angewendet. Dabei handelt es sich insbesondere um Rechnungszins und Sterbetafel, die bei Beginn des Vertrages zugrunde gelegt worden sind.[49] Weder die Anwendung von Rechnungsgrundlagen, die der Versicherer bei Abschluss des Vertrages für eine Einmalbeitragsversicherung zugrunde gelegt hätte, noch die, die er zum Zeitpunkt der Umwandlung zugrunde legen würde, dürfen hier verwendet werden.[50] Das umzuwandelnde Deckungskapital stellt dann gedanklich einen Einmalbeitrag dar,[51] auf den die Rechnungsgrundlagen des Vertragsbeginns angewendet werden.[52] Dies geschieht nach **anerkannten Regeln der Versicherungsmathematik.**[53] Zum Teil wird vertreten, diese Regeln seien jedenfalls im Zusammenhang mit Beitragsfreistellungen richterlich überprüfbar.[54] Dies mag in anderen Zusammenhängen zutreffen. Für die Zwecke von Beitragsfreistellungen ist es abzulehnen. Es sind dieselben Regeln anzuwenden, wie sie bei Vertragsbeginn angewendet worden sind. Sie sind durch die Mitteilung nach § 13d Nr. 6 VAG (ab 1.1.2016 § 143 VAG) auch objektiviert.[55] Zur richterlichen Überprüfung der Regeln selbst für Zwecke der Beitragsfreistellung besteht daher keine Notwendigkeit. Eine Überprüfung kann – unter Berücksichtigung des Geheimhaltungsinteresses des Versicherers (→ ARB § 12 Rn. 63) – nur auf die Frage beschränkt sein, ob diese Regeln angewendet worden sind.

2. Abzüge (Abs. 2)

14 **a) Beitragsrückstände (Satz 1).** Satz 1 beruht auf § 165 Abs. 3 S. 1 VVG. Danach ist die beitragsfreie Leistung „unter Berücksichtigung" von Beitragsrückständen zu berechnen. Dies bedeutet, dass rückständige Beiträge **vom Deckungskapital abzusetzen** sind, das der Berechnung der beitragsfreien Leistungen zugrunde zu legen ist.[56] Dies kommt durch die Wortwahl „mindert sich" in der Bestimmung deutlicher zum Ausdruck.[57] Bei Auszehrung durch rückständige Beiträge, Kosten etc. erlischt die Versicherung.[58]

---

[48] *Engeländer* VersR 2007, 1297 (1309).

[49] *Krause* in Looschelders/Pohlmann § 165 Rn. 13.

[50] *Winter* in Bruck/Möller § 165 Rn. 33.

[51] Siehe *Mönnich* in Langheid/Wandt § 165 Rn. 29; *Krause* in Looschelders/Pohlmann § 165 Rn. 12; *Leithoff* in FAKomm-VersR § 165 Rn 3; *Wandt* Rn. 1186.

[52] *Mönnich* in Langheid/Wandt § 165 Rn. 29; *Höra/Leithoff* in FAKommVersR § 165 Rn 5; ebenso jedenfalls bezogen auf den Rechnungszins *Krause* in Looschelders/Pohlmann § 165 Rn. 13.

[53] Zum Vorgehen im Einzelnen instruktiv *Krause* in Looschelders/Pohlmann § 165 Rn. 13.

[54] *Langheid* in Römer/Langheid § 165 Rn. 14.

[55] *Höra/Leithoff* in FAKomm-VersR § 165 Rn 5.

[56] *Mönnich* in Langheid/Wandt § 165 Rn. 28; *Langheid* in Römer/Langheid § 165 Rn. 15; *Reiff* in Prölss/Martin § 165 Rn. 17; *Winter* in Bruck/Möller § 165 Rn. 37.

[57] Siehe hierzu auch *Reiff* in HEK 21. Kap. Rn. 11.

[58] *Winter* in Bruck/Möller § 165 Rn. 18.

b) Stornoabzug (Satz 2). Mit Satz 2 wird der sog. Stornoabzug vereinbart. Er ist grundsätzlich **zulässig,** wie sich aus § 169 Abs. 2 VVG durch die Verweisung auch auf § 169 Abs. 5 VVG ergibt.[59] Eine Voraussetzung für die Zulässigkeit des Abzugs ist dessen Bezifferung. Hier ergeben sich dieselben Fragen, wie bei der Bezifferung im Rahmen von § 12 Abs. 4. (→ ARB § 12 Rn. 83 ff.) Auch im Übrigen entspricht Abs. 2 der Parallelregelung zum Rückkaufswert in § 12 Abs. 4. Auf die dortigen Ausführungen kann daher verwiesen werden (→ ARB § 12 Rn. 83 ff.). 15

Im Hinblick auf die **Angemessenheit** des Stornoabzugs gelten die Überlegungen zu § 12 entsprechend. (→ ARB § 12 Rn. 87 ff.) Lediglich die vorzeitige Auflösung von Kapitalanlagen erscheint als Begründung zweifelhaft, da das vorhandene Kapital anders als bei der Kündigung gerade nicht realisiert werden muss. 16

3. Warnhinweis (Abs. 3)

Absatz 3 stellt die Parallelregelung zu § 13 Abs. 7 dar. Auf die dortigen Ausführungen kann verwiesen werden (→ ARB § 12 Rn. 129 ff.). Unterschiede ergeben sich allerdings in zweierlei Hinsicht. In Satz 4 wird – anders als in § 12 Abs. 7 S. 4 – nicht Bezug genommen auf die Werte vor und nach dem Abzug und ebenso wenig auf das Ausmaß der Garantie. 17

Die anzugebenden Werte bestehen hier in der **beitragsfreien Rente.** Die Renten vor und nach dem Abzug anzugeben, würde nicht die Anforderungen an die Bezifferung des Stornoabzugs erfüllen können. Es würde dann nicht der Abzug, sondern die Differenz der aus dem Abzug sich ergebenden Rente angegeben. Daher muss der Abzug hier in einer sich aus den Anforderungen an die Bezifferung ergebenden Weise (→ ARB § 12 Rn. 83 ff.) angegeben werden.[60] 18

Das **Fehlen des Ausmaßes der Garantie** in Satz 4 beruht auf dem Unterschied zwischen § 165 Abs. 2 VVG einerseits und § 169 Abs. 4 S. 2 VVG andererseits. Letztere Regelung sieht das Ausmaß der Garantie vor, § 165 Abs. 2 VVG hingegen nicht. Der legislatorische Unterschied dürfte auf einem **Versehen des Gesetzgebers** beruhen. Im RegE fand sich diese Anforderung in § 169 Abs. 3 noch nicht.[61] Sie wurde erst aufgrund von Beschlussempfehlung und Bericht des Rechtsausschusses eingefügt.[62] Als Begründung wurden dabei europarechtliche Anforderungen angeführt.[63] Bei der Beitragsfreistellung bestehen dieselben europarechtlichen Anforderungen, ohne dass die Ergänzung eingefügt worden wäre.[64] Unterschiedliche Konsequenzen ergeben sich daraus letztlich aber nicht. Aus § 2 Abs. 1 Nr 5, 6 VVG-InfoV folgt in jedem Fall die Notwendigkeit, das Ausmaß der Garantie auch bei den beitragsfreien Leistungen anzugeben. Die Regelung verlangt **Angaben auch für eine „prämienreduzierte" Versicherung,** also den Fall einer teilweisen Beitragsfreistellung. Da jedoch unbekannt ist, in welcher Höhe der Versicherungsnehmer zu welchem Zeitpunkt beitragsfrei stellen wird, wenn er dies tut, sind sachgerechte Angaben hierzu nicht möglich. Diese Vorgabe läuft damit leer.[65] Die 19

---

[59] Statt aller: *Mönnich* in Langheid/Wandt § 165 Rn. 28.

[60] Siehe hierzu auch zum VVG aF BGH r+s 2012, 503 (507).

[61] Gesetzesbegr. BT-Drs. 16/3945, 33.

[62] Beschlussempfehlung und Bericht BT-Drs. 16/5862, 53.

[63] Beschlussempfehlung und Bericht BT-Drs. 16/5862, 100.

[64] Siehe hierzu ausführlich *Mönnich* in Langheid/Wandt § 165 Rn. 31 f.

[65] Siehe hierzu *Baroch Castellví* in Rüffer/Halbach/Schimikowski VVG-InfoV § 2 Rn. 36 mwN.

Gesetzesbegründung stellt ebenfalls nur auf Leistungen bei vollständiger Beitragsfreistellung ab.[66] Daher wird die Ermächtigungsgrundlage für das Verlangen beitragsreduzierter Werte in der VVG-InfoV zu Recht in Frage gestellt.[67]

4. Mindestbeträge (Abs. 4)

20 **a) Vollständige Beitragsfreistellung (Satz 1).** Absatz 4 geht auf § 165 Abs. 1 VVG zurück. Dabei verhält sich Satz 1 zur vollständigen und Satz 2 zur teilweisen Beitragsfreistellung. Das Gesetz lässt es ausdrücklich zu, die Beitragsfreistellung vom **Erreichen einer Mindestversicherungsleistung** abhängig zu machen. Da Leistung hier die Rente ist, wird eine Mindestrente vereinbart. Dies ist zulässig.[68] Es könnte auch eine Mindesttodesfallleistung vereinbart werden.[69] Es dürften auch keine Bedenken dagegen bestehen, beides kumulativ oder alternativ zu vereinbaren. Grenze wären Transparenz und prohibitiver Charakter der Mindestversicherungsleistung (→ ARB § 12 Rn. 98). Hintergrund der gesetzlichen Regelung ist es, **überproportional hohe Verwaltungskosten bei kleinen Verträgen zu verhindern.**[70] Andernfalls würden Versicherer und Versichertengemeinschaft damit unzumutbar belastet.[71] Die mit der Mindestversicherungsleistung unter § 174 VVG aF darüber hinaus verbundene Zielsetzung, dem Versicherer die Möglichkeit zu geben, die Abschlusskosten zu verdienen,[72] lässt sich unter § 165 VVG nicht mehr aufrechterhalten (→ ARB § 12 Rn. 76).[73]

21 Es wird diskutiert, ob der Begriff „Mindestversicherungsleistung" in § 165 Abs. 1 S. 1 VVG auch die **Vereinbarung einer Mindestlaufzeit** zulässt.[74] Der Wortlaut und die Gegenüberstellung mit § 173 VVG in der bis zum 28. 7. 1994 geltenden Fassung sprechen dagegen. Dort konnte die Beitragsfreistellung erst nach einer Laufzeit von drei Jahren verlangt werden. Für die Zulässigkeit wird angeführt, dass die Vereinbarung einer Mindestlaufzeit wirtschaftlich gleichwertig sei.[75] Dies dürfte im Ergebnis nicht zutreffen, jedenfalls dann nicht, wenn in AVB unabhängig von der Beitragshöhe eine Mindestlaufzeit vereinbart wird. Sie würde dann für hohe Beiträge ebenso gelten wie für niedrige. Vor Ablauf der Mindestlaufzeit kann bei hohen Beiträgen im Vergleich zu niedrigen ein Vielfaches an Deckungskapital entstanden sein. Da der Gesetzgeber aber an die Mindestversicherungsleistung und damit notwendigerweise an das Deckungskapital angeknüpft wissen will, kann die Laufzeit des Vertrages kein zutreffender Parameter mehr sein.

---

[66] Gesetzesbegr. BT-Drs. 16/3945, 102.

[67] *Knappmann* in Prölss/Martin VVG-InfoV § 2 Rn. 13.

[68] So explizit *Ortmann* in Schwintowski/Brömmelmeyer § 165 Rn. 10; *Brambach* in Rüffer/Halbach/Schimikowski § 165 Rn. 17; *Mönnich* in Langheid/Wandt § 165 Rn. 16.

[69] Ebenso *Mönnich* in Langheid/Wandt § 165 Rn. 16.

[70] Siehe *Mönnich* in Langheid/Wandt § 165 Rn. 16; *Winter* in Bruck/Möller § 165 Rn. 19; *Wandt* VersR Rn. 1186.

[71] Siehe Gesetzentwurf für ein Drittes Durchführungsgesetz/EWG zum VAG BT-Drs. 12/6959, 102.

[72] Gesetzentwurf für ein Drittes Durchführungsgesetz/EWG zum VAG BT-Drs. 12/6959, 102; *Ortmann* in Schwintowski/Brömmelmeyer § 165 Rn. 10.

[73] *Mönnich* in Langheid/Wandt § 165 Rn. 16; *Langheid* in Römer/Langheid § 165 Rn. 8.

[74] Bejahend *Brambach* in Rüffer/Halbach/Schimikowski § 165 Rn. 17; *Ortmann* in Schwintowski/Brömmelmeyer § 165 Rn. 10; s. aber OLG Köln VersR 2011, 101.

[75] *Brambach* in Rüffer/Halbach/Schimikowski § 165 Rn. 17.

22 Wird die Mindestrente nicht erreicht, hat der Versicherer nach Satz 1 den **Betrag auszuzahlen, der sich aus § 12 Abs. 2 ARB** ergibt. Die in § 165 Abs. 2 S. 2 VVG enthaltene Regelung, wonach die Ansprüche aus der Überschussbeteiligung unberührt bleiben, wird durch § 12 Abs. 2 und die dortige Verweisung auf Absatz 6 abgegriffen. Auch der Stornoabzug darf in dem Fall genommen werden, da § 12 Abs. 2 S. 1 ARB auch ihn in Bezug nimmt. Die Höhe der Mindestrente darf nicht prohibitiv wirken. Andernfalls wäre gegen den Charakter von § 165 VVG als halbzwingender Vorschrift (s. § 171 S. 1 VVG) verstoßen.[76] Ab wann eine solche prohibitive Wirkung angenommen werden muss, lässt sich dabei nur anhand der Umstände des Einzelfalles beurteilen.

23 **b) Teilweise Beitragsfreistellung (Satz 2).** Satz 2 verlangt für die teilweise Beitragsfreistellung kumulativ zwei Voraussetzungen, nämlich eine **verbleibende beitragspflichtige und eine beitragsfreie Mindestrente.** Nach hier vertretener Auffassung sind zwei kumulative Voraussetzungen auch bei der vollständigen Beitragsfreistellung mit § 165 Abs. 1 S. 1 VVG vereinbar (→ Rn. 20). Will man dem nicht folgen, sind sie jedenfalls für den Fall der teilweisen Beitragsfreistellung zulässig. Nach hier vertretener Auffassung muss sie nach § 165 VVG nicht gewährt werden (→ Rn. 10). Daher gilt auch das Korsett von § 171 S. 1 VVG nicht. Die Ausgestaltung der teilweisen Beitragsfreistellung ist daher daran nicht zu messen.[77] Unabhängig davon sind die beiden Voraussetzungen auch sachlich, dh gemessen an den Wertungsmaßstäben von § 165 Abs. 1 S. 1 VVG, gerechtfertigt. Die **beitragsfreie Rente** ist die Rente, die sich ergäbe, wenn der Vertrag vollständig beitragsfrei gestellt würde. Es ergibt sich der Struktur nach kein Unterschied zu der Mindestversicherungsleistung iSv § 165 Abs. 1 S. 1 VVG. Die **verbleibende beitragspflichtige Rente** ist die Rente, die sich aus dem vorhandenen Deckungskapital und den künftigen Beiträgen ergibt. Werden noch Beiträge gezahlt, resultieren allein daraus wegen des Einzugs, der Neuanlage, ggf. Mahnung etc. Verwaltungskosten, die über denen eines beitragsfreien Vertrages liegen.[78] Um auch diesbezüglich sicherzustellen, dass die Höhe des verbleibenden Beitrags diese Kosten trägt, ist ein Anknüpfen an die Erhöhung der Rente durch die Beitragszahlung ein sachlich begründeter Maßstab.

24 Werden die für eine teilweise Beitragsfreistellung erforderlichen Mindestvoraussetzungen nicht erreicht, **besteht der Vertrag unverändert fort.** Dies ergibt sich aus den unterschiedlichen Formulierungen von Satz 1 und Satz 2. Satz 1 sieht die Auszahlung des entsprechenden Betrages vor, wenn die Mindestvoraussetzung nicht erfüllt ist. Satz 2 hingegen sieht vor, dass die teilweise Befreiung von der Beitragspflicht nur verlangt werden könne, wenn die Mindestvoraussetzungen erreicht sind. Sind sie nicht erreicht, kann die teilweise Beitragsfreistellung damit nicht verlangt werden. Der Vertrag besteht dann unverändert fort. Freilich wird man den Versicherer im Rahmen seiner laufenden Beratungspflicht aus § 6 Abs. 4 VVG für verpflichtet halten müssen, den Versicherungsnehmer hierüber zeitnah zu informieren.

---

[76] *Mönnich* in Langheid/Wandt § 165 Rn. 18; *Winter* in Bruck/Möller § 165 Rn. 19; *Ortmann* in Schwintowski/Brömmelmeyer § 165 Rn. 10; *Reiff* in Prölss/Martin § 165 Rn. 9.

[77] *Winter* in Bruck/Möller § 165 Rn. 29; *Mönnich* in Langheid/Wandt § 165 Rn. 15.

[78] Siehe hierzu *Winter* in Bruck/Möller § 165 Rn. 30.

IV. Darlegungs- und Beweislast

25 Im Hinblick auf die Erklärung der Beitragsfreistellung gelten die Überlegungen zur Kündigungserklärung entsprechend (→ ARB § 12 Rn. 140). Gleiches gilt für den Abzug nach Absatz 2 (→ ARB § 12 Rn. 142).

V. Wirksamkeit der Bestimmung

26 Die Bestimmung ist wirksam.

§ 14 Wie werden die Kosten Ihres Vertrages verrechnet?

(1) Mit Ihrem Vertrag sind Kosten verbunden. Diese sind in Ihren Beitrag einkalkuliert. Es handelt sich um Abschluss- und Vertriebskosten sowie übrige Kosten.

Zu den **Abschluss- und Vertriebskosten** gehören insbesondere Abschlussprovisionen für den Versicherungsvermittler. Außerdem umfassen die Abschluss- und Vertriebskosten die Kosten für die Antragsprüfung und Ausfertigung der Vertragsunterlagen, Sachaufwendungen, die im Zusammenhang mit der Antragsbearbeitung stehen, sowie Werbeaufwendungen. Zu den **übrigen Kosten** gehören insbesondere die Kosten für die laufende Verwaltung.

Die Höhe der einkalkulierten Abschluss- und Vertriebskosten sowie der übrigen Kosten können Sie dem [...] entnehmen.

(2) Wir wenden auf Ihren Vertrag das Verrechnungsverfahren nach § 4 der Deckungsrückstellungsverordnung an. Dies bedeutet, dass wir die ersten Beiträge zur Tilgung eines Teils der Abschluss- und Vertriebskosten heranziehen. Dies gilt jedoch nicht für den Teil der ersten Beiträge, der für Leistungen im Versicherungsfall, Kosten des Versicherungsbetriebs in der jeweiligen Versicherungsperiode und aufgrund von gesetzlichen Regelungen für die Bildung einer Deckungsrückstellung bestimmt ist. Der auf diese Weise zu tilgende Betrag ist nach der Deckungsrückstellungsverordnung auf 4% der von Ihnen während der Laufzeit des Vertrages zu zahlenden Beiträge beschränkt.

(3) Die restlichen Abschluss- und Vertriebskosten werden über die gesamte Beitragszahlungsdauer verteilt, die übrigen Kosten über die gesamte Vertragslaufzeit.

(4) Die beschriebene Kostenverrechnung hat zur Folge, dass in der Anfangszeit Ihres Vertrages nur der Mindestwert gemäß § 12 Absatz 3 Satz 2 für einen Rückkaufswert oder zur Bildung der beitragsfreien Rente vorhanden ist (siehe §§ 12 und 13). Nähere Informationen zu den Rückkaufswerten und beitragsfreien Rentenleistungen sowie ihren jeweiligen Höhen können Sie der Tabelle ... entnehmen.

I. Gesetzliche Grundlagen

1 Die Bestimmung insgesamt hat keine unmittelbaren gesetzlichen Grundlagen im Versicherungsvertragsrecht.[1] Eine vergleichbare Klausel ist erstmals nach der Deregulierung, dh der Aufgabe einer Vorabgenehmigung von Geschäftsplänen einschließlich tariflicher sowie vertraglicher Bestimmungen durch die Aufsichtsbe-

[1] BGH VersR 2005, 1565 (1569).

hörde, im Jahre 1994 in die AVB aufgenommen worden.[2] Die ursprüngliche Fassung der Klausel bezog sich allein auf das so genannte **Zillmerverfahren** (→ Rn. 4 ff.). Sofern das Zillmerverfahren angewandt wurde, wurde aufgrund des Fortfalls der genehmigten Geschäftspläne aus bilanziellen Gründen das Erfordernis gesehen, eine entsprechende Bestimmung in die AVB aufzunehmen (→ Rn. 7).[3]

Die jetzige Fassung der Klausel verfolgt **zwei Zwecke:** Zum einen soll klargestellt werden, dass Kosten in die vom Versicherungsnehmer zu zahlende Prämie einkalkuliert sind (→ Rn. 3), zum anderen wird das Zillmerverfahren vertraglich geregelt, sofern es zur Anwendung kommt (→ Rn. 4 ff.). Das Zillmerverfahren selbst wird in aufsichts- und handelsrechtlichen Vorschriften vorausgesetzt (§ 65 Abs. 1 Nr. 2 VAG, § 4 DeckRV, § 25 Abs. 1 S. 2 RechVersV, § 15 Abs. 1 RechVersV).

II. Rechtsprechung

2 Diese Fassung der Klausel ist, soweit ersichtlich, bislang noch nicht Gegenstand von Rechtsprechung geworden. Anders sieht es bei **vorherigen Versionen** aus, **die im Zeitraum bis zum Inkrafttreten des reformierten VVG zum 1.1.2008 üblichen waren.** Der BGH hat im Jahre 2001 in mehreren Urteilen Klauseln über Abschlusskosten zunächst allein wegen Intransparenz für unwirksam erklärt.[4] Beanstandet wurde, dass der Versicherungsnehmer nicht bereits in der Klausel selbst auf die wirtschaftlichen Folgen der Zillmerung bei einer frühzeitigen Beendigung der Beitragszahlung durch Kündigung oder Beitragsfreistellung hingewiesen wird.[5] Im Jahre 2012 entschied der BGH dann, dass auch transparente Klauseln, die einen Hinweis auf die wirtschaftlichen Auswirkungen der Kostenverrechnung im Falle einer frühzeitigen Kündigung enthalten, einer AGB-rechtlichen Kontrolle nicht standhalten. Nach Auffassung des BGH stelle eine Kostenverrechnung, welche keine Mindestleistung vorsehe, eine inhaltlich unangemessene Benachteiligung des Kunden dar. Der Senat beruft sich hierbei auf einen Nichtannahmebeschluss des BVerfG, wonach es auch materiell nicht hinzunehmen sei, wenn wegen der Verrechnung von Abschlusskosten mit der Prämie in den ersten Jahren ein Rückkaufswert nicht vorhanden oder nur sehr niedrig ist. Das Vertragsziel der Vermögensbildung würde vereitelt, wenn die Abschlusskosten in überproportionaler Weise Neu-VN auferlegt würden, die ihren Vertrag vorzeitig beenden.[6] Die durch die unwirksamen Klauseln für betroffene Verträge der Tarifgenerationen 1994 bis Ende 2007 entstandenen Vertragslücken wurden im Wege der ergänzenden Vertragsauslegung dahingehend geschlossen, dass dem Versicherungsnehmer bei Kündigung oder Beitragsfreistellung immer eine Mindestleistung zusteht.[7] Diese hat der BGH als die Hälfte des mit den Rechnungsgrundlagen der Prämienkalkulation berechneten ungezillmerten Deckungskapitals bestimmt.[8] Auf die **jetzige Fassung der Klausel** hat die bisherige Rechtsprechung des BGH keine unmittelbaren Auswirkungen, da der Gesetzgeber seit der VVG-Reform Mindest-

---

[2] *Benkel/Hirschberg* ALB 2006 § 10 Rn. 1.
[3] *Bergmann* VersR 2004, 549 (556); *Claus* ZfV 1994, 110 (116).
[4] BGH VersR 2001, 839; 2001, 841.
[5] BGH VersR 2001, 841 (845).
[6] BVerfG VersR 2006, 489 Rn. 62.
[7] BGH VersR 2005, 1565; BGH VersR 2013, 1429.
[8] BGH VersR 2005, 1565 Rn. 51.

Rückkaufswerte vorschreibt (§ 169 Abs. 3 S. 1 VVG). Der Gesetzgeber hatte allerdings – in Kenntnis des Nichtannahmebeschlusses des BVerfG – nach Beratungen im Rechtsausschuss ausdrücklich von der Anordnung einer gesetzlichen Rückwirkung der Regelungen zum Mindest-Rückkaufswert abgesehen, da ein nachträglicher Eingriff in die Kalkulationsgrundlagen eines Vertrages das verbleibende Versichertenkollektiv in unzumutbarer Weise schädigen würde.

III. Kommentierung der Klauselbestimmungen

1. Kostenarten (Abs. 1)

3 Im Rahmen eines Versicherungsvertrages vereinbart der Kunde mit dem Versicherer eine bestimmte Versicherungsleistung gegen Zahlung eines Beitrags. Absatz 1 stellt klar, dass der vereinbarte Beitrag auch Kostenanteile enthält. Bei **Satz 1** handelt es sich um eine deklaratorische Bestimmung.[9] Die mit dem Vertrag verbundenen Kosten werden nicht gesondert in Rechnung gestellt, sondern sind in den Beitrag einkalkuliert. Es handelt sich hierbei um **Abschluss- und Vertriebskosten sowie übrige Kosten.** Die Begrifflichkeiten orientieren sich an der VVG-InfoV. Der Begriff „übrige einkalkulierte Kosten" findet sich ausschließlich in § 2 Abs. 1 Nr. 1 VVG-InfoV.[10] Der Verordnungsgeber hat zwar offen gelassen, was genau unter „übrige Kosten" zu verstehen ist. In diesem Zusammenhang werden sie als Kosten für die laufende Verwaltung definiert. Die Aufzählung der Kostenposten, die den Abschluss- und Vertriebskosten zugeordneten werden, finden ihre Entsprechung in § 43 Abs. 2 RechVersV. Dort wird normiert, welche Aufwendungen im Rahmen der Rechnungslegung zu den Abschlussaufwendungen gehören.

Am Ende der Klausel findet sich ein Hinweis auf die Fundstelle innerhalb der Versicherungsunterlagen, an der die Höhe der einkalkulierten Kosten genannt wird. Eine Pflicht zum **Kostenausweis** ergibt sich grundsätzlich aus § 2 Abs. 1 Nr. 1 bzw. § 4 Abs. 4 VVG-InfoV. Unberücksichtigt bleibt an dieser Stelle, dass aufgrund des Wortlautes der Verordnungsermächtigung durchaus fraglich ist, ob die Höhe der übrigen einkalkulierten Kosten zu nennen ist. Denn § 7 Abs. 2 Satz 1 Nr. 2 VVG nimmt hinsichtlich der Offenlegung der einkalkulierten Kosten, soweit eine Verrechnung mit Prämien erfolgt, lediglich Bezug auf die Abschluss- und Vertriebskosten, nicht hingegen auf weitere Kostenarten.[11] Diese Unklarheiten bei der Auslegung der Ermächtigungsgrundlage sind nunmehr durch das Gesetz zur Absicherung stabiler und fairer Leistungen für Lebensversicherte vom 1.8.2014 (Lebensversicherungsreformgesetz LVRG, BGBl. I S. 1330) beseitigt worden. Denn die Verordnungsermächtigung führt jetzt ausdrücklich auch „Verwaltungskosten" auf. Die in Folge dieser Ergänzung der Ermächtigungsgrundlage vorgenommenen Änderungen beim Kostenausweis in der Verordnung (§ 2 Abs. 1 Nr. 1 sowie § 4 Abs. 4 VVG-InfoV) sind in dem Klauseltext noch nicht berücksichtigt.

---

[9] BGH VersR 2012, 1149 Rn. 71.

[10] *Baroch Castellvi* in Rüffer/Halbach/Schimikowski VVG-InfoV § 2 Rn. 13.

[11] Dagegen: *Präve* VersR 2008, 151 (156); *Langheid* in Römer/Langheid VVG-InfoV § 2 Rn. 13; *Baroch Castellvi* in Rüffer/Halbach/Schimikowski § 2 VVG-InfoV Rn. 13; dafür *Armbrüster* in Looschelders/Pohlmann § 2 VVG-InfoV Rn. 7; *Knappmann* in Prölss/Martin VVG-InfoV § 2 Rn. 2.

2. Zillmerverfahren (Abs. 2 und 3)

4 Die Bestimmungen in den Absätzen 2 und 3 stehen im Zusammenhang mit dem so genannten Zillmerverfahren. Bei der „Zillmerung der Abschlusskosten" handelt es sich um eine versicherungsmathematische Möglichkeit zur Berücksichtigung der Abschlusskosten. Die Abschlusskosten werden bei der Zillmerung mit den Prämien verrechnet. Alternativ wäre denkbar, dass die Parteien eine gesonderte Vereinbarung über die Abschlusskosten schließen. Der Versicherungstarif würde in diesem Fall ohne Berücksichtigung von Provisionen bzw. Courtagen kalkuliert (so genannte Nettopolice[12]).

5 **a) Hintergrund der Bestimmung.** Ausgangspunkt für die Entwicklung des **Zillmerverfahrens** war ursprünglich der Wunsch des Vertriebs, die für die Vermittlung von Versicherungen verdienten Provisionen bereits in voller Höhe zu Vertragsbeginn zur Auszahlung bringen zu können, obwohl der Kunde die Prämienanteile hierfür erst während der gerade bei Lebensversicherung zum Teil sehr langen Laufzeiten von mehreren Jahrzehnten aufbringt. Die Zillmerung von Abschlusskosten geht zurück auf den Mathematiker August Zillmer (1831–1893). August Zillmer hat als Lösungsvorschlag ein Verfahren entwickelt, welches einerseits die Finanzierung der rechnungsmäßigen Abschlusskosten zu Vertragsbeginn ermöglichte, gleichzeitig aber die Zahlung eines gleichmäßigen Beitrags gewährleistete. Vereinfacht gesagt werden bei der Zillmerung die Abschlusskosten zu Beginn des Vertrages auch aus den vom Kunden gezahlten Sparbeiträgen finanziert.[13] Um dennoch bis zum Ende der Vertragslaufzeit eine zur Erreichung der Versicherungsleistung ausreichende Deckungsrückstellung bilden zu können, erfolgt im Gegenzug eine rechnerische Verteilung der Abschlusskosten über die Laufzeit des Vertrages. Dies geschieht, indem der Nettobeitrag, d. h. der für die reine Versicherungsleistung ohne jegliche Kosten benötigte Beitrag, durch einen gleichbleibenden Zuschlag (Zillmerzuschlag) erhöht wird („gezillmerte Nettoprämie").[14] Beim Zillmerverfahren wird somit über die gesamte Beitragszahlungsdauer ein Zuschlag (Zillmerzuschlag) erhoben, der unter Berücksichtigung der Rechnungsgrundlagen ausreicht, die rechnungsmäßigen Abschlusskosten zu decken. Der Barwert dieses Zuschlags entspricht den rechnungsmäßigen Abschlusskosten.[15]

6 Alternativ zum Zillmerverfahren könnte die Auszahlung der Provision, die einen maßgeblichen Anteil an den einkalkulierten Abschlusskosten ausmacht, **ratierlich über die gesamte Laufzeit des Versicherungsvertrages** erwogen werden.[16] Ob sich dies in der Praxis durchsetzen ließe, ist sehr fraglich. Denn der Vermittler erbringt die für die Provision charakteristischen Leistungen – Beratung und Vermittlung – bereits im Vorfeld des Vertragsschlusses.[17] Es dürfte daher kaum ver-

---

[12] Siehe zur Nettopolice insgesamt die Übersicht von *Reiff* r+s 2013, 525 ff.; zur Konstellation einer gesonderten Kostenausgleichsvereinbarung mit dem Versicherer s. BGH VersR 2014, 567 ff. mAnm *Reiff*.

[13] *Führer/Grimm* S. 104; *Kurzendörfer*, Einführung in die Lebensversicherung, 3. Aufl. 2000, S. 69.

[14] *Tremmel* VW 2007, 778.

[15] Zahlenbeispiel bei *Krause* in Looschelders/Pohlmann § 169 Rn. 27; dies geht zurück auf Erläuterungen zur Zillmerung im Aufsatz von *Jäger* VersR 2006, 1033 (1034).

[16] so *Schünemann* VersR 2005, 323 (326).

[17] *Heinen* ZVersWiss 2002, 155 (157).

mittelbar sein, wenn die Gegenleistung hierfür über mehrere Jahrzehnte hinweg in Raten gezahlt wird.

Sofern man den Provisionsfluss zu Vertragsbeginn nicht in Frage stellen möchte, könnte ein Unternehmen die Provisionen, welche zu einem Zeitpunkt fällig werden, zu dem nicht ausreichend Erträge aus den Beiträgen des Vertrags vorhanden sind, vorfinanzieren. Dies würde aber bedeuten, dass ähnlich einem Darlehen Kapital bereitgestellt werden müsste. Die damit verbundenen Finanzierungskosten sind aber regelmäßig deutlich teurer und würden letztlich die Versicherungsprämie erhöhen.[18]

Unter dem Strich wird die Zillmerung als Verfahren zur Verrechnung der Abschlusskosten bei Lebensversicherungen von Rechtsprechung[19] und Literatur[20] – sieht man von möglichen Auswirkungen auf die Höhe des Rückkaufswertes bzw. beitragsfreier Leistungen in den ersten Vertragsjahren ab – im Grundsatz nicht in Frage gestellt. So heißt es im Beschluss des BVerfG vom 15.2.2006 zum Zillmerverfahren: „Auf diese Weise gelingt es den Versicherungsunternehmen, die an den Vermittler zu zahlenden Provisionen einerseits rasch auszuzahlen, andererseits infolge der baldigen Verrechnung der Abschlusskosten mit der Prämie in den ersten Jahren nur begrenzte Mittel für die entsprechende Vorfinanzierung aufwenden zu müssen".[21]

7 Auch wenn das Zillmerungsverfahren seit jeher in Deutschland der Kalkulation zugrunde gelegt wird, sehen die AVB erst seit der Deregulierung des Lebensversicherungsgeschäfts im Jahre 1994 eine entsprechende Bestimmung vor. Anlass für die Aufnahme einer Klausel war die **bilanzrechtliche Betrachtung des Zillmerverfahrens:** Nach § 341f HGB sind die Unternehmen zur Stellung einer Bilanz-Deckungsrückstellung verpflichtet. Die Deckungsrückstellung ist ein Bilanzposten auf der Passivseite der Bilanz. Sie ist so zu bilden, dass die dauernde Erfüllbarkeit des Versicherungsvertrages gesichert ist. Deren Höhe ermittelt sich bei konventionell kalkulierten Versicherungen prospektiv nach dem Barwert der zukünftigen Verpflichtungen aus dem Vertrag gemindert um den Barwert der zukünftigen Beiträge. Durch den Ausgleich der Abschlusskosten ist die Deckungsrückstellung in den ersten Vertragsjahren rechnerisch negativ. Eine negative Deckungsrückstellung ist aber bilanzrechtlich unzulässig. Auch dürfen negative Deckungsrückstellungen nicht mit positiven Rückstellungen saldiert werden.[22] Vielmehr ist der negative Effekt, der sich aus der Zillmerung ergibt, „Auszunullen" und in der Bilanz auszuweisen.[23] Dies geschieht, indem in der Höhe des Fehlbetrages ein Aktivposten geschaffen wird. Dieser wird in der Bilanz unter „Forderungen aus dem selbst abgeschlossenen Versicherungsgeschäft an Versicherungsnehmer – noch nicht fällige Ansprüche [...] für geleistete rechnungsmäßige Abschlusskosten" (§ 15 Abs. 1 RechVersV) ausgewiesen. Um die Abschlusskosten aktivieren zu können, muss also eine entspre-

---

[18] *Heinen* ZVersWiss 2002, 155 (158); *Bergmann* VersR 2004, 549 (551); *Engeländer* VersR 1999, 1325 (1326).

[19] BVerfG VersR 2006, 489, Rn. 64; BGH VersR 2005, Rn. 52; offen hingegen BGH VersR 2012, 1149 Rn. 28, wo es heißt, die Beklagte sei in dieser Hinsicht nicht notwendig auf die Zillmerung angewiesen.

[20] *Reiff* in Prölss/Martin § 169 Rn. 33; *Ortmann* in Schwintowski/Brömmelmeyer § 169 Rn. 48; *Winter* in Bruck/Möller § 169 Rn. 79; *Wandt* VersR Rn. 1228; *Benkel/Hirschberg* ALB 2006 § 10 Rn. 14f.

[21] BVerfG VersR 2006, 489, Rn. 64.

[22] *Tremmel* VW 2007, 778 (779); *Engeländer* VersR 1999, 1325 (1327).

[23] BFH VersR 1960, 619.

chende Forderung gegen den Versicherungsnehmer bestehen. Bis zur Deregulierung sah man eine solche Forderung in den von der Aufsichtsbehörde genehmigten Geschäftsplänen begründet.[24] Die in den Tabellen über die Rückkaufswerte und beitragsfreien Leistungen genannten Werte wurden unter Zugrundelegung der in den Geschäftsplänen genehmigten Rechnungsgrundlagen berechnet. Diesen Werten konnte der Versicherungsnehmer die wirtschaftlichen Auswirkungen der Abschlusskostentilgung entnehmen.[25] Nach dem Fortfall der genehmigten Geschäftspläne ist die Rechtsgrundlage für die Geltendmachung von Forderungen auf Ersatz geleisteter Abschlusskosten entfallen. Sofern entsprechende Forderungen weiterhin aktiviert werden sollen, müsse im Vertrag erst die Basis für eine solche Forderung geschaffen werden.[26] Dies war Anlass, erstmals eine so genannte Abschlusskostenverrechnungsklausel in die AVB einzufügen. Ursprünglich diente sie somit vorrangig bilanziellen Zwecken, da sie den Fortbestand der Aktivierungsmöglichkeit sicherstellen sollte.[27]

8 **b) Rechtliche Einordnung der Bestimmung.** Die rechtliche Bedeutung der Bestimmung wurde insbesondere für bis zum 1.1.2008, also vor Einführung eines gesetzlichen Mindest-Rückkaufswertes, abgeschlossene **Altverträge,** diskutiert. Streitig war vornehmlich die Frage, ob die Zillmerung Einfluss auf den gem. § 176 Abs. 3 VVG aF als Rückkaufswert zu zahlenden Zeitwert hatte. Von der Beantwortung dieser Frage hing auch ab, ob eine Vereinbarung der Zillmerung im Verhältnis zum Versicherungsnehmer als erforderlich angesehen wurde. Teilweise wurde die Zillmerklausel als vertragsrechtlich irrelevant eingeordnet, da sie den Zeitwert nicht beeinflusse.[28] Der Rückkaufswert sei vielmehr gesetzlich mindestens als Zeitwert definiert, sofern nicht ein höherer Rückkaufswert vertraglich durch die explizite Angabe eines über dem Zeitwert liegenden Wertes verspochen wurde. Nach anderer Auffassung wird die Zillmerklausel allein unter bilanzrechtlichen Gesichtspunkten als erforderlich angesehen. Eine Zillmerung der Deckungsrückstellung und eine Aktivierung der noch nicht getilgten Abschlusskosten seien nur bei vertraglicher Vereinbarung entsprechender Forderungen möglich.[29] Die Rechtsprechung hingegen beurteilte die Zillmerklausel vornehmlich aus Sicht des frühzeitig kündigenden Kunden. Die Zillmerung diene nicht allein bilanziellen Zwecken, sondern wirke sich unmittelbar nachteilig auf die dem Versicherungsnehmer im Falle vorzeitiger Vertragsbeendigung bzw. -umwandlung zustehenden Rückkaufswerte und prämienfreien Versicherungssummen aus.[30] Sofern der Kunde aber aufgrund der Abschlusskostenverrechnung in den ersten Jahren keinen oder nur einen geringen Rückkaufswert erhalte, sei dies materiell nicht hinzunehmen. Der BGH hat aus

---

[24] Vgl. *Benkel/Hirschberg* ALB 2006 § 10 Rn. 21; *Stuirbrink/Johannleweling/Faigle/Reich* in: Beck'scher Versicherungsbilanz-Kommentar, 1998, § 341f. Rn. 33.

[25] *Stuirbrink/Johannleweling/Faigle/Reich* in: Beck'scher Versicherungsbilanz-Kommentar, 1998, § 341f. Rn. 33.

[26] *Claus* ZfV 1994, 110 (116).

[27] *Jäger* VersR 2002, 133 (143); *Mayer* in Prölss, VAG, 11. Aufl. 1997, § 65 Rn. 15; *Bergmann* VersR 2004, 549 (557).

[28] *Engeländer* VersR 1999, 1325 (1328); *Engeländer/Faigle* VW 2001, 1570 (1571); *Jaeger* VersR 2002, 133 (142); *Bergmann* VersR 2004, 549 (554); *Mönnich* in Langheid/Wandt § 169 Rn. 30.

[29] *Mayer* in Prölss, VAG, 11. Aufl. 1997, § 65 Rn. 15;*Claus* ZfV 1994, 110 (116); BAV R 1/2001, VerBAV 2001, 251 (252); so auch die Begründung zur DeckRV: BR-Drs. 114/96, 6 (10).

[30] BGH VersR 2012, 1149 Rn. 20.

diesem Grunde Zillmerklauseln, die bis zum Inkrafttreten der VVG-Reform gebräuchlich waren, wegen inhaltlicher Unangemessenheit gem. § 307 Abs. 2 Nr. 2, Abs. 1 S. 1 BGB für unwirksam erklärt.

9 Anders sieht die **Rechtslage seit der VVG-Reform** aus. Den mit der Zillmerung in Verbindung gebrachten wirtschaftlichen Nachteilen bei einer Kündigung oder Beitragsfreistellung in den ersten Vertragsjahren wurde durch die Einführung eines gesetzlichen Mindest-Rückkaufswertes begegnet. Für Vertragsschlüsse nach dem 1.1.2008 schreibt § 169 Abs. 3 S. 1 VVG vor, dass der Versicherungsnehmer **mindestens den Betrag erhält, der sich bei einer gleichmäßigen Verteilung der angesetzten Abschluss- und Vertriebskosten auf die ersten fünf Jahre ergibt.** Dies hat zur Folge, dass der Rückkaufswert nicht mehr Null betragen kann. Vor diesem Hintergrund kommt auch der Zillmerklausel eine andere rechtliche Bedeutung zu. Denn selbst wenn der Beitrag auf Basis einer gezillmerten Nettoprämie berechnet wird und die bilanzielle Deckungsrückstellung gezillmert wird, hat die Zillmerung nicht mehr die in der Vergangenheit kritisierten Auswirkungen. Im Vordergrund steht nunmehr eine Vereinbarung über die Form der Zahlung der Abschlusskosten. Denn die Sonderregelung für Frühstornofällen in § 169 Abs. 3 S. 1 VVG kommt nur dann zum Tragen, wenn, wie in § 14 ARB, eine Verrechnung der Abschlusskosten mit den Prämien vereinbart ist.[31] Dies gilt in Abgrenzung zu den so genannten Nettopolicen, bei denen keine Verrechnung der Abschlusskosten erfolgt, sondern eine gesonderte Vereinbarung über die Vergütung getroffen wird.[32] Erfolgt die Verrechnung im Wege der Zillmerung, wie es die vorliegende Bestimmung voraussetzt, ist dies zu vereinbaren.[33] Nach anderer Auffassung soll die Bestimmung nicht allein die Verrechnung der Abschlusskosten festlegen, sondern überhaupt erst Rechtsgrundlage für die Erhebung von Abschlusskosten sein. Denn es verstehe sich nicht von selbst, dass der Versicherungsnehmer die Abschluss- und Vertriebskosten zu tragen habe.[34] Ein so weitgehendes Verständnis der Klausel würde aber überzogene Anforderungen an ein Versicherungsprodukt stellen. Wie auch bei sonstigen Produkten vereinbart der Kunde einen bestimmten Preis (Beitrag) für eine bestimmte (Versicherungs-)Leistung. Es dürfte selbstverständlich sein, dass, wie bei jedem anderen Produkt auch, in die Preiskalkulation auch Vertriebskosten einfließen.[35] Im Übrigen erfährt der Kunde die Höhe der einkalkulierten Abschluss- und Vertriebskosten im Rahmen der vor Vertragsschluss zu erteilenden Informationen (§ 7 VVG iVm VVG-InfoV).

10 **c) Regelungen im Einzelnen.** Während im Absatz 2 die Verrechnung der Abschlusskosten im Wege des Zillmerverfahrens beschrieben wird, informiert Absatz 3 über die Verrechnung der darüber hinausgehenden Kosten.

---

[31] BT-Drs. 16/3945, 102; ebenso *Mönnich* in Langheid/Wandt, § 169 Rn. 90; *Wandt* VersR Rn. 1225;

[32] Siehe zur Nettopolice insgesamt die Übersicht von *Reiff* r+s 2013, 525 ff.; zur Konstellation einer gesonderten Kostenausgleichsvereinbarung mit dem Versicherer siehe BGH VersR 2014, 567 ff. mAnm *Reiff*.

[33] *Reiff* in Prölss/Martin § 169 Rn. 33; *Wandt* VersR Rn. 1228; *Ortmann* in Schwintowski/Brömmelmeyer § 169 Rn. 48; *Winter* in Bruck/Möller § 169 Rn. 79; aA *Krause* in Looschelders/Pohlmann § 169 Rn. 31.

[34] OLG Hamburg VersR 2010, 1631 (1633); *Winter* in Bruck/Möller § 169 Rn. 76, dort Fn. 109; *Langheid* in Römer/Langheid § 169 Rn. 35.

[35] OLG Düsseldorf BeckRS 2010, 02616.

11 **aa) Absatz 2.** Aus Satz 1 ergibt sich, dass der dem Vertrag zugrunde liegende Tarif ein **„gezillmerter Tarif"** ist. Damit wird auch festgelegt, dass bei der Ermittlung der bilanziellen Deckungsrückstellung das Zillmerverfahren iSd § 4 DeckRV angewandt wird. Dies hat in bilanzieller Hinsicht zur Folge, dass auf der Aktivseite der Bilanz die aktivierungsfähigen, noch nicht getilgten Abschlusskosten ausgewiesen werden. Durch Absatz 2 soll dem Erfordernis Rechnung getragen werden, dass eine bilanzielle Aktivierung im Rahmen der Zillmerung nur dann möglich ist, wenn entsprechende Forderungen aufgrund vertraglicher Vereinbarungen bestehen.[36]

Sätze 2 und 3 bestimmen, dass die **ersten Beiträge zur Tilgung herangezogen** werden, soweit sie nicht für Leistungen im Versicherungsfall, Kosten des Versicherungsbetriebs sowie aufgrund von gesetzlichen Regelungen für die Bildung einer Deckungsrückstellung bestimmt sind. Nach Satz 4 können maximal Abschluss- und Vertriebskosten in Höhe von 4% der insgesamt zu zahlenden Beitragssumme auf diese Weise getilgt werden. Die Formulierungen lehnen sich an § 4 Abs. 1 DeckRV an. Der Klauseltext nennt noch den für Vertragsschlüsse bis Ende 2014 geltenden Höchstzillmersatz. Durch das Lebensversicherungsreformgesetz (LVRG, BGBl I S. 1330) wurde der Höchstzillmersatz mit Wirkung zum 1.1.2015 von 4% auf 2,5% herabgesetzt. Die Bemessungsgröße für den **Höchstzillmersatz** („Summe aller Prämien"), hat die BaFin mit Schreiben vom 26.9.2007 näher definiert.[37] Maßgeblich ist die vertraglich geschuldete Prämie einschließlich tariflicher Zuschläge. Eine etwaige Beitragsverrechnung im Rahmen der Überschussbeteiligung bleibt unberücksichtigt.

Durch die Festlegung von Höchstzillmersätzen werden die zu Beginn von den einzelnen Deckungsrückstellungen abziehbaren Abschlusskosten der Höhe nach begrenzt. Der rechnungsmäßige Zillmerzuschlag und damit die Beteiligung des Kunden an der Vorfinanzierung wird dadurch limitiert. Gleichzeitig entsprechen die jeweils maßgeblichen Höchstzillmersätze insgesamt der Höhe nach den Forderungen auf geleistete, rechnungsmäßig gedeckte Abschlussaufwendungen, die aktivierungsfähig sind.[38] Die Begrenzung soll letztlich sicherstellen, dass eine ausreichende Rückstellungsbildung nicht durch übermäßig hohe Abschlussaufwendungen in unangemessener Weise eingeschränkt wird.[39]

12 Der Verordnungsgeber scheint dabei davon auszugehen, dass durch die Festlegung eines Höchstzillmersatzes letztlich auch die **Höhe der Abschlussprovisionen** gedeckelt wird. Denn in der Verordnungsbegründung werden (einkalkulierte) Abschlusskosten und Abschlussprovisionen gleichgestellt.[40] Ob dieser Schluss zwingend ist, ist fraglich. Denn durch den Höchstzillmersatz wird letztlich nur die Möglichkeit der aufwandsarmen Finanzierung von Abschlusskosten durch Beitragsteile begrenzt. Sollte aber ein Unternehmen höhere Abschlussaufwendungen haben, entstünde zwar ein anfänglicher Verlust in Höhe der Differenz zwischen den tatsächlichen anfänglichen Abschlussaufwendungen und dem Höchstbetrag aus der Zillmerung.[41] Dieser Verlust ließe sich aber grundsätzlich anderweitig finanzieren (wobei dies zur Folge hätte, dass das gesamte Versichertenkollektiv belastet würde, da die fehlenden Mittel letztlich von diesem aufgebracht werden müssten). Weiter-

[36] BR-Drs. 114/96, 6 (10); *Jäger* VersR 2002, 133 (143).
[37] Einsehbar auf den Internetseiten der BaFin.
[38] BR-Drs. 114/96, 6.
[39] *Kölschbach* in Prölss § 65 Rn. 28.
[40] BR-Drs. 114/96, 6 (11).
[41] *Kölschbach* in Prölss § 65 Rn. 28.

hin gelten die in der DeckRV jeweils festgelegten Höchstzillmersätze nur für Versicherer, die der deutschen Versicherungsaufsicht unterliegen. Versicherer aus dem EU-/EWR-Raum wären nicht an den jeweiligen Höchstzillmersatz gebunden.[42] Schließlich scheint auch die BaFin nicht von einer wirksamen Begrenzung der Abschlusskosten bzw. der Abschlussprovisionen durch die Festlegung eines Höchstzillmersatzes auszugehen, da sie es dennoch für erforderlich hielt, mit Rundschreiben vom 31.10.1995 die Begrenzung der Abschlusskosten in der Lebensversicherung anzuordnen.[43]

13 Die in der Bestimmung genannten Beitragsteile, die nicht zur Tilgung herangezogen werden können, ergeben sich ebenfalls aus § 4 DeckRV. Die Formulierung, der „Teil der ersten Beiträge, der [...] aufgrund von gesetzlichen Regelungen für die Bildung einer Deckungsrückstellung bestimmt ist" bezieht sich auf § 4 Abs. 3 DeckRV. Absatz 3 ist einschlägig bei Versicherungen mit gesetzlich garantierten Rückkaufswerten. Einen gesetzlich garantierten Rückkaufswert im Sinne der Verordnung sieht § 169 Abs. 3 S. 1 Hs. 2 VVG vor. Auch vermögensbildende Versicherungen nach dem 5. Vermögensbildungsgesetz haben einen gesetzlich garantierten Rückkaufswert. Für diese Versicherungen ist gem. § 25 Abs. 2 RechVersV eine erhöhte Deckungsrückstellung zu bilden. Der Verordnungsgeber lässt in diesem Zusammenhang eine Verringerung des Tilgungsbetrages zu. Dadurch wird der Aktivposten entsprechend langsamer abgebaut. Gäbe es diese Ausnahmevorschrift zur eigentlichen „klassischen Zillmerung" nicht, ergäbe sich ein nennenswerter buchmäßiger Aufwand, der in letzter Konsequenz eine Senkung der Überschussbeteiligung erfordern könnte.[44]

14 Die beschriebene Verrechnung der Abschlusskosten nach dem Zillmerverfahren hat auf den **Rückkaufswert bzw. die beitragsfreien Leistungen des Versicherungsnehmers** in Fällen der frühzeitigen Beendigung der Beitragszahlung keine Auswirkung. Der Rückkaufswert berechnet sich in diesen Fällen nach § 169 Abs. 3 S. 1 Hs. 2 VVG. Der Versicherungsnehmer ist danach so zu stellen, dass er als Rückkaufswert mindestens den Betrag des Deckungskapitals erhält, das sich bei gleichmäßiger Verteilung der angesetzten Abschluss- und Vertriebskosten auf die ersten fünf Vertragsjahre ergibt. Das gezillmerte Deckungskapital ist hingegen bei einer Anfechtung oder einem Rücktritt des Versicherers als Rückkaufswert auszuzahlen.[45] Der Gesetzgeber hält den Versicherungsnehmer in diesen Konstellationen nicht für schutzwürdig, „da hierbei immer ein Fehlverhalten des Versicherungsnehmers vorliegen wird".[46] Darüber hinaus kann das gezillmerte Deckungskapital als Bemessungsgröße bei der Überschussbeteiligung eine Rolle spielen.[47]

---

[42] *Reiff* in Prölss/Martin § 169 Rn. 37; *Mönnich* in Langheid/Wandt § 169 Rn. 94f.; *Ortmann* in Schwintowski/Brömmelmeyer § 169 Rn. 69.

[43] VerBAV, Rundschschreiben 11/95, 366f., zwischenzeitlich mit BaFin-Schreiben v. 22.2.2008 unter Verweis auf die seit der VVG-Reform bestehende höhere Kostentransparenz aufgehoben.

[44] Begründung zur Vierten Verordnung zur Änderung der Deckungsrückstellungsverordnung, BaFin-Konsultation 11/2007 v. 26.9.2007.

[45] *Winter* in Bruck/Möller § 169 Rn. 92; *Reiff* in Prölss/Martin § 169 Rn. 18 und 35; *Ortmann* in Schwintowski/Brömmelmeyer § 169 Rn. 53; *Mönnich* in Langheid/Wandt § 169 Rn. 92.

[46] BT-Drs. 16/3945, 103.

[47] *Ortmann* in Schwintowski/Brömmelmeyer, § 169 Rn. 56; *Krause* in Looschelders/Pohlmann, § 169 Rn. 31.

bb) Absatz 3. Absatz 3 informiert über die Verteilung der übrigen Kosten. Diese werden nicht vorab verrechnet, sondern über die gesamte Vertragslaufzeit verteilt. Die restlichen Abschluss- und Vertriebskosten werden während der vertraglich vereinbarten Beitragszahlungsdauer gleichmäßig aus den laufenden Beiträgen getilgt. Hierbei handelt es sich um die Abschluss- und Vertriebskosten, die nicht nach dem Zillmerverfahren verrechnet werden. **15**

3. Warnhinweis (Abs. 4)

Der Hinweis in Absatz 4 setzt die Transparenzanforderungen der Rechtsprechung an die Klausel um. Danach reiche es nicht aus, wenn der Versicherungsnehmer anhand von Zahlenwerten in Tabellen erkennen kann, in welcher Weise die Abschlusskostenverrechnung Einfluss auf die Höhe des Rückkaufswertes hat. Vielmehr werde die notwendige Durchschaubarkeit für den Versicherungsnehmer erst dann erreicht, wenn in der Klausel selbst auf die Tabelle hingewiesen und im Wortlaut der Klausel im Ansatz auf die wirtschaftlichen Folgen der Verrechnung aufmerksam gemacht werde.[48] **16**

Die Klausel ergänzt § 12 Abs. 7 und § 13 Abs. 3. Sie soll den Versicherungsnehmer auf den **wirtschaftlichen Zusammenhang** zwischen der Verrechnung der Abschlusskosten und der Höhe des Rückkaufswertes bzw. der beitragsfreien Leistung hinweisen. Der Kunde wird darüber informiert, dass in den ersten Jahren der Vertragslaufzeit nur der Mindestwert vorhanden ist. Dieser wird in § 12 Abs. 2 S. 3 für Verträge mit laufender Beitragszahlung als der Betrag des Deckungskapitals, das sich bei gleichmäßiger Verteilung der angesetzten Abschluss- und Vertriebskosten auf die ersten fünf Vertragsjahre ergibt, bestimmt. Welche Werte für den konkreten Vertrag anfallen, kann der Versicherungsnehmer den entsprechenden Tabellen entnehmen. Die konkrete Fundstelle, an der sich innerhalb der Vertragsunterlagen die Tabellen zu den Rückkaufswerten und beitragsfreien Leistungen befinden, ist unternehmensindividuell zu ergänzen.

IV. Darlegungs- und Beweislast

Für die Darlegungs- und Beweislast gelten im Rahmen dieser Vorschrift keine Besonderheiten. **17**

V. Wirksamkeit der Bestimmung

Die Bestimmung betrifft nach Einführung eines gesetzlichen Mindest-Rückkaufswerts vornehmlich bilanzielle und kalkulatorische Sachverhalte. Die Anforderungen der Rechtsprechung sind aufgenommen worden. Gegen die Wirksamkeit dieser Fassung der Klausel sind bislang – soweit ersichtlich – **keine Bedenken** vorgebracht worden. **18**

[48] BGH VersR 2001, 841 (845).

§ 15 Was gilt bei Änderung Ihrer Postanschrift und Ihres Namens?

(1) Eine Änderung Ihrer Postanschrift müssen Sie uns unverzüglich *(dh ohne schuldhaftes Zögern)* mitteilen. Anderenfalls können für Sie Nachteile entstehen. Wir sind berechtigt, eine an Sie zu richtende Erklärung *(zB Setzen einer Zahlungsfrist)* mit eingeschriebenem Brief an Ihre uns zuletzt bekannte Anschrift zu senden. In diesem Fall gilt unsere Erklärung drei Tage nach Absendung des eingeschriebenen Briefes als zugegangen. Dies gilt auch, wenn Sie den Vertrag für Ihren Gewerbebetrieb abgeschlossen und Ihre gewerbliche Niederlassung verlegt haben.

(2) Bei Änderung Ihres Namens gilt Absatz 1 entsprechend.

I. Gesetzliche Grundlagen

1 § 15 übernimmt die Regelung des § 13 VVG[1] und übersetzt diese in den Sprachduktus des Bedingungswerks, ohne dass inhaltliche Änderungen vorgenommen werden. Die Klausel ist insofern **deklaratorisch.** Sie dient dem Informationsbedarf des Versicherungsnehmers, der auf diese Weise auf eine Besonderheit hingewiesen wird, die im privaten Versicherungssektor besteht. Die Mitteilungspflicht des Versicherungsnehmers bzgl. einer Änderung seiner Postanschrift und seines Namens ist dabei nicht ausdrücklich in § 13 VVG enthalten. Hier ist lediglich die Rechtsfolge für den Fall geregelt, dass eine entsprechende Mitteilung unterbleibt.[2] Das Gesetz setzt aber eine entsprechende Pflicht implizit voraus, so dass sich aus diesem Umstand nicht schlussfolgern lässt, die Klausel enthalte eine über das Gesetz hinausgehende Regelung.

2 Streitig ist die Klassifikation von § 13 VVG. Teils wird angenommen, es handele sich um eine gesetzliche Obliegenheit,[3] teils wird von einer gesetzlichen Zugangsfiktion ausgegangen.[4] Im Ergebnis besteht aber Einvernehmen, dass die Rechtsfolgen, unabhängig davon, ob ein Verschulden des Versicherungsnehmers gegeben ist, eingreifen,[5] so dass die Streitfrage keine praktische Relevanz hat. Der Kern der gesetzlichen Regelung besteht freilich in der (impliziten) Regelung einer **Obliegenheit** und zwar in Gestalt einer besonderen Zugangsregelung.

II. Rechtsprechung

3 Rechtsprechung zu der Klausel als solcher gibt es, soweit ersichtlich, nicht. Allerdings liegen einzelne Entscheidungen zu § 13 VVG bzw. zu der Vorgängervorschrift des § 10 VVG aF vor.[6]

[1] *Reiff/Schneider* in Prölss/Martin ALB 2012 § 15 Rn. 1f.

[2] *Benkel/Hirschberg* ALB 2008 § 14 Rn. 1.

[3] *Rixecker* in Römer/Langheid § 13 Rn. 1; *Muschner* in Rüffer/Halbach/Schimikowski § 13 Rn. 8; *K. Johannsen* in Bruck/Möller § 13 Rn. 2; *Wendt* in FAKomm-VersR § 13 VVG Rn. 2; *Grimm* § 17 Rn. 5.

[4] *Ebers* in Schwintowski/Brömmelmeyer § 13 Rn. 1; *Fausten* in Langheid/Wandt § 13 Rn. 16.

[5] *Rixecker* in Römer/Langheid § 13 Rn. 1; *Muschner* in Rüffer/Halbach/Schimikowski § 13 Rn. 8; K. *Johannsen* in Bruck/Möller § 13 Rn. 6; *Ebers* in Schwintowski/Brömmelmeyer § 13 Rn. 6; *Fausten* in Langheid/Wandt § 13 Rn. 56; *Armbrüster* in Prölss/Martin § 13 Rn. 10.

[6] BGH VersR 1998, 472 (473); 1990, 882 (882); OLG Köln VersR 2006, 1212; weitere Nachweise finden sich bei *Prölss* in Prölss/Martin § 13 Rn. 3ff.

III. Kommentierung der Klauselbestimmungen

4 § 15 umfasst Bestimmungen bzgl. einer Änderung des Postanschrift und des Namens des Versicherungsnehmers. § 13 VVG folgend wird hiermit eine Vorkehrung für den Fall getroffen, dass es der Versicherungsnehmer versäumt hat, eine entsprechende Änderung dem Versicherer mitzuteilen. In diesem Fall kann sich der Versicherer damit begnügen, eine Erklärung mit eingeschriebenem Brief an die ihm zuletzt bekannte Adresse zu senden. Drei Tage nach Absendung des Briefes gilt die Erklärung dann als zugegangen. Damit wird von dem Grundsatz abgewichen, dass eine Willenserklärung erst zugegangen ist, sobald sie derart in den Machtbereich des Empfängers gelangt ist, dass bei Annahme gewöhnlicher Verhältnisse damit zu rechnen ist, er könne von ihr Kenntnis erlangen.[7] Die Anwendung dieses Grundsatzes im Falle einer Änderung der Anschrift und des Namens geht allerdings in der Praxis mit Unebenheiten einher, die nicht unerhebliche Risiken begründen. Hier schafft § 15 (bzw. § 13 VVG) Abhilfe. Dem Versicherer bleiben damit Nachforschungen erspart und letztlich auch eine förmliche Zustellung gemäß § 132 BGB, mit der das Zugehen der Erklärung, die gemäß § 130 Abs. 1 S. 1 BGB Wirksamkeitsvoraussetzung ist, ansonsten zu ersetzen wäre, bzw. eine öffentliche Zustellung nach § 185 ZPO. Damit wird dem Umstand Rechnung getragen, dass das Versicherungsgeschäft **Massengeschäft** ist, das nicht mit Nachforschungen und zusätzlichen Förmlichkeiten belastet werden soll. Hiermit wird dem Interesse des Versicherers sowie der Versichertengemeinschaft als Ganzer entsprochen.

1. Anzeigepflicht des Versicherungsnehmers bei Änderung der Anschrift (Abs. 1 Satz 1 und 2)

5 Absatz 1 Satz 1statuiert eine Anzeigepflicht des Versicherungsnehmers für eine Änderung seiner Postanschrift. Dabei wird der Versicherungsnehmer (vgl. einleitender Satz der ARB) insofern persönlich („Sie“) angesprochen. Die Pflicht, die **verschuldensunabhängig** besteht,[8] ist, wie der Klammerzusatz verdeutlicht, ohne schuldhaftes Zögern zu erfüllen. Satz 2 soll dem Versicherungsnehmer die Wichtigkeit der Regelung veranschaulichen. Die Nachteile, die hier im Falle einer unterbleibenden Anzeige angesprochen werden, werden in den beiden Folgesätzen konkretisiert. Abs. 1 Satz 1 und 2 formuliert insofern die Verhaltensregelung, die § 13 VVG implizit voraussetzt.

Eine **vorübergehende Abwesenheit** muss der Versicherungsnehmer allerdings dem Versicherer nicht mitteilen.[9] Hat er von vornherein eine falsche Adresse mitgeteilt, ist er zur Korrektur verpflichtet.[10]

---

[7] BGH VersR 1998, 472, 473.

[8] *Prölss* in Prölss/Martin § 13 Rn. 6; *Fausten* in Langheid/Wandt § 13 Rn. 56; *Rixecker* in Römer/Langheid § 13 Rn. 1; *K. Johannsen* in Bruck/Möller § 13 Rn. 6; *Ebers* in Schwintowski/Brömmelmeyer § 13 Rn. 6.

[9] *Muschner* in Rüffer/Halbach/Schimikowski § 13 Rn. 2; *Rixecker* in Römer/Langheid § 13 Rn. 3; *Ebers* in Schwintowski/Brömmelmeyer § 13 Rn. 4; *Wendt* in FAKomm-VersR § 13 Rn. 5.

[10] *Rixecker* in Römer/Langheid § 13 Rn. 2; *Armbrüster* in Prölss/Martin § 13 Rn. 5; aM *Fausten* in Langheid/Wandt § 13 Rn. 32; *Ebers* in Schwintowski/Brömmelmeyer § 13 Rn. 4.

Eine **förmliche Information** des Versicherers bedarf es nach § 15 nicht. So reicht es aus, wenn der Versicherungsnehmer in der Korrespondenz mit dem Versicherer eine neue Anschrift verwendet (etwa im Briefkopf), auch wenn er diese nicht besonders kenntlich macht; die bloße Angabe auf einem Briefumschlag reicht allerdings nicht aus.[11] Ausreichend ist auch eine entsprechende Kenntnis des Versicherungsvertreters, es sei denn, dieser hat die Kenntnis außerhalb seiner Tätigkeit und ohne Zusammenhang mit dem betreffenden Versicherungsvertrag erlangt (§ 70 VVG).[12]

6 Die Pflicht besteht dabei auch für die **Phase des Vertragsschlusses,**[13] gilt also auch für eine mögliche Zuleitung der Police bzw. einer Annahmeerklärung des Versicherers.[14] Erfasst wird auch der Fall einer nach entsprechender Risikoprüfung modifizierten Annahmeerklärung des Versicherers. Hiergegen geltend gemachte Vorbehalte[15] überzeugen nicht, da mit dieser Wertung noch nicht verbunden ist, dass eine solche Erklärung als neuer Antrag des Versicherers zu werten ist, den der Versicherungsnehmer erst anzunehmen hat. Die Ausgangslage ist im Stadium eines noch nicht geschlossenen Vertrages keine andere als im weiteren Vertragsverhältnis. Vielmehr ist davon auszugehen, dass im Falle einer Adressänderung der Versicherungsnehmer auch und erst Recht kurz nach Antragstellung zu einer entsprechenden Korrektur verpflichtet ist. Zu beachten ist freilich, dass die Pflicht gemäß § 15 erst greift, wenn die AVB Vertragsbestandteil gemäß § 305 BGB geworden sind. Im Stadium des Vertragsschlusses ergibt sich somit die Pflicht, solange die Voraussetzungen des § 305 BGB noch nicht gegeben sind, daher unmittelbar aus § 13 VVG.

2. Verfahrensweise bei unterbleibender Anzeige (Abs. 1 Satz 3 und 4)

7 Die Besonderheit der Klausel (und der ihr zugrunde liegenden gesetzlichen Regelung) liegt in der in Absatz 1 S. 3 und 4 beschriebenen Verfahrensweise. Danach genügt es, wenn im Falle einer unterbliebenen Mitteilung des Versicherungsnehmers über seine aktuelle Postanschrift der Versicherer für eine an den Versicherungsnehmer zu richtende Willenserklärung ein Einschreiben an die zuletzt bekannte Adresse sendet (Abs. 1 Satz 3). Die Erklärung gilt dann drei Tage nach Absendung des Einschreibens als zugegangen (Abs. 1 Satz 4).

In der Klausel wird zwar – anders als in § 13 Abs. 1 Satz 1 VVG – nicht expressis verbis die geschilderte Verfahrensweise unter den Vorbehalt gestellt, dass der Versicherungsnehmer seiner Mitteilungspflicht nach Absatz 1 S. 1 nicht nachgekommen ist. Dies ergibt sich jedoch durch den Zusammenhang der Regelung des Absatzes 1

---

[11] *Rixecker* in Römer/Langheid § 13 Rn. 6; *Fausten* in Langheid/Wandt § 13 Rn. 36 f. u. 59; *K. Johannsen* in Bruck/Möller § 13 Rn. 6; *Armbrüster* in Prölss/Martin § 13 Rn. 9; *Ebers* in Schwintowski/Brömmelmeyer § 13 Rn. 6.

[12] *Rixecker* in Römer/Langheid § 13 Rn. 6; *Fausten* in Langheid/Wandt § 13 Rn. 45 ff.; *Muschner* in Rüffer/Halbach/Schimikowski § 13 Rn. 7; *K. Johannsen* in Bruck/Möller § 13 Rn. 6; *Ebers* in Schwintowski/Brömmelmeyer § 13 Rn. 6.

[13] *Armbrüster* in Prölss/Martin § 13 Rn. 8; *C. Schneider* in Looschelders/Pohlmann § 13 Rn. 9; *Wendt* in FAKomm-VersR § 13 VVG Rn. 8; a. M. *K. Johannsen* in Bruck/Möller § 13 Rn. 8; *Ebers* in Schwintowski/Brömmelmeyer § 13 Rn. 4.

[14] *Fausten* in Langheid/Wandt § 13 Rn. 22; *Rixecker* in Römer/Langheid § 13 Rn. 1; aM *K. Johannsen* in Bruck/Möller § 13 Rn. 8; *Ebers* in Schwintowski/Brömmelmeyer § 13 Rn. 8.

[15] *Fausten* in Langheid/Wandt § 13 Rn. 22.

Satz 1 mit Satz 3 und 4, die durch den Hinweis des Satzes 2 auf Nachteile, die anderenfalls entstehen würden, hergestellt wird. An Stelle der Begrifflichkeit der Willenserklärung wird in den AVB der Begriff „Erklärung" verwendet, der für den durchschnittlichen Versicherungsnehmer besser als die exakte juristische Bezeichnung verständlich ist. Die **Verständlichkeit** wird zusätzlich durch die Hinzufügung eines Beispiels (im Klammerzusatz) verstärkt.

8 Die Problematik der Regelung liegt nicht in diesen Abweichungen, die (vgl. unter V.), sondern – einzelnen Literaturmeinungen zufolge – bereits in der gesetzlichen Vorschrift. So wird herausgestellt, dass § 13 VVG zugunsten des Versicherers von den Vorschriften des BGB abweiche, weshalb die Bestimmung als **Ausnahmevorschrift** eng auszulegen sei.[16] Daran ist zutreffend der Hinweis auf eine abweichende spezialgesetzliche Wertung, die einen rationellen Betrieb des Versicherungsgeschäftes als Massengeschäft ermöglichen soll.[17] Eine enge Auslegung zieht dieser Umstand allerdings nicht nach sich. Vielmehr ist hier die erkennbare Zielrichtung zu beachten, die Abwicklung des Versicherungsgeschäftes nicht unnötig zu erschweren. Dabei ist allerdings darauf zu achten, dass die Klausel und die ihr zugrunde liegende Vorschrift lediglich den Zugang einer Willenserklärung fingiert, nicht aber eine nötige Willenserklärung des Versicherungsnehmers selber ersetzt.

9 Daraus folgt, dass mit **Erklärung** iSv Absatz 1 S. 3 zunächst einmal alle Äußerungen eines auf die Herbeiführung einer Rechtswirkung gerichteten Willens gemeint sind. Der Wille zielt dabei auf die Begründung, Änderung oder Beendigung eines Rechtsverhältnisses.[18] Zu beachten ist freilich, dass im Rahmen von § 15 solche Erklärungen nur als zugegangen fingiert werden und nicht zugleich nötige Willenserklärungen des Versicherungsnehmers ersetzen können, wie sie etwa einseitige Vertragsänderungen ohne gesetzliche oder vertragliche Grundlage erforderlich machen. Das folgt aber nicht aus einer engen Auslegung der Bestimmung, sondern aus ihrem Regelungsgehalt. Dieser wiederum gebietet es, nicht nur reine Willenserklärungen als erfasst anzusehen, sondern alle rechtsgeschäftsähnlichen Mitteilungen und Wissenserklärungen.[19] Insofern trifft der in Absatz 1 Satz 3 verwendete Begriff „Erklärung" den Tatbestand besser als die in § 13 VVG verwendete Begrifflichkeit „Willenserklärung". Erfasst werden damit – auch in Anknüpfung an die (historische) Gesetzesbegründung (zu § 10 VVG aF)[20] – namentlich die Anfechtung, der Rücktritt, die Kündigung,[21] aber auch die Mahnung,[22] ggf. auch eine der Erklärung beigefügte Belehrung,[23] ferner die Annahmeerklärung des Versicherer, auch sofern sie konkludent mit Zusendung der Police erklärt wird.[24] Dies gilt auch

---

[16] *Ebers* in Schwintowski/Brömmelmeyer § 13 Rn. 1 u. 3; *Fausten* in Langheid/Wandt § 13 Rn. 1 u. 3.

[17] *K. Johannsen* in Bruck/Möller § 13 Rn. 2.

[18] BGH NJW 2001, 289, 290.

[19] *Rixecker* in Römer/Langheid § 13 Rn. 4; *Wendt* in FAKomm-VersR § 13 VVG Rn. 7.

[20] Motive zum VVG, S. 85 (zu § 10), die auch nach der Gesetzesreform im Jahre 2008 insofern maßgeblich bleiben, vgl. Gesetzentwurf der Bundesregierung, BT-Drs. 16/3945, 63 (zu § 13).

[21] *Fausten* in Langheid/Wandt § 13 Rn. 25; *Armbrüster* in Prölss/Martin § 13 Rn. 7; *Muschner* in Rüffer/Halbach/Schimikowski § 13 Rn. 6.

[22] *Fausten* in Langheid/Wandt § 13 Rn. 25; *Muschner* in Rüffer/Halbach/Schimikowski § 13 Rn. 6; aM *K. Johannsen* in Bruck/Möller § 13 Rn. 7.

[23] *Rixecker* in Römer/Langheid § 13 Rn. 4.

[24] *Fausten* in Langheid/Wandt § 13 Rn. 26; *Muschner* in Rüffer/Halbach/Schimikowski § 13 Rn. 6; aM *K. Johannsen* in Bruck/Möller § 13 Rn. 7f.

für eine nach entsprechender Risikoprüfung modifizierte Annahmeerklärung des Versicherers, auch wenn diese als neuer Antrag des Versicherers zu werten ist, den der Versicherungsnehmer erst anzunehmen hat. § 15 erfasst ferner entsprechende Erklärungen an einen Rechtsnachfolger des Versicherungsnehmers, wie den Erwerber einer veräußerten versicherten Sache (§ 95 VVG), den Bezugsberechtigten bzw. den Ehegatten, den Lebenspartner und die Kinder im Falle von § 170 VVG und den Hypothekengläubiger (§§ 142, 147 VVG).[25] Nicht erfasst werden Leistungen des Versicherers.[26]

10 **Eingeschriebener Brief** iSv Abs. 1 Satz 3 ist sowohl das Übergabe- als das Einwurf-Einschreiben.[27] Ein einfacher Brief genügt nicht.[28] Unberührt bleibt freilich eine Vorgehensweise nach den Vorschriften der §§ 130, 132 BGB.[29] Dann liegt aber kein Fall vor, der von der Klausel erfasst wird.

11 Die Fiktion des Zugangs der Erklärung im Sinne von Abs. 1 Satz 4 greift sowohl bei Versand im In- als auch in das **Ausland** ein. Die Klausel lässt in Übereinstimmung mit § 13 VVG keine anderweitige Interpretation zu, wenngleich ein Versand in das Ausland mitunter wesentlich längere Postlaufzeiten nach sich ziehen kann.[30] Zweck der Frist-Bestimmung ist nämlich – ausweislich der maßgeblichen Begründung von § 13 VVG – der Ausschluss von Streitigkeiten über die Dauer der Beförderung.[31] Geht die Erklärung dem Versicherungsnehmer unstreitig früher zu, ist dieser Zeitpunkt maßgebend.[32]

3. Verlegung der gewerblichen Niederlassung (Abs. 1 Satz 5)

12 Die Bestimmung zur Änderung der Postanschrift erfasst, wie Absatz 1 Satz 5 klarstellt, auch den Fall, wenn der Vertrag für einen **Gewerbebetrieb** abgeschlossen worden ist und der Betrieb an einen anderen Ort verlegt wird. Von dieser Regelung werden alle Unternehmen des Handels, des Handwerks, der Industrie und des Verkehrs erfasst.[33] Auf den Umfang des Gewerbebetriebs kommt es dabei nicht an. Auf freiberufliche Tätigkeiten findet die Klausel keine Anwendung.[34]

4. Änderung des Namens (Abs. 2)

13 Ändert sich der Name des Versicherungsnehmers, findet die Bestimmung des Absatzes 1 entsprechend Anwendung. Auch in diesem Fall kann es nämlich zu Zustellproblemen kommen, die den Versicherer anderenfalls ebenso mit Nachforschungen und der Beschreitung anderer förmlicher Verfahrenswegen belasten können.[35] Eine

---

[25] *Fausten* in Langheid/Wandt § 13 Rn. 23.

[26] *K. Johannsen* in Bruck/Möller § 13 Rn. 7; *Rixecker* in Römer/Langheid § 13 Rn. 4; *Fausten* in Langheid/Wandt § 13 Rn. 27; *Armbrüster* in Prölss/Martin § 13 Rn. 7; *Muschner* in Rüffer/Halbach/Schimikowski § 13 Rn. 6.

[27] *Fausten* in Langheid/Wandt § 13 Rn. 49; *K. Johannsen* in Bruck/Möller § 13 Rn. 9; *Rixecker* in Römer/Langheid § 13 Rn. 5.

[28] *Muschner* in Rüffer/Halbach/Schimikowski § 13 Rn. 5.

[29] *Rixecker* in Römer/Langheid § 13 Rn. 5.

[30] *K. Johannsen* in Bruck/Möller § 13 Rn. 9.

[31] Gesetzentwurf der Bundesregierung, BT-Drs. 16/3945, S. 63 (zu § 13).

[32] *Rixecker* in Römer/Langheid § 13 Rn. 8.

[33] *Fausten* in Langheid/Wandt § 13 Rn. 54.

[34] *Fausten* in Langheid/Wandt § 13 Rn. 54.

[35] Siehe auch Gesetzesbegr. der Bundesregierung, BT-Drs. 16/3945, s. 63 (zu § 13).

Änderung des **Namens** kann sich sowohl auf den Vor- als auch auf den Nachnamen beziehen.[36] Nicht maßgeblich sind allerdings Änderungen, die für die Durchführung des Versicherungsverhältnisses irrelevant sind, etwa Spitz- oder Künstlernamen, es sei denn, sie sind für die Korrespondenz gewählt werden. Die Formulierung des Absatzes 2, die auf eine „Änderung des Namens" abstellt, ist in Übereinstimmung mit § 13 Abs. 2 VVG so zu verstehen, dass er auch den Fall einer geänderten Firmierung des Gewerbebetriebs erfasst, denn auch hier kann es zu korrespondierenden Problemen kommen.

IV. Darlegungs- und Beweislast

14 Der Versicherer muss nach den allgemeinen Regeln der Beweislast die Verletzung der Mitteilungspflicht gemäß § 15 Abs. 1 S. 1 und 4 sowie Absatz 2 beweisen. Der Versicherungsnehmer muss allerdings, weil eine Änderung der Anschrift bzw. des Namens in seiner Risikosphäre liegt, **substantiiert** darlegen, auf welche Weise er hiervon dem Versicherer Mitteilung gemacht hat.[37] Die Absendung des Einschreibens hat wiederum der Versicherer zu beweisen, wofür allerdings die Vorlage des entsprechenden Postbelegs ausreicht.[38] Den Nachweis, dass die Erklärung tatsächlich zugestellt worden ist, ist nicht erforderlich, denn anderenfalls hätte es der Versicherungsnehmer in der Hand, durch einfaches Bestreiten die Bestimmung faktisch außer Kraft zu setzen.[39]

V. Wirksamkeit der Bestimmung

15 § 15 ist wirksam. Sie stellt eine rein deklaratorische Klausel dar, da sie § 13 VVG in das Bedingungswerk überführt. Daran vermag auch nichts die ausdrückliche Festschreibung der Mitteilungspflicht des Versicherers zu ändern, da § 13 VVG diese implizit voraussetzt. Dasselbe gilt in Bezug auf die Verwendung der Begrifflichkeit „Erklärung" an Stelle der juristischen Fachbezeichnung „Willenserklärung", da „Willenserklärung" insoweit weit auszulegen ist. Einer Inhaltskontrolle nach **§§ 307ff. BGB** unterliegt eine solche Klausel grundsätzlich nicht.

16 Als deklaratorische Klausel unterliegt § 15 auch keiner Transparenzkontrolle gemäß **§ 307 Abs. 1 S. 2 BGB.**[40] Soweit, wie dies mitunter vertreten wird, eine Transparenzkontrolle wegen der bei AGB nahezu zwangsläufig nötigen Wiedergabe eines Gesetzesinhalts mit eigenen Worten bejaht wird[41] und auch hier gegeben ist, ist § 15 jedenfalls hinreichend klar und verständlich formuliert, nicht zuletzt durch die ausdrückliche Formulierung der Obliegenheit sowie das Mühen um eine verständliche Sprache einschließlich der Hinzufügung von Beispielen.

---

[36] *K. Johannsen* in Bruck/Möller § 13 Rn. 5.

[37] *K. Johannsen* in Bruck/Möller § 13 Rn. 11; *Rixecker* in Römer/Langheid § 13 Rn. 10; *Ebers* in Schwintowski/Brömmelmeyer § 13 Rn. 13; *Wendt* in FAKomm-VersR § 13 Rn. 15; *Muschner* in Rüffer/Halbach/Schimikowski § 13 Rn. 14.

[38] *K. Johannsen* in Bruck/Möller § 13 Rn. 11.

[39] *Rixecker* in Römer/Langheid § 13 Rn. 10; *Ebers* in Schwintowski/Brömmelmeyer § 13 Rn. 13; *Muschner* in Rüffer/Halbach/Schimikowski § 13 Rn. 14.

[40] *Präve* in v. Westphalen/Thüsing Allg. Versicherungsbedingungen Rn. 73 mwN.

[41] *Wolf* in Wolf/Lindacher/Pfeiffer § 307 Rn. 333.

17 Die in Absatz 1 S. 3 enthaltene Zugangsfiktion steht in Übereinstimmung mit § 13 VVG und begegnet keinen Bedenken. **§ 308 Nr. 6 BGB,** der Zugangsfiktionen im Grundsatz für unwirksam erklärt, kommt insofern nicht zum Zuge.[42] Soweit Anderes nahegelegt wird,[43] wird nicht hinreichend der spezialgesetzliche Charakter von § 13 VVG, der der Klausel zugrunde liegt, gewürdigt. Auch überzeugt hier nicht der Verweis auf eine entsprechende Einschätzung für Banken, da insofern keine § 13 VVG entsprechende Regelung besteht. Entsprechendes gilt in Bezug auf **§ 309 Nr. 12 BGB,** demzufolge eine Beweislastumkehr zum Nachteil des Vertragspartners unzulässig ist.[44]

18 In bestimmten Fallkonstellationen wäre eine Berufung auf § 15 (bzw. § 13 VVG) allerdings unzulässig.[45] Dies ist grundsätzlich dann anzunehmen, wenn auf Grund einer außergewöhnlich gelagerten Situation eine Berücksichtigung in den AVB unterblieben ist und eine solche auch nicht verlangt werden kann. Unter dieser Voraussetzung ist dem Versicherer ein Rekurs auf § 13 nach **§ 242 BGB** verwehrt. Das ist anzunehmen, wenn dem Versicherer Änderungen der Erreichbarkeit bekannt sind.[46] Allerdings ist der Versicherer grundsätzlich nicht zu Nachforschungen verpflichtet.[47] Ist eine Mitteilung des Versicherungsnehmers über eine Änderung der Anschrift bzw. des Namens unklar, ist der Versicherer aber zu entsprechender Klärung aufgerufen.[48] Das jedoch nur, soweit die Änderung ohne weiteres und eindeutig durch entsprechendes Nachfassen festgestellt werden kann. Anfragen an das Einwohnermeldeamt oder die Heranziehung anderer externer Quellen sind auch in diesem Fall nicht indiziert.[49]

§ 16 Welche Kosten stellen wir Ihnen gesondert in Rechnung?

(1) In folgenden Fällen stellen wir Ihnen pauschal zusätzliche Kosten gesondert in Rechnung: [...]

(2) Wir haben uns bei der Bemessung der Pauschale an dem bei uns regelmäßig entstehenden Aufwand orientiert. Sofern Sie uns nachweisen, dass die der Bemessung zugrunde liegenden Annahmen in Ihrem Fall dem Grunde nach nicht zutreffen, entfällt die Pauschale. Sofern Sie uns nachweisen, dass die Pauschale der Höhe nach wesentlich niedriger zu beziffern ist, wird sie entsprechend herabgesetzt.

I. Gesetzliche Grundlagen

1 Die Bestimmung schafft eine vertragliche Grundlage für zusätzlich entstehende Kosten, die vom Versicherungsnehmer zu tragen sind. Teilweise ergeben sich derartige Ansprüche allerdings bereits aus dem Gesetz (Ausstellung eines neuen Versicherungs-

---

[42] *Präve* in v. Westphalen/Thüsing Allg. Versicherungsbedingungen Rn. 191.

[43] *Fausten* in Langheid/Wandt § 13 Rn. 53 u. 61.

[44] *Präve* in v. Westphalen/Pfeiffer Allg. Versicherungsbedingungen Rn. 201.

[45] *Prölss* in Prölss/Martin § 13 Rn. 6.

[46] BGH VersR 1990, 881, 882; *Rixecker* in Römer/Langheid § 13 Rn. 6; *Fausten* in Langheid/Wandt § 13 Rn. 43f.; *Muschner* in Rüffer/Halbach/Schimikowski § 13 Rn. 9.

[47] *Rixecker* in Römer/Langheid § 13 Rn. 6; *Muschner* in Rüffer/Halbach/Schimikowski § 13 Rn. 10.

[48] *Fausten* in Langheid/Wandt § 13 Rn. 40; aM *Muschner* in Rüffer/Halbach/Schimikowski § 13 Rn. 10.

[49] *Fausten* in Langheid/Wandt § 13 Rn. 44.

scheins, § 3 Abs. 5 VVG; Fristsetzung in Textform bei Nichtzahlung von Folgebeiträgen, § 38 Abs. 1 Satz 1 VVG). Die Pauschalierung derartiger Kosten, wie sie in § 16 verankert ist, wird mit der Einräumung einer Gegenbeweismöglichkeit für den Versicherungsnehmer verknüpft, wie sie **§ 309 Nr. 5 BGB** für Schadensersatzansprüche vorsieht.

II. Rechtsprechung

2 Rechtsprechung gibt es zu der Kostenregelung des § 16 bisher nicht. Das hängt va mit der geringen Relevanz der Bestimmung zusammen. So werden in der Lebensversicherung Kosten bereits in die Prämie miteingerechnet. Anders als im Bankensektor spielen zusätzliche Kosten- und Gebührenregelungen hier daher keine große Rolle. Demgemäß gibt es zu derartigen ergänzenden Regelungen kaum Rechtsprechung, während zum **Bankensektor** unzählige – auch höchstrichterliche – Entscheidungen vorliegen,[1] die einen generalisierenden, teils auch auf den Versicherungssektor übertragbaren Kernansatz aufweisen.[2] Einen Sonderfall stellt der Stornoabzug gemäß § 169 Abs. 5 VVG dar, zu der eine höchstrichterliche Wertung vorliegt.[3] Er bildet allerdings nicht den Gegenstand von § 16,[4] sondern von § 12 Abs. 4 und § 13 Abs. 2, so dass auf die dortigen Erläuterungen verwiesen wird.

III. Kommentierung der Klauselbestimmungen

§ 16 enthält eine ausfüllungsbedürftige Grundregelung für Kosten, die der Versicherungsnehmer zusätzlich zu zahlen hat (Absatz 1). Diese Kosten werden pauschaliert, weshalb dem Versicherungsnehmer eine Gegenbeweismöglichkeit eingeräumt wird (Absatz 2).

1. Kostenabrede (Abs. 1)

3 Anders als in den bisherigen unverbindlichen Musterbedingungen werden die Fälle der Kosten, die dem Versicherungsnehmer gesondert in Rechnung gestellt werden, nicht expressis verbis genannt. Die Regelung ist demgemäß vom Versicherer um entsprechende Angaben zu **ergänzen.** Soweit freilich solche Kosten nicht in Rechnung gestellt werden, ist § 16 gegenstandslos. Bei der Ergänzung ist andernfalls darauf zu achten, dass Kosten nicht doppelt berechnet werden dürfen. Alle bereits in die Prämie eingerechneten (bzw. einzurechnenden) Kosten dürfen nicht erneut berechnet werden. Dabei ist zu bedenken, dass die Versicherer ohnehin aufsichtsrechtlich gehalten sind, entsprechende Kosten in die Prämienkalkulation einzubringen. Die Prämie hat nämlich alle mit der Gefahrtragung und Verwaltung des Versicherungsvertrags verbundenen Kosten des Unternehmens abzudecken.[5]

---

[1] Vgl. nur BGH ZIP 2011, 1299 (1301 f.); 2009, 2247 (2249), 2000, 16 (17); 1996, 1079 (1080); 1994, 21 (23); VersR 2000, 1377 (1378); NJW 1998, 309 (310); 1997, 2752 (2753); WM 2001, 563 (564); 1991, 1113 (1114); s. auch BVerfG ZIP 2000, 1769 (1771 f.).

[2] Vgl. unter III.1.

[3] Vgl. BGH VersR 2012, 1149, (1157).

[4] Vgl. auch die Begr. zu § 2 Abs. 1 Nr. 2 VVG-InfoV, abgedruckt in VersR 2008, 186, 188; zustimmend *Armbrüster* in Langheid/Wandt § 2 VVG-InfoV Rn. 20; *C. Schneider/Reuter-Gehrken* in FAKomm-VersR VVG-InfoV § 2 Rn. 11.

[5] Vgl. GB BAV 1979, 34; *Präve* VW 1992, 596.

4 Gegenstand einer entsprechenden Abrede nach § 16 können demzufolge nur **zusätzliche** Kosten bilden, wie dies im Wortlaut der Klausel zum Ausdruck kommt. Dabei handelt es sich um von einzelnen Versicherungsnehmern speziell verursachte Kosten, die aus Gerechtigkeitsgründen dann auch nur von diesen und nicht vom Versichertenkollektiv insgesamt zu tragen sind. Dagegen könnte zwar eingewandt werden, dass potentiell jeder Versicherungsnehmer derartige Kosten verursachen könnte, weshalb eine Berücksichtigung bei der Kalkulation vorzuziehen wäre. Auf der anderen Seite wird der Regelung aber eine gewisse Berechtigung nicht abzusprechen sein, da es sich bei den in Betracht zu ziehenden zusätzlichen Kosten regelmäßig um solche handeln dürfte, die einmalig oder aus besonderen Anlässen entstehen. Insofern korrespondiert die Bestimmung mit § 2 Abs. 1 Nr. 2 VVG-InfoV, mit der die Existenz derartiger Kosten ausdrücklich anerkannt und erkennbar davon ausgegangen wird, dass diese bei der Prämienkalkulation nicht in Ansatz gebracht werden.

5 Einen Tatbestand im Sinne von Absatz 1 kann die Ausstellung von **Ersatzurkunden** und Abschriften bilden, deren Kosten der Versicherungsnehmer nach § 3 Abs. 5 VVG zu tragen hat. Unwirksam sind hingegen bedingungsgemäße Abreden über sogenannte **Ausfertigungsgebühren,** die als Preisnebenabreden der Inhaltskontrolle nach §§ 307 ff. BGB unterliegen.[6] Bei Ausfertigungsgebühren handelt es sich um Gebühren, die der Versicherer für die Ausstellung des Versicherungsscheins und eventueller Nachträge erhebt. Mit dem Abschluss des Versicherungsvertrags wird die Ausstellung eines Versicherungsscheins geschuldet. Die Erfüllung dieser dem Versicherer gemäß § 3 Abs. 1 VVG obliegenden Verpflichtung darf nicht von der Zahlung einer gesonderten Vergütung abhängig gemacht werden.[7] Daran vermag auch nicht die Dispositivität von § 3 Abs. 5 VVG etwas zu ändern.[8] Der Umstand, dass die Gebühren auf Grund ihrer geringen Höhe regelmäßig den einzelnen Versicherungsnehmer nicht erheblich belasten, vermag eine Unwirksamkeit nicht auszuschließen, da der Schutz des Rechtsverkehrs im Ganzen das Verdikt der Unwirksamkeit gebietet.[9]

6 In § 16 kann auch eine – auf § 38 Abs. 1 S. 1 VVG gestützte – Kostenregelung für die **Fristsetzung** in Textform bei Nichtzahlung von Folgeprämien aufgenommen werden. Anders verhält sich dies aber in Bezug auf **Hebegebühren,** die sich der Versicherer für den Prämieneinzug ausbedingt. Sie scheiden von vornherein aus in den Fällen, in denen dem Versicherer keine besonderen Kosten bei der Bezahlung der Prämie entstehen, also bei der Überweisung und im Lastschriftverfahren. Im letzteren Fall wird die Prämienschuld zur Holschuld.[10] Daraus ergibt sich die Verpflichtung des Versicherers, abweichend von § 36 Abs. 1 S. 2 VVG die mit dem Einzug der Prämien verbundenen Kosten zu tragen. Vereinbart der Versicherer folglich eine derartige Zahlweise, ergibt sich zwingend, dass die damit verbundenen Kosten

---

[6] *Präve* in v. Westphalen/Thüsing Allg. Versicherungsbedingungen Rn. 42.

[7] Das ist auch der tragende Gedanke der Begründung in den Fällen der Gebührenklauseln in anderen Wirtschaftssektoren, insbes. in Bezug auf Bankleistungen. Vgl. nur BGH ZIP 2011, 1299 (1301 f.); 2009, 2247 (2249); 2000, 16 (17); 1996, 1079 (1080); 1994, 21 (23); VersR 2000, 1377 (1378); NJW 1998, 309 (310); 1997, 2752 (2753); WM 2001, 563 (564); 1991, 1113 (1114) Auch verfassungsrechtlich bestehen hiergegen keine Bedenken (BVerfG ZIP 2000, 1769, 1771 f.).

[8] *Armbrüster* in Langheid/Wandt § 3 Rn. 64; *Reusch* in FAKomm-VersR § 3 Rn. 59; aM *Brömmelmeyer* in Rüffer/Halbach/Schimikowski § 3 Rn. 35.

[9] Vgl. BGH ZIP 1994, 21 (23).

[10] BGH VersR 1985, 447 (448).

vom Versicherer zu tragen sind. Das gilt erst recht, wenn der Versicherer den Vertragsschluss von der Verwendung des Lastschriftverfahrens abhängig macht, woran er durch das AGB-Recht nicht gehindert ist. Entgegenstehende berechtigte Interessen des Versicherungsnehmers, die zu einer anderen Bewertung Anlass geben könnten, sind nicht ersichtlich.[11] Eine geringe Höhe der Gebühr rechtfertigt keine abweichende Bewertung.[12]

7 Dass **Rückläufer** in Lastschriftverfahren eine Kostenpflicht für den Versicherungsnehmer begründen sollen, wie dies in den früheren unverbindlichen Musterbedingungen vorgesehen war, begegnet rechtlichen Bedenken. So wenig die Bank formularmäßig derartige Kosten geltend machen darf,[13] so wenig ist der Versicherer berechtigt, entsprechende Forderungen durch AVB auf den Versicherungsnehmer zu überwälzen, insbesondere wenn der Versicherungsnehmer die Rücklastschrift nicht zu vertreten hat.[14]

8 Des Weiteren kommt eine Kostenregelung für die **Vertragsänderungen** in Betracht. Hierzu zählt die Umwandlung des Vertrags nach § 167 VVG zur Erlangung eines Pfändungsschutzes, wobei bereits § 167 S. 2 VVG eine entsprechende Kostentragungspflicht vorsieht. Auch die Teilung im Versorgungsausgleich darf gestützt auf § 13 VersAusglG mit Kosten belastet werden.[15]Kostenpflichtig gemacht werden kann ferner die Abtretung sowie die Verpfändung[16] und in der fondsgebundenen Rentenversicherung die Umschichtung des Fondsdeckungskapitals oder ein Fondswechsel.[17]

9 Eine bloß **beispielhafte Aufzählung** von Kostentatbeständen genügt nicht,[18] da in diesem Fall für nicht ausdrücklich genannte Kostentatbestände eine vertragliche Grundlage fehlt, weshalb derartige Kosten nicht in Rechnung gestellt werden dürfen, es sei denn, es besteht insofern eine gesetzliche Grundlage wie in den oben genannten Fällen.

10 Bei der Ausgestaltung der Kostenregelung ist **§ 2 Abs. 1 Nr. 2, Abs. 2 VVG-InfoV** zu beachten, wonach sonstige, in die Prämie nicht eingerechnete Kosten in Euro auszuweisen sind. Es ist allerdings nicht zwingend, einen entsprechenden Ausweis in den AVB selber aufzunehmen.[19] Es genügt auch der ohnehin gemäß § 4 Abs. 4 VVG-InfoV nötige Ausweis im Produktinformationsblatt.[20] Eine entsprechende Bezugnahme hierauf in den AVB ist in diesem Fall aber bereits zur Sicherstellung einer hinreichend bestimmten Abrede, aber auch aus Transparenzgründen indiziert. Zu nennen sind dabei die bei Vertragsschluss aktuellen Kostensätze.[21] Bei

---

[11] BGH WM 1996, 335 (336–338).

[12] Vgl. BGH ZIP 1994, 21 (23).

[13] BGH NJW 2005, 1645 (1647 f.); 1998, 309 (310); ZIP 1997, 2151 (2152 f.).

[14] LG Stuttgart VersR 1999, 179 (181).

[15] *Baroch Castellvi* in Rüffer/Halbach/Schimikowski VVG-InfoV § 2 Rn. 20; *C. Schneider/Reuter-Gehrken* in FAKomm-VersR VVG-InfoV § 13 Rn. 10.

[16] *Armbrüster* in Langheid/Wandt VVG-InfoV § 2 Rn. 19.

[17] *Baroch-Castellvi* in Rüffer/Halbach/Schimikowski VVG-InfoV § 2 Rn. 20; *Armbrüster* in Langheid/Wandt VVG-InfoV § 2 Rn. 19.

[18] So auch *Reiff/Schneider* in Prölss/Martin ALB 94 § 15 Rn. 1.

[19] So auch *Reiff/Schneider* in Prölss/Martin ALB 2008 § 15 Rn. 2.

[20] So wohl auch *Brömmelmeyer* in Rüffer/Halbach/Schimikowski § 3 Rn. 36 f.

[21] *Baroch-Castellvi* in Rüffer/Halbach/Schimikowski VVG-InfoV § 2 Rn. 21; *Armbrüster* in Langheid/Wandt VVG-InfoV § 2 Rn. 25.

Bedarf ist die Verklammerung der Angabe mit einer entsprechenden Anpassungsklausel indiziert.[22]

11 Bei der Bestimmung der Höhe der Kostenpauschale muss im Anwendungsbereich von § 309 Nr. 5 BGB darauf geachtet werden, dass die Pauschale den nach dem gewöhnlichen Lauf der Dinge zu erwartenden Schaden oder die gewöhnlich eintretende Wertminderung nicht übersteigt **(§ 309 Nr. 5 Buchst. a BGB).** Es ist allerdings zweifelhaft, ob in den oben genannten Fällen einer Kostenerhebung § 309 Nr. 5 BGB überhaupt eingreift. Dazu müssten Ansprüche auf Schadensersatz oder auf Ersatz einer Wertminderung in Rede stehen. Unter Hinzuziehung des Anhangs der EU-Richtlinie über missbräuchliche Klauseln in Verbraucherverträgen können Klauseln missbräuchlich sein, die dem Verbraucher, der seinen Verpflichtungen nicht nachkommt, einen unverhältnismäßig hohen Entschädigungsbetrag auferlegen (Anh. Nr. 1 Buchst. e der RL). Auch wenn man diesem weiten Ansatz folgt, wird in den wenigsten, oben genannten Fällen von einer derartigen Pflichtverletzung auszugehen sein. Das ist wohl nur für die Fristsetzung in Textform bei Nichtzahlung von Folgeprämien anzunehmen. Auf Aufwendungsersatzansprüche ist § 309 Nr. 5 BGB auch unter Heranziehung der EU-Richtlinie über missbräuchliche Klauseln in Verbraucherverträgen hingegen grundsätzlich nicht anwendbar.[23] Ein unangemessen hoher Ersatz von Aufwendungen darf darüber hinaus gemäß § 308 Nr. 7 Buchst. b BGB nur im Falle eines Rücktritts, einer Kündigung oder einer sonstigen Vertragsbeendigung[24] nicht verlangt werden. Auch diese tatbestandlichen Voraussetzungen sind vorliegend in den meisten Fällen nicht erfüllt. Zu denken ist schließlich an die Vorschrift des § 307 Abs. 1 S. 1 BGB, der allerdings in Abgrenzung zu den speziellen Klauselverboten der §§ 308, 309 BGB jedenfalls keine parallele generalisierende Wertung entnommen werden kann.[25]

2. Gegenbeweismöglichkeit (Abs. 2)

12 Die in Absatz 1 enthaltene Pauschalierung zusätzlich entstehender Kosten wird von der in Absatz 2 enthaltenen Eröffnung einer Gegenbeweismöglichkeit für den Versicherungsnehmer flankiert. Die Bestimmung ist erkennbar an der Vorschrift des § 309 Nr. 5 BGB ausgerichtet, die die Vereinbarung pauschalierter Ansprüche auf Schadensersatz oder Ersatz einer Wertminderung unter bestimmten Voraussetzungen für unwirksam erklärt. Hierzu zählt auch das Fehlen einer ausdrücklich eröffneten Gegenbeweismöglichkeit **(§ 309 Nr. 5 Buchst. b BGB),** die im Analogieschluss auch für Bestimmungen zum Aufwendungsersatz im Falle eines Rücktritts, einer Kündigung oder einer sonstigen Vertragsbeendigung (§ 308 Nr. 7 Buchst. b BGB) Bedeutung erlangt.[26] Der Anwendungsbereich von § 309 Nr. 5 Buchst. b BGB und § 308 Nr. 7 Buchst. b BGB dürfte allerdings, wie oben unter III.1 ausgeführt, nur in den seltensten Fällen eröffnet sein. Es spricht allerdings in rechtlicher Hinsicht nichts dagegen, wenn darüber hinaus eine Gegenbeweismöglichkeit eröffnet wird.

---

[22] *Armbrüster* in Langheid/Wandt VVG-InfoV § 2 Rn. 25

[23] *Dammann* in Wolf/Lindacher/Pfeiffer § 309 Nr. 5 Rn. 46.

[24] *Dammann* in Wolf/Lindacher/Pfeiffer § 308 Nr. 7 Rn. 11.

[25] *Dammann* in Wolf/Lindacher/Pfeiffer § 309 Nr. 5 Rn. 122.

[26] BGH VersR 2012, 1149 (1157); *Dammann* in Wolf/Lindacher/Pfeiffer § 308 Nr. 7 Rn. 34; *H. Schmidt* in Ulmer/Brandner/Hensen § 308 Nr. 7 Rn. 4.

13 Soweit § 309 Nr. 5 Buchs. b BGB (auch in analoger Anwendung iRv § 308 Nr. 7 Buchst. b BGB) einschlägig ist, genügt es regelmäßig, wenn ein klar verständlicher **Hinweis** auf die Möglichkeit des Gegenbeweises gegeben wird.[27] Die Übernahme des Wortlauts der gesetzlichen Regelung wird allgemein als ausreichend angesehen.[28] Dem entspricht die Bestimmung des Absatzes 2, die die gesetzliche Regelung referiert. Einleitend wird beschrieben, dass sich die Bemessung der Pauschale an dem regelmäßig entstehendem Aufwand orientiert ist (Abs. 2 Satz 1). Damit ist keine Erschwernis für den Versicherungsnehmer verbunden, der den Gegenbeweis anzutreten gedenkt. Vielmehr soll das Verständnis der nachfolgenden Bestimmungen erleichtert werden. Sie enthalten die beiden Anwendungsfälle, nämlich dass die Annahmen des Versicherers dem Grunde nach nicht zutreffen (Abs. 2 Satz 2) bzw. dass die Pauschale der Höhe nach wesentlich niedriger zu beziffern ist (Abs. 2 Satz 3). Gegen diese „Übersetzung" der Gesetzessprache in den Regelungsduktus des Bedingungswerks bestehen insofern keine Bedenken.

14 Die Regelung des Absatzes 2 vermittelt auch nicht den fehlerhaften Eindruck, der Versicherungsnehmer sei insgesamt beweispflichtig. Vielmehr wird ausdrücklich herausgestellt, dass dies nur im **Ausnahmefall** gegeben ist, wenn die vom Versicherer zugrunde gelegten Annahmen im Einzelfall ausnahmsweise nicht zutreffen. Dem steht auch nicht eine anderweitige Wertung des BGH entgegen, der eine ähnliche Regelung im Rahmen einer Stornoabzugsklausel verworfen hat. Der BGH verlangt hier, dass das Regel-Ausnahme-Verhältnis der Beweislast deutlich und verständlich klarzustellen ist.[29] Mit der Aufnahme des Satzes 1 in Absatz 2 wird auch diesem Erfordernis hinreichend Rechnung getragen, denn hiermit werden die Annahmen des Versicherers – wenn auch stark verkürzt – niedergelegt. Insofern dürften auch korrespondierende Vorbehalte im Schrifttum gegen die auch vom BGH verworfene Klausel obsolet sein.[30] § 309 Nr. 5 BGB erzwingt unter dieser Prämisse jedenfalls keine weitergehende Regelung, die die Beweislast insgesamt darstellt. Vielmehr besteht insofern nur noch das Erfordernis, eine Gegenbeweismöglichkeit einzuräumen.

IV. Darlegungs- und Beweislast

15 Der Versicherungsnehmer trägt, wie Abs. 2 Satz 2 und 3 klarstellt, die Darlegungs- und Beweislast für Umstände, die zum Wegfall bzw. zur Herabsetzung der Kostenpauschale führen.[31] Allerdings ist zu beachten, dass die für die Festsetzung der Pauschalen maßgeblichen Kalkulationsgrundlagen dem Risiko- und Herrschaftsbereich des Versicherers zuzurechnen und dem Versicherungsnehmer regelmäßig entzogen sind. Letzteres ist rechtlich auch nicht bedenklich,[32] liegt vielmehr in der Natur der Sache. Eine umfassende Beweisführung kann dem Versicherungsnehmer aber nicht auferlegt werden, da er hiermit schlicht überfordert wäre. Insofern muss es sein Bewenden damit haben, dass er seine Zweifel **substantiiert und**

---

[27] *Dammann* in Wolf/Lindacher/Pfeiffer § 309 Nr. 5 Rn. 96ff.

[28] *H.-D. Hensen* in Ulmer/Brandner/Hensen § 309 Nr. 5 Rn. 20.

[29] BGH VersR 2012, 1149 (1157).

[30] *Brömmelmeyer* in Beckmann/Matusche-Beckmann § 42 Rn. 179; *Ortmann* in Schwintowski/Brömmelmeyer § 169 Rn. 95.

[31] *Dammann* in Wolf/Lindacher/Pfeiffer § 309 Nr. 5 Rn. 84.

[32] So aber offenbar *Lücke* in Prölss/Martin BU § 18 Rn. 1.

plausibel darlegt. Ist dies gegeben, trifft den Versicherer die Darlegungs- und Beweislast zur Ausräumung der entsprechenden Vorbehalte.[33]

16 Nicht ausreichend ist einfaches **Bestreiten** des Versicherungsnehmers, dass sich die Pauschale am regelmäßig entstehenden Aufwand orientiert. Damit würde jeglicher Pauschalierung die Grundlage entzogen werden können. Demgemäß muss der Versicherer auch nicht von vornherein Tatsachen vortragen, die eine Beurteilung erlauben würden, ob ein regelmäßig entstehender Aufwand den Bezugspunkt für die Pauschalierung bildet.[34]

V. Wirksamkeit der Bestimmung

17 Gegen die Bestimmung bestehen keine durchgreifenden Wirksamkeitsbedenken. Voraussetzung ist allerdings, dass eine Ergänzung des Absatzes 1 im Sinne der obigen Darlegungen erfolgt. Die mit Absatz 2 eröffnete Gegenbeweismöglichkeit steht im Einklang mit § 309 Nr. 5 Buchst. b BGB, sofern dessen Anwendungsbereich überhaupt eröffnet ist.

§ 17 Welches Recht findet auf Ihren Vertrag Anwendung?

Auf Ihren Vertrag findet das Recht der Bundesrepublik Deutschland Anwendung.

1 Mit der Bestimmung wird **§ 1 Abs. 1 Nr. 17 VVG-InfoV** Rechnung getragen.[1] Die Anwendung deutschen Rechts stützt sich dabei für die hier vorliegende Lebensversicherung auf Art. 7 Abs. 3 Unterabs. 1 Buchst. b und c der Rom I-VO (ABl. EU 2008 L 177, 6). Danach kommt sowohl die Staatsangehörigkeit als auch der gewöhnliche Aufenthaltsort des Versicherungsnehmers als Anknüpfungspunkt für die Festlegung des maßgeblichen Rechts in Betracht.[2]

§ 18 Wo ist der Gerichtsstand?

(1) Für Klagen aus dem Vertrag **gegen uns** ist das Gericht zuständig, in dessen Bezirk unser Sitz oder die für den Vertrag zuständige Niederlassung liegt. Zuständig ist auch das Gericht, in dessen Bezirk Sie zur Zeit der Klageerhebung Ihren Wohnsitz haben. Wenn Sie keinen Wohnsitz haben, ist der Ort Ihres gewöhnlichen Aufenthalts maßgeblich. Wenn Sie eine juristische Person sind, ist auch das Gericht zuständig, in dessen Bezirk Sie Ihren Sitz oder Ihre Niederlassung haben.

(2) Klagen aus dem Vertrag **gegen Sie** müssen wir bei dem Gericht erheben, das für Ihren Wohnsitz zuständig ist. Wenn Sie keinen Wohnsitz haben, ist der Ort Ihres gewöhnlichen Aufenthalts maßgeblich. Wenn Sie eine juristische Person sind, ist das Gericht zuständig, in dessen Bezirk Sie Ihren Sitz oder Ihre Niederlassung haben.

---

[33] *Dammann* in Wolf/Lindacher/Pfeiffer § 309 Nr. 5 Rn. 85; *H.-D. Hensen* in Ulmer/Brandner/Hensen § 309 Nr. 5 Rn. 17.

[34] BGH NJW-RR 2000, 720 (721); *H.-D. Hensen* in Ulmer/Brandner/Hensen § 309 Nr. 5 Rn. 16; aM noch BGH NJW 1977, 381 (382).

[1] *Baroch Castellví* in Rüffer/Halbach/Schimikowski § 1 VVG-InfoV Rn. 77 f.

[2] *Fricke* VersR 2008, 443 (448); *Armbrüster* in Staudinger Art. 7 Rom I-VO Rn. 13; *Pisani* in Schwintowski/Brömmelmeyer Art. 7 Rom I Rn. 27; *Schäfer* in Looschelders/Pohlmann Int. Versicherungsvertragsrecht Rn. 83.

(3) Verlegen Sie Ihren Wohnsitz oder den Ort Ihres gewöhnlichen Aufenthalts in das Ausland, sind für Klagen aus dem Vertrag die Gerichte des Staates zuständig, in dem wir unseren Sitz haben.

I. Gesetzliche Grundlagen

1 Die Bestimmung über die Gerichtsstände basiert auf Regelungen der ZPO und des VVG. § 18 Abs. 1 S. 1 referiert den allgemeinen Gerichtsstand des Versicherers (§§ 12, 17 Abs. 1 und § 21 Abs. 1 ZPO). § 18 Abs. 1 S. 2 und 3 geht zurück auf § 215 Abs. 1 S. 1 VVG, § 18 Abs. 2 auf § 215 Abs. 1 S. 2 VVG. Hier erfolgt jeweils die Festlegung eines besonderen Gerichtsstands, für Klagen gegen den Versicherungsnehmer in ausschließlicher Zuständigkeit. Schließlich enthält § 18 mit seinem Absatz 3 eine Gerichtsstandsvereinbarung, die auf § 215 Abs. 3 VVG fußt.

II. Rechtsprechung

Rechtsprechung zu der Klausel existiert bisher nicht. Hingegen liegen zahlreiche Gerichtsurteile zu der Vorschrift des § 215 VVG vor, die zentrale Grundlage der Bestimmung bildet. Die Urteile beziehen sich allerdings nur auf den zeitlichen Geltungsbereich dieser Vorschrift[1] und sind daher für das Verständnis des § 18 selber nicht bedeutsam.

III. Festlegung der Gerichtsstände

§ 18 enthält Festlegungen zu den Gerichtsständen. Absatz 1 nennt die Gerichtsstände für Klagen gegen den Versicherer. Absatz 2 weist den ausschließlichen Gerichtsstand für Klagen gegen den Versicherungsnehmer aus. Absatz 3 trifft eine Vereinbarung für den Fall des Umzugs des Versicherungsnehmers in das Ausland.

1. Gerichtsstand bei Klagen gegen den Versicherer (Abs. 1)

2 Wird aus dem Versicherungsvertrag gegen den Versicherer geklagt, hat der Versicherungsnehmer die Wahl zwischen dem allgemeinen Gerichtsstand des Sitzes des Versicherers (Satz 1) und dem besonderen Gerichtsstand seines eigenen Sitzes (Satz 2 bis 4).Damit werden dem Versicherungsnehmer Klagen gegen den Versicherer erleichtert.[2] Mit **Klagen aus dem Vertrag** sind dabei die Klagen gemeint, mit denen Ansprüche geltend gemacht werden, die aus dem Vertrag herrühren.[3] Dazu zählen auf Versicherungsnehmerseite etwa Ansprüche auf Leistung, auf Versichererseite (bedeutsam für Absatz 2) Ansprüche auf Zahlung der Prämie.[4] Auch Nebenpflichten, die sich aus dem Vertrag ergeben, wie etwa Auskunftspflichten werden hiervon erfasst.[5] Einbezogen sind auch Streitigkeiten über das Bestehen des Ver-

[1] Nachweise finden sich etwa bei *Klär* in Schwintowski/Brömmelmeyer § 215 Rn. 16.
[2] *Rixecker* in Römer/Langheid § 215 Rn. 1.
[3] *Rixecker* in Römer/Langheid § 215 Rn. 5.
[4] *Looschelders* in Langheid/Wandt § 215 Rn. 30; *Brand* in Bruck/Möller § 215 Rn. 25.
[5] *Looschelders* in Langheid/Wandt § 215 Rn. 30.

trags,[6] etwa nach Rücktritt, Kündigung oder Widerruf.[7] Dasselbe gilt für bereicherungsrechtliche Ansprüche, die sich etwa nach festgestellter Unwirksamkeit einzelner Klauseln ergeben können.[8] Erforderlich ist stets ein Zusammenhang mit dem Versicherungsvertrag.[9]

3 Die Maßgeblichkeit des **Sitzes des Versicherers** iSv Abs. 1 **Satz 1** beruht letztlich auf § 17 Abs. 1 ZPO. Dabei wird der Sitz durch die Satzung bestimmt (für Aktiengesellschaften: § 5 AktG, für VVaG: § 18 Abs. 1 VAG). Eine für den Vertrag zuständige **Niederlassung,** die nach § 21 Abs. 1 ZPO entscheidend ist, ist gegeben, sofern jedenfalls ein Teil des Gewerbes an diesem Ort lokalisiert ist.[10] Die Einheit muss für eine gewisse Zeitdauer bestehen und auch über entsprechende äußere Einrichtungen verfügen.[11] Auch muss die Niederlassung unter einer im Wesentlichen selbständigen Leitung stehen,[12] was das Recht umfasst, aus eigener Entschließung Geschäfte abzuschließen.[13] Es kann auch genügen, wenn der Versicherer durch einen entsprechenden Auftritt nach außen den Eindruck einer selbständigen Einheit erweckt.[14] Bei Niederlassungen ausländischer Unternehmen im Sinne von § 106; § 110a Abs. 1 und 2, § 110d VAG liegen diese Voraussetzungen regelmäßig vor. Der Ort eines Versicherungsvermittlers reicht hierfür regelmäßig hingegen nicht aus.

4 Der **Wohnsitz des Versicherungsnehmers,** auf den Abs. 1 **Satz 2** unter Rekurs auf § 215 Abs. 1 Satz 1 VVG abstellt, bestimmt sich nach Maßgabe von §§ 13ff. ZPO und §§ 7ff. BGB. Wohnsitz ist danach der räumliche Schwerpunkt der Lebensverhältnisse des Versicherungsnehmers.[15] Ein Wohnsitz wird durch eine tatsächliche Niederlassung begründet, verbunden mit dem Willen, diesen Ort zum ständigen Schwerpunkt des Lebens zu machen.[16] Eine eigene Wohnung ist nicht erforderlich. Es genügt auch ein Zimmer zur Untermiete oder ein Hotelzimmer.[17] Für nicht voll Geschäftsfähige ist grundsätzlich der Wille des gesetzlichen Vertreters entscheidend (§ 8 BGB), für Soldaten besteht in der Regel ein Wohnsitz am Standort (§ 9 BGB). Maßgeblich ist stets nur der inländische Wohnsitz des Versicherungsnehmers und nicht ein ausländischer.[18] Möglich ist ein Wohnsitz aber an mehreren

---

[6] *Brand* in Bruck/Möller § 215 Rn. 25; *Klimke* in Prölss/Martin § 215 Rn. 4; *Klär* in Schwintowski/Brömmelmeyer § 215 Rn. 5; *Muschner* in Rüffer/Halbach/Schimikowsi § 215 Rn. 6; *Wolf* in Looschelders/Pohlmann § 215 Rn. 2; *O. Wagner* VersR 2009, 1589.

[7] *Looschelders* in Langheid/Wandt § 215 Rn. 30; *Brand* in Bruck/Möller § 215 Rn. 25.

[8] *Looschelders* in Langheid/Wandt § 215 Rn. 31; *Rixecker* in Römer/Langheid § 215 Rn. 5; *Klimke* in Prölss/Martin § 215 Rn. 4; *Wolf* in Looschelders/Pohlmann § 215 Rn. 2.

[9] *Looschelders* in Langheid/Wandt § 215 Rn. 31.

[10] *Baumbach/Lauterbach/Albers/Hartmann* § 21 Rn. 4.

[11] *Baumbach/Lauterbach/Albers/Hartmann* § 21 Rn. 5f.

[12] BGH NJW 1987, 3081 (3082); OLG Hamm VersR 2009, 1345 (1346); *Baumbach/Lauterbach/Albers/Hartmann* § 21 Rn. 7; *Krahe* in FAKomm-VersR § 215 VVG Rn. 44.

[13] OLG Hamm VersR 2009, 1345 (1346).

[14] OLG Hamm VersR 2009, 1345 (1346); *Baumbach/Lauterbach/Albers/Hartmann* § 21 Rn. 8; *Krahe* in FAKomm-VersR § 215 VVG Rn. 45.

[15] BGH NJW 2006, 1808 (1809); *Ellenberger* in Palandt § 7 Rn. 1 u. 6; *Baumbach/Lauterbach/Albers/Hartmann* § 13 Rn. 3.

[16] BGH NJW 2006, 1809; *Ellenberger* in Palandt § 7 Rn. 1 u. 6; *Looschelders* in Langheid/Wandt § 215 Rn. 45f.; *Brand* in Bruck/Möller § 215 Rn. 21.

[17] *Looschelders* in Langheid/Wandt § 215 Rn. 45.

[18] BGH NJW 2006, 1808 (1810); 1996, 1411 (1412); *Baumbach/Lauterbach/Albers/Hartmann* § 13 Rn. 3.

(inländischen) Orten (§ 7 Abs. 2 BGB), zwischen denen der Kläger dann frei wählen darf (§ 35 ZPO).

5 Der **Ort des gewöhnlichen Aufenthalts** iSv Abs. 1 **Satz 3** ist der Ort, an dem der Versicherungsnehmer seinen tatsächlichen Daseinsmittelpunkt hat.[19] Er ist maßgeblich, wenn kein Wohnsitz besteht. Ausreichend ist eine Anwesenheit von mehreren Monaten,[20] vorübergehende Abwesenheit ist unschädlich.[21] Nicht nötig ist ein rechtsgeschäftlicher Wille zur Begründung eines Aufenthaltsorts.[22] Besteht weder ein Wohnsitz noch ein gewöhnlicher Aufenthaltsort, greift die Klausel nicht ein. In diesem Fall richtet sich der Gerichtsstand nach den Vorschriften der ZPO (vgl. nur §§ 12, 16, 29 ZPO).[23]

6 Ist der Versicherungsnehmer eine **juristische Person** ist nach Abs. 1 **Satz 4** deren Sitz oder deren Niederlassung maßgeblich. Insofern gilt das oben zum Sitz bzw. zur Niederlassung des Versicherers Gesagte entsprechend. Mit der Festlegung wird § 215 Abs. 1 VVG zutreffend umgesetzt. Mitunter ist zwar postuliert worden, die Vorschrift enthalte eine Regelung nur für Verbraucher. Dafür mag sprechen, dass § 215 Abs. 1 VVG ausdrücklich nur auf den Wohnsitz bzw. auf den gewöhnlichen Aufenthalt abstellt. Diese Bezugsgrößen passen nur für natürliche, nicht aber für juristische Personen.[24] Hinzu mag der Umstand treten, dass ausweislich des maßgeblichen Gesetzentwurfs der Bundesregierung ein Zusammenhang mit Verbraucherschutzüberlegungen hergestellt wird.[25] Dieser ist aber keineswegs zwingend. Vielmehr legt der in § 215 VVG gebrauchte Begriff „Versicherungsnehmer" ein weitergehendes Verständnis nahe.[26] Abweichend von § 29c ZPO und § 214 Abs. 1 S. 1 Nr. 1 VVG wird insofern gerade nicht auf den „Verbraucher" abgestellt.[27] Entscheidend ist aber, dass das gesamte VVG gerade nicht nur den Schutz des Verbrauchers intendiert, sondern jeden Versicherungsnehmer geschützt wissen will[28] und nur für sog. Großrisiken Ausnahmen zulässt (§ 210 VVG). Auch in der Begründung zum VVG findet sich dieser Gedanke wieder. Zwar wird in der maßgebenden Begründung allgemein von „den Bedürfnissen eines modernen Verbraucherschutzes" gesprochen[29]. An anderer,

---

[19] *Looschelders* in Langheid/Wandt § 215 Rn. 49; *Brand* in Bruck/Möller § 215 Rn. 22; *Wolf* in Looschelders/Pohlmann § 215 Rn. 7; *Krahe* in Staudinger/Halm/Wendt § 215 VVG Rn. 16

[20] *Looschelders* in Langheid/Wandt § 215 Rn. 49; *Brand* in Bruck/Möller § 215 Rn. 22.

[21] *Ellenberger* in Palandt § 7 Rn. 3; *Brand* in Bruck/Möller § 215 Rn. 22.

[22] *Ellenberger* in Palandt § 7 Rn. 3; *Looschelders* in Langheid/Wandt § 215 Rn. 49; *Brand* in Bruck/Möller § 215 Rn. 22.

[23] *Looschelders* in Langheid/Wandt § 215 Rn. 51; *Brand* in Bruck/Möller § 215 Rn. 23.

[24] LG Fulda VersR 2013, 481; LG Hamburg VersR 2013, 482; LG Limburg VersR 2011, 609, 610; *Klimke* in Prölss/Martin § 215 Rn. 11; *Klär* in Schwintowski/Brömmelmeyer § 215 Rn. 1 u. 9; *Muschner* in Rüffer/Halbach/Schimikowsi § 215 Rn. 9; *Lücke* in Prölss/Martin § 20 BU Rn. 1; *Krahe* in Staudinger/Halm/Wendt § 215 VVG Rn. 7

[25] Gesetzentwurf der Bundesregierung, BT-Drs. 16/3945, 117 (zu § 215); hierauf verweisend LG Limburg VersR 2011, 609, 610; *Klimke* in Prölss/Martin § 215 Rn. 12; ähnlich bezogen auf natürliche Personen *Klär* in Schwintowski/Brömmelmeyer § 215 Rn. 10 und *Klimke* in Prölss/Martin § 215 Rn. 11f.

[26] *Rixecker* in Römer/Langheid § 15 Rn. 2; *Klimke* in Prölss/Martin § 215 Rn. 9; Wolf in Looschelders/Pohlmann § 215 Rn. 5; *O. Wagner* VersR 2009, 1589.

[27] *Looschelders* in Langheid/Wandt § 215 Rn. 10; *Brand* in Bruck/Möller § 215 Rn. 10; *Fricke* VersR 2009, 15 (16); Armbrüster r+s 2010, 441 (456).

[28] *Lorenz* in Langheid/Wandt Einführung Rn. 28; *Looschelders* in Langheid/Wandt § 215 Rn. 13; *Brand* in Bruck/Möller § 215 Rn. 10; *O. Wagner* VersR 2009, 1589; *Grimm* § 16 Rn. 3.

[29] Gesetzentwurf der Bundesregierung, BT-Drs. 16/3945, 47 (unter I.).

zentraler Stelle, nämlich bezüglich der Informationspflichten für den Versicherer, wird deutlich herausgestellt, dass eine Beschränkung auf Verbraucher nicht intendiert sei, sondern auch Personen erfasst würden, die Versicherungsverträge in Ausübung gewerblicher oder selbständiger beruflicher Tätigkeiten schlössen. Genannt werden Freiberufler und kleine Unternehmer, die ebenfalls schutzbedürftig seien.[30] Damit wird ein wesentlicher Gedanke aus dem Abschlussbericht der VVG-Kommission aufgegriffen,[31] der erkennbar Pate für das Gesetz gestanden hat. Diese Sichtweise trägt auch für die Regelung des Gerichtsstands, denn mit der Einräumung des Klägergerichtsstands wird dem Versicherungsnehmer die Rechtsverfolgung erleichtert.[32] § 215 Abs. 1 VVG ist nach alledem dahingehend korrigierend auszulegen, für juristische Personen auf deren Sitz oder deren Niederlassung abzustellen.[33] Damit wird auch ein Gleichklang mit den Regelungen der EuGVVO hergestellt.[34] Zudem kann auch auf § 38 Abs. 1 ZPO verwiesen werden. Diese Vorschrift erlaubt eine umfassende Gerichtsstandsvereinbarung für den hier interessierenden Personenkreis bzgl. des Gerichts des ersten Rechtszugs.

7 Obwohl dies in der Klausel nicht ausdrücklich erwähnt wird, darf der Versicherer eine **Widerklage** gegen den Versicherungsnehmer erheben, auch wenn dieser nicht vor dem nach § 215 Abs. 1 S. 1 VVG genannten Gericht geklagt hat.[35] Dass insofern § 215 Abs. 2 VVG, der eine entsprechende Einschränkung enthält, in der Klausel keinen Niederschlag gefunden hat, ist unschädlich, da es sich hierbei um einen Spezialfall handelt, von dem eine entsprechende Abbildung in den AVB nicht erwartet werden kann.

2. Gerichtsstand bei Klagen gegen den Versicherungsnehmer (Abs. 2)

8 Für Klagen des Versicherers gegen den Versicherungsnehmer bestimmt sich der Gerichtsstand **ausschließlich** nach dem Sitz des Versicherungsnehmers. Diese in Absatz 2 enthaltene Festlegung folgt insofern § 215 Abs. 1 S. 2 VVG. Abzustellen ist dabei für natürliche Personen auf den Wohnsitz (Abs. 2 Satz 1) bzw. in dessen Ermangelung auf den Ort des gewöhnlichen Aufenthalts (Abs. 2 Satz 2), für juristische Personen auf deren Sitz bzw. deren Niederlassung (Abs. 2 Satz 3). Das oben (→ Rn. 4 ff.) Gesagte gilt hier insofern entsprechend. Bezüglich des Verweises auf die Niederlassung des Versicherungsnehmers, der juristische Person ist, ist dies im Schrifttum nachdrücklich gefordert worden, um ihn für entsprechende Klageverfahren nicht zwingend an seinen Sitz zu binden.[36]

---

[30] Gesetzentwurf der Bundesregierung, BT-Drs. 16/3945, 59 f. (zu § 7 Abs. 1).

[31] Abschlussbericht der Kommission zur Reform des Versicherungsvertragsrechts vom 19.4.2004, 2004, S. 11 f.

[32] *Looschelders* in Langheid/Wandt § 215 Rn. 1.

[33] *Looschelders* in Langheid/Wandt § 215 Rn. 11.

[34] Vgl. *Looschelders* in Langheid/Wandt § 215 Rn. 14; *Brand* in Bruck/Möller § 215 Rn. 10 u. 12; *Fricke* VersR 2009, 15 (16).

[35] *Looschelders* in Langheid/Wandt § 215 Rn. 57; *Baumbach/Lauterbach/Albers/Hartmann* § 33 Rn. 12.

[36] *Armbrüster* r+s 2010, 441, 456; *Brand* in Bruck/Möller § 215 Rn. 34; *Muschner* in Rüffer/Halbach/Schimikowski § 215 Rn. 3; *Klimke* in Prölss/Martin § 215 Rn. 10 u. 25 (für „Unternehmer-VN“).

3. Gerichtsstand bei Klagen nach einem Umzug des Versicherungsnehmers (Abs. 3)

9 In Umsetzung von § 215 Abs. 3 VVG enthält Absatz 3 eine Gerichtsstandsvereinbarung für den Fall, dass der Versicherungsnehmer nach Vertragsschluss seinen **Wohnsitz** (→ Rn. 4) oder den **Ort des gewöhnlichen Aufenthalts** (→ Rn. 5) verlegt. Das erfasst sowohl Klagen aus dem Vertragsverhältnis gegen den Versicherer als auch entsprechende Klagen gegen den Versicherungsnehmer. Eine Umsetzung durch AVB ist auch zulässig, da anderenfalls § 215 Abs. 3 VVG letztlich leer laufen würde.[37] Absatz 3 erfüllt dabei die sich aus der ZPO ergebenden zusätzlichen Anforderungen, nämlich dass die Vereinbarung ausdrücklich und schriftlich getroffen wird (§ 38 Abs. 3 ZPO) und sich auf ein bestimmtes Rechtsverhältnis bezieht, nämlich auf Klagen aus dem Versicherungsvertrag(§ 40 Abs. 1 ZPO). Auch die Vorschrift des § 40 Abs. 2 S. 1 Nr. 2 ZPO steht dem nicht entgegen, derzufolge Gerichtsstandsvereinbarungen im Falle eines ausschließlichen Gerichtsstandes, der bei Klagen gegen den Versicherungsnehmer gegeben ist (§ 215 Abs. 1 S. 2 VVG), unzulässig sind. Insofern geht § 215 Abs. 3 VVG vor, der ausdrücklich eine abweichende Vereinbarung für den Fall eines Umzugs gestattet.[38] Maßgeblich ist in diesem Fall somit der Sitz des Versicherers. Damit bleibt diesem eine aufwändige Prozessführung im Ausland erspart.[39] Der Wohnsitzverlagerung steht bei einem Versicherungsnehmer, der eine juristische Person ist, die Verlegung der Sitzes und der Niederlassung gleich.

Die Gerichtsstandsvereinbarung für den Fall eines Umzugs des Versicherungsnehmers in das Ausland entspricht auch den Anforderungen der **EuGVVO** und des sog. Lugano-Abkommens. So ermöglicht Art. 13 Nr. 3 EuGVVO[40] (bzw. Art. 15 Abs. 3 EuGVVO in der ab dem 10. 1. 2015 geltenden Fassung[41]) eine derartige Vereinbarung.[42] Auch das sog. Übereinkommen über die gerichtliche Zuständigkeit und die Anerkennung und Vollstreckung von Entscheidungen in Zivil- und Handelssachen (sog. Lugano-Abkommen) sieht dies in Art. 17 Nr. 3 vor.[43] Weitere Einschränkungen ergeben sich danach nicht.[44]

10 Von der in § 215 Abs. 3 VVG eröffneten Möglichkeit, eine abweichende Vereinbarung auch für den Fall zu treffen, dass Wohnsitz oder gewöhnlicher Aufenthalt im Zeitpunkt der Klageerhebung nicht bekannt sind, ist allerdings nicht Gebrauch gemacht worden. Diesbezüglich enthält allerdings § 15 eine Regelung, die dem Versicherer eine praktikable andere Verfahrensweise eröffnet.

IV. Wirksamkeit der Bestimmung

11 § 18 ist wirksam. Die Bestimmung entspricht den Anforderungen von § 215 VVG sowie den Vorgaben der ZPO. Im Schrifttum geltend gemachte Bedenken

---

[37] *Fricke* in FAKomm-VersR IntR Rn. 94; *Wolf* in Looschelders/Pohlmann § 215 Rn. 10.

[38] *Looschelders* in Langheid/Wandt § 215 Rn. 53.

[39] *Looschelders* in Langheid/Wandt § 215 Rn. 58; *Klimke* in Prölss/Martin § 215 Rn. 30.

[40] ABl. EU 2000 L 12, 1.

[41] ABl. EU 2012 L 351, 1.

[42] *Looschelders* in Langheid/Wandt § 215 Rn. 62.

[43] *Looschelders* in Langheid/Wandt § 215 Rn. 62.

[44] Unklar *Brand* in Bruck/Möller § 215 Rn. 40 bzw. 44f.; *Klimke* in Prölss/Martin § 215 Rn. 35.

gegen eine Einschränkung des Schutzes auf natürliche Personen bei Klagen gegen den Versicherer, die sich auf vorherige Fassungen entsprechender Bedingungstexte bezogen,[45] sind gegenstandslos. Auch mit der EuGVVO und dem sog. Lugano-Abkommen besteht Übereinstimmung.

[45] *Looschelders* in Langheid/Wandt § 215 Rn. 77; *Reiff/Schneider* in Prölss/Martin ALB 2008 § 17 Rn. 2.

Teil 3. Allgemeine Bedingungen für die Rentenversicherung mit sofort beginnender Rentenzahlung (ARB-S)

Musterbedingungen des GDV

Stand: 7. Mai 2013

Diese Bedingungen sind für die Versicherer unverbindlich; ihre Verwendung ist rein fakultativ. Abweichende Bedingungen können vereinbart werden.

Sehr geehrte Kundin, sehr geehrter Kunde,

mit diesen Versicherungsbedingungen wenden wir uns an Sie als unseren Versicherungsnehmer und Vertragspartner.

§ 1 Welche Leistungen erbringen wir?

Unsere Leistung ab Rentenzahlungsbeginn

(1) Ab dem vereinbarten Rentenzahlungsbeginn zahlen wir die vereinbarte Rente, solange die versicherte Person *(das ist die Person, auf deren Leben die Versicherung abgeschlossen ist)* lebt. Wir zahlen die Rente je nach Vereinbarung jährlich, halbjährlich, vierteljährlich oder monatlich an den vereinbarten Fälligkeitstagen.

Unsere Leistung bei Tod der versicherten Person

(2) Wenn Sie mit uns eine Rentengarantiezeit vereinbart haben, zahlen wir die vereinbarte Rente auch bei Tod der versicherten Person bis zum Ende der Rentengarantiezeit. *(Beispiel: Haben Sie eine Rentengarantiezeit von zehn Jahren vereinbart und die versicherte Person stirbt drei Jahre nach Rentenzahlungsbeginn, zahlen wir noch sieben Jahre lang die vereinbarte Rente.)* Wenn Sie mit uns keine Rentengarantiezeit vereinbart haben oder die versicherte Person nach Ablauf der Rentengarantiezeit stirbt, erbringen wir bei Tod der versicherten Person keine Leistung und der Vertrag endet.

Unsere Leistung aus der Überschussbeteiligung

(3) Wir beteiligen Sie an den Überschüssen und an den Bewertungsreserven (siehe § 2).

Übersicht

I. Gesetzliche Grundlagen

1. Rechtliche Grundlagen

1 **a) Leistungsbeschreibung.** Die Leistungsbeschreibung ist zwingender Bestandteil der Versicherungsbedingungen (→ Einl. Rn. 6). Zu beschreiben sind **Art, Umfang und Fälligkeit** der versicherten Leistungen (§ 10 Abs. 1 Nr. 2 VAG).

2 Vertragsrechtlich verpflichtet sich der Versicherer mit dem Versicherungsvertrag, ein bestimmtes Risiko des Versicherungsnehmers oder eines Dritten durch eine Leistung abzusichern, die er bei Eintritt des vereinbarten Versicherungsfalles zu erbringen hat (§ 1 VVG). Die **Verpflichtung** wird mittels der Leistungsbeschreibung in den Versicherungsbedingungen nach Art und Fälligkeit abstrakt sowie im Versicherungsschein der Höhe nach näher definiert. Die Leistungsbeschreibung ist zentrales Element des Versicherungsvertrages und **bestimmt** zusammen mit dem Versicherungsschein **die Ansprüche des Versicherungsnehmers.**

3 Ergänzend muss der Versicherer nach § 7 Abs. 1 VVG dem Versicherungsnehmer rechtzeitig vor Abgabe von dessen Vertragserklärung die **Vertragsbestimmungen** einschließlich der AVB sowie weitere in der VVG-InfoV näher bestimmte Informationen in **Textform** übermitteln (§ 7 Abs. 2 Nr. 1–3 VVG) in den allgemeinen und besonderen Versicherteninformationen sowie dem Produktinformationsblatt (§ 1 Abs. 1 S. 1 Nr. 6, § 2 Abs. 1 S. 1 Nr. 4 bis 6, § 4 Abs. 2 S. 1 Nr. 2 und 4 VVG-InfoV), insbesondere Einzelheiten zur angebotenen Leistung und die zu erwartenden Leistungen.

4 **b) Leistungshöhe.** Entsprechend der zentralen Bedeutung der versicherten Leistungen und des Anspruchs auf Überschussbeteiligung für die Altersvorsorge des Versicherungsnehmers erlegt der Gesetzgeber bei kapitalbildenden Lebens- und Rentenversicherungen, dem Versicherungsunternehmen bei Abschluss und während der Vertragslaufzeit **weitere Informationspflichten** auf. Umfasst das Leistungsversprechen mehr als die garantierten Leistungen ist dem Versicherungsnehmer eine **Modellrechnung** zu übermitteln (§ 154 VVG), bei der die Ablaufleistung mit unterschiedlichen durch Verordnung bestimmten Zinssätzen dargestellt wird (§ 2 Abs. 3 VVG-InfoV). Bei Versicherungen mit **Überschussbeteiligung** ist der Versicherungsnehmer zusätzlich jährlich über die Entwicklung **seiner** Ansprüche einschließlich Überschussbeteiligung zu unterrichten (§ 155 VVG). Dabei ist der Kunde auf **Abweichungen** von den Angaben bei Vertragsabschluss, insbesondere der Modellrechnung, hinzuweisen.

2. Steuerrechtliche Grundlagen

5 Eine Versicherung im steuerlichen wie im aufsichtsrechtlichen Sinn unterscheidet sich von einer Vermögensanlage ohne Versicherungscharakter dadurch, dass ein mindestens ein wirtschaftliches Risiko abgedeckt wird, das aus der Unsicherheit und Unberechenbarkeit des menschlichen Lebens erwächst, wie zB der Zeitpunkt des Todes oder die ungewisse Lebensdauer einer Person **(Absicherung eines biometrischen Risikos).**[1] Kein biometrisches Risiko liegt vor, wenn nur eine Leistung in Höhe der angesammelten und verzinsten Sparanteile zuzüglich einer Überschussbeteiligung vereinbart ist.[2] Einzelheiten zum steuerlichen Versicherungsbegriff → ARB § 1 Rn. 14

6 **a) Besteuerung von Erlebensfall-Leistungen aus Rentenversicherungen.** Bei der steuerlichen Behandlung von Versicherungsleistungen der Schicht 3 ist zwischen **Kapitalleistungen** nach § 20 Abs. 1 Nr. 6 EStG und **Rentenleistungen** als sonstigen Einkünften nach § 22 Nr. 1 EStG zu unterscheiden, wenn der Vertrag nach dem 31.12.2004 abgeschlossen wurde.

7 **aa) Besteuerung von Kapitalleistungen.** Der Besteuerung nach § 20 Abs. 1 Nr. 6 EStG unterliegen Erträge in Erlebensfallleistungen aus Kapitalversicherungen und Rentenversicherungen mit Kapitalwahlrecht, soweit das Kapital gewählt wird.[3]

8 Zu versteuern **als Kapitalertrag** ist bei Versicherungen im Privatvermögen grundsätzlich der Unterschiedsbetrag zwischen der Versicherungsleistung und der Summe der auf sie entrichteten Beiträge (§ 20 Abs. 1 Nr. 6 S. 1 EStG).

9 Allerdings wird unter bestimmten Voraussetzungen, insbesondere einem frühestmöglichen Rentenbeginn nach Vollendung des 62. Lebensjahres und einer Mindestvertragsdauer von zwölf Jahren nur die Hälfte des Unterschiedsbetrags als Ertrag besteuert (sog. **Hälftebesteuerung;** § 20 Abs. 1 Nr. 6 S. 2 EStG; → ARB § 1 Rn. 23).[4]

10 **Versicherungsleistung** ist grundsätzlich der **Gesamtbetrag der zugeflossenen Geldleistungen** (zur Übertragungsoption bei fondsgebundenen Lebensversicherungen → ARB-F § 2 Rn. 98ff.). In der Versicherungsleistung enthalten sind die angesammelten Sparanteile, die garantierte Verzinsung der Sparanteile und Überschüsse aus dem Kapitalanlage-, dem Risiko- und dem Kostenergebnis. Auszusondern sind Überschüsse und sonstige Leistungen aus Nebenrisiken, zB aus einer eingeschlossenen Berufsunfähigkeits-Zusatzversicherung.[5]

11 Seit 1.1.2009 unterliegen die steuerpflichtigen Kapitalerträge grundsätzlich der **Abgeltungsteuer** (§ 43 Abs. 5 S. 1 EStG; → ALB § 1 Rn. 37).

12 Gehört die Versicherung jedoch zum **Betriebsvermögen,** sind die allgemeinen Gewinnermittlungsvorschriften anzuwenden.

13 Die Regeln über den **Kapitalertragsteuerabzug** gelten sowohl für Versicherungen im Privat- als auch Betriebsvermögen.[6] Das Versicherungsunternehmen nimmt daher auch bei steuerpflichtigen Kapitalleistungen aus betrieblichen Versicherungen einen Kapitalertragssteuerabzug vor (§ 8 Abs. 1 S. 1 KStG iVm §§ 43 Abs. 4 u. Abs. 1 S. 1 Nr. 4 iVm § 20 Abs. 1 Nr. 6 EStG).

---

[1] BMF-Schreiben v. 1.10.2009, BStBl. I 2009, 1172 Rn. 2.
[2] BMF-Schreiben v 1.10.2009, BStBl. I 2009, 1172 Rn. 3.
[3] BMF-Schreiben v. 1.10.2009, BStBl. I 2009, 1172 Rn. 1, 19.
[4] BMF-Schreiben v. 1.10.2009, BStBl. I 2009, 1172 Rn. 65f.
[5] BMF-Schreiben v. 1.10.2009, BStBl. I 2009, 1172 Rn. 55.
[6] BMF-Schreiben v. 1.10.2009, BStBl. I 2009, 1172 Rn. 54, 84ff.

14 **bb) Besteuerung von Rentenleistungen.** Zur Abgrenzung, ob eine **Rentenleistung im steuerlichen Sinn** vorliegt oder nicht → ARB § 1 Rn. 29. Sind die Leistungen nicht als Rentenzahlung, sondern zB als Teilkapitalauszahlung zu werten, erfolgt die Besteuerung als Einkünfte aus Kapitalvermögen nach § 20 Abs. 1 Nr. 6 oder Nr. 7 EStG.[7] Von diesen Kapitalleistungen erfolgt – im Gegensatz zu Rentenleistungen – ein Abzug von Kapitalertragsteuer, Solidaritätszuschlag und ggf. Kirchensteuer.[8]

15 Wird eine Versicherungsleistung in Form einer Rente auf Lebenszeit **(Leibrente)** der Schicht 3 gezahlt, unterliegt nur der in der Rente enthaltene verhältnismäßig geringe **„Ertragsanteil"** nach § 22 Nr. 1 S. 3 Buchst. a bb EStG der Einkommensteuer nach § 22 Nr. 1 S. 3 Buchst. a bb EStG. Die Versteuerung erfolgt im Rahmen der Veranlagung zur Einkommensteuer. Für **lebenslange Leibrenten** ist der Ertragsanteil im Einzelfall aus der Ertragsanteiltabelle nach § 22 EStG zu ersehen; die Ertragsanteiltabelle für abgekürzte Leibrenten ist in § 55 Abs. 2 EStDV zu finden. Der sich nach dem Alter bei Rentenbeginn des Rentenberechtigten ergebende Ertragsanteil bleibt während der gesamten Rentenzahlungsdauer gleich.

16 Zu steuerlichen Behandlung von **Zeitrenten** → ARB § 1 Rn. 31.[9]

17 Werden **Überschussanteile** im Zusammenhang mit einer lebenslangen Leibrente oder einer abgekürzten Leibrente gezahlt, unterliegen diese wie die garantierte Rente nur mit dem bei Rentenbeginn ermittelten Ertragsanteil der Einkommensteuer (→ ARB § 1 Rn. 32).[10]

18 Zur **Rentenbezugsmitteilung** → ARB § 1 Rn. 34.[11]

19 **b) Besteuerung von Leistungen bei Tod aus Rentenversicherungen. aa) Besteuerung von Kapitalleistungen.** Kapitalleistungen, die aufgrund des Todes der versicherten Person ausgezahlt werden **(Todesfallleistung),** enthalten keine steuerpflichtigen Kapitalerträge. Es handelt sich um Kapitalleistungen aufgrund des Eintritts des versicherten Risikos; diese sind **einkommensteuerfrei.**[12]

20 **bb) Besteuerung von Rentenleistungen.** Wird eine **Rentengarantie** vereinbart, ist nach dem Tod der versicherten Person und dem Übergang der Rentenzahlungen auf den Bezugsberechtigen für dessen Rentenbesteuerung ebenfalls der prozentuale Ertragsanteil maßgeblich, der sich aus dem Alter der ursprünglich versicherten Person bei Rentenbeginn ergeben hat.[13] Weitere Einzelheiten → ARB § 1 Rn. 36.

21 Bei Rentenleistungen aus einer **Hinterbliebenenrenten-Zusatzversicherung** berechnet sich der Ertragsanteil der Hinterbliebenenrente nicht nach dem Alter des Rentenempfängers aus der Hauptversicherung bei Rentenbeginn. Entscheidend ist das Alter des jeweiligen begünstigten Hinterbliebenen aus der Zusatzversicherung bei dessen erstem Rentenbezug.[14]

22 Sieht die Tarifgestaltung der Rentenversicherung vor, dass bei Tod nach Rentenzahlungsbeginn eine **Beitragsrückgewähr** erfolgt, ist diese Zahlung einkommensteuerfrei.[15]

---

[7] BMF-Schreiben v. 1.10.2009, BStBl. I 2009, 1172 Rn. 42, 61f.
[8] BMF-Schreiben v. 1.10.2009, BStBl. I 2009,1172 Rn. 84f.
[9] BMF-Schreiben v. 1.10.2009, BStBl. I 2009, 1172 Rn. 20.
[10] BMF-Schreiben v. 1.10.2009, BStBl. I 2009, 1172 Rn. 13–18.
[11] BMF-Schreiben v. 7.12.2011, BStBl. I 2011, 1223.
[12] BMF-Schreiben v. 1.10.2009, BStBl. I S. 1172 Rz. 22.
[13] BMF-Schreiben v. 1.10.2009, BStBl. I 2009, 1172 Rn. 20.
[14] BMF-Schreiben v. 1.10.2009, BStBl. I 2009, 1172 Rn. 20.
[15] BMF-Schreiben v. 1.10.2009, BStBl. I 2009, 1172 Rn. 22.

cc) Rückkauf. Wird hingegen bei einer **Rentenversicherung ohne Kapitalwahlrecht** gegen Einmalbeitrag auf Grund besonderer Vereinbarung oder in Folge einer Kündigung zu Lebzeiten der versicherten Person der (anteilige) Einmalbeitrag zuzüglich erwirtschafteter Zinsen nicht als Rentenzahlung, sondern als einmaliger Kapitalbetrag zurückgezahlt, sind die Zinsen einkommen steuerpflichtig.[16] Die Besteuerung erfolgt dann nach § 20 Abs. 1 Nr. 6 EStG (→ Rn. 7). 23

II. Kommentierung der Klauselbestimmungen

Hauptleistung einer sofortbeginnenden Rentenversicherung ist die versicherte Rente (→ Rn. 25). Daneben kann der Vertrag eine Leistung bei Tod nach Rentenbeginn vorsehen (→ Rn. 48). Zusätzlich hat der Versicherungsnehmer Anspruch auf Leistungen aus der Überschussbeteiligung (→ Rn. 55). 24

1. Hauptleistung: Rente

a) Leibrente. aa) Hauptleistung: garantierte Leibrente. Hauptleistung ist eine **lebenslang zu zahlende garantierte Leibrente** auf das Leben der versicherten Person. Die Höhe der garantierten Rente und ihre Fälligkeit wird im Versicherungsschein vereinbart Die Rente wird je nach Vereinbarung jährlich, halbjährlich, vierteljährlich oder monatlich gezahlt. 25

bb) Rechnungsgrundlagen der Garantie. Zur Berechnung der garantierten Leibrente werden regelmäßig ab Vertragsbeginn Rechnungsgrundlagen oder Rentenfaktoren garantiert. Diese Rechnungsgrundlagen der Beitragskalkulation bestehen im Wesentlichen aus der verwendeten **Sterbetafel, dem sog. Garantiezins und den Kostenparametern.** 26

b) Ermittlung der Rente bei Rentenübergang. Versprochene Hauptleistung einer sofortbeginnenden Rentenversicherung ist in der Regel eine lebenslange **Leibrente.** Zusätzlich kommt ab dem zweiten Versicherungsjahr eine Rente aus der Überschussbeteiligung (→ Rn. 55) oder bei fondsgebundener Überschussbeteiligung und fondsgebundenen Versicherungen (s. ARB-F) ein vorhandenes Fondsguthaben zur Auszahlung, wenn der Versicherungsvertrag überschussberechtigt ist und für das jeweilige Jahr Überschüsse zugeteilt werden. 27

Dabei wird die Rente aus der Überschussbeteiligung je nach vertraglicher Vereinbarung mit den Rechnungsgrundlagen der Beitragskalkulation oder den für Neuabschlüssen gleichartiger Versicherungen geltenden Rechnungsgrundlagen vereinbart. 28

c) Alternative Rentenformen. Die langen Vertragsdauern sofortbeginnender Rentenversicherungen haben dazu geführt, dass Bedarf nach von der Lebenssituation abhängigen und flexiblen Leistungen entstanden ist. Die Versicherungsnehmer scheuen die lange Bindung und Festlegung auf eine einzige Leistungsart. Entsprechend dieser Nachfrage werden am Markt sofortbeginnende Rentenversicherungen angeboten, die neben der Leibrente andere Rentenformen und Leistungsbausteine vorsehen: 29

aa) Abgekürzte Leibrente. Es kann auch vereinbart werden, dass die Leibrente nicht lebenslang gezahlt wird, sondern, soweit sie nicht schon vorher durch 30

[16] BMF-Schreiben v. 1.10.2009, BStBl. I 2009, 1172 Rn. 48.

Tod endet, nach einer vorher vereinbarten Zeit beendet wird (**abgekürzte Leibrente;** → Rn. 15).

31 **Beispiel:** Wenn Sie eine Rente temporär abgeschlossen haben, zahlen wir die temporäre Garantierente solange die versicherte Person lebt, längstens für die vereinbarte Rentenzahlungsdauer.

32 **bb) Zeitrente.** Es kann auch vereinbart werden, dass die Leibrente nicht lebenslang gezahlt wird, sondern, unabhängig vom Erleben durch die versicherte Person, nach für einen fest vereinbarten Zeitraum gezahlt wird. **(Zeitrente).** In diesem Fall läge weder steuerlich noch aufsichtsrechtlich eine Rentenversicherung vor (→ Rn. 16).

33 **cc) Fondsgebundene Rentenoption.** Zunehmend werden am Markt auch kapitalmarktorientierte Rentenphasen mit oder ohne Garantiefonds angeboten. Hier wird regelmäßig eine reduzierte Mindestrente vereinbart. Die Kapitalanlage erfolgt dann während des Rentenbezugs ganz oder teilweise investmentorientiert. Dabei wird dabei ein Teil des bei Rentenübergang vorhandenen Kapitals konventionell angelegt und mit einer garantierten Mindestrente unterlegt. Ein weiterer Teil des bei Rentenbeginn vorhandenen Kapitals wird einer Fondsanlage zugeführt, um die Renditechancen während des Rentenbezugs zu erhöhen.

34 Die Höhe der Gesamtrente ist in diesem Fall abhängig von Wertentwicklung eines Fonds. Durch die Vereinbarung einer garantierten Mindestrente wird ein mögliches Absinken der Rente während des Rentenbezugs begrenzt.

35 **Einzelheiten** zur fondsgebundenen Rentenphase → ARB § 1 Rn. 57.

36 **dd) Leistungen bei Pflegebedürftigkeit.** Zunehmend werden im Rahmen von Rentenversicherungen besondere Leistungen oder Leistungserhöhungen für den Fall der Pflegebedürftigkeit angeboten. Ein Marktstandard hat sich hier noch nicht herausgebildet, so dass es **zahlreiche Varianten** der Pflegeleistungen gibt.

37 Neben reinen Pflegerentenversicherungen und entsprechenden Zusatzversicherungen, die Pflegeversicherungsschutz bei Pflegebedürftigkeit vorsehen gibt es auch sogenannte Pflegeoptionen. Diese sehen unterschiedliche **Leistungserweiterungen** vor, zB:

- **Einschluss** einer Pflegerentenversicherung oder eines Pflegekapitals bei Rentenübergang – ggf. auch bei Vorliegen von Pflegebedürftigkeit,
- **Erhöhung der Altersrente** bei Pflegebedürftigkeit zum Zeitpunkt des Rentenübergangs und/oder während des Rentenbezugs,
- **Kapitalleistung** bei Pflegebedürftigkeit während der Aufschubzeit.

38 Tritt Pflegebedürftigkeit ein, kann die Todesfallleistung und das Recht Teilkapitalauszahlungen zu verlangen, entfallen. Der versicherungsvertragliche Pflegebegriff entspricht nicht dem sozialversicherungsrechtlichen Pflegebegriff, so dass es hier teilweise erhebliche Unterschiede in den Leistungsvoraussetzungen gibt.

39 **Einzelheiten** → ARB § 1 Rn. 61.

40 **ee) Garantierte Rentensteigerung – Leistungsdynamik.** Die Rente steigt während des Rentenbezugs nach einem **festen Schlüssel,** erstmals mit Beginn des zweiten Rentenjahres.

41 **Beispiel:** Wenn Sie eine Steigerung der Renten nach Beginn der Rentenzahlung vereinbart haben, erhöht sich die jeweils erreichte garantierte Rente jährlich um den vereinbarten Prozentsatz. Die erste Erhöhung erfolgt zu Beginn des zweiten Jahres der Rentenzahlung.

2. Ersatzleistung: Kapitalzahlung

42 Die hohe Lebenserwartung hat dazu geführt, dass Bedarf nach von der Lebenssituation abhängigen und flexiblen Leistungen neben der Rentenzahlung entstanden ist. Die Versicherungsnehmer scheuen die lange Bindung und Festlegung auf eine einzige Leistungsart. Entsprechend dieser Nachfrage werden am Markt sofortbeginnende Rentenversicherungen angeboten, die neben der Leibrente **Kapitalauszahlungen mit und ohne vorangehendem biometrischen Ereignis** vorsehen:

43 Aufgrund der von den Versicherungsnehmern geforderten Flexibilität der Rentenversicherungen, gibt es am Markt neben der Rentenzahlung als Hauptleistung weitere Kapitalleistungen.

44 **a) Dread-Disease-Option.** Ist eine Dread-Disease-Option vereinbart, kann eine **schwere Erkrankung** des Versicherungsnehmers eine steuerfreie Versicherungsleistung auslösen, Erleidet die versicherte Person vor Beginn der Rentenzahlung eine schwere Krankheit im Sinne der Versicherungsbedingungen kann der Versicherungsnehmer eine vorzeitige Kapitalabfindung in Höhe des vorhandenen Deckungskapitals des Vertrages verlangen. Mit der Auszahlung der Dread-Disease-Leistung endet der Versicherungsvertrag und es werden keine weiteren Leistungen mehr fällig. Einzelheiten → ARB § 1 Rn. 92.

45 **b) Pflege-Option.** Der Wunsch der Versicherungsnehmer nach weiteren bedarfsgerechten und flexiblen Leistungsbausteinen hat auch zu unterschiedlich ausgestalteten Pflegeleistungs-Bausteinen geführt (→ ARB § 1 Rn. 61 ff. mit Beispielen). Zu nennen sind hier insbesondere **einmalige Kapitalzahlungen** bei Pflegebedürftigkeit.

46 Bei Auszahlung des Pflegekapitals kann, falls entsprechend vereinbart, die Todesfallleistung oder das Recht auf Teilkapitalentnahme entfallen. Auch hier gilt nicht der sozialversicherungsrechtliche Pflegebegriff, so dass es hier erhebliche Unterschiede zu den Leistungsvoraussetzungen der Sozialversicherung gibt.

47 **c) Teilkapitalauszahlung nach Rentenbeginn.** Manche Versicherungsunternehmen sehen in Ihren Versicherungsbedingungen auch Teilkapitalauszahlungen nach Rentenbeginn vor. Dies ermöglicht dem Kunden in Notlagen flexible zu disponieren. Aus Kalkulationsgründen und um eine Spekulation gegen das Kollektiv zu vermeiden ist eine solche Teilkapitalauszahlung in der Regel auf das vorhandene Deckungskapital oder die Todesfallleistung begrenzt. Einzelheiten → ARB § 1 Rn. 97.

3. (Neben-)Leistung bei Tod nach Rentenbeginn

48 Die Musterbedingungen des GDV sind auch bezüglich der Leistungen bei Tod nach Rentenbeginn hinsichtlich der Leistungsdefinition sehr zurückhaltend und beschränken sich auf die Leistungsbeschreibung der Rentengarantie. Die Definition weiterer Arten der Todesfallleistung wird den Mitgliedsunternehmen überlassen.

49 **a) Rentengarantie.** Stirbt die versicherte Person nach Rentenbeginn und ist eine Rentengarantiezeit vereinbart, wird die Zahlung der zum Rentenbeginn ermittelten und ab diesem Zeitpunkt garantierten Rente bis zum Ende der vereinbarten Rentengarantiezeit in der bisher garantierten Höhe **fortgesetzt,** falls die Rentengarantiezeit bei Tod noch nicht abgelaufen ist. Die Rentengarantiezeit beginnt mit der ersten Zahlung der Altersrente und endet mit Ablauf der vereinbarten

Dauer der Rentengarantiezeit. Bei Tod nach Ablauf der Rentengarantiezeit gibt es keine Rentenzahlung mehr und der Vertrag endet.

50 Die **komplexe Klausel** wird dem Versicherungsnehmer durch ein Beispiel erläutert. Dies erscheint aus Transparenzgesichtspunkten sinnvoll.

51 Eine zusätzliche Rente aus der Überschussbeteiligung kann sich reduzieren, da sich bei Tod das Deckungskapital und damit die Bemessungsgrundlage für die Überschussbeteiligung reduziert (→ ARB § 1 Rn. 48, 137).

52 Alternativ zur Zahlung der Renten während einer vereinbarten Rentengarantiezeit nach Tod der versicherten Person, wir häufig eine Kapitalabfindung der verbleibenden Renten vereinbart. Diese entspricht regelmäßig der Auszahlung des aufgrund des Todes neu berechneten Deckungskapitals.

53 **b) Alternative Leistungen bei Tod nach Rentenbeginn.** Neben der Rentengarantie bieten die Versicherungsunternehmen einige weitere Leistungsvarianten an:
- Restkapitalauszahlung,
- Restkapitalverrentung,
- Hinterbliebenenrente,
- keine Todesfallleistung.

Einzelheiten zu den Leistungsarten → ARB § 1 Rn. 124ff.

4. Fälligkeit und Zahlweise der Leistung

54 Je nach Vereinbarung werden die Renten jährlich, halbjährlich, vierteljährlich oder monatlich an den vereinbarten Fälligkeitstagen gezahlt. Die Fälligkeitstage und die Zahlweise der Rente werden im Versicherungsschein ausgewiesen.

5. (Zusatz-)Leistung aus der Überschussbeteiligung

55 Der Versicherungsnehmer hat nach § 153 VVG dem Grunde nach einen Anspruch auf Überschussbeteiligung, es sei denn die Überschussbeteiligung wird im Vertrag ausdrücklich und insgesamt ausgeschlossen. Die Überschussbeteiligung setzt sich aus den Überschüssen und den Bewertungsreserven zusammen. Einzelheiten → ARB-S § 2.

56 Ist eine Überschussbeteiligung vereinbart sind alle zum jeweiligen Leistungszeitpunkt oder bei Vertragsende unwiderruflich zugeteilten oder zu diesem Zeitpunkt nach den vertraglichen Vereinbarungen zuzuteilenden Teile der Überschussbeteiligung auszuzahlen oder zur Erhöhung der Leistung zu verwenden. Dies gilt für laufende Überschüsse, Schlussüberschüsse und Bewertungsreserven.

III. Wirksamkeit der Bestimmung

57 Bisher gibt es **keine grundsätzliche höchstrichterliche Rechtsprechung** zur Unwirksamkeit einzelner Leistungsbeschreibungen. Grundsätzlich ist hier eine klare, verständliche Beschreibung der vertraglichen Leistungen erforderlich. Dem Versicherungsnehmer müssen die Leistungen und deren Grenzen transparent werden.

§ 2 Wie erfolgt die Überschussbeteiligung?

(1) Sie erhalten gemäß § 153 des Versicherungsvertragsgesetzes (VVG) eine Überschussbeteiligung. Diese umfasst eine Beteiligung an den Überschüssen und an den Bewertungsreserven. Die Überschüsse und die Bewertungsreserven ermitteln wir nach den Vorschriften des Handelsgesetzbuches (HGB) und veröffentlichen sie jährlich im Geschäftsbericht.

Wir erläutern Ihnen,
- wie die Überschussbeteiligung der Versicherungsnehmer insgesamt erfolgt (Absatz 2),
- wie die Überschussbeteiligung Ihres konkreten Vertrags erfolgt (Absatz 3) und
- warum wir die Höhe der Überschussbeteiligung nicht garantieren können (Absatz 4).

(2) Wie erfolgt die Überschussbeteiligung der Versicherungsnehmer insgesamt?
Dazu erklären wir Ihnen
- aus welchen Quellen die Überschüsse stammen (a),
- wie wir mit diesen Überschüssen verfahren (b) und
- wie Bewertungsreserven entstehen und wir diese zuordnen (c).

a) Überschüsse können aus drei verschiedenen Quellen entstehen:
- den Kapitalerträgen (aa),
- dem Risikoergebnis (bb) und
- dem übrigen Ergebnis (cc).

Wir beteiligen unsere Versicherungsnehmer an diesen Überschüssen; dabei beachten wir die Verordnung über die Mindestbeitragsrückerstattung in der Lebensversicherung (Mindestzuführungsverordnung) in der jeweils geltenden Fassung.

(aa) Kapitalerträge
Von den Nettoerträgen der nach dieser Verordnung maßgeblichen Kapitalanlagen erhalten die Versicherungsnehmer insgesamt mindestens den dort genannten prozentualen Anteil. In der derzeitigen Fassung der Mindestzuführungsverordnung sind grundsätzlich 90% vorgeschrieben. Aus diesem Betrag werden zunächst die Mittel entnommen, die für die garantierten Leistungen benötigt werden. Die verbleibenden Mittel verwenden wir für die Überschussbeteiligung der Versicherungsnehmer.

(bb) Risikoergebnis
Weitere Überschüsse entstehen insbesondere, wenn die tatsächliche Lebensdauer der Versicherten kürzer ist, als die bei der Tarifkalkulation zugrunde gelegte. In diesem Fall müssen wir weniger Renten als ursprünglich angenommen zahlen und können daher die Versicherungsnehmer an dem entstehenden Risikoergebnis beteiligen. An diesen Überschüssen werden die Versicherungsnehmer nach der derzeitigen Fassung dieser Mindestzuführungsverordnung grundsätzlich zu mindestens 75% beteiligt.

(cc) Übriges Ergebnis
Am übrigen Ergebnis werden die Versicherungsnehmer nach der derzeitigen Fassung der Mindestzuführungsverordnung grundsätzlich zu mindestens 50% beteiligt. Überschüsse aus dem übrigen Ergebnis können beispielsweise entstehen, wenn
- die Kosten niedriger sind als bei der Tarifkalkulation angenommen,
- wir andere Einnahmen als aus dem Versicherungsgeschäft haben, zB Erträge aus Dienstleistungen, die wir für andere Unternehmen erbringen,
- …

(b) Die auf die Versicherungsnehmer entfallenden Überschüsse führen wir der Rückstellung für Beitragsrückerstattung zu oder schreiben sie unmittelbar den überschussberechtigten Versicherungsverträgen gut (Direktgutschrift).

Die Rückstellung für Beitragsrückerstattung dient dazu, Schwankungen der Überschüsse auszugleichen. Sie darf grundsätzlich nur für die Überschussbeteiligung der Versicherungsnehmer verwendet werden. Nur in Ausnahmefällen und mit Zustimmung der Aufsichtsbehörde können wir hiervon nach § 56b des Versicherungsaufsichtsgesetzes (VAG) abweichen. Dies dürfen wir, soweit die Rückstellung für Beitragsrückerstattung nicht auf bereits festgelegte Überschussanteile entfällt. Nach der derzeitigen Fassung des § 56b VAG können wir im Interesse der Versicherten die Rückstellung für Beitragsrückerstattung heranziehen, um:

- einen drohenden Notstand abzuwenden,
- unvorhersehbare Verluste aus den überschussberechtigten Verträgen auszugleichen, die auf allgemeine Änderungen der Verhältnisse zurückzuführen sind, oder
- die Deckungsrückstellung zu erhöhen, wenn die Rechnungsgrundlagen auf Grund einer unvorhersehbaren und nicht nur vorübergehenden Änderung der Verhältnisse angepasst werden müssen. *(Eine Deckungsrückstellung bilden wir, um zu jedem Zeitpunkt den Versicherungsschutz gewährleisten zu können. Die Deckungsrückstellung wird nach § 65 VAG und § 341e und § 341f. HGB sowie den dazu erlassenen Rechtsverordnungen berechnet.)*

Wenn wir die Rückstellung für Beitragsrückerstattung zum Verlustausgleich oder zur Erhöhung der Deckungsrückstellung heranziehen, belasten wir die Versichertenbestände verursachungsorientiert.

(c) Bewertungsreserven entstehen, wenn der Marktwert der Kapitalanlagen über dem Wert liegt, mit dem die Kapitalanlagen im Geschäftsbericht ausgewiesen sind. Die Bewertungsreserven, die nach gesetzlichen und aufsichtsrechtlichen Vorschriften für die Beteiligung der Verträge zu berücksichtigen sind, ordnen wir den Verträgen nach einem verursachungsorientierten Verfahren anteilig rechnerisch zu. Die Höhe der Bewertungsreserven ermitteln wir jährlich neu jeweils für das Ende eines Versicherungsjahres.

(3) Wie erfolgt die Überschussbeteiligung Ihres Vertrages?

(a) Wir haben gleichartige Versicherungen (zB Rentenversicherung, Risikoversicherung) zu Gewinngruppen zusammengefasst. Gewinngruppen bilden wir, um die Unterschiede bei den versicherten Risiken zu berücksichtigen. Die Überschüsse verteilen wir auf die einzelnen Gewinngruppen nach einem verursachungsorientierten Verfahren und zwar in dem Maß, wie die Gewinngruppen zur Entstehung von Überschüssen beigetragen haben.

Ihr Vertrag erhält Anteile an den Überschüssen derjenigen Gewinngruppe, die in Ihrem Versicherungsschein genannt ist. Die Mittel für die Überschussanteile werden bei der Direktgutschrift zu Lasten des Ergebnisses des Geschäftsjahres finanziert, ansonsten der Rückstellung für Beitragsrückerstattung entnommen. Die Höhe der Überschussanteilsätze legen wir jedes Jahr fest. Wir veröffentlichen die Überschussanteilsätze in unserem Geschäftsbericht. Diesen können Sie bei uns anfordern.

(b) Wir teilen Ihrem Vertrag jeweils zum Ende des Versicherungsjahres den auf das folgende Jahr entfallenden Teil des zugeordneten Anteils an den Bewertungsreserven entsprechend der jeweils geltenden gesetzlichen Regelung (§ 153 VVG) zu. Aufsichtsrechtliche Regelungen können dazu führen, dass die Beteiligung an den Bewertungsreserven ganz oder teilweise entfällt.

(c) Die für die Überschussbeteiligung geltenden Berechnungsgrundsätze sind in den als Anlage beigefügten „Bestimmungen zur Überschussbeteiligung für die Rentenversicherung mit sofort beginnender Rentenzahlung" enthalten. Diese Bestimmungen sind Bestandteil dieser Versicherungsbedingungen.

(4) Warum können wir die Höhe der Überschussbeteiligung nicht garantieren?

Die Höhe der Überschussbeteiligung hängt von vielen Einflüssen ab, die nicht vorhersehbar und von uns nur begrenzt beeinflussbar sind. Wichtigster Einflussfaktor ist die Entwicklung des Kapitalmarkts. Aber auch die Entwicklung des versicherten Risikos und der Kosten ist von Bedeutung. Die Höhe der künftigen Überschussbeteiligung kann also nicht garantiert werden. Über die Entwicklung Ihrer Überschussbeteiligung werden wir Sie jährlich unterrichten.

§ 2 entspricht § 2 ARB. Vgl. die Erläuterungen dort (→ ARB § 2 Rn. 1 ff.). **1**

Bei der Rentenversicherung mit sofort beginnender Rentenzahlung entfällt die Beteiligung an den Bewertungsreserven bei Beendigung des Vertrages vor Rentenzahlungsbeginn.

§ 3 Wann beginnt Ihr Versicherungsschutz?

Ihr Versicherungsschutz beginnt, wenn Sie den Vertrag mit uns abgeschlossen haben. Jedoch besteht vor dem im Versicherungsschein angegebenen Versicherungsbeginn kein Versicherungsschutz. Allerdings kann unsere Leistungspflicht entfallen, wenn Sie den Beitrag nicht rechtzeitig zahlen (siehe § 7 und § 8).

§ 3 entspricht § 3 ARB. Vgl. die Erläuterungen dort (→ ARB § 3 Rn. 1 ff.). **1**

§ 4 Was ist zu beachten, wenn eine Leistung verlangt wird?

(1) Wird eine Leistung aus dem Vertrag beansprucht, können wir verlangen, dass uns der Versicherungsschein und ein Zeugnis über den Tag der Geburt der versicherten Person *(das ist die Person, auf deren Leben die Versicherung abgeschlossen ist)* vorgelegt werden.

(2) Vor jeder Rentenzahlung können wir auf unsere Kosten eine amtliche Bescheinigung darüber verlangen, dass die versicherte Person noch lebt.

(3) Der Tod der versicherten Person muss uns unverzüglich *(dh ohne schuldhaftes Zögern)* mitgeteilt werden. Außerdem muss uns eine amtliche Sterbeurkunde mit Angabe von Alter und Geburtsort vorgelegt werden. Dies gilt auch, wenn für den Todesfall keine Leistung vereinbart wurde. Wenn für den Todesfall eine Leistung vereinbart wurde, muss uns zusätzlich eine ausführliche ärztliche oder amtliche Bescheinigung über die Todesursache vorgelegt werden. Aus der Bescheinigung müssen sich Beginn und Verlauf der Krankheit, die zum Tod der versicherten Person geführt hat, ergeben.

(4) Wir können weitere Nachweise und Auskünfte verlangen, wenn dies erforderlich ist, um unsere Leistungspflicht zu klären. Die Kosten hierfür muss diejenige Person tragen, die die Leistung beansprucht.

(5) Unsere Leistungen werden fällig, nachdem wir die Erhebungen abgeschlossen haben, die zur Feststellung des Versicherungsfalls und des Umfangs unserer Leistungspflicht notwendig sind. Wenn eine der in den Absätzen 1 bis 4 genannten Pflichten nicht erfüllt wird, kann dies zur Folge haben, dass wir nicht feststellen können, ob oder in welchem Umfang wir leistungspflichtig sind. Eine solche Pflichtverletzung kann somit dazu führen, dass unsere Leistung nicht fällig wird.

(6) Bei Überweisung von Leistungen in Länder außerhalb des Europäischen Wirtschaftsraumes trägt die empfangsberechtigte Person die damit verbundene Gefahr.

1 § 4 entspricht § 7 ARB. Es kann vollständig auf die Kommentierung zu § 7 ARB verwiesen werden (→ ARB § 7 Rn. 1 ff.).

§ 5 Welche Bedeutung hat der Versicherungsschein?

(1) Wir können Ihnen den Versicherungsschein in Textform *(zB Papierform, E-Mail)* übermitteln. Stellen wir Ihnen diesen als Dokument in Papierform aus, dann liegt eine Urkunde vor. Sie können die Ausstellung als Urkunde verlangen.

(2) Den Inhaber der Urkunde können wir als berechtigt ansehen, über die Rechte aus dem Vertrag zu verfügen, insbesondere Leistungen in Empfang zu nehmen. Wir können aber verlangen, dass uns der Inhaber der Urkunde seine Berechtigung nachweist.

1 § 5 entspricht § 8 ARB. Es kann vollständig auf die Kommentierung zu § 8 ARB verwiesen werden (→ ARB § 8 Rn. 1 ff.).

§ 6 Wer erhält die Leistung?

(1) Als unser Versicherungsnehmer können Sie bestimmen, wer die Leistung erhält. Wenn sie keine Bestimmung treffen, leisten wir an Sie.

Bezugsberechtigung

(2) Sie können uns widerruflich oder unwiderruflich eine andere Person benennen, die die Leistung erhalten soll (Bezugsberechtigter).

Wenn Sie ein Bezugsrecht **widerruflich** bestimmen, erwirbt der Bezugsberechtigte das Recht auf die Leistung erst mit dem Eintritt des jeweiligen Versicherungsfalls. Deshalb können Sie Ihre Bestimmung bis zum Eintritt des jeweiligen Versicherungsfalls jederzeit widerrufen. Wenn wir Renten zahlen, tritt mit jeder Fälligkeit einer Rente ein eigener Versicherungsfall ein.

Sie können ausdrücklich bestimmen, dass der Bezugsberechtigte sofort und **unwiderruflich** das Recht auf die Leistung erhält. Sobald uns Ihre Erklärung zugegangen ist, kann dieses Bezugsrecht nur noch mit Zustimmung des unwiderruflich Bezugsberechtigten geändert werden.

Abtretung und Verpfändung

(3) Sie können das Recht auf die Leistung bis zum Eintritt des jeweiligen Versicherungsfalls grundsätzlich ganz oder teilweise an Dritte abtreten und verpfänden, soweit derartige Verfügungen rechtlich möglich sind.

Anzeige

(4) Die Einräumung und der Widerruf eines Bezugsrechts (Absatz 2) sowie die Abtretung und die Verpfändung (Absatz 3) sind uns gegenüber nur und erst dann wirksam, wenn sie uns vom bisherigen Berechtigten in Schriftform (d. h. durch ein eigenhändig unterschriebenes Schriftstück) angezeigt worden sind. Der bisherige Berechtigte sind im Regelfall Sie als unser Versicherungsnehmer. Es können aber auch andere Personen sein, sofern Sie bereits zuvor Verfügungen (z. B. unwiderrufliche Bezugsberechtigung, Abtretung, Verpfändung) getroffen haben.

1 § 6 entspricht § 9 ARB. Es kann vollständig auf die Kommentierung zu § 9 ARB verwiesen werden (→ ARB § 9 Rn. 1 ff.).

§ 7 Was müssen Sie bei der Beitragszahlung beachten?

(1) Den Einmalbeitrag müssen Sie unverzüglich *(dh ohne schuldhaftes Zögern)* nach Abschluss des Vertrages zahlen, jedoch nicht vor dem mit Ihnen vereinbarten, im Versicherungsschein angegebenen Versicherungsbeginn.

(2) Sie haben den Einmalbeitrag **rechtzeitig** gezahlt, wenn Sie bis zum Fälligkeitstag (Absatz 1) alles getan haben, damit der Beitrag bei uns eingeht. Wenn die Einziehung des Einmalbeitrags von einem Konto vereinbart wurde, gilt die Zahlung in folgendem Fall als rechtzeitig:
- Der Beitrag konnte am Fälligkeitstag eingezogen werden und
- Sie haben einer berechtigten Einziehung nicht widersprochen.

Konnten wir den fälligen Einmalbeitrag ohne Ihr Verschulden nicht einziehen, ist die Zahlung auch dann noch rechtzeitig, wenn sie unverzüglich nach unserer Zahlungsaufforderung erfolgt.

(3) Sie müssen den Einmalbeitrag auf Ihre Gefahr und Ihre Kosten zahlen.

§ 7 entspricht den Regelungen zur Zahlung des Erst- oder Einmalbeitrags in § 10 Abs. 2 bis 4 ARB. Vgl. die Erläuterungen dort (→ ARB § 10 Rn. 1 ff.).

§ 8 Was geschieht, wenn Sie den Einmalbeitrag nicht rechtzeitig zahlen?

(1) Wenn Sie den Einmalbeitrag nicht rechtzeitig zahlen, können wir – solange die Zahlung nicht bewirkt ist – vom Vertrag zurücktreten. Wir sind nicht zum Rücktritt berechtigt, wenn uns nachgewiesen wird, dass Sie die nicht rechtzeitige Zahlung nicht zu vertreten haben.

(2) Ist der Einmalbeitrag bei Eintritt des Versicherungsfalles noch nicht gezahlt, sind wir nicht zur Leistung verpflichtet. Dies gilt nur, wenn wir Sie durch gesonderte Mitteilung in Textform *(z. B. Papierform, E-Mail)* oder durch einen auffälligen Hinweis im Versicherungsschein auf diese Rechtsfolge aufmerksam gemacht haben. Unsere Leistungspflicht bleibt jedoch bestehen, wenn Sie uns nachweisen, dass Sie das Ausbleiben der Zahlung nicht zu vertreten haben.

§ 8 entspricht § 11 Abs. 1 und 2 ARB. Vgl. die Erläuterungen dort (→ ARB § 11 Rn. 1 ff.).

§ 9 Können Sie Ihre Versicherung kündigen?

Sie können Ihren Vertrag nicht kündigen. Die Rückzahlung des Einmalbeitrages können Sie nicht verlangen.

1 Satz 1 schließt jede Möglichkeit der ordentlichen Kündigung aus. Darin liegt **nur scheinbar ein Verstoß gegen § 168 Abs. 2 VVG.** Diese Vorschrift sieht vor, dass ein Kündigungsrecht bei Versicherung gegen Einmalbeitrag bestehen muss, wenn Versicherungsschutz für ein Risiko geboten wird, bei dem der Eintritt der Verpflichtung des Versicherers gewiss ist.[1] Bei einer Rentenversicherung gegen Einmalbeitrag ist die **Leistungspflicht des Versicherers zu keinem Zeitpunkt ge-**

[1] Für § 165 VVG aF ebenso; allerdings setzte § 165 Abs. 2 VVG eine Versicherung für den Todesfall voraus, § 168 Abs. 2 VVG hingegen die Gewissheit der Eintrittspflicht.

wiss.[2] Üblicherweise ist der Einmalbeitrag einen Monat vor der ersten Rentenzahlung fällig.[3] Fälligkeit des Beitrags und Zahlung der ersten Rente liegen deshalb nicht auf demselben Tag, weil sich die erste Rente dann als unnötiges Hin- und Herzahlen erweisen würde. Zudem wäre der für die erste Rentenzahlung kalkulatorisch notwendige Betrag auch mit Abschluss- und Verwaltungskosten belastet. Ein solches Modell würde sich daher als Falschberatung darstellen, weil diese Kosten sich eben durch den Beginn der Rentenzahlung erst einen Monat später ohne Weiteres vermeiden ließen. Bis zur ersten Rentenzahlung kann die versicherte Person versterben. Ist keine Rentengarantiezeit vereinbart, verfällt das Guthaben an die Versichertengemeinschaft. Damit ist die Leistungspflicht des Versicherers in dem Fall nicht gewiss. Auch wenn die versicherte Person den ersten Rentenzahlungszeitpunkt erlebt, ist die nächste Leistungspflicht des Versicherers nicht gewiss. Die versicherte Person kann vor jedem Fälligkeitszeitpunkt der nächsten Rentenzahlung versterben. Ausgehend davon, dass jede fällige Rentenzahlung einen neuen Versicherungsfall bedeutet,[4] kann eine fällig gewordene Rente die später – möglicherweise – fällig werdenden auch nicht in dem Sinne infizieren, dass erstere alle späteren als eine Leistungspflicht des Versicherers erscheinen ließe. Ist hingegen eine Rentengarantiezeit oder eine andere Leistung aus dem vorhandenen Deckungskapital für den Fall des Todes der versicherten Person vereinbart, gelten im Hinblick auf die Kündbarkeit die Überlegungen zur parallelen Situation bei einer aufgeschobenen Rentenversicherung entsprechend (→ ARB § 12 Rn. 40).[5]

2 Unter Geltung von § 165 Abs. 2 VVG aF hat die Rechtsprechung den Ausschluss des Kündigungsrechts für sofort beginnende Rentenversicherungen gegen Einmalbeitrag bereits für **zulässig** gehalten.[6] Begründet wurde dies ua damit, dass der Todesfall nicht versichert sei, wie es § 165 Abs. 2 VVG alt voraussetze.[7] § 168 Abs. 2 VVG hat die Voraussetzung des Todesfalles durch die Gewissheit des Eintritts der Leistungspflicht ersetzt. Dadurch sollte das zwingende Kündigungsrecht auch für Rentenversicherungen eingeführt werden.[8] Das Argument, dass der Todesfall nicht versichert sei, ist daher unter geltendem VVG nicht mehr tragfähig. Allerdings ist nach dem oben Dargestellten die Eintrittspflicht des Versicherers bei einer sofort beginnenden Rente zu keinem Zeitpunkt gewiss. Darüber hinaus gelten die unter § 168 Abs. 2 VVG alt von der Rechtsprechung anerkannten Antiselektionserwä-

---

[2] *Langheid* in Römer/Langheid § 168 Rn. 7 unter Hinweis darauf, dass die gesetzliche Formulierung in die Zukunft weise; aA ohne Begründung *Ortmann* in Schwintowski/Brömmelmeyer § 168 Rn. 26; *Brömmelmeyer* in Beckmann/Matusche-Beckmann § 42 Rn. 146.

[3] Siehe etwa Bsp.in OGH VersR 2013, 381; für den Geschäftsplan des regulierten Bestandes s. *Braa* VerBAV 1979, 126 (127); ebenso *Winter* in Bruck/Möller, 8. Aufl., Bd. V/2, Anm. G 253.

[4] *Winter* in Bruck/Möller, 8. Aufl., Bd. V/2, Anm. G 248; dies übersieht LG Dortmund r+s 2008, 160, das von Gewissheit des Eintritts der Leistungspflicht und Ungewissheit lediglich seiner Dauer ausgeht.

[5] AA für Rentengarantiezeit *Winter* in Bruck/Möller § 169 Rn. 45; dort gleichzeitig auch die Auszahlung eines Rückkaufswertes für eine Beitragsrückgewähr postulierend, wenn diese nicht aus dem Deckungskapital erbracht wird, sondern als Risikoversicherung mit fallender Todesfallsumme konzipiert ist.

[6] OGH VersR 2013, 381; OLG Hamm r+s 2008, 159; LG Dortmund r+s 2008, 160 (Vorinstanz zu OLG Hamm); OLG Koblenz NJW-RR 2008, 628.

[7] OGH VersR 2013, 381 (383); OLG Koblenz NJW-RR 2008, 628; LG Dortmund r+s 2008, 160.

[8] Gesetzesbegr. BT-Drs. 16/3945, 101.

gungen[9] weiterhin. Deshalb liegt in dem Ausschluss des Kündigungsrechts auch weder eine wesentliche Abweichung von Grundgedanken der gesetzlichen Regelung iSv § 307 Abs. 1 Nr. 2 BGB[10] noch eine unangemessene Benachteiligung iSv § 307 Abs. 1 BGB.[11] Dementsprechend geht auch die hM davon aus, dass unter geltendem VVG die Kündigung bei einer sofort beginnenden Rente wirksam ausgeschlossen werden kann.[12]

§ 10 Was gilt bei Änderung Ihrer Postanschrift und Ihres Namens?

(1) Eine Änderung Ihrer Postanschrift müssen Sie uns unverzüglich *(d. h. ohne schuldhaftes Zögern)* mitteilen. Anderenfalls können für Sie Nachteile entstehen. Wir sind berechtigt, eine an Sie zu richtende Erklärung *(z. B. Setzen einer Zahlungsfrist)* mit eingeschriebenem Brief an Ihre uns zuletzt bekannte Anschrift zu senden. In diesem Fall gilt unsere Erklärung drei Tage nach Absendung des eingeschriebenen Briefes als zugegangen. Dies gilt auch, wenn Sie den Vertrag für Ihren Gewerbebetrieb abgeschlossen und Ihre gewerbliche Niederlassung verlegt haben.

(2) Bei Änderung Ihres Namens gilt Absatz 1 entsprechend.

1 § 10 entspricht § 15 ARB. Vgl. die Erläuterungen dort (→ ARB § 15 Rn. 1 ff.).

§ 11 Welches Recht findet auf Ihren Vertrag Anwendung?

Auf Ihren Vertrag findet das Recht der Bundesrepublik Deutschland Anwendung.

1 § 11 entspricht § 17 ARB. Vgl. die Erläuterungen dort (→ ARB § 17 Rn. 1 ff.).

§ 12 Wo ist der Gerichtsstand?

(1) Für Klagen aus dem Vertrag **gegen uns** ist das Gericht zuständig, in dessen Bezirk unser Sitz oder die für den Vertrag zuständige Niederlassung liegt. Zuständig ist auch das Gericht, in dessen Bezirk Sie zur Zeit der Klageerhebung Ihren Wohnsitz haben. Wenn Sie keinen Wohnsitz haben, ist der Ort Ihres gewöhnlichen Aufenthalts maßgeblich. Wenn Sie eine juristische Person sind, ist auch das Gericht zuständig, in dessen Bezirk Sie Ihren Sitz oder Ihre Niederlassung haben.

(2) Klagen aus dem Vertrag **gegen Sie** müssen wir bei dem Gericht erheben, das für Ihren Wohnsitz zuständig ist. Wenn Sie keinen Wohnsitz haben, ist der Ort Ihres gewöhnlichen Aufenthalts maßgeblich. Wenn Sie eine juristische Person sind, ist das Gericht zuständig, in dessen Bezirk Sie Ihren Sitz oder Ihre Niederlassung haben.

(3) Verlegen Sie Ihren Wohnsitz oder den Ort Ihres gewöhnlichen Aufenthalts in das Ausland, sind für Klagen aus dem Vertrag die Gerichte des Staates zuständig, in dem wir unseren Sitz haben.

1 § 12 entspricht § 18 ARB. Vgl. die Erläuterungen dort (→ ARB § 18 Rn. 1 ff.).

---

[9] OGH VersR 2013, 381 (382); OLG Hamm r+s 2008, 159 (160).

[10] OLG Hamm r+s 2008, 159 (160).

[11] OLG Hamm r+s 2008, 159 (160); LG Dortmund r+s 2008, 161.

[12] *Langheid* in Römer/Langheid § 168 Rn. 25; *Reiff* in Prölss/Martin § 168 Rn. 4; *Grote* in Marlow/Spuhl Rn. 983 gleichzeitig aber auch die Möglichkeit einer Kündigung diskutierend; *Brambach* in Rüffer/Halbach/Schimikowski § 168 Rn. 10.

Teil 4. Allgemeine Bedingungen für die fondsgebundene Rentenversicherung (ARB-F)

Musterbedingungen des GDV

Stand: 7. Mai 2013

Diese Bedingungen sind für die Versicherer unverbindlich; ihre Verwendung ist rein fakultativ. Abweichende Bedingungen können vereinbart werden.

Sehr geehrte Kundin, sehr geehrter Kunde,
mit diesen Versicherungsbedingungen wenden wir uns an Sie als unseren Versicherungsnehmer und Vertragspartner.

§ 1 Was ist eine fondsgebundene Rentenversicherung?

(1) Die fondsgebundene Rentenversicherung bietet vor Rentenzahlungsbeginn Versicherungsschutz unter unmittelbarer Beteiligung an der Wertentwicklung eines Sondervermögens (Anlagestock). Der Anlagestock besteht aus Anteilen von Fonds, an die die Leistungen aus Ihrem Vertrag gebunden sind, und wird gesondert von unserem sonstigen Vermögen angelegt. Die auf Ihren Vertrag anfallenden Anteileinheiten bilden das fondsgebundene Deckungskapital.

Mit Rentenzahlungsbeginn entnehmen wir dem Anlagestock die auf Ihren Vertrag entfallenden Anteile und legen deren Wert in unserem sonstigen Vermögen an. Anteile von Investmentfonds werden mit dem Rücknahmepreis angesetzt.

(2) Soweit die Erträge aus den im Anlagestock enthaltenen Vermögenswerten nicht ausgeschüttet werden, fließen sie unmittelbar dem Anlagestock zu und erhöhen damit den Wert der Anteileinheiten. Erträge, die ausgeschüttet werden, und Steuererstattungen rechnen wir in Anteileinheiten um und schreiben sie den einzelnen Versicherungsverträgen gut.

(3) Da die Entwicklung der Vermögenswerte des Anlagestocks nicht vorauszusehen ist, können wir vor Rentenzahlungsbeginn die Höhe der Rente nicht garantieren. Sie haben die Chance, insbesondere bei Kurssteigerungen der Wertpapiere des Anlagestocks einen Wertzuwachs zu erzielen; bei Kursrückgängen tragen Sie im Gegenzug auch das Risiko der Wertminderung. Wertminderungen bis hin zum Totalverlust können auch bei unplanmäßigen Veränderungen der Fonds (s. § 15) entstehen, beispielsweise kann die Kapitalanlagegesellschaft die Rücknahme der Anteile aussetzen. Bei Werten, die nicht in Euro geführt werden, können Schwankungen der Währungskurse den Wert der Anlage zusätzlich beeinflussen. Das bedeutet, dass die Rente je nach Entwicklung der Vermögenswerte des Anlagestocks höher oder niedriger ausfallen wird.

(4) Die Höhe der Rente ist vom Wert des Deckungskapitals abhängig. Das Deckungskapital ergibt sich aus der Anzahl der auf Ihren Vertrag entfallenden Anteileinheiten. Den Wert des fondsgebundenen Deckungskapitals ermitteln wir dadurch, dass wir die Anzahl der auf Ihren Vertrag entfallenden Anteileinheiten mit dem am jeweiligen Stichtag ermittelten Wert einer Anteileinheit multiplizieren.

I. Gesetzliche Grundlagen

1. Rechtliche Grundlagen

1 Die BaFin nahm die zunehmende Produktvielfalt der Rentenversicherung im Jahr 2006 zum Anlass, **Mindestanforderungen** an die Ausgestaltung von AVB, insbes. im Hinblick auf Verbraucherschutz und Transparenz der Produktgestaltung und der Garantien in einer Auslegungsentscheidung zu veröffentlichen.[1] Grundlage waren hierbei insbesondere AGB-rechtliche Vorschriften des BGB.

2 Neben einer klaren und eindeutigen Formulierung der Leistungsansprüche fordert die BaFin die **Aufklärung der Versicherungsnehmer über Besonderheiten der Produktgestaltung,** insbes. soweit die in der Lebensversicherung üblichen Garantieleistungen relativiert werden sollen und dadurch ihren eigentlichen Garantiecharakter verlieren können. Die Aufklärung über abweichende Produktgestaltung hat danach bereits vor Vertragsabschluss und hinreichend deutlich zu erfolgen.

3 Gegenüber den Erwartungen der Verbraucher an den üblichen Vertragsinhalt einschränkende Regelungen müssen hervorgehoben werden und am Anfang der AVB stehen.

4 Zusätzlich dürfen die Deklaration der Überschussbeteiligung und die Bilanzierung von den vertraglichen Vereinbarungen nicht abweichen. Insbesondere dürfen bereits zugeteilte Überschüsse nicht wieder entzogen werden.

5 Bei einer fondsgebundenen Versicherung werden die zugeteilten Überschüsse in Fondsanteile umgewandelt. Bei negativer Wertentwicklung kann sich während der weiteren Vertragslaufzeit ein Wertverlust ergeben, Dies wirkt sich zwar nachträglich auf die Werthaltigkeit der zugeteilten Überschüsse aus, stellt aufgrund der Produktbesonderheiten einer fondsgebundenen Versicherung keinen unzulässigen Entzug bereits zugeteilter Überschüsse dar.

2. AGB-Recht

6 Die Grenze der Zulässigkeit einschränkender Regelungen ist nach AGB-Recht dort zu sehen, wo Regelungen, den wesentlichen Gehalt bzw. die Rechte des Versicherungsnehmers oder die Pflichten des Versicherungsunternehmens aus einem Rentenversicherungsvertrag so einschränken, dass der Vertragszweck gefährdet ist. Derartige Regelungen können nach § 307 Abs. 2 S. 2 BGB unwirksam sein.

7 Das Finanzierungsrisiko für die vertraglich versprochene Leistung muss grundsätzlich vom Versicherungsunternehmen getragen werden und darf grundsätzlich nicht einseitig auf den Versicherungsnehmer abgewälzt werden. Diesbezügliche Beschränkungen bedürfen dementsprechend besonderer Transparenz. Auch eine evtl. Prämienanpassungsklausel muss die gesetzliche Regelung des § 163 VVG abbilden und darf nicht über diese hinausgehen.

---

[1] Auslegungsentscheidung der BaFin „Allgemeine Versicherungsbedingungen (AVB) und in diesem Zusammenhang auftretende Probleme bei der Überschussverwendung in der Rentenversicherung" vom 10.11.2006 (www.bafin.de\SharedDocs\Veröffentlichungen\DE\Auslegungsentscheidungen\de_051110_avb-va).

II. Kommentierung der Klauselbestimmungen

8 Fondsgebundene Rentenversicherungen unterscheiden sich von konventionellen Versicherungen vor allem dadurch, dass der Versicherungsnehmer während der Aufschubzeit das Risiko der Kapitalanlage trägt. Dies gilt nicht für den Rentenbezug, sofern keine kapitalmarktorientierte Rentenphase vereinbart ist (→ § 2 Rn. 47).

1. Fondsbindung

9 Eine der Höhe nach garantierte Leistung gibt es bei der fondsgebundenen Lebensversicherung in der Regel nicht. Die Höhe der Leistungen ist unmittelbar von der Wertentwicklung der in einem Sondervermögen (Anlagestock) angesparten Vermögensanlagen abhängig. Die Sparanteile werden hierbei ausschließlich in den vom Versicherungsnehmer gewählten Investmentanteilen angelegt; die auf den Versicherungsvertrag entfallenden Anteile bilden das fondsgebundene Deckungskapital.

10 Bei Rentenübergang werden die Fondsanteile dem Anlagestock entnommen und im sonstigen Vermögen des Versicherungsunternehmens angelegt. Der Wert der Fondsanteile wird dabei mit dem Rücknahmepreis angesetzt. Dies gilt nicht, wenn eine kapitalmarktorientierte Rentenphase vereinbart ist (→ § 2 Rn. 47).

2. Thesaurierung

11 Die während der Aufschubzeit anfallenden Erträge aus den im Anlagestock enthaltenen Vermögenswerten, die nicht ausgeschüttet werden, fließen unmittelbar dem Anlagestock zu und erhöhen damit den Wert der Anteile an den dort gehaltenen Fondsanteilen. Erträge, die ausgeschüttet werden, sowie Steuererstattungen werden zum Erwerb weiterer Anteile verwendet und dem Versicherungsvertrag gutgeschrieben.

3. Kapitalanlagerisiko und Warnhinweis

12 Die Höhe der Leistungen ist unmittelbar von der Wertentwicklung der Fondsanteile abhängig. Diese ist nicht vorhersehbar. Dies gilt auch für die Höhe der Rente, die nicht garantiert wird; garantiert wird lediglich der Rentenfaktor, der auf das Fondsguthaben bei Rentenbeginn anzuwenden ist (→ § 2 Rn. 36 ff. und 40 ff.).

13 Der **Versicherungsnehmer trägt das Kapitalanlagerisiko;** darauf ist er aus Transparenzgründen und nach AGB-Recht zwingend hinzuweisen. Der deutlich hervorgehobene Warnhinweis klärt den Versicherungsnehmer über Chancen und Risiken der Kapitalanlage auf, insbesondere über die Tatsache, dass im Extremfall der Totalverlust droht. Zusätzlich wird er deutlich über die weiteren einer Fondsanlage immanenten Risiken, wie bspw. die Illiquidität aufgrund einer Aussetzung der Rücknahme und eventuelle Währungsrisiken aufgeklärt. Abschließend erfolgt nochmals der Hinweis, dass sich die Wertentwicklung unmittelbar auf die Höhe der Rente auswirkt.

4. Ermittlung des Wertes des Deckungskapitals bei Rentenbeginn

14 Der Wert des bei Rentenübergang für die Bildung der Rente zur Verfügung stehenden Deckungskapitals wird durch Multiplikation der Anzahl der dem Versicherungsvertrag zugeordneten **Anteilseinheiten mit dem Wert der einzelnen Anteilseinheiten** ermittelt. Maßgeblich ist der Wert eines Fondsanteils am vereinbarten Stichtag. Auf Basis des so ermittelten Wertes und des vereinbarten Rentenfaktors wird dann die Höhe der Rente ermittelt (→ § 2 Rn. 40).

III. Wirksamkeit der Bestimmung

15 Die Bestimmung klärt den Versicherungsnehmer über die wesentlichen Besonderheiten der Produktgestaltung einer fondsgebundenen Rentenversicherung. Der Kunde wird nicht über die fehlenden Garantien im Unklaren gelassen. Das bis zum Totalverlust reichende Kapitalanlagerisiko wird deutlich hervorgehoben beschrieben. Insgesamt ist den Anforderungen an die Transparenz und die vorvertraglichen Informationspflichten Genüge getan.

16 Der begrenzte Umfang der Garantien wird in § 1 im Zusammenspiel mit § 2 ARB-F beschrieben, so dass insgesamt von einer wirksamen Vereinbarung auszugehen ist.

§ 2 Welche Leistungen erbringen wir?

Unsere Leistungen ab Rentenzahlungsbeginn

(1) Wenn die versicherte Person *(das ist die Person, auf deren Leben die Versicherung abgeschlossen ist)* den vereinbarten Rentenzahlungsbeginn erlebt, zahlen wir die gemäß Absatz 2 ermittelte Rente, solange die versicherte Person lebt. Wir zahlen die Rente je nach Vereinbarung jährlich, halbjährlich, vierteljährlich oder monatlich an den vereinbarten Fälligkeitstagen.

(2) Die Höhe der Rente wird aus dem zu Rentenzahlungsbeginn vorhandenen Wert des Deckungskapitals (siehe § 1 Abs. 4) und dem vereinbarten Rentenfaktor ermittelt. Der Ermittlung des Wertes des Deckungskapitals legen wir dabei den … (Stichtag) zugrunde. Der Rentenfaktor gibt an, wie viel Rente wir Ihnen je … Euro Deckungskapital, das zu Rentenzahlungsbeginn in Ihrem Vertrag vorhanden ist, zahlen. Ergibt sich bei Rentenzahlungsbeginn eine Monatsrente von nicht mehr als …, wird anstelle einer Rente eine Kapitalabfindung gemäß Absatz 3 erbracht.

(3) Sie können verlangen, dass wir statt der Renten eine einmalige Leistung (Kapitalabfindung) zum Fälligkeitstag der ersten Rente zahlen. Dazu muss die versicherte Person diesen Termin erleben. Ihr Antrag auf Kapitalabfindung muss uns spätestens … vor dem Fälligkeitstag der ersten Rente vorliegen. Mit Zahlung der Kapitalabfindung endet der Vertrag.

Unsere Leistung bei Tod der versicherten Person

(4) Wenn die versicherte Person vor dem vereinbarten Rentenzahlungsbeginn stirbt, zahlen wir…

(5) Wenn Sie mit uns eine Rentengarantiezeit vereinbart haben und die versicherte Person **nach** dem Rentenzahlungsbeginn stirbt, gilt Folgendes: Wir zahlen die ermittelte Rente bis zum Ende der Rentengarantiezeit. *(Beispiel: Haben Sie eine Rentengarantiezeit von zehn Jahren vereinbart und die versicherte Person stirbt drei Jahre nach Rentenbeginn, zahlen wir noch sieben Jahre lang die ermittelte Rente.)* Wenn Sie mit uns keine Rentengarantiezeit vereinbart haben oder die versicherte

Person nach Ablauf der Rentengarantiezeit stirbt, erbringen wir bei Tod der versicherten Person keine Leistung, und der Vertrag endet.

Art unserer Leistung

(6) Die Leistungen erbringen wir grundsätzlich in Geld. Sie können jedoch abweichend hiervon die Kapitalabfindung nach Absatz 3 in Anteileinheiten des Anlagestocks verlangen. Über dieses Wahlrecht werden wir Sie unterrichten, sobald uns Ihr Antrag auf Kapitalabfindung vorliegt. Ihr Wahlrecht können Sie dann innerhalb einer Frist von ... ausüben. Liegt uns innerhalb dieser Frist kein entsprechender Antrag vor, leisten wir die Kapitalabfindung in Geld. Einen Deckungskapitalwert bis zur Höhe von ... leisten wir immer in Geld. Als Stichtag zur Ermittlung des Wertes des Deckungskapitals für die Kapitalabfindung legen wir den ... zugrunde.

Unsere Leistung aus der Überschussbeteiligung

(7) Entscheidend für den Gesamtertrag des Vertrages ist die Entwicklung des Anlagestocks. Darüber hinaus beteiligen wir Sie an den Überschüssen und während des Rentenbezugs auch an den Bewertungsreserven (siehe § 3).

Übersicht

I. Gesetzliche Grundlagen

1. Rechtliche Grundlagen

1 **a) Leistungsbeschreibung.** Die Leistungsbeschreibung ist zwingender Bestandteil der Versicherungsbedingungen (→ Einl. Rn. 6). Zu beschreiben sind **Art, Umfang und Fälligkeit** der versicherten Leistungen (§ 10 Abs. 1 Nr. 2 VAG).

2 Vertragsrechtlich verpflichtet sich der Versicherer mit dem Versicherungsvertrag, ein bestimmtes Risiko des Versicherungsnehmers oder eines Dritten durch eine Leistung abzusichern, die er bei Eintritt des vereinbarten Versicherungsfalles zu erbringen hat(§ 1 VVG). Die **Verpflichtung** wird mittels der Leistungsbeschreibung in den Versicherungsbedingungen nach Art und Fälligkeit abstrakt sowie im Versicherungsschein der Höhe nach näher definiert. Die Leistungsbeschreibung ist zentrales Element des Versicherungsvertrages und **bestimmt** zusammen mit dem Versicherungsschein **abschließend die Ansprüche des Versicherungsnehmers.**

3 Ergänzend muss der Versicherer nach § 7 Abs. 1 VVG dem Versicherungsnehmer rechtzeitig vor Abgabe von dessen Vertragserklärung die **Vertragsbestimmungen** einschließlich der Allgemeinen Versicherungsbedingungen sowie weitere in der VVG-InfoV näher bestimmte Informationen in **Textform** übermitteln in den allgemeinen und besonderen Versicherteninformationen (§ 7 Abs. 2 Nr. 1 und 2 und 3 VVG) sowie dem Produktinformationsblatt (§ 1 Abs. 1 S. 1 Nr. 6, § 2 Abs. 1 S. 1 Nr. 4- 6, § 4 Abs. 2 S. 1 Nr. 2 und 4 VVG-InfoV), insbesondere Einzelheiten zur angebotenen Leistung und die zu erwartenden Leistungen.

4 **b) Leistungshöhe.** Entsprechend der zentralen Bedeutung der versicherten Leistungen und des Anspruchs auf Überschussbeteiligung für die Altersvorsorge des Versicherungsnehmers erlegt der Gesetzgeber bei kapitalbildenden Lebens- und Rentenversicherungen, dem Versicherungsunternehmen bei Abschluss und während der Vertragslaufzeit **weitere Informationspflichten** auf (→ ARB § 1 Rn. 5).

2. Steuerrechtliche Grundlagen

5 Eine Versicherung im steuerlichen wie im aufsichtsrechtlichen Sinn unterscheidet sich von einer Vermögensanlage ohne Versicherungscharakter dadurch, dass ein mindestens ein wirtschaftliches Risiko abgedeckt wird, das aus der Unsicherheit und Unberechenbarkeit des menschlichen Lebens erwächst, wie zB der Zeitpunkt des Todes oder die ungewisse Lebensdauer einer Person **(Absicherung eines biometrischen Risikos).**[1] Kein biometrisches Risiko liegt vor, wenn nur eine Leistung in Höhe der angesammelten und verzinsten Sparanteile zuzüglich einer Überschussbeteiligung vereinbart ist.[2]

---

[1] BMF-Schreiben v. 1.10.2009, BStBl. I 2009, 1172 Rn. 2.
[2] BMF-Schreiben v. 1.10.2009, BStBl. I 2009, 1172 Rn. 3.

6 Mit einer Rentenversicherung wird grundsätzlich das **Risiko der Langlebigkeit des Versicherten** abgesichert.[3] Die Versicherungsleistung besteht in der Regel in der Zahlung einer garantierten lebenslangen Altersrente für den Fall, dass die versicherte Person den vereinbarten Rentenzahlungsbeginn erlebt. Bei fondsgebundenen Rentenversicherungen genügt es, wenn bei Vertragsabschluss ein konkret bezifferter Faktor garantiert wird, mit dem die Höhe der garantierten Leibrente durch Multiplikation mit dem am Ende der Anspar- bzw. Aufschubphase vorhandenen (Fonds)Vermögen errechnet wird **(garantierter Rentenfaktor).**[4] Einzelheiten → ARB § 1 Rn. 16.

7 Keine Versicherung mit steuerlichem Sinn sind sog. **vermögensverwaltende Versicherungsverträge** (§ 20 Abs. 1 Nr. 6 S. 5 EStG).[5] Das hat zur Folge, dass die Erträge aus dem Versicherungsmantel entsprechend der tatsächlichen Anlageform beim wirtschaftlich berechtigten Versicherungsnehmer bzw. beim unwiderruflich Bezugsberechtigten laufend jährlich versteuert werden. Das bedeutet, dass die Erträge der einzelnen Anlagen, die im Versicherungsmantel gebündelt sind, jedes Jahr ermittelt werden und jährlich als Einzelanlagen versteuert werden. Eine einmalige Besteuerung der Leistung bei Rückkauf bzw. im Erlebensfall wie bei steuerlich anerkannten Lebens- und Rentenversicherungen ist nicht möglich.

8 Ein vermögensverwaltender Versicherungsvertrag (§ 20 Abs. 1 Nr. 6 S. 5 EstG) liegt vor, wenn die folgenden **Voraussetzungen kumulativ** erfüllt sind:
- In dem Versicherungsvertrag ist eine gesonderte Vermögensverwaltung von speziell für diesen Vertrag zusammengestellten Kapitalanlagen vereinbart und
- die zusammengestellten Kapitalanlagen sind nicht auf öffentlich vertriebene nvestmentfondsanteile oder Anlagen, die die Entwicklung eines veröffentlichten Indexes abbilden, beschränkt und
- der wirtschaftlich Berechtigte kann über den Verkauf der Vermögensgegenstände und die Wiederanlage der Erlöse selbst bestimmen (Dispositionsmöglichkeit).

9 **a) Besteuerung von Erlebensfall-Leistungen aus fondsgebundenen Rentenversicherungen.** Auch bei der fondsgebundenen Rentenversicherung sind die Erträge der Versicherungsleistung zu versteuern. Fondsgebundene Rentenversicherungen unterscheiden sich von konventionellen Versicherungen dadurch, dass die Höhe der Leistungen direkt von der Wertentwicklung der in einem besonderen Anlagestock angesparten Vermögensanlagen abhängt, wobei üblicherweise die Sparanteile ausschließlich in Investmentanteilen angelegt werden. Eine der Höhe nach garantierte Leistung gibt es bei der fondsgebundenen Lebensversicherung idR nicht, selbst der Verlust des gesamten eingesetzten Kapitals ist möglich.

10 Üblicherweise kann der Versicherungsnehmer einen oder mehrere Investmentfonds für die Kapitalanlage bei Abschluss selbst wählen. Es kann zudem vereinbart werden, dass er die Auswahl für zukünftige Sparanteile während der Versicherungsdauer ändern kann (Switchen) und bereits investierte Sparanteile in andere Fonds oder Zertifikate umschichten kann (Shiften). Solche **Umschichtungen stellen keinen steuerlichen Zufluss** dar.

11 Bei der steuerlichen Behandlung von Versicherungsleistungen der Schicht 3 ist zwischen Kapitalleistungen nach § 20 Abs. 1 Nr. 6 EStG und Rentenleistungen als

---

[3] BMF-Schreiben v. 1.10.2009, BStBl. I 2009, 1172 Rn. 2.

[4] BMF-Schreiben v. 1.10.2009, BStBl. I 2009, 1172 Rn. 3a.

[5] BMF-Schreiben v. 1.10.2009, BStBl. I 2009, 1172 Rn. 34aff.

sonstigen Einkünften nach § 22 Nr. 1 EStG **zu unterscheiden, wenn der Vertrag nach dem 31.12.2004 abgeschlossen** wurde.

12 Lebens- und Rentenversicherungen, die **vor dem 1.1.2005** abgeschlossen wurden, werden hinsichtlich der Versteuerung ihrer Erträge grundsätzlich nach dem bis zum 31.12.2004 geltenden Einkommensteuerrecht („altes Steuerrecht") behandelt (§ 52 Abs. 28 S. 5 EStG; → ALB § 1 Rn. 10).[6]

13 **aa) Besteuerung von Kapitalleistungen.** Der Besteuerung nach § 20 Abs. 1 Nr. 6 EStG unterliegen Erträge in Erlebensfallleistungen aus Kapitalversicherungen und Rentenversicherungen mit Kapitalwahlrecht, soweit das **Kapital gewählt** wird.[7] Zur Besteuerung → ALB § 1 Rn. 8 ff.

14 Zu versteuern als Kapitalertrag ist bei Versicherungen im Privatvermögen grundsätzlich der **Unterschiedsbetrag** zwischen der Versicherungsleistung und der Summe der auf sie entrichteten Beiträge (§ 20 Abs. 1 Nr. 6 S. 1 EStG).

15 Allerdings wird unter bestimmten Voraussetzungen, insbesondere einem frühestmöglichen Rentenbeginn nach Vollendung des 62. Lebensjahres und einer Mindestvertragsdauer von 12 Jahren nur die Hälfte des Unterschiedsbetrags als Ertrag besteuert (sog. **Hälftebesteuerung;** § 20 Abs. 1 Nr. 6 S. 2 EStG).[8] Einzelheiten → ARB § 1 Rn. 23.

16 **Versicherungsleistung** ist grundsätzlich der **Gesamtbetrag der zugeflossenen Geldleistungen.** Hinsichtlich der Versicherungsleistung kann vereinbart sein, dass der Versicherungsnehmer statt einer Geldzahlung die Übertragung der Fondsanteile in sein Depot wählen kann.[9] Sofern eine Übertragung der Fondsanteile erfolgt, ist steuerlich als Versicherungsleistung der Rücknahmepreis anzusetzen, mit dem die Versicherungsleistung bei einer Geldzahlung berechnet worden wäre.

17 Seit 1.1.2009 unterliegen die steuerpflichtigen Kapitalerträge grundsätzlich der **Abgeltungsteuer** (§ 43 Abs. 5 S. 1 EStG; → ALB § 1 Rn. 37).

18 Gehört die Versicherung jedoch zum **Betriebsvermögen,** sind die allgemeinen Gewinnermittlungsvorschriften anzuwenden.

19 Die Regeln über den Kapitalertragsteuerabzug gelten sowohl für Versicherungen im Privat- als auch Betriebsvermögen.[10] Das Versicherungsunternehmen nimmt daher auch bei steuerpflichtigen Kapitalleistungen aus betrieblichen Versicherungen einen Kapitalertragsteuerabzug vor (§ 8 Abs. 1, S. 1 KStG iVm § 43 Abs. 4 und Abs. 1 S. 1 Nr. 4 iVm § 20 Abs. 1 Nr. 6 EStG).

20 **bb) Besteuerung von Rentenleistungen.** Zur Abgrenzung, ob eine **Rentenleistung im steuerlichen Sinn** vorliegt oder nicht → ARB § 1 Rn. 29.

21 Sind die Leistungen **nicht als Rentenzahlung,** sondern zB als Teilkapitalauszahlung zu werten, erfolgt die Besteuerung als Einkünfte aus Kapitalvermögen nach § 20 Abs. 1 Nr. 6 oder Nr. 7 EStG.[11] Von diesen Kapitalleistungen erfolgt – im Gegensatz zu Rentenleistungen – ein Abzug von Kapitalertragsteuer, Solidaritätszuschlag und ggf. Kirchensteuer.[12]

---

[6] BMF-Schreiben v. 1.10.2009, BStBl. I 2009, 1172 Rn. 88.
[7] BMF-Schreiben v. 1.10.2009, BStBl. I 2009, 1172 Rn. 1, 19.
[8] BMF-Schreiben v. 1.10.2009, BStBl. I 2009, 1172 Rn. 65f.
[9] BMF-Schreiben v. 1.10.2009, BStBl. I 2009, 1172 Rn. 55.
[10] BMF-Schreiben v. 1.10.2009, BStBl. I 2009, 1172 Rn. 54, 84ff.
[11] BMF-Schreiben v. 1.10.2009, BStBl. I 2009, 1172 Rn. 42, 61f.
[12] BMF-Schreiben v. 1.10.2009, BStBl. I 2009, 1172 Rn. 84f.

22 Wird eine Versicherungsleistung in Form einer Rente auf Lebenszeit **(Leibrente)** der Schicht 3 gezahlt, unterliegt nur der in der Rente enthaltene verhältnismäßig geringe **„Ertragsanteil"** nach § 22 Nr. 1 S. 3 Buchst. a bb EStG der Einkommensteuer. Die Versteuerung erfolgt im Rahmen der Veranlagung zur Einkommensteuer. Für **lebenslange Leibrenten** ist der Ertragsanteil im Einzelfall aus der Ertragsanteiltabelle nach § 22 EStG zu ersehen; die Ertragsanteiltabelle für abgekürzte Leibrenten ist in § 55 Abs. 2 EStDV zu finden. Der sich nach dem Alter bei Rentenbeginn des Rentenberechtigten ergebende Ertragsanteil bleibt während der gesamten Rentenzahlungsdauer gleich.

23 Zur steuerlichen Behandlung von **Zeitrenten** → ARB § 1 Rn. 31.

24 Werden **Überschussanteile** im Zusammenhang mit einer lebenslangen Leibrente oder einer abgekürzte Leibrente gezahlt, unterliegen diese wie die garantierte Rente nur mit dem bei Rentenbeginn ermittelten Ertragsanteil der Einkommensteuer.[13] Einzelheiten → ARB § 1 Rn. 32.

25 Zur **Rentenbezugsmitteilung** → ARB § 1 Rn. 34.[14]

26 **b) Besteuerung von Leistungen bei Tod aus Rentenversicherungen. aa) Besteuerung von Kapitalleistungen.** Kapitalleistungen, die aufgrund des Todes der versicherten Person ausgezahlt werden **(Todesfallleistung),** enthalten keine steuerpflichtigen Kapitalerträge. Es handelt sich um Kapitalleistungen aufgrund des Eintritts des versicherten Risikos; diese sind **einkommensteuerfrei.**[15]

27 **bb) Besteuerung von Rentenleistungen.** Wird eine **Rentengarantie** vereinbart, ist nach dem Tod der versicherten Person und dem Übergang der Rentenzahlungen auf den Bezugsberechtigen für dessen Rentenbesteuerung ebenfalls der prozentuale Ertragsanteil maßgeblich, der sich aus dem Alter der ursprünglich versicherten Person bei Rentenbeginn ergeben hat.[16] Bei Rentenversicherungen mit Rentengarantie ist zu beachten, dass die **vereinbarte Rentengarantiezeit nicht länger** sein darf als die voraussichtlich **zu erwartende durchschnittliche Lebenserwartung** der versicherten Person bei Rentenbeginn.[17] Das heißt, dass die durchschnittliche Lebenserwartung der versicherten Person bei Rentenbeginn gemäß der zum Zeitpunkt des Vertragsabschlusses aktuellen Sterbetafel nicht kürzer sein darf als die vereinbarte Rentengarantiezeit.

28 Bei einer Rentengarantiezeit, **die länger ist als die durchschnittliche Lebenserwartung,** besteht die Gefahr, dass die Renten als so genannte „Zeitrenten" wie Kapitalauszahlungen nach § 20 Abs. 1 Nr. 6 EStG versteuert werden müssen (→ Rn. 23).[18]

29 Bei Rentenleistungen aus einer **Hinterbliebenenrenten-Zusatzversicherung** berechnet sich der Ertragsanteil der Hinterbliebenenrente nicht nach dem Alter des Rentenempfängers aus der Hauptversicherung bei Rentenbeginn. Entscheidend ist das Alter des jeweiligen begünstigten Hinterbliebenen aus der Zusatzversicherung bei dessen erstem Rentenbezug.[19]

---

[13] BMF-Schreiben v. 1.10.2009, BStBl. I 2009, 1172 Rn. 13ff.
[14] BMF-Schreiben v. 7.12.2011, BStBl. I 2011, 1223.
[15] BMF-Schreiben v. 1.10.2009, BStBl. I 2009, 1172 Rn. 22.
[16] BMF-Schreiben v. 1.10.2009, BStBl. I 2009, 1172 Rn. 20.
[17] BMF-Schreiben v. 1.10.2009, BStBl. I 2009, 1172 Rn. 20.
[18] BMF-Schreiben v. 1.10.2009, BStBl. I 2009, 1172 Rn. 20.
[19] BMF-Schreiben v. 1.10.2009, BStBl. I 2009, 1172 Rn. 22.

30 Sieht die Tarifgestaltung der Rentenversicherung vor, dass bei Tod **während der Aufschubzeit** oder nach Rentenzahlungsbeginn eine **Beitragsrückgewähr** erfolgt, ist diese Zahlung einkommensteuerfrei.

31 **cc) Rückkauf.** Wird hingegen bei einer Rentenversicherung **ohne Kapitalwahlrecht** gegen Einmalbeitrag auf Grund besonderer Vereinbarung oder in Folge einer Kündigung zu Lebzeiten der versicherten Person der (anteilige) Einmalbeitrag zuzüglich erwirtschafteter Zinsen nicht als Rentenzahlung, sondern als einmaliger Kapitalbetrag zurückgezahlt, sind die Zinsen einkommen steuerpflichtig.[20]

II. Kommentierung der Klauselbestimmungen

32 Fondsgebundene Rentenversicherungen unterscheiden sich von konventionellen Versicherungen dadurch, dass die Höhe der Leistungen direkt **von der Wertentwicklung der in einem besonderen Anlagestock angesparten Vermögensanlagen abhängt,** wobei üblicherweise die Sparanteile ausschließlich in Investmentanteilen angelegt werden. Eine der Höhe nach garantierte Leistung gibt es bei der fondsgebundenen Lebensversicherung in der Regel nicht, selbst der Verlust des gesamten eingesetzten Kapitals ist möglich.

33 Üblicherweise kann der Versicherungsnehmer einen oder mehrere Investmentfonds für die Kapitalanlage **bei Abschluss selbst wählen.** Es kann zudem vereinbart werden, dass er die Auswahl für zukünftige Sparanteile während der Versicherungsdauer ändern kann (Switchen) und bereits investierte Sparanteile in andere Fonds oder Zertifikate umschichten kann (Shiften).

34 **Hauptleistung** einer fondsgebundenen Rentenversicherung (→ Rn. 35) ist die versicherte Rente; alternativ kann der Kunde bei Rentenbeginn die einmalige Auszahlung eines Kapitals verlangen (→ Rn. 64). Daneben kann der Vertrag eine Leistung bei Tod vor (→ Rn. 75) und nach Rentenbeginn vorsehen (→ Rn. 85). Zusätzlich hat der Verischerungsnehmer Anspruch auf Leistungen aus der Überschussbeteiligung (→ Rn. 101).

1. Hauptleistung: Rente

35 **a) Leibrente. aa) Hauptleistung: garantierte Leibrente.** Hauptleistung ist eine lebenslang zu zahlende garantierte Leibrente auf das Leben der versicherten Person. Die **Höhe der Garantie** ist abhängig ist von dem bei Rentenübergang vorhandenen Wert des angesparten Fondsguthabens und dem vereinbarten garantierten Rentenfaktor (→ Rn. 37). Die Höhe der garantierten Rente und ihre Fälligkeit wird im Versicherungsschein vereinbart Die Rente wird je nach Vereinbarung jährlich, halbjährlich, vierteljährlich oder monatlich gezahlt.

36 **bb) Höhe der Rente.** Die Garantie wird über **Rentenfaktoren** dargestellt. Sie werden bei Vertragsbeginn vereinbart und mit den üblichen Rechnungsgrundlagen berechnet. Diese bestehen im Wesentlichen aus der verwendeten **Sterbetafel, einem Garantiezins und den Kostenparametern.**

37 Ein **Rentenfaktor** gibt an, mit welchem konkret bezifferten Faktor das am Ende der Anspar- bzw. Aufschubphase vorhandene Vertragsguthaben multipliziert werden muss, um die Höhe der garantierten Rente zu errechnen (→ Rn. 6).

[20] BMF-Schreiben v. 1.10.2009, BStBl. I 2009, 1172 Rn. 48.

38 Rentenfaktoren können unter vertraglich zu vereinbarenden Voraussetzungen **angepasst** werden. Dies gilt nicht für den Rentenfaktor der steuerrechtlich und aufsichtsrechtlich erforderlichen garantierten Mindestrente (→ Rn. 41; ARB § 1 Rn. 15ff.).

39 Die vereinbarten Rentenfaktoren sind im Versicherungsschein **auszuweisen.**

40 **b) Ermittlung der Rente bei Rentenübergang.** Versprochene **Hauptleistung** einer fondsgebundenen Rentenversicherung ist in der Regel eine Leibrente. Diese wird aus dem Wert des vorhandenen Fondsguthabens auf Basis der vereinbarten Rentenfaktoren ermittelt (→ Rn. 37). Zusätzlich kann eine Rente aus der Überschussbeteiligung (→ Rn. 101) zur Auszahlung kommen.

41 Dabei wird die Rente je nach vertraglicher Vereinbarung insgesamt oder nach unterschiedlichen Teilen des Vertragsguthabens mit den bei Vertragsabschluss vereinbarten Rentenfaktoren oder den für Neuabschlüssen gleichartiger Versicherungen geltenden Rentenfaktoren berechnet. Der **bei Vertragsbeginn** garantierte Rentenfaktor darf dabei nicht unterschritten werden. Wesentlich für die Wirksamkeit der entsprechenden Klauseln ist, dass der **Berechnungsmodus der Rente klar und eindeutig beschrieben** ist.

42 **c) Abfindung von Kleinrenten.** Ergibt sich bei Rentenzahlungsbeginn nur eine geringe Rente, die vertraglich näher zu definieren ist, wird anstelle einer Rente eine **Kapitalabfindung** (→ Rn. 64) erbracht.

43 **d) Alternative Rentenformen.** Die langen Vertragsdauern aufgeschobener Rentenversicherungen haben dazu geführt, dass Bedarf nach von der Lebenssituation abhängigen und flexiblen vorzeitigen Leistungen entstanden ist. Die Versicherungsnehmer scheuen die lange Bindung und Festlegung auf eine einzige Leistungsart. Entsprechend dieser Nachfrage warden am Markt Rentenversicherungen angeboten, die neben der Leibrente andere Rentenformen und Leistungsbausteine vorsehen:

44 **aa) Abgekürzte Leibrente.** Es kann auch vereinbart werden, dass die Leibrente nicht lebenslang gezahlt wird, sondern, soweit sie nicht schon vorher durch Tod endet, nach einer vorher vereinbarten Zeit beendet wird (**abgekürzte Leibrente;** → Rn. 22).

45 **Beispiel:** „Wenn Sie eine Rente temporär abgeschlossen haben, zahlen wir die temporäre Garantierente solange die versicherte Person lebt, längstens für die vereinbarte Rentenzahlungsdauer."

46 **bb) Zeitrente.** Es kann auch vereinbart werden, dass die Leibrente nicht lebenslang gezahlt wird, sondern, unabhängig vom Erleben durch die versicherte Person, nach für einen fest vereinbarten Zeitraum gezahlt wird. **(Zeitrente).** Es handelt sich in diesem Fall nicht um die Auszahlung einer Rente im steuerrechtlichen Sinne (→ Rn. 23).

47 **cc) Fondsgebundene Rentenoption.** Zunehmend werden am Markt auch kapitalmarktorientierte Rentenphasen mit oder ohne Garantiefonds angeboten. Hier wird regelmäßig eine reduzierte Mindestrente vereinbart. Die Kapitalanlage erfolgt dann während des Rentenbezugs ganz oder teilweise investmentorientiert. Dabei wird dabei ein Teil des bei Rentenübergang vorhandenen Kapitals **konventionell angelegt** und mit einer garantierten Mindestrente unterlegt. Ein weiterer

Teil des bei Rentenbeginn vorhandenen Kapitals wird einer **Fondsanlage** zugeführt, um die Renditechancen während des Rentenbezugs zu erhöhen.

48 Die Höhe der Gesamtrente ist in diesem Fall abhängig von **Wertentwicklung eines Fonds.** Durch die Vereinbarung einer garantierten Mindestrente wird ein mögliches Absinken der Rente während des Rentenbezugs begrenzt.

49 **Einzelheiten** zur fondsgebundenen Rentenphase → ARB § 1 Rn. 57.

50 **dd) Leistungen bei Pflegebedürftigkeit.** Zunehmend werden im Rahmen von Rentenversicherungen besondere Leistungen oder Leistungserhöhungen für den Fall der Pflegebedürftigkeit angeboten. Ein Marktstandard hat sich hier noch nicht herausgebildet, so dass es **zahlreiche Varianten** der Pflegeleistungen gibt.

51 Neben reinen Pflegerentenversicherungen und entsprechenden Zusatzversicherungen, die Pflegeversicherungsschutz bei Pflegebedürftigkeit vorsehen gibt es auch sogenannte Pflegeoptionen. Diese sehen unterschiedliche **Leistungserweiterungen** vor, zB:

- **Einschluss** einer Pflegerentenversicherung oder eines Pflegekapitals bei Rentenübergang – ggf. auch bei Vorliegen von Pflegebedürftigkeit,
- **Erhöhung der Altersrente** bei Pflegebedürftigkeit zum Zeitpunkt des Rentenübergangs und/oder wähjrend des Rentenbezugs
- **Kapitalleistung** bei Pflegebedürftigkeit während der Aufschubzeit

52 Tritt Pflegebedürftigkeit ein, kann die Todesfallleistung und das Recht Teilkapitalauszahlungen zu verlangen, entfallen. Der versicherungsvertragliche Pflegebegriff entspricht nicht dem sozialversicherungsrechtlichen Pflegebegriff, so dass es hier teilweise erhebliche Unterschiede in den Leistungsvoraussetzungen gibt.

53 Beispiele → ARB § 1 Rn. 64 ff.

54 **ee) Garantierte Rentensteigerung – Leistungsdynamik.** Die Rente steigt während des Rentebezugs nach einem festen Schlüssel, erstmals mit Beginn des zweiten Rentenjahres.

55 **Beispiel:** Wenn Sie eine Steigerung der Renten nach Beginn der Rentenzahlung vereinbart haben, erhöht sich die jeweils erreichte garantierte Rente jährlich um den vereinbarten Prozentsatz. Die erste Erhöhung erfolgt zu Beginn des zweiten Jahres der Rentenzahlung.

56 **ff) Flexibler Rentenbeginn.** Nahezu marktüblich ist heute der flexible Rentenbeginn. Dies beinhaltet die Möglichkeit, die Versicherungsleistungen **vorzeitig abzurufen,** aber auch die Möglichkeit, den Leistungszeitpunkt mit oder ohne weitere Beitragszahlung hinauszuschieben. Ein vorzeitiger Abruf führt zu verringerten Leistungen, ein Hinausschieben zu erhöhten Leistungen, gegenüber dem vereinbarten Fälligkeitszeitpunkt. Bei Verlängerung der Versicherungsdauer entfallen regelmässig die Zusatzversicherungen. Einzelheiten → ARB § 1 Rn. 66.

57 **gg) Persönliche Anpassungsrechte.** Häufig enthalten Rentenversicherungsverträge das Recht, unter bestimmten, vertraglich vereinbarten, Voraussetzungen, die vereinbarten Beiträge und Versicherungsleistungen ohne erneute Gesundheitsprüfung zu erhöhen (persönliche Anpassungsrechte). Das Erhöhungsrecht wird dann durch vorab definierte Ereignisse oder Anlässe ausgelöst und ist idR summenmäßig und zeitlich begrenzt. Einzelheiten → ARB § 1 Rn. 71.

58 **hh) Beitrags-Dynamik.** Bei Vereinbarung einer dynamischen Erhöhnung von Beitrag und Leistung (Dynamik) zu vorab festgelegten Zeitpunkten und nach bei Vertragsabschluss vereinbarten festen Kriterien, erhöhen sich die Leistungen üblicherweise **jährlich.** Der Kunde erhält zum vereinbarten Erhöhungszeitpunkt

einen **aktualisierten Versicherungsschein** und kann der Erhöhung widersprechen. Erfolgt kein Widerspruch, ist ab dem vereinbarten Erhöhnungstermin ein erhöhter Beitrag zu bei ab diesem Zeitpunkt erhöhten Versicherungsleistungen zu bezahlen.

59 Die Bezugsgrößen für eine Dynamik sind am Markt vielfältig.Üblich sind **Bezugsgrößen aus der Sozialversicherung oder steuerliche Bezugsgrößen,** die sich an einem steuerrechtlichen Förderrahmen orientieren. Häufig sind aber auch regelmäßige Erhöhungen zu einem vorab vereinbarten festen Prozentsatz des Beitrags. Eine Vereinbarung der Dynamik kommt nur bei laufender Beitragszahlung in Betracht. Beispiel → ARB § 1 Rn. 75.

60 **ii) Leistungserhöhung aufgrund Zuzahlungen.** Rentenversicherungen sehen bei laufender Beitragszahlung oft das Recht vor, bei Vertragsbeginn und/oder während der Vertragslaufzeit zusätzliche Beitragszahlungen zu leisten (Zuzahlung). Zuzahlungen führen in Abhängigkeit von der geleisteten Zahlung zu einer Erhöhung der Versicherungsleistungen. Das Zuzahlungsrecht während der Vertragslaufzeit kann **anlassbezogen oder anlassunabhängig** ausgestaltet sein. Zudem kann das Recht der Höhe nach und zeitlich begrenzt sein. Die genaue Ausgestaltung, die Voraussetzungen und Grenzen sowie der Berechnungsschlüssel für die Leistungserhöhung sind in den Versicherungsbedingungen zu regeln. Beispiel → ARB § 1 Rn. 75.

61 **jj) Policen-Darlehen.** Möglich ist auch die Vereinbarung eines Versicherungsschein-Darlehens (Policen-Darlehen) mit und ohne Rechtsanspruch des Versicherungsnehmers. Hier wird eine **verzinsliche Vorauszahlung** auf die Versicherungsleistung geleistet; als Sicherheit wird die Versicherungsleistung an das Versicherungsunternehmen verpfändet. Das Darlehen wird entweder vor Fälligkeit der Versicherungsleistung einschließlich Darlehenszinsen zurückgezahlt oder bei Fälligkeit der Versicherungsleistung mit dieser verrechnet. Die Ausreichung eines Policendarlehens bedarf eines **gesonderten Darlehensvertrages,** der dem Verbraucherkreditrecht unterliegt. Beispiel → ARB § 1 Rn. 82.

2. Ersatzleistung: Kapitalabfindung

62 Die langen Vertragsdauern aufgeschobener Rentenversicherungen haben dazu geführt, dass Bedarf nach von der Lebenssituation abhängigen und flexiblen vorzeitigen Leistungen entstanden ist. Die Versicherungsnehmer scheuen die lange Bindung und Festlegung auf eine einzige Leistungsart. Entsprechend dieser Nachfrage warden am Markt Rentenversicherungen angeboten, die neben der Leibrente Kapitalleistungen mit und ohne vorangehendes biometrisches Ereignis vorsehen:

63 **a) Kapitalabfindung.** Zum Fälligkeitstag der ersten Rente kann der Versicherungsnehmer eine einmalige Kapitalzahlung (Kapitalabfindung) verlangen, wenn die versicherte Person diesen Termin erlebt. Bei Wahl der Kapitalabfindung erlischt mit deren Auszahlung der Vertrag. Weitere Leistungen sind dann ausgeschlossen. Zur Auszahlung kommt bei fondsgebundenen Versicherungen regelmäßig der Wert des Fondsguthabens in Geld. Die Kapitalabfindung ist frist- und formgerecht zu beantragen.

64 **b) Alternative Kapitalleistungen.** Aufgrund der von den Versicherungsnehmern geforderten Flexibilität der Rentenversicherungen, gibt es am Markt neben der Kapitalabfindung zahlreiche weitere Kapitalleistungen, die teilweise von bio-

metrischen Ereignissen abhängig sind, teilweise aber nur ein Verlangen des Kunden voraussetzen, falls die vereinbarten Voraussetzungen für die Ausübung des entsprechenden Wahlrechts vorliegen.

65 **aa) Teilkapitalauszahlung bei Rentenbeginn.** Statt der vollständigen Kapitalabfindung besteht häufig bei Rentenbeginn das Recht, die teilweise Auszahlung einer Kapitalbfindung zu verlangen. Wird dieses Recht ausgeübt, kommt nur noch eine reduzierte Rente zur Auszahlung. Die Rentenkürzung erfolgt regelmäßig nach versicherungsmathematischen Grundsätzen; darauf ist in den Versicherungsbedingungen hinzuweisen. Ebenso sind betragsmäßige Grenzen des Rechts zu definieren sowie die Höhe einer bei Ausübung des Rechts mindestens erforderlichen verbleibenden Rente. Beispiel → ARB § 1 Rn. 88.

66 **bb) Teilkapitalentnahme vor Rentenbeginn – Verfügungsoption.** Viele Versicherer räumen dem Versicherungsnehmer eine sogenannte Verfügungsoption ein. Dabei handelt es sich um das Recht, die Auszahlung eines Teils des vorhandenen Deckungskapitals des Versicherungsvertrages ohne Abzug nach § 169 Abs. 5 VVG zu verlangen. In den Bedingungen sind die Voraussetzungen und Folgen, sowie die betragsmäßigen Grenzen dieser Option zu beschreiben. Wesentliche Folge ist eine Herabsetzung der versicherten Leistungen bei gleichbleibenden Beiträgen.

67 Hiervon zu unterscheiden ist ein **Teil-Rückkauf.** Bei diesem wird ggf. ein Abzug nach § 169 Abs. 5 VVG vorgenommen. Zudem kommt es regelmäßig zu einer Reduzierung der künftigen Beiträge.

68 Beispiel → ARB § 1 Rn. 91.

69 **cc) Dread-Disease-Option.** Ist eine Dread-Disease-Option vereinbart, kann eine **schwere Erkrankung** des Versicherungsnehmers eine steuerfreie Versicherungsleistung auslösen, Erleidet die versicherte Person vor Beginn der Rentenzahlung eine schwere Krankheit im Sinne der Versicherungsbedingungen kann der Versicherungsnehmer eine vorzeitige Kapitalabfindung in Höhe des vorhandenen Deckungskapitals des Vertrages verlangen. Mit der Auszahlung der Dread-Disease-Leistung endet der Versicherungsvertrag und es warden keine weiteren Leistungen mehr fällig. Voraussetzungen des Anspruchs, Modalitäten der Geltendmachung und vom Versicherungsnehmer zu erbringende Nachweise sind zwingend in den Versicherungsbedingungen zu regeln. Beispiel → ARB § 1 Rn. 94.

70 **dd) Pflege-Option.** Der Wunsch der Versicherungsnehmer nach weiteren bedarfsgerechten und flexiblen Leistungsbausteinen hat auch zu unterschiedlich ausgestalteten Pflegeleistungs-Bausteinen geführt Einzelheiten (→ ARB § 1 Rn. 6ff. mit Beispielen). Zu nennen sind hier insbesondere einmalige Kapitalzahlungen bei Pflegebedürftigkeit und oder der Einschluss eines Pflegekapitals vor Rentenbeginn oder bei Rentenübergang.

71 Bei Auszahlung des Pflegekapitals kann, falls entsprechend vereinbart, die Todesfallleistung oder das Recht auf Teilkapitalentnahme entfallen. Auch hier gilt nicht der sozialversicherungsrechtliche Pflegebegriff, so dass es hier erhebliche Unterschiede zu den Leistungsvoraussetzungen der Sozialversicherung gibt.

72 **ee) Teilkapitalauszahlung nach Rentenbeginn.** Manche Versicherungsunternehmen sehen in Ihren Versicherungsbedingungen auch Teilkapitalauszahlungen nach Rentenbeginn vor. Dies ermöglicht dem Kunden in Notlagen flexible zu disponieren. Aus Kalkulationsgründen und um eine Spekulatoin gegen das Kollektiv zu vermeiden ist eine solche Teilkapitalauszahlung in der Regel auf das vorhandene

Deckungskapital oder die Todesfallleistung begrenzt. Die Rentenleistung wird bei Ausübung der Auszahlungsoption neu berechnet, die Todesfallleistung um den Auszahlungsbetrag gekürzt. Die verbleibende Garantierente muss die vertragliche Mindestrente erreichen. Andernfalls wird das verbleibende Deckungskapital ausgezahlt und die Versicherung erlischt. Einzelheiten → ARB § 1 Rn. 97.

3. (Neben-)Leistung bei Tod vor Rentenbeginn

73 Die Musterbedingungen des GDV bleiben im Hinblick auf die Vielfalt des Marktes hinsichtlich des Leistungsrahmens bei Tod vor Rentenbeginn offen. Hier kommen unterschiedlichste Leistungs-Bausteine und Leistungsvoraussetzungen sowie deren Kombinationen in Betracht.

74 **a) Beitragsrückgewähr.** Ist eine Beitragsrückgewähr bei Tod während der Aufschubzeit, dh vor Rentenbeginn, vereinbart, werden die bis zum Todestag gezahlten Beiträge als Todesfallleistung ausgezahlt (Beitragsrückgewähr). Wurde die Beitragsrückgewähr erst während der Aufschubzeit eingeschlossen, werden nur die seit dem Einschluss gezahlten Beiträge berücksichtigt. Einzelheiten → ARB § 1 Rn. 102 ff.

75 **b) Deckungskapital.** Ist für den Fall des Todes vor Rentenbeginn die Auszahlung des vorhandenen Deckungskapitals vereinbart und der Vertrag ist noch nicht aus anderen Gründen erloschen, gelangt dieses zur Auszahlung. Falls während der Aufschubzeit bereits Versicherungsleistungen zur Auszahlung kamen, ist die hieraus resultierende Minderung der Todesfallleistung bereits berücksichtigt, da nur das vorhandene Deckungskapital zur Auszahlung kommt. Weitere Kürzungen erfolgen deshalb nicht. Das Deckungskapital einer fondsgebundnen Versicherung besteht im Wesentlichen aus dem Fondsguthaben. Zur Auszahlung kommt der Wert des Fondsguthabens in Geld. Einzelheiten → ARB § 1 Rn. 104.

76 **c) Deckungskapital, mindestens Beitragsrückgewähr.** Es handelt sich um eine Kombination der Todesfalleistungen unter a) und b) (→ Rn. 76 und 77). Hintergrund der Regelung ist, dass aufgrund der Kostenbelastung bei Tod in der Anfangszeit des Vertrages, das Deckungskapital regelmäßig geringer ist, als die bis zum Tod bezahlten Beiträge. Dies wird zu Gunsten des Kunden durch eine Aufstockung der Todesfallleistung auf die Summe der gezwhlten Beiträge korrigiert. Beispiel → ARB § 1 Rn. 107.

77 **d) Garantierte Todesfallsumme.** Manche Tarife, sehen vor, dass für den Fall des Todes vor Rentenbeginn eine konkrete Todesfallsumme vereinbart wird. Dies kann, falls keine sonstige Todesfallleistung vereinbart ist, im Rahmen der **Hauptversicherung oder über eine Zusatzversicherung** erfolgen. Die Vereinbarung kann als Summe in Euro oder als Vielfaches der jährlichen Rente erfolgen. Die Einzelheiten sind jeweils in den Versicherungsbedingungen zu vereinbaren. Einzelheiten → ARB § 1 Rn. 108.

78 **e) Hinterbliebenenrente.** Schließt die Rentenversicherung eine Hinterbliebenenrente ein, liegt dieser üblicherweise eine **Zusatzversicherung** zu Grunde. Versicherte Person dieser Zusatzversicherung kann die potentielle Witwe, eine potentielle Waise oder eine sonstige Person sein; jedenfalls ist – soweit es sich nicht um eine kollektive Witwen- und/oder Waisenrente handelt (→ Rn. 82) – eine **konkrete Person** mitversichert. Im Falle einer kollektiven Witwen und/oder Wai-

senversorgung ist jede beliebige Witwe oder Waise mitversichert, die nach den maßgeblichen Versicherungsbedingungen vom vereinbarten Versicherungsschutz umfasst ist.

79 Die **Höhe** der Hinterbliebenenrenten bemisst sich in der Regel als fester Prozentsatz der Altersrente aus der Hauptversicherung. Besteht im Rahmen der Hinterbliebenenrente Versicherungsschutz in Höhe der Altersrente aus der Hauptversicherung, spricht man auch von einer Rentenversicherung auf verbundene Leben (→ Rn. 81).

80 **Einzelheiten** → ARB § 1 Rn. 110.

81 **f) Rentenversicherung auf verbundenen Leben.** Besteht im Rahmen der Hinterbliebenenrente Versicherungsschutz in Höhe der Altersrente aus der Hauptversicherung, spricht man auch von einer Rentenversicherung auf verbundene Leben. Es gilt das unter e ausgeführte (→ Rn. 78 ff.). Beispiel → ARB § 1 Rn. 114.

82 **g) Kollektive Witwen- und/oder Waisenrente.** Insbesondere im Rahmen einer betrieblichen Altersversorgung gibt es ein Angebot kollektiver Witwen- und/oder Waisenrenten. Diese unterscheiden sich von einer Hinterbliebenen-Zusatzversicherung (→ Rn. 78 ff.) dadurch, dass es keine **konkrete versicherte Person** gibt, die Prämie kollektiv kalkuliert ist. Dabei werden eine gewisse Altersdifferenz, eine Ehe-Wahrscheinlichkeit sowie eine Wahrscheinlichkeit, dass waisenbereichtigte Kinder vorhanden sind, und deren Anzahl unterstellt. Beispiel → ARB § 1 Rn. 116.

4. (Neben-)Leistung bei Tod nach Rentenbeginn

83 Die Musterbedingungen des GDV sind auch bezüglich der Leistungen bei Tod nach Rentenbeginn hinsichtlich der Leistungsdefinition sehr zurückhaltend und beschränken sich auf die Leistungsbeschreibung der Rentengarantie. Die Definition weiterer Arten der Todesfalleistung wird den Mitgliedsunternehmen überlassen.

84 **a) Rentengarantie.** Stirbt die versicherte Person nach Rentenbeginn und ist eine Rentengarantiezeit vereinbart, wird die Zahlung der zum Rentenbeginn ermittelten und ab diesem Zeitpunkt garantierten Rente bis zum Ende der vereinbarten Rentengarantiezeit in der bisher garantierten Höhe fortgesetzt, falls die Rentengarantiezeit bei Tod noch nicht abgelaufen ist. Die Rentengarantiezeit beginnt mit der ersten Zahlung der Altersrente und endet mit Ablauf der vereinbarten Dauer der Rentengarantiezeit. Bei Tod nach Ablauf der Rentengarantiezeit gibt es keine Rentenzahlung mehr und der Vertrag endet.

85 Die komplexe Klausel wird dem Versicherungsnehmer durch ein Beispiel erläutert. Dies erscheint aus Transparenzgesichtspunkten sinnvoll.

86 Eine zusätzliche Rente aus der Überschussbeteiligung kann sich **reduzieren,** da sich bei Tod das Deckungskapital und damit die Bemessungsgrundlage für die Überschussbeteiligung reduziert (→ Rn. 102).

87 Alternativ zur Zahlung der Renten während einer vereinbarten Rentengarantiezeit nach Tod der versicherten Person, wird häufig eine **Kapitalabfindung der verbleibenden Renten** vereinbart. Diese entspricht regelmäßig der Auszahlung des aufgrund des Todes neu berechneten Deckungskapitals.

88 **b) Alternative Leistungen bei Tod nach Rentenbeginn.** Neben der Rentengarantie bieten die Versicherungsunternehmen einige weitere Leistungsbausteine an.

aa) Restkapitalauszahlung. Bei Tod der versicherten Person nach Rentenbeginn wird das Restkapital ausgezahlt. Hierbei handelt es sich um das Deckungskapital abzüglich der gezahlten bei Rentenbeginn neu ermittelten garantierten Renten. Beispiel → ARB § 1 Rn. 126. **89**

bb) Restkapitalverrentung. Statt einer Restkapitalauszahlung (→ Rn. 89) sehen manche Versicherungsbedingungen eine Restkapitalverrentung vor. Dabei wird das bei Tod vorhandene Restkapital mit den Rechnungsgrundlagen der Beitragskalkulation oder den für das Neugeschäft verwendeten Rechnungsgrundlagen verrentet. Grundlage der Berechnung der Hinterbliebenenrente sind die persönlichen Daten der neu zu versicherenden für den Todesfall bezugsberechtigten Person der Rentenversicherung. Statt der Rente kann üblicherweise auch eine Kapitalabfindung in Höhe des Restkapitals verlangt werden. Beispiel → ARB § 1 Rn. 129. **90**

cc) Hinterbliebenenrente. Schließt die Rentenversicherung eine Hinterbliebenenrente ein, liegt dieser üblicherweise eine **Zusatzversicherung** zu Grunde. Versicherte Person dieser Zusatzversicherung kann die potentielle Witwe, eine potentielle Waise oder eine sonstige Person sein; jedenfalls ist – soweite es sich nicht um eine kollektive Witwen- und/oder Waisenrente handelt (→ Rn. 82) – eine **konkrete Person** mitversichert. Im Falle einer kollektiven Witwen und/oder Waisenversorgung ist jede beliebige Witwe oder Waise mitversichert, die nach den maßgeblichen Versicherungsbedingungen vom vereinbarten Versicherungsschutz umfasst ist. **91**

Die **Höhe** der Hinterbliebenenrenten bemisst sich in der Regel als fester Prozentsatz der Altersrente aus der Hauptversicherung. Besteht im Rahmen der Hinterbliebenenrente Versicherungsschutz in Höhe der Altersrente aus der Hauptversicherung, spricht man auch von einer Rentenversicherung auf verbundene Leben (→ Rn. 81). **92**

dd) Keine Todesfallleistung. Ist keine Todesfalleistung verinbart, **erlischt** die Versicherung. **93**

Beispiel: „Wenn die versicherte Person nach Beginn der Rentenzahlung stirbt, und keine Leistung bei ihrem Tod vereinbart ist, erbringen wir keine Leistung und der Vertrag endet." **94**

5. Art der Leistung

Die Versicherungsleistungen werden grundsätzlich in **Geld** erbracht. **95**

Im Falle einer Kapitalabfindung (→ Rn. 62) wird dem Versicherungsnehmer ein Wahlrecht eingeräumt, statt einer Leistung in Geld die **Übertragung der Anteile** an den im Fondsguthaben enthaltenen Investmentfonds in sein Depot zu verlangen. **96**

Das Versicherungsunternehmen informiert den Versicherungsnehmer bei Eingang des Antrags auf Kapitalabfindung über dieses **Wahlrecht.** Der Versicherungsnehmer muss die Übertragung der Fondsanteile fristgerecht beantragen. Erfolgt kein Antrag, erfolgt, die Auszahlung der Kapitalabfindung in Geld. **97**

Ist das Fondsguthaben nur **gering,** dh überschreitet es eine vertraglich vereinbart Höhe nicht, bleibt es bei der Auszahlung in Geld. **98**

Der **Wert des Fondsguthabens** wird zu einem in den Versicherungsbedingungen zu vereinbarenden Stichtag ermittelt. **99**

6. Fälligkeit und Zahlweise der Leistung

100 Je nach Vereinbarung werden die Renten jährlich, halbjährlich, vierteljährlich oder monatlich an den vereinbarten Fälligkeitstagen gezahlt. Die Fälligkeitstage und die Zahlweise der Rente werden im Versicherungsschein ausgewiesen.

7. (Zusatz-)Leistung aus der Überschussbeteiligung

101 Auch wenn bei fondsgebundenen Rentenversicherungen hauptsächlich die Wertentwicklung des Fondsguthabens für den Ertrag des Vertrages ist, erhalten die Versicherungsnehmer eine ÜBerschussbeteiligung. In Betracht kommen hier vor allem **Risiko- und Kostenüberschüsse.** Da die Kapitalanlage auf Rechnung des versicherungsnehmers erfolgt, trägt das Vertragsguthaben kaum zu den Zinserträgen und Bewertungsreserven bei.

102 Der Versicherungsnehmer hat nach § 153 VVG dem Grunde nach einen **Anspruch** auf Überschussbeteiligung, es sei denn die Überschussbeteiligung wird im Vertrag ausdrücklich und insgesamt ausgeschlossen. Die Überschussbeteiligung setzt sich aus den Überschüssen und den Bewertungsreserven zusammen. Einzelheiten → ARB § 3.

103 Ist eine Überschussbeteiligung vereinbart, sind alle zum jeweiligen Leistungszeitpunkt oder bei Vertragsende unwiderruflich zugeteilten oder zu diesem Zeitpunkt nach den vertraglichen Vereinbarungen zuzuteilenden Teile der Überschussbeteiligung auszuzahlen oder zur Erhöhung der Leistung zu verwenden. Dies gilt für laufende Überschüsse, Schlussüberschüsse und Bewetungsreserven.

8. Marktentwicklungen

104 Während in der Anfangszeit fondsgebundener Versicherungen zuächst die fondsgebundenen Kapitalversicherungen überwogen, gibt es inzwischen einen klaren Trend zur fondsgebundenen Rentenversicherung. In den letzten Jahren haben sich Mischformen zwischen klassischen und fondsgebundenen Rentenversicherungen herausgebildet, die mittlerweile den Markt dominieren (sog. **Hybride**). Vorteil dieser Versicherungsform ist es, dass mittels dieser trotz Fondsbindung Garantien dargestellt werden können.Zudem werden zunehmend Versicherungen angeboten, die statt einer Fondsbindung die **Bindung an ein Zertifikat oder einen Index** vorsehen. Beide Varianten sind im Versicherungsaufsichtsgesetz vorgesehen, § 54b Abs. 2 VAG. Die Funktionsweise ist ähnlich der einer fondsgebundenen Versicherung. Daneben gibt es Kapitalanlagekonzepte der Versicherungsunternehmen, bei denen die Versicherungsnehmer an der Wertentwicklung von **intern gebildeten Sondervermögen** partizipieren, ohne dass eine Kapitalverwaltungsgesellschaft eingeschaltet wird. Auch diese sind nach § 54b VAG zulässig.

105 **a) Statische Hybride.** Statische Hybride werden insbesondere dann verwendet, wenn ein **Beitragserhalt** dargestellt werden soll, zB bei fondsgebundenen Altersvorsorgeverträgen (→ AFR § 2). Bei einem statischen Hybrid-Produkt wird der Teil der Beiträge im Sicherungsvermögen angelegt und mit einer klassischen Garantie in Höhe des Beitragserhalts unterlegt, der erforderlich ist, den Beitragserhalt sicher zu stellen. Darüber hinausgehende Beitragsteile werden in Anteilen an den bei Vertragsabschluss vorgesehenen Investmentfonds angelegt.

106 **Statisch** wird diese Produktform genannt, da bei planmäßigem Verlauf jederzeit ausreichend konventionelles Deckungskapital zur Abbildung der Beitragsgarantie vorhanden ist.

Da bei derartigen Produkten primär der Beitragserhalt garantiert wird, wird dieser mit einem garantierten **Rentenfaktor** kombiniert, mit dem eine Mindestrente aus dem bei Rentenbeginn vorhandenen garantierten Deckungskapital sicher gestellt wird. **107**

Beispiel – Beitragserhaltungsgarantie: „Wir garantieren, dass zum vereinbarten Beginn der Rentenzahlung mindestens die bis dahin gezahlten Beiträge für die Bildung einer Rente und für die vereinbarten Leistungen zur Verfügung stehen. Wenn wir im Rahmen eines Versorgungsausgleichs bei Ehescheidung Kapital entnehmen müssen, verringert sich diese Garantie entsprechend dem Verhältnis des entnommenen Betrages zu dem unmittelbar vor der Entnahme vorhandenen gebildeten Kapital. **108**
Wenn wir in den letzten Jahren vor Beginn der Auszahlungsphase die Beitragserhaltungsgarantie nicht allein aus den Beiträgen selbst sicherstellen können, führen wir entsprechende Beträge aus dem Anteildeckungskapital dem Garantiedeckungskapital zu. Setzt sich das Anteildeckungskapital aus Anteilen mehrerer Investmentfonds zusammen, erfolgt die Entnahme im Verhältnis der einzelnen Teildeckungskapitale. Zugeteilte Überschussanteile sind hiervon nicht betroffen.

Ermittlung der Rentenhöhe
Wir verwenden zur Ermittlung der Rente aus dem Garantiedeckungskapital die garantierten, im Versicherungsschein genannten Rentenfaktoren. Die Rente aus dem Anteildeckungskapital wird mit den – ggf. berichtigten – Rentenfaktoren ermittelt. Bei der Ermittlung des Werts des Anteildeckungskapitals werden die zu diesem Termin auf Ihren Vertrag entfallenden Anteile an den gewählten Investmentfonds mit dem Rücknahmepreis an dem Börsentag, der dem x.ten. des Monats vor dem Beginn der Rentenzahlung der Versicherung vorausgeht, multipliziert.
Die Rente kann der Höhe nach nicht im Voraus garantiert werden. Mindestens wird aber eine Rente in der Höhe gezahlt, die sich aus dem Garantiedeckungskapital zu diesem Termin und den bei Vertragsabschluss im Versicherungsschein genannten Rentenfaktoren ergibt."

b) Dynamische Hybride. Dynamische Hybride sind eine Weiterentwicklung der statischen Hybrid-Produkte → Rn. 135. Auch hier erfolgt die Kapitalanlage über die Vertragslaufzeit gesehen teilweise im Sicherungsvermögen und teilweise in Fonds. **109**

Im Gegensatz zum statischen Hybrid, bei dem die Garantie ausschließlich über das Sicherungsvermögen abgebildet wird, werden die Garantien bei dynamischen Hybrid-Produkten über eine spezielle Fondsanlage erzeugt. Für diesen Zweck wird das Produkt mit einem sog. **Wertsicherungsfonds, einem** Garantiefonds, unterlegt, der den Beitragserhalts garantiert. Deshalb werden zunächst die Beiträge vollständig in Fonds angelegt. Erst bei geringerer Performance des Wertsicherungsfonds als unterstellt, werden Teile des Deckungskapitals in das Sicherungsvermögen umgeschichtet. Es erfolgt somit eine dynamische Umschichtung zwischen den Deckungskapitalien des Vertrages. **110**

Derartige Produkte können sehr unterschiedlich ausgestaltet sein. Teilweise bleibt es bei dem Versicherungsunternehmen als Garantiegeber, teilweise ist die Kapitalverwaltungsgesellschaft Garantiegeber. Je nach Ausgestaltung des Produktes werden Beitragsteile, die nicht zur Garanieerzeugung benötigt werden, in Anteilen an weiteren vom Versicherungsnehmer zu wählenden Investmentfonds angelegt. Auch das Garantieniveau kann in unterschiedlciher Höhe vereinbart werden. **111**

Beispiel: „Das Deckungskapital – ohne Überschussdeckungskapital – setzt sich aus dem Sicherungskapital und dem Anteildeckungskapital zusammen. Das Anteildeckungskapital setzt sich aus Anteilen am WErtsicherungsfonds und Anteilen an den gewählten Investmentfonds bzw. an der ROK Chance bzw. an der ROK Klassik zusammen. **112**

Jeweils zum Ersten eines Monats werden das Deckungskapital – ohne Überschussdeckungskapital – sowie die zu diesem Zeitpunkt fälligen Beiträge sowie eventuelle Zuzahlungen gemäß einem festgelegten Wertsicherungskonzept nach versicherungsmathematischen Grundsätzen auf die genannten Deckungskapitalien derart aufgeteilt, dass eine vereinbarte beitragsabhängige bzw. kapitalmarktabhängige Mindestleistung zum voraussichtlichen Rentenbeginn erbracht bzw. die anfallenden Verwaltungskosten gedeckt werden können. Die Aufteilung ist zB abhängig von der Höhe des Deckungskapitals und der erreichten Mindestleistung, der verbleibenden Zeit bis zum voraussichtlichen Rentenbeginn und von den jeweiligen Kursentwicklungen der Anteileinheiten.

Bei der ersten Aufteilung zu Versicherungsbeginn wird der für das Anteildeckungskapital bestimmte Wert statt in den genannten Anteilen für einen Monat in einem Geldmarktfonds angelegt.

Die Kursentwicklung des Wertsicherungsfonds kann dazu führen, dass im Sicherungskapital bzw. im Teildeckungskapital des Wertsicherungsfonds Kapital vorhanden ist, das nicht zur Sicherstellung einer erreichten Mindestleistung bzw. zur Deckung der Verwaltungskosten benötigt wird. Dieses Kapital wird nach der gewählten Aufteilung in den oder die Investmentfonds investiert. Umgekehrt werden Teile des Teildeckungskapitals des oder der Investmentfonds in das Sicherungskapital bzw. in das Teildeckungskapital der ROK Plus umgeschichtet, wenn dies aufgrund der Kursentwicklung des WErtsicherungsfonds erforderlich ist, um die erreichte Mindestleistung dauerhaft zu sichern.

Die Aufteilung erfolgt in der Form, dass die Summe aus dem Sicherungskapital zuzüglich der bis zum Monatsende anfallenden rechnungsmäßigen Zinsen und dem Wert des zum Monatsende mindestens erwarteten Teildeckungskapitals des Wertsicherungsfonds dem Barwert der jeweils erreichten Mindestleistung zum Ende des Monats entspricht. Bei der Bestimmung des Barwerts werden zum Teil auch zukünftig aus dem Deckungskapital zu entnehmende Kosten berücksichtigt.

Falls sich das Teildeckungskapital der gewählten Investmentfonds oder aus mehr als einem Fonds zusammensetzt, erfolgt eine Entnahme aus dem Teildeckungskapital der Investmentfonds iRd Wertsicherungskonzeptes im Verhältnis des Werts der Anteile der Fonds am Teildeckungskapital der Investmentfonds.

Das Deckungskapital kann vollständig im Sicherungskapital, aber auch vollständig im Teildeckungskapital des Wertsicherungsfonds investiert sein."

113 **c) Indexgebundene Versicherungen.** Erfolgt die Anlage der in den Beiträgen enthaltenen Sparanteile statt in Fonds indexgebunden, spricht man von einer indexgebundenen Versicherung. Die Index-Partizipation kann als spezielle Überschussbeteiligung mit Anlage im Sicherungsvermögen oder als unmittelbare Beteiligung an einem dem entsprechenden Index nachgebildeten Portfolio ausgestaltet sein.

114 **Beispiel:** „1. Bei der Indexpartizipation nimmt der Vertrag an der Wertentwicklung des Index [...] mit dem Bloomberg-Kürzel [...] (last Price) teil. Die Partizipation erfolgt am nächsten Börsentag nach dem Versicherungsjahrestag, erstmals zu Beginn des zweiten Versicherungsjahres. Bezugsgröße für die Indexpartizipation ist der Policenwert zu Beginn des vorherigen Versicherungsjahres.

2. Die Höhe der Indexpartizipation eines Versicherungsjahres wird bestimmt, indem die negativen monatlichen Wertentwicklungen des Index und die mit dem Cap gedeckelten positiven monatlichen Wertentwicklungen des Index am Ende eines Versicherungsjahres aufsummiert werden.

- Ist diese Summe positiv, ist sie die Jahresrendite, mit der sich der Policenwert zu Beginn des folgenden Versicherungsjahres erhöht.
- Ist diese Summe negativ, verändert sich der Policenwert durch die Indexpartizipation nicht.
- Die monatliche Wertentwicklung entspricht dabei der prozentualen Veränderung des Index ... Bewertungsstichtag ist jeweils der letzte Börsentag eines Monats in Frankfurt am Main.

Der Cap gibt an, bis zu welcher Höhe der Vertrag an der positiven monatlichen Wertentwicklung des Index partizipieren kann.
3. Die Wertentwicklung des zugrunde gelegten Index ist nicht vorhersehbar. Die Höhe der Beteiligung an der Wertentwicklung können wir nicht garantieren. Sie haben die Chance, dass sich der Policenwert erhöht, z. B. dadurch, dass Sie von Kurssteigerungen des Index profitieren. Die Beteiligung an der Wertentwicklung des zugrunde gelegten Index kann jedoch niedriger ausfallen als die Indexentwicklung, da bei der Berechnung der Indexpartizipation die monatlichen Wertzuwächse nur bis zur Höhe des Cap, Kursrückgänge jedoch in vollem Umfang berücksichtigt werden. Eine Erhöhung des Policenwerts können wir nicht garantieren.
Bestimmung des Cap
4. Der Cap ist abhängig von
- der Höhe der für Ihre Versicherung festgelegten jährlichen Überschussanteile,
- der Höhe der jährlich zugeteilten Mindestbeteiligung an den Bewertungsreserven und
- weiteren Faktoren des Kapitalmarkts wie z. B. der Volatilität und der Dividendenrendite am Kapitalmarkt.

Den Cap legen wir jährlich neu auf der Grundlage von Angeboten mehrerer Emittenten fest. Bei der Auswahl berücksichtigen wir deren Finanzkraft.
Finanzierung der Indexpartizipation
5. Die Finanzierung der Indexpartizipation für das laufende Versicherungjahr erfolgt zu Beginn des folgenden Versicherungsjahres aus der Überschussbeteiligung nach § …
Wegfall des Index …
6. Ist die Indexpartizipation am Index … aus von uns nicht zu vertretenden Umständen nicht mehr möglich, wird ein Ersatzindex ausgewählt. Der Ersatzindex wird so gewählt, dass er nach unserer Einschätzung dem Index … weitgehend entspricht.
Darüber und über die Auswirkungen auf Ihren Vertrag werden wir Sie rechtzeitig informieren.

115 **d) Zertifikatgebundene Versicherungen.** Erfolgt die Anlage der in den Beiträgen enthaltenen Sparanteile statt in Fonds in Anteilen an einem Zertifikat, spricht man von einer zertifikatgebundenen Versicherung. Zertifikate sind **Anleihen mit oder ohne Garantie,** die nicht an der Börse gehandelt werden.

116 Soweit das Zertifikat Garantien enthält, gelten diese auch für die Zertifikatpolice. Das Versicherungsunternehmen selbst gibt regelmäßig **keine Garantie** hinsichtlich des bei Ablauf des Zertifikats zur Verfügung stehenden Kapitals, garantiert allerdings einen Rentenfaktor (→ Rn. 36).

117 Dementsprechend ist die Werthaltigkeit der Zertifikatanteile stark von der **Bonität** des jeweiligen Emittenten abhängig. Das Kapitalanlagerisiko trägt hier vollständig der Versicherungsnehmer.

118 **Beispiel:** „Besonderes Merkmal einer zertifikatgebundenen Rentenversicherung ist während der Zertifikatphase die unmittelbare Beteiligung an einer Anleihe mit garantierter Mindestleistung und fester Laufzeit (Garantiezertifikat). Dabei sagt der Emittent (Herausgeber) des Garantiezertifikats einen Mindestwert für die Zertifikatanteile zu dessen Laufzeitende zu. Zum Ende der Laufzeit des Garantiezertifikats beginnt die vereinbarte Abrufphase (vgl. § 2 Absatz 3).
Erwerber der Zertifikatanteile sind wir als Versicherungsunternehmen. Die Garantie der Mindestleistung aus dem Garantiezertifikat gilt nur zum Ende der Laufzeit. Der Emittent gibt die Garantie uns gegenüber ab. Wir werden die Ansprüche aus dem Garantiezertifikat gegenüber dem Emittenten des Garantiezertifikats geltend machen. Gegenüber dem Emittenten des Garantiezertifikats haben Sie als Versicherungsnehmer keine unmittelbaren Ansprüche aus eigenem oder abgetretenem Recht. Ihre Ansprüche uns gegenüber sind in der Höhe begrenzt auf den Betrag, den wir vom Emittenten für die auf Ihren Vertrag entfallenden Zertifikatanteile erhalten. Details zu dem Ihrer Rentenversicherung zugrunde liegenden Garantiezertifikat und zu dem Garantieversprechen des Emittenten können Sie den den Antragsunterlagen beigefügten Informationen über das Garantiezertifikat entnehmen.

Das Garantiezertifikat wird nicht an der Börse gehandelt und hat daher keinen notierten Börsenwert. Der Emittent ermittelt selbst für jeden Bankarbeitstag einen Rücknahmepreis, den wir Ihnen auf Anfrage mitteilen.
Eine Garantie gibt ausschließlich der Emittent des Garantiezertifikats zum Ende der Zertifikatphase. Wir als Versicherungsunternehmen geben kein Garantieversprechen.
Das Zertifikat ist nicht über einen gesetzlichen Sicherungsfonds abgesichert. Der Versicherungsvertrag endet, wenn während der Zertifikatphase über das Vermögen des Emittenten ein Insolvenzverfahren eröffnet wird.
Da die Entwicklung der Vermögenswerte des Anlagestocks nicht vorauszusehen ist, können wir vor Beginn der Rentenzahlung die Höhe der Rente nicht garantieren. Sie haben die Chance, insbesondere bei Kurssteigerungen der Wertpapiere des Anlagestocks einen Wertzuwachs zu erzielen; bei Kursrückgängen tragen Sie im Gegenzug auch das Risiko der Wertminderung. Wertminderungen bis hin zum Totalverlust können auch bei unplanmäßigen Veränderungen der Fonds (siehe § 19) entstehen, beispielsweise kann die Kapitalanlagegesellschaft die Rücknahme der Anteile aussetzen. Bei Werten, die nicht in Euro geführt werden, können Schwankungen der Währungskurse den Wert der Anlage zusätzlich beeinflussen. Das bedeutet, dass die Rente je nach Entwicklung der Vermögenswerte des Anlagestocks höher oder niedriger ausfallen wird.
Ansprüche uns gegenüber sind der Höhe nach begrenzt auf den Betrag, den wir von der Kapitalanlagegesellschaft für die auf Ihren Vertrag entfallenden Anteile an den gewählten Zertifikatanteilen erhalten."

119 **e) Interne Fonds.** Werden **Kapitalanlagekonzepte der Versicherungsunternehmen** zur Grundlage der Kapitalanlage eines Versicherungsvertrages gemacht, spricht man von internen Fonds. Der Versicherungsnehmer paritzipiert hier an der Wertentwicklung fiktiv gebildeter Anteile eines intern beim Versicheurngsunternehmen gebildeten und vom übrigen Vermögen getrennten Sondervermögens, ohne dass eine Kapitalanlagegesellschaft eingebunden ist. Auch diese Anlageform ist nach § 54b Absatz 2 VAG zulässige Anlage innerhalb eines Versicherungsvertrages.

120 Interne Fonds können im Rahmen einer fondsgebundenen Überschussbeteiligung oder im Rahmen einer fondsgebundenen Rentenversicherung statt oder neben der Analge in Investmentfonds verwendet werden.

121 **Beispiel:** „1. Für die fondsgebundene Überschussverwendung stehen der Fonds … [Fonds 1] und der … [Fonds 2] zur Verfügung. Diese beiden thesaurierenden Fonds sind sogenannte „interne Fonds" der … Lebensversicherung AG. Sie sind Bestandteile eines bei uns eingerichteten Sondersicherungsvermögens, das von unserem sonstigen Vermögen getrennt ist.
Die Anlage der jährlichen Überschussanteile erfolgt in den ersten fünf Versicherungsjahren in Fondsanteile des …[Fonds 1], wenn Sie nichts anderes mit uns vereinbart haben. Ab dem sechsten Versicherungsjahr können Sie den Fonds …[Fonds 1] wechseln.
2. Im Mittelpunkt des … [Fonds 1] steht die Aktienanlage in erstklassige europäische Standardwerte (Blue Chips) im Europäischen Wirtschaftsraum, die sich durch eine hervorragende Positionierung innerhalb ihrer Branchen auszeichnen und eine hohe Marktkapitalisierung sowie Liquidität aufweisen. Bei der Titelauswahl spielen die Aspekte der Gewinndynamik und Substanzstärke eine große Rolle. Damit nehmen Sie an den langfristigen Entwicklungschancen der Aktienmärkte in Europa teil. Als Anlageziel wird ein nachhaltiger Wertzuwachs angestrebt.
Im Vordergrund der Anlagen beim … [Fonds 2] stehen festverzinsliche Wertpapiere guter Bonität, die an einer der europäischen Börsen gehandelt werden. Damit partizipiert der Fonds an der Wertentwicklung des europäischen Rentenmarktes. Als Anlageziel wird ein stetiger Ertragszuwachs angestrebt.
Die Anlageentscheidungen werden auf Basis von Einschätzungen über die Lage von Wirtschaft und Kapitalmarkt unter Einsatz von bestimmten Anlageinstrumenten getroffen. Anlageinstru-

mente sind beispielsweise festverzinsliche Wertpapiere, Aktien oder Derivate wie Finanzterminkontrakte oder Optionen.
Diese Geschäfte enthalten nicht nur Gewinn- und Ertragschancen, sondern stets auch Risiken. Neben den Risiken bei Wertpapieren, die durch Kursschwankungen charakterisiert sind und bei Aktien höher ausfallen als bei festverzinslichen Wertpapieren, existieren Bonitätsrisiken, d. h. Risiken des Vermögensverfalls von Emittenten bzw. Schuldnern. Die letztgenannten Risiken werden durch die gesetzlichen Anlagegrenzen des Investmentgesetzes (InvG) und durch moderne Analysemethoden des Managements minimiert.
Derivative Instrumente können ebenfalls eingesetzt werden. Derivative sind börsenmäßig oder außerbörslich gehandelte Rechte, deren Preise von der Entwicklung des Börsen- oder Marktpreises von Wertpapieren oder der Veränderung von Zinssätzen oder Devisenkursen abhängen. Sie dienen u. a. der Absicherung gegen Kurs- oder Preisänderungsrisiken (Beispiele: Optionen, Futures, Termingeschäfte).
Damit können höhere Risiken verbunden sein, als diese bei Wertpapiergeschäften am Kassamarkt auftreten. Derivative Geschäfte können aber auch Risiken im Fonds reduzieren, wenn sie zur Absicherung verwendet werden.
Eine Garantie über das Erreichen der Anlageziele kann nicht gegeben werden und darf daraus auch nicht abgeleitet werden.
Sie haben die Chance, bei Wertsteigerungen der Fondsanteile einen Wertzuwachs zu erzielen. Bei Rückgang tragen Sie aber auch das Risiko der Wertminderung. Im Unterschied zu anderen Überschussverwendungsarten ist demnach ein Absinken des Werts schon erhaltener Überschussanteile möglich. Aber auch bei besonders ungünstiger Wertentwicklung bleibt die garantierte Versicherungsleistung erhalten.
3. Der Wert eines Fondsanteils berechnet sich so, dass der Gesamtwert der im jeweiligen internen Fonds enthaltenen Vermögenswerte nach Abzug der Fondsverwaltungsvergütung bewertet und durch die Gesamtzahl der den Fonds betreffenden Fondsanteile geteilt wird. Die Verwaltungsvergütungen betragen jährlich bis zu 1,75% des Gesamtwerts der im jeweiligen Fonds enthaltenen Vermögenswerte. Zurzeit betragen sie im ... [Fonds 1] jährlich ...% und im ... [Fonds 2] jährlich ...% des Gesamtwerts. Von Dritten in Rechnung gestellte Kosten im Zusammenhang mit dem Erwerb und der Veräußerung von Vermögensgegenständen, bankübliche Kosten für die Verwahrung von Wertpapieren und die im Zusammenhang mit den Kosten der Verwaltung und Verwahrung eventuell entstehenden Steuern gehen zu Lasten des jeweiligen Fonds.
Ausgabeaufschläge werden nicht berechnet.
4. Der Geldwert von bereits zugeteilten Überschussanteilen berechnet sich so: Die Zahl der auf die bereits zugeteilten Überschussanteile entfallenden Fondsanteile wird mit dem am maßgeblichen Stichtag geltenden Kurs (Wert eines Fondsanteils) multipliziert. Der Wertverlauf der in Fondsanteile umgewandelten Überschussanteile ist nicht vorhersehbar, da die Entwicklung des Werts eines Fondsanteils von der nicht vorauszusehenden Entwicklung des Kapitalmarktes abhängt und Schwankungen unterworfen ist.
Die Chancen und Risiken bei der Wertentwicklung von bereits zugeteilten Überschussanteilen entsprechen denen der zugeordneten Fondsanteile (Ziffer 2).
5. Für die Umwandlung von zugeteilten Überschussanteilen in Fondsanteile ist der erste Tag des neuen Versicherungsjahres der Stichtag.
6. Ist ein Stichtag kein Börsentag in Frankfurt am Main, gilt der vorherige Börsentag in Frankfurt am Main als Stichtag.
7. Im Leistungsfall wird der Geldwert der bereits zugeteilten Überschussanteile ermittelt und zur Erhöhung der Leistung verwendet. Die Fondsanteile werden in EUR bewertet. Für die Bewertung gilt der Kurs des Fonds zu den folgenden Stichtagen ....:
8. Bei Beendigung des Vertrags durch Kündigung werden die Fondsanteile in EUR bewertet. Für die Bewertung gilt der Kurs des Fonds zu folgenden Stichtagen ....
9. Ausgeschlossen sind:
– der unmittelbare Erwerb von Fondsanteilen,

- die Führung von Fondsanteilen über das Ende der Aufschubzeit bei einer Rentenversicherung hinaus und
- die Führung von Fondsanteilen über den Ablauf bei einer kapitalbildenden Lebensversicherung hinaus.

10. Fondswechsel:
Sie können schriftlich beantragen, dass die gesamten bereits zugeteilten Überschussanteile in Fondsanteile des anderen internen Fonds umgewandelt werden. Zukünftige Überschussanteile werden dann ebenfalls in Fondsanteile des anderen internen Fonds umgewandelt.
Stichtag ist der dritte Börsentag nach Eingang Ihres Antrags. In den beiden letzten Monaten der Aufschubzeit bei einer Rentenversicherung oder der Versicherungsdauer bei einer kapitalbildenden Lebensversicherung ist ein Fondswechsel nicht mehr möglich.
Ein Fondswechsel ist ohne zusätzliche Kosten einmal im Kalenderjahr möglich. Für jeden weiteren Fondswechsel werden Kosten von derzeit ... EUR fällig.
11. Treten bei Ihrem Vertrag mehrere Geschäftsvorfälle ein, bei denen die Fondsanteile zu bewerten sind, werden die auf Ihren Vertrag entfallenden Fondsanteile nur einmal bewertet. Als Stichtag gilt der für die Geschäftsvorfälle zeitlich zuerst eintretende Stichtag.
12. Wir haben das Recht, die beiden Fonds aufzulösen. In diesem Fall übertragen wir den Geldwert der auf Ihren Vertrag entfallenden Fondsanteile auf einen anderen Fonds. Dieser neue Fonds wird dem Anlageprofil des aufgelösten Fonds weitgehend entsprechen. Er kann ein Publikumsfonds bei einer Kapitalanlagegesellschaft, ein Spezialfonds bei einer Kapitalanlagegesellschaft oder ein anderer interner Fonds bei uns sein."

III. Wirksamkeit der Bestimmung

122 Bisher gibt es **keine grundsätzliche höchstrichterliche Rechtsprechung** zur Unwirksamkeit einzelner Leistungsbeschreibungen. Grundsätzlich ist hier eine klare, verständliche Beschreibung der vertraglichen Leistungen erforderlich. Dem Versicherungsnehmer müssen die Leistungen und deren Grenzen transparent werden.

§ 3 Wie erfolgt die Überschussbeteiligung?

(1) Sie erhalten gemäß § 153 des Versicherungsvertragsgesetzes (VVG) eine Überschussbeteiligung. Diese umfasst eine Beteiligung an den Überschüssen und während des Rentenbezugs auch an den Bewertungsreserven. Die Überschüsse und die Bewertungsreserven ermitteln wir nach den Vorschriften des Handelsgesetzbuches (HGB) und veröffentlichen sie jährlich im Geschäftsbericht.

Wir erläutern Ihnen,
- wie die Überschussbeteiligung der Versicherungsnehmer insgesamt erfolgt (Absatz 2),
- wie die Überschussbeteiligung Ihres konkreten Vertrags erfolgt (Absatz 3) und
- warum wir die Höhe der Überschussbeteiligung nicht garantieren können (Absatz 4).

(2) Wie erfolgt die Überschussbeteiligung der Versicherungsnehmer insgesamt?

Dazu erklären wir Ihnen
- aus welchen Quellen die Überschüsse stammen (a),
- wie wir mit diesen Überschüssen verfahren (b) und
- wie Bewertungsreserven entstehen und wir diese zuordnen (c).

(a) Überschüsse können aus drei verschiedenen Quellen entstehen:
- den Kapitalerträgen (aa),

– dem Risikoergebnis (bb) und
– dem übrigen Ergebnis (cc).

Wir beteiligen unsere Versicherungsnehmer an diesen Überschüssen; dabei beachten wir die Verordnung über die Mindestbeitragsrückerstattung in der Lebensversicherung (Mindestzuführungsverordnung) in der jeweils geltenden Fassung.

(aa) Kapitalerträge

Das Deckungskapital ist vor dem Rentenzahlungsbeginn nicht in unserem sonstigen Vermögen angelegt, sondern im Anlagestock (siehe § 1 Absatz 1). Deshalb erhalten fondsgebundene Rentenversicherungen vor dem Rentenzahlungsbeginn keine Überschüsse aus den Erträgen unserer Kapitalanlage. Mit Rentenzahlungsbeginn wird das Deckungskapital dem Anlagestock entnommen und der Wert in unserem sonstigen Vermögen angelegt, so dass Überschüsse aus den Kapitalerträgen entstehen können. Von den Nettoerträgen der nach der Mindestzuführungsverordnung maßgeblichen Kapitalanlagen erhalten die Versicherungsnehmer insgesamt mindestens den dort genannten prozentualen Anteil. In der derzeitigen Fassung der Verordnung sind grundsätzlich 90% vorgeschrieben. Aus diesem Betrag werden zunächst die Mittel entnommen, die für die garantierten Leistungen benötigt werden. Die verbleibenden Mittel verwenden wir für die Überschussbeteiligung der Versicherungsnehmer.

(bb) Risikoergebnis

Weitere Überschüsse entstehen insbesondere, wenn die tatsächliche Lebensdauer der Versicherten kürzer ist, als die bei der Tarifkalkulation zugrunde gelegte. In diesem Fall müssen wir weniger Renten als ursprünglich angenommen zahlen und können daher die Versicherungsnehmer an dem entstehenden Risikoergebnis beteiligen. An diesen Überschüssen werden die Versicherungsnehmer nach der derzeitigen Fassung der Mindestzuführungsverordnung grundsätzlich zu mindestens 75% beteiligt.

(cc) Übriges Ergebnis

Am übrigen Ergebnis werden die Versicherungsnehmer nach der derzeitigen Fassung der Mindestzuführungsverordnung grundsätzlich zu mindestens 50% beteiligt. Überschüsse aus dem übrigen Ergebnis können beispielsweise entstehen, wenn
– die Kosten niedriger sind als bei der Tarifkalkulation angenommen,
– wir andere Einnahmen als aus dem Versicherungsgeschäft haben, z. B. Erträge aus Dienstleistungen, die wir für andere Unternehmen erbringen,
– …

(b) Die auf die Versicherungsnehmer entfallenden Überschüsse führen wir der Rückstellung für Beitragsrückerstattung zu oder schreiben sie unmittelbar den überschussberechtigten Versicherungsverträgen gut (Direktgutschrift).

Die Rückstellung für Beitragsrückerstattung dient dazu, Schwankungen der Überschüsse auszugleichen. Sie darf grundsätzlich nur für die Überschussbeteiligung der Versicherungsnehmer verwendet werden. Nur in Ausnahmefällen und mit Zustimmung der Aufsichtsbehörde können wir hiervon nach § 56b des Versicherungsaufsichtsgesetzes (VAG) abweichen. Dies dürfen wir, soweit die Rückstellung für Beitragsrückerstattung nicht auf bereits festgelegte Überschussanteile entfällt. Nach der derzeitigen Fassung des § 56b VAG können wir im Interesse der Versicherten die Rückstellung für Beitragsrückerstattung heranziehen, um:
– einen drohenden Notstand abzuwehren,
– unvorhersehbare Verluste aus den überschussberechtigten Verträgen auszugleichen, die auf allgemeine Änderungen der Verhältnisse zurückzuführen sind, oder
– die Deckungsrückstellung zu erhöhen, wenn die Rechnungsgrundlagen auf Grund einer unvorhersehbaren und nicht nur vorübergehenden Änderung der Verhält-

nisse angepasst werden müssen. *(Eine Deckungsrückstellung bilden wir, um zu jedem Zeitpunkt den Versicherungsschutz gewährleisten zu können. Die Deckungsrückstellung wird nach § 65 VAG und § 341e und § 341f HGB sowie den dazu erlassenen Rechtsverordnungen berechnet.)*

Wenn wir die Rückstellung für Beitragsrückerstattung zum Verlustausgleich oder zur Erhöhung der Deckungsrückstellung heranziehen, belasten wir die Versichertenbestände verursachungsorientiert.

(c) Ab Rentenzahlungsbeginn können Bewertungsreserven entstehen, wenn der Marktwert der Kapitalanlagen über dem Wert liegt, mit dem die Kapitalanlagen im Geschäftsbericht ausgewiesen sind. Die Bewertungsreserven, die nach gesetzlichen und aufsichtsrechtlichen Vorschriften für die Beteiligung der Verträge zu berücksichtigen sind, ordnen wir den Verträgen nach einem verursachungsorientierten Verfahren anteilig rechnerisch zu.

Die Höhe der Bewertungsreserven ermitteln wir jährlich neu, zusätzlich auch

- für den Zeitpunkt der Beendigung eines Vertrages vor Rentenzahlungsbeginn,
- für den Beginn einer Rentenzahlung sowie
- während der Rentenzahlung jeweils für das Ende eines Versicherungsjahres.

(3) Wie erfolgt die Überschussbeteiligung Ihres Vertrages?

(a) Wir haben gleichartige Versicherungen (z. B. Rentenversicherung, Risikoversicherung) zu Gewinngruppen zusammengefasst. Gewinngruppen bilden wir, um die Unterschiede bei den versicherten Risiken zu berücksichtigen. Die Überschüsse verteilen wir auf die einzelnen Gewinngruppen nach einem verursachungsorientierten Verfahren und zwar in dem Maß, wie die Gewinngruppen zur Entstehung von Überschüssen beigetragen haben.

Ihr Vertrag erhält Anteile an den Überschüssen derjenigen Gewinngruppe, die in Ihrem Versicherungsschein genannt ist. Die Mittel für die Überschussanteile werden bei der Direktgutschrift zu Lasten des Ergebnisses des Geschäftsjahres finanziert, ansonsten der Rückstellung für Beitragsrückerstattung entnommen. Die Höhe der Überschussanteilsätze legen wir jedes Jahr fest. Wir veröffentlichen die Überschussanteilsätze in unserem Geschäftsbericht. Diesen können Sie bei uns anfordern.

(b) Wir teilen Ihrem Vertrag jeweils zum Ende des Versicherungsjahres den auf das folgende Jahr entfallenden Teil des zugeordneten Anteils an den Bewertungsreserven entsprechend der jeweils geltenden gesetzlichen Regelung (§ 153 VVG) zu. Aufsichtsrechtliche Regelungen können dazu führen, dass die Beteiligung an den Bewertungsreserven ganz oder teilweise entfällt.

(c) Die für die Überschussbeteiligung geltenden Berechnungsgrundsätze sind in den als Anlage beigefügten „Bestimmungen zur Überschussbeteiligung für die fondsgebundene Rentenversicherung mit aufgeschobener Rentenzahlung" enthalten. Diese Bestimmungen sind Bestandteil dieser Versicherungsbedingungen.

(4) Warum können wir die Höhe der Überschussbeteiligung nicht garantieren?

Die Höhe der Überschussbeteiligung hängt von vielen Einflüssen ab, die nicht vorhersehbar und von uns nur begrenzt beeinflussbar sind. Wichtigster Einflussfaktor ist nach dem Rentenzahlungsbeginn die Entwicklung des Kapitalmarkts. Aber auch die Entwicklung des versicherten Risikos und der Kosten ist von Bedeutung. Die Höhe der künftigen Überschussbeteiligung kann also nicht garantiert werden. Über die Entwicklung Ihrer Überschussbeteiligung werden wir Sie jährlich unterrichten.

1 § 3 entspricht **§ 2 ARB.** Vgl. die Erläuterungen dort (→ ARB § 2 Rn. 1 ff.).

Bei der fondsgebundenen Rentenversicherung wird das Deckungskapital vor Rentenzahlungsbeginn im Anlagestock für Rechnung und Risiko des Versicherungsnehmers angelegt. Die **Bewertung erfolgt marktnah und vertragsindividuell.** Aus diesem Grund können keine kollektiven Kapitalerträge entstehen. Eine Beteiligung an dieser Überschussquelle während der Ansparphase entfällt ebenso wie die Beteiligung an den Bewertungsreserven.

Anders ausgedrückt partizipiert der Versicherungsnehmer bereits zu 100% an den Erträgen der Fondsanlage, ohne dass ein separater Sparprozess stattfindet.[1] Von den Prämien werden nur die dem Versicherungsnehmer zugeschriebenen Fondsanteile finanziert, nicht jedoch andere Kapitalanlagen des Versicherungsunternehmens.[2] Dementsprechend beträgt die Überschussbeteiligung bezogen auf die Erträge aus Kapitalanlagen und die Beteiligung an den Bewertungsreserven aus letzteren Null.[3]

§ 4 Wann beginnt Ihr Versicherungsschutz?

Ihr Versicherungsschutz beginnt, wenn Sie den Vertrag mit uns abgeschlossen haben. Jedoch besteht vor dem im Versicherungsschein angegebenen Versicherungsbeginn kein Versicherungsschutz. Allerdings kann unsere Leistungspflicht entfallen, wenn Sie den Beitrag nicht rechtzeitig zahlen (siehe § 12 Absätze 2 und 3 und § 13).

§ 4 entspricht § 3 ARB. Vgl. die Erläuterungen dort (→ ARB § 3 Rn. 1 ff.). **1**

§ 5 Was gilt bei Polizei- oder Wehrdienst, Unruhen, Krieg oder Einsatz bzw. Freisetzen von ABC-Waffen/-Stoffen?

(1) Grundsätzlich leisten wir unabhängig davon, auf welcher Ursache der Versicherungsfall beruht. Wir leisten auch dann, wenn die versicherte Person *(das ist die Person, auf deren Leben die Versicherung abgeschlossen ist)* in Ausübung des Polizei- oder Wehrdienstes oder bei inneren Unruhen gestorben ist.

(2) Stirbt die versicherte Person in unmittelbarem oder mittelbarem Zusammenhang mit kriegerischen Ereignissen, ist unsere Leistung eingeschränkt. In diesem Fall vermindert sich eine für den Todesfall vereinbarte Kapitalleistung auf den für den Todestag berechneten Rückkaufswert (siehe § 16 Absätze 3 und 4), ohne den dort vorgesehenen Abzug. Eine für den Todesfall vereinbarte Rentenleistung vermindert sich auf den Betrag, den wir aus dem für den Todestag berechneten Rückkaufswert erbringen können. Unsere Leistungen vermindern sich nicht, wenn die versicherte Person in unmittelbarem oder mittelbarem Zusammenhang mit kriegerischen Ereignissen stirbt, denen sie während eines Aufenthaltes außerhalb der Bundesrepublik Deutschland ausgesetzt und an denen sie nicht aktiv beteiligt war.

(3) In folgenden Fällen vermindern sich unsere Leistungen auf die in Absatz 2 Satz 2 und 3 genannten Leistungen: Die versicherte Person stirbt in unmittelbarem oder mittelbarem Zusammenhang mit

– dem vorsätzlichen Einsatz von atomaren, biologischen oder chemischen Waffen oder

[1] *Brambach* in Rüffer/Halbach/Schimikowski § 153 Rn. 54.
[2] *Brambach* in Rüffer/Halbach/Schimikowski § 153 Rn. 54.
[3] *Brambach* in Rüffer/Halbach/Schimikowski § 153 Rn. 54.

– dem vorsätzlichen Einsatz oder der vorsätzlichen Freisetzung von radioaktiven, biologischen oder chemischen Stoffen.

Der Einsatz bzw. das Freisetzen muss dabei darauf gerichtet gewesen sein, das Leben einer Vielzahl von Personen zu gefährden. Unsere Leistungen vermindern sich nicht, wenn die versicherte Person in unmittelbarem oder mittelbarem Zusammenhang mit kriegerischen Ereignissen stirbt, denen sie während eines Aufenthaltes außerhalb der Bundesrepublik Deutschland ausgesetzt und an denen sie nicht aktiv beteiligt war.

1 § 5 ARB-F entspricht § 4 ARB. Vgl. die Erläuterungen dort (→ ARB § 4 Rn. 1 ff.).

§ 6 Was gilt bei Selbsttötung der versicherten Person?

(1) Bei vorsätzlicher Selbsttötung erbringen wir eine für den Todesfall vereinbarte Leistung, wenn seit Abschluss des Vertrages **drei Jahre vergangen** sind.

(2) Bei vorsätzlicher Selbsttötung **vor** Ablauf der Dreijahresfrist besteht kein Versicherungsschutz. In diesem Fall zahlen wir den für den Todestag berechneten Rückkaufswert Ihres Vertrages (siehe § 16 Abs. 3 und 4)

– ohne den dort vorgesehenen Abzug,
– allerdings nicht mehr als eine für den Todesfall vereinbarte **Kapitalleistung.**

Wenn für den Todesfall eine **Rentenleistung** vereinbart wurde, vermindern sich diese Rentenleistungen auf den Betrag, den wir aus dem für den Todestag berechneten Rückkaufswert erbringen können.

Wenn uns nachgewiesen wird, dass sich die versicherte Person *(das ist die Person, auf deren Leben die Versicherung abgeschlossen ist)* in einem die freie Willensbestimmung ausschließenden Zustand krankhafter Störung der Geistestätigkeit selbst getötet hat, besteht Versicherungsschutz.

(3) Wenn unsere Leistungspflicht durch eine Änderung des Vertrages erweitert wird oder der Vertrag wiederhergestellt wird, beginnt die Dreijahresfrist bezüglich des geänderten oder wiederhergestellten Teils neu.

1 § 6 ARB-F entspricht § 5 ARB. Vgl. die Erläuterungen dort (→ ARB § 5 Rn. 1 ff.).

§ 7 Was bedeutet die vorvertragliche Anzeigepflicht und welche Folgen hat ihre Verletzung?

Vorvertragliche Anzeigepflicht

(1) Sie sind bis zur Abgabe Ihrer Vertragserklärung verpflichtet, alle Ihnen bekannten gefahrerheblichen Umstände, nach denen wir in Textform *(z. B. Papierform oder E-Mail)* gefragt haben, wahrheitsgemäß und vollständig anzuzeigen. Gefahrerheblich sind die Umstände, die für unsere Entscheidung, den Vertrag überhaupt oder mit dem vereinbarten Inhalt zu schließen, erheblich sind.

Diese Anzeigepflicht gilt auch für Fragen nach gefahrerheblichen Umständen, die wir Ihnen nach Ihrer Vertragserklärung, aber vor Vertragsannahme, in Textform stellen.

(2) Soll das Leben einer anderen Person versichert werden, ist auch diese – neben Ihnen – zu wahrheitsgemäßer und vollständiger Beantwortung der Fragen verpflichtet.

(3) Wenn eine andere Person die Fragen nach gefahrerheblichen Umständen für Sie beantwortet und wenn diese Person den gefahrerheblichen Umstand kennt oder arglistig handelt, werden Sie behandelt, als hätten Sie selbst davon Kenntnis gehabt oder arglistig gehandelt.

Rechtsfolgen der Anzeigepflichtverletzung

(4) Nachfolgend informieren wir Sie, unter welchen Voraussetzungen wir bei einer Verletzung der Anzeigepflicht

- vom Vertrag zurücktreten,
- den Vertrag kündigen,
- den Vertrag ändern oder
- den Vertrag wegen arglistiger Täuschung anfechten

können.

Rücktritt

(5) Wenn die vorvertragliche Anzeigepflicht verletzt wird, können wir vom Vertrag zurücktreten. Das Rücktrittsrecht besteht nicht, wenn weder eine vorsätzliche noch eine grob fahrlässige Anzeigepflichtverletzung vorliegt. Selbst wenn die Anzeigepflicht grob fahrlässig verletzt wird, haben wir trotzdem kein Rücktrittsrecht, falls wir den Vertrag – möglicherweise zu anderen Bedingungen *(z. B. höherer Beitrag oder eingeschränkter Versicherungsschutz)* – auch bei Kenntnis der nicht angezeigten gefahrerheblichen Umstände geschlossen hätten.

(6) Im Fall des Rücktritts haben Sie keinen Versicherungsschutz. Wenn wir nach Eintritt des Versicherungsfalles zurücktreten, bleibt unsere Leistungspflicht unter folgender Voraussetzung trotzdem bestehen: Die Verletzung der Anzeigepflicht bezieht sich auf einen gefahrerheblichen Umstand, der

- weder für den Eintritt oder die Feststellung des Versicherungsfalles
- noch für die Feststellung oder den Umfang unserer Leistungspflicht ursächlich

war.

Unsere Leistungspflicht entfällt jedoch auch im vorstehend genannten Fall, wenn die Anzeigepflicht arglistig verletzt worden ist.

(7) Wenn der Vertrag durch Rücktritt aufgehoben wird, zahlen wir den Rückkaufswert gemäß § 16 Absätze 3 und 4; die Regelung des § 16 Absatz 3 Satz 2 bis 4 gilt nicht. Die Rückzahlung der Beiträge können Sie nicht verlangen.

Kündigung

(8) Wenn unser Rücktrittsrecht ausgeschlossen ist, weil die Verletzung der Anzeigepflicht weder vorsätzlich noch grob fahrlässig erfolgt ist, können wir den Vertrag unter Einhaltung einer Frist von einem Monat kündigen.

(9) Unser Kündigungsrecht ist ausgeschlossen, wenn wir den Vertrag – möglicherweise zu anderen Bedingungen *(z. B. höherer Beitrag oder eingeschränkter Versicherungsschutz)* – auch bei Kenntnis der nicht angezeigten gefahrerheblichen Umstände geschlossen hätten.

(10) Wenn wir den Vertrag kündigen, wandelt er sich in einen beitragsfreien Vertrag um (siehe § 17 Absätze 2 bis 4).

Vertragsänderung

(11) Können wir nicht zurücktreten oder kündigen, weil wir den Vertrag – möglicherweise zu anderen Bedingungen *(z. B. höherer Beitrag oder eingeschränkter Versicherungsschutz)* – auch bei Kenntnis der nicht angezeigten gefahrerheblichen Umstände geschlossen hätten (Absatz 5 Satz 3 und Absatz 9), werden die anderen Bedingungen auf unser Verlangen rückwirkend Vertragsbestandteil. Haben Sie die Anzeigepflichtverletzung nicht zu vertreten, werden die anderen Bedingungen erst

ab der laufenden Versicherungsperiode (siehe § 12 Absatz 2 Satz 3) Vertragsbestandteil.

(12) Sie können den Vertrag innerhalb eines Monats, nachdem Sie unsere Mitteilung über die Vertragsänderung erhalten haben, fristlos kündigen, wenn

- wir im Rahmen einer Vertragsänderung den Beitrag um mehr als 10% erhöhen oder
- wir die Gefahrabsicherung für einen nicht angezeigten Umstand ausschließen.

Auf dieses Recht werden wir Sie in der Mitteilung über die Vertragsänderung hinweisen.

Voraussetzungen für die Ausübung unserer Rechte

(13) Unsere Rechte zum Rücktritt, zur Kündigung oder zur Vertragsänderung stehen uns nur zu, wenn wir Sie durch gesonderte Mitteilung in Textform auf die Folgen einer Anzeigepflichtverletzung hingewiesen haben.

(14) Wir haben kein Recht zum Rücktritt, zur Kündigung oder zur Vertragsänderung, wenn wir den nicht angezeigten Umstand oder die Unrichtigkeit der Anzeige kannten.

(15) Wir können unsere Rechte zum Rücktritt, zur Kündigung oder zur Vertragsänderung nur innerhalb eines Monats geltend machen. Die Frist beginnt mit dem Zeitpunkt, zu dem wir von der Verletzung der Anzeigepflicht, die das von uns geltend gemachte Recht begründet, Kenntnis erlangen. Bei Ausübung unserer Rechte müssen wir die Umstände angeben, auf die wir unsere Erklärung stützen. Zur Begründung können wir nachträglich weitere Umstände angeben, wenn für diese die Frist nach Satz 1 nicht verstrichen ist.

(16) Nach Ablauf von fünf Jahren seit Vertragsschluss erlöschen unsere Rechte zum Rücktritt, zur Kündigung oder zur Vertragsänderung. Ist der Versicherungsfall vor Ablauf dieser Frist eingetreten, können wir die Rechte auch nach Ablauf der Frist geltend machen. Ist die Anzeigepflicht vorsätzlich oder arglistig verletzt worden, beträgt die Frist zehn Jahre.

Anfechtung

(17) Wir können den Vertrag auch anfechten, falls unsere Entscheidung zur Annahme des Vertrages durch unrichtige oder unvollständige Angaben bewusst und gewollt beeinflusst worden ist. Handelt es sich um Angaben der **versicherten Person** *(das ist die Person, auf deren Leben die Versicherung abgeschlossen ist),* können wir **Ihnen** gegenüber die Anfechtung erklären, auch wenn Sie von der Verletzung der vorvertraglichen Anzeigepflicht keine Kenntnis hatten. Absatz 7 gilt entsprechend.

Leistungserweiterung/Wiederherstellung der Versicherung

(18) Die Absätze 1 bis 17 gelten entsprechend, wenn der Versicherungsschutz nachträglich erweitert oder wiederhergestellt wird und deshalb eine erneute Risikoprüfung vorgenommen wird. Die Fristen nach Absatz 16 beginnen mit der Änderung oder Wiederherstellung des Vertrages bezüglich des geänderten oder wiederhergestellten Teils neu.

Erklärungsempfänger

(19) Wir üben unsere Rechte durch eine schriftliche Erklärung aus, die wir Ihnen gegenüber abgeben. Sofern Sie uns keine andere Person als Bevollmächtigten benannt haben, gilt nach Ihrem Tod ein Bezugsberechtigter als bevollmächtigt, diese Erklärung entgegenzunehmen. Ist kein Bezugsberechtigter vorhanden oder kann sein Aufenthalt nicht ermittelt werden, können wir den Inhaber des Versicherungsscheins als bevollmächtigt ansehen, die Erklärung entgegenzunehmen.

1 § 7 entspricht § 6 ARB. Vgl. die Erläuterungen dort (→ ARB § 6 Rn. 1 ff.).

§ 8 Was ist zu beachten, wenn eine Leistung verlangt wird?

(1) Wird eine Leistung aus dem Vertrag beansprucht, können wir verlangen, dass uns der Versicherungsschein und ein Zeugnis über den Tag der Geburt der versicherten Person *(das ist die Person, auf deren Leben die Versicherung abgeschlossen ist)* vorgelegt werden.

(2) Vor jeder Rentenzahlung können wir auf unsere Kosten eine amtliche Bescheinigung darüber verlangen, dass die versicherte Person noch lebt.

(3) Der Tod der versicherten Person muss uns unverzüglich *(d. h. ohne schuldhaftes Zögern)* mitgeteilt werden. Außerdem muss uns eine amtliche Sterbeurkunde mit Angabe von Alter und Geburtsort vorgelegt werden. Dies gilt auch, wenn für den Todesfall keine Leistung vereinbart wurde. Wenn für den Todesfall eine Leistung vereinbart wurde, muss uns zusätzlich eine ausführliche ärztliche oder amtliche Bescheinigung über die Todesursache vorgelegt werden. Aus der Bescheinigung müssen sich Beginn und Verlauf der Krankheit, die zum Tod der versicherten Person geführt hat, ergeben.

(4) Wir können weitere Nachweise und Auskünfte verlangen, wenn dies erforderlich ist, um unsere Leistungspflicht zu klären. Die Kosten hierfür muss diejenige Person tragen, die die Leistung beansprucht.

(5) Unsere Leistungen werden fällig, nachdem wir die Erhebungen abgeschlossen haben, die zur Feststellung des Versicherungsfalls und des Umfangs unserer Leistungspflicht notwendig sind. Wenn eine der in den Absätzen 1 bis 4 genannten Pflichten nicht erfüllt wird, kann dies zur Folge haben, dass wir nicht feststellen können, ob oder in welchem Umfang wir leistungspflichtig sind. Eine solche Pflichtverletzung kann somit dazu führen, dass unsere Leistung nicht fällig wird.

(6) Bei Überweisung von Leistungen in Länder außerhalb des Europäischen Wirtschaftsraumes trägt die empfangsberechtigte Person die damit verbundene Gefahr.

§ 8 entspricht § 7 ARB. Es kann vollständig auf die Kommentierung zu § 7 ARB verwiesen werden (→ ARB § 7 Rn. 1 ff.). **1**

§ 9 Welche Bedeutung hat der Versicherungsschein?

(1) Wir können Ihnen den Versicherungsschein in Textform *(z. B. Papierform, E-Mail)* übermitteln. Stellen wir diesen als Dokument in Papierform aus, dann liegt eine Urkunde vor. Sie können die Ausstellung als Urkunde verlangen.

(2) Den Inhaber der Urkunde können wir als berechtigt ansehen, über die Rechte aus dem Vertrag zu verfügen, insbesondere Leistungen in Empfang zu nehmen. Wir können aber verlangen, dass uns der Inhaber der Urkunde seine Berechtigung nachweist.

§ 9 entspricht § 8 ARB. Es kann vollständig auf die Kommentierung zu § 8 ARB verwiesen werden (→ § 8 ARB). **1**

§ 10 Wer erhält die Leistung?

(1) Als unser Versicherungsnehmer können Sie bestimmen, wer die Leistung erhält. Wenn sie keine Bestimmung treffen, leisten wir an Sie.

Bezugsberechtigung

(2) Sie können uns **widerruflich** oder unwiderruflich eine andere Person benennen, die die Leistung erhalten soll (Bezugsberechtigter).

Wenn Sie ein Bezugsrecht widerruflich bestimmen, erwirbt der Bezugsberechtigte das Recht auf die Leistung erst mit dem Eintritt des jeweiligen Versicherungsfalls. Deshalb können Sie Ihre Bestimmung bis zum Eintritt des jeweiligen Versicherungsfalls jederzeit widerrufen. Wenn wir Renten zahlen, tritt mit jeder Fälligkeit einer Rente ein eigener Versicherungsfall ein.

Sie können ausdrücklich bestimmen, dass der Bezugsberechtigte sofort und **unwiderruflich** das Recht auf die Leistung erhält. Sobald uns Ihre Erklärung zugegangen ist, kann dieses Bezugsrecht nur noch mit Zustimmung des unwiderruflich Bezugsberechtigten geändert werden.

Abtretung und Verpfändung

(3) Sie können das Recht auf die Leistung bis zum Eintritt des jeweiligen Versicherungsfalls grundsätzlich ganz oder teilweise an Dritte abtreten und verpfänden, soweit derartige Verfügungen rechtlich möglich sind.

Anzeige

(4) Die Einräumung und der Widerruf eines Bezugsrechts (Absatz 2) sowie die Abtretung und die Verpfändung (Absatz 3) sind uns gegenüber nur und erst dann wirksam, wenn sie uns vom bisherigen Berechtigten in Schriftform *(d. h. durch ein eigenhändig unterschriebenes Schriftstück)* angezeigt worden sind. Der bisherige Berechtigte sind im Regelfall Sie als unser Versicherungsnehmer. Es können aber auch andere Personen sein, sofern Sie bereits zuvor Verfügungen (z. B. unwiderrufliche Bezugsberechtigung, Abtretung, Verpfändung) getroffen haben.

1 § 10 entspricht § 9 ARB. Es kann vollständig auf die Kommentierung zu § 9 ARB (→ ARB) verwiesen werden.

§ 11 Wie verwenden wir Ihre Beiträge?

(1) Wir führen Ihre Beiträge, soweit sie nicht zur Deckung von Kosten bestimmt sind, dem Anlagestock (s. § 1 Abs. 1) zu und rechnen sie zum [...] (Stichtag) in Anteileinheiten des gewählten Fonds um. Wenn Sie mehrere Fonds gewählt haben, teilen wir den anzulegenden Betrag gleichmäßig auf die von Ihnen gewählten Fonds auf.

Einen Teil Ihrer Beiträge benötigen wir zur Deckung des Todesfallrisikos (Risikobeiträge). Die Risikobeiträge berechnen wir nach anerkannten Regeln der Versicherungsmathematik und entnehmen sie monatlich zum [...] (Stichtag) dem Deckungskapital.

Bei Versicherungen gegen Einmalbeitrag sowie bei beitragsfreien Versicherungen entnehmen wir die für die Deckung von Kosten bestimmten Beträge ebenfalls zum Stichtag dem Deckungskapital.

(2) Bei Versicherungen gegen Einmalbetrag und beitragsfreien Versicherungen kann die in Absatz 1 genannte monatliche Entnahme der Beträge, die für die Deckung von Kosten bestimmt sind, bei extrem ungünstiger Entwicklung der im Anlagestock enthaltenen Werte dazu führen, dass das gesamte Deckungskapital vor Rentenbeginn aufgebraucht ist und der Versicherungsschutz damit endet. In einem solchen Fall werden wir Sie rechtzeitig darauf hinweisen und Ihnen Maßnahmen vorschlagen, wie Sie den Versicherungsschutz aufrechterhalten können.

Schrifttum: Vgl. Angaben zu § 15 ARB-F.

I. Überblick

Die Regelungen in § 11 der ARB-F beschreibt die Verwendung der vom Versicherungsnehmer gezahlten Beiträge. Die Musterbedingungen sehen neben der Zahlung einer lebenslangen Rente auch eine Leistung bei Tod der versicherten Person vor dem Rentenbeginn vor. Danach sind aus den Beiträgen im Grundsatz **drei Verwendungszwecke** darzustellen, die die Regelung beschreibt[1]: 1

- Aufbau des fondsgebundenen Deckungskapitals zur Bildung der lebenslangen Rente bei Rentenbeginn (§ 1 Abs. 1, 4 ARB-F)
- Deckung des Todesfallrisikos (§ 2 Abs. 4 ARB-F)
- Deckung der Kosten (§ 19 ARB-F)

Bei Versicherungen gegen **Einmalbeitrag** oder solchen Versicherungen, die vom Versicherungsnehmer beitragsfrei gestellt worden sind (§ 165 VVG) oder die planmäßig beitragsfrei sind, weil ihre Beitragszahlungsdauer abgelaufen ist, fehlen die laufenden Beiträge zur Deckung des Todesfallrisikos und der Kosten. Da es bei der fondsgebundenen Lebensversicherung – anders als bei konventionellen Produkten – keine Zinsgarantie auf die Deckungsrückstellung und daher auch keinen fest planbaren Zustrom von Geldmitteln zum Deckungskapital gibt[2], müssen die Mittel für die Deckung des Risikos und der Kosten dem fondsgebundenen Deckungskapital selbst entnommen werden[3]. 2

II. Kommentierung der Klauselbestimmungen

§ 11 Abs. 1 ARB-F regelt zunächst, dass der nach Abzug von Kostenanteilen verbleibende sog. **Spar- oder Anlagebeitrag** dem Anlagestock des Versicherers zugeführt wird. Der **Anlagestock** ist die Abteilung des Sicherungsvermögens für die Vermögensgegenstände, die für Leistungen aus fondsgebundenen Lebensversicherungen vorgesehen sind (§ 54b Abs. 1 VAG)[4]. Die dem Vertrag zugeordneten Fondsanteile im Anlagestock bilden das fondsgebundene Deckungskapital des Vertrages (§ 1 Abs. 1 ARB-F).[5] 3

Der **Erwerb von Fondsanteilen** findet nicht unbedingt unmittelbar nach dem Zugang des Beitrags beim Versicherer statt, sondern zu dem in den AVB konkret vereinbarten Stichtag.[6] Der Ausgabepreis der Fondsanteile am Stichtag ist für den Erwerb der Anteile maßgeblich.[7] Einen Kostenanteil bei der Umrechnung in Anteileinheiten des Deckungskapitals sieht die Musterregelung nicht vor.[8] 4

---

[1] Vgl. Mustergeschäftsplan des BAV 1990, 3, 7; *Sax* VerBAV 1990, 258 (262); VerBAV 1990, 324 (325).

[2] Vgl. *Sax* VerBAV 1990, 232f.; *ders.* 258 (262, 265).

[3] *Sax* VerBAV 1990, 324 (327).

[4] *Sax* VerBAV 1990, 232 (233); *ders.* VerBAV 1990, 324 (327).

[5] Mustergeschäftsplan des BAV für die Fondsgebundene Lebensversicherung, VerBAV 1990, 3 (7f.); *Sax* VerBAV 1990, 232 (235f.).

[6] Vor der Deregulierung war dies grundsätzlich der letzte Börsentag des Monats: Mustergeschäftsplan des BAV für die Fondsgebundene Lebensversicherung, VerBAV 1990, 3 (7f.); *Sax* VerBAV 1990, 324 (327.)

[7] Vgl. *Sax* VerBAV 1990, 258 (262).

[8] Dies wäre mit einer entsprechenden Vereinbarung in den AVB möglich, um aufsichts-

Lebensversicherer führen den Erwerb und Verkauf der Fondsanteile in der Regel für alle jeweils betroffenen Versicherungsverträge gesammelt **zu bestimmten Terminen** durch, um die Verwaltung einer Vielzahl von Versicherungsverträgen handhabbar und kostengünstig zu gestalten. Das bedeutet auch, dass ein taggenaues Umschichten des fondsgebundenen Deckungskapitals, etwa unter Ausnutzung täglicher Preisschwankungen, im Rahmen einer fondsgebundenen Lebensversicherung – je nach der Stichtagsregelung – nicht oder nur eingeschränkt möglich ist (§ 14 ARB-F). Für ein langfristig ausgelegtes Vorsorgeprodukt erscheint dies auch nicht erforderlich.

5 Die Regelung stellt ferner ausdrücklich klar, dass nicht der gesamte vom Versicherungsnehmer gezahlte Beitrag im fondsgebundenen Deckungskapital angelegt wird, sondern **nur ein Teil** davon. Insoweit unterscheidet sich die fondsgebundene Lebensversicherung nicht von konventionellen Versicherungsprodukten. Es ist bei einer Vielzahl der am Markt vorhandenen Finanzprodukte üblich, dass aus den Beiträgen des Kunden nicht nur Leistungen finanziert, sondern auch Kosten gedeckt werden müssen. Dem verständigen Verbraucher ist dies hinreichend bekannt, so dass die Regelung weder überraschend (§ 305 c BGB) erscheint, noch den Versicherungsnehmer unangemessen benachteiligt (§ 307 BGB).[9] Die Musterregelung ist weiterhin auch sprachlich klar gefasst und unter der Überschrift, die die Verwendung der Beiträge direkt anspricht, leicht auffindbar.

6 Im Hinblick auf die Risikobeiträge sieht **Absatz 1** eine regelmäßige Entnahme aus dem fondsgebundenen Deckungskapital vor.[10] Denkbar erscheint ebenfalls eine Deckung direkt aus den laufenden Beiträgen, wie dies auch für die Kosten vorgesehen ist. Die Entnahme erfolgt ebenfalls zum vereinbarten Stichtag. Beispielhaft vorgeschlagen wird eine monatliche Entnahme; die Stichtagsregelung ist jedoch konkret vom jeweiligen Versicherer zu vereinbaren. Werden keine laufenden Beiträge mehr gezahlt, werden die Kosten zusammen mit den Risikobeiträgen zum Stichtag dem Deckungskapital entnommen.[11]

7 § 11 **Abs. 2** der Musterregelung beschreibt den Fall, dass bei einem Vertrag ohne laufende Beitragszahlung die regelmäßige Entnahme der Kosten aus dem fondsgebundenen Deckungskapital dieses vor dem Rentenbeginn aufzehrt, weil der Fonds sich ungünstig entwickelt hat[12]. Wenn dieser Fall eintritt, so erlischt der Versicherungsvertrag, denn dann können weder die vereinbarten Leistungen (Rente und Todesfallschutz) noch die Kosten mehr finanziert werden. Dieses Ergebnis steht auch in Einklang mit den gesetzlichen Grundgedanken, wie § 165 Abs. 1 S. 2 VVG zeigt, wonach ein Lebensversicherer nicht gehalten ist, einen Vertrag fortzuführen, dessen Deckungskapital für eine auskömmliche Finanzierung der Leistungen zu gering ist. Hiermit soll das Kollektiv der Versicherten nicht belastet werden.

---

rechtlich erforderliche Sicherheitszuschläge für die Kostendeckung darzustellen; vgl. *Sax* VerBAV 1990, 324.

[9] Vgl. ausdrücklich für die fondsgebundene Versicherung OLG Hamm VersR 2006, 777; *Neuhaus/Kloth* MDR 2007, 318 (323).

[10] Mustergeschäftsplan des BAV für die Fondsgebundene Lebensversicherung, VerBAV 1990, 3, 6f.; *Sax* VerBAV 1990, 232 (235f.).

[11] Mustergeschäftsplan des BAV für die Fondsgebundene Lebensversicherung, VerBAV 1990, 3 (6f.).

[12] Eine entsprechende Regelung war auch schon in regulierter Zeit nach Auffassung der Aufsichtsbehörde in die AVB aufzunehmen; *Sax* VerBAV 1990, 258 (262f.).

Um diese Folge für den Versicherungsnehmer abzumildern sieht die Musterregelung eine **Information** bei entsprechend gefährdeten Versicherungsverträgen vor[13]. Diese soll rechtzeitig erfolgen, also regelmäßig dann, wenn der Versicherer erkennt, dass das fondsgebundene Deckungskapital bei weiterem Fortgang aufgezehrt werden wird, und eine Erholung des Wertes der Fondsanteile nicht mehr (rechtzeitig) zu erwarten ist. Gegenmaßnahmen, die der Versicherer vorschlagen kann, können etwa nachträgliche Zuzahlungen sein, um eine gewisse Mindesthöhe der Rente zu erreichen, aber auch zB eine Übertragung des Deckungskapitals in einen anderen Fonds mit besseren Entwicklungschancen (§ 14 ARB-F). 8

Zu berücksichtigen ist, dass fondsgebundene Lebensversicherungsprodukte in der Regel so kalkuliert sind, dass das fondsgebundene Deckungskapital auch beitragsfreier Verträge im Normalfall bis zum Rentenbeginn **nicht völlig von den Kosten aufgezehrt** wird.[14] Es handelt sich daher grundsätzlich um einen Ausnahmefall aufgrund extrem ungünstiger Entwicklung der Fondsanteile, bei dem sich wiederum das dem Versicherungsnehmer vertraglich zugewiesene Kapitalanlagerisiko realisiert (→ § 15 ARB-F Rn. 9). 9

§ 12 Was müssen Sie bei der Beitragszahlung beachten?

(1) Die Beiträge zu Ihrem Vertrag können Sie je nach Vereinbarung in einem Betrag (Einmalbeitrag), monatlich, viertel-, halbjährlich oder jährlich zahlen.

(2) Den ersten Beitrag oder den Einmalbeitrag müssen Sie unverzüglich *(d. h. ohne schuldhaftes Zögern)* nach Abschluss des Vertrages zahlen, jedoch nicht vor dem mit Ihnen vereinbarten, im Versicherungsschein angegebenen Versicherungsbeginn. Alle weiteren Beiträge (Folgebeiträge) werden jeweils zu Beginn der vereinbarten Versicherungsperiode fällig. Die Versicherungsperiode umfasst bei Einmalbeitrags- und Jahreszahlung ein Jahr, ansonsten entsprechend der Zahlungsweise einen Monat, ein Vierteljahr bzw. ein halbes Jahr.

(3) Sie haben den Beitrag **rechtzeitig** gezahlt, wenn Sie bis zum Fälligkeitstag (Absatz 2) alles getan haben, damit der Beitrag bei uns eingeht. Wenn die Einziehung des Beitrags von einem Konto vereinbart wurde, gilt die Zahlung in folgendem Fall als rechtzeitig:

- Der Beitrag konnte am Fälligkeitstag eingezogen werden und
- Sie haben einer berechtigten Einziehung nicht widersprochen.

Konnten wir den fälligen Beitrag ohne Ihr Verschulden nicht einziehen, ist die Zahlung auch dann noch rechtzeitig, wenn sie unverzüglich nach unserer Zahlungsaufforderung erfolgt. Haben Sie zu vertreten, dass der Beitrag wiederholt nicht eingezogen werden kann, sind wir berechtigt, künftig die Zahlung außerhalb des Lastschriftverfahrens zu verlangen.

(4) Sie müssen die Beiträge auf Ihre Gefahr und Ihre Kosten zahlen.

(5) Bei Fälligkeit einer Leistung werden wir etwaige Beitragsrückstände verrechnen.

§ 12 entspricht § 11 ARB. Vgl. die Erläuterungen dort (→ ARB § 11 Rn. 1 ff.). 1

[13] Vgl. Mustergeschäftsplan des BAV für die Fondsgebundene Lebensversicherung, VerBAV 1990, 3 (9); *Sax* VerBAV 1990, 232 (237).

[14] Vgl. *Sax,* VerBAV 1990, 232 (234).

§ 13 Was geschieht, wenn Sie einen Beitrag nicht rechtzeitig zahlen?

Erster Beitrag oder Einmalbeitrag

(1) Wenn Sie den ersten Beitrag oder den Einmalbeitrag nicht rechtzeitig zahlen, können wir – solange die Zahlung nicht bewirkt ist – vom Vertrag zurücktreten. In diesem Fall können wir von Ihnen die Kosten für ärztliche Untersuchungen im Rahmen einer Gesundheitsprüfung verlangen. Wir sind nicht zum Rücktritt berechtigt, wenn uns nachgewiesen wird, dass Sie die nicht rechtzeitige Zahlung nicht zu vertreten haben.

(2) Ist der erste Beitrag oder der Einmalbeitrag bei Eintritt des Versicherungsfalles noch nicht gezahlt, sind wir nicht zur Leistung verpflichtet. Dies gilt nur, wenn wir Sie durch gesonderte Mitteilung in Textform *(z. B. Papierform, E-Mail)* oder durch einen auffälligen Hinweis im Versicherungsschein auf diese Rechtsfolge aufmerksam gemacht haben. Unsere Leistungspflicht bleibt jedoch bestehen, wenn Sie uns nachweisen, dass Sie das Ausbleiben der Zahlung nicht zu vertreten haben.

Folgebeitrag

(3) Zahlen Sie einen Folgebeitrag nicht rechtzeitig, können wir Ihnen auf Ihre Kosten in Textform eine Zahlungsfrist setzen. Die Zahlungsfrist muss mindestens zwei Wochen betragen.

(4) Für einen Versicherungsfall, der nach Ablauf der gesetzten Zahlungsfrist eintritt, entfällt oder vermindert sich der Versicherungsschutz, wenn Sie sich bei Eintritt des Versicherungsfalles noch mit der Zahlung in Verzug befinden. Voraussetzung ist, dass wir Sie bereits mit der Fristsetzung auf diese Rechtsfolge hingewiesen haben.

(5) Nach Ablauf der gesetzten Zahlungsfrist können wir den Vertrag ohne Einhaltung einer Kündigungsfrist kündigen, wenn Sie sich noch immer mit den Beiträgen, Zinsen oder Kosten in Verzug befinden. Voraussetzung ist, dass wir Sie bereits mit der Fristsetzung auf diese Rechtsfolge hingewiesen haben. Wir können die Kündigung bereits mit der Fristsetzung erklären. Sie wird dann automatisch mit Ablauf der Frist wirksam, wenn Sie zu diesem Zeitpunkt noch immer mit der Zahlung in Verzug sind. Auf diese Rechtsfolge müssen wir Sie ebenfalls hinweisen.

(6) Sie können den angeforderten Betrag auch dann noch nachzahlen, wenn unsere Kündigung wirksam geworden ist. Nachzahlen können Sie nur
- innerhalb eines Monats nach der Kündigung
- oder, wenn die Kündigung bereits mit der Fristsetzung verbunden worden ist, innerhalb eines Monats nach Fristablauf.

Zahlen Sie innerhalb dieses Zeitraums, wird die Kündigung unwirksam, und der Vertrag besteht fort. Für Versicherungsfälle, die zwischen dem Ablauf der Zahlungsfrist und der Zahlung eintreten, besteht kein oder nur ein verminderter Versicherungsschutz.

1 § 13 entspricht § 12 ARB. Vgl. die Erläuterungen dort (→ ARB § 12 Rn. 1 ff.)

§ 14 Wie können Sie Fonds wechseln?

(1) Sie können vor Rentenzahlungsbeginn das Deckungskapital Ihres Vertrages in andere Fonds, die wir jeweils hierfür anbieten, umschichten (shiften). Die Umschichtung führen wir mit einer Frist von … zum … durch, sobald uns Ihr Antrag in Schriftform *(d. h. durch ein unterschriebenes Schriftstück)* vorliegt. Ihre künftigen Beiträge legen wir dann in den von Ihnen gewählten Fonds an, wenn Sie uns nichts anderes mitgeteilt haben. Sie können während der Aussetzung und bei endgültiger Einstellung der Rücknahme von Fondsanteilen nicht umschichten.

(2) Sie können vor Rentenzahlungsbeginn auch bestimmen, dass wir nur Ihre künftigen Beiträge in anderen von uns angebotenen Fonds anlegen (switchen). Die Änderung führen wir mit einer Frist von ... zum ... durch, sobald uns Ihr Antrag in Schriftform vorliegt.

Schrifttum: Vgl. die Angaben zu § 15 ARB-F.

I. Überblick

1 § 14 ARB-F greift ein mittlerweile am Markt etabliertes Produktmerkmal fondsgebundener Lebensversicherungen auf und stellt hierfür ein Verbandsmuster zur Verfügung. Bei Vertragsschluss kann der Versicherungsnehmer in der Regel einen Fonds zur Anlage der Sparbeiträge aus einer vom Versicherer angebotenen Palette auswählen. Es erscheint daher naheliegend, ihm auch während der Laufzeit des Vertrages **Einfluss auf die Kapitalanlage** seines Versicherungsvertrages zu geben. Dies erhöht ferner die Flexibilität dieser Form der Altersvorsorge und bietet dem Kunden im Rahmen eines langfristigen Vertrages auch die Möglichkeit, auf Veränderungen beim ursprünglich von ihm gewählten Fonds zu reagieren.[1]

Da bei der fondsgebundenen Versicherung der Versicherungsnehmer das Kapitalanlagerisiko trägt (→ ARB-F § 15 Rn. 9), hat er auch ein Interesse an der Möglichkeit, die Anlage während der Vertragslaufzeit zu steuern und etwa sein persönliches Anlageprofil nach seinen Vorstellungen im Laufe der Zeit anzupassen oder zu ändern. Die aus dem Englischen entlehnten Begriffe hierfür, „shiften" und „switchen", sind inzwischen so fest etabliert, dass sie ausdrücklich in die Musterregelung aufgenommen worden sind.

2 Anspruch auf entsprechende Gestaltungsmöglichkeiten hat der Versicherungsnehmer nur dann, wenn und soweit sie **im Vertrag vereinbart** sind.[2] Es ist nach wie vor möglich (wenn auch mittlerweile unüblich), innerhalb der fondsgebundenen Versicherung nur einen einzigen Fonds ohne Anpassungs- und Wechselrechte des Versicherungsnehmers vorzusehen[3], denn das Gesetz sieht solche Wechselrechte des Versicherungsnehmers nicht vor. Daher ist es weiter ebenfalls möglich, dem Versicherungsnehmer für Wechsel in seiner Fondsanlage eine angemessene Gebühr zu berechnen, wenn dies in den AVB entsprechend vereinbart ist[4]. Die Musterregelung sieht solche Gebühren nicht vor. Der Versicherer muss die Möglichkeit haben, das Angebot an Fonds innerhalb seiner Versicherungsprodukte so festzulegen, dass die Fonds mit ihren zum Teil ganz unterschiedlichen Eigenschaften auch innerhalb der Versicherungsprodukte verarbeitet werden können.

II. Kommentierung der Klauselbestimmungen

3 **Absatz 1** der Musterregelung gibt dem Versicherungsnehmer die Möglichkeit, das in einem oder auch mehreren Fonds vorhandene Deckungskapital in einen bzw. mehrere andere Fonds umzuschichten („shiften"). Auf schriftlichen Antrag hin er-

[1] *Winter* in Bruck/Möller § 169 Rn. 106; vgl. *Sax* VerBAV 1990, 232 (236).

[2] Insoweit zutreffend LG Köln Urt. v. 7.7.2010 – 26 O 609/09.

[3] Dies war früher der Regelfall; *Sax* VerBAV 1990, 232 (236).

[4] Dies war bereits vor der Deregulierung nach Auffassung der Aufsichtsbehörde möglich; *Sax* VerBAV 1990, 258 (264).

folgt dies zu einem vom Versicherer in den AVB genau zu vereinbarenden Stichtag (→ ARB-F § 11 Rn. 4).[5] Wenn ein Versicherungsnehmer das Deckungskapital in einen anderen Fonds umschichtet, wird er regelmäßig auch seine weiteren laufenden Beiträge nicht mehr in den alten Fonds einzahlen wollen. Daher werden auch die weiteren Sparbeiträge künftig im neuen Fonds angelegt. Falls der Versicherungsnehmer doch etwas anderes wünscht, kann er dies beim Umschichten mitteilen.

4 Wenn die Rücknahme von Anteilen eines Fonds von der Verwaltungsgesellschaft ausgesetzt oder endgültig eingestellt worden ist, kann der Versicherer diese Fondsanteile nicht zu Geld machen und in einem neuen Fonds anlegen. In diesem Fall realisiert sich das vom Versicherungsnehmer bei der fondsgebundenen Versicherung zu tragende Kapitalanlagerisiko, und ein Umschichten ist nicht möglich (→ ARB-F § 15 Rn. 9, 21 ff.).

5 **Absatz 2** der Musterregelung gibt dem Versicherungsnehmer darüber hinaus die Möglichkeit, nur die künftigen Sparbeiträge in einen anderen Fonds anzulegen, und das vorhandene Deckungskapital im alten Fonds stehen zu lassen („switchen").

6 Sowohl Absatz1 als auch Absatz 2 der Musterregelung sehen als Zielfonds für shiften und switchen die hierfür jeweils vom Versicherer angebotenen Fonds vor. Der Versicherungsnehmer hat keinen Anspruch darauf, dass ihm der Versicherer einen beliebigen am Markt vorhandenen Fonds innerhalb der fondsgebundenen Versicherung verfügbar macht (→ Rn. 2). Da es auch im Bereich der Investmentfonds unterschiedlichste Produkte gibt, könnte der Versicherer auch gar nicht sicherstellen, dass er alle Fonds in sein Versicherungsprodukt integrieren kann.

§ 15 Was geschieht bei unplanmäßigen Veränderungen der Fonds?

(1) Wenn die Kapitalanlagegesellschaft die Ausgabe von Anteilen eines in Ihrem Vertrag enthaltenen Fonds beschränkt, aussetzt oder endgültig einstellt, informieren wir Sie.

Ist Ihre laufende Beitragszahlung von dieser Änderung betroffen, werden wir Ihnen als Ersatz einen neuen Fonds vorschlagen. Der neue Fonds soll dabei in Anlageziel und Anlagepolitik dem bisherigen Fonds weitgehend entsprechen (Ersatzfonds). Sofern Sie unserem Vorschlag nicht innerhalb von ... Wochen nach unserer Information widersprechen, werden wir Ihre für die Anlage vorgesehenen Beitragsteile ab dem von uns genannten Termin in den Ersatzfonds anlegen.

Im Fall eines Widerspruchs müssen Sie uns einen anderen Ersatzfonds aus unserem Fondsangebot benennen. Die jeweils aktuelle Liste der Fonds, die für Ihren Vertrag in Frage kommen, ist bei uns jederzeit erhältlich.

Wenn wir Sie nicht rechtzeitig informieren können, weil die Ausgabe von Fondsanteilen kurzfristig beschränkt, ausgesetzt oder endgültig eingestellt worden ist, werden wir Ihre für die Anlage vorgesehenen Beitragsteile in den von uns vorgeschlagenen Ersatzfonds anlegen. Sie haben das Recht, einen Fondswechsel nach § 14 durchzuführen.

(2) Wenn die Kapitalanlagegesellschaft einen Fonds auflöst, gelten die Regeln des Absatzes 1 entsprechend. Sofern aus der Auflösung des Fonds Zahlungen zu späteren Zeitpunkten resultieren, werden wir diese gemäß Ihrer zum jeweiligen Rückzahlungszeitpunkt aktuellen Aufteilung der Beiträge in den zu diesem Zeitpunkt gewählten Fonds anlegen.

---

[5] Vgl. *Sax* VerBAV 1990, 324 (328).

(3) Wenn die Kapitalanlagegesellschaft einen Fonds mit einem anderen Fonds zusammenlegt, gelten die Regeln des Absatzes 1 für zukünftige Anlagebeträge entsprechend. In diesem Fall wird jedoch auch der vorhandene Wert des Fondsguthabens auf den Ersatzfonds übertragen.

(4) Wenn die Rücknahme von Anteilen eines in Ihrem Vertrag enthaltenen Fonds ausgesetzt oder endgültig eingestellt wird, informieren wir Sie.

Bei Leistung oder Rückkauf kann der Rücknahmepreis zur Ermittlung des Wertes einer Anteileinheit nicht angesetzt werden, da wir die Anteile nicht an die Kapitalanlagegesellschaft zurückgeben können. In diesen Fällen bieten wir an, die entsprechenden Anteileinheiten an Stelle der sonst vorgesehenen Geldleistung auf ein Depot Ihrer Wahl zu übertragen. Nehmen Sie dieses Angebot nicht an, werden wir den Wert einer Anteileinheit anhand des aktuellen Preises am Kapitalmarkt ermitteln. Der Preis kann aufgrund der verminderten Veräußerbarkeit der Fondsanteile geringer sein, als der zuletzt von der Kapitalanlagegesellschaft gestellte Rücknahmepreis. Diese Wertminderung kann auch zu einem Totalverlust führen.

Ein Fondswechsel gemäß § 14 Absatz 1 ist während der Aussetzung und bei endgültiger Einstellung der Rücknahme von Fondsanteilen durch die Kapitalanlagegesellschaft nicht möglich.

(5) Treten darüber hinaus bei einem in Ihrem Vertrag enthaltenen Fonds erhebliche Änderungen ein, die wir nicht beeinflussen können und die die unveränderte Fortführung dieses Vertrages unmöglich machen, sind wir berechtigt, den betroffenen Fonds durch einen anderen Fonds zu ersetzen. Eine erhebliche Änderung kann sich auch aus Gesetzen oder aufsichtsrechtlichen Anforderungen ergeben. Absätze 1 bis 4 gelten entsprechend.

Übersicht

Schrifttum: *Braumüller,* Versicherungsaufsichtsrecht, 1999; *Buck-Heeb* Keine Aufklärungspflicht über Aussetzungsmöglichkeit der Anteilsrücknahme (Aussetzungsrisiko, Fungibilitätsrisiko) bei offenen Immobilienfonds, juris-PK-BKR 2/2014, Anm 5; *Bundesaufsichtsamt für das Versicherungswesen,* Geschäftsplan für die Fondsgebundene Lebensversicherung, VerBAV 1990, 3 (89); *Leithoff,* Die fondsgebundene Versicherung, 2013; *Sax,* Die Fondsgebundene Lebensversicherung, VerBAV 1990, 232ff., 258ff. und 324ff.; *Servatius,* Neuregelungen für Offene Immobilienfonds – Kleine Schritte in die richtige Richtung, ZfIR 2013, 709.

I. Zweck und gesetzliche Grundlagen

1 Die AVB-Regelung des § 15 befasst sich mit **Störungen,** die in der Kapitalanlage einer fondsgebundenen Versicherung auftreten können, denn diese ist in vielerlei Hinsicht dem Einfluss des Lebensversicherers entzogen. Darüber hinaus sind fondsgebundene Lebensversicherungen langfristig angelegte Verträge, während eine direkte Anlage in einen Investmentfonds durchaus einen kurzfristigen Anlagehorizont haben kann. Explizite gesetzliche Regelungen, die einen Fall solcher Störungen auch im Rahmen einer fondsgebundenen Lebensversicherung abdecken, gibt es nicht; auch die hier untersuchte AVB-Regelung ist in dieser Form in den Musterbedingungen des GDV relativ neu.[1]

2 Die **gesetzlichen Grundlagen** finden sich daher zunächst allgemein in den (wenigen) versicherungsrechtlichen Vorschriften, die sich speziell mit der fondsgebundenen Lebensversicherung befassen. Dies ist zum einen die Grundnorm des **§ 54 b VAG,** der das tragende Prinzip dieser Art der Lebensversicherung beschreibt und die zulässigen Anlagearten für die Kapitalanlage der Sparbeiträge regelt. Zum anderen handelt es sich um **§ 169 Abs. 4 VVG,** der den Rückkaufswert abweichend von der Grundregel des § 169 Abs. 3 VVG nach dem Zeitwert der Versicherung bestimmt. § 154 Abs. 1 S. 2 VVG nimmt fondsgebundene Versicherungen von der Pflicht zu Erstellung einer standardisierten Modellrechnung aus. Schließlich enthalten auch die § 1 Abs. 1 Nr. 11, § 2 Abs. 1 Nr. 7 und § 6 Abs. 1 Nr. 2 **VVG-InfoV** besondere Regelungen zur Information bei fondsgebundenen Lebensversicherungen.

3 Darüber hinaus sind Störungen im Betrieb von Investmentfonds im **KAGB** geregelt: Die Grundnorm zur Rücknahme von Anteilen und deren Aussetzung findet sich in § 98 KAGB, die zur Auflösung eines Fonds in den §§ 99 und 100 KAGB. Weiter gibt es Sondervorschriften zu bestimmten Arten von Investmentvermögen, etwa in § 223 KAGB zu sonstigen Investmentvermögen, in § 227 KAGB zu Dach-Hedgefonds, den §§ 255, 257 und 258 KAGB zu Immobilien-Sondervermögen und in § 283 Abs. 3 KAGB zu Hedgefonds. Die Verschmelzung offener Investmentvermögen ist in den §§ 181 ff. KAGB geregelt.

II. Rechtsprechung

4 Die neuere Rechtsprechung hat sich vor allem mit der Aussetzung der Rücknahme von Anteilen an **offenen Immobilien-Sondervermögen** befasst. Diese Art von Investmentfonds ist bereits seit Jahrzehnten auf dem Markt präsent und gilt grundsätzlich als eine vergleichsweise sichere Anlageart, da im Hinblick auf die im Sondervermögen liegenden Immobilien größere oder kurzfristige Verluste sowie ein Totalverlust für den Anleger eher unwahrscheinlich sind. Im Zuge der Finanzkrise und der folgenden Niedrigzinsphase seit dem Jahr 2008 kam es dann zu einer bisher nicht gekannten Entwicklung: Aus Gründen der relativen Sicherheit sowie mangels attraktiver Alternativen für die Kapitalanlage investierten vergleichsweise viele und auch größere Investoren in erheblichem Umfang in solche Fonds. Als sich die Lage an den Finanzmärkten dann nach einiger Zeit wieder beruhigte und diese

[1] Vgl. *Leithoff* S. 212; und Musterbedingungen des BAV für die Fondsgebundene Lebensversicherung, VerBAV 1990, 89 (90) in § 2 Abs. 9.

Investoren große Mengen an Anteilen innerhalb eines kurzen Zeitraumes zurückgeben wollten, gerieten mehrere an sich solide Immobilienfonds in Liquiditätsschwierigkeiten. Dies hatte seinen Grund darin, dass die Veräußerung von Immobilien – gerade von größeren Objekten wie etwa Geschäftshäusern oder Einkaufszentren – nur mit einigem zeitlichen Vorlauf möglich ist. In der Folge mussten die Fonds die Rücknahme von Anteilen aussetzen und wurden danach zum Teil sogar aufgelöst bzw. befinden sich in der sukzessive durchgeführten Abwicklung, die zum Teil mehrere Jahre dauert. Da die Anlagegegenstände in den meisten Anlageklassen regelmäßig deutlich fungibler sind als Immobilien, scheinen ähnliche Entwicklungen etwa in Aktien- oder Rentenfonds weniger wahrscheinlich.

5 In der Folge dieser Entwicklung hat der Gesetzgeber die Vorschriften für offene Immobilienfonds geändert und eine **Mindesthaltefrist von 24 Monaten** für die Anteile eingeführt; ferner kann die Rücknahme der Anteile von der Verwaltungsgesellschaft auf feste Termine einmal im Jahr beschränkt werden, und es ist eine Kündigungsfrist von 12 Monaten einzuhalten (vgl. § 255 KAGB).[2] Für einige spezielle Anlageklassen sind ebenfalls Sondervorschriften vorhanden (→ Rn. 3).

6 In der Rechtsprechung zur **Anlageberatung durch Banken** war in der Folge dieser Entwicklung die Frage umstritten, ob – wenigstens noch vor der Finanzkrise von 2008 – ein Erwerber von Fondsanteilen auf die Möglichkeit der Aussetzung der Anteilsrücknahme bei offenen Immobilienfonds im Rahmen der Anlageberatung ausdrücklich hingewiesen werden musste. Das wesentliche Argument dagegen war die Tatsache, dass dies vor der Finanzkrise nur selten der Fall gewesen war und deshalb als ein eher theoretischer und praktisch kaum relevanter Fall angesehen wurde.[3]

7 Der BGH hat für den direkten Erwerb von Anteilen an Immobilien-Sondervermögen entschieden, dass für die beratende Bank nach den Grundsätzen der Anlageberatung eine **Hinweispflicht** auf die Möglichkeit der Aussetzung der Rücknahme von Anteilen an offenen Immobilienfonds besteht.[4] Da bei offenen Immobilienfonds die Möglichkeit der Aussetzung der Anteilsrücknahme grundsätzlich die Fungibilität der Anlage in besonderem Maße einschränke, müsse dies im Rahmen der anleger- und objektgerechten Beratung erläutert werden. Der BGH erstreckt dies auch auf Fälle des Erwerbs von Fondsanteilen **vor der Finanzkrise 2008,** da diese Information bei einem offenen Immobilienfonds zu den Umständen zähle, die für die Anlageentscheidung wesentliche Bedeutung haben können. Die für die Anlageberatung geltenden Grundsätze sind allerdings nicht direkt auf Versicherungsprodukte übertragbar, die einen langfristigen Anlagehorizont für die Altersvorsorge haben und daher auch bei Störungen in der fondsgebundenen Kapitalanlage grundsätzlich auf Fortsetzung des Vertrages gerichtet sind.[5] Hierfür sind die Regelungen in § 15 gedacht.

---

[2] Eingehend *Servatius* ZfIR 2013, 709 mwN.

[3] Gegen eine Informations- bzw. Beratungspflicht der Bank etwa OLG Schleswig WM 2013, 2258; OLG Dresden WM 2013, 363. Dafür etwa OLG Frankfurt a. M. ZIP 2013, 1214; OLG Celle Urt. v. 20.11.2013 – 3 U 75/13; LG Hamburg BKR 2013, 349ff. Zum ganzen *Buck-Heeb* jurisPR-BKR 2/2014 Anm 5.

[4] BGH NJW 2014, 2945; im Wesentlichen gleichlautend BGH Beschl. v. 29.4.2014 – XI ZR 477/12.

[5] Vgl. BGH WM 2012, 1582 – Clerical Medical; kritisch dazu *Langheid* in Römer/Langheid vor §§ 150–171 Rn. 11f; vgl. auch *Metz* VersR 2009, 1573 (1576); *Winter* in Bruck/Möller § 154 Rn. 35ff., 39. Zutreffend OLG Köln VersR 2014, 1238, wonach fondsgebundene Versicherungsverträge regelmäßig kein Anlagegeschäft darstellen.

III. Kommentierung der Klauselbestimmungen

8 § 15 regelt folgende Fälle, in denen die Anlage im fondsgebundenen Deckungskapital (§ 1 Abs. 1 ARB-F) durch Veränderungen des Fonds gestört wird:
- Die Ausgabe von Anteilen wird ausgesetzt oder eingestellt (Abs. 1).
- Der Fonds wird aufgelöst (Abs. 2).
- Der Fonds wird mit einem anderen Fonds verschmolzen (Abs. 3).
- Die Rücknahme von Anteilen wird ausgesetzt oder eingestellt (Abs. 4).
- Sonstige Änderungen im Fonds, die die Fortführung des Vertrages unmöglich machen (Abs. 5).

9 § 15 ist Ausdruck des Prinzips der fondsgebundenen Lebensversicherung, wonach bei dieser Versicherungsart der **Versicherungsnehmer das Kapitalanlagerisiko trägt** (§ 54b Abs. 1 VAG),[6] während der Versicherer das biometrische Risiko (idR Tod oder bei Rentenversicherungen Langlebigkeit) trägt.[7] Der Versicherungsnehmer kann regelmäßig den oder die Fonds für die Kapitalanlage aus einer angebotenen Palette wählen,[8] und ihm fallen auch sämtliche Gewinne und Wertsteigerungen bei einer positiven Entwicklung der Fondsanteile zu.[9] Im Gegenzuge treffen ihn aber auch die Risiken, mit denen die Kapitalanlage behaftet ist. Die in § 15 genannten Fälle sind allesamt Ausprägungen dieses spezifischen Kapitalanlagerisikos, da sie auf den Eigenarten der Kapitalanlageform des Investmentfonds beruhen. Dieses Risiko liegt darüber hinaus nicht im Einflussbereich des Versicherers, vielmehr berühren die für die gewählten Fonds geltenden Bestimmungen vornehmlich im KAGB und den Anlagebedingungen des Fonds direkt das Deckungskapital der fondsgebundenen Versicherung.[10] Ein Kunde, der sich für ein Versicherungsprodukt entscheidet, bei dem nicht der Versicherer, sondern er selbst das Kapitalanlagerisiko trägt, muss auch die Folgen tragen, wenn sich dieses Risiko in seinen möglichen Ausprägungen realisiert.[11]

In der Folge haben sich bestimmte **Gestaltungsrechte des Versicherers** entwickelt, mit denen dieser angemessen auf Störungen in der fondsgebundenen Kapitalanlage eines Versicherungsvertrages reagieren kann.[12] Noch in regulierter Zeit wurde die Aufnahme der zur Verfügung stehenden Fonds in die AVB seitens der Aufsicht abgelehnt, damit die Fondsanlage später auch für den Bestand – freilich mit Genehmigung oder sogar auf Initiative der Aufsichtsbehörde – unkompliziert geändert werden könne.[13] Die genehmigungsfähigen AVB enthielten eine Rege-

---

[6] *Kaulbach* in FKBP § 54b Rn. 1; *Goldberg* in Goldberg/Müller § 54b Rn. 2; *Winter* in Bruck/Möller § 169 Rn. 6ff. mwN; *Sax* VerBAV 1990, 232, 233; *Braumüller* S. 647; *Grote* in Marlow/Spuhl Rn. 1138, 1144ff.

[7] *Winter* in Bruck/Möller § 169 Rn. 107; vgl. zur einkommensteuerrechtlichen Einordnung BMF-Schreiben v. 9.10.2009 zur Besteuerung von Leistungen nach § 20 Abs. 1 Nr. 6 EStG Rn. 2, 3a.

[8] *Leithoff* S. 85ff.

[9] Mustergeschäftsplan des BAV für die Fondsgebundene Lebensversicherung, VerBAV 1990, 3 (4,10).

[10] *Sax* VerBAV 1990, 324 (328).

[11] *Leithoff* S. 217.

[12] *Leithoff*, S. 211ff.; sehr weitgehend LG Köln Urt. v. 7.7.2010 – 26 O 609/09, wonach der Versicherer in der Wahl des Fonds völlig frei ist.

[13] *Sax* VerBAV 1990, 258 (261); VerBAV 324 (329).

lung, die für Ausnahmesituationen die verzögerte Auszahlung der Leistungen vorsah, um Nachteile für den Bestand abzuwehren[14].

Diese Gestaltungsrechte sind nunmehr beispielhaft in die Musterbedingungen des GDV übernommen worden. Da sie ein ausgewogenes Regelungssystem unter angemessener Berücksichtigung der Interessen des Versicherungsnehmers darstellen, können sie auch als Orientierungs- und Auslegungshilfe für ältere Versicherungsverträge dienen, soweit dort ausdrückliche Regelungen fehlen sollten.

1. Keine Ausgabe weiterer Fondsanteile (Abs. 1)

10 In der fondsgebundenen Lebensversicherung ist es am Markt üblich, dass der Versicherungsnehmer den Fonds, in den er seine Sparbeiträge investieren will, aus einer je nach Anbieter unterschiedlichen Bandbreite von Fonds auswählen kann.[15] Die Sparbeiträge werden dann in vom Versicherer in diesem – ggf. auch mehreren – Fonds angelegt (§ 11 Abs. 1 ARB-F). Wenn nun die Ausgabe von Anteilen an einem gewählten Fonds eingestellt wird, so müssen die ja weiter laufenden Sparbeiträge **in einen anderen Fonds investiert** werden.

11 In erster Linie entspricht es der Vertrags- und Interessenlage, dass wieder der Versicherungsnehmer einen neuen Fonds aus der vom Versicherer angebotenen Palette auswählen kann.[16] Hierzu erfolgt zunächst eine **Information des Versicherungsnehmers.** Allerdings können entsprechende Rückäußerungen der Kunden gar nicht oder verspätet erfolgen. Um die Vertragsdurchführung in einer Vielzahl von Verträgen weiter zu gewährleisten, wird dem Versicherungsnehmer daher schon mit der Information ein Ersatzfonds aus der Palette des Versicherers vorgeschlagen, dessen Anlagepolitik und Risikostruktur dem ursprünglichen Fonds möglichst nahekommen sollen.

Der Versicherungsnehmer hat hingegen nicht die Möglichkeit, einen Ersatzfonds auszuwählen, der nicht in der hierzu vorgesehenen Palette des Versicherers enthalten ist[17]. Der Versicherer ist **nicht verpflichtet, jeglichen Fonds zu akzeptieren,** der sich möglicherweise in den Versicherungsvertrag gar nicht integrieren lässt. Vielmehr kann er – ebenso wie auch beim Neuabschluss eines fondsgebundenen Versicherungsvertrages – eine aus seiner Sicht sinnvolle und ausgewogene Palette an Fonds bereitstellen, die zu dem von ihm angebotenen Versicherungsprodukt passt (→ ARB-F § 14 Rn. 2).

12 Wenn der Kunde sich **nicht oder nicht in einer angemessenen Frist äußert,** so werden seine künftigen Sparbeiträge in den vom Versicherer vorgeschlagenen Ersatzfonds investiert. Damit behält der Versicherungsnehmer grundsätzlich auch das Anlageprofil, das er ursprünglich gewählt hatte. Eine Frist von zwei bis vier Wochen nach Zugang der Information dürfte die Interessen des Kunden in der Regel ausreichend berücksichtigen und daher angemessen sein. Sofern der Kunde eine abweichende Auswahl treffen will, kann er aktiv dem Ersatzfonds widersprechen und einen anderen Fonds wählen. Ein Widerspruch ohne Auswahl eines anderen angebotenen Fonds ist dagegen nicht möglich, denn dies würde die weitere Vertragsdurchführung behindern.

---

[14] § 2 Abs. 9 der Musterbedingungen des BAV für die Fondsgebundene Lebensversicherung, VerBAV 1990, 89 (90); hierzu *Sax* VerBAV 1990, 258 (262). Diese Regelung hält nach OLG Köln VersR 2014, 1238 einer AGB-rechtlichen Nachprüfung stand.

[15] *Leithoff* S. 89 ff.

[16] Vgl. *Leithoff* S. 183, 217.

[17] Vgl. *Leithoff* S. 89 ff., 90.

13 Wenn die Ausgabe von Anteilen so schnell eingestellt wird, dass eine vorherige Information des Kunden nicht möglich ist, kann der Versicherer **sofort in den Ersatzfonds wechseln.** Der Versicherungsnehmer kann anschließend sein Deckungskapital und seine künftigen Beiträge in einen anderen Fonds umschichten, wenn er mit dem Vorschlag nicht einverstanden ist (§ 14 ARB-F). Teilweise erfolgen die Benachrichtigungen der Lebensversicherer durch die Fondsgesellschaften leider erst sehr spät.

2. Auflösung des Fonds (Abs. 2)

14 Im zweiten Absatz ist der Fall der Beendigung und Abwicklung des gewählten Fonds geregelt. Dies erfolgt grundsätzlich durch die **Kündigung der Verwaltung des Fonds** durch die Verwaltungsgesellschaft (§ 99 KAGB). Folge der Kündigung ist sodann die Abwicklung des Sondervermögens (dh die Veräußerung der Anlagegegenstände) und die Verteilung des Erlöses in Geld an die Anleger durch die Verwahrstelle (§ 100 Abs. 2 KAGB).[18] Anleger im Sinne des KAGB ist dabei der Versicherer, der Erwerber und Inhaber der Fondsanteile ist (§ 1 Abs. 1 ARB-F).

15 Die Regelung verweist auf den Mechanismus des Absatzes 1 (→ Rn. 10 ff.), wobei nun neben die notwendige Wahl eines neuen Fonds für die künftigen Sparbeiträge auch die **Umschichtung bzw. erneute Anlage** des bereits vorhandenen fondsgebundenen Deckungskapitals tritt. Im Zuge der Abwicklung des ursprünglichen Fonds kehrt die Verwahrstelle den Erlös aus der Veräußerung in Geld an den Versicherer aus. Dieser investiert es dann zum nächstmöglichen Termin (Stichtag; § 11 Abs. 1 ARB-F) in den Ersatzfonds.

16 Wenn der Versicherungsvertrag planmäßig oder nach einer Beitragsfreistellung (§ 165 VVG) **beitragsfrei** ist, so wird mit dem Erlös aus der Schließung des Fonds in entsprechender Anwendung des Absatzes 1 verfahren und in den vom Versicherungsnehmer gewählten oder den vom Versicherer vorgeschlagenen Ersatzfonds angelegt.

17 Die **Auskehrung des Erlöses** aus der Abwicklung eines Sondervermögens kann sehr zeitnah geschehen; etwa wenn die Vermögensgegenstände gut und schnell veräußerbar sind (etwa börsennotierte Aktien oder Renten, Staatsanleihen). Je nach der Zusammensetzung des aufgelösten Fonds kann es jedoch auch eine gewisse Zeit dauern, bis die Verwahrstelle einzelne Vermögensgegenstände zu Geld machen kann. In der Folge der Finanzkrise 2008 war dies vor allem bei **offenen Immobilienfonds** der Fall, die zum Teil über mehrere Jahre lang abgewickelt worden sind (→ Rn. 4 ff.). In einem solchen Fall erfolgt die Auskehrung des Erlöses aus dem ursprünglichen Fonds also nach und nach, und nur entsprechend des Zugangs des Geldes kann der Versicherer dieses wieder im Ersatzfonds anlegen[19]. Diesen Fall regelt Abs. 2 S. 2 und sieht vor, später zugehende Erlöse genau so anzulegen, wie der Versicherungsnehmer dies zum Zeitpunkt des Zugangs auch für seine laufenden Sparbeiträge bestimmt hat (§§ 11 Abs. 1, 14 Abs. 2 ARB-F). Damit wird wieder der Wille des Versicherungsnehmers im Hinblick auf die Anlage bzw. Aufteilung seines Sparbeitrages aufgegriffen.

---

[18] Früher: Depotbank.

[19] So bereits § 2 Abs. 9 der Musterbedingungen des BAV für die Fondsgebundene Lebensversicherung, VerBAV 1990, 89 (90); dies ist AGB-rechtlich nicht zu beanstanden, OLG Köln VersR 2014, 1238.

3. Verschmelzung von Fonds (Abs. 3)

18 Weiter kann es zu einer Zusammenlegung des vom Versicherungsnehmer gewählten Fonds mit einem oder mehreren anderen Fonds kommen (§ 181 KAGB). Eine **Verschmelzung** wird von den Verwaltungsgesellschaften oft als ein gegenüber einer Auflösung (→ Rn. 14ff.) weniger einschneidendes Mittel der Sanierung oder Neuausrichtung eines Fonds durchgeführt; etwa wenn ein Fonds allein die wirtschaftlich kritische Größe für ein nach den jeweiligen Anlagerichtlinien sinnvolles Anlageverhalten unter- (oder auch über-) schreitet, oder wenn sich der Anlageschwerpunkt eines Fonds nicht wie gewünscht entwickelt. Das neue Sondervermögen kann dann nach der Verschmelzung wieder zu einem sinnvollen und erfolgreichen Anlageverhalten in der Lage sein. Auch grenzüberschreitende Verschmelzungen von Fonds innerhalb der EU sind seit kurzem möglich (vgl. § 183 KAGB). Verschmelzungskosten dürfen die beteiligten Sondervermögen nicht belasten (§ 188 KAGB). Eine Verschmelzung bedarf grundsätzlich der **Genehmigung durch die BaFin** (§ 182 Abs. 1 KAGB).

19 Eine Verschmelzung kann im Einzelfall aber auch dazu führen, dass sich der Charakter des Fonds gegenüber dem vom Versicherungsnehmer ursprünglich gewählten Anlageprofil nachhaltig verändert (vgl. § 186 Abs. 3 Nr. 2 KAGB). Würde die Verschmelzung ohne Weiteres durchgeführt, so säße der Versicherungsnehmer am Ende möglicherweise mit einem ganz anderen fondsgebundenen Deckungskapital da als ursprünglich gewählt. Auch das Investmentrecht hat diesen möglichen Konflikt erkannt und deckt ihn dadurch sachgerecht ab, dass der Anleger bei einer Verschmelzung das Recht hat, seine Anteile **kostenfrei zurück zu geben** (§ 187 Abs. 1 Nr. 1 KAGB) oder den Umtausch in einen Fonds mit vergleichbaren Anlagegrundsätzen zu verlangen (§ 187 Abs. 1 Nr. 2, 3 KAGB). Im Rahmen einer fondsgebundenen Versicherung stehen diese Rechte also dem Versicherer als Inhaber der Fondsanteile zu, die er im Sinne des Versicherungsnehmers nutzen kann.

20 Die Regelung in Absatz 4 transformiert diesen gesetzlichen Grundgedanken in die fondsgebundene Versicherung, indem wieder der **Mechanismus für den Fall der Auflösung eines Fonds** (→ Rn. 14ff.) entsprechend zur Anwendung kommt: Der Versicherer schlägt in seiner Information des Versicherungsnehmers einen passenden Ersatzfonds vor, in den die weiteren laufenden Sparbeiträge investiert und auch das schon vorhandene fondsgebundene Deckungskapital übertragen wird, wenn nicht der Kunde einen anderen Fonds aus der dann vom Versicherer angebotenen Palette von Fonds auswählt.

4. Aussetzung der Rücknahme von Fondsanteilen Abs. 4)

21 Ein Grundprinzip der Anlage in einem Investmentfonds ist das Recht des Anlegers, den Fondsanteil gegen Zahlung des dann aktuellen Rücknahmepreises zurückgeben zu können (§ 98 Abs. 1 KAGB). Die Verwaltungsgesellschaft kann die Rücknahme von Anteilen jedoch bei Vorliegen von „ … **außergewöhnlichen Umständen,** die eine Aussetzung unter Berücksichtigung der Interessen der Anleger erforderlich erscheinen lassen“ (so wörtlich § 98 Abs. 2 S. 1 KAGB), verweigern. Dies muss in den Anlagebedingungen des Fonds vorgesehen sein (§ 98 Abs. 2 KAGB). Auch kann die BaFin die Aussetzung der Anteilsrücknahme anordnen, wenn dies im Interesse der Anleger oder der Öffentlichkeit erforderlich ist (§ 98 Abs. 3 KAGB). Zugleich gilt der weitere investmentrechtliche Grundsatz, dass kein Anleger die Aufhebung der in Ansehung des Sondervermögens bestehenden

Gemeinschaft der Anleger, also Kündigung und Liquidation, verlangen kann (§ 99 Abs. 5 KAGB). Wenn die Rücknahme von Anteilen an einem Sondervermögen ausgesetzt wird muss zwingend immer auch die Ausgabe weiterer Anteile eingestellt werden (§ 98 Abs. 2 S. 2 KAGB).

22 Zunächst ist also festzustellen, dass die Aussetzung der Anteilsrücknahme nach den Grundgedanken des KAGB ein **enger Ausnahmefall** ist, für den jedenfalls gewichtige Gründe sprechen müssen.[20] Denkbar sind Liquiditätsengpässe wie bei offenen Immobilienfonds (nunmehr gesetzlich besonders geregelt; → Rn. 4ff.), Schädigung von verbleibenden Anlegern durch massenhaftes Rückgabeverlangen, oder etwa Auswirkungen eines Fonds auf die Märkte insgesamt, die ein Einschreiten der BaFin auslösen können. Wird die Rücknahme von Anteilen tatsächlich ausgesetzt, so ist auch der Versicherer als Anleger für seine fondsgebundenen Versicherungsverträge daran gebunden. Insoweit kommt das Anlagerisiko zur Geltung, dass nach der vertraglichen Risikoverteilung der Versicherungsnehmer trägt (→ Rn. 9).

23 Der **Grundsatz der hinreichenden Veräußerbarkeit der Kapitalanlage** findet sich für die fondsgebundene Versicherung ebenfalls in 54b VAG wieder, der zunächst die nach Investmentrecht zulässigen Arten von Sondervermögen als taugliches Anlageinstrument beschreibt (§ 54b Abs. 1 VAG).[21] Auch in der Variante des § 54b Abs. 2 S. 2 VAG wird die hinreichende Veräußerbarkeit ausdrücklich angesprochen. Hinreichende Veräußerbarkeit bedeutet aber eben auch keine absolute Veräußerbarkeit, denn eine solche kann bei Anlagen am Kapitalmarkt niemand gewährleisten.

24 Kommt es zu einer Aussetzung der Rücknahme von Anteilen, so greift aufgrund der dann zwingenden Einstellung der Ausgabe weiterer Anteile (→ Rn. 21) zunächst die Regelung in Absatz 1 (→ Rn. 10ff.), dh die künftigen Sparbeiträge werden in einem **Ersatzfonds** angelegt. Wird der fondsgebundene Versicherungsvertrag unverändert fortgeführt, so muss zunächst eigentlich weiter nichts geschehen. Der Vertrag kann grundsätzlich fortgeführt werden, bis die Anteile von der Verwaltungsgesellschaft wieder regulär zurückgenommen werden; alternativ kann es in der Folge auch zu einer Auflösung (Absatz 2; → Rn. 14ff.) oder einer Verschmelzung (Absatz 3, → Rn. 18ff.) des Fonds kommen. Die Aussetzung der Anteilsrücknahme ist als solche nicht als Dauerzustand für einen Fonds vorgesehen, auch wenn sie im Einzelfall einige Zeit andauern kann. Da die Aussetzung der Rücknahme aber in der Regel einen gewichtigen Grund im gewählten Fonds haben wird (→ Rn. 22), hat der Versicherungsnehmer ein Interesse daran, über die Aussetzung informiert zu werden. Deshalb sieht die Regelung in Absatz 4 zunächst interessengerecht eine Information des Versicherungsnehmers vor.

25 Die Aussetzung der Rücknahme von Anteilen führt im Hinblick auf das davon betroffene fondsgebundene Deckungskapital an sich erst dann zu konkreten Störungen im Versicherungsvertrag, **wenn ein Leistungsfall eintritt,** die Fondsanteile also eigentlich zu Geld gemacht werden müssten. Dies ist dann auf dem regulären Weg, nämlich der Rückgabe der Anteile, nicht möglich. Daher sieht die Regelung in Absatz 4 für diesen Fall zunächst die im Gesetz beschriebene Urform der fondsgebundenen Versicherung[22] als Ausweichregelung vor: Die Versicherungsleistung unmittelbar in Fondsanteilen (so wörtlich § 54b Abs. 1 VAG). Dem Kunden wird anstelle der Leistung in Geld die Übertragung der Fondsanteile auf

---

[20] Vgl. OLG Köln VersR 2014, 1238.

[21] *Kaulbach* in FKBP § 54b Rn. 2f.

[22] Vgl. *Goldberg* in Goldberg/Müller § 54b Rn. 2; und den Mustergeschäftsplan des BAV für die Fondsgebundene Lebensversicherung, VerBAV 1990, 3, 4.

ein Wertpapierdepot bei einer Bank als Leistung an Erfüllungs statt angeboten (§ 364 Abs. 1 BGB). Das ohnehin vom Versicherungsnehmer zu tragende Anlagerisiko (→ Rn. 9) wird also direkt an diesen durchgereicht.

26 Macht der Kunde hiervon keinen Gebrauch, so bleibt – außer einem dilatorischen Leistungsverweigerungsrecht der Versicherers –[23] nur die Möglichkeit, die Fondsanteile freihändig an der Börse bzw. den Kapitalmärkten zum aktuellen Marktpreis **zu verkaufen.** In der Regel wird der Erwerber gegenüber dem zuletzt berechneten offiziellen Rücknahmepreis der Verwaltungsgesellschaft einen **Preisabschlag** verlangen, mit dem er sich das Risiko bezahlen lässt, dass er später nur einen geringeren Betrag für den Anteil erlösen kann. Wie hoch dieser Abschlag ist, hängt ganz von den Eigenschaften des betroffenen Fonds und den Gründen für die Aussetzung der Rücknahme ab und kann ganz unterschiedlich sein. Wenn – wie beispielsweise bei den offenen Immobilienfonds in der Finanzkrise 2008 (→ Rn. 4ff.) – grundsätzlich weiterhin werthaltige Vermögensgegenstände im Fonds vorhanden sind, wird der Abschlag für die freihändige Veräußerung vergleichsweise moderat ausfallen und kann sich daher für den Versicherungsnehmer durchaus als sinnvolle Alternative erweisen. Wenn die Vermögensgegenstände im Fonds hingegen in erheblichem Umfang entwertet sind, kann auch –temporär oder sogar endgültig – der Totalverlust eintreten. Darauf weist die Regelung ausdrücklich hin.

27 Solange die Verwaltungsgesellschaft die Rücknahme von Anteilen an einem Fonds ausgesetzt hat, ist die Umschichtung des fondsgebundenen Deckungskapitals in einen anderen Fonds („shiften"; § 14 Abs. 1 ARB-F) nicht möglich.

5. Sonstige Durchführungshindernisse (Abs. 5)

28 Die Regelung in Absatz 5 schließlich stellt einen **Auffangtatbestand** dar, dessen Merkmale sich an den Regelungen in den vier vorigen Absätzen orientieren. Nicht alle denkbaren Störungen bei Investmentfonds, die die vertragsgemäße Durchführung des fondsgebundenen Versicherungsvertrages stören oder gar unmöglich machen können, lassen sich im Vorfeld vorhersehen oder klar beschreiben, und welche davon sich später einmal realisieren und nachhaltig auswirken werden, ist ebenfalls kaum zu sagen. Insoweit kann die Rechtsprechung des BGH, die für die Anlageberatung durch Banken Hinweispflichten auf eine mögliche Aussetzung der Anteilsrücknahme bei Immobilienfonds auch schon in der Zeit vor 2008 annimmt (→ Rn. 7), mit guten Argumenten angezweifelt werden. Die Regelungen in Absatz 1–4 geben für die Auslegung des fünften Absatzes jedoch Leitlinien und Anhaltspunkte vor, die auch bei künftigen und nicht vorhersehbaren Störungen eine angemessene Auslegung anhand der vertraglichen Risikoverteilung ermöglichen sollten.

29 Voraussetzung ist zunächst eine **erhebliche Änderung** bei einem im Vertrag enthaltenen Fonds. Dies beschreibt zum einen die tatbestandliche Eingriffsschwelle, wonach die Änderung nicht nur geringfügig sein darf, sondern geeignet sein muss, die Durchführung des fondsgebundenen Versicherungsvertrages nachhaltig zu stören. Zum anderen wird klargestellt, dass es sich um eine Änderung bei dem Fonds handeln muss, sich also gerade das vom Versicherungsnehmer zu tragende Kapitalanlagerisiko realisieren muss. Schließlich muss die Änderung auch außerhalb des Einflussbereichs des Versicherers liegen; auch dies ist eine Gemeinsamkeit mit den besonderen Regelungen in den vorigen Absätzen.

---

[23] Dies war früher in § 2 Abs. 9 der Musterbedingungen des BAV für die Fondsgebundene Lebensversicherung vorgesehen, VerBAV 1990, 89 (90).

30 Weiterhin muss die unveränderte Fortführung des Versicherungsvertrages mit dem vom Versicherungsnehmer gewählten Fonds unmöglich sein. Das kann eine zeitweilige, aber auch eine dauerhafte **Unmöglichkeit** sein.

31 **Rechtsfolge** des Auffangtatbestandes ist die Berechtigung des Versicherers, den vom Versicherungsnehmer gewählten Fonds durch einen anderen zu **ersetzen,** wobei die Absätze 1–4 entsprechend anzuwenden sind. Das bedeutet, dass auch hier der Versicherungsnehmer zunächst über die Störung zu informieren und ihm ein Ersatzfonds vorzuschlagen ist, wobei er aber aus der dann vom Versicherer angebotenen Fondspalette einen anderen Fonds auswählen kann. In den Ersatzfonds werden dann die künftigen Sparbeiträge angelegt, und auch das bereits vorhandene fondsgebundene Deckungskapital wird in den Ersatzfonds umgeschichtet. Ist **Eilbedürftigkeit** gegeben, so kann der Versicherer unmittelbar geeignete Maßnahmen ergreifen.

32 Satz 3 beschreibt einen besonderen Anwendungsfall des Auffangtatbestandes: die **Änderung oder geänderte Auslegung von Gesetzen oder aufsichtsrechtlichen Anforderungen,** also insbes. Anordnungen der Aufsichtsbehörde oder die Befolgung von behördlichen Erlassen oder Rundschreiben. Die Änderung bzw. Anpassung der gesetzlichen Grundlagen während der Laufzeit so langfristig ausgerichteter Verträge wie Lebensversicherungen im Hinblick auf die enthaltenen Investment-Sondervermögen dürfte auch in Zukunft immer wieder vorkommen. Gerade die offenen Immobilienfonds bilden hierfür ein gutes Beispiel, denn in der Folge der Finanzkrise 2008 wurden etwa Mindesthaltefristen und Beschränkungen bei der Anteilsrückgabe für diese Anlageklasse auch für bestehende Fonds eingeführt.[24]

IV. Wirksamkeit der Klausel

1. Überraschung (§ 305 c Abs. 1 BGB)

33 Die Regelungen in § 15 erscheinen zunächst **nicht überraschend** (§ 305 c Abs. 1 BGB), denn zwischen den Erwartungen des verständigen Versicherungsnehmers und dem Inhalt der Regelung besteht keine deutliche Diskrepanz im Sinne eines Überrumpelungseffektes.[25] Der Versicherungsnehmer einer fondsgebundenen Versicherung hat sich dagegen entschieden, die Kapitalanlage in die Hände des Versicherers zu legen. Im Gegensatz zu einer konventionellen Versicherung bekommt er im Hinblick auf die Kapitalanlage daher auch keine in Euro-Beträgen ausgedrückte Leistungsgarantien (§ 1 Abs. 3 ARB-F) und keine standardisierte Modellrechnung (§ 154 Abs. 1 S. 2 VVG). Er hat bei Vertragsschluss in aller Regel selbst aus der Palette der angebotenen Fonds die Anlage für das fondsgebundene Deckungskapital ausgewählt (§ 11 Abs. 1 ARB-F). Es liegt daher für den Versicherungsnehmer bereits bei Vertragsschluss auf der Hand, dass die Entwicklung des fondsgebundenen Deckungskapitals und damit auch die Grundlage für die spätere Leistung nicht im Einflussbereich des Versicherers liegt, sondern dass diese quasi auf einen Investmentfonds ausgelagert ist.

34 Daraus ergibt sich weiter, dass sich auch mögliche Leistungsstörungen aus dem Investmentfonds im fondsgebundenen Versicherungsvertrag niederschlagen kön-

---

[24] Vgl. *Servatius* ZfIR 2013, 709 ff.

[25] *Basedow* MünchKommBGB § 305 c Rn. 5 ff. mwN; *Lindacher/Hau* in Wolf/Lindacher/Pfeiffer BGB § 305 c Rn. 18 mwN.

nen. Investmentfonds sind in Deutschland eine seit Jahrzehnten auch für Verbraucher fest etablierte Form der Kapitalanlage. Dem durchschnittlichen, verständigen Versicherungsnehmer ist daher hinreichend bekannt, dass auch bei der Anlage von Geld in einem Investmentfonds **in außergewöhnlichen Situationen Probleme bei der Vertragsdurchführung** auftreten können.[26] Es ist daher nicht überraschend im Sinne einer Überrumpelung, wenn ein fondsgebundener Versicherungsvertrag Regelungen enthält, die solche Probleme im Investmentfonds sachgerecht auflösen. Es ist ferner nicht überraschend, dass die Folgen solcher Probleme grundsätzlich den Versicherungsnehmer treffen, denn bereits bei Vertragsschluss hat er bewusst auf Anlagegarantien des Versicherers verzichtet und sich dafür entschieden, das Kapitalanlagerisiko selbst zu tragen (§ 1 Abs. 3 ARB-F; → Rn. 33).

2. Unangemessene Benachteiligung (§ 307 BGB)

35 **a) Grundgedanken der gesetzlichen Regelung (§ 307 Abs. 2 Nr. 1 BGB).** Eine unangemessene Benachteiligung des Versicherungsnehmers wegen Abweichens von gesetzlichen Grundgedanken durch § 15 liegt ebenfalls nicht vor. Der gesetzlichen Konzeption der fondsgebundenen Versicherung liegt das Prinzip zugrunde, dass das **Kapitalanlagerisiko** vom Versicherungsnehmer getragen wird (→ Rn. 9). Dies ergibt sich zunächst aus § 54b VAG, der Leistungen unmittelbar in Fondsanteilen und Leistungen, die direkt an einen Bezugswert gebunden sind, vorsieht. § 169 Abs. 4 VVG beschreibt den Rückkaufswert der fondsgebundenen Versicherung als Zeitwert der Versicherung. Die Leistung bei Kündigung ist also direkt abhängig von Zeitwert des als Kapitalanlage gewählten Fonds[27].

36 Die in § 15 geregelten Fälle sind allesamt Ausprägungen des mit einer Anlage des Deckungskapitals in Investmentfonds verbundenen Kapitalanlagerisikos (→ Rn. 9), denn sie haben ihre Grundlage ihrerseits im Wesen dieser Anlageart und sind daher für eine direkte Anlage im KAGB geregelt (→ Rn. 3). Im Rahmen einer fondsgebundenen Versicherung sind diese Risiken nach der vertraglichen Risikoverteilung also vom Gesetz dem Versicherungsnehmer zugewiesen. § 15 steht mit den Grundgedanken der gesetzlichen Regelungen zur fondsgebundenen Versicherung daher völlig in Einklang.

37 **b) Gefährdung des Vertragszwecks (§ 307 Abs. 2 Nr. 2 BGB).** Auch eine unangemessene Benachteiligung wegen Gefährdung des Vertragszwecks ist nicht gegeben, da die vertraglichen Rechte des Versicherungsnehmers nicht gegen **die Natur des fondsgebundenen Lebensversicherungsvertrages** eingeschränkt werden. Es darf nicht vergessen werden, dass der Versicherungsnehmer bei der fondsgebundenen Versicherung nicht nur einseitig das Kapitalanlagerisiko trägt. Auf der anderen Seite profitiert er auch direkt und allein von den Chancen der Kapitalanlage. Sämtliche Kursgewinne bzw. -steigerungen der im Deckungskapital seines Vertrages liegenden Fondsanteile kommen ausschließlich ihm zu Gute. Anders als bei der konventionellen Versicherung fallen diese Kapitalanlagegewinne auch nicht in der Überschussbeteiligung des Versicherers an, so dass diese zunächst dem gesamten Kollektiv der Versicherten zufielen und dann nach den Maßstäben der Überschussbeteiligung des jeweiligen Versicherers auf die einzelnen Versicherungsverträge verteilt würden (vgl. §§ 153 VVG, 56a, 56b VAG). Vielmehr erhö-

[26] OLG Köln VersR 2014, 1238.

[27] *Langheid* in Römer/Langheid vor §§ 150–171 Rn. 10.

hen sie direkt und ungekürzt den Zeitwert des jeweiligen fondsgebundenen Versicherungsvertrages (§ 1 Abs. 2, 3 ARB-F).[28]

38 Darüber hinaus orientieren sich die Regelungen in § 15 jeweils an den zugrunde liegenden gesetzlichen Normen für Investmentfonds im **KAGB,** berücksichtigen das Informationsinteresse des Versicherungsnehmers angemessen und überlassen auch die Auswahl eines Ersatzfonds aus der angebotenen Fondspalette soweit wie möglich ihm (→ Rn. 10ff.). Da es sich insgesamt schließlich um die Regelung außergewöhnlicher Sondersituationen handelt, kann von einer Gefährdung des Vertragszwecks, aber auch von einer unangemessenen Benachteiligung des Versicherungsnehmers nicht die Rede sein.[29]

3. Leistungsfrist und Änderungsvorbehalt (§ 308 Nr. 1, 4 BGB)

39 § 15 Abs. 1 bis 5 sehen jeweils den Wechsel der Anlage der laufenden Sparbeiträge sowie ggf. auch die Umschichtung des vorhandenen Deckungskapitals in einen vom Versicherer benannten Ersatzfonds vor, wenn nicht der Versicherungsnehmer selbst einen Ersatzfonds wählt. Damit wird ein wesentlicher Bestandteil des fondsgebundenen Versicherungsvertrages, nämlich die Kapitalanlage, nachträglich abgeändert (§ 308 Nr. 4 BGB). Diese Änderung der Leistung berücksichtigt jedoch die Interessen des Versicherungsnehmers angemessen und ist diesem auch zumutbar. Zum ersten soll der Ersatzfonds ein ähnliches Anlageprofil haben wie der ursprünglich gewählte, so dass sich die Anlageentscheidung des Versicherungsnehmers möglichst im Ersatzfonds fortsetzen soll. Zum zweiten kann der Versicherungsnehmer – abgesehen vom Fall der Eilbedürftigkeit – auch selbst einen hierzu angebotenen Fonds auswählen. Zum dritten schließlich ist die Wahl eines Ersatzfonds zur weiteren Durchführung des Versicherungsvertrages erforderlich, und die Ursache der Störung des Vertragsverhältnisses kommt aus der vertraglichen Risikosphäre des Versicherungsnehmers (→ Rn. 35f., 37f.).

40 In § 15 Abs. 4 ist ferner im Leistungsfall oder bei Rückkauf eine **freihändige Veräußerung** der Fondsanteile zum Marktpreis anstatt zum Rücknahmepreis vorgesehen, wenn die Rücknahme der Fondsanteile durch die Verwaltungsgesellschaft ausgesetzt worden ist. Dies ist eine Abweichung von § 1 Abs. 4 ARB-F. Auch diese ist jedoch dem Versicherungsnehmer zumutbar, denn ihn trifft mit dem Kapitalanlagerisiko neben dem Verlustrisiko auch das Risiko der Aussetzung der Anteilsrücknahme durch die Verwaltungsgesellschaft des Fonds (→ Rn. 9). Bei Leistung oder Rückkauf ist es jedoch erforderlich, dass das fondsgebundene Deckungskapital zu Geld gemacht wird, damit daraus sodann die vereinbarte Leistung (idR eine lebenslange Rente, vgl. § 2 Abs. 1, 2 ARB-F) gebildet werden kann. Anders als über den freihändigen Verkauf, ggf. auch unter Inkaufnahme erheblicher Verluste, ist dies jedoch bei einer Aussetzung der Anteilsrücknahme nicht möglich.

Abgemildert wird die Regelung dadurch, dass der Versicherungsnehmer in diesem Fall die **Übertragung der Fondsanteile** auf ein Wertpapierdepot an Erfül-

[28] Mustergeschäftsplan des BAV für die Fondsgebundene Lebensversicherung, VerBAV 1990, 3 (4, 10); *Sax* VerBAV 1990, 232 (233, 236); VerBAV 258 (263); *Langheid* in Römer/Langheid vor §§ 150–171 Rn. 10. Die Verwendung der Erträge wäre aus Sicht der Aufsicht grundsätzlich auch anders möglich, vgl. *Sax* aaO 236, ist in den ARB-F aber anders geregelt und hat sich auch am Markt nicht durchgesetzt.

[29] OLG Köln VersR 2014, 1238.

lungs statt (§ 364 Abs. 1 BGB) verlangen kann. Ihm bleibt damit die Alternative, eine Erholung des Fonds bzw. des Wertes der Anteile abzuwarten.

41 Für den Fall der Auflösung eines Fonds sieht Absatz 2 der Musterregelung vor, dass die Wiederanlage der Erlöse auch erst **zeitversetzt** erfolgen kann, wenn die Verwahrstelle die Auskehrung jeweils vornimmt. Dies stellt keine unangemessen lange Frist dar (§ 308 Nr. 1 BGB), denn der Versicherer kann naturgemäß das Deckungskapital erst dann wieder anlegen, wenn es ihm selbst aus dem abzuwickelnden Fonds heraus wieder zufließt[30]. Darüber hinaus handelt es sich um einen Ausnahmefall.[31] Hinzu kommt, dass die Verzögerung in diesem Fall aus einem Risikobereich stammt, der vom Gesetz (→ Rn. 9) dem Versicherungsnehmer zugewiesen ist.[32]

§ 16 Wann können Sie Ihre Versicherung kündigen und welche Leistungen erbringen wir?

Kündigung

(1) Sie können Ihren Vertrag jederzeit zum Schluss der laufenden Versicherungsperiode (siehe § 12 Absatz 2 Satz 3) in Schriftform *(d. h. durch ein eigenhändig unterschriebenes Schriftstück)* kündigen. Nach dem Rentenzahlungsbeginn können Sie nicht mehr kündigen.

Sie können Ihren Vertrag auch **teilweise** kündigen, wenn der fortzuzahlende Beitrag mindestens [...] beträgt. Bei teilweiser Kündigung gelten die folgenden Regelungen nur für den gekündigten Vertragsteil.

Auszahlungsbetrag

(2) Wenn für den Todesfall eine Leistung vereinbart ist, zahlen wir nach Kündigung

- den Rückkaufswert (Absatz 3),
- vermindert um den Abzug (Absatz 4) sowie
- die Überschussbeteiligung (Absatz 5).

Beitragsrückstände werden von dem Auszahlungsbetrag abgezogen.

Rückkaufswert

(3) Bei Kündigung zahlen wir nach § 169 des Versicherungsvertragsgesetzes (VVG) den Rückkaufswert. Der Rückkaufswert ist das zum Kündigungstermin vorhandene Deckungskapital (siehe § 1 Absatz 4). Der Ermittlung des Wertes des Deckungskapitals legen wir dabei den ... (Stichtag) zugrunde. Bei einem Vertrag mit laufender Beitragszahlung ist der Rückkaufswert mindestens der Betrag des Deckungskapitals, das sich bei gleichmäßiger Verteilung der angesetzten Abschluss- und Vertriebskosten auf die ersten fünf Vertragsjahre ergibt. Ist die vereinbarte Beitragszahlungsdauer kürzer als fünf Jahre, verteilen wir diese Kosten auf die Beitragszahlungsdauer. In jedem Fall beachten wir die aufsichtsrechtlichen Höchstzillmersätze (siehe § 19 Absatz 2 Satz 3).

Für die Ermittlung des Auszahlungsbetrages nach Absatz 2 legen wir jedoch höchstens die bei Tod fällig werdende Leistung zu Grunde. Wenn ein Restbetrag vorhanden ist, bilden wir hieraus nach anerkannten Regeln der Versicherungsmathematik eine beitragsfreie Rente. Diese wird nur dann fällig, wenn die versicherte Person

---

[30] Vgl. § 2 Abs. 9 der Musterbedingungen des BAV für die Fondsgebundene Lebensversicherung, VerBAV 1990, 89 (90).

[31] OLG Köln VersR 2014, 1238.

[32] *Dammann* in Wolf/Lindacher/Pfeiffer BGB § 308 Nr. 1 Rn. 47.

(das ist die Person, auf deren Leben die Versicherung abgeschlossen ist) den vereinbarten Rentenzahlungsbeginn erlebt. Wird die beitragsfreie Mindestrente von … nicht erreicht, legen wir den vollen Rückkaufswert zu Grunde.

Abzug

(4) Von dem nach Absatz 3 ermittelten Wert nehmen wir einen Abzug in Höhe von … vor. Der Abzug ist zulässig, wenn er angemessen ist. Dies ist im Zweifel von uns nachzuweisen. Wir halten den Abzug für angemessen, weil mit ihm die Veränderung der Risikolage des verbleibenden Versichertenbestandes ausgeglichen wird. Zudem wird damit ein Ausgleich für kollektiv gestelltes Risikokapital vorgenommen. Wenn Sie uns nachweisen, dass der aufgrund Ihrer Kündigung von uns vorgenommene Abzug wesentlich niedriger liegen muss, wird er entsprechend herabgesetzt. Wenn Sie uns nachweisen, dass der Abzug überhaupt nicht gerechtfertigt ist, entfällt er.

Überschussbeteilung

(5) Für die Ermittlung des Auszahlungsbetrags setzt sich die Überschussbeteiligung zusammen aus:
- den Ihrem Vertrag bereits zugeteilten Überschussanteilen, soweit sie nicht in dem nach den Absätzen 3 und 4berechneten Betrag enthalten sind,
- dem Schlussüberschussanteil nach § 3 Absatz … und
- den Ihren Vertrag gemäß § 3 Absatz 3b zuzuteilenden Bewertungsreserven, soweit bei Kündigung vorhanden.

(6) Wenn Sie Ihren Vertrag kündigen, kann das für Sie Nachteile haben. In der Anfangszeit Ihres Vertrages ist wegen der Verrechnung von Abschluss- und Vertriebskosten (siehe § 19) nur ein geringer Rückkaufswert vorhanden. Der Rückkaufswert erreicht auch in den Folgejahren nicht unbedingt die Summe der gezahlten Beiträge.

Keine Beitragsrückzahlung

(7) Die Rückzahlung der Beiträge können Sie nicht verlangen.

Übersicht

I. Gesetzliche Grundlagen

1 Für den Rückkaufswert einer fondsgebundenen Versicherung gelten **§§ 168f. VVG.** Das jederzeitige Kündigungsrecht auch bei fondsgebundenen Versicherungen, wie es in Satz 1 vereinbart ist, beruht auf **§ 169 Abs. 1 S. 1 VVG.**[1] Dort wird eine Versicherung vorausgesetzt, bei der „der Eintritt der Verpflichtung des Versicherers gewiss" ist (ebenso in § 168 Abs. 2 VVG). Unter § 171 Abs. 1 VVG aF wurde hingegen verlangt, dass der Eintritt „der Verpflichtung zur Zahlung des vereinbarten Kapitals gewiss ist" (ebenso § 165 Abs. 2 VVG aF). Bei fondsgebundenen Versicherungen wird kein beziffeter Kapitalbetrag, sondern der Gegenwert der Fondsanteile als Kapital vereinbart. Allerdings war das jederzeitige Kündigungsrecht auch bei fondsgebundenen Versicherungen unter VVG aF nicht umstritten.[2]

2 Der Rückkaufswert folgt im Wesentlichen dem einer konventionellen Versicherung. An zwei Stellen materialisieren sich aber die Unterschiede in der Ausgestaltung beider Arten von Versicherungen. Zum einen ist dies die Bestimmung des **Zeitwerts** als Grundlage für die Ermittlung des Rückkaufswertes nach § 169 Abs. 4 VVG anstelle des mit den Rechnungsgrundlagen der Prämienkalkulation berechneten Deckungskapitals. Zum andern ist dies das **Fehlen der Herabsetzungsmöglichkeit** nach § 169 Abs. 6 VVG. Abs. 4 der Vorschrift ist dort nicht in Bezug genommen. Daher enthält die Bestimmung auch kein Kürzungsrecht. Der Gesetzgeber hat es bewusst[3] als Korrektur nur für sog. konventionelles Deckungskapital vorgesehen, um damit Kapitalmarktrisiken des Versicherers abzumildern. Die Kürzungsmöglichkeit korreliert zwingend mit garantierten Rückkaufswerten.[4] Sie hat daher keine Berechtigung, soweit der Versicherungsnehmer das Kapitalanlagerisiko trägt.

II. Rechtsprechung

3 Die Behandlung des Rückkaufswertes fondsgebundener Versicherungen war im Zusammenhang mit den Klauseln zu Abschlusskosten, Rückkaufswert und Stornoabzug ebenfalls Gegenstand der Rechtsprechung. Nachdem der BGH die entsprechenden Klauseln konventioneller Verträge der Generation von **1994 bis 2001**[5] für unwirksam erklärt hat, hat er klargestellt, dass die **Unwirksamkeit** auch fondsgebundene Versicherungen betrifft.[6] Für die Klauselgeneration bis 2001 hat der BGH in derselben Entscheidung als Folge der Unwirksamkeit die Hälfte des ungezillmerten Deckungskapitals im Wege ergänzender Vertragsauslegung festgeschrieben.[7] Für die Klauselgeneration von **2001 bis 2007** hat der BGH in einer Entscheidung die Unwirksamkeit der entsprechenden Regelungen sowohl konventioneller als

[1] *Mönnich* in Langheid/Wandt § 169 Rn. 37; *Ortmann* in Schwintowski/Brömmelmeyer § 169 Rn. 9.

[2] Siehe Nachweise bei *Mönnich* in Langheid/Wandt § 169 Rn. 37.

[3] Gesetzesbegr. BT-Drs. 16/3945, 104.

[4] Siehe Einzelheiten hierzu bei *Winter* in Bruck/Möller § 169 Rn. 135;

[5] BGH NJW 2001, 2012; NJW 2001, 2014.

[6] BGH r+s 2008, 29.

[7] BGH r+s 2008, 29.

auch fondsgebundener Versicherungen festgestellt.[8] Die Folgen sind identisch mit denen konventioneller Versicherungen (→ ARB § 12 Rn. 18f.).

III. Kommentierung der Klauselbestimmungen

1. Kündigung (Abs. 1)

4 Absatz 1 entspricht § 12 Abs. 1 ARB, vgl. die Erläuterung dort (→ ARB § 12 Rn. 20ff.). Eine Abweichung in der Sache ergibt sich beim Recht zur **Teilkündigung** in Satz 3. Es ist hier begrenzt auf einen verbleibenden Mindestbeitrag (im Gegensatz zur Mindestrente in § 12 Abs. 1 S. 3 ARB). Da eine Mindestrente nicht vereinbart ist, sondern lediglich ein sog. Rentenfaktor, ist eine verbleibende Mindestrente hier kein geeigneter Bezugspunkt. Dem Abstellen auf einen verbleibenden Mindestbeitrag liegt offenbar das Verständnis zugrunde, dass eine Teilkündigung sich auf den Beitrag auswirkt. Dies ist jedoch, wie sich aus der Gegenüberstellung zu § 17 Abs. 4 S. 2 ergibt, nicht der Fall. Dort ist nämlich die teilweise Beitragsfreistellung vorgesehen. Die Teilkündigung wirkt sich demgegenüber auf das vorhandene Kapital aus und führt zu einer **teilweisen Zahlung des Rückkaufswertes bzw. des Auszahlungsbetrages.** Damit läuft der erforderliche Mindestbeitrag hier leer. Er begrenzt das Recht zur Teilkündigung nicht. Sachgerechte Bezugsgröße könnte etwa ein verbleibendes Mindestdeckungskapital bzw. eine Mindestversicherungsleistung sein.[9] Es kann im weiteren Vertragsverlauf durch Entnahme von Kosten oder Kursentwicklung noch unterschritten werden. Allerdings ist dies dieser Art Versicherung immanent.

2. Auszahlungsbetrag (Abs. 2)

5 Absatz 2 entspricht § 12 Abs. 2 ARB, vgl. die Erläuterung dort (→ ARB § 12 Rn. 39ff.). Lediglich die Verweisung nach „Rückkaufswert" bezieht Absatz 5 nicht mit ein. Dies beruht darauf, dass § 12 Abs. 5 ARB das Recht zur Kürzung des Rückkaufswertes enthält, wie es sich aus § 169 Abs. 5 VVG ergibt. Für fondsgebundene Versicherungen eröffnet das VVG diese Möglichkeit nicht. (→ Rn. 2)

6 Eine nicht aus der Gegenüberstellung mit § 12 Abs. 2 ARB erkennbare sich aber aus der Besonderheit einer fondsgebundenen Versicherung ergebende Abweichung bezieht sich auf die **Fälligkeit des Auszahlungsbetrages.** Abs. 1 Satz 1 sieht ein jederzeitiges Kündigungsrecht vor. Bei fondsgebundenen Versicherungen besteht die Versicherungsleistung in der Auszahlung des Deckungskapitals (s. Abs. 3 Satz 2), das im Gegenwert der Fondsanteile besteht (→ AKB-F § 1 Rn. 9). Ist ein solcher Gegenwert nicht feststellbar, weil die Rücknahme der Anteile ausgesetzt ist, greifen die in § 15 Abs. 4 ARB-F vereinbarten Mechanismen. Dem Versicherer muss die notwendige Zeit verbleiben, um die Informationen einzuholen, die für die Abwicklung benötigt werden. Dadurch kann sich bei einer Kündigung unmittelbar vor dem Beendigungszeitpunkt ein entsprechendes Hinausschieben der Fälligkeit ergeben, das über das bei einer konventionellen Rentenversicherung hinausgeht (→ ARB § 12 Rn. 29).

[8] BGH NJW 2012, 3023.

[9] Siehe etwa *Mönnich* in Langheid/Wandt § 165 Rn. 19.

3. Rückkaufswert (Abs. 3)

a) Begriff. Absatz 3 ist die Parallelregelung zu § 12 Abs. 3 ARB. Satz 1 hat **deklaratorischen Charakter.** Es wird mitgeteilt, dass die Kündigung die Zahlung des Rückkaufswertes auslöst. Damit wird § 169 Abs. 1 VVG aufgegriffen. Nimmt der Versicherer einen Abzug nach Absatz 4 vor, kommt nicht der Rückkaufswert zur Auszahlung, sondern eben vermindert um den Abzug. Dies ergibt sich bereits aus Absatz 2. Die dem Gesetz entnommene Formulierung in Satz 1 führt damit nicht dazu, dass der VN annehmen dürfte, der Rückkaufswert würde ohne Abzug ausgezahlt. 7

Satz 2 weicht von § 12 Abs. 3 ARB ab. Zwar wird als Rückkaufswert auch das Deckungskapital in Bezug genommen. Durch die Verweisung auf § 1 Abs. 4 ARB-F wird aber klar, dass es sich hier, wie von § 169 Abs. 4 S. 1 VVG verlangt, um den **Zeitwert** handelt. Er entspricht bei fondsgebundenen Versicherungen dem Wert der dem Vertrag zugeordneten Fondsanteile zum Stichtag.[10] Der Rückkaufswert wird hier retrospektiv berechnet, es müssen also anders als bei prospektiver Berechnung keine in die Zukunft gerichteten Größen wie Abzinsungssätze oder ausstehende Prämien, berücksichtigt werden.[11] 8

b) Stichtag. Satz 3 bestimmt, den Stichtag für die Ermittlung des Zeitwerts. Er kommt damit der Anforderung aus § 169 Abs. 4 S. 2 VVG nach, wonach die Grundsätze der Berechnung anzugeben sind. Weder die Begründung noch die VVG-InfoV enthalten Konkretisierungen dieser Anforderung.[12] Die Benennung eines Stichtages sowie die Vereinbarung, dass das Deckungskapital sich aus Zahl der Fondsanteile multipliziert mit deren Wert zum Stichtag (s. § 1 Abs. 4 S. 2 und 3 ARB-F) ergibt, führen zu einem eindeutigen Ergebnis. An der Einhaltung der Anforderung von § 169 Abs. 4 S. 2 VVG sollten daher Zweifel nicht bestehen. Dabei empfiehlt sich als Stichtag ein **in der Zukunft liegender, aber nicht allzu weit vom Wirksamwerden der Kündigung entfernter Tag.** Bei einem in der Vergangenheit liegenden Tag könnte der VN gegen den Versicherer spekulieren. Ein Tag, der allzu weit vom Tag des Wirksamwerdens der Kündigung entfernt liegt, riskiert, den Zeitwert nicht mehr widerzuspiegeln. Er soll den tatsächlichen Wert des Vertrages zum Beendigungszeitpunkt abbilden.[13] 9

c) Mindestrückkaufswert. Satz 4 bis 6 entspricht § 12 Abs. 3 S. 2 bis 4 ARB, vgl. die Erläuterung dort (→ ARB § 12 Rn. 64ff.). Die Geltung dieser Grundsätze auch bei fondsgebundenen Versicherungen ist in § 169 Abs. 4 S. 1 Hs. 2 VVG ausdrücklich angeordnet.[14] Inhaltlich ergeben sich hierzu grundsätzlich **keine spezifischen Besonderheiten** gegenüber der Regelung in den ARB mit einer Ausnahme. Der Versicherer ist weiterhin berechtigt zu **zillmern,** also die ersten Beiträge vollständig zur Tilgung der Abschlusskosten zu verwenden. Durch die Ein- 10

---

[10] *Mönnich* in Langheid/Wandt § 169 Rn. 111; *Ortmann* in Schwintowski/Brömmelmeyer § 169 Rn. 83; *Langheid* in Römer/Langheid § 169 Rn. 38.

[11] Siehe hierzu *Mönnich* in Langheid/Wandt § 169 Rn. 111; *Engeländer* VersR 2007, 1297; aA, dabei aber abstrakt bleibend, *Schick/Franz* VW 2007, 764 (765).

[12] *Mönnich* in Langheid/Wandt § 169 Rn. 115.

[13] *Winter* in Bruck/Möller § 169 Rn. 106: „realer Barwert im Rückkaufszeitpunkt"; ebenso *Ortmann* in Schwintowski/Brömmelmeyer § 169 Rn. 83.

[14] Gesetzesbegr. BT-Drs. 16/3945, 103; s. auch *Ortmann* in Schwintowski/Brömmelmeyer § 169 Rn. 54; *Krause* in Looschelders/Pohlmann § 169 Rn. 49.

führung des Mindestrückkaufswertes wird er daran nicht gehindert.[15] Das ergibt sich allein schon aus § 4 DeckRV iVm § 65 Abs. 1 S. 1 Nr. 2 VAG. Zillmert ein Versicherer also, dann ist im Falle des **Frühstornos** der Mindestrückkaufswertes auf der Grundlage einer fiktiven Rechnung zu ermitteln. Vereinfacht ergibt sich der Wert dadurch, dass fingiert wird, die Abschlusskosten wären bis zum Wirksamwerden der Kündigung gleichmäßig verteilt worden, und zwar auf der Basis eines Zeitraums von fünf Jahren. Wegen der Fondsanteilen immanenten Schwankungen sind hier zwei Möglichkeiten denkbar. Entweder das Deckungskapital wird so berechnet, als wären zum jeweiligen Zeitpunkt der Beitragszahlung für den fiktiven Sparbeitrag Fondsanteile gekauft worden, oder es wird der Geldbetrag ermittelt, der zum Beendigungszeitpunkt bei unterstellter Verteilung der Abschlusskosten zur Verfügung stehen würde, und dies als Deckungskapital angenommen. Die erste Variante verursacht, wenn nachträglich der exakte Ankauf von Fondsanteilen nachvollzogen werden müsste, erheblichen Verwaltungsaufwand[16] und setzt den Versicherer Kursrisiken aus. Sie realisieren sich, wenn die Kurse während der Laufzeit bis zur Kündigung tendenziell gesunken sind. Allerdings ist die zweite Variante mit dem Gedanken einer fondsgebundenen Versicherung nicht vereinbar. Es würde sich dann dem Charakter nach in den ersten fünf Jahren um eine konventionelle Versicherung handeln. Auch die Begründung geht explizit von einer Auszahlung des Zeitwerts im Fall des sog. Frühstorno aus.[17]

11 **d) Begrenzung auf Todesfallleistung.** Die Begrenzung des Rückkaufswertes auf die Todesfallleistung in Satz 7 bis 10 entspricht § 12 Abs. 3 S. 5 bis 8 ARB, vgl. die Erläuterung dort (→ ARB § 12 Rn. 78ff.). Allerdings ergibt sich bei der Bildung der beitragsfreien Rente aus dem überschießenden Betrag nach Satz 8 eine Besonderheit. Bis zum Wirksamwerden der Kündigung wird das Kapital vereinbarungsgemäß in Fondsanteilen geführt. Zur Bildung der Bildung der beitragsfreien Rente nach Satz 8 bedarf es einer Umwandlung des fondgebundenen in konventionelles Deckungskapital. Zwar wäre auch eine Weiterführung des überschießenden Deckungskapitals in Fondsanteilen möglich. Allerdings weist die Formulierung „bilden" darauf hin, dass die Rente **tatsächlich gebildet und nicht nur fiktiv ermittelt** wird. Dies ergibt sich auch aus der Gegenüberstellung mit dem den Fall der Beitragsfreistellung regelnden § 17 Abs. 4 S. 1 ARB-F. Dort wird auf ein verbleibendes Mindestdeckungskapital abgestellt, was auf eine fondsgebundene Fortführung des Vertrages hindeutet (→ ARB-F § 17 Rn. 8). Für die Ermittlung der **Höhe** der beitragsfreien Rente sind in Satz 8 keine konkreten Parameter angegeben. Es werden jedoch die „anerkannten Regeln der Versicherungsmathematik" in Bezug genommen. Unter deren Zugrundelegung können ohne weiteres die in § 2 Abs. 2 für die Bildung der Rente bei regulärem Rentenübergang vereinbarten Regeln herangezogen werden.

12 **e) Stornoabzug (Abs. 4).** Absatz 4 entspricht § 12 Abs. 4 ARB, vgl. die Erläuterung dort (→ ARB § 12 Rn. 83ff.). Es ergeben sich zwei Besonderheiten, nämlich zur Bezifferung und zur Begründung des Abzugs.

13 Bei der **Bezifferung** ist grundsätzlich umstr., ob sie die **Angabe eines konkreten Betrages in Euro** verlangt oder eine prozentuale Angabe zulässig ist, anhand

---

[15] Siehe *Schick/Franz* VW, 2007, 764 (766); *Ortmann* in Schwintowski/Brömmelmeyer § 169 Rn. 49.

[16] Näher *Kleinlein* VuR 2008, 13 (15).

[17] Gesetzesbegr. BT-Drs. 16/3945, 103; s. auch *Reiff* in Prölss/Martin § 169 Rn. 56.

derer sich der Abzug leicht ermitteln lässt (→ ARB § 12 Rn. 83ff.). Bei fondsgebundenen Versicherungen verschärft sich die Frage deshalb, weil das Deckungskapital den Schwankungen der Fondsanteile unterliegt. Würde ein absoluter Betrag angegeben, bestünde bei schlechter Kursentwicklung das unvermeidliche Risiko der Unangemessenheit. Wird etwa ein Betrag von 300 EUR vereinbart, und beträgt das Deckungskapital zu Kündigungszeitpunkt wegen sehr schlechter Kursentwicklung 1.500 EUR, würde der Abzug sich auf 20% belaufen.[18] Das würde kaum noch als angemessen bewertet werden können. Dem kann durch eine Staffelung begegnet werden.[19] Dies käme der Sache nach einer prozentualen Vereinbarung bereits sehr nahe. Daher sollte bei einer fondsgebundenen Versicherung ein prozentualer Abzug den Anforderungen an das Merkmal „beziffert" umso mehr genügen.[20] Zum Teil wird angeregt, bei fondsgebundenen Versicherungen das offenbar angenommene Transparenzdefizit des prozentualen Abzugs durch tabellarische Beispielswerte in absoluten Zahlen für mögliche Wertentwicklungen aufzufangen.[21] Es erscheint aber sehr fraglich, ob dies die Transparenz tatsächlich erhöht; die Annahme, dass es den durchschnittlichen VN eher verwirrt, dürfte näher liegen, weil es sich in der Natur der Sache liegend um rein fiktive Werte ohne jeden realen Bezug handeln müsste.

14 Zur **Begründung** wird auch hier auf die Veränderung der Risikolage und den Ausgleich für kollektiv gestelltes Risikokapital abgestellt. Beides ist, wie bei konventionellen Versicherungen, zulässig, da die dortigen Überlegungen in gleicher Weise gelten (→ ARB § 12 Rn. 92f.). Problematisch wäre es allerdings, den Stornoabzug hier auch auf die vorzeitige Auflösung von Kapitalanlagen zu stützen. Da der Versicherer kein Kapitalanlagerisiko trägt, können bei einer Auflösung des Deckungskapitals auch keine Verschlechterungen in dessen Kapitalanlagestruktur eintreten.[22]

15 **f) Überschussbeteiligung (Abs. 5).** Absatz 5 entspricht § 12 Abs. 6 ARB, vgl. die Erläuterung dort (→ ARB § 12 Rn. 125ff.). Ein Unterschied zu § 12 ARB besteht in der Sache und daher auch im Aufbau darin, dass bei fondsgebundenen Versicherungen der Rückkaufswert **nicht nach § 169 Abs. 6 VVG herabgesetzt** werden kann (→ Rn. 2). Daher enthält § 16 keine Entsprechung zu § 12 Abs. 5 ARB. Deshalb erstreckt sich die Verweisung im ersten Spiegelestrich auch nicht auf eine Herabsetzungsmöglichkeit.

16 Die wirtschaftlichen Unterschiede sind bedeutender als die textlichen. Da bei fondsgebundenen Versicherungen kein konventionelles Deckungskapital für die Kapitalanlage zur Verfügung steht, fehlt die – wirtschaftlich in der Regel bedeutsamste – Überschussquelle Kapitalanlageergebnis. Überschüsse können nur aus dem Risikoergebnis und dem übrigen Ergebnis iSv § 4 Abs. 2 MindZV entstehen (zu Überschüssen → ARB-F § 3 Rn. 1).

17 **g) Warnhinweis (Abs. 6).** Absatz 6 stellt die Parallelreglung zu § 12 Abs. 7 ARB dar (→ ARB § 12 Rn. 129ff.). In der Natur der Sache liegend ist die Bestimmung allerdings kürzer. Satz 1 ist dabei wortidentisch, und es ergibt sich auch sachlich kein Unterschied.

---

[18] Auf die konkrete Vertragssituation für die Beurteilung der Angemessenheit hinweisend *Brambach* in Rüffer/Halbach/Schimikowski § 169 Rn. 24.

[19] Dies generell anregend *Grote* in Marlow/Spuhl Rn. 1173.

[20] Ebenso *Schick/Franz* VW 2007, 764 (766).

[21] *Mönnich* in Langheid/Wandt § 169 Rn. 118.

[22] Ähnlich, aber wohl weniger weitgehend *Winter* in Bruck/Möller § 169 Rn. 128.

18 Satz 2 beschränkt sich auf den Hinweis eines in der Anfangszeit lediglich geringen Rückkaufswertes. Es wird anders als in § 12 Abs. 7 ARB nicht noch ergänzend auf den Mindestrückkaufswert hingewiesen, sondern darauf, dass der **Rückkaufswert gering** sei. Dies erklärt sich daraus, dass bei konventionellen Versicherungen der Mindestrückkaufswert in der Rückkaufswerttabelle aufgeführt ist (→ ARB § 12 Rn. 131). Ohne eine solche konkrete Angabe, die bei fondsgebundenen Versicherungen wegen der Kursschwankungen nicht möglich ist, enthielte der Hinweis auf den Mindestrückkaufswert an dieser Stelle keinen Mehrwert. Für den Versicherungsnehmer ist es wichtig, sich vor Abschluss des Vertrages und vor einer Kündigung bewusst zu machen, dass der Rückkaufswert in der Anfangszeit niedrig sein wird.

19 Satz 3 entspricht § 12 Abs. 7 S. 3 ARB, vgl. die Erläuterung dort (→ ARB § 12 Rn. 130). Sachlich ist dabei die Akzentsetzung etwas anders. Bei sehr guter Kursentwicklung kann der Rückkaufswert schon in einer sehr frühen Phase des Vertrages die eingezahlten Beiträge erreichen oder sogar übersteigen. Ebenso schnell kann sich aber auch wieder der gegenteilige Effekt ergeben. Es ist nicht Aufgabe des Bedingungswerkes, an dieser Stelle diese Zusammenhänge vollständig aufzuführen. Als Warnhinweis liegt die primäre Funktion dieser Aussagen darin, dem Versicherungsnehmer bewusst zu machen, dass bei einer **Kündigung in der frühen Phase** die Gefahr, dass nicht einmal die gezahlten Beiträge erreicht sind, besonders groß ist. Die weiteren Gesichtspunkte, wie insbesondere schwankendes Deckungskapital, Verluste auch nach Erreichen eines hohen Deckungskapitals usw., sind keine Spezifika der Kündigung in der Anfangszeit. Sie resultieren vielmehr daraus, dass der VN das Kapitalanlagerisiko trägt. Deshalb sind diese Zusammenhänge richtigerweise bei der Beratung vor Vertragsschluss und in den vorvertraglichen Unterlagen zu verorten.

20 **h) Rückzahlung der Beiträge (Abs. 7).** Absatz 7 entspricht § 12 Abs. 9 ARB. Vgl. die Erläuterung dort (→ ARB § 12 Rn. 139).

IV. Beweislast

21 Für die Beweislast gelten die Überlegungen zu § 12 ARB entsprechend (→ ARB § 12 Rn. 140ff.).

V. Wirksamkeit der Bestimmung

22 Die Bestimmung ist wirksam.

§ 17 Wann können Sie den Vertrag beitragsfrei stellen und welche Auswirkungen hat dies auf unsere Leistungen?

(1) Anstelle einer Kündigung nach § 16 Abs. 1 können Sie zu dem dort genannten Termin in Schriftform *(d. h. durch ein eigenhändig unterschriebenes Schriftstück)* verlangen, ganz oder teilweise von der Beitragszahlungspflicht befreit zu werden. In diesem Fall setzen wir die vereinbarte Rente ganz oder teilweise auf eine beitragsfreie Rente herab. Diese wird nach folgenden Gesichtspunkten berechnet:
- nach anerkannten Regeln der Versicherungsmathematik mit den Rechnungsgrundlagen der Beitragskalkulation,

– für den Schluss der laufenden Versicherungsperiode und
– unter Zugrundelegung des Rückkaufswertes nach § 16 Abs. 3.

(2) Der Wert des Deckungskapitals (siehe § 1 Absatz 4) Ihres Vertrages mindert sich um rückständige Beiträge. Außerdem nehmen wir einen Abzug in Höhe von … vor. Der Abzug ist zulässig, wenn er angemessen ist. Dies ist im Zweifel von uns nachzuweisen. Wir halten den Abzug für angemessen, weil mit ihm die Veränderung der Risikolage des verbleibenden Versichertenbestandes ausgeglichen wird. Zudem wird damit ein Ausgleich für kollektiv gestelltes Risikokapital vorgenommen. Wenn Sie uns nachweisen, dass der aufgrund Ihres Verlangens der Beitragsfreistellung von uns vorgenommene Abzug wesentlich niedriger liegen muss, wird er entsprechend herabgesetzt. Wenn Sie uns nachweisen, dass der Abzug überhaupt nicht gerechtfertigt ist, entfällt er.

Beitragsrückstände werden vom Deckungskapital abgezogen.

(3) Wenn Sie Ihren Vertrag beitragsfrei stellen, kann das für Sie Nachteile haben. In der Anfangszeit Ihres Vertrages ist das Deckungskapital nach Beitragsfreistellung in der Regel deutlich niedriger als die Summe der gezahlten Beiträge, da aus diesen auch Abschluss- und Vertriebskosten (siehe § 19) sowie Verwaltungskosten finanziert werden und der oben erwähnte Abzug erfolgt. Auch in den Folgejahren stehen nicht unbedingt Mittel in Höhe der gezahlten Beiträge als Deckungskapital zur Verfügung.

(4) Haben Sie die vollständige Befreiung von der Beitragszahlungspflicht verlangt und erreicht das Deckungskapital den Mindestbetrag von […] nicht, erhalten Sie den Auszahlungsbetrag nach § 16 Absatz 2. Eine teilweise Befreiung von der Beitragszahlungspflicht können Sie nur verlangen, wenn der fortzuzahlende Beitrag mindestens […] beträgt.

(5) Die Rückzahlung der Beiträge können Sie nicht verlangen.

I. Gesetzliche Grundlagen

1 Die zur Beitragsfreistellung konventioneller Versicherungen in § 13 ARB skizzierten gesetzlichen Grundlagen gelten auch für fondsgebundene Versicherungen. Vgl. die Erläuterung dort (→ ARB § 13 Rn. 1).

II. Rechtsprechung

2 Die in § 13 ARB zu konventionellen Versicherungen skizzierte Rechtsprechung gilt für fondsgebundene Versicherungen entsprechend. Vgl. die Erläuterung dort (→ ARB § 13 Rn. 2).

III. Kommentierung der Klauselbestimmungen

1. Allgemeine Voraussetzungen und Folgen der Beitragsfreistellung (Abs. 1)

3 Absatz 1 entspricht § 13 Abs. 1 ARB, vgl. die Erläuterung dort (→ ARB § 13 Rn. 3 ff.). Lediglich die Verweisungen sind angepasst. Sachliche Unterschiede bestehen insofern, als die beitragsfreie Rente nicht als absoluter Betrag in EUR, sondern weiterhin als sog. **Rentenfaktor** – also als EUR-Betrag je x EUR zum Zeitpunkt

der Verrentung vorhandenen Deckungskapitals – ausgedrückt bleibt (s. § 2 Abs. 2 S. 2 ARB-F).

2. Abzüge (Abs. 2)

4 Absatz 2 entspricht § 13 Abs. 2 ARB, vgl. die Erläuterung dort (→ ARB § 13 Rn. 14ff.). Die Verrechnung rückständiger Beiträge ist sowohl in Satz 1 als auch in Satz 8 angesprochen. Hierbei dürfte es sich um ein **Redaktionsversehen** handeln.

3. Warnhinweis (Abs. 3)

5 Absatz 3 entspricht § 13 Abs. 3 ARB, vgl. die Erläuterung dort (→ ARB § 13 Rn. 17ff.). Es ergeben sich aber einige Unterschiede.

6 In Satz 2 wird auf das **„Deckungskapital nach Beitragsfreistellung“** Bezug genommen und nicht auf den „Mindestwert gemäß § 12 Abs. 3 S. 3“, wie in § 13 Abs. 3 ARB. Dies hat, ähnlich wie beim parallelen Warnhinweis für die Kündigung in § 16 Abs. 6 seinen Grund darin, dass **kein konkreter Mindestbetrag** angegeben werden kann (→ ARB-F § 16 Rn. 18). Als Begründung für das zu erwartende niedrige Deckungskapital in der Anfangszeit wird zusätzlich auf die Verwaltungskosten und den Stornoabzug verwiesen. Auch dies hat seine Ursache darin, dem Versicherungsnehmer zu verdeutlichen, dass es neben den Abschluss- und Vertriebskosten noch weitere wertmindernde Faktoren gibt. Bei konventionellen Versicherungen bekommt der Versicherungsnehmer dies durch die Rückkaufswerttabelle betragsmäßig vor Augen geführt. Diese Konkretheit ist bei fondsgebundenen Versicherungen nicht möglich. Aus diesem Grunde fehlt auch der Verweis auf eine Entsprechung zur Tabelle wie in § 13 Abs. 3 S. 4 ARB.

4. Mindestbeträge (Abs. 4)

7 Absatz 4 entspricht § 13 Abs. 4 ARB, vgl. die Erläuterung dort (→ ARB § 13 Rn. 20ff.). Es ergeben sich folgende Unterschiede.

8 Statt an eine beitragsfreie Mindestrente wie in § 13 Abs. 4 S. 1 ARB knüpft Satz 1 an einen **Mindestbetrag des Deckungskapitals** an. § 165 Abs. 1 S. 1 VVG lässt die Vereinbarung einer „Mindestversicherungsleistung“ als Untergrenze für eine Beitragsfreistellung zu. Mit dem Mindestdeckungskapital hier wird nicht gegen diese gesetzliche Vorgabe verstoßen. Da es keine garantierte Rentenleistung als absoluten Euro-Betrag gibt (→ ARB-F § 1 Rn. 12), kann keine Mindestrente angegeben werden. Demnach wird das Anknüpfen an ein Mindestkapital auch für **zulässig** gehalten.[1] Dies ergibt sich zusätzlich daraus, dass eine Mindestversicherungsleistung zwingend das Vorhandensein von Deckungskapital voraussetzt.[2] Damit sind die Größen Mindestversicherungskapital und Mindestdeckungskapital für die Zwecke der Beitragsfreistellung letztlich ihrer Funktion nach austauschbar.

9 Am Ende von Satz 1 fehlt im Unterschied zu § 13 Abs. 4 S. 1 ARB der Hinweis darauf, dass die **Versicherung mit der Auszahlung des Betrages ende.** Hierbei dürfte es sich um ein Redaktionsversehen handeln. Rechtliche Folgen lassen sich daraus nicht ableiten. Die Beendigung des Vertrages hält auch der Gesetzgeber für so selbstverständlich, dass er sie in § 166 VVG nicht erwähnt hat. Insofern handelt es sich in § 13 Abs. 4 S. 1 ARB um eine deklaratorische Aussage.

---

[1] *Mönnich* in Langheid/Wandt § 165 Rn. 18.

[2] *Winter* in Bruck/Möller § 165 Rn. 18; *Mönnich* in Langheid/Wandt § 165 Rn. 15.

10 Zum Teil wird vertreten, dass eine **automatische Beendigung bei Nichterreichen des vereinbarten Mindestbetrags** nicht ohne Weiteres zulässig sei, und dies insbesondere auf fondsgebundene Versicherungen bezogen.[3] Zumindest soll der Versicherer dann auf Verlangen des Versicherungsnehmers verpflichtet sein, den Vertrag beitragspflichtig fortzuführen.[4] Dagegen spricht zum einen der eindeutige Wortlaut von § 165 Abs. 1 S. 2 VVG. Ist die Mindestversicherungsleistung nicht erreicht, „hat" der Versicherer den Rückkaufswert zu zahlen. Damit ist der Automatismus im Gesetz angelegt. Allenfalls ließe sich aus § 6 Abs. 4 VVG eine Beratungspflicht des Versicherers begründen. Sie setzt jedoch einen entsprechenden „Anlass" voraus. Bei einer mit Zugang wirksam werdenden Erklärung, wie etwa dem Verlangen nach Beitragsfreistellung, ist ein solcher Anlass nicht (mehr) gegeben. Die Möglichkeit der Beratung, die denknotwendigerweise mindestens zwei unterschiedliche Verhaltensmöglichkeiten voraussetzt, besteht bei Erklärungen, die mit Zugang wirksam werden, nicht.[5] Der Versicherungsnehmer wird dadurch auch nicht über Gebühr benachteiligt. Vor einer Beitragsfreistellung kann er den Rückkaufswert abfragen. Als Nebenpflicht aus dem Vertrag ist der Versicherer verpflichtet, ihn auch unterjährig zu nennen.[6]

11 Die teilweise Beitragsfreistellung wird in Satz 2 von einem weiter zu zahlenden **Mindestbeitrag** abhängig gemacht. Dies ist bei der teilweisen Beitragsfreistellung ohne weiteres möglich. Sie wird vom VVG nicht gefordert (→ ARB § 13 Rn. 10). Damit ist eine solche Regelung nicht an § 171 S. 1 iVm § 165 Abs. 1 S. 1 VVG zu messen und kann deshalb dagegen nicht verstoßen.[7]

5. Rückzahlung der Beiträge (Abs. 5)

12 Absatz 5 hat deklaratorische Bedeutung. In § 13 ARB hat er keine Entsprechung. Es dürfte sich hier um ein – unschädliches – **Redaktionsversehen** handeln.

IV. Beweislast

13 Zur Beweislast gelten die Überlegungen zu § 13 ARB entsprechend (→ ARB § 13 Rn. 25).

V. Wirksamkeit der Bestimmung

14 Die Bestimmung ist wirksam.

---

[3] *Mönnich* in Langheid/Wandt § 165 Rn. 19.

[4] *Mönnich* in Langheid/Wandt § 165 Rn. 19.

[5] Unklar insoweit *Armbrüster* in Langheid/Wandt § 6 Rn. 287, der den Hinweis auf die Rechtsfolgen einer Beitragsfreistellung postuliert, sich dabei auf OLG Köln r+s 1992, 138 bezieht, wo gerade keine dauerhafte Beitragsfreistellung beantragt war.

[6] *Baroch Castellví* in Rüffer/Halbach/Schimikowski VVG-InfoV § 2 Rn. 27; *Knappmann* in Prölss/Martin VVG-InfoV § 2 Rn. 8.

[7] Siehe hierzu *Winter* in Bruck/Möller § 165 Rn. 29.

§ 18 Unter welchen Voraussetzungen können Sie Ihre fondsgebundene Rentenversicherung in eine auf Euro lautende Rentenversicherung umwandeln?

(1) Sie können Ihre fondsgebundene Rentenversicherung vor Rentenzahlungsbeginn in eine von uns zu diesem Zeitpunkt angebotene, auf … lautende Rentenversicherung umwandeln. Dies müssen Sie mit einer Frist von einem Monat zum Schluss einer jeden Versicherungsperiode in Schriftform *(d. h. durch ein eigenhändig unterschriebenes Schriftstück)* bei uns beantragen. Die Umwandlung ist frühestens zum Ende des ersten Versicherungsjahres möglich.

(2) Bei der Umwandlung bleiben Ihre Beitragszahlungsweise und die Höhe Ihres Beitrags unverändert. Auch der bisher vorgesehene Rentenzahlungsbeginn ändert sich nicht. Die Leistungen berechnen wir nach anerkannten Regeln der Versicherungsmathematik auf Basis des neuen Tarifs. Dabei legen wir den Geldwert des Deckungskapitals am … (Stichtag) zugrunde.

1 Mit dieser Bestimmung wird dem Versicherungsnehmer das Recht eingeräumt, eine fondsgebundene Rentenversicherung, bei der er das Kapitalanlagerisiko trägt, **in eine Rentenversicherung mit garantierter Versicherungsleistung umzutauschen.** Ein Umtausch ist nur in eine vom Versicherer im Zeitpunkt der Umwandlung angebotene Rentenversicherung möglich. Diese Einschränkung ist angesichts der zum Teil jahrzehntelangen Laufzeiten von Versicherungsverträgen notwendig. Trotz des Ausdrucks „beantragen" im zweiten Satz kann das Recht durch **einseitige Gestaltungserklärung,** die nicht der Zustimmung des Versicherers bedarf, ausgeübt werden. Die Umwandlungserklärung bedarf der strengen Schriftform iSd § 126 BGB, durch die angesichts der gestaltenden Wirkung der Erklärung auch eine Warnfunktion zugunsten des Versicherungsnehmers erreicht werden soll.

2 Bei der Umwandlung wird der **Geldwert des vorhandenen fondsgebundenen Deckungskapitals** zugrunde gelegt. Zu ergänzen ist der **Stichtag,** der bestimmt, welche Fondskurse hierfür maßgeblich sind. Der Geldwert wird ermittelt, indem die Anzahl der auf den Vertrag entfallenden Anteileinheiten mit dem am jeweiligen Stichtag ermittelten Wert einer Anteileinheit multipliziert wird (§ 1 Abs. 4 ARB-F). Die versicherte Rente wird aus diesem Betrag nach anerkannten Regeln der Versicherungsmathematik ermittelt. Maßgeblich ist dann der neue Tarif mit den jeweiligen aktuellen Rechnungsgrundlagen.

§ 19 Wie werden die Kosten Ihres Vertrages verrechnet?

(1) Mit Ihrem Vertrag sind Kosten verbunden. Diese sind in Ihren Beitrag einkalkuliert. Es handelt sich um Abschluss- und Vertriebskosten sowie übrige Kosten.

Zu den Abschluss- und Vertriebskosten gehören insbesondere Abschlussprovisionen für den Versicherungsvermittler. Außerdem umfassen die Abschluss- und Vertriebskosten die Kosten für die Antragsprüfung und Ausfertigung der Vertragsunterlagen, Sachaufwendungen, die im Zusammenhang mit der Antragsbearbeitung stehen, sowie Werbeaufwendungen. Zu den **übrigen Kosten** gehören insbesondere die Kosten für die laufende Verwaltung.

Die Höhe der einkalkulierten Abschluss- und Vertriebskosten sowie der übrigen Kosten können Sie dem […] entnehmen.

(2) Wir wenden auf Ihren Vertrag das Verrechnungsverfahren nach § 4 der Deckungsrückstellungsverordnung an. Dies bedeutet, dass wir die ersten Beiträge zur

Tilgung eines Teils der Abschluss- und Vertriebskosten heranziehen. Dies gilt jedoch nicht für den Teil der ersten Beiträge, der für Leistungen im Versicherungsfall, Kosten des Versicherungsbetriebs in der jeweiligen Versicherungsperiode und aufgrund von gesetzlichen Regelungen für die Bildung einer Deckungsrückstellung bestimmt ist. Der auf diese Weise zu tilgende Betrag ist nach der Deckungsrückstellungsverordnung auf 4% der von Ihnen während der Laufzeit des Vertrages zu zahlenden Beiträge beschränkt.

(3) Die restlichen Abschluss- und Vertriebskosten werden über die gesamte Beitragszahlungsdauer verteilt, die übrigen Kosten über die gesamte Vertragslaufzeit.

(4) Die beschriebene Kostenverrechnung hat zur Folge, dass in der Anfangszeit Ihres Vertrages nur geringe Beträge für einen Rückkaufswert oder zur Bildung der beitragsfreien Rente vorhanden sind (s. §§ 16 u. 17). Nähere Informationen zu den Rückkaufswerten und beitragsfreien Rentenleistungen sowie ihren jeweiligen Höhen können Sie der Tabelle [...] entnehmen.

1 Die Bestimmung entspricht § 14 ARB. Vgl. die Erläuterungen dort (→ ARB § 14 Rn. 1 ff).

§ 20 Wie können Sie den Wert Ihrer Versicherung erfahren?

(1) Zum Ende eines jeden Versicherungsjahres erhalten Sie von uns eine Mitteilung, der Sie den Wert der Anteileinheiten sowie den Wert des Deckungskapitals Ihrer Versicherung entnehmen können; der Wert des Deckungskapitals wird in Anteileinheiten und als (Geld)-Betrag aufgeführt.

(2) Auf Wunsch teilen wir Ihnen den Wert Ihres Vertrags jederzeit mit.

Schrifttum: Vgl. die Angaben zu § 15 ARB-F

1 Nach **Absatz 1** erhält der Versicherungsnehmer am Ende jedes Versicherungsjahres eine Mitteilung, in der ihm die Anzahl der in seinem fondsgebundenen Deckungskapital vorhandenen Fondsanteile, deren aktueller Rücknahmepreis sowie der sich daraus ergebende aktuelle Wert des fondsgebundenen Deckungskapitals insgesamt mitgeteilt wird (sog. Standmitteilung). Auf Wunsch erhält er diese Mitteilung auch jederzeit **(Absatz 2).**

2 Mit der Standmitteilung erfüllt der Versicherer die **Verpflichtung zur jährlichen Unterrichtung** nach § 155 VVG[1] und § 6 Abs. 1 Nr. 3 VVG-InfoV. Vor der Deregulierung verlangte die Aufsicht darüber hinaus eine mindestens vierteljährliche Unterrichtung des Versicherungsnehmers über den Wert der Fondsanteile oder eine Veröffentlichung in einer überregionalen Tageszeitung, da dieser ein vehementes Interesse an Informationen über den Wert seines Vertrages habe[2]. Dies entspricht zum einen nicht mehr der heute geltenden Rechtslage. Zum anderen dürfte nahezu jeder Versicherungsnehmer heute in der Lage sein, sich direkt über das **Internet** entsprechend zeitnah selbst über den Wert der Fondsanteile zu informieren.

---

[1] Ob § 155 VVG auf die fondsgebundene Lebensversicherung anzuwenden ist, ist fraglich, vgl. § 154 Abs. 1 S. 2 VVG. Für eine teleologische Reduktion insoweit etwa Bruck/Möller, VVG § 155 Rn. 5, und Rüffer/Halbach/Schimikowski, VVG, § 155 Rn. 2; aA etwa *Leithoff*, Die fondsgebundene Lebensversicherung, S. 178 f.

[2] Mustergeschäftsplan des BAV für die Fondsgebundene Lebensversicherung, VerBAV 1990, 3 (9); *Sax*, VerBAV 1990, 258 (263).

Die Standmitteilung sollte dem Versicherungsnehmer deutlich machen, dass es sich bei den Angaben zum fondsgebundenen Deckungskapital um eine Momentaufnahme, berechnet auf den jeweiligen Stichtag, handelt. Da das Deckungskapital in Anteilen an Investmentfonds angelegt ist, kann der Wert nach der Standmitteilung steigen, aber auch wieder fallen. Die Standmitteilung ist unverbindlich und sollte darauf auch ausdrücklich hinweisen, um Fehlvorstellungen und Haftungsansprüche zu vermeiden.[3]

§ 21 Was gilt bei Änderung Ihrer Postanschrift und Ihres Namens?

(1) Eine Änderung Ihrer Postanschrift müssen Sie uns unverzüglich *(d. h. ohne schuldhaftes Zögern)* mitteilen. Anderenfalls können für Sie Nachteile entstehen. Wir sind berechtigt, eine an Sie zu richtende Erklärung *(z. B. Setzen einer Zahlungsfrist)* mit eingeschriebenem Brief an Ihre uns zuletzt bekannte Anschrift zu senden. In diesem Fall gilt unsere Erklärung drei Tage nach Absendung des eingeschriebenen Briefes als zugegangen. Dies gilt auch, wenn Sie den Vertrag für Ihren Gewerbebetrieb abgeschlossen und Ihre gewerbliche Niederlassung verlegt haben.
(2) Bei Änderung Ihres Namens gilt Absatz 1 entsprechend.

1 § 21 entspricht § 15 ARB. Vgl. die Erläuterungen dort (→ ARB § 15 Rn. 1 ff.).

§ 22 Welche Kosten stellen wir Ihnen gesondert in Rechnung?

(1) In folgenden Fällen stellen wir Ihnen pauschal zusätzliche Kosten gesondert in Rechnung: [...]
(2) Wir haben uns bei der Bemessung der Pauschale an dem bei uns regelmäßig entstehenden Aufwand orientiert. Sofern Sie uns nachweisen, dass die der Bemessung zugrunde liegenden Annahmen in Ihrem Fall dem Grunde nach nicht zutreffen, entfällt die Pauschale. Sofern Sie uns nachweisen, dass die Pauschale der Höhe nach wesentlich niedriger zu beziffern ist, wird sie entsprechend herabgesetzt.

1 § 22 entspricht § 16 ARB. Vgl. die Erläuterungen dort (→ ARB 16 Rn. 1 ff.).

§ 23 Welches Recht findet auf Ihren Vertrag Anwendung?

Auf Ihren Vertrag findet das Recht der Bundesrepublik Deutschland Anwendung.

1 § 23 entspricht § 17 ARB. Vgl. die Erläuterungen dort (→ ARB § 17 Rn. 1 ff.).

§ 24 Wo ist der Gerichtsstand?

(1) Für Klagen aus dem Vertrag **gegen uns** ist das Gericht zuständig, in dessen Bezirk unser Sitz oder die für den Vertrag zuständige Niederlassung liegt. Zuständig ist auch das Gericht, in dessen Bezirk Sie zur Zeit der Klageerhebung Ihren Wohnsitz haben. Wenn Sie keinen Wohnsitz haben, ist der Ort Ihres gewöhnlichen Aufenthalts maßgeblich. Wenn Sie eine juristische Person sind, ist auch das Gericht zuständig, in dessen Bezirk Sie Ihren Sitz oder Ihre Niederlassung haben.
(2) Klagen aus dem Vertrag **gegen Sie** müssen wir bei dem Gericht erheben, das für Ihren Wohnsitz zuständig ist. Wenn Sie keinen Wohnsitz haben, ist der Ort Ihres

[3] OLG Stuttgart VersR 2005, 634; *Neuhaus/Kloth* MDR 2007, 318 (323).

gewöhnlichen Aufenthalts maßgeblich. Wenn Sie eine juristische Person sind, ist das Gericht zuständig, in dessen Bezirk Sie Ihren Sitz oder Ihre Niederlassung haben.

(3) Verlegen Sie Ihren Wohnsitz oder den Ort Ihres gewöhnlichen Aufenthalts in das Ausland, sind für Klagen aus dem Vertrag die Gerichte des Staates zuständig, in dem wir unseren Sitz haben.

1 § 24 entspricht § 18 ARB. Vgl. die Erläuterungen dort (→ ARB § 18 Rn. 1 ff.).

Teil 5. Allgemeine Bedingungen für eine Rentenversicherung mit Auszahlung des Deckungskapitals bei Tod als Altersvorsorgevertrag im Sinne des Altersvorsorgeverträge-Zertifizierungsgesetzes (AltZertG) (ARR)

Musterbedingungen des GDV

Stand: 7. Mai 2013

Diese Bedingungen sind für die Versicherer unverbindlich; ihre Verwendung ist rein fakultativ. Abweichende Bedingungen können vereinbart werden.

Sehr geehrte Kundin, sehr geehrter Kunde,

mit diesen Versicherungsbedingungen wenden wir uns an Sie als unseren Versicherungsnehmer und Vertragspartner und als versicherte Person. Bei Ihrem Vertrag handelt es sich um einen Altersvorsorgevertrag im Sinne des Altersvorsorgeverträge-Zertifizierungsgesetzes (AltZertG). Informationen zur steuerlichen Behandlung des Vertrages (auch zu den staatlichen Zulagen) sowie den steuerrechtlichen Folgen einer schädlichen Verwendung des Altersvorsorgevermögens finden Sie in den Steuerhinweisen.

§ 1 Welche Leistungen erbringen wir?

Unsere Leistung ab Rentenzahlungsbeginn

(1) Wenn Sie den vereinbarten Rentenzahlungsbeginn erleben, zahlen wir die vereinbarte Rente, solange Sie leben. Die vereinbarte Rente ist unabhängig vom Geschlecht berechnet. Wir zahlen Ihnen die vereinbarte Rente in gleich bleibender Höhe jeweils zum ... eines Monats (Fälligkeitstag).

Rentenzahlungen dürfen frühestens mit Vollendung Ihres 62. Lebensjahres beginnen. Wenn Sie vor Vollendung des 62. Lebensjahres Altersrente aus einem gesetzlichen Alterssicherungssystem beziehen, können Sie eine verminderte Rente auch schon vorher in Anspruch nehmen. Dies setzt voraus, dass zu diesem Zeitpunkt die gezahlten Beiträge und die staatlichen Zulagen zur Bildung der Rente zur Verfügung stehen.

(2) Wir können bis zu zwölf Monatsrenten zu einer Auszahlung zusammenfassen, falls die monatliche Rente bei Rentenzahlungsbeginn weniger als [...] € beträgt.

Wenn die monatliche Rente bei Rentenzahlungsbeginn die nach § 93 Abs. 3 S. 2 und 3 des Einkommensteuergesetzes (EStG) festgelegte Kleinbetragsrente (im Jahr 2012: 26,25 Euro) nicht übersteigt, können wir die Rente gegen Auszahlung des zum Rentenzahlungsbeginn zur Verfügung stehenden Kapitals abfinden; in diesem Fall endet der Vertrag. Dabei sind bei der Berechnung der Rente alle Altersvorsorgeverträge insgesamt zu berücksichtigen, die Sie bei unserem Unternehmen abgeschlossen haben. Eine Abfindung erfolgt nicht, wenn die Leistung nur aufgrund einer Teilkapitalauszahlung gemäß Abs. 3 auf eine Kleinbetragsrente sinkt.

(3) Sie können verlangen, dass wir zum Rentenzahlungsbeginn einmalig bis zu ...% des zu diesem Zeitpunkt zur Verfügung stehenden Kapitals an Sie zahlen (Teilkapitalauszahlung), wenn Sie diesen Termin erleben. Dies führt zu einer Verringerung der Rentenleistungen. Ihr Antrag auf Teilkapitalauszahlung muss uns spätestens ... vor dem Fälligkeitstag der ersten Rente (Abs. 1) vorliegen.

(4) Sie können mit uns bei Rentenzahlungsbeginn eine gesonderte Auszahlung der ab Rentenzahlungsbeginn anfallenden Zinsen und Erträge vereinbaren.

Unsere Leistung bei Tod

(5) Wenn Sie **vor** dem Rentenzahlungsbeginn sterben, zahlen wir das Deckungskapital. Das Deckungskapital bilden wir, indem wir die gezahlten Beiträge und die uns zugeflossenen staatlichen Zulagen abzüglich der tariflichen Kosten mit dem Rechnungszins (Abs. 10) verzinsen.

(6) Wenn Sie mit uns eine Rentengarantiezeit vereinbart haben und Sie **nach** dem Rentenzahlungsbeginn sterben, gilt Folgendes: Wir zahlen die vereinbarte Rente auch bei Ihrem Tod bis zum Ende der Rentengarantiezeit. *(Beispiel: Haben Sie eine Rentengarantiezeit von zehn Jahren vereinbart und Sie sterben drei Jahre nach Rentenzahlungsbeginn, zahlen wir noch sieben Jahre lang die vereinbarte Rente.)* Wenn Sie mit uns keine Rentengarantiezeit vereinbart haben oder Sie nach Ablauf der Rentengarantiezeit sterben, erbringen wir bei Ihrem Tod keine Leistung und der Vertrag endet.

Übertragung der Todesfallleistung auf einen anderen Vertrag

(7) Die Todesfallleistung aus Ihrem Altersvorsorgevertrag kann auf einen auf den Namen Ihres überlebenden Ehegatten bzw. eingetragenen Lebenspartners lautenden Altersvorsorgevertrag übertragen werden, soweit Ihr Ehegatte bzw. Ihr eingetragener Lebenspartner aus diesem Vertrag anspruchsberechtigt ist. Dies setzt zusätzlich voraus, dass Sie und Ihr Ehegatte bzw. Ihr eingetragener Lebenspartner zum Zeitpunkt des Todes unbeschränkt steuerpflichtig gewesen sind, nicht dauernd getrennt gelebt haben (§ 93 EStG) und ihren Wohnsitz oder gewöhnlichen Aufenthalt in einem Mitgliedstaat der Europäischen Union oder einem Staat haben, auf den das Abkommen über den Europäischen Wirtschaftsraum anwendbar ist. Der Altersvorsorgevertrag Ihres Ehegatten bzw. Ihres eingetragenen Lebenspartners kann bei uns oder einem anderen Anbieter bestehen, er muss zertifiziert sein und auf den Namen Ihres Ehegatten bzw. Ihres eingetragenen Lebenspartners lauten. Handelt es sich dabei um einen Vertrag bei einem anderen Anbieter, muss Ihr Ehegatte bzw. Ihr eingetragener Lebenspartner uns die Zertifizierung dieses Vertrages nachweisen. Diese Übertragung ist kostenlos.

Umwandlung der Todesfallleistung in eine lebenslange Hinterbliebenenrente

(8) Die Todesfallleistung kann auch in Form einer lebenslangen Rente an Ihren überlebenden Ehegatten bzw. eingetragenen Lebenspartner oder in Form einer abgekürzten Leibrente an Ihre überlebenden Kinder, für die Ihnen zum Zeitpunkt des Eintritts des Versorgungsfalles ein Anspruch auf Kindergeld oder ein Freibetrag nach § 32 Abs. 6 EStG zugeständen hätten, ausgezahlt werden. Weitere Voraussetzung ist, dass Ihr Ehegatte bzw. Ihr eingetragener Lebenspartner beziehungsweise Ihre Kinder aus diesem Vertrag anspruchsberechtigt sind. Der Anspruch auf Waisenrente ist auf den Zeitraum begrenzt, in dem der Rentenberechtigte die Voraussetzungen für die Berücksichtigung als Kind nach § 32 EStG erfüllt. Für die Ermittlung der Rente wird der dann für Neuverträge gültige Tarif verwendet.

Beitragserhaltungsgarantie

(9) Wir garantieren, dass zum Rentenzahlungsbeginn (Beginn der Auszahlungsphase) mindestens die bis dahin gezahlten Beiträge und die uns zugeflossenen staatlichen Zulagen für die vereinbarten Leistungen zur Verfügung stehen. Sofern Sie gemäß § 14 Kapital für Wohneigentum verwenden oder wir im Rahmen eines Versorgungsausgleichs bei Ehescheidung oder bei Aufhebung einer eingetragenen Lebenspartnerschaft Kapital entnehmen müssen, verringert sich diese Garantie entsprechend.

Bemerkung:

Bei Einschluss einer Zusatzversicherung für verminderte Erwerbsfähigkeit oder Dienstunfähigkeit oder für die Absicherung der Hinterbliebenen wird Abs. 9 wie folgt ergänzt:

„Sofern eine Zusatzversicherung zur Absicherung der verminderten Erwerbsfähigkeit oder Dienstunfähigkeit oder der Hinterbliebenen eingeschlossen ist, werden wir die auf die Deckung dieses Risikos entfallenden Beiträge von der Garantie abziehen, höchstens jedoch 15% der Gesamtbeiträge."

Grundlagen für die Berechnung der Leistung

(10) Für die Berechnung der vereinbarten Leistungen haben wir die Lebenserwartung nach der der Versicherungsaufsicht angezeigten Sterbetafel ... und einen Rechnungszins von ...% zugrunde gelegt.

Unsere Leistung aus der Überschussbeteiligung

(11) Wir beteiligen Sie an den Überschüssen und an den Bewertungsreserven (siehe §2).

Übersicht

I. Gesetzliche Grundlagen

1. Rechtliche Grundlagen

1 **a) Leistungsbeschreibung.** Die Leistungsbeschreibung ist zwingender Bestandteil der Versicherungsbedingungen (→ Einl. Rn. 6) Zu beschreiben sind **Art, Umfang und Fälligkeit** der versicherten Leistungen (§ 10 Abs. 1 Nr. 2 VAG).

2 Vertragsrechtlich verpflichtet sich der Versicherer (Anbieter) mit dem Versicherungsvertrag, ein bestimmtes Risiko des Versicherungsnehmers oder eines Dritten durch eine Leistung abzusichern, die er bei Eintritt des vereinbarten Versicherungsfalles zu erbringen hat (§ 1 VVG). Die **Verpflichtung** wird mittels der Leistungsbeschreibung in den Versicherungsbedingungen nach Art und Fälligkeit abstrakt sowie im Versicherungsschein der Höhe nach näher definiert. Die Leistungsbeschreibung ist zentrales Element des Versicherungsvertrages und bestimmt zusammen mit dem Versicherungsschein die **Ansprüche des Versicherungsnehmers.**

Ergänzend muss der Versicherer nach § 7 Abs. 1 VVG dem Versicherungsnehmer rechtzeitig vor Abgabe von dessen Vertragserklärung die **Vertragsbestimmungen** einschließlich der Allgemeinen Versicherungsbedingungen sowie weitere in der VVG-InfoV näher bestimmte Informationen in **Textform** übermitteln(§ 7 Abs. 2 Nr. 1–3 VVG) in den allgemeinen und besonderen Versicherteninformationen sowie dem Produktinformationsblatt, insbesondere Einzelheiten zur angebotenen Leistung und die zu erwartenden Leistungen (§ 1 Abs. 1 S. 1 Nr. 6, § 2 Abs. 1 S. 1 Nr. 4–6; § 4 Abs. 2 S. 1 Nr. 2 und 4 VVG-InfoV). 3

Neben diesen vorvertraglichen Informationspflichten nach dem VVG bestehen für Altersvorsorgeverträge vor Abgabe der Vertragserklärung, während der Vertragslaufzeit und vor Rentenübergang zusätzliche spezielle gesetzliche **Informationspflichten nach dem AltZertG** (§ 7 AltZertG aF; §§ 7, 7 a, 7 b AltZertG). Darüber hinaus ist während der Vertragslaufzeit über eventuelle Kostenänderungen zu informieren (§ 7 c AltZertG). 4

aa) Neue vorvertragliche Informationen für Altersvorsorgeverträge. Der Anbieter (→ Rn. 2) muss im Zertifizierungsverfahren (→ Rn. 29) wie bisher bestätigen, dass diese speziellen Informationspflichten erfüllt werden.[1] Das Inkrafttreten der neuen Regelungen hängt vom **Inkrafttreten der Altersvorsorge-Produktinformationsblattverordnung (AltvPIBV)**[2] ab (§ 14 Abs. 6 AltZertG). Die AltvPIBV tritt am 1.1.2017 in Kraft (§ 17 AltvPIBV). Dementsprechend gelten die neuen vorvertraglichen Informationspflichten bis zu diesem Termin gegenüber dem Kunden noch nicht. Insbesondere bleibt es bis dahin bei dem Produktinformationsblatt nach dem VVG. 5

Durch die neuen Regelungen wird künftig das bisherige Produktinformationsblatt nach § 7 VVG und § 2 VVG-InfoV durch ein **neuartiges individuelles Produktinformationsblatt** nach § 7 AltZertG nach einem vorgegebenen Muster ersetzt (§ 7 Abs. 2 AltZertG). Es soll dem Versicherungsnehmer in knapper, verständlicher und standardisierter Form ermöglichen verschiedene Angebote nebeneinander zustellen. 6

Der Anbieter eines Altersvorsorge- oder Basisrentenvertrags hat den Vertragspartner künftig **rechtzeitig,** dh spätestens vor Abgabe seiner Vertragserklärung, durch ein individuelles Produktinformationsblatt zu informieren (§ 7 Abs. 1 AltZertG). 7

Das individuelle Produktinformationsblatt für Rentenversicherungen muss **zwingend folgende Angaben** enthalten (§ 7 Abs. 1 S. 2 AltZertG). 8

- Produktbezeichnung,
- Benennung des Produkttyps und kurze Produktbeschreibung,
- Zertifizierungsnummer,
- bei Altersvorsorgeverträgen Empfehlung, vor Abschluss des Vertrags die Förderberechtigung zu prüfen,
- vollständiger Name des Anbieters,
- wesentliche Bestandteile des Vertrags,
- die auf Wahrscheinlichkeitsrechnungen beruhende Einordnung in Chancen-Risiko-Klassen,
- Aufstellung der Kosten nach § 2a Nr. 1 Buchst. a–e sowie Nr. 2 Buchst. a–c AltZertG getrennt für jeden Gliederungspunkt, die Angabe zu § 2a S. 1 Nr. 1 Buchst. f ist freiwillig,

[1] *Bundeszentralamt für Steuern,* Kommentar zum AltZerG, Stand: 24.6.2013, § 7 aF Rn. 19.
[2] BGBl. 2015 I, S. 1413.

- Angaben zum Preis-Leistungs-Verhältnis,
- bei Basisrentenverträgen nach § 10 Abs. 1 Nr. 2 Buchst. b Doppelbuchst. bb des EStG Angabe der garantierten monatlichen Leistung,
- Hinweis auf die einschlägige Einrichtung der Insolvenzsicherung und den Umfang des insoweit gewährten Schutzes,
- Informationen zum Anbieterwechsel und zur Kündigung des Vertrags,
- Hinweise zu den Möglichkeiten und Folgen einer Beitragsfreistellung und
- Stand des Produktinformationsblatts.

9 Sieht der Vertrag eine **ergänzende Absicherung der Berufsunfähigkeit, der verminderten Erwerbsfähigkeit oder Dienstunfähigkeit** oder eine zusätzliche Absicherung von Hinterbliebenen vor, muss das individuelle Produktinformationsblatt zusätzlich folgende Angaben enthalten (§ 7 Abs. 1 S. 3 AltZertG):
- Beginn, Ende und Umfang der ergänzenden Absicherung,
- Hinweise zu den Folgen unterbliebener oder verspäteter Beitragszahlungen und
- Angaben zu Leistungsausschlüssen und zu Obliegenheiten.

10 Erfüllt der Anbieter seine vorvertraglichen Informationspflichten nicht, nicht richtig oder nicht vollständig, kann der Vertragspartner innerhalb von zwei Jahren nach der Abgabe der Vertragserklärung vom Vertrag **zurücktreten** (§ 7 Abs. 3 S. 1 AltZertG). Der Rücktritt ist innerhalb von drei Monaten ab Erlangung der Kenntnis vom Rücktrittsgrund zu erklären (§ 7 Abs. 3 S. 2 AltZertG).

11 Wird das neue Rücktrittsrecht wirksam ausgeübt, hat der Anbieter dem Vertragspartner mindestens einen **Geldbetrag in Höhe der auf den Vertrag eingezahlten Beiträge und Altersvorsorgezulagen** zu zahlen (§ 7 Abs. 3 S. 3 AltZertG). Zusätzlich sind die Beiträge und Altersvorsorgezulagen bei Rücktritt mit dem gesetzlichen Zinssatz nach § 246 BGB zu verzinsen (§ 7 Abs. 3 S. 4 AltZertG). Die Verzinsung beginnt an dem Tag, an dem die Beiträge oder die Zulagen dem Anbieter zufließen (§ 7 Abs. 3 S. 5 AltZertG).

12 Das zusätzliche Rücktrittsrecht besteht neben dem **Widerrufsrecht nach § 8 VVG** (§ 7 Abs. 3 S. 6 AltZertG).

13 Der Anbieter hat für jeden auf der Basis eines zertifizierten Altersvorsorge- oder Basisrentenvertragsmusters vertriebenen Tarif vor dem erstmaligen Vertrieb eines darauf beruhenden Altersvorsorge- oder Basisrentenvertrags **vier Muster-Produktinformationsblätter** anhand von vorgegebenen Musterdaten zu erstellen und im Internet zu veröffentlichen (§ 7 Abs. 4 S. 1–3 AltZertG). Die Einzelheiten der Veröffentlichung regelt ein Schreiben des Bundesministeriums der Finanzen, das derzeit noch aussteht (§ 7 Abs. 4 S. 4 AltZertG).

14 **bb) Bisherige vorvertragliche Informationen für Altersvorsorgeverträge.** Solange das neue Produktinformationsblatt noch nicht auszuhändigen ist, ist der Versicherungsnehmer vor Abgabe seiner Vertragserklärung nach § 7 Abs. 1 AltZertG aF in Textform zu informieren über:
- Höhe und zeitliche Verteilung der in die Zahlungen zugunsten des Altersvorsorgevertrags einkalkulierten Kosten,
- Kosten für die Verwaltung des gebildeten Kapitals, soweit sie nicht in Nummer 1 enthalten sind,
- Einwilligung nach § 10a Abs. 1 S. 1 Hs. 2 oder S. 4 EStG als Voraussetzung der Förderberechtigung für den dort genannten Personenkreis,
- Kosten, die dem Vertragspartner im Fall eines Wechsels in ein anderes begünstigtes Anlageprodukt oder zu einem anderen Anbieter unter Mitnahme des gebildeten Kapitals entstehen,

- Guthaben, das dem Vertragspartner bei Zahlung gleich bleibender Beiträge am jeweiligen Jahresende über einen Zeitraum von zehn Jahren maximal bis zum Beginn der Auszahlungsphase vor und nach Abzug der Wechselkosten zur Übertragung auf ein anderes Anlageprodukt oder einen anderen Anbieter zustünde und die Summe der bis dahin insgesamt gezahlten gleich bleibenden Beiträge, wobei sich das gebildete Guthaben und die zu zahlenden Beiträge jeweils um einen Satz von 2, 4 oder 6% jährlich verzinsen. Sind für einen Teil des Zeitraums oder für den gesamten Zeitraum bis zum Beginn der Auszahlungsphase bereits unterschiedliche Beiträge oder eine bestimmte Verzinsung vertraglich vereinbart, sind diese anstelle der zuvor genannten Beträge zur Berechnung heranzuziehen,
- Anlagemöglichkeiten und der Struktur des Anlagenportfolios sowie des Risikopotentials und die Berücksichtigung ethischer, sozialer und ökologischer Belange bei der Verwendung der eingezahlten Beiträge.

15 In der vorvertraglichen Information hat der Anbieter von Altersvorsorgeverträgen zusätzlich die **Zertifizierungsstelle** mit ihrer Postanschrift, die Zertifizierungsnummer, das Datum, zu dem die Zertifizierung wirksam geworden ist, und einen deutlich hervorgehobenen Hinweis folgenden Wortlauts aufzunehmen (§ 7 Abs. 2 AltZertG aF):

„Der Altersvorsorgevertrag ist zertifiziert worden und damit im Rahmen des § 10a des Einkommensteuergesetzes steuerlich förderungsfähig. Bei der Zertifizierung ist nicht geprüft worden, ob der Altersvorsorgevertrag wirtschaftlich tragfähig, die Zusage des Anbieters erfüllbar ist und die Vertragsbedingungen zivilrechtlich wirksam sind."

16 Erfüllt der Anbieter von Altersvorsorgeverträgen die obliegenden vorvertraglichen Informationspflichten nicht, kann der Vertragspartner binnen eines Monats nach Zahlung des ersten Beitrages vom Vertrag **zurücktreten** (§ 7 Abs. 3 AltZertG aF).

17 **b) Leistungshöhe.** Entsprechend der zentralen Bedeutung der versicherten Leistungen und des Anspruchs auf Überschussbeteiligung für die Altersvorsorge des Versicherungsnehmers erlegt der Gesetzgeber bei kapitalbildenden Lebens- und Rentenversicherungen, dem Versicherungsunternehmen bei Abschluss und während der Vertragslaufzeit **weitere Informationspflichten** auf.

18 **aa) Modellrechnung.** Eine Modellrechnung nach § 154 VVG war schon bisher für zertifizierte Altersvorsorgeverträge nicht durchzuführen (§ 7 Abs. 5 S. 2 Hs. 2 AltZertG aF). Bei Altersvorsorgeverträgen ist statt der Modellrechnung nach § 154 VVG, eine **Modellrechnung mit den Angaben nach § 7 Abs. 1 S. 2 Nr. 2 AltZertG aF,** zu übermitteln, wobei eine Verzinsung des Guthabens von 2, 4 oder 6% zu unterstellen ist, soweit nicht eine bestimmte Verzinsung vereinbart ist. Dem jeweiligen Guthaben sind die bis dahin gezahlten Beiträge gegenüberzustellen.

19 Eine Modellrechnung nach § 154 VVG (→ ARB § 1 Rn. 5) darf **künftig** für zertifizierte Altersvorsorgeverträge und für zertifizierte Basisrentenverträge nicht durchgeführt werden (§ 7 Abs. 2 S. 2 AltZertG). Diese darf dem individuellen Produktinformationsblatt auch nicht zusätzlich beigefügt werden (§ 7 Abs. 2 S. 3 AltZertG).

20 Der rechtzeitige **Zugang** des individuellen Produktinformationsblatts muss künftig nachgewiesen werden können (§ 7 Abs. 2 S. 3 AltZertG). Das Produktinformationsblatt ist dem Vertragspartner kostenlos bereitzustellen (§ 7 Abs. 2 S. 4 AltZertG).

21 **bb) Jährliche Information.** Bei **Versicherungen mit Überschussbeteiligung** ist der Versicherungsnehmer zusätzlich jährlich über die Entwicklung seiner Ansprüche einschließlich Überschussbeteiligung zu unterrichten (§ 155 VVG). Dabei ist der Kunde auf Abweichungen von den Angaben bei Vertragsabschluss, insbes. von der Modellrechnung, hinzuweisen.

22 Anbieter eines Altersvorsorgevertrags sind verpflichtet, den Vertragspartner jährlich schriftlich über folgende Punkte zu informieren (§ 7 Abs. 4 AltZertG aF):
- die Verwendung der eingezahlten Beiträge,
- die Höhe des gebildeten Kapitals,
- die im abgelaufenen Beitragsjahr angefallenen tatsächlichen Kosten,
- die erwirtschafteten Erträge.

23 Im Rahmen der jährlichen Informationspflicht muss der Anbieter eines Altersvorsorgevertrags auch darüber schriftlich informieren, ob und wie **ethische, soziale und ökologische Belange** bei der Verwendung der eingezahlten Beiträge berücksichtigt werden.

24 Die jährlichen Informationen (§ 7a AltZertG) müssen bei Vertragsabschlüssen ab dem 1.1.2017 auch das **Kapital enthalten, das nach Abzug der Kosten zu Beginn der Auszahlungsphase zur Verfügung steht** (§ 7a Abs. 1 S. 1 Nr. 5 AltZertG). Für die Berechnungen bezogen auf die Vergangenheit sind dabei die tatsächlich gezahlten Beiträge und die in dem vor Vertragsabschluss zur Verfügung gestellten individuellen Produktinformationsblatt genannten Wertentwicklungen zu berücksichtigen (§ 7a Abs. 1 S. 1 Nr. 5 AltZertG).

25 **cc) Information vor dem Beginn der Auszahlungsphase.** Vor dem Beginn der Auszahlungsphase des Riestervertrages muss der Versicherungsnehmer vom Versicherungsunternehmen künftig eine Information nach § 7b AltZertG über die Form und Höhe der monatlichen Leistungen und der in der Auszahlungsphase anfallenden Kosten erhalten.

2. Steuerrechtliche Grundlagen

26 Beitragszahlungen zu Altersvorsorgeverträgen werden durch Zulagen und unter bestimmten Voraussetzungen einen zusätzlichen Sonderausgabenabzug steuerlich gefördert. Im Gegenzug unterliegen Leistungen aus Altersvorsorgeverträgen in voller Höhe der Einkommensteuer **(nachgelagerte Besteuerung).**

27 Um die Zweckerreichung der steuerlichen Förderung sicher zu stellen, unterliegen Altersvorsorgeverträge zahlreichen steuerlichen Restriktionen, die sich bis hin zur Produktgestaltung auswirken.

28 Voraussetzung der steuerlichen Förderung ist die Zertifizierung des dem Altersvorsorgevertrages zugrundeliegenden Vertragsmusters, wofür die angebotenen Produkte zur Sicherstellung der steuerlichen Förderfähigkeit **zahlreiche Voraussetzungen** erfüllen müssen, die in der Vertragsgestaltung zu berücksichtigen sind, sog. Zertifizierungskriterien. Zudem unterliegt die Verwendung von Altersvorsorgevermögen steuerlichen Beschränkungen.

3. Zertifizierung

29 Im Rahmen der privaten Altersvorsorge kommt eine steuerliche Förderung nur für zertifizierte Altersvorsorgeverträge in Betracht (§ 82 Abs. 1 S. 1 EStG). Die Kriterien, die ein privater Altersvorsorgevertrag erfüllen muss, regelt das AltZertG. Es

beschreibt die Kriterien, die der Altersvorsorgevertrag erfüllen muss, damit er steuerlich gefördert werden kann.

a) Zertifizierungsstelle. Die Zertifizierungsstelle (§ 3 Abs. 1 AltZertG) prüft auf Antrag des jeweiligen Anbieters, ob sein Produkt die maßgeblichen Kriterien erfüllt. Ist dies der Fall, erteilt die Zertifizierungsstelle ein Zertifikat, dass der Altersvorsorgevertrag steuerlich förderfähig ist (§ 5 AltZertG). Zertifizierungsstelle war bis zum 30.6.2010 die BaFin, seit 1.7.2010 hat diese Aufgabe das **Bundeszentralamt für Steuern** (BZSt) übernommen. 30

b) Zertifizierungsinhalt. Die Zertifizierung ist ein Grundlagenbescheid für die steuerliche Förderung und daher für die Finanzverwaltung bindend (§ 82 Abs. 1 S. 2 EStG). Mit der Zertifizierung wird jedoch nicht geprüft, ob der Altersvorsorgevertrag wirtschaftlich tragfähig, die Zusage des Anbieters erfüllbar und die Vertragsbedingungen zivilrechtlich wirksam sind (§ 3 Abs. 3 AltZertG). 31

Die Regelungen im AltZertG betreffen nur **Produkte der privaten Altersvorsorge.** Der Gesetzgeber hat auf eine Zertifizierung von Produkten der betrieblichen Altersvorsorge verzichtet, da durch das BetrAVG für diese Produkte bereits Mindeststandards bestehen (§ 82 Abs. 2 EStG). 32

c) Zertifizierungskriterien. Das AltZertG lässt verschiedene Anlageformen zu. Der Altersvorsorgevertrag kann zB eine private Rentenversicherung, ein Fonds- oder Banksparplan oder ein Darlehens- bzw. Bausparvertrag sein (§ 1 Abs. 1, 1a AltZertG.) 33

Die **wichtigsten Kriterien** nach § 1 Abs. 1 AltZertG für die Zertifizierung einer Riester-Rentenversicherung sind: 34

aa) Beginn der Auszahlungsphase (§ 1 Abs. 1 Nr. 2 AltZertG). Im Altersvorsorgevertrag muss vereinbart sein, dass **frühestens mit Vollendung des 62. Lebensjahres** (bei vor dem 1.1.2012 abgeschlossenen Verträgen mit Vollendung des 60. Lebensjahres) des Förderberechtigten oder dem Bezug einer Altersrente aus der gesetzlichen Rentenversicherung Leistungen ausgezahlt werden. Ist ergänzend das Risiko einer verminderten Erwerbsfähigkeit versichert, können die hieraus resultierenden Leistungen ggf. schon vor Vollendung des 62. bzw. 60. Lebensjahres erbracht werden. 35

bb) Lebenslange Leibrente (§ 1 Abs. 1 Nr. 4 AltZertG). Die Auszahlung aus einem Altersvorsorgevertrag darf nur in Form einer lebenslangen **gleich bleibenden oder steigenden monatlichen Leibrente** oder eines Auszahlungsplans mit anschließender Teilkapitalverrentung erfolgen. Bis zu zwölf Monatsrenten dürfen in einer Zahlung zusammengefasst werden. Einmalauszahlungen sind grundsätzlich förderschädlich (§ 1 Abs. 1 Nr. 84a Hs. 3 AltZertG; → Rn. 128 ff.). Eine **Teilkapitalauszahlung** von max. 30% des gebildeten Kapitals, das zu Beginn der Auszahlungsphase zur Verfügung steht, ist förderunschädlich möglich (§ 1 Abs. 1 Nr. 4a Hs. 4 AltZertG). Die Abfindung einer Kleinbetragsrente im Sinne des § 93 Abs. 3 EstG ist möglich. Zudem können in der Auszahlungsphase anfallende Zinsen und Erträge gesondert ausgezahlt werden (§ 1 Abs. 1 Nr. 4a Hs. 5 AltZertG). 36

cc) Unisextarif (§ 1 Abs. 1 Nr. 2 AltZertG). Bei zertifizierten Altersvorsorgeverträgen, die seit 1.1.2006 abgeschlossen werden, müssen die Leistungen **unabhängig vom Geschlecht** des Versicherten berechnet werden (sog. Unisex-Tarif). Für Verträge, die vor dem 1.1.2006 abgeschlossen wurden, besteht keine Verpflichtung zur Umstellung auf einen Unisex-Tarif (§ 14 Abs. 2 S. 1 AltZertG). 37

38 **dd) Ergänzende Absicherung (§ 1 Abs. 1 Nr. 2 AltZertG).** Ein Teil der Beiträge darf zur Abdeckung des Risikos von verminderter Erwerbsfähigkeit, Dienstunfähigkeit und für eine Hinterbliebenenabsicherung verwendet werden. Steuerlich zulässige Hinterbliebene sind Ehegatten/Lebenspartner und die steuerlich zu berücksichtigenden Kinder (→ Rn. 130).

39 **ee) Beitragserhalt (§ 1 Abs. 1 Nr. 3 AltZertG).** Der Anbieter muss sich vertraglich verpflichten, mindestens die in der Ansparphase gezahlten Beiträge und erhaltenen Zulagen zu Beginn der Auszahlungsphase zur Verfügung zu stellen. Sofern eine Zusatzversicherung für verminderte Erwerbsfähigkeit, Dienstunfähigkeit oder für eine Hinterbliebenenabsicherung besteht, kann vom Anbieter der auf die Deckung dieses Risikos entfallende Beitrag, höchstens jedoch 20% der eingezahlten Beiträge vom Beitragserhalt abgezogen werden.

40 **ff) Abschluss- und Vertriebskosten (§ 1 Abs. 1 Nr. 8 AltZertG).** Die Abschluss- und Vertriebskosten des Anbieters müssen **mindestens über den Zeitraum der ersten fünf Vertragsjahre in gleichmäßigen Jahresbeträgen** auf den Altersvorsorgevertrag verteilt werden, wenn sie nicht prozentual von den Altersvorsorgebeiträgen abgezogen werden. Letzteres betrifft vor allem die Altersvorsorgeverträge, bei denen mit den Beiträgen Anteile an Investmentfonds erworben werden, bei denen ein Ausgabeaufschlag zu zahlen ist.

41 **gg) Verfügungen über den Vertrag (§ 1 Abs. 1 Nr. 10 AltZertG).** Während der Ansparphase kann der Förderberechtigte den Altersvorsorgevertrag jederzeit **ruhen lassen** und die Beitragszahlung einstellen. Er kann ihn auch ohne steuerliche Nachteile kündigen, um das Kapital auf einen anderen Altersvorsorgevertrag (beim selben oder einem anderen Anbieter) zu übertragen (→ Rn. 115). Außerdem kann sich der Förderberechtigte einen bestimmten Betrag förderunschädlich aus dem Altersvorsorgevertrag auszahlen lassen, um ihn für **selbst genutztes Wohneigentum** iSd § 92 a Abs. 1 EStG zu verwenden. Die Abtretung bzw. Übertragung von Forderungen und Rechten ist im Übrigen in der Ansparphase ausgeschlossen.

4. Begünstigter Personenkreis

42 Für die Gewährung der steuerlichen Förderung ist es ausreichend, wenn die persönlichen Voraussetzungen für die Zugehörigkeit zum begünstigten Personenkreis zumindest **während eines Teils des jeweiligen Kalenderjahres** vorliegen. Im Extremfall ist ein Tag (zB 31.12.) ausreichend (§ 88 EStG).

43 Das Gesetz unterscheidet zwischen unmittelbar begünstigten Personen (§ 79 S. 1 EStG) und mittelbar begünstigten Personen (§ 79 S. 2 EStG): **Unmittelbar begünstigt** sind diejenigen, die in ihrer Person die Voraussetzungen für die Zugehörigkeit zum begünstigten Personenkreis erfüllen. **Mittelbar** begünstigt sind Personen, die selbst nicht zum begünstigten Personenkreis gehören, aber mit einem unmittelbar begünstigten Ehegatten verheiratet sind bzw. mit einem unmittelbar Begünstigten in einer eingetragenen Lebenspartnerschaft leben.

44 **a) Unmittelbar begünstigte Personen.** Der unmittelbar begünstigte Personenkreis nach § 79 S. 1 EStG in Verbindung mit § 10 a Abs. 1 EStG kann in verschiedene Gruppen unterteilt werden. Dies sind insbesondere Pflichtversicherte in der inländischen gesetzlichen Rentenversicherung, Pflichtversicherte in der Alterssicherung der Landwirte und Empfänger von inländischer Besoldung bzw. Amtsbezügen sowie diesen gleichgestellte Personen (§ 10 a Abs. 1 EStG).

aa) Pflichtversicherte in der gesetzlichen Rentenversicherung (§ 10a Abs. 1 S. 1 Hs. 1 EStG). Zum Kreis der Pflichtversicherten in der inländischen gesetzlichen Rentenversicherung gehören alle Personen, die gegen Arbeitsentgelt oder zu ihrer Berufsausbildung beschäftigt sind. „Beschäftigung" bedeutet unselbstständige Arbeit im Rahmen eines Arbeitsverhältnisses. Vereinzelt sind auch selbstständig Tätige in der gesetzlichen Rentenversicherung pflichtversichert. Hinzu kommen noch die den Pflichtversicherten gleichstehenden Personen. 45

bb) Pflichtversicherte in der Alterssicherung der Landwirte (§ 10a Abs. 1 S. 3 EStG). Unmittelbar begünstigt sind die Pflichtversicherten der Alterssicherung der Landwirte, wenn sie nicht schon aus anderen Gründen (zB Nebenerwerbslandwirte, die im Hauptberuf rentenversicherungspflichtig angestellt sind) zum Kreis der begünstigten Personen gehören. **Landwirtschaft** in diesem Sinne sind Unternehmen der Land- und Forstwirtschaft einschließlich des Garten- und Weinbaus, der Fischzucht und der Teichwirtschaft sowie die Imkerei, Binnenfischerei und Wanderschäferei. 46

cc) Empfänger von inländischer Besoldung und gleichgestellte Personen (§ 10a Abs. 1 S. 1 Hs. 2 Nr. 1 EStG). Auch Empfänger inländischer Besoldung und diesen gleichgestellte Personen gehören zum unmittelbar begünstigten Personenkreis. 47

Voraussetzung für die steuerliche Förderung ist ua, dass der Förderberechtigte seine Besoldungsstelle bzw. die für die Amtsbezüge zuständige Stelle schriftlich ermächtigt, der zentralen Stelle, die für die Zulageberechnung erforderlichen Daten (Vorjahresbezüge, Kindergeldbescheinigung) mitzuteilen. Die Einwilligung ist spätestens bis zum Ende des zweiten Jahres, das auf das Beitragsjahr folgt, zu erteilen. Für das Beitragsjahr bedeutet das, dass die Einwilligung bis spätestens 31.12.2017 erteilt sein muss. Auch die Erben können für den Verstorbenen Förderberechtigten die Einwilligung nachholen. 48

dd) Bezieher einer Rente wegen voller Erwerbsminderung oder Erwerbsunfähigkeit oder einer Versorgung wegen Dienstunfähigkeit (§ 10a Abs. 1 S. 4 EStG). Personen, die eine Rente wegen **voller** Erwerbsminderung oder Erwerbsunfähigkeit oder eine Versorgung wegen Dienstunfähigkeit beziehen, sind unmittelbar begünstigt. Voraussetzung ist, dass der Renten- und Versorgungsbezieher vorher in der inländischen gesetzlichen Rentenversicherung (→Rn. 45) bzw. nach dem Gesetz über die Alterssicherung der Landwirte (→Rn. 46) pflichtversichert war oder es sich um den Empfänger einer inländischen Besoldung oder eine gleichgestellte Person handelt, zB Angesellte im öffentlichen Dienst (→Rn. 47). 49

Ein tatsächlicher Bezug der Rente wegen voller Erwerbsminderung oder Erwerbsunfähigkeit oder Versorgung wegen Dienstunfähigkeit ist nicht erforderlich, wenn ein Anspruch dem Grunde nach besteht. Genauso wenig ist zu beanstanden, wenn die vorangegangene Zugehörigkeit zum unmittelbar begünstigten Personenkreis nur deshalb nicht bestand, weil keine Einwilligung der zuständigen Stelle zur Weitergabe der Daten vorlag (§ 81a EStG). 50

Der Bezug einer Rente wegen teilweiser Erwerbsminderung oder einer Rente wegen Berufsunfähigkeit begründet keine Zugehörigkeit zum begünstigten Personenkreis. 51

ee) Pflichtversicherte in einem ausländischen Alterssicherungssystem. Personen, die in einem ausländischen Alterssicherungssystem versichert sind, gehö- 52 ren seit 1.1.2010 nicht mehr zum Kreis der unmittelbar begünstigten Personen.[3] Für Altfälle sieht das Gesetz in § 52 Abs. 24c EStG eine Bestandschutzregelung vor.

53 **b) Mittelbar begünstigte Personen (§ 79 S. 2 EStG).** Die Zugehörigkeit zum begünstigten Personenkreis ist bei Ehegatten/Lebenspartnern für jeden Ehegatten/Lebenspartner **getrennt** zu prüfen. Gehören beide zum begünstigten Personenkreis, steht jedem gesondert die steuerliche Förderung zu.

54 **aa) Abgeleiteter Zulagenanspruch.** Wenn nur **ein Ehegatte/Lebenspartner** zum unmittelbar begünstigten Personenkreis (§ 79 S. 2 EStG) gehört, wird dem anderen Ehegatten/Lebenspartner ein **abgeleiteter Zulagenanspruch** gewährt, weil auch der nicht begünstigte Ehegatte/Lebenspartner indirekt von der Absenkung des Leistungsniveaus in der gesetzlichen Rentenversicherung betroffen ist und die Ehegatten/Lebenspartner eine Wirtschaftsgemeinschaft bilden. Obwohl er nicht zum begünstigten Personenkreis gehört, erhält er trotzdem eine Förderung.

55 **bb) Voraussetzungen der mittelbaren Förderung.** Folgende Voraussetzungen müssen **kumulativ** erfüllt sein, damit ein Ehegatte/Lebenspartner in den Genuss der mittelbaren Förderfähigkeit kommt (§ 79 S. 2 EStG):
- Beide Ehegatten/Lebenspartner müssen jeweils einen eigenen, auf ihren Namen lautenden zertifizierten Altersvorsorgevertrag abgeschlossen haben.
- Die Ehegatten/Lebenspartner müssen die Voraussetzungen des § 26 Abs. 1 EStG erfüllen, das heißt, nicht dauernd getrennt leben
- Außerdem müssen die Ehegatten/Lebenspartner ihren Wohnsitz oder gewöhnlichen Aufenthalt in einem Staat der EU oder des EWR haben
- Zudem darf für den Altersvorsorgevertrag, für den eine Zulage beansprucht wird, die Auszahlungsphase noch nicht begonnen haben.

56 Eigene Altersvorsorgebeiträge müssen nur vom unmittelbar förderberechtigten Ehegatten/Lebenspartner erbracht werden, nicht vom mittelbar förderberechtigten. Der mittelbar förderberechtigte Ehegatte/Lebenspartner muss jedoch seit 1.1.2012 einen **Mindestbeitrag von jährlich 60 EUR** auf seinen eigenen Vertrag zahlen (§ 79 S. 2 Nr. 4 EStG). Die Zahlung ist Voraussetzung für die Zugehörigkeit zum mittelbar begünstigten Personenkreis und somit auch Voraussetzung für den Anspruch auf die Zulage. Eine anteilige Zahlung des Mindestbeitrags ist nicht möglich.[4]

57 Sind alle Voraussetzungen erfüllt, hat der mittelbar begünstigte Ehepartner/Lebenspartner einen Zulagenanspruch. Er kann aber **keinen eigenen Sonderausgabenabzug** nach § 10a EStG in Anspruch nehmen (§ 79 S. 2 EStG).

58 Für die mittelbare Begünstigung ist es ausreichend, wenn der unmittelbar begünstigte Ehegatte/Lebenspartner anstelle eines privaten Altersvorsorgevertrags über eine **förderbare betriebliche Versorgung nach § 82 Abs. 2 EStG** bei einer Pensionskasse, einem Pensionsfonds oder über eine förderbare Direktversicherung verfügt. Es reicht nicht aus, wenn der mittelbar zulageberechtigte Ehegatte/Lebenspartner über eine solche förderbare betriebliche Versorgung verfügt.[5]

59 **cc) Nachträglicher Wegfall der mittelbaren Begünstigung[6].** Die mittelbare Begünstigung entfällt nachträglich, wenn der mittelbar zulageberechtigte Ehegatte/Lebenspartner unmittelbar begünstigt wird (zB Aufgabe einer selbstständigen

---

[3] BMF-Schreiben v. 24.7.2013, BStBl. I 2013, 1022 Rn. 14ff., 39.
[4] BMF-Schreiben v. 24.7.2013, BStBl. I 2013, 1022 Rn. 21.
[5] BFH DStR 2009, 2000; BMF-Schreiben v. 24.7.2013, BStBl. I 2013, 1022 Rn. 22.
[6] BMF-Schreiben v. 24.7.2013, BStBl. I 2013, 1022 Rn. 23.

Tätigkeit zugunsten einer Angestelltentätigkeit mit gesetzlicher Rentenversicherungspflicht). Gleiches gilt, wenn der unmittelbar zulageberechtigte Ehegatte/Lebenspartner für das Beitragsjahr nicht mehr zum unmittelbar zulageberechtigten Personenkreis gehört (zB Arbeitnehmer, der sich selbstständig macht; Personen nach Ablauf der Kindererziehungszeit, die keine versicherungspflichtige Beschäftigung aufnehmen). Sie entfällt auch dann, wenn die Ehegatten/Lebenspartner nicht mehr die Voraussetzungen des § 26 Abs. 1 EStG erfüllen, zB die Ehegatten/Lebenspartner im gesamten Beitragsjahr dauerhaft getrennt leben oder mindestens ein Ehegatte/Lebenspartner seinen Wohnsitz oder gewöhnlichen Aufenthalt im gesamten Beitragsjahr nicht mehr in einem EU- oder EWR-Staat gehabt hat.

60 **dd) Auflösung der Ehe/Aufhebung der Lebenspartnerschaft**[7]. Ein mittelbar begünstigter Ehegatte/Lebenspartner verliert bei Auflösung der Ehe/Aufhebung der Lebenspartnerschaft – auch wenn die Ehegatten/Lebenspartner nicht bereits während des ganzen Jahres getrennt gelebt haben – bereits für das Jahr der Auflösung bzw. Aufhebung seine Zulageberechtigung, wenn der unmittelbar begünstigte Ehegatte/Lebenspartner im selben Jahr wieder heiratet oder eine neue eingetragene Lebenspartnerschaft begründet hat und er und der neue Ehegatte/Lebenspartner nicht dauerhaft getrennt leben und beide ihren Wohnsitz oder gewöhnlichen Aufenthalt in einem EU- oder EWR-Staat haben.

5. Förderung durch Zulagen

61 Gehört der Steuerpflichtige zum unmittelbar oder mittelbar begünstigten Personenkreis und hat er bei einem Anbieter einen zertifizierten Altersvorsorgevertrag abgeschlossen, erhält er eine Altersvorsorgezulage (§ 83 EStG), wenn und solange er eigene Beiträge oder Tilgungsleistungen auf seinen Altersvorsorgevertrag zahlt.[8] Die Altersvorsorgezulage ist – anders als die Förderung über den ergänzenden Sonderausgabenabzug (→ Rn. 87 ff.) – **einkommens- und progressionsunabhängig.** Die gezahlte Altersvorsorgezulage selbst ist einkommensteuerfrei.

62 Die Altersvorsorgezulage besteht aus der Grundzulage (§ 84 EStG) und ggf. der Kinderzulage (§ 85 EStG).

63 Für die Berechnung der Zulagenhöhe (→ Rn. 84) und des erforderlichen Mindesteigenbeitrags (→ Rn. 78 ff.) stellt die Zentrale Zulagenstelle für Altersvermögen (ZfA) auf der Homepage der Deutschen Rentenversicherung Zulagenrechner zur Verfügung.[9]

64 **a) Grundzulage.** Jeder Zulagenberechtigte erhält eine Grundzulage für seinen Altersvorsorgevertrag. Die Grundzulage beträgt pro Jahr 154 EUR (zur mittelbaren Förderung bei Ehegatten/Lebenspartner → Rn. 54).[10]

65 **b) Berufseinsteiger-Bonus.** Als Anreiz für jüngere Menschen hat der Gesetzgeber für unmittelbar Zulageberechtigte, die zu Beginn des Beitragsjahres das 25. Lebensjahr noch nicht vollendet haben, die Grundzulage um einmalig 200 EUR erhöht (sog. Berufseinsteiger-Bonus).[11] Ein gesonderter Antrag für den Berufseinsteiger-Bonus ist nicht nötig.

[7] BMF-Schreiben v. 24.7.2013, BStBl. I 2013, 1022 Rn. 24.
[8] BMF-Schreiben v. 24.7.2013, BStBl. I 2013, 1022 Rn. 40.
[9] BMF-Schreiben v. 24.7.2013, BStBl. I 2013, 1022 Rn. 64.
[10] BMF-Schreiben v. 24.7.2013, BStBl. I 2013, 1022 Rn. 40.
[11] BMF-Schreiben v. 24.7.2013, BStBl. I 2013, 1022 Rn. 42 ff.

66 **c) Kinderzulage.** Für jedes Kind wird – auch wenn beide Elternteile einen eigenen Altersvorsorgevertrag abgeschlossen haben – pro Jahr nur **eine** Kinderzulage gezahlt.

67 Für bis einschließlich 31.12.2007 geborene Kinder beträgt die Kinderzulage je Kind und Jahr 185 Euro. Für ab dem 1.1.2008 geborene Kinder beträgt die Kinderzulage 300 EUR pro Kind und Jahr.

68 **aa) Kindergeldberechtigung**[12]. Für einen Anspruch auf die volle Kinderzulage reicht es aus, wenn in einem Kalenderjahr mindestens für einen Monat Kindergeld bzw. eine kindergeldähnliche Leistung gezahlt wurde. Dies gilt auch, wenn sich später herausstellt, dass das Kindergeld in einem Kalenderjahr teilweise **zu Unrecht gezahlt** wurde und für einige Monate zurückgefordert wird. Wurde jedoch das Kindergeld für das gesamte Kalenderjahr zu Unrecht gezahlt und daher zurückgefordert, entfällt der Anspruch auf die Kinderzulage für dieses Jahr vollständig (§ 85 Abs. 1 S. 3 EStG).

69 Hat der Kindergeld Berechtigte **keinen Kindergeldantrag** gestellt, erhält er aber einen Kinderfreibetrag, weil die Voraussetzungen des Kindergeldanspruchs gegeben sind, hat er keinen Anspruch auf die Kinderzulage.[13]

70 **bb) Empfänger der Kinderzulage.** Bei Eltern, die die **Voraussetzungen des § 26 Abs. 1 EStG erfüllen,** dh die verheiratet und nicht dauernd getrennt lebend sind, und die ihren Wohnsitz oder gewöhnlichen Aufenthalt in einem EU-/EWR-Staat haben, wird die Kinderzulage automatisch der **Mutter** zugeordnet. Die Eltern können jedoch **gemeinsam beantragen,** dass der Vater die Kinderzulage erhalten soll (§ 85 Abs. 2 EStG). Dies ist insbesondere dann sinnvoll, wenn nur der Vater einen Altersvorsorgevertrag abgeschlossen hat, oder sein Vertrag renditestärker ist. Der Antrag kann für jedes Kind einzeln gestellt werden.[14]

71 Bei Eltern, die in einer **eingetragenen Lebenspartnerschaft** nicht dauernd getrennt leben (§ 26 Abs. 1), ist die Kinderzulage dem Lebenspartner zuzuordnen, dem das Kindergeld ausgezahlt wird, auf Antrag beider Eltern dem anderen Lebenspartner.[15]

72 Bei Eltern, die die Voraussetzungen des § 26 Abs. 1 EStG erfüllen, spielt es für die Zuordnung der Kinderzulage keine Rolle, an wen das Kindergeld ausgezahlt wird bzw. welcher Elternteil in welcher Höhe den Kinderfrei betrag nach § 32 Abs. 6 EStG erhält. Der Kinderfreibetrag ist nur im Rahmen der Günstigerprüfung zu berücksichtigen. → Rn. 93[16]

73 Erfüllen die Eltern dagegen **nicht die Voraussetzungen der Zusammenveranlagung** (nicht verheiratet oder geschieden oder dauernd getrennt bzw. im EU-/EWR Ausland lebend), erhält der Elternteil die Kinderzulage, dem das Kindergeld für das betreffende Kind ausgezahlt wird.[17]

74 Eine Übertragung der Kinderzulage auf den anderen (leiblichen) Elternteil ist nicht möglich, wenn der Elternteil, der das Kindergeld erhält, mit jemand anderen verheiratet ist oder in einer eingetragenen Lebenspartnerschaft lebt.[18]

---

[12] BMF-Schreiben v. 24.7.2013, BStBl. I 2013, 1022 Rn. 42.
[13] BMF-Schreiben v. 24.7.2013, BStBl. I 2013, 1022 Rn. 42.
[14] BMF-Schreiben v. 24.7.2013, BStBl. I 2013, 1022 Rn. 46.
[15] BMF-Schreiben v. 24.7.2013, BStBl. I 2013, 1022 Rn. 49.
[16] BMF-Schreiben v. 24.7.2013, BStBl. I 2013, 1022 Rn. 46.
[17] BMF-Schreiben v. 24.7.2013, BStBl. I 2013, 1022 Rn. 49.
[18] BMF-Schreiben v. 24.7.2013, BStBl. I 2013, 1022 Rn. 50.

Erhält ein Großelternteil nach § 64 Abs. 2 EStG das Kindergeld, steht nur ihm die Kinderzulage zu.[19] Erhält das Kind das Kindergeld selber, dann bekommt das Kind auf seinen eigenen Altersvorsorgevertrag sowohl die Grundzulage als auch die Kinderzulage.[20] **75**

Wird innerhalb eines Kalenderjahres erst einer Person das Kindergeld ausgezahlt, anschließend für dasselbe Kind einer anderen, erhält diejenige Person die Kinderzulage, der **als erstes im Kalenderjahr Kindergeld gezahlt wurde** (§ 85 Abs. 1 S. 4 EStG). **76**

cc) Rückforderung der Kinderzulage. Wird nach Ablauf eines Beitragsjahres festgestellt, dass die Voraussetzungen für eine Kinderzulage nicht vorgelegen haben (zB weil das Sorgerecht inzwischen von jemand anderem ausgeübt wird), ändert sich für dieses Jahr die Berechnung des Mindesteigenbeitrags nicht (§ 86 Abs. 4 EStG). Die Grundzulage wird nachträglich nicht gekürzt. Unabhängig davon wird jedoch die Kinderzulage für das Beitragsjahr zurückgefordert.[21] **77**

6. Mindesteigenbeitrag

Der Gesetzgeber wollte mit Einführung der ergänzenden kapitalgedeckten Altersvorsorge die private Altersvorsorge fördern und keine staatlich finanzierte Grundrente schaffen. Deshalb muss der Anleger einen bestimmten Mindestbeitrag (Mindesteigenbeitrag) in seinen Altersvorsorgevertrag einzahlen, um die volle Altersvorsorgezulage (Grund- und ggf. Kinderzulage) zu erhalten. Wird in einem Jahr nicht der erforderliche Mindesteigenbeitrag oder gar kein Beitrag gezahlt, führt dies zu einer Kürzung bzw. zum Wegfall des Anspruchs auf Altersvorsorgezulage (§ 86 Abs. 1 S. 1 EStG). **78**

a) Berechnung des Mindesteigenbeitrags. Der Mindesteigenbeitrag wird grundsätzlich anhand der jeweils **„maßgebenden Einnahmen"** des vorangegangenen Kalenderjahres ermittelt. Dies gilt grundsätzlich auch dann, wenn die maßgebenden Einnahmen im aktuellen Jahr (= Beitragsjahr) erheblich unter oder über denen des Vorjahres liegen, zB bei Arbeitslosigkeit oder Beförderung.[22] **79**

b) Höhe des Mindesteigenbeitrags. Der Mindesteigenbeitrag beträgt **4 %** der im vorangegangenen Kalenderjahr erzielten maßgebenden Einnahmen abzüglich der dem Steuerpflichtigen zustehenden Altersvorsorgezulage (Grund- und Kinderzulage) für das aktuelle Jahr (= Beitragsjahr). Ein dem Steuerpflichtigen eventuell zustehender Berufseinsteiger-Bonus wird dabei ebenfalls von den maßgebenden Einnahmen abgezogen.[23] **80**

Der Mindesteigenbeitrag ist nach oben auf einen Maximalbetrag und nach unten auf einen Minimalbetrag begrenzt: **81**

aa) Maximalbetrag. Der Maximalbetrag des Mindesteigenbeitrags entspricht dem Höchstbetrag des zusätzlichen Sonderausgabenabzugs für die Altersvorsorgebeiträge nach § 10a Abs. 1 EStG von **2.100 EUR** (→ Rn. 102).[24] Davon wird die **82**

---

[19] BMF-Schreiben v. 24.7.2013, BStBl. I 2013, 1022 Rn. 51.
[20] BMF-Schreiben v. 24.7.2013, BStBl. I 2013, 1022 Rn. 52.
[21] BMF-Schreiben v. 24.7.2013, BStBl. I 2013, 1022 Rn. 56.
[22] BMF-Schreiben v. 24.7.2013, BStBl. I 2013, 1022 Rn. 65.
[23] BMF-Schreiben v. 24.7.2013, BStBl. I 2013, 1022 Rn. 58.
[24] BMF-Schreiben v. 24.7.2013, BStBl. I 2013, 1022 Rn. 58.

Altersvorsorgezulage (Grund- und ggf. Kinderzulage) für das aktuelle Jahr abgezogen. Mehr als dieser Höchstbetrag wird vom Staat nicht gefördert. Der Anleger kann zwar mehr zahlen. Für über den Maximalbetrag hinausgehende Beiträge erhält er jedoch keine Zulagen.

83 **bb) Minimalbetrag (Sockelbetrag).** Um bei einer großen Anzahl von zu berücksichtigenden Kindern oder bei sehr geringen Einnahmen zu vermeiden, dass die Sparleistung auf den Altersvorsorgevertrag allein durch die Zulagen erbracht wird, hat der Gesetzgeber einen **Sockelbetrag** als untere Grenze für den Mindesteigenbeitrag geschaffen (§ 86 Abs. 1 S. 4 und 5 EStG).[25] Den Sockelbetrag muss der unmittelbar förderfähige Zulageberechtigte (→ Rn. 54) in jedem Fall zahlen, auch wenn der für ihn ermittelte Mindesteigenbeitrag niedriger ist. Der Sockelbetrag beträgt 60 EUR im Jahr.

84 **cc) Kürzung der Altersvorsorgezulage.** Zahlt der unmittelbar begünstigte Zulageberechtigte weniger als den errechneten Mindesteigenbeitrag bzw. Sockelbetrag, führt dies zu einer Kürzung der Altersvorsorgezulage (Grund- und ggf. Kinderzulage). Die Kürzung erfolgt **anteilig** nach dem Verhältnis des tatsächlich gezahlten Beitrags zum Mindesteigenbeitrag bzw. Sockelbetrag.[26]

7. Abschluss mehrerer Altersvorsorgeverträge

85 Die Altersvorsorgezulage wird beim Abschluss mehrerer Verträge höchstens auf zwei Verträge gezahlt (§ 87 Abs. 1 EStG). Der Zulagenberechtigte kann im Zulagenantrag jährlich neu festlegen, auf welche Altersvorsorgeverträge die Zulage gezahlt werden soll. Trifft der Zulage berechtigte bei mehreren Altersvorsorgeverträgen keine Bestimmung oder beantragt er die Zulage für mehr als zwei Verträge, wird die Zulage nur auf die **beiden Verträge mit den höchsten Altersvorsorgebeiträgen** im Beitragsjahr gezahlt. Die Zuordnung von Grund- und ggf. Kinderzulage wird entsprechend dem Verhältnis der auf diese Verträge gezahlten Altersvorsorgebeiträge vorgenommen.[27]

86 Der **mittelbar zulageberechtigte Ehegatte/Lebenspartner** kann die Altersvorsorgezulage nicht auf mehrere Altersvorsorgeverträge verteilen. Es ist der Vertrag maßgebend, für den er **zuerst** die Zulage beantragt (§ 87 Abs. 2 EStG).

8. Zusätzlicher Sonderausgabenabzug

87 **a) Unbeschränkte Einkommensteuerpflicht als Voraussetzung für den Sonderausgabenabzug.** Persönliche Grundvoraussetzung für den Sonderausgabenabzug nach § 10a EStG ist die unbeschränkte Einkommensteuerpflicht in Deutschland (§ 1 Abs. 1 EStG). Natürliche Personen, die ihren Wohnsitz oder gewöhnlichen Aufenthalt in Deutschland haben, sind hier unbeschränkt einkommensteuerpflichtig. Besteht weder der Wohnsitz noch der gewöhnliche Aufenthalt in Deutschland und liegen dennoch inländische Einkünfte vor, sind sie beschränkt einkommensteuerpflichtig (§ 1 Abs. 4 EStG). Beschränkt Einkommensteuerpflichtige können keinen Sonderausgabenabzug nach § 10a EStG geltend machen (§ 50 Abs. 1 S. 3 EStG).

---

[25] BMF-Schreiben v. 24.7.2013, BStBl. I 2013, 1022 Rn. 59.
[26] BMF-Schreiben v. 24.7.2013, BStBl. I 2013, 1022 Rn. 85.
[27] BMF-Schreiben v. 24.7.2013, BStBl. I 2013, 1022 Rn. 114ff.

b) Umfang des Sonderausgabenabzugs. Zusätzlich zur Zulagenförderung nach §§ 79ff. EStG können die gezahlten Eigenbeiträge, Tilgungsleistungen und die daraus beanspruchbare Altersvorsorgezulagen ohne den Berufseinsteigerbonus (§ 10a Abs. 1 S. 5 EStG; → Rn. 65) bis zu 2.100 EUR als Sonderausgaben geltend gemacht werden (§ 10a Abs. 1 EStG). 88

Seit 1.1.2012 gilt für Ehegatten/Lebenspartner, bei denen einer unmittelbar und der andere mittelbar förderberechtigt ist, ein Höchstbetrag von **2.160 EUR** (§ 10a Abs. 3 S. 3 u. 4 EStG). Grund ist, dass der mittelbar berechtigte Ehegatte/Lebenspartner seit 2012 einen Mindestbeitrag von 60 EUR jährlich auf seinen Altersvorsorgevertrag leisten muss (→ Rn. 56), der zum Höchstbetrag von 2.100 EUR hinzugezählt wird. 89

Als **Sonderausgaben** abziehbar sind alle im jeweiligen Kalenderjahr (vom 1.1. bis 31.12.) auf einen Altersvorsorgevertrag gezahlten Eigenbeiträge des Steuerpflichtigen. Dazu zählen neben den laufenden Beiträgen auch Zuzahlungen bzw. Sonderzahlungen. Außerdem ist der für dieses Kalenderjahr zustehende Anspruch auf Altersvorsorgezulage (Grund- und ggf. Kinderzulage, jedoch nicht der Berufseinsteiger-Bonus) als Sonderausgabe abzugsfähig.[28] 90

c) Zeitliche Zuordnung. aa) Eigenbeiträge. Für die zeitliche Zuordnung der vom Steuerpflichtigen gezahlten Eigenbeiträge gilt das **Abflussprinzip** nach § 11 Abs. 2 S. 1 EStG. Danach ist der Zeitpunkt des Abfließens der Sonderausgaben beim Steuerpflichtigen für die kalenderjährliche Zuordnung ausschlaggebend. Nicht maßgebend ist hingegen der Zeitpunkt der Fälligkeit des Beitrags bzw. der Zeitraum, für den der Beitrag gezahlt wird. 91

bb) Zulage. Für die zeitliche Zuordnung der Zulage ist hingegen nicht der Zufluss nach § 11 Abs. 1 S. 1 EStG maßgebend, also wann die Zulage dem Altersvorsorgevertrag gutgeschrieben wird. Für die Zuordnung der Zulage ist der für das jeweilige Kalenderjahr entstandene **Anspruch auf die Zulage** entscheidend.[29] 92

9. Günstigerprüfung

a) Durchführung von Amts wegen. Der Sonderausgabenabzug nach § 10a EStG kommt nur dann zum Tragen, wenn er für den betreffenden Steuerpflichtigen günstiger ist als die Förderung durch seinen Zulagenanspruch.[30] Die Günstigerprüfung muss nicht vom Steuerpflichtigen beantragt werden. Das Finanzamt führt sie im Rahmen der Veranlagung zur Einkommensteuer **von Amts wegen,** also ohne Antrag, durch. 93

Voraussetzung ist aber, dass der Steuerpflichtige den ergänzenden Sonderausgabenabzug nach § 10a EStG bei seiner **Steuererklärung** geltend macht (Anlage AV) und seinem Anbieter gegenüber in die Datenübermittlung nach§ 10a Abs. 2a und Abs. 5 EStG eingewilligt hat (seit 2010).[31] 94

aa) Kein Zuflussprinzip für Zulage. Abweichend vom Zuflussprinzip nach § 11 Abs. 1 S. 1 EStG stellt das Finanzamt bei der Günstigerprüfung nicht auf die tatsächlich im Kalenderjahr gutgeschriebene Zulage ab. Es setzt der Einfachheit halber den **Anspruch auf die Zulage** für dieses Kalenderjahr an. Dadurch wird ver- 95

---

[28] BMF-Schreiben v. 24.7.2013, BStBl. I 2013, 1022 Rn. 88.
[29] BMF-Schreiben v. 24.7.2013, BStBl. I 2013, 1022 Rn. 40.
[30] BMF-Schreiben v. 24.7.2013, BStBl. I 2013, 1022 Rn. 96.
[31] BMF-Schreiben v. 24.7.2013, BStBl. I 2013, 1022 Rn. 96.

mieden, dass das Finanzamt die Durchführung der Einkommensteuerveranlagung bis zur Gutschrift der Zulage durch die zentrale Stelle nach § 81 EStG zurückstellen muss.[32]

96 **bb) Zulagenantrag stets nötig.** Der Zulagenberechtigte muss die Zulage also stets beantragen, selbst wenn die Förderung über den Sonderausgabenabzug nach § 10a EStG für ihn günstiger ist. Ansonsten geht die anteilige Förderung in Höhe des Zulagenanspruchs verloren.[33]

10. Nachgelagerte Besteuerung

97 Durch die steuerliche Förderung über Zulagen und ggf. ergänzenden Sonderausgabenabzug nach § 10a EstG wird die Eigenvorsorge in der **Ansparphase** des zertifizierten Altersvorsorgevertrags steuerfrei gestellt. In dieser Phase werden weder Erträge noch Wertsteigerungen besteuert. Im Gegenzug unterliegen die später ausgezahlten Leistungen aus zertifizierten Altersvorsorgeverträgen, die auf geförderten Altersvorsorgebeiträgen beruhen, **in vollem Umfang** der Steuerpflicht als sonstige Einkünfte nach § 22 Nr. 5 S. 1 EStG.[34] Mit der Steuerfreistellung der geförderten Beiträge in der Ansparphase und der vollen Besteuerung der Leistungen in der Auszahlungsphase folgt der Gesetzgeber dem Prinzip der nachgelagerten Besteuerung.

98 **a) § 22 Nr. 5 EStG.** Die Besteuerung von Leistungen aus zertifizierten Altersvorsorgeverträgen richtet sich **stets** nach der Spezialregelung des § 22 Nr. 5 EStG. Dies gilt selbst dann, wenn auf den Vertrag ausschließlich nicht geförderte Beiträge gezahlt wurden. Denn § 22 Nr. 5 EStG geht als **Spezialregelung** allen anderen Einkunftstatbeständen des EStG vor, zB der Besteuerung von Erträgen aus Lebensversicherungen als Einkünfte aus Kapitalvermögen (§ 20 Abs. 1 Nr. 6 EStG) und der Ertragsanteilbesteuerung nach § 22 Nr. 1 S. 3 Buchst. a bb EStG bei Rentenversicherungen.[35] Deshalb sind die Vorschriften zum Abzug und Einbehalt von Kapitalertragsteuer und Solidaritätszuschlag bei Leistungen aus zertifizierten Altersvorsorgeverträgen nicht anzuwenden: In der Ansparphase fallen keine kapitalertragssteuerpflichtigen Kapitalerträge an.[36]

99 Die Leistungen in der Auszahlungsphase unterliegen der Besteuerung erst im Rahmen der Einkommensteuerveranlagung des Steuerpflichtigen. Demzufolge können vom Steuerpflichtigen beim Anbieter eingereichte Freistellungsaufträge nicht berücksichtigt werden. Dies bedeutet auch, dass die seit 1.1.2009 geltende Abgeltungsteuer auf Altersvorsorgeverträge keine Anwendung findet.[37]

100 **b) Umfang der Besteuerung.** Der Umfang der Besteuerung von Leistungen in der Auszahlungsphase beurteilt sich danach, ob die in der Ansparphase eingezahlten Beiträge des Steuerpflichtigen in vollem Umfang, nur teilweise oder gar nicht durch Zulagen oder durch den Sonderausgabenabzug nach § 10a EStG steuerlich gefördert worden sind oder ob die Leistung aufgrund steuerfreier Kapitalübertragung aufgrund eines Anbieterwechsels oder eines Versorgungsausgleichs erworben wurde.[38]

---

[32] BMF-Schreiben v. 24.7.2013, BStBl. I 2013, 1022 Rn. 97.
[33] BMF-Schreiben v. 24.7.2013, BStBl. I 2013, 1022 Rn. 97.
[34] BMF-Schreiben v. 24.7.2013, BStBl. I 2013, 1022 Rn. 121 ff.
[35] BMF-Schreiben v. 24.7.2013, BStBl. I 2013, 1022 Rn. 121.
[36] BMF-Schreiben v. 24.7.2013, BStBl. I 2013, 1022 Rn. 122, 123.
[37] BMF-Schreiben v. 24.7.2013, BStBl. I 2013, 1022 Rn. 121.
[38] BMF-Schreiben v. 24.7.2013, BStBl. I 2013, 1022 Rn. 124.

Überschussbeteiligung einschließlich Bewertungsreserven, die im Rahmen der Leistung gezahlt werden, sind steuerlich so zu behandeln wie die zu Grunde liegende Hauptleistung.[39] **101**

c) Leistungen, die ausschließlich auf geförderten Altersvorsorgebeiträgen beruhen (§ 22 Nr. 5 S. 1 EStG). Die Leistungen unterliegen in der Auszahlungsphase in vollem Umfang der Besteuerung nach § 22 Nr. 5 S. 1 EStG. Die Steuerpflicht umfasst somit die Anteile der Leistung, die auf den eingezahlten Eigenbeiträgen (maximal bis zum Höchstbetrag nach § 10a EStG von 2.100 EUR bzw. 2.160 EUR (→ Rn. 89) des Steuerpflichtigen und die auf während der Ansparphase gutgeschriebenen Zulagen (Grund- und ggf. Kinderzulage) und die auf aus Eigenbeiträgen und Zulagen erzielten Erträge und Wertsteigerungen beruhen, sowie die auf Kapital beruhen, das aufgrund eines Anbieterwechsels vom früheren Anbieter auf den Vertrag übertragen wurde.[40] **102**

d) Leistungen, die ausschließlich auf nicht geförderten Altersvorsorgebeiträgen beruhen. Der Fall, dass die Leistungen ausschließlich auf nicht geförderten Altersvorsorgebeiträgen beruhen, kann beispielsweise dann eintreten, wenn der Anleger während der **gesamten** Ansparphase des Altersvorsorgevertrags nicht zum begünstigten Personenkreis gehörte und deshalb für die **gesamte** Vertragsdauer keine Förderung durch Zulage oder ergänzenden Sonderausgabenabzug erhalten hat.[41] **103**

Obwohl die Beitragszahlungen steuerlich überhaupt nicht gefördert wurden, erfolgt die Besteuerung der Leistungen nach § 22 Nr. 5 S. 2 EStG, der bezüglich der verfahrensmäßigen Ermittlung der steuerpflichtigen Erträge jedoch auf die allgemein gültigen Besteuerungsregeln für Lebens- und Rentenversicherungen der Schicht 3 verweist. **104**

Leibrenten werden nach § 22 Nr. 5 S. 2a EStG daher stets mit dem Ertragsanteil nach § 22 Nr. 1 S. 3 Buchst. a bb EStG wie Renten aus „normalen" Rentenversicherungen der Schicht 3 besteuert → ARB § 1 Rn. 30. **105**

Bei **Kapitalleistungen** ist zu unterscheiden (§ 22 Nr. 5 S. 2b EStG): **106**

Die steuerliche Behandlung von Kapitalleistungen richtet sich bei **Vertragsabschlüssen vor dem 1.1.2005** nach den allgemeinen Vorschriften des § 22 Nr. 5 S. 2b, § 20 Abs. 1 Nr. 6, § 10 Abs. 1 Nr. 2b EStG in der bis zum 31.12.2004 geltenden Fassung. Sind die in § 10 Abs. 1 Nr. 2b EStG (2004) genannten Voraussetzungen erfüllt (zwölf Jahre Vertragslaufzeit, fünf Jahre Beitragszahlungsdauer, 60% Mindesttodesfallschutz), sind die in den Kapitalzahlungen enthaltenen Erträge steuerfrei, ansonsten sind die rechnungsmäßigen und außerrechnungsmäßigen Zinsen steuerpflichtig. **107**

Bei Verträgen, die **seit 1.1.2005** abgeschlossen wurden, werden die Erträge nach § 22 Nr. 5 S. 2b, § 20 Abs. 1 Nr. 6 EStG voll oder hälftig nach der Differenzmethode (ausgezahlte Leistung abzüglich Summe der eingezahlten Beiträge) besteuert (→ Rn. 113). **108**

e) Leistungen, die zum Teil auf geförderten, zum Teil auf nicht geförderten Altersvorsorgebeiträgen beruhen – Mischfälle. Dieser Fall liegt zB vor, wenn ein zertifizierter Altersvorsorgevertrag nicht während der gesamten An- **109**

---

[39] BMF-Schreiben v. 24.7.2013, BStBl. I 2013, 1022 Rn. 124.

[40] BMF-Schreiben v. 24.7.2013, BStBl. I 2013, 1022 Rn. 132f.

[41] BMF-Schreiben v. 24.7.2013, BStBl. I 2013, 1022 Rn. 138ff.

sparphase steuerlich gefördert wurde, weil der Steuerpflichtige für eine bestimmte Zeit nicht zum begünstigten Personenkreis (→ Rn. 42ff.) gehört hat oder der Steuerpflichtige Eigenbeiträge gezahlt hat, die den Höchstbetrag nach § 10a EStG von 2.100 EUR bzw. 2.160 EUR (→ Rn. 89) überstiegen und daher insoweit nicht mehr förderfähig waren oder ein Vertrag, der die Voraussetzungen des AltZertG bisher nicht erfüllt hat, nachträglich in einen zertifizierten Altersvorsorgevertrag umgewandelt wurde (§ 1 Abs. 1 AltZertG).[42]

110 Bei diesen Mischfällen sind die **Leistungen** in der Auszahlungsphase steuerlich **aufzuteilen:**[43]

111 Soweit **Leibrenten** auf geförderten Altersvorsorgebeiträgen und Zulagen sowie den daraus erwirtschafteten Erträgen beruhen, werden sie nach § 22 Nr. 5 S. 1 EStG voll besteuert.[44] Soweit Renten auf nicht geförderten Beiträgen und daraus erwirtschafteten Erträgen beruhen, werden sie nach § 22 Nr. 5 S. 2a EStG, § 22 Nr. 1 S. 3a bb EStG nur mit dem jeweiligen Ertragsanteil versteuert.[45]

112 **Kapitalleistungen,** die auf geförderten Altersvorsorgebeiträgen und Zulagen sowie den daraus erwirtschafteten Erträgen beruhen (dh, ohne dass eine schädliche Verwendung vorliegt, → Rn. 117) werden nach § 22 Nr. 5 S. 1 EStG voll besteuert.[46]

113 Soweit die Kapitalleistung auf **nicht geförderten** Beiträgen und den darauf entfallenden Erträgen beruht, beurteilt sich die steuerliche Behandlung nach den allgemeinen Vorschriften des § 22 Nr. 5 S. 2b EStG, § 20 Abs. 1 Nr. 6 EStG alter bzw. neuer Fassung. Sind die Voraussetzungen nach altem Recht erfüllt (Vertragsabschluss bis 31.12.2004, zwölf Jahre Vertragslaufzeit, fünf Jahre Beitragszahlungsdauer und 60% Mindesttodesfallschutz), sind die in der Kapitalleistung enthaltenen Erträge insoweit steuerfrei.[47] Bei Neuverträgen (Vertragsabschlüsse ab 1.1.2005) unterliegen die Erträge insoweit ganz oder hälftig der Besteuerung nach der Differenzmethode nach § 22 Nr. 5 S. 2b EStG, § 20 I Nr. 6 EStG.[48]

114 **f) Leistungen bei Kapitalübernahme in einen anderen Vertrag**[49]. Die Kapitalübertragung in einen anderen Riestervertrag wird im Übertragungszeitpunkt nicht besteuert. Bis zum Beginn der Rentenzahlungen bzw. bis zum Auszahlungszeitpunkt werden diese Leistungen nach § 3 Nr. 55c EStG steuerfrei gestellt.

115 **g) Kapitalübertragung in einen anderen Vertrag.** Eine Kapitalübertragung in einen anderen Vertrag liegt bei einem Anbieterwechsel vor, aber auch wenn beim gleichen Anbieter von einem Altersvorsorgevertrag Kapital auf einen anderen Altersvorsorgevertrag übertragen wird. Kommt es dann später zum Rentenübergang oder zu einer Auszahlung, richtet sich die Besteuerung der Leistungen aus zertifizierten Altersvorsorgeverträgen stets nach der Spezialregelung des § 22 Nr. 5 EStG, wobei zwischen geförderten und ungeförderten Altersvorsorgevermögen zu unterscheiden ist.[50]

---

[42] BMF-Schreiben v. 24.7.2013, BStBl. I 2013, 1022 Rn. 136.
[43] BMF-Schreiben v. 24.7.2013, BStBl. I 2013, 1022 Rn. 134.
[44] BMF-Schreiben v. 24.7.2013, BStBl. I 2013, 1022 Rn. 135 u. 132.
[45] BMF-Schreiben v. 24.7.2013, BStBl. I 2013, 1022 Rn. 138f.
[46] BMF-Schreiben v. 24.7.2013, BStBl. I 2013, 1022 Rn. 135.
[47] BMF-Schreiben v. 24.7.2013, BStBl. I 2013, 1022 Rn. 140.
[48] BMF-Schreiben v. 24.7.2013, BStBl. I 2013, 1022 Rn. 140.
[49] BMF-Schreiben v. 24.7.2013, BStBl. I 2013, 1022 Rn. 144f.
[50] BMF-Schreiben v. 24.7.2013, BStBl. I 2013, 1022 Rn. 144f.

h) Kapitalübertragung bei Tod des Ehegatten/Lebenspartners. Wird ein Vertrag wegen des Todes des versicherten Versicherungsnehmers auf den überlebenden Ehegatten/Lebenspartner übertragen, gelten die gleichen steuerlichen Regelungen wie bei der Kapitalübernahme in einen anderen Vertrag (Anbieterwechsel; → Rn. 115).[51] 116

11. Förderschädliche Verwendung von Altersvorsorgevermögen

Das mit staatlicher Förderung angesparte Altersvorsorgevermögen soll dem Anleger im Alter als ergänzende Versorgung neben der gesetzlichen Sozialversicherungsrente bzw. seiner sonstigen Altersvorsorge zur Verfügung stehen. Wird dieser Zweck nicht erreicht, weil der Anleger förderschädlich verwendet, beispielsweise indem er vorzeitig auf das angesparte Vermögen zugreift, muss er die erhaltene Förderung nachträglich zurückzahlen. 117

a) Auszahlung zu Lebzeiten des Zulageberechtigten. aa) Förderschädliche Verwendung. Wird das geförderte Altersvorsorgevermögen an den Zulageberechtigten nicht in Form einer monatlichen gleichbleibenden oder steigenden Leibrente, nicht im Rahmen eines Auszahlungsplans oder nicht zur Verwendung für ein selbst genutztes Wohnobjekt nach § 92a EStG ausgezahlt, liegt eine förderschädliche Verwendung vor. Typisches Beispiel hierfür ist die teilweise oder vollständige Kapitalleistung aus gefördertem Altersvorsorgevermögen an den Zulageberechtigten während der Ansparphase oder nach Rentenzahlungsbeginn. Schädlich ist auch die Auszahlung von Altersvorsorgevermögen vor Vollendung des 62. Lebensjahres des Zulageberechtigten(bei vor dem 1.1.2012 abgeschlossenen Verträgen vor Vollendung des 60. Lebensjahres).[52] 118

bb) Förderunschädliche Verwendung. Eine Zahlung einer lebenslangen, gleichbleibenden oder steigenden Rente an den Zulageberechtigten ab dem 62. Lebensjahr (60. Lebensjahr bei Vertragsabschluss vor dem 1.1.2012) ist nicht förderschädlich.[53] Geringfügige Schwankungen der Leistung aufgrund von unterschiedlich hohen Überschussanteilen sind unschädlich.[54] 119

Soweit der Vertrag Leistungen für den Fall der **Erwerbsminderung** vorsieht, dürfen diese im Versicherungsfall schon vor Vollendung des 62. bzw. 60. Lebensjahres ausgezahlt werden. Dies ist förderunschädlich.[55] 120

Unschädlich ist es, wenn der Anleger einen zertifizierten Altersvorsorge vertrag kündigt, um das vorhandene Kapital auf einen anderen auf seinen Namen lautenden zertifizierten Altersvorsorgevertrag beim selben oder einem anderen Anbieter zu übertragen (**Anbieterwechsel;** § 93 Abs. 2 S. 1 EStG, § 1 Abs. 1 S. 1 Nr. 10b AltZertG. Zur Besteuerung von Leistungen nach erfolgtem Anbieterwechsel → Rn. 115. 121

Unschädlich ist auch eine **einmalige Teilkapitalauszahlung** von maximal 30% des gebildeten Kapitals zu Beginn der Auszahlungsphase. Zudem können in der Auszahlungsphase anfallende Zinsen und Erträge förderunschädlich ausgezahlt werden (§ 1 Abs. 1 S. 1 Nr. 4a AltZertG). 122

---

[51] BMF-Schreiben v. 24.7.2013, BStBl. I 2013, 1022 Rn. 146f.
[52] BMF-Schreiben v. 24.7.2013, BStBl. I 2013, 1022 Rn. 107.
[53] BMF-Schreiben v. 24.7.2013, BStBl. I 2013, 1022 Rn. 191.
[54] BMF-Schreiben v. 24.7.2013, BStBl. I 2013, 1022 Rn. 192.
[55] BMF-Schreiben v. 24.7.2013, BStBl. I 2013, 1022 Rn. 193.

123 Die **Auszahlung von bis zu zwölf Monatsrenten** in einem Betrag und die Abfindung einer Kleinbetragsrente zu Beginn der Auszahlungsphase gelten nicht als schädliche Verwendung.[56] Eine Kleinbetragsrente liegt vor, wenn die Rente aus dem geförderten Kapital des Altersvorsorgevertrags über die gesamte Auszahlungsphase hin den in § 93 Abs. 3 EStG geregelten Betrag (2013: 26,95 EUR, 2014: 27,65 EUR; 2015: 28,35 EUR monatlich) unterschreitet.[57]

124 Ebenso unschädlich ist die Auszahlung im Rahmen eines **Auszahlungsplans** mit gleichbleibender oder steigenden Raten und unmittelbar anschließender lebenslangen Teilkapitalverrentung spätestens ab dem 85. Lebensjahr des Zulagenberechtigten.[58]

125 Wird bei einer Scheidung im Rahmen des **Versorgungsausgleichs** gefördertes Altersvorsorgevermögen auf Grund einer internen oder externen Teilung auf einen zertifizierten Altersvorsorgevertrag des Ehegatten/Lebenspartner übertragen, liegt ebenfalls keine schädliche Verwendung vor.[59]

126 **b) Auszahlung bei Tod des Zulageberechtigten. aa) Förderschädliche Verwendung.** Eine förderschädliche Verwendung liegt vor, wenn der Zulageberechtigte nach Rentenzahlungsbeginn verstirbt und im Rahmen einer vereinbarten **Rentengarantie** Rentenleistungen aus dem geförderten Altersvorsorgevermögen an die **Erben** weitergezahlt werden.[60] Leistungen aus einer vereinbarten Hinterbliebenenversorgung nach 45 § 1 Abs. 1 S. 1 Nr. 2 AltZertG sind dagegen nicht förderschädlich.[61]

127 Grundsätzlich schädlich ist auch die teilweise oder **vollständige Kapitalzahlung** aus gefördertem Altersvorsorgevermögen an die **Erben** bei Tod des Zulagenberechtigten.[62] Grund ist, dass der Gesetzgeber nur Personen fördern will, die von der Absenkung des Niveaus in der gesetzlichen Rentenversicherung bzw. in vergleichbaren Altersvorsorgesystemen persönlich betroffen sind. Die finanzielle Leistungsfähigkeit der Erben soll durch die Förderung nicht erhöht werden.

128 **bb) Förderunschädliche Verwendung.** Förderunschädlich ist es, wenn bei Tod des Zulageberechtigten das vorhandene Altersvorsorgevermögen auf einen auf den Namen seines Ehegatten/Lebenspartners lautenden zertifizierten Altersvorsorgevertrag übertragen wird, wenn die Ehegatten/Lebenspartner beim Tod des Zulageberechtigten die Voraussetzungen des § 26 Abs. 1 EStG erfüllt haben (§ 93 Abs. 1 S. 4c EStG), also im Zeitpunkt des Todes des Zulageberechtigten nicht dauernd getrennt leben und ihren Wohnsitz in einem EU- bzw. EWR-Staat hatten.[63] Unerheblich ist, ob der Vertrag des überlebenden Ehegatten/Lebenspartners beim Tod bereits bestand oder im Zuge der Kapitalübertragung neu abgeschlossen wird. Der überlebende Ehegatte/Lebenspartner kann dabei zum unmittelbar begünstigten Personenkreis gehören oder nicht.[64] Er kann somit durch die Übertragung des Altersvorsorgevermögens – anders als sonstige Erben – die vom verstorbenen Ehe-

---

[56] BMF-Schreiben v. 24.7.2013, BStBl. I 2013, 1022 Rn. 190.
[57] BMF-Schreiben v. 24.7.2013, BStBl. I 2013, 1022 Rn. 194.
[58] BMF-Schreiben v. 24.7.2013, BStBl. I 2013, 1022 Rn. 191.
[59] BMF-Schreiben v. 24.7.2013, BStBl. I 2013, 1022 Rn. 190.
[60] BMF-Schreiben v. 24.7.2013, BStBl. I 2013, 1022 Rn. 205.
[61] BMF-Schreiben v. 24.7.2013, BStBl. I 2013, 1022 Rn. 191.
[62] BMF-Schreiben v. 24.7.2013, BStBl. I 2013, 1022 Rn. 207.
[63] BMF-Schreiben v. 24.7.2013, BStBl. I 2013, 1022 Rn. 222f.
[64] BMF-Schreiben v. 24.7.2013, BStBl. I 2013, 1022 Rn. 222.

gatten/Lebenspartner erhaltene steuerliche Förderung für die eigene Altersvorsorge nutzen.[65]

Steht das geerbte Altersvorsorgevermögen einer **Erbengemeinschaft** zu (zB überlebender Ehegatte/Lebenspartner und Kinder des Zulageberechtigten) ist es förderunschädlich, wenn das gesamte geförderte Altersvorsorgevermögen auf einen zertifizierten Altersvorsorgevertrag des überlebenden Ehegatten/Lebenspartners übertragen wird und die übrigen Erben (zB Kinder) für den über die Erbquote des überlebenden Ehegatten/Lebenspartners hinausgehenden Kapitalanteil einen Ausgleich von ihm erhalten.[66] Verwendet der überlebende Ehegatte/Lebenspartner das geerbte Altersvorsorgevermögen zur Zahlung des Ausgleichsanspruchs der weiteren Erben oder zur Zahlung der durch den Erbfall entstehenden **Erbschaftsteuer,** führt dies jedoch zur Förderschädlichkeit.[67] **129**

Förderunschädlich ist die Verwendung des Altersvorsorgevermögens zur Zahlung einer vereinbarten **Hinterbliebenenrente** an den überlebenden Ehegatten/ Lebenspartner und die in seinem Haushalt lebenden Kinder, für die dem Zulageberechtigten zum Zeitpunkt seines Todes ein Anspruch auf Kindergeld oder ein Freibetrag nach § 32 Abs. 6 EStG zugestanden hätte (§ 93 Abs. 1 S. 4a EStG). **130**

c) Sonstige Fälle der schädlichen Verwendung. Der Wegzug in ein **Land außerhalb des EU-/EWR-Gebiets** führt zur Förderschädlichkeit, wenn entweder die Zulageberechtigung endet oder die Auszahlungsphase des Altersvorsorgevertrags beginnt nach § 95 Abs. 1 EStG. Gleiches gilt, wenn sich der Wohnsitz bzw. gewöhnliche Aufenthalt zwar in einem EU- bzw. EWR-Staat befindet, der Zulageberechtigte aber nach einem Doppelbesteuerungsabkommen als außerhalb des EU-/EWR-Raums ansässig gilt. Dies gilt unabhängig davon, ob beim Wegzug das geförderte Altersvorsorgevermögen ausgezahlt wird oder nicht.[68] Damit ist die steuerliche Förderung zurückzuzahlen (→ Rn. 135). **131**

Da es in diesen Fällen nicht automatisch zur Auszahlung des angesparten Altersvorsorgevermögens kommt, wird der Rückzahlungsbetrag auf Antrag des Zulageberechtigten bis zum Beginn der Auszahlungsphase gestundet. Der Steuerpflichtige wird mit der Rückzahlung also solange nicht in Anspruch genommen, wie er keine Leistungen aus dem Altersvorsorgevertrag erhält. Der Rückzahlungsbetrag wird verzinst nach § 234 AO. Die Zinsen werden am Ende des Jahres, in dem die Stundung endet, festgesetzt. Mit Beginn der Auszahlungsphase hat er den gestundeten Rückzahlungsbetrag mit mindestens 15% der dann zufließenden Rentenzahlungen zu tilgen. Bei einer Kapitalzahlung aus dem Altersvorsorgevertrag endet die Stundung und der **gesamte Rückzahlungsbetrag** (einschließlich Zinsen) wird sofort fällig.[69] **132**

Kehrt der Anleger vor Beginn der Auszahlungsphase in einen EU-/EWR-Staat zurück (zB bei Rückkehr nach Deutschland), werden ihm der gestundete Rückforderungsbetrag und die bereits entstandenen Stundungszinsen erlassen (§ 95 Abs. 3 EStG). **133**

d) Auszahlung von nicht gefördertem Altersvorsorgevermögen – Meistbegünstigung. Die Auszahlung von Altersvorsorgevermögen, das auf nicht geförderten Beiträgen und daraus erwirtschafteten Erträgen beruht, stellt keine för- **134**

---

[65] BMF-Schreiben v. 24.7.2013, BStBl. I 2013, 1022 Rn. 223.
[66] BMF-Schreiben v. 24.7.2013, BStBl. I 2013, 1022 Rn. 224.
[67] BMF-Schreiben v. 24.7.2013, BStBl. I 2013, 1022 Rn. 225.
[68] BMF-Schreiben v. 24.7.2013, BStBl. I 2013, 1022 Rn. 228.
[69] BMF-Schreiben v. 24.7.2013, BStBl. I 2013, 1022 Rn. 229.

derschädliche Verwendung dar. Bei Teilzahlungen aus einem zertifizierten Altersvorsorgevertrag mit geförderten und nicht geförderten Beiträgen gilt das nicht geförderte Kapital als zuerst ausgezahlt (so genannte Meistbegünstigung).[70]

135 **e) Folgen einer schädlichen Verwendung.** Bei einer schädlichen Verwendung muss der Anleger die auf das schädlich ausgezahlte Altersvorsorgevermögen entfallenden **Zulagen** (Grund- und ggf. Kinderzulage) und ggf. den auf dem Sonderausgabenabzug nach § 10a EStG beruhenden Steuervorteil **zurückzahlen** (§ 93 Abs. 1 S. 1 EStG).[71] Die steuerliche Förderung wird damit wieder rückgängig gemacht. Abschluss- und Vertriebskosten sowie bis zur schädlichen Verwendung angefallene Kosten des Versicherers und die Beitragsanteile zur Absicherung der verminderten Erwerbsfähigkeit oder der Hinterbliebenenabsicherung können vom Anbieter vom Rückzahlungsanspruch abgezogen werden, soweit diese Kosten bzw. Beitragsanteile tatsächlich angefallen sind und auch ohne Vorliegen einer schädlichen Verwendung angefallen wären.[72]

136 Keine Rückzahlungspflicht besteht für den Teil der Zulage bzw. des ergänzenden Steuervorteils, der auf Beiträgen beruht, die für die **Hinterbliebenenabsicherung** bzw. für die Absicherung der **verminderten Erwerbsfähigkeit** dienten.[73]

137 Die Höhe der Rückforderung von Zulagen und Steuervorteil wird durch die zentrale Stelle ermittelt und dem Anbieter mitgeteilt (§ 94 Abs. 1 S. 1 EStG). Der entsprechende Betrag wird in der Regel vom Anbieter dann vom Auszahlungsbetrag abgezogen und an die zentrale Stelle abgeführt (§ 94 Abs. 1 S. 2 EStG).

138 **f) Besteuerung der Leistungen bei schädlicher Verwendung.** Im Jahr des Zuflusses beim Steuerpflichtigen unterliegt die förderschädlich ausgezahlte Leistung der Besteuerung. Als **ausgezahlte Leistung** gilt das geförderte Altersvorsorgevermögen nach Abzug der Zulagen (§ 22 Nr. 5 S. 3 u. 2 EStG). Ein Steuervorteil aus dem Sonderausgabenabzug nach § 10a EStG ist nicht abzuziehen.[74]

139 Leistungen aufgrund schädlicher Verwendung werden gemäß § 22 Nr. 5 S. 3 und 2 EStG steuerlich wie Leistungen behandelt, die auf nicht geförderten Altersvorsorgebeiträgen beruhen (→ Rn. 113).[75]

II. Kommentierung der Klauselbestimmungen

140 Hauptleistung eines Altersvorsorgevertrages (→ Rn. 141) ist der Beitragserhalt; aus diesem wird auf Basis garantierter Rechnungsgrundlagen eine garantierte Rente berechnet. Alternativ kann der Kunde bei Rentenbeginn die einmalige Auszahlung eines Kapitals in Höhe von bis zu 30% des bei Rentenübergang vorhandenen gebildeten Kapitals verlangen (→ Rn. 145). Daneben kann der Vertrag eine Leistung bei Tod vor (→ Rn. 147) und nach Rentenbeginn vorsehen (→ Rn. 148). Zusätzlich hat der Versicherungsnehmer Anspruch auf Leistungen aus der Überschussbeteiligung (→ Rn. 161).

---

[70] BMF-Schreiben v. 24.7.2013, BStBl. I 2013, 1022 Rn. 226.
[71] BMF-Schreiben v. 24.7.2013, BStBl. I 2013, 1022 Rn. 208.
[72] BMF-Schreiben v. 24.7.2013, BStBl. I 2013, 1022 Rn. 208.
[73] BMF-Schreiben v. 24.7.2013, BStBl. I 2013, 1022 Rn. 208.
[74] BMF-Schreiben v. 24.7.2013, BStBl. I 2013, 1022 Rn. 217.
[75] BMF-Schreiben v. 24.7.2013, BStBl. I 2013, 1022 Rn. 217.

1. Hauptleistung: Leibrente

141 **a) Hauptleistung: garantierte Leibrente.** Hauptleistung ist eine **lebenslang in gleichbleibender Höhe zu zahlende garantierte Leibrente** (→ Rn. 36) auf das Leben des Versicherungsnehmers, der zugleich versicherte Person ist. Die garantierte Rente ist unabhängig vom Geschlecht zu ermitteln (→ Rn. 37). Die Höhe der garantierten Rente wird im Versicherungsschein vereinbart. Die Rente wird monatlich gezahlt.

142 Die Rentenzahlung darf frühestens beginnen, wenn der Versicherungsnehmer das 62. Lebensjahr vollendet hat. Ein früherer Rentenbeginn ist nur dann zulässig, wenn der Versicherungsnehmer vor Vollendung des 62. Lebensjahres Altersrente aus einem gesetzlichen Alterssicherungssystem bezieht und zu diesem Zeitpunkt das gebildete Kapital ohne Überschüsse mindestens die Höhe des Beitragserhalts (→ Rn. 39) erreicht hat.

143 **b) Zusammenfassung der monatlichen Rentenzahlungen zu einer Auszahlung.** Erreicht die monatliche Altersrente bei Rentenzahlungsbeginn nicht den vertraglich vereinbarten Mindestbetrag, kann der Anbieter bis zu zwölf Monatsrenten zu einer Auszahlung zusammenfassen.

144 **c) Abfindung von Kleinbetragsrenten.** Übersteigt die monatliche Altersrente bei Rentenzahlungsbeginn nicht den in § 93 Abs. 3 S. 2 und 3 EStG festgelegten Betrag – 1% der monatlichen Bezugsgröße (West) nach § 18 SGB VI (2013: 26,95 EUR, 2014: 27,65 EUR, 2015: 28,35 EUR monatlich) –, kann der Anbieter die Rente einseitig abfinden. Auszuzahlen ist in diesem Fall das zum Rentenzahlungsbeginn vorhandene gebildete Kapital; mit der Auszahlung endet der Vertrag. Bestehen bei einem Anbieter **mehrere Verträge,** sind bei der Berechnung der Rente alle beim Anbieter bestehenden Altersvorsorgeverträge zu berücksichtigen. Das Abfindungsrecht des Anbieters entfällt, wenn die Rente nur aufgrund einer Teilkapitalauszahlung (→ Rn. 145) zur **Kleinbetragsrente** wird.

2. Ersatzleistung: Teilkapitalauszahlung

145 Der Versicherungsnehmer, kann zum Rentenzahlungsbeginn **einmalig** eine **Teilkapitalauszahlung** verlangen, wenn er diesen Zeitpunkt erlebt. Die Teilkapitalauszahlung ist **der Höhe nach** vertraglich auf den vereinbarten Prozentsatz des bei Rentenzahlungsbeginn vorhandenen gebildeten Kapitals, gesetzlich auf höchstens 30% des gebildeten Kapitals **begrenzt.** Eine Teilkapitalauszahlung löst eine Reduzierung der Rentenhöhe aus, da für die Bildung der Rente weniger Kapital zur Verfügung steht. Der Antrag auf Teilkapitalauszahlung muss innerhalb der vereinbarten Frist beim Anbieter vorliegen.

3. Auszahlung der Erträge während des Rentenbezugs

146 Der Versicherungsnehmer kann mit dem Anbieter bei Rentenzahlungsbeginn vereinbaren, dass die ab Rentenbeginn anfallenden Zinsen und Erträge gesondert ausgezahlt werden.

4. (Neben-)Leistungen bei Tod

147 **a) Tod vor Rentenbeginn.** Stirbt der Versicherungsnehmer vor Rentenzahlungsbeginn, wird das Deckungskapital ausgezahlt. Das Deckungskapital wird

gebildet, indem die gezahlten Beiträge und die dem Anbieter zugeflossenen Zulagen abzüglich der tariflichen Kosten mit dem vereinbarten Rechnungszins (→ Rn. 160) verzinst werden.

148 **b) Tod nach Rentenbeginn. aa) Rentengarantiezeit.** Stirbt der Versicherungsnehmer nach Rentenzahlungsbeginn und wurde mit dem Anbieter eine Rentengarantiezeit vereinbart, wird die vereinbarte garantierte Rente auch nach dem Tod bis zum vereinbarten Ende der Rentengarantiezeit gezahlt. Die Rentengarantiezeit **beginnt** mit Zahlung der ersten Rente und **endet** – unabhängig vom Zeitpunkt des Todes – mit Ablauf der vereinbarten Dauer der Rentengarantiezeit. Stirbt der Versicherungsnehmer nach Ablauf der Rentengarantiezeit oder wurde eine solche nicht vereinbart, erbringt der Anbieter keine Leistung und der Vertrag endet.

149 **bb) Schädliche Verwendung.** Erfolgt die Auszahlung des geförderten Altersvorsorgevermögens in Raten, z.B als Rentenzahlung im Rahmen einer vereinbarten Rentengarantiezeit im Fall des Todes des Zulageberechtigten, so stellt jede Teilauszahlung eine anteilige schädliche Verwendung (→ Rn. 117 ff.) dar.[76] Wird nicht gefördertes Altersvorsorgevermögen im Rahmen einer vereinbarten Rentengarantiezeit ausgezahlt, liegt keine schädliche Verwendung vor.[77]

150 Die **Folgen** einer schädlichen Verwendung können abgewendet werden, wenn das zum Todeszeitpunkt vorhandene geförderte Altersvorsorgevermögen oder die einzelnen Rentenzahlungen zugunsten eines auf den Namen des überlebenden Ehegatten/Lebenspartners lautenden zertifizierten Altersvorsorgevertrages übertragen werden (→ Rn. 116).[78]

151 **c) Übertragung der Todesfallleistung auf einen anderen Vertrag.** Die Todesfallleistung aus dem Altersvorsorgevertrag kann auf einen auf den **Namen des überlebenden Ehegatten** bzw. eingetragenen Lebenspartners lautenden zertifizierten Altersvorsorgevertrag übertragen werden, wen diese aus dem aufnehmenden Vertrag anspruchberechtigt sind. Der neue Vertragsinhaber muss zum Todeszeitpunkt seinen Wohnsitz oder gewöhnlichen Aufenthalt innerhalb der Europäischen Union oder innerhalb eines Staats, auf den das Abkommen über den Europäischen Wirtschaftsraum anwendbar ist, gehabt haben, unbeschränkt steuerpflichtig gewesen sein und darf nicht dauernd getrennt gelebt haben. Der Altersvorsorgevertrag kann bei dem bisherigen oder einem anderen Anbieter bestehen; besteht er bei einem anderen Anbieter muss dem bisherigen Anbieter die Zertifizierung des aufnehmenden Vertrages nachgewiesen werden. Diese Übertragung ist **kostenlos.**

152 **d) Umwandlung der Todesfallleistung in eine lebenslange Hinterbliebenenrente.** Die Todesfallleistung kann auch in Form einer lebenslangen Leibrente an den **überlebenden Ehegatten** bzw. **eingetragenen Lebenspartner** gezahlt werden, wenn diese aus dem Altervorsorgevertrag des Verstorbenen anspruchsberechtigt sind.

153 An die überlebenden **Kinder** des Versicherungsnehmers, für die ihm zum Zeitpunkt seines Todes eine Anspruch auf Kindergeld oder ein Freibetrag nach § 32 Abs. 6 EStG zugestanden hätten, kann, wenn diese aus dem Altervorsorgevertrag des Verstorbenen anspruchsberechtigt sind, die Todesfallleistung in Form einer ab-

---

[76] BMF-Schreiben v. 24.7.2013, BStBl. I 2013, 1022 Rn. 205.
[77] BMF-Schreiben v. 24.7.2013, BStBl. I 2013, 1022 Rn. 226 f.
[78] BMF-Schreiben v. 24.7.2013, BStBl. I 2013, 1022 Rn. 222 u. 223.

gekürzten Leibrente (→ ARB §1 Rn. 51) gezahlt werden. Der Anspruch auf Waisenrente ist auf den Zeitraum begrenzt, in dem der Rentenberechtigte die Voraussetzungen für die Berücksichtigung als Kind nach §32 EStG erfüllt.

154 Für die Ermittlung der Rente wird der zum Zeitpunkt des Todes für Neuverträge geltende **Tarif** verwendet.

5. Beitragszusage

155 Die Beitragszusage ist zwingende Voraussetzung für die Zertifizierung des Altersvorsorgevertrages (→ Rn. 39).

156 **a) Inhalt der Beitragszusage.** Mit der Beitragszusage garantiert der Anbieter, dass zum Rentenzahlungsbeginn (Beginn der Auszahlungsphase) mindestens die bis dahin gezahlten Beiträge und die dem Vertrag zugeflossenen staatlichen Zulagen für die vereinbarten Leistungen zur Verfügung stehen.

157 **b) Abzüge.** Verwendet der Versicherungsnehmer nach §14 einen Teil des gebildeten Kapitals für **Wohneigentum,** verringert sich die Garantie um den entnommenen Betrag.

158 Gleiches gilt, wenn der Anbieter im Rahmen eines **Versorgungsausgleichs** bei Ehescheidung oder bei Aufhebung einer eingetragenen Lebenspartnerschaft Kapital entnehmen muss.

159 Bei Einschluss einer Zusatzversicherung für **verminderte Erwerbsfähigkeit oder Dienstunfähigkeit** oder für die Absicherung der Hinterbliebenen werden die Beiträge für diese Zusatzversicherungen von der Garantie abgezogen, höchstens jedoch 20% der Gesamtbeiträge.

160 **c) Rechnungsgrundlagen.** Die Altersrente und Hinterbliebenenleistungen werden mit der der Versicherungsaufsicht angezeigten Sterbetafel und dem vereinbarten Rechnungszins auf Grundlage der Beitragszusage berechnet.

6. (Zusatz-)Leistung aus der Überschussbeteiligung

161 Der Versicherungsnehmer hat nach §153 VVG dem Grunde nach einen Anspruch auf Überschussbeteiligung, es sei denn die Überschussbeteiligung wird im Vertrag ausdrücklich und insgesamt ausgeschlossen. Die Überschussbeteiligung setzt sich aus den Überschüssen und den Bewertungsreserven zusammen. Einzelheiten → §2.

162 Ist eine Überschussbeteiligung vereinbart sind alle zum jeweiligen Leistungszeitpunkt oder bei Vertragsende unwiderruflich zugeteilten oder zu diesen Zeitpunkt nach den vertraglichen Vereinbarungen zuzuteilenden Teile der Überschussbeteiligung auszuzahlen oder zur Erhöhung der Leistung zu verwenden. Dies gilt für laufende Überschüsse, Schlussüberschüsse und Bewertungsreserven.

7. Zulässige Zusatzversicherungen

163 Die zulässigen Zusatzversicherungen sind in §1 Abs. 1 S. 1 Nr. 2 AltZertG **abschließend** geregelt. Hierzu zählen Versicherungen

- der verminderten Erwerbsfähigkeit,
- der Berufsunfähigkeit,
- der Dienstunfähigkeit,
- der zusätzlichen oder integrierten Hinterbliebenenabsicherung.

164 Vereinbarungen, die zB den Abschluss einer *Risikolebensversicherung* vorsehen, sind innerhalb des zu zertifizierenden Musters des Altersvorsorgevertrags nicht zulässig.[79]

165 Beiträge zu Zusatzversicherungen dürfen nach § 1 Abs. 1 S. 1 Nr. 3 AltZertG die Beitragszusage (→ Rn. 39) max. um bis zu 20% der Gesamtbeiträge **mindern.**

166 Die Zusatzversicherungen müssen immer eine **Rentenzahlung** vorsehen. Alternativ kann eine Beitragsfreistellung und/oder eine Beitragsfortzahlung der Altersvorsorge vorgesehen werden.[80]

III. Wirksamkeit der Bestimmung

167 Bisher gibt es praktisch **keine grundsätzliche höchstrichterliche Rechtsprechung** zur Unwirksamkeit einzelner Leistungsbeschreibungen. Grundsätzlich ist hier eine klare, verständliche Beschreibung der vertraglichen Leistungen erforderlich. Dem Versicherungsnehmer müssen die Leistungen und deren Grenzen transparent werden.

§ 2 Wie erfolgt die Überschussbeteiligung?

(1) Sie erhalten gemäß § 153 des Versicherungsvertragsgesetzes (VVG) eine Überschussbeteiligung. Diese umfasst eine Beteiligung an den Überschüssen und den Bewertungsreserven. Die Überschüsse und die Bewertungsreserven ermitteln wir nach den Vorschriften des Handelsgesetzbuches (HGB) und veröffentlichen sie jährlich im Geschäftsbericht.

Wir erläutern Ihnen,
- wie die Überschussbeteiligung der Versicherungsnehmer insgesamt erfolgt (Abs. 2),
- wie die Überschussbeteiligung Ihres konkreten Vertrags erfolgt (Abs. 3) und
- warum wir die Höhe der Überschussbeteiligung nicht garantieren können (Abs. 4).

(2) Wie erfolgt die Überschussbeteiligung der Versicherungsnehmer insgesamt?

Dazu erklären wir Ihnen
- aus welchen Quellen die Überschüsse stammen (a),
- wie wir mit diesen Überschüssen verfahren (b) und
- wie Bewertungsreserven entstehen und wir diese zuordnen (c).

(a) Überschüsse können aus drei verschiedenen Quellen entstehen:
- den Kapitalerträgen (aa),
- dem Risikoergebnis (bb) und
- dem übrigen Ergebnis (cc).

Wir beteiligen unsere Versicherungsnehmer an diesen Überschüssen; dabei beachten wir die Verordnung über die Mindestbeitragsrückerstattung in der Lebensversicherung (Mindestzuführungsverordnung) in der jeweils geltenden Fassung.

(aa) Kapitalerträge

Von den Nettoerträgen der nach dieser Verordnung maßgeblichen Kapitalanlagen erhalten die Versicherungsnehmer insgesamt mindestens den dort genannten pro-

[79] *Bundeszentralamt für Steuern,* Kommentar zum AltZerG, Stand:24.6.2013, § 1 Abs. 1 S. 1 Nr. 2 Rn. 9.

[80] *Bundeszentralamt für Steuern,* Kommentar zum AltZerG, Stand: 24.6.2013, § 1 Abs. 1 S. 1 Nr. 2 Rn. 9.

zentualen Anteil. In der derzeitigen Fassung der Mindestzuführungsverordnung sind grundsätzlich 90% vorgeschrieben. Aus diesem Betrag werden zunächst die Mittel entnommen, die für die garantierten Leistungen benötigt werden. Die verbleibenden Mittel verwenden wir für die Überschussbeteiligung der Versicherungsnehmer.

(bb) Risikoergebnis

Weitere Überschüsse entstehen insbesondere, wenn die tatsächliche Lebensdauer der Versicherten kürzer ist, als die bei der Tarifkalkulation zugrunde gelegte. In diesem Fall müssen wir weniger Renten als ursprünglich angenommen zahlen und können daher die Versicherungsnehmer an dem entstehenden Risikoergebnis beteiligen. An diesen Überschüssen werden die Versicherungsnehmer nach der derzeitigen Fassung der Mindestzuführungsverordnung grundsätzlich zu mindestens 75% beteiligt.

(cc) Übriges Ergebnis

Am übrigen Ergebnis werden die Versicherungsnehmer nach der derzeitigen Fassung der Mindestzuführungsverordnung grundsätzlich zu mindestens 50% beteiligt. Überschüsse aus dem übrigen Ergebnis können beispielsweise entstehen, wenn

- die Kosten niedriger sind als bei der Tarifkalkulation angenommen,
- wir andere Einnahmen als aus dem Versicherungsgeschäft haben, z.B. Erträge aus Dienstleistungen, die wir für andere Unternehmen erbringen,
- ...

(b) Die auf die Versicherungsnehmer entfallenden Überschüsse führen wir der Rückstellung für Beitragsrückerstattung zu oder schreiben sie unmittelbar den überschussberechtigten Versicherungsverträgen gut (Direktgutschrift).

Die Rückstellung für Beitragsrückerstattung dient dazu, Schwankungen der Überschüsse auszugleichen. Sie darf grundsätzlich nur für die Überschussbeteiligung der Versicherungsnehmer verwendet werden. Nur in Ausnahmefällen und mit Zustimmung der Aufsichtsbehörde können wir hiervon nach §56b des Versicherungsaufsichtsgesetzes (VAG) abweichen. Dies dürfen wir, soweit die Rückstellung für Beitragsrückerstattung nicht auf bereits festgelegte Überschussanteile entfällt. Nach der derzeitigen Fassung des §56b VAG können wir im Interesse der Versicherten die Rückstellung für Beitragsrückerstattung heranziehen, um:

- einen drohenden Notstand abzuwenden,
- unvorhersehbare Verluste aus den überschussberechtigten Verträgen auszugleichen, die auf allgemeine Änderungen der Verhältnisse zurückzuführen sind, oder
- die Deckungsrückstellung zu erhöhen, wenn die Rechnungsgrundlagen auf Grund einer unvorhersehbaren und nicht nur vorübergehenden Änderung der Verhältnisse angepasst werden müssen. *(Eine Deckungsrückstellung bilden wir, um zu jedem Zeitpunkt den Versicherungsschutz gewährleisten zu können. Die Deckungsrückstellung wird nach §65 VAG und §341e und §341f HGB sowie den dazu erlassenen Rechtsverordnungen berechnet.)*

Wenn wir die Rückstellung für Beitragsrückerstattung zum Verlustausgleich oder zur Erhöhung der Deckungsrückstellung heranziehen, belasten wir die Versichertenbestände verursachungsorientiert.

(c) Bewertungsreserven entstehen, wenn der Marktwert der Kapitalanlagen über dem Wert liegt, mit dem die Kapitalanlagen im Geschäftsbericht ausgewiesen sind. Die Bewertungsreserven, die nach gesetzlichen und aufsichtsrechtlichen Vorschriften für die Beteiligung der Verträge zu berücksichtigen sind, ordnen wir den Verträgen nach einem verursachungsorientierten Verfahren anteilig rechnerisch zu.

Die Höhe der Bewertungsreserven ermitteln wir jährlich neu, zusätzlich auch

- für den Zeitpunkt der Beendigung eines Vertrages vor Rentenzahlungsbeginn,

– für den Beginn einer Rentenzahlung sowie
– während der Rentenzahlung jeweils für das Ende eines Versicherungsjahres.

(3) Wie erfolgt die Überschussbeteiligung Ihres Vertrages?

(a) Wir haben gleichartige Versicherungen (zB Rentenversicherung, Risikoversicherung) zu Gewinngruppen zusammengefasst. Gewinngruppen bilden wir, um die Unterschiede bei den versicherten Risiken zu berücksichtigen. Die Überschüsse verteilen wir auf die einzelnen Gewinngruppen nach einem verursachungsorientierten Verfahren und zwar in dem Maß, wie die Gewinngruppen zur Entstehung von Überschüssen beigetragen haben.

Ihr Vertrag erhält Anteile an den Überschüssen derjenigen Gewinngruppe, die in Ihrem Versicherungsschein genannt ist. Die Mittel für die Überschussanteile werden bei der Direktgutschrift zu Lasten des Ergebnisses des Geschäftsjahres finanziert, ansonsten der Rückstellung für Beitragsrückerstattung entnommen. Die Höhe der Überschussanteilsätze legen wir jedes Jahr fest. Wir veröffentlichen die Überschussanteilsätze in unserem Geschäftsbericht. Diesen können Sie bei uns anfordern.

(b) Bei Beendigung der Ansparphase (durch Tod, Kündigung oder Erleben des vereinbarten Rentenzahlungsbeginns) gilt Folgendes: Wir teilen Ihrem Vertrag dann den für diesen Zeitpunkt zugeordneten Anteil an den Bewertungsreserven gemäß der jeweils geltenden gesetzlichen Regelung zu; derzeit sieht § 153 Abs. 3 VVG eine Beteiligung in Höhe der Hälfte der zugeordneten Bewertungsreserven vor. Auch während des Rentenbezuges werden wir Sie entsprechend an den Bewertungsreserven beteiligen. Aufsichtsrechtliche Regelungen können dazu führen, dass die Beteiligung an den Bewertungsreserven ganz oder teilweise entfällt.

(c) Die für die Überschussbeteiligung geltenden Berechnungsgrundsätze sind in den als Anlage beigefügten „Bestimmungen zur Überschussbeteiligung für die Rentenversicherung mit Auszahlung des Deckungskapitals bei Tod als Altersvorsorgevertrag im Sinne des Altersvorsorgeverträge-Zertifizierungsgesetzes (AltZertG)" enthalten. Diese Bestimmungen sind Bestandteil dieser Versicherungsbedingungen.

(4) Warum können wir die Höhe der Überschussbeteiligung nicht garantieren?

Die Höhe der Überschussbeteiligung hängt von vielen Einflüssen ab, die nicht vorhersehbar und von uns nur begrenzt beeinflussbar sind. Wichtigster Einflussfaktor ist die Entwicklung des Kapitalmarkts. Aber auch die Entwicklung des versicherten Risikos und der Kosten ist von Bedeutung. Die Höhe der künftigen Überschussbeteiligung kann also nicht garantiert werden. Über die Entwicklung Ihrer Überschussbeteiligung werden wir Sie jährlich unterrichten.

1 § 2 entspricht weitgehend § 2 ARB. Vgl. die Erläuterungen dort (→ ARB § 2 Rn. 1 ff.).

Da es sich hier um Bedingungen für Riester-Rentenversicherungsverträge (→ ARB § 12 Rn. 1 ff.) handelt, gilt neben den unter § 2 ARB genannten Rechtsgrundlagen auch das **AltZertG.** § 2 Abs. 3 Buchst. c verweist deshalb auch auf den Anhang mit Bestimmungen zum AltZertG.

Nach § 1 Abs. 5 AltZertG enthält das gebildete Kapital (→ ARR § 1) neben dem Deckungskapital und den bereits zugeteilten Überschussanteilen den übertragungsfähigen Wert aus Schlussüberschussanteilen sowie die nach § 153 Abs. 1 und 3 VVG zuzuteilenden Bewertungsreserven.

Besonderheiten zur Ermittlung und Verteilung der Überschussanteile sieht das Gesetz im Übrigen nicht vor.

§ 3 Wann beginnt Ihr Versicherungsschutz?

Ihr Versicherungsschutz beginnt, wenn Sie den Vertrag mit uns abgeschlossen haben. Jedoch besteht vor dem im Versicherungsschein angegebenen Versicherungsbeginn kein Versicherungsschutz. Allerdings kann unsere Leistungspflicht entfallen, wenn Sie den Beitrag nicht rechtzeitig zahlen (siehe § 7 Absätze 2 und 3 und § 8).

1 § 3 entspricht § 3 ARB. Vgl. die Erläuterungen dort (→ ARB § 3 Rn. 1 ff.).

§ 4 Was bedeutet die vorvertragliche Anzeigepflicht bei Zusatzversicherungen und welche Folgen hat ihre Verletzung?

Vorvertragliche Anzeigepflicht

(1) Bei Einschluss einer Zusatzversicherung sind Sie bis zur Abgabe Ihrer Vertragserklärung verpflichtet, alle Ihnen bekannten gefahrerheblichen Umstände, nach denen wir in Textform *(z. B. Papierform oder E-Mail)* gefragt haben, wahrheitsgemäß und vollständig anzuzeigen. Gefahrerheblich sind die Umstände, die für unsere Entscheidung, den Vertrag überhaupt oder mit dem vereinbarten Inhalt zu schließen, erheblich sind.

Diese Anzeigepflicht gilt auch für Fragen nach gefahrerheblichen Umständen, die wir Ihnen nach Ihrer Vertragserklärung, aber vor Vertragsannahme in Textform stellen.

(2) Wenn eine andere Person die Fragen nach gefahrerheblichen Umständen für Sie beantwortet und wenn diese Person den gefahrerheblichen Umstand kennt oder arglistig handelt, werden Sie behandelt, als hätten Sie selbst davon Kenntnis gehabt oder arglistig gehandelt.

Rechtsfolgen der Anzeigepflichtverletzung

(3) Nachfolgend informieren wir Sie, unter welchen Voraussetzungen wir bei einer Verletzung der Anzeigepflicht
- von der Zusatzversicherung zurücktreten,
- die Zusatzversicherung kündigen,
- die Zusatzversicherung ändern oder
- die Zusatzversicherung wegen arglistiger Täuschung anfechten

können.

Rücktritt

(4) Wenn die vorvertragliche Anzeigepflicht verletzt wird, können wir von der Zusatzversicherung zurücktreten. Das Rücktrittsrecht besteht nicht, wenn weder eine vorsätzliche noch eine grob fahrlässige Anzeigepflichtverletzung vorliegt. Selbst wenn die Anzeigepflicht grob fahrlässig verletzt wird, haben wir trotzdem kein Rücktrittsrecht, falls wir die Zusatzversicherung – möglicherweise zu anderen Bedingungen *(z. B. höherer Beitrag oder eingeschränkter Versicherungsschutz)* – auch bei Kenntnis der nicht angezeigten gefahrerheblichen Umstände geschlossen hätten.

(5) Im Fall des Rücktritts haben Sie keinen Versicherungsschutz aus der Zusatzversicherung. Wenn wir nach Eintritt des Versicherungsfalles zurücktreten, bleibt unsere Leistungspflicht unter folgender Voraussetzung trotzdem bestehen: Die Verletzung der Anzeigepflicht bezieht sich auf einen gefahrerheblichen Umstand, der
- weder für den Eintritt oder die Feststellung des Versicherungsfalles
- noch für die Feststellung oder den Umfang unserer Leistungspflicht ursächlich

war.

Unsere Leistungspflicht entfällt jedoch auch im vorstehend genannten Fall, wenn die Anzeigepflicht arglistig verletzt worden ist.

(6) Wenn die Zusatzversicherung durch Rücktritt aufgehoben wird, endet sie. Das zu diesem Zeitpunkt vorhandene Deckungskapital Ihrer Zusatzversicherung verwenden wir zur Erhöhung Ihrer Rente aus der Hauptversicherung. Die Rückzahlung der Beiträge können Sie nicht verlangen.

Kündigung

(7) Wenn unser Rücktrittsrecht ausgeschlossen ist, weil die Verletzung der Anzeigepflicht weder vorsätzlich noch grob fahrlässig erfolgt ist, können wir die Zusatzversicherung unter Einhaltung einer Frist von einem Monat kündigen.

(8) Unser Kündigungsrecht ist ausgeschlossen, wenn wir die Zusatzversicherung – möglicherweise zu anderen Bedingungen *(z. B. höherer Beitrag oder eingeschränkter Versicherungsschutz)* – auch bei Kenntnis der nicht angezeigten gefahrerheblichen Umstände geschlossen hätten.

(9) Wenn wir die Zusatzversicherung kündigen, wandelt sie sich in eine beitragsfreie Versicherung um.

Vertragsänderung

(10) Können wir nicht zurücktreten oder kündigen, weil wir die Zusatzversicherung – möglicherweise zu anderen Bedingungen *(z. B. höherer Beitrag oder eingeschränkter Versicherungsschutz)* – auch bei Kenntnis der nicht angezeigten gefahrerheblichen Umstände geschlossen hätten (Absatz 4 Satz 3 und Absatz 8), werden die anderen Bedingungen auf unser Verlangen rückwirkend Vertragsbestandteil. Haben Sie die Anzeigepflichtverletzung nicht zu vertreten, werden die anderen Bedingungen erst ab der laufenden Versicherungsperiode (siehe § 7 Absatz 2 Satz 3) Vertragsbestandteil.

(11) Sie können die Zusatzversicherung innerhalb eines Monats, nachdem Sie unsere Mitteilung über die Vertragsänderung erhalten haben, fristlos kündigen, wenn

- wir im Rahmen einer Vertragsänderung den Beitrag für die Zusatzversicherung um mehr als 10% erhöhen oder
- wir die Gefahrabsicherung für einen nicht angezeigten Umstand ausschließen.

Auf dieses Recht werden wir Sie in der Mitteilung über die Vertragsänderung hinweisen.

Voraussetzungen für die Ausübung unserer Rechte

(12) Unsere Rechte zum Rücktritt, zur Kündigung oder zur Vertragsänderung stehen uns nur zu, wenn wir Sie durch gesonderte Mitteilung in Textform auf die Folgen einer Anzeigepflichtverletzung hingewiesen haben.

(13) Wir haben kein Recht zum Rücktritt, zur Kündigung oder zur Vertragsänderung, wenn wir den nicht angezeigten Umstand oder die Unrichtigkeit der Anzeige kannten.

(14) Wir können unsere Rechte zum Rücktritt, zur Kündigung oder zur Vertragsänderung nur innerhalb eines Monats geltend machen. Die Frist beginnt mit dem Zeitpunkt, zu dem wir von der Verletzung der Anzeigepflicht, die das von uns geltend gemachte Recht begründet, Kenntnis erlangen. Bei Ausübung unserer Rechte müssen wir die Umstände angeben, auf die wir unsere Erklärung stützen. Zur Begründung können wir nachträglich weitere Umstände angeben, wenn für diese die Frist nach S. 1 nicht verstrichen ist.

(15) Nach Ablauf von fünf Jahren seit Vertragsschluss erlöschen unsere Rechte zum Rücktritt, zur Kündigung oder zur Vertragsänderung. Ist der Versicherungsfall vor Ablauf dieser Frist eingetreten, können wir die Rechte auch nach Ablauf der Frist geltend machen. Ist die Anzeigepflicht vorsätzlich oder arglistig verletzt worden, beträgt die Frist zehn Jahre.

Anfechtung

(16) Wir können die Zusatzversicherung auch anfechten, falls unsere Entscheidung zur Annahme der Zusatzversicherung durch unrichtige oder unvollständige Angaben bewusst und gewollt beeinflusst worden ist. Abs. 6 gilt entsprechend.

Leistungserweiterung/Wiederherstellung der Zusatzversicherung

(17) Die Absätze 1 bis 16 gelten entsprechend, wenn der Versicherungsschutz der Zusatzversicherung nachträglich erweitert oder wiederhergestellt wird und deshalb eine erneute Risikoprüfung vorgenommen wird. Die Fristen nach Absatz 15 beginnen mit der Änderung oder Wiederherstellung der Zusatzversicherung bezüglich des geänderten oder wiederhergestellten Teils neu.

Erklärungsempfänger

(18) Wir üben unsere Rechte durch eine schriftliche Erklärung aus, die wir Ihnen gegenüber abgeben. Sofern Sie uns keine andere Person als Bevollmächtigten benannt haben, gilt nach Ihrem Tod ein Bezugsberechtigter als bevollmächtigt, diese Erklärung entgegenzunehmen. Ist kein Bezugsberechtigter vorhanden oder kann sein Aufenthalt nicht ermittelt werden, können wir den Inhaber des Versicherungsscheins als bevollmächtigt ansehen, die Erklärung entgegenzunehmen.

1 Die Ausführungen zu § 6 ARB (→ ARB § 6 Rn. 1 ff.) gelten mit folgenden Ausnahmen:

I. Vorvertragliche Anzeigepflicht beim Einschluss einer Zusatzversicherung

2 Bei einem Altersvorsorgevertrag iSd AltZertG besteht eine **vorvertragliche Anzeigepflicht** in Bezug auf eine **Zusatzversicherung.** Gemäß § 1 Abs. 1 Nr. 2 Hs. 2 AltZertG kann eine ergänzende Absicherung der verminderten Erwerbsfähigkeit oder Dienstunfähigkeit und eine zusätzliche Absicherung der Hinterbliebenen vereinbart werden. Der Versicherer kann die ihm im Fall der Verletzung einer vorvertraglichen Anzeigepflicht zustehenden Rechte bezüglich der Zusatzversicherung ausüben.

II. Identität zwischen Versicherungsnehmer und versicherter Person

3 Nach § 1 Abs. 1 Nr. 2 Hs. 1 AltZertG ist für einen Altersvorsorgevertrag iSd AltZertG Voraussetzung, dass zwischen dem Anbieter und einer natürlichen Person (Vertragspartner) eine Vereinbarung geschlossen wird, die **für den Vertragspartner eine Altersversorgung** vorsieht. Der Versicherungsnehmer und die versicherte Person müssen daher identisch sein. Eine § 6 Abs. 2 ARB bzw. § 6 Abs. 17 S. 2 ARB vergleichbare Regelung, die eine Personenverschiedenheit zwischen Versicherungsnehmer und versicherter Person voraussetzt, entfällt daher.

III. Keine Auszahlung eines Rückkaufswerts

4 Wird die Zusatzversicherung durch Rücktritt aufgehoben, endet diese (Abs. 6 S. 1). Nach Abs. 6 S. 2 wird das zu diesem Zeitpunkt vorhandene Deckungskapital der Zusatzversicherung zur **Erhöhung der Rente aus der Hauptversicherung** verwen-

det. Entsprechendes gilt nach Abs. 16 S. 2 für den Fall der Anfechtung der Zusatzversicherung. Hintergrund dieser Regelung ist, dass die Auszahlung eines Rückkaufswerts zu einer schädlichen Verwendung iSd § 93 Abs. 1 S. 1 EStG führen würde.[1]

§ 5 Was ist zu beachten, wenn eine Leistung verlangt wird?

(1) Wird eine Leistung aus dem Vertrag beansprucht, können wir verlangen, dass uns der Versicherungsschein und ein Zeugnis über den Tag Ihrer Geburt vorgelegt werden.

(2) Wenn Sie eine vorgezogene Altersrente nach § 1 Absatz 1 Satz 5 vor Vollendung des 62. Lebensjahres beantragen, müssen Sie uns den Bescheid über den Bezug einer Rente aus einem gesetzlichen Alterssicherungssystem vorlegen.

(3) Vor jeder Rentenzahlung können wir auf unsere Kosten eine amtliche Bescheinigung darüber verlangen, dass Sie noch leben.

(4) Ihr Tod muss uns unverzüglich *(d. h. ohne schuldhaftes Zögern)* mitgeteilt werden. Außerdem muss uns eine amtliche Sterbeurkunde mit Angabe von Alter und Geburtsort vorgelegt werden. Dies gilt auch, wenn für den Todesfall keine Leistung vereinbart wurde.

(5) Unsere Leistungen werden fällig, nachdem wir die Erhebungen abgeschlossen haben, die zur Feststellung des Versicherungsfalls und des Umfangs unserer Leistungspflicht notwendig sind. Wenn eine der in den Absätzen 1 bis 4 genannten Pflichten nicht erfüllt wird, kann dies zur Folge haben, dass wir nicht feststellen können, ob oder in welchem Umfang wir leistungspflichtig sind. Eine solche Pflichtverletzung kann somit dazu führen, dass unsere Leistung nicht fällig wird.

(6) Bei Überweisung von Leistungen in Länder außerhalb des Europäischen Wirtschaftsraumes trägt die empfangsberechtigte Person die damit verbundene Gefahr.

I. Grundlagen

1 Die Rentenversicherung mit Auszahlung des Deckungskapitals bei Tod als Altersvorsorgevertrag im Sinne des AltZertG ist ein zertifizierter Altersvorsorgevertrag, der die besonderen Anforderungen des AltzZertG beachtet. Der zertifizierte Altersvorsorgevertrag berechtigt zum Erhalt der staatlichen Zulagen. Diese Form der Rentenversicherung wird vielfach auch als Riester-Rente bezeichnet. § 5 ARR dient dem gleichen Zweck wie § 7 ARB (→ ARB § 7 Rn. 28), weshalb weitgehend auf die dortige Kommentierung der Klausel wie auch zu den gesetzlichen Grundlagen verwiesen werden kann. Wegen der Besonderheiten des Altersvorsorgevertrages nach dem AltZertG sind **einzelne Abweichungen** notwendig.

II. Kommentierung der Klauselbestimmungen

1. Vorlage des Zeugnisses über den Tag der Geburt des Versicherungsnehmers (Abs. 1)

2 Nach den Begriffsbestimmungen des § 1 Nr. 2 AltZertG darf mit einem Altersvorsorgevertrag nur dem Vertragspartner eine **lebenslange Rentenleistung** zugesagt werden. Eine von dem Versicherungsnehmer abweichende versicherte Person ist nicht zulässig und erfüllt nicht die Zertifizierungsanforderungen. Mit § 1 Abs. 1

[1] Vgl. hierzu auch BMF-Schreiben v. 24.7.2013, BStBl. I 2013, 1022 Rn. 207.

S. 1 ARR wird dem Versicherungsnehmer als Vertragspartner die Rentenleistung zugesagt, solange er lebt. Wird eine Leistung aus dem Vertrag beansprucht, kann der Versicherer entsprechend zusätzlich zur Vorlage des Versicherungsscheins ein Zeugnis über den Tag der Geburt des Versicherungsnehmers, der immer auch versicherte Person ist, verlangen und anhand dessen die Identität des Versicherungsnehmers feststellen in Übereinstimmung mit dem Versicherungsschein (→ ARB § 7 Rn. 31).

2. Bescheid über den Bezug einer gesetzlichen Altersrente für eine vorgezogene Altersrente (Abs. 2)

3 Ebenfalls aus § 1 Abs. 1 Nr. 2 AltZertG folgt, dass die Rentenleistung an den Versicherungsnehmer nicht vor der Vollendung des 62. Lebensjahrs des Versicherungsnehmer oder vor einer vor Vollendung des 62. Lebensjahrs beginnenden Leistung aus einem gesetzlichen Alterssicherungssystem gezahlt werden darf. Das wird in § 1 Abs. 1 S. 4 und 5 ARR klar gestellt. Beantragt der Versicherungsnehmer vor Vollendung seines 62. Lebensjahrs die vorgezogene Altersrente nach § 1 Abs. 1 S. 5 ARR muss er durch den Rentenbescheid den Bezug einer Rente aus einem gesetzlichen Alterssicherungssystem nachweisen. Zur **Beschleunigung der Leistungsprüfung** des Versicherers und zum Nachweis der vorgezogenen Altersrentenberechtigung vereinbart § 5 Abs. 2 ARR diese zusätzliche Beleg-Obliegenheit.

3. Mitteilung des Todes des Versicherungsnehmers (Abs. 4)

4 Die spontane Anzeigeobliegenheit (→ ARB § 7 Rn. 33 ff.) wird nur und ausschließlich durch den Tod des Versicherungsnehmers als Vertragspartner ausgelöst.

5 **a) Anzeige und Nachweis des Todesfalls unabhängig von einer Todesfallleistung (Abs. 4 Satz 3).** Der Tod des Versicherungsnehmers muss **unverzüglich** mitgeteilt und durch **amtliche,** Alter und Geburtsort enthaltende Sterbeurkunde nachgewiesen werden (→ ARB § 7 Rn. 35 f.) Denn der Zeitpunkt des Todes des Versicherungsnehmers wirkt sich unmittelbar auf die Leistung und die Leistungspflicht des Rentenversicherers aus. Wenn der Versicherungsnehmer den vereinbarten Rentenzahlungsbeginn erlebt, wird die vereinbarte Rente gezahlt, solange der Versicherungsnehmer lebt (§ 1 Abs. 1 S. 1 ARR; → ARR § 1 Rn. 141). Mit dem Tod des Versicherungsnehmers nach dem Beginn der Rentenzahlung endet die laufende lebenslange Rentenleistung. Möglich ist die Vereinbarung einer Rentengarantiezeit bis zu deren Ende die Zahlung der laufenden Rente auch nach dem Tod des Versicherungsnehmers zugesagt wird. Bei Tod des Versicherungsnehmers nach dem Rentenzahlungsbeginn wird ohne Rentengarantiezeit bzw. nach Ablauf der Rentengarantiezeit keine Todesfallleistung fällig. Der Vertrag endet ohne weiteren Anspruch auf laufende Rentenleistungen (§ 1 Abs. 6 ARR, → ARR § 1 Rn. 148).

6 **b) Keine Bescheinigung über die Todesursache bei Tod des Versicherungsnehmers vor Rentenzahlungsbeginn.** Für den Fall, dass der Versicherungsnehmer vor dem vereinbarten Rentenzahlungsbeginn stirbt, sagt § 1 Abs. 5 S. 1 ARR ohne Einschränkung die Zahlung des Deckungskapitals zu. Das Deckungskapital wird nur mit dem Eintritt des Todes fällig. Eine **zusätzliche Leistungsprüfung findet nicht statt,** auch nicht bei einem Verdacht der Selbsttötung oder der vorvertraglichen Anzeigepflichtverletzung (→ ARB § 7 Rn. 37). Entsprechend sehen die ARR eine Einschränkung der Leistung wegen Selbsttötung und auch nicht wegen vorvertraglicher Anzeigepflichtverletzung in der Hauptversicherung nicht vor.

4. Kein Verlangen weiterer Nachweise und Auskünfte

7 Anders als z. B. in der aufgeschobenen Rentenversicherung (→ ARB § 7 Rn. 39 ff.) kann der Versicherer keine weiteren Nachweise und Auskünfte erheben, wenn von ihm eine Leistung verlangt wird. Denn solche weiteren Erhebungen des Versicherers sind iSd § 14 VVG nicht notwendig (→ ARB § 7 Rn. 7 ff.). Die Leistungspflicht des Versicherers steht ohne weitere Leistungsprüfung fest. Die Rentenfälligkeit ist mit dem vereinbarten Rentenzahlungsbeginn nach dem Kalender bestimmt. Bei Tod des Versicherungsnehmers vor dem vereinbarten Rentenzahlungsbeginn wird in jedem Fall das Deckungskapital fällig (→ Rn. 6). Eine zusätzliche Leistungsprüfung findet nicht statt. Ebenfalls nicht erforderlich ist die Prüfung der Empfangsberechtigung des Anspruchstellers. Jede Erlebensfallleistung der Riester-Rente steht wie auch der Rückkaufswert zertifizierungsbedingt ausschließlich dem Versicherungsnehmer zu. Jede Übertragung der Rechte und Ansprüche aus einem Riester-Rentenversicherungsvertrag ist mit § 97 S. 1 EStG ausgeschlossen (→ ARR § 6 Abs. 3). Kein **Zessionar, Pfandgläubiger oder sonstiger Dritter** kann eine Leistung von dem Versicherer verlangen. Allenfalls kann der Versicherungsnehmer für eine Todesfallleistung ein widerrufliches Bezugsrecht für eine andere Person verfügen (→ ARR § 6 Abs. 2). Die Bezugsrechtsverfügung des Versicherungsnehmers muss als einseitige empfangsbedürftige Willenserklärung dem Versicherer vor dem Tod des Versicherungsnehmers zugehen. Die Berechtigung des Bezugsberechtigten ist deshalb nach dem Tod des Versicherungsnehmers nicht mehr Gegenstand einer Leistungsprüfung des Versicherers. Weil jede Übertragung der Rechte und Ansprüche aus dem Versicherungsvertrag ausgeschlossen ist, kann auch ein Insolvenzverwalter nicht auf den Rückkaufswert zugreifen. Ein Zahlungsanspruch des Insolvenzschuldners gegen den Versicherer aus dem Altersvorsorgevertrag gehört mangels Übertragbarkeit nicht zur Insolvenzmasse.[1]

§ 6 Wer erhält die Leistung?

(1) Als unser Versicherungsnehmer erhalten Sie die Leistung.

Bezugsberechtigung

(2) Für die Leistung im Todesfall können Sie uns widerruflich eine andere Person benennen, die nach Ihrem Tod die Leistung erhalten soll (Bezugsberechtigter).

Sie können dieses Bezugsrecht jederzeit widerrufen. Nach Ihrem Tod kann das Bezugsrecht nicht mehr widerrufen werden. Die Einräumung und der Widerruf eines Bezugsrechts sind uns gegenüber nur und erst dann wirksam, wenn sie uns von Ihnen in Schriftform *(d. h. durch ein eigenhändig unterschriebenes Schriftstück)* angezeigt worden sind.

Keine Abtretung, Verpfändung und Übertragung von Forderungen oder Rechten

(3) Die Abtretung von Forderungen und Rechten aus dem Vertrag sowie deren Verpfändung sind ausgeschlossen. Ausgeschlossen ist ferner jede sonstige Übertragung von Forderungen oder Rechten aus dem Vertrag an Dritte, wie z. B. die Einräumung von Bezugsrechten zugunsten Dritter – mit Ausnahme von Bezugsrechten nach Absatz 2.

---

[1] LG Aachen NZI 2014, 573; *Busch* VuR 2014, 363; aA AG München WM 2013, 998.

I. Grundlagen

1 Die Rentenversicherung mit Auszahlung des Deckungskapitals bei Tod als Altersvorsorgevertrag im Sinne des AltZertG ist ein zertifizierter Altersvorsorgevertrag, der die besonderen Anforderungen des AltZertG beachtet. Diese Form der Rentenversicherung wird vielfach auch als Riester-Rente bezeichnet. § 6 ARR dient im Grundsatz dem gleichen Zweck wie § 9 ARB, mit dem die Klausel die Gestaltung der materiellen Leistungsansprüche regelt (→ ARB § 9 Rn. 1). In Teilen kann deshalb auf die dortige Kommentierung der Klausel und zu den gesetzlichen Grundlagen verwiesen werden. Die Besonderheiten des Altersvorsorgevertrages nach dem AltZertG bedingen jedoch **entscheidende Abweichungen.**

II. Kommentierung der Klauselbestimmungen

1. Leistungsanspruch des Versicherungsnehmers (Abs. 1)

2 Nach den Begriffsbestimmungen des § 1 Abs. 1 Nr. 2 AltZertG darf mit dem Altersvorsorgevertrag nur dem Vertragspartner eine lebenslange Rentenleistung zugesagt und an ihn geleistet werden. Eine von dem Versicherungsnehmer abweichende versicherte Person ist nicht zulässig und erfüllt nicht die Zertifizierungsanforderungen. Mit § 1 Abs. 1 S. 1 ARR wird dem Versicherungsnehmer als Vertragspartner die Rentenleistung zugesagt, solange er lebt. Entsprechend sagt § 6 Abs. 1 ARR klar und einfach **nur dem Versicherungsnehmer den Erhalt der Leistung** zu.

2. Bezugsberechtigung (Abs. 2 Satz 1)

3 Für die Leistung im Todesfall kann der Versicherungsnehmer widerruflich eine andere Person benennen, die nach seinem Tod die Leistung erhalten soll (Bezugsberechtigter).

4 Die Begriffsbestimmung des § 1 Abs. 1 Nr. 2 AltZertG für den zertifizierungsfähigen Altersvorsorgevertrag führt die Rentenleistung als Erlebensfallleistung **ausschließlich dem Versicherungsnehmer** zu. Eine Verfügung über die Erlebensfallleistung zu Gunsten eines Dritten ist gesetzlich ausgeschlossen. Aus der Vorgabe des § 1 Abs. 1 Nr. 3 AltZertG, wonach zu Beginn der Auszahlungsphase mindestens die eingezahlten Altersvorsorgebeiträge für die Leistung zur Verfügung stehen müssen, generiert sich in der Rentenversicherung eine Todesfallleistung mindestens in Höhe der Beitragserstattung bei Tod des Versicherungsnehmers vor Ende der Aufschubzeit. Nur insoweit ist ein eingeschränktes Todesfallbezugsrecht möglich und zulässig.

5 Das Todesfallbezugsrecht darf nur **widerruflich** ausgestaltet sein. Denn ein unwiderrufliches Todesfallbezugsrecht raubt dem Vermögen des Versicherungsnehmers den Anspruch auf den Rückkaufswert bei Kündigung. Das Recht auf den Rückkaufswert ist nur eine andere Erscheinungsform des Rechts auf die Versicherungssumme.[1] Mit dem unwiderruflichen Bezugsrecht erwirbt der unwiderruflich Begünstigte das Recht auf die Leistung sofort (§ 159 Abs. 3 VVG; → ARB § 9 Rn. 61). Bei einer geteilten Bezugsrechtsverfügung für den Todesfall und den Erlebensfall steht der Anspruch auf den Rückkaufswert dem für den Todesfall unwider-

[1] St. Rspr., etwa BGH NJW 2013, 3776.

ruflich Bezugsberechtigtem bis zum Eintritt des Erlebensfalls zu.[2] Auch bei Einräumung eines unwiderruflichen Bezugsrechts auf den Erlebensfall erwirbt der Bezugsberechtigte die Ansprüche aus dem Versicherungsvertrag und damit auch den Anspruch auf den Rückkaufswert sofort. Einen generellen Vorrang des Todesfallbezugsrechts gibt es nicht.[3]

6 Das **unwiderrufliche Bezugsrecht** ist dagegen gem. § 159 Abs. 3 VVG auf den sofortigen Rechtserwerb gerichtet, weil nur so der mit dem Verzicht auf den Widerruf verfolgte Zweck erreicht werden kann, das Recht auf die Leistung aus dem Vermögen des Versicherungsnehmers auszusondern und sie damit dem Zugriff seiner Gläubiger zu entziehen (→ ARB § 9 Rn. 20). Gerade diese Aussonderungsabsicht schon zu Lebzeiten des Versicherungsnehmers und sei sie nur auf den Rückkaufswert gerichtet, ist nach der Begriffsbestimmung des AltZertG für den zertifizierungsfähigen und Zulage berechtigten Altersvorsorgevertrag nicht zulässig.

3. Widerruf des Bezugsrechts (Abs. 2 Satz 2 und 3)

7 Der Versicherungsnehmer kann das Bezugsrecht jederzeit widerrufen. Nach dem Tod des Versicherungsnehmers kann das Bezugsrecht nicht mehr widerrufen werden. Ein widerruflich als bezugsberechtigt bezeichneter Dritter erwirbt das Recht auf die Leistung des Versicherers erst **mit dem Eintritt des Versicherungsfalls** (§ 159 Abs. 2 VVG; → ARB § 9 Rn. 16). Das für die Riester-Rente allein zulässige widerrufliche Todesfallbezugsrecht kann der Versicherungsnehmer daher jederzeit widerrufen und ändern (→ ARB § 9 Rn. 17 ff.). Mit dem Tod des Versicherungsnehmers tritt der Versicherungsfall ein. Das bis dahin widerrufliche Todesfallbezugsrecht wird unwiderruflich.[4] Die Bezugsberechtigung verschafft dem Begünstigten im Versicherungsfall eine unentziehbare Rechtsstellung. Nach dem Tod des Versicherungsnehmers kann die Bezugsberechtigung nicht geändert oder widerrufen werden.[5]

4. Anzeige (Abs. 2 Satz 4)

8 Die Einräumung und der Widerruf eines Bezugsrechts sind gegenüber dem Versicherer nur und erst dann wirksam, wenn sie dem Versicherer vom Versicherungsnehmer in Schriftform angezeigt worden sind. Nach der geplanten Änderung des § 309 Nr. 13 BGB kann künftig eine strengere Form als die Textform nicht mehr vereinbart werden (→ ARB § 9 Rn. 71). Die Anzeige durch den zur Bestimmung des widerruflichen Todesfallbezugsrechts allein berechtigten Versicherungsnehmer ist absolute Wirksamkeitsvoraussetzung für die Bezugsrechtsverfügung (→ ARB § 9 Rn. 67).

5. Keine Abtretung, Verpfändung und Übertragung von Forderungen oder Rechten (Abs. 3)

9 Altersvorsorgebeiträge, § 82 EStG, zum zertifizierten Altersvorsorgevertrag werden nach Abschnitt XI EStG durch Zulagen und unter den Voraussetzungen des § 10a EStG durch einen zusätzlichen Sonderausgaben-Abzug steuerlich gefördert

[2] BGH VersR 1966, 359.
[3] BGH VersR 2003, 1021.
[4] BGH VersR 1975, 706.
[5] BGH VersR 2008, 1054.

(→ ARR § 1 Rn. 26, 61 ff., 87 ff.). Die Abtretung von Forderungen und Rechten aus dem Vertrag sowie deren Verpfändung deshalb sind ausgeschlossen. Ausgeschlossen ist ferner jede sonstige Übertragung von Forderungen oder Rechten aus dem Vertrag an Dritte, wie zB die Einräumung von Bezugsrechten zugunsten Dritter – mit Ausnahme von Bezugsrechten nach Absatz 2 – mithin einem widerruflichen Todesfallbezugsrechts. Die Klausel hebt an dieser Stelle das gesetzliche Übertragungsverbot des § 97 S. 1 EStG hervor. Abgesehen vom widerruflichen Todesfallbezugsrecht, das sich nur bei Tod des Versicherungsnehmers vor dem Ende der Aufschubzeit in ein unwiderrufliches Recht wandeln kann, ist jede Verfügung des Versicherungsnehmers über die Ansprüche aus dem Versicherungsvertrag zu Gunsten Dritter nicht zulässig. Weil jede Übertragung der Rechte und Ansprüche aus dem Versicherungsvertrag ausgeschlossen ist, kann auch ein **Insolvenzverwalter** nicht auf den Rückkaufswert zugreifen. Ein Zahlungsanspruch des Insolvenzverwalters gegen den Versicherer aus dem Altersvorsorgevertrag gehört mangels Übertragbarkeit nicht zur Insolvenzmasse.[6]

§ 7 Was müssen Sie bei der Beitragszahlung beachten?

(1) Die Beiträge zu Ihrem Vertrag können Sie je nach Vereinbarung monatlich, viertel-, halbjährlich oder jährlich zahlen.

(2) Den ersten Beitrag müssen Sie unverzüglich *(d. h. ohne schuldhaftes Zögern)* nach Abschluss des Vertrages zahlen, jedoch nicht vor dem mit Ihnen vereinbarten, im Versicherungsschein angegebenen Versicherungsbeginn. Alle weiteren Beiträge (Folgebeiträge) werden jeweils zu Beginn der vereinbarten Versicherungsperiode fällig. Die Versicherungsperiode umfasst bei Jahreszahlung ein Jahr, ansonsten entsprechend der Zahlungsweise einen Monat, ein Vierteljahr bzw. ein halbes Jahr.

(3) Sie haben den Beitrag **rechtzeitig** gezahlt, wenn Sie bis zum Fälligkeitstag (Absatz 2) alles getan haben, damit der Beitrag bei uns eingeht. Wenn die Einziehung des Beitrags von einem Konto vereinbart wurde, gilt die Zahlung in folgendem Fall als rechtzeitig:

- Der Beitrag konnte am Fälligkeitstag eingezogen werden und
- Sie haben einer berechtigten Einziehung nicht widersprochen.

Konnten wir den fälligen Beitrag ohne Ihr Verschulden nicht einziehen, ist die Zahlung auch dann noch rechtzeitig, wenn sie unverzüglich nach unserer Zahlungsaufforderung erfolgt. Haben Sie zu vertreten, dass der Beitrag wiederholt nicht eingezogen werden kann, sind wir berechtigt, künftig die Zahlung außerhalb des Lastschriftverfahrens zu verlangen.

(4) Sie müssen die Beiträge auf Ihre Gefahr und Ihre Kosten zahlen.

(5) Bei Fälligkeit einer Leistung werden wir etwaige Beitragsrückstände verrechnen.

§ 7 entspricht § 10 ARB. Vgl. die Erläuterungen dort (→ ARB § 10 Rn. 1 ff.). **1**

§ 8 Was geschieht, wenn Sie einen Beitrag nicht rechtzeitig zahlen?

Erster Beitrag

(1) Wenn Sie den ersten Beitrag nicht rechtzeitig zahlen, können wir – solange die Zahlung nicht bewirkt ist – vom Vertrag zurücktreten. In diesem Fall können wir von Ihnen die Kosten für ärztliche Untersuchungen im Rahmen einer Gesundheitsprüfung

---

[6] LG Aachen NZI 2014, 573; *Busch* VuR 2014, 363; aA AG München WM 2013, 998.

verlangen. Wir sind nicht zum Rücktritt berechtigt, wenn uns nachgewiesen wird, dass Sie die nicht rechtzeitige Zahlung nicht zu vertreten haben.

(2) Ist der erste Beitrag bei Eintritt des Versicherungsfalles noch nicht gezahlt, sind wir nicht zur Leistung verpflichtet. Dies gilt nur, wenn wir Sie durch gesonderte Mitteilung in Textform *(z. B. Papierform, E-Mail)* oder durch einen auffälligen Hinweis im Versicherungsschein auf diese Rechtsfolge aufmerksam gemacht haben. Unsere Leistungspflicht bleibt jedoch bestehen, wenn Sie uns nachweisen, dass Sie das Ausbleiben der Zahlung nicht zu vertreten haben.

Folgebeitrag

(3) Zahlen Sie einen Folgebeitrag nicht rechtzeitig, können wir Ihnen auf Ihre Kosten in Textform eine Zahlungsfrist setzen. Die Zahlungsfrist muss mindestens zwei Wochen betragen.

(4) Für einen Versicherungsfall, der nach Ablauf der gesetzten Zahlungsfrist eintritt, vermindert sich der Versicherungsschutz, wenn Sie sich bei Eintritt des Versicherungsfalles noch mit der Zahlung in Verzug befinden. Voraussetzung ist, dass wir Sie bereits mit der Fristsetzung auf diese Rechtsfolge hingewiesen haben.

(5) Nach Ablauf der gesetzten Zahlungsfrist können wir den Vertrag ohne Einhaltung einer Kündigungsfrist kündigen, wenn Sie sich noch immer mit den Beiträgen, Zinsen oder Kosten in Verzug befinden. Voraussetzung ist, dass wir Sie bereits mit der Fristsetzung auf diese Rechtsfolge hingewiesen haben. Wir können die Kündigung bereits mit der Fristsetzung erklären. Sie wird dann automatisch mit Ablauf der Frist wirksam, wenn Sie zu diesem Zeitpunkt noch immer mit der Zahlung in Verzug sind. Auf diese Rechtsfolge müssen wir Sie ebenfalls hinweisen.

Im Fall der Kündigung wandelt sich der Vertrag in eine beitragsfreie Versicherung entsprechend § 12 Absätze 1 und 2 um.

(6) Sie können den angeforderten Betrag auch dann noch nachzahlen, wenn unsere Kündigung wirksam geworden ist. Nachzahlen können Sie nur

- innerhalb eines Monats nach der Kündigung
- oder, wenn die Kündigung bereits mit der Fristsetzung verbunden worden ist, innerhalb eines Monats nach Fristablauf.

Zahlen Sie innerhalb dieses Zeitraums, wird die Kündigung unwirksam, und der Vertrag besteht fort. Für Versicherungsfälle, die zwischen dem Ablauf der Zahlungsfrist und der Zahlung eintreten, besteht nur ein verminderter Versicherungsschutz.

1 § 8 entspricht § 11 ARB. Vgl. die Erläuterungen dort (→ ARB § 11 Rn. 1 ff.). Ergänzend enthält Abs. 5 Satz 5 den Hinweis, dass sich im Fall der Kündigung der Vertrag in eine beitragsfreie Versicherung umwandelt. Damit wird dem Umstand Rechnung getragen, dass eine schädliche Verwendung iSd § 93 Abs. 1 EStG vorliegen würde, wenn im Fall der Kündigung eine Geldleistung an den Versicherungsnehmer ausgezahlt würde.[1]

§ 9 Wie verwenden wir die staatlichen Zulagen?

Die uns zugeflossenen staatlichen Zulagen werden wir Ihrem Vertrag unverzüglich gutschreiben und zur Erhöhung der Leistung verwenden. Diese errechnet sich nach Ihrem am Erhöhungstermin erreichten Alter, wobei ein bereits begonnenes, aber noch nicht vollendetes Lebensjahr hinzugerechnet wird, falls davon mehr als sechs Monate vergangen sind, der restlichen Laufzeit bis zum vereinbarten Auszahlungsbeginn und dem bei Abschluss des Vertrages gültigen Tarif. Erhöhungstermin ist

[1] *Hasse* VersR 2007, 871 (872); *ders.* VersR 207, 277 (282).

Bemerkung:
Soll die Erhöhung nach dem jeweils gültigen Tarif erfolgen, ist dies besonders deutlich herauszustellen.

I. Gesetzliche Grundlagen

Die staatliche Förderung sog. Riester-Verträge besteht einerseits in der Gewährung der Altersvorsorgezulage (§ 83 EStG) und anderseits in der Sonderausgabenabzugsfähigkeit der Altersvorsorgebeiträge gem. § 10a EStG.[1] Die Altersvorsorgezulage wird nach § 83 EStG in Abhängigkeit von den geleisteten Altersvorsorgebeiträgen (§ 82 EStG) gezahlt. Dabei setzt sich die Altersvorsorgezulage aus einer Grundzulage (§ 84 EStG) und einer Kinderzulage (§ 85 EStG) zusammen. **1**

Altersvorsorgebeiträge sind nach § 82 Abs. 1 S. 1 EStG die Beiträge, die der Zulageberechtigte bis zu Beginn der Auszahlungsphase zu Gunsten eines auf seinen Namen lautenden und gem. § 3 AltZertG zertifizierten Altersvorsorgevertrags leistet.[2] Die Grundzulagebeträgt nach § 84 EStG jährlich 154 EUR.[3] Die Kinderzulage beträgt nach § 85 Abs. 1 EStG für jedes Kind, für das dem Zulageberechtigten Kindergeld ausgezahlt wird, jährlich 185 EUR. Für ein nach dem 31.12.2007 geborenes Kind beträgt die Kinderzulage 300 EUR. **2**

Zulageberechtigt sind die in § 10a Abs. 1 EStG genannten Personen. Zu dem zulageberechtigten Personenkreis gehören Pflichtversicherte in der inländischen gesetzlichen Rentenversicherung, Empfänger von Versorgung und bestimmte versicherungsfrei Beschäftigte, Pflichtversicherte in der Altersversicherung der Landwirte, Arbeitslose, Renten- und Versorgungsempfänger wegen voller Erwerbs- oder Dienstunfähigkeit sowie bestimmte Beschäftigte intern. Organisationen.[4] **3**

Ist ein **Ehegatte/Lebenspartner** unmittelbar zulagenberechtigt, ist auch der andere Ehegatte/Lebenspartner – mittelbar – zulagenberechtigt, wenn beide Ehegatten/Lebenspartner jeweils einen auf ihren Namen lautenden Altersvorsorgevertrag abgeschlossen haben[5] und die Voraussetzungen des § 26 Abs. 1 EStG (Veranlagung von Ehegatten) erfüllt sind. Für den Altersvorsorgevertrag des mittelbar zulageberechtigten Ehegatten/Lebenspartner muss ebenfalls ein Mindestbeitrag von 60 EUR im Jahr gezahlt werden (§ 79 S. 2 EStG). Die mittelbare Zulagenberechtigung entfällt, wenn der mittelbar Zulagenberechtigte unmittelbar zulagenberechtigt wird, der unmittelbar zulagenberechtigte Ehegatte/Lebenspartner nicht **4**

---

[1] *Heiss/Mönnich* in Langheid/Wandt Vor §§ 150–171 Rn. 107.

[2] *Heiss/Mönnich* in Langheid/Wandt Vor §§ 150–171 Rn. 108.

[3] Für Zulageberechtigte, die zu Beginn des Beitragsjahres (vgl. § 88 EStG) das 25. Lebensjahr noch nicht vollendet haben, erhöht sich nach 84 S. 2 EStG die Grundzulage noch um einmalig 200 EUR (sog. „Riester-Berufseinsteiger-Bonus").

[4] *Lindberg* in Blümich, EStG, 126. A. 2015, § 79 Rn. 3; zum begünstigten Personenkreis vgl. auch Anlage 1 u. 2 zum BMF-Schreiben v. 24.7.2013, BStBl. I. 2013, 1022. Ursprünglich knüpfte die Gewährung der Altervorsorgezulage an den steuerlichen Status des Berechtigten (unbeschränkte Steuerpflicht) an. Der EuGH hatte am 10.9.2009 (DStR 2009, 1954) entschieden, dass diese Regelung gegen die Regelungen zur Freizügigkeit aus dem EGV verstoßen. Mit dem EU-Vorgabengesetz v. 8.4.2010 (BGBl. I, 386) wurde deshalb in § 79 EStG die Voraussetzung der unbeschränkten Steuerpflicht gestrichen und in § 10a EStG der Bezug zu einer inländischen Pflichtversicherung oder Beamtenversorgung eingefügt.

[5] Vgl. BFH DStR 2009, 2000.

mehr zulageberechtigt ist oder die Ehegatten/Lebenspartner nicht mehr die Voraussetzungen des § 26 Abs. 1 S. 1 EStG erfüllen.

5 **Nicht zulagenberechtigt** sind Arbeitnehmer und selbständig Tätige, die als Pflichtversicherte einer berufsständischen Versorgungseinrichtung angehören, sofern sie von der Versicherungspflicht in der gesetzlichen Rentenversicherung befreit sind, freiwillig in der gesetzlichen Rentenversicherung Versicherte und in der gesetzlichen Rentenversicherung versicherungsfreie Personen.[6]

6 Die **volle Zulage** wird gewährt, wenn der Versicherungsnehmer den Mindesteigenbeitrag in den Altersvorsorgevertrag leistet. Seit 2008 beträgt der der Mindesteigenbeitrag 4% des sozialversicherungspflichtigen Vorjahreseinkommens, wobei ein Sockelbeitrag von mindestens 60 Euro und ein Höchstbeitrag von 2.100 EUR pro Jahr gilt (§ 86 Abs. 1 EStG). Wird der Mindesteigenbeitrag nicht geleistet, erfolgt eine Kürzung der Zulage nach dem Verhältnis des gezahlten Beitrags zum Mindesteigenbeitrag. Bei Ehegatten, die beide unmittelbar begünstigt sind, ist für jeden Ehegatten anhand seiner maßgebenden Einnahmen der Mindesteigenbeitrag zu ermitteln. Ist nur ein Ehegatte unmittelbar zulagenberechtigt und der andere Ehegatte nur mittelbar, so ist für beide Ehegatten ein Mindestbeitrag zu entrichten. Gleiches gilt für eingetragene Lebenspartner.

7 Die Altersvorsorgezulage wird nach § 89 EStG nur auf **Antrag** gewährt, der nach amtlich vorgeschriebenen Vordruck zu stellen ist. Der Antrag ist entweder durch den Zulageberechtigten selbst oder durch einen Bevollmächtigten des Anbieters zu stellen.[7] Der Antrag ist an den Anbieter des Vertrages des Zulageberechtigten, also an den Versicherer zu richten. Der Zulageberechtigte kann den Anbieter seines Vertrages auch schriftlich bevollmächtigten, für ihn jährlich den Zulageantrag zu stellen, sog. **Dauerzulagenantrag.** Dieses Verfahren bietet für beide Seiten Vorteile. Für den Anbieter entfällt die jährliche Übersendung des Zulageantrags und dessen datenmäßige Verarbeitung nach Rücksendung. Der Zulageberechtigte braucht die erforderlichen Daten nur einmal mit der ersten Antragstellung an den Anbieter zu übermitteln und erhält ab diesem Zeitpunkt die Zulage automatisch.[8] Veränderungen beim Zulageberechtigten, die zu einer Minderung oder zum Wegfall des Zulageanspruchs führen (zB Änderung des Familienstandes oder Wegfall des Kindergeldes) müssen dem Anbieter unverzüglich mitgeteilt werden.

8 Zahlt der Zulageberechtigte Altersvorsorgebeiträge zugunsten **mehrerer Verträge,** so wird die Zulage nur für zwei dieser Verträge gewährt, § 87 Abs. 1 S. 1 EStG. Hat der Zulageberechtigte für mehrere Altersvorsorgeverträge Beiträge geleistet, muss er im Antrag bestimmen, für welche Verträge die Zulage überwiesen werden soll, § 89 Abs. 1 S. 2 EStG. Beantragt der Zulageberechtigte die Zulage für mehr als zwei Verträge oder trifft er im Zulageantrag keine Bestimmung, wird die Zulage nur für zwei Verträge mit den höchsten Altersvorsorgebeiträgen gewährt, § 89 Abs. 1 S. 3. Die Zulage ist für die beiden Verträge im Verhältnis der jeweils auf diese Verträge geleisteten Beiträge zu verteilen. Der insgesamt zu leistende Mindesteigenbeitrag muss zugunsten dieser beiden Verträge geleistet worden sein, da ansonsten eine Kürzung der Zulage erfolgt.[9]

---

[6] Weitere Einzelfälle vgl. Anl. 1 Abschn. C zu BMF-Schreiben v. 24.7.2013, BStBl. I 2013, 1022.

[7] *Lindberg* in Blümich, EStG, 126. Aufl. 2015, § 89 Rn. 2.

[8] *Lindberg* in Blümich, EStG, 126. Aufl. 2015 § 89 Rn. 5.

[9] *Lindberg* in Blümich, EStG § 87 Rn. 1.

II. Rechtsprechung

Rechtsprechung zu § 9 ARR ist nicht bekannt. 9

III. Kommentierung der Klauselbestimmungen

§ 9 S. 1 bestimmt, dass die Zulagen zur **Erhöhung der Versicherungsleistung** 10 verwendet werden. Damit wird den Anforderungen des § 1 Abs. 1 Nr. 3 Hs. 1 AltZertG Rechnung getragen. Hiernach muss der Anbieter zusagen, dass zu Beginn der Auszahlungsphase zumindest die eingezahlten Altersvorsorgebeiträge zur Verfügung stehen und für die Leistungserbringung genutzt werden (sog. **Beitragsgarantie**). Zwar unterscheidet der Gesetzgeber in § 82 und § 83 EStG gerade zwischen Altersvorsorgebeiträge und Zulagen, so dass begrifflich die in den Vertrag fließenden Zulagen nicht Teil des Altersvorsorgebeitrags sind. Allerdings gehören die Zulagen nach dem Verständnis der Zertifizierungsbehörde auch zu den Altersvorsorgebeiträgen.[10] Die Beitragsgarantie gilt daher auch für die geflossenen Zulagen (vgl. auch § 1 Abs. 9, § 12 Abs. 5 ARR).

§ 9 S. 2 betrifft die **Berechnung der Rentenleistung.** Maßgeblich ist insoweit 11 das am Erhöhungstermin erreichte Alter. Für das **Alter** ist nicht das Lebensalter maßgeblich, sondern das rechnungsmäßige Alter. Dieses bestimmt sich nach dem am Erhöhungstermin erreichten Lebensalter, allerdings wird ein bereits begonnenes, aber noch nicht vollendetes Lebensjahr hinzugerechnet wird, falls davon mehr als sechs Monate vergangen sind.

Der **Erhöhungstermin** richtet sich nach dem Zeitpunkt des Zuflusses der Zu- 12 lagen. Der Erhöhungstermin ist unternehmensindividuell festzulegen, Abgestellt werden kann beispielsweise auf den dem Zufluss der Zulage folgenden Monatsersten oder auf den Monatsersten des laufenden Monats.

Weiterhin bestimmt sich die Rentenleistung nach der **restlichen Laufzeit** bis 13 zum vereinbarten Auszahlungsbeginn und nach dem Tarif, also den mathematischen Rechnungsgrundlagen. Maßgeblich ist insoweit der **bei Abschluss des Vertrages gültige Tarif.** Eine nach Abschluss des Vertrages eintretende Veränderung der Rechnungsgrundlagen (insbesondere eine Veränderung des Rechnungszinses oder der Sterbetafeln) führt also nicht zu einer Veränderung der Rentenleistung.

Denkbar ist auch, dass für die Berechnung der Leistungen auf den im Zeitpunkt 14 der Erhöhung gültigen Tarif abgestellt wird. Wird eine solche dynamische Verweisung verwendet, ist dies besonders deutlich zu machen.

IV. Darlegungs- und Beweislast

Es gelten die allgemeinen Grundsätze zur Darlegungs- und Beweislast. Sollte 15 strittig werden, ob überhaupt ein Zulagenantrag gestellt wurde, so trifft die Darlegungs- und Beweislast den Versicherungsnehmer.

[10] *Baroch Castellví* in Das Deutsche Bundesrecht, Stand: Juni 2011, AltZertG § 1 Rn. 10.

V. Wirksamkeit der Klausel

16 Bedenken hinsichtlich der Regelung sind nicht erkennbar. Die Vorschrift stellt keine Abweichung von den bestehenden Regelungen dar, sondern setzt die Regelung in § 1 Abs. 1 Nr. 3 Hs. 1 AltZertG bezogen auf die Verwendung der Zulagen um.

17 Sollte das Unternehmen von der Möglichkeit Gebrauch machen, bei der Berechnung der Erhöhungsleistungen auf den im Zeitpunkt der Erhöhung gültigen Tarif abzustellen, stellt sich die Frage der Vereinbarkeit mit §§ 307 ff. BGB. Im Arbeitsrecht sind dynamische Verweisungen auf andere Regelungswerke üblich und nach der Rechtsprechung des BAG auch grundsätzlich möglich und mit dem Transparenzgebot zu vereinbaren.[11] Dass bei Vertragsschluss noch nicht absehbar ist, welchen Inhalt das andere Regelungswerk haben wird, ist unerheblich. Zur Wahrung des Transparenzgebots reicht es aus, wenn die im Zeitpunkt der jeweiligen Anwendung geltenden in Bezug genommenen Regelungen bestimmbar sind.[12] Es spricht viel dafür, diesen Gedanken auch auf den Versicherungsbereich zu übertragen. Allerdings sollte deutlich werden, dass es sich um eine dynamische Verweisung handelt. Unklarheiten gehen insoweit zu Lasten des Verwenders.

§ 10 Wann können Sie Ihren Vertrag zur Auszahlung des Rückkaufswertes kündigen?

Kündigung

(1) Sie können Ihren Vertrag jederzeit zum Schluss der laufenden Versicherungsperiode (siehe § 7 Absatz 2 Satz 3) in Schriftform *(d. h. durch ein eigenhändig unterschriebenes Schriftstück)* kündigen. Nach dem Beginn der Auszahlungsphase können Sie nicht mehr kündigen.

Sie können Ihren Vertrag auch **teilweise** kündigen, wenn die verbleibende Rente mindestens [...] beträgt. Bei teilweiser Kündigung gelten die folgenden Regelungen nur für den gekündigten Vertragsteil.

Auszahlungsbetrag

(2) Nach Kündigung zahlen wir
- den Rückkaufswert (Absätze 3 und 5),
- vermindert um den Abzug (Absatz 4) sowie
- die Überschussbeteiligung (Absatz 6).

Beitragsrückstände werden von dem Auszahlungsbetrag abgezogen.

Rückkaufswert

(3) Der Rückkaufswert ist nach § 169 des Versicherungsvertragsgesetzes (VVG) das nach anerkannten Regeln der Versicherungsmathematik mit den Rechnungsgrundlagen der Beitragskalkulation zum Schluss der laufenden Versicherungsperiode berechnete Deckungskapital des Vertrages unter Berücksichtigung der Abschluss- und Vertriebskosten gemäß § 13.

Sofern Sie gemäß § 14 Kapital für Wohneigentum verwendet haben oder wir im Rahmen eines Versorgungsausgleichs bei Ehescheidung oder bei Aufhebung einer

---

[11] Vgl. etwa BAG NZA 2011, 42; 2009, 154 zur arbeitsvertraglichen Bezugnahme auf Tarifverträge sowie BAG NZA 2013, 210 zur Bezugnahme auf arbeitgeberseitige Versorgungsordnungen.

[12] BAG NZA 2011, 42 (46).

eingetragenen Lebenspartnerschaft Kapital entnehmen mussten, wird dies bei der Berechnung des Rückkaufswertes berücksichtigt.

Abzug

(4) Von dem nach Absatz 3 ermittelten Wert nehmen wir einen Abzug in Höhe von ... vor. Der Abzug ist zulässig, wenn er angemessen ist. Dies ist im Zweifel von uns nachzuweisen. Wir halten den Abzug für angemessen, weil mit ihm die Veränderung der Risikolage des verbleibenden Versichertenbestandes ausgeglichen wird. Zudem wird damit ein Ausgleich für kollektiv gestelltes Risikokapital vorgenommen. Wenn Sie uns nachweisen, dass der aufgrund Ihrer Kündigung von uns vorgenommene Abzug wesentlich niedriger liegen muss, wird er entsprechend herabgesetzt. Wenn Sie uns nachweisen, dass der Abzug überhaupt nicht gerechtfertigt ist, entfällt er.

Herabsetzung des Rückkaufswertes im Ausnahmefall

(5) Wir sind nach § 169 Abs. 6 VVG berechtigt, den nach Absatz 3 ermittelten Wert angemessen herabzusetzen, soweit dies erforderlich ist, um eine Gefährdung der Belange der Versicherungsnehmer, insbesondere durch eine Gefährdung der dauernden Erfüllbarkeit der sich aus den Versicherungsverträgen ergebenden Verpflichtungen, auszuschließen. Die Herabsetzung ist jeweils auf ein Jahr befristet.

Überschussbeteiligung

(6) Für die Ermittlung des Auszahlungsbetrages setzt sich die Überschussbeteiligung zusammen aus:

- den Ihrem Vertrag bereits zugeteilten Überschussanteilen, soweit sie nicht in dem nach den Absätzen 3 bis 5 berechneten Betrag enthalten sind,
- dem Schlussüberschussanteil nach § 2 Absatz 3 und
- den Ihrem Vertrag gemäß § 2 Absatz 3b zuzuteilenden Bewertungsreserven soweit bei Kündigung vorhanden.

(7) Wenn Sie Ihren Vertrag kündigen, kann das für Sie Nachteile haben. Der Rückkaufswert erreicht erst nach einem bestimmten Zeitraum die Summe der gezahlten Beiträge und der uns zugeflossenen staatlichen Zulagen, da aus diesen auch Abschluss- und Vertriebskosten sowie Kosten für die Verwaltung des gebildeten Kapitals finanziert werden und der oben erwähnte Abzug erfolgt. Nähere Informationen zum Rückkaufswert vor und nach dem Abzug und darüber, in welchem Ausmaß er garantiert ist, können Sie der Tabelle [...] entnehmen.

Keine Beitragsrückzahlung

(8) Die Rückzahlung der Beiträge können Sie nicht verlangen.

I. Gesetzliche Grundlagen

1 Gesetzliche Grundlage für die Regelung sind §§ 168f. VVG. Auch bei Altersvorsorgeverträgen, die von einem Versicherungsunternehmen angeboten werden, handelt es sich um Lebensversicherungsverträge.[1] Vorgaben von AltZertG und EStG **schließen die Kündbarkeit nicht aus,** im Gegenteil. § 93 Abs. 1 S. 1 EStG lässt sie jedenfalls mittelbar zu, indem dem AltZertG nicht entsprechende Verwendungen des Kapitals als sog. schädliche Verwendung eingeordnet werden. Hierzu gehört auch die Auszahlung von Kapital in der Ansparphase.[2] Dementsprechend ist die Regelung § 12 ARB weitestgehend nachgebildet. Eine Besonderheit ergibt sich aus § 1 Abs. 1 S. 1 Nr. 8 AltZertG. Nach dieser Zertifizierungsanforderung sind die

[1] *Präve* in Prölss § 1 Rn. 18; s. aber auch *Winter* in Bruck/Möller Einf. vor § 150 Rn. 249.
[2] S. BMF-Schreiben v. 24.7.2013, BStBl. I 2013, 1022 Rn. 207.

Abschlusskosten tatsächlich und nicht lediglich fiktiv auf mindestens fünf Jahre zu verteilen, wobei aber auch andere Modelle der Vereinbarung von Abschlusskosten zertifizierungsrechtlich zulässig sind (→ Rn. 6).

II. Rechtsprechung

2 Gegenstand bekannt gewordener Rechtsprechung ist die Frage, ob nach Kündigung durch einen Insolvenzverwalter der Schutz des § 97 S. 1 EStG sich nur auf das tatsächlich geförderte[3] oder auch das förderbare Vermögen erstreckt.[4] Richtig erscheint letzteres. Zwar spricht § 97 S. 1 EStG von „geförderten [...] Altersvorsorgebeiträge". Allerdings deutet dies nur scheinbar darauf hin, dass die Förderung tatsächliche geflossen sein muss. „Geförderte Altersvorsorgebeiträge" werden in § 82 Abs. 1 S. 1 EStG legal definiert. Dort besteht keine Abhängigkeit von tatsächlich geflossener Förderung.

III. Kommentierung der Klauselbestimmungen

1. Kündigung (Abs, 1)

3 Absatz 1 entspricht § 12 Abs. 1 ARB. Vgl. die Erläuterung dort (→ ARB § 12 Rn. 20ff.). Lediglich in Satz 2 ergibt sich eine Abweichung. Dort wird die Kündigung nach dem Rentezahlungsbeginn ausgeschlossen, hier nach dem „Beginn der Auszahlungsphase". Dies beruht darauf, dass das AltZertG selbst von „Auszahlungsphase" spricht (s. etwa § 1 Abs. 1 S. 1 Nr. 3, 4 Buchst. a AltZertG). Ein Unterschied in der Sache ergibt sich dadurch nicht. Im Übrigen wird allerdings auf den Rentenzahlungsbeginn abgestellt (s. § 1 Abs. 1 bis 3). Dennoch ergeben sich Bedenken gegen die Transparenz oder Verständlichkeit nicht. In § 1 Abs. 9 S. 1 wird nämlich klargestellt, dass Beginn der Rentenzahlungsbeginn und Beginn der Auszahlungsphase Synonyme darstellen.

Inhaltlich ergibt sich eine maßgebliche Abweichung aus § 168 Abs. 3 S. 2 VVG. Danach kann das Kündigungsrecht bei Verträgen des § 851 c bzw. § 851 d ZPO ausgeschlossen werden. Altersvorsorgeverträge nach AltZertG zählen zu Verträgen des § 851 d ZPO.[5] Demnach kann das Kündigungsrecht auch ausgeschlossen werden, soweit nicht die Zertifizierungsvoraussetzungen von § 1 Abs. 1 S. 1 Nr. 10 AltZertG dem entgegenstehen.[6] Allerdings wird das praktische Bedürfnis nach einem Ausschluss der Kündigung bei Altersvorsorgeverträgen wegen der unabhängig davon bestehenden Schutzmechanismen bei Pfändung und Arbeitslosigkeit – zu Recht – als gering eingestuft.[7]

---

[3] So AG München WM 2013, 998.

[4] So AG Stuttgart Urt. v. 3.9.2012 – 5 C 2346/12.

[5] *Kemper* in Saenger, ZPO, 5. Aufl. 2013, § 851 d Rn. 2; *Winter* in Bruck/Möller § 168 Rn. 84; *Heiss/Mönnich* in Langheid/Wandt Vor § 150–171 Rn. 105.

[6] *Mönnich* in Langheid/Wandt § 168 Rn. 11.

[7] Näher *Mönnich* in Langheid/Wandt § 168 Rn. 11.

2. Auszahlungsbetrag (Abs. 2)

4 Absatz 2 entspricht § 12 Abs. 2 ARB, vgl. die Erläuterung dort (→ARB § 12 Rn. 39 ff.). Lediglich die dortige **Eingangsvoraussetzung fehlt,** nämlich dass für den Todesfall eine Leistung vereinbart sein muss. In § 12 ARB wird zwischen den beiden Fällen – Todesfallleistung bzw. keine Todesfallleistung in der Aufschubzeit – unterschieden. Hier ist immer eine Leistung bei Tod in der Aufschubzeit vereinbart (s. § 1 Abs. 5 ARR). Daher bedarf es der Eingangsvoraussetzung von § 12 Abs. 2 ARB hier nicht. Allerdings stünden weder VVG noch AltZertG entgegen, wenn ein Anbieter für den Tod in der Aufschubzeit keine Leistung vereinbaren wollte.[8]

5 Zertifizierungsrechtlich nicht ganz unproblematisch ist die **Verrechnung von Beitragsrückständen** in Satz 2. Nach § 1 Abs. 1 S. 1 Nr. 10 Buchst. b AltZertG ist die Möglichkeit des jederzeitigen Ruhenlassens Zertifizierungsvoraussetzung. Weitere Einzelheiten zum Verfahren des Ruhenlassens finden sich im AltZertG nicht. Zahlt der Versicherungsnehmer die Beiträge während der Kündigungsfrist nicht mehr, könnte das als Ruhenlassen qualifiziert werden. Damit würde der Vertrag also im Status nach der letzten Beitragszahlung eingefroren.[9] Eine Verrechnung nicht gezahlter Beiträge wäre dann nicht zulässig, weil auf die nicht gezahlten Beiträge kein Anspruch besteht. Unabhängig davon setzt eine Verrechnung nicht gezahlter Beiträge voraus, dass die verrechneten Beiträge dem Kapital rechnerisch gutgeschrieben sind, sog. Sollstellungsprinzip. Andernfalls würde das mit den tatsächlich gezahlten Beiträgen gebildete Kapital um Beiträge geändert, auf die ein Anspruch nicht besteht, und damit in jedem Fall gegen die Möglichkeit des jederzeitigen Ruhenlassens verstoßen. § 1 Abs. 1 S. 1 Nr. 10 Buchst. b AltZertG sieht Ruhenlassen ohne jede Frist zwar nicht explizit vor. Die beiden anderen Tatbeständen von § 1 Abs. 1 S. 1 Nr. 10 AltZertG sehen jedoch Kündigung bzw. Auszahlung jeweils zum Ende eines Kalendervierteljahres vor. Der systematische Vergleich spricht daher eher dafür, ein Recht zum Ruhenlassen ohne Frist anzunehmen. Damit wäre dann eine Beitragszahlungspflicht während der Kündigungsfrist und folglich auch eine Verrechnung mit den nicht gezahlten Beiträgen nicht vereinbar.

3. Rückkaufswert (Abs. 3)

6 Satz 1 entspricht § 12 Abs. 3 S. 1 ARB, vgl. die Erläuterung dort (→ARB § 12 Rn. 48 ff.). Allerdings ist die Bestimmung hier ergänzt um die Wendung „unter Berücksichtigung der Abschluss- und Vertriebskosten gemäß § 13". In § 13 ARR ist die **Verteilung der Abschlusskosten über einen bestimmten Zeitraum** geregelt. Er darf wegen § 1 Abs. 1 S. 1 Nr. 8 AltZertG fünf Jahre nicht unterschreiten (→ARR § 13 Rn. 2).[10] Diese Art der vorgeschriebenen Verteilung unterscheidet sich von der in § 169 Abs. 3 S. 1 VVG. Dort dürfen die Abschlusskosten vollständig gezillmert werden, müssen lediglich für die Zwecke der Ermittlung des Mindestrückkaufswertes bei Kündigung in den ersten fünf Jahren über mindestens fünf Jahre gleichmäßig verteilt werden; insoweit ist also eine fiktive Berechnung zulässig

---

[8] Im Hinblick auf AltZertG s. *Bundeszentralamt für Steuern,* Kommentar zum AltZertG, Stand: 24.6.2013, § 1 Abs. 1 S. 1 Nr. 2 Rn. 7.

[9] Zu den Folgen des Ruhenlassens s. *Baroch Castellví* in Das Deutsche Bundesrecht, Stand: Juni 2011, AltZertG § 1 Rn. 32.

[10] Zur europarechtlichen Zulässigkeit *Bürkle* VersR 2006 1042 (1043); *Herrmann* VersR 2009, 7 (13).

(→ ARB § 12 Rn. 64). Bei Riester-Verträgen darf wegen des klaren Wortlauts von § 1 Abs. 1 S. 1 Nr. 8 AltZertG **in keinem Fall gezillmert** werden.[11] Die Vorschrift ermöglicht **drei Modelle** der Verteilung der Abschlusskosten, nämlich gleichmäßig über mindestens fünf Jahre als Eurobetrag, als Prozentsatz der Altersvorsorgebeiträge sowie eine Kombination aus beidem. Dabei muss beim Abzug als Prozentsatz nach dem Zweck der Regelung auch über mindestens fünf Jahre verteilt werden, obwohl der Wortlaut der Regelung dies nicht erfordert.[12]

7 Ein weiterer Unterschied zu § 169 Abs. 3 S. 1 VVG und dementsprechend § 12 Abs. 3 S. 4 ARB betrifft die **Höhe der abziehbaren Abschlusskosten.** § 169 Abs. 3 S. 1 Hs. 2 VVG begrenzt sie für Zwecke der Ermittlung des Mindestrückkaufswertes auf den Höchstzillmersatz (→ ARB § 12 Rn. 76 f.). § 1 Abs. 1 S. 1 Nr. 8 AltZertG sieht eine Beschränkung der Höhe nach nicht vor. Hier scheint der Gesetzgeber dem Wettbewerb zu vertrauen.[13]

8 **Satz 2** trägt einer weiteren Besonderheit bei Altersvorsorgeverträgen Rechnung. § 14 ARR ermöglicht eine zweckgebundene Entnahme von Kapital aus dem Vertrag. Hat der Versicherungsnehmer davon Gebrauch gemacht, reduziert sich das Deckungskapital um diesen Betrag. Gleiches gilt für den Fall einer Entnahme von Kapital im Rahmen eines Versorgungsausgleichs. Die Ausgleichspflicht ergibt sich aus § 2 Abs. 1 und Abs. 2 Nr. 3 VersAusglG; die Einzelheiten der Teilung ergeben sich aus §§ 10 ff. VersAusglG. Für die in Satz 2 explizit angesprochene eingetragene Lebenspartnerschaft ist zusätzlich auf § 20 Abs. 1 LPartG als Verweisungsnorm zurückzugreifen.

9 **Satz 2** sieht vor, dass die Entnahme bei der Berechnung des Rückkaufswertes „berücksichtigt" wird. Dies bedeutet, dass für die Ermittlung des Rückkaufswertes das Deckungskapital nach Entnahme und ggf. Kosten (s. § 13 VersAusglG) zugrunde gelegt und mit den Rechnungsgrundlagen des Vertrages fortgeführt wird.

10 Keine Aussagen enthält die Vorschrift zur **steuerlichen Folge der sog. schädlichen Verwendung,** die mit einer Kündigung zur Auszahlung des Rückkaufswertes einhergeht. Ausgangspunkt ist dabei § 93 Abs. 1 S. 1 EStG. Jede Verwendung von Altersvorsorgevermögen, die nicht den in der Regelung näher spezifizierten Zwecken entspricht, stellt eine sog. schädliche Verwendung dar. Sie ist dadurch gekennzeichnet, dass die steuerliche Förderung nach § 93 Abs. 1 S. 1 EStG zurückzuzahlen ist. Die Auszahlung des Rückkaufswertes ist einer dieser Tatbestände.[14]

4. Stornoabzug (Abs. 4)

11 Absatz 4 entspricht § 12 Abs. 4 ARB, vgl. die Erläuterung dort (→ ARB § 12 Rn. 83 ff.). Allerdings wird sich der Abzug nicht auf eine Verschlechterung des Todesfallrisikos des verbleibenden Bestandes stützen lassen, da bei Tod lediglich das vorhandene Kapital ausgezahlt bzw. für die anderen vereinbarten Leistungen verwendet wird (s. § 1 Abs. 5 bis 8 ARR). Damit übernimmt der Versicherer kein bio-

---

[11] *Kleinlein* VuR 2008, 13 (15); *Gatschke* VuR 2007, 447 (449); *Winter* in Bruck/Möller § 167 Rn. 192.

[12] Siehe Bsp. für diese Modell von Investmentfonds als Anbieter in BGH NJW 2013, 368; zu Arten der Verteilung der Abschlusskosten näher *Baroch Castellví* in Das Deutsche Bundesrecht, Stand: Juni 2011, AltZertG § 1 Rn. 28.

[13] Hierzu näher *Baroch Castellví* in Das Deutsche Bundesrecht, Stand: Juni 2011, AltZertG § 1 Rn. 29.

[14] Siehe *Heiss/Mönnich* in Langheid/Wandt Vor § 150–171 Rn. 112.

metrisches Todesfallrisiko, und es besteht keine Gefahr der diesbezüglichen Verschlechterung der Bestandszusammensetzung.[15]

5. Herabsetzungsbefugnis (Abs. 5)

Absatz 5 entspricht § 12 Abs. 5 ARB, vgl. die Erläuterung dort (→ ARB § 12 Rn. 114ff.). Allerdings ist hier fraglich, ob sich die Kürzungsbefugnis auch auf die bei **schädlicher Verwendung** durch Kündigung nach § 93 Abs. 1 S. 1 EStG an die Finanzbehörde zurückzuzahlenden Zulagen erstreckt. Dass Altersvorsorgeverträge von der Kürzungsbefugnis nicht grundsätzlich ausgenommen sind, ergibt sich aus der Definition des „gebildeten Kapitals" in § 1 Abs. 5 S. 1 Buchst. a AltZertG. Die dortige Verweisung auf § 169 VVG bezieht dessen Absatz 6 ausdrücklich mit ein. Ausgehend davon wird man davon ausgehen müssen, dass der Rückkaufswert nach § 169 Abs. 6 VVG gekürzt werden kann und erst davon die Zulagen abgezogen werden dürfen. Das wirkt sich auf die Höhe der zurückzuzahlenden Zulagen nur dann aus, wenn die zurückzuzahlenden Zulagen höher sind als der herabgesetzte aber niedriger als der nicht herabgesetzte Rückkaufswert. **12**

6. Überschussbeteiligung (Abs. 6)

Absatz 6 entspricht § 12 Abs. 6 ARB. Vgl. die Erläuterung dort (→ ARB § 12 Rn. 125ff.). **13**

7. Warnhinweis (Abs. 7)

Absatz 7 entspricht § 12 Abs. 7 ARB, vgl. die Erläuterungen dort (→ ARB § 12 Rn. 129ff.). Satz 2 trägt aber den Besonderheiten von Altersvorsorgeverträgen Rechnung. Wegen der Verteilung der Abschlusskosten über mindestens fünf Jahre nicht nur für die Zwecke eines Mindestrückkaufswertes, sondern unabhängig davon, bedarf es des Herausstellens eines Mindestrückkaufswertes hier nicht. Stattdessen wird pauschal darauf hingewiesen, dass der Rückkaufswert wegen der Verrechnung von Kosten und wegen des Abzugs nach Absatz 5 **erst zu einem späteren Zeitpunkt** die Höhe der eingezahlten Beiträge erreicht. Der Rückkaufswert muss auch zertifizierungsrechtlich nicht die eingezahlten Beiträge und Zulagen erreichen. § 1 Abs. 1 S. 1 Nr. 3 AltZertG verlangt lediglich eine sog. **endfällige Garantie** (→ ARR § 1 Rn. 156ff.). **14**

8. Beitragsrückzahlung (Abs. 8)

Absatz 8 entspricht § 12 Abs. 9 ARB. Vgl. die Erläuterung dort (→ ARB § 12 Rn. 139). **15**

IV. Darlegungs- und Beweislast

Es gelten die Erläuterungen zu § 12 ARB entsprechend (→ ARB § 12 Rn. 140ff.). **16**

V. Wirksamkeit der Bestimmung

Die Bestimmung ist wirksam. **17**

---

[15] Siehe *Baroch Castellví* in Das Deutsche Bundesrecht, Stand: Juni 2011, AltZertG § 1 Rn. 31.

§ 11 Wann können Sie Ihren Vertrag zur Übertragung des gebildeten Kapitals auf einen anderen Vertrag kündigen?

Kündigung

(1) Sie können Ihren Vertrag mit einer Frist von drei Monaten zum Ende des Kalendervierteljahres in Schriftform *(d. h. durch ein eigenhändig unterschriebenes Schriftstück)* kündigen, um das gebildete Kapital (Absatz 2) auf einen anderen Altersvorsorgevertrag, der eine Sparkomponente im Sinne des § 1 Absatz 1 Satz 1 Nummer 3 des Altersvorsorgeverträge-Zertifizierungsgesetzes (AltZertG) enthält, übertragen zu lassen. Dieser andere Altersvorsorgevertrag kann auch ein Altersvorsorgevertrag nach § 1 Abs. 1 a Satz 1 Nummer 2 und 3 AltZertG sein. Dieser Vertrag muss zertifiziert sein und auf Ihren Namen lauten. Er kann bei uns oder einem anderen Anbieter bestehen. Nach Beginn der Auszahlungsphase ist eine Übertragung des gebildeten Kapitals nicht mehr möglich. Ein Anspruch auf eine Kapitalübertragung auf einen Altersvorsorgevertrag, der ausschließlich eine Darlehenskomponente enthält, besteht nicht.

(2) Das gebildete Kapital entspricht dem nach den anerkannten Regeln der Versicherungsmathematik mit den Rechnungsgrundlagen der Beitragskalkulation berechneten Deckungskapital Ihres Vertrages. Es erhöht sich um bereits zugeteilte Überschussanteile, den übertragungsfähigen Wert aus Schlussüberschussanteilen sowie den nach § 153 Absätze 1 und 3 des Versicherungsvertragsgesetzes (VVG) zuzuteilenden Bewertungsreserven. Berechnungsstichtag ist das Ende des Kalendervierteljahres, zu dem Sie Ihren Vertrag wirksam gekündigt haben.

Sofern Sie gemäß § 14 Kapital für Wohneigentum verwendet haben oder wir im Rahmen eines Versorgungsausgleichs bei Ehescheidung oder bei Aufhebung einer eingetragenen Lebenspartnerschaft Kapital entnehmen mussten, wird dies bei der Berechnung des Übertragungswertes berücksichtigt.

Beitragsrückstände werden von dem Übertragungswert abgezogen.

(3) Wenn Sie Ihren Vertrag zur Übertragung des gebildeten Kapitals kündigen, kann das für Sie Nachteile haben. Das gebildete Kapital erreicht erst nach einem bestimmten Zeitraum die Summe der gezahlten Beiträge und uns zugeflossenen staatlichen Zulagen, da aus diesen auch Abschluss- und Vertriebskosten sowie Kosten für die Verwaltung des gebildeten Kapitals finanziert werden.

(4) Im Falle der Übertragung des gebildeten Kapitals entstehen Ihnen Kosten in Höhe von …, die vom gebildeten Kapital abgezogen werden (siehe § 17).

(5) Wir übertragen das Kapital direkt auf den neuen Altersvorsorgevertrag. Hierzu müssen Sie uns bei Kündigung mitteilen, auf welchen Vertrag das Kapital übertragen werden soll. Wenn es sich dabei um einen Vertrag bei einem anderen Anbieter handelt, müssen Sie uns die Zertifizierung dieses Vertrages nachweisen. Sie können nicht verlangen, dass wir das Kapital an Sie zahlen.

I. Gesetzliche Grundlagen

1 § 10 stellt eine Besonderheit von Altersvorsorgeverträgen dar. Sie beruht auf § 1 Abs. 1 S. 1 Nr. 10 Buchst. b AltZertG. Darin hat der Gesetzgeber mit dem sog. **Anbieterwechsel** die Möglichkeit der **jederzeitigen Portabilität** während der Ansparphase zum Zertifizierungskriterium erhoben. Ziel ist die Förderung des Wettbewerbs.[1] Rechtstechnisch wird dies durch die Einräumung eines zweckgebundenen Kündigungsrechts des Vertragspartners verwirklicht. Steuerlich ist der

[1] Gesetzesbegr. BT-Drs. 14/5150, 40.

Anbieterwechsel indifferent. Er stellt nach § 93 Abs. 2 S. 1 EStG keine sog. schädliche Verwendung dar.

2 Wirtschaftlich ist ein solcher Anbieterwechsel nur dann sinnvoll, wenn die mit der Kündigung möglicherweise einhergehenden Verluste durch die **realistische Chance auf eine höhere Leistung** des Zielvertrages zum Ende der Ansparphase und auch in der Rentenphase kompensiert werden. Dabei sind vielerlei Einflussfaktoren zu berücksichtigen, wie etwa Abschlusskosten beim zu kündigenden Vertrag, bereits verfallene und beim Zielvertrag neu anfallende Abschlusskosten, unterschiedliche Höchstzinssätze nach § 2 Abs. 1 DeckRV, die Höhe des zwischenzeitlich erreichten Kapitals im Verhältnis zur endfälligen Beitragserhaltungsgarantie etc. Daher sind an eine sachgerechte Beratung im Zusammenhang mit einem Anbieterwechsel hohe Anforderungen zu stellen.[2]

3 Zentraler Begriff des Instituts „Anbieterwechsel" ist dabei das **„gebildete Kapital"**, das in § 1 Abs. 5 S. 1 Buchst. a AltZertG legal definiert ist. Absatz 2 bildet es für konventionelle Versicherungsverträge als Gegenstand der Übertragung auf einen Zielvertrag ab und konkretisiert klarstellend in den letzten beiden Sätzen Sachverhalte, die zur Verringerung des gebildeten Kapitals führen. Dabei greift das AltZertG die Vorgaben des VVG für den Rückkaufswert nach § 169 VVG auf.

II. Rechtsprechung

4 Die Regelung war bisher noch nicht Gegenstand bekannt gewordener Rechtsprechung.

III. Kommentierung der Klauselbestimmungen

1. Kündigung zum Zwecke des Anbieterwechsels (Abs. 1)

5 **a) Kündigungserklärung.** Satz 1 normiert die Kündigung als rechtstechnisches Instrument zur Ausübung des Wechselrechts und regelt deren Modalitäten. Danach bedarf die Kündigung der **Schriftform.** Dies ist nach § 171 S. 2 VVG zulässig. Die **Kündigungsfrist** beträgt drei Monate zum Quartalsende. Darin könnte ein Verstoß gegen § 168 Abs. 1 iVm § 171 S. 1 VVG gesehen werden. Allerdings sieht § 1 Abs. 1 S. 1 Nr. 10 Buchst. b AltZertG vor, dass die Vereinbarung des Anbieterwechsels nur mit einer Frist von drei Monaten zum Quartalsende zertifizierungsfähig ist. Einen Vorrang des VVG postulieren hieße, dass Versicherer Altersvorsorgeverträge nach AltZertG nicht anbieten könnten. Sie sind aber nach § 1 Abs. 2 S. 1 Nr. 1 Buchst. a AltZertG zugelassene Anbieter dieses Vertragstypus. Daher muss das VVG insofern teleologisch reduziert werden. Darüber hinaus ließe sich flankierend argumentieren, dass § 168 Abs. 1 VVG die Beendigungskündigung im Blick hat, nicht eine Kündigung zum Zwecke der Übertragung, die dem VVG fremd ist und daher von § 168 Abs. 1 VVG auch nicht erfasst sein kann.

6 Kern der Kündigung nach § 11 ist ihr Zweck, nämlich die **Übertragung des gebildeten Kapitals** auf einen anderen Altersvorsorgevertrag. Dies muss in der Kündigungserklärung auch zum Ausdruck kommen (s. auch Abs. 5 S. 2). Kündigt der Versicherungsnehmer, ohne diesen Zweck in der Kündigungserklärung mitzu-

---

[2] Näher hierzu *Baroch Castellví* in Das Deutsche Bundesrecht, Stand: Juni 2011, AltZertG § 1 Rn. 42f.

teilen, kann der Versicherer nur von einer Beendigungskündigung nach § 10 ausgehen und sich entsprechend verhalten. Bestehen aufgrund der Erklärung des Versicherungsnehmers Zweifel, ob es sich um eine Kündigung iSv § 11 oder eine Beendigungskündigung handelt, wird man von einer Nachfrageobliegenheit des Versicherers ausgehen müssen. Gegenstand der Übertragung ist das „gebildete Kapital", was der Formulierung in § 1 Abs. 1 S. 1 Nr. 10 Buchst. b AltZertG entspricht. Es ist in Absatz 2 definiert (→ Rn. 9ff.).

7 **b) Zielvertrag.** Die geeigneten Zielverträge sind in Satz 2 und 3 näher bestimmt. Dabei handelt es sich um eine Konkretisierung der verklausulierten gesetzlichen Anforderung in § 1 Abs. 1 S. 1 Nr. 10 Buchst. b AltZertG „mit einer Vertragsgestaltung nach diesem Absatz". Der Gesetzgeber hat damit nach der Begründung regeln wollen, dass der **Zielvertrag ein Vertrag mit Sparkomponente** nach § 1 Abs. 1 AltZertG ist; weiter wollte er auch Altersvorsorgeverträge nach § 1 Abs. 1a S. 1 Nr. 2 und 3 AltZertG als Zielverträge ermöglicht wissen.[3] Ausgeschlossen werden sollten lediglich Verträge, die ausschließlich eine Darlehenskomponente enthalten.[4] Keine Beschränkung besteht hingegen im Hinblick auf den Anbieterkreis. Der Wortlaut ermöglicht auch einen **anbieterübergreifenden Wechsel** beispielsweise von einem Versicherer zu einer Fondsgesellschaft.[5]

8 Satz 3 verlangt in Übereinstimmung mit § 1 Abs. 1 S. 1 Nr. 10 Buchst. b AltZertG, dass der **Zielvertrag zertifiziert** ist – andernfalls wäre er kein Altersvorsorgevertrag, wie von § 1 Abs. 1 S. 1 Nr. 10 Buchst. b AltZertG gefordert (s. Legaldefinition in § 1 Abs. 1 S. 1 sowie § 5 AltZertG) – und **auf den Namen des Versicherungsnehmers lautet.** Dabei ergibt sich aus dem Zusammenhang, dass die den Satz einleitende Wendung „dieser andere Vertrag" sich auf alle potentiellen Zielverträge sowohl des Satzes 1 als auch des Satzes 2 erstreckt. Satz 4 spricht die beiden in § 1 Abs. 1 S. 1 Nr. 10 Buchst. b AltZertG vorgesehenen Möglichkeiten an, nämlich den sog. internen wie den externen Anbieterwechsel. Satz 5 begrenzt die Möglichkeit des Anbieterwechsels auf die **Ansparphase.** Dies ist gemeinsame Voraussetzung aller in § 1 Abs. 1 S. 1 Nr. 10 AltZertG geforderten Gestaltungsrechte. Satz 6 greift klarstellend die Gesetzesbegründung auf. (→ Rn. 7) Ausgeschlossen ist mithin die Übertragung auf einen Vertrag iSv § 1 Abs. 1a S. 1 Nr. 1 AltZertG.

2. Gebildetes Kapital (Abs. 2)

9 Satz 1 entspricht § 12 Abs. 3 S. 1 ARB. Vgl. die Erläuterung dort (→ ARB § 12 Rn. 48ff.). Es ergeben sich zwei Unterschiede. An die Stelle des Begriffs „Rückkaufswert" dort tritt hier der des „gebildeten Kapitals", um dessen Definition es hier gerade geht. Anders als in § 12 Abs. 3 S. 1 ARB ist hier kein Zeitpunkt angegeben, zu dem der Betrag ermittelt wird. Er findet sich in Satz 3.

Satz 2 folgt in Darstellung und Reihenfolge § 1 Abs. 5 S. 1 Buchst. a AltZertG. Danach sind dem Deckungskapital, wie hier in S. 1 beschrieben, die in Satz 2 aufgeführten Positionen hinzuzusetzen. Dies sind zunächst die bereits zugeteilten Überschussanteile. Sie entsprechen sachlich **den laufenden Überschüssen,** wie in § 12 Abs. 6 ARB (→ ARB § 12 Rn. 125) angesprochen. Die Position „übertra-

---

[3] Gesetzesbegr. BT-Drs. 17/2249, 90.

[4] Gesetzesbegr. BT-Drs. 17/2249, 90.

[5] Siehe *Baroch Castellví* in Das Deutsche Bundesrecht, Stand: Juni 2011, AltZertG § 1 Rn. 33.

gungsfähigen Wert aus Schlussüberschussanteilen" erschließt sich mit den im VVG enthaltenen Kategorien jedenfalls nicht ohne Weiteres, da sie dort keine direkte Entsprechung hat. Zum Verständnis ist dabei auf die Wirkungsweise der Schlussüberschussbeteiligung zurückzugreifen. Üblicherweise werden die Schlussüberschüsse nur immer für einen überschaubaren Zeitraum, in der Regel ein Jahr, deklariert; für den Fall der Kündigung ist dann regelmäßig nur eine anteilige Beteiligung, ggf. gestaffelt nach der erreichten Laufzeit des Vertrages, vorgesehen.[6] Ausgehend von der Intention des Gesetzgebers, dem Vertragspartner den ungeschmälerten Wert des Vertrages für die Übertragung zur Verfügung zu stellen, wie sich aus dem ausdrücklichen Verbot von Abzügen in § 1 Abs. 5 S. 2 AltZertG ergibt,[7] wird man die **Schlussüberschüsse, die sich aus der Deklaration ergeben,** als von der Regelung umfasst ansehen müssen.[8] Die letzte Position, nämlich die **Bewertungsreserven** nach § 153 Abs. 1 und 3 VVG, ist deklaratorischer Natur. Als zwingende Vorgabe für jeden Fall der Beendigung des Vertrages (s. § 153 iVm § 171 S. 1 VVG) bestünde kein Recht, sie bei der Beendigung des Vertrages zum Zwecke des Anbieterwechsels nicht zu übertragen.[9]

10 Mit Satz 3 wird der **Wirksamkeitszeitpunkt der Kündigung als Berechnungsstichtag** für das gebildete Kapital vereinbart. Das AltZertG sieht keinen Stichtag vor. Ein anderer Stichtag würde jedoch kaum als sachgerecht erscheinen können. Für die Ermittlung der Höhe der zu übertragenden Bewertungsreserven kann aber ein früherer Stichtag herangezogen werden, wenn er vereinbart ist. Dies ergibt sich durch die Bezugnahme auf § 153 Abs. 3 VVG. Danach ist die Beteiligung an den Bewertungsreserven „für" den Zeitpunkt der Beendigung festzustellen. Dies wird so verstanden, dass – was aus praktischen Erwägungen kaum anders zu handhaben ist – ein vor dem Beendigungstermin liegender Zeitpunkt für die Ermittlung der Bewertungsreserven vereinbart werden kann.[10] Fraglich ist dabei, ob das so festgestellte Kapital noch verzinst werden muss, wenn es nicht am nächsten Tag zum Zielvertrag auf den Weg gebracht werden kann. Hier wird man die allgemeinen Verzugsregeln ansetzen müssen. Hat der Versicherer die Verzögerung zu vertreten, werden Verzugszinsen fällig; hat er sie nicht zu vertreten, etwa weil die Abwicklung sich durch fehlende Informationen über den Zielvertrag bzw. den Zielanbieter verzögert, ist das gebildete Kapital nicht zu verzinsen.

11 Satz 4 und 5 entspricht § 10 Abs. 3 S. 4 und 5 ARB, vgl. jeweils die Erläuterung dort (→ ARB § 12 Rn. 2). Allerdings ist in Satz 4 der dortige „Rückkaufswert" hier durch **„Übertragungswert"** ersetzt.

3. Warnhinweis (Abs. 3)

12 Absatz 3 entspricht § 12 Abs. 7 S. 1 ARR, vgl. die Erläuterungen dort (→ ARB § 12 Rn. 129 ff.). Allerdings sind inhaltliche Anpassungen geboten, weil es sich um

---

[6] Näher *Ortmann* in Schwintowski/Brömmelmeyer § 169 Rn. 122 f.; *Brömmelmeyer* in Beckmann/Matusche-Beckmann § 42 Rn. 182; *Reiff* in Prölss/Martin § 169 Rn. 70.

[7] Siehe Gesetzesbegr. BT-Drs. 16/8869, 34.

[8] Ebenso *Baroch Castellví* in Das Deutsche Bundesrecht, Stand: Juni 2011, AltZertG § 1 Rn. 68.

[9] Ebenso *Baroch Castellví* in Das Deutsche Bundesrecht, Stand: Juni 2011, AltZertG § 1 Rn. 68.

[10] *Winter* in B/M § 153 Rn. 219; *Brambach* in Röffer/Halbach/Schimikowski § 153 Rn. 65; *Reiff* in Prölss/Martin § 153 Rn. 25; zu eng *Mönnich* in Langheid/Wandt § 153 Rn. 52.

das gebildete Kapital und nicht um den Rückkaufswert handelt. Lediglich der **Stornoabzug** ist hier nicht erwähnt. Wegen § 1 Abs. 5 S. 2 AltZertG ist er hier nicht zulässig (→ Einl. Rn. 152). Eine Tabelle des gebildeten Kapitals, soweit es garantiert ist, fordert das AltZertG nicht. § 169 Abs. 3 S. 2 VVG iVm § 2 Abs. 1 Nr. 4, Nr. 6 VVG-InfoV gilt unmittelbar nicht, weil sich die Vorschriften auf den Rückkaufswert beziehen. Auch entsprechend ist die Vorschrift nicht anzuwenden. Eine diesbezügliche planwidrige Lücke anzunehmen besteht keine Veranlassung.[11] Näherungsweise lässt sich der Wert des gebildeten Kapitals der Rückkaufswerttabelle entnehmen. Darüber hinaus ist der VN nach § 7 Abs. 4 Hs. 1 AltZertG aF bzw. § 7a Abs. 1 S. 1 Nr. 2 AltZertG jährlich über das bisher gebildete Kapital zu informieren.

4. Kosten (Abs. 4)

13 Mit Absatz 4 werden die Kosten der Übertragung vereinbart. § 1 Abs. 5 AltZertG sieht solche Kosten explizit nicht vor. Allerdings ergibt sich aus § 7 Abs. 1 S. 2 Nr. 1 AltZertG, dass der Gesetzgeber davon ausgeht, dass Kosten für die Übertragung vereinbart werden können (ebenso → Einl. Rn. 152). Andernfalls liefe die dort vorgesehene Informationspflicht über die Kosten eines Anbieterwechsels leer. Zur Höhe enthält das AltZertG keine Aussage. Die Vereinbarung **prohibitiv hoher Kosten** verstößt allerdings gegen das Recht zum Anbieterwechsel. Da es sich um ein Zertifizierungskriterium handelt, muss daher auch die Höhe **von der Zertifizierungsstelle überprüft** werden können.[12] Des Rückgriffs auf Nach § 1 Abs. 1 S. 3 AltZertG sind diese Kosten für Zertifizierungen ab dem 1.1.2014 auf 150 EUR begrenzt (s. § 14 Abs. 6 S. 1 AltZertG).

5. Verfahren (Abs. 5)

14 Absatz 5 regelt einige Einzelheiten zum Verfahren des Anbieterwechsels. Er konkretisiert die insoweit allenfalls rudimentären Aussagen des AltZertG hierzu. Nach Satz 1 wird das gebildete Kapital **direkt auf den Zielvertrag** übertragen. Neben reiner Verfahrensbeschreibung kommt dieser Aussage auch **Anspruchsqualität** zu. Der Versicherungsnehmer kann – wenn sich der Versicherer weigert – die Auszahlung des gebildeten Kapitals an den neuen Anbieter beanspruchen. Die Notwendigkeit der Übertragung unmittelbar in den Zielvertrag ergibt sich aus dem Wortlaut von § 1 Abs. 5 S. 1 Buchst. b AltZertG, wenn dort formuliert ist „um das gebildete Kapital auf einen anderen … Altersvorsorgevertrag … übertragen zu lassen". Darüber hinaus ergibt sie sich aus § 93 Abs. 2 S. 1 EStG, wonach nur die „Übertragung auf einen anderen … Altersvorsorgevertrag" keine schädliche Verwendung darstellt. Ein Anspruch darauf, dass der Versicherer das gebildete Kapital an den Versicherungsnehmer zahlt, damit er es auf den Zielvertrag überweist, besteht daher nicht; im Gegenteil, ein solches Vorgehen würde eine schädliche Verwendung nach § 93 Abs. 1 S. 1 EStG darstellen. Der Versicherungsnehmer würde in die Lage versetzt, anderweitig über das Kapital zu verfügen. Eine solche Zahlung würde sich damit als Kapitalauszahlung an den Zulageberechtigten darstellen,[13]

---

[11] Zu dieser Voraussetzung einer Analogie näher *Larenz,* Methodenlehre der Rechtswissenschaft, 6. Aufl. 1991, S. 373 f.

[12] *Baroch Castellví* in Das Deutsche Bundesrecht, Stand: Juni 2011, AltZertG § 1 Rn. 36.

[13] Siehe hierzu BMF-Schreiben v. 24.7.2013, BStBl. I 2013, 1022 Rn. 207.

ohne dass ein die schädliche Verwendung ausschließender Tatbestand erkennbar wäre.[14] Der Zweck der Übertragung wäre nicht sichergestellt. In der Vergangenheit wurde als vertragsrechtliches Verfahren eines Anbieterwechsels eine **Abtretung des Anspruchs auf Auszahlung** des gebildeten Kapitals an den Vertragspartner des Zielvertrages diskutiert.[15] Allerdings erscheint dies unnötig kompliziert und hat sich im Ergebnis nicht durchgesetzt. Der Anspruch des Versicherungsnehmers auf Übertragung in den Zielvertrag ist zur Erreichung des gesetzgeberischen Zwecks völlig ausreichend; es bedarf nicht noch zusätzlich der Begründung eines Anspruchs des neuen Anbieters gegen den bisherigen. Dabei spielt es keine Rolle, ob der Zielvertrag beim bisherigen oder bei einem anderen Anbieter besteht.[16]

15 Mit Satz 2 wird vereinbart, dass der Versicherungsnehmer bei Kündigung den **Zielvertrag benennt.** Fehlt es hieran, wird dies nicht zur Unwirksamkeit der Kündigung führen können, sondern der Versicherer gehalten sein nachzufragen. Führt das Fehlen zu Verzögerungen bei der Übertragung auf den Zielvertrag, gerät der Versicherer insoweit nicht in Verzug, da er diese Verzögerung nicht zu vertreten hat. Liefert der Versicherungsnehmer auch nach Aufforderung nicht die für die Übertragung notwendigen Informationen zum Zielvertrag, wird man die **Kündigung als gegenstandslos** betrachten müssen mit der Folge, dass der Vertrag beim bisherigen Anbieter fortgesetzt wird. Ein Verstoß gegen den Grundsatz, dass eine einseitige empfangsbedürftige Willenserklärung mit Zugang wirksam wird und danach nicht mehr widerrufen werden kann (s. § 130 Abs. 1 BGB), liegt darin nicht. Die Kündigung ist hier zweckgebunden. Ihr Ziel ist die Übertragung des gebildeten Kapitals. Dem ist die Zurverfügungstellung der für die Übertragung erforderlichen Informationen immanent. Fehlen sie, kann die Kündigung nicht mit der ihr vom VN zugedachten Intention durchgeführt werden. Ihre Umdeutung in eine Beendigungskündigung verbietet sich, weil der VN durch die Absicht des Anbieterwechsels zum Ausdruck bringt, dass er den Vertrag gerade nicht als Kündigung zur Auszahlung des Rückkaufswertes verstanden wissen will. Allerdings lässt sich einer solchen Kündigung jedenfalls der Wille entnehmen, keine Beiträge mehr in den Vertrag zu zahlen. Daher erscheint es in der Situation konsequent, der Kündigung in eine Beitragsfreistellung umzudeuten.

16 Satz 3 gibt dem Versicherungsnehmer auf, beim sog. externen Anbieterwechsel die **Zertifizierung des Zielvertrages nachzuweisen.** Dies kann ohne weiteres durch Angabe der Zertifizierungsnummer geschehen. Nach § 7 Abs. 2 S. 1 AltZertG aF bzw. § 7 Abs. 1 S. 2 Nr. 3 AltZertG ist sie verpflichtender Gegenstand der vorvertraglichen Informationen. Eine Prüfungspflicht des Anbieters des gekündigten Vertrages wird man allenfalls dann annehmen müssen, wenn konkrete Anhaltspunkte für Zweifel an der Richtigkeit der Informationen des Versicherungsnehmers bestehen. Es gibt weder eine gesetzliche Grundlage noch sonstige Veranlassung, weitergehende Verpflichtungen des Anbieters zu postulieren.[17]

17 Hat der Versicherungsnehmer den **Zielvertrag widerrufen,** nachdem das gebildete Kapital übertragen worden ist, ohne dass der Widerruf dem bisherigen Anbieter mitgeteilt worden ist, geht die Übertragung des gebildeten Kapitals ins Leere.

---

[14] Auflistung in BMF-Schreiben v. 24.7.2013, BStBl. I 2013, 1022 Rn. 190.

[15] *Prahl* NVersZ 2002, 541 (543).

[16] AA *Prahl* NVersZ 2002, 541 (543).

[17] Siehe hierzu *Baroch Castellví* in Das Deutsche Bundesrecht, Stand: Juni 2011, AltZertG§ 1 Rn. 41; möglicherweise weitergehend *Bundeszentralamt für Steuern,* Kommentar zum Altersvorsorgeverträge-Zertifizierungsgesetz; Stand: 24.6.2013, § 1 Abs. 1 S. 1 Nr. 10 Rn. 4.

Eine Reaktivierung des Vertrages beim bisherigen Anbieter kommt nicht in Betracht. Die Kündigung zum Zwecke der Übertragung bleibt wirksam. Der bisherige Anbieter hat sich vertragskonform verhalten. Damit ist der Vertrag beendet. Es bliebe nur der Weg des Neuabschlusses eines Altersvorsorgevertrages; der Versicherungsnehmer könnte dem neuen Anbieter die Auflage erteilen, das gebildete Kapital an den Altanbieter in den neuen Vertrag als Einmalbeitrag zu zahlen. Allerdings würde das eine Verfügung des Versicherungsnehmers über das gebildete Kapital darstellen, die als schädliche Verwendung iSv § 93 Abs. 1 S. 1 EStG zu qualifizieren wäre (→ Rn. 14). Kommt ein neuer Vertrag mit dem bisherigen Anbieter nicht zustande, hat der neue Anbieter den bei ihm eingegangen Betrag an den Versicherungsnehmer zu zahlen.[18]

18 Satz 4 hat deklaratorische Bedeutung. Er stellt in anderer Perspektive dar, was sich mittelbar bereits aus Satz 1 ergibt, dass nämlich der VN nicht Zahlung des gebildeten Kapitals an sich verlangen kann (→ Rn. 14).

IV. Darlegungs- und Beweislast

19 Im Hinblick auf die Darlegungs- und Beweislaste ergeben sich keine Besonderheiten gegenüber dem Grundsatz, wonach jeder die für ihn günstigen Tatsachen darlegen und beweisen muss. Dabei gelten zur Höhe des gebildeten Kapitals, das in den Zielvertrag übertragen wird, die Erwägungen zum Rückkaufswert entsprechend (→ ARB § 12 Rn. 141).

V. Wirksamkeit der Bestimmung

20 Die Bestimmung ist wirksam.

§ 12 Wann können Sie Ihren Vertrag beitragsfrei stellen und welche Auswirkungen hat dies auf unsere Leistungen?

(1) Sie können vor Rentenzahlungsbeginn jederzeit in Schriftform *(d. h. durch ein eigenhändig unterschriebenes Schriftstück)* verlangen, zum Schluss der laufenden Versicherungsperiode (siehe § 7 Absatz 2 Satz 3) von der Beitragszahlungspflicht befreit zu werden (Ruhen des Vertrages). In diesem Fall setzen wir die vereinbarte Rente auf eine beitragsfreie Rente herab. Diese wird nach folgenden Gesichtspunkten berechnet:

- nach anerkannten Regeln der Versicherungsmathematik mit den Rechnungsgrundlagen der Beitragskalkulation,
- für den Schluss der laufenden Versicherungsperiode und
- unter Zugrundelegung des Rückkaufswertes nach § 10 Absatz 3.

(2) Der aus Ihrem Vertrag für die Bildung der beitragsfreien Rente zur Verfügung stehende Betrag mindert sich um rückständige Beiträge. Außerdem nehmen wir einen Abzug in Höhe von … vor. Der Abzug ist zulässig, wenn er angemessen ist. Dies ist im Zweifel von uns nachzuweisen. Wir halten den Abzug für angemessen, weil mit ihm die Veränderung der Risikolage des verbleibenden Versichertenbestandes ausgeglichen wird. Zudem wird damit ein Ausgleich für kollektiv gestelltes Risiko-

---

[18] Näheres hierzu *Baroch Castellví* in Das Deutsche Bundesrecht, Stand: Juni 2011, AltZertG § 1 Rn. 39.

kapital vorgenommen. Wenn Sie uns nachweisen, dass der aufgrund Ihres Verlangens der Beitragsfreistellung von uns vorgenommene Abzug wesentlich niedriger liegen muss, wird er entsprechend herabgesetzt. Wenn Sie uns nachweisen, dass der Abzug überhaupt nicht gerechtfertigt ist, entfällt er.

(3) Wenn Sie Ihren Vertrag beitragsfrei stellen, kann das für Sie Nachteile haben. Der für die Bildung einer beitragsfreien Rente zur Verfügung stehende Betrag erreicht erst nach einem bestimmten Zeitraum die Summe der gezahlten Beiträge und der uns zugeflossenen Zulagen, da aus diesen auch die Abschluss- und Vertriebskosten sowie die Kosten für die Verwaltung des gebildeten Kapitals finanziert werden. Nähere Informationen zur beitragsfreien Rente und ihrer Höhe können Sie der Tabelle … entnehmen.

(4) Ihren Vertrag können Sie jederzeit durch Fortsetzung der Beitragszahlung wieder in Kraft setzen.

(5) Die Beitragserhaltungsgarantie gemäß § 1 Absatz 9 gilt auch bei einer Beitragsfreistellung und bezieht sich auf die gezahlten Beiträge und die zugeflossenen staatlichen Zulagen.

I. Gesetzliche Grundlagen

1 Die Regelung hat zwei gesetzliche Grundlagen. Zunächst ist dies § 165 VVG, der die Möglichkeit der Beitragsfreistellung von Lebensversicherungsverträgen zwingend (§ 171 S. 1 VVG) vorgibt; überlagert wird das VVG hier durch § 1 Abs. 1 S. 1 Nr. 10 Buchst. a AltZertG, der die **Möglichkeit des Ruhenlassens** zum Zertifizierungskriterium erhebt. Die Überlagerung drückt sich insbesondere in Absatz 4 aus, der die bei der Beitragsfreistellung nach § 165 VVG nicht vorgesehene Möglichkeit der Fortsetzung der Beitragszahlung eröffnet. Darüber hinaus sieht Absatz 5 die Beitragserhaltungsgarantie auch nach Beitragsfreistellung vor. Sie stellt nach § 1 Abs. 1 S. 1 Nr. 3 AltZertG ebenfalls ein Zertifizierungskriterium dar.

II. Rechtsprechung

2 Die Regelung war bisher noch nicht Gegenstand bekannt gewordener Rechtsprechung.

III. Kommentierung der Klauselbestimmungen

1. Beitragsfreistellungserklärung und Folgen (Abs. 1)

3 **Satz 1** entspricht § 13 Abs. 1 S. 1 ARB, vgl. die Erläuterungen dort (→ ARB § 13 Rn. 3). Es ergeben sich drei Unterschiede. Einer liegt in der Einleitung. Es wird auf die dortige Eingangswendung „Anstelle einer Kündigung" verzichtet. Hier stellt eine Kündigung eine sog. schädliche Verwendung iSv § 93 Abs. 1 S. 1 EStG dar mit der Folge, dass die Zulagen zurückzuzahlen sind. Bei der Beitragsfreistellung ist dies nicht der Fall. Der **Versicherungsnehmer verliert die Zulagen nicht.** Daher stehen beide in einem anderen Verhältnis zueinander als bei ungeförderten Verträgen. Diese einleitende Wendung wäre hier irreführend. Sie könnte den Eindruck erwecken, dass bei der Beitragsfreistellung ebenfalls Zulagen zurückfließen und so den hierzu bereiten Versicherungsnehmer davon abhalten. Der zweite Unterschied besteht darin, dass hier eine **teilweise Beitragsfreistellung**

nicht enthalten ist. Weder aus dem AltZertG noch aus dem VVG ergibt sich eine Verpflichtung, dies vorzusehen. Der dritte Unterschied betrifft die Ergänzung „Ruhen des Vertrages" hier. Sie resultiert aus der Zertifizierungsanforderung in § 1 Abs. 1 S. 1 Nr. 10 Buchst. a AltZertG. Danach ist dem Vertragspartner ein **Anspruch zu gewähren, den Vertrag ruhen zu lassen.**[1] Der entsprechende Zusatz in Klammern dient der Verdeutlichung, dass damit das genannte Zertifizierungskriterium geregelt wird. Zertifizierungsrechtlich nicht ganz unproblematisch erscheint es, die Beitragsfreistellung jeweils nur zum Ende der Versicherungsperiode zuzulassen. Das Ruhenlassen wird man nach systematischer Auslegung von § 1 Abs. 1 S. 1 Nr. 10 AltZertG eher jederzeit ohne Frist verlangen können. (→ ARR § 10 Rn. 5).

4 **Satz 2 und 3** entspricht § 13 Abs. 1 S. 2 und 3 ARB, vgl. die Erläuterungen dort (→ ARB § 13 Rn. 11 ff.). Der einzige Unterschied besteht darin, dass hier in Satz 2 die teilweise Beitragsfreistellung nicht angesprochen ist. Sie ist hier nicht vorgesehen (→ Rn. 3).

2. Stornoabzug (Abs. 2)

5 Absatz 2 entspricht § 13 Abs. 2 ARB, vgl. die Erläuterungen dort (→ ARB § 13 Rn. 13 ff.). Sachlich besteht aber in gleicher Weise wie bei der Kündigung ein Unterschied darin, dass der **Abzug nicht auf die Verschlechterung des Todesfallrisikos gestützt** werden kann (→ ARR § 10 Rn. 11). Satz 1, der die Verrechnung rückständiger Beiträge vorsieht, begegnet den zur parallelen Regelung beim Ruhenlassen in § 10 Abs. 2 S. 2 skizzierten **Bedenken** (→ ARR § 10 Rn. 15 f.).

3. Warnhinweis (Abs. 3)

6 **Satz 1** entspricht § 13 Abs. 3 S. 1 ARB und **Satz 2** § 10 Abs. 7 S. 2 ARR vgl. jeweils die Erläuterungen dort (→ ARB § 13 Rn. 17 ff., → ARR § 10 Rn. 14). In Satz 2 ergeben sich zwei Unterschiede. Zum einen ist anstelle des Rückkaufswertes hier **der zur Bildung der Rente zur Verfügung stehende Betrag** in Bezug genommen. Dies beruht auf Unterschieden in der Sache. § 12 regelt nicht den Rückkauf, sondern die Beitragsfreistellung und damit die Fortsetzung des Vertrages mit verringerten Leistungen. Zum andern fehlt der **Hinweis auf den Abzug nach Absatz 2** als Ursache für den Nachteil. Dabei dürfte es sich um ein Redaktionsversehen handeln. An der Wirksamkeit ändert dies nichts, da die in dem Satz genannten Positionen nicht den Eindruck der Vollständigkeit erwecken („auch") und der Satz lediglich eine Erläuterung zur Hauptaussage von Satz 1 gibt.

4. Wiederaufnahme der Beitragszahlung (Abs. 4)

7 Die Möglichkeit, die Beitragszahlung nach einer Beitragsfreistellung jederzeit wieder aufzunehmen, stellt eine Besonderheit von Altersvorsorgeverträgen dar. Versicherungstechnisch ist dies deshalb möglich, weil diese Verträge in der Ansparphase der Sache nach reine Kapitalisierungsverträge darstellen, wenn nicht eine ergänzende Absicherung nach § 1 Abs. 1 S. 1 Nr. 2 AltZertG in ihnen enthalten ist.[2] Daher besteht **keine Notwendigkeit, die gesundheitlichen Verhältnisse des**

---

[1] Hierzu näher *Baroch Castellví* in Das Deutsche Bundesrecht, Stand: Juni 2011, AltZertG § 1 Rn. 31.

[2] Siehe hierzu *Präve* in Prölss § 1 Rn. 18; *Winter* in Bruck/Möller Einf. vor § 150 Rn. 249; *ders.*, Versicherungsaufsichtsrecht, 2007, S. 434.

Versicherungsnehmers zu prüfen, bevor die Beitragszahlung wieder aufgenommen wird.

8 Darüber hinaus handelt es sich bei dem Recht zur Wiederaufnahme der Beitragszahlung um eine **Voraussetzung für die Zertifizierung.** § 1 Abs. 1 S. 1 Nr. 10 Buchst. a AltZertG verlangt, dass der Vertragspartner das Recht haben muss, den Vertrag jederzeit ruhen zu lassen. Dem Begriff Ruhenlassen ist der Charakter des Vorübergehenden immanent.[3] Für die Beitragsfreistellung verwendet der Gesetzgeber eine andere Terminologie, wie § 165 Abs. 1 S. 1 VVG zeigt. Daher ist der Versicherungsnehmer berechtigt, die Beitragszahlung jederzeit wieder aufzunehmen.[4] Nach einer Wiederaufnahme der Beitragszahlung wird man ein **erneutes Ruhenlassen** nach Absatz 1 für zulässig halten müssen. Die Regelung ist nicht auf ein einmaliges Ruhenlassen beschränkt. Auch das Wort „jederzeit" in Abs. 1 Satz 1 lässt sich als Recht zur häufigeren Inanspruchnahme der Möglichkeit verstehen.

9 Fraglich ist, ob auch **Beliebigkeit bei der Höhe der Beitragszahlung nach deren Fortsetzung** besteht. Der Wortlaut legt nahe, dass dies nicht der Fall ist. Er nimmt Bezug auf die „Beitragszahlung". Sie ist in § 7 ARR näher beschrieben; ihre Höhe wird in Antrag und Versicherungsschein konkretisiert. Wie die teilweise Beitragsfreistellung in Absatz 1 nicht vereinbart ist, weil sie nicht angesprochen ist, ist dies auch für den actus contrarius der Fall. Auch hier ist keine teilweise Wiederaufnahme der Beitragszahlung vereinbart. Kein überzeugendes Gegenargument wäre der Hinweis darauf, dass der Versicherer kein biometrisches Risiko trägt und daher die Beliebigkeit der Höhe der Beitragszahlung risikotechnisch ohne weiteres möglich ist. Diese Sicht wäre verkürzt. Der vereinbarte Beitrag beruht auf einer Kalkulation auch im Hinblick auf Kosten des Vertrages. Es kann nicht ohne weiteres davon ausgegangen werden, dass niedrigeren oder höheren Beiträgen eine unveränderte Kalkulation zugrunde liegen würde.[5]

5. Beitragserhaltungsgarantie (Abs. 5)

10 Absatz 5 hat deklaratorischen Charakter. Die Zusage, dass zum Ende der Ansparphase mindestens Beiträge und Zulagen für die Auszahlungsphase zur Verfügung stehen müssen, kann nach dem Wortlaut von § 1 Abs. 1 S. 1 Nr. 3 ARR nur durch Beiträge für die Absicherung der dort genannten biometrischen Risiken in der maximal angeführten Höhe eingeschränkt werden. Aus Gründen der Transparenz wird hier ausdrücklich klargestellt, dass **die Beitragsgarantie durch eine Beitragsfreistellung nicht beeinträchtigt** wird.

11 Die **Verrechnung rückständiger Beiträge mit dem beitragsfreien Kapital** nach Abs. 2 Satz 1 darf die Beitragsgarantie nicht beeinträchtigen. Es verhält sich hier ähnlich wie bei der Verrechnung von rückständigen Beiträgen bei Kündigung (→ ARR § 10 Rn. 5). Werden rückständige Beiträge verrechnet, dann ist zuvor das beitragsfreie Deckungskapital so zu berechnen, als wären diese Beiträge gezahlt worden. Die Beitragsgarantie selbst erstreckt sich aber weiterhin auf die Beiträge, die tatsächlich gezahlt worden sind, nicht zusätzlich auf rückständige Beiträge, die in das ermittelte Deckungskapital vor Verrechnung eingeflossen sind.

---

[3] *Baroch Castellví* in Das Deutsche Bundesrecht, Stand: Juni 2011, AltZertG § 1 Rn. 32.

[4] Ebenso *Prahl* NVersZ 2002, 541 (543).

[5] Siehe hierzu auch *Baroch Castellví* in Das Deutsche Bundesrecht, Stand: Juni 2011, AltZertG § 1 Rn. 32.

IV. Darlegungs- und Beweislast

12 Im Hinblick auf die Darlegungs- und Beweislast gelten die Erwägungen zu § 12 ARB entsprechend (→ ARB § 12 Rn. 140ff.).

V. Wirksamkeit der Bestimmung

13 Die Bestimmung ist wirksam.

§ 13 Wie verteilen wir die Kosten Ihres Vertrages?

(1) Mit Ihrem Vertrag sind Kosten verbunden. Diese sind in Ihren Beitrag einkalkuliert. Es handelt sich um Abschluss- und Vertriebskosten sowie übrige Kosten.

Zu den **Abschluss- und Vertriebskosten** gehören insbesondere Abschlussprovisionen für den Versicherungsvermittler. Außerdem umfassen die Abschluss- und Vertriebskosten die Kosten für die Antragsprüfung und Ausfertigung der Vertragsunterlagen, Sachaufwendungen, die im Zusammenhang mit der Antragsbearbeitung stehen, sowie Werbeaufwendungen. Zu den **übrigen Kosten** gehören insbesondere die Kosten für die laufende Verwaltung.

Die Höhe der einkalkulierten Abschluss- und Vertriebskosten sowie der übrigen Kosten können Sie dem …]entnehmen.

(2) Die bei der Beitragskalkulation in Ansatz gebrachten Abschluss- und Vertriebskosten verteilen wir in gleichmäßigen Jahresbeträgen über einen Zeitraum von mindestens … Jahren, aber nicht länger als bis zum Rentenzahlungsbeginn. Die übrigen Kosten verteilen wir über die gesamte Vertragslaufzeit.

1 § 13 Abs. 1 entspricht § 14 Abs. 1 ARB. Auf die dortigen Erläuterungen sei daher verwiesen (→ ARB § 14 Rn. 3).

Eine **Pflicht zum Ausweis der Höhe der einkalkulierten Kosten** ergibt sich bei Altersvorsorgeverträgen („Riester-Verträge") nicht allein aus der VVG-InfoV. Darüber hinaus hat der Anbieter eines Altersvorsorgevertrages gem. § 7 Abs. 1 Nr. 1 und Nr. 2 AltZertG in der bis zum 30.6.2013 geltenden Fassung über die Höhe bestimmter Kosten zu informieren. In § 7 Abs. 5 S. 2 AltZertG aF ist klargestellt, dass über § 7 AltZertG aF hinausgehende Informationspflichten aus anderen Gesetzen unberührt bleiben. Der Anbieter muss daher beiden Gesetzen Rechnung tragen. Diese Norm ist gem. § 14 Abs. 6 AltZertG noch bis zum Ablauf des 17. auf die (bis Ende Juni 2015 noch nicht erfolgte) Verkündung einer Verordnung iSd § 6 S. 1 AltZertG folgenden Kalendermonats anzuwenden.

2 § 13 Abs. 2 S. 1 setzt § 1 Abs. 1 S. 1 Nr. 8 AltZertG um. Danach muss ein zertifizierter Altersvorsorgevertrag vorsehen, dass die angesetzten **Abschluss- und Vertriebskosten gleichmäßig mindestens auf die ersten fünf Vertragsjahre verteilt werden,** soweit sie nicht als Prozentsatz von den Altersvorsorgebeiträgen abgezogen werden. Als Altersvorsorgebeiträge sind sowohl die Eigenbeiträge des Versicherungsnehmers als auch die auf den Altersvorsorgevertrag überwiesenen Zulagen zu verstehen. Klargestellt wird, dass bei kürzeren Vertragslaufzeiten eine Verteilung nur in der Ansparphase erfolgt. Die Bestimmung berücksichtigt noch nicht die jüngsten Regelungen zur Kostenstruktur nach § 2a AltZertG.

3 Umstritten ist, ob trotz der als Zertifizierungskriterium festgelegten Kostenverteilung mindestens über die ersten fünf Jahre zusätzlich eine Vereinbarung mit dem Kunden möglich ist, die wie bei der Zillmerung eine **Aktivierung der Forderungen auf Ersatz der Abschlusskosten** ermöglicht. Eine Aktivierungsmöglichkeit und damit verbunden die Berechnung einer (teil-)gezillmerten bilanziellen Deckungsrückstellung soll zu einer bilanziellen Entlastung führen und den Versicherten in Form einer zeitnahen Überschussbeteiligung zugute kommen. Zum Teil wird die Ansicht vertreten, die Zillmerung betreffe nur Bilanzierungsfragen. Es sei daher grundsätzlich möglich, sie im Vertrag festzuschreiben, ohne dass die vertraglich versprochenen Leistungen davon betroffen würden.[1] Die Bilanzierung der Abschluss- und Vertriebskosten müsse nicht der vertraglichen Vereinbarung über den Ansatz eben dieser Kosten folgen.[2] Nach anderer Auffassung steht § 1 Abs. 1 S. 1 Nr. 8 AltZertG jeglicher Vereinbarung entgegen, die den Eindruck einer Tilgung der Abschlusskosten im Wege des **Zillmerverfahrens** hervorrufe, gleichgültig ob die Abrede allein handelsrechtlich oder vertragsrechtlich begründet ist.[3] Das Bundeszentralamt für Steuern als Zertifizierungsstelle hat sich dahingehend festgelegt, dass eine vertragliche Vereinbarung der Zillmerung nicht zulässig ist.[4] Bilanzrechtliche Regelungen blieben hiervon unberührt.[5] Schwierigkeiten dürfte es allerdings bereiten, entsprechende bilanzrechtliche Regelungen neben der zertifizierungsrelevanten Vereinbarung über die Kostenverteilung für den durchschnittlichen Versicherungsnehmer transparent darzustellen.

Neben den Abschluss- und Vertriebskosten sind **weitere Kosten** nicht von der Vorschrift des § 1 Abs. 1 S. 1 Nr. 8 AltZertG erfasst. Für deren Ausgestaltung enthält das AltZertG keine weiteren Maßgaben.[6] § 13 Abs. 2 S. 2 sieht vor, dass die übrigen Kosten über die gesamte Vertragslaufzeit verteilt werden.

§ 14 Wie können Sie gebildetes Kapital für Wohneigentum verwenden?

(1) Sie können bis zum Rentenzahlungsbeginn mit einer Frist von drei Monaten zum Ende eines Kalendervierteljahres verlangen, dass das gebildete Kapital (siehe § 11 Absatz 2) in vollem Umfang oder teilweise für eine Verwendung als Altersvorsorge-Eigenheimbetrag im Sinne des Einkommensteuergesetzes (EStG) ausgezahlt wird. Bei einer teilweisen Entnahme muss das verbleibende, durch Zulagen oder zusätzliche Sonderausgaben geförderte Restkapital mindestens den in § 92a EStG genannten Betrag (derzeit 3.000 Euro) betragen. Zudem gelten für die Auszahlung aus diesem Vertrag die in § 92a EStG genannten Mindestbeträge. Eine Entnahme führt zu einer Verringerung bzw. zum Wegfall des gebildeten Kapitals und der vereinbarten Leistungen. Im Falle einer Rückzahlung werden das gebildete Kapital und die vereinbarten Leistungen sowie die Höhe der Garantie nach § 1 Absatz 9 neu berechnet. Die Berechnung der vereinbarten Leistungen erfolgt jeweils nach anerkannten Regeln der Versicherungsmathematik.

(2) Einzelheiten und Erläuterungen zum Altersvorsorge-Eigenheimbetrag finden Sie in den Steuerhinweisen.

---

[1] *Faigle/Engeländer* VW 2001, 1570 (1571).

[2] *Faigle/Engeländer* VW 2001, 1570 (1571).

[3] *Präve* in Prölss § 11 Rn. 26.

[4] *Bundeszentralamt für Steuern,* Kommentar zum AltZertG, Stand: 24.6.2013, § 1 Abs. 1 S. 1 Nr. 8 Rn. 5.

[5] *Bundeszentralamt für Steuern,* Kommentar zum AltZertG, Stand: 24.6.2013, § 1 Abs. 1 S. 1 Nr. 8 Rn. 5.

[6] *Präve* in Prölss § 11 Rn. 25.

I. Gesetzliche Grundlagen

1 § 14 gewährt dem Versicherungsnehmer ein Gestaltungsrecht,[1] mit dem er dem Vertrag zweckgebundes Kapital entnehmen kann. Es wird damit die Zertifizierungsvoraussetzung aus § 1 Abs. 1 S. 1 Nr. 10 Buchst. c AltZertG vereinbart. Steuerlich wird das Recht flankiert und auch inhaltlich konkretisiert durch § 92a EStG, auf den in Abs. 1 Satz 2 verwiesen wird.

II. Rechtsprechung

2 Die Regelung war bisher noch nicht Gegenstand bekannt gewordener Rechtsprechung.

III. Kommentierung der Klauselbestimmungen

1. Voraussetzungen und Folgen (Abs. 1)

3 **a) Erklärung und Verfahren (Abs. 1 Satz 1).** Satz 1 übernimmt zum Großteil wörtlich § 1 Abs. 1 S. 1 Nr. 10 Buchst. c AltZertG. Voraussetzung ist zunächst ein entsprechendes **„Verlangen" des Versicherungsnehmers.** Hierbei handelt es sich um eine einseitige empfangsbedürftige Willenserklärung. Das Recht kann nur bis zum Rentenzahlungsbeginn ausgeübt werden.[2] Es kann mit dem Rentenzahlungsbeginn zusammenfallen, selbst wenn das Kapital erst danach ausgezahlt wird. Ähnlich wie bei der Kündigung zum Zwecke des Anbieterwechsels nach § 1 Abs. 1 S. 1 Nr. 10 Buchst. a AltZertG muss das Verlangen eine **Zweckbindung** enthalten. Es gelten die dortigen Überlegungen entsprechend (→ ARR § 11 Rn. 6) Eine **Prüfungspflicht,** ob das Kapital auch zweckentsprechend verwendet wird, obliegt dem Versicherer nicht. Die zweckentsprechende Verwendung wird vielmehr durch das in § 92b EStG geregelte steuerliche Verfahren sichergestellt. Kern ist ein entsprechender Antrag des Versicherungsnehmers bei der zentralen Stelle nach § 92b Abs. 1 S. 1 EStG. Der Anbieter erhält daraufhin eine Mitteilung darüber, bis zu welcher Höhe eine zweckentsprechende Verwendung möglich ist (§ 92a Abs. 1 S. 3 EStG). Nur und erst dann darf der Anbieter an den Versicherungsnehmer auszahlen (§ 92b Abs. 2 S. 1 EStG). Die **Frist** für das entsprechende Verlangen beträgt hier ebenfalls **drei Monate zum Quartalsende.** Anders als bei der Kündigung zum Zwecke eines Anbieterwechsels wird Schriftform hier nicht verlangt. Die Vereinbarung von Schriftform würde aber nicht gegen § 171 S. 1 VVG verstoßen. Des Rückgriffs auf dessen Satz 2 bedarf es dabei nicht. Dieses Gestaltungsrecht fällt gar nicht unter § 171 S. 1 VVG, weil es sich nicht aus den dort in Bezug genommenen Regelungen ergibt.

4 Das Verlangen kann sich auf **vollständige oder teilweise Auszahlung** richten. Dabei ergeben sich Betragsgrenzen aus § 92a Abs. 1 S. 1 EStG. Bei vollständiger Auszahlung endet der Vertrag. Davon geht die Begründung zu § 92a EStG in einer

---

[1] *Prahl* NVersZ 2002, 541 (543).

[2] Siehe BMF v. 13.1.2014 – IV C 3-S 2015/11/10002:018, DOK 2014/0007769 Rn. 232; zum der Entnahme vorgelagerten behördlichen Verfahren s. § 92b EStG.

Vorgängerfassung aus.[3] Dort wird aus der vollständigen Entnahme des Kapitals auf eine „Beendigung der Geschäftsbeziehung zwischen dem Zulageberechtigten und einem Anbieter"[4] geschlossen. Davon geht auch die zentrale Stelle in ihrem Frage- und Antwortkatalog aus.[5]

b) Mindestbeträge (Abs. 1 Satz 2 und 3). Satz 2 legt ein Mindestkapital fest, das bei einer teilweisen Entnahme nicht unterschritten werden darf. Es ergibt sich aus § 92a Abs. 1 S. 1 EStG, auf den dynamisch verwiesen wird. Dabei muss das Mindestkapital auf geförderten Beiträgen beruhen. Auch diese Festlegung resultiert aus § 92a Abs. 1 S. 1 EStG. Die Anforderung eines verbleibenden Mindestkapitals ist damit zu erklären, dass andernfalls Kleinstverträge im Bestand des Anbieters verblieben, deren Kapital kaum oder nicht die Verwaltungskosten decken würde.[6] Diese Wertung hat der Gesetzgeber auch an anderer Stelle bereits vorgenommen, etwa bei der Beitragsfreistellung in § 165 Abs. 1 S. 1 VVG. S. 3 verweist ebenfalls auf § 92a EStG, dort auf die Mindestbeträge für die Entnahme. Dabei bezieht sich dieser Betrag auf gefördertes und ungefördertes Altersvorsorgevermögen.[7] 5

c) Folgen (Abs. 1 Satz 4 und 5). Satz 4 enthält zum einen die – deklaratorische – Aussage, dass eine Entnahme das gebildete Kapital reduziert bzw. eine vollständige Entnahme es entfallen lässt. Darüber hinaus hat die Entnahme auch Auswirkungen auf die vereinbarten Leistungen. Hierunter ist zum einen die Beitragserhaltungsgarantie, zum anderen die daraus abgeleitete Rente zu verstehen. Die **konkreten Auswirkungen sind hier nicht geregelt.** Satz 5 verhält sich zur Wirkung einer Rückzahlung, die nur bei teilweiser Entnahme möglich ist, da bei vollständiger Entnahme der Vertrag endet (→ Rn. 4). Korrespondierend zur Entnahme erhöht sie das gebildete Kapital und führt zu einer Neuberechnung der Leistungen, auch hier wieder die Beitragsgarantie und die Renten. 6

d) Neuberechnung der Leistungen (Satz 6). Satz 6 verweist für die Neuberechnung der Leistungen in den Fällen der Entnahme bzw. der Rückzahlung auf **anerkannte Regeln der Versicherungsmathematik.** Die Inbezugnahme von § 1 Abs. 9 ARR betrifft die Beitragserhaltungsgarantie. Hier dürfte für eine Entnahme eine **proportionale Verringerung der Garantie** sachgerecht sein. Dabei sind der entnommene Betrag und das zum Zeitpunkt der Entnahme vorhandene Kapital ins Verhältnis zu setzen und dieses Verhältnis dann auf die Höhe der Beitragsgarantie zum Zeitpunkt der Entnahme anzuwenden.[8] Bei einer Rückzahlung ist dieser Vorgang dann umzukehren. Dem zurückgezahlten Kapital kann nach dem für die Entnahme beschriebenen Verfahren eine konkrete Höhe für die Beitragserhaltungsgarantie zugewiesen werden. Um genau diese Höhe erhöht sich dann wiederum die Garantie. Nicht sachgerecht sein dürfte es hingegen, den Rückzahlungsbetrag als Einmalbeitrag zu betrachten, um den sich dann die Bei- 7

---

[3] Gesetzesbegr. BT-Drs. 16/8869, 30.

[4] Gesetzesbegr. BT-Drs. 16/8869, 30.

[5] Abrufbar unter https://www.zfa.deutsche-rentenversicherung-bund.de/de/Inhalt/public/1_ZfA/99_FAQ/1_99_3_FAQ_EigHeimRent_allg.html?nn=311880, dort Frage 38 (abgerufen am: 14.12.2013).

[6] Siehe hierzu *Baroch Castellví* in Das Deutsche Bundesrecht, Stand: Juni 2011, AltZertG § 1 Rn. 49.

[7] Siehe BMF v. 13.1.2014 – IV C 3-S 2015/11/10002:018, DOK 2014/0007769 Rn. 233.

[8] Siehe Beispiel bei *Baroch Castellví* in Das Deutsche Bundesrecht, Stand: Juni 2011, AltZertG § 1 Rn. 13.

tragserhaltungsgarantie auch erhöht.[9] Auf die Weise würde sich nämlich die Beitragsgarantie durch Entnahme und spätere Rückzahlung erhöhen können gegenüber einer Situation ohne Entnahme und Rückzahlung. Im Hinblick auf die Ermittlung der daraus abgeleiteten Renten wird man auf Rechnungszins und Sterbetafel zurückgreifen können, die in § 1 Abs. 10 ARR aufgeführt sind. Als weitere Rechnungsgrundlagen werden sachgerechter Weise die bei Vertragsbeginn zur Berechnung der Leistungen angewendeten heranzuziehen sein.

2. Steuerhinweis (Abs. 2)

8 Absatz 2 enthält einen der Transparenz dienenden Verweis auf die Steuerhinweise, aus denen sich Einzelheiten zu einer Entnahme zu Wohnzwecken und der Möglichkeit der Rückzahlung ergeben sollten.

IV. Darlegungs- und Beweislast

9 Zu Fragen der Darlegungs- und Beweislast dürfte allenfalls die Neuberechnung der Leistungen nach Entnahme und ggf. Rückzahlung Anlass geben. Hier wird dem Versicherer eine plausible Darlegung obliegen.

V. Wirksamkeit der Bestimmung

10 Die Bestimmung ist wirksam.

§ 15 Was gilt bei Änderung Ihrer Postanschrift und Ihres Namens?

(1) Eine Änderung Ihrer Postanschrift müssen Sie uns unverzüglich *(d. h. ohne schuldhaftes Zögern)* mitteilen. Anderenfalls können für Sie Nachteile entstehen. Wir sind berechtigt, eine an Sie zu richtende Erklärung *(z. B. Setzen einer Zahlungsfrist)* mit eingeschriebenem Brief an Ihre uns zuletzt bekannte Anschrift zu senden. In diesem Fall gilt unsere Erklärung drei Tage nach Absendung des eingeschriebenen Briefes als zugegangen.

(2) Bei Änderung Ihres Namens gilt Absatz 1 entsprechend.

1 § 15 entspricht § 15 ARB. Vgl. die Erläuterungen dort (→ ARB § 15 Rn. 1 ff.).

§ 16 Welche Informationen erhalten Sie während der Vertragslaufzeit?

Wir informieren Sie jährlich über
- die Verwendung der gezahlten Beiträge und der uns zugeflossenen staatlichen Zulagen,
- das bisher gebildete Kapital,
- die einbehaltenen anteiligen Abschluss- und Vertriebskosten,
- die Kosten für die Verwaltung des gebildeten Kapitals sowie
- die erwirtschafteten Erträge.

Mit der Information nach Satz 1 werden wir Sie auch darüber unterrichten, ob und wie wir ethische, soziale und ökologische Belange bei der Verwendung der gezahlten Beiträge und der uns zugeflossenen staatlichen Zulagen berücksichtigen.

[9] So aber *Baroch Castellví* in Das Deutsche Bundesrecht, Stand: Juni 2011, AltZertG § 1 Rn. 14.

I. Gesetzliche Grundlagen

1 Grundlage der Bestimmung ist die Vorschrift des § 7 Abs. 4 AltZertG, der eine entsprechende Informationspflicht des Versicherers zu entnehmen ist. Das Altersvorsorge-Verbesserungsgesetz (AltvVerbG)[1] sieht allerdings vor, dass an die Stelle von § 7 Abs. 4 AltZertG die Regelung des § 7a AltZertG tritt, die geänderte Vorgaben enthält. Gemäß § 14 Abs. 6 AltZertG ist diese Änderung der gesetzlich vorgegenen Informationspflichten erstmals am 1. Tag des 18. auf die Verkündung der Rechtsverordnung nach § 6 Abs. 1 AltZertG folgenden Kalendermonats anzuwenden. Die vorliegende Klausel berücksichtigt diese Änderung daher noch nicht.

II. Rechtsprechung

Rechtsprechung zu der Klausel gibt es nicht.

III. Informationspflichten

2 Die Informationspflichten des Versicherers gemäß § 16 beziehen sich auf die Verwendung der eingezahlten Beiträge, das bisher gebildete Kapital, die einbehaltenen anteiligen Abschluss- und Vertriebskosten, die Kosten für die Verwaltung des gebildeten Kapitals, die erwirtschafteten Erträge (Satz 1) und eine mögliche Berücksichtigung ethischer, sozialer und ökologischer Belange bei der Verwendung der eingezahlten Beiträge (Satz 2). Zu informieren ist **jährlich,** solange der Vertrag besteht. Auch wenn der Vertrag ruht bzw. in der Auszahlungsphase ist die Information zu geben.[2]

3 Eine Information über die **Verwendung der Beiträge** kommt nur in Betracht, wenn Beiträge in ein Sondervermögen fließen, anderenfalls entfällt diese Angabe.[3] Das **gebildete Kapital** ist für Versicherungsverträge in § 1 Abs. 5 Buchstabe a AltZertG definiert. Die einbehaltenen anteiligen **Abschluss- und Vertriebskosten** stellen die Kosten dar, die dem Vertrag in Rechnung gestellt werden und in dessen Abschluss begründet sind. Anders als in der Regelung des § 2 Abs. 1 Nr. 1 und VVG-InfoV stellt die Klausel in Anknüpfung an § 7 Abs. 4 AltZertG dabei zutreffend auf die „einbehaltenen" und nicht auf die „einkalkulierten" Kosten ab. Gemeint ist hiermit im Ergebnis aber dasselbe, nämlich die rechnungsmäßig angesetzten und nicht die tatsächlichen Kosten,[4] zumal letztere gar nicht ermittelbar sind.[5] Mit den ebenfalls auszuweisenden **Kosten für die Verwaltung des gebildeten Kapitals** sind die einkalkulierten Verwaltungskosten gemeint. Das erfasst nicht sämtliche Verwaltungskosten, sondern nur diejenigen, die für die Verwaltung des

---

[1] Art. 2 Nr. 10 AltvVerbG (BGBl. 2013 I S. 1667).

[2] *Bundeszentralamt für Steuern,* Kommentar zum AltZertG, § 7 Rn. 18; *Präve* in Prölss § 10a Rn. 71; *Baroch Castellvi* in Das Deutsche Bundesrecht, AltZertG § 7 Rn. 25.

[3] *Bundeszentralamt für Steuern,* Kommentar zum AltZertG, § 7 Rn. 19; *Präve* in Prölss § 10 aRn. 72.

[4] So ausdrücklich zu der korrespondierenden vorvertraglichen Informationspflicht gemäß § 2 Abs. 2 Nr. 1 VVG-InfoV; *Armbrüster* in Langheid/Wandt VVG-InfoV § 2 Rn. 10; *Ortmann* VuR 2008, 256 (257); *Gansel* in Schwintowski/Brömmelmeyer VVG-InfoV § 2 Rn. 2.

[5] *Baroch Castellvi* in Das Deutsche Bundesrecht, AltZertG § 7 Rn. 26.

gebildeten Kapitals benötigt werden.[6] Unter den **erwirtschafteten Erträgen** sind sämtliche, dem Vertrag gut geschriebene Beträge (rechnungsmäßige Zinsen und Überschussanteile) zu verstehen.

4 Zu informieren ist schließlich gemäß Satz 2 der Klausel darüber, ob und wie der Anbieter **ethische,** soziale und ökologische **Belange** berücksichtigt. Hiermit soll dem Gedanken des nachhaltigen Wirtschaftens in der Altersvorsorge Rechnung getragen werden. Wenn der Versicherer von vornherein erklärt, entsprechende Belange nicht zu berücksichtigen, erübrigt sich allerdings auch eine jährliche Mitteilung hierüber. Verweist er auf die Berücksichtigung der Belange (etwa durch kurze und prägnante Nennung von Beispielen), ist auch eine jährliche Aktualisierung notwendig. Im ersten Fall reicht eine entsprechende Information vor Vertragsschluss.[7]

5 Die Information ist **schriftlich** zu geben. Das folgt unmittelbar aus § 7 Abs. 4 AltZertG. Gemeint ist hiermit eine Übermittlung etwa in Papierform oder per E-Mail. Nicht zulässig ist hingegen eine bloß mündliche oder fernmündliche Unterrichtung bzw. ein bloßes Bereithalten der Informationen im Internet.[8] Dass § 16 das Schriftlichkeitserfordernis nicht ausdrücklich erwähnt, ist unschädlich, da die Ausgestaltung der in § 16 genannten Pflichten letztlich keine andere Erfüllung zulässt, was sich bereits durch die Auflistung der zu gebenden Informationen ohne Weiteres erschließt. Die Information muss nicht nach einem bestimmten Muster gestaltet sein.[9] Der Versicherer ist insofern grundsätzlich frei in der formalen Ausgestaltung der Information. Er muss allerdings darauf achten, dass die Information nicht mit anderen Informationen oder gar Werbung vermischt wird, so dass sie als solche nicht hinreichend wahrnehmbar ist.[10]

6 Zum Zeitpunkt des Vertragsschlusses hatte der Versicherer gemäß § 1 Abs. 1 S. 1 Nr. 9 AltZertG aF ursprünglich auch eine Verpflichtung einzugehen, den Versicherungsnehmer während der Vertragslaufzeit entsprechend zu informieren. Nur dann lag auch ein zertifizierungsfähiger Vertrag vor. Mit dem Alterseinkünftegesetz (AltEinkG) ist § 1 Abs. 1 S. 1 Nr. 9 AltZertG aufgehoben worden. An seine Stelle ist mit § 7 Abs. 4 AltZertG eine bloße Informationspflicht getreten.[11] Die Verpflichtung des Versicherers zur Information ist seitdem **keine Zertifizierungsvoraussetzung** mehr,[12] weshalb insofern auch kein Grund zur Aufnahme der Informationspflichten in den Vertrag mehr besteht. Es ist jedoch unschädlich, die Bestimmung in den Bedingungen zu belassen. Dass das BZSt als Zertifizierungsstelle für Altersvorsorgeverträge eine schriftliche Bestätigung des Anbieters verlangt, wonach die Informationen nach § 7 AltZertG „durch die zertifizierten Vertragsbedingungen gedeckt sind“,[13] entbehrt vor diesem Hintergrund der rechtlichen Grundlage.

---

[6] *Baroch Castellvi* in Das Deutsche Bundesrecht, AltZertG § 7 Rn. 26.

[7] *Präve* in Prölss § 10a Rn. 75; *Baroch Castellvi* in Das Deutsche Bundesrecht, AltZertG § 7 Rn. 28.

[8] *Präve* in Prölss § 10a Rn. 52ff., 76 mwN.

[9] *Bundeszentralamt für Steuern,* Kommentar zum AltZertG, § 7 Rn. 23.

[10] *Baroch Castellvi* in Das Deutsche Bundesrecht, AltZertG § 7 Rn. Rn. 29.

[11] Art. 7 Nr. 1 Buchst. a Doppelbuchst. ee, Nr. 3 Buchst. a Doppelbuchst. bb AltEinkG (BGBl. 2004 I S. 1427).

[12] Gesetzentwurf der Bundesregierung, BT-Drs. 15/2563, S. 51; *Bundeszentralamt für Steuern,* Kommentar zum AltZertG, § 7 Rn. 2.

[13] *Bundeszentralamt für Steuern,* Kommentar zum AltZertG, § 7 Rn. 24.

IV. Darlegungs- und Beweislast

7 Die Darlegungs- und Beweislast für das Vorliegen einer Verletzung der in der Klausel aufgeführten Informationspflichten obliegt dem Versicherungsnehmer. Den Nachweis des Zugangs der entsprechenden Unterlagen hat allerdings der Versicherer zu führen.

V. Wirksamkeit der Bestimmung

8 Als rein deklaratorische Klausel, die den Inhalt von § 7 Abs. 4 AltZertG referiert, unterliegt § 16 keiner Inhaltskontrolle nach **§§ 307 ff. BGB.**[14] Das gilt auch in Bezug auf das Transparenzgebot des § 307 Abs. 1 S. 2 BGB, selbst wenn – wie hier und bei AGB fast immer gegeben – Gesetzesinhalte mit eigenen Worten wiedergegeben werden.[15] Folgt man dieser Ansicht zum Transparenzgebot nicht,[16] sind bei § 16 jedenfalls keine Transparenzdefizite auszumachen.

§ 17 Welche Kosten stellen wir Ihnen gesondert in Rechnung?

(1) In folgenden Fällen stellen wir Ihnen pauschal zusätzliche Kosten gesondert in Rechnung: …

(2) Wir haben uns bei der Bemessung der Pauschale an dem bei uns regelmäßig entstehenden Aufwand orientiert. Sofern Sie uns nachweisen, dass die der Bemessung zugrunde liegenden Annahmen in Ihrem Fall dem Grunde nach nicht zutreffen, entfällt die Pauschale. Sofern Sie uns nachweisen, dass die Pauschale der Höhe nach wesentlich niedriger zu beziffern ist, wird sie entsprechend herabgesetzt.

1 § 17 entspricht § 16 ARB. Vgl. die Erläuterungen dort (→ ARB § 16 Rn. 1 ff.).

§ 18 Welches Recht findet auf Ihren Vertrag Anwendung?

Auf Ihren Vertrag findet das Recht der Bundesrepublik Deutschland Anwendung.

1 § 18 entspricht § 17 ARB. Vgl. die Erläuterungen dort (→ ARB § 17 Rn. 1 ff.).

§ 19 Wo ist der Gerichtsstand?

(1) Für Klagen aus dem Vertrag **gegen uns** ist das Gericht zuständig, in dessen Bezirk unser Sitz oder die für den Vertrag zuständige Niederlassung liegt. Zuständig ist auch das Gericht, in dessen Bezirk Sie zur Zeit der Klageerhebung Ihren Wohnsitz haben. Wenn Sie keinen Wohnsitz haben, ist der Ort Ihres gewöhnlichen Aufenthalts maßgeblich. Wenn Sie eine juristische Person sind, ist auch das Gericht zuständig, in dessen Bezirk Sie Ihren Sitz oder Ihre Niederlassung haben.

---

[14] *Präve* in v. Westphalen/Thüsing Allgemeine Versicherungsbedingungen Rn. 14.
[15] *Präve* in v. Westphalen/Thüsing Allgemeine Versicherungsbedingungen Rn. 73.
[16] *Pfeiffer* in Wolf/Lindacher/Pfeiffer BGB § 307 Rn. 333.

(2) Klagen aus dem Vertrag **gegen Sie** müssen wir bei dem Gericht erheben, das für Ihren Wohnsitz zuständig ist. Wenn Sie keinen Wohnsitz haben, ist der Ort Ihres gewöhnlichen Aufenthalts maßgeblich. Wenn Sie eine juristische Person sind, ist das Gericht zuständig, in dessen Bezirk Sie Ihren Sitz oder Ihre Niederlassung haben.

(3) Verlegen Sie Ihren Wohnsitz oder den Ort Ihres gewöhnlichen Aufenthalts in das Ausland, sind für Klagen aus dem Vertrag die Gerichte des Staates zuständig, in dem wir unseren Sitz haben.

1 § 19 entspricht § 18 ARB. Vgl. die Erläuterungen dort (→ ARB § 18 Rn. 1 ff.).

Teil 6. Allgemeine Bedingungen für eine fondsgebundene Rentenversicherung mit Auszahlung des Deckungskapitals bei Tod als Altersvorsorgevertrag im Sinne des Altersvorsorgeverträge-Zertifizierungsgesetzes (AltZertG) (AFR)

Musterbedingungen des GDV

Stand: 7. Mai 2013

Diese Bedingungen sind für die Versicherer unverbindlich; ihre Verwendung ist rein fakultativ. Abweichende Bedingungen können vereinbart werden.

Sehr geehrte Kundin, sehr geehrter Kunde,

mit diesen Versicherungsbedingungen wenden wir uns an Sie als unseren Versicherungsnehmer und Vertragspartner und als versicherte Person. Bei Ihrem Vertrag handelt es sich um einen Altersvorsorgevertrag im Sinne des Altersvorsorgeverträge-Zertifizierungsgesetzes (AltZertG). Informationen zur steuerlichen Behandlung des Vertrages (auch zu den staatlichen Zulagen) sowie den steuerrechtlichen Folgen einer schädlichen Verwendung des Altersvorsorgevermögens finden Sie in den Steuerhinweisen.

§ 1 Was ist eine fondsgebundene Rentenversicherung?

(1) Die fondsgebundene Rentenversicherung bietet vor Rentenzahlungsbeginn Versicherungsschutz unter unmittelbarer Beteiligung an der Wertentwicklung eines Sondervermögens (Anlagestock). Der Anlagestock besteht aus Anteilen von Fonds, an die die Leistungen aus Ihrem Vertrag gebunden sind, und wird gesondert von unserem sonstigen Vermögen angelegt. Die auf Ihren Vertrag entfallenden Anteileinheiten bilden das fondsgebundene Deckungskapital.

Zur Sicherstellung der Beitragserhaltungsgarantie (siehe § 2 Absatz 10) werden Beitrags- und Zulagenteile in unserem sonstigen Vermögen angelegt (Garantie-Deckungskapital).

Mit Rentenzahlungsbeginn entnehmen wir dem Anlagestock die auf Ihren Vertrag entfallenden Anteile und legen deren Wert in unserem sonstigen Vermögen an. Anteile von Investmentfonds werden mit dem Rücknahmepreis angesetzt.

(2) Soweit die Erträge aus den im Anlagestock enthaltenen Vermögenswerten nicht ausgeschüttet werden, fließen sie unmittelbar dem Anlagestock zu und erhöhen damit den Wert der Anteileinheiten. Erträge, die ausgeschüttet werden, und Steuererstattungen rechnen wir in Anteileinheiten um und schreiben sie den einzelnen Versicherungsverträgen gut.

(3) Da die Entwicklung der Vermögenswerte des Anlagestocks nicht vorauszusehen ist, können wir vor Rentenzahlungsbeginn die Höhe der Rente nur bis zu dem Betrag garantieren, der sich aus der Beitragserhaltungsgarantie (siehe § 2 Absatz 10) ergibt. Sie haben die Chance, insbesondere bei Kurssteigerungen der Wertpapiere des Anlagestocks einen Wertzuwachs zu erzielen; bei Kursrückgängen tragen Sie im Gegenzug auch das Risiko der Wertminderung. Wertminderungen bis hin zum Totalverlust können auch bei unplanmäßigen Veränderungen der Fonds (siehe § 12) entstehen, beispielsweise kann die Kapitalan-

lagegesellschaft die Rücknahme der Anteile aussetzen. Bei Werten, die nicht in Euro geführt werden, können Schwankungen der Währungskurse den Wert der Anlage zusätzlich beeinflussen. Das bedeutet, dass die Rente je nach Entwicklung der Vermögenswerte des Anlagestocks höher oder niedriger ausfallen wird.

(4) Die Höhe der Rente ist vom Deckungskapital abhängig. Das Deckungskapital ist die Summe aus dem Garantie-Deckungskapital und dem vorhandenen Wert des fondsgebundenen Deckungskapitals (Absatz 1). Den Wert des fondsgebundenen Deckungskapitals ermitteln wir dadurch, dass wir die Anzahl der auf Ihren Vertrag entfallenden Anteileinheiten mit dem am jeweiligen Stichtag ermittelten Wert einer Anteileinheit multiplizieren.

I. Gesetzliche Grundlagen

1. Rechtliche Grundlagen

1 Die BaFin nahm die zunehmende Produktvielfalt der Rentenversicherung im Jahr 2006 zum Anlass, **Mindestanforderungen** an die Ausgestaltung Allgemeiner Versicherungsbedingungen, insbesondere im Hinblick auf Verbraucherschutz und Transparenz der Produktgestaltung und der Garantien in einer Auslegungsentscheidung zu veröffentlichen. Grundlage waren hierbei insbesondere AGB-rechtliche Vorschriften des BGB.

2 Neben einer klaren und eindeutigen Formulierung der Leistungsansprüche fordert die BaFin die **Aufklärung der Versicherungsnehmer über Besonderheiten der Produktgestaltung,** insbes. soweit die in der Lebensversicherung üblichen Garantieleistungen relativiert werden sollen und dadurch ihren eigentlichen Garantiecharakter verlieren können. Die Aufklärung über abweichende Produktgestaltung hat danach bereits vor Vertragsabschluss und hinreichend deutlich zu erfolgen.

3 Gegenüber den Erwartungen der Verbraucher an den üblichen Vertragsinhalt einschränkende Regelungen müssen hervorgehoben werden und am Anfang der Allgemeinen Versicherungsbedingungen stehen.

4 Zusätzlich dürfen die Deklaration der Überschussbeteiligung und die Bilanzierung von den vertraglichen Vereinbarungen nicht abweichen. Insbesondere dürfen bereits zugeteilte Überschüsse nicht wieder entzogen werden.

5 Bei einer fondsgebundenen Versicherung werden die zugeteilten Überschüsse in Fondsanteile umgewandelt. Bei negativer Aus der Wertentwicklung kann sich während der weiteren Vertragslaufzeit ein Wertverlust ergeben, Dies wirkt sich zwar nachträglich auf die Werthaltigkeit der zugeteilten Überschüsse aus, stellt aufgrund der Produktbesonderheiten einer fondsgebundenen Versicherung keinen unzulässigen Entzug bereits zugeteilter Überschüsse dar.

6 Eine weitere Ausnahme vom dargestellten Grundsatz hält die BaFin aufsichtsrechtlich bei Altersvorsorgeverträgen für hinnehmbar. Durch die vom Gesetzgeber vorgegebenen Gestaltungsmöglichkeiten für diese Tarife könnte andernfalls die Finanzierbarkeit der Tarife im Hinblick auf den Beitragserhalt bei nachträglichen Veränderungen des vereinbarten Vertragsablaufs und kurzer Vertragslaufzeit in Frage gestellt sein. Aus diesem Grund lässt sie die Heranziehung von bereits zugeteilten Überschüssen zur Finanzierung bis maximal zur Höhe der Beitragsgarantie nach § 1 Abs. 1 Nr. 3 AltZertG zu. Da die Mindestanforderungen an die Transparenz entsprechend gelten, sind entsprechende Mechanismen in den Bedingungen transparent zu beschreiben.

2. AGB-Recht

7 Die Grenze der Zulässigkeit einschränkender Regelungen ist nach AGB-Recht dort zu sehen, wo Regelungen, den wesentlichen Gehalt bzw. die Rechte des Versicherungsnehmers oder die Pflichten des Versicherungsunternehmens aus einem Rentenversicherungsvertrag so einschränken, dass der Vertragszweck gefährdet ist. Derartige Regelungen können nach § 307 Abs. 2 S. 2 BGB unwirksam sein.

8 Das Finanzierungsrisiko für die vertraglich versprochene Leistung muss grundsätzlich vom Versicherungsunternehmen getragen werden und darf grundsätzlich nicht einseitig auf den Versicherungsnehmer abgewälzt werden. Diesbezügliche Beschränkungen bedürfen dementsprechend besonderer Transparenz. Auch eine evtl. Prämienanpassungsklausel muss die gesetzliche Regelung des § 163 VVG abbilden und darf nicht über diese hinausgehen.

II. Kommentierung der Klauselbestimmungen

9 Fondsgebundene Rentenversicherungen unterscheiden sich von konventionellen Versicherungen vor allem dadurch, dass der Versicherungsnehmer während der Aufschubzeit das Risiko der Kapitalanlage trägt. Dies gilt nicht für den Rentenbezug, sofern keine kapitalmarktorientierte Rentenphase vereinbart ist (→ AFR § 2 Rn. 47 ff.; → ARB § 1 Rn. 57).

1. Fondsbindung

10 Eine der Höhe nach garantierte Leistung gibt es bei der fondsgebundenen Rentenversicherung in der Regel nicht. Die Höhe der Leistungen einer fondsgebundenen Rentenversicherung ist dann unmittelbar von der Wertentwicklung der in einem Sondervermögen (Anlagestock) angesparten Vermögensanlagen abhängig. Die Sparanteile werden hierbei ausschließlich in den vom Versicherungsnehmer gewählten Investmentanteilen angelegt; die auf den Versicherungsvertrag entfallenden Anteile bilden das fondsgebundene Deckungskapital.

11 Handelt es sich um einen Altersvorsorgevertrag in Form einer fondsgebundenen Rentenversicherung enthält der Versicherungsvertrag zwingend eine **Beitragszusage** (→ § 2 Rn. 46). Mit der Beitragszusage garantiert der Anbieter, dass zum Rentenzahlungsbeginn (Beginn der Auszahlungsphase) mindestens die bis dahin gezahlten Beiträge und die dem Vertrag zugeflossenen staatlichen Zulagen für die vereinbarten Leistungen zur Verfügung stehen. Um die Beitragserhaltungsgarantie sicherzustellen werden Teile der Beiträge und Zulagen in unserem sonstigen Vermögen angelegt. Diese Vermögensteile bilden das Garantie-Deckungskapital.

12 Bei Rentenübergang werden die Fondsanteile dem Anlagestock entnommen und zusammen mit dem vorhandenen Garantie-Deckungskapital im sonstigen Vermögen des Versicherungsunternehmens angelegt. Der Wert der Fondsanteile wird dabei mit dem Rücknahmepreis angesetzt. Dies gilt nicht, wenn eine kapitalmarktorientierte Rentenphase vereinbart ist (→ ARB-F § 2 Rn. 49).

2. Thesaurierung

13 Die während der Aufschubzeit anfallenden Erträge aus den im Anlagestock enthaltenen Vermögenswerten, die nicht ausgeschüttet werden, fließen unmittelbar dem Anlagestock zu und erhöhen damit den Wert der Anteile an den dort gehalte-

nen Fondsanteilen. Erträge, die ausgeschüttet werden, sowie Steuererstattungen werden zum Erwerb weiterer Anteile verwendet und dem Versicherungsvertrag gutgeschrieben.

3. Kapitalanlagerisiko und Warnhinweis

14 Die Höhe der Gesamt-Leistungen ist unmittelbar von der Wertentwicklung der Fondsanteile abhängig. Diese ist nicht vorhersehbar. Dies gilt auch für die Höhe der Rente, die nur bis zu der Höhe garantiert wird, die aus der Beitragszusage (→ Rn. 11) finanziert werden kann. Über die auf Basis der Beitragszusage berechnete Mindestrente hinaus wird lediglich ein Rentenfaktor garantiert, der auf das Fondsguthaben bei Rentenbeginn anzuwenden ist (→ AFR § 2 Rn. 25).

15 Der **Versicherungsnehmer trägt das Kapitalanlagerisiko;** darauf ist er aus Transparenzgründen und nach AGB-Recht zwingend hinzuweisen. Der deutlich hervorgehobene Warnhinweis klärt den Versicherungsnehmer über Chancen und Risiken der Kapitalanlage auf, insbesondere über die Tatsache, dass im Extremfall der Totalverlust droht. Zusätzlich wird er deutlich über die weiteren einer Fondsanlage immanenten Risiken, wie bspw. die Illiquidität aufgrund einer Aussetzung der Rücknahme und eventuelle Währungsrisiken aufgeklärt. Abschließend erfolgt nochmals der Hinweis, dass sich die Wertentwicklung unmittelbar auf die Höhe der Gesamt-Rente auswirkt.

4. Ermittlung des Wertes des Deckungskapitals bei Rentenbeginn

16 Die Höhe der Gesamtrente ist vom Deckungskapital abhängig. Das Deckungskapital setzt sich aus dem Garantie-Deckungskapital und dem Wert der im Anlagestock vorhandenen Vermögensanlagen (fondsgebundenes Deckungskapital) zusammen.

17 Der Wert des bei Rentenübergang für die Bildung der Rente zur Verfügung stehenden fondsgebundenen Deckungskapitals wird durch Multiplikation der Anzahl der dem Versicherungsvertrag zugeordneten **Anteilseinheiten mit dem Wert der einzelnen Anteilseinheiten** ermittelt. Maßgeblich ist der Wert eines Fondsanteils am vereinbarten Stichtag. Auf Basis des so ermittelten Wertes und des vereinbarten Rentenfaktors wird dann die Höhe der Rente ermittelt (→ AFR § 2 Rn. 25).

III. Wirksamkeit der Bestimmung

18 Die Bestimmung klärt den Versicherungsnehmer über die wesentlichen Besonderheiten der Produktgestaltung einer fondsgebundenen Rentenversicherung. Der Kunde wird nicht über die fehlenden Garantien im Unklaren gelassen. Das bis zum Totalverlust reichende Kapitalanlagerisiko wird deutlich hervorgehoben beschrieben. Insgesamt ist den Anforderungen an die Transparenz und die vorvertraglichen Informationspflichten Genüge getan.

19 Der begrenzte Umfang der Garantien wird in § 1 im Zusammenspiel mit § 2 AFR umfassend beschrieben, so dass insgesamt von einer wirksamen Vereinbarung auszugehen ist.

§ 2 Welche Leistungen erbringen wir?

Unsere Leistung ab Rentenzahlungsbeginn

(1) Wenn Sie den vereinbarten Rentenzahlungsbeginn erleben, zahlen wir die gemäß Absatz 2 ermittelte Rente, solange Sie leben. Die Rente ist unabhängig vom Geschlecht berechnet. Wir zahlen Ihnen die Rente in gleich bleibender Höhe jeweils zum ... eines Monats (Fälligkeitstag).

Rentenzahlungen dürfen frühestens mit Vollendung Ihres 62. Lebensjahres beginnen. Wenn Sie vor Vollendung des 62. Lebensjahres Altersrente aus einem gesetzlichen Alterssicherungssystem beziehen, können Sie eine Rente auch schon vorher in Anspruch nehmen. Dies setzt voraus, dass zu diesem Zeitpunkt die gezahlten Beiträge und die staatlichen Zulagen zur Bildung der Rente zur Verfügung stehen.

(2) Die Höhe der Rente wird aus dem zu Rentenzahlungsbeginn vorhandenen Deckungskapital (siehe § 1 Absatz 4) und dem vereinbarten Rentenfaktor ermittelt. Der Ermittlung des Wertes des fondsgebundenen Deckungskapitals legen wir dabei den ... (Stichtag) zugrunde. Der Rentenfaktor gibt an, wie viel Rente wir Ihnen je ... Euro Wert des Deckungskapitals, das zu Rentenzahlungsbeginn in Ihrem Vertrag vorhanden ist, zahlen. Für die Berechnung des Rentenfaktors haben wir die Annahmen zur Lebenserwartung nach der der Versicherungsaufsicht angezeigten Sterbetafel ... und einen Rechnungszins von ... % zugrunde gelegt.

(3) Wir können bis zu zwölf Monatsrenten zu einer Auszahlung zusammenfassen, falls die monatliche Rente bei Rentenzahlungsbeginn weniger als [...] € beträgt.

Wenn die monatliche Rente bei Rentenzahlungsbeginn die nach § 93 Absatz 3 Satz 2 und 3 des Einkommensteuergesetzes (EStG) festgelegte Kleinbetragsrente (im Jahr 2012: 26,25 Euro) nicht übersteigt, können wir die Rente gegen Auszahlung des zum Rentenzahlungsbeginn zur Verfügung stehenden Kapitals abfinden; in diesem Fall endet der Vertrag. Dabei sind bei der Berechnung der Rente alle Altersvorsorgeverträge insgesamt zu berücksichtigen, die Sie bei unserem Unternehmen abgeschlossen haben. Eine Abfindung erfolgt nicht, wenn die Leistung nur aufgrund einer Teilkapitalauszahlung gemäß Absatz 4 auf eine Kleinbetragsrente sinkt.

(4) Sie können verlangen, dass wir zum Rentenzahlungsbeginn einmalig bis zu ...% des zu diesem Zeitpunkt zur Verfügung stehenden Kapitals an Sie zahlen (Teilkapitalauszahlung), wenn Sie diesen Termin erleben. Dies führt zu einer Verringerung der Rentenleistungen. Ihr Antrag auf Teilkapitalauszahlung muss uns spätestens ... vor dem Fälligkeitstag der ersten Rente (Absatz 1) vorliegen.

(5) Sie können mit uns bei Rentenzahlungsbeginn eine gesonderte Auszahlung der ab Rentenzahlungsbeginn anfallenden Zinsen und Erträge vereinbaren.

Unsere Leistung bei Tod

(6) Wenn Sie **vor** dem Rentenzahlungsbeginn sterben, zahlen wir das zu diesem Zeitpunkt vorhandene Deckungskapital (siehe § 1 Absatz 4). Der Ermittlung des Wertes des fondsgebundenen Deckungskapitals legen wir dabei den ... (Stichtag) zugrunde.

(7) Wenn Sie mit uns eine Rentengarantiezeit vereinbart haben und Sie **nach** dem Rentenzahlungsbeginn sterben, gilt Folgendes: Wir zahlen die ermittelte Rente (Absatz 2) bis zum Ende der Rentengarantiezeit. (Beispiel: Haben Sie eine Rentengarantiezeit von zehn Jahren vereinbart und Sie sterben drei Jahre nach Rentenzahlungsbeginn, zahlen wir noch sieben Jahre lang die ermittelte Rente.) Wenn Sie mit uns keine Rentengarantiezeit vereinbart haben oder Sie nach Ablauf der Rentengarantiezeit sterben, erbringen wir bei Ihrem Tod keine Leistung und der Vertrag endet.

Übertragung der Todesfallleistung auf einen anderen Vertrag

(8) Die Todesfallleistung aus Ihrem Altersvorsorgevertrag kann auf einen auf den Namen Ihres überlebenden Ehegatten bzw. eingetragenen Lebenspartners lautenden Altersvorsorgevertrag übertragen werden, soweit Ihr Ehegatte bzw. Ihr eingetragener Lebenspartner aus diesem Vertrag anspruchsberechtigt ist. Dies setzt zusätzlich voraus, dass Sie und Ihr Ehegatte bzw. Ihr eingetragener Lebenspartner im Zeitpunkt des Todes unbeschränkt steuerpflichtig gewesen sind, nicht dauernd getrennt gelebt haben (§ 93 EStG) und ihren Wohnsitz oder gewöhnlichen Aufenthalt in einem Mitgliedstaat der Europäischen Union oder einem Staat haben, auf den das Abkommen über den Europäischen Wirtschaftsraum anwendbar ist. Der Altersvorsorgevertrag Ihres Ehegatten Ehegatten bzw. Ihres eingetragenen Lebenspartners kann bei uns oder einem anderen Anbieter bestehen, er muss zertifiziert sein und auf den Namen Ihres Ehegatten bzw. Ihres eingetragenen Lebenspartners lauten. Handelt es sich dabei um einen Vertrag bei einem anderen Anbieter, muss Ihr Ehegatte Ehegatten bzw. Ihr eingetragener Lebenspartner uns die Zertifizierung dieses Vertrages nachweisen. Diese Übertragung ist kostenlos.

Umwandlung der Todesfallleistung in eine lebenslange Hinterbliebenenrente

(9) Die Todesfallleistung kann auch in Form einer lebenslangen Rente an Ihren überlebenden Ehegatten bzw. eingetragenen Lebenspartner oder in Form einer abgekürzten Leibrente an Ihre überlebenden Kinder, für die Ihnen zum Zeitpunkt des Eintritts des Versorgungsfalles ein Anspruch auf Kindergeld oder ein Freibetrag nach § 32 Abs. 6 EStG zugeständen hätten, ausgezahlt werden. Weitere Voraussetzung ist, dass Ihr Ehegatte bzw. Ihr eingetragener Lebenspartner beziehungsweise Ihre Kinder aus diesem Vertrag anspruchsberechtigt sind. Der Anspruch auf Waisenrente ist auf den Zeitraum begrenzt, in dem der Rentenberechtigte die Voraussetzungen für die Berücksichtigung als Kind nach § 32 EStG erfüllt. Für die Ermittlung der Rente wird der dann für Neuverträge gültige Tarif verwendet.

Beitragserhaltungsgarantie

(10) Wir garantieren, dass zum Rentenzahlungsbeginn (Beginn der Auszahlungsphase) mindestens die bis dahin gezahlten Beiträge und die uns zugeflossenen staatlichen Zulagen für die vereinbarten Leistungen zur Verfügung stehen. Sofern Sie gemäß § 17 Kapital für Wohneigentum verwenden oder wir im Rahmen eines Versorgungsausgleichs bei Ehescheidung oder bei Aufhebung einer eingetragenen Lebenspartnerschaft Kapital entnehmen müssen, verringert sich diese Garantie entsprechend.

Art unserer Leistung

(11) Die Leistungen erbringen wir in Geld.

Unsere Leistung aus der Überschussbeteiligung

(12) Wir beteiligen Sie an den Überschüssen und an den Bewertungsreserven (siehe § 3).

Übersicht

I. Gesetzliche Grundlagen

1. Rechtliche Grundlagen

a) Leistungsbeschreibung. Die Leistungsbeschreibung ist zwingender Bestandteil der Versicherungsbedingungen (→ Einl. Rn. 6). Zu beschreiben sind **Art, Umfang und Fälligkeit** der versicherten Leistungen (§ 10 Abs. 1 Nr. 2 VAG). 1

Vertragsrechtlich verpflichtet sich der Versicherer mit dem Versicherungsvertrag, ein bestimmtes Risiko des Versicherungsnehmers oder eines Dritten durch eine Leistung abzusichern, die er bei Eintritt des vereinbarten Versicherungsfalles zu erbringen hat (§ 1 VVG). Die **Verpflichtung** wird mittels der Leistungsbeschreibung in den Versicherungsbedingungen nach Art und Fälligkeit abstrakt sowie im Versicherungsschein der Höhe nach näher definiert. Die Leistungsbeschreibung ist zentrales Element des Versicherungsvertrages und bestimmt zusammen mit dem Versicherungsschein die **Ansprüche des Versicherungsnehmers.** 2

Ergänzend muss der Versicherer nach § 7 Abs. 1 VVG dem Versicherungsnehmer rechtzeitig vor Abgabe von dessen Vertragserklärung die **Vertragsbestimmungen** einschließlich der Allgemeinen Versicherungsbedingungen sowie weitere in der VVG-InfoV näher bestimmte Informationen in **Textform** übermitteln (§ 7 Abs. 2 Nr. 1–3 VVG). In den allgemeinen und besonderen Versicherteninformationen sowie dem Produktinformationsblatt (§ 1 Abs. 1 S. 1 Nr. 6, § 2 Abs. 1 S. 1 Nr. 4–6, § 4 Abs. 2 S. 1 Nr. 2 und 4 VVG-InfoV)insbesondere Einzelheiten zur angebotenen Leistung und die zu erwartenden Leistungen. 3

Neben diesen vorvertraglichen Informationspflichten nach dem VVG bestehen für Altersvorsorgeverträge vor Abgabe der Vertragserklärung, während der Vertragslaufzeit und vor Rentenübergang zusätzliche spezielle gesetzliche **Informationspflichten nach dem AltZertG** (§ 7 AltZertG a. F., §§ 7, 7 a, 7 b AltZertG). Darüber hinaus ist während der Vertragslaufzeit über etwaige Kostenänderungen zu informieren (§ 7 c AltZertG). 4

Durch das AltVVerbG wurden die vorvertraglichen Informationspflichten für Altersvorsorgeverträge neu geregelt. Das nach § 7 AltZertG auszuhändigende **stan-** 5

dardisierte Produktinformationsblatt ersetzt das Produktinformationsblatt nach dem VVG. Die neuen Pflichten sind 18 Monate nach Inkrafttreten der AltPIBV zu erfüllen (→ ARR § 1 Rn. 5ff.).

6 Solange das neue Produktinformationsblatt noch nicht auszuhändigen ist, ist der Versicherungsnehmer vor Abgabe seiner Vertragserklärung nach § 7 Abs. 1 AltZertG aF zusätzlich zum Produktinformationsblatt nach VVG in Textform über wesentliche Vertragsinhalte zu informieren (→ ARR § 1 Rn. 8ff.).

7 **b) Leistungshöhe.** Entsprechend der zentralen Bedeutung der versicherten Leistungen und des Anspruchs auf Überschussbeteiligung für die Altersvorsorge des Versicherungsnehmers erlegt der Gesetzgeber bei kapitalbildenden Lebens- und Rentenversicherungen, dem Versicherungsunternehmen bei Abschluss und während der Vertragslaufzeit **weitere Informationspflichten** auf.

8 **aa) Modellrechnung.** Eine Modellrechnung nach § 154 VVG war schon bisher für zertifizierte Altersvorsorgeverträge und für zertifizierte Basisrentenverträge nicht durchzuführen (§ 7 Abs. 5 S. 2 Hs. 2 AltZertG aF). Bei Altersvorsorgeverträgen und Basisrentenverträgen ist statt der Modellrechnung nach § 154 VVG, eine **Modellrechnung mit den Angaben nach § 7 Abs. 1 S. 2 Nr. 2 AltZertG aF** zu übermitteln, wobei eine Verzinsung des Guthabens von 2, 4 oder 6% zu unterstellen ist, soweit nicht eine bestimmte Verzinsung vereinbart ist. Dem jeweiligen Guthaben sind die bis dahin gezahlten Beiträge gegenüberzustellen.

9 Eine Modellrechnung nach § 154 VVG (→ ARB § 1 Rn. 5) darf für zertifizierte Altersvorsorgeverträge und für zertifizierte Basisrentenverträge auch künftig nicht durchgeführt werden (§ 7 Abs. 2 Satz 2 AltZertG). Diese darf dem individuellen Produktinformationsblatt auch nicht zusätzlich beigefügt werden (§ 7 Abs. 2 S. 3 AltZertG).

10 Der rechtzeitige **Zugang** des individuellen Produktinformationsblatts muss künftig nachgewiesen werden können (§ 7 Abs. 2 S. 3 AltZertG). Das Produktinformationsblatt ist dem Vertragspartner kostenlos bereitzustellen (§ 7 Abs. 2 S. 4 AltZertG).

11 **bb) Jährliche Information.** Bei Versicherungen mit Überschussbeteiligung ist der Versicherungsnehmer zusätzlich jährlich über die **Entwicklung seiner Ansprüche einschließlich Überschussbeteiligung** zu unterrichten (§ 155 VVG). Dabei ist der Kunde auf Abweichungen von den Angaben bei Vertragsabschluss, insbesondere der Modellrechnung, hinzuweisen.

12 Anbieter eines Altersvorsorge- oder Basisrentenvertrags sind verpflichtet, den Vertragspartner **jährlich schriftlich** über folgende Punkte zu informieren (§ 7 Abs. 4 AltZertG aF):

- die Verwendung der eingezahlten Beiträge,
- die Höhe des gebildeten Kapitals,
- die im abgelaufenen Beitragsjahr angefallenen tatsächlichen Kosten,
- die erwirtschafteten Erträge.

13 Im Rahmen der jährlichen Informationspflicht muss der Anbieter eines Altersvorsorge- oder Basisrentenvertrags auch darüber schriftlich informieren, ob und wie **ethische, soziale und ökologische Belange** bei der Verwendung der eingezahlten Beiträge berücksichtigt werden.

14 Die jährlichen Informationen (§ 7a AltZertG) müssen bei Vertragsabschlüssen ab dem 1.1.2017 auch das **Kapital enthalten, das nach Abzug der Kosten zu Beginn der Auszahlungsphase zur Verfügung steht** (§ 7a Abs. 1 S. 1 Nr. 5 Alt-

ZertG). Für die Berechnungen bezogen auf die Vergangenheit sind dabei die tatsächlich gezahlten Beiträge und die in dem vor Vertragsabschluss zur Verfügung gestellten individuellen Produktinformationsblatt genannten Wertentwicklungen zu berücksichtigen (§ 7a Abs. 1 S. 1 Nr. 5 AltZertG).

15 **cc) Information vor dem Beginn der Auszahlungsphase.** Vor dem Beginn der Auszahlungsphase des Riestervertrages muss der Versicherungsnehmer vom Versicherungsunternehmen eine Information nach § 7b AltZertG über die Form und Höhe der monatlichen Leistungen und der in der Auszahlungsphase anfallenden Kosten erhalten.

2. Steuerrechtliche Grundlagen

16 Beitragszahlungen zu Altersvorsorgeverträgen werden durch Zulagen und unter bestimmten Voraussetzungen einen zusätzlichen Sonderausgabenabzug steuerlich gefördert. Im Gegenzug unterliegen Leistungen aus Altersvorsorgeverträgen in voller Höhe der Einkommensteuer **(nachgelagerte Besteuerung).**

17 Um die Zweckerreichung der steuerlichen Förderung sicher zu stellen, unterliegen Altersvorsorgeverträge zahlreichen **steuerlichen Restriktionen,** die sich bis hin zur Produktgestaltung auswirken.

18 Voraussetzung der steuerlichen Förderung ist die Zertifizierung des dem Altersvorsorgevertrages zugrundeliegenden Vertragsmusters, wofür die angebotenen Produkte zur Sicherstellung der steuerlichen Förderfähigkeit **zahlreiche Voraussetzungen** erfüllen müssen, die in der Vertragsgestaltung zu berücksichtigen sind, sog. Zertifizierungskriterien. Zudem unterliegt die Verwendung von Altersvorsorgevermögen steuerlichen Beschränkungen.

19 **Einzelheiten** zur steuerlichen Förderung durch Zulagen und ergänzenden Sonderausgabenabzug, dem begünstigten Personenkreis, der Besteuerung der Leistungen, zu einer schädlichen Verwendung und der erforderlichen Zertifizierung, den Zertifizierungskriterien sowie den umfangreichen Besonderheiten der Vertragsgestaltung und den weiteren steuerrechtlichen Restriktionen (→ ARR § 1 Rn. 26ff.).

II. Kommentierung der Klauselbestimmungen

20 Hauptleistung einer fondsgebundenen Rentenversicherung als Altersvorsorgevertrag ist der **Beitragserhalt (→ Rn. 46),** auf dessen Basis mittels eines garantierten Rentenfaktors die garantierte Rente (→ Rn. 21) ermittelt wird. Alternativ kann der Kunde bei Rentenbeginn die einmalige Auszahlung eines Kapitals in Höhe von bis zu 30% des bei Rentenübergang vorhandenen gebildeten Kapitals verlangen (→ Rn. 30). Daneben kann der Vertrag eine Leistung bei Tod vor (→ Rn. 34) und nach Rentenbeginn vorsehen (→ Rn. 35). Zusätzlich hat der Versicherungsnehmer Anspruch auf Leistungen aus der Überschussbeteiligung (→ Rn. 52 ff.).

1. Hauptleistung: Leibrente

21 **a) Hauptleistung: garantierte Leibrente.** Hauptleistung ist eine lebenslang in gleichbleibender Höhe zu zahlende garantierte Leibrente auf das Leben des Versicherungsnehmers, der zugleich versicherte Person ist. Die garantierte Rente ist unabhängig vom Geschlecht zu ermitteln (→ ARR § 1 Rn. 37). Die **Höhe** der ga-

rantierten Rente wird im Versicherungsschein vereinbart. Die Rente wird monatlich gezahlt.

22 **aa) Frühestmöglicher Rentenbeginn.** Die Rentenzahlung darf frühestens beginnen, wenn der Versicherungsnehmer das 62. Lebensjahr vollendet hat. Ein früherer Rentenbeginn ist nur dann zulässig, wenn der Versicherungsnehmer vor Vollendung des 62. Lebensjahres Altersrente aus einem gesetzlichen Alterssicherungssystem bezieht und zu diesem Zeitpunkt das gebildete Kapital ohne Überschüsse mindestens die Höhe des Beitragserhalts (→ Rn. 46) erreicht hat.

23 **bb) Ermittlung der Rentenhöhe.** Maßgeblich für die Höhe der bei Rentenübergang zu ermittelnden Rente ist das zu diesem Zeitpunkt vorhandene **Deckungskapital** (→ AFR § 1 Rn. 17). Dieses setzt sich zusammen aus dem Garantie-Deckungskapital (→ AFR § 1 Rn. 12) und dem Wert des fondsgebundenen Deckungskapitals (→ AFR § 1 Rn. 17). Der Wert des fondsgebundenen Deckungskapitals wird zum vereinbarten Stichtag festgestellt.

24 Das Deckungskapital wird mit dem vereinbarten Rentenfaktor in eine Rente umgerechnet.

25 Der **Rentenfaktor** gibt an, in welcher Höhe eine Rente für einen vertraglich festgelegten Betrag des bei Rentenbeginn vorhandenen Deckungskapitals gezahlt wird. Er wird mit den vertraglich vereinbarten Rechnungsgrundlagen, insbesondere Sterbetafel und Rechnungszins berechnet.

26 **b) Zusammenfassung der monatlichen Rentenzahlungen zu einer Auszahlung.** Erreicht die monatliche Altersrente bei Rentenzahlungsbeginn nicht den vertraglich vereinbarten Mindestbetrag, kann der Anbieter bis zu zwölf Monatsrenten zu einer Auszahlung zusammenfassen.

27 **c) Abfindung von Kleinbetragsrenten.** Übersteigt die monatliche Altersrente bei Rentenzahlungsbeginn nicht den in § 93 Abs. 3 S. 2 und 3 EStG festgelegten Betrag – 1% der monatlichen Bezugsgröße (West) nach § 18 SGB VI (2013: 26,95 EUR; 2014: 27,65 EUR; 2015: 28,35 EUR monatlich) –kann der Anbieter die Rente **einseitig abfinden.** Auszuzahlen ist in diesem Fall das zum Rentenzahlungsbeginn vorhandene gebildete Kapital; mit der Auszahlung endet der Vertrag.

28 Bestehen bei einem Anbieter **mehrere Verträge,** sind bei der Berechnung der Rente alle beim Anbieter bestehenden Altersvorsorgeverträge zu berücksichtigen.

29 Das Abfindungsrecht des Anbieters entfällt, wenn die Rente nur aufgrund einer **Teilkapitalauszahlung** (→ Rn. 30 ff.) zur Kleinbetragsrente wird.

2. Ersatzleistung: Teilkapitalauszahlung

30 Der Versicherungsnehmer, kann zum Rentenzahlungsbeginn **einmalig** eine Teilkapitalauszahlung verlangen, wenn er diesen Zeitpunkt erlebt. Die Teilkapitalauszahlung ist der **Höhe** nach vertraglich auf den vereinbarten Prozentsatz des bei Rentenzahlungsbeginn vorhandenen gebildeten Kapitals, gesetzlich auf höchstens 30% des gebildeten Kapitals begrenzt.

31 Eine Teilkapitalauszahlung löst eine **Reduzierung der Rentenhöhe** aus, da für die Bildung der Rente weniger Kapital zur Verfügung steht.

32 Der Antrag auf Teilkapitalauszahlung muss **innerhalb der vereinbarten Frist** beim Anbieter vorliegen.

3. Auszahlung der Erträge während des Rentenbezugs

33 Der Versicherungsnehmer kann mit dem Anbieter bei Rentenzahlungsbeginn vereinbaren, dass die ab Rentenbeginn anfallenden Zinsen und Erträge **gesondert ausgezahlt** werden.

4. (Neben-)Leistungen bei Tod

34 **a) Tod vor Rentenbeginn.** Stirbt der Versicherungsnehmer vor Rentenzahlungsbeginn, wird das Deckungskapital ausgezahlt. Das Deckungskapital setzt sich aus dem Garantie-Deckungskapital und dem Wert des fondsgebundenen Deckungskapitals zusammen. Bei der Ermittlung des Werts des fondsgebundenen Deckungskapitals wird der Wert am vereinbarten Stichtag zugrunde gelegt.

35 **b) Tod nach Rentenbeginn. aa) Rentengarantiezeit.** Stirbt der Versicherungsnehmer nach Rentenzahlungsbeginn und wurde mit dem Anbieter eine Rentengarantiezeit vereinbart, wird die zum Rentenzahlungsbeginn ermittelte (→Rn. 26) und ab diesem Zeitpunkt garantierte Rente auch nach dem Tod bis zum vereinbarten Ende der Rentengarantiezeit gezahlt.

36 Die Rentengarantiezeit **beginnt mit Zahlung der ersten Rente** und endet – unabhängig vom Zeitpunkt des Todes – mit Ablauf der vereinbarten Dauer der Rentengarantiezeit.

37 Stirbt der Versicherungsnehmer nach Ablauf der Rentengarantiezeit oder wurde eine solche nicht vereinbart, erbringt der Anbieter keine Leistung und der Vertrag endet.

38 **bb) Schädliche Verwendung.** Erfolgt die Auszahlung des geförderten Altersvorsorgevermögens in Raten, zB als Rentenzahlung im Rahmen einer vereinbarten Rentengarantiezeit im Fall des Todes des Zulageberechtigten, so stellt jede **Teilauszahlung** eine anteilige schädliche Verwendung (→ARR §1 Rn. 117ff.) dar.[1] Wird nicht gefördertes Altersvorsorgevermögen im Rahmen einer vereinbarten Rentegarantiezeit ausgezahlt, liegt keine schädliche Verwendung vor.[2]

39 Die Folgen einer schädlichen Verwendung können abgewendet werden, wenn das zum Todeszeitpunkt vorhandene geförderte Altersvorsorgevermögen oder die einzelnen Rentenzahlungen zugunsten eines auf den Namen des überlebenden **Ehegatten/Lebenspartners** lautenden zertifizierten Altersvorsorgevertrages übertragen werden (→Rn. 40).[3]

40 **c) Übertragung der Todesfallleistung auf einen anderen Vertrag.** Die Todesfallleistung aus dem Altersvorsorgevertrag kann auf einen auf den Namen des überlebenden Ehegatten bzw. eingetragenen Lebenspartners lautenden zertifizierten Altersvorsorgevertrag **übertragen** werden, wen diese aus dem aufnehmenden Vertrag anspruchberechtigt sind. Der neue Vertragsinhaber muss zum Todeszeitpunkt seinen Wohnsitz oder gewöhnlichen Aufenthalt innerhalb der Europäischen Union oder innerhalb eines Staates, auf den das Abkommen über den Europäischen Wirtschaftsraum anwendbar ist, gehabt haben, unbeschränkt steuerpflichtig gewesen sein und darf nicht dauernd getrennt gelebt haben.

---

[1] BMF-Schreiben vom 24.7.2013, BStBl. I 2013, 1022 Rn. 205.

[2] BMF-Schreiben vom 24.7.2013, BStBl. I 2013, 1022 Rn. 226f.

[3] BMF-Schreiben vom 24.7.2013, BStBl. I 2013, 1022 Rn. 222f.

41 Der Altersvorsorgevertrag kann **bei dem bisherigen oder einem anderen Anbieter** bestehen; Besteht er bei einem anderen Anbieter muss dem bisherigen Anbieter die Zertifizierung des aufnehmenden Vertrages nachgewiesen werden.

42 Diese Übertragung ist **kostenlos.**

43 **d) Umwandlung der Todesfallleistung in eine lebenslange Hinterbliebenenrente.** Die Todesfallleistung kann auch in Form einer lebenslangen Leibrente an den überlebenden Ehegatten bzw. eingetragenen Lebenspartner gezahlt werden, wenn diese aus dem Altervorsorgevertrag des Verstorbenen anspruchsberechtigt sind.

44 An die überlebenden **Kinder** des Versicherungsnehmers, für die ihm zum Zeitpunkt seines Todes eine Anspruch auf Kindergeld oder ein Freibetrag nach § 32 Abs. 6 EStG zugestanden hätten, kann, wenn diese aus dem Altervorsorgevertrag des Verstorbenen anspruchsberechtigt sind, die Todesfallleistung in Form einer abgekürzten Leibrente (→ ARB § 1 Rn. 15) gezahlt werden. Der Anspruch auf Waisenrente ist auf den Zeitraum begrenzt, in dem der Rentenberechtigte die Voraussetzungen für die Berücksichtigung als Kind nach § 32 EStG erfüllt.

45 Für die Ermittlung der Rente wird der zum Zeitpunkt des Todes für Neuverträge geltende Tarif verwendet.

5. Beitragszusage

46 Die Beitragszusage ist zwingende Voraussetzung für die Zertifizierung des Altersvorsorgevertrages (→ ARR § 1 Rn. 39).

47 **a) Inhalt der Beitragszusage.** Mit der Beitragszusage garantiert der Anbieter, dass zum Rentenzahlungsbeginn (Beginn der Auszahlungsphase) mindestens die bis dahin gezahlten Beiträge und die dem Vertrag zugeflossenen staatlichen Zulagen für die vereinbarten Leistungen zur Verfügung stehen.

48 **b) Abzüge.** Verwendet der Versicherungsnehmer nach § 14 AFR einen Teil des gebildeten Kapitals für **Wohneigentum,** verringert sich die Garantie um den entnommenen Betrag.

49 Gleiches gilt, wenn der Anbieter im Rahmen eines **Versorgungsausgleichs** bei Ehescheidung oder bei Aufhebung einer eingetragenen Lebenspartnerschaft Kapital entnehmen muss.

50 Bei Einschluss einer Zusatzversicherung für **verminderte Erwerbsfähigkeit oder Dienstunfähigkeit** oder für die Absicherung der Hinterbliebenen werden die Beiträge für diese Zusatzversicherungen von der Garantie abgezogen, höchstens jedoch 20% der Gesamtbeiträge.

6. Art der Leistung

51 Die Leistungen werden in Geld erbracht. Eine Übertragung der Fondsanteile ist nicht zulässig, da damit das Erfordernis einer gleichbleibenden oder steigenden Rente nach § 1 Abs. 1 S. 1 Nr. 4 AltZertG nicht erfüllt wäre.[4]

[4] *Bundeszentralamt für Steuern,* Kommentar zum AltZertG, 2.6.2014, § 1 Rn. 9.

7. (Zusatz-)Leistung aus der Überschussbeteiligung

52 Der Versicherungsnehmer hat nach § 153 VVG dem Grunde nach einen Anspruch auf Überschussbeteiligung, es sei denn die Überschussbeteiligung wird im Vertrag ausdrücklich und insgesamt ausgeschlossen. Die Überschussbeteiligung setzt sich aus den **Überschüssen und den Bewertungsreserven** zusammen. Einzelheiten → § 3.

53 Ist eine Überschussbeteiligung vereinbart und sind alle zum jeweiligen Leistungszeitpunkt oder bei Vertragsende unwiderruflich zugeteilten oder zu diesen Zeitpunkt nach den vertraglichen Vereinbarungen zuzuteilenden Teile der Überschussbeteiligung auszuzahlen oder zur Erhöhung der Leistung zu verwenden. Dies gilt für laufende Überschüsse, Schlussüberschüsse und Bewertungsreserven.

8. Zulässige Zusatzversicherungen

54 Die zulässigen Zusatzversicherungen sind in § 1 Abs. 1 S. 1 Nr. 2 AltZertG **abschließend** geregelt. Hierzu zählen Versicherungen:
- der verminderten Erwerbsfähigkeit,
- der Berufsunfähigkeit,
- der Dienstunfähigkeit,
- der zusätzlichen oder integrierten Hinterbliebenenabsicherung.

55 Vereinbarungen, die zB den Abschluss einer **Risikolebensversicherung** vorsehen, sind innerhalb des zu zertifizierenden Musters des Altersvorsorgevertrags nicht zulässig.[5]

56 Beiträge zu **Zusatzversicherungen** dürfen nach § 1 Abs. 1 S. 1 Nr. 3 AltZertG die Beitragszusage (→ ARR § 1 Rn. 39) maximal um bis zu 20% der Gesamtbeiträge mindern.

57 Die Zusatzversicherungen müssen immer eine Rentenzahlung vorsehen. Alternativ kann eine **Beitragsfreistellung** und/oder eine Beitragsfortzahlung der Altersvorsorge vorgesehen werden.[6]

III. Wirksamkeit der Bestimmung

58 Bisher gibt es keine grundsätzliche höchstrichterliche Rechtsprechung zur Unwirksamkeit einzelner Leistungsbeschreibungen. Grundsätzlich ist hier eine klare, verständliche Beschreibung der vertraglichen Leistungen erforderlich. Dem Versicherungsnehmer müssen die Leistungen und deren Grenzen transparent werden.

§ 3 Wie erfolgt die Überschussbeteiligung?

(1) Bis zum Rentenzahlungsbeginn sind Sie an der Wertentwicklung des Anlagestocks unmittelbar beteiligt (siehe § 1 Absatz 1). Darüber hinaus erhalten Sie gemäß § 153 des Versicherungsvertragsgesetzes (VVG) eine Überschussbeteiligung. Diese umfasst eine Beteiligung an den Überschüssen und an den Bewertungsreserven. Die

---

[5] *Bundeszentralamt für Steuern,* Kommentar zum AltZertG, 2.6.2014, § 1 Abs. 1 S. 1 Nr. 2 Rn. 9.

[6] *Bundeszentralamt für Steuern,* Kommentar zum AltZertG, 2.6.2014, § 1 Abs. 1 S. 1 Nr. 2 Rn. 9.

Überschüsse und die Bewertungsreserven ermitteln wir nach den Vorschriften des Handelsgesetzbuches (HGB) und veröffentlichen sie jährlich im Geschäftsbericht.

Wir erläutern Ihnen,

- wie die Überschussbeteiligung der Versicherungsnehmer insgesamt erfolgt (Absatz 2),
- wie die Überschussbeteiligung Ihres konkreten Vertrags erfolgt (Absatz 3) und
- warum wir die Höhe der Überschussbeteiligung nicht garantieren können (Absatz 4).

(2) Wie erfolgt die Überschussbeteiligung der Versicherungsnehmer insgesamt?

Dazu erklären wir Ihnen

- aus welchen Quellen die Überschüsse stammen (a),
- wie wir mit diesen Überschüssen verfahren (b) und
- wie Bewertungsreserven entstehen und wir diese zuordnen (c).

a) Überschüsse können aus drei verschiedenen Quellen entstehen:

- den Kapitalerträgen (aa),
- dem Risikoergebnis (bb) und
- dem übrigen Ergebnis (cc).

Wir beteiligen unsere Versicherungsnehmer an diesen Überschüssen; dabei beachten wir die Verordnung über die Mindestbeitragsrückerstattung in der Lebensversicherung (Mindestzuführungsverordnung) in der jeweils geltenden Fassung.

(aa) Kapitalerträge

Von den Nettoerträgen der nach dieser Verordnung maßgeblichen Kapitalanlagen erhalten die Versicherungsnehmer insgesamt mindestens den dort genannten prozentualen Anteil. In der derzeitigen Fassung der Mindestzuführungsverordnung sind grundsätzlich 90% vorgeschrieben. Aus diesem Betrag werden zunächst die Mittel entnommen, die für die garantierten Leistungen benötigt werden. Die verbleibenden Mittel verwenden wir für die Überschussbeteiligung der Versicherungsnehmer.

(bb) Risikoergebnis

Weitere Überschüsse entstehen insbesondere, wenn die tatsächliche Lebensdauer der Versicherten kürzer ist, als die bei der Tarifkalkulation zugrunde gelegte. In diesem Fall müssen wir weniger Renten als ursprünglich angenommen zahlen und können daher die Versicherungsnehmer an dem entstehenden Risikoergebnis beteiligen. An diesen Überschüssen werden die Versicherungsnehmer nach der derzeitigen Fassung der Mindestzuführungsverordnung grundsätzlich zu mindestens 75% beteiligt.

(cc) Übriges Ergebnis

Am übrigen Ergebnis werden die Versicherungsnehmer nach der derzeitigen Fassung der Mindestzuführungsverordnung grundsätzlich zu mindestens 50% beteiligt. Überschüsse aus dem übrigen Ergebnis können beispielsweise entstehen, wenn

- die Kosten niedriger sind als bei der Tarifkalkulation angenommen,
- wir andere Einnahmen als aus dem Versicherungsgeschäft haben, z. B. Erträge aus Dienstleistungen, die wir für andere Unternehmen erbringen,
- …

(b) Die auf die Versicherungsnehmer entfallenden Überschüsse führen wir der Rückstellung für Beitragsrückerstattung zu oder schreiben sie unmittelbar den überschussberechtigten Versicherungsverträgen gut (Direktgutschrift).

Die Rückstellung für Beitragsrückerstattung dient dazu, Schwankungen der Überschüsse auszugleichen. Sie darf grundsätzlich nur für die Überschussbeteiligung der Versicherungsnehmer verwendet werden. Nur in Ausnahmefällen und mit Zustim-

mung der Aufsichtsbehörde können wir hiervon nach § 56b des Versicherungsaufsichtsgesetzes (VAG) abweichen. Dies dürfen wir, soweit die Rückstellung für Beitragsrückerstattung nicht auf bereits festgelegte Überschussanteile entfällt. Nach der derzeitigen Fassung des § 56b VAG können wir im Interesse der Versicherten die Rückstellung für Beitragsrückerstattung heranziehen, um:
- inen drohenden Notstand abzuwenden,
- unvorhersehbare Verluste aus den überschussberechtigten Verträgen auszugleichen, die auf allgemeine Änderungen der Verhältnisse zurückzuführen sind, oder
- die Deckungsrückstellung zu erhöhen, wenn die Rechnungsgrundlagen auf Grund einer unvorhersehbaren und nicht nur vorübergehenden Änderung der Verhältnisse angepasst werden müssen. *(Eine Deckungsrückstellung bilden wir, um zu jedem Zeitpunkt den Versicherungsschutz gewährleisten zu können. Die Deckungsrückstellung wird nach § 65 VAG und § 341e und § 341f HGB sowie den dazu erlassenen Rechtsverordnungen berechnet.)*

Wenn wir die Rückstellung für Beitragsrückerstattung zum Verlustausgleich oder zur Erhöhung der Deckungsrückstellung heranziehen, belasten wir die Versichertenbestände verursachungsorientiert.

(c) Bewertungsreserven entstehen, wenn der Marktwert der Kapitalanlagen über dem Wert liegt, mit dem die Kapitalanlagen im Geschäftsbericht ausgewiesen sind. Die Bewertungsreserven, die nach gesetzlichen und aufsichtsrechtlichen Vorschriften für die Beteiligung der Verträge zu berücksichtigen sind, ordnen wir den Verträgen nach einem verursachungsorientierten Verfahren anteilig rechnerisch zu.

Die Höhe der Bewertungsreserven ermitteln wir jährlich neu, zusätzlich auch
- für den Zeitpunkt der Beendigung eines Vertrages vor Rentenzahlungsbeginn,
- für den Beginn einer Rentenzahlung sowie
- während der Rentenzahlung jeweils für das Ende eines Versicherungsjahres.

(3) Wie erfolgt die Überschussbeteiligung Ihres Vertrages?

(a) Wir haben gleichartige Versicherungen (z. B. Rentenversicherung, Risikoversicherung) zu Gewinngruppen zusammengefasst. Gewinngruppen bilden wir, um die Unterschiede bei den versicherten Risiken zu berücksichtigen. Die Überschüsse verteilen wir auf die einzelnen Gewinngruppen nach einem verursachungsorientierten Verfahren und zwar in dem Maße, wie die Gewinngruppen zur Entstehung von Überschüssen beigetragen haben.

Ihr Vertrag erhält Anteile an den Überschüssen derjenigen Gewinngruppe, die in Ihrem Versicherungsschein genannt ist. Die Mittel für die Überschussanteile werden bei der Direktgutschrift zu Lasten des Ergebnisses des Geschäftsjahres finanziert, ansonsten der Rückstellung für Beitragsrückerstattung entnommen. Die Höhe der Überschussanteilsätze legen wir jedes Jahr fest. Wir veröffentlichen die Überschussanteilsätze in unserem Geschäftsbericht. Diesen können Sie bei uns anfordern.

(b) Bei **Beendigung der Ansparphase** (durch Tod, Kündigung oder Erleben des vereinbarten Rentenzahlungsbeginns) gilt Folgendes: Wir teilen Ihrem Vertrag dann den für diesen Zeitpunkt zugeordneten Anteil an den Bewertungsreserven gemäß der jeweils geltenden gesetzlichen Regelung zu; derzeit sieht § 153 Absatz 3 VVG eine Beteiligung in Höhe der Hälfte der zugeordneten Bewertungsreserven vor. Auch **während des Rentenbezuges** werden wir Sie entsprechend an den Bewertungsreserven beteiligen. Aufsichtsrechtliche Regelungen können dazu führen, dass die Beteiligung an den Bewertungsreserven ganz oder teilweise entfällt.

(c) Die für die Überschussbeteiligung geltenden Berechnungsgrundsätze sind in den als Anlage beigefügten „Bestimmungen zur Überschussbeteiligung für die fondsgebundene Rentenversicherung mit Auszahlung des Deckungskapitals bei Tod als

Altersvorsorgevertrag im Sinne des Altersvorsorgeverträge-Zertifizierungsgesetzes (AltZertG)" enthalten. Diese Bestimmungen sind Bestandteil dieser Versicherungsbedingungen.

(4) Warum können wir die Höhe der Überschussbeteiligung nicht garantieren?
Die Höhe der Überschussbeteiligung hängt von vielen Einflüssen ab, die nicht vorhersehbar und von uns nur begrenzt beeinflussbar sind. Wichtigster Einflussfaktor ist die Entwicklung des Kapitalmarkts. Aber auch die Entwicklung des versicherten Risikos und der Kosten ist von Bedeutung. Die Höhe der künftigen Überschussbeteiligung kann also nicht garantiert werden. Über die Entwicklung Ihrer Überschussbeteiligung werden wir Sie jährlich unterrichten.

1 § 3 entspricht weitgehend § 2 ARB. Vgl. die Erläuterungen dort (→ ARB § 2 Rn. 1 ff.) und – bezogen auf den Fonds – § 3 ARB-F (→ ARB-F § 3 Rn. 1).

Da es sich hier um Bedingungen für Riester-Rentenversicherungsverträge handelt, gilt neben den unter § 2 ARB genannten Rechtsgrundlagen (→ ARB § 2 Rn. 1 ff.) auch das **Altersvorsorge-Zertifizierungsgesetz** (AltZertG). § 3 Abs. 3 c verweist deshalb auch auf den Anhang mit Bestimmungen zum AltZertG.

Nach § 1 Abs. 5 AltZertG enthält das gebildete Kapital neben der Summe aus dem vorhandenen Wert der Anteilseinheiten und der im sonstigen Vermögen angelegten verzinsten Beitrags- und Zulagenteile, abzüglich der tariflichen Kosten und den bereits zugeteilten Überschussanteilen, den übertragungsfähigen **Wert aus Schlussüberschussanteilen** sowie die nach § 153 Abs. 1 und 3 VVG zuzuteilenden **Bewertungsreserven.**

Besonderheiten zur Ermittlung und Verteilung der Überschussanteile sieht das Gesetz im Übrigen nicht vor.

§ 4 Wann beginnt Ihr Versicherungsschutz?

Ihr Versicherungsschutz beginnt, wenn Sie den Vertrag mit uns abgeschlossen haben. Jedoch besteht vor dem im Versicherungsschein angegebenen Versicherungsbeginn kein Versicherungsschutz. Allerdings kann unsere Leistungspflicht entfallen, wenn Sie den Beitrag nicht rechtzeitig zahlen (siehe § 9 Absatz 2 und 3 und § 10).

1 § 4 entspricht § 3 ARB. Vgl. die Erläuterungen dort (→ ARB § 3 Rn. 1 ff.).

§ 5 Was bedeutet die vorvertragliche Anzeigepflicht bei Zusatzversicherungen und welche Folgen hat ihre Verletzung?

Vorvertragliche Anzeigepflicht
(1) Bei Einschluss einer Zusatzversicherung sind Sie bis zur Abgabe Ihrer Vertragserklärung verpflichtet, alle Ihnen bekannten gefahrerheblichen Umstände, nach denen wir in Textform *(z. B. Papierform oder E-Mail)* gefragt haben, wahrheitsgemäß und vollständig anzuzeigen. Gefahrerheblich sind die Umstände, die für unsere Entscheidung, den Vertrag überhaupt oder mit dem vereinbarten Inhalt zu schließen, erheblich sind.

Diese Anzeigepflicht gilt auch für Fragen nach gefahrerheblichen Umständen, die wir Ihnen nach Ihrer Vertragserklärung, aber vor Vertragsannahme in Textform stellen.

(2) Wenn eine andere Person die Fragen nach gefahrerheblichen Umständen für Sie beantwortet und wenn diese Person den gefahrerheblichen Umstand kennt oder

arglistig handelt, werden Sie behandelt, als hätten Sie selbst davon Kenntnis gehabt oder arglistig gehandelt.

Rechtsfolgen der Anzeigepflichtverletzung

(3) Nachfolgend informieren wir Sie, unter welchen Voraussetzungen wir bei einer Verletzung der Anzeigepflicht
- von der Zusatzversicherung zurücktreten,
- die Zusatzversicherung kündigen,
- die Zusatzversicherung ändern oder
- die Zusatzversicherung wegen arglistiger Täuschung anfechten

können.

Rücktritt

(4) Wenn die vorvertragliche Anzeigepflicht verletzt wird, können wir von der Zusatzversicherung zurücktreten. Das Rücktrittsrecht besteht nicht, wenn weder eine vorsätzliche noch eine grob fahrlässige Anzeigepflichtverletzung vorliegt. Selbst wenn die Anzeigepflicht grob fahrlässig verletzt wird, haben wir trotzdem kein Rücktrittsrecht, falls wir die Zusatzversicherung – möglicherweise zu anderen Bedingungen *(z. B. höherer Beitrag oder eingeschränkter Versicherungsschutz)* – auch bei Kenntnis der nicht angezeigten gefahrerheblichen Umstände geschlossen hätten.

(5) Im Fall des Rücktritts haben Sie keinen Versicherungsschutz aus der Zusatzversicherung. Wenn wir nach Eintritt des Versicherungsfalles zurücktreten, bleibt unsere Leistungspflicht unter folgender Voraussetzung trotzdem bestehen: Die Verletzung der Anzeigepflicht bezieht sich auf einen gefahrerheblichen Umstand, der
- weder für den Eintritt oder die Feststellung des Versicherungsfalles
- noch für die Feststellung oder den Umfang unserer Leistungspflicht ursächlich

war.

Unsere Leistungspflicht entfällt jedoch auch im vorstehend genannten Fall, wenn die Anzeigepflicht arglistig verletzt worden ist.

(6) Wenn die Zusatzversicherung durch Rücktritt aufgehoben wird, endet sie. Das zu diesem Zeitpunkt vorhandene Deckungskapital Ihrer Zusatzversicherung verwenden wir zur Erhöhung Ihrer Rente aus der Hauptversicherung. Die Rückzahlung der Beiträge können Sie nicht verlangen.

Kündigung

(7) Wenn unser Rücktrittsrecht ausgeschlossen ist, weil die Verletzung der Anzeigepflicht weder vorsätzlich noch grob fahrlässig erfolgt ist, können wir die Zusatzversicherung unter Einhaltung einer Frist von einem Monat kündigen.

(8) Unser Kündigungsrecht ist ausgeschlossen, wenn wir die Zusatzversicherung – möglicherweise zu anderen Bedingungen *(z. B. höherer Beitrag oder eingeschränkter Versicherungsschutz)* – auch bei Kenntnis der nicht angezeigten gefahrerheblichen Umstände geschlossen hätten.

(9) Wenn wir die Zusatzversicherung kündigen, wandelt sie sich in eine beitragsfreie Versicherung um.

Vertragsänderung

(10) Können wir nicht zurücktreten oder kündigen, weil wir die Zusatzversicherung – möglicherweise zu anderen Bedingungen *(z. B. höherer Beitrag oder eingeschränkter Versicherungsschutz)* – auch bei Kenntnis der nicht angezeigten gefahrerheblichen Umstände geschlossen hätten (Absatz 4 Satz 3 und Absatz 8), werden die anderen Bedingungen auf unser Verlangen rückwirkend Vertragsbestandteil. Haben Sie die Anzeigepflichtverletzung nicht zu vertreten, werden die anderen Bedingungen erst ab der laufenden Versicherungsperiode (siehe § 9 Absatz 2 Satz 3) Vertragsbestandteil.

(11) Sie können die Zusatzversicherung innerhalb eines Monats, nachdem Sie unsere Mitteilung über die Vertragsänderung erhalten haben, fristlos kündigen, wenn

- wir im Rahmen einer Vertragsänderung den Beitrag für die Zusatzversicherung um mehr als 10% erhöhen oder
- wir die Gefahrabsicherung für einen nicht angezeigten Umstand ausschließen.

Auf dieses Recht werden wir Sie in der Mitteilung über die Vertragsänderung hinweisen.

Voraussetzungen für die Ausübung unserer Rechte

(12) Unsere Rechte zum Rücktritt, zur Kündigung oder zur Vertragsänderung stehen uns nur zu, wenn wir Sie durch gesonderte Mitteilung in Textform auf die Folgen einer Anzeigepflichtverletzung hingewiesen haben.

(13) Wir haben kein Recht zum Rücktritt, zur Kündigung oder zur Vertragsänderung, wenn wir den nicht angezeigten Umstand oder die Unrichtigkeit der Anzeige kannten.

(14) Wir können unsere Rechte zum Rücktritt, zur Kündigung oder zur Vertragsänderung nur innerhalb eines Monats geltend machen. Die Frist beginnt mit dem Zeitpunkt, zu dem wir von der Verletzung der Anzeigepflicht, die das von uns geltend gemachte Recht begründet, Kenntnis erlangen. Bei Ausübung unserer Rechte müssen wir die Umstände angeben, auf die wir unsere Erklärung stützen. Zur Begründung können wir nachträglich weitere Umstände angeben, wenn für diese die Frist nach Satz 1 nicht verstrichen ist.

(15) Nach Ablauf von fünf Jahren seit Vertragsschluss erlöschen unsere Rechte zum Rücktritt, zur Kündigung oder zur Vertragsänderung. Ist der Versicherungsfall vor Ablauf dieser Frist eingetreten, können wir die Rechte auch nach Ablauf der Frist geltend machen. Ist die Anzeigepflicht vorsätzlich oder arglistig verletzt worden, beträgt die Frist zehn Jahre.

Anfechtung

(16) Wir können die Zusatzversicherung auch anfechten, falls unsere Entscheidung zur Annahme der Zusatzversicherung durch unrichtige oder unvollständige Angaben bewusst und gewollt beeinflusst worden ist. Absatz 6 gilt entsprechend.

Leistungserweiterung/Wiederherstellung der Zusatzversicherung

(17) Die Absätze 1 bis 16 gelten entsprechend, wenn der Versicherungsschutz nachträglich erweitert oder wiederhergestellt wird und deshalb eine erneute Risikoprüfung vorgenommen wird. Die Fristen nach Absatz 15 beginnen mit der Änderung oder Wiederherstellung der Zusatzversicherung bezüglich des geänderten oder wiederhergestellten Teils neu.

Erklärungsempfänger

(18) Wir üben unsere Rechte durch eine schriftliche Erklärung aus, die wir Ihnen gegenüber abgeben. Sofern Sie uns keine andere Person als Bevollmächtigten benannt haben, gilt nach Ihrem Tod ein aus einer Zusatzversicherung Bezugsberechtigter als bevollmächtigt, diese Erklärung entgegenzunehmen. Ist kein Bezugsberechtigter vorhanden oder kann sein Aufenthalt nicht ermittelt werden, können wir den Inhaber des Versicherungsscheins als bevollmächtigt ansehen, die Erklärung entgegenzunehmen.

1 Die Ausführungen zu § 6 ARB (→ ARB § 6 Rn. 1 ff.) gelten mit folgenden Ausnahmen:

I. Vorvertragliche Anzeigepflicht beim Einschluss einer Zusatzversicherung

2 Bei einem Altersvorsorgevertrag iSd AltZertG besteht eine **vorvertragliche Anzeigepflicht** in Bezug auf eine **Zusatzversicherung.** Gemäß § 1 Abs. 1 Nr. 2 Hs. 2 AltZertG kann eine ergänzende Absicherung der verminderten Erwerbsfähigkeit oder Dienstunfähigkeit und eine zusätzliche Absicherung der Hinterbliebenen vereinbart werden. Der Versicherer kann die ihm im Fall der Verletzung einer vorvertraglichen Anzeigepflicht zustehenden Rechte bezüglich der Zusatzversicherung ausüben.

II. Identität zwischen Versicherungsnehmer und versicherter Person

3 Nach § 1 Abs. 1 Nr. 2 Hs. 1 AltZertG ist für einen Altersvorsorgevertrag iSd AltZertG Voraussetzung, dass zwischen dem Anbieter und einer natürlichen Person (Vertragspartner) eine Vereinbarung geschlossen wird, die **für den Vertragspartner eine Altersversorgung** vorsieht. Der Versicherungsnehmer und die versicherte Person müssen daher identisch sein. Eine § 6 Abs. 2 ARB bzw. § 6 Abs. 17 S. 2 ARB vergleichbare Regelung, die eine Personenverschiedenheit zwischen Versicherungsnehmer und versicherter Person voraussetzt, entfällt daher.

III. Keine Auszahlung eines Rückkaufswerts

4 Wird die Zusatzversicherung durch Rücktritt aufgehoben, endet diese (Abs. 6 Satz 1). Nach Abs. 6 S. 2 wird das zu diesem Zeitpunkt vorhandene Deckungskapital der Zusatzversicherung zur **Erhöhung der Rente aus der Hauptversicherung** verwendet. Entsprechendes gilt nach Abs. 16 S. 2 für den Fall der Anfechtung der Zusatzversicherung. Hintergrund dieser Regelung ist, dass die Auszahlung eines Rückkaufswerts zu einer schädlichen Verwendung iSd § 93 Abs. 1 S. 1 EStG führen würde.[1]

§ 6 Was ist zu beachten, wenn eine Leistung verlangt wird?

(1) Wird eine Leistung aus dem Vertrag beansprucht, können wir verlangen, dass uns der Versicherungsschein und ein Zeugnis über den Tag Ihrer Geburt vorgelegt werden.

(2) Wenn Sie eine vorgezogene Altersrente nach § 2 Absatz 1 Satz 5 vor Vollendung des 62. Lebensjahres beantragen, müssen Sie uns den Bescheid über den Bezug einer Rente aus einem gesetzlichen Alterssicherungssystem vorlegen.

(3) Vor jeder Rentenzahlung können wir auf unsere Kosten eine amtliche Bescheinigung darüber verlangen, dass Sie noch leben.

(4) Ihr Tod muss uns unverzüglich *(d. h. ohne schuldhaftes Zögern)* mitgeteilt werden. Außerdem muss uns eine amtliche Sterbeurkunde mit Angabe von Alter und Ge-

---

[1] Vergleiche auch BMF-Schreiben v. 24. 7. 2013, BStBl. I 2013, 1022, Rn. 207.

burtsort vorgelegt werden. Dies gilt auch, wenn für den Todesfall keine Leistung vereinbart wurde.

(5) Unsere Leistungen werden fällig, nachdem wir die Erhebungen abgeschlossen haben, die zur Feststellung des Versicherungsfalls und des Umfangs unserer Leistungspflicht notwendig sind. Wenn eine der in den Absätzen 1 bis 4 genannten Pflichten nicht erfüllt wird, kann dies zur Folge haben, dass wir nicht feststellen können, ob oder in welchem Umfang wir leistungspflichtig sind. Eine solche Pflichtverletzung kann somit dazu führen, dass unsere Leistung nicht fällig wird.

(6) Bei Überweisung von Leistungen in Länder außerhalb des Europäischen Wirtschaftsraumes trägt die empfangsberechtigte Person die damit verbundene Gefahr.

1 § 6 AFR entspricht § 5 ARR. Es kann auf die Kommentierung zu § 7 ARB verwiesen werden (→ ARB § 7), wegen einzelner **Abweichungen** auch auf die Erläuterungen zu § 5 ARR (→ ARR § 5 Rn. 1 ff.).

§ 7 Wer erhält die Leistung?

(1) Als unser Versicherungsnehmer erhalten Sie die Leistung.

Bezugsberechtigung

(2) Für die Leistung im Todesfall können Sie widerruflich eine andere Person benennen, die nach Ihrem Tod die Leistung erhalten soll (Bezugsberechtigter).

Sie können dieses Bezugsrecht jederzeit widerrufen. Nach Ihrem Tod kann das Bezugsrecht nicht mehr widerrufen werden. Die Einräumung und der Widerruf eines Bezugsrechts sind uns gegenüber nur und erst dann wirksam, wenn sie uns von Ihnen in Schriftform *(d. h. durch ein eigenhändig unterschriebenes Schriftstück)* angezeigt worden sind.

Keine Abtretung, Verpfändung und Übertragung von Forderungen oder Rechten

(3) Die Abtretung von Forderungen und Rechten aus dem Vertrag sowie deren Verpfändung sind ausgeschlossen. Ausgeschlossen ist ferner jede sonstige Übertragung von Forderungen oder Rechten aus dem Vertrag an Dritte, wie z. B. die Einräumung von Bezugsrechten zugunsten Dritter – mit Ausnahme von Bezugsrechten nach Absatz 2.

1 § 7 AFR entspricht § 6 ARR. Es kann vollständig auf die Kommentierung zu § 6 ARR verwiesen werden (→ ARR § 6 Rn. 1 ff.).

§ 8 Wie verwenden wir Ihre Beiträge und die staatlichen Zulagen?

(1) Die Beitrags- und Zulagenteile, die zur Sicherstellung der Beitragserhaltungsgarantie (s. § 2 Abs. 10) benötigt werden, führen wir dem Garantie-Deckungskapital zu. Der Berechnung des Garantie-Deckungskapitals legen wir den Rechnungszins von … % zugrunde.

(2) Wir führen Ihre Beiträge und die uns zugeflossenen staatlichen Zulagen, soweit sie nicht zur Sicherstellung der Beitragserhaltungsgarantie (siehe § 2 Absatz 10) und zur Deckung von Kosten bestimmt sind, dem Anlagestock (siehe § 1 Absatz 1) zu und rechnen sie zum … (Stichtag) in Anteileinheiten des gewählten Fonds um. Wenn Sie mehrere Fonds gewählt haben, teilen wir den anzulegenden Betrag gleichmäßig auf die von Ihnen gewählten Fonds auf.

(3) Wir entnehmen dem fondsgebundenen Deckungskapital monatlich zum … (Stichtag) Anteile, um die einkalkulierten Kosten zu decken.

§ 8 entspricht § 9 ARR. Vgl. die Erläuterungen dort (→ ARR § 9 Rn. 1ff.). **1**

§ 9 Was müssen Sie bei der Beitragszahlung beachten?

(1) Die Beiträge zu Ihrem Vertrag können Sie je nach Vereinbarung monatlich, viertel-, halbjährlich oder jährlich zahlen.

(2) Den ersten Beitrag müssen Sie unverzüglich *(d. h. ohne schuldhaftes Zögern)* nach Abschluss des Vertrages zahlen, jedoch nicht vor dem mit Ihnen vereinbarten, im Versicherungsschein angegebenen Versicherungsbeginn. Alle weiteren Beiträge (Folgebeiträge) werden jeweils zu Beginn der vereinbarten Versicherungsperiode fällig. Die Versicherungsperiode umfasst bei Jahreszahlung ein Jahr, ansonsten entsprechend der Zahlungsweise einen Monat, ein Vierteljahr bzw. ein halbes Jahr.

(3) Sie haben den Beitrag **rechtzeitig** gezahlt, wenn Sie bis zum Fälligkeitstag (Absatz 2) alles getan haben, damit der Beitrag bei uns eingeht. Wenn die Einziehung des Beitrags von einem Konto vereinbart wurde, gilt die Zahlung in folgendem Fall als rechtzeitig:
- Der Beitrag konnte am Fälligkeitstag eingezogen werden und
- Sie haben einer berechtigten Einziehung nicht widersprochen.

Konnten wir den fälligen Beitrag ohne Ihr Verschulden nicht einziehen, ist die Zahlung auch dann noch rechtzeitig, wenn sie unverzüglich nach unserer Zahlungsaufforderung erfolgt. Haben Sie zu vertreten, dass der Beitrag wiederholt nicht eingezogen werden kann, sind wir berechtigt, künftig die Zahlung außerhalb des Lastschriftverfahrens zu verlangen.

(4) Sie müssen die Beiträge auf Ihre Gefahr und Ihre Kosten zahlen.

(5) Bei Fälligkeit einer Leistung werden wir etwaige Beitragsrückstände verrechnen.

§ 9 entspricht § 10 ARB. Vgl. die Erläuterungen dort (→ ARB § 10 Rn. 1ff.). **1**

§ 10 Was geschieht, wenn Sie einen Beitrag nicht rechtzeitig zahlen?

Erster Beitrag

(1) Wenn Sie den ersten Beitrag nicht rechtzeitig zahlen, können wir – solange die Zahlung nicht bewirkt ist – vom Vertrag zurücktreten. Wir sind nicht zum Rücktritt berechtigt, wenn uns nachgewiesen wird, dass Sie die nicht rechtzeitige Zahlung nicht zu vertreten haben.

(2) Ist der erste Beitrag bei Eintritt des Versicherungsfalles noch nicht gezahlt, sind wir nicht zur Leistung verpflichtet. Dies gilt nur, wenn wir Sie durch gesonderte Mitteilung in Textform *(z. B. Papierform, E-Mail)* oder durch einen auffälligen Hinweis im Versicherungsschein auf diese Rechtsfolge aufmerksam gemacht haben. Unsere Leistungspflicht bleibt jedoch bestehen, wenn Sie uns nachweisen, dass Sie das Ausbleiben der Zahlung nicht zu vertreten haben.

Folgebeitrag

(3) Zahlen Sie einen Folgebeitrag nicht rechtzeitig, können wir Ihnen auf Ihre Kosten in Textform eine Zahlungsfrist setzen. Die Zahlungsfrist muss mindestens zwei Wochen betragen.

(4) Für einen Versicherungsfall, der nach Ablauf der gesetzten Zahlungsfrist eintritt, vermindert sich der Versicherungsschutz, wenn Sie sich bei Eintritt des Versicherungsfalles noch mit der Zahlung in Verzug befinden. Voraussetzung ist, dass wir Sie bereits mit der Fristsetzung auf diese Rechtsfolge hingewiesen haben.

(5) Nach Ablauf der gesetzten Zahlungsfrist können wir den Vertrag ohne Einhaltung einer Kündigungsfrist kündigen, wenn Sie sich noch immer mit den Beiträgen, Zinsen oder Kosten in Verzug befinden. Voraussetzung ist, dass wir Sie bereits mit der Fristsetzung auf diese Rechtsfolge hingewiesen haben. Wir können die Kündigung bereits mit der Fristsetzung erklären. Sie wird dann automatisch mit Ablauf der Frist wirksam, wenn Sie zu diesem Zeitpunkt noch immer mit der Zahlung in Verzug sind. Auf diese Rechtsfolge müssen wir Sie ebenfalls hinweisen.

Im Fall der Kündigung wandelt sich der Vertrag in eine beitragsfreie Versicherung entsprechend § 15 Absätze 1 und 2 um.

(6) Sie können den angeforderten Betrag auch dann noch nachzahlen, wenn unsere Kündigung wirksam geworden ist. Nachzahlen können Sie nur

- innerhalb eines Monats nach der Kündigung
- oder, wenn die Kündigung bereits mit der Fristsetzung verbunden worden ist, innerhalb eines Monats nach Fristablauf.

Zahlen Sie innerhalb dieses Zeitraums, wird die Kündigung unwirksam und der Vertrag besteht fort. Für Versicherungsfälle, die zwischen dem Ablauf der Zahlungsfrist und der Zahlung eintreten, besteht nur ein verminderter Versicherungsschutz.

1 § 10 entspricht § 11 ARB. Vgl. die Erläuterungen dort (→ ARB § 11 Rn. 1 ff.). Ergänzend wird Abs. 5 S. 5 darauf hingewiesen, dass im Fall der Kündigung sich der Vertrag in eine **beitragsfreie Versicherung** entsprechend § 15 AFR Abs. 1 und 2 umwandelt. Damit wird dem Umstand Rechnung getragen, dass es sich um eine schädliche Verwendung iSd § 93 Abs. 1 EStG gegeben wäre, wenn im Fall der Kündigung eine Geldleistung an den Versicherungsnehmer ausgezahlt würde.[1]

§ 11 Wie können Sie Fonds wechseln?

(1) Sie können vor Rentenzahlungsbeginn das fondsgebundene Deckungskapital Ihres Vertrages (siehe § 1) in andere Fonds, die wir hierfür anbieten, umschichten (shiften). Die Umschichtung führen wir mit einer Frist von … zum … durch, sobald uns Ihr Antrag in Schriftform *(d. h. durch ein eigenhändig unterschriebenes Schriftstück)* vorliegt. Die künftig für den Anlagestock zur Verfügung stehenden Beitrags- und Zulagenteile legen wir dann in die von Ihnen gewählten Fonds an, wenn Sie uns nichts anderes mitgeteilt haben. Sie können während der Aussetzung und bei endgültiger Einstellung der Rücknahme von Fondsanteilen nicht umschichten.

(2) Sie können vor Rentenzahlungsbeginn auch bestimmen, dass wir nur die künftig für den Anlagestock zur Verfügung stehenden Beitrags- und Zulagenteile in andere von uns angebotene Fonds anlegen (switchen). Die Änderung führen wir mit einer Frist von … zum … durch, sobald uns Ihr Antrag in Schriftform vorliegt.

Schrifttum: Vgl. Angaben zu § 15 ARB-F.

1 Die Musterregelung ist inhaltlich identisch mit § 14 ARB-F, auf dessen Kommentierung insoweit verwiesen wird (→ ARB-F § 14 Rn. 1 ff.).

2 Klarstellend zu § 14 ARB-F werden die Regelungen jeweils neben dem für die Anlage in Fonds vorgesehenen Teil des Sparbeitrages (Anlagebeitrag) auch auf die für die Anlage in Fonds vorgesehenen Teile der staatlichen Zulagen erstreckt (→ AFR § 8 Abs. 2).

---

[1] *Hasse* VersR 2007, 871 (872); *ders.* VersR 207, 277 (282).

§ 12 Was geschieht bei unplanmäßigen Veränderungen der Fonds?

(1) Wenn die Kapitalanlagegesellschaft die Ausgabe von Anteilen eines in Ihrem Vertrag enthaltenen Fonds beschränkt, aussetzt oder endgültig einstellt, informieren wir Sie.

Ist Ihre laufende Beitragszahlung von dieser Änderung betroffen, werden wir Ihnen als Ersatz einen neuen Fonds vorschlagen. Der neue Fonds soll dabei in Anlageziel und Anlagepolitik dem bisherigen Fonds weitgehend entsprechen (Ersatzfonds). Sofern Sie unserem Vorschlag nicht innerhalb von ... Wochen nach unserer Information widersprechen, werden wir Ihre hiervon betroffenen Anlagebeiträge und Zulagenteile ab dem von uns genannten Termin in den Ersatzfonds anlegen.

Im Fall eines Widerspruchs müssen Sie uns einen anderen Ersatzfonds aus unserem Fondsangebot benennen. Die jeweils aktuelle Liste der Fonds, die für Ihren Vertrag in Frage kommen, ist bei uns jederzeit erhältlich.

Wenn wir Sie nicht rechtzeitig informieren können, weil die Ausgabe von Fondsanteilen kurzfristig beschränkt, ausgesetzt oder endgültig eingestellt worden ist, werden wir die Anlagebeiträge und Zulagen in den von uns vorgeschlagenen Ersatzfonds anlegen. Sie haben das Recht, einen Fondswechsel nach § 11 durchzuführen.

(2) Wenn die Kapitalanlagegesellschaft einen Fonds auflöst, gelten die Regeln des Absatzes 1 entsprechend. Sofern aus der Auflösung des Fonds Zahlungen zu späteren Zeitpunkten resultieren, werden wir diese gemäß Ihrer zum jeweiligen Rückzahlungszeitpunkt aktuellen Aufteilung der Beiträge in den zu diesem Zeitpunkt gewählten Fonds anlegen.

(3) Wenn die Kapitalanlagegesellschaft einen Fonds mit einem anderen Fonds zusammenlegt, gelten die Regeln des Absatzes 1 für zukünftige Anlagebeträge entsprechend. In diesem Fall wird jedoch auch der vorhandene Wert des fondsgebundenen Deckungskapitals auf den Ersatzfonds übertragen.

(4) Wenn die Rücknahme von Anteilen eines in Ihrem Vertrag enthaltenen Fonds ausgesetzt oder endgültig eingestellt wird, informieren wir Sie.

Bei Leistung oder Rückkauf kann der Rücknahmepreis zur Ermittlung des Wertes einer Anteileinheit nicht angesetzt werden, da wir die Anteile nicht an die Kapitalanlagegesellschaft zurückgeben können. In diesen Fällen werden wir den Wert einer Anteileinheit anhand des aktuellen Preises am Kapitalmarkt ermitteln; die Beitragserhaltungsgarantie ist hiervon jedoch nicht betroffen. Der Preis kann aufgrund der verminderten Veräußerbarkeit der Fondsanteile geringer sein, als der zuletzt von der Kapitalanlagegesellschaft gestellte Rücknahmepreis. Diese Wertminderung kann auch zu einem Totalverlust führen

Ein Fondswechsel gemäß § 11 Absatz 1 ist während der Aussetzung und bei der endgültigen Einstellung der Rücknahme von Fondsanteilen durch die Kapitalanlagegesellschaft nicht möglich.

(5) Treten darüber hinaus bei einem in Ihrem Vertrag enthaltenen Fonds erhebliche Änderungen ein, die wir nicht beeinflussen können und die die unveränderte Fortführung dieses Vertrages unmöglich machen, sind wir berechtigt, den betroffenen Fonds durch einen anderen Fonds zu ersetzen. Eine erhebliche Änderung kann sich auch aus Gesetzen oder aufsichtsrechtlichen Anforderungen ergeben. Absätze 1 bis 4 gelten entsprechend.

Schrifttum: Vgl. Angaben zu § 15 ARB-F.

1 Die Musterregelung des § 12 AFR entspricht weitestgehend dem Muster für fondsgebundene Rentenversicherungen der 3. Schicht; insoweit wird auf die dortige Kommentierung verwiesen (→ ARB § 15).

2 Klarstellend zu § 15 ARB-F werden die Regelungen jeweils neben dem für die Anlage in Fonds vorgesehenen Teil des Sparbeitrages (Anlagebeitrag) auch auf die für die Anlage in Fonds vorgesehenen Teile der staatlichen Zulagen erstreckt (→ AFR § 8 Abs. 2).

3 In **Absatz 4 findet** sich eine **Abweichung zu § 15 Abs. 4 ARB-F:** Im Falle der Aussetzung oder Einstellung der Rücknahme von Fondsanteilen durch die Verwaltungsgesellschaft des Fonds ist im Leistungsfall die direkte Übertragung der Fondsanteile auf ein Depot des Versicherungsnehmers nicht möglich; es erfolgt immer eine **freihändige Veräußerung** der betroffenen Fondsanteile am Kapitalmarkt. Der Erlös wird anschließend zur Bildung der Leistung verwendet. Dies hat seinen Grund darin, dass andere als die in § 1 Abs. 1 Nr. 4 Buchst. a AltZertG vorgesehenen Leistungen – lebenslange Leibrente, max. 30% Teilkapitalisierung – bei Riester-Versicherungen kraft gesetzlicher Regelung nicht zertifizierungsfähig und damit nicht möglich sind (§ 2 Abs. 1, 4 AFR)[1].

4 In Absatz 4 der Musterregelung wird des Weiteren ausgeführt, dass die **Beitragserhaltungsgarantie** durch einen möglicherweise geringen Erlös im Rahmen des freihändigen Verkaufs der Fondsanteile nicht betroffen ist, also nicht vermindert oder eingeschränkt wird. Diese bloße Klarstellung zu § 2 Abs. 10 AFR (→ §AFR § 2 Rn. 46ff.) erscheint sinnvoll, denn auch die Beitragserhaltungsgarantie ist für eine Riester-Versicherung eine zwingende Voraussetzung für die Zertifizierung (vgl. § 1 Abs. 1 Nr. 3 AltZertG). Danach müssen zum Beginn der Auszahlungsphase mindestens die eingezahlten Beiträge und zugeflossenen Zulagen zur Bildung der Leistungen zur Verfügung stehen (→ § 2 Abs. 10 AFR). Einschränkungen der Garantie sieht das AltZertG grds. nicht vor[2]. Zu beachten ist allerdings, dass die Beitragserhaltungsgarantie vom Gesetz **zeitpunktbezogen** ausgestaltet ist, und erst zum vereinbarten Beginn der Auszahlungsphase, dh dem vereinbarten Rentenbeginn, greift. Das bedeutet, dass ein – auch deutliches – Absinken des im Vertrag vorhandenen Deckungskapitals unter die bis dahin gezahlten Beiträge und zugeflossenen Zulagen durchaus möglich ist; der Versicherer muss lediglich sicherstellen, dass diese Summe bis zum vereinbarten Rentenbeginn wieder im Deckungskapital vorhanden ist. Zwischenzeitliche Verluste – etwa bei einer Übertragung des geförderten Kapitals auf einen anderen Riester-Vertrag – treffen den Versicherungsnehmer[3]. Absatz 4 der Musterregelung weist auf dieses Risiko bis hin zum Totalverlust ausdrücklich hin, ebenso wie § 1 Abs. 3 AFR (→ AFR § 1 Rn. 15).

§ 13 Wann können Sie Ihren Vertrag zur Auszahlung des Rückkaufswertes kündigen?

Kündigung

(1) Sie können Ihren Vertrag jederzeit zum Schluss der laufenden Versicherungsperiode (siehe § 9 Absatz 2 Satz 3) in Schriftform *(d. h. durch ein eigenhändig unterschriebenes Schriftstück)* kündigen. Nach dem Beginn der Auszahlungsphase können Sie nicht mehr kündigen.

---

[1] *Bundeszentralamt für Steuern,* Kommentar zu AltZertG, Stand: Juni 2014, § 1 Abs. 1 S. 1 Nr. 4 Rn. 9, 14.

[2] *Bundeszentralamt für Steuern,* Kommentar zu AltZertG, Stand: Juni 2014, § 1 Abs. 1 S. 1 Nr. 3 Rn. 3.

[3] *Bundeszentralamt für Steuern,* Kommentar zu AltZertG, Stand: Juni 2014, § 1 Abs. 1 S. 1 Nr. 3 Rn. 6 unter dem Punkt „Kündigung".

Sie können Ihren Vertrag auch **teilweise** kündigen, wenn der fortzuzahlende Beitrag mindestens ... beträgt. Bei teilweiser Kündigung gelten die folgenden Regelungen nur für den gekündigten Vertragsteil.

Auszahlungsbetrag

(2) Nach Kündigung zahlen wir

- den Rückkaufswert (Absätze 3 und 5),
- vermindert um den Abzug (Absatz 4) sowie
- die Überschussbeteiligung (Absatz 6).

Beitragsrückstände werden von dem Auszahlungsbetrag abgezogen.

Rückkaufswert

(3) Bei Kündigung zahlen wir nach § 169 des Versicherungsvertragsgesetzes (VVG) den Rückkaufswert. Der Rückkaufswert ist das zum Kündigungstermin vorhandene Deckungskapital (siehe § 1 Absatz 4). Der Ermittlung des Wertes des fondsgebundenen Deckungskapitals legen wir dabei den ... (Stichtag) zugrunde.

Sofern Sie gemäß § 17 Kapital für Wohneigentum verwendet haben oder wir im Rahmen eines Versorgungsausgleichs bei Ehescheidung Kapital entnehmen mussten, wird dies bei der Berechnung des Rückkaufswertes berücksichtigt.

Abzug

(4) Von dem nach Absatz 3 ermittelten Wert nehmen wir einen Abzug in Höhe von ... vor. Der Abzug ist zulässig, wenn er angemessen ist. Dies ist im Zweifel von uns nachzuweisen. Wir halten den Abzug für angemessen, weil mit ihm die Veränderung der Risikolage des verbleibenden Versichertenbestandes ausgeglichen wird. Zudem wird damit ein Ausgleich für kollektiv gestelltes Risikokapital vorgenommen. Wenn Sie uns nachweisen, dass der aufgrund Ihrer Kündigung von uns vorgenommene Abzug wesentlich niedriger liegen muss, wird er entsprechend herabgesetzt. Wenn Sie uns nachweisen, dass der Abzug überhaupt nicht gerechtfertigt ist, entfällt er.

Herabsetzung des Rückkaufswertes im Ausnahmefall

(5) Wir sind nach § 169 Absatz 6 VVG berechtigt, das nach Absatz 3 berechnete Garantie-Deckungskapital (siehe § 1 Absatz 1) angemessen herabzusetzen, soweit dies erforderlich ist, um eine Gefährdung der Belange der Versicherungsnehmer, insbesondere durch eine Gefährdung der dauernden Erfüllbarkeit der sich aus den Versicherungsverträgen ergebenden Verpflichtungen, auszuschließen. Die Herabsetzung ist jeweils auf ein Jahr befristet.

Überschussbeteiligung

(6) Für die Ermittlung des Auszahlungsbetrages setzt sich die Überschussbeteiligung zusammen aus:

- den Ihrem Vertrag bereits zugeteilten Überschussanteilen, soweit sie nicht in dem nach den Absätzen 3 bis 5 berechneten Betrag enthalten sind,
- dem Schlussüberschussanteil nach § 2 Absatz 3 und
- den Ihrem Vertrag gemäß § 3 Absatz 3b zuzuteilenden Bewertungsreserven soweit bei Kündigung vorhanden.

(7) Wenn Sie Ihren Vertrag kündigen, kann das für Sie Nachteile haben. Der Rückkaufswert erreicht erst nach einem bestimmten Zeitraum die Summe der gezahlten Beiträge und uns der zugeflossenen staatlichen Zulagen, da aus diesen auch Abschluss- und Vertriebskosten sowie Kosten für die Verwaltung des gebildeten Kapitals finanziert werden und der oben erwähnte Abzug erfolgt. Nähere Informationen zum Rückkaufswert vor und nach dem Abzug und darüber, in welchem Ausmaß er garantiert ist, können Sie der Tabelle ... entnehmen.

(8) Den Rückkaufswert erbringen wir in Geld.

Keine Beitragsrückzahlung
(9) Die Rückzahlung der Beiträge können Sie nicht verlangen.

I. Gesetzliche Grundlagen

1 Die gesetzlichen Grundlagen sind identisch mit denen von § 12 ARR (→ ARR § 12 Rn. 1).

II. Rechtsprechung

2 Die Regelung war bisher noch nicht Gegenstand bekannt gewordener Rechtsprechung.

III. Kommentierung der Klauselbestimmungen

1. Kündigung (Abs. 1)

3 Satz 1 bis 4 entsprechen § 10 Abs. 1 S. 1 bis 4 ARR; vgl. die Erläuterungen dort (→ ARR § 10 Rn. 3). In Satz 3 ergibt sich ein Unterschied daraus, dass dort eine teilweise Kündigung eine verbleibende Mindestrente, hier einen **verbleibenden Mindestbeitrag** voraussetzt. Es dürfte sich dabei um ein Versehen handeln. Eine Teilkündigung führt zur teilweisen Auszahlung des vorhandenen Kapitals. Die Beitragszahlung lässt sie unberührt. Richtige Begrenzung wäre demnach hier ebenso wie in § 10 Abs. 1 S. 3 ARR die Vereinbarung einer Mindestrente bzw. eines Mindestdeckungskapitals. Da dies nicht der Fall ist, kann auf der Basis einer solchen Regelung ohne jede Untergrenze teilweise gekündigt werden.

2. Auszahlungsbetrag (Abs. 2)

4 Absatz 2 entspricht 10 Abs. 2 ARR; vgl. die Erläuterungen dort (→ ARR § 10 Rn. 4f.).

3. Rückkaufswert (Abs. 3)

5 **Satz 1** enthält die Aussage, dass der Rückkaufswert gezahlt werde. Dabei handelt es sich um ein Redaktionsversehen. Dies wird in der Gegenüberstellung zu Absatz 2 deutlich. Dort heißt es, dass nach Kündigung der Rückkaufswert unter Berücksichtigung des Abzugs und der Überschussbeteiligung gezahlt werde, während hier die beiden letzten Positionen nicht erwähnt werden. Intendiert ist, wie bei den übrigen Bedingungswerken (s. etwa § 12 Abs. 3 S. 1 ARB, § 16 Abs. 3 S. 1 ARB-F) der Fall, als einleitende Phrase „Der Rückkaufswert ist nach § 169 des Versicherungsvertragsgesetzes …".

6 **Satz 2** beschreibt den Rückkaufswert als das zum Kündigungstermin vorhandene Deckungskapital und verweist auf § 1 Abs. 4 AFR. Danach besteht das Deckungskapital entsprechend der Besonderheit dieser Versicherung als sog. Hybridprodukt aus zwei Komponenten, nämlich dem **Garantie- und dem fondsgebundenen Deckungskapital.**[1] Das Garantie-Deckungskapitel wird in § 1 Abs. 1

[1] Siehe hierzu *Heiss/Mönnich* in Langheid/Wandt Vor §§ 150–171 Rn. 24.

S. 4 AFR als das im sonstigen Vermögen angelegte Kapital beschrieben. Es dient der Sicherstellung der Beitragserhaltungsgarantie. Verträgen dieser Art hat der Gesetzgeber in § 169 Abs. 4 S. 1 Hs. 2 VVG Rechnung getragen („soweit nicht der Versicherer [...] garantiert").[2] Danach ist für die Bestimmung des Rückkaufswertes des fondsgebundenen Teils der Zeitwert nach § 169 Abs. 3 S. 1 VVG und für die Bestimmung des der Garantie dienenden Teils das Deckungskapital iSv § 169 Abs. 3 S. 1 VVG maßgebend.[3] Daraus ergibt sich für Satz 2, dass das Garantie-Deckungskapital nach § 169 Abs. 3 S. 1 VVG zu berechnen ist und insoweit in die Bestimmung des Rückkaufswertes einfließt. Die Berechnung des fondsgebundenen Teils ergibt sich durch die Verweisung auf § 1 Abs. 4 nach dessen S. 3 als Multiplikation von Anteilen mit deren Wert. Dies stellt den Zeitwert iSv § 169 Abs. 4 VVG dar (→ ARB-F § 16 Rn. 8).

Satz 3 konkretisiert den Stichtag iSv § 1 Abs. 4 S. 3 für die Wertermittlung, um den fondsgebundenen Teil des Rückkaufswertes bestimmen zu können. Er entspricht § 16 Abs. 3 S. 3 ARB-F; vgl. die Erläuterungen dort (→ ARB-F § 16 Rn. 9). 7

Satz 4 entspricht § 10 Abs. 3 S. 2 ARR. Vgl. die Erläuterung dort (→ ARR § 10 Rn. 8f.) 8

4. Stornoabzug (Abs. 4)

Absatz 4 ist entspricht § 10 Abs. 4 ARR; vgl. die Erläuterungen dort (→ ARR § 10 Rn. 11). 9

5. Herabsetzungsrecht (Abs. 5)

Absatz 5 entspricht § 10 Abs. 5 ARR; vgl. die Erläuterungen dort (→ ARR § 10 Rn. 5). Es besteht ein Unterschied. Die **Herabsetzungsbefugnis wird auf das Garantie-Deckungskapital beschränkt.** Dies beruht auf § 169 Abs. 6 VVG und der Funktion der Herabsetzungsbefugnis. Nach § 169 Abs. 6 S. 1 VVG ist der Versicherer nur zur Herabsetzung des Deckungskapitals nach § 169 Abs. 3 VVG berechtigt. Auf fondsgebundenes Kapital, das in § 169 Abs. 4 VVG geregelt ist, erstreckt sich die Verweisung in § 169 Abs. 6 S. 1 VVG nicht. Bei gemischten Deckungskapitalien, die Elemente von § 169 Abs. 3 und Abs. 4 VVG enthalten, wie hier, kann sich dann die Herabsetzungsbefugnis konsequenterweise nur auf das Kapital von § 169 Abs. 3 VVG erstrecken. 10

6. Überschussbeteiligung (Abs. 6)

Absatz 6 entspricht § 10 Abs. 6 ARR sowie § 12 Abs. 6 ARB; vgl. die Erläuterungen dort (→ ARR § 10 Rn. 6). 11

7. Warnhinweis (Abs. 7)

Absatz 7 entspricht § 10 Abs. 7 ARR; vgl. die Erläuterungen dort (→ ARR § 10 Rn. 14). Ein sachlicher Unterschied ohne Auswirkungen auf den Wortlaut ergibt sich daraus, dass der garantierte Rückkaufswert in der Natur der Sache liegend **nur aus dem Garantie-Deckungskapital** und nicht aus dem fondsgebundenen Deckungskapital gespeist werden kann. 12

---

[2] Gesetzesbegründung BT-Drs. 16/3945, 103.

[3] Näher *Mönnich* in Langheid/Wandt § 169 Rn. 112; s. auch *Reiff* in Prölss/Martin § 169 Rn. 55; *Brambach* in Rüffer/Halbach/Schimikowski § 169 Rn. 23.

8. Art der Leistung (Abs. 8)

13 Absatz 8 stellt klar, dass das fondsgebundene Deckungskapital im Falle des Rückkaufs **nur in Geld** ausgezahlt wird. Ein Anspruch auf Übertragung der Fondsanteile besteht damit – anders als etwa in § 2 Abs. 6 ARB-F – nicht. Dies ist zulässig. Das VVG geht implizit in § 169 Abs. 4 VVG bei fondsgebundenen Versicherungsleistungen ohnehin nur von Geldzahlung aus, nicht von Übertragung der Fondsanteile.

9. Rückzahlung der Beiträge (Abs. 9)

14 Absatz 9 entspricht § 10 Abs. 8 ARR und § 12 Abs. 9 ARB; vgl. die Erläuterungen dort (→ § ARR § 10 Rn. 9; → ARB § 12 Rn. 139).

IV. Darlegungs- und Beweislast

15 Es gelten die Erläuterungen zu § 12 ARB entsprechend; s. dort (→ ARB § 12 Rn. 140ff.).

V. Wirksamkeit der Bestimmung

16 Die Bestimmung ist wirksam.

§ 14 Wann können Sie Ihren Vertrag zur Übertragung des gebildeten Kapitals auf einen anderen Vertrag kündigen?

Kündigung

(1) Sie können Ihren Vertrag mit einer Frist von drei Monaten zum Ende des Kalendervierteljahres in Schriftform *(d. h. durch ein eigenhändig unterschriebenes Schriftstück)* kündigen, um das gebildete Kapital (Absatz 2) auf einen anderen Altersvorsorgevertrag, der eine Sparkomponente im Sinne des § 1 Absatz 1 Satz 1 Nummer 3 des Altersvorsorgeverträge-Zertifizierungsgesetzes (AltZertG) enthält, übertragen zu lassen. Dieser andere Altersvorsorgevertrag kann auch ein Altersvorsorgevertrag nach § 1 Absatz 1a Satz 1 Nummer 2 und 3 AltZertG sein. Dieser Vertrag muss zertifiziert sein und auf Ihren Namen lauten. Er kann bei uns oder einem anderen Anbieter bestehen. Nach Beginn der Auszahlungsphase ist eine Übertragung des gebildeten Kapitals nicht mehr möglich. Ein Anspruch auf eine Kapitalübertragung auf einen Altersvorsorgevertrag, der ausschließlich eine Darlehenskomponente enthält, besteht nicht.

(2) Das gebildete Kapital entspricht dem vorhandenen Deckungskapital Ihres Vertrages (siehe § 1 Absatz 4). Es erhöht sich um bereits zugeteilte Überschussanteile, den übertragungsfähigen Wert aus Schlussüberschussanteilen sowie den nach § 153 Absätze 1 und 3 des Versicherungsvertragsgesetzes (VVG) zuzuteilenden Bewertungsreserven. Berechnungsstichtag ist das Ende des Kalendervierteljahres, zu dem Sie Ihren Vertrag wirksam gekündigt haben. Der Ermittlung des Wertes des fondsgebundenen Deckungskapitals legen wir dabei den … (Stichtag) zugrunde.

Sofern Sie gemäß § 17 Kapital für Wohneigentum verwendet haben oder wir im Rahmen eines Versorgungsausgleichs bei Ehescheidung Kapital entnehmen mussten, wird dies bei der Berechnung des Übertragungswertes berücksichtigt.

Beitragsrückstände werden von dem Übertragungswert abgezogen.

(3) Wenn Sie Ihren Vertrag zur Übertragung des gebildeten Kapitals kündigen, kann das für Sie Nachteile haben. Das gebildete Kapital erreicht erst nach einem bestimmten Zeitraum die Summe der gezahlten Beiträge, da aus diesen auch Abschluss- und Vertriebskosten sowie Kosten für die Verwaltung des gebildeten Kapitals finanziert werden.

(4) Im Falle der Übertragung des gebildeten Kapitals entstehen Ihnen Kosten in Höhe von ..., die vom gebildeten Kapital abgezogen werden (siehe § 20).

(5) Wir übertragen das Kapital direkt auf den neuen Altersvorsorgevertrag. Hierzu müssen Sie uns bei Kündigung mitteilen, auf welchen Vertrag das Kapital übertragen werden soll. Wenn es sich dabei um einen Vertrag bei einem anderen Anbieter handelt, müssen Sie uns die Zertifizierung dieses Vertrages nachweisen. Sie können nicht verlangen, dass wir das Kapital an Sie zahlen.

Absatz 1 entspricht § 11 Abs. 1 ARR, vgl. die Erläuterung dort (→ ARR § 11 Rn. 5 ff.). 1

Absatz 2 entspricht § 11 Abs. 2 ARR; vgl. die Erläuterungen dort (→ ARR § 11 Rn. 9 ff.). Allerdings wird hier in Satz 1 das **Deckungskapital** mit Verweisung auf § 1 Abs. 4 AFR in Bezug genommen. Dies beruht auf den Besonderheiten dieser Versicherung (→ AFR § 13 Rn. 6). Satz 4 hat keine Entsprechung in der Parallelregelung in § 11 Abs. 2 ARR. Wegen des teilweise fondsgebundenen Deckungskapitals ist diese zusätzliche Vereinbarung hier notwendig. 2

Absatz 3 bis 5 entspricht § 11 Abs. 3 bis 5 ARR; vgl. die Erläuterungen dort (→ ARR § 11 Rn. 12 ff.). 3

§ 15 Wann können Sie Ihren Vertrag beitragsfrei stellen und welche Auswirkungen hat dies auf unsere Leistungen?

(1) Sie können vor Rentenzahlungsbeginn jederzeit in Schriftform *(d. h. durch ein eigenhändig unterschriebenes Schriftstück)* verlangen, zum Schluss der laufenden Versicherungsperiode (siehe § 9 Absatz 2 Satz 3) von der Beitragszahlungspflicht befreit zu werden (Ruhen des Vertrages). In diesem Fall setzen wir die vereinbarte Rente auf eine beitragsfreie Rente herab. Diese wird nach folgenden Gesichtspunkten berechnet:
- nach anerkannten Regeln der Versicherungsmathematik mit den Rechnungsgrundlagen der Beitragskalkulation,
- für den Schluss der laufenden Versicherungsperiode und
- unter Zugrundelegung des Rückkaufswertes nach § 13 Absatz 3.

(2) Im Fall der Befreiung von der Beitragszahlungsfrist mindert sich der Wert des fondsgebundenen Deckungskapitals Ihres Vertrages zum Schluss der laufenden Versicherungsperiode, für die Beiträge gezahlt sind, um rückständige Beiträge. Außerdem nehmen wir einen Abzug in Höhe von ... vor. Der Abzug ist zulässig, wenn er angemessen ist. Dies ist im Zweifel von uns nachzuweisen. Wir halten den Abzug für angemessen, weil mit ihm die Veränderung der Risikolage des verbleibenden Versichertenbestandes ausgeglichen wird. Zudem wird damit ein Ausgleich für kollektiv gestelltes Risikokapital vorgenommen. Wenn Sie uns nachweisen, dass der aufgrund Ihrer Kündigung von uns vorgenommene Abzug wesentlich niedriger liegen muss, wird er entsprechend herabgesetzt. Wenn Sie uns nachweisen, dass der Abzug überhaupt nicht gerechtfertigt ist, entfällt er.

(3) Wenn Sie Ihren Vertrag beitragsfrei stellen, kann das für Sie Nachteile haben.

Der für die Bildung einer beitragsfreien Rente zur Verfügung stehende Betrag erreicht erst nach einem bestimmten Zeitraum die Summe der gezahlten

Beiträge und der uns zugeflossenen Zulagen, da aus diesen auch Abschluss- und Vertriebskosten sowie Kosten für die Verwaltung des gebildeten Kapitals finanziert werden. Nähere Informationen zur beitragsfreien Rente und ihrer Höhe können Sie der Tabelle […] entnehmen.

(4) Ihren Vertrag können Sie jederzeit durch Fortsetzung der Beitragszahlung wieder in Kraft setzen.

(5) Die Beitragserhaltungsgarantie gemäß § 2 Absatz 10 gilt auch bei einer Beitragsfreistellung und bezieht sich auf die gezahlten Beiträge und die zugeflossenen staatlichen Zulagen.

1 **Absatz 1** entspricht § 12 Abs. 1 ARR, vgl. die Erläuterungen dort (→ ARR § 12 Rn. 3f.). Sachlich ergibt sich ein Unterschied durch die unterschiedlichen Komponenten des **Deckungskapitals.** Hier besteht es aus konventionellem und fondsgebundenem Kapital (→ AFR § 13 Rn. 6). Dieser Unterschied wird durch die Verweisung am Ende von Absatz 1 herausgestellt.

2 **Absatz 2** entspricht § 12 Abs. 2 ARR; vgl. die Erläuterungen dort (→ ARR § 12 Rn. 6). Lediglich Satz 1 enthält eine Abweichung. In den ARR werden die **rückständigen Beiträge vom Deckungskapital abgezogen.** Wegen des hier aus zwei Komponenten bestehenden Deckungskapitals (vgl. § 1 Abs. 4 ARR) wäre eine solche Regelung nicht eindeutig genug. Daher wird die Verrechnung rückständiger Beiträge mit dem Fondsdeckungskapital vereinbart. Keine Aussage wird für den Fall getroffen, dass die **rückständigen Beiträge höher sind als das fondsgebundene Deckungskapital.** Drei Lösungsansätze sind denkbar: Man hält die Regelung für abschließend oder man hält die Unklarheitenregel von § 305c Abs. 2 BGB für einschlägig. In beiden Fällen wäre keine Verrechnung überschießender Rückstände möglich. Oder man geht von einer planwidrigen Lücke aus, die im Wege der Analogie geschlossen wird, und schließt sie damit, dass überschießende Rückstände mit dem konventionellen Deckungskapital verrechnet werden. Vorzugswürdig erscheint es hier, von einer abschließenden Regelung auszugehen. Die Möglichkeit des jederzeitigen „Ruhenlassens" des Vertrages ist nach § 1 Abs. 1 S. 1 Nr. 10 Buchst a AltZertG ein Zertifizierungskriterium. Sachlich bedeutet es nichts anderes als Beitragsfreistellung (→ ARR § 12 Rn. 3). Hat der Versicherungsnehmer schon vor der ausdrücklichen Erklärung der Beitragsfreistellung Beiträge nicht bezahlt, so kann man dies ohne Weiteres als **„Ruhenlassen" des Vertrages** interpretieren. Es besteht dann gar keine Notwendigkeit der Verrechnung rückständiger Beiträge. Dies lässt sich mit den wirtschaftlichen Realitäten in der Weise in Einklang bringen, dass verrechnete rückständige Beiträge voraussetzen, dass sie vorher dem Deckungskapital gutgeschrieben worden sind. Bei nicht verrechneten Beiträgen entsteht der Versichertengemeinschaft dann kein Schaden, wenn sie dem Deckungskapital kalkulatorisch nicht gutgeschrieben werden. Dann besteht auch kein Bedürfnis nach Verrechnung, im Gegenteil, der Versicherungsnehmer würde in dem Fall sogar übervorteilt.

3 **Absatz 3 bis 5** entsprechen § 12 Abs. 3 bis 5 ARR; vgl. die Erläuterungen dort (→ ARR § 12 Rn. 6ff.).

§ 16 Wie verteilen wir die Kosten Ihres Vertrages?

(1) Mit Ihrem Vertrag sind Kosten verbunden. Diese sind in Ihren Beitrag einkalkuliert. Es handelt sich um Abschluss- und Vertriebskosten sowie übrige Kosten.

Zu den **Abschluss- und Vertriebskosten** gehören insbesondere Abschlussprovisionen für den Versicherungsvermittler. Außerdem umfassen die Abschluss- und Vertriebskosten die Kosten für die Antragsprüfung und Ausfertigung der Vertragsunterlagen, Sachaufwendungen, die im Zusammenhang mit der Antragsbearbeitung stehen, sowie Werbeaufwendungen. Zu den **übrigen Kosten** gehören insbesondere die Kosten für die laufende Verwaltung.

Die Höhe der einkalkulierten Abschluss- und Vertriebskosten sowie der übrigen Kosten können Sie dem ... entnehmen.

(2) Die bei der Beitragskalkulation in Ansatz gebrachten Abschluss- und Vertriebskosten verteilen wir in gleichmäßigen Jahresbeträgen über einen Zeitraum von mindestens ... Jahren, aber nicht länger als bis zum Rentenzahlungsbeginn. Die übrigen Kosten verteilen wir über die gesamte Vertragslaufzeit.

1 § 16 entspricht § 13 ARR. Auf die dortigen Erläuterungen wird verwiesen (→ ARR § 13 Rn. 1 ff.).

§ 17 Wie können Sie gebildetes Kapital für Wohneigentum verwenden?

(1) Sie können bis zum Rentenzahlungsbeginn mit einer Frist von drei Monaten zum Ende eines Kalendervierteljahres verlangen, dass das gebildete Kapital (siehe § 14 Absatz 2) in vollem Umfang oder teilweise für eine Verwendung als Altersvorsorge-Eigenheimbetrag im Sinne des Einkommensteuergesetzes (EStG) ausgezahlt wird. Bei einer teilweisen Entnahme muss das verbleibende, durch Zulagen oder zusätzlichen Sonderausgabenabzug geförderte Restkapital mindestens den in § 92a EStG genannten Betrag (derzeit 3.000 Euro) betragen. Zudem gelten für die Auszahlung aus diesem Vertrag die in § 92a EStG genannten Mindestbeträge. Eine Entnahme führt zu einer Verringerung bzw. zum Wegfall des gebildeten Kapitals. Zur Ermittlung des Wertes des Auszahlungsbetrages wird dabei der ... (Stichtag) verwendet. Im Falle einer Rückzahlung werden das gebildete Kapital und die Höhe der Garantie nach § 2 Absatz 10 neu berechnet.

(2) Einzelheiten und Erläuterungen zum Altersvorsorge-Eigenheimbetrag finden Sie in den Steuerhinweisen.

1 **Abs. 1 Satz 1 bis 4** entspricht § 14 Abs. 1 S. 1 bis 4 ARR; vgl. die Erläuterungen dort (→ ARR § 14 Rn. 3 ff.). Allerdings fehlt in Satz 4 hier die dort enthaltene Ergänzung **„und der vereinbarten Leistungen".** Diese Folge ist bei der Struktur der Kapitalanlage nicht zwangsläufig. Ist das fondsgebundene Deckungskapital höher als der entnommene Betrag, tangiert dies die Beitragserhaltungsgarantie nicht. Sie wird durch das Garantie-Deckungskapital abgesichert (s. § 1 Abs. 1 S. 4) und bleibt, wenn dieses unangetastet bleibt, ebenfalls unverändert. Darüber hinaus ist die **Reduzierung der Garantie** für den Fall einer Entnahme nach § 17 in § 2 Abs. 10 S. 2 AFR angesprochen.

2 **Abs. 1 Satz 4** bezieht sich auf das **fondsgebundene Deckungskapital.** Zur Feststellung seiner Höhe muss der Zeitpunkt für die Wertermittlung der Fondsanteile vereinbart werden. Mittelbar ergibt sich daraus auch eine Antwort auf die Frage, welches der beiden unterschiedlichen Deckungskapitalien bei einer teilweisen Entnahme zuerst reduziert wird, nämlich das fondsgebundene. Satz 4 ist so

formuliert, dass in jedem Fall für die Ermittlung des Auszahlungsbetrages der vereinbarte Stichtag angesetzt wird. Würde zunächst das Garantie-Deckungskapital angetastet, müsste Satz 4 eingeschränkter formuliert werden. Zudem ergibt sich aus der Natur der Sache die Notwendigkeit, zunächst das fondsgebundene Deckungskapital anzutasten. Bei einer teilweisen Entnahme verbleibt es bei der Beitragserhaltungsgarantie, wenn auch möglicherweise in verringertem Umfang. Sie wird ausschließlich durch das Garantie-Deckungskapital sichergestellt (s. § 1 Abs. 1 S. 4). Würde zunächst dieses angetastet und erst dann das fondsgebundene Deckungskapital, könnte ggf. keine Beitragserhaltungsgarantie mehr aufrechterhalten werden. Dies wäre mit der Zertifizierungsanforderung aus § 1 Abs. 1 S. 1 Nr. 3 AltZertG und dem damit korrespondierenden § 2 Abs. 10 nicht vereinbar.

3 **Satz 5** verweist für das Kapital und die Höhe der Garantie nach einer Rückzahlung auf § 2 Abs. 10 AFR (→ AFR § 2 Rn. 48).

4 **Absatz 2** entspricht § 14 Abs. 2 ARR; vgl. die Erläuterungen dort (→ ARR § 14 Rn. 8).

§ 18 Was gilt bei Änderungen Ihrer Postanschrift und Ihres Namens?

(1) Eine Änderung Ihrer Postanschrift müssen Sie uns unverzüglich *(d. h. ohne schuldhaftes Zögern)* mitteilen. Anderenfalls können für Sie Nachteile entstehen. Wir sind berechtigt, eine an Sie zu richtende Erklärung *(z. B. Setzen einer Zahlungsfrist)* mit eingeschriebenem Brief an Ihre uns zuletzt bekannte Anschrift zu senden. In diesem Fall gilt unsere Erklärung drei Tage nach Absendung des eingeschriebenen Briefes als zugegangen.

(2) Bei Änderung Ihres Namens gilt Absatz 1 entsprechend.

1 § 18 entspricht § 15 ARB. Vgl. die Erläuterungen dort (→ ARB § 15 Rn. 1 ff.).

§ 19 Welche Informationen erhalten Sie während der Vertragslaufzeit?

Wir informieren Sie jährlich über
- die Verwendung der gezahlten Beiträge und der uns zugeflossenen staatlichen Zulagen,
- das bisher gebildete Kapital,
- die einbehaltenen anteiligen Abschluss- und Vertriebskosten,
- die Kosten für die Verwaltung des gebildeten Kapitals sowie
- die erwirtschafteten Erträge.

Mit der Information nach Satz 1 werden wir Sie auch darüber unterrichten, ob und wie wir ethische, soziale und ökologische Belange bei der Verwendung der gezahlten und der uns zugeflossenen staatlichen Zulagen berücksichtigen.

1 § 19 entspricht § § 16 ARR. Vgl. die Erläuterungen dort (→ ARR § 16 Rn. 1 ff.).

§ 20 Welche Kosten stellen wir Ihnen gesondert in Rechnung?

(1) In folgenden Fällen stellen wir Ihnen pauschal zusätzliche Kosten gesondert in Rechnung: …

(2) Wir haben uns bei der Bemessung der Pauschale an dem bei uns regelmäßig entstehenden Aufwand orientiert. Sofern Sie uns nachweisen, dass die der Bemes-

sung zugrunde liegenden Annahmen in Ihrem Fall dem Grunde nach nicht zutreffen, entfällt die Pauschale. Sofern Sie uns nachweisen, dass die Pauschale der Höhe nach wesentlich niedriger zu beziffern ist, wird sie entsprechend herabgesetzt.

§ 20 entspricht § 16 ARB. Vgl. die Erläuterungen dort (→ ARB § 16 Rn. 1 ff.). **1**

§ 21 Welches Recht findet auf Ihren Vertrag Anwendung?

Auf Ihren Vertrag findet das Recht der Bundesrepublik Deutschland Anwendung.

§ 21 entspricht § 17 ARB. Vgl. die Erläuterungen dort (→ ARB § 17 Rn. 1 ff.). **1**

§ 22 Wo ist der Gerichtsstand?

(1) Für Klagen aus dem Vertrag **gegen uns** ist das Gericht zuständig, in dessen Bezirk unser Sitz oder die für den Vertrag zuständige Niederlassung liegt. Zuständig ist auch das Gericht, in dessen Bezirk Sie zur Zeit der Klageerhebung Ihren Wohnsitz haben. Wenn Sie keinen Wohnsitz haben, ist der Ort Ihres gewöhnlichen Aufenthalts maßgeblich. Wenn Sie eine juristische Person sind, ist auch das Gericht zuständig, in dessen Bezirk Sie Ihren Sitz oder Ihre Niederlassung haben.

(2) Klagen aus dem Vertrag **gegen Sie** müssen wir bei dem Gericht erheben, das für Ihren Wohnsitz zuständig ist. Wenn Sie keinen Wohnsitz haben, ist der Ort Ihres gewöhnlichen Aufenthalts maßgeblich. Wenn Sie eine juristische Person sind, ist das Gericht zuständig, in dessen Bezirk Sie Ihren Sitz oder Ihre Niederlassung haben.

(3) Verlegen Sie Ihren Wohnsitz oder den Ort Ihres gewöhnlichen Aufenthalts in das Ausland, sind für Klagen aus dem Vertrag die Gerichte des Staates zuständig, in dem wir unseren Sitz haben.

§ 22 entspricht § 18 ARB. Vgl. die Erläuterungen dort (→ ARB § 18 Rn. 1 ff.). **1**

Teil 7. Allgemeine Bedingungen für die Rentenversicherung gemäß § 10 Abs. 1 Nr. 2 Buchst. b EStG (Basisrente) (ABR)

Musterbedingungen des GDV

Stand: 7. Mai 2013

Diese Bedingungen sind für die Versicherer unverbindlich; ihre Verwendung ist rein fakultativ. Abweichende Bedingungen können vereinbart werden.

Sehr geehrte Kundin, sehr geehrter Kunde,

mit diesen Versicherungsbedingungen wenden wir uns an Sie als unseren Versicherungsnehmer und Vertragspartner. Gleichzeitig sind Sie versicherte Person und Beitragszahler. Bei Ihrem Vertrag handelt es sich um eine Rentenversicherung als kapitalgedeckte Altersversorgung gem. § 10 Abs. 1 Nr. 2 Buchst. b des Einkommensteuergesetzes (EStG).

§ 1 Welche Leistungen erbringen wir?

Unsere Leistung ab Rentenzahlungsbeginn

(1) Wenn Sie den vereinbarten Rentenzahlungsbeginn erleben, zahlen wir Ihnen die vereinbarte Rente in gleichbleibender Höhe, solange Sie leben. Rentenzahlungen dürfen frühestens mit Vollendung Ihres 62. Lebensjahres beginnen. Die Rente zahlen wir jeweils zum ... eines Monats (Fälligkeitstag).

(2) Eine einmalige Leistung statt der Renten können Sie nicht verlangen. Wir sind allerdings berechtigt, zu Rentenzahlungsbeginn eine sog. Kleinbetragsrente in Anlehnung an § 93 Absatz 3 Sätze 2 und 3 Einkommensteuergesetz (EStG) abzufinden. Nach dessen derzeitiger Fassung ist eine Kleinbetragsrente eine Rente, die bei gleichmäßiger Verrentung des gesamten zu Rentenzahlungsbeginn zur Verfügung stehenden Kapitals eine monatliche Rente ergibt, die 1 Prozent der monatlichen Bezugsgröße nach § 18 des Vierten Buches Sozialgesetzbuch (im Jahr 2012: 26,25 Euro) nicht übersteigt. Dabei sind bei der Berechnung dieses Betrags alle Basisrentenverträge insgesamt zu berücksichtigen, die Sie bei unserem Unternehmen abgeschlossen haben. Mit der Abfindung endet der Vertrag.

Keine Leistung bei Tod

(3) Bei Ihrem Tod erbringen wir keine Leistung, und der Vertrag endet.

Grundlagen für die Berechnung der Leistung

(4) Für die Berechnung der vereinbarten Leistungen haben wir die Lebenserwartung nach der der Versicherungsaufsicht angezeigten Sterbetafel ... und einen Rechnungszins von ...% zugrunde gelegt.

Unsere Leistung aus der Überschussbeteiligung

(5) Wir beteiligen Sie an den Überschüssen und an den Bewertungsreserven (siehe § 2).

Übersicht

I. Gesetzliche Grundlagen

1. Rechtliche Grundlagen

1 **a) Leistungsbeschreibung.** Die Leistungsbeschreibung ist zwingender Bestandteil der Versicherungsbedingungen (→ Einl. Rn. 6). Zu beschreiben sind **Art, Umfang und Fälligkeit der versicherten** Leistungen (§ 10 Abs. 1 Nr. 2 VAG).

2 Vertragsrechtlich verpflichtet sich der Versicherer mit dem Versicherungsvertrag, ein bestimmtes Risiko des Versicherungsnehmers oder eines Dritten durch eine Leistung abzusichern, die er bei Eintritt des vereinbarten Versicherungsfalles zu erbringen hat (§ 1 VVG). Die **Verpflichtung** wird mittels der Leistungsbeschreibung in den Versicherungsbedingungen nach Art und Fälligkeit abstrakt sowie im Versicherungsschein der Höhe nach näher definiert. Die Leistungsbeschreibung ist zentrales Element des Versicherungsvertrages und bestimmt zusammen mit dem Versicherungsschein die **Ansprüche des Versicherungsnehmers.**

3 Ergänzend muss der Versicherer nach § 7 Abs. 1 VVG dem Versicherungsnehmer rechtzeitig vor Abgabe von dessen Vertragserklärung die **Vertragsbestimmungen** einschließlich der Allgemeinen Versicherungsbedingungen sowie weitere in der VVG-InfoV näher bestimmte Informationen in Textform übermitteln (§ 7 Abs. 2 Nr. 1–3 VVG) in den allgemeinen und besonderen Versicherteninformationen sowie dem Produktinformationsblatt (§ 1 Abs. 1 S. 1 Nr. 6, § 2 Abs. 1 S. 1 Nr. 4–6, § 4 Abs. 2 S. 1 Nr. 2 u. 4 VVG-InfoV) insbesondere Einzelheiten zur angebotenen Leistung und die zu erwartenden Leistungen.

4 Neben diesen vorvertraglichen Informationspflichten nach dem VVG bestehen für Basisrentenverträge vor Abgabe der Vertragserklärung, während der Vertragslaufzeit und vor Rentenübergang zusätzliche spezielle gesetzliche **Informationspflichten nach dem AltZertG** (§ 7 AltZertG aF; §§ 7, 7 a, 7 b AltZertG). Darüber hinaus ist während der Vertragslaufzeit über evtl. Kostenänderungen zu informieren (§ 7 c AltZertG).

5 **aa) Neue vorvertragliche Informationen für Basisrentenverträge.** Der Anbieter muss im Zertifizierungsverfahren bestätigen, dass diese speziellen Informationspflichten (→ Rn. 14) erfüllt werden.[1] Das Inkrafttreten der neuen Regelungen hängt vom **Inkrafttreten der Altersvorsorge-Produktinformationsblattverordnung (AltvPIBV)**[2] ab (§ 14 Abs. 6 AltZertG). Die AltvPIBV tritt am 1.1.2017 in Kraft (§ 17 AltvPIBV). Dementsprechend gelten die neuen vorvertraglichen Informationspflichten bis zu diesem Termin gegenüber dem Kunden noch nicht. Insbesondere bleibt es bis dahin bei dem Produktinformationsblatt nach dem VVG.

6 Durch die neuen Regelungen wird künftig das bisherige Produktinformationsblatt nach § 7 VVG und § 2 VVG-InfoV durch ein **neuartiges individuelles Produktinformationsblatt** nach § 7 AltZertG nach einem vorgegebenen Muster ersetzt (§ 7 Abs. 2 AltZertG). Es soll dem Versicherungsnehmer in knapper, ver-

[1] *Bundeszentralamt für Steuern,* Kommentar zum AltZertG, Stand: 24.6.2013, § 7 aF Rn. 19.
[2] BGBl. 2015, S. 1 u. 13.

ständlicher und standardisierter Form ermöglichen verschiedene Angebote nebeneinander zustellen.

7 Der Anbieter eines Altersvorsorge- oder Basisrentenvertrags hat den Vertragspartner **rechtzeitig,** dh spätestens vor Abgabe seiner Vertragserklärung, durch ein individuelles Produktinformationsblatt zu informieren (§ 7 Abs. 1 AltZertG).

8 Das individuelle Produktinformationsblatt für Rentenversicherungen muss **zwingend folgende Angaben** enthalten (§ 7 Abs. 1 S. 2 AltZertG):
- Produktbezeichnung,
- Benennung des Produkttyps und eine kurze Produktbeschreibung,
- Zertifizierungsnummer,
- bei Altersvorsorgeverträgen Empfehlung, vor Abschluss des Vertrags die Förderberechtigung zu prüfen,
- vollständiger Namen des Anbieters,
- wesentliche Bestandteile des Vertrags,
- auf Wahrscheinlichkeitsrechnungen beruhende Einordnung in Chancen-Risiko-Klassen,
- Aufstellung der Kosten nach § 2a Nr. 1 Buchst. a–e sowie Nr. 2 Buchst. a–c AltZertG getrennt für jeden Gliederungspunkt, die Angabe zu § 2a S. 1 Nr. 1 Buchst. f ist freiwillig,
- Angaben zum Preis-Leistungs-Verhältnis,
- bei Basisrentenverträgen nach § 10 Abs. 1 Nr. 2 Buchst. b Doppelbuchst. bb EStG die garantierte monatliche Leistung,
- Hinweis auf die einschlägige Einrichtung der Insolvenzsicherung und den Umfang des insoweit gewährten Schutzes,
- Informationen zum Anbieterwechsel und zur Kündigung des Vertrags
- Hinweise zu den Möglichkeiten und Folgen einer Beitragsfreistellung und
- Stand des Produktinformationsblatts.

9 Sieht der Vertrag eine **ergänzende Absicherung der Berufsunfähigkeit, der verminderten Erwerbsfähigkeit oder Dienstunfähigkeit** oder eine zusätzliche Absicherung von Hinterbliebenen vor, muss das individuelle Produktinformationsblatt zusätzlich folgende Angaben enthalten (§ 7 Abs. 1 S. 3 AltZertG):
- den Beginn, das Ende und den Umfang der ergänzenden Absicherung
- Hinweise zu den Folgen unterbliebener oder verspäteter Beitragszahlungen und
- Angaben zu Leistungsausschlüssen und zu Obliegenheiten.

10 Erfüllt der Anbieter seine vorvertraglichen Informationspflichten nicht, nicht richtig oder nicht vollständig, kann der Vertragspartner innerhalb von zwei Jahren nach der Abgabe der Vertragserklärung vom Vertrag **zurücktreten** (§ 7 Abs. 3 S. 1 AltZertG). Der Rücktritt ist innerhalb von drei Monaten ab Erlangung der Kenntnis vom Rücktrittsgrund zu erklären (§ 7 Abs. 3 S. 2 AltZertG).

11 Wird das neue Rücktrittsrecht wirksam ausgeübt, hat der Anbieter hat dem Vertragspartner mindestens einen **Geldbetrag in Höhe der auf den Vertrag eingezahlten Beiträge und Altersvorsorgezulagen** zu zahlen (§ 7 Abs. 3 S. 3 AltZertG). Zusätzlich sind die Beiträge und Altersvorsorgezulagen bei Rücktritt mit dem gesetzlichen Zinssatz nach § 246 BGB zu verzinsen (§ 7 Abs. 3 S. 4 AltZertG). Die Verzinsung beginnt an dem Tag, an dem die Beiträge oder die Zulagen dem Anbieter zufließen (§ 7 Abs. 3 S. 5 AltZertG).

12 Das zusätzliche Rücktrittsrecht besteht neben dem **Widerrufsrecht** nach (§ 8 VVG § 7 Abs. 3 S. 6 AltZertG).

13 Der Anbieter hat für jeden auf der Basis eines zertifizierten Altersvorsorge- oder Basisrentenvertragsmusters vertriebenen Tarif vor dem erstmaligen Vertrieb eines darauf beruhenden Altersvorsorge- oder Basisrentenvertrags **vier Muster-Produktinformationsblätter** anhand von vorgegebenen Musterdaten zu erstellen und im Internet zu veröffentlichen (§ 7 Abs. 4 S. 1 bis 3 AltZertG). Die Einzelheiten der Veröffentlichung regelt ein Schreiben des Bundesministeriums der Finanzen, das derzeit noch aussteht (§ 7 Abs. 4 S. 4 AltZertG).

bb) Bisherige vorvertragliche Informationen für Basisrentenverträge. Für Anbieter von Basisrentenverträgen gelten nur die in § 7 Abs. 7 AltZertG genannten Informationspflichten (Nachweis der erfolgten Zertifizierung und damit der Förderfähigkeit; unter anderem Angabe der Zertifizierungsnummer und des Wirksamkeitsdatums der Zertifizierung). 14

Solange das neue Produktinformationsblatt noch nicht auszuhändigen ist, ist der Versicherungsnehmer vor Abgabe seiner für einen Basisrentenvertrag im Wesentlichen nach der VVG-InfoV zu informieren. Für Anbieter von Basisrentenverträgen gelten nur die in § 7 Abs. 7 AltZertG genannten **Informationspflichten:** 15
– Zertifizierungsstelle mit Postanschrift,
– Zertifizierungsnummer,
– das Datum, zu dem die Zertifizierung wirksam geworden ist,
– Angabe der Zertifizierungsnummer.

In der vorvertraglichen Information hat der Anbieter von Altersvorsorgeverträgen zusätzlich die **Zertifizierungsstelle** mit ihrer Postanschrift, die Zertifizierungsnummer, das Datum, zu dem die Zertifizierung wirksam geworden ist, und einen deutlich hervorgehobenen **Hinweis** folgenden Wortlauts aufzunehmen: 16

„Der Altersvorsorgevertrag ist zertifiziert worden und damit im Rahmen des § 10a des Einkommensteuergesetzes steuerlich förderungsfähig. Bei der Zertifizierung ist nicht geprüft worden, ob der Altersvorsorgevertrag wirtschaftlich tragfähig, die Zusage des Anbieters erfüllbar ist und die Vertragsbedingungen zivilrechtlich wirksam sind."

Erfüllt der Anbieter von Basisrentenverträgen die obliegenden vorvertraglichen Informationspflichten nicht, gibt es im Gegensatz zu einem Altersvorsorgevertrag bisher kein besonderes Rücktrittsrecht des Vertragspartners, da sich § 7 Abs. 3 AltZertG nur auf Rieser-Renten bezieht. 17

b) Leistungshöhe. Entsprechend der zentralen Bedeutung der versicherten Leistungen und des Anspruchs auf Überschussbeteiligung für die Altersvorsorge des Versicherungsnehmers erlegt der Gesetzgeber bei kapitalbildenden Lebens- und Rentenversicherungen, dem Versicherungsunternehmen bei Abschluss und während der Vertragslaufzeit **weitere Informationspflichten** auf. 18

aa) Modellrechnung. Eine Modellrechnung nach § 154 des Versicherungsvertragsgesetzes war schon bisher für zertifizierte Altersvorsorgeverträge nicht durchzuführen (§ 7 Abs. 5 S. 2 Hs. 2 AltZertG aF). Bei Altersvorsorgeverträgen und Basisrentenverträgen ist statt der Modellrechnung nach § 154 VVG, eine **Modellrechnung mit den Angaben nach § 7 Abs. 1 S. 2 Nr. 2 AltZertG aF** zu übermitteln, wobei eine Verzinsung des Guthabens von 2, 4 oder 6% zu unterstellen ist, soweit nicht eine bestimmte Verzinsung vereinbart ist. Dem jeweiligen Guthaben sind die bis dahin gezahlten Beiträge gegenüberzustellen. Bei Basisrentenverträgen galt bisher die Modellrechnung nach § 154 VVG. 19

Eine Modellrechnung nach § 154 VVG (→ ARB § 1 Rn. 5) darf **künftig** für zertifizierte Altersvorsorgeverträge und für zertifizierte Basisrentenverträge nicht 20 durchgeführt werden. Diese darf dem individuellen Produktinformationsblatt auch nicht zusätzlich beigefügt werden (§ 7 Abs. 2 S. 2 AltZertG).

21 Der **rechtzeitige Zugang** des individuellen Produktinformationsblatts muss künftig nachgewiesen werden können (§ 7 Abs. 2 S. 3 AltZertG). Das Produktinformationsblatt ist dem Vertragspartner kostenlos bereitzustellen (§ 7 Abs. 2 S. 4 AltZertG).

22 **bb) Jährliche Information.** Bei **Versicherungen mit Überschussbeteiligung** ist der Versicherungsnehmer zusätzlich jährlich über die Entwicklung seiner Ansprüche einschließlich Überschussbeteiligung zu unterrichten, § 155 VVG. Dabei ist der Kunde auf Abweichungen von den Angaben bei Vertragsabschluss, insbes. der Modellrechnung, hinzuweisen.

23 Anbieter von Basisrentenverträgen sind künftig verpflichtet, den Vertragspartner jährlich **schriftlich** über folgende Punkte zu informieren:
– die Verwendung der eingezahlten Beiträge,
– die Höhe des gebildeten Kapitals,
– die im abgelaufenen Beitragsjahr angefallenen tatsächlichen Kosten,
– die erwirtschafteten Erträge.

24 Im Rahmen der jährlichen Informationspflicht muss der Anbieter eines Altersvorsorge- oder Basisrentenvertrags auch darüber schriftlich informieren, ob und wie **ethische, soziale und ökologische Belange** bei der Verwendung der eingezahlten Beiträge berücksichtigt werden.

25 Die jährlichen Informationen (§ 7a AltZertG) müssen bei Vertragsabschlüssen ab dem 1.1.2017 auch das **Kapital enthalten, das nach Abzug der Kosten zu Beginn der Auszahlungsphase zur Verfügung steht** (§ 7a Abs. 1 S. 1 Nr. 5 AltZertG). Für die Berechnungen bezogen auf die Vergangenheit sind dabei die tatsächlich gezahlten Beiträge und die in dem vor Vertragsabschluss zur Verfügung gestellten individuellen Produktinformationsblatt genannten Wertentwicklungen zu berücksichtigen (§ 7a Abs. 1 S. 1 Nr. 5 AltZertG).

26 **cc) Information vor dem Beginn der Auszahlungsphase.** Vor dem Beginn der Auszahlungsphase des Riestervertrages muss der Versicherungsnehmer vom Versicherungsunternehmen künftig eine Information nach § 7b AltZertG über die Form und Höhe der monatlichen Leistungen und der in der Auszahlungsphase anfallenden Kosten erhalten.

2. Steuerrechtliche Grundlagen

27 Beiträge zu Basisrenten sind steuerlich **als Vorsorgeaufwendungen begünstigt.** Bei Vorsorgeaufwendungen ist zwischen Altersvorsorgeaufwendungen (§ 10 Abs. 1 Nr. 2 EStG) und sonstigen Vorsorgeaufwendungen (§ 10 Abs. 1 Nr. 3 u. Nr. 3a EStG) zu unterscheiden. Steuerlich begünstigte Altersvorsorgeaufwendungen sind abschließend:
– Beiträge zu den gesetzlichen Rentenversicherungen,
– Beiträge zur landwirtschaftlichen Alterskasse,
– Beiträge zu berufsständischen Versorgungseinrichtungen, die den GRV vergleichbare Leistungen erbringen,
– Beiträge für eine private oder betriebliche Basisrente-Alter,
– Beiträge für eine private oder betriebliche Basisrente-Erwerbsminderung.

28 Alle diese Vorsorgeformen werden auch als **„Basis-Vorsorge"** oder als „Schicht 1" bezeichnet.

Bis 2013 konnte eine private oder betriebliche Basisrente nur zur Altersvorsorge abgeschlossen werden. Lediglich im Rahmen einer Zusatzversicherung konnte das Risiko einer Berufsunfähigkeit bzw. verminderten Erwerbsfähigkeit und Hinterbliebene in begrenztem Umfang abgesichert werden. Im Zuge des Altersvorsorgeverbesserungsgesetzes wurde ab 1.1.2014 eine **zweite Art von Basisrente** eingeführt, mit der eine eigenständige Absicherung einer verminderten Erwerbsfähigkeit, ggf. verbunden mit einer Absicherung gegen den Eintritt der Berufsunfähigkeit, im Rahmen der Schicht 1 steuerlich gefördert wird (sog. **Basisrente-Erwerbsminderung).** Die bisherige Basisrente zur Altersversorgung wird zur Unterscheidung künftig als Basisrente-Alter bezeichnet. 29

Voraussetzung der steuerlichen Förderung ist die Zertifizierung des dem Basisrentenvertrag zugrundeliegenden Vertragsmusters, wofür die angebotenen Produkte zur Sicherstellung der steuerlichen Förderfähigkeit zahlreiche Voraussetzungen erfüllen müssen, die in der Vertragsgestaltung zu berücksichtigen sind, sog. Zertifizierungskriterien. 30

3. Zertifizierung

Eine steuerliche Förderung als Basisrente kommt nur für zertifizierte Basisrentenverträge in Betracht (§ 10 Abs. 1 Nr. 2 EStG). Die Kriterien, die ein Basisrentenvertrag erfüllen muss, regelt das AltZertG. Es beschreibt die Kriterien, die der Basisrentenvertrag erfüllen muss, damit er steuerlich gefördert werden kann. 31

Anders als bei Altersvorsorgeverträgen gab es bis einschließlich 2009 bei der Basisrente keine Zertifizierungspflicht. Das Finanzamt des Versicherungsnehmers prüfte daher im Rahmen der Einkommensteuererklärung in jedem Einzelfall, ob alle Voraussetzungen für den Sonderausgabenabzug nach § 10 Abs. 1 Nr. 2b EStG erfüllt waren. Die Steuerpflichtigen mussten damit rechnen, dass das Finanzamt Vertragsunterlagen zu ihrem Basisrentenvertrag anforderte und prüfte. 32

Mit dem Jahressteuergesetz 2009[3] wurde beginnend mit dem Beitragsjahr 2010 eine Zertifizierungspflicht für private und betriebliche Basisrentenverträge eingeführt. Dies galt auch für bereits bestehende Verträge, bei denen Beiträge über den 31.12.2009 hinaus geltend gemacht werden. Beiträge zu nicht zertifizierten Basisrentenverträgen können seit 1.1.2010 nicht mehr als Altersvorsorgeaufwendungen abgezogen werden (§ 10 Abs. 2 S. 2 Nr. 1 EStG).[4] 33

Auch die neue **Basisrente-Erwerbsminderung** muss zertifiziert werden (§ 5a AltZertG). 34

a) Zertifizierungsstelle. Die Zertifizierungsstelle (§ 3 Abs. 1 AltZertG) prüft auf Antrag des jeweiligen Anbieters, ob sein Produkt die maßgeblichen Kriterien erfüllt. Ist dies der Fall, erteilt die Zertifizierungsstelle ein Zertifikat, dass der Basisrentenvertrag **steuerlich förderfähig** ist (§ 5a AltZertG). Zertifizierungsstelle war bis zum 30.6.2010 die Bundesanstalt für Finanzdienstleistungsaufsicht (BaFin); seit 1.7.2010 hat diese Aufgabe das **Bundeszentralamt für Steuern** (BZSt) übernommen. 35

b) Zertifizierungsinhalt. Die Zertifizierung ist ein Grundlagenbescheid für die steuerliche Förderung und daher für die Finanzverwaltung bindend (§ 82 Abs. 1 S. 2 EStG). Mit der Zertifizierung wird jedoch nicht geprüft, ob der Basis- 36

---

[3] BGBl. 2008 I, 2794.

[4] BMF-Schreiben v. 19.8.2013, BStBl. I 2013, 1087 Rn. 15.

rentenvertrag wirtschaftlich tragfähig, die Zusage des Anbieters erfüllbar und die Vertragsbedingungen zivilrechtlich wirksam sind (§ 3 Abs. 3 AltZertG).

37 Die Zertifizierung eines Basisrentenvertrages nach dem AltZertG ist die Feststellung, dass die Vertragsbedingungen des Basisrentenvertrages § 2 Abs. 1 (Basisrente-Alter) oder dAbs. 1a AltZertG (Basisrente-Erwerbsminderung) sowie § 2a AltzertG (Kostenstruktur) entsprechen und der Anbieter den Anforderungen von § 2 Abs. 2 AltZertG entspricht. Eine Zertifizierung iSd § 5a AltZerG stellt ausschließlich die Übereinstimmung des Vertrages mit diesen Anforderungen fest.[5]

38 **c) Zertifizierungskriterien für beide Arten der Basisrente.** Nach der ursprünglichen Regelung im AltEinkG konnten nur Lebensversicherungsunternehmen Basisrentenprodukte anbieten. Im Rahmen des Jahressteuergesetzes 2007[6] wurde der **Anbieterkreis** rückwirkend ab 1.1.2006 auf alle Anbieter, die auch Altersvorsorgeverträge anbieten können, erweitert (§ 80 EStG). Dazu zählen Banken, Fondsgesellschaften sowie Pensionskassen und Pensionsfonds (§§ 1 Abs. 2 und 2 Abs. 2 AltZertG). Die Produktvoraussetzungen einer Basisrente wurden dadurch nicht geändert.

39 Abzugsfähig sind auch Beiträge zu einer Basisrente, die im Rahmen einer betrieblichen Altersversorgung in Form eines **Pensionsfonds, einer Pensionskasse oder einer Direktversicherung** gezahlt werden (§§ 1 Abs. 2 und 2 Abs. 2 AltZertG). Dies gilt sowohl für rein arbeitgeberfinanzierte als auch für durch Entgeltumwandlung finanzierte Beiträge sowie für Eigenbeiträge des Arbeitnehmers. Nicht abzugsfähig sind steuerfreie Beiträge, pauschal besteuerte Beiträge sowie Beiträge, die aufgrund einer Altzusage geleistet werden.[7]

40 Die **wichtigsten Kriterien** nach § 2 AltZertG für die Zertifizierung einer Basisrentenversicherung sind:

41 **aa) Eigene Beiträge – Identität von Versicherungsnehmer, versicherter Person, Beitragszahler und Leistungsempfänger.** Grundvoraussetzung für die steuerliche Anerkennung einer Basisrente ist, dass es sich um eine „eigene Altersvorsorge" des Versicherungsnehmers handelt. Dies bedeutet, dass Versicherungsnehmer, versicherte Person, Beitragszahler und Leistungsempfänger der lebenslangen Leibrente grundsätzlich ein und dieselbe Person sein müssen.[8] Werden Beiträge beispielsweise von den Eltern auf einen Basisrentenvertrag ihres Kindes gezahlt, werden diese Beiträge weder bei dem Kind noch bei den Eltern als Altersvorsorgeaufwendungen steuerlich anerkannt.

42 Eine Ausnahme gilt für Ehegatten und eingetragene Lebenspartner, die **zusammen veranlagt** werden (§ 26b EStG). Hier spielt es keine Rolle, wer von den Ehegatten oder Lebenspartnern die Beiträge zahlt.[9] Im Falle einer ergänzenden Hinterbliebenenabsicherung im Rahmen der Basisrente-Alter ist ein abweichender Leistungsempfänger zulässig.[10]

43 Der Versicherer darf im Rahmen einer Vermutungsregelung davon ausgehen, dass die bei ihm eingehenden Beitragszahlungen vom Versicherungsnehmer stammen.[11]

---

[5] *Bundeszentralamt für Steuern,* Kommentar zum AltZertG, Stand: 2.6.2014, § 5 Rn. 1.
[6] BGBl. 2006 I, S. 2878.
[7] BMF-Schreiben v. 19.8.2013, BStBl. I 2013, 1087 Rn 31.
[8] BMF-Schreiben v. 19.8.2013, BStBl. I 2013, 1087 Rn. 8.
[9] R 10.1 EStR 2012.
[10] BMF-Schreiben v. 19.8.2013, BStBl. I 2013, 1087 Rn. 8.
[11] BMF-Schreiben v. 19.8.2013, BStBl. I 2013, 1087 Rn. 8.

bb) Lebenslange Leibrente frühestens ab vollendetem 62. (bzw. 60.) Lebensjahr. Der Basisrentenvertrag muss die Zahlung einer monatlichen, gleichbleibenden oder steigenden, lebenslangen Leibrente vorsehen. Sie darf nicht vor Vollendung des 62. Lebensjahres (= 62. Geburtstag) des Versicherungsnehmers beginnen. Bei vor dem 1.1.2012 abgeschlossenen Verträgen ist die Vollendung des 60. Lebensjahres (= 60. Geburtstag) maßgebend.[12] 44

Ein Auszahlungsplan erfüllt das Kriterium der lebenslangen Leibrente nicht. Bei einem Auszahlungsplan wird nur ein bestimmtes, zu Beginn der Auszahlungsphase vorhandenes Kapital über eine gewisse Laufzeit verteilt. Nach Laufzeitende ist das Kapital aufgebraucht, so dass die Zahlungen dann enden. Insoweit ist eine lebenslange Auszahlung nicht gewährleistet. Eine andere Beurteilung ergibt sich auch nicht durch eine Kombination eines Auszahlungsplans mit einer sich anschließenden Teilkapitalverrentung. Begrifflich ist die „Teilverrentung" zwar eine Leibrente, allerdings wird der Auszahlungsplan nach Auffassung der Finanzverwaltung durch die Verknüpfung mit einer Rente nicht selbst zu einer lebenslangen Leibrente.[13] 45

cc) Gleichbleibende oder steigende Rente. Ein planmäßiges Sinken der Rentenhöhe ist nicht zulässig. Geringfügige Schwankungen in der Rentenhöhe, sofern diese Schwankungen auf unterschiedlich hohen Überschussanteilen in der Auszahlungsphase beruhen, sind jedoch unschädlich. Das heißt zB, bei der Basisrente-Alter darf der – auf Basis des zu Beginn der Auszahlungsphase garantierten Kapitals zuzüglich der unwiderruflich zugeteilten Überschüsse – errechnete Rentenbetrag während der gesamten Auszahlungsphase nicht unterschritten werden. Wird nur eine Rente garantiert, die auch unter die zu Rentenbeginn ermittelte Rente sinken kann, liegt keine Basisrente-Alter vor.[14] 46

Eine Auszahlung durch die regelmäßige Gutschrift einer gleichbleibenden oder steigenden Anzahl von Investmentanteilen ist keine lebenslange Leibrente.[15] 47

dd) Sterbetafel und Zinsfaktor. Der Vertrag muss die Verpflichtung des Anbieters enthalten, vor Rentenbeginn die Leibrente aus einer Basisrente-Alter auf Grundlage einer anerkannten Sterbetafel zu berechnen und dabei den während der Laufzeit der Rente geltenden Zinsfaktor festzulegen.[16] 48

ee) Keine Kapitalauszahlung. Die Auszahlung von Kapital ist grundsätzlich nicht zulässig. Ausnahmsweise ist es jedoch erlaubt, die Rente aus einer Basisrente (Basisrente-Alter und Basisrente-Erwerbsminderung) in einer Summe abzufinden, wenn der monatliche Rentenbetrag als Kleinbetragsrente (§ 93 Abs. 3 S. 2 u. 3 EStG) anzusehen ist.[17] 49

ff) Nichtvererblichkeit. Bei Tod des Versicherungsnehmers darf es nach den Versicherungsbedingungen grundsätzlich nicht zu einer Auszahlung an dessen Erben kommen. Im Todesfall muss das vorhandene Vermögen an die **Versichertengemeinschaft** gehen.[18] 50

---

[12] BMF-Schreiben v. 19.8.2013, BStBl. I 2013, 1087 Rn. 9.
[13] BMF-Schreiben v. 19.8.2013, BStBl. I 2013, 1087 Rn. 10.
[14] BMF-Schreiben v. 19.8.2013, BStBl. I 2013, 1087 Rn. 11.
[15] BMF-Schreiben v. 19.8.2013, BStBl. I 2013, 1087 Rn. 12.
[16] BMF-Schreiben v. 19.8.2013, BStBl. I 2013, 1087 Rn. 13.
[17] BMF-Schreiben v. 19.8.2013, BStBl. I 2013, 1087 Rn. 32.
[18] BMF-Schreiben v. 19.8.2013, BStBl. I 2013, 1087 Rn. 268.

51 Unschädlich sind Rentenzahlungen an die Erben für die Zeit bis zum Ende des Todesmonats.

52 Zulässig ist auch eine vertragliche Vereinbarung, dass bei Tod des Versicherungsnehmers das vorhandene Altersvorsorge-Restkapital aus einer Basisrente-Alter für eine (lebenslange) Leibrentenzahlung an den bzw. die zu diesem Zeitpunkt vorhandenen **Hinterbliebenen** verwendet wird. Hierfür gilt der enge Hinterbliebenenbegriff (nur Ehegatte oder eingetragener Lebenspartner und berücksichtigungsfähige Kinder (→ Rn. 72).[19]

53 Schädlich wäre hingegen die Vereinbarung eines **Sterbegeldes** oder einer Rentengarantiezeit.[20]

54 **gg) Nichtübertragbarkeit**[21]**.** Die Basisrente darf keine Möglichkeit zur Übertragung der Ansprüche des Leistungsempfängers auf eine andere Person vorsehen, zB im Wege der **Schenkung.**

55 Die **Pfändbarkeit** der Leibrente nach den Vorschriften der Zivilprozessordnung (ZPO) steht dem nicht entgegen.

56 Die Aufteilung des Vertrags bzw. die Übertragung von Anrechten zur Regelung eines Versorgungsausgleichs bei **Scheidung** (interne und externe Teilung) oder Aufhebung einer eingetragenen Lebenspartnerschaft auf einen anderen zertifizierten Basisrentenvertrag ist unschädlich.

57 Der Basisrentenvertrag darf ferner zulassen, dass die Ansprüche des Leistungsempfängers aus dem Vertrag unmittelbar **auf einen anderen auf ihn lautenden Vertrag** – auch bei einem anderen Unternehmen – übertragen werden (sog. Anbieterwechsel), sofern der neue Vertrag ebenfalls alle Voraussetzungen für eine Basisrente erfüllt. Ein Anbieterwechsel ist nur innerhalb der jeweiligen Versicherungsart Basisrente-Alter bzw. Basisrente-Erwerbsminderung zulässig. Im Zeitpunkt der Übertragung fällt keine Einkommensteuer an (§ 3 Nr. 55 EStG).[22]

58 Anders als bei Altersvorsorgeverträgen (sog. Riesterrenten) hat der Versicherungsnehmer bei Basisrenten keinen gesetzlichen Anspruch auf einen **Anbieterwechsel.** Sehen die zugrunde liegenden Versicherungsbedingungen keinen Anbieterwechsel vor, kann der Versicherungsnehmer somit den Vertrag nicht einseitig auf ein anderes Unternehmen übertragen.

59 **hh) Nichtbeleihbarkeit.** Es muss vertraglich ausgeschlossen sein, dass in der Ansparphase Ansprüche aus der Basisrente, zB als Sicherheit, abgetreten oder verpfändet werden können. Die Absicherung eines Darlehens mit einer Basisrente ist somit nicht möglich.[23]

60 Andererseits ist das in einer Basisrente angesparte Kapital auch nicht im Rahmen einer Zwangsvollstreckung pfändbar. Außerdem ist die Basisrente im Rahmen von **Arbeitslosengeld II** („Hartz IV") nicht verwertbares Vermögen.

61 **ii) Nichtveräußerbarkeit.** Der Vertrag muss so gestaltet sein, dass die Ansprüche nicht an einen Dritten veräußert werden können (zB durch Verkauf an einen

---

[19] BMF-Schreiben v. 19.8.2013, BStBl. I 2013, 1087 Rn. 26.
[20] BMF-Schreiben v. 19.8.2013, BStBl. I 2013, 1087 Rn. 26.
[21] BMF-Schreiben v. 19.8.2013, BStBl. I 2013, 1087 Rn. 27.
[22] BMF-Schreiben v. 19.8.2013, BStBl. I 2013, 1087 Rn. 211.
[23] BMF-Schreiben v. 19.8.2013, BStBl. I 2013, 1087 Rn. 28.

privaten oder gewerblichen Aufkäufer). Hinsichtlich der Verwertbarkeit einer Basisrente bei Bezug von Arbeitslosengeld II („Hartz IV“).[24]

jj) Nichtkapitalisierbarkeit. Es darf vertraglich kein Recht auf Kapitalisierung des Rentenanspruchs vorgesehen sein – abgesehen von der Ausnahme der Abfindung einer Kleinbetragsrente. Nur wenn die Rente aus dem Basisrentenvertrag den in § 93 Abs. 3 S. 2 und 3 EStG geregelten Betrag (2013: 26,95 EUR; 2014: 27,65 EUR; 2015: 28,55 EUR monatlich) unterschreitet, kann der Anbieter diese Rente aus einer Basisrente in einem Betrag abfinden. Diese **Abfindungsmöglichkeit** besteht bei der Basisrente-Alter erst mit Beginn der Auszahlungsphase, frühestens mit Vollendung des 62. Lebensjahres (bei vor dem 1.1.2012 abgeschlossenen Verträgen gilt das 60. Lebensjahr). Bei Renten aus einem Basisrentenvertrag (Basisrente-Alter oder Basisrente-Erwerbsminderung) wegen Berufsunfähigkeit, verminderter Erwerbsfähigkeit und an Hinterbliebene ist die Abfindung einer Kleinbetragsrente schon im Versicherungsfall möglich.[25] **62**

Unzulässig wäre die Vereinbarung eines Kapitalwahlrechts oder eines Anspruchs auf Auszahlung von Kapital nach Eintritt des Versorgungsfalles. Schädlich wäre auch die Abfindung einer Rente oder die Zahlung eines Rückkaufswerts bei Kündigung des Vertrags sowie Beitragsrückerstattungen.[26] **63**

kk) Einwilligung in die Datenübermittlung- Elektronisches Mitteilungsverfahren. Neben der Zertifizierung (→ Rn. 31 ff.) setzt die steuerliche Anerkennung der Beiträge zu einem Basisrentenvertrag als Altersvorsorgeaufwendungen seit dem Beitragsjahr 2010 voraus, dass der Anbieter die gezahlten Beiträge nach Ablauf des Beitragsjahres an die zentrale Stelle (§ 81 EStG)[27] elektronisch übermittelt.[28] **64**

Voraussetzung für die elektronische Datenübermittlung ist, dass der Versicherungsnehmer spätestens bis zum Ablauf des zweiten auf das Beitragsjahr folgenden Kalenderjahres gegenüber dem Anbieter **schriftlich eingewilligt** hat, dass der Anbieter die im jeweiligen Beitragsjahr zu berücksichtigenden Beiträge unter Angabe seiner steuerlichen Identifikationsnummer (§ 139b AO) und seiner Vertragsdaten an die Zentrale Zulagenstelle für Altersvermögen (ZfA) übermittelt.[29] Die Einwilligung gilt so lange, bis sie der Steuerpflichtige gegenüber seinem Anbieter schriftlich widerruft.[30] **65**

Der Anbieter hat die Daten, wenn die Einwilligung des Versicherungsnehmers vorliegt, nach amtlich vorgeschriebenem Datensatz durch Datenfernübertragung an die ZfA unter Angabe der Vertragsdaten, der Zertifizierungsnummer, des Datums der Einwilligung und der steuerlichen Identifikationsnummer (§ 139b AO) des Versicherungsnehmers zu übermitteln. **66**

d) Zusätzliche Anforderungen für eine Basisrente-Alter. Neben den allgemeinen Voraussetzungen (→ Rn. 38 ff.) einer Basisrente muss die Basisrente-Alter zusätzlich weitere Voraussetzungen erfüllen. **67**

---

[24] BMF-Schreiben v. 19.8.2013, BStBl. I 2013, 1087 Rn. 29.
[25] BMF-Schreiben v. 19.8.2013, BStBl. I 2013, 1087 Rn. 30.
[26] BMF-Schreiben v. 19.8.2013, BStBl. I 2013, 1087 Rn. 32.
[27] Das ist die Zentrale Zulagenstelle für Altersvermögen (ZfA).
[28] BMF-Schreiben v. 19.8.2013, BStBl. I 2013, 1087 Rn. 142 ff.
[29] BMF-Schreiben v. 19.8.2013, BStBl. I 2013, 1087 Rn. 145 ff.
[30] BMF-Schreiben v. 19.8.2013, BStBl. I 2013, 1087 Rn. 145.

68 **aa) Altverträge nicht begünstigt.** Steuerlich gefördert werden nur Basisrenten-Alter-Verträge, deren Laufzeit nach dem 31.12.2004 begonnen hat.[31] Auch wenn eine Rentenversicherung alle Voraussetzungen der Basisrente-Alter erfüllt, kann sie, wenn sie **vor dem 1.1.2005** abgeschlossen wurde, nicht in eine Basisrente umgewandelt werden. Die Beiträge können nicht als Altersvorsorgeaufwendungen abgezogen werden; die Rente aus dem umgewandelten Vertrag unterliegt der Besteuerung mit dem Ertragsanteil (keine nachgelagerte Besteuerung mit dem Besteuerungsanteil; → Rn. 127).

69 **bb) Ergänzende Absicherung von Hinterbliebenen.** Zusätzlich zur Altersrente können bei einer Basisrente-Alter auch Hinterbliebene abgesichert werden. Voraussetzung st auch hier, dass die Zahlung einer **lebenslangen Leibrente** vorgesehen ist.[32]

70 Die ergänzende Absicherung von Hinterbliebenen ist nur dann unschädlich, wenn **stets mehr als 50% der Beiträge auf die eigene Altersversorgung** des Versicherungsnehmers entfallen (→ Rn. 202).[33] Für das Verhältnis der Beitragsanteile zueinander ist auf den konkret vom Versicherungsnehmer zu zahlenden (Gesamt-)Beitrag abzustellen. Dabei mindern sofort verrechnete Überschussanteile aus den entsprechenden Risiken die Beiträge (→ Rn. 202).[34] Auch Änderungen des Vertrags sind nur unter Einhaltung der 50-%- Grenze zulässig.

71 Die Altersversorgung der Basisrente-Alter und die ergänzenden Absicherungen müssen in einem **einheitlichen Vertrag** geregelt sein.[35] Andernfalls handelt es sich nicht um ergänzende Absicherungen zu einer Basisrente-Alter, sondern um eigenständige Versicherungen.[36] In letzterem Fall sind die Aufwendungen für die Absicherung der Hinterbliebenen keine Altersvorsorgeaufwendungen, sie können aber unter den Voraussetzungen des § 10 Abs. 1 Nr. 3a EStG ggf. als weitere sonstige Vorsorgeaufwendungen abzuziehen sein.[37]

72 **cc) Zulässige Hinterbliebene[38].** Der Kreis der Hinterbliebenen, die im Rahmen einer ergänzenden Hinterbliebenenabsicherung einer Basisrente-Alter bedacht werden können, ist eng begrenzt: Dazu gehören nur der **Ehegatte** oder eingetragene **Lebenspartner** und **Kinder, für die der Versicherungsnehmer einen Anspruch auf Kindergeld oder auf den Kinderfreibetrag** nach § 32 Abs. 6 EStG hat.

73 Es können weder Geschwister, noch ein nichtehelicher Lebensgefährte und auch nicht der geschiedene Ehegatte bzw. ehemalige Lebenspartner begünstigt werden. Mit Scheidung bzw. Aufhebung der Lebenspartnerschaft hat der ehemalige Ehegatte bzw. Lebenspartner keinen Anspruch auf Hinterbliebenenleistungen aus der Basisrente-Alter.

74 **Berücksichtigungsfähige Kinder:** Bei Vereinbarung einer ergänzenden Waisenrente zur Basisrente-Alter ist es erforderlich, dass das begünstigte Kind dem Grunde nach die Voraussetzungen des § 32 EStG erfüllt, und der Anspruch auf die

---

[31] BMF-Schreiben v. 19.8.2013, BStBl. I 2013, 1087 Rn. 9.
[32] BMF-Schreiben v. 19.8.2013, BStBl. I 2013, 1087 Rn. 17.
[33] BMF-Schreiben v. 19.8.2013, BStBl. I 2013, 1087 Rn. 18.
[34] BMF-Schreiben v. 19.8.2013, BStBl. I 2013, 1087 Rn. 18.
[35] BMF-Schreiben v. 19.8.2013, BStBl. I 2013, 1087 Rn. 22.
[36] BMF-Schreiben v. 19.8.2013, BStBl. I 2013, 1087 Rn. 22.
[37] BMF-Schreiben v. 19.8.2013, BStBl. I 2013, 1087 Rn. 22, 95ff.
[38] BMF-Schreiben v. 19.8.2013, BStBl. I 2013, 1087 Rn. 24.

Waisenrente auf den Zeitraum begrenzt ist, in dem das Kind diese Voraussetzungen erfüllt. Alle Kinder bis zum Alter von 18 Jahren sind davon erfasst. Über 18-jährige Kinder sind berücksichtigungsfähige Kinder, solange sie sich z. B. in Berufsausbildung befinden oder ein freiwilliges soziales oder ökologisches Jahr leisten. Mit dem Steueränderungsgesetz 2007 wurde ab 1.1.2007 die Altersgrenze für die Gewährung von Kindergeld bzw. den Kinderfreibetrag für diese Kinder vom 27. auf das 25. Lebensjahr abgesenkt. Der Übergang auf die neue Altersgrenze erfolgt gleitend. Spätestens mit Erreichen der Altersgrenze muss die Waisenrente für das versicherte Kind vereinbarungsgemäß enden.[39]

75 Eine Ausnahme gilt, wenn ein Kind wegen körperlicher, geistiger oder seelischer **Behinderung** nicht im Stande ist, sich selbst zu versorgen, und wenn die Behinderung des Kindes vor Vollendung des 25. Lebensjahres eingetreten ist; denn in diesem Fall erhalten die Eltern zeitlich unbegrenzt Kindergeld bzw. den Kinderfreibetrag nach § 32 Absatz 6 EStG. Ob dem überlebenden Elternteil tatsächlich Kindergeld gezahlt wird, ist irrelevant.

76 **dd) Ergänzende Absicherung von verminderter Erwerbsfähigkeit.** Ergänzend zur Altersrente können bei einer Basisrente-Alter der Eintritt von **Berufsunfähigkeit** oder verminderter Erwerbsfähigkeit abgesichert werden, wenn auch hier die Zahlung einer Leibrente vorgesehen ist.[40]

77 **Einmalige Anfangs-, Überbrückungs- oder Wiedereingliederungshilfen** sind unzulässig. Leistungen wegen Pflegebedürftigkeit dürfen nur erbracht werden, wenn die Voraussetzungen von Berufsunfähigkeit nach § 172 VVG vorliegen.[41]

78 Die ergänzende Absicherung ist wie bei der ergänzenden Hinterbliebenenabsicherung nur dann unschädlich, wenn immer mindestens **50% der Beiträge** oder mehr auf die eigene Altersversorgung des Versicherungsnehmers entfallen. Details siehe (→ Rn. 202ff.).[42]

79 Bei der Basisrente-Alter ist es unschädlich, wenn die Rente aus der ergänzenden Absicherung der Erwerbsfähigkeit **zeitlich befristet** ist für den Fall, dass das Versorgungsbedürfnis nachträglich wegfällt, zB bei Berufsunfähigkeit wegen Verbesserung des Gesundheitszustands oder bei Erreichen der Altersgrenze für den Bezug der Altersrente.[43]

80 Ebenso ist es unschädlich, wenn der Vertrag bei Eintritt der Berufsunfähigkeit oder der verminderten Erwerbsfähigkeit anstelle oder ergänzend zu einer Rentenzahlung eine Beitragsfreistellung vorsieht.[44]

81 Für Vertragsabschlüsse bis 31.3.2010 ist es zudem unschädlich, wenn eine zeitliche Befristung der Berufsunfähigkeits- oder Erwerbsminderungsrente bis zum 55. Lebensjahr des Versicherten vereinbart war, unabhängig vom Wegfall der Versorgungsbedürftigkeit.[45]

---

[39] BMF-Schreiben v. 19.8.2013, BStBl. I 2013, 1087 Rn. 24.

[40] BMF-Schreiben v. 19.8.2013, BStBl. I 2013, 1087 Rn. 17.

[41] *Bundeszentralamt für Steuern,* Kommentar zum AltZertG, Stand: 2.6.2014, § 2 Abs. 1 Rn. 17.

[42] BMF-Schreiben v. 19.8.2013, BStBl. I 2013, 1087 Rn. 18.

[43] *Bundeszentralamt für Steuern,* Kommentar zum AltZertG, Stand: 2.6.2014, § 2 Abs. 1 Rn. 20.

[44] *Bundeszentralamt für Steuern,* Kommentar zum AltZertG, Stand: 2.6.2014, § 2 Abs. 1 Rn. 16.

[45] *Bundeszentralamt für Steuern,* Kommentar zum AltZertG, Stand: 2.6.2014, § 2 Rn. 19.

82 **e) Zusätzliche Anforderungen für eine Basisrente-Erwerbsminderung.** Beiträge zur Basisrente-Erwerbsminderung können ab 2014 als Sonderausgaben abgezogen werden, wenn sie auf einen vom Bundeszentralamt für Steuern zertifizierten Vertrag eingezahlt werden (→ Rn. 31) und wenn der Versicherungsnehmer der elektronischen Datenübermittlung zugestimmt hat (→ Rn. 64).

83 **aa) Zwingende Absicherung gegen Erwerbsminderung.** Eine Basisrente-Erwerbsminderung muss zwingend eine Absicherung gegen den Eintritt der teilweisen oder vollen Erwerbsminderung vorsehen. Dabei reicht es aus, wenn entweder nur gegen volle oder nur gegen teilweise Erwerbsminderung abgesichert wird. Eine Erwerbsminderung ist gegeben, wenn der Versicherungsnehmer voraussichtlich für mindestens zwölf Monate aufgrund von Krankheit, Körperverletzung oder Behinderung nicht in der Lage ist, voll erwerbstätig zu sein.[46]

84 Eine **teilweise Erwerbsminderung** liegt vor, wenn der Versicherungsnehmer nicht imstande ist, mindestens sechs Stunden täglich erwerbstätig zu sein. Eine volle Erwerbsminderung liegt dagegen vor, wenn er hierzu nicht mindestens drei Stunden täglich in der Lage ist.

85 Die **Arbeitsmarktlage** spielt für die Beurteilung der Erwerbsminderung keine Rolle.[47]

86 **bb) Berufsunfähigkeitsschutz.** Neben der Absicherung gegen den Eintritt der verminderten Erwerbsfähigkeit darf eine Basisrente-Erwerbsminderung zusätzlich auch die Absicherung gegen den Eintritt der Berufsunfähigkeit im Sinne des § 172 VVG enthalten (sowohl in Form einer Haupt- als auch einer Zusatzversicherung).[48]

87 **cc) Gleichbleibende oder steigende lebenslange Leibrente.** Tritt der Versicherungsfall (Erwerbsminderung oder ggf. Berufsunfähigkeit) bis zum 67. Geburtstag des Versicherungsnehmers ein, hat der Versicherer eine lebenslange gleichbleibende oder steigende Leibrente zu zahlen.[49]

88 **dd) Zeitliche Befristung.** Eine zeitliche Befristung der Erwerbsminderungs- oder Berufsunfähigkeitsrente ist ausschließlich für den Fall möglich, dass die Erwerbsminderung oder Berufsunfähigkeit bis zur Vollendung des 67. Lebensjahres des Versicherungsnehmers weggefallen ist. Der Wegfall ist medizinisch zu begründen.[50]

89 **ee) Verweisung.** Es kann vereinbart werden, dass ein medizinisch begründeter Wegfall der Berufsunfähigkeit auch vorliegt, wenn der Versicherte eine andere vergleichbare Erwerbstätigkeit aufnimmt oder aufnehmen kann (sog. Verweisung).[51]

90 **ff) Rentenhöhe.** Sofern der Versicherungsnehmer bei Eintritt des Versicherungsfalls das 55. Lebensjahr vollendet hat, darf die zugesagte Rente in ihrer Höhe vom Alter des Versicherungsnehmers bei Eintritt des Versicherungsfalls abhängig gemacht werden, d. h. es kann eine geringere Rente vereinbart werden. Die Rente darf aber nicht auf 0 EUR vermindert werden. Es muss zudem auch bei Eintritt des

---

[46] BMF-Schreiben v. 10.1.2014, BStBl. I 2014, 70 Rn. 35.
[47] BMF-Schreiben v. 10.1.2014, BStBl. I 2014, 70 Rn. 35.
[48] BMF-Schreiben v. 10.1.2014, BStBl. I 2014, 70 Rn. 36.
[49] BMF-Schreiben v. 10.1.2014, BStBl. I 2014, 70 Rn. 36.
[50] BMF-Schreiben v. 10.1.2014, BStBl. I 2014, 70 Rn. 37.
[51] BMF-Schreiben v. 10.1.2014, BStBl. I 2014, 70 Rn. 37.

Versicherungsfalls zwischen dem 55. und 67. Lebensjahr eine gleichbleibende oder steigende lebenslange Leibrente (> 0 EUR) vorgesehen sein.[52]

91 **gg) Abfindung einer Kleinbetragsrente.** Eine Abfindung von Kleinbetragsrenten kann vereinbart werden (→ Rn. 49).[53]

92 **f) Zwingende Vertragliche Regelungen der Erwerbsminderung.** Für Absicherung gegen den Eintritt der verminderten Erwerbsfähigkeit sind neben den allgemeinen versicherungsvertraglichen Grundsätzen im Vertrag **zwingend folgende Regelungen** vorzusehen:

– Sieht der Vertrag sowohl eine Absicherung des Eintritts der vollen als auch der teilweisen Erwerbsminderung vor, hat der Versicherer bei Eintritt der teilweisen Erwerbsminderung mindestens die Hälfte der versicherten Leistung zu zahlen.[54]
– Die Leibrente ist spätestens ab Beginn des Kalendermonats zu leisten, der dem Kalendermonat folgt, in dem die teilweise oder volle Erwerbsminderung eingetreten ist. Dies gilt, wenn die Leistung bis zum Ende des 36. Kalendermonats nach Ablauf des Monats des Eintritts der teilweisen oder vollen Erwerbsminderung beantragt wird.
  Wird der Antrag zu einem späteren Zeitpunkt gestellt, hat der Versicherer spätestens ab Beginn des Kalendermonats zu leisten, der 36 Monate vor dem Monat der Beantragung liegt, frühestens jedoch ab Vertragsbeginn.[55]
– Die Beiträge (Beitragsanteile) zur Absicherung des Risikos „verminderte Erwerbsfähigkeit" sind auf Antrag des Versicherungsnehmers ab dem Zeitpunkt der Beantragung der Rente wegen teilweiser oder voller Erwerbsminderung bis zur endgültigen Entscheidung über die Leistungspflicht zinslos und ohne andere Auflagen zu stunden.[56]
– Verletzt der Versicherungsnehmer schuldlos seine Pflicht, ihm bekannte erhebliche Gefahrumstände anzuzeigen, die für den Versicherer hinsichtlich der Entscheidung zum Abschluss des Vertrags entscheidend sein können, muss der Versicherer auf sein Kündigungsrecht nach § 19 Abs. 3 S. 2 VVG und das Abänderungsrecht nach § 19 Abs. 4 VVG verzichten.[57]
– Die Verpflichtung des Versicherungsnehmers zur medizinischen Mitwirkung muss auf medizinisch notwendige, und zumutbare ärztliche Untersuchungen und Behandlungen begrenzt sein. Dies gilt sowohl zur als auch nach Feststellung der teilweisen oder vollen Erwerbsminderung.[58]

4. Begünstigter Personenkreis

93 Eine Basisrente (Basisrente-Alter und Basisrente-Erwerbsminderung) kann grundsätzlich jeder abschließen – Angestellte, Beamte, Pensionäre, Rentner sowie Selbständige und Personen ohne eigene Einkünfte (zB Hausfrauen).

94 Grundvoraussetzung für die steuerliche Förderung der Beiträge als Altersvorsorgeaufwendungen ist die **unbeschränkte Einkommensteuerpflicht** in Deutsch-

[52] BMF-Schreiben v. 10. 1. 2014, BStBl. I 2014, 70 Rn. 38.
[53] BMF-Schreiben v. 10. 1. 2014, BStBl. I 2014, 70 Rn. 20.
[54] BMF-Schreiben v. 10. 1. 2014, BStBl. I 2014, 70 Rn. 40.
[55] BMF-Schreiben v. 10. 1. 2014, BStBl. I 2014, 70 Rn. 41.
[56] BMF-Schreiben v. 10. 1. 2014, BStBl. I 2014, 70 Rn. 42.
[57] BMF-Schreiben v. 10. 1. 2014, BStBl. I 2014, 70 Rn. 43.
[58] BMF-Schreiben v. 10. 1. 2014, BStBl. I 2014, 70 Rn. 44.

land (§ 1 Abs. 1 EStG). Natürliche Personen, die ihren Wohnsitz oder gewöhnlichen Aufenthalt in Deutschland haben, sind unbeschränkt einkommensteuerpflichtig.

95 Besteht weder ein Wohnsitz noch der gewöhnliche Aufenthalt in Deutschland, sind sie beschränkt einkommensteuerpflichtig (§ 1 Abs. 4 EStG). Beschränkt einkommensteuerpflichtige Personen können keine Altersvorsorgeaufwendungen geltend machen (§ 50 Abs. 1 S. 3 EStG).

96 Anders als bei Altersvorsorgeverträgen (sog. **Riester-Renten**) müssen für die steuerliche Berücksichtigung eines Basisrentenvertrags keine weiteren besonderen persönlichen Voraussetzungen vorliegen; es gibt keinen bestimmten förderfähigen bzw. nicht förderfähigen Personenkreis.

5. Sonderausgabenabzug

97 Beiträge und Zuzahlungen zur Basisrente (bei der Basisrente-Alter einschließlich Zusatzversicherungen) können im Rahmen der Höchstbeträge für Altersvorsorgeaufwendungen als Sonderausgaben geltend gemacht werden.

98 **a) Höchstbetrag.** Der jährliche Höchstbetrag für Altersvorsorgeaufwendungen beträgt seit 2015 für **Alleinstehende 22.172 EUR.** Für zusammenveranlagte Ehegatten und eingetragene Lebenspartner beträgt er 44.344 EUR, unabhängig davon, wer von beiden Ehegatten oder Lebenspartnern die begünstigten Beiträge zahlt.[59] Dies entspricht dem derzeitigen Höchstbeitrag zur knappschaftlichen Rentenversicherung (§ 10 Abs. 3 S. 1 EStG).

99 **b) Abzugsfähiger Beitragsanteil steigt bis 2025.** Die Änderungen beim Sonderausgabenabzug von Altersvorsorgeaufwendungen durch das Alterseinkünftegesetz werden vom Gesetzgeber schrittweise umgesetzt. Im Jahr 2005 konnten 60% der gezahlten Beiträge zur Basis-Vorsorge als Altersvorsorgeaufwendungen geltend gemacht werden. In den Folgejahren steigt dieser Prozentsatz um jährlich zwei Prozentpunkte. Erst ab dem Jahr 2025 können somit die Beiträge in vollem Umfang (100%) als Sonderausgaben (im Rahmen des Höchstbetrags; → Rn. 98) abgezogen werden.

100 Für die Übergangszeit bis 2025 kann der jeweils abzugsfähige Beitragsanteil aus der nachfolgenden Tabelle entnommen werden.[60]

101 Im Kalenderjahr sind **abzugsfähig**

2005	60%	**2012**	74%	**2019**	88%
2006	62%	**2013**	76%	**2020**	90%
2007	64%	**2014**	78%	**2021**	92%
2008	66%	**2015**	80%	**2022**	94%
2009	68%	**2016**	82%	**2023**	96%
2010	70%	**2017**	84%	**2024**	98%
2011	72%	**2018**	86%	**2025**	100%

102 **c) Berechnung des Abzugsbetrags bei Arbeitnehmern.** Bei Arbeitnehmern, denen der Arbeitgeber steuerfreie Arbeitgeberbeiträge zu den gesetzlichen Rentenversicherungen oder diesen gleichgestellte steuerfreie Zuschüsse (zB zu be-

[59] BMF-Schreiben v. 19.8.2013, BStBl. I 2013, 1087 Rn. 46.
[60] BMF-Schreiben v. 19.8.2013, BStBl. I 2013, 1087 Rn. 61.

rufsständischen Versorgungseinrichtungen) zahlt, wird auf den Gesamtbeitrag zu der gesetzlichen Rentenversicherung bzw. gleichgestellten Versorgungseinrichtungen (Arbeitgeber- und Arbeitnehmerbeitrag) und ggf. gezahlte Beiträge zu einem Basisrentenvertrag der jeweilige Prozentsatz angewendet. Davon werden anschließend der Arbeitgeberanteil bzw. die Arbeitgeberzuschüsse (ungekürzt) abgezogen, da der Arbeitnehmer diese bereits einkommensteuerfrei (§ 3 Nr. 62 EStG) erhalten hat.[61]

d) Günstigerprüfung nach § 10 Abs. 4a EStG. In welcher Höhe die Beiträge als Sonderausgaben tatsächlich abgesetzt werden können, bestimmt sich im Rahmen der sog. Günstigerprüfung. Durch die Günstigerprüfung soll sichergestellt werden, dass kein Steuerpflichtiger durch die Regelungen im Alterseinkünftegesetz ab 2005 schlechter gestellt wird, als nach dem bis 2004 geltenden Einkommensteuerrecht. Die Günstigerprüfung gilt jedoch nur für einen Übergangszeitraum bis 2019.[62] Danach gelten nur noch die neuen Regelungen nach dem Alterseinkünftegesetz. **103**

„Verpuffungseffekt“: In bestimmten Fällen konnte es passieren, dass sich die zusätzlichen Beiträge für eine Basisrente aufgrund der Günstigerprüfung steuerlich nicht auswirkten, sozusagen verpufft wären. Deshalb wurde mit dem Jahressteuergesetz 2007 rückwirkend ab dem 1.1.2006 eine weitere, modifizierte Günstigerprüfung eingeführt, wenn Beiträge in eine Basisrente eingezahlt werden. Neben der Berechnungsmethode nach dem aktuellen Steuerrecht (Schritt 1) und der alten Berechnungsmethode nach dem bis Ende 2004 gültigen Steuerrecht (Schritt 2) wurde eine dritte Berechnungsmethode eingeführt (Schritt 3): Gerechnet wird hier nach der alten Berechnungsmethode von 2004, aber zunächst ohne die Beiträge zur Basisrente. Dem Ergebnis wird anschließend ein sog. Erhöhungsbetrag für die Basisrente hinzugerechnet.[63] **104**

Automatische Berücksichtigung Das Finanzamt führt die Günstigerprüfung automatisch von sich aus im Rahmen der Einkommensteuerveranlagung durch.[64] Dabei werden bei allen drei Methoden stets nur die nach neuem Recht abzugsfähigen Vorsorgeaufwendungen berücksichtigt (Altersvorsorgeaufwendungen und sonstige Vorsorgeaufwendungen). Nicht berücksichtigt werden damit zB Beiträge zu ab 1.1.2005 abgeschlossenen privaten Lebensversicherungen der Schicht 3. **105**

Zu Gunsten des Steuerpflichtigen wird von allen drei Berechnungsmethoden bei der Einkommensteuerveranlagung diejenige herangezogen, die für ihn **am günstigsten** ist. So wird sichergestellt, dass sich die Beiträge zu einer Basisrente in jedem Fall steuermindernd auswirken und nicht mehr verpuffen können. Profitiert haben davon insbesondere Selbständige und in bestimmten Fällen auch Beamte und Angestellte mit niedrigem Gehalt. **106**

Abschmelzung bis 2019: Die Günstigerprüfung wird nur bis 2019 durchgeführt. Ab 2020 kommt nur noch das aktuell geltende Recht (Schritt 1) zur Anwendung. **107**

Von 2011 bis 2019 wird bei der Günstigerprüfung der Vorwegabzug von 3.068 EUR für Alleinstehende bzw. 6.136 EUR für zusammen veranlagte Ehegatten und eingetragene Lebenspartner sukzessive auf Null abgeschmolzen.[65] **108**

---

[61] BMF-Schreiben v. 19.8.2013, BStBl. I 2013, 1087 Rn. 62.
[62] BMF-Schreiben v. 19.8.2013, BStBl. I 2013, 1087 Rn. 165.
[63] BMF-Schreiben v. 19.8.2013, BStBl. I 2013, 1087 Rn. 166.
[64] BMF-Schreiben v. 19.8.2013, BStBl. I 2013, 1087 Rn. 164.
[65] BMF-Schreiben v. 19.8.2013, BStBl. I 2013, 1087 Rn. 165.

109 Der konkret für die Jahre 2005 bis 2019 anzusetzende Vorwegabzug ist folgender Tabelle zu entnehmen:

Kalenderjahr	Vorwegabzug für einen Steuerpflichtigen	Vorwegabzug für Ehegatten/ Lebenspartner/Zusammenveranlagung
bis 2010	3.068 EUR	6.136 EUR
2011	2.700 EUR	5.400 EUR
2012	2.400 EUR	4.800 EUR
2013	2.100 EUR	4.200 EUR
2014	1.800 EUR	3.000 EUR
2015	1.500 EUR	3.600 EUR
2016	1.200 EUR	2.400 EUR
2017	900 EUR	1.800 EUR
2018	600 EUR	1.200 EUR
2019	300 EUR	600 EUR

110 **e) Kürzung des Höchstbetrags.** Bei bestimmten Personengruppen wird der Höchstbetrag von 22.172 EUR bzw. 44.344 EUR (→ Rn. 98) gekürzt.

111 **aa) Beamte und gleichgestellte Personen.** Zu dieser Personengruppe zählen nach § 10 Abs. 3 S. 3 Nr. 1 a EStG insbesondere folgende Personen:[66]
- Beamte, Richter, Berufssoldaten, Soldaten auf Zeit, Amtsträger,
- Arbeitnehmer, die nach § 5 Abs. 1 S. 1 Nr. 2 und 3 SGB VI oder § 230 SGB VI versicherungsfrei sind (zB Beschäftigte bei Trägern der Sozialversicherung, Geistliche der als öffentlich-rechtliche Körperschaften anerkannten Religionsgemeinschaften),
- Arbeitnehmer, die auf Antrag des Arbeitgebers von der GRV-Pflicht befreit worden sind, zB Lehrkräfte an nicht öffentlichen Schulen, bei denen eine Altersversorgung nach beamtenrechtlichen oder entsprechenden kirchenrechtlichen Grundsätzen gewährleistet ist.

112 **bb) Beherrschende Gesellschafter-Geschäftsführer und Vorstände einer AG.** Ferner wird der Höchstbetrag beim Personenkreis des § 10 Abs. 3 S. 3 Nr. 1 b EStG gekürzt.[67] Dazu zählen insbesondere Arbeitnehmer, die während des ganzen oder eines Teils des Kalenderjahres nicht der Versicherungspflicht in der gesetzlichen Rentenversicherung unterliegen und denen eine betriebliche Altersversorgung, im Zusammenhang mit einem in dem betreffenden Veranlagungszeitraum bestehenden Dienstverhältnis, zugesagt worden ist. Hierzu können insbesondere beherrschend Gesellschafter-Geschäftsführer einer GmbH oder Vorstandsmitglieder einer Aktiengesellschaft gehören.

113 Dabei sind alle Formen der betrieblichen Altersversorgung zu berücksichtigen.[68] Die Höhe der Versorgungszusage und die Art der Finanzierung und des Durchführungswegs sind für die Zugehörigkeit zu diesem Personenkreis irrelevant. Unerheblich ist auch, ob im betreffenden Veranlagungszeitraum Beiträge erbracht wurden

[66] BMF-Schreiben v. 19.8.2013, BStBl. I 2013, 1087 Rn. 49.
[67] BMF-Schreiben v. 19.8.2013, BStBl. I 2013, 1087 Rn. 52.
[68] BMF-Schreiben v. 19.8.2013, BStBl. I 2013, 1087 Rn. 52.

oder nicht, so dass auch beitragsfreie Direktversicherungen zu einer Kürzung führen.[69]

114 Nicht zu berücksichtigen sind Anwartschaftsrechte aus einer im gesamten Veranlagungszeitraum *privat fortgeführten Direktversicherung* des Arbeitnehmers, bei der er selbst Versicherungsnehmer ist.

115 **cc) Abgeordnete.** Eine Kürzung ist nach § 10 Abs. 3 S. 3 Nr. 2 EStG ferner bei Personen vorzunehmen, die Einkünfte nach § 22 Nr. 4 EStG erzielen. Dazu zählen insbes.:[70]
- Bundestagsabgeordnete,
- Landtagsabgeordnete und
- Abgeordnete des Europaparlaments.

116 Nicht zu diesem Personenkreis gehören zB ehrenamtliche Mitglieder kommunaler Vertretungen und kommunale Wahlbeamte wie Landräte und Bürgermeister.[71] Eine Kürzung des Höchstbetrags ist jedoch nur dann vorzunehmen, wenn der Betroffene zum genannten Personenkreis gehört und ganz oder teilweise ohne eigene Beitragsleistung einen Anspruch auf Altersversorgung nach dem Abgeordnetengesetz, dem Europaabgeordnetengesetz oder entsprechenden Gesetzen der Länder erwirbt.[72]

117 **dd) Berechnung der Kürzung.** Der Höchstbetrag ist bei Versicherungsnehmern, die zu den vorgenannten Personengruppen gehören, um einen **fiktiven Gesamtbeitrag (Arbeitgeber- und Arbeitnehmeranteil) zur gesetzlichen Rentenversicherung** zu kürzen.[73] Bemessungsgrundlage für den Kürzungsbetrag sind die erzielten steuerpflichtigen Einnahmen aus der Tätigkeit, die die Zugehörigkeit zur Personengruppe des § 10 Abs. 3 S. 3 Nr. 1a oder b EStG begründen bzw. die Einnahmen nach § 22 Nr. 4 EStG bei der Personengruppe nach § 10 Abs. 3 S. 3 Nr. 2 EStG, maximal bis zur Beitragsbemessungsgrenze Ost (2013: 58.800 EUR, 2014: 60.000 EUR, 2015: 62.400 EUR jährlich).[74] Dies gilt aus Vereinfachungsgründen einheitlich für alle Betroffenen aus dem gesamten Bundesgebiet. Für die Berechnung ist der zu Beginn des jeweiligen Jahres gültige Beitragssatz in der GRV maßgebend (2013, 2014: 18,9%; 2015: 18,7%).[75]

118 **ee) Kürzung bei Ehegatten und eingetragenen Lebenspartnern.** Bei Ehegatten und eingetragenen Lebenspartnern ist für jeden Ehegatten oder Lebenspartner gesondert zu prüfen, ob und ggf. in welcher Höhe der gemeinsame Höchstbetrag von 40.000 EUR zu kürzen ist.[76]

119 **f) Vorsorgepauschale. aa) Berücksichtigung im Lohnsteuerabzugsverfahren.** Bei Arbeitnehmern, Beamten, Pensionären und Betriebsrentnern wird bereits beim Lohnsteuerabzug automatisch eine Vorsorgepauschale berücksichtigt. Sie ist in den Lohnsteuertarif eingearbeitet, ohne Rücksicht auf die tatsächliche Höhe der Vorsorgeaufwendungen. Damit werden alle Vorsorgeaufwendungen, also Al-

[69] BMF-Schreiben v. 19.8.2013, BStBl. I 2013, 1087 Rn. 52.
[70] BMF-Schreiben v. 19.8.2013, BStBl. I 2013, 1087 Rn. 56.
[71] BMF-Schreiben v. 19.8.2013, BStBl. I 2013, 1087 Rn. 57.
[72] BMF-Schreiben v. 19.8.2013, BStBl. I 2013, 1087 Rn. 58.
[73] BMF-Schreiben v. 19.8.2013, BStBl. I 2013, 1087 Rn. 50.
[74] BMF-Schreiben v. 19.8.2013, BStBl. I 2013, 1087 Rn. 50.
[75] BMF-Schreiben v. 19.8.2013, BStBl. I 2013, 1087 Rn. 51.
[76] BMF-Schreiben v. 19.8.2013, BStBl. I 2013, 1087 Rn. 60.

tersvorsorgeaufwendungen und sonstige Vorsorgeaufwendungen im Rahmen des Lohnsteuerabzugs berücksichtigt (§ 39b Abs. 2 S. 5 Nr. 3 EStG).

120 **bb) Steigende Vorsorgepauschale.** Wie auch bei Altersvorsorgeaufwendungen (→ Rn. 101) wird die Vorsorgepauschale vom Gesetzgeber schrittweise umgesetzt, mit der Folge, dass das Abzugsvolumen der Vorsorgepauschale bis 2025 jährlich steigt (§ 39b Abs. 4 EStG).

121 **cc) Keine Berücksichtigung bei der Einkommensteuerveranlagung.** Hat ein Steuerpflichtiger in einem Kalenderjahr höhere tatsächliche Vorsorgeaufwendungen gehabt als die Vorsorgepauschale, ist deren Berücksichtigung als **Sonderausgaben** nach Ablauf des Kalenderjahres im Rahmen der Veranlagung zur Einkommensteuer möglich. Im Rahmen der Einkommensteuerveranlagung sind dagegen die tatsächlich erbrachten Vorsorgeaufwendungen maßgeblich. Die eventuell höhere Vorsorgepauschale wird bei der Einkommensteuerveranlagung nicht berücksichtigt.

122 **dd) Berechtigte und Berechnung der Vorsorgepauschale.** Die Vorsorgepauschale gilt zB für **rentenversicherungspflichtige Arbeitnehmer** oder Vorstandsmitglieder von Aktiengesellschaften und beherrschende Gesellschafter- Geschäftsführer einer GmbH, die keine Anwartschaftsrechte auf eine betriebliche Altersversorgung aufgebaut hatten. Aufgrund der steigenden Abzugsfähigkeit von Vorsorgeaufwendungen erhöht sich auch die Vorsorgepauschale jährlich bis 2025 (§ 39b Abs. 4 EStG).

123 **Keine Vorsorgepauschale** geltend machen können zB (vgl. § 39b Abs. 2 S. 5 Nr. 3 EStG):

- Arbeitnehmer, die in der gesetzlichen Rentenversicherung versicherungsfrei waren,
- Beamte, Vorstandsmitglieder von Aktiengesellschaften und beherrschende Gesellschafter-Geschäftsführer einer GmbH, die nicht der gesetzlichen Rentenversicherungspflicht unterliegen und die Anwartschaftsrechte auf eine betriebliche Altersversorgung erworben haben.

124 **g) Beitragsüberzahlungen.** Beiträge, die über den jeweiligen Höchstbetrag (→ Rn. 98) hinaus gezahlt werden, können nicht als Altersvorsorgeaufwendungen abgezogen werden. Sie mindern nicht die Einkommensteuer.

125 Anders als bei Altersvorsorgeverträgen (sog. Riester-Verträge) wird später die gesamte Rente **nachgelagert besteuert** – auch die Anteile der Rente, die auf Beitragsüberzahlungen beruhen – zur Besteuerung der Leistung (→ Rn. 127 ff.).[77] Eine (anteilige) Besteuerung mit dem niedrigen Ertragsanteil wie bei privaten Rentenversicherungen (Produkte der Schicht 3) ist nicht möglich.

126 Der Basisrentenvertrag ist im Rahmen von Arbeitslosengeld II („Hartz IV") insgesamt nicht verwertbares Vermögen.[78]

6. Nachgelagerte Besteuerung

127 Leistungen aus Basisrentenverträgen und aus deren Zusatzversicherungen sind einkommensteuerpflichtig. Da die Beiträge in der Ansparphase als Altersvorsorgeaufwendungen steuerlich gefördert wurden, werden die Renten in der Rentenzahlungsphase nachgelagert besteuert. Dies gilt gleichermaßen für Renten aus gesetz-

---

[77] BMF-Schreiben v. 19.8.2013, BStBl. I 2013, 1087 Rn. 206.

[78] BMF-Schreiben v. 19.8.2013, BStBl. I 2013, 1087 Rn. 30.

lichen Rentenversicherungen, aus berufsständischen Versorgungseinrichtungen und aus landwirtschaftlichen Alterskassen.

Erfasst werden alle Leistungen der Basis-Vorsorge: **128**
- Altersrenten,
- Berufsunfähigkeits- und Erwerbsminderungsrenten,
- Witwen- oder Witwerrenten, Waisenrenten,
- einmalige Leistungen wie die Abfindung von Kleinbetragsrenten.

a) Besteuerungsanteil: schrittweise Übergangsregelung (Kohortenprinzip); Jahr des Rentenbeginns. Die nachgelagerte Besteuerung der Schicht-1-Produkte wurde im Rahmen des Alterseinkünftegesetz zum 1.1.2005 eingeführt. Die Renten wurden jedoch nicht sofort ab 2005 in voller Höhe nachgelagert besteuert. Im Rahmen einer längeren Übergangsregelung steigt je nach Jahr des Rentenbeginns der **steuerpflichtige Teil der Renten schrittweise an** (sog. Kohortenprinzip).[79] **129**

Erst Renten, die **ab 2040 beginnen, müssen in voller Höhe versteuert** werden. Vorher hängt die Höhe des steuerpflichtigen Teils der Rente (sog. Besteuerungsanteil) vom Jahr des Rentenbeginns ab. Beginnt die Rente im Jahr 2005 oder davor, beträgt der Besteuerungsanteil 50 Prozent des gezahlten Jahresbetrags der Rente (→ Rn. 137). Bei Rentenbeginnen in den Folgejahren steigt der Besteuerungsanteil bis zum Jahr 2020 um zwei Prozentpunkte jährlich, danach um jährlich einen Prozentpunkt. Bei einem Rentenbeginn ab dem Jahr 2040 ist die Rente in voller Höhe (zu 100%) steuerpflichtig. **130**

b) Rentenbeginn. Steuerlich beginnt eine Basisrente zu dem Anfang des Zeitraums, für den die Rente (ggf. mit rückwirkender Leistung) tatsächlich bewilligt wird. Auf den Zeitpunkt zu dem die Rente erstmals gezahlt wird, spielt für den steuerlichen Rentenbeginn einer Basisrente keine Rolle.[80] **131**

c) Maßgeblicher Rentenbetrag. Bemessungsgrundlage für die Ermittlung des Besteuerungsanteils der Rente ist der Jahresbetrag der Rente. Jahresbetrag der Rente ist die Summe der im jeweiligen Kalenderjahr zugeflossenen Rentenbeträge (Grundrente zuzüglich Überschussrente).[81] Bei Auszahlung ggf. einbehaltene eigene Beitragsanteile zur Kranken- und Pflegeversicherung sind für die Besteuerung mit zu berücksichtigen.[82] **132**

Bei Rentennachzahlungen ist das Jahr des Zuflusses der Renten beim Steuerpflichtigen maßgebend (§ 11 EStG). Dies gilt unabhängig davon, für welche Jahre und aus welchen Gründen die Nachzahlung erfolgt. Eine Pfändung der Rente hat keinen Einfluss auf die Höhe des Jahresbetrags der Rente.[83] **133**

d) Individueller Rentenfreibetrag. Der Besteuerungsanteil (→ Rn. 129) führt dazu, dass die Rente steuerlich in **zwei Teile aufgeteilt** wird: Der Teil, den der Steuerpflichtige versteuern muss, und der Teil, der steuerfrei bleibt. Der steuerfreie Betrag wird vom zuständigen Finanzamt als individueller Rentenfreibetrag festgeschrieben und gilt in dieser Höhe grundsätzlich für die gesamte Laufzeit der **134**

---

[79] BMF-Schreiben v. 19.8.2013, BStBl. I 2013, 1087 Rn. 230.
[80] BMF-Schreiben v. 19.8.2013, BStBl. I 2013, 1087 Rn. 220.
[81] BMF-Schreiben v. 19.8.2013, BStBl. I 2013, 1087 Rn. 218.
[82] BMF-Schreiben v. 19.8.2013, BStBl. I 2013, 1087 Rn. 218.
[83] BMF-Schreiben v. 19.8.2013, BStBl. I 2013, 1087 Rn. 218.

Rente.[84] Erhält ein Steuerpflichtiger mehrere Renten, wird für jede Rente der individuelle Rentenfreibetrag gesondert ermittelt und festgeschrieben.[85]

135 **e) Berechnung des Rentenfreibetrags.** Der Unterschiedsbetrag zwischen der gezahlten Jahresrente und dem Besteuerungsanteil ist der steuerfreie Teil der Rente (Rentenfreibetrag).

136 Die **Formel** lautet somit: Rentenfreibetrag = Jahresrente (= Jahresbetrag der Rente im Jahr nach Rentenbeginn) x (100/Besteuerungsanteil) %.

137 Der individuelle Rentenfreibetrag wird **erst im Jahr nach dem Rentenbeginn** ermittelt.[86] Dadurch wird sichergestellt, dass die Höhe des Rentenfreibetrags nicht vom Monat des Rentenbeginns abhängt. Bei Renten mit Rentenbeginn vor dem 1.1.2005 ist für die Ermittlung des Rentenfreibetrags die Rente im Jahr 2005 maßgeblich. Er gilt für die gesamte Laufzeit des Rentenbezugs (§ 22 Nr. 1 S. 3 Buchst. a aa S. 4 und 5 EStG).Für den Besteuerungsanteil ist hingegen das Jahr des Rentenbeginns maßgebend.[87]

138 **f) Anpassungen der Rente. aa) Regelmäßige Anpassungen.** Soweit die Rente während des Rentenbezugs in den Folgejahren, zB wegen Anpassung der Überschussbeteiligung, geringfügig schwankt, ist keine neue Rente anzunehmen.[88] Für den erhöhten oder verminderten Rentenbetrag bleibt der ursprünglich ermittelte Besteuerungsanteil (→ Rn. 129) maßgebend.

139 Auch der **Rentenfreibetrag** (→ Rn. 134) ändert sich nicht.

140 **bb) Anpassungen zu 100 % steuerpflichtig.** Denn anders als bei Renten, die mit dem Ertragsanteil versteuert werden, ist für die Ermittlung des Besteuerungsanteils und des Rentenfreibetrags nur der Zeitpunkt des Rentenbeginns maßgebend. Beide Werte werden grundsätzlich einmalig für die restliche Laufzeit der Rente bestimmt. Dies führt dazu, dass Rentenerhöhungen, die auf regelmäßigen Rentenanpassungen beruhen, in voller Höhe (zu 100%) steuerpflichtig sind und nicht nur mit dem jeweiligen Besteuerungsanteil. Rentenerhöhungen gehen damit voll zu Lasten des steuerpflichtigen Teils der Rente.

141 **cc) Neuberechnung des Rentenfreibetrags.** Beruht die Änderung der Rente nicht auf einer regelmäßigen Anpassung, zB bei einer nachträglich vereinbarten Änderung der Rentenhöhe, wird der Rentenfreibetrag (→ Rn. 134) vom Finanzamt neu berechnet. Auch Rentennachzahlungen oder -rückzahlungen können dazu führen, dass der Rentenfreibetrag neu berechnet wird.[89] Der ursprünglich ermittelte Besteuerungsanteil bleibt erhalten.

142 Der neue Rentenfreibetrag ergibt sich aus dem Verhältnis, in dem der neue Jahresbetrag der Rente (→ Rn. 132) zum Jahresbetrag der Rente steht, welcher der Ermittlung des Rentenfreibetrages ursprünglich zugrunde gelegen hat.[90] Zwischenzeitlich erfolgte regelmäßige Rentenanpassungen (→ Rn. 140) werden dabei nicht berücksichtigt.[91] Diese Verhältnisrechnung hat zur Folge, dass im Ergebnis Renten-

---

[84] BMF-Schreiben v. 19.8.2013, BStBl. I 2013, 1087 Rn. 219, 223.
[85] BMF-Schreiben v. 19.8.2013, BStBl. I 2013, 1087 Rn. 222.
[86] BMF-Schreiben v. 19.8.2013, BStBl. I 2013, 1087 Rn. 230.
[87] BMF-Schreiben v. 19.8.2013, BStBl. I 2013, 1087 Rn. 218.
[88] BMF-Schreiben v. 19.8.2013, BStBl. I 2013, 1087 Rn. 232.
[89] BMF-Schreiben v. 19.8.2013, BStBl. I 2013, 1087 Rn. 232f.
[90] BMF-Schreiben v. 19.8.2013, BStBl. I 2013, 1087 Rn. 233.
[91] BMF-Schreiben v. 19.8.2013, BStBl. I 2013, 1087 Rn. 233.

erhöhungen, die auf regelmäßigen Rentenanpassungen beruhen, auch nach einer Neuermittlung des Rentenfreibetrags immer in voller Höhe steuerpflichtig bleiben.

dd) Folgerenten aus demselben Vertrag. Bei einer Basisrente-Alter mit Zusatzabsicherung für Hinterbliebene oder für Berufsunfähigkeit/Erwerbsminderung können verschiedene Renten gezahlt werden, die auf ein und demselben Rentenstammrecht beruhen.[92] Das ist beispielsweise der Fall, wenn auf eine Rente wegen Berufsunfähigkeit aus einer Berufsunfähigkeits-Zusatzversicherung eine Altersrente aus demselben Vertrag folgt. Diese beiden Renten bezeichnet man als Folgerenten aus demselben Vertrag. Das liegt auch dann vor, wenn die Rentenempfänger nicht identisch sind, zB bei einer Altersrente mit nachfolgender Witwen-, Witwer- oder Waisenrente. Bei Folgerenten aus demselben Vertrag (Basisrente-Alter)sind zwei Fälle zu unterscheiden: **143**

(1) Unmittelbar aufeinander folgende Renten – Besteuerungsanteil bleibt, Rentenfreibetrag neu: Folgen Renten einander unmittelbar nach, ist für die Ermittlung des Besteuerungsanteils (→ Rn. 129) der neuen Rente der Rentenbeginn der vorhergehenden Rente maßgebend. Der Rentenfreibetrag (→ Rn. 134) muss jedoch neu berechnet werden.[93] **144**

(2) Nicht unmittelbar aufeinander folgende Renten – neuer Besteuerungsanteil unter Berücksichtigung der „Vorrente": Folgen die Renten einander nicht unmittelbar nach, ist für die Ermittlung des Besteuerungsanteils (→ Rn. 129) nicht der tatsächliche Beginn der Folgerente maßgebend. Vielmehr wird ein fiktives Jahr des Rentenbeginns ermittelt. Hierfür wird so getan, als hätte die zweite Rente früher begonnen, und zwar um genau die Dauer der ersten Rente. Das sich daraus ergebende fiktive Jahr des Rentenbeginns bestimmt dann den Besteuerungsanteil der zweiten Rente. Dabei darf der Prozentsatz von 50% nicht unterschritten werden.[94] **145**

Der Rentenfreibetrag (→ Rn. 134) muss in diesem Fall für jede Rente gesondert berechnet werden. **146**

Rentenende vor 1.1.2005: Renten, die vor dem 1.1.2005 geendet haben, werden nicht als vorhergehende Renten berücksichtigt. Sie wirken sich daher nicht auf die Höhe des Besteuerungsanteils der nachfolgenden Rente aus.[95] **147**

ee) Folgerenten" aus verschiedenen Verträgen. Renten, die nicht auf ein und demselben Rentenstammrecht beruhen, werden steuerlich nicht als Folgerenten behandelt.[96] Der jeweils maßgebende Besteuerungsanteil und der jeweilige Rentenfreibetrag sind gesondert zu ermitteln. **148**

ff) Versorgungsausgleich. Leistungen aus Anrechten, die im Rahmen des Versorgungsausgleichs durch interne Teilung auf den Ausgleichsberechtigten übertragen oder die für den Ausgleichsberechtigten durch externe Teilung begründet wurden, stellen ein eigenes Rentenstammrecht der Ausgleichsberechtigten dar. Die Rente des Ausgleichsberechtigten ist daher keine Folgerente aus der Versicherung des Ausgleichspflichtigen. Besteuerungsanteil und Rentenfreibetrag müssen auch hier jeweils gesondert ermittelt werden.[97] **149**

---

[92] BMF-Schreiben v. 19.8.2013, BStBl. I 2013, 1087 Rn. 224f.
[93] BMF-Schreiben v. 19.8.2013, BStBl. I 2013, 1087 Rn. 224.
[94] BMF-Schreiben v. 19.8.2013, BStBl. I 2013, 1087 Rn. 225.
[95] BMF-Schreiben v. 19.8.2013, BStBl. I 2013, 1087 Rn. 227.
[96] BMF-Schreiben v. 19.8.2013, BStBl. I 2013, 1087 Rn. 224.
[97] BMF-Schreiben v. 19.8.2013, BStBl. I 2013, 1087 Rn. 224.

II. Kommentierung der Klauselbestimmungen

150 Hauptleistung einer Basisrente-Alter ist die **versicherte Rente;** eine Kapitalauszahlung ist – abgesehen von der Abfindung einer Kleinbetragsrente bei Rentenbeginn (→ Rn. 154) – unter keinem Gesichtspunkt zulässig. Daneben kann der Vertrag eine Leistung bei Tod vor (→ Rn. 164) und nach Rentenbeginn vorsehen (→ Rn. 173). Zusätzlich hat der Versicherungsnehmer Anspruch auf Leistungen aus der Überschussbeteiligung (→ Rn. 186).

1. Hauptleistung: Leibrente

151 **a) Hauptleistung: garantierte Leibrente.** Hauptleistung ist eine **lebenslang in gleichbleibender oder steigender Höhe zu zahlende garantierte Leibrente** (→ Rn. 44 ff.) auf das Leben des Versicherungsnehmers, der zugleich versicherte Person ist. Die Höhe der garantierten Rente wird im Versicherungsschein vereinbart. Die Rente wird monatlich gezahlt.

152 Die Rentenzahlung darf frühestens beginnen, wenn der Versicherungsnehmer das 62. Lebensjahr vollendet hat. Ein früherer Rentenbeginn ist nicht zulässig.

153 **b) Keine einmalige Kapitalleistung.** Der Kunde kann keine Kapitalabfindung bei Rentenbeginn verlangen; ebenso wenig ist eine einmalige Leistung bei Tod vor oder nach Rentenbeginn möglich. Diese Produktgestaltung ist den steuerlichen Erfordernissen geschuldet, da § 10 Abs. 1 Nr. 2b aa EStG ausschließlich die Zahlung einer lebenslangen Leibrente auf das Leben des Versicherungsnehmers oder die Zahlung einer Hinterbliebenenrente zulässt. Dementsprechend besteht das Erfordernis einer Leibrente nicht nur für die Erlebensfallleistung sondern auch für die Todesfallleistungen. Zugleich handelt es sich um ein Zertifizierungskriterium (→ Rn. 49).

154 **c) Abfindung von Kleinbetragsrenten.** Übersteigt die monatliche Altersrente bei Rentenzahlungsbeginn nicht den in § 93 Abs. 3 S. 2 und 3 EstG festgelegten Betrag – 1% der monatlichen Bezugsgröße (West) nach § 18 SGB VI (2013: 26,95 EUR, 2014: 27,65 EUR, 2015: 28,35 EUR monatlich), kann Das Versicherungsunternehmen die Rente einseitig abfinden. Auszuzahlen ist in diesem Fall das zum Rentenzahlungsbeginn vorhandene gebildete Kapital; mit der Auszahlung endet der Vertrag.

155 Bestehen bei einem Anbieter **mehrere Verträge,** sind bei der Berechnung der Rente alle beim Anbieter bestehenden Basisrentenverträge zu berücksichtigen.

156 **d) Teilrenten.** Steuerlich zulässig ist auch eine Rentenzahlung in Form einer Teilrente. Voraussetzung ist dabei, dass vertraglich sichergestellt ist, dass falls **während des Teilrentenbezugs weiter Beiträge gezahlt** werden, mehr als 50% der Beiträge auf die eigene Altersvorsorge des Versicherungsnehmers entfallen. Für die Beurteilung ob eine Kleinbetragsrente vorliegt, ist dann auf den Beginn der Zahlung der Teilrente abzustellen (Beginn der Auszahlungsphase).[98]

[98] *Bundeszentralamt für Steuern,* Kommentar zum AltZertG, Stand: 2.6.2014, § 2 Abs. 1 Rn. 14.

e) Erhöhung der Rente bei Pflegebedürftigkeit. Zulässig ist auch eine Vereinbarung, wonach sich die Rente erhöht, wenn der Versicherungsnehmer pflegebedürftig wird.[99] **157**

Dabei kann vereinbart werden, dass sich die Rente im Fall der Pflegebedürftigkeit pauschal um einen zuvor auf Basis einer verwendeten Sterbetafel vertraglich festgelegten Faktor **erhöht.** Möglich ist es auch unterschiedliche Faktoren für unterschiedliche Pflegestufen zu vereinbaren. **158**

Alternativ kann auch vereinbart werden, dass die Rente zum Zeitpunkt des Eintritts der Pflegebedürftigkeit **neu berechnet** wird, wenn dies zu einer Erhöhung der Rente führt. **159**

In beiden Fällen darf die Rente im Falle eines Wegfalls der Pflegebedürftigkeit **nicht mehr sinken.** **160**

2. Leistungen bei Tod

Stirbt der Versicherungsnehmer vor oder nach Rentenzahlungsbeginn wird keine Leistung erbracht und der Vertrag endet. **161**

In den GDV-Musterbedingungen wird – angesichts der steuerlich vorgegebenen Nichtvererblichkeit (→ Rn. 50) sowie dem engen Hinterbliebenenkreis (→ Rn. 72) – davon ausgegangen, dass eine Basisrente-Alter sich **am Leistungsrahmen der gesetzlichen Rentenversicherung orientieren** sollte. Dementsprechend ging man davon aus, dass die Versicherungsnehmer bei Bedarf, dh wenn sie verheiratet sind oder Kinder haben, ggf. eine Hinterbliebenenrentenzusatzversicherung abschließen werden. **162**

Der Wunsch der Versicherungsnehmer, auch vor Rentenbeginn Leistungen ohne Mehrbeitrag zu erhalten hat in der Folgezeit dazu geführt, dass am Markt angebotenen Verträge zunehmend auch in die Hauptversicherung integrierte Todesfallleistungen vor und nach Rentenbeginn vorsehen. **163**

a) Tod vor Rentenbeginn. aa) Verrentung des Deckungskapitals. Möglich ist es beispielsweise das bei Tod vorhandene Deckungskapital zu verrenten.[100] Der hinterbliebene Ehegatte oder Lebenspartner erhält dann bei Tod des Versicherungsnehmers eine lebenslange Leibrente ausgezahlt. Alternativ kann das Deckungskapital zugunsten einer abgekürzten Leibrente für die hinterbliebenen Kinder, für die der Verstorbene Anspruch auf Kindergeld oder auf einen Freibetrag nach § 32 Abs. 6 EStG hatte (§ 10 Abs. 1 Nr. 2 b aa S. 2 EStG), verrentet werden. **164**

Eine derartige **Restkapitalverrentung** stellt keine Risikoabsicherung im Sinne des AltZertG dar. Dementsprechend ist für eine derartige Leistungskomponente nicht die 50%-Grenze für Beiträge für eine Hinterbliebenenabsicherung zu beachten (→ Rn. 205). Es handelt sich insoweit um einen einheitlichen Vertrag über eine Basisrente-Alter, so dass eine im Vertrag vorgesehene Möglichkeit eine solche Hinterbliebenenleistung zu- oder abzuwählen ebenfalls unschädlich ist.[101] Damit wird lediglich einem sich ändernden Bedarf nach Hinterbliebenenabsicherung, beispielsweise bei Scheidung oder Wiederverheiratung, Rechnung getragen. **165**

---

[99] *Bundeszentralamt für Steuern,* Kommentar zum AltZertG, Stand: 2.6.2014, § 2 Abs. 1 Rn. 12.

[100] *Bundeszentralamt für Steuern,* Kommentar zum AltZertG, Stand: 2.6.2014, § 2 Abs. 1 Rn. 24.

[101] *Bundeszentralamt für Steuern,* Kommentar zum AltZertG, Stand: 2.6.2014, § 2 Abs. 1 Rn. 30.

166 Sind allerdings bei Tod des Versicherungsnehmers **keine Hinterbliebenen** iSd EStGvorhanden, endet der Vertrag ohne Leistung.

167 **Beispiel:** „Wenn Sie vor Beginn der Rentenzahlung sterben, wird das Deckungskapital in eine monatliche Hinterbliebenenrente auf das Leben und zu Gunsten des bzw. der Hinterbliebenen nach § ... umgerechnet. Sind bei Ihrem Tod keine Hinterbliebenen im Sinne von § ... vorhanden, erbringen wir keine Leistung und der Vertrag endet."

168 **bb) Weitere Varianten der Todesfallleistung.** Daneben gibt es weitere Varianten der Leistungen bei Tod vor Rentenbeginn am Markt:
- **Beitragsrückgewährrente:** Verrentung der Summe der tatsächlich gezahlten Beiträge für die Hauptversicherung einschließlich Überschussbeteiligung; bei fondsgebundenen Basisrenten-Alter ggf. ohne Überschussbeteiligung;
- **Verrentung des Fondsguthabens** bei fondsgebundenen Basisrenten-Alter.

169 Angeboten werden auch **Kombinationen** aus den verschiedenen Leistungsvarianten.

170 **cc) Übertragung auf einen Basisrentenvertrag des Ehegatten/Lebenspartners.** Zertifizierungsfähig sind auch Vereinbarungen, wonach das bei Tod des Versicherungsnehmers vorhandene Kapital auf einen eigenen nach § 5a AltZertG zertifizierten Basisrentenvertrag des überlebenden Ehegatten bzw. Lebenspartner übertragen werden kann.[102]

171 Die Übertragung ist steuerlich aber nur dann zulässig, wenn dies **bereits im ursprünglichen Basisrentenvertrag vertraglich vereinbart** wurde. Dabei kommt es nicht darauf an, ob es sich bei dem aufnehmenden Vertrag um eine Basisrente-Alter oder eine Basisrente-Einkommensminderung handelt. Eine Übertragung auf einen Vertrag hinterbliebener Kinder des Versicherungsnehmers ist nicht möglich.

172 Der Basisrentenvertrag kann **bei dem bisherigen oder einem anderen Anbieter** bestehen; besteht er bei einem anderen Anbieter muss dem bisherigen Anbieter die Zertifizierung des aufnehmenden Vertrages nachgewiesen werden. Da jedoch – anders als bei Altersvorsorgeverträgen – für Basisrenten keine gesetzliche Regelung für die Übertragung besteht, handelt es sich um eine freiwillige Leistung des Versicherungsunternehmens deren Umfang von der vertraglichen Vereinbarung abhängt. Der Anbieter kann deshalb auch die Übertragungsmöglichkeit auf Verträge im eigenen Haus beschränken.

173 **b) Tod nach Rentenbeginn. aa) Rentengarantiezeit; Verrentung der Rentengarantie.** Die Vereinbarung einer **Rentengarantiezeit,** dh eine Vereinbarung, dass die Altersrente unabhängig vom Tod des Versicherungsnehmers bis zum Ablauf einer vereinbarten Garantiezeit weitergezahlt wird, ist **steuerlich unzulässig.**[103]

174 Allerdings ist es **zulässig,** kalkulatorisch den Wert einer Rentengarantiezeit zur Grundlage der Berechnung einer Hinterbliebenenrente zu machen. Dabei wird das für die Garantierenten notwendige Deckungskapital berechnet und mit den vertraglichen Rechnungsgrundlagen verrentet.

175 Hier ist eine eindeutige **vertragliche Vereinbarung** notwendig, aus der klar hervorgeht, dass die Rentengarantie nur als kalkulatorischer Begriff verwendet

---

[102] *Bundeszentralamt für Steuern,* Kommentar zum AltZertG, Stand: 2.6.2014, § 2 Abs. 1 Rn. 24.

[103] BMF-Schreiben v. 10.1.2014, BStBl. I 2014, 70 Rn. 16; *Bundeszentralamt für Steuern,* Kommentar zum AltZertG, Stand: 2.6.2014, § 2 Abs. 1 Rn. 8, 26.

wird und deren Wert in eine lebenslange Leibrente zugunsten des hinterbliebenen Ehegatten bzw. Lebenspartners oder eine abgekürzte Leibrente zugunsten der Kinder, die bei dem verstorbenen Versicherungsnehmer als Kind nach 32 EStG zu berücksichtigen waren, umgerechnet wird.

bb) Restkapitalverrentung. Bei einer Restkapitalverrentung wird das bei Tod vorhandene Deckungskapital verrentet.[104] Der hinterbliebene Ehegatte oder Lebenspartner erhält dann bei Tod des Versicherungsnehmers eine **lebenslange Leibrente** ausgezahlt. Alternativ kann das Deckungskapital zugunsten einer abgekürzten Leibrente für die hinterbliebenen Kinder, für die der Verstorbene Anspruch auf Kindergeld oder auf einen Freibetrag nach §32 Abs. 6 EStG hatte (§10 Abs. 1 Nr. 2baa S. 2 EStG), verrentet werden. 176

Eine derartige Restkapitalverrentung stellt **keine Risikoabsicherung iSd AltZertG** dar. Dementsprechend ist für eine derartige Leistungskomponente nicht die 50%-Grenze für Beiträge für eine Hinterbliebenenabsicherung zu beachten (→Rn. 205). Es handelt sich insoweit um einen einheitlichen Vertrag über eine Basisrente-Alter, so dass eine im Vertrag vorgesehene Möglichkeit eine solche Hinterbliebenenleistung zu- oder abzuwählen ebenfalls unschädlich ist.[105] Damit wird lediglich einem sich ändernden Bedarf nach Hinterbliebenenabsicherung, beispielsweise bei Scheidung oder Wiederverheiratung, Rechnung getragen. 177

Beispiel: „*Hinterbliebenenrente aus dem Restkapital* 178
Wenn Sie nach Beginn der Altersrentenzahlung sterben, wird das Restkapital in eine monatliche Hinterbliebenenrente auf das Leben und zu Gunsten des bzw. der Hinterbliebenen nach … umgerechnet. Das Restkapital ist das Deckungskapital zum Beginn der Rentenzahlung abzüglich der bis zum Tod gezahlten, bei Beginn der Rentenzahlung ermittelten Renten. Sind bei Ihrem Tod keine Hinterbliebenen im Sinne von § … vorhanden, erbringen wir keine Leistung und der Vertrag endet.“

cc) Übertragung auf einen Basisrentenvertrag des Ehegatten/Lebenspartners. Auch bei Tod nach Rentenbeginn ist die Übertragung der Todesfallleistung auf einen eigenen Vertrag des Ehegatten oder eingetragenen Lebenspartners möglich, falls diese vertraglich vereinbart ist (→Rn. 170). 179

c) Höhe der Hinterbliebenenrenten. Die Höhe der Hinterbliebenenrenten aus der integrierten Hinterbliebenenabsicherung ist **abhängig von den verwendeten Rechnungsgrundlagen und den individuellen Daten** der als Hinterbliebene zu versichernden Personen, vor allem vom Rentenbeginnalter, dem Geburtsjahrgang, der Sterbetafel und den Rechnungszins. 180

Die Rechnungsgrundlagen für die Hinterbliebenenrente werden vertraglich vereinbart. Entweder werden für die Berechnung die tarifliche Rechnungsgrundlagen oder die für bei Tod des Versicherungsnehmers für das Neugeschäft verwendeten Rechnungsgrundlagen. 181

Beispiel: „*Berechnung der Hinterbliebenenrente* 182
Die Hinterbliebenenrente nach den Absätzen … berechnen wir nach anerkannten Regeln der Versicherungsmathematik unter Berücksichtigung des dann erreichten rechnungsmäßigen Alters des bzw. der zu versichernden Hinterbliebenen sowie dem dann für Neuverträge gültigen

---

[104] *Bundeszentralamt für Steuern,* Kommentar zum AltZertG, Stand: 2.6.2014, §2 Abs. 1 Rn. 24.

[105] *Bundeszentralamt für Steuern,* Kommentar zum AltZertG, Stand: 2.6.2014, §2 Abs. 1 Rn. 30.

Tarif. Die Zahlung der Hinterbliebenenrente beginnt am Ersten des übernächsten Monats nach Ihrem Tod. Die Hinterbliebenenrente zahlen wir – sofern kein Kind bezugsberechtigt ist – lebenslang.
Bei einer Hinterbliebenenrente auf das Leben eines Kindes wird die so berechnete lebenslange Rente nur dann und nur so lange gezahlt, wie der Rentenberechtigte die Voraussetzungen für die Berücksichtigung als Kind im Sinne des § 32 des Einkommensteuergesetzes (EStG) erfüllt, längstens bis zur Vollendung des 25. Lebensjahres. Bei mehreren Kindern wird die Rente zu gleichen Teilen aufgeteilt."

183 **d) Keine Leistung.** Wenn weder eine Rente aus einer Hinterbliebenenzusatzversicherung noch eine Rente aus einer integrierten Hinterbliebenenabsicherung vereinbart ist, erbringt das Versicherungsunternehmen bei Tod des Versicherungsnehmers keine Leistung und der Vertrag endet.

Beispiel: „*Keine Leistung*
Wenn Sie nach Beginn der Altersrentenzahlung sterben, und keine Leistung bei ihrem Tod vereinbart ist, erbringen wir keine Leistung und der Vertrag endet."

3. Rechnungsgrundlagen der Altersrente

184 Die Altersrente und Hinterbliebenenleistungen werden mit der der Versicherungsaufsicht angezeigten Sterbetafel und dem vereinbarten Rechnungszins auf Grundlage der Beitragszusage berechnet.

185 Abweichend von den Musterbedingungen können für die Hinterbliebenenleistungen aus einer integrierten Hinterbliebenenabsicherung auch die für das Neugeschäft geltenden Rechnungsgrundlagen vereinbart werden (→ Rn. 181).

4. (Zusatz-)Leistung aus der Überschussbeteiligung

186 Der Versicherungsnehmer hat nach § 153 VVG dem Grunde nach einen Anspruch auf Überschussbeteiligung, es sei denn die Überschussbeteiligung wird im Vertrag ausdrücklich und insgesamt ausgeschlossen. Die Überschussbeteiligung setzt sich aus den Überschüssen und den Bewertungsreserven zusammen. Einzelheiten → § 2.

187 Ist eine Überschussbeteiligung vereinbart, sind alle zum jeweiligen Leistungszeitpunkt oder bei Vertragsende unwiderruflich zugeteilten oder zu diesem Zeitpunkt nach den vertraglichen Vereinbarungen zuzuteilenden Teile der Überschussbeteiligung auszuzahlen oder zur Erhöhung der Leistung zu verwenden. Dies gilt für laufende Überschüsse, Schlussüberschüsse und Bewertungsreserven.

5. Ergänzende Absicherung

188 Die **zulässigen Zusatzversicherungen** sind in § 10 Abs. 1 Nr. 2b aa EStG **abschließend** geregelt. Im Rahmen des Vertrags über die Basisrente-Alter können im Rahmen eines einheitlichen Vertrages ausschließlich folgende Zusatzversicherungen abgeschlossen werden:[106]
- Berufsunfähigkeit-Zusatzversicherung,
- Erwerbsunfähigkeits-Zusatzversicherung,
- Dienstunfähigkeits-Zusatzversicherung,
- Hinterbliebenenrenten-Zusatzversicherung,
- integrierte Hinterbliebenenabsicherung.

[106] *Bundeszentralamt für Steuern,* Kommentar zum AltZertG, Stand: 2.6.2014, § 2 Abs. 1 Rn. 15.

Voraussetzung ist jeweils, dass **ausschließlich Renten** und keine Kapitalzahlungen zur Auszahlung kommen. Ausgeschlossen ist insbesondere die Zahlung von Wiedereingliederungshilfen, Starthilfen, Schulgeldern oder eine Abrede über eine Beitragsausfallversicherung sind nicht zulässig.[107] **189**

Ein **einheitlicher Vertrag** ist gegeben, wenn die Zusatzversicherungen zusammen mit der Basisrente-Alter zertifiziert wurden. Zusammen mit anderen Vertragsmustern zertifizierte Zusatzversicherungen können nicht zusammen mit einer anderen zertifizierten Basisrente-Alter abgeschlossen werden.[108] **190**

a) Verminderte Erwerbsfähigkeit. Die Finanzverwaltung sieht die verminderte Erwerbsfähigkeit als Oberbegriff für **gesundheitsbedingte Beeinträchtigungen,** aufgrund derer eine Person auf unabsehbare Zeit nicht mehr in der Lage ist, erwerbstätig zu sein.[109] **191**

Das Bundeszentralamt für Steuern fordert, dass die Erwerbsunfähigkeits-Zusatzversicherung mindestens die Voraussetzungen des **§ 43 SGB VI** enthalten soll: **192**

Teilweise Erwerbsminderung liegt danach vor, wenn der Versicherte wegen Krankheit oder Behinderung auf nicht absehbare Zeit außerstande ist, unter den üblichen Bedingungen des allgemeinen Arbeitsmarktes mindestens sechs Stunden täglich erwerbstätig zu sein. Volle Erwerbsminderung liegt vor, wenn der Versicherte unter den gleichen Voraussetzungen nicht mindestens drei Stunden erwerbstätig sein kann. **193**

b) Berufsunfähigkeit. Maßgeblich ist die Definition der Berufsunfähigkeit in § 172 VVG. **194**

Berufsunfähig ist danach, wer seinen **zuletzt ausgeübten Beruf,** so wie er ohne gesundheitliche Beeinträchtigung ausgestaltet war, infolge Krankheit, Körperverletzung oder mehr als altersentsprechendem Kräfteverfall ganz oder teilweise voraussichtlich **auf Dauer nicht mehr ausüben kann.** Zusätzlich kann nach § 172 Abs. 3 VVG als weitere Voraussetzung bedingungsgemäßer Berufsunfähigkeit vereinbart werden, dass die versicherte Person auch keine andere Tätigkeit ausübt oder ausüben kann, die zu übernehmen sie auf Grund ihrer Ausbildung und Fähigkeiten in der Lage ist und die ihrer bisherigen Lebensstellung entspricht. **195**

Eine Berufsunfähigkeits-Zusatzversicherung darf auch **Tätigkeitsverbote** absichern, beispielsweise ein behördliches oder gesetzliches Tätigkeitsverbot aufgrund einer Infektion (sog. Infektionsklausel).[110] **196**

c) Beitragsbefreiung. Die Zusatzversicherungen müssen immer eine Rentenzahlung vorsehen. Eine zusätzliche Beitragsbefreiung im Falle der Berufs- oder Erwerbsunfähigkeit ergänzend oder anstelle einer Rentenleistung ist zulässig; eine zweckgebundene Rente zur Zahlung der Beiträge der Altersvorsorge ist unzulässig.[111] **197**

---

[107] *Bundeszentralamt für Steuern,* Kommentar zum AltZertG, Stand: 2.6.2014, § 2 Abs. 1 Rn. 15.

[108] *Bundeszentralamt für Steuern,* Kommentar zum AltZertG, Stand: 2.6.2014, § 2 Abs. 1 Rn. 15.

[109] *Bundeszentralamt für Steuern,* Kommentar zum AltZertG, Stand: 2.6.2014, § 2 Abs. 1 Rn. 16.

[110] *Bundeszentralamt für Steuern,* Kommentar zum AltZertG, Stand: 2.6.2014, § 2 Abs. 1 Rn. 18.

[111] BMF-Schreiben v. 10.1.2014, BStBl. I 2014, 70 Rn. 26.

198 **d) Pflegebedürftigkeit.** Eine Pflegerenten-Zusatzversicherung ist steuerlich **nicht zulässig.** Pflegebedürftigkeit darf kein eigenständiges Kriterium für eine Leistungspflicht sein. Sie darf im Rahmen einer Basisrente-Alter nur als Form der verminderten Erwerbsfähigkeit oder als Auslöser einer Berufsunfähigkeit abgesichert werden.[112]

199 **e) Reaktivierung, Tod und Erreichen der Altersgrenze.** Die Leistungen aus einer Erwerbsunfähigkeits- oder Berufsunfähigkeits-Zusatzversicherung können bei Verbesserung der Gesundheitssituation oder mit dem Tod der versicherten Person enden, wenn dies vertraglich vereinbart ist. Zulässig ist es auch zu vereinbaren, dass die Renten mit Erreichen des für den Bezug der Altersrenten erforderlichen Altersgrenze aus dem entsprechenden Vertrag, dh bei Vertragsabschluss ab dem 1.1.2012 frühestens mit Vollendung des 62. Lebensjahres.[113]

200 **f) Leistungen nach Beginn der Auszahlungsphase der Altersrente.** Sind Leistungen im Falle der verminderten Erwerbs- oder Berufsunfähigkeit über den Beginn der Auszahlungsphase der Altersrente hinaus vereinbart, müssen diese lebenslang gezahlt werden, da andernfalls das Kriterium der gleichbleibenden oder steigenden Rente nicht erfüllt wird.[114]

201 **g) Flexibler Rentenbeginn.** Auch Verträge Basisrente-Alter enthalten häufig Vereinbarungen über einen flexiblen Rentenbeginn, zB vereinbarter Rentenbeginn mit Vollendung des 67. Lebensjahres mit der Option der Vorverlegung des Rentenbeginns frühestens mit Vollendung des 62. Lebensjahres. In diesem Fall kann die Erwerbs- oder Berufsunfähigkeitsleistung zeitlich auf den frühestmöglichen Auszahlungszeitpunkt der Altersrente (im Beispiel: Vollendung 62. Lebensjahr) beschränkt werden. Dies gilt auch dann, wenn die Rente nicht vom Versicherungsnehmer abgerufen wird. Eine eintretende Versorgungslücke wäre dann vom Versicherungsnehmer selbst zu verantworten.[115]

202 **h) 50%-Grenze.** Die ergänzende Absicherung des Eintritts der Berufsunfähigkeit, der verminderten Erwerbsfähigkeit und von Hinterbliebenen im Rahmen einer Basisrente-Alter ist nur dann zulässig, wenn jederzeit mehr als 50% der Beiträge auf die eigene Altersversorgung des Steuerpflichtigen entfallen. Dabei ist der Gesamt-Beitrag ins Verhältnis zu den Zahlbeiträgen für die ergänzenden Absicherungen zu setzen Überschussanteile aus den entsprechenden Risiken dürfen dabei die darauf entfallenden Beiträge mindern.[116]

203 **aa) Beitragsbefreiung bei Erwerbs-/Berufsunfähigkeit.** Die auf Absicherung einer Beitragsbefreiung bei Erwerbs- oder Berufsunfähigkeit entfallenden Beitragsanteile sind bei der Ermittlung der 50%-Grenze der Altersvorsorge zuzuordnen, wenn insoweit lediglich der Anspruch auf die Altersversorgung weiter aufgebaut wird.

---

[112] *Bundeszentralamt für Steuern,* Kommentar zum AltZertG, Stand: 2.6.2014, § 2 Abs. 1 Rn. 17.

[113] *Bundeszentralamt für Steuern,* Kommentar zum AltZertG, Stand: 2.6.2014, § 2 Abs. 1 Rn. 20; BMF-Schreiben v. 10.1.2014, BstBl. I 2014, 70 Rn. 26.

[114] *Bundeszentralamt für Steuern,* Kommentar zum AltZertG, Stand: 2.6.2014, § 2 Abs. 1 Rn. 21.

[115] *Bundeszentralamt für Steuern,* Kommentar zum AltZertG, Stand: 2.6.2014, § 2 Abs. 1 Rn. 22.

[116] BMF-Schreiben v. 10.1.2014, BStBl. I 2014, 70 Rn. 27; *Bundeszentralamt für Steuern,* Kommentar zum AltZertG, Stand: 2.6.2014, § 2 Rn. 22.

Voraussetzung ist, dass sie ausschließlich der Finanzierung der vertraglich vereinbarten Basisrente-Alter dienen. Aus diesen Beitragsanteilen dürfen keine Leistungen wegen Berufsunfähigkeit oder verminderter Erwerbsfähigkeit gezahlt werden.[117]

204 Eine Zuordnung zur Altersvorsorge erfolgt nicht, wenn der Steuerpflichtige im Leistungsfall zwischen Auszahlung einer Rente oder einer Beitragsfreistellung wählen kann.[118]

205 **bb) Zuordnung von Beiträgen für eine Hinterbliebenenabsicherung.** Die Beiträge für eine integrierte Hinterbliebenenabsicherung in Form einer Restkapitalverrentung sind zur Ermittlung der 50%-Grenze der Altersvorsorge zuzuordnen(→ Rn. 202).[119]

206 Bei **Zusatzversicherungen** ist zu unterscheiden:

Sieht die Hinterbliebenenrenten-Zusatzversicherung vor, dass der überlebende Ehe- oder eingetragene Lebenspartner nach dem Tod des Versicherungsnehmers **selbst eine lebenslange gleichbleibende oder steigende Leibrente in Form einer Basisrente-Alter** erhält, insbesondere Leistungen frühestens mit Vollendung seines 62. Lebensjahres erhält, sind die darauf entfallenden Beiträge für die Ermittlung der 50%-Grenze nicht der Hinterbliebenenabsicherung zuzuordnen, sondern der Altersvorsorge.[120]

207 Erfüllt die in der Zusatzversicherung versicherte Hinterbliebenenrente hingegen nicht selbst die Voraussetzungen einer Basisrente-Alter sind die Beitragsteile, die auf die Hinterbliebenenrenten-Zusatzversicherung entfallen, für die Ermittlung der 50%-Grenze der ergänzenden Hinterbliebenenabsicherung zuzuordnen.[121]

III. Wirksamkeit der Bestimmung

208 Bisher gibt es keine grundsätzliche höchstrichterliche Rechtsprechung zur Unwirksamkeit einzelner Leistungsbeschreibungen. Grundsätzlich ist hier eine klare, verständliche Beschreibung der vertraglichen Leistungen erforderlich. Dem Versicherungsnehmer müssen die Leistungen und deren Grenzen transparent werden.

§ 2 Wie erfolgt die Überschussbeteiligung?

(1) Sie erhalten gemäß § 153 des Versicherungsvertragsgesetzes (VVG) eine Überschussbeteiligung. Diese umfasst eine Beteiligung an den Überschüssen und an den Bewertungsreserven. Die Überschüsse und die Bewertungsreserven ermitteln wir nach den Vorschriften des Handelsgesetzbuches (HGB) und veröffentlichen sie jährlich im Geschäftsbericht.

Wir erläutern Ihnen,

- wie die Überschussbeteiligung der Versicherungsnehmer insgesamt erfolgt (Absatz 2),

---

[117] BMF-Schreiben v. 10.1.2014, BStBl. I 2014, 70 Rn. 28 *Bundeszentralamt für Steuern,* Kommentar zum AltZertG, Stand: 2.6.2014, § 2 Rn. 23.

[118] BMF-Schreiben v. 10.1.2014, BStBl. I 2014, 70 Rn. 28.

[119] BMF-Schreiben v. 10.1.2014, BStBl. I 2014, 70 Rn. 28.

[120] BMF-Schreiben v. 10.1.2014, BStBl. I 2014, 70 Rn. 29 *Bundeszentralamt für Steuern,* Kommentar zum AltZertG, Stand: 2.6.2014, § 2 Rn. 23.

[121] BMF-Schreiben v. 10.1.2014, BStBl. I 2014, 70 Rn. 29; *Bundeszentralamt für Steuern,* Kommentar zum AltZertG, Stand: 2.6.2014, § 2 Rn. 23.

– wie die Überschussbeteiligung Ihres konkreten Vertrags erfolgt (Absatz 3) und
– warum wir die Höhe der Überschussbeteiligung nicht garantieren können (Absatz 4).

(2) Wie erfolgt die Überschussbeteiligung der Versicherungsnehmer insgesamt?

Dazu erklären wir Ihnen
– aus welchen Quellen die Überschüsse stammen (a),
– wie wir mit diesen Überschüssen verfahren (b) und
– wie Bewertungsreserven entstehen und wir diese zuordnen (c).

(a) Überschüsse können aus drei verschiedenen Quellen entstehen:
– den Kapitalerträgen (aa),
– dem Risikoergebnis (bb) und
– dem übrigen Ergebnis (cc).

Wir beteiligen unsere Versicherungsnehmer an diesen Überschüssen; dabei beachten wir die Verordnung über die Mindestbeitragsrückerstattung in der Lebensversicherung (Mindestzuführungsverordnung) in der jeweils geltenden Fassung.

(aa) Kapitalerträge

Von den Nettoerträgen der nach dieser Verordnung maßgeblichen Kapitalanlagen erhalten die Versicherungsnehmer insgesamt mindestens den dort genannten prozentualen Anteil. In der derzeitigen Fassung der Mindestzuführungsverordnung sind grundsätzlich 90% vorgeschrieben. Aus diesem Betrag werden zunächst die Mittel entnommen, die für die garantierten Leistungen benötigt werden. Die verbleibenden Mittel verwenden wir für die Überschussbeteiligung der Versicherungsnehmer.

(bb) Risikoergebnis

Weitere Überschüsse entstehen insbesondere, wenn die tatsächliche Lebensdauer der Versicherten kürzer ist, als die bei der Tarifkalkulation zugrunde gelegte. In diesem Fall müssen wir weniger Renten als ursprünglich angenommen zahlen und können daher die Versicherungsnehmer an dem entstehenden Risikoergebnis beteiligen. An diesen Überschüssen werden die Versicherungsnehmer nach der derzeitigen Fassung der Mindestzuführungsverordnung grundsätzlich zu mindestens 75% beteiligt.

(cc) Übriges Ergebnis

Am übrigen Ergebnis werden die Versicherungsnehmer nach der derzeitigen Fassung der Mindestzuführungsverordnung grundsätzlich zu mindestens 50% beteiligt. Überschüsse aus dem übrigen Ergebnis können beispielsweise entstehen, wenn
– die Kosten niedriger sind als bei der Tarifkalkulation angenommen,
– wir andere Einnahmen als aus dem Versicherungsgeschäft haben, z.B. Erträge aus Dienstleistungen, die wir für andere Unternehmen erbringen,

(b) Die auf die Versicherungsnehmer entfallenden Überschüsse führen wir der Rückstellung für Beitragsrückerstattung zu oder schreiben sie unmittelbar den überschussberechtigten Versicherungsverträgen gut (Direktgutschrift).

Die Rückstellung für Beitragsrückerstattung dient dazu, Schwankungen der Überschüsse auszugleichen. Sie darf grundsätzlich nur für die Überschussbeteiligung der Versicherungsnehmer verwendet werden. Nur in Ausnahmefällen und mit Zustimmung der Aufsichtsbehörde können wir hiervon nach § 56b des Versicherungsaufsichtsgesetzes (VAG) abweichen. Dies dürfen wir, soweit die Rückstellung für Beitragsrückerstattung nicht auf bereits festgelegte Überschussanteile entfällt. Nach der derzeitigen Fassung des § 56b VAG können wir im Interesse der Versicherten die Rückstellung für Beitragsrückerstattung heranziehen, um:

- einen drohenden Notstand abzuwenden,
- unvorhersehbare Verluste aus den überschussberechtigten Verträgen auszugleichen, die auf allgemeine Änderungen der Verhältnisse zurückzuführen sind, oder
- die Deckungsrückstellung zu erhöhen, wenn die Rechnungsgrundlagen auf Grund einer unvorhersehbaren und nicht nur vorübergehenden Änderung der Verhältnisse angepasst werden müssen. *(Eine Deckungsrückstellung bilden wir, um zu jedem Zeitpunkt den Versicherungsschutz gewährleisten zu können. Die Deckungsrückstellung wird nach § 65 VAG und § 341e und § 341f HGB sowie den dazu erlassenen Rechtsverordnungen berechnet.)*

(c) Bewertungsreserven entstehen, wenn der Marktwert der Kapitalanlagen über dem Wert liegt, mit dem die Kapitalanlagen im Geschäftsbericht ausgewiesen sind. Die Bewertungsreserven, die nach gesetzlichen und aufsichtsrechtlichen Vorschriften für die Beteiligung der Verträge zu berücksichtigen sind, ordnen wir den Verträgen nach einem verursachungsorientierten Verfahren anteilig rechnerisch zu.

Die Höhe der Bewertungsreserven ermitteln wir jährlich neu, zusätzlich auch
- für den Beginn einer Rentenzahlung sowie
- während der Rentenzahlung jeweils für das Ende eines Versicherungsjahres.

(3) Wie erfolgt die Überschussbeteiligung Ihres Vertrages?

(a) Wir haben gleichartige Versicherungen (zB Rentenversicherung, Risikoversicherung) zu Gewinngruppen zusammengefasst. Gewinngruppen bilden wir, um die Unterschiede bei den versicherten Risiken zu berücksichtigen. Die Überschüsse verteilen wir auf die einzelnen Gewinngruppen nach einem verursachungsorientierten Verfahren und zwar in dem Maß, wie die Gewinngruppen zur Entstehung von Überschüssen beigetragen haben.

Ihr Vertrag erhält Anteile an den Überschüssen derjenigen Gewinngruppe, die in Ihrem Versicherungsschein genannt ist. Die Mittel für die Überschussanteile werden bei der Direktgutschrift zu Lasten des Ergebnisses des Geschäftsjahres finanziert, ansonsten der Rückstellung für Beitragsrückerstattung entnommen. Die Höhe der Überschussanteilsätze legen wir jedes Jahr fest. Wir veröffentlichen die Überschussanteilsätze in unserem Geschäftsbericht. Diesen können Sie bei uns anfordern.

(b) Bei Erleben des vereinbarten Rentenzahlungsbeginns gilt Folgendes. Wir teilen Ihrem Vertrag dann den für diesen Zeitpunkt zugeordneten Anteil an den Bewertungsreserven gemäß der jeweils geltenden gesetzlichen Regelung zu; derzeit sieht § 153 Absatz 3 VVG eine Beteiligung in Höhe der Hälfte der zugeordneten Bewertungsreserven vor. Auch während des Rentenbezuges werden wir Sie entsprechend an den Bewertungsreserven beteiligen. Aufsichtsrechtliche Regelungen können dazu führen, dass die Beteiligung an den Bewertungsreserven ganz oder teilweise entfällt.

(c) Die für die Überschussbeteiligung geltenden Berechnungsgrundsätze sind in den als Anlage beigefügten „Bestimmungen zur Überschussbeteiligung für die Rentenversicherung gemäß § 10 Absatz 1 Nummer 2 Buchst. b EStG (Basisrente) enthalten. Diese Bestimmungen sind Bestandteil dieser Versicherungsbedingungen.

(4) Warum können wir die Höhe der Überschussbeteiligung nicht garantieren?

Die Höhe der Überschussbeteiligung hängt von vielen Einflüssen ab, die nicht vorhersehbar und von uns nur begrenzt beeinflussbar sind. Wichtigster Einflussfaktor ist die Entwicklung des Kapitalmarkts. Aber auch die Entwicklung des versicherten Risikos und der Kosten ist von Bedeutung. Die Höhe der künftigen Überschussbeteiligung kann also nicht garantiert werden. Über die Entwicklung Ihrer Überschussbeteiligung werden wir Sie jährlich unterrichten.

1 § 2 entspricht § 2 ARB. Vgl. die Erläuterungen dort (→ ARB § 2 Rn. 1 ff.). Die Basisrente ist vor Rentenbeginn **nicht kündbar.** Eine Beteiligung an den Bewertungsreserven bei Beendigung vor Rentenzahlungsbeginn entfällt daher.

§ 3 Wann beginnt Ihr Versicherungsschutz?

Ihr Versicherungsschutz beginnt, wenn Sie den Vertrag mit uns abgeschlossen haben. Jedoch besteht vor dem im Versicherungsschein angegebenen Versicherungsbeginn kein Versicherungsschutz. Allerdings kann unsere Leistungspflicht entfallen, wenn Sie den Beitrag nicht rechtzeitig zahlen (siehe § 7 Absatz 2 und 3 und § 8).

1 § 3 entspricht § 3 ARB. Vgl. die Erläuterungen dort (→ ARB § 3 Rn. 1 ff.).

§ 4 Was bedeutet die vorvertragliche Anzeigepflicht, und welche Folgen hat ihre Verletzung?

Vorvertragliche Anzeigepflicht

(1) Bei Einschluss einer Zusatzversicherung sind Sie bis zur Abgabe Ihrer Vertragserklärung verpflichtet, alle Ihnen bekannten gefahrerheblichen Umstände, nach denen wir in Textform *(z. B. Papierform oder E-Mail)* gefragt haben, wahrheitsgemäß und vollständig anzuzeigen. Gefahrerheblich sind die Umstände, die für unsere Entscheidung, den Vertrag überhaupt oder mit dem vereinbarten Inhalt zu schließen, erheblich sind.

Diese Anzeigepflicht gilt auch für Fragen nach gefahrerheblichen Umständen, die wir Ihnen nach Ihrer Vertragserklärung, aber vor Vertragsannahme, in Textform stellen.

(2) Wenn eine andere Person die Fragen nach gefahrerheblichen Umständen für Sie beantwortet und wenn diese Person den gefahrerheblichen Umstand kennt oder arglistig handelt, werden Sie so behandelt, als hätten Sie selbst davon Kenntnis gehabt oder arglistig gehandelt.

Rechtsfolgen der Anzeigepflichtverletzung

(3) Nachfolgend informieren wir Sie, unter welchen Voraussetzungen wir bei einer Verletzung der Anzeigepflicht

- von der Zusatzversicherung zurücktreten,
- die Zusatzversicherung kündigen,
- die Zusatzversicherung ändern oder
- die Zusatzversicherung wegen arglistiger Täuschung anfechten

können.

Rücktritt

(4) Wenn die vorvertragliche Anzeigepflicht verletzt wird, können wir von der Zusatzversicherung zurücktreten. Das Rücktrittsrecht besteht nicht, wenn weder eine vorsätzliche noch eine grob fahrlässige Anzeigepflichtverletzung vorliegt. Selbst wenn die Anzeigepflicht grob fahrlässig verletzt wird, haben wir trotzdem kein Rücktrittsrecht, falls wir die Zusatzversicherung – möglicherweise zu anderen Bedingungen *(z. B. höherer Beitrag oder eingeschränkter Versicherungsschutz)* – auch bei Kenntnis der nicht angezeigten gefahrerheblichen Umstände geschlossen hätten.

(5) Im Fall des Rücktritts haben Sie keinen Versicherungsschutz aus der Zusatzversicherung. Wenn wir nach Eintritt des Versicherungsfalles zurücktreten, bleibt unsere Leistungspflicht unter folgender Voraussetzung trotzdem bestehen: Die Verletzung der Anzeigepflicht bezieht sich auf einen gefahrerheblichen Umstand, der

– weder für den Eintritt oder die Feststellung des Versicherungsfalles
– noch für die Feststellung oder den Umfang unserer Leistungspflicht ursächlich war.

Unsere Leistungspflicht entfällt jedoch auch im vorstehend genannten Fall, wenn die Anzeigepflicht arglistig verletzt worden ist.

(6) Wenn die Zusatzversicherung durch Rücktritt aufgehoben wird, endet sie. Das zu diesem Zeitpunkt vorhandene Deckungskapital Ihrer Zusatzversicherung verwenden wir zur Erhöhung Ihrer Rente aus der Hauptversicherung. Die Rückzahlung der Beiträge können Sie nicht verlangen.

Kündigung

(7) Wenn unser Rücktrittsrecht ausgeschlossen ist, weil die Verletzung der Anzeigepflicht weder vorsätzlich noch grob fahrlässig erfolgt ist, können wir die Zusatzversicherung unter Einhaltung einer Frist von einem Monat kündigen.

(8) Unser Kündigungsrecht ist ausgeschlossen, wenn wir die Zusatzversicherung – möglicherweise zu anderen Bedingungen *(z. B. höherer Beitrag oder eingeschränkter Versicherungsschutz)* – auch bei Kenntnis der nicht angezeigten gefahrerheblichen Umstände geschlossen hätten.

(9) Wenn wir die Zusatzversicherung kündigen, wandelt sie sich in eine beitragsfreie Versicherung um.

Vertragsänderung

(10) Können wir nicht zurücktreten oder kündigen, weil wir die Zusatzversicherung – möglicherweise zu anderen Bedingungen *(z. B. höherer Beitrag oder eingeschränkter Versicherungsschutz)* – auch bei Kenntnis der nicht angezeigten gefahrerheblichen Umstände geschlossen hätten (Absatz 5 Satz 3 und Absatz 9), werden die anderen Bedingungen auf unser Verlangen rückwirkend Vertragsbestandteil. Haben Sie die Anzeigepflichtverletzung nicht zu vertreten, werden die anderen Bedingungen erst ab der laufenden Versicherungsperiode (siehe §7 Absatz 2 Satz 3) Vertragsbestandteil.

(11) Sie können die Zusatzversicherung innerhalb eines Monats, nachdem Sie unsere Mitteilung über die Vertragsänderung erhalten haben, fristlos kündigen, wenn
– wir im Rahmen einer Vertragsänderung den Beitrag zu einer Zusatzversicherung um mehr als 10% erhöhen oder
– wir die Gefahrabsicherung für einen nicht angezeigten Umstand ausschließen.

Auf dieses Recht werden wir Sie in der Mitteilung über die Vertragsänderung hinweisen.

Voraussetzungen für die Ausübung unserer Rechte

(12) Unsere Rechte zum Rücktritt, zur Kündigung oder zur Vertragsänderung stehen uns nur zu, wenn wir Sie durch gesonderte Mitteilung in Textform auf die Folgen einer Anzeigepflichtverletzung hingewiesen haben.

(13) Wir haben kein Recht zum Rücktritt, zur Kündigung oder zur Vertragsänderung, wenn wir den nicht angezeigten Umstand oder die Unrichtigkeit der Anzeige kannten.

(14) Wir können unsere Rechte zum Rücktritt, zur Kündigung oder zur Vertragsänderung nur innerhalb eines Monats geltend machen. Die Frist beginnt mit dem Zeitpunkt, zu dem wir von der Verletzung der Anzeigepflicht, die das von uns geltend gemachte Recht begründet, Kenntnis erlangen. Bei Ausübung unserer Rechte müssen wir die Umstände angeben, auf die wir unsere Erklärung stützen. Zur Begründung können wir nachträglich weitere Umstände angeben, wenn für diese die Frist nach Satz 1 nicht verstrichen ist.

(15) Nach Ablauf von fünf Jahren seit Vertragsschluss erlöschen unsere Rechte zum Rücktritt, zur Kündigung oder zur Vertragsänderung. Ist der Versicherungsfall

vor Ablauf dieser Frist eingetreten, können wir die Rechte auch nach Ablauf der Frist geltend machen. Ist die Anzeigepflicht vorsätzlich oder arglistig verletzt worden, beträgt die Frist zehn Jahre.

Anfechtung

(16) Wir können eine Zusatzversicherung auch anfechten, falls unsere Entscheidung zur Annahme des Vertrages durch unrichtige oder unvollständige Angaben bewusst und gewollt beeinflusst worden ist. Handelt es sich um Angaben der versicherten Person einer Zusatzversicherung, können wir Ihnen gegenüber die Anfechtung erklären, auch wenn sie von der Verletzung der vorvertraglichen Anzeigepflicht keine Kenntnis hatten. Absatz 7 gilt entsprechend.

Leistungserweiterung/Wiederherstellung der Versicherung

(17) Die Absätze 1 bis 17 gelten entsprechend, wenn der Versicherungsschutz der Zusatzversicherung nachträglich erweitert oder wiederhergestellt wird und deshalb eine erneute Risikoprüfung vorgenommen wird. Die Fristen nach Absatz 15 beginnen mit der Änderung oder Wiederherstellung der Versicherung bezüglich des geänderten oder wiederhergestellten Teils neu.

Erklärungsempfänger

(18) Wir üben unsere Rechte durch eine schriftliche Erklärung aus, die wir Ihnen gegenüber abgeben. Sofern Sie uns keine andere Person als Bevollmächtigten benannt haben, gilt nach Ihrem Tod ein aus einer Zusatzversicherung Bezugsberechtigter als bevollmächtigt, diese Erklärung entgegenzunehmen. Ist kein Bezugsberechtigter vorhanden oder kann sein Aufenthalt nicht ermittelt werden, können wir den Inhaber des Versicherungsscheins als bevollmächtigt ansehen, die Erklärung entgegenzunehmen.

1 Die Ausführungen zu § 6 ARB (→ ARB § 6 Rn. 1 ff.) gelten mit den im Folgenden dargestellten Abweichungen.

I. Vorvertragliche Anzeigepflicht beim Einschluss einer Zusatzversicherung

2 Bei einem Basisrentenvertrag gemäß § 2 Abs. 1 S. 1 AltZertG iVm § 10 Abs. 1 Nr. 2b aa EStG besteht eine **vorvertragliche Anzeigepflicht** in Bezug auf eine **Zusatzversicherung.** Gemäß § 2 Abs. 1 S. 1 AltZertG iVm § 10 Abs. 1 Nr. 2b aa S. 1 EStG ist eine ergänzende Absicherung des Eintritts der Berufsunfähigkeit, der verminderten Erwerbsfähigkeit oder von Hinterbliebenen möglich. Der Versicherer kann die ihm im Fall der Verletzung einer vorvertraglichen Anzeigepflicht zustehenden Rechte bezüglich der Zusatzversicherung ausüben.

II. Identität zwischen Versicherungsnehmer und versicherter Person

3 Nach § 2 Abs. 1 S. 1 AltZertG iVm § 10 Abs. 1 2b a) S. 1 EStG muss der Versicherungsnehmer eine **eigene kapitalgedeckte Altersversorgung** aufbauen, so dass der Versicherungsnehmer und die versicherte Person identisch sein müssen.[1] Eine § 6 Abs. 2 bzw. Abs. 17 S. 2 ARB vergleichbare Regelung, die eine Personen-

[1] Vergleiche auch BMF-Schreiben v. 19. 8. 2013, BStBl. I 2013, 1087 Rn. 8.

verschiedenheit zwischen Versicherungsnehmer und versicherter Person vorsieht, entfällt daher. Bei Abs. 16 S. 2 handelt es sich um ein Redaktionsversehen, der Satz wurde in den Neufassungen der ABR gestrichen.

III. Keine Auszahlung eines Rückkaufswerts

4 Wird die Zusatzversicherung durch Rücktritt aufgehoben, endet diese (Abs. 6 S. 1). Nach Abs. 6 Satz 2 wird das zu diesem Zeitpunkt vorhandene Deckungskapital der Zusatzversicherung zur **Erhöhung der Rente aus der Hauptversicherung** verwendet. Entsprechendes gilt nach Abs. 16 S. 3 für den Fall der Anfechtung der Zusatzversicherung. Bei dem Verweis auf Abs. 7 handelt es sich um ein Redaktionsversehen, es muss auf Abs. 6 verwiesen werden. Der Verweis wurde in den Neufassungen der ABR berichtigt. Hintergrund dieser Regelung ist, dass gemäß § 10 Abs. 1 S. 2 EStG die Ansprüche nicht kapitalisierbar sind, so dass die Auszahlung eines Rückkaufswerts nicht zulässig ist.

§ 5 Was ist zu beachten, wenn eine Leistung verlangt wird?

(1) Wird eine Leistung aus dem Vertrag beansprucht, können wir verlangen, dass uns der Versicherungsschein und ein Zeugnis über den Tag Ihrer Geburt vorgelegt werden.

(2) Vor jeder Rentenzahlung können wir auf unsere Kosten eine amtliche Bescheinigung darüber verlangen, dass Sie noch leben.

(3) Ihr Tod muss uns unverzüglich *(d. h. ohne schuldhaftes Zögern)* mitgeteilt werden. Außerdem muss uns eine amtliche Sterbeurkunde mit Angabe von Alter und Geburtsort vorgelegt werden.

(4) Bei Überweisung von Leistungen in Länder außerhalb des Europäischen Wirtschaftsraumes tragen Sie die damit verbundene Gefahr.

I. Grundlagen

1 Der Basisrentenvertrag gem. § 10 Abs. 1 Nr. 2 Buchst. b Doppelbuchst. aa EStG ist eine zertifizierte Rentenversicherung, die zusätzlich die besonderen Anforderungen insb. des § 2 AltZertG beachtet. Die Beiträge zur zertifizierten Basisrentenversicherung werden als Sonderausgaben steuerlich gefördert. § 5 ABR dient grds. dem gleichen Zweck wie § 7 ARB (→ ARB § 7 Rn. 28) und § 5 ARR (→ ARR § 5 Rn. 1), weshalb zunächst auf die dortige Kommentierung verwiesen wird.

II. Kommentierung der Klauselbestimmungen

1. Besonderheit des Basisrentenvertrags: Keine Leistungs- bzw. Fälligkeitsprüfung

2 Die abschließenden gesetzlichen Vorgaben des § 10 Abs. 1 Nr. 2 Buchst. b EStG und der Begriffsbestimmungen des § 2 AltZertG führen im Basisrentenvertrag allerdings zu der Besonderheit, dass mit dem Leistungsversprechen (§ 1 ABR) bereits die Fälligkeit der Rentenleistungen abschließend vereinbart wird. Eine besondere Leis-

tungs- und damit Fälligkeitsprüfung ist im Basisrentenvertrag nicht erforderlich und findet nicht statt.

2. Vorlage des Zeugnisses über den Tag der Geburt des Versicherungsnehmers (Abs. 1)

3 Im zertifizierten und damit steuerlich geförderten Basisrentenvertrag kann nur eine **eigene Altersversorgung** des Versicherungsnehmers aufgebaut werden, die auf die Zahlung einer monatlichen, auf das Leben des Steuerpflichtigen bezogenen lebenslangen Leibrente gerichtet ist. Die Rente darf nur an den Versicherungsnehmer gezahlt werden und nur solange er lebt. Eine vom Versicherungsnehmer abweichende versicherte Person ist nicht zulässig und schadet der steuerlichen Förderung. Mit § 1 Abs. 1 S. 1 ABR (→ ABR § 1 Rn. 41) wird dem Versicherungsnehmer als Vertragspartner die Rentenleistung zugesagt, solange er lebt. Wird eine Leistung aus dem Vertrag beansprucht, kann der Versicherer entsprechend zusätzlich zur Vorlage des Versicherungsscheins ein Zeugnis über den Tag der Geburt des Versicherungsnehmers, der immer auch versicherte Person ist, verlangen und anhand dessen die Identität des Versicherungsnehmers feststellen in Übereinstimmung mit dem Versicherungsschein (→ ARB § 7 Rn. 31).

3. Eindeutige Fälligkeit der Rentenleistungen (Abs. 2)

4 Aus § 10 Abs. 1 Nr. 2 Buchst. b Doppelbuchst. aa EStG folgt die absolute Altersgrenze, nach der die Rentenleistungen nicht vor Vollendung des 62. Lebensjahres des Versicherungsnehmers gezahlt werden dürfen. Eine vorgezogene Altersrente für den Versicherungsnehmer ist im Basisrentenvertrag nicht möglich. Der Beginn der Rentenleistungen und damit die jeweilige monatliche Fälligkeit ist also **frühestens ab der Vollendung des 62. Lebensjahres** des Versicherungsnehmers vertraglich vereinbart, daher immer eindeutig nach dem Kalender bestimmbar, nicht abänderbar und von keinen weiteren Voraussetzungen abhängig. Eine Kapitalisierung der Rentenleistungen ist mit § 10 Abs. 1 Nr. 2 Buchst. b S. 2 EStG ausgeschlossen (→ ABR § 1 Rn. 153).

4. Anzeige und Nachweis des Todesfalls (Abs. 3)

5 Der Tod des Versicherungsnehmers muss **unverzüglich** mitgeteilt und durch amtliche, Alter und Geburtsort enthaltende Sterbeurkunde nachgewiesen werden (→ ARB § 7 Rn. 35f.). Denn der Zeitpunkt des Todes des Versicherungsnehmers wirkt sich unmittelbar auf den Bestand des Vertrages, die Leistung und die Leistungspflicht des Rentenversicherers aus. Bei Tod des Versicherungsnehmers endet der Vertrag (§ 1 Abs. 3 ABR). Wenn der Versicherungsnehmer den vereinbarten Rentenzahlungsbeginn erlebt, wird die vereinbarte Rente gezahlt, solange der Versicherungsnehmer lebt (§ 1 Abs. 1 S. 1 ABR). Mit dem Tod des Versicherungsnehmers nach dem Beginn der Rentenzahlung endet die laufende lebenslange Rentenleistung.

5. Keine Todesfallleistung

6 Eine Todesfallleistung ist im zertifizierten, steuerlich geförderten Basisrentenvertrag nicht möglich. Bei Tod des Versicherungsnehmers wird weder vor noch nach dem Rentenzahlungsbeginn eine Leistung fällig. Eine Hinterbliebenenversorgung

kann nur über eine Zusatzversicherung mit eigenen Bedingungen abgesichert werde (→ ABR § 1 Rn. 161 ff.). Im Basisrentenvertrag, der nur zum Aufbau der eigenen Altersversorgung des Versicherungsnehmers dient, kann eine Hinterbliebenenabsicherung nicht vereinbart werden.

6. Keine Leistung bei Kündigung

7 Die steuerliche Förderung des zertifizierten Basisrentenvertrags unterstützt den Steuerpflichtigen im Aufbau einer eigenen kapitalgedeckten Altersversorgung. Damit stünde ein vorzeitiger Zugriff auf das mit der Beitragszahlung entstandene Deckungskapital vor der Vollendung des 62. Lebensjahres und vor dem vereinbarten Rentenbeginn im Widerspruch zum Gesetzeszweck. § 10 Abs. 1 Nr. 2 Buchst. b S. 2 EStG verbietet dazu die Kapitalisierung. Entsprechend führt auch die Kündigung des Basisrentenvertrags durch den Versicherungsnehmer ausschließlich zur Beitragsfreistellung, ohne dass ein Rückkaufswert fällig wird, dessen Zahlung vom Versicherungsnehmer verlangt werden könnte (→ ABR § 9 Rn. 3).

7. Kein Verlangen weiterer Nachweise und Auskünfte

8 Über die formalen Nachweise der Absätze 1 und 2 hinaus kann der Versicherer keine weiteren Nachweise und Auskünfte erheben, wenn von ihm die Rentenleistung verlangt wird. Denn solche weiteren Erhebungen des Versicherers sind iSd § 14 VVG nicht notwendig (→ ARB § 7 Rn. 7 ff.). Die Leistungspflicht des Versicherers steht ohne weitere Leistungsprüfung fest. Die Rentenfälligkeit ist mit dem vereinbarten Rentenzahlungsbeginn nach dem Kalender bestimmt. Eine zusätzliche Leistungsprüfung findet nicht statt. Ebenfalls nicht erforderlich ist die Prüfung der Empfangsberechtigung des Anspruchstellers. Die Rentenleistung der Basisrente steht ausschließlich dem Versicherungsnehmer zu. Jede Übertragung der Rechte und Ansprüche aus einem Basisrentenvertrag ist mit § 10 Abs. 1 Nr. 2 Buchst. b S. 2 EStG ausgeschlossen (→ ABR § 6 Abs. 2). Kein Erbe, Bezugsberechtigter, Zessionar, Pfandgläubiger oder sonstiger Dritter kann eine Leistung von dem Versicherer verlangen.

8. Keine Rechtsfolgenbelehrung nach § 28 Abs. 4 VVG

9 Mit Absätzen 1 und 2 kann der Versicherer von dem Versicherungsnehmer die Vorlage des Versicherungsscheins mit einem Zeugnis über den Tag der Geburt des Versicherungsnehmers verlangen und sich vor jeder Rentenzahlung bestätigen lassen, dass der Versicherungsnehmer noch lebt. Diese Nachweise dienen zur Feststellung der Identität des im Basisrentenvertrag einzigen Anspruchs- und Leistungsberechtigten. Darüber hinaus treffen den Versicherungsnehmer im Leistungsfall keine vertraglichen Anzeige- und Aufklärungsobliegenheiten iSd § 28 VVG. Er kann nicht durch eine Verletzung solcher Obliegenheiten die Fälligkeit seiner Leistungsansprüche aufhalten, der Versicherer kann gegen die Fälligkeit der zugesagten Rentenleistungen keine Obliegenheitsverletzung des Versicherungsnehmers einwenden. Einer Rechtsfolgenbelehrung nach § 28 Abs. 4 VVG bedarf es deshalb nicht.

§ 6 Wer erhält die Leistung?

(1) Als unser Versicherungsnehmer erhalten Sie die Leistung. Die Leistungen aus einer ggf. vereinbarten Hinterbliebenenabsicherung erhalten die von Ihnen benannten steuerlich zulässigen Hinterbliebenen.

(2) Die Ansprüche aus diesem Vertrag sind nicht vererblich, nicht übertragbar, nicht beleihbar, nicht veräußerbar und nicht kapitalisierbar. Sie können sie daher nicht abtreten oder verpfänden und unbeschadet von Absatz 1 auch keinen Bezugsberechtigten benennen. Auch die Übertragung der Versicherungsnehmereigenschaft ist ausgeschlossen. Eine Änderung dieser Verfügungsbeschränkungen ist ebenfalls ausgeschlossen.

I. Grundlagen

1 Der Basisrentenvertrag gem. § 10 Abs. 1 Nr. 2 Buchst. b Doppelbuchst. aa Satz 1 EStG ist eine zertifizierte Rentenversicherung, die zusätzlich die besonderen Anforderungen des § 2 AltZertG beachtet. Die Beiträge zur zertifizierten Basisrentenversicherung werden als Sonderausgaben steuerlich gefördert. § 6 ABR dient im Grundsatz dem gleichen Zweck wie § 9 ARB, mit dem die Klausel die Gestaltung des materiellen Leistungsanspruchs regelt (→ ARB § 9 Rn. 1). In Teilen kann deshalb auf die dortige Kommentierung verwiesen werden. Die Besonderheiten des Basisrentenvertrags nach dem EStG und dem AltZertG bedingen jedoch entscheidende Abweichungen.

II. Kommentierung der Klauselbestimmungen

1. Leistungsanspruch des Versicherungsnehmers (Abs. 1 Satz 1)

2 Der Versicherungsnehmer erhält nur als solcher die Leistung. Im zertifizierten und damit steuerlich geförderten Basisrentenvertrag kann nur eine **eigene Altersversorgung** des Versicherungsnehmers aufgebaut werden, die auf die Zahlung einer monatlichen, auf das Leben des Steuerpflichtigen bezogenen, lebenslangen Leibrente gerichtet ist. Die Rente darf nur an den Versicherungsnehmer gezahlt werden solange er lebt. Eine vom Versicherungsnehmer abweichende versicherte Person ist nicht zulässig und schadet der steuerlichen Förderung. Mit § 1 Abs. 1 S. 1 ABR wird dem Versicherungsnehmer als Vertragspartner die Rentenleistung zugesagt, solange er lebt. Entsprechend sagt § 6 Abs. 1 S. 1 ABR klar und einfach nur dem Versicherungsnehmer den Erhalt der Leistung zu. Die Vereinbarung einer Todesfallleistung ist innerhalb des Basisrentenvertrages nicht möglich.

2. Hinterbliebenenabsicherung (Abs. 1 Satz. 2)

3 Die Leistungen aus einer ggf. vereinbarten Hinterbliebenenabsicherung erhalten die vom Versicherungsnehmer benannten steuerlich zulässigen Hinterbliebenen. Im Basisrentenvertrag erfolgt die etwaige Hinterbliebenenabsicherung durch eine zusätzliche Vereinbarung zwischen dem Versicherungsnehmer und dem Versicherer (§ 10 Abs. 1 Nr. 2 Buchst. b Doppelbuchst. aa EStG). Hinterbliebene in diesem Sinne sind der **Ehegatte des Steuerpflichtigen und die Kinder,** für die er Anspruch auf Kindergeld oder auf einen Freibetrag hat. Der Begriff der Hinterbliebenen wir dazu von § 10 Abs. 1 Nr. 2 Buchst. b Doppelbuchst. aa) S. 2, 3 EStG abschließend definiert.

3. Kein Recht zur Verfügung zu Gunsten Dritter (Abs. 2)

4 Die Ansprüche aus dem Basisrentenvertrag sind nicht vererblich, nicht übertragbar, nicht beleihbar, nicht veräußerbar und nicht kapitalisierbar. Die Klausel gibt klarstellend das unabdingbare Gebot des § 10 Abs. 1 Nr. 2 Buchst. b S. 2 EStG wieder. Daraus folgen die Verfügungsverbote für den Versicherungsnehmer. Der Versicherungsnehmer kann die Ansprüche aus diesem Vertrag nicht abtreten oder verpfänden und auch keinen Bezugsberechtigten bestimmen. Auch die Übertragung der Versicherungsnehmereigenschaft ist ausgeschlossen. Eine Änderung dieser Verfügungsbeschränkungen ist ebenfalls ausgeschlossen.

§ 7 Was müssen Sie bei der Beitragszahlung beachten?

(1) Die Beiträge zu Ihrem Vertrag können Sie je nach Vereinbarung in einem Betrag (Einmalbeitrag), monatlich, viertel-, halbjährlich oder jährlich zahlen.

(2) Den ersten Beitrag oder den Einmalbeitrag müssen Sie unverzüglich *(d. h. ohne schuldhaftes Zögern)* nach Abschluss des Vertrages zahlen, jedoch nicht vor dem mit Ihnen vereinbarten, im Versicherungsschein angegebenen Versicherungsbeginn. Alle weiteren Beiträge (Folgebeiträge) werden jeweils zu Beginn der vereinbarten Versicherungsperiode fällig. Die Versicherungsperiode umfasst bei Einmalbeitrags- und Jahreszahlung ein Jahr, ansonsten entsprechend der Zahlungsweise einen Monat, ein Vierteljahr bzw. ein halbes Jahr.

(3) Sie haben den Beitrag **rechtzeitig** gezahlt, wenn Sie bis zum Fälligkeitstag (Absatz 2) alles getan haben, damit der Beitrag bei uns eingeht. Wenn die Einziehung des Beitrags von einem Konto vereinbart wurde, gilt die Zahlung in folgendem Fall als rechtzeitig:

- Der Beitrag konnte am Fälligkeitstag eingezogen werden und
- Sie haben einer berechtigten Einziehung nicht widersprochen.

Konnten wir den fälligen Beitrag ohne Ihr Verschulden nicht einziehen, ist die Zahlung auch dann noch rechtzeitig, wenn sie unverzüglich nach unserer Zahlungsaufforderung erfolgt. Haben Sie zu vertreten, dass der Beitrag wiederholt nicht eingezogen werden kann, sind wir berechtigt, künftig die Zahlung außerhalb des Lastschriftverfahrens zu verlangen.

(4) Sie müssen die Beiträge auf Ihre Gefahr und Ihre Kosten zahlen.

(5) Bei Fälligkeit einer Leistung werden wir etwaige Beitragsrückstände verrechnen.

(6) Der Einschluss von Zusatzversicherungen ist nur möglich, wenn mehr als 50% der Beiträge auf Ihre Altersversorgung entfallen.

§ 7 Abs. 1 bis 5 entspricht § 10 ARB. Vgl. die Erläuterungen dort (→ ARB § 10 Rn. 1 ff.).

Absatz 6 enthält einen Hinweis auf die Möglichkeit, **Zusatzversicherungen** einzuschließen. Die ergänzende Absicherung des Eintritts der Berufsunfähigkeit, der verminderten Erwerbsfähigkeit und von Hinterbliebenen ist nach Auffassung der Finanzverwaltung nur dann unschädlich, wenn mehr als 50% der Beiträge auf die eigene Altersversorgung des Steuerpflichtigen entfallen. Für das Verhältnis der Beitragsanteile zueinander ist regelmäßig auf den konkret vom Steuerpflichtigen zu zahlenden (Gesamt-)Beitrag abzustellen. Dabei dürfen die Überschussanteile aus den entsprechenden Risiken die darauf entfallenden Beiträge mindern.[1]

---

[1] BMF-Schreiben v. 13.9.2010, BstBl. I 2010, 681 Rn. 18.

§ 8 Was geschieht, wenn Sie einen Beitrag nicht rechtzeitig zahlen?

Erster Beitrag oder Einmalbeitrag

(1) Wenn Sie den ersten Beitrag oder den Einmalbeitrag nicht rechtzeitig zahlen, können wir – solange die Zahlung nicht bewirkt ist – vom Vertrag zurücktreten. In diesem Fall können wir von Ihnen die Kosten für ärztliche Untersuchungen im Rahmen einer Gesundheitsprüfung verlangen. Wir sind nicht zum Rücktritt berechtigt, wenn uns nachgewiesen wird, dass Sie die nicht rechtzeitige Zahlung nicht zu vertreten haben.

(2) Ist der erste Beitrag oder der Einmalbeitrag bei Eintritt des Versicherungsfalles noch nicht gezahlt, sind wir nicht zur Leistung verpflichtet. Dies gilt nur, wenn wir Sie durch gesonderte Mitteilung in Textform *(z. B. Papierform, E-Mail)* oder durch einen auffälligen Hinweis im Versicherungsschein auf diese Rechtsfolge aufmerksam gemacht haben. Unsere Leistungspflicht bleibt jedoch bestehen, wenn Sie uns nachweisen, dass Sie das Ausbleiben der Zahlung nicht zu vertreten haben.

Folgebeitrag

(3) Zahlen Sie einen Folgebeitrag nicht rechtzeitig, können wir Ihnen auf Ihre Kosten in Textform eine Zahlungsfrist setzen. Die Zahlungsfrist muss mindestens zwei Wochen betragen.

(4) Für einen Versicherungsfall, der nach Ablauf der gesetzten Zahlungsfrist eintritt, entfällt oder vermindert sich der Versicherungsschutz, wenn Sie sich bei Eintritt des Versicherungsfalles noch mit der Zahlung in Verzug befinden. Voraussetzung ist, dass wir Sie bereits mit der Fristsetzung auf diese Rechtsfolge hingewiesen haben.

(5) Nach Ablauf der gesetzten Zahlungsfrist können wir den Vertrag ohne Einhaltung einer Kündigungsfrist kündigen, wenn Sie sich noch immer mit den Beiträgen, Zinsen oder Kosten in Verzug befinden. Voraussetzung ist, dass wir Sie bereits mit der Fristsetzung auf diese Rechtsfolge hingewiesen haben. Wir können die Kündigung bereits mit der Fristsetzung erklären. Sie wird dann automatisch mit Ablauf der Frist wirksam, wenn Sie zu diesem Zeitpunkt noch immer mit der Zahlung in Verzug sind. Auf diese Rechtsfolge müssen wir Sie ebenfalls hinweisen.

Im Fall der Kündigung wandelt sich der Vertrag in eine beitragsfreie Versicherung entsprechend § 10 Absatz 1 und 2 um.

(6) Sie können den angeforderten Betrag auch dann noch nachzahlen, wenn unsere Kündigung wirksam geworden ist. Nachzahlen können Sie nur

- innerhalb eines Monats nach der Kündigung
- oder, wenn die Kündigung bereits mit der Fristsetzung verbunden worden ist, innerhalb eines Monats nach Fristablauf.

Zahlen Sie innerhalb dieses Zeitraums, wird die Kündigung unwirksam, und der Vertrag besteht fort. Für Versicherungsfälle, die zwischen dem Ablauf der Zahlungsfrist und der Zahlung eintreten, besteht kein oder nur ein verminderter Versicherungsschutz.

1 § 8 entspricht § 11 ARB; vgl. die Erläuterungen dort (→ ARB § 11 Rn. 1 ff.).

Ergänzend enthält **Abs. 5 Satz 5** den Hinweis, dass sich im Fall der Kündigung der Vertrag in eine beitragsfreie Versicherung umwandelt. Damit wird dem Umstand Rechnung getragen, dass nach § 10 Abs. 1 Nr. 2 S. 2 EStG die Ansprüche aus der Basisrente nicht vererblich, nicht übertragbar, nicht beleihbar, nicht veräußerbar und nicht kapitalisierbar sein dürfen.

§ 9 Wann können Sie Ihren Vertrag kündigen und welche Leistungen erbringen wir?

Kündigung

(1) Sie können Ihren Vertrag jederzeit zum Schluss der laufenden Versicherungsperiode (siehe § 7 Absatz 2 Satz 3) in Schriftform *(d. h. durch ein eigenhändig unterschriebenes Schriftstück)* kündigen. Nach dem Rentenzahlungsbeginn können Sie nicht mehr kündigen.

(2) Sie können Ihren Vertrag auch **teilweise** kündigen, wenn die verbleibende Rente mindestens … beträgt. Ist diese Rente niedriger, hat das zur Folge, dass Ihre Teilkündigung unwirksam ist. Wenn Sie in diesem Fall Ihren Vertrag beenden wollen, müssen Sie diesen **ganz** kündigen.

Keine Auszahlung eines Rückkaufswertes bei Kündigung

(3) Bei Kündigung (Voll- oder Teilkündigung gemäß Absatz 1 bzw. 2) wandelt sich der Vertrag ganz oder teilweise in einen beitragsfreien Vertrag mit herabgesetzter Rente um. Für die Bemessung der herabgesetzten beitragsfreien Rente gilt § 10. Eine Versicherung gegen Einmalbeitrag wird unverändert fortgeführt. Ein Anspruch auf die Auszahlung eines Rückkaufswerts besteht nicht.

(4) Wenn Sie Ihren Vertrag kündigen, kann das für Sie Nachteile haben. In der Anfangszeit Ihres Vertrages sind wegen der Verrechnung von Abschluss- und Vertriebskosten (siehe § 11) nur geringe Beträge zur Bildung einer beitragsfreien Rente vorhanden. Auch in den Folgejahren erreichen die Mittel für die Bildung einer beitragsfreien Rente nicht unbedingt die Summe der gezahlten Beiträge. Nähere Informationen zur beitragsfreien Rente und ihrer Höhe können Sie der Tabelle […] entnehmen.

Keine Beitragsrückzahlung

(5) Die Rückzahlung der Beiträge können Sie nicht verlangen.

I. Gesetzliche Grundlagen

1 Die gesetzliche Grundlage, die den für § 9 charakteristischen Inhalt determiniert, findet sich in § 10 Abs. 1 Nr. 2 S. 2 EStG. Eine der Voraussetzungen für die Sonderausgabenabzugsfähigkeit der Beiträge zu einer Basisrente ist danach, dass die **Ansprüche hieraus „nicht kapitalisierbar"** sind. Dies wird als Ausschluss der Zahlung eines Rückkaufswertes verstanden.[1] Nach § 2 Abs. 3 iVm Abs. 1 S. 1 AltZertG ist es Voraussetzung für die Zertifizierung von Basisrenten. Die Zertifizierung wiederum ist nach § 10 Abs. 2 S. 2 Nr. 1 EStG Voraussetzung dafür, dass die Beiträge als Sonderausgaben abgezogen werden können.

II. Rechtsprechung

2 Die Rechtsprechung hatte sich auf Klage eines Verbraucherverbandes mit der dieser Klausel zugrunde liegenden Gestaltung zu befassen. Es wurde vorgebracht, dass der Versicherungsnehmer mit „Kündigung" die Auszahlung des Rückkaufs-

[1] BMF-Schreiben v. 10.1.2014 – IV C 3 – S 2221/12/100/10:03, DOK: 2031/1146023 Rn. 20, 22.

wertes assoziiere. Die Beitragsfreistellung als Rechtsfolge sei daher unwirksam. Die Rechtsprechung hat diese Beurteilung durchgängig nicht geteilt (→ Rn. 5).[2]

III. Kommentierung der Klauselbestimmungen

1. Kündigung (Abs. 1)

3 Mit Absatz 1 erhält der Versicherungsnehmer ein Recht zur Kündigung des Basisrentenvertrages. Der Absatz ist wortidentisch mit § 12 Abs. 1 S. 1 und 2 ARB. Auf die dortige Kommentierung kann verwiesen werden (→ ARB § 12 Rn. 5). Allerdings verlangt das EStG für eine Basisrente, dass **kein Rückkaufswert ausgezahlt** wird (→ Rn. 1). Es sind zwei Möglichkeiten denkbar, dies in den Versicherungsverträgen umzusetzen,[3] nämlich der Ausschluss des Kündigungsrechts, oder zwar dessen Einräumung, aber ohne Auszahlung des Rückkaufswertes, sondern mit Beitragsfreistellung als Folge.[4] Die Bestimmung sieht letzteres vor.

4 Ein **vertraglicher Ausschluss des Kündigungsrechts** ist, wie sich aus § 168 Abs. 3 S. 2 VVG mittelbar ergibt, unter bestimmten Voraussetzungen zulässig.[5] Er verstößt nicht unter allen Umständen gegen § 168 Abs. 1 und 2 iVm § 171 S. 1 VVG. Nach § 168 Abs. 3 S. 2 VVG gilt dessen S. 1 entsprechend für die unter § 851 c und § 851 d ZPO fallenden Verträge. Unter § 851 d ZPO werden auch Basisrentenverträge nach § 10 Abs. 1 Nr. 2 EStG subsumiert.[6] Hingegen taugt § 168 Abs. 3 S. 1 VVG, der die Vereinbarung eines Kündigungsausschlusses für näher bezeichnete für die Altersvorsorge bestimmte Verträge zulässt, nicht als Rechtfertigung für einen vertraglichen Ausschluss des Kündigungsrechts bei Basisrenten. Die Vorschrift setzt eine Vereinbarung über die Unverwertbarkeit vor Eintritt in den Ruhestand innerhalb bestimmter sich aus dem SGB II ergebender Grenzen voraus (sog. Verwertungsausschluss). Die Basisrente unterliegt anderen und vor allem engeren Voraussetzungen, wie etwa Unvererbbarkeit, Unübertragbarkeit sowie Zahlung nur an den VN und dessen Ehegatten, kindergeldberechtigte Kinder oder Lebenspartner nach dem LPartG (s. § 10 Abs. 1 Nr. 2 S. 2, § 2 Abs. 8 EStG).

5 **§ 168 Abs. 3 S. 2 VVG** mit dem danach möglichen vertraglichen Ausschluss des Kündigungsrechts bei Basisrentenverträgen zwingt aber nicht dazu, es auszuschließen. Die Vorschrift etabliert **kein gesetzliches Leitbild** für der Altersvorsorge dienende Verträge. Weder aus dem Wortlaut noch dem Zweck noch der Gesetzeshistorie ergibt sich dies.[7] Darüber hinaus fällt es schwer, der Regelung als Ausnahmevorschrift gesetzlichen Leitbildcharakter zuzuweisen.[8] Es muss lediglich sichergestellt werden, dass die steuerlichen Anforderungen, in diesem Zusammenhang,

---

[2] Siehe BGH r+s 2012, 249; OLG Köln VersR 2011, 101; LG Hamburg Urt. v. 28.8.2009 – 324 O 1004/08.

[3] OLG Köln VersR 2011, 101 (102).

[4] Unzutreffend insoweit *Mönnich* in Langheid/Wandt § 168 Rn. 10, wo der Ausschluss des Kündigungsrechts als einzige Möglichkeit dargestellt wird.

[5] *Mönnich* in Langheid/Wandt § 168 Rn. 10; iE wohl auch *Ortmann* in Schwintowski/Brömmelmeyer § 169 Rn. 12.

[6] *Kemper* in Saenger, ZPO, 5. Aufl. 2013, § 851 d Rn. 2; *Winter* in Bruck/Möller § 168 Rn. 84.

[7] Siehe hierzu ausführlich LG Hamburg Urt. v. 28.8.2009 – 324 O 1004/08, bestätigt von BGH r+s 2012, 249 (250).

[8] So ist wohl auch BGH r+s 2012, 249 (250) zu verstehen.

insbesondere das Verbot der Auszahlung eines Rückkaufswertes, durch die vertragliche Gestaltung eingehalten werden.[9] Dies geschieht mit Absatz 1. Voraussetzung ist allerdings, dass die Gestaltung transparent ist und nicht gegen ein gesetzliches Leitbild verstößt.[10] An der Transparenz bestehen im Anschluss an eine Entscheidung des BGH[11] zu einer vergleichbaren Regelung keine ernsthaften Zweifel. So wird dem Versicherungsnehmer schon durch die Zwischenüberschriften vor Absatz 1 und 3 hinreichend deutlich, dass die Kündigung entgegen der bei einer Lebensversicherung hier ansonsten möglicherweise bestehenden Erwartung nicht zur Auszahlung des Rückkaufswertes führt. Die mit der Kündigung verbundenen Nachteile ergeben sich nicht zuletzt auch durch den Fettdruck von Absatz 4 (→ Rn. 14).

6 Satz 2 **schließt das Kündigungsrecht nach Rentenbeginn aus** und ist wortidentisch mit § 12 Abs. 1 S. 2 ARB. Auf dessen Kommentierung kann verwiesen werden (→ ARB § 12 Rn. 33). Ergänzend kommen noch die geschilderten steuerlichen Anforderungen an Basisrentenverträge (→ Rn. 1) als Rechtfertigung für den Ausschluss hinzu.

2. Teilkündigung (Abs. 2)

7 Satz 1 entspricht § 12 Abs. 1 S. 3 ARB; vgl. die Erläuterungen dort (→ ARB § 12 Rn. 35).

8 Satz 2 hat in § 12 ARB Abs. 1 keine Entsprechung. Sachlich ergibt sich jedoch kein Unterschied zu den ARB. Dort führt Auslegung zur **Unwirksamkeit** einer Teilkündigung, mit der die vereinbarte Mindestrente unterschritten würde (→ ARB § 12 Rn. 36). Hier wird dies ausdrücklich vereinbart.

9 Satz 3 ist unmittelbare Folge der Vereinbarung in Satz 2 und hat im Grunde deklaratorische Bedeutung. Er dient der Transparenz. Eine **unwirksame Teilkündigung** löst keine Rechtsfolgen aus. Will der Versicherungsnehmer Rechtsfolgen auslösen, muss er eine neue auf vollständige Kündigung gerichtete Erklärung abgeben.

3. Folgen der (Teil-)Kündigung (Abs. 3)

10 **a) Beitragsfreistellung (Abs. 3 Satz 1).** Satz 1 regelt die **Rechtsfolgen** der (Teil)Kündigung, nämlich vollständige oder teilweise Beitragsfreistellung mit entsprechend herabgesetzter Rente. Inhaltliches Vorbild hierfür ist § 2 Abs. 2 S. 5 BetrAVG. Auch dort führt – allerdings kraft gesetzlicher Anordnung – die Kündigung nicht zur Auszahlung des Rückkaufswertes, sondern zur Beitragsfreistellung. Auch § 166 VVG wird als Vorbild für die Regelung herangezogen.[12] Die Vorschrift eignet sich zwar nicht unmittelbar als Vorbild, aber jedenfalls als Bestätigung dafür, dass es dem Gesetzgeber nicht kategorisch fremd ist, an die Kündigung einer Lebensversicherung unter bestimmten Voraussetzungen Beitragsfreistellung als Folge zu knüpfen.

11 Die vertragliche Vereinbarung der Beitragsfreistellung als Rechtsfolge einer Kündigung **verstößt daher auch nicht gegen § 169 Abs. 1 iVm § 171 S. 1**

---

[9] OLG Köln VersR 2011, 101 (102f.).
[10] Siehe hierzu BGH r+s 2012, 249.
[11] BGH r+s 2012, 249; ihm folgend *Winter* in Bruck/Möller § 167 Rn. 215.
[12] BGH r+s 2012, 249 (250).

VVG. Danach kann von der Auszahlung des Rückkaufswertes als Folge der Kündigung nicht zum Nachteil des VN abgewichen werden. Allerdings lässt, wie gezeigt, § 168 Abs. 3 S. 2 VVG den Ausschluss des Kündigungsrechts zu, ohne allerdings dazu zu zwingen (→ Rn. 5); es entstünde ein Wertungswiderspruch, wenn man bei Zulassung der Kündigung nun zwingend die Auszahlung des Rückkaufswertes verlangen würde. Kann das Kündigungsrecht durch Vereinbarung ausgeschlossen werden, dann ist dies für den Ausschluss der Auszahlung des Rückkaufswertes nach Kündigung erst recht der Fall.[13]

12 **b) Berechnung der beitragsfreien Leistung (Abs. 3 Satz 2 und 3).** Satz 2 regelt die Berechnung der beitragsfreien Leistung und verweist hierzu auf § 10 (→ ABR § 10 Rn. 1). Satz 3 regelt die Rechtsfolgen einer Kündigung bei einer Versicherung gegen **Einmalbeitrag.** Sie wird danach unverändert fortgeführt. Da die Kündigung nicht zur Auszahlung des Rückkaufswertes, sondern zur Beitragsfreistellung führt, ergeben sich keine Änderungen in den vertraglichen Leistungen. Sie sind von vornherein unter der Annahme kalkuliert, dass keine weiteren Beiträge gezahlt werden. Die Mechanismen von § 10 ABR, wie insbesondere Herabsetzung der Rente, Verrechnung von rückständigen Beiträgen und Stornoabzug, können in der Natur der Einmalbeitragsversicherung liegend nicht greifen.

13 **c) Kein Rückkaufswert (Abs. 3 Satz 4).** Satz 4 verdeutlicht, was sich durch die Beitragsfreistellung als Folge der Kündigung der Sache nach bereits ergibt, dass nämlich kein Rückkaufswert ausgezahlt wird.

14 **d) Transparenz der Bestimmung.** An der Transparenz der Regelung insgesamt bestehen keine Zweifel. Die Maßstäbe von § 307 Abs. 1 S. 2 BGB sind eingehalten. Dem Versicherungsnehmer wird deutlich vor Augen geführt, dass die Kündigung – anders als er möglicherweise erwarten würde[14] – hier nicht zur Auszahlung eines Rückkaufswertes führt, sondern der Vertrag beitragsfrei fortgesetzt wird.[15] Dies kommt in der Zwischenüberschrift bereits deutlich zum Ausdruck, Satz 4 stellt es nochmals explizit heraus.[16] Es kann vom Versicherungsnehmer auch erwartet werden, dass er nicht bei der Lektüre der Überschrift allein stehen bleibt, sondern die Regelung insgesamt zur Kenntnis nimmt.[17] Ernsthafte Zweifel an der Angemessenheit der Regelung sowie daran, dass sie nicht als überraschend iSv § 305 c BGB zu qualifizieren ist, ergeben sich nicht.[18]

4. Warnhinweis (Abs. 4)

15 Absatz 4 entspricht inhaltlich und weitgehend auch wörtlich dem parallelen Hinweis für die Beitragsfreistellung in § 13 Abs. 3 ARB (→ ARB § 13 Rn. 17 ff.).

---

[13] Im Ergebnis ebenso *Winter* in Bruck/Möller § 168 Rn. 68.

[14] Zweifelnd insoweit OLG Köln VersR 2011, 101 (102) und LG Hamburg Urt. v. 28.8.2009 – 324 O 1004/08, die von einer solchen Erwartung nicht ausgehen, sondern – LG Hamburg – nur von der Erwartung einer Beendigung für die Zukunft, zu der eine Beitragsfreistellung aber gerade nicht führt.

[15] Zu einer ähnlichen Klauselgestaltung s. BGH r+s 2012, 249.

[16] Insoweit geht diese Regelung noch über die für ausreichend transparent befundene der Entscheidung BGH r+s 2012, 249 hinaus.

[17] OLG Köln VersR 2011, 101 (102).

[18] Zu einer ähnlichen Klauselgestaltung s. LG Hamburg Urt. v. 28.8.2009 – 324 O 1004/08.

In Satz 1 liegt ein **Unterschied** darin, dass hier – dem Gegenstand von § 9 entsprechend – an die Kündigung, nicht an die Beitragsfreistellung angeknüpft wird. In Satz 2 besteht der Unterschied darin, dass lediglich die Verrechnung der Abschluss- und Vertriebskosten in Bezug genommen wird, und nicht noch der Mindestrückkaufswert. Ein solcher existiert hier nicht. Daher wäre die Bezugnahme auf den Mindestrückkaufswert falsch und könnte in die Irre führen. Satz 3 und 4 entsprechen inhaltlich und weitgehend auch im Wortlaut der Parallelregelung in § 13 Abs. 3 ARB; vgl. die Erläuterungen dort (→ ARB § 13 Rn. 19).

5. Rückzahlung der Beiträge (Abs. 5)

16 Absatz 5 entspricht § 12 Abs. 9 ARB; vgl. die Erläuterungen dort (→ ARB § 12 Rn. 139).

IV. Darlegungs- und Beweislast

17 Zur Darlegungs- und Beweislast gelten die Überlegungen zu § 12 ARB entsprechend; vgl. dort (→ ARB § 12 Rn. 140ff.).

V. Wirksamkeit der Bestimmung

18 Die Bestimmung ist wirksam. Insbesondere gilt dies wegen der Besonderheit von Basisrenten auch für die Beitragsfreistellung als Rechtsfolge einer Kündigung (auch → Rn. 14).[19]

§ 10 Wann können Sie Ihren Vertrag beitragsfrei stellen und welche Auswirkungen hat dies auf unsere Leistungen?

(1) Anstelle einer Kündigung nach § 9 können Sie zu dem dort genannten Termin in Schriftform *(d. h. durch ein eigenhändig unterschriebenes Schriftstück)* verlangen, ganz oder teilweise von der Beitragszahlungspflicht befreit zu werden. In diesem Fall setzen wir die vereinbarte Rente ganz oder teilweise auf eine beitragsfreie Rente herab. Diese wird nach folgenden Gesichtspunkten berechnet:

- nach anerkannten Regeln der Versicherungsmathematik mit den Rechnungsgrundlagen der Beitragskalkulation,
- für den Schluss der laufenden Versicherungsperiode und
- unter Zugrundelegung des Betrages des Deckungskapitals, das sich bei gleichmäßiger Verteilung der unter Beachtung der aufsichtsrechtlichen Höchstzillmersätze (siehe § 11 Absatz 2 Satz 4) angesetzten Abschluss- und Vertriebskosten auf die ersten fünf Vertragsjahre ergibt.

(2) Der aus Ihrem Vertrag für die Bildung der beitragsfreien Rente zur Verfügung stehende Betrag mindert sich um rückständige Beiträge. Außerdem nehmen wir einen Abzug in Höhe von […] vor. Der Abzug ist zulässig, wenn er angemessen ist. Dies ist im Zweifel von uns nachzuweisen. Wir halten den Abzug für angemessen, weil mit ihm die Veränderung der Risikolage des verbleibenden Versichertenbestandes ausgeglichen wird. Zudem wird damit ein Ausgleich für kollektiv gestelltes Risikokapital vorgenommen. Wenn Sie uns nachweisen, dass der aufgrund Ihre Verlangens der Beitragsfreistellung von uns vorgenommene Abzug wesentlich niedriger ist, wird

---

[19] Siehe BGH r+s 2012, 249.

er entsprechend herabgesetzt. Wenn Sie uns nachweisen, dass der Abzug überhaupt nicht gerechtfertigt ist, entfällt er.

(3) Wenn Sie Ihren Vertrag beitragsfrei stellen, kann das für Sie Nachteile haben. In der Anfangszeit Ihres Vertrages sind wegen der Verrechnung von Abschluss- und Vertriebskosten (siehe § 11) nur geringe Beträge zur Bildung einer beitragsfreien Rente vorhanden. Auch in den Folgejahren stehen nicht unbedingt Mittel in Höhe der gezahlten Beiträge für die Bildung einer beitragsfreien Rente zur Verfügung. Nähere Informationen zur beitragsfreien Rente und ihrer Höhe können Sie der Tabelle ... entnehmen.

(4) Eine teilweise Beitragsfreistellung können Sie nur verlangen, wenn die verbleibende Rente mindestens ... beträgt und die beitragsfreie Rente den Mindestbetrag von ... erreicht.

1 **Absatz 1** entspricht § 13 Abs. 1 ARB; vgl. die Erläuterungen dort (→ ARB § 13 Rn. 3ff.). Lediglich der letzte Spiegelstrich von Satz 3 enthält eine Abweichung. In § 12 Abs. 1 ARB wird auf den Rückkaufswert verwiesen. Dies scheidet hier aus, weil Basisrenten mangels Rückkaufsmöglichkeit keinen Rückkaufswert haben (hierzu → ABR § 9 Rn. 3ff.). An die Stelle der Verweisung tritt hier die materielle Regelung selbst, wonach die beitragsfreie Leistung **mit auf fünf Jahre gleichmäßig verteilten Abschlusskosten** ermittelt wird.

2 **Absatz 2** entspricht § 13 Abs. 2 ARB; vgl. die Erläuterung dort (→ ARB § 13 Rn. 7ff.). Lediglich in Satz 7 findet sich eine Änderung, die auf einem Redaktionsversehen beruhen dürfte. Es müsste heißen „... dass der aufgrund Ihres Verlangens der Beitragsfreistellung von uns vorgenommene Abzug wesentlich niedriger *liegen muss,* ...“ statt „... niedriger *liegt,* ...“.

3 **Absatz 3 und 4** entsprechen § 9 Abs. 3 und 4 S. 2 ARB, vgl. die Erläuterung dort (→ ARB § 9 Rn. 10ff.).

§ 11 Wie werden die Kosten Ihres Vertrages verrechnet?

(1) Mit Ihrem Vertrag sind Kosten verbunden. Diese sind in Ihren Beitrag einkalkuliert. Es handelt sich um Abschluss- und Vertriebskosten sowie übrige Kosten.

Zu den **Abschluss- und Vertriebskosten** gehören insbesondere Abschlussprovisionen für den Versicherungsvermittler. Außerdem umfassen die Abschluss- und Vertriebskosten die Kosten für die Antragsprüfung und Ausfertigung der Vertragsunterlagen, Sachaufwendungen, die im Zusammenhang mit der Antragsbearbeitung stehen, sowie Werbeaufwendungen. Zu den **übrigen Kosten** gehören insbesondere die Kosten für die laufende Verwaltung.

Die Höhe der einkalkulierten Abschluss- und Vertriebskosten sowie der übrigen Kosten können Sie dem [...] entnehmen.

(2) Wir wenden auf Ihren Vertrag das Verrechnungsverfahren nach § 4 der Deckungsrückstellungsverordnung an. Dies bedeutet, dass wir die ersten Beiträge zur Tilgung eines Teils der Abschluss- und Vertriebskosten heranziehen. Dies gilt jedoch nicht für den Teil der ersten Beiträge, der für Leistungen im Versicherungsfall, Kosten des Versicherungsbetriebs in der jeweiligen Versicherungsperiode und aufgrund von gesetzlichen Regelungen für die Bildung einer Deckungsrückstellung bestimmt ist. Der auf diese Weise zu tilgende Betrag ist nach der Deckungsrückstellungsverordnung auf 4% der von Ihnen während der Laufzeit des Vertrages zu zahlenden Beiträge beschränkt.

(3) Die restlichen Abschluss- und Vertriebskosten werden über die gesamte Beitragszahlungsdauer verteilt, die übrigen Kosten über die gesamte Vertragslaufzeit.

(4) Die beschriebene Kostenverrechnung hat zur Folge, dass in der Anfangszeit Ihres Vertrages nur geringe Beträge für einen Rückkaufswert oder zur Bildung der beitragsfreien Rente vorhanden sind (siehe §§ 9 und 10). Nähere Informationen zu den Rückkaufswerten und beitragsfreien Rentenleistungen sowie ihren jeweiligen Höhen können Sie der Tabelle ... entnehmen.

1 § 11 entspricht § 14 ARB. Die Erläuterungen dort gelten auch hier (→ ARB § 14 Rn. 1 ff.). Hingewiesen sei darauf, dass es sich um ein redaktionelles Versehen handelt, soweit Absatz 4 von **Rückkaufswerten** spricht, da § 10 Abs. 1 Nr. 2 S. 2 EStG einer Kapitalisierung eines Basisrentenvertrages entgegensteht. Da Absatz 4 aber keinerlei Anspruch auf einen Rückkaufswert gewährt, ist die Erwähnung an dieser Stelle unschädlich. Die neuen Regelungen zur Kostenstruktur gem. § 2 a Alt-ZertG sind in der Klausel noch nicht berücksichtigt.

§ 12 Was gilt bei Änderung Ihrer Postanschrift und Ihres Namens?

(1) Eine Änderung Ihrer Postanschrift müssen Sie uns unverzüglich *(dh ohne schuldhaftes Zögern)* mitteilen. Anderenfalls können für Sie Nachteile entstehen. Wir sind berechtigt, eine an Sie zu richtende Erklärung *(zB Setzen einer Zahlungsfrist)* mit eingeschriebenem Brief an Ihre uns zuletzt bekannte Anschrift zu senden. In diesem Fall gilt unsere Erklärung drei Tage nach Absendung des eingeschriebenen Briefes als zugegangen.

(2) Bei Änderung Ihres Namens gilt Absatz 1 entsprechend.

1 § 12 entspricht § 15 ARB. Vgl. die Erläuterungen dort (→ ARB § 15 Rn. 1 ff.).

§ 13 Welche Kosten stellen wir Ihnen gesondert in Rechnung?

(1) In folgenden Fällen stellen wir Ihnen pauschal zusätzliche Kosten gesondert in Rechnung: ...

(2) Wir haben uns bei der Bemessung der Pauschale an dem bei uns regelmäßig entstehenden Aufwand orientiert. Sofern Sie uns nachweisen, dass die der Bemessung zugrunde liegenden Annahmen in Ihrem Fall dem Grunde nach nicht zutreffen, entfällt die Pauschale. Sofern Sie uns nachweisen, dass die Pauschale der Höhe nach wesentlich niedriger zu beziffern ist, wird sie entsprechend herabgesetzt.

1 § 13 entspricht § 16 ARB. Vgl. die Erläuterungen dort (→ ARB § 16 Rn. 1 ff.).

§ 14 Welches Recht findet auf Ihren Vertrag Anwendung?

Auf Ihren Vertrag findet das Recht der Bundesrepublik Deutschland Anwendung.

1 § 14 entspricht § 17 ARB (→ ARB § 17 Rn. 1 ff.).

§ 15 Wo ist der Gerichtsstand?

(1) Für Klagen aus dem Vertrag **gegen uns** ist das Gericht zuständig, in dessen Bezirk unser Sitz oder die für den Vertrag zuständige Niederlassung liegt. Zuständig ist auch das Gericht, in dessen Bezirk Sie zur Zeit der Klageerhebung Ihren Wohnsitz haben. Wenn Sie keinen Wohnsitz haben, ist der Ort Ihres gewöhnlichen Aufenthalts

maßgeblich. Wenn Sie eine juristische Person sind, ist auch das Gericht zuständig, in dessen Bezirk Sie Ihren Sitz oder Ihre Niederlassung haben.

(2) Klagen aus dem Vertrag **gegen Sie** müssen wir bei dem Gericht erheben, das für Ihren Wohnsitz zuständig ist. Wenn Sie keinen Wohnsitz haben, ist der Ort Ihres gewöhnlichen Aufenthalts maßgeblich. Wenn Sie eine juristische Person sind, ist das Gericht zuständig, in dessen Bezirk Sie Ihren Sitz oder Ihre Niederlassung haben.

(3) Verlegen Sie Ihren Wohnsitz oder den Ort Ihres gewöhnlichen Aufenthalts in das Ausland, sind für Klagen aus dem Vertrag die Gerichte des Staates zuständig, in dem wir unseren Sitz haben.

1 § 15 entspricht § 18 ARB. Vgl. die Erläuterungen dort (→ ARB § 18 Rn. 1 ff.).

Teil 8. Allgemeine Bedingungen für die Risikolebensversicherung (ARV)

Musterbedingungen des GDV

Stand: 7. Mai 2013

Diese Bedingungen sind für die Versicherer unverbindlich; ihre Verwendung ist rein fakultativ. Abweichende Bedingungen können vereinbart werden.

Sehr geehrte Kundin, sehr geehrter Kunde,

als Versicherungsnehmer sind Sie unser Vertragspartner; für unser Vertragsverhältnis gelten die nachfolgenden Bedingungen.

§ 1 Welche Leistungen erbringen wir?

(1) Wenn die versicherte Person *(das ist die Person, auf deren Leben die Versicherung abgeschlossen ist)* während der Versicherungsdauer stirbt, zahlen wir die vereinbarte Versicherungssumme.

Bemerkung:
§ 1 Absatz 1 ist wie folgt zu ändern bei Risikolebensversicherungen mit fallender Leistung:

„Wenn die versicherte Person *(das ist die Person, auf deren Leben die Versicherung abgeschlossen ist)* während der Versicherungsdauer stirbt, zahlen wir die jeweils vereinbarte Versicherungssumme. Die vereinbarte Anfangsversicherungssumme fällt jährlich (halbjährlich,...), erstmals nach einem Jahr (halben Jahr...) ab dem vereinbarten Versicherungsbeginn gleichmäßig um einen konstanten Betrag. Dieser wird so bemessen, dass mit Ablauf der Versicherungsdauer die versicherte Summe Null ist."

(2) Wir beteiligen Sie an den Überschüssen und an den Bewertungsreserven (siehe § 2).

Übersicht

I. Gesetzliche Grundlagen

1. Rechtliche Grundlagen

1 **a) Leistungsbeschreibung.** Die Leistungsbeschreibung ist zwingender Bestandteil der Versicherungsbedingungen (→ Einl. Rn. 6). Zu beschreiben sind **Art, Umfang und Fälligkeit** der versicherten Leistungen (§ 10 Abs. 1 Nr. 2 VAG).

2 Vertragsrechtlich verpflichtet sich der Versicherer mit dem Versicherungsvertrag, ein bestimmtes Risiko des Versicherungsnehmers oder eines Dritten durch eine Leistung abzusichern, die er bei Eintritt des vereinbarten Versicherungsfalles zu erbringen hat (§ 1 VVG). Die **Verpflichtung** wird mittels der Leistungsbeschreibung in den Versicherungsbedingungen nach Art und Fälligkeit abstrakt sowie im Versicherungsschein der Höhe nach näher definiert. Die Leistungsbeschreibung ist zentrales Element des Versicherungsvertrages und **bestimmt** zusammen mit dem Versicherungsschein die **Ansprüche des Versicherungsnehmers.**

3 Ergänzend muss der Versicherer nach § 7 Abs. 1 VVG dem Versicherungsnehmer rechtzeitig vor Abgabe von dessen Vertragserklärung die **Vertragsbestimmungen** einschließlich der Allgemeinen Versicherungsbedingungen sowie weitere in der VVG-InfoV näher bestimmte Informationen in **Textform** übermitteln (§ 7 Abs. 2 Nr. 1 u. 2 und 3 VVG) in den allgemeinen und besonderen Versicherteninformationen sowie dem Produktinformationsblatt (§ 1 Abs. 1 S. 1 Nr. 6,§ 2 Abs. 1 S. 1 Nr. 4–6, § 4 Abs. 2 S. 1 Nr. 2 und 4 VVG-InfoV), insbesondere Einzelheiten zur angebotenen Leistung und die zu erwartenden Leistungen.

4 **b) Leistungshöhe.** Entsprechend der zentralen Bedeutung der versicherten Leistungen und des Anspruchs auf Überschussbeteiligung für die Altersvorsorge des Versicherungsnehmers erlegt der Gesetzgeber bei kapitalbildenden Lebens- und Rentenversicherungen, dem Versicherungsunternehmen bei Abschluss und während der Vertragslaufzeit **weitere Informationspflichten** auf. Umfasst das Leistungsversprechen mehr als die garantierten Leistungen ist dem Versicherungsnehmer eine **Modellrechnung** zu übermitteln (§ 154 VVG), bei der die Ablaufleistung mit unterschiedlichen durch Verordnung bestimmten Zinssätzen dargestellt wird (§ 2 Abs. 3 VVG-InfoV). Bei Versicherungen mit Überschussbeteiligung ist der Versicherungsnehmer zusätzlich jährlich über die Entwicklung seiner Ansprüche einschließlich Überschussbeteiligung zu unterrichten (§ 155 VVG). Dabei ist der Kunde auf **Abweichungen** von den Angaben bei Vertragsabschluss, insbesondere der Modellrechnung, hinzuweisen.

2. Steuerrechtliche Grundlagen

5 Eine Versicherung im steuerlichen wie im aufsichtsrechtlichen Sinn unterscheidet sich von einer Vermögensanlage ohne Versicherungscharakter dadurch, dass ein

mindestens ein wirtschaftliches Risiko abgedeckt wird, das aus der Unsicherheit und Unberechenbarkeit des menschlichen Lebens erwächst, wie zB der Zeitpunkt des Todes oder die ungewisse Lebensdauer einer Person **(Absicherung eines biometrischen Risikos).**[1] Kein biometrisches Risiko liegt vor, wenn nur eine Leistung in Höhe der angesammelten und verzinsten Sparanteile zuzüglich einer Überschussbeteiligung vereinbart ist.[2] In diesem Fall richtet sich die Besteuerung nach § 20 Abs. 1 Nr. 7 EStG.

6 Kennzeichnend für die Risikolebensversicherung ist die **Absicherung des Todesfallrisikos.** Die Versicherungsleistung besteht in der Regel in der Auszahlung einer garantierten Versicherungssumme bei Tod der versicherten Person. Die Versicherungssumme kann konstant während der gesamten Vertragslaufzeit gleich bleiben oder ab einem vereinbarten Zeitpunkt bis zum Ende der Versicherungsdauer fallen. Es kann auch vereinbart werden, dass die Versicherungssumme in bestimmten Fällen vorzeitig ausgezahlt wird (**vorgezogene Todesfallleistung;** → Rn. 24) oder dass das Leben einer weiteren versicherten Person mitversichert wird (**Versicherung auf verbundene Leben;** → Rn. 19, 21). Im Unterschied zu einer Kapitalversicherung auf den Todesfall (→ ALB § 1 Rn. 54) enthält eine Risikoversicherung keine kapitalbildende Komponente.

7 **a) Besteuerung von Kapitalleistungen bei Tod.** Eine Kapitalleistung aus einer reinen Risikoversicherung, also einer Versicherung ohne Sparanteil (zB Risikolebensversicherung, Risiko-Unfallversicherung, Berufsunfähigkeitsversicherung, Erwerbsunfähigkeitsversicherung, Pflegeversicherung), ist **einkommensteuerfrei.**[3] Die Barauszahlung von Überschüssen sowie die Leistung aufgrund einer verzinslichen Ansammlung der Überschüsse sind bei einer reinen Risikoversicherung ebenso **einkommensteuerfre**i.[4]

8 Todesfall- und Risikoleistungen aus **entgeltlich erworbenen Versicherungen** (zB im Rahmen des Zweitmarkts) sind künftig einkommensteuerpflichtig. Ausgenommen ist der entgeltliche Erwerb der Police durch die versicherte Person oder ein entgeltlicher Erwerb zur Erfüllung arbeits-, familien- oder erbrechtlicher Ansprüche. Dies gilt für Versicherungsfälle ab 1.1.2015 (§§ 20 Abs. 1 Nr. 6 S. 7f., 52 Abs. 28 S. 10 EStG).

9 **b) Renten aus einer Risikoversicherung.** Bei Rentenzahlungen aus einer reinen Risikoversicherung (zB Unfall-Rente, Invaliditätsrente) kann sich jedoch eine Besteuerung aus anderen Vorschriften ergeben (zB Ertragsanteilbesteuerung; → ARB § 1 Rn. 30ff.).[5]

II. Kommentierung der Klauselbestimmungen

10 Kennzeichnend für die Risikolebensversicherung ist die **Absicherung des Todesfallrisikos.** Die Versicherungsleistung besteht in der Regel in der Auszahlung einer garantierten Versicherungssumme bei Tod der versicherten Person. Die Versicherungssumme kann konstant während der gesamten Vertragslaufzeit gleich blei-

[1] BMF-Schreiben v. 1.10.2009, BStBl. I 2009, 1172 Rn. 2.
[2] BMF-Schreiben v. 1.10.2009, BStBl. I 2009, 1172 Rn. 3.
[3] BMF-Schreiben v. 1.10.2009, BStBl. I 2009, 1172 Rn. 22.
[4] BMF-Schreiben v. 1.10.2009, BStBl. I 2009, 1172 Rn. 7.
[5] BMF-Schreiben v. 1.10.2009, BStBl. I 2009, 1172 Rn. 7.

ben oder ab einem vereinbarten Zeitpunkt bis zum Ende der Versicherungsdauer fallen. Es kann auch vereinbart werden, dass die Versicherungssumme in bestimmten Fällen vorzeitig ausgezahlt wird (vorgezogene Todesfallleistung; → Rn. 24) oder dass das Leben einer weiteren versicherten Person mitversichert wird (Versicherung auf verbundene Leben; → Rn. 19, 21). Häufig wird mit dem Versicherungsnehmer ein Umtauschrecht in eine kapitalbildende Lebensversicherung vereinbart (→ Rn. 32). Im Unterschied zu einer Kapitalversicherung auf den Todesfall (→ ALB § 1 Rn. 54) enthält eine Risikoversicherung **keine kapitalbildende Komponente.**

1. Risikolebensversicherung mit konstanter Versicherungssumme

11 Die vereinbarte Versicherungssumme wird ausgezahlt, wenn die versicherte Person während der vereinbarten Versicherungsdauer stirbt. Versicherte Person, ist die Person deren Leben versichert ist. Die Höhe der Versicherungssumme bleibt während der gesamten Versicherungsdauer konstant.

2. Risikolebensversicherungen mit fallender Leistung

12 Stirbt die versicherte Person während der vereinbarten Versicherungsdauer wird die jeweils **aktuell erreichte Versicherungssumme** ausgezahlt. Versicherte Person ist die Person deren Leben versichert ist.

13 Die **Höhe der Versicherungssumme** fällt während der Versicherungsdauer – ausgehend von einer vereinbarten anfänglichen Versicherungssumme – in festen Intervallen ab einem vertragliche vereinbarten Termin um einen konstanten Betrag, bis die Versicherungssumme Null ist. Das Intervall kann ein Jahr, ein halbes Jahr oder einen anderen zu vereinbarenden Zeitraum umfassen. Vertraglich festzulegen ist auch der Zeitpunkt, ab dem die vereinbarte Versicherungssumme erstmals fällt. Der konstante Betrag, um den die Versicherungssumme in den vorgesehenen Intervallen sinkt wird so bemessen, dass die Versicherungssumme in gleichhohen Schritten bis zum Ende der Versicherungsdauer bis auf Null fällt.

3. (Zusatz-)Leistung aus der Überschussbeteiligung

14 Der Versicherungsnehmer hat nach § 153 VVG dem Grunde nach einen **Anspruch** auf Überschussbeteiligung, es sei denn die Überschussbeteiligung wird im Vertrag ausdrücklich und insgesamt ausgeschlossen. Die Überschussbeteiligung setzt sich aus den Überschüssen und den Bewertungsreserven zusammen. Einzelheiten → § 2.

15 Ist eine Überschussbeteiligung vereinbart, sind alle zum jeweiligen Leistungszeitpunkt oder bei Vertragsende unwiderruflich zugeteilten oder zu diesem Zeitpunkt nach den vertraglichen Vereinbarungen zuzuteilenden Teile der Überschussbeteiligung auszuzahlen oder zur Erhöhung der Leistung zu verwenden. Dies gilt für laufende Überschüsse, Schlussüberschüsse und Bewertungsreserven.

16 Bei **laufender Beitragszahlung** werden die Überschussanteile üblicherweise mit den Beiträgen verrechnet, sodass bei Tod über die Versicherungssumme hinaus keine zusätzliche Leistung zur Auszahlung kommt.

17 Vor allem bei Verträgen gegen Einmalbeitrag wird eine zuzuteilende Überschussbeteiligung zur Erhöhung der Versicherungsleistung verwendet, sog. **Todesfallbonus.** Der Todesfallbonus erhöht die vereinbarte Versicherungssumme, in der Höhe in der er zum Todeszeitpunkt deklariert ist. Er kann aber auch in Abhängigkeit von der Überschussdeklaration ganz oder teilweise entfallen.

4. Abweichende Vertragsgestaltungen im Markt

18 Der Wettbewerb brachte es mit sich, dass zahlreiche Leistungen angeboten werden, die über das Leistungsspektrum der Musterbedingungen deutlich hinausgehen. Eine – keinesfalls abschließende – Auswahl wird im Folgenden erörtert.

19 **a) Risikolebensversicherung mit konstanter Versicherungssumme auf zwei verbundene Leben.** Bei einer Risikolebensversicherung auf verbundene Leben wird eine zweite versicherte Person mitversichert. Die Versicherungssumme wird fällig, wenn eine der versicherten Personen während der Versicherungsdauer stirbt; in diesem Fall endet der Vertrag. Die Versicherungssumme wird auch dann nur einmal fällig, wenn beide versicherte Personen gleichzeitig sterben.

20 **Beispiel:** „Sind zwei Personen versichert, zahlen wir die vereinbarte Versicherungssumme, wenn eine der versicherten Personen während der Versicherungsdauer stirbt, und der Vertrag endet. Auch bei gleichzeitigem Tod beider versicherten Personen wird die vereinbarte Versicherungssumme nur einmal fällig."

21 **b) Risikolebensversicherung mit fallender Versicherungssumme auf zwei verbundene Leben.** Auch Risikolebensversicherungen mit fallender Versicherungssumme werden als Versicherung auf zwei verbundene Leben angeboten. Ausgezahlt wird die jeweils erreichte Versicherungssumme.

22 **Beispiel:** „Die vereinbarte Anfangsversicherungssumme bleibt für eine vereinbarte Zeit konstant und fällt dann monatlich gleichmäßig um einen konstanten Betrag. Wenn eine der versicherten Personen während der Versicherungsdauer stirbt, zahlen wir die jeweils erreichte Versicherungssumme, und der Vertrag endet. Auch bei gleichzeitigem Tod beider versicherten Personen wird die Versicherungssumme nur einmal fällig."

23 **c) Risikolebensversicherung mit mehreren versicherten Personen.** Möglich ist auch, zu vereinbaren dass zwei oder mehr versicherte Personen in einem Vertrag über eine Risikolebensversicherung – auch zu unterschiedlichen Versicherungssummen – versichert werden. Die erste Versicherungssumme wird dann zunächst bei Tod der zuerst versterbenden versicherten Person fällig; der Versicherungsschutz für die überlebende versicherte Person bleibt – ggf. mit verringertem Beitrag – bestehen. Der Vertrag endet dann mit dem Tod der überlebenden versicherten Person, spätestens mit Ablauf der Versicherung.

24 **d) Vorgezogene Todesfallleistung.** Es kann vereinbart werden, dass die vereinbarte Versicherungssumme bereits vor dem Tod der versicherten Person, wenn diese während der Versicherungsdauer an einer **schweren Krankheit** erkrankt ist, die nachweislich innerhalb von zwölf Monaten zum Tod der versicherten Person führen wird. Wird die schwere Erkrankung im Sinne der Bedingungen nachgewiesen und liegen alle sonstigen bedingungsgemäßen Leistungsvoraussetzungen vor, wird in diesem Fall die vereinbarte Versicherungssumme vorzeitig, dh **vor dem Tod der versicherten Person,** ausgezahlt.

25 **Beispiel:** „Wir zahlen die vereinbarte Versicherungssumme bereits vor dem Tod der versicherten Person, wenn diese während der Versicherungsdauer an einer schweren Krankheit nach Absatz … erkrankt und die versicherte Person zum Zeitpunkt des Leistungsantrages nicht älter als 60 Jahre ist.
Eine schwere Erkrankung ist jede fortschreitende, unheilbare Krankheit, die nach Ansicht des behandelnden Facharztes und unseres Gesellschaftsarztes innerhalb von zwölf Monaten zum Tode führen wird.

Die vorgezogene Todesfallleistung müssen Sie als Versicherungsnehmer spätestens zwölf Monate vor Ablauf der Vertragsdauer beantragen. Mit dem Antrag auf vorgezogene Todesfallleistung müssen Sie uns den Original-Versicherungsschein, ein Zeugnis eines Facharztes – einschließlich Befunden und, falls vorhanden, Krankenhausberichten – einreichen, aus dem hervorgeht, dass bei der versicherten Person eine schwere Krankheit nach Absatz … vorliegt. Sollten wir zur Prüfung unserer Leistungspflicht weitere Unterlagen benötigen, sind wir berechtigt, Auskünfte der die versicherte Person zusätzlich behandelnden Ärzte sowie sonstige notwendige Nachweise einzuholen.
Maßgeblich für die zwölf-Monatsfrist hinsichtlich der Prognose über die Lebenserwartung, für die verbleibende Vertragsdauer sowie für die vereinbarte Versicherungssumme ist der Zeitpunkt der Stellung des Leistungsantrags.
Sind zwei Personen versichert, kann die vorgezogene Todesfallleistung auch bei gleichzeitigem Anspruch beider versicherter Personen nur für eine versicherte Person beantragt werden. Mit Zahlung der Leistung endet der Vertrag. Eventuell eingeschlossene Zusatzversicherungen enden.
Eine vorgezogene Todesfallleistung wird nicht gewährt, wenn
– die verbleibende Versicherungsdauer weniger als zwölf Monate beträgt oder
– die schwere Erkrankung im Sinne dieser Bedingungen auf die in den §§ 7 und 8 genannten Umstände zurück zu führen ist oder
– die schwere Erkrankung im Sinne dieser Bedingungen auf Umstände zurück zu führen ist, die uns zum Rücktritt nach § 9 Absatz 5 oder zu Anfechtung nach § 9 Absatz 17 berechtigt."

26 **e) Beitrags-Dynamik.** Bei Vereinbarung einer dynamischen Erhöhnung von Beitrag und Leistung (Dynamik) zu vorab festgelegten Zeitpunkten und nach bei Vertragsabschluss vereinbarten **festen Kriterien,** erhöhen sich die Leistungen üblicherweise jährlich. Der Kunde erhält zum vereinbarten Erhöhungszeitpunkt einen aktualisierten Versicherungsschein und kann der Erhöhung widersprechen. Erfolgt kein Widerspruch, ist ab dem vereinbarten Erhöhungstermin ein erhöhter Beitrag zu bei ab diesem Zeitpunkt erhöhten Versicherungsleistungen zu bezahlen.

27 Die **Bezugsgrößen** für eine Dynamik sind am Markt vielfältig. Üblich sind Bezugsgrößen aus der Sozialversicherung oder steuerliche Bezugsgrößen, die sich an einem steuerrechtlichen Förderrahmen orientieren. Häufig sind aber auch regelmäßige Erhöhungen zu einem vorab vereinbarten festen Prozentsatz des Beitrags.

28 Eine Vereinbarung der Dynamik kommt **nur bei laufender Beitragszahlung** in Betracht.

29 **f) Persönliche Anpassungsrechte.** Häufig enthalten Risikolebensversicherungen das Recht, unter bestimmten, vertraglich vereinbarten, Voraussetzungen, die vereinbarten Beiträge und Versicherungsleistungen **ohne erneute Gesundheitsprüfung** zu erhöhen (persönliche Anpassungsrechte). Das Erhöhungsrecht wird dann durch vorab definierte Ereignisse oder Anlässe ausgelöst und ist in der Regel summenmäßig und zeitlich begrenzt.

30 **Beispiel:** „(1) Sie können den Versicherungsschutz Ihres Vertrags ohne erneute Prüfung der Gesundheits- und sonstigen Risikoverhältnisse (Gesundheitsprüfung) erhöhen. Eine Erhöhung ist nach Eintritt folgender Lebensereignisse bei einer versicherten Person – das ist die Person, auf deren Leben die Versicherung abgeschlossen ist – möglich:
– Heirat bzw. Begründung einer eingetragenen Lebenspartnerschaft,
– Ehescheidung bzw. Aufhebung einer eingetragenen Lebenspartnerschaft,
– Geburt eines Kindes oder Adoption eines minderjährigen Kindes,
– Aufnahme einer beruflichen Tätigkeit nach Abschluss einer staatlich anerkannten beruflichen oder akademischen Ausbildung

- Wechsel in eine selbständige Tätigkeit als Hauptberuf,
- Wegfall der Versicherungspflicht in der gesetzlichen Rentenversicherung bei Handwerkern und Selbständigen,
- erstmalige Überschreitung der Beitragsbemessungsgrenze in der allgemeinen Rentenversicherung durch das Bruttojahresarbeitseinkommen aus nichtselbständiger Tätigkeit,
- Erhöhung des Bruttojahresarbeitseinkommens bei nichtselbständiger Tätigkeit um mindestens 10% innerhalb eines Jahres,
- bei Selbständigen eine nachhaltige Steigerung des Gewinns vor Steuern um mindestens 10% jährlich in den letzten drei Jahren,
- Aufnahme eines Darlehens zur Finanzierung einer selbst bewohnten Immobilie (Kaufpreis mindestens 50.000 EUR),
- Kürzung der gesetzlichen Rentenanwartschaften durch Gesetz,
- Wegfall oder Kürzung einer berufsbedingten, insbesondere berufsständischen oder betrieblichen Altersversorgung.

Sie müssen die Erhöhung innerhalb von sechs Monaten nach Eintritt des Ereignisses unter Vorlage eines entsprechenden Nachweises in Schriftform – d. h, durch ein eigenhändig unterschriebenes Schriftstück – beantragen. Ansonsten ist gegebenenfalls eine Gesundheitsprüfung erforderlich.

Wenn mehrere Verträge mit persönlichem Anpassungsrecht auf das Leben der versicherten Person bestehen, können Sie nur einen Vertrag erhöhen. Diesen müssen Sie bei der ersten Erhöhung benennen (ursprünglicher Vertrag). Die übrigen Verträge können Sie dann nicht erhöhen. Bei einer Versicherung auf zwei verbundene Leben kann das Erhöhungsrecht nach Eintritt des Ereignisses nur einmal ausgeübt werden.

(2) Die Erhöhung des ursprünglichen Vertrags erfolgt durch eine zusätzliche neue Risikolebensversicherung. Für diese gelten die dann gültigen Rechnungsgrundlagen, Tarife, Versicherungsbedingungen und das dann maßgebliche rechnungsmäßige Alter der versicherten Person (en). Dieser zusätzliche, neue Vertrag darf nicht später als elf Monate nach dem ursprünglichen Vertrag ablaufen.

(3) Wenn nichts anderes vereinbart wird, gelten für den zusätzlichen, neuen Vertrag die vertraglichen Vereinbarungen und Erklärungen einschließlich des Bezugsrechts sowie die Annahmeentscheidung des ursprünglichen Vertrags. Bei dem ursprünglichen Vertrag eingeschlossene Zusatzversicherungen werden nicht erhöht.

(4) Die Erhöhungssumme des neuen Vertrags darf höchstens 25.000 EUR betragen, jedoch nicht mehr als die Todesfallleistung des ursprünglichen Vertrags zum Zeitpunkt des Vertragsabschlusses. Innerhalb von fünf Jahren dürfen die Erhöhungssummen insgesamt 50.000 EUR nicht überschreiten.

(5) Das Recht auf Erhöhung endet, wenn
- die versicherte Person, bei zwei versicherten Personen die ältere versicherte Person, das 50. Lebensjahr vollendet hat,
- die Restlaufzeit des ursprünglichen Vertrags die Mindestlaufzeit eines zum Zeitpunkt der Erhöhung vergleichbaren Tarifs unterschreitet,
- der ursprüngliche Vertrag beitragsfrei gestellt wird oder
- bei dem ursprünglichen Vertrag mit vereinbarter Berufsunfähigkeits- bzw. Erwerbsunfähigkeits-Zusatzversicherung eine Berufs- bzw. Erwerbsunfähigkeit der versicherten Person eingetreten ist. Nach Eintritt der Berufs- bzw. Erwerbsunfähigkeit noch durchgeführte Erhöhungen entfallen rückwirkend."

g) Differenzierung nach persönlichen Risikoverhältnissen. Zunehmend finden sich zusätzliche Tarifmerkmale, bei denen Beitrag und zugehörige Leistung nach den persönlichen Risikoverhältnissen der versicherten Personen differenziert werden. Zu nennen sind hier **Beruf,** Status als Raucher oder Nichtraucher, gefährliche Sportarten, **31**

32 **h) Wahlrechte des Versicherungsnehmers. aa) Umtauschrecht.** Gängiges Wahlrecht ist das sog. Umtauschrecht. Der Versicherungsnehmer erhält das Recht, die Risikolebensversicherung während eines zu vereinbarenden Zeitraums ohne erneute Gesundheitsprüfung in einer kapitalbildenden Lebensversicherung mit gleicher oder geringerer Versicherungssumme umzutauschen.

33 **Beispiel:** „Diese Risikolebensversicherung können Sie bis zum Ablauf des Vertrages, spätestens aber bis zum Ende des … Versicherungsjahres jederzeit ohne erneute Gesundheitsprüfung in eine kapitalbildende Lebensversicherung mit gleicher oder geringerer Versicherungssumme umtauschen.
Wird die Risikolebensversicherung auf zwei verbundene Leben für beide versicherten Personen – versicherte Person ist die Person, auf deren Leben die Versicherung abgeschlossen ist – in Einzelverträge umgetauscht, dürfen beide Versicherungssummen der neu abgeschlossenen Einzelverträge zusammen die Versicherungssumme des Ursprungsvertrags zum Zeitpunkt des Umtausches nicht überschreiten. Gleiches gilt, wenn ein Einzelvertrag umgetauscht und der andere Einzelvertrag nach Absatz 2 verlängert werden soll."

34 **bb) Verlängerungsrecht.** Ist ein Verlängerungsrecht vereinbart, hat der Versicherungsnehmer das Recht, bis zum Ende eines definierten Zeitraums eine neue Risikolebensversicherung mit gleicher oder geringerer Versicherungssumme ohne erneute Gesundheitsprüfung abzuschließen.

35 **Beispiel:** „Diese Risikolebensversicherung können Sie bis zum Ende des x-ten Versicherungsjahres jederzeit ohne erneute Gesundheitsprüfung durch eine neue Risikolebensversicherung mit gleicher oder geringerer Versicherungssumme verlängern.
Wird die Risikolebensversicherung auf zwei verbundene Leben für beide versicherten Personen durch Einzelverträge verlängert, dürfen beide Versicherungssummen der neu abgeschlossenen Einzelverträge zusammen die Versicherungssumme des Ursprungsvertrags zum Zeitpunkt der Verlängerung nicht überschreiten. Gleiches gilt, wenn ein Einzelvertrag verlängert und der andere Einzelvertrag nach Absatz 1 umgetauscht werden soll."

36 **i) Nachversicherungsgarantie.** Erfolgt die Überschussverwendung in Form eines Todesfallbonus (→ Rn. 17), besteht die Gefahr, dass im Falle einer sinkenden Überschussbeteiligung des Todesfallbonus geringer ausfällt, als bei Vertragsabschluss unterstellt. Dadurch sinkt der Todesfallschutz, der sich in diesem Falle aus der Versicherungssumme zuzüglich Todesfallbonus berechnet. Um den ursprünglich angestrebten Versicherungsschutz aufrecht zu erhalten, kann der Versicherungsnehmer die Versicherungssumme in Höhe der Minderung des Todesfallbonus ohne erneute Gesundheitsprüfung erhöhen.

37 **Beispiel:** „Die Höhe des Todesfallbonus hängt vor allem vom Verlauf der Sterblichkeit ab. Er kann deshalb nicht garantiert werden. Sofern sich der Todesfallbonus in einzelnen Versicherungsjahren vermindert oder wegfällt, haben Sie das Recht, gegen einen Mehrbeitrag Ihren Versicherungsschutz ohne neue Gesundheitsprüfung dem bisherigen Stand anzupassen."

38 **j) Beitragsfrei mitversicherte Leistungen:.** Aufgrund des Wettbewerbs versuchen Versicherungsunternehmen, für Ihre Produkte Alleinstellungsmerkmale durch zusätzlich beitragsfrei mitversicherte Leistungsbausteine zu schaffen.

39 **aa) Zusätzliche beitragsfreie Versicherungssummen.** Es handelt sich um zeitlich und der Höhe nach befristete ereignisabhängige vorübergehende Erhöhungen der Versicherungssumme, die zum Zeitpunkt des Ereignisses vereinbart war.

40 **Beispiel:** „*Zusätzliche beitragsfreie Versicherungssumme*
Tritt bei der versicherten Person oder – bei einer Risikolebensversicherung auf verbundene Leben bei einer der versicherten Personen – eines der nachfolgend genannten Ereignisse ein, be-

steht ab Eintritt des Ereignisses für sechs Monate ein zusätzlicher beitragsfreier Versicherungsschutz in Höhe von zehn Prozent der vereinbarten Versicherungssumme zum Zeitpunkt des Eintritts des Ereignisses. Maximal erhöht sich der Versicherungsschutz um ... EUR. Wenn mehrere Verträge auf das Leben der versicherten Person bestehen, wird die beitragsfreie Versicherungssumme nur bei einem Vertrag fällig. Wenn mehrere Ereignisse vorliegen, wird die zusätzliche Versicherungsleistung nur einmal fällig. Bei einer Risikolebensversicherung auf verbundene Leben wird die zusätzliche beitragsfreie Versicherungssumme auch bei Eintritt des gleichen Ereignisses bei beiden versicherten Personen nur einmal fällig.
Der zusätzliche Versicherungsschutz wird gewährt bei Eintritt der folgenden Ereignisse: ...
Die zusätzliche beitragsfreie Versicherungssumme wird nicht gewährt, wenn ..."

41 **bb) Beitragsfreie Mitversicherung von Kindern.** Beitragsfrei mit einer zusätzlichen Versicherungssumme mitversichert sind, wenn der Vertrag eine entsprechende Vereinbarung enthält, Kinder der versicherten Person, solange sie ein bestimmtes Alter haben. Bei Tod eines mitversicherten Kindes erhält der Versicherungsnehmer die zusätzlich vereinbarte Versicherungssumme ausgezahlt.

42 **cc) Vorläufiger Versicherungsschutz.** Um die Zeitspanne zwischen Antragstellung und Annahme des Antrags durch das Versicherungsunternehmen zu überbrücken und damit der Versicherungsnehmer nicht ohne Versicherungsschutz bleibt, wird von manchen Versicherungsunternehmen ein beitragsfreier vorläufiger Versicherungsschutz gewährt.

43 **Beispiel:** „Der vorläufige Versicherungsschutz erstreckt sich auf die für den Todesfall beantragten Leistungen. Aufgrund des vorläufigen Versicherungsschutzes zahlen wir im Todesfall der zu versichernden Person aus der beantragten Versicherung höchstens ... EUR. Der vorläufige Versicherungsschutz beginnt, sobald der Antrag und eine Lastschrifteinzugsermächtigung vollständig ausgefüllt und unterzeichnet im Original beim Versicherer eingehen, und endet, falls der Antrag zuvor entweder angenommen, abgelehnt oder zurückgestellt wurde bzw. wenn der Versicherer den Versicherungsnehmer über die Beendigung des vorläufigen Versicherungsschutzes informiert."

§ 2 Wie erfolgt die Überschussbeteiligung?

(1) Sie erhalten gemäß § 153 des Versicherungsvertragsgesetzes (VVG) eine Überschussbeteiligung. Diese umfasst eine Beteiligung an den Überschüssen und ggf. an den Bewertungsreserven. Die Überschüsse und die Bewertungsreserven ermitteln wir nach den Vorschriften des Handelsgesetzbuches (HGB) und veröffentlichen sie jährlich im Geschäftsbericht.

Wir erläutern Ihnen,
- wie die Überschussbeteiligung der Versicherungsnehmer insgesamt erfolgt (Absatz 2),
- wie die Überschussbeteiligung Ihres konkreten Vertrages erfolgt (Absatz 3) und
- warum wir die Höhe der Überschussbeteiligung nicht garantieren können (Absatz 4).

(2) Wie erfolgt die Überschussbeteiligung der Versicherungsnehmer insgesamt?

Dazu erklären wir Ihnen
- aus welchen Quellen die Überschüsse stammen (a),
- wie wir mit diesen Überschüssen verfahren (b) und
- wie Bewertungsreserven entstehen und wir diese zuordnen (c).

a) Überschüsse können aus drei verschiedenen Quellen entstehen:
- den Kapitalerträgen (aa),

– dem Risikoergebnis (bb) und
– dem übrigen Ergebnis (cc).

Wir beteiligen unsere Versicherungsnehmer an diesen Überschüssen; dabei beachten wir die Verordnung über die Mindestbeitragsrückerstattung in der Lebensversicherung (Mindestzuführungsverordnung) in der jeweils geltenden Fassung.

(aa) Kapitalerträge

Von den Nettoerträgen der nach dieser Verordnung maßgeblichen Kapitalanlagen erhalten die Versicherungsnehmer insgesamt mindestens den dort genannten prozentualen Anteil. In der derzeitigen Fassung der Mindestzuführungsverordnung sind grundsätzlich 90% vorgeschrieben. Aus diesem Betrag werden zunächst die Mittel entnommen, die für die garantierten Leistungen benötigt werden. Die verbleibenden Mittel verwenden wir für die Überschussbeteiligung der Versicherungsnehmer. Die Beiträge einer Risikolebensversicherung sind allerdings so kalkuliert, wie sie zur Deckung des Todesfallrisikos und der Kosten benötigt werden. Es stehen daher keine oder allenfalls geringfügige Beträge zur Verfügung, um Kapital zu bilden, aus dem Kapitalerträge entstehen können.

(bb) Risikoergebnis

In der Risikolebensversicherung hängt die Höhe der Überschüsse vor allem von der Anzahl der eingetretenen Versicherungsfälle ab. Überschüsse entstehen insbesondere, wenn die Sterblichkeit niedriger ist als bei der Tarifkalkulation zugrunde gelegt. In diesem Fall müssen wir weniger Leistungen für Todesfälle als ursprünglich angenommen zahlen und können daher die Versicherungsnehmer an dem entstehenden Risikoergebnis beteiligen. An diesen Überschüssen werden die Versicherungsnehmer nach der derzeitigen Fassung der Mindestzuführungsverordnung grundsätzlich zu mindestens 75% beteiligt.

(cc) Übriges Ergebnis

Am übrigen Ergebnis werden die Versicherungsnehmer nach der derzeitigen Fassung der Mindestzuführungsverordnung grundsätzlich zu mindestens 50% beteiligt. Überschüsse aus dem übrigen Ergebnis können beispielsweise entstehen, wenn

– die Kosten niedriger sind als bei der Tarifkalkulation angenommen,
– wir andere Einnahmen als aus dem Versicherungsgeschäft haben, zB Erträge aus Dienstleistungen, die wir für andere Unternehmen erbringen,
– …

(b) Die auf die Versicherungsnehmer entfallenden Überschüsse führen wir der Rückstellung für Beitragsrückerstattung zu oder schreiben sie unmittelbar den überschussberechtigten Versicherungsverträgen gut (Direktgutschrift).

Die Rückstellung für Beitragsrückerstattung dient dazu, Schwankungen der Überschüsse auszugleichen. Sie darf grundsätzlich nur für die Überschussbeteiligung der Versicherungsnehmer verwendet werden. Nur in Ausnahmefällen und mit Zustimmung der Aufsichtsbehörde können wir hiervon nach § 56b des Versicherungsaufsichtsgesetzes (VAG) abweichen. Dies dürfen wir, soweit die Rückstellung für Beitragsrückerstattung nicht auf bereits festgelegte Überschussanteile entfällt. Nach der derzeitigen Fassung des § 56b VAG können wir im Interesse der Versicherten die Rückstellung für Beitragsrückerstattung heranziehen, um:

– einen drohenden Notstand abzuwenden,
– unvorhersehbare Verluste aus den überschussberechtigten Verträgen auszugleichen, die auf allgemeine Änderungen der Verhältnisse zurückzuführen sind, oder
– die Deckungsrückstellung zu erhöhen, wenn die Rechnungsgrundlagen auf Grund einer unvorhersehbaren und nicht nur vorübergehenden Änderung der Verhältnisse angepasst werden müssen. *(Eine Deckungsrückstellung bilden wir, um zu jedem Zeitpunkt den Versicherungsschutz gewährleisten zu können. Die De-*

ckungsrückstellung wird nach § 65 VAG und § 341e und § 341f HGB sowie den dazu erlassenen Rechtsverordnungen berechnet.)

Wenn wir die Rückstellung für Beitragsrückerstattung zum Verlustausgleich oder zur Erhöhung der Deckungsrückstellung heranziehen, belasten wir die Versichertenbestände verursachungsorientiert.

(c) Bewertungsreserven entstehen, wenn der Marktwert der Kapitalanlagen über dem Wert liegt, mit dem die Kapitalanlagen im Geschäftsbericht ausgewiesen sind. Da in der Risikolebensversicherung keine oder allenfalls geringfügige Beträge zur Verfügung stehen, um Kapital zu bilden, entstehen auch keine oder nur geringfügige Bewertungsreserven. Soweit Bewertungsreserven überhaupt entstehen, ermitteln wir deren Höhe jährlich neu und ordnen den ermittelten Wert den Verträgen nach einem verursachungsorientierten Verfahren anteilig rechnerisch zu.

(3) Wie erfolgt die Überschussbeteiligung Ihres Vertrages?

(a) Wir haben gleichartige Versicherungen (z. B. Rentenversicherung, Risikoversicherung) zu Gewinngruppen zusammengefasst. Gewinngruppen bilden wir, um die Unterschiede bei den versicherten Risiken zu berücksichtigen. Die Überschüsse verteilen wir auf die einzelnen Gewinngruppen nach einem verursachungsorientierten Verfahren und zwar in dem Maß, wie die Gewinngruppen zur Entstehung von Überschüssen beigetragen haben.

Ihr Vertrag erhält Anteile an den Überschüssen derjenigen Gewinngruppe, die in Ihrem Versicherungsschein genannt ist. Die Mittel für die Überschussanteile werden bei der Direktgutschrift zu Lasten des Ergebnisses des Geschäftsjahres finanziert, ansonsten der Rückstellung für Beitragsrückerstattung entnommen. Die Höhe der Überschussanteilsätze legen wir jedes Jahr fest. Wir veröffentlichen die Überschussanteilsätze in unserem Geschäftsbericht. Diesen können Sie bei uns anfordern.

(b) Bei Beendigung Ihres Vertrages gilt Folgendes: Wir teilen Ihrem Vertrag dann den für diesen Zeitpunkt zugeordneten Anteil an den Bewertungsreserven gemäß der jeweils geltenden gesetzlichen Regelung zu; derzeit sieht § 153 Absatz 3 VVG eine Beteiligung in Höhe der Hälfte der zugeordneten Bewertungsreserven vor. Aufsichtsrechtliche Regelungen können dazu führen, dass die Beteiligung an den Bewertungsreserven ganz oder teilweise entfällt.

(c) Die für die Überschussbeteiligung geltenden Berechnungsgrundsätze sind in den als Anlage beigefügten „Bestimmungen zur Überschussbeteiligung für die Risikolebensversicherung" enthalten. Diese Bestimmungen sind Bestandteil dieser Versicherungsbedingungen.

(4) Warum können wir die Höhe der Überschussbeteiligung nicht garantieren?

Die Höhe der Überschussbeteiligung hängt von vielen Einflüssen ab, die nicht vorhersehbar und von uns nur begrenzt beeinflussbar sind. Wichtigster Einflussfaktor ist die Entwicklung des Todesfallrisikos. Aber auch die Entwicklung des Kapitalmarkts und der Kosten ist von Bedeutung. Die Höhe der künftigen Überschussbeteiligung kann also nicht garantiert werden. Über die Entwicklung Ihrer Überschussbeteiligung werden wir Sie jährlich unterrichten.

1 § 2 entspricht § 2 ARB. Vgl. die Erläuterungen dort (→ ARB § 2 Rn. 1 ff.).

Bei dieser Art von Versicherung steht regelmäßig der **Risikoausgleich im Kollektiv** im Vordergrund.[1] Die Urteile des BVerfG, die sich nur mit der kapitalbildenden Lebensversicherung und nicht mit Versicherungen, die hauptsächlich bio-

[1] *Brambach* in Rüffer/Halbach/Schimikowski § 153 Rn. 53.

metrische Risiken abdecken, beschäftigten, sind deshalb nicht einschlägig.[2] Zwar werden zu Beginn der vorgesehenen Laufzeit des Vertrages höhere Prämien in Ansatz gebracht, als eigentlich nach der Kalkulation erforderlich wären, sodass der erhöhte Teil zurückgestellt wird, um in der zweiten Hälfte der Laufzeit des Vertrages geringere Prämien als eigentlich notwendig abbilden zu können.[3] Dies geschieht jedoch lediglich zum Zwecke **einer Prämienglättung,** also deshalb weil über die gesamte Laufzeit gleichbleibende Prämien (vom Versicherungsunternehmen und dem Versicherungsnehmer) gewünscht werden. Eine Kapitalbildung im Sinne des Versicherungsnehmers wird dadurch nicht bezweckt. Dem Versicherungsnehmer steht weder eine Beteiligung an den Erträgen aus Kapitalanlagen noch eine Beteiligung an den Bewertungsreserven zu.[4]

§ 3 Wann beginnt Ihr Versicherungsschutz?

Ihr Versicherungsschutz beginnt, wenn Sie den Vertrag mit uns abgeschlossen haben. Jedoch besteht vor dem im Versicherungsschein angegebenen Versicherungsbeginn kein Versicherungsschutz. Allerdings kann unsere Leistungspflicht entfallen, wenn Sie den Beitrag nicht rechtzeitig zahlen (siehe § 11 Absätze 2 und 3 und § 12).

1 § 3 entspricht § 3 ARB. Vgl. die Erläuterungen dort (→ ARB § 3 Rn. 1 ff.).

§ 4 Was gilt bei Polizei- oder Wehrdienst, Unruhen, Krieg oder Einsatz bzw. Freisetzen von ABC-Waffen/-Stoffen?

(1) Grundsätzlich leisten wir unabhängig davon, auf welcher Ursache der Versicherungsfall beruht. Wir leisten auch dann, wenn die versicherte Person *(das ist die Person, auf deren Leben die Versicherung abgeschlossen ist)* in Ausübung des Polizei- oder Wehrdienstes oder bei inneren Unruhen gestorben ist.

(2) Stirbt die versicherte Person in unmittelbarem oder mittelbarem Zusammenhang mit kriegerischen Ereignissen, besteht kein Versicherungsschutz. Nach Ablauf des … Versicherungsjahres leisten wir, wenn die versicherte Person in unmittelbarem oder mittelbarem Zusammenhang mit kriegerischen Ereignissen stirbt, denen sie während eines Aufenthaltes außerhalb der Bundesrepublik Deutschland ausgesetzt und an denen sie nicht aktiv beteiligt war.

(3) In folgenden Fällen besteht kein Versicherungsschutz: Die versicherte Person stirbt in unmittelbarem oder mittelbarem Zusammenhang mit
- dem vorsätzlichen Einsatz von atomaren, biologischen oder chemischen Waffen oder
- dem vorsätzlichen Einsatz oder der vorsätzlichen Freisetzung von radioaktiven, biologischen oder chemischen Stoffen.

Der Einsatz bzw. das Freisetzen muss dabei darauf gerichtet gewesen sein, das Leben einer Vielzahl von Personen zu gefährden. Versicherungsschutz besteht jedoch, wenn die versicherte Person in unmittelbarem oder mittelbarem Zusammen-

[2] Im Ergebnis entsprechend *Brambach* in Rüffer/Halbach/Schimikowski § 153 Rn. 53.

[3] *Brambach* in Rüffer/Halbach/Schimikowski § 153 Rn. 53.

[4] *Brambach* in Rüffer/Halbach/Schimikowski § 153 Rn. 53: Im Ergebnis entsprechend, aber unter der Annahme, dass dem Versicherungsnehmer dem Grunde nach Ansprüche zustehen, diese sich bei Anwendung eines verursachungsorientierten Verfahrens im Hinblick auf die geringfügigen Beträge aber praktisch auf Null hinauslaufen.

hang mit kriegerischen Ereignissen stirbt, denen sie während eines Aufenthaltes außerhalb der Bundesrepublik Deutschland ausgesetzt und an denen sie nicht aktiv beteiligt war.

1 §4 ARV entspricht weitestgehend §4 ARB. Vgl. die Erläuterungen dort (→ARB §4 Rn. 1ff.).

Einziger Unterschied zu §4 ARB ist, dass bei einer Risikolebensversicherung der **Versicherungsschutz entfällt** und sich nicht wie im Falle einer Rentenversicherung vermindert. Grund hierfür ist, dass ein Rückkaufswert, der gemäß §4 ARB zur Auszahlung kommt, bei einer Risikolebensversicherung nicht besteht und somit nicht zur Auszahlung kommen kann.

§5 Was gilt bei Selbsttötung der versicherten Person?

(1) Bei vorsätzlicher Selbsttötung leisten wir, wenn seit Abschluss des Vertrages **drei Jahre vergangen** sind.

(2) Bei vorsätzlicher Selbsttötung **vor** Ablauf der Dreijahresfrist besteht kein Versicherungsschutz.

Wenn uns nachgewiesen wird, dass sich die versicherte Person *(das ist die Person, auf deren Leben die Versicherung abgeschlossen ist)* in einem die freie Willensbestimmung ausschließenden Zustand krankhafter Störung der Geistestätigkeit selbst getötet hat, besteht Versicherungsschutz.

(3) Wenn unsere Leistungspflicht durch eine Änderung des Vertrages erweitert wird oder der Vertrag wiederhergestellt wird, beginnt die Dreijahresfrist bezüglich des geänderten oder wiederhergestellten Teils neu.

1 §5 ARV entspricht weitestgehend §5 ARB. Vgl. die Erläuterungen dort (→ARB §5 Rn. 1ff.).

2 **Abweichungen in der Formulierung** sind in dem Umstand begründet, dass bei einer Risikolebensversicherung ausschließlich eine Todesfallleistung vereinbart wird und keine Erlebensfallleistung wie bei der Rentenversicherung mit aufgeschobener Rentenzahlung.

3 **Absatz 1** unterscheidet sich von §5 Abs. 1 ARB (→ARB §5 Rn. 106ff.) lediglich dadurch, dass die in §5 Abs. 1 ARB enthaltene Beschränkung auf die für den Todesfall vereinbarte Leistung entfällt. Diese Einschränkung ist hier in Absatz 1 entbehrlich, die die Risikolebensversicherung ausschließlich eine **Leistung im Todesfall** gewährt und daher bei vorsätzlicher Selbsttötung innerhalb der Drei-Jahres-Frist keinerlei Versicherungsleistung gewährt wird.

4 Im Gegensatz zur Rentenversicherung (§5 Abs. 2 ARB) haben die Hinterbliebenen bei einer Risikolebensversicherung im Falle einer **vorsätzlichen Selbsttötung** der versicherten Person innerhalb der Drei-Jahres-Frist keinen Anspruch auf Auszahlung des Rückkaufswerts **(Absatz 2).** Dies begründet sich darin, dass der Versicherungsnehmer bei einer reinen Risikolebensversicherung entsprechend dem sachlichen Anwendungsbereich von §169 VVG keinen Anspruch auf einen Rückkaufswert hat.[1] Dies spiegelt sich auch in §13 ARV wieder.

5 **Absatz 3** ist identisch mit §5 Abs. 3 ARB (→ARB §5 Rn. 26ff.).

[1] *Reiff* in Prölss/Martin §169 Rn. 21.

§ 6 Was bedeutet die vorvertragliche Anzeigepflicht und welche Folgen hat ihre Verletzung?

Vorvertragliche Anzeigepflicht

(1) Sie sind bis zur Abgabe Ihrer Vertragserklärung verpflichtet, alle Ihnen bekannten gefahrerheblichen Umstände, nach denen wir in Textform *(z. B. Papierform oder E-Mail)* gefragt haben, wahrheitsgemäß und vollständig anzuzeigen. Gefahrerheblich sind die Umstände, die für unsere Entscheidung, den Vertrag überhaupt oder mit dem vereinbarten Inhalt zu schließen, erheblich sind.

Diese Anzeigepflicht gilt auch für Fragen nach gefahrerheblichen Umständen, die wir Ihnen nach Ihrer Vertragserklärung, aber vor Vertragsannahme, in Textform stellen.

(2) Soll das Leben einer anderen Person versichert werden, ist auch diese – neben Ihnen – zu wahrheitsgemäßer und vollständiger Beantwortung der Fragen verpflichtet.

(3) Wenn eine andere Person die Fragen nach gefahrerheblichen Umständen für Sie beantwortet und wenn diese Person den gefahrerheblichen Umstand kennt oder arglistig handelt, werden Sie behandelt, als hätten Sie selbst davon Kenntnis gehabt oder arglistig gehandelt.

Rechtsfolgen der Anzeigepflichtverletzung

(4) Nachfolgend informieren wir Sie, unter welchen Voraussetzungen wir bei einer Verletzung der Anzeigepflicht

– vom Vertrag zurücktreten,
– den Vertrag kündigen,
– den Vertrag ändern oder
– den Vertrag wegen arglistiger Täuschung anfechten

können.

Rücktritt

(5) Wenn die vorvertragliche Anzeigepflicht verletzt wird, können wir vom Vertrag zurücktreten. Das Rücktrittsrecht besteht nicht, wenn weder eine vorsätzliche noch eine grob fahrlässige Anzeigepflichtverletzung vorliegt. Selbst wenn die Anzeigepflicht grob fahrlässig verletzt wird, haben wir trotzdem kein Rücktrittsrecht, falls wir den Vertrag – möglicherweise zu anderen Bedingungen *(z. B. höherer Beitrag oder eingeschränkter Versicherungsschutz)* – auch bei Kenntnis der nicht angezeigten gefahrerheblichen Umstände geschlossen hätten.

(6) Im Fall des Rücktritts haben Sie keinen Versicherungsschutz. Wenn wir nach Eintritt des Versicherungsfalles zurücktreten, bleibt unsere Leistungspflicht unter folgender Voraussetzung trotzdem bestehen: Die Verletzung der Anzeigepflicht bezieht sich auf einen gefahrerheblichen Umstand, der

– weder für den Eintritt oder die Feststellung des Versicherungsfalles
– noch für die Feststellung oder den Umfang unserer Leistungspflicht ursächlich

war.

Unsere Leistungspflicht entfällt jedoch auch im vorstehend genannten Fall, wenn die Anzeigepflicht arglistig verletzt worden ist.

(7) Wenn der Vertrag durch Rücktritt aufgehoben wird, erlischt die Versicherung. Die Rückzahlung der Beiträge können Sie nicht verlangen.

Kündigung

(8) Wenn unser Rücktrittsrecht ausgeschlossen ist, weil die Verletzung der Anzeigepflicht weder vorsätzlich noch grob fahrlässig erfolgt ist, können wir den Vertrag unter Einhaltung einer Frist von einem Monat kündigen.

(9) Unser Kündigungsrecht ist ausgeschlossen, wenn wir den Vertrag – möglicherweise zu anderen Bedingungen *(z. B. höherer Beitrag oder eingeschränkter Versicherungsschutz)* – auch bei Kenntnis der nicht angezeigten gefahrerheblichen Umstände geschlossen hätten.

(10) Wenn wir den Vertrag kündigen, wandelt er sich mit der Kündigung in eine beitragsfreie Versicherung um (siehe § 13 Abs. 1–3).

Vertragsänderung

(11) Können wir nicht zurücktreten oder kündigen, weil wir den Vertrag – möglicherweise zu anderen Bedingungen *(z. B. höherer Beitrag oder eingeschränkter Versicherungsschutz)* – auch bei Kenntnis der nicht angezeigten gefahrerheblichen Umstände geschlossen hätten (siehe Absatz 5 Satz 3 und Absatz 9), werden die anderen Bedingungen auf unser Verlangen rückwirkend Vertragsbestandteil. Haben Sie die Anzeigepflichtverletzung nicht zu vertreten, werden die anderen Bedingungen erst ab der laufenden Versicherungsperiode (siehe § 11 Absatz 2 Satz 3) Vertragsbestandteil.

(12) Sie können den Vertrag innerhalb eines Monats, nachdem Sie unsere Mitteilung über die Vertragsänderung erhalten haben, fristlos kündigen, wenn
- wir im Rahmen einer Vertragsänderung den Beitrag um mehr als 10% erhöhen oder
- wir die Gefahrabsicherung für einen nicht angezeigten Umstand ausschließen.

Auf dieses Recht werden wir Sie in der Mitteilung über die Vertragsänderung hinweisen.

Voraussetzungen für die Ausübung unserer Rechte

(13) Unsere Rechte zum Rücktritt, zur Kündigung oder zur Vertragsänderung stehen uns nur zu, wenn wir Sie durch gesonderte Mitteilung in Textform auf die Folgen einer Anzeigepflichtverletzung hingewiesen haben.

(14) Wir haben kein Recht zum Rücktritt, zur Kündigung oder zur Vertragsänderung, wenn wir den nicht angezeigten Umstand oder die Unrichtigkeit der Anzeige kannten.

(15) Wir können unsere Rechte zum Rücktritt, zur Kündigung oder zur Vertragsänderung nur innerhalb eines Monats geltend machen. Die Frist beginnt mit dem Zeitpunkt, zu dem wir von der Verletzung der Anzeigepflicht, die das von uns geltend gemachte Recht begründet, Kenntnis erlangen. Bei Ausübung unserer Rechte müssen wir die Umstände angeben, auf die wir unsere Erklärung stützen. Zur Begründung können wir nachträglich weitere Umstände angeben, wenn für diese die Frist nach Satz 1 nicht verstrichen ist.

(16) Nach Ablauf von fünf Jahren seit Vertragsschluss erlöschen unsere Rechte zum Rücktritt, zur Kündigung oder zur Vertragsänderung. Ist der Versicherungsfall vor Ablauf dieser Frist eingetreten, können wir die Rechte auch nach Ablauf der Frist geltend machen. Ist die Anzeigepflicht vorsätzlich oder arglistig verletzt worden, beträgt die Frist zehn Jahre.

Anfechtung

(17) Wir können den Vertrag auch anfechten, falls unsere Entscheidung zur Annahme des Vertrages durch unrichtige oder unvollständige Angaben bewusst und gewollt beeinflusst worden ist. Handelt es sich um Angaben der versicherten Person, können wir Ihnen gegenüber die Anfechtung erklären, auch wenn Sie von der Verletzung der vorvertraglichen Anzeigepflicht keine Kenntnis hatten. Absatz 7 gilt entsprechend.

Leistungserweiterung/Wiederherstellung der Versicherung

(18) Die Absätze 1 bis 17 gelten entsprechend, wenn der Versicherungsschutz nachträglich erweitert oder wiederhergestellt wird und deshalb eine erneute Risikoprüfung vorgenommen wird. Die Fristen nach Absatz 16 beginnen mit der Änderung oder Wiederherstellung des Vertrages bezüglich des geänderten oder wiederhergestellten Teils neu.

Erklärungsempfänger

(19) Wir üben unsere Rechte durch eine schriftliche Erklärung aus, die wir Ihnen gegenüber abgeben. Sofern Sie uns keine andere Person als Bevollmächtigten benannt haben, gilt nach Ihrem Tod ein Bezugsberechtigter als bevollmächtigt, diese Erklärung entgegenzunehmen. Ist kein Bezugsberechtigter vorhanden oder kann sein Aufenthalt nicht ermittelt werden, können wir den Inhaber des Versicherungsscheins als bevollmächtigt ansehen, die Erklärung entgegenzunehmen.

1 § 6 entspricht § 6 ARB. Vgl. die Erläuterungen dort (→ ARB § 6 Rn. 1 ff.).

§ 7 Was ist zu beachten, wenn eine Leistung verlangt wird?

(1) Wird eine Leistung aus dem Vertrag beansprucht, können wir verlangen, dass uns der Versicherungsschein vorgelegt wird.

(2) Der Tod der versicherten Person muss uns unverzüglich *(d. h. ohne schuldhaftes Zögern)* mitgeteilt werden. Außerdem müssen uns vorgelegt werden
- eine amtliche Sterbeurkunde mit Angabe von Alter und Geburtsort,
- eine ausführliche ärztliche oder amtliche Bescheinigung über die Todesursache. Aus der Bescheinigung müssen sich Beginn und Verlauf der Krankheit, die zum Tod der versicherten Person geführt hat, ergeben.

(3) Wir können weitere Nachweise und Auskünfte verlangen, wenn dies erforderlich ist, um unsere Leistungspflicht zu klären. Die Kosten hierfür muss diejenige Person tragen, die die Leistung beansprucht.

(4) Unsere Leistungen werden fällig, nachdem wir die Erhebungen abgeschlossen haben, die zur Feststellung des Versicherungsfalls und des Umfangs unserer Leistungspflicht notwendig sind. Wenn eine der in den Absätzen 1 bis 3 genannten Pflichten nicht erfüllt wird, kann dies zur Folge haben, dass wir nicht feststellen können, ob oder in welchem Umfang wir leistungspflichtig sind. Eine solche Pflichtverletzung kann somit dazu führen, dass unsere Leistung nicht fällig wird.

(5) Bei Überweisung von Leistungen in Länder außerhalb des Europäischen Wirtschaftsraumes trägt der Empfangsberechtigte die damit verbundene Gefahr.

1 Die Risikolebensversicherung ist eine reine Todesfallabsicherung. Zugesagt ist mit § 1 Abs. 1 ARV eine einmalige Kapitalleistung bei Tod der versicherten Person während der Versicherungsdauer.

§ 7 ARV entspricht inhaltlich § 7 ARB. Zu den mit § 7 ARV vereinbarten **Anzeige- und Auskunftsobliegenheiten** sowie den Vorlage- und Nachweisobliegenheiten zur Feststellung der Leistungspflicht des Versicherers und ihrer Fälligkeit kann vollständig auf die Kommentierung zu § 7 ARB verwiesen werden (→ ARB § 7).

§ 8 Welche Bedeutung hat der Versicherungsschein?

(1) Wir können Ihnen den Versicherungsschein in Textform *(z. B. Papierform, E-Mail)* übermitteln. Stellen wir diesen als Dokument in Papierform aus, dann liegt eine Urkunde vor. Sie können die Ausstellung als Urkunde verlangen.

(2) Den Inhaber der Urkunde können wir als berechtigt ansehen, über die Rechte aus dem Vertrag zu verfügen, insbesondere Leistungen in Empfang zu nehmen. Wir können aber verlangen, dass uns der Inhaber der Urkunde seine Berechtigung nachweist.

1 § 8 ARV entspricht § 8 ARB. Es kann vollständig auf die Kommentierung zu § 8 ARB verwiesen werden (→ ARB § 8 Rn. 1 ff.).

§ 9 Wer erhält die Leistung?

(1) Als unser Versicherungsnehmer können Sie bestimmen, wer die Leistung erhält. Wenn Sie keine Bestimmung treffen, leisten wir an Sie; sind Sie versicherte Person, leisten wir bei Ihrem Tod an Ihre Erben.

Bezugsberechtigung

(2) Sie können uns widerruflich oder unwiderruflich eine andere Person benennen, die die Leistung erhalten soll (Bezugsberechtigter).

Wenn Sie ein Bezugsrecht **widerruflich** bestimmen, erwirbt der Bezugsberechtigte das Recht auf die Leistung erst mit dem Eintritt des Versicherungsfalls. Deshalb können Sie Ihre Bestimmung bis zum Eintritt des Versicherungsfalls jederzeit widerrufen.

Sie können ausdrücklich bestimmen, dass der Bezugsberechtigte sofort und **unwiderruflich** das Recht auf die Leistung erhält. Sobald uns Ihre Erklärung zugegangen ist, kann dieses Bezugsrecht nur noch mit Zustimmung des unwiderruflich Bezugsberechtigten geändert werden.

Abtretung und Verpfändung

(3) Sie können das Recht auf die Leistung bis zum Eintritt des Versicherungsfalls grundsätzlich ganz oder teilweise an Dritte abtreten und verpfänden, soweit derartige Verfügungen rechtlich möglich sind.

Anzeige

(4) Die Einräumung und der Widerruf eines Bezugsrechts (Absatz 2) sowie die Abtretung und die Verpfändung (Absatz 3) sind uns gegenüber nur und erst dann wirksam, wenn sie uns vom bisherigen Berechtigten in Schriftform *(d. h. durch ein eigenhändig unterschriebenes Schriftstück)* angezeigt worden sind. Der bisherige Berechtigte sind im Regelfall Sie als unser Versicherungsnehmer. Es können aber auch andere Personen sein, sofern Sie bereits zuvor Verfügungen (z. B. unwiderrufliche Bezugsberechtigung, Abtretung, Verpfändung) getroffen haben.

1 § 9 ARV entspricht § 9 ARB. Es kann vollständig auf die Kommentierung zu § 9 ARB verwiesen werden (→ ARB § 9 Rn. 1 ff.).

§ 10 Unter welchen Voraussetzung können Sie die Risikolebensversicherung in eine kapitalbildende Versicherung umwandeln?

Eine Risikolebensversicherung mit gleichbleibender Versicherungssumme können Sie jederzeit, spätestens jedoch zum Ende des ... Versicherungsjahres, ohne erneute Gesundheitsprüfung in eine kapitalbildende Lebensversicherung mit gleicher oder geringerer Versicherungssumme umwandeln.

Bei Versicherungsdauern mit bis zu ... Jahren müssen Sie die Umwandlung spätestens ... Monate vor Ablauf der Risikolebensversicherung ausüben.

1 Die Bestimmung bietet dem Versicherungsnehmer die Option, eine Risikolebensversicherung in eine kapitalbildende Lebensversicherung über dieselbe oder eine niedrigere Versicherungssumme **umzutauschen.** Der Kunde hat so die Möglichkeit, zunächst nur das Todesfallrisiko abzusichern und erst später die Kapitalbildung hinzuzunehmen. Eine etwaige zwischenzeitliche Verschlechterung des Gesundheitszustandes ist unerheblich, da im Rahmen der Umwandlung keine erneute Gesundheitsprüfung erfolgt. Das Umwandlungsrecht wird durch eine einseitige Gestaltungserklärung ausgeübt, die nicht der Annahme durch den Versicherer bedarf.

Das Umtauschrecht befand sich bereits zu regulierten Zeiten in den Muster-Geschäftsplänen für die Risikolebensversicherung. Vorgabe war, dass die Umwandlung bis zum Ende des zehnten Versicherungsjahres vorgenommen werden musste.[1] Bei Versicherungen bis zu zehn Jahren musste der Umtausch spätestens drei Monate vor Ablauf beantragt werden.[2]

§ 11 Was müssen Sie bei der Beitragszahlung beachten?

(1) Die Beiträge zu Ihrem Vertrag können Sie je nach Vereinbarung in einem Betrag (Einmalbeitrag), monatlich, viertel-, halbjährlich oder jährlich zahlen.

(2) Den ersten Beitrag oder den Einmalbeitrag müssen Sie unverzüglich *(d. h. ohne schuldhaftes Zögern)* nach Abschluss des Vertrages zahlen, jedoch nicht vor dem mit Ihnen vereinbarten, im Versicherungsschein angegebenen Versicherungsbeginn. Alle weiteren Beiträge (Folgebeiträge) werden jeweils zu Beginn der vereinbarten Versicherungsperiode fällig. Die Versicherungsperiode umfasst bei Einmalbeitrags- und Jahreszahlung ein Jahr, ansonsten entsprechend der Zahlungsweise einen Monat, ein Vierteljahr bzw. ein halbes Jahr.

(3) Sie haben den Beitrag **rechtzeitig** gezahlt, wenn Sie bis zum Fälligkeitstag (siehe Absatz 2) alles getan haben, damit der Beitrag bei uns eingeht. Wenn die Einziehung des Beitrags von einem Konto vereinbart wurde, gilt die Zahlung in folgendem Fall als rechtzeitig:

- Der Beitrag konnte am Fälligkeitstag eingezogen werden und
- Sie haben einer berechtigten Einziehung nicht widersprochen.

Konnten wir den fälligen Beitrag ohne Ihr Verschulden nicht einziehen, ist die Zahlung auch dann noch rechtzeitig, wenn sie unverzüglich nach unserer Zahlungsaufforderung erfolgt. Haben Sie zu vertreten, dass der Beitrag wiederholt nicht eingezogen werden kann, sind wir berechtigt, künftig die Zahlung außerhalb des Lastschriftverfahrens zu verlangen.

---

[1] VerBAV 1984, 89.

[2] VerBAV 1984, 89.

(4) Sie müssen die Beiträge auf Ihre Gefahr und Ihre Kosten zahlen.

(5) Bei Fälligkeit einer Leistung werden wir etwaige Beitragsrückstände verrechnen.

§ 11 entspricht § 10 ARB. Vgl. die Erläuterungen dort (→ ARB § 10 Rn. 1 ff.). **1**

§ 12 Was geschieht, wenn Sie einen Beitrag nicht rechtzeitig zahlen?

Erster Beitrag oder Einmalbeitrag

(1) Wenn Sie den ersten Beitrag oder den Einmalbeitrag nicht rechtzeitig zahlen, können wir – solange die Zahlung nicht bewirkt ist – vom Vertrag zurücktreten. In diesem Fall können wir von Ihnen die Kosten für ärztliche Untersuchungen im Rahmen einer Gesundheitsprüfung verlangen. Wir sind nicht zum Rücktritt berechtigt, wenn uns nachgewiesen wird, dass Sie die nicht rechtzeitige Zahlung nicht zu vertreten haben.

(2) Ist der erste Beitrag oder der Einmalbeitrag bei Eintritt des Versicherungsfalles noch nicht gezahlt, sind wir nicht zur Leistung verpflichtet: Dies gilt nur, wenn wir Sie durch gesonderte Mitteilung in Textform *(z. B. Papierform, E-Mail)* oder durch einen auffälligen Hinweis im Versicherungsschein auf diese Rechtsfolge aufmerksam gemacht haben. Unsere Leistungspflicht bleibt jedoch bestehen, wenn Sie uns nachweisen, dass Sie das Ausbleiben der Zahlung nicht zu vertreten haben.

Folgebeitrag

(3) Zahlen Sie einen Folgebeitrag nicht rechtzeitig, können wir Ihnen auf Ihre Kosten in Textform eine Zahlungsfrist setzen. Die Zahlungsfrist muss mindestens zwei Wochen betragen.

(4) Für einen Versicherungsfall, der nach Ablauf der gesetzten Zahlungsfrist eintritt, entfällt oder vermindert sich der Versicherungsschutz, wenn Sie sich bei Eintritt des Versicherungsfalles noch mit der Zahlung in Verzug befinden. Voraussetzung ist, dass wir Sie bereits mit der Fristsetzung auf diese Rechtsfolge hingewiesen haben.

(5) Nach Ablauf der gesetzten Zahlungsfrist können wir den Vertrag ohne Einhaltung einer Kündigungsfrist kündigen, wenn Sie sich noch immer mit den Beiträgen, Zinsen oder Kosten in Verzug befinden. Voraussetzung ist, dass wir Sie bereits mit der Fristsetzung auf diese Rechtsfolge hingewiesen haben. Wir können die Kündigung bereits mit der Fristsetzung erklären. Sie wird dann automatisch mit Ablauf der Frist wirksam, wenn Sie zu diesem Zeitpunkt noch immer mit der Zahlung in Verzug sind. Auf diese Rechtsfolge müssen wir Sie ebenfalls hinweisen.

(6) Sie können den angeforderten Betrag auch dann noch nachzahlen, wenn unsere Kündigung wirksam geworden ist. Nachzahlen können Sie nur

- innerhalb eines Monats nach der Kündigung
- oder, wenn die Kündigung bereits mit der Fristsetzung verbunden worden ist, innerhalb eines Monats nach Fristablauf.

Zahlen Sie innerhalb dieses Zeitraums, wird die Kündigung unwirksam und der Vertrag besteht fort. Für Versicherungsfälle, die zwischen dem Ablauf der Zahlungsfrist und der Zahlung eintreten, besteht kein oder nur ein verminderter Versicherungsschutz.

§ 12 entspricht § 11 ARB. Vgl. die Erläuterungen dort (→ ARB § 11 Rn. 1 ff.). **1**

§ 13 Wann können Sie Ihren Vertrag beitragsfrei stellen oder kündigen?

Umwandlung in eine beitragsfreie Versicherung

(1) Sie können jederzeit in Schriftform *(d. h. durch ein eigenhändig unterschriebenes Schriftstück)* verlangen, zum Schluss der laufenden Versicherungsperiode (siehe § 11 Absatz 2 Satz 3) ganz oder teilweise von der Beitragszahlungspflicht befreit zu werden. In diesem Fall setzen wir die vereinbarte Versicherungssumme ganz oder teilweise auf eine beitragsfreie Summe herab. Diese wird nach folgenden Gesichtspunkten berechnet:
- nach anerkannten Regeln der Versicherungsmathematik mit den Rechnungsgrundlagen der Beitragskalkulation
- für den Schluss der laufenden Versicherungsperiode.

Abzug

(2) Der aus Ihrem Vertrag für die Bildung der beitragsfreien Versicherungssumme zur Verfügung stehende Betrag mindert sich um rückständige Beiträge. Außerdem nehmen wir einen Abzug in Höhe von … vor. Der Abzug ist zulässig, wenn er angemessen ist. Dies ist im Zweifel von uns nachzuweisen. Wir halten den Abzug für angemessen, weil mit ihm die Veränderung der Risikolage des verbleibenden Versichertenbestandes ausgeglichen wird. Zudem wird damit ein Ausgleich für kollektiv gestelltes Risikokapital vorgenommen. Wenn Sie uns nachweisen, dass der aufgrund Ihres Verlangens der Beitragsfreistellung von uns vorgenommene Abzug wesentlich niedriger liegen muss, wird er entsprechend herabgesetzt. Wenn Sie uns nachweisen, dass der Abzug überhaupt nicht gerechtfertigt ist, entfällt er.

(3) Wenn Sie Ihren Vertrag beitragsfrei stellen, kann das für Sie Nachteile haben. In der Anfangszeit Ihres Vertrages sind wegen der Verrechnung von Abschluss- und Vertriebskosten (siehe § 14) keine Mittel für die Bildung einer beitragsfreien Versicherungssumme vorhanden. Auch in den Folgejahren stehen wegen der benötigten Risikobeiträge gemessen an den gezahlten Beiträgen keine oder nur geringe Mittel für die Bildung einer beitragsfreien Versicherungssumme zur Verfügung. Nähere Informationen zur beitragsfreien Versicherungssumme und ihrer Höhe können Sie der Tabelle … entnehmen.

(4) Haben Sie die vollständige Befreiung von der Beitragszahlungspflicht verlangt und erreicht die nach Absatz 1 zu berechnende beitragsfreie Versicherungssumme den Mindestbetrag von … nicht, erhalten Sie statt der beitragsfreien Versicherungssumme – sofern vorhanden – den Rückkaufswert entsprechend § 169 des Versicherungsvertragsgesetzes (VVG), und der Vertrag endet. Eine teilweise Befreiung von der Beitragspflicht können Sie nur verlangen, wenn die verbleibende beitragspflichtige Versicherungssumme mindestens … beträgt.

(5) Der Rückkaufswert mindert sich um rückständige Beiträge. Außerdem nehmen wir einen Abzug in Höhe von … vor. Der Abzug ist zulässig, wenn er angemessen ist. Dies ist im Zweifel von uns nachzuweisen. Wir halten den Abzug für angemessen, weil mit ihm die Veränderung der Risikolage des verbleibenden Versichertenbestandes ausgeglichen wird. Zudem wird damit ein Ausgleich für kollektiv gestelltes Risikokapital vorgenommen. Wenn Sie uns nachweisen, dass der aufgrund Ihres Verlangens der Beitragsfreistellung von uns vorgenommene Abzug wesentlich niedriger liegen muss, wird er entsprechend herabgesetzt. Wenn Sie uns nachweisen, dass der Abzug überhaupt nicht gerechtfertigt ist, entfällt er.

Kündigung

(6) Wenn Sie laufende Beiträge zahlen, können Sie Ihre Versicherung jederzeit zum Schluss der laufenden Versicherungsperiode (siehe § 11 Absatz 2 Satz 3) in Schriftform *(d. h. durch ein eigenhändig unterschriebenes Schriftstück)* kündigen.

(7) Wenn Sie laufende Beiträge zahlen, können Sie Ihre Versicherung auch **teilweise** kündigen. Allerdings ist dies nur möglich, wenn die verbleibende beitragspflichtige Versicherungssumme mindestens ... beträgt. Ist diese Versicherungssumme niedriger, hat das zur Folge, dass Ihre Teilkündigung unwirksam ist. Wenn Sie in diesem Fall Ihre Versicherung beenden wollen, müssen Sie diese also **ganz** kündigen.

(8) Mit Ihrer vollständigen oder teilweisen Kündigung wandelt sich Ihre Risikolebensversicherung ganz oder teilweise in eine beitragsfreie Versicherung gemäß Absatz 1 bis 3 um.

Keine Beitragsrückzahlung

(9) Die Rückzahlung der Beiträge können Sie nicht verlangen.

Übersicht

I. Gesetzliche Grundlagen:

1 § 13 regelt zwei Sachverhalte, nämlich Beitragsfreistellung und Kündigung. Die **Beitragsfreistellung** führt zur Fortführung der Versicherung mit herabgesetzter Versicherungsleistung. Die – nur bei laufender Beitragszahlung – mögliche **Kündigung** führt ebenfalls zur beitragsfreien Fortführung des Vertrages. Damit zeitigen Beitragsfreistellung und Kündigung identische Rechtsfolgen. Beitragsfreistellung und Kündigung sind auch lediglich teilweise möglich. Voraussetzung für die Fortführung des Vertrages ist in allen Fällen das Erreichen der vereinbarten Mindestsumme. Die Auszahlung eines Rückkaufswertes ist nur im Ausnahmefall vorgesehen, nämlich dann, wenn bei vollständiger Beitragsfreistellung die für die Fortführung vereinbarte Mindestsumme nicht erreicht wird, und gleichzeitig ein Rückkaufswert vorhanden ist (Abs. 4 Satz 1). Für den Fall der Kündigung ist dies nicht vorgesehen. Absatz 8, der die Beitragsfreistellung als Folge einer Kündigung anordnet, verweist nämlich nicht auf Absatz 4.

2 Bei ausschließlich individualvertraglicher Betrachtung stellt dies einen **Wertungswiderspruch** dar. Er ist im Gesetz angelegt. Nach § 165 Abs. 1 VVG kann der Versicherungsnehmer den Vertrag jederzeit beitragsfrei stellen. Die Regelung gilt auch für reine Risikolebensversicherungen.[1] Voraussetzung ist lediglich, dass noch

[1] *Mönnich* in Langheid/Wandt § 165 Rn. 3; *Ortmann* in Schwintowski/Brömmelmeyer § 165 Rn. 3; *Reiff* in Prölss/Martin § 165 Rn. 2; *Brambach* in Rüffer/Halbach/Schimikowski § 165 Rn. 1; *Krause* in Looschelders/Pohlmann § 165 Rn. 2.

mindestens ein Beitrag zu zahlen ist, vertragsindividuelles Deckungskapital gebildet wird[2] und zum Zeitpunkt der Beitragsfreistellung auch noch besteht.[3] Deckungskapital wird bei Risikolebensversicherungen, die deutschem Aufsichtsrecht folgen, regelmäßig gebildet. Die Notwendigkeit hierzu ergibt sich aus § 11 Abs. 1 S. 1 VAG aE. Danach müssen die Beiträge in der Lebensversicherung so bemessen sein, dass sich **ausreichende vertragsindividuelle Deckungsrückstellungen** bilden lassen (vgl. § 341f Abs. 1 HGB).[4] Anders kann sich dies bei Risikolebensversicherungen **ausländischer Anbieter** darstellen, die nach Art der Sachversicherung kalkuliert werden.[5] Liegen diese Voraussetzungen – mindestens ein ausstehender Beitrag und Bildung vertragsindividuellen Deckungskapitals – vor, ist Folge nach § 165 Abs. 2 VVG die Fortführung des Vertrages mit herabgesetzter Leistung. Grundlage für die Ermittlung der Leistung ist durch die Verweisung auf § 169 Abs. 3 bis 5 VVG der Rückkaufswert.[6] Das Recht zur Kündigung ist dem Versicherungsnehmer nach § 168 Abs. 1 VVG auch bei einer Risikolebensversicherung einzuräumen.[7] Voraussetzung ist hier nach dem Wortlaut lediglich, dass laufende Beitragszahlung vereinbart ist.

3 § 169 VVG mit der Auszahlung des Rückkaufswertes als Rechtsfolge einer Kündigung gilt für eine Risikoversicherung hingegen nicht.[8] Das folgt aus § 169 Abs. 1 VVG, der diese Folge nur für Verträge anordnet, bei denen der Eintritt der Verpflichtung des Versicherers gewiss ist. Bei einer Risikolebensversicherung ist dies gerade nicht der Fall.[9] Daher ist der Versicherer berechtigt, bei Risikoversicherungen den **Rückkaufswert anders zu regeln oder sogar ganz auszuschließen.**[10] Zum Teil wird jedoch die Auszahlung des Rückkaufswertes nach Kündigung auch für Risikoversicherungen verlangt.[11] Dies wird mit dem Umweg über § 165 VVG begründet.[12] Dem ist allerdings nicht zuzustimmen. Es trifft zwar zu, dass ein gewisser Wertungswiderspruch zwischen § 165 Abs. 2 VVG mit seiner Geltung auch für reine Risikoversicherungen und § 169 Abs. 1 VVG mit dem impliziten Ausschluss von Risikoversicherungen besteht. Ist Deckungskapital vorhanden und die Mindestversicherungssumme erreicht, führt die Beitragsfreistellung dazu, dass der Vertrag mit verringerten Summen fortgeführt wird, die Kündigung hingegen dazu, dass das Deckungskapital verfällt. Um diesen Wertungswiderspruch aufzulösen, ist

---

[2] *Mönnich* in Langheid/Wandt § 165 Rn. 3; *Ortmann* in Schwintowski/Brömmelmeyer § 165 Rn. 3.

[3] So zutr. *Winter* in Bruck/Möller § 165 Rn. 18.

[4] *Kurzendörfer,* Einführung in die Lebensversicherung, 3. Aufl. 2000, S. 71; *Führer/Grimmer* S. 94; *Mönnich* in Langheid/Wandt § 165 Rn. 3; s. auch *Schradin* in Langheid/Wandt VersBWL Rn. 64 vor § 1.

[5] Siehe hierzu auch Mitteilung der Kommission zu Auslegungsfragen, ABl. 2000 C 43/03, 24: dort wird ein Rückkaufsrecht bei reinen Todesfallversicherungen gänzlich verneint.

[6] Siehe zur Berechnung im Einzelnen *Krause* in Looschelders/Pohlmann § 165 Rn. 12f.

[7] *Mönnich* in Langheid/Wandt § 168 Rn. 4; *Ortmann* in Schwintowski/Brömmelmeyer § 168 Rn. 5; *Reiff* in Prölss/Martin § 168 Rn. 3; *Peters* in Looschelders/Pohlmann § 168 Rn. 1.

[8] *Mönnich* in Langheid/Wandt § 169 Rn. 41; *Reiff* in Prölss/Martin § 169 Rn. 21; *Brambach* in Rüffer/Halbach/Schimikowski § 169 Rn. 7; *Krause* in Looschelders/Pohlmann § 169 Rn. 13; *Engeländer* VersR 2009, 1308 (1315 Fn. 69).

[9] Für Berufsunfähigkeitsversicherung ebenso *Neuhaus,* Berufsunfähigkeitsversicherung, 3. Aufl. 2014, Q Rn. 21.

[10] Siehe *Neuhaus,* Berufsunfähigkeitsversicherung, 3. Aufl. 2014, Q Rn. 21.

[11] *Ortmann* in Schwintowski/Brömmelmeyer § 169 Rn. 10.

[12] *Ortmann* in Schwintowski/Brömmelmeyer § 169 Rn. 10, § 165 Rn. 14.

nicht eine den Wortlaut von § 169 Abs. 1 VVG verlassende Auslegung erforderlich. Vielmehr kann der Widerspruch auch durch entsprechende Beratung des Versicherungsnehmers aufgelöst werden. Kündigt ein Versicherungsnehmer in einer solchen Situation, liegt es nahe, den Versicherer aus § 6 Abs. 4 VVG heraus als verpflichtet anzusehen, dem Versicherungsnehmer die Rücknahme der Kündigung und stattdessen eine Beitragsfreistellung anzuraten.[13] Kein Hindernis wäre in diesem Zusammenhang, dass die Kündigung mit Zugang wirksam wird und eine Rücknahme im engeren Sinne ausscheidet.[14] Es lässt sich ohne weiteres der Hinweis des Versicherers und die anschließende Erklärung des Versicherungsnehmers, dass er mit einer Beitragsfreistellung einverstanden sei, als einvernehmliche Wiederinkraftsetzung des Vertrages deuten.[15] Da bei Beendigung des Vertrages durch die Kündigung kein Rückkaufswert anfallen würde, ergäben sich auch keine an Mindestlaufzeiten von Versicherungsverträgen geknüpfte steuerliche Folgen, die eine „Rücknahme" der Kündigung aus steuerlichen Gründen zumindest erschweren würden.

4 Im Übrigen lässt sich auf der kollektiven Ebene durchaus rechtfertigen, dass ein bei einer Risikoversicherung vorhandenes **Deckungskapital an die Versichertengemeinschaft fällt.** Es stärkt die Risikotragfähigkeit des verbleibenden Kollektivs. Die Funktion des Deckungskapitals bei reinen Risikoversicherungen geht über die Befriedigung der Ansprüche des einzelnen Versicherungsnehmers hinaus.[16] In den vorliegenden AVB wird der beschriebene vertragsindividuelle Wertungswiderspruch in Abs. 8 dadurch aufgelöst, dass auch die Kündigung zur beitragsfreien Fortführung der Versicherung führt, wenn Deckungskapital für die beitragsfreie Mindestsumme vorhanden ist. Nur wenn das Deckungskapital nicht zur Bildung der beitragsfreien Mindestsumme ausreicht, verfällt es bei Kündigung an die Versichertengemeinschaft. Folgt man der hier vertretenen Position, wonach auch bei Erreichen der beitragsfreien Mindestsumme eine Beendigung des Vertrages nach Kündigung zulässig wäre (→ Rn. 3), ist das hier gewählte Modell erst recht zulässig.

5 Freilich ist der **Versicherer nicht gehindert,** auch für die Kündigung einer Risikolebensversicherung die Zahlung eines Rückkaufswertes nach § 169 VVG vorzusehen bzw. einer andere Leistung, die in den AVB dann entsprechend den AGB-rechtlichen Anforderungen beschrieben wird.[17]

II. Rechtsprechung

6 In der Rechtsprechung hat das Themenfeld Kündigung bzw. Beitragsfreistellung von Risikolebensversicherungen bislang keine besondere Beachtung gefunden.

---

[13] Für Berufsunfähigkeitsversicherung ähnl. *Neuhaus,* Berufsunfähigkeitsversicherung. 3. Aufl. 2014, Q Rn. 29.

[14] Für Krankenversicherungsvertrag BGH VersR 1985, 54 (55) und OLG Karlsruhe VersR 1981, 646 (647).

[15] Siehe BGH VersR 1985, 54 (55); VersR 1969, 415 (415 f.) für Entgegennahme des Beitrags.

[16] Siehe hierzu *Mönnich* in Langheid/Wandt § 169 Rn. 41 mwN.

[17] Siehe *Mönnich* in Langheid/Wandt § 169 Rn. 45.

III. Kommentierung der Klauselbestimmungen

1. Allgemeine Voraussetzungen und Folgen der Beitragsfreistellung (Abs. 1)

7 **Satz 1** entspricht § 13 Abs. 1 S. 1 ARB (→ ARB § 13 Rn. 3ff.). Lediglich die einleitende Phrase unterscheidet sich. Dort wird herausgestellt, dass die Beitragsfreistellung „Anstelle einer Kündigung" möglich ist. Dessen bedarf es hier nicht, da Beitragsfreistellung und Kündigung in derselben Vorschrift behandelt werden, und die Kündigung im Aufbau – anders als in den ARB – der Beitragsfreistellung nachfolgt.

Satz 2 entspricht § 13 Abs. 1 S. 2 ARB (→ ARB § 13 Rn. 11). An die Stelle der herabzusetzenden Rente tritt hier – dem zugesagten Versicherungsschutz entsprechend – die Versicherungssumme.

Satz 3 entspricht § 13 Abs. 1 S. 3 ARB (→ ARB § 13 Rn. 12f.), allerdings mit einem **wesentlichen Unterschied.** Es wird nicht der Rückkaufswert in Bezug genommen. Dort geschieht dies, indem auf die Bestimmung in den AVB verwiesen wird, die den Rückkaufswert regelt. Eine solche Bestimmung enthält dieses Bedingungswerk nicht, weil ein auszuzahlender Rückkaufswert nicht vorgesehen ist. Der Rückgriff auf den Rückkaufswert als Grundlage für die Berechnung der beitragsfreien Summe ergibt sich hier daher unmittelbar aus § 165 Abs. 2 VVG.

2. Stornoabzug (Abs. 2)

8 Absatz 2 ist wortidentisch mit § 13 Abs. 2 ARB. Die dortigen Ausführungen gelten entsprechend (→ ARB § 13 Rn. 14ff.). Dabei werden sich die auf Kapitalmarktrisiken bezogenen Gründe für die **Angemessenheit des Abzugs** (→ ARB § 13 Rn. 16) hier allenfalls in geringem Umfang fruchtbar machen lassen. Bei Risikolebensversicherungen wird keine Zinszusage auf eine zu finanzierende Ablaufleistung gegeben. Der Gesichtspunkt vorzeitiger Auflösung von Kapitalanlagen und Übernahme von Kapitalmarktrisiken im Kollektiv dürfte daher hier jedenfalls keine nennenswerte Rolle spielen.

3. Warnhinweis (Abs. 3)

9 **Satz 1und 2** entsprechen § 13 Abs. 3 S. 1 und 2 ARB, vgl. die Erläuterung dort (→ ARB § 13 Rn. 17ff.). Allerdings ergeben sich sachlich bedingte **Unterschiede.** In § 13 Abs. 3 S. 2 ARB ergibt sich als Folge der Verrechnung von Abschluss- und Vertriebskosten der sog. **Mindestrückkaufswert** nach § 169 Abs. 3 S. 2 Hs. 1 aE VVG. Die Regelung gilt nur für Versicherungen, bei denen der Eintritt der Verpflichtung gewiss ist. (→ Rn. 3) Hierunter fallen reine Risikoversicherungen nicht. Allerdings verweist § 165 Abs. 3 VVG ohne jede Einschränkung auf § 169 Abs. 3 VVG. Daher gilt für reine Risikoversicherungen die – fiktive – **Verteilung der Abschlusskosten- und Vertriebskosten auf mindestens die ersten fünf Jahre bei Beitragsfreistellung** auch.[18] Jedoch wird auch bei gleichmäßig verteilten Abschluss- und Vertriebskosten über die ersten fünf Jahre bei reinen Risikoversicherungen in aller Regel allenfalls geringes Deckungskapital gebildet.

[18] *Ortmann* in Schwintowski/Brömmelmeyer § 169 Rn. 10.

10 Dieser Befund setzt sich in **Satz 3** fort. Bei reinen Risikoversicherungen gegen gleich bleibenden laufenden Beitrag entsteht **rückkauffähiges Deckungskapital nur während einer gewissen Phase** der Vertragslaufzeit und baut sich dann wieder ab. Dies liegt daran, dass in der Anfangszeit die Beiträge höher sind als für das übernommene biometrische Risiko erforderlich. Mit jedem Jahr der Vertragslaufzeit steigt die Wahrscheinlichkeit, dass der Versicherungsfall Tod eintritt. Daher müssen die Beiträge in der Anfangszeit höher sein als für das übernommene Risiko erforderlich.[19] Dadurch werden Reserven aufgebaut für die späteren Vertragsjahre, in denen die Beiträge dann niedriger sind als es dem übernommenen Risiko entspricht und sich das Deckungskapital wieder abbaut.[20] Nur während des Zeitraums, in dem positives Deckungskapital vorhanden ist, kann eine beitragsfreie Todesfallleistung überhaupt gebildet werden. Durch den Abzug nach Absatz 2 reduziert sich dieser Zeitraum entsprechend. Aus **Satz 4** ergeben sich in Verbindung mit der Tabelle, auf die verwiesen wird, die Einzelheiten zu den fraglichen Vertragsjahren.

4. Mindestbeträge und Rückkaufswert (Abs. 4)

11 Absatz 4 regelt den Mindestbetrag der Versicherungssumme, der für eine Beitragsfreistellung erforderlich ist. § 165 Abs. 1 S. 1 VVG lässt die Vereinbarung einer solchen Mindestsumme zu.[21] Die Bestimmung entspricht § 13 Abs. 4 ARB (→ ARB § 13 Rn. 20 ff.). An Stelle der beitragsfreien Rente wird hier entsprechend dem versicherten Risiko auf die **beitragsfreie Versicherungssumme** abgestellt. Wird diese Summe nicht erreicht, kommt der Rückkaufswert zur Auszahlung, und die Versicherung erlischt damit. Für die Berechnung des Rückkaufswertes wird auf § 169 VVG verwiesen. Eine Inbezugnahme auf dessen einzelne Absätze erscheint nicht erforderlich. § 165 Abs. 1 S. 2 VVG beschränkt sich ebenfalls auf eine pauschale Verweisung auf § 169 VVG. In § 165 Abs. 1 S. 2 VVG wird zusätzlich noch auf die „Überschussanteile" Bezug genommen. Dies dient der Klarstellung.[22] Daher sind die Überschussanteile durch Satz 1 nicht ausgenommen. Vielmehr sind sie durch § 169 Abs. 7 VVG ebenfalls einbezogen.

12 Es wird richtigerweise vertreten, dass § 165 Abs. 1 S. 2 VVG mit der Folge der **Zahlung des Rückkaufswertes** für reine Risikoversicherungen gar nicht gelte.[23] Insoweit geht Abs. 4 Satz 1 mit der Auszahlung eines ggf. vorhandenen Rückkaufswertes bei Nichterreichen der beitragsfreien Versicherungsleistung über das nach § 171 S. 1 VVG gesetzlich Geforderte zugunsten des Versicherungsnehmers hinaus. Ein Bedingungswerk, das bei Beitragsfreistellung und Nichterreichen eines vereinbarten Mindestbetrags die Beendigung ohne Zahlung eines ggf. vorhandenen Rückkaufswertes vorsehen würde, wäre demnach mit § 165 Abs. 1 S. 2 iVm § 171 S. 1 VVG auch vereinbar.

---

[19] Instruktiv *Winter* in Bruck/Möller § 153 Rn. 21; *Kaulbach* in FKBP § 11 Rn. 3.

[20] *Schradin* in Langheid/Wandt VersBWL Rn. 64; *Winter* in Bruck/Möller § 169 Rn. 39.

[21] *Mönnich* in Langheid/Wandt § 165 Rn. 16.

[22] *Langheid* in Römer/Langheid § 165 Rn. 1.

[23] *Mönnich* in Langheid/Wandt § 165 Rn. 21; dort wird zwar § 165 Abs. 2 VVG angesprochen, nach dem Inhalt dürfte aber § 165 Abs. 1 S. 2 VVG gemeint sein; aA *Ortmann* in Schwintowski/Brömmelmeyer § 165 Rn. 14.

5. Abzüge vom Rückkaufswert (Abs. 5)

13 In Absatz 5 werden zwei Abzüge vom Rückkaufswert vereinbart, nämlich zum einen die rückständigen Beiträge, zum andern der Stornoabzug. Die Regelung wird nur virulent, wenn der Rückkaufswert nach Absatz 4 auszuzahlen ist; also bei einer Beitragsfreistellung, die nicht den vereinbarten Mindestbetrag der Versicherungssumme erreicht. Dabei ist folgende Systematik zugrunde zu legen. Zunächst wird nach Absatz 1 die beitragsfreie Versicherungsleistung ermittelt. Dabei wird kein Abzug vom Deckungskapital nach Absatz 2 vorgenommen, weil Absatz 4 S. 1 nur auf Absatz 1 verweist. Ergibt sich, dass die beitragsfreie Versicherungssumme nicht erreicht wird, steht fest, dass grundsätzlich ein Rückkaufswert, wenn und soweit vorhanden, auszuzahlen ist. Von diesem Rückkaufswert werden dann die **rückständigen Beiträge und der Stornoabzug abgezogen.**

14 **Das Recht, rückständige Beiträge abzuziehen,** ergibt sich aus dem jederzeitigen Recht zur Aufrechnung mit fälligen Gegenforderungen nach § 388 BGB (→ ARB § 12 Rn. 44).

Der Abzug nach Satz 2 bis 8 ist identisch mit den Abzügen in den anderen Bedingungswerken zur Kündigung formuliert (→ ARB § 12 Rn. 87 ff.). Nach der hier vertretenen Auffassung, wonach bei einer reinen Risikoversicherung nach Beitragsfreistellung kein Rückkaufswert fällig wird, wenn die beitragsfreie Mindestsumme des Absatzes 4 nicht erreicht wird (→ Rn. 3 f.), ist die Regelung in den AVB nicht an § 169 Abs. 5 VVG zu messen, sondern unterliegt dem Recht der Allgemeinen Geschäftsbedingungen nach §§ 305 ff. BGB.

6. Kündigung (Abs. 6)

15 Absatz 6 räumt dem Versicherungsnehmer das ihm nach § 168 Abs. 1 iVm § 171 S. 1 VVG **zwingend** zu gewährende jederzeitige Kündigungsrecht zum Ende der Versicherungsperiode ein. Es gilt in der Natur der Sache liegend nur für laufende Beitragszahlung. Das Schriftformerfordernis ist nach § 171 S. 2 VVG zulässig.[24] Umgekehrt ergibt sich aus der Regelung, dass das Kündigungsrecht bei einer reinen Risikoversicherung gegen Einmalbeitrag nicht besteht.[25] Das entspricht der Systematik von § 168 VVG insgesamt. Bei laufender Beitragszahlung hat der Versicherungsnehmer ein Kündigungsrecht unabhängig von der Art des Vertrages; bei Einmalbeitrag ist ihm nach § 168 Abs. 2 VVG das Recht zur Kündigung nur einzuräumen, wenn der Eintritt der Verpflichtung des Versicherers gewiss ist. Bei einer reinen Risikoversicherung ist dies nicht der Fall.

7. Teilkündigung (Abs. 7)

16 Mit Absatz 7 wird die teilweise Kündigung vereinbart und näher geregelt. Gesetzlich ist sie nicht zwingend vorgesehen (→ ARB § 12 Rn. 35). Satz 1 räumt das Recht zur teilweisen Kündigung ein. Satz 2 macht es abhängig vom **Erreichen einer verbleibenden beitragspflichtigen Versicherungssumme.** Satz 3 regelt klarstellend die Unwirksamkeit einer Teilkündigung, mit der die vereinbarte bei-

---

[24] Siehe auch *Winter* in Bruck/Möller § 168 Rn. 19.

[25] Allgemeine Meinung *Mönnich* in Langheid/Wandt § 168 Rn. 5; *Peters* in Looschelders/Pohlmann § 168 Rn. 3; *Reiff* in Prölss/Martin § 168 Rn. 3; *Langheid* in Römer/Langheid § 168 Rn. 6; *Ortmann* in Schwintowski/Brömmelmeyer § 168 Rn. 26, dieses Ergebnis allerdings für unbillig haltend.

tragspflichtige Versicherungssumme unterschritten würde. Satz 4 verdeutlicht die Folge der Unwirksamkeit, nämlich die unveränderte Fortsetzung der Versicherung. Dies entspricht auch der Auslegung ohne diese Regelung. Mit der Teilkündigung bringt der Versicherungsnehmer zum Ausdruck, dass er gerade die vollständige Beendigung nicht wünsche.[26]

8. Folgen der Kündigung (Abs. 8)

17 Absatz 8 regelt die Beitragsfreistellung als Rechtsfolge der Kündigung. Da die Auszahlung des Rückkaufswertes nach Kündigung in § 169 Abs. 1 iVm § 171 S. 1 VVG verpflichtend nur für kapitalbildende Versicherungen vorgesehen ist, kann bei Risikoversicherungen die bloße **Beitragsfreistellung** als Folge der Kündigung vereinbart werden (im Einzelnen → Rn. 3f.). Zum Teil wird für langfristige Risikoversicherungen vertreten, dass **§ 169 VVG analog** angewendet werden müsse, wobei Laufzeiten von 20 bis 30 Jahren angesetzt werden.[27] Dem ist folgendes entgegenzuhalten: Eine Analogie setzt eine planwidrige Lücke voraus.[28] Eine Lücke kann dabei als sog. Formulierungs- oder Wertungslücke auftreten.[29] Die Formulierung von § 169 Abs. 1 VVG ist insoweit nicht lückenhaft. Eine Wertungslücke ist dadurch gekennzeichnet, dass eine Norm nach ihrem Wortlaut widerspruchsfrei angewendet werden könnte, „aber aus Gründen der Gerechtigkeit nach einer Korrektur verlangt".[30] Es ist nicht erkennbar, dass langfristige Risikoversicherungen eine Korrektur in dem Sinne verlangen würden, dass Rückkauffähigkeit wie bei einer kapitalbildenden Versicherung gewährleistet sein müsste. Erstere wird typischerweise nicht mit der Absicht verbunden, Kapital zu bilden, auf das angesichts geänderter Umstände während der Laufzeit ein Zugriff zwingend möglich sein müsste. Der Versicherungsnehmer rechnet mit der Rückkaufmöglichkeit in der Regel gar nicht. Es sind auch keine Anhaltspunkte dafür erkennbar, dass der Gesetzgeber bei reinen Risikolebensversicherungen in bestimmten Konstellationen doch regelmäßige Rückkaufsfähigkeit gewollt hätte. Eine Lücke für langfristige Verträge – was auch immer im konkreten Fall darunter gefasst werden soll – lässt sich daher nicht begründen. Dementsprechend geht die hM auch davon aus, dass § 169 Abs. 1 VVG die Verpflichtung zum Rückkauf bei reinen Risikolebensversicherungen vollständig ausschließt.[31]

18 Hiervon zu unterscheiden sind Risikolebensversicherungen, deren **Laufzeit so lang ist, dass die Leistungspflicht des Versicherers als gewiss betrachtet** werden muss. Wird etwa als Ende der Versicherung die Vollendung des 120. Lebensjahres vereinbart, besteht kein vernünftiger Zweifel, dass der Versicherer während der Laufzeit wird leisten müssen. In solchen Fällen wird zu Recht Verpflichtung zur Rückkauffähigkeit angenommen.[32] Der Unterschied zu der Gestaltung

---

[26] Siehe hierzu für die kapitalbildende Lebensversicherung *Reiff/Schneider* in Prölss/Martin ALB 2012 § 12 ALB Rn. 3.

[27] *Winter* in Bruck/Möller § 169 Rn. 39.

[28] Siehe hierzu *Larenz,* Methodenlehre der Rechtswissenschaft, 6. Aufl. 1991, S. 373f.

[29] *Zippelius,* Juristische Methodenlehre, 11. Aufl. 2012, S. 52.

[30] *Zippelius,* Juristische Methodenlehre, 11. Aufl. 2012, S. 52.

[31] *Ortmann* in Schwintowski/Brömmelmeyer § 169 Rn. 10; *Krause* in Looschelders/Pohlmann § 169 Rn. 13; *Mönnich* in Langheid/Wandt § 169 Rn. 41; *Brambach* in Rüffer/Halbach/Schimikowski § 169 Rn. 7; *Reiff* in Prölss/Martin § 169 Rn. 21.

[32] *Brambach* in Rüffer/Halbach/Schimikowski § 169 Rn. 7; dort auch Überlegungen zur Frage, ab welchem Alter dies angenommen werden kann bzw. muss.

mit langen Laufzeiten (→ Rn. 17) liegt in der Gewissheit der Leistungspflicht des Versicherers.

9. Rückzahlung der Beiträge (Abs. 9)

19 Abs. 9 entspricht § 12 Abs. 9 ARB, vgl. die Erläuterung dort (→ ARB § 12 Rn. 139).

IV. Darlegungs- und Beweislast

20 Es ergeben sich keine Besonderheiten.

V. Wirksamkeit der Bestimmung

21 Die Bestimmung ist insgesamt wirksam.

§ 14 Wie werden die Kosten Ihres Vertrages verrechnet?

(1) Mit Ihrem Vertrag sind Kosten verbunden. Diese sind in Ihren Beitrag einkalkuliert. Es handelt sich um Abschluss- und Vertriebskosten sowie übrige Kosten.

Zu den **Abschluss- und Vertriebskosten** gehören insbesondere Abschlussprovisionen für den Versicherungsvermittler. Außerdem umfassen die Abschluss- und Vertriebskosten die Kosten für die Antragsprüfung und Ausfertigung der Vertragsunterlagen, Sachaufwendungen, die im Zusammenhang mit der Antragsbearbeitung stehen, sowie Werbeaufwendungen. Zu den **übrigen Kosten** gehören insbesondere die Kosten für die laufende Verwaltung.

Die Höhe der einkalkulierten Abschluss- und Vertriebskosten sowie der übrigen Kosten können Sie dem … entnehmen.

(2) Wir wenden auf Ihren Vertrag das Verrechnungsverfahren nach § 4 der Deckungsrückstellungsverordnung an. Dies bedeutet, dass wir die ersten Beiträge zur Tilgung eines Teils der Abschluss- und Vertriebskosten heranziehen. Dies gilt jedoch nicht für den Teil der ersten Beiträge, der für Leistungen im Versicherungsfall, Kosten des Versicherungsbetriebs in der jeweiligen Versicherungsperiode und aufgrund von gesetzlichen Regelungen für die Bildung einer Deckungsrückstellung bestimmt ist. Der auf diese Weise zu tilgende Betrag ist nach der Deckungsrückstellungsverordnung auf 4% der von Ihnen während der Laufzeit des Vertrages zu zahlenden Beiträge beschränkt.

(3) Die restlichen Abschluss- und Vertriebskosten werden über die gesamte Beitragszahlungsdauer verteilt, die übrigen Kosten über die gesamte Vertragslaufzeit.

(4) Die beschriebene Kostenverrechnung hat zur Folge, dass in der Anfangszeit Ihres Vertrages nur geringe Beträge für einen Rückkaufswert oder zur Bildung der beitragsfreien Versicherungssumme vorhanden sind (siehe § 13). Nähere Informationen zu den Rückkaufswerten und beitragsfreien Versicherungssumme sowie ihren jeweiligen Höhen können Sie der Tabelle … entnehmen.

1 § 14 stimmt mit § 14 ARB überein. Vgl. die Erläuterungen dort (→ ARB § 14 Rn. 1 ff.).

§ 15 Was gilt bei Änderung Ihrer Postanschrift und Ihres Namens?

(1) Eine Änderung Ihrer Postanschrift müssen Sie uns unverzüglich *(d. h. ohne schuldhaftes Zögern)* mitteilen. Anderenfalls können für Sie Nachteile entstehen. Wir sind berechtigt, eine an Sie zu richtende Erklärung *(z. B. Setzen einer Zahlungsfrist)* mit eingeschriebenem Brief an Ihre uns zuletzt bekannte Anschrift zu senden. In diesem Fall gilt unsere Erklärung drei Tage nach Absendung des eingeschriebenen Briefes als zugegangen. Dies gilt auch, wenn Sie den Vertrag für Ihren Gewerbebetrieb abgeschlossen und Ihre gewerbliche Niederlassung verlegt haben.
(2) Bei Änderung Ihres Namens gilt Absatz 1 entsprechend.

§ 15 entspricht § 15 ARB. Vgl. die Erläuterungen dort (→ ARB § 15 Rn. 1 ff.). **1**

§ 16 Welche Kosten stellen wir Ihnen gesondert in Rechnung?

(1) In folgenden Fällen stellen wir Ihnen pauschal zusätzliche Kosten gesondert in Rechnung: [...]
(2) Wir haben uns bei der Bemessung der Pauschale an dem bei uns regelmäßig entstehenden Aufwand orientiert. Sofern Sie uns nachweisen, dass die der Bemessung zugrunde liegenden Annahmen in Ihrem Fall dem Grunde nach nicht zutreffen, entfällt die Pauschale. Sofern Sie uns nachweisen, dass die Pauschale der Höhe nach wesentlich niedriger zu beziffern ist, wird sie entsprechend herabgesetzt.

§ 16 entspricht § 16 ARB. Vgl. die Erläuterungen dort (→ ARB § 16 Rn. 1 ff.). **1**

§ 17 Welches Recht findet auf Ihren Vertrag Anwendung?

Auf Ihren Vertrag findet das Recht der Bundesrepublik Deutschland Anwendung.

§ 17 entspricht § 17 ARB. Vgl. die Erläuterungen dort (→ ARB § 17 Rn. 1 ff.). **1**

§ 18 Wo ist der Gerichtsstand?

(1) Für Klagen aus dem Vertrag **gegen uns** ist das Gericht zuständig, in dessen Bezirk unser Sitz oder die für den Vertrag zuständige Niederlassung liegt. Zuständig ist auch das Gericht, in dessen Bezirk Sie zur Zeit der Klageerhebung Ihren Wohnsitz haben. Wenn Sie keinen Wohnsitz haben, ist der Ort Ihres gewöhnlichen Aufenthalts maßgeblich. Wenn Sie eine juristische Person sind, ist auch das Gericht zuständig, in dessen Bezirk Sie Ihren Sitz oder Ihre Niederlassung haben.
(2) Klagen aus dem Vertrag **gegen Sie** müssen wir bei dem Gericht erheben, das für Ihren Wohnsitz zuständig ist. Wenn Sie keinen Wohnsitz haben, ist der Ort Ihres gewöhnlichen Aufenthalts maßgeblich. Wenn Sie eine juristische Person sind, ist das Gericht zuständig, in dessen Bezirk Sie Ihren Sitz oder Ihre Niederlassung haben.
(3) Verlegen Sie Ihren Wohnsitz oder den Ort Ihres gewöhnlichen Aufenthalts in das Ausland, sind für Klagen aus dem Vertrag die Gerichte des Staates zuständig, in dem wir unseren Sitz haben.

§ 18 entspricht § 18 ARB. Vgl. die Erläuterungen dort (→ ARB § 18 Rn. 1 ff.). **1**

Teil 9. Allgemeine Bedingungen für die kapitalbildende Lebensversicherung (ALB)

Musterbedingungen des GDV

Stand: 7. Mai 2013

Diese Bedingungen sind für die Versicherer unverbindlich; ihre Verwendung ist rein fakultativ. Abweichende Bedingungen können vereinbart werden.

Sehr geehrte Kundin, sehr geehrter Kunde,

mit diesen Versicherungsbedingungen wenden wir uns an Sie als unseren Versicherungsnehmer und Vertragspartner.

§ 1 Welche Leistungen erbringen wir?

Kapitalversicherung auf den Todes- und Erlebensfall

Unsere Leistung zum vereinbarten Ablauftermin oder bei Tod der versicherten Person

(1) Wenn die versicherte Person *(das ist die Person, auf deren Leben die Versicherung abgeschlossen ist)* den vereinbarten Ablauftermin erlebt oder wenn sie vor diesem Termin stirbt, zahlen wir die vereinbarte Versicherungssumme.

Bemerkung:

§ 1 Absatz 1 ist bei anderer Leistungsbeschreibung entsprechend zu ändern, z. B. wie folgt:

Kapitalversicherung auf den Todes- und Erlebensfall mit Teilauszahlung

Unsere Leistung zu den vereinbarten Auszahlungsterminen oder bei Tod der versicherten Person

(1) Wenn die versicherte Person *(das ist die Person, auf deren Leben die Versicherung abgeschlossen ist)* die vereinbarten Auszahlungstermine erlebt, erbringen wir die vereinbarten Teilauszahlungen. Wenn die versicherte Person vor dem letzten Auszahlungstermin stirbt, zahlen wir die vereinbarte Versicherungssumme.

Kapitalversicherung auf den Todes- und Erlebensfall von zwei Personen

Unsere Leistung zum vereinbarten Ablauftermin oder bei Tod einer der versicherten Personen

(1) Wenn beide versicherte Personen *(das sind die Personen, auf deren Leben die Versicherung abgeschlossen ist)* den vereinbarten Ablauftermin erleben oder wenn eine der versicherten Personen vor diesem Termin stirbt, zahlen wir die vereinbarte Versicherungssumme. Auch bei gleichzeitigem Tod beider versicherter Personen zahlen wir die vereinbarte Versicherungssumme nur einmal.

Kapitalversicherung mit festem Auszahlungszeitpunkt, Termfixversicherung

Unsere Leistung zum vereinbarten Ablauftermin oder bei Tod der versicherten Person

(1) Wir zahlen die vereinbarte Versicherungssumme zu dem vereinbarten Ablauftermin, unabhängig davon, ob die versicherte Person *(das ist die Person, auf deren*

Leben die Versicherung abgeschlossen ist) diesen Zeitpunkt erlebt. Die Beitragszahlung endet, wenn die versicherte Person stirbt, spätestens mit Ablauf der vereinbarten Versicherungsdauer.

Kapitalversicherung auf den Todesfall

Unsere Leistung bei Tod der versicherten Person

(1) Wenn die versicherte Person *(das ist die Person, auf deren Leben die Versicherung abgeschlossen ist)* stirbt, zahlen wir die vereinbarte Versicherungssumme.

Unsere Leistung aus der Überschussbeteiligung

(2) Wir beteiligen Sie an den Überschüssen und an den Bewertungsreserven (siehe § 2).

Übersicht

I. Gesetzliche Grundlagen

1. Rechtliche Grundlagen

1 **a) Leistungsbeschreibung.** Die Leistungsbeschreibung ist zwingender Bestandteil der Versicherungsbedingungen (→ Einl. Rn. 6). Zu beschreiben sind **Art, Umfang und Fälligkeit** der versicherten Leistungen (§ 10 Abs. 1 Nr. 2 VAG).

2 Vertragsrechtlich verpflichtet sich der Versicherer mit dem Versicherungsvertrag, ein bestimmtes Risiko des Versicherungsnehmers oder eines Dritten durch eine Leistung abzusichern, die er bei Eintritt des vereinbarten Versicherungsfalles zu erbringen hat (§ 1 VVG). Die **Verpflichtung** wird mittels der Leistungsbeschreibung in den Versicherungsbedingungen nach Art und Fälligkeit abstrakt sowie im Versicherungsschein der Höhe nach näher definiert. Die Leistungsbeschreibung ist zentrales Element des Versicherungsvertrages und **bestimmt** zusammen mit dem Versicherungsschein die **Ansprüche des Versicherungsnehmers.**

3 **Ergänzend** muss der Versicherer nach § 7 Abs. 1 VVG dem Versicherungsnehmer rechtzeitig vor Abgabe von dessen Vertragserklärung die **Vertragsbestimmungen** einschließlich der Allgemeinen Versicherungsbedingungen sowie weitere in der VVG-InfoV näher bestimmte Informationen in **Textform** übermitteln (§ 7 Abs. 2 Nr. 1–3 VG) in den allgemeinen und besonderen Versicherteninformationen sowie dem Produktinformationsblatt (§ 1 Abs. 1 S. 1 Nr. 6, § 2 Abs. 1 S. 1 Nr. 4–6, § 4 Abs. 2 S. 1 Nr. 2 u. 4 VVG-InfoV), insbesondere Einzelheiten zur angebotenen Leistung und die zu erwartenden Leistungen.

4 **b) Leistungshöhe.** Entsprechend der zentralen Bedeutung der versicherten Leistungen und des Anspruchs auf Überschussbeteiligung für die Altersvorsorge des Versicherungsnehmers erlegt der Gesetzgeber bei kapitalbildenden Lebens- und Rentenversicherungen, dem Versicherungsunternehmen bei Abschluss und während der Vertragslaufzeit **weitere Informationspflichten** auf. Umfasst das Leistungsversprechen mehr als die garantierten Leistungen ist dem Versicherungsnehmer eine **Modellrechnung** zu übermitteln (§ 154 VVG) bei der die Ablaufleistung mit unterschiedlichen durch Verordnung bestimmten (§ 2 Abs. 3 VVG-InfoV) Zinssätzen dargestellt wird (§ 154 VVG). Bei Versicherungen mit **Überschussbeteiligung** ist der Versicherungsnehmer zusätzlich jährlich über die Entwicklung seiner Ansprüche einschließlich Überschussbeteiligung zu unterrichten (§ 155 VVG). Dabei ist der Kunde auf **Abweichungen** von den Angaben bei Vertragsabschluss, insbesondere der Modellrechnung, hinzuweisen.

2. Steuerrechtliche Grundlagen

5 Eine **Versicherung** im steuerlichen wie im aufsichtsrechtlichen Sinn unterscheidet sich von einer Vermögensanlage ohne Versicherungscharakter dadurch, dass ein mindestens ein wirtschaftliches Risiko abgedeckt wird, das aus der Unsicherheit und Unberechenbarkeit des menschlichen Lebens erwächst, wie zB der Zeitpunkt des Todes oder die ungewisse Lebensdauer einer Person **(Absicherung eines biometrischen Risikos).** Kein biometrisches Risiko liegt vor, wenn nur eine Leistung in Höhe der angesammelten und verzinsten Sparanteile zuzüglich einer Überschussbeteiligung vereinbart ist. In diesem Fall richtet sich die Besteuerung nach § 20 Abs. 1 Nr. 7 EStG.

6 Kennzeichnend für die kapitalbildenden Lebensversicherungen ist neben dem **Sparvorgang** die **Absicherung des Todesfallrisikos.** Die Versicherungsleistung besteht in der Regel in der Auszahlung einer garantierten Versicherungssumme bei Ablauf der Kapitallebensversicherung oder Tod der versicherten Person. Es kann auch vereinbart werden, dass Teile der Versicherungssumme vorab ausgezahlt werden (Versicherung mit Teilauszahlung; → Rn. 50) oder dass das Leben einer weiteren versicherten Person mitversichert wird (Versicherung auf verbundene Leben; → Rn. 52). Wird vereinbart, dass die Versicherungssumme zu einem vereinbarten

Ablauftermin, unabhängig davon, ob die versicherte Person diesen Zeitpunkt erlebt, spricht man von einer Term-Fix-Versicherung (→ Rn. 51). Wird die versicherte Kapitalleistung nur bei Tod der versicherten Person fällig, obwohl während der Laufzeit eine Kapitalbildung erfolgt, handelt es sich um eine Kapitalversicherung auf den Todesfall (→ Rn. 54).

7 **Keine Versicherung** mit steuerlichem Sinn sind sog. **vermögensverwaltende Versicherungsverträge** (§ 20 Abs. 1 Nr. 6 S. 5 EStG). Das hat zur Folge, dass die Erträge aus dem Versicherungsmantel entspr. der tatsächlichen Anlageform beim wirtschaftlich berechtigten Versicherungsnehmer bzw. beim unwiderruflich Bezugsberechtigten laufend jährlich versteuert werden. Das bedeutet, dass die Erträge der einzelnen Anlagen, die im Versicherungsmantel gebündelt sind, jedes Jahr ermittelt werden und jährlich als Einzelanlagen versteuert werden. Eine einmalige Besteuerung der Leistung bei Rückkauf bzw. im Erlebensfall wie bei steuerlich anerkannten Lebens- und Rentenversicherungen ist nicht möglich.

8 Ein **vermögensverwaltender Versicherungsvertrag** (§ 20 Abs. 1 Nr. 6 S. 5 EStG) liegt vor, wenn die folgenden Voraussetzungen kumulativ erfüllt sind:

- In dem Versicherungsvertrag ist eine gesonderte Vermögensverwaltung von speziell für diesen Vertrag zusammengestellten Kapitalanlagen vereinbart und
- die zusammengestellten Kapitalanlagen sind nicht auf öffentlich vertriebene Investmentfondsanteile oder Anlagen, die die Entwicklung eines veröffentlichten Indexes abbilden, beschränkt und
- der wirtschaftlich Berechtigte kann über den Verkauf der Vermögensgegenstände und die Wiederanlage der Erlöse selbst bestimmen (Dispositionsmöglichkeit).

9 **a) Besteuerung von Kapitalleistungen im Erlebensfall.** Die Besteuerung von Kapitalleistungen aus privaten Kapitalversicherungen auf den Todes- und Erlebensfall erfolgt nach § 20 Abs. 1 Nr. 6 EStG, wenn der Vertrag **nach dem 31.12.2004** abgeschlossen wurde.[1]

10 Lebens- und Rentenversicherungen, die **vor dem 1.1.2005** abgeschlossen wurden, werden hins. der Versteuerung ihrer Erträge grds. nach dem bis zum 31.12.2004 geltenden Einkommensteuerrecht („altes Steuerrecht") behandelt. Besteuert werden nach § 20 Abs. 1 Nr. 6 EStG in der bis zum 31.12.2004 geltenden Fassung bei diesen Verträgen die rechnungsmäßigen und außerrechnungsmäßigen Zinsen, die während der Sparphase anfallen. Unterbestimmten Voraussetzungen blieben diese Zinserträge steuerfrei (§ 52 Abs. 28 S. 5 EStG).[2]

11 **aa) Einmalige Kapitalleistung.** In Kapitalzahlungen im Erlebensfall enthaltende Erträge aus kapitalbildenden Lebensversicherungen werden nach § 20 Abs. 1 Nr. 6 EStG besteuert. Als Kapitalertrag zu versteuern ist bei Versicherungen im Privatvermögen grds. der **Unterschiedsbetrag** zwischen der Versicherungsleistung und der Summe der auf die Versicherungsleistung entrichteten Beiträge (§ 20 Abs. 1 Nr. 6 S. 1 EStG).

12 **Versicherungsleistung** ist grds. der Gesamtbetrag der zugeflossenen Geldleistungen.[3] In der Versicherungsleistung enthalten sind die angesammelten Sparanteile, die garantierte Verzinsung der Sparanteile und Überschüsse aus dem Kapitalanlage-, dem Risiko- und dem Kostenergebnis. Auszusondern sind Überschüsse

---

[1] BMF-Schreiben v. 1.10.2009, BStBl. I 2009, 1172 Rn. 1, 19.

[2] BMF-Schreiben v. 1.10.2009, BStBl. I 2009, 1172 Rn. 88.

[3] BMF-Schreiben v. 1.10.2009, BStBl. I 2009, 1172 Rn. 55.

und sonstige Leistungen aus Nebenrisiken, zB aus einer eingeschlossenen Berufsunfähigkeits-Zusatzversicherung.[4]

13 Die **Summe der eingezahlten Beiträge** ist die Summe der während der Vertragslaufzeit entrichteten Versicherungsbeiträge ohne Beitragsteile zur Absicherung von Nebenrisiken.[5]

14 **Versicherungsbeiträge** sind die aufgrund des Versicherungsvertrags an den Versicherer erbrachten Geldleistungen. Hierzu gehören auch die Ausfertigungsgebühr, Abschlussgebühr und die ggf. zu entrichtende Versicherungssteuer. Bei einer Lebensversicherung werden die im Beitrag enthaltenen Anteile zur Absicherung des charakteristischen Todesfallrisikos von der Versicherungsleistung abgezogen; sie mindern den steuerpflichtigen Ertrag.[6]

15 **Beitragsanteile zur Deckung von Nebenrisiken,** bspw. Beiträge zu einer Berufsunfähigkeits-Zusatzversicherung oder einer Risiko-Zusatzversicherung werden nicht als Beiträge von der Versicherungsleistung abgezogen. Sie sind also bei der Ermittlung des Unterschiedsbetrags nicht ertragsmindernd anzusetzen.[7]

16 Eine **Beitragszahlung durch Dritte** ist für die Leistungsbesteuerung **unbeachtlich.** Für die Berechnung des Unterschiedsbetrags ist es grds. unerheblich, wer die Versicherungsbeiträge aufgewendet hat. Auch Beiträge, die nicht der Steuerpflichtige aufgewendet hat, mindern den steuerpflichtigen Ertrag.[8]

17 **bb) Teilauszahlungen.** Die Differenzmethode wird auch bei Teilleistungen (Teilauszahlungen, Auszahlungen in Form von wiederkehrenden Bezügen, die keine Rentenzahlung darstellen, sowie Barauszahlungen von laufenden Überschussanteilen) angewendet. Dabei sind von jeder (Teil-)Auszahlung die anteilig entrichteten Beiträge in Abzug zu bringen.[9]

18 Die **anteilig entrichteten Beiträge** sind dabei wie **folgt zu ermitteln:**

$$\frac{\text{Versicherungsleistung} \times (\text{Summe der entrichteten Beiträge} - \text{bereits verbrauchte Beiträge})}{\text{Zeitwert der Versicherung zum Auszahlungszeitpunkt}}$$

Die hiernach ermittelten anteiligen Beiträge sind maximal bis zur Höhe der Teilleistung anzusetzen. Die bereits für andere Teilleistungen berücksichtigten Beiträge dürfen nicht mehr bei späteren Teilleistungen zur Ermittlung der steuerpflichtigen Erträge als Beiträge angesetzt werden. Sie sind sozusagen „verbraucht".

19 Bei der Ermittlung des Unterschiedsbetrags der letzten Teilleistung bzw. der Schlussleistung sind die verbleibenden, noch nicht angesetzten Beiträge abzuziehen.

20 **b) Besteuerung von Kapitalleistungen bei Tod.** Kapitalleistungen, die aufgrund des Todes der versicherten Person ausgezahlt werden (Todesfallleistung), enthalten keine steuerpflichtigen Kapitalerträge. Eine solche Todesfallleistung ist **einkommensteuerfrei.**[10] Gleiches gilt für Kapitalleistungen aufgrund des Eintritts eines anderen versicherten Risikos (zB Kapitalleistungen aus einer bzw. bei Berufsunfähigkeit oder Berufsunfähigkeitszusatzversicherung aufgrund einer Dread-Di-

[4] BMF-Schreiben v. 1.10.2009, BStBl. I 2009, 1172 Rn. 55.
[5] BMF-Schreiben v. 1.10.2009, BStBl. I 2009, 1172 Rn. 56f.
[6] BMF-Schreiben v. 1.10.2009, BStBl. I 2009, 1172 Rn. 56.
[7] BMF-Schreiben v. 1.10.2009, BStBl. I 2009, 1172 Rn. 58f.
[8] BMF-Schreiben v. 1.10.2009, BStBl. I 2009, 1172 Rn. 59.
[9] BMF-Schreiben v. 1.10.2009, BStBl. I 2009, 1172 Rn. 61f.
[10] BMF-Schreiben v. 1.10.2009, BStBl. I 2009, 1172 Rn. 22.

sease-Option bei Eintritt einer schweren Krankheit). Auch diese bleiben einkommensteuerfrei.[11]

21 Eine Ausnahme gilt ab 1.1.2015 für Todesfall- und Risikoleistungen aus Versicherungen, die zuvor **entgeltlich veräußert** wurden (zB im Rahmen des Zweitmarkts). In Todesfall- und Risikoleistungen enthaltene Erträge aus entgeltlich erworbenen Versicherungen unterliegen dann idR der Einkommensteuer (§ 20 Abs. 1 Nr. 6 S. 7f., § 52 Abs. 28 S. 10 EStG).

22 **c) Hälftebesteuerung.** Bei Kapitalleistungen im Erlebensfall wird nach § 20 Abs. 1 Nr. 6 S. 2 EStG nur die Hälfte des Unterschiedsbetrags als Ertrag besteuert (sog. Hälftebesteuerung), wenn **kumulativ** folgende Voraussetzungen erfüllt sind (§ 20 Abs. 1 Nr. 6 S. 2 EStG):

- ausreichender Mindesttodesfallschutz,
- Auszahlung der Kapitalleistung nach Vollendung des 62. bzw. 60. Lebensjahres,
- Mindestvertragsdauer von zwölf Jahren.

23 Liegt mindestens eine dieser Voraussetzungen nicht vor, ist die Hälftebesteuerung nach § 20 Abs. 1 Nr. 6 S. 2 EStG nicht möglich; der Ertrag ist dann immer in voller Höhe nach § 20 Abs. 1 Nr. 6 S. 1 EStG zu versteuern.

24 **aa) Ausreichender Mindesttodesfallschutz.** Die Hälftebesteuerung ist nur anwendbar, wenn der Vertrag einen ausreichenden Mindesttodesfallschutz vorsieht. Diese Anforderung gilt für Vertragsabschlüsse ab 1.4.2009 und ergibt sich aus § 20 Abs. 1 Nr. 6 S. 6 EStG iVm § 52 Abs. 28 S. 8 EStG. Konkretisierungen enthält das BMF-Schreiben vom 1.10.2009 (BStBl. I 2009, 1172, Rn. 78a ff.).

25 Ein ausreichender Mindesttodesfallschutz ist erfüllt, wenn eine der beiden **folgenden Voraussetzungen** vorliegt:

- Bei einer Kapitallebensversicherung mit vereinbarter laufender Beitragszahlung, die bis zum Zeitpunkt des Erlebensfalls gleich bleibt oder steigt, beträgt die Höhe der vereinbarten Leistung bei Eintritt des versicherten Risikos mindestens **50% der Summe** der für die gesamte Vertragsdauer zu zahlenden Beiträge.
- Bei einer Kapitallebensversicherung (betrifft va Verträge gegen Einmalbeitrag oder mit abgekürzter Beitragszahlungsdauer) übersteigt die vereinbarte Leistung bei Eintritt des versicherten Risikos das Deckungskapital oder den Zeitwert der Versicherung spätestens fünf Jahre nach Vertragsabschluss **um mindestens 10% des Deckungskapitals,** des Zeitwertes oder die Summe der gezahlten Beiträge. Ist dieser Prozentsatz erreicht, darf er bis zum Ende der Vertragslaufzeit in jährlich gleichen Schritten auf Null sinken. Bei Kapitalversicherungen auf den Todesfall darf der Prozentsatz jedoch nicht sinken, weil es hier an einem zeitlich bestimmten Laufzeitende fehlt.

26 Der Versicherungsvertrag muss **durchgehend** eine der beiden Varianten erfüllen. Ein Wechsel zwischen den Varianten während der Vertragslaufzeit ist nicht möglich, ohne dass der ausreichende Mindesttodesfallschutz und damit die Möglichkeit zur Hälftebesteuerung entfällt.

27 Beitragsanteile für **Zusatzversicherungen,** die Berufs- und Erwerbsunfähigkeits- bzw. Pflegeleistungen vorsehen, werden bei der Bestimmung des Mindesttodesfallschutzes nicht berücksichtigt[12]

---

[11] BMF-Schreiben v. 1.10.2009, BStBl. I 2009, 1172 Rn. 36.

[12] BMF-Schreiben v. 1.10.2009, BStBl. I 2009, 1172 Rn. 78f.

bb) Keine Leistung vor Vollendung des 62. Lebensjahres. Die Kapitalleistung darf nicht vor dem 62. Geburtstag des Steuerpflichtigen ausgezahlt werden. Bei vor dem 1.1.2012 abgeschlossenen Verträgen gilt der 60. Geburtstag des Steuerpflichtigen.[13] 28

Werden mehrere Versicherungsleistungen zu unterschiedlichen Zeitpunkten ausgezahlt (zB bei **Teilauszahlungen** und Barauszahlungen von laufenden Überschussanteilen), ist für jeden Auszahlungszeitpunkt gesondert zu prüfen, ob die Voraussetzungen der Hälftebesteuerung erfüllt sind. Die entrichteten Beiträge sind anteilig zu berücksichtigen (→Rn. 18).[14] 29

cc) Mindestvertragsdauer zwölf Jahre. Um in den Genuss der Hälftebesteuerung zu gelangen, muss der Vertrag zudem mindestens zwölf Jahre lang bestanden haben (Mindestvertragsdauer). Als **Beginn** der Mindestvertragsdauer gilt grds. der Abschluss des Versicherungsvertrags. Dieser erfolgt bei einer Versicherung entweder durch Übersendung des Versicherungsscheins oder mit Zugang einer gesonderten Annahmeerklärung durch den Versicherer. 30

Aus Vereinfachungsgründen lässt die Finanzverwaltung für den Beginn der Mindestvertragsdauer als Zeitpunkt des Vertragsabschlusses den im Versicherungsschein bezeichneten **Tag des Versicherungsbeginns** gelten, wenn innerhalb von drei Monaten nach diesem Tag der Versicherungsschein ausgestellt und der erste Beitrag gezahlt wird. Wird die Frist von drei Monaten überschritten, tritt an die Stelle des im Versicherungsschein bezeichneten Tages des Versicherungsbeginns der Tag der Zahlung des ersten Beitrags.[15] 31

Bei einer **Änderung der Person** des Versicherungsnehmers ist steuerrechtlich grds. nicht von einem neuen Vertrag auszugehen.[16] 32

Werden andere wesentliche Vertragsmerkmale einer Versicherung (zB Versicherungslaufzeit, Versicherungssumme, Beitragshöhe, Beitragszahlungsdauer) nachträglich geändert, kann dies zu einem Neubeginn der Mindestvertragsdauer führen **(Novation).**[17] 33

Vertragsanpassungen, die bereits bei Vertragsabschluss vereinbart worden sind (zB regelmäßige Beitragserhöhungen – Dynamik), sowie hinreichend bestimmte Optionen zur Änderung des Vertrages (zB persönliches Anpassungsrecht) führen vorbehaltlich der Grenzen des Gestaltungsmissbrauchs nicht zu einem Neubeginn der Mindestvertragsdauer.[18] 34

Seit 1.1.2009 unterliegen die steuerpflichtigen Kapitalerträge grds. der **Abgeltungsteuer** (§ 43 Abs. 5 S. 1 EStG; →Rn. 37ff.). 35

Gehört die Versicherung jedoch zum **Betriebsvermögen,** sind die allgemeinen Gewinnermittlungsvorschriften anzuwenden.[19] 36

d) Abgeltungsteuer. Am 1.1.2009 wurde in Deutschland die Abgeltungsteuer, ein neues Besteuerungsverfahren für Einkünfte aus Kapitalvermögen, eingeführt. Die Abgeltungsteuer sieht vor, dass Kapitalerträge aus Lebensversicherungen 37

---

[13] BMF-Schreiben v. 1.10.2009, BStBl. I 2009, 1172 Rn. 65.
[14] BMF-Schreiben v. 1.10.2009, BStBl. I 2009, 1172 Rn. 75f.
[15] BMF-Schreiben v. 1.10.2009, BStBl. I 2009, 1172 Rn. 66f.
[16] BMF-Schreiben v. 1.10.2009, BStBl. I 2009, 1172 Rn. 67.
[17] BMF-Schreiben v. 1.10.2009, BStBl. I 2009, 1172 Rn. 67f.
[18] BMF-Schreiben v. 1.10.2009, BStBl. I 2009, 1172 Rn. 68f.
[19] BMF-Schreiben v. 1.10.2009, BStBl. I 2009, 1172 Rn. 54, 84ff.

Zinsen, Dividenden, Fondsausschüttungen oder Kurs- und Währungsgewinne grds. **pauschal mit 25 %** besteuert werden.[20]

38 Die Abgeltungsteuer wird durch **Steuerabzug** von den Unternehmen und Gesellschaften erhoben, bei denen die Kapitalanlagen gehalten werden. Damit ist jedoch die Einkommensteuer auf Einkünfte aus Kapitalvermögen abgegolten und erledigt (§ 43 Abs. 5 EStG). Diese Kapitaleinkünfte, brauchen daher in der Einkommensteuererklärung grds. nicht mehr angegeben zu werden.

Lediglich solche steuerpflichtigen Kapitalerträge, die nicht dem Kapitalertragsteuerabzug unterliegen (zB einkommensteuerpflichtige Todesfallleistungen aus vorher entgeltlich veräußerten Versicherungen; → Rn. 21), müssen weiterhin in der Einkommensteuererklärung angegeben werden.

39 Der Steuerabzug umfasst neben der Einkommensteuer auch den **Solidaritätszuschlag** und die **Kirchensteuer.** Ab 1.1.2015 wird die Kirchensteuer bei der Abgeltungsteuer automatisch erfasst (§§ 43a Abs. 2b, c, 51a EStG). Der Steuerpflichtige kann sich auf Antrag vom Abzug der Kirchensteuer befreien lassen. In diesem Fall wird die Kirchensteuer im Rahmen der Steuerveranlagung erhoben und muss vom Steuerpflichtigen direkt abgeführt werden (§ 44 Abs. 1 EStG).

40 Die Abgeltungsteuer ist nicht anwendbar auf Erträge, die nach den Grundsätzen der **Hälftebesteuerung** (→ Rn. 22 ff.) besteuert werden (§ 43 Abs. 1 S. 1 Nr. 4 EStG).

41 **e) Lebensversicherungen im Betriebsvermögen.** Eine Besteuerung von Kapitalleistungen aus Versicherung nach § 20 Abs. 1 Nr. 6 EStG ist nicht möglich, wenn die Versicherung nicht im Privatvermögen gehalten wird sondern zum Betriebsvermögen des Steuerpflichtigen gehört.

42 Zum **Privatvermögen** gehören im Einkommensteuerrecht alle Wirtschaftsgüter, die sich im wirtschaftlichen Eigentum eines Steuerpflichtigen befinden und die nach ihrer Art und nach ihrer Funktion nicht in einem betrieblichen Zusammenhang stehen. Wirtschaftsgüter, die zum **Betriebsvermögen** gehören, stehen dagegen im Eigentum eines Unternehmers und dienen nach Art und Funktion einem betrieblichen Zweck.

43 Bei Versicherungen im Betriebsvermögen sind die **allgemeinen Gewinnermittlungsvorschriften** anzuwenden (→ Rn. 36). Die Regeln über den Kapitalertragsteuerabzug (→ Rn. 37) gelten aber sowohl für Versicherungen im Privat- als auch Betriebsvermögen.[21] Das Versicherungsunternehmen nimmt daher auch bei steuerpflichtigen Kapitalleistungen aus betrieblichen Versicherungen einen Kapitalertragssteuerabzug vor (§ 8 Abs. 1 S. 1 KStG iVm. §§ 43 Abs. 4 u. Abs. 1 S. 1 Nr. 4 iVm. § 20 Abs. 1 Nr. 6 EStG).

44 **f) Steuerpflichtiger.** Steuerpflichtiger bezüglich der Einkünfte aus Kapitalvermögen ist idR der **Versicherungsnehmer,** da er die Sparanteile dem Versicherungsunternehmen zur Nutzung überlassen hat und auch das Recht hat, die Versicherungsleistung zu fordern.[22]

45 Wechselt die Person des Versicherungsnehmers (zB durch Übertragung zu Lebzeiten oder bei Tod des Versicherungsnehmers), wird regelmäßig der neue Versicherungsnehmer als Rechtsnachfolger Steuerpflichtiger, außer es ist etwas anderes vereinbart.[23]

---

[20] Gesonderter Steuertarif, § 32d EStG.

[21] BMF-Schreiben v. 1.10.2009, BStBl. I 2009, 1172 Rn. 54, 84 ff.

[22] BMF-Schreiben v. 1.10.2009, BStBl. I 2009, 1172 Rn. 50, 54.

[23] BMF-Schreiben v. 1.10.2009, BStBl. I 2009, 1172 Rn. 51, 54.

46 Mit der Einräumung eines unwiderruflichen **Bezugsrechts** auf die steuerpflichtige Versicherungsleistung gilt grds. der Bezugsberechtigte als Steuerpflichtiger der erzielten Erträge.[24] Ein widerrufliches Bezugsrecht kann der Versicherungsnehmer jederzeit bis zum Eintritt des Versicherungsfalls bzw. bis zum Ablauf der Versicherung widerrufen bzw. das Bezugsrecht auf eine andere Person übertragen. Deshalb wird der widerruflich Bezugsberechtigte erst bei Eintritt des Erlebensfalls, in dem das widerrufliche zum unwiderruflichen Bezugsrecht erstarkt, zum Steuerpflichtigen. Da Todesfallleistungen einkommensteuerfrei sind, ist der bezugsberechtigte Empfänger im Todesfall insoweit nicht steuerpflichtig.

II. Kommentierung der Klauselbestimmungen

47 Kennzeichnend für die kapitalbildende Lebensversicherung sind ein Sparvorgang und die Absicherung des Todesfallrisikos. Die Versicherungsleistung besteht idR in der Auszahlung einer garantierten Versicherungssumme bei Ablauf der Kapitallebensversicherung oder Tod der versicherten Person. Die **Kapitalbildung erfolgt aus den Beiträgen** des Versicherungsnehmers nach Abzug der Kosten und von Risikobeiträgen mit einem **garantierten Zins,** sog. Rechnungszins.

48 Zur Berechnung der garantierten Versicherungssumme werden regelmäßig ab Vertragsbeginn Rechnungsgrundlagen oder Rentenfaktoren garantiert. Diese **Rechnungsgrundlagen der Beitragskalkulation** bestehen im Wesentlichen aus der verwendeten Sterbetafel, dem sog. Garantiezins und den Kostenparametern. Bisher sind der für die Berechnung der Deckungsrückstellung verwendete Rechnungszins und der vertragliche Garantiezins – mit dem das aus den Sparanteilen entstandene Vertragsguthaben während der Aufschubzeit verzinst wird – üblicherweise identisch. Zu den Markttendenzen hiervon abzuweichen (→ ARB § 1 Rn. 44ff.).

1. Kapitalversicherung auf den Todes- und Erlebensfall

49 Die vereinbarte Versicherungssumme wird ausgezahlt, wenn die versicherte Person den vereinbarten Ablauftermin erlebt oder vor diesem Termin stirbt. Versicherte Person, ist die Person deren Leben versichert ist. Der Tag des Ablaufs der Versicherung wird im Versicherungsschein.

2. Kapitalversicherung auf den Todes- und Erlebensfall mit Teilauszahlung

50 Sieht der Vertrag Teilauszahlungen vor, dann werden Teile der Versicherungssumme bereits vor Ablauf an den vereinbarten und im Versicherungsschein ausgewiesenen Terminen ausgezahlt. Bei Tod vor dem letzten Auszahlungstermin wird die für diesen Fall vereinbarte Versicherungssumme ausgezahlt. Je nach Vereinbarung reduziert sich in diesem Fall die Versicherungssumme für den Todesfall um den Betrag der Teilauszahlung oder sie bleibt gleich. Versicherungssummen und Auszahlungstermin bei Tod und Erleben werden im Versicherungsschein genannt. Versicherte Person, ist die Person deren Leben versichert ist.

---

[24] BMF-Schreiben v. 1.10.2009, BStBl. I 2009, 1172 Rn. 52, 54.

3. Kapitalversicherung auf den Todes- und Erlebensfall von zwei Personen

51 Im Unterschied zur Kapitalversicherung auf den Todes- und Erlebensfall (→ Rn. 49), wird hier der Tod einer zweiten versicherten Person mitversichert. Deshalb spricht man auch von einer Lebensversicherung auf verbundene Leben. Die Versicherungssumme wird bei Ablauf oder wenn eine der versicherten Personen vor dem vereinbarten Ablauftermin stirbt ausgezahlt. Sterben beide versicherte Personen gleichzeitig, wird die Versicherungssumme nur einmal fällig.

4. Kapitalversicherung mit festem Auszahlungszeitpunkt (Termfixversicherung)

52 Eine Kapitalversicherung mit festem Auszahlungszeitpunkt wird Termfixversicherung genannt. Hier wird die Versicherungssumme ausschließlich zum vereinbarten Ablauftermin ausgezahlt. Stirbt die versicherte Person vor diesem Zeitpunkt, endet lediglich die Beitragszahlung. Die Versicherungssumme verringert sich dadurch jedoch nicht.

53 In der Praxis kommt diese Versicherung als **Ausbildungsversicherung** zum Einsatz. Versichert wird regelmäßig der Versorger der Familie oder eine dritte Person, die einem Kind die Ausbildung sichern will. Verstirbt der Versorger oder der beitragszahlende Dritte, ändert sich an der Versicherungsleistung nichts. Es bleibt bei der vereinbarten Versicherungssumme. Mit der Auszahlung der Versicherungssumme zum vereinbarten Termin kann dann die weitere Ausbildung finanziert werden.

5. Kapitalversicherung auf den Todesfall

54 Eine Kapitalversicherung auf den Todesfall enthält im Unterschied zu einer reinen Risikoversicherung auch eine kapitalbildende Komponente. Die vereinbarte Versicherungssumme wird **ausschließlich bei Tod** der versicherten Person ausgezahlt. Eine Erlebensfallleistung wird nicht vereinbart; ebenso wenig ein Ablauftermin.

55 Die Marktbedingungen sehen regelmäßig ein **Zuzahlungsrecht** vor. Zuzahlungen unterscheiden sich von den bei Vertragsabschluss vereinbarten laufenden Beiträgen, dadurch, dass sie unregelmäßig gezahlt werden können und keine feste Fälligkeit haben. Bei einer Kapitalversicherung auf den Todesfall werden Zuzahlungen zur Abkürzung der Beitragszahlungsdauer verwendet.

56 **Beispiel:** „Eine Zuzahlung nach §... verwenden wir zur Abkürzung der Dauer der Beitragszahlung. Dies gilt auch für ggf. eingeschlossene Zusatzversicherungen."

6. (Zusatz-)Leistung aus der Überschussbeteiligung

57 Der Versicherungsnehmer hat nach § 153 VVG dem Grunde nach einen Anspruch auf Überschussbeteiligung, es sei denn die Überschussbeteiligung wird im Vertrag ausdrücklich und insgesamt ausgeschlossen. Die Überschussbeteiligung setzt sich aus den Überschüssen und den Bewertungsreserven zusammen. Einzelheiten (§ 2 ALB).

58 Ist eine Überschussbeteiligung nicht ausdrücklich ausgeschlossen, sind alle zum jeweiligen Leistungszeitpunkt oder bei Vertragsende unwiderruflich zugeteilten oder zu diesen Zeitpunkt nach den vertraglichen Vereinbarungen zuzuteilenden

Teile der Überschussbeteiligung auszuzahlen oder zur Erhöhung der Leistung zu verwenden. Dies gilt für laufende Überschüsse, Schlussüberschüsse und Bewertungsreserven.

7. Typische Leistungsbausteine aus Marktbedingungen

59 Die aktuelle Produktlandschaft wird im Wesentlichen in den existierenden Grundformen von dem Musterbedingungen abgebildet. Es gibt allerdings zusätzlich Leistungsbausteine, die häufig in die vorstehend genannten Produktgruppen integriert werden.

60 **a) Alternative Kapitalleistungen.** Aufgrund der von den Versicherungsnehmern geforderten Flexibilität gibt es am Markt neben der Kapitalabfindung zahlreiche weitere Kapitalleistungen, die teilweise von biometrischen Ereignissen abhängig sind, teilweise aber nur ein Verlangen des Kunden voraussetzen, falls die vereinbarten Voraussetzungen für die Ausübung des entsprechenden Wahlrechts vorliegen.

61 **aa) Teilauszahlung – Verfügungsoption.** Viele Versicherer räumen dem Versicherungsnehmer eine sogenannte Verfügungsoption ein. Dabei handelt es sich um das Recht, die Auszahlung eines Teils des vorhandenen Deckungskapitals des Versicherungsvertrages ohne Abzug nach § 169 Abs. 5 VVG zu verlangen. In den Bedingungen sind die Voraussetzungen und Folgen, sowie die betragsmäßigen Grenzen dieser Option zu beschreiben. Wesentliche Folge ist eine Herabsetzung der versicherten Leistungen bei gleichbleibenden Beiträgen.

62 Hiervon zu unterscheiden ist ein **Teil-Rückkauf.** Bei diesem wird ggf. ein Abzug nach § 169 Abs. 5 VVG vorgenommen. Zudem kommt es regelmäßig zu einer Reduzierung der künftigen Beiträge.

63 **Beispiel:** „*Teilauszahlungsoption während der Abrufphase*
Sie können bereits während der Abrufphase zum Ersten eines Monats vorzeitig einen Teil der für diesen Zeitpunkt garantierten Erlebensfallsumme verlangen, wenn die versicherte Person diesen Termin erlebt, bei zwei versicherten Personen beide diesen Termin erleben.
Voraussetzung für die Teilauszahlung ist dass uns der Antrag hierzu spätestens einen Monat vor dem Auszahlungstermin vorliegt. Anderenfalls erfolgt die Teilauszahlung am nächstfolgenden Monatsersten.
Im Falle einer Teilauszahlung setzen wir die garantierte Erlebensfallsumme bzw. Todesfallsumme nach anerkannten Regeln der Versicherungsmathematik herab. Ist die vereinbarte Beitragszahlungsdauer noch nicht abgelaufen, müssen Sie nach einer Teilauszahlung die Beiträge in unveränderter Höhe weiter zahlen.
Sie können eine Teilauszahlung nur bis zur Höhe des Rückkaufswerts nach § 14 Abs. 3 – ohne Berücksichtigung eines Abzugs nach § 14 Abs. 3 – verlangen. Außerdem müssen sowohl der Betrag der Teilauszahlung als auch die herabgesetzten Leistungen jeweils den Mindestbetrag nach unseren „Bestimmungen über Kosten und tarifabhängige Begrenzungen nach § 18“ erreichen.
Nach einer Teilauszahlung informieren wir Sie über die Höhe der herabgesetzten Leistungen in einem Nachtrag zum Versicherungsschein.“

64 **bb) Dread-Disease-Option.** Ist eine Dread-Disease-Option vereinbart, kann eine **schwere Erkrankung** des Versicherungsnehmers eine steuerfreie Versicherungsleistung auslösen, Erleidet die versicherte Person vor Beginn der Rentenzahlung eine schwere Krankheit im Sinne der Versicherungsbedingungen kann der Versicherungsnehmer eine vorzeitige Kapitalabfindung iHn Höhe der vorhande-

nen Deckungskapitals des Vertrages verlangen. Mit der Auszahlung der Dread-Disease-Leistung endet der Versicherungsvertrag und es werden keine weiteren Leistungen mehr fällig.

65 Voraussetzungen des Anspruchs, Modalitäten der Geltendmachung und vom Versicherungsnehmer zu erbringende Nachweise sind zwingend in den **Versicherungsbedingungen** zu regeln.

66 **Beispiel:** „Bei Eintritt einer schweren Krankheit der versicherten Person während der Aufschubdauer können Sie vor Beginn der Rentenzahlung zum Schluss einer Versicherungsperiode eine Kapitalleistung in Höhe des nach anerkannten Regeln der Versicherungsmathematik mit den Rechnungsgrundlagen der Beitragskalkulation berechneten Deckungskapitals verlangen.
Der Antrag auf die Leistung muss uns zusammen mit dem Nachweis der schweren Krankheit spätestens am Tag vor dem gewünschten Auszahlungstermin vorliegen. Der Auszahlungstermin darf nicht später als zwei Jahre nach Eintritt der schweren Krankheit liegen.
Mit Zahlung der Kapitalleistung endet der Vertrag.
Schwere Erkrankungen im Sinne dieser Bedingungen, die auf Ihre Kosten fachärztlich nachgewiesen werden müssen, sind:..."

67 **b) Flexibler Ablauf.** Nahezu marktüblich ist heute der flexible Ablauf. Dies beinhaltet die Möglichkeit, die Versicherungsleistungen vorzeitig abzurufen, aber auch die Möglichkeit, den Ablauf mit oder ohne weitere Beitragszahlung hinauszuschieben. Ein vorzeitiger Abruf führt zu verringerten Leistungen, ein Hinausschieben zu erhöhten Leistungen, ggü. dem vereinbarten Ablauf. Bei Verlängerung der Versicherungsdauer entfallen regelmäßig die Zusatzversicherungen.

68 **Beispiel:** „*Vorzeitiger Abruf der Versicherungsleistung*
Sie können bereits während der Abrufphase zu Beginn eines jeden Monats vorzeitig die für diesen Zeitpunkt garantierte Erlebensfallsumme abrufen. In diesem Fall zahlen wir die garantierte Erlebensfallsumme zum Abruftermin, wenn die versicherte Person diesen Termin erlebt, bei zwei versicherten Personen beide diesen Termin erleben. Stirbt die versicherte Person, bei zwei versicherten Personen eine der beiden, während der Abrufphase, zahlen wir die garantierte Todesfallsumme, und der Vertrag endet. Auch bei gleichzeitigem Tod beider versicherter Personen während der Abrufphase zahlen wir die garantierte Todesfallsumme nur einmal.
Voraussetzung für den Abruf der garantierten Erlebensfallsumme ist, dass uns der Antrag hierzu spätestens einen Monat vor dem gewünschten Termin vorliegt. Anderenfalls zahlen wir die garantierte Erlebensfallsumme am nächstfolgenden Monatsersten.
Die Abrufphase dauert höchstens fünf Jahre. Beginn und Ende der Abrufphase sowie die zu den Jahrestagen garantierte Erlebensfallsumme bzw. Todesfallsumme können Sie Ihrem Informationspaket unter [...] und dem Versicherungsschein entnehmen. Die Höhe der Erlebensfallsumme bzw. Todesfallsumme zu den monatlichen Abrufterminen zwischen den Jahrestagen ermitteln wir nach versicherungsmathematischen Grundsätzen.
Wenn Sie die garantierte Erlebensfallsumme vorzeitig abrufen, enden zum Abruftermin noch eingeschlossene Zusatzversicherungen.
Verlängerungsphase
Wenn Sie die garantierte Erlebensfallsumme nicht zum voraussichtlichen Ablauftermin abgerufen haben, verlängert sich automatisch die Dauer des Vertrags bis zum Ende der Verlängerungsphase. Ist bei Ihrem Vertrag eine laufende Beitragszahlung bis zum voraussichtlichen Ablauftermin vereinbart, verlängert sich entsprechend auch die Beitragszahlungsdauer.
Sie können während der Verlängerungsphase zu Beginn eines jeden Monats die garantierte Erlebensfallsumme abrufen. In diesem Fall zahlen wir die garantierte Erlebensfallsumme zum Abruftermin, wenn die versicherte Person diesen Termin erlebt, bei zwei versicherten Personen beide diesen Termin erleben. Stirbt die versicherte Person, bei zwei versicherten Personen eine der beiden, während der Verlängerungsphase, zahlen wir die garantierte Todesfallsumme, und

der Vertrag endet. Auch bei gleichzeitigem Tod beider versicherter Personen während der Verlängerungsphase zahlen wir die garantierte Todesfallsumme nur einmal.
Voraussetzung für den Abruf der garantierten Erlebensfallsumme ist, dass uns der Antrag hierzu spätestens einen Monat vor dem gewünschten Termin vorliegt. Anderenfalls zahlen wir die garantierte Erlebensfallsumme am nächstfolgenden Monatsersten.
Die Verlängerungsphase dauert längstens bis zum 85. Geburtstag der versicherten Person, bei zwei versicherten Personen längstens bis zum 85. Geburtstag der älteren versicherten Person. Beginn und Ende der Verlängerungsphase sowie die zu den Jahrestagen garantierte Erlebensfallsumme bzw. Todesfallsumme können Sie ... und dem Versicherungsschein entnehmen.
(5) Spätestens zum voraussichtlichen Ablauftermin enden eingeschlossene Zusatzversicherungen. Dies gilt auch, wenn Sie den Ablauftermin in die Verlängerungsphase hinausschieben. Die Beiträge für die Zusatzversicherungen entfallen."

c) Persönliche Anpassungsrechte. Häufig enthalten Kapitallebensversicherungen das Recht, unter bestimmten, vertraglich vereinbarten, Voraussetzungen, die vereinbarten Beiträge und Versicherungsleistungen ohne erneute Gesundheitsprüfung zu erhöhen (persönliche Anpassungsrechte). Das Erhöhungsrecht wird dann durch **vorab definierte Ereignisse oder Anlässe** ausgelöst und ist in der Regel summenmäßig und zeitlich begrenzt. 69

Bei Kapitallebensversicherungen wird häufig auch als Recht zur **Umwandlung in eine Rentenversicherung** vereinbart. 70

Beispiel: „*Erhöhung des Versicherungsschutzes (persönliches Anpassungsrecht)* 71
(1) Sie können den Versicherungsschutz Ihres Vertrags, der nicht im Rahmen einer betrieblichen Altersversorgung abgeschlossen wurde, ohne erneute Prüfung der Gesundheits- und sonstigen Risikoverhältnisse (Gesundheitsprüfung) erhöhen. Eine Erhöhung ist nach Eintritt folgender Lebensereignisse bei einer versicherten Person – das ist die Person, auf deren Leben die Versicherung abgeschlossen ist – möglich:
- Heirat bzw. Begründung einer eingetragenen Lebenspartnerschaft,
- Ehescheidung bzw. Aufhebung einer eingetragenen Lebenspartnerschaft,
- Geburt eines Kindes oder Adoption eines minderjährigen Kindes,
- Aufnahme einer beruflichen Tätigkeit nach Abschluss einer staatlich anerkannten beruflichen oder akademischen Ausbildung,
- Wechsel in eine selbständige Tätigkeit als Hauptberuf,
- Wegfall der Versicherungspflicht in der gesetzlichen Rentenversicherung bei Handwerkern und Selbständigen,
- erstmalige Überschreitung der Beitragsbemessungsgrenze in der allgemeinen Rentenversicherung durch das Bruttojahresarbeitseinkommen aus nichtselbständiger Tätigkeit,
- Erhöhung des Bruttojahresarbeitseinkommens bei nichtselbständiger Tätigkeit um mindestens 10% innerhalb eines Jahres,
- bei Selbständigen eine nachhaltige Steigerung des Gewinns vor Steuern um mindestens 10% jährlich in den letzten drei Jahren,
- Aufnahme eines Darlehens zur Finanzierung einer selbst bewohnten Immobilie (Kaufpreis mindestens 50.000 EUR),
- Kürzung der gesetzlichen Rentenanwartschaften durch Gesetz,
- Wegfall oder Kürzung einer berufsbedingten, insbesondere berufsständischen oder betrieblichen Altersversorgung.

Sie müssen die Erhöhung innerhalb von drei Monaten nach Eintritt des Ereignisses unter Vorlage eines entsprechenden Nachweises in Schriftform – d. h. durch ein eigenhändig unterschriebenes Schriftstück – beantragen. Ansonsten ist gegebenenfalls eine Gesundheitsprüfung erforderlich.
Wenn mehrere Verträge mit persönlichem Anpassungsrecht auf das Leben der versicherten Person bestehen, können Sie nur einen Vertrag erhöhen. Diesen müssen Sie bei der ersten Erhö-

hung benennen (ursprünglicher Vertrag). Die übrigen Verträge können Sie dann nicht erhöhen.
Bei einer Versicherung auf zwei verbundene Leben kann das Erhöhungsrecht nach Eintritt des Ereignisses nur einmal ausgeübt werden.
(2) Die Erhöhung des ursprünglichen Vertrags erfolgt durch einen zusätzlichen, neuen Vertrag auf den Todes- und Erlebensfall. Für diesen gelten die dann gültigen Rechnungsgrundlagen, Tarife, Versicherungsbedingungen und das dann maßgebliche rechnungsmäßige Alter der versicherten Person(en). Dieser zusätzliche, neue Vertrag darf nicht später als elf Monate nach dem ursprünglichen Vertrag ablaufen.
(3) Wenn nichts anderes vereinbart wird, gelten für den zusätzlichen, neuen Vertrag die vertraglichen Vereinbarungen und Erklärungen einschließlich des Bezugsrechts sowie die Annahmeentscheidung des ursprünglichen Vertrags. Bei dem ursprünglichen Vertrag eingeschlossene Zusatzversicherungen werden nicht erhöht.
(4) Die Erhöhungssumme des neuen Vertrags darf die Mindestsumme des dann gültigen Tarifs nicht unterschreiten und höchstens 25.000 EUR betragen. Sie darf jedoch nicht mehr als die Erlebensfallsumme des ursprünglichen Vertrags zum Zeitpunkt des Vertragsabschlusses betragen. Innerhalb von fünf Jahren dürfen die Erhöhungssummen insgesamt 50.000 EUR nicht überschreiten.
(5) Das Recht auf Erhöhung endet, wenn
- die versicherte Person, bei zwei versicherten Personen die ältere versicherte Person, das 50. Lebensjahr vollendet hat,
- die Restlaufzeit des ursprünglichen Vertrags zwölf Jahre unterschreitet,
- der ursprüngliche Vertrag beitragsfrei gestellt wird oder
- bei dem ursprünglichen Vertrag mit vereinbarter Berufsunfähigkeits- bzw. Erwerbsunfähigkeits-Zusatzversicherung eine Berufs- bzw. Erwerbsunfähigkeit der versicherten Person eingetreten ist. Nach Eintritt der Berufs- bzw. Erwerbsunfähigkeit noch durchgeführte Erhöhungen entfallen rückwirkend.

Umwandlung in eine Rentenversicherung
(6) Sie können Ihren Vertrag, der nicht im Rahmen einer betrieblichen Altersversorgung abgeschlossen wurde, in eine Rentenversicherung ohne Kapitalwahlrecht umwandeln. Eine Umwandlung ist bei folgenden Änderungen der Familienverhältnisse bei einer versicherten Person möglich:
- Volljährigkeit eines Kindes,
- Scheidung,
- Tod des Ehepartners, bzw. des eingetragenen Lebenspartners,
- Aufnahme einer beruflichen Tätigkeit durch ein Kind.

Bei zwei versicherten Personen kann die Umwandlung durch Teilung für jede der versicherten Personen vereinbart werden.
(7) Die Umwandlung erfolgt nach anerkannten Regeln der Versicherungsmathematik und dem Ergebnis einer Prüfung der Gesundheits- und sonstigen Risikoverhältnisse (Gesundheitsprüfung). Dabei legen wir die dann gültigen Rechnungsgrundlagen, Tarife, Versicherungsbedingungen und das zum Zeitpunkt der Umwandlung erreichte rechnungsmäßige Alter der versicherten Person(en) zu Grunde."

72 **d) Beitrags-Dynamik.** Bei Vereinbarung einer dynamischen Erhöhnung von Beitrag und Leistung (Dynamik) zu vorab festgelegten Zeitpunkten und nach bei Vertragsabschluss vereinbarten festen Kriterien, erhöhen sich die Leistungen üblicherweise jährlich. Der Kunde erhält zum vereinbarten Erhöhungszeitpunkt einen aktualisierten Versicherungsschein und kann der Erhöhung widersprechen. Erfolgt kein Widerspruch, ist ab dem vereinbarten Erhöhungstermin ein erhöhter Beitrag zu bei ab diesem Zeitpunkt erhöhten Versicherungsleistungen zu bezahlen.

Die **Bezugsgrößen** für eine Dynamik sind am Markt vielfältig. Üblich sind Bezugsgrößen aus der Sozialversicherung oder steuerliche Bezugsgrößen, die sich an einem steuerrechtlichen Förderrahmen orientieren. Häufig sind aber auch regelmäßige Erhöhungen zu einem vorab vereinbarten festen Prozentsatz des Beitrags. **73**

Eine Vereinbarung der Dynamik kommt **nur bei laufender Beitragszahlung** in Betracht. **74**

Beispiel: „Die laufenden Beiträge für Ihren Vertrag erhöhen wir jährlich jeweils **75**
- im gleichen Verhältnis wie der Höchstbeitrag (West) in der Allgemeinen Rentenversicherung erhöht wird, mindestens jedoch um jährlich 5% des jeweiligen Vorjahresbeitrags oder
- um einen bei Vertragsabschluss vereinbarten Prozentsatz.

Mit der Erhöhung werden auch die Beiträge für etwaig eingeschlossene Zusatzversicherungen erhöht. Die Beiträge für eine eingeschlossene Risiko-Zusatzversicherung mit fallender Versicherungssumme werden jedoch nicht erhöht.
Die Erhöhung berechnen wir immer vom jeweiligen Vorjahresbeitrag.
Den vereinbarten Erhöhungsmaßstab nennen wir im Versicherungsschein.
Die Beitragserhöhung führt zu einer Erhöhung der Leistungen ohne erneute Gesundheitsprüfung.“

e) Leistungserhöhung aufgrund Zuzahlungen. Kapitallebensversicherungen sehen bei laufender Beitragszahlung oft das Recht vor, bei Vertragsbeginn und/oder während der Vertragslaufzeit zusätzliche Beitragszahlungen zu leisten (Zuzahlung). Zuzahlungen führen in Abhängigkeit von der geleisteten Zahlung zu einer Erhöhung der Versicherungsleistungen oder einer Abkürzung der Beitragszahlungsdauer (→ Rn. 55). **76**

Das Zuzahlungsrecht während der Vertragslaufzeit kann **anlassbezogen oder anlassunabhängig** ausgestaltet sein. Zudem kann das Recht der Höhe nach und zeitlich begrenzt sein. Die genaue Ausgestaltung, die Voraussetzungen und Grenzen sowie der Berechnungsschlüssel für die Leistungserhöhung sind in den Versicherungsbedingungen zu regeln. **77**

Beispiel: „Bei Verträgen gegen laufende Beitragszahlung können Sie einmalig zum Versicherungsbeginn und während der vereinbarten Beitragszahlungsdauer weitere Beiträge (Zuzahlungen) zahlen. Zuzahlungen sind bis zum Beginn der Abrufphase möglich. Eine Zuzahlung darf die im Anhang genannten Mindest- und Höchstbeträge nicht unter- bzw. überschreiten. **78**
Zuzahlungen zu anderen Zeitpunkten oder außerhalb der genannten Beträge bedürfen einer gesonderten Vereinbarung mit uns.
Eine Zuzahlung erhöht die Leistungen Ihres Vertrags. Wenn Sie eine Hinterbliebenenrenten-Zusatzversicherung eingeschlossen haben, erhöhen sich deren Leistungen entsprechend. Dies gilt nicht für die Leistungen aus anderen eingeschlossenen Zusatzversicherungen.
Die Erhöhung der Leistungen erfolgt zum Ersten des Monats, der auf den Eingang der Zuzahlung bei uns folgt. Sie errechnet sich nach anerkannten Regeln der Versicherungsmathematik unter Berücksichtigung Ihres zum Erhöhungszeitpunkt erreichten rechnungsmäßigen Alters, der ausstehenden Dauer bis zum voraussichtlichen Altersrentenbeginn und den bei Abschluss des Vertrags gültigen Tarifen.“

f) Policen-Darlehen. Möglich ist auch die Vereinbarung eines Versicherungsschein-Darlehens (Policendarlehen) mit und ohne Rechtsanspruch des Versicherungsnehmers. Hier wird eine **verzinsliche Vorauszahlung** auf die Versicherungsleistung geleistet; als Sicherheit wird die Versicherungsleistung an das Versicherungsunternehmen verpfändet. Das Darlehen wird entweder vor Fälligkeit der Versicherungsleistung einschließlich Darlehenszinsen zurückgezahlt oder bei Fälligkeit der Versicherungsleistung mit dieser verrechnet. **79**

80 Die Ausreichung eines Policendarlehens bedarf eines **gesonderten Darlehensvertrages,** der dem Verbraucherkreditrecht unterliegt.

81 **Beispiel:** „Wir können Ihnen bis zur Höhe des Rückkaufswertes ein zu verzinsendes Darlehen auf die Versicherungsleistung gewähren. Ein Rechtsanspruch hierauf besteht jedoch nicht. Ein Darlehen werden wir mit der fälligen Kapitalabfindung, mit der Todesfallleistung bzw. bei fälligen Rentenleistungen sowie im Fall der Umwandlung in eine beitragsfreie Versicherung unter entsprechender Herabsetzung der Rente oder bei Kündigung mit der Deckungsrückstellung verrechnen; vorher werden wir es nicht zurückfordern. Sie hingegen können das Darlehen jederzeit zurückzahlen."

82 **g) Leistungen bei Pflegebedürftigkeit.** Auch im Rahmen von Kapitallebensversicherungen werden zunehmend besondere Leistungen oder Leistungserhöhungen für den Fall der Pflegebedürftigkeit angeboten. Ein Marktstandard hat sich hier noch nicht herausgebildet, so dass es **zahlreiche Varianten** der Pflegeleistungen gibt.

83 Neben reinen Pflegerentenversicherungen und entsprechenden Zusatzversicherungen, die Pflegeversicherungsschutz bei Pflegebedürftigkeit vorsehen gibt es auch sogenannte Pflegeoptionen. Diese sehen unterschiedliche **Leistungserweiterungen** vor, zB Kapitalleistungen bei Pflegebedürftigkeit der versicherten Person vor Ablauf der Versicherung (→ ARB-S § 1 Rn. 62).

84 **Tritt Pflegebedürftigkeit ein,** kann die Todesfallleistung und das Recht, Teilkapitalauszahlungen zu verlangen, entfallen. Der versicherungsvertragliche Pflegebegriff entspricht nicht dem sozialversicherungsrechtlichen Pflegebegriff, so dass es hier teilweise erhebliche Unterschiede in den Leistungsvoraussetzungen gibt.

III. Wirksamkeit der Bestimmung

85 Bisher gibt es kaum höchstrichterliche Rspr. zur Unwirksamkeit einzelner Leistungsbeschreibungen. Grundsätzlich ist hier eine klare, verständliche Beschreibung der vertraglichen Leistungen erforderlich. Dem Versicherungsnehmer müssen die Leistungen und deren Grenzen transparent werden.

§ 2 Wie erfolgt die Überschussbeteiligung?

Sie erhalten gemäß § 153 des Versicherungsvertragsgesetzes (VVG) eine Überschussbeteiligung. Diese umfasst eine Beteiligung an den Überschüssen und an den Bewertungsreserven. Die Überschüsse und die Bewertungsreserven ermitteln wir nach den Vorschriften des Handelsgesetzbuches (HGB) und veröffentlichen sie jährlich im Geschäftsbericht. Wir erläutern Ihnen,
– wie die Überschussbeteiligung der Versicherungsnehmer insgesamt erfolgt (Absatz 2),
– wie die Überschussbeteiligung Ihres konkreten Vertrags erfolgt (Absatz 3) und
– warum wir die Höhe der Überschussbeteiligung nicht garantieren können (Absatz 4).

(2) Wie erfolgt die Überschussbeteiligung der Versicherungsnehmer insgesamt?

Dazu erklären wir Ihnen
– aus welchen Quellen die Überschüsse stammen (a),
– wie wir mit diesen Überschüssen verfahren (b) und
– wie Bewertungsreserven entstehen und wir diese zuordnen (c).

a) Überschüsse können aus drei verschiedenen Quellen entstehen:
- den Kapitalerträgen (aa),
- dem Risikoergebnis (bb) und
- dem übrigen Ergebnis (cc).

Wir beteiligen unsere Versicherungsnehmer an diesen Überschüssen; dabei beachten wir die Verordnung über die Mindestbeitragsrückerstattung in der Lebensversicherung (Mindestzuführungsverordnung) in der jeweils geltenden Fassung.

(aa) Kapitalerträge

Von den Nettoerträgen der nach dieser Verordnung maßgeblichen Kapitalanlagen erhalten die Versicherungsnehmer insgesamt mindestens den dort genannten prozentualen Anteil. In der derzeitigen Fassung der Mindestzuführungsverordnung sind grundsätzlich 90% vorgeschrieben. Aus diesem Betrag werden zunächst die Mittel entnommen, die für die garantierten Leistungen benötigt werden. Die verbleibenden Mittel verwenden wir für die Überschussbeteiligung der Versicherungsnehmer.

(bb) Risikoergebnis

Weitere Überschüsse entstehen insbesondere, wenn die Sterblichkeit der Versicherten niedriger ist, als die bei der Tarifkalkulation zugrunde gelegte. In diesem Fall müssen wir weniger Leistungen für Todesfälle als ursprünglich angenommen zahlen und können daher die Versicherungsnehmer an dem entstehenden Risikoergebnis beteiligen. An diesen Überschüssen werden die Versicherungsnehmer nach der derzeitigen Fassung der Mindestzuführungsverordnung grundsätzlich zu mindestens 75% beteiligt.

(cc) Übriges Ergebnis

Am übrigen Ergebnis werden die Versicherungsnehmer nach der derzeitigen Fassung der Mindestzuführungsverordnung grundsätzlich zu mindestens 50% beteiligt. Überschüsse aus dem übrigen Ergebnis können beispielsweise entstehen, wenn
- die Kosten niedriger sind als bei der Tarifkalkulation angenommen,
- wir andere Einnahmen als aus dem Versicherungsgeschäft haben, z. B. Erträge aus Dienstleistungen, die wir für andere Unternehmen erbringen,
- […]

(b) Die auf die Versicherungsnehmer entfallenden Überschüsse führen wir der Rückstellung für Beitragsrückerstattung zu oder schreiben sie unmittelbar den überschussberechtigten Versicherungsverträgen gut (Direktgutschrift).

Die Rückstellung für Beitragsrückerstattung dient dazu, Schwankungen der Überschüsse auszugleichen. Sie darf grundsätzlich nur für die Überschussbeteiligung der Versicherungsnehmer verwendet werden. Nur in Ausnahmefällen und mit Zustimmung der Aufsichtsbehörde können wir hiervon nach §56b des Versicherungsaufsichtsgesetzes (VAG) abweichen. Dies dürfen wir, soweit die Rückstellung für Beitragsrückerstattung nicht auf bereits festgelegte Überschussanteile entfällt. Nach der derzeitigen Fassung des §56b VAG können wir im Interesse der Versicherten die Rückstellung für Beitragsrückerstattung heranziehen, um:
- einen drohenden Notstand abzuwenden,
- unvorhersehbare Verluste aus den überschussberechtigten Verträgen auszugleichen, die auf allgemeine Änderungen der Verhältnisse zurückzuführen sind, oder
- die Deckungsrückstellung zu erhöhen, wenn die Rechnungsgrundlagen auf Grund einer unvorhersehbaren und nicht nur vorübergehenden Änderung der Verhältnisse angepasst werden müssen. *(Eine Deckungsrückstellung bilden wir, um zu jedem Zeitpunkt den Versicherungsschutz gewährleisten zu können. Die Deckungsrückstellung wird nach §65 VAG und §341e und §341f HGB sowie den dazu erlassenen Rechtsverordnungen berechnet.)*

Wenn wir die Rückstellung für Beitragsrückerstattung zum Verlustausgleich oder zur Erhöhung der Deckungsrückstellung heranziehen, belasten wir die Versichertenbestände verursachungsorientiert.

(c) Bewertungsreserven entstehen, wenn der Marktwert der Kapitalanlagen über dem Wert liegt, mit dem die Kapitalanlagen im Geschäftsbericht ausgewiesen sind. Die Bewertungsreserven, die nach gesetzlichen und aufsichtsrechtlichen Vorschriften für die Beteiligung der Verträge zu berücksichtigen sind, ordnen wir den Verträgen nach einem verursachungsorientierten Verfahren anteilig rechnerisch zu.

Die Höhe der Bewertungsreserven ermitteln wir jährlich neu, zusätzlich auch für den Zeitpunkt der Beendigung eines Vertrages.

(3) Wie erfolgt die Überschussbeteiligung Ihres Vertrages?

(a) Wir haben gleichartige Versicherungen (z. B. Rentenversicherung, Risikoversicherung) zu Gewinngruppen zusammengefasst. Gewinngruppen bilden wir, um die Unterschiede bei den versicherten Risiken zu berücksichtigen. Die Überschüsse verteilen wir auf die einzelnen Gewinngruppen nach einem verursachungsorientierten Verfahren und zwar in dem Maß, wie die Gewinngruppen zur Entstehung von Überschüssen beigetragen haben.

Ihr Vertrag erhält Anteile an den Überschüssen derjenigen Gewinngruppe, die in Ihrem Versicherungsschein genannt ist. Die Mittel für die Überschussanteile werden bei der Direktgutschrift zu Lasten des Ergebnisses des Geschäftsjahres finanziert, ansonsten der Rückstellung für Beitragsrückerstattung entnommen. Die Höhe der Überschussanteilsätze legen wir jedes Jahr fest. Wir veröffentlichen die Überschussanteilsätze in unserem Geschäftsbericht. Diesen können Sie bei uns anfordern.

(b) Bei Beendigung des Vertrags (durch Tod, Kündigung oder Erleben des vereinbarten Ablauftermins) gilt Folgendes. Wir teilen Ihrem Vertrag dann den für diesen Zeitpunkt zugeordneten Anteil an den Bewertungsreserven gemäß der jeweils geltenden gesetzlichen Regelung zu; derzeit sieht § 153 Absatz 3 VVG eine Beteiligung in Höhe der Hälfte der zugeordneten Bewertungsreserven vor. Aufsichtsrechtliche Regelungen können dazu führen, dass die Beteiligung an den Bewertungsreserven ganz oder teilweise entfällt.

(c) Die für die Überschussbeteiligung geltenden Berechnungsgrundsätze sind in den als Anlage beigefügten „Bestimmungen zur Überschussbeteiligung für die kapitalbildende Lebensversicherung“ enthalten. Diese Bestimmungen sind Bestandteil dieser Versicherungsbedingungen.

(4) Warum können wir die Höhe der Überschussbeteiligung nicht garantieren?

Die Höhe der Überschussbeteiligung hängt von vielen Einflüssen ab, die nicht vorhersehbar und von uns nur begrenzt beeinflussbar sind. Wichtigster Einflussfaktor ist die Entwicklung des Kapitalmarkts. Aber auch die Entwicklung des versicherten Risikos und der Kosten ist von Bedeutung. Die Höhe der künftigen Überschussbeteiligung kann also nicht garantiert werden. Über die Entwicklung Ihrer Überschussbeteiligung werden wir Sie jährlich unterrichten.

1 § 2 entspricht § 2 ARB. Vgl. die Erläuterungen dort (→ ARB § 2 Rn. 1 ff.).

Die kapitalbildende Lebensversicherung endet mit der Tod, Kündigung oder Erleben. Eine **Rentenzahlung ist nicht vorgesehen.** Naturgemäß entfallen Überschussbeteiligung sowie Beteiligung an den Bewertungsreserven während der Rentenzahlungszeit. Die Überschussbeteiligung bei Erleben ersetzt die Formulierung „bei Rentenzahlungsbeginn“.

§ 3 Wann beginnt Ihr Versicherungsschutz?

Ihr Versicherungsschutz beginnt, wenn Sie den Vertrag mit uns abgeschlossen haben. Jedoch besteht vor dem im Versicherungsschein angegebenen Versicherungsbeginn kein Versicherungsschutz. Allerdings kann unsere Leistungspflicht entfallen, wenn Sie den Beitrag nicht rechtzeitig zahlen (siehe § 10 Absätze 2 und 3 und § 11).

§ 3 entspricht § 3 ARB. Vgl. die Erläuterungen dort (→ ARB § 3 Rn. 1 ff.). **1**

§ 4 Was gilt bei Polizei- oder Wehrdienst, Unruhen, Krieg oder Einsatz bzw. Freisetzen von ABC-Waffen/-Stoffen?

(1) Grundsätzlich leisten wir unabhängig davon, auf welcher Ursache der Versicherungsfall beruht. Wir leisten auch dann, wenn die versicherte Person *(das ist die Person, auf deren Leben die Versicherung abgeschlossen ist)* in Ausübung des Polizei- oder Wehrdienstes oder bei inneren Unruhen gestorben ist.

(2) Stirbt die versicherte Person in unmittelbarem oder mittelbarem Zusammenhang mit kriegerischen Ereignissen, ist unsere Leistung eingeschränkt. In diesem Fall vermindert sich die Auszahlung auf den für den Todestag berechneten Rückkaufswert (siehe § 12 Absätze 3 bis 6), ohne den dort vorgesehenen Abzug. Unsere Leistung vermindert sich nicht, wenn die versicherte Person in unmittelbarem oder mittelbarem Zusammenhang mit kriegerischen Ereignissen stirbt, denen sie während eines Aufenthaltes außerhalb der Bundesrepublik Deutschland ausgesetzt und an denen sie nicht aktiv beteiligt war.

(3) In folgenden Fällen vermindern sich unsere Leistungen auf die in Absatz 2 Satz 2 und 3 genannten Leistungen: Die versicherte Person stirbt in unmittelbarem oder mittelbarem Zusammenhang mit

- dem vorsätzlichen Einsatz von atomaren, biologischen oder chemischen Waffen oder
- dem vorsätzlichen Einsatz oder der vorsätzlichen Freisetzung von radioaktiven, biologischen oder chemischen Stoffen.

Der Einsatz bzw. das Freisetzen muss dabei darauf gerichtet gewesen sein, das Leben einer Vielzahl von Personen zu gefährden. Unsere Leistung vermindert sich nicht, wenn die versicherte Person in unmittelbarem oder mittelbarem Zusammenhang mit kriegerischen Ereignissen stirbt, denen sie während eines Aufenthaltes außerhalb der Bundesrepublik Deutschland ausgesetzt und an denen sie nicht aktiv beteiligt war.

§ 4 entspricht weitestgehend § 4 ARB. Vgl. die Erläuterungen dort (→ ARB § 4 Rn. 1 ff.). **1**

§ 4 A **unterscheidet** sich von § 4 ARB lediglich insoweit, dass mangels vereinbarter Rentenleistung bei der Kapitallebensversicherung Regelungen zu einer für den Todesfall vereinbarten Rentenleistung obsolet sind.

§ 5 Was gilt bei Selbsttötung der versicherten Person?

(1) Bei vorsätzlicher Selbsttötung erbringen wir eine für den Todesfall vereinbarte Leistung, wenn seit Abschluss des Vertrages **drei Jahre vergangen** sind.

(2) Bei vorsätzlicher Selbsttötung **vor** Ablauf der Dreijahresfrist besteht kein Versicherungsschutz. In diesem Fall zahlen wir den für den Todestag berechneten Rück-

kaufswert Ihres Vertrages (siehe § 12 Absätze 3 bis 6), ohne den dort vorgesehenen Abzug.

Wenn uns nachgewiesen wird, dass sich die versicherte Person *(das ist die Person, auf deren Leben die Versicherung abgeschlossen ist)* in einem die freie Willensbestimmung ausschließenden Zustand krankhafter Störung der Geistestätigkeit selbst getötet hat, besteht Versicherungsschutz.

(3) Wenn unsere Leistungspflicht durch eine Änderung des Vertrages erweitert wird oder der Vertrag wiederhergestellt wird, beginnt die Dreijahresfrist bezüglich des geänderten oder wiederhergestellten Teils neu.

1 § 5 ALB entspricht weitestgehend § 5 ARB. Vgl. die Erläuterungen dort (→ ARB § 5 Rn. 1 ff.).

2 **Abweichungen in der Formulierung** sind in dem Umstand begründet, dass bei einer Kapitallebensversicherung für den Erlebensfall eine Kapitalleistung und keine Rentenleistung vereinbart sind.

3 **Absatz 1** ist identisch mit § 5 Abs. 1 ARB (→ ARB § 5 Rn. 10 ff.).

4 **Absatz 2** unterschiedet sich von § 5 Abs. 2 ARB (→ ARB § 5 Rn. 18 ff.) lediglich dadurch, dass die **Begrenzung des Rückkaufswerts** auf die für den Todesfall vereinbarte Kapitalleistung entfällt. Dies begründet sich darin, dass bei der Kapitallebensversicherung gem. → § 1 Abs. 1 ALB die Erlebens- und Todesfallleistung gleich hoch sind und der Rückkaufswert nicht höher sein kann als die Versicherungssumme. Naturgemäß entfallen in § 5 Abs. 2 ALB auch die in § 5 Abs. 2. ARB enthaltenen Ausführungen zu **Rentenleistungen.**

5 **Absatz 3** ist identisch mit § 5 Abs. 3 ARB (→ ARB § 5 Rn. 26 ff.).

§ 6 Was bedeutet die vorvertragliche Anzeigepflicht und welche Folgen hat ihre Verletzung?

Vorvertragliche Anzeigepflicht

(1) Sie sind bis zur Abgabe Ihrer Vertragserklärung verpflichtet, alle Ihnen bekannten gefahrerheblichen Umstände, nach denen wir in Textform *(z. B. Papierform oder E-Mail)* gefragt haben, wahrheitsgemäß und vollständig anzuzeigen. Gefahrerheblich sind die Umstände, die für unsere Entscheidung, den Vertrag überhaupt oder mit dem vereinbarten Inhalt zu schließen, erheblich sind.

Diese Anzeigepflicht gilt auch für Fragen nach gefahrerheblichen Umständen, die wir Ihnen nach Ihrer Vertragserklärung, aber vor Vertragsannahme, in Textform stellen.

(2) Soll das Leben einer anderen Person versichert werden, ist auch diese – neben Ihnen – zu wahrheitsgemäßer und vollständiger Beantwortung der Fragen verpflichtet.

(3) Wenn eine andere Person die Fragen nach gefahrerheblichen Umständen für Sie beantwortet und wenn diese Person den gefahrerheblichen Umstand kennt oder arglistig handelt, werden Sie behandelt, als hätten Sie selbst davon Kenntnis gehabt oder arglistig gehandelt.

Rechtsfolgen der Anzeigepflichtverletzung

(4) Nachfolgend informieren wir Sie, unter welchen Voraussetzungen wir bei einer Verletzung der Anzeigepflicht

- vom Vertrag zurücktreten,
- den Vertrag kündigen,
- den Vertrag ändern oder
- den Vertrag wegen arglistiger Täuschung anfechten

können.

Rücktritt

(5) Wenn die vorvertragliche Anzeigepflicht verletzt wird, können wir vom Vertrag zurücktreten. Das Rücktrittsrecht besteht nicht, wenn weder eine vorsätzliche noch eine grob fahrlässige Anzeigepflichtverletzung vorliegt. Selbst wenn die Anzeigepflicht grob fahrlässig verletzt wird, haben wir trotzdem kein Rücktrittsrecht, falls wir den Vertrag – möglicherweise zu anderen Bedingungen *(z. B. höherer Beitrag oder eingeschränkter Versicherungsschutz)* – auch bei Kenntnis der nicht angezeigten gefahrerheblichen Umstände geschlossen hätten.

(6) Im Fall des Rücktritts haben Sie keinen Versicherungsschutz. Wenn wir nach Eintritt des Versicherungsfalles zurücktreten, bleibt unsere Leistungspflicht unter folgender Voraussetzung trotzdem bestehen: Die Verletzung der Anzeigepflicht bezieht sich auf einen gefahrerheblichen Umstand, der
- weder für den Eintritt oder die Feststellung des Versicherungsfalles
- noch für die Feststellung oder den Umfang unserer Leistungspflicht ursächlich

war.

Unsere Leistungspflicht entfällt jedoch auch im vorstehend genannten Fall, wenn die Anzeigepflicht arglistig verletzt worden ist.

(7) Wenn der Vertrag durch Rücktritt aufgehoben wird, zahlen wir den Rückkaufswert gemäß § 12 Absätze 3 bis 5; die Regelung des § 12 Absatz 3 Satz 2 bis 4 gilt nicht. Die Rückzahlung der Beiträge können Sie nicht verlangen.

Kündigung

(8) Wenn unser Rücktrittsrecht ausgeschlossen ist, weil die Verletzung der Anzeigepflicht weder vorsätzlich noch grob fahrlässig erfolgt ist, können wir den Vertrag unter Einhaltung einer Frist von einem Monat kündigen.

(9) Unser Kündigungsrecht ist ausgeschlossen, wenn wir den Vertrag – möglicherweise zu anderen Bedingungen *(z.B. höherer Beitrag oder eingeschränkter Versicherungsschutz)* – auch bei Kenntnis der nicht angezeigten gefahrerheblichen Umstände geschlossen hätten.

(10) Wenn wir den Vertrag kündigen, wandelt er sich in einen beitragsfreien Vertrag um (siehe § 13).

Vertragsänderung

(11) Können wir nicht zurücktreten oder kündigen, weil wir den Vertrag – möglicherweise zu anderen Bedingungen *(z. B. höherer Beitrag oder eingeschränkter Versicherungsschutz)* – auch bei Kenntnis der nicht angezeigten gefahrerheblichen Umstände geschlossen hätten (Absatz 5 Satz 3 und Absatz 9), werden die anderen Bedingungen auf unser Verlangen rückwirkend Vertragsbestandteil. Haben Sie die Anzeigepflichtverletzung nicht zu vertreten, werden die anderen Bedingungen erst ab der laufenden Versicherungsperiode (siehe § 10 Absatz 2 Satz 3) Vertragsbestandteil.

(12) Sie können den Vertrag innerhalb eines Monats, nachdem Sie unsere Mitteilung über die Vertragsänderung erhalten haben, fristlos kündigen, wenn
- wir im Rahmen einer Vertragsänderung den Beitrag um mehr als 10% erhöhen oder
- wir die Gefahrabsicherung für einen nicht angezeigten Umstand ausschließen.

Auf dieses Recht werden wir Sie in der Mitteilung über die Vertragsänderung hinweisen.

Voraussetzungen für die Ausübung unserer Rechte

(13) Unsere Rechte zum Rücktritt, zur Kündigung oder zur Vertragsänderung stehen uns nur zu, wenn wir Sie durch gesonderte Mitteilung in Textform auf die Folgen einer Anzeigepflichtverletzung hingewiesen haben.

(14) Wir haben kein Recht zum Rücktritt, zur Kündigung oder zur Vertragsänderung, wenn wir den nicht angezeigten Umstand oder die Unrichtigkeit der Anzeige kannten.

(15) Wir können unsere Rechte zum Rücktritt, zur Kündigung oder zur Vertragsänderung nur innerhalb eines Monats geltend machen. Die Frist beginnt mit dem Zeitpunkt, zu dem wir von der Verletzung der Anzeigepflicht, die das von uns geltend gemachte Recht begründet, Kenntnis erlangen. Bei Ausübung unserer Rechte müssen wir die Umstände angeben, auf die wir unsere Erklärung stützen. Zur Begründung können wir nachträglich weitere Umstände angeben, wenn für diese die Frist nach Satz 1 nicht verstrichen ist.

(16) Nach Ablauf von fünf Jahren seit Vertragsschluss erlöschen unsere Rechte zum Rücktritt, zur Kündigung oder zur Vertragsänderung. Ist der Versicherungsfall vor Ablauf dieser Frist eingetreten, können wir die Rechte auch nach Ablauf der Frist geltend machen. Ist die Anzeigepflicht vorsätzlich oder arglistig verletzt worden, beträgt die Frist zehn Jahre.

Anfechtung

(17) Wir können den Vertrag auch anfechten, falls unsere Entscheidung zur Annahme des Vertrages durch unrichtige oder unvollständige Angaben bewusst und gewollt beeinflusst worden ist. Handelt es sich um Angaben der **versicherten Person** *(das ist die Person, auf deren Leben die Versicherung abgeschlossen ist)*, können wir **Ihnen** gegenüber die Anfechtung erklären, auch wenn Sie von der Verletzung der vorvertraglichen Anzeigepflicht keine Kenntnis hatten. Absatz 7 gilt entsprechend.

Leistungserweiterung/Wiederherstellung des Vertrages

(18) Die Absätze 1 bis 17 gelten entsprechend, wenn der Versicherungsschutz nachträglich erweitert oder wiederhergestellt wird und deshalb eine erneute Risikoprüfung vorgenommen wird. Die Fristen nach Absatz 16 beginnen mit der Änderung oder Wiederherstellung des Vertrages bezüglich des geänderten oder wiederhergestellten Teils neu.

Erklärungsempfänger

(19) Wir üben unsere Rechte durch eine schriftliche Erklärung aus, die wir Ihnen gegenüber abgeben. Sofern Sie uns keine andere Person als Bevollmächtigten benannt haben, gilt nach Ihrem Tod ein Bezugsberechtigter als bevollmächtigt, diese Erklärung entgegenzunehmen. Ist kein Bezugsberechtigter vorhanden oder kann sein Aufenthalt nicht ermittelt werden, können wir den Inhaber des Versicherungsscheins als bevollmächtigt ansehen, die Erklärung entgegenzunehmen.

1 § 6 entspricht § 6 ARB. Vgl. die Erläuterungen dort (→ ARB § 6 Rn. 1 ff.).

§ 7 Was ist zu beachten, wenn eine Leistung verlangt wird?

(1) Wird eine Leistung aus dem Vertrag beansprucht, können wir verlangen, dass uns der Versicherungsschein und ein Zeugnis über den Tag der Geburt der versicherten Person *(das ist die Person, auf deren Leben die Versicherung abgeschlossen ist)* vorgelegt werden.

(2) Der Tod der versicherten Person muss uns unverzüglich *(d. h. ohne schuldhaftes Zögern)* mitgeteilt werden. Außerdem muss uns eine amtliche Sterbeurkunde mit Angabe von Alter und Geburtsort vorgelegt werden. Zusätzlich muss uns eine ausführliche ärztliche oder amtliche Bescheinigung über die Todesursache vorgelegt

werden. Aus der Bescheinigung müssen sich Beginn und Verlauf der Krankheit, die zum Tod der versicherten Person geführt hat, ergeben.

(3) Wir können weitere Nachweise und Auskünfte verlangen, wenn dies erforderlich ist, um unsere Leistungspflicht zu klären. Die Kosten hierfür muss diejenige Person tragen, die die Leistung beansprucht.

(4) Unsere Leistungen werden fällig, nachdem wir die Erhebungen abgeschlossen haben, die zur Feststellung des Versicherungsfalls und des Umfangs unserer Leistungspflicht notwendig sind. Wenn eine der in den Absätzen 1 bis 3 genannten Pflichten nicht erfüllt wird, kann dies zur Folge haben, dass wir nicht feststellen können, ob oder in welchem Umfang wir leistungspflichtig sind. Eine solche Pflichtverletzung kann somit dazu führen, dass unsere Leistung nicht fällig wird.

(5) Bei Überweisung von Leistungen in Länder außerhalb des Europäischen Wirtschaftsraumes trägt die empfangsberechtigte Person die damit verbundene Gefahr.

1 Die kapitalbildende Lebensversicherung ist eine Absicherung für den Erlebensfall oder den Todesfall. Zugesagt ist eine **einmalige Kapitalleistung,** wenn die versicherte Person den vereinbarten Ablauftermin erlebt oder bei Tod der versicherten Person vor dem vereinbarten Ablauftermin (§ 1 Abs. 1 ALB).

§ 7 ALB entspricht § 7 ARB. Zu den mit § 7 ALB vereinbarten **Anzeige- und Auskunftsobliegenheiten** sowie den Vorlage- und Nachweisobliegenheiten zur Feststellung der Leistungspflicht des Versicherers und ihrer Fälligkeit kann vollständig auf die Kommentierung zu § 7 ARB verwiesen werden (→ ARB § 7 Rn. 1 ff.).

§ 8 Welche Bedeutung hat der Versicherungsschein?

(1) Wir können Ihnen den Versicherungsschein in Textform *(z. B. Papierform, E-Mail)* übermitteln. Stellen wir diesen als Dokument in Papierform aus, dann liegt eine Urkunde vor. Sie können die Ausstellung als Urkunde verlangen.

(2) Den Inhaber der Urkunde können wir als berechtigt ansehen, über die Rechte aus dem Vertrag zu verfügen, insbesondere Leistungen in Empfang zu nehmen. Wir können aber verlangen, dass uns der Inhaber der Urkunde seine Berechtigung nachweist.

1 § 8 ALB entspricht § 8 ARB. Es kann vollständig auf die Kommentierung zu § 8 ARB verwiesen werden (→ ARB § 8 Rn. 1 ff.).

§ 9 Wer erhält die Leistung?

(1) Als unser Versicherungsnehmer können Sie bestimmen, wer die Leistung erhält. Wenn Sie keine Bestimmung treffen, leisten wir an Sie.

Bezugsberechtigung

(2) Sie können uns widerruflich oder unwiderruflich eine andere Person benennen, die die Leistung erhalten soll (Bezugsberechtigter).

Wenn Sie ein Bezugsrecht **widerruflich** bestimmen, erwirbt der Bezugsberechtigte das Recht auf die Leistung erst mit dem Eintritt des Versicherungsfalls. Deshalb können Sie Ihre Bestimmung bis zum Eintritt des Versicherungsfalls jederzeit widerrufen.

Sie können ausdrücklich bestimmen, dass der Bezugsberechtigte sofort und **unwiderruflich** das Recht auf die Leistung erhält. Sobald uns Ihre Erklärung zugegangen ist, kann dieses Bezugsrecht nur noch mit Zustimmung des unwiderruflich Bezugsberechtigten geändert werden.

Abtretung und Verpfändung

(3) Sie können das Recht auf die Leistung bis zum Eintritt des Versicherungsfalls grundsätzlich ganz oder teilweise an Dritte abtreten und verpfänden, soweit derartige Verfügungen rechtlich möglich sind.

Anzeige

(4) Die Einräumung und der Widerruf eines Bezugsrechts (Absatz 2) sowie die Abtretung und die Verpfändung (Absatz 3) sind uns gegenüber nur und erst dann wirksam, wenn sie uns vom bisherigen Berechtigten in Schriftform *(d. h. durch ein eigenhändig unterschriebenes Schriftstück)* angezeigt worden sind. Der bisherige Berechtigte sind im Regelfall Sie als unser Versicherungsnehmer. Es können aber auch andere Personen sein, sofern Sie bereits zuvor Verfügungen (zB unwiderrufliche Bezugsberechtigung, Abtretung, Verpfändung) getroffen haben.

1 § 9 ALB entspricht § 9 ARB. Es kann vollständig auf die Kommentierung zu § 9 ARB verwiesen werden (→ ARB § 9 Rn. 1 ff.).

§ 10 Was müssen Sie bei der Beitragszahlung beachten?

(1) Die Beiträge zu Ihrem Vertrag können Sie je nach Vereinbarung in einem Betrag (Einmalbeitrag), monatlich, viertel-, halbjährlich oder jährlich zahlen.

(2) Den ersten Beitrag oder den Einmalbeitrag müssen Sie unverzüglich *(d. h. ohne schuldhaftes Zögern)* nach Abschluss des Vertrages zahlen, jedoch nicht vor dem mit Ihnen vereinbarten, im Versicherungsschein angegebenen Versicherungsbeginn. Alle weiteren Beiträge (Folgebeiträge) werden jeweils zu Beginn der vereinbarten Versicherungsperiode fällig. Die Versicherungsperiode umfasst bei Einmalbeitrags- und Jahreszahlung ein Jahr, ansonsten entsprechend der Zahlungsweise einen Monat, ein Vierteljahr bzw. ein halbes Jahr.

(3) Sie haben den Beitrag **rechtzeitig** gezahlt, wenn Sie bis zum Fälligkeitstag (Absatz 2) alles getan haben, damit der Beitrag bei uns eingeht. Wenn die Einziehung des Beitrags von einem Konto vereinbart wurde, gilt die Zahlung in folgendem Fall als rechtzeitig:

- Der Beitrag konnte am Fälligkeitstag eingezogen werden und
- Sie haben einer berechtigten Einziehung nicht widersprochen.

Konnten wir den fälligen Beitrag ohne Ihr Verschulden nicht einziehen, ist die Zahlung auch dann noch rechtzeitig, wenn sie unverzüglich nach unserer Zahlungsaufforderung erfolgt. Haben Sie zu vertreten, dass der Beitrag wiederholt nicht eingezogen werden kann, sind wir berechtigt, künftig die Zahlung außerhalb des Lastschriftverfahrens zu verlangen.

(4) Sie müssen die Beiträge auf Ihre Gefahr und Ihre Kosten zahlen.

(5) Bei Fälligkeit einer Leistung werden wir etwaige Beitragsrückstände verrechnen.

1 § 10 entspricht § 10 ARB. Vgl. die Erläuterungen dort (→ ARB § 10 Rn. 1 ff.).

§ 11 Was geschieht, wenn Sie einen Beitrag nicht rechtzeitig zahlen?

Erster Beitrag oder Einmalbeitrag

(1) Wenn Sie den ersten Beitrag oder den Einmalbeitrag nicht rechtzeitig zahlen, können wir – solange die Zahlung nicht bewirkt ist – vom Vertrag zurücktreten. In diesem Fall können wir von Ihnen die Kosten für ärztliche Untersuchungen im Rahmen

einer Gesundheitsprüfung verlangen. Wir sind nicht zum Rücktritt berechtigt, wenn uns nachgewiesen wird, dass Sie die nicht rechtzeitige Zahlung nicht zu vertreten haben.

(2) Ist der erste Beitrag oder der Einmalbeitrag bei Eintritt des Versicherungsfalles noch nicht gezahlt, sind wir nicht zur Leistung verpflichtet. Dies gilt nur, wenn wir Sie durch gesonderte Mitteilung in Textform *(z. B. Papierform, E-Mail)* oder durch einen auffälligen Hinweis im Versicherungsschein auf diese Rechtsfolge aufmerksam gemacht haben. Unsere Leistungspflicht bleibt jedoch bestehen, wenn Sie uns nachweisen, dass Sie das Ausbleiben der Zahlung nicht zu vertreten haben.

Folgebeitrag

(3) Zahlen Sie einen Folgebeitrag nicht rechtzeitig, können wir Ihnen auf Ihre Kosten in Textform eine Zahlungsfrist setzen. Die Zahlungsfrist muss mindestens zwei Wochen betragen.

(4) Für einen Versicherungsfall, der nach Ablauf der gesetzten Zahlungsfrist eintritt, entfällt oder vermindert sich der Versicherungsschutz, wenn Sie sich bei Eintritt des Versicherungsfalles noch mit der Zahlung in Verzug befinden. Voraussetzung ist, dass wir Sie bereits mit der Fristsetzung auf diese Rechtsfolge hingewiesen haben.

(5) Nach Ablauf der gesetzten Zahlungsfrist können wir den Vertrag ohne Einhaltung einer Kündigungsfrist kündigen, wenn Sie sich noch immer mit den Beiträgen, Zinsen oder Kosten in Verzug befinden. Voraussetzung ist, dass wir Sie bereits mit der Fristsetzung auf diese Rechtsfolge hingewiesen haben. Wir können die Kündigung bereits mit der Fristsetzung erklären. Sie wird dann automatisch mit Ablauf der Frist wirksam, wenn Sie zu diesem Zeitpunkt noch immer mit der Zahlung in Verzug sind. Auf diese Rechtsfolge müssen wir Sie ebenfalls hinweisen.

(6) Sie können den angeforderten Betrag auch dann noch nachzahlen, wenn unsere Kündigung wirksam geworden ist. Nachzahlen können Sie nur

- innerhalb eines Monats nach der Kündigung
- oder, wenn die Kündigung bereits mit der Fristsetzung verbunden worden ist, innerhalb eines Monats nach Fristablauf.

Zahlen Sie innerhalb dieses Zeitraums, wird die Kündigung unwirksam, und der Vertrag besteht fort. Für Versicherungsfälle, die zwischen dem Ablauf der Zahlungsfrist und der Zahlung eintreten, besteht kein oder nur ein verminderter Versicherungsschutz.

§ 11 entspricht § 11 ARB. Vgl. die Erläuterungen dort (→ ARB § 11 Rn. 1 ff.). **1**

§ 12 Wann können Sie Ihren Vertrag kündigen und welche Leistungen erbringen wir?

Kündigung

(1) Sie können Ihren Vertrag jederzeit zum Schluss der laufenden Versicherungsperiode (siehe § 10 Absatz 2 Satz 3) in Schriftform *(d. h. durch ein eigenhändig unterschriebenes Schriftstück)* kündigen.

Sie können Ihren Vertrag auch **teilweise** kündigen,, wenn die verbleibende Versicherungssumme mindestens … beträgt. Bei teilweiser Kündigung gelten die folgenden Regelungen nur für den gekündigten Vertragsteil.

Auszahlungsbetrag

(2) Nach Kündigung zahlen wir

- den Rückkaufswert (Absätze 3 und 5),
- vermindert um den Abzug (Absatz 4) sowie
- die Überschussbeteiligung (Absatz 6).

Beitragsrückstände werden von dem Auszahlungsbetrag abgezogen.

Rückkaufswert

(3) Der Rückkaufswert ist nach § 169 des Versicherungsvertragsgesetzes (VVG) das nach anerkannten Regeln der Versicherungsmathematik mit den Rechnungsgrundlagen der Beitragskalkulation zum Schluss der laufenden Versicherungsperiode berechnete Deckungskapital des Vertrages. Bei einem Vertrag mit laufender Beitragszahlung ist der Rückkaufswert mindestens jedoch der Betrag des Deckungskapitals, das sich bei gleichmäßiger Verteilung der angesetzten Abschluss- und Vertriebskosten auf die ersten fünf Vertragsjahre ergibt. Ist die vereinbarte Beitragszahlungsdauer kürzer als fünf Jahre, verteilen wir diese Kosten auf die Beitragszahlungsdauer. In jedem Fall beachten wir die aufsichtsrechtlichen Höchstzillmersätze (siehe § 14 Absatz 2 Satz 4).

Abzug

(4) Von dem nach Absatz 3 ermittelten Wert nehmen wir einen Abzug in Höhe von … vor. Der Abzug ist zulässig, wenn er angemessen ist. Dies ist im Zweifel von uns nachzuweisen. Wir halten den Abzug für angemessen, weil mit ihm die Veränderung der Risikolage des verbleibenden Versichertenbestandes ausgeglichen wird. Zudem wird damit ein Ausgleich für kollektiv gestelltes Risikokapital vorgenommen. Wenn Sie uns nachweisen, dass der aufgrund Ihrer Kündigung von uns vorgenommene Abzug wesentlich niedriger liegen muss, wird er entsprechend herabgesetzt. Wenn Sie uns nachweisen, dass der Abzug überhaupt nicht gerechtfertigt ist, entfällt er.

Herabsetzung des Rückkaufswertes im Ausnahmefall

(5) Wir sind nach § 169 Absatz 6 VVG berechtigt, den nach Absatz 3 Satz 1 bis 3 ermittelten Wert angemessen herabzusetzen, soweit dies erforderlich ist, um eine Gefährdung der Belange der Versicherungsnehmer, insbesondere durch eine Gefährdung der dauernden Erfüllbarkeit der sich aus den Versicherungsverträgen ergebenden Verpflichtungen, auszuschließen. Die Herabsetzung ist jeweils auf ein Jahr befristet.

Überschussbeteiligung

(6) Für die Ermittlung des Auszahlungsbetrages setzt sich die Überschussbeteiligung zusammen aus:
- den Ihrem Vertrag bereits zugeteilten Überschussanteilen, soweit sie nicht in dem nach den Absätzen 3 bis 5 berechneten Betrag enthalten sind,
- dem Schlussüberschussanteil nach § 2 Absatz. 3 und
- den Ihrem Vertrag gemäß § 2 Absatz.3b zuzuteilenden Bewertungsreserven, soweit bei Kündigung vorhanden.

(7) Wenn Sie Ihren Vertrag kündigen, kann das für Sie Nachteile haben. In der Anfangszeit Ihres Vertrages ist wegen der Verrechnung von Abschluss- und Vertriebskosten (siehe § 14) nur der Mindestwert gemäß Absatz 3 Satz 2 als Rückkaufswert vorhanden. Der Rückkaufswert erreicht auch in den Folgejahren nicht unbedingt die Summe der gezahlten Beiträge. Nähere Informationen zum Rückkaufswert vor und nach Abzug und darüber, in welchem Ausmaß er garantiert ist, können Sie der Tabelle … entnehmen.

Keine Beitragsrückzahlung

(8) Die Rückzahlung der Beiträge können Sie nicht verlangen.

I. Gesetzliche Grundlagen

Die zur Kündigung konventioneller aufgeschobener Rentenversicherungen in §12 ARB skizzierten gesetzlichen Grundlagen gelten auch für Kapitallebensversicherungen, vgl. die Erläuterung dort (→ARB §12 Rn. 1ff.). 1

II. Rechtsprechung

Die in §12 ARB zu konventionellen aufgeschobenen Rentenversicherungen skizzierte Rechtsprechung gilt für Kapitallebensversicherungen entsprechend, vgl. die Erläuterungen dort (→ARB §12 Rn. 16ff.). 2

III. Kommentierung der Klauselbestimmungen

1. Kündigung (Abs. 1)

Satz entspricht §12 Abs. 1 S. 1 ARB, vgl. die Erläuterungen dort (→ARB §12 Rn. 20ff.). Das jederzeitige Kündigungsrecht ergibt sich bei einer kapitalbildenden Lebensversicherung mit laufender Beitragszahlung aus §168 Abs. 1 VVG,[1] für Einmalbeitragszahlung aus §168 Abs. 2 VVG. Da in jedem Fall eine Leistung bei Tod während der Laufzeit des Vertrages zu zahlen ist (s. §1 Abs. 1 S. 1 ALB), ist die Leistung des Versicherers gewiss.[2] Daher ist für die bei einer aufgeschobenen Rentenversicherung anzustellenden Überlegungen für den Fall, dass in der Ansparphase keine **Todesfallleistung** vereinbart ist (→ARB §12 Rn. 133ff.), kein Raum. Ebenso wenig stellt sich hier nach dem Wortlaut der Bestimmung die Frage, ob bei einer **Beitragsfreistellung** das Kündigungsrecht endet (→ARB §12 Rn. 22). Wegen des insoweit nicht eingeschränkten Wortlautes besteht es unabhängig davon, ob noch Beiträge zu zahlen sind oder nicht. 3

Satz 2 und 3 entsprechen §12 Abs. 1 S. 3 ARB, vgl. die Erläuterungen dort (→ARB §12 Rn. 35f.). 4

2. Auszahlungsbetrag (Abs. 2)

Absatz 2 entspricht §12 Abs. 2 ARB, vgl. die Erläuterungen dort (→ARB §12 Rn. 39ff.). Es ergibt sich lediglich ein Unterschied in der einleitenden Phrase. Hier wird der Auszahlungsbetrag als Folge einer Kündigung in jedem Fall fällig. Dort ist Voraussetzung, dass für den Todesfall eine Leistung vereinbart ist. Da dies hier immer der Fall ist (s. §1 Abs. 1 S. 1 ALB), wäre die Einschränkung hier fehl am Platz. 5

3. Rückkaufswert und Stornoabzug (Abs. 3 bis 8)

Absatz 3 bis 8 entsprechen §12 Abs. 3 S. 1 bis 8 ARB, vgl. die Erläuterung dort (→ARB §12 Rn. 48ff.). 6

---

[1] *Mönnich* in Langheid/Wandt §168 Rn. 4; *Ortmann* in Schwintowski/Brömmelmeyer §168 Rn. 5.

[2] *Mönnich* in Langheid/Wandt §168 Rn. 5; *Ortmann* in Schwintowski/Brömmelmeyer §168 Rn. 26.

IV. Darlegungs- und Beweislast

7 Zur Darlegungs- und Beweislast vgl. die Erläuterungen zu § 12 ARB (→ ARB § 12 Rn. 140ff.).

V. Wirksamkeit der Bestimmung

8 Die Bestimmung ist wirksam.

§ 13 Wann können Sie Ihren Vertrag beitragsfrei stellen und welche Folgen hat dies auf unsere Leistungen?

(1) Anstelle einer Kündigung nach § 12 können Sie zu dem dort genannten Termin in Schriftform *(d. h. durch ein eigenhändig unterschriebenes Schriftstück)* verlangen, ganz oder teilweise von der Beitragszahlungspflicht befreit zu werden. In diesem Fall setzen wir die vereinbarte Versicherungssumme ganz oder teilweise auf eine beitragsfreie Versicherungssumme herab. Diese wird nach folgenden Gesichtspunkten berechnet:
- nach anerkannten Regeln der Versicherungsmathematik mit den Rechnungsgrundlagen der Beitragskalkulation,
- für den Schluss der laufenden Versicherungsperiode und
- unter Zugrundelegung des Rückkaufswertes nach § 12 Absatz 3.

(2) Der aus Ihrem Vertrag für die Bildung der beitragsfreien Versicherungssumme zur Verfügung stehende Betrag mindert sich um rückständige Beiträge. Außerdem nehmen wir einen Abzug in Höhe von … vor. Der Abzug ist zulässig, wenn er angemessen ist. Dies ist im Zweifel von uns nachzuweisen. Wir halten den Abzug für angemessen, weil mit ihm die Veränderung der Risikolage des verbleibenden Versichertenbestandes ausgeglichen wird. Zudem wird damit ein Ausgleich für kollektiv gestelltes Risikokapital vorgenommen. Wenn Sie uns nachweisen, dass der aufgrund Ihres Verlangens der Beitragsfreistellung von uns vorgenommene Abzug wesentlich niedriger liegen muss, wird er entsprechend herabgesetzt. Wenn Sie uns nachweisen, dass der Abzug überhaupt nicht gerechtfertigt ist, entfällt er.

(3) Wenn Sie Ihren Vertrag beitragsfrei stellen, kann das für Sie Nachteile haben. In der Anfangszeit Ihres Vertrages sind wegen der Verrechnung von Abschluss- und Vertriebskosten (siehe § 14) nur der Mindestwert gemäß § 12 Absatz 3 Satz 2 zur Bildung einer beitragsfreien Versicherungssumme vorhanden. Auch in den Folgejahren stehen nicht unbedingt Mittel in Höhe der gezahlten Beiträge für die Bildung einer beitragsfreien Versicherungssumme zur Verfügung. Nähere Informationen zur beitragsfreien Versicherungssumme und ihrer Höhe können Sie der Tabelle … entnehmen.

(4) Haben Sie die vollständige Befreiung von der Beitragszahlungspflicht verlangt und erreicht die nach Absatz 1 zu berechnende beitragsfreie Versicherungssumme den Mindestbetrag von … nicht, erhalten Sie den Auszahlungsbetrag nach § 12 Absatz 2 und der Vertrag endet. Eine teilweise Befreiung von der Beitragszahlungspflicht können Sie nur verlangen, wenn die verbleibende beitragspflichtige Versicherungssumme mindestens … beträgt und die beitragsfreie Versicherungssumme den Mindestbetrag von … erreicht.

1 Absatz 1 entspricht § 13 Abs. 1 ARB, vgl. die Erläuterungen dort (→ ARB § 13 Rn. 3ff.). Es ergibt sich ein Unterschied in Satz 2. Dort wird die vereinbarte Rente,

hier die **vereinbarte Versicherungssumme** herabgesetzt. Das beruht darauf, dass hier Einmalkapital zugesagt wird. Dabei betrifft dies hier sowohl die Todesfall- als auch die Erlebensfallleistung.[1] Der Singular „Versicherungssumme" rechtfertigt sich daraus, dass nur eine der beiden Leistungen zur Auszahlung kommen kann.

2 Absatz 2 bis 4 entspricht § 13 Abs. 2 bis 4 ARB, vgl. die Erläuterung dort (→ ARB § 13 Rn. 14 ff.). In Absatz 3 und 4 ergibt sich jedoch jeweils derselbe Unterschied wie in Absatz 1.

§ 14 Wie werden die Kosten Ihres Vertrages verrechnet?

(1) Mit Ihrem Vertrag sind Kosten verbunden. Diese sind in Ihren Beitrag einkalkuliert. Es handelt sich um Abschluss- und Vertriebskosten sowie übrige Kosten.

Zu den **Abschluss- und Vertriebskosten** gehören insbesondere Abschlussprovisionen für den Versicherungsvermittler. Außerdem umfassen die Abschluss- und Vertriebskosten die Kosten für die Antragsprüfung und Ausfertigung der Vertragsunterlagen, Sachaufwendungen, die im Zusammenhang mit der Antragsbearbeitung stehen, sowie Werbeaufwendungen. Zu den **übrigen Kosten** gehören insbesondere die Kosten für die laufende Verwaltung.

Die Höhe der einkalkulierten Abschluss- und Vertriebskosten sowie der übrigen Kosten können Sie dem ... entnehmen.

(2) Wir wenden auf Ihren Vertrag das Verrechnungsverfahren nach § 4 der Deckungsrückstellungsverordnung an. Dies bedeutet, dass wir die ersten Beiträge zur Tilgung eines Teils der Abschluss- und Vertriebskosten heranziehen. Dies gilt jedoch nicht für den Teil der ersten Beiträge, der für Leistungen im Versicherungsfall, Kosten des Versicherungsbetriebs in der jeweiligen Versicherungsperiode und aufgrund von gesetzlichen Regelungen für die Bildung einer Deckungsrückstellung bestimmt ist. Der auf diese Weise zu tilgende Betrag ist nach der Deckungsrückstellungsverordnung auf 4% der von Ihnen während der Laufzeit des Vertrages zu zahlenden Beiträge beschränkt.

(3) Die restlichen Abschluss- und Vertriebskosten werden über die gesamte Beitragszahlungsdauer verteilt, die übrigen Kosten über die gesamte Vertragslaufzeit.

(4) Die beschriebene Kostenverrechnung hat zur Folge, dass in der Anfangszeit Ihres Vertrages nur geringe Beträge für einen Rückkaufswert oder zur Bildung der beitragsfreien Versicherungssumme vorhanden sind (siehe §§ 12 und 13). Nähere Informationen zu den Rückkaufswerten und beitragsfreien Versicherungssumme sowie ihren jeweiligen Höhen können Sie der Tabelle [...] entnehmen.

1 § 14 stimmt mit § 14 ARB überein. Auf die dortigen Erläuterungen wird verwiesen (→ ARB § 14 Rn. 1 ff.).

§ 15 Was gilt bei Änderung Ihrer Postanschrift und Ihres Namens?

(1) Eine Änderung Ihrer Postanschrift müssen Sie uns unverzüglich *(d. h. ohne schuldhaftes Zögern)* mitteilen. Anderenfalls können für Sie Nachteile entstehen. Wir sind berechtigt, eine an Sie zu richtende Erklärung *(z. B. Setzen einer Zahlungsfrist)* mit eingeschriebenem Brief an Ihre uns zuletzt bekannte Anschrift zu senden. In diesem Fall gilt unsere Erklärung drei Tage nach Absendung des eingeschriebenen Brie-

[1] Zu mehreren Leistungen in einem Vertrag s. *Ortmann* in Schwintowski/Brömmelmeyer § 165 Rn. 11; *Krause* in Looschelders/Pohlmann § 165 Rn. 13.

fes als zugegangen. Dies gilt auch, wenn Sie den Vertrag für Ihren Gewerbebetrieb abgeschlossen und Ihre gewerbliche Niederlassung verlegt haben.

(2) Bei Änderung Ihres Namens gilt Absatz 1 entsprechend.

1 § 15 entspricht § 15 ARB. Vgl. die Erläuterungen dort (→ ARB § 15 Rn. 1 ff.).

§ 16 Welche Kosten stellen wir Ihnen gesondert in Rechnung?

(1) In folgenden Fällen stellen wir Ihnen pauschal zusätzliche Kosten gesondert in Rechnung: [...]

(2) Wir haben uns bei der Bemessung der Pauschale an dem bei uns regelmäßig entstehenden Aufwand orientiert. Sofern Sie uns nachweisen, dass die der Bemessung zugrunde liegenden Annahmen in Ihrem Fall dem Grunde nach nicht zutreffen, entfällt die Pauschale. Sofern Sie uns nachweisen, dass die Pauschale der Höhe nach wesentlich niedriger zu beziffern ist, wird sie entsprechend herabgesetzt.

1 § 16 entspricht § 16 ARB. Vgl. die Erläuterungen dort (→ ARB § 16 Rn. 1 ff.).

§ 17 Welches Recht findet auf Ihren Vertrag Anwendung?

Auf Ihren Vertrag findet das Recht der Bundesrepublik Deutschland Anwendung.

1 § 17 entspricht § 17 ARB. Vgl. die Erläuterungen dort (→ ARB § 17 Rn. 1 ff.).

§ 18 Wo ist der Gerichtsstand?

(1) Für Klagen aus dem Vertrag **gegen uns** ist das Gericht zuständig, in dessen Bezirk unser Sitz oder die für den Vertrag zuständige Niederlassung liegt. Zuständig ist auch das Gericht, in dessen Bezirk Sie zur Zeit der Klageerhebung Ihren Wohnsitz haben. Wenn Sie keinen Wohnsitz haben, ist der Ort Ihres gewöhnlichen Aufenthalts maßgeblich. Wenn Sie eine juristische Person sind, ist auch das Gericht zuständig, in dessen Bezirk Sie Ihren Sitz oder Ihre Niederlassung haben.

(2) Klagen aus dem Vertrag **gegen Sie** müssen wir bei dem Gericht erheben, das für Ihren Wohnsitz zuständig ist. Wenn Sie keinen Wohnsitz haben, ist der Ort Ihres gewöhnlichen Aufenthalts maßgeblich. Wenn Sie eine juristische Person sind, ist das Gericht zuständig, in dessen Bezirk Sie Ihren Sitz oder Ihre Niederlassung haben.

(3) Verlegen Sie Ihren Wohnsitz oder den Ort Ihres gewöhnlichen Aufenthalts in das Ausland, sind für Klagen aus dem Vertrag die Gerichte des Staates zuständig, in dem wir unseren Sitz haben.

1 § 18 entspricht § 18 ARB. Vgl. die Erläuterungen dort (→ ARB § 18 Rn. 1 ff.).

Sachregister

Die Angaben verweisen auf die erläuterten Bedingungswerke bzw. die Einleitung.
Die **fett** gesetzten Zahlen bezeichnen die Paragrafen, die mager gesetzten die Randnummern.